Benjamin Ziemann
MARTIN NIEMÖLLER

Benjamin Ziemann

MARTIN NIEMÖLLER
Ein Leben in Opposition

Deutsche Verlags-Anstalt

Sollte diese Publikation Links auf Webseiten Dritter enthalten, so übernehmen wir für deren Inhalte keine Haftung, da wir uns diese nicht zu eigen machen, sondern lediglich auf deren Stand zum Zeitpunkt der Erstveröffentlichung verweisen.

Verlagsgruppe Random House FSC® N001967

1. Auflage

Copyright © 2019 Deutsche Verlags-Anstalt, München,
in der Verlagsgruppe Random House GmbH,
Neumarkter Str. 28, 81673 München

Umschlaggestaltung: Büro Jorge Schmidt, München
Umschlagmotiv: Sammlung Megele/Süddeutsche Zeitung Photo
Lektorat: Büro Peter Palm, Berlin
Typografie und Satz: Peter Palm, Berlin
Gesetzt aus der Adobe Garamond Pro
Reproduktionen: Aigner, Berlin
Druck und Bindung: GGP Media GmbH, Pößneck
Printed in Germany
ISBN 978-3-421-04712-0

www.dva.de

Dieses Buch ist auch als E-Book erhältlich.

Inhalt

Einleitung 7

**Teil I
PROTESTANTISCHER NATIONALISMUS
IN KAISERREICH UND REPUBLIK** 19

1 Eine Jugend im evangelischen Pfarrhaus 21

2 Als Offiziersanwärter in der Kaiserlichen Marine 35

3 »Gott strafe England«: Nationalismus und Krieg
1914 bis 1918 59

4 Theologiestudium und Konterrevolution
1919 bis 1923 89

5 Innere Mission und Volksgemeinschaft
1924 bis 1931 121

6 Pfarrer in Berlin-Dahlem 1931/32 145

**Teil II
KIRCHENSTREIT UND GLAUBENSKRISE
IM »DRITTEN REICH«** 169

7 Die NS-Machtergreifung 1933 als
»protestantisches Erlebnis« 171

8 Die Anfänge des Kirchenstreits 195

9 Der Aufbau der Bekennenden Kirche 1934 225

10 Die Spaltung der Bekennenden Kirche 1935/36 257

11 Verhaftung und Prozess 1937/38 287

12 KZ-Haft als »persönlicher Gefangener des Führers«
1938 bis 1945 311

Teil III
KIRCHE, FRIEDENSPOLITIK UND ÖKUMENE NACH 1945 357

13 Der verzögerte Neuanfang: Übergänge und Kontroversen 359

14 Wiederbeginn und Erneuerung in der evangelischen Kirche 383

15 Der politische Pastor: Niemöller als Kritiker der Bundesrepublik 421

16 Pazifismus: Niemöller im Kampf gegen atomare Rüstung 447

17 »Die Welt ist meine Pfarrei«: ökumenische Arbeit 475

18 Hoffnungen und Enttäuschungen im hohen Alter 497

Schluss
Ein Leben in Opposition 513

Anhang 523
Dank 525
Abkürzungen 527
Anmerkungen 531
Quellen und Literatur 599
Personenregister 625
Bildnachweis 637

Einleitung

Der Angeklagte hatte sich auf seinen Auftritt vor dem Sondergericht in Berlin am 7. Februar 1938 minutiös vorbereitet. Auf Notizzetteln war die Struktur seiner Verteidigungsrede niedergelegt, mit der er die Anklage wegen Verstoßes gegen den »Kanzelparagraphen« abweisen wollte. Die Rede sollte im Detail auf den Ablauf des Kirchenkampfes und auf die Arbeit der Bekennenden Kirche seit 1933 eingehen. Doch zuvor wollte er auf »Persönliches« zu sprechen kommen: seine militärische Laufbahn in der Kaiserlichen Marine, das Studium der Theologie und die anschließende Arbeit »bis zum Pfarramt in Dahlem«. Seine »politische Einstellung« hob der Angeklagte besonders hervor. Er habe erstmals bei der Reichstagswahl im Dezember 1924 für die NSDAP gestimmt. Seine »Predigten« in Dahlem 1932 hätten ihm in der Gemeinde bald den Beinamen »national-sozialistischer Pfarrer« eingebracht. Seine Haltung zum »Verständnis des National Sozialismus im Sinne der Erklärung des Führers« in *Mein Kampf* habe er »praktisch« mit der »Predigt von Invocavit 33« am 5. März 1933 unter Beweis gestellt.[1]

An diesem Tag, als die letzte Reichstagswahl eine Mehrheit für die NSDAP und ihre radikalnationalistischen Bündnispartner erbrachte, hatte der Angeklagte sich in seiner Dahlemer Gemeinde von der Kanzel auf das »positive Christentum« jenseits der verschiedenen Konfessionen bezogen. Mit dieser Formel hatte die NSDAP in ihrem Programm aus dem Jahr 1920 ihre Einstellung zur Religion umrissen.[2] Wenn die Religion nur »Privatsache« sei, so verkündete er in der Predigt am 5. März, werde das Volk »entnationalisiert«, was einem »Selbstmord« gleichkomme. »Auf dem Weg dahin« sei man von 1918 bis 1933 ganz »sicher« gewesen. Aus diesem Grund könne es »für unser deutsches Volk niemals eine nationale Wiedergeburt« geben, die nicht »von einer Erweckung des christlichen Glaubens« getragen werde.[3]

Wie die große Mehrheit der kirchlich aktiven Protestanten war auch der Pfarrer der Dahlemer Gemeinde von dem Versprechen der Volksgemeinschaft angetan, als welches die Nationalsozialisten 1933 ihre Machtergreifung inszenierten. Und wie viele andere Pfarrer sah auch er die Protestanten in der Pflicht, diesen historischen Moment zu nutzen und mit dem evangelischen Glauben aktiv zur »Volkwerdung« der Deutschen beizutragen.[4] So verstanden war die Machtergreifung der Nationalsozialisten 1933 auch ein »protestantisches Erlebnis«, das zur »emphatischen Selbsttransformation« der Protestanten im Sinne einer Befürwortung der neuen nationalen Gemeinschaft führte.[5]

Als Martin Niemöller an jenem 7. Februar vor dem Sondergericht II beim Berliner Landgericht das Wort ergriff, folgten seine Ausführungen bis ins Detail dem vorher festgelegten Plan. Wie ein Prozeßbeobachter aus dem Amt Rosenberg notierte, erklärte Niemöller, »wie er seit 1924 stets die NSDAP gewählt habe. Im Gegensatz zu seinem Bruder, der auch Pfarrer geworden und der Partei bereits 1923 beigetreten sei«, habe er allerdings »die Auffassung vertreten, ein Geistlicher solle sich nicht an eine Partei direkt binden«, und sei deshalb kein NSDAP-Mitglied geworden. In seiner Gemeinde sei es ihm stets nur »um das Christentum nach Schrift und Bekenntnis« gegangen. »Als Nationalsozialist habe er dabei ein gutes Gewissen.« Und auch auf die »Arierfrage in der Kirche« kam Niemöller zu sprechen. »Die Juden seien ihm unsympathisch und fremd. Das dürfe man ihm, dem Sproß einer alten westfälischen Bauern- und Theologenfamilie, dem ehemaligen kaiserlichen Seeoffizier, schon glauben.«[6] Bei den Richtern des Sondergerichts fand die stramme nationalistische Selbstdarstellung des mit dem Nationalsozialismus stark sympathisierenden Pfarrers Anklang. Als sie Niemöller am 2. März 1938 wegen Verstoßes gegen den »Kanzelparagraphen« zu gerade einmal sieben Monaten Festungshaft verurteilten, war diese Strafe durch die seit Juli 1937 andauernde Untersuchungshaft bereits abgebüßt. Er war ein freier Mann.

Doch noch am selben Tag wurde Niemöller auf vorherige Weisung Adolf Hitlers in das KZ Sachsenhausen verbracht. Bis zur Befreiung im April 1945 durchlebte er sieben Jahre Haft als »persönlicher Gefangener des Führers«, zuerst in Sachsenhausen, von 1941 an im KZ Dachau.[7] Mehr noch als Niemöllers Einsatz für die Bekennende Kirche begründete die auf den Prozeß folgende Haft im Konzentrationslager seinen weltweiten Ruf als entschiedener Gegner des Nationalsozialismus. Nach seiner Befreiung im Frühjahr 1945 galt Martin Niemöller in der deutschen wie internationalen Öffentlichkeit als Held des Widerstandes gegen Hitler und als eine moralische Autorität ersten Ranges.

Das schöne, weithin verklärende Bild des aufrechten evangelischen Pfarrers, der im Kampf für den rechten Glauben und gegen das totalitäre Regime nur seinem Gewissen gefolgt sei, bekam allerdings bald Risse. Dafür sorgten nicht nur Interviews in der amerikanischen Presse, in denen Niemöller bereits 1945 Kontroverses zur deutschen Nation verlauten ließ. Im März 1947 gab Robert W. Kempner eine Pressekonferenz. Der stellvertretende Chefankläger im Nürnberger Prozeß gegen die NS-Kriegsverbrecher stellte dort einen Bericht über den Niemöller-Prozeß vor, der sich in den Akten gefunden hatte.

Kempner las daraus einige der eben zitierten Ausführungen vor, die Niemöller 1938 zu seiner Verteidigung vorgebracht hatte. Daraufhin berichtete die deutsche Presse in großer Aufmachung, dass Niemöller ein »Sympathisierender der NSDAP« und eine »schwankende Gestalt« sei.[8] Als einige Monate später aktuelle judenfeindliche Äußerungen Niemöllers den Weg in die Öffentlichkeit fanden, war der Skandal da.[9] Die innenpolitischen Gegner Niemöllers – von denen es aufgrund seines Beharrens auf der deutschen Einheit anstelle der Westbindung viele gab – frohlockten. Aber auch unter jenen Beobachtern, die seine moralische Geradlinigkeit im Kampf der Bekennenden Kirche für den evangelischen Glauben bewunderten, wuchs der Zweifel.

Die Biographie Martin Niemöllers weist somit viele dramatische Momente auf und ebenso existenzielle Krisen. Doch dieses Buch enthält mehr als nur die Schilderung dieses turbulenten Lebensweges. Ich werde Niemöllers biographische Entwicklung mit der Analyse von drei übergeordneten Themen verbinden, die sich als roter Faden durch die Darstellung ziehen. Alle verweisen auf zentrale Probleme der deutschen Geschichte im 20. Jahrhundert.

Beim ersten Thema geht es um die Transformation des protestantischen Nationalismus. Die deutsche Nationsidee war in ihrem Kern protestantisch. Im 1871 gegründeten Deutschen Reich waren Katholiken von vornherein in der Minderheit. Die Liberalen und der preußische Staat drängten sie mit dem Kulturkampf weiter in die Defensive. Protestanten interpretierten die Nationalstaatsgründung als Erfüllung nicht nur ihrer politischen, sondern auch ihrer religiös-theologischen Hoffnungen und als Vollendung der Reformation. Die deutsche Nation erschien ihnen als »von Gott erfunden«.[10] Die nationalprotestantische Verschmelzung von evangelischem Glauben und deutscher Nation führte zu einer »Sakralisierung der Nation«.[11] Ein protestantischer Pfarrer, Friedrich von Bodelschwingh der Ältere – der Gründer der Bodelschwinghschen Anstalten in Bethel bei Bielefeld –, schuf mit dem Sedantag den zentralen nationalen Feiertag des Kaiserreichs.[12] An Wendepunkten der deutschen Geschichte – 1914 ebenso wie 1933 – wurde die nationalprotestantische Lesart der Geschichte aktualisiert und als protestantische Sendungsaufgabe für das Volk interpretiert. Der Nationalprotestantismus stellte so theologische Denkfiguren und politische Erwartungen bereit, in denen sich Protestanten und völkische Nationalisten nach 1918 und wiederum nach 1933 trafen.[13] Nach dem Zusammenbruch des »Dritten Reiches« 1945 kam die protestantische Überhöhung der Nation nicht sofort an ein Ende. Nationalprotestantische Mentalitäten hielten sich bis in die 1950er Jahre hinein. Erst mit Verzögerung eigneten sich Protestanten in der Bundesrepublik grundlegende Werte westlicher Demokratien wie Pluralismus, Partizipation und religiöspolitische Toleranz an.[14] Am Beispiel Martin Niemöllers lassen sich die Kontinuitäten nationalprotestantischen Denkens bis in die Zeit nach 1945 hinein verfolgen.

Das zweite Thema dieses Buches ist die Verunsicherung religiöser und konfessioneller Identitäten. Bereits Martin Niemöllers Vater war evangelischer Pfarrer, und so wuchsen Martin und seine Geschwister in der klar gegliederten Lebenswelt des lutherischen Pfarrhauses auf.[15] Um 1900 war das religiöskulturelle Milieu der Protestanten fest gefügt und durch die Betonung der konfessionellen Differenz zu den Katholiken nach außen klar abgegrenzt. Niemöllers Vater Heinrich war im Evangelischen Bund aktiv, der sich seit seiner Gründung 1886 der aggressiven Selbstbehauptung evangelischer Interessen gegenüber den Katholiken widmete. Doch die überschaubare Welt des konfessionellen Luthertums stand nach 1918 unter Veränderungsdruck. Mit dem Aufschwung sozialistischer Freidenkerverbände bekam der Säkularismus eine Massenbasis. Der Kampf gegen diesen Säkularismus wurde ein entscheidendes Moment der religiösen Kulturkämpfe der Jahre bis 1933.[16] Als Funktionär der Inneren Mission, die sich der Wiederverchristlichung der Industriearbeiter verschrieben hatte, war Niemöller von 1924 bis 1931 an vorderster Front an diesem Kampf beteiligt. Von 1933 an brachte der Kirchenstreit zwischen den Deutschen Christen und der Bekennenden Kirche dann neue konfessionelle Irritationen. Niemöller sah das Verhalten der »intakten« lutherischen Landeskirchen als Verrat an der Sache der Bekennenden Kirche an. Mit Inbrunst machte er sich Wort und Inhalt der »Barmer Erklärung« vom Mai 1934 zu eigen, die den bekenntnismäßigen Gegensatz zwischen Lutheranern und Reformierten relativierte.

Während der Einzelhaft im KZ Sachsenhausen von 1938 bis 1941 zeigte sich das ganze Ausmaß der Desillusionierung Niemöllers über die konfessionelle Enge und fragwürdige biblische Legitimität des Luthertums. Aus ernsten theologischen und kirchengeschichtlichen Motiven heraus bereitete er seine Konversion zur katholischen Kirche vor. Zu dieser Konversion kam es letztlich vor allem aufgrund des Widerstandes seiner Frau Else nicht. Dennoch war die Konversionsabsicht mehr als nur eine aus einer Lebenskrise geborene Episode. Nach 1945 machte Niemöller zwar mit markigen antikatholischen Äußerungen von sich reden, doch sein tiefes Misstrauen gegen die als bürokratischer Apparat verstandene evangelische Kirche, das ein treibendes Motiv für die Konversionsidee gewesen war, blieb bestehen. Nach seiner Pensionierung als Kirchenpräsident der Evangelischen Kirche von Hessen und Nassau wurde sein politisches Engagement für Pazifismus und Menschenrechte entschiedener und radikaler als je zuvor. Niemöller war damit ein Vorbild und eine treibende

Kraft für die »Politisierung des Protestantismus« im Sinne linker Ideen, die sich in den 1960er und 1970er Jahren in der Bundesrepublik vollzog.[17]

Im letzten Jahrzehnt seines Lebens gab Niemöller schließlich mehrfach seine tiefe Desillusionierung über die praktische Realität des kirchlichen, organisierten Christentums zu Protokoll. Sein Lebensweg führt also aus der fest gefügten Frömmigkeit des protestantischen Pfarrhauses um 1900 in tiefgreifende Umbrüche, in denen Traditionsbestände des evangelischen Christentums auf den Prüfstand kamen. Sein Leben ist damit ein Beispiel für die langfristige Verunsicherung in Bezug auf religiös-konfessionelle Gewissheiten in der deutschen Geschichte seit 1900. Zugleich ist gerade Niemöller ein Beispiel dafür, wie der Protestantismus in der Bundesrepublik durch Stellungnahmen zu ethisch-moralischen Fragen und durch das Engagement bei wichtigen politischen Themen eine neue Relevanz bekam.[18] An Niemöller lässt sich beides sehr anschaulich zeigen: Verunsicherung und Neubestimmung des Glaubens ebenso wie Verlust und Wiedergewinnung der moralisch-politischen Präsenz des evangelischen Christentums.

Ein drittes Thema dieses Buches ist die langfristige Veränderung in den kollektiven Einstellungen zu Militär und Krieg. Die deutsche Gesellschaft um 1900 war von Wertvorstellungen geprägt, die das Militär zum Maßstab sozialer Normen erhoben. Vor allem im Bürgertum waren solche militaristischen Einstellungen stark verbreitet. Im wilhelminischen Kaiserreich fanden sie in der populären Glorifizierung der Schlachtflotte wirkungsvoll Ausdruck.[19] Wie viele andere Jungen in bürgerlichen Familien entwickelte auch Martin Niemöller bereits als Schüler große Begeisterung für die Marine. Die Meldung zur Kaiserlichen Marine als Offiziersanwärter 1910 war die logische Konsequenz. Von 1914 bis 1918 zeigte er eine kriegstreiberische Grundeinstellung mit der Meldung zur neuen U-Boot-Waffe und entsprechenden Äußerungen in seinen Briefen und Tagebüchern. Erst dadurch wird der Schock verständlich, den die militärische Niederlage 1918 bei ihm auslöste. Niemöllers Militarismus war auch nach 1918 ungebrochen, wie seine Mitgliedschaft in zahlreichen nationalistischen Wehr- und Offiziersverbänden belegt. Selbst für die Zeit nach 1933 lässt sich mit Fug und Recht bezweifeln, dass er die Wende »vom U-Boot zur Kanzel« – oder »mit dem U-Boot auf die Kanzel«, wie es Spötter bereits kurz nach der Publikation seines Erinnerungsbuches 1934 formulierten – tatsächlich vollzogen hatte.[20] Dagegen spricht, dass Niemöller sich 1939 aus dem KZ zum Dienst in der Marine meldete und diesen Schritt nach dem deutschen Überfall auf die Sowjetunion erneut erwog.

Erst nach 1945 setzte bei Niemöller ein grundsätzliches Umdenken ein. Den Krieg sah er nun nicht mehr als legitimes Mittel der Politik, nicht zuletzt da Deutschland bei einem atomaren Konflikt zwischen Ost und West umgehend zerstört worden wäre. Schrittweise machte er sich grundsätzliche pazifistische Positionen zu eigen. Als langjähriger Präsident der Deutschen Friedensgesellschaft und anderer pazifistischer Gruppen war er ein wichtiger, wenn nicht der wichtigste Repräsentant der organisierten Friedensbewegung in der Bundesrepublik. Als einer der Erstunterzeichner des »Krefelder Appells« im November 1980 war er zudem eine wichtige Leitfigur der Massenmobilisierung gegen den NATO-Doppelbeschluss, und zwar weit über den Kreis jener vier Millionen Bundesbürger hinaus, die den Appell unterzeichneten. Unmittelbar nach seinem Tod 1984 dokumentierte ein weit verbreitetes Plakat mit seinem Porträt die hohe symbolische Bedeutung Niemöllers für die Friedensbewegung.[21] Die Abkehr der Deutschen von Rüstung und Militär nach 1945 war ein fundamentaler Bruch mit Werten, welche die deutsche Geschichte bis dahin bestimmt hatten. Diese Abkehr ist als Wandel »von der Kriegskultur zur Friedenskultur« beschrieben worden.[22] Wie bei den Veränderungen in Form und Inhalt der evangelischen Religion, dem zweiten Leitmotiv des Buches, war Niemöller sowohl ein Symptom als auch ein wichtiger Motor dieser Transformation.

Mit dem Blick auf diese Themen ergibt sich ein deutlich anderes Bild von Niemöllers Biographie, als es gemeinhin bekannt ist. Dies gilt – erstens – für die xenophoben und antisemitischen Grundlagen seines Nationalismus. Während des Ersten Weltkriegs erging sich Niemöller in radikalnationalistischen Phantasien über die Vernichtung möglichst vieler Engländer, die er als Hauptfeind der Deutschen ausmachte. Nach der für ihn traumatischen Niederlage 1918 gingen solche Ressentiments nahtlos in den völkischen Nationalismus ein, den er sich zu eigen machte. Doch im Zentrum seines politischen Weltbildes nach 1918 stand der Hass auf die Juden. Erst 1932 konnte sich Niemöller dazu durchringen, über das Judentum auch in theologischen Kategorien zu reflektieren. Sein Einsatz gegen die Anwendung des »Arierparagraphen« im kirchlichen Raum seit 1933, das muss ganz deutlich gesagt werden, galt Christen jüdischer Herkunft, nicht etwa den Juden selbst. Seine tiefsitzende gesellschaftlich-kulturelle Judenfeindschaft blieb somit bestehen, und zwar weit über 1945 hinaus.

Diese Feststellung hat – zweitens – Folgen für die Interpretation von Niemöllers Rolle in den Debatten nach 1945 über die Schuld der Deutschen am Nationalsozialismus und seinen Verbrechen. Gewöhnlich wird er als eine wichtige moralische Instanz hingestellt. Mehr als jeder andere führende Protestant habe er sich der Auseinandersetzung mit der deutschen Schuld gewidmet und rastlos für deren Anerkennung geworben. Es gibt nichts zu deuten an

Niemöllers Einsatz für die Verbreitung des Stuttgarter Schuldbekenntnisses der EKD vom Oktober 1945. Problematisch ist aber der instrumentelle Charakter dieses Engagements. Denn unmittelbar nach Kriegsende wollte Niemöller von einer Schuld der Deutschen noch nichts wissen. Er erging sich vielmehr in einer Rhetorik der Viktimisierung und stellte das deutsche Volk als Opfer der Besatzungspolitik der Westalliierten dar. Wenn er von seiner eigenen Schuld sprach, führte er stets sein Schweigen zur Verfolgung anderer durch das NS-Regime an, sprach aber nie von seinem Handeln, etwa von der Unterstützung völkischer Gruppen als Student in Münster. Und er verdrehte die Tatsachen, um problematische Aspekte seines Handelns im »Dritten Reich« wie etwa seine freiwillige Meldung zur Wehrmacht 1939 zu beschönigen. Als die Veröffentlichung seiner Verteidigungsrede in dem Prozess von 1938 solche Ausflüchte fragwürdig machte, stellte er 1947 sein Engagement für das Stuttgarter Schuldbekenntnis schlagartig ein. Die Persistenz seiner nationalprotestantischen Grundhaltung nach 1945 wirft einen tiefen Schatten auf sein Engagement in der Diskussion um die deutsche Schuld.

Schließlich ist – drittens – auch eine Neubewertung von Niemöllers politischem Engagement nach 1945 nötig, sowohl innerhalb der evangelischen Kirche als auch darüber hinaus. Er erscheint hier oft als eine Lichtgestalt, die für progressive Ziele wie die Verteidigung des Friedens und der Demokratie eintrat und das Erbe der Bekennenden Kirche gegen Kirchenvertreter wie Hans Asmussen oder Otto Dibelius verteidigte, die es durch die Unterstützung der CDU angeblich verraten hatten. Diese Lesart weist viele Probleme auf, von denen die politisch-moralische Wertladung nur eines ist. Noch immer wird kaum berücksichtigt, dass der von Niemöller repräsentierte Dahlemer Flügel bereits vor 1945 nur eine Minderheit innerhalb der Bekennenden Kirche repräsentierte und bald nach 1945 als eigenständige Gruppe nicht mehr handlungsfähig war. Neu und kritisch zu bewerten ist Niemöllers (kirchen-)politisches Wirken in der Bundesrepublik angesichts seiner Fundierung in der Idee eines prophetischen Wächteramtes der Kirche. Durch dessen Inanspruchnahme immunisierte sich Niemöller gegen jegliche Kritik an seinen Positionen und verweigerte sich damit dem Grundprinzip jeder Demokratie – der offenen Abwägung gegensätzlicher Positionen in einem rationalen Diskurs, der am Ende zu einer Mehrheitsentscheidung führt. Hochgradig problematisch ist schließlich auch die moralische Indifferenz, mit der er bis ins hohe Alter die Bundesrepublik als eine Art verkappte Parteidiktatur kritisierte und damit die tiefgehenden Unterschiede zwischen der NS-Diktatur und der – bei aller autoritären Überformung während der Kanzlerschaft Konrad Adenauers – doch gefestigten parlamentarischen Demokratie einebnete.

Der Lebensweg eines Individuums ist nicht nur aus diesem selbst heraus verständlich. Menschen handeln in bestimmten sozialen Zusammenhängen, wirken auf diese ein und passen sie ihren eigenen Bedürfnissen an. Gerade im Fall Martin Niemöllers ist das von Bedeutung, denn er lebte über viele Jahrzehnte hinweg in der täglichen Interaktion oder zumindest der brieflichen Kommunikation mit zwei Angehörigen seiner Familie. Im April 1919 heiratete Martin Niemöller Else Bremer, die Schwester seines Jugendfreundes Hermann Bremer.[23] Bis zu ihrem tragischen Tod bei einem Autounfall am 7. August 1961 – an dem Martin als Fahrer des Wagens nicht schuldlos war – war Else Niemöller weitaus mehr als die »Frau an seiner Seite« und die Mutter der sieben Kinder des Ehepaars. Bereits in den Studententagen in Münster nahm Else Anteil an seiner politischen Arbeit, indem sie – obwohl selbst nicht eingeschrieben – mit ihm in der Studentengruppe der Deutschnationalen Volkspartei aktiv war. Während der Arbeit ihres Mannes in der Inneren Mission seit 1924 und mehr noch als Pfarrfrau in der Dahlemer Gemeinde in den Jahren seit 1931 lebte Else Niemöller buchstäblich »im Glashaus«,[24] da alles, was das Familienleben des Pfarrers betraf, sich vor den Augen der Gemeinde vollzog. Else hielt Martin hier den Rücken frei und half ihm überdies beim Schreiben der Predigten, mit dem er sich vor allem in den Münsteraner Jahren sehr schwertat. Während der sieben langen Jahre der KZ-Haft war Else Martins einziger regelmäßiger Kontakt zur Außenwelt. Nach 1945 zog Niemöller die Konsequenzen aus der langen Trennung von seiner Frau und unternahm viele seiner ökumenischen Reisen zusammen mit ihr.

Martin Niemöller hatte fünf Geschwister. Nach dem frühen Tod von Gerhard Heinrich 1894 war er das älteste Kind und Wilhelm Niemöller (1898–1983) fortan sein einziger Bruder.[25] Im Weltkrieg diente Wilhelm bei der Artillerie. 1919 begann er, noch vor seinem älteren Bruder, mit dem Studium der evangelischen Theologie. Als Pfarrer im westfälischen Schlüsselburg und von 1930 an in Bielefeld verlief Wilhelms berufliche Laufbahn zunächst parallel zu der seines großen Bruders. Er war seit 1923 Mitglied der NSDAP, wurde aber 1933 mit dem Ausschluss bedroht, da er sich gegen die Deutschen Christen wandte, welche die evangelische Kirche im Sinne des Nationalsozialismus gestalten wollten.[26] Erst jetzt schloss er sich der Bekennenden Kirche an, die er fortan in der Westfälischen Kirche an führender Stelle vertrat. In den Jahren des Kirchenkampfes nahm Wilhelm bis 1937 an der Seite seines älteren Bruders an allen wichtigen Landes- und Reichssynoden teil.

Nach 1945 veränderte sich die Bedeutung Wilhelm Niemöllers für seinen älteren Bruder. Wilhelm wurde nun vom Pfarrer der Bekennenden Kirche zu deren erstem und wichtigstem Historiker. Mit einer schmalen Broschüre führte er 1946 den Begriff des »Kirchenkampfes« in die historische Forschung ein. Ohne seinen Bruder Martin, so stellte er es dar, wäre dieser Kirchenkampf »nicht mit solchem Nachdruck geführt worden«. In knappen, eindringlichen Sätzen skizzierte Wilhelm Niemöller das Bild einer Kirche, die seit 1933 »um ihr Leben kämpfte«.[27] Damit charakterisierte er den Kampf der Bekennenden Kirche als einen Akt des Widerstands, eine Sicht, die inzwischen von der historischen Forschung widerlegt ist. Der »Kirchenkampf« war zu Beginn in erster Linie ein »Kirchenstreit« – so der Begriff, den zeitgenössische Beobachter vor allem in den Jahren 1933/34 benutzten –, in dem die »Deutschen Christen« und die »Bekennende Kirche« um die Führung in der evangelischen Kirche rangen. Nur wo der NS-Staat sich in diesem Konflikt gegen die Arbeit der Bekennenden Kirche wandte, richtete diese sich gegen das »Dritte Reich«.[28] Substanzieller Widerspruch gegen die Politik des NS-Regimes regte sich erst 1936, tatsächlicher Widerstand nur punktuell und von Einzelnen.[29]

Wilhelm Niemöller hatte mit dem Begriff des Kirchenkampfes für eine verklärende Rückschau auf das Wirken der Bekennenden Kirche gesorgt und den Mythos vom kirchlichen Widerstand begründet. Darüber hinaus schuf er die Niemöller-Legende. In zahlreichen Publikationen der 1950er Jahre malte er das Bild seines älteren Bruders als eines unerschrockenen Kämpfers gegen das NS-Regime, so etwa in einem 1952 erschienenen Buch über den Prozess vor dem Sondergericht 1938. Die anstößigen Ausführungen Martins über seine Nähe zum Nationalsozialismus sparte er dabei geflissentlich aus.[30] Als nach 1947 Fakten aus dem Prozess von 1938 ans Tageslicht kamen, musste er wiederholt unerwünschte Wahrnehmungen korrigieren, um das öffentliche Bild Martin Niemöllers nicht zu beschädigen. Auch hinter den Kulissen war Wilhelm eifrig damit beschäftigt, durch briefliche Intervention Kritiker seines Bruders zu attackieren, egal ob diese sich gegen dessen Rolle im Nationalsozialismus oder gegen seine kirchenpolitischen Interventionen richteten. Über die Rolle als Biograph und Hagiograph hinaus war Wilhelm Niemöller bis ins hohe Alter hinein in allen Lebenslagen ein enger persönlicher Freund und Vertrauter seines älteren Bruders. Dennoch ist dies ist keine Familienbiographie, sondern die Biographie eines Individuums. Eine Biographie Martin Niemöllers muss aber der Bedeutung gerecht werden, die seine erste Frau und sein jüngerer Bruder in seinem Leben hatten.

Evangelische Kirchenhistoriker haben seit den 1960er Jahren zahllose biographische Studien zu allen wichtigen am »Kirchenkampf« seit 1933 beteiligten Bischöfen, Theologen und Kirchenpolitikern vorgelegt.[31] Umso erstaunlicher ist es, dass eine aus den Quellen gearbeitete Biographie von Martin Niemöller bislang fehlt. Die Bücher von Dietmar Schmidt und dem englischen Kirchenhistoriker James Bentley basieren vor allem auf Interviews mit dem Zeitzeugen Niemöller. Sie geben deshalb dessen verklärte und oft ungenaue Rückschau wieder.[32] Für die Zeit von 1916 bis 1923 sind beide zudem der Selbststilisierung in dem im Jahr 1934 veröffentlichten autobiographischen Werk *Vom U-Boot zur Kanzel* gefolgt, in dem es Niemöller auch darum ging, seine nationalistische Grundhaltung herauszustellen und Angriffen auf seine Person den Wind aus den Segeln zu nehmen.[33] Die knappe Darstellung von Michael Heymel ist vor allem für die Zeit bis 1945 mit zahlreichen Fehlern behaftet und folgt in vielem einfach den Spuren der Hagiographie von Wilhelm Niemöller.[34] Für die Zeit der kirchenpolitischen Auseinandersetzungen von 1933 bis 1937 hat Jürgen Schmidt immerhin eine materialreiche Teilbiographie vorgelegt.[35]

Wie in vielen andere Biographien von evangelischen Pfarrern und Bischöfen aus der Zeit des »Dritten Reiches« werden auch in den vorliegenden Darstellungen zu Martin Niemöller vornehmlich theologische und kirchenpolitische Positionen analysiert, sodass ein einseitiges, oft auch blutleeres und abstraktes Bild entsteht, weil die Ausführungen zu den Vorstellungen und Interventionen der Pfarrer sich allein im Ideenhimmel theologischer Denkfiguren bewegen.[36] Doch schon Luther war nicht nur Theologe, sondern vor allem ein Mensch aus Fleisch und Blut, der von sehr realen Ängsten und Hoffnungen angetrieben wurde und sich immer wieder in Machtkämpfe, Intrigen und Eifersüchteleien stürzte. Lyndal Roper hat in ihrer bahnbrechenden Biographie Martin Luthers aufgezeigt, wie sich die Analyse von dessen Gefühlen und sehr irdischen Bestrebungen für das historische Verständnis eines führenden Protestanten nutzbar machen lässt.[37] In der hier vorliegenden Darstellung stehen ebenfalls nicht der Theologe oder theologische Deutungskategorien im Vordergrund, sondern der Mensch Martin Niemöller, der im Privaten wie bei seinen vielfältigen politischen Aktivitäten vor ganz profanen und alltäglichen Problemen stand – auch nach der Ordination zum Pfarrer.

Ich stütze mich bei meinen Ausführungen vor allem auf die umfangreichen Quellenbestände in den Nachlässen von Martin und Wilhelm Niemöller. Zudem wurde die umfängliche Sammlung zur Geschichte des Kirchenkampfes ausgewertet, die Wilhelm Niemöller nach 1945 anlegte.[38] Eine im Nachlass vorliegende Quellengruppe verdient es, hervorgehoben zu werden, und zwar die sogenannten Amtskalender, in die Niemöller von 1919 bis 1983 in kleiner, steiler Handschrift kurze Notizen zu den am Tage gemachten Begegnungen und Arbeiten eintrug. Seit 1923 benutzte er dafür einen speziell für evangelische Geistliche produzierten »Amtskalender«. Nur der Amtskalender des Jahres 1937 ist verschollen. Während seiner KZ-Haft nahm Niemöller im Verlauf des Jahres 1943 die Gewohnheit wieder auf, sporadisch kurze Notizen in einen Kalender einzutragen.[39] Auch sein Vater Heinrich hatte bis kurz vor seinem Tod im März 1941 einen solchen Amtskalender geführt.[40]

Vor allem für die Jahre bis 1933 sind die Amtskalender unentbehrlich, will man das Netzwerk von Niemöllers persönlichen Kontakten und Begegnungen rekonstruieren. Als Tagebücher im engeren Sinne sind sie dagegen nicht zu verstehen. Für eine ausführliche Niederschrift von Beobachtungen und Reflexionen fehlte in den Kalendern einfach der Platz. Dennoch erlauben sie zuweilen tiefe Einblicke in die politische Gedankenwelt Martin Niemöllers. So mag sich der Leser fragen, in welchem der politischen Systeme seit 1918 Niemöller zu der Auffassung kam: »Wir werden von Irrsinnigen ›regiert‹.«[41] In der Weimarer Republik? Im »Dritten Reich«? Oder etwa in der Bundesrepublik unter der von Kanzler Kiesinger 1966 bis 1969 geleiteten ersten Großen Koalition?

Teil I

PROTESTANTISCHER NATIONALISMUS IN KAISERREICH UND REPUBLIK

1
Eine Jugend im evangelischen Pfarrhaus

Im Rückblick auf seine Kindheit und Jugend erklärte Martin Niemöller zuweilen, dass er »Sproß einer westfälischen Bauernfamilie sei« und eine »westfälische Bauernnatur« habe. Er tat dies wohl vor allem, um damit seine Bodenständigkeit und Zähigkeit zu betonen.[1] Seine frühesten nachweisbaren väterlichen Vorfahren verdienten als Heuerlinge und Kleinbauern im Tecklenburger Land bei Osnabrück ihren Lebensunterhalt. Seine direkten Vorfahren waren Müller, worauf bereits der Name – Neumüller, also der neue Müller am Ort – hinweist. Seit dem späten 17. Jahrhundert waren sie in dem Dorf Wersen ansässig. Als Müller brachten sie es zu einigem Besitz und damit bescheidenem Wohlstand. Der rapide soziale Aufstieg der Familie Niemöller im 19. Jahrhundert beruhte aber auf dem Erwerb von Bildung und Bildungspatenten. Er begann mit Martins Großvater Gerhard Heinrich Niemöller (1819–1873), der in Wersen als Volksschullehrer arbeitete und überdies als Kantor für das Orgelspiel in der evangelischen Kirche zuständig war. Gerhard Heinrich Niemöller heiratete 1850 Christine Bäumer aus Ibbenbüren. Heinrich Niemöller – Martin Niemöllers Vater – wurde 1859 geboren und war das sechste von acht Geschwistern. In der Familie wurde plattdeutsch gesprochen. Aber der Volksschullehrer Gerhard Heinrich Niemöller hatte auch die alten Sprachen erlernt, um seine Kinder auf den Besuch einer höheren Schule vorbereiten zu können.[2]

Nach dem Tod ihres Mannes im April 1873 musste Christine Niemöller das Kantorhaus verlassen und kam mit ihren drei jüngeren Kindern – der jüngste Sohn war bereits nach einem Jahr verstorben – zunächst in einigen Räumen im Dachgeschoss der Bringenburg unter, einem Jagdschloss in Wersen. Durch die Vermittlung des Landrats war Heinrich Niemöller eine Freistelle in Schulpforta zugesagt worden, der 1543 im Gefolge der Reformation gegründeten Internatsschule für Knaben in Naumburg an der Saale. Beim ersten Anlauf im Herbst 1873 fiel Heinrich bei der Aufnahmeprüfung durch. Nach einigen Monaten intensiven Paukens schaffte er es beim zweiten Mal aber doch: Heinrich Niemöller wurde im April 1874 als Schüler in Schulpforta aufgenommen.[3]

Die Mutter ließ sich derweil von ihrem Erbteil ein kleines Fachwerkhaus in Wersen bauen, das sie bis zu ihrem Tod 1908 bewohnte. Sie lebte von ihrem

Ackerland, dem Garten, einer Kuh und einigem Kleinvieh und widmete sich zudem ganz der Fürsorge für ihre Kinder und die stetig wachsende Enkelschar. Im Alter konnte sie mit Zufriedenheit auf den sozialen Aufstieg ihrer Nachkommen blicken. Ihr ältester Sohn Friedrich war Naturwissenschaftler und Direktor der Realschule in Emden. Der zweite Sohn Rudolf wanderte in den 1880er Jahren mit seiner Frau nach Afrika aus. Er arbeitete als Kaufmann in Betschuanaland, einem britischen Protektorat auf dem Gebiet des heutigen Staates Botswana, schickte seine drei Kinder aber 1898 zur Ausbildung nach Deutschland zurück. Einer von ihnen, Rudi, kam bei der Familie von Rudolfs jüngerem Bruder Heinrich unter, der inzwischen als Pfarrer in Lippstadt arbeitete. Martin Niemöllers Verhältnis zu Rudi und seinen anderen Vettern aus Afrika blieb jedoch »kühl«. Dies mag vor allem daran gelegen haben, dass diese »sich als Engländer fühlten« und dies ihren Cousin auch wissen ließen.[4]

August Niemöller, der dritte Bruder von Martin Niemöllers Vater, hatte es als Kaufmann und Teilhaber in einem Großhandelsgeschäft für Lebensmittel ebenfalls zu etwas gebracht, und der jüngere Bruder Wilhelm hatte in Schulpforta einige Jahre zusammen mit Heinrich studiert. Wilhelm arbeitete später als Lehrer für alte Sprachen an einem Gymnasium in Soest. Christine Niemöller, die jüngste Tante von Martin, durchlief die Ausbildung zur Lehrerin und heiratete einen Schulrektor. Allein Johanna, das älteste Kind von Gerhard Heinrich und Christine Niemöller, ergriff keinen bürgerlichen Beruf. Sie heiratete den Bauern Hermann Schaberg, dessen Hof in Wersen nur wenige Hundert Meter vom Haus der Mutter entfernt lag.[5]

Martin Niemöllers Vater Heinrich war also nicht der Einzige aus dieser Generation der Familie, der das Abitur ablegte, anschließend studierte, als Akademiker den sozialen Aufstieg ins Bürgertum vollzog und dauerhaft absicherte. Die humanistische Ausbildung in Schulpforta mit ihrem Schwerpunkt, den alten Sprachen, hatte ihm die dafür nötige Grundlage vermittelt. Aber die Schule half Heinrich Niemöller auch in materieller Hinsicht, indem sie ihm für die sechs Semester des Theologiestudiums, das er in Leipzig und Halle absolvierte, ein Stipendium bereitstellte. Auch die älteren Geschwister August und Johanna liehen dem angehenden Theologen Geld.

Bereits nach der ersten theologischen Prüfung beim Konsistorium im Oktober 1884 bot der Superintendent dem jungen Heinrich Niemöller die Stelle eines Hilfspredigers in Lippstadt an. Zwei Mönche des dort seit 1281 ansässigen Augustiner-Eremitenklosters hatten 1523 aus dem Studium in Wittenberg die neue Lehre der Reformation in die Stadt an der Lippe gebracht und sie zur »ersten evangelischen Stadt in Westfalen« gemacht. In einem kleinen Büchlein beschrieb Heinrich Niemöller diese Geschichte später. Nach der Ordination im Jahr 1887 ernannte man ihn in Lippstadt zunächst zum Pfarradjunkten, 1890 wurde er dann auf die zweite Pfarrstelle der Stadtgemeinde Lippstadt gewählt.[6]

Wie seine Vorfahren war auch Heinrich Niemöller in einer reformierten Gemeinde getauft worden. Doch durch die Ausbildung und Konfirmation in Schulpforta – das seit der Reformation auch die Funktion hatte, potenzielle Kandidaten für das Studium der Theologie und den lutherischen Pfarrerstand bereitzustellen – wurde er lutherisch geprägt.[7] Die Gemeinde in Lippstadt, in der er von 1890 bis 1900 als Pfarrer arbeitete, war in einem ebenso langen wie konfliktreichen Prozess aus der Vereinigung von reformierten und lutherischen Gemeinden im Zeichen der preußischen Union entstanden. Diese Bemühungen hatten in den 1830er Jahren begonnen und gelangten erst 1887, als Niemöller nach Lippstadt kam, zum Abschluss.[8] Die Vorgeschichte solch unierter Gemeinden reicht bis in das späte 18. Jahrhundert zurück. Damals hatte sich im evangelischen Bürgertum die Überzeugung herausgebildet, dass die aus dem Abendmahlsstreit im 16. Jahrhundert überkommenen Differenzen zwischen Reformierten und Lutheranern zu überwinden seien. Die territoriale Neuordnung der Staaten nach den napoleonischen Kriegen, die den Landesherren konfessionell durchmischte Territorien zuführte, hatte den Druck zur Bildung unierter Kirchen noch verstärkt.[9]

In Preußen befürwortete König Friedrich Wilhelm III. eine Union der beiden protestantischen Bekenntnisse. Dazu entwarf er eine einheitliche Agende für die rituelle Ordnung des Gottesdienstes, die am Reformationstag 1817 erstmals zelebriert wurde. Das Oktroi stieß jedoch in den reformierten wie in den lutherischen Landesteilen auf heftigen Widerstand, der sich mit liberaler politischer Opposition gegen den König verband. Nur wenige Gemeinden – 1823 waren es gerade einmal sieben Prozent – übernahmen die gemeinsame Agende. So war die Evangelische Kirche der Union in Preußen, die 1817 unter dem Druck des Landesherrn entstand, in erster Linie eine Rechts- und Verwaltungsgemeinschaft mit dem 1850 geschaffenen Evangelischen Oberkirchenrat in Berlin an der Spitze. Nachdem Preußen 1866 mehrere benachbarte Staaten – darunter das lutherische Königreich Hannover und das unierte Kurhessen – annektiert hatte, blieben deren Landeskirchen selbstständig und die Union in Preußen auf die altpreußischen Provinzen beschränkt, eben – so der offizielle Name seit 1922 – die Evangelische Kirche der altpreußischen Union. Letztlich war mit der Gründung der Union das ganze Gegenteil dessen erreicht worden, was man sich erhofft hatte: Neben die reformierte und die lutherische war »mit der Union faktisch eine dritte protestantische

Konfession getreten«, die so zur »weiteren Zersplitterung der konfessionellen Landschaft« unter den Evangelischen führte.[10]

Bevor er die Pfarrstelle in Lippstadt antrat, heiratete Heinrich Niemöller 1889 Paula Müller. Er kannte die Kaufmannstochter mit hugenottischen Vorfahren, die aus dem unweit von Wersen gelegenen Westerkappeln stammte, bereits seit seinem sechsten Lebensjahr. Im Jahr darauf wurde dem Ehepaar das erste Kind geboren, der Sohn Gerhard Heinrich, der jedoch 1894 nach kurzer Krankheit verstarb. Damit war der am 14. Januar 1892 zur Welt gekommene und nach dem Reformator Martin Luther benannte Sohn der älteste. Auf Martin folgten vier weitere Kinder: Magdalene (geb. 1894), Pauline (geb. 1896), Wilhelm (geb. 1898) und Maria (geb. 1901). Wie Wilhelm bezeugt hat, kam Martin als dem Ältesten eine unangefochtene »Vorrangstellung« unter den Geschwistern zu.[11] Er selbst »bewunderte« den großen Bruder, den die Eltern ihm als leuchtendes Vorbild hinstellten. Wilhelm hat zu dem Älteren aufgeschaut. Als sie noch Kinder waren, hat er ihm das Geld überlassen, das er mit dem Sammeln von Lumpen verdient hatte.[12] Nach 1945 hat er an der Niemöller-Legende gestrickt und den Bruder gegen Kritiker verteidigt.

Von 1898 bis 1900 besuchte Martin die evangelische Volksschule in Lippstadt, den erhaltenen Zeugnissen zufolge mit guten bis sehr guten Leistungen.[13] Während der Einzelhaft im KZ Sachsenhausen hat er 1939 in zwei stichwortartigen Notizen Erinnerungen an die Kindheit niedergelegt. »Im Lippstädter Garten: Gehrock, lange Pfeife, meditierend«, fasste zusammen, »was ich noch von meinem Vater weiß.«[14] Aus dieser wie aus anderen Quellen entsteht das Bild eines patriarchalischen Familienvaters, der über seine Kinder und seine Frau mit Strenge und Zucht herrschte, dabei zuweilen aber auch Großmut und Gelassenheit zeigen konnte. Heinrich Niemöller selbst hat in seinem zuerst 1927 veröffentlichten und für seine Söhne Martin und Wilhelm geschriebenen »Pastorenspiegel« ausgeführt, wie er sich das Rollenbild des evangelischen Pfarrers vorstellte. Dieses Bild des Pfarrers als »Hausvater« entstand im emphatischen Rückbezug auf eine idealisierte Vorstellung von Luthers Haus in Wittenberg. In nationalprotestantischer Glorifizierung postulierte Heinrich Niemöller, dass man im Gedanken an das »Klosterhaus« zu Wittenberg »Erfrischung« und »Erbauung« finden werde, »solange es eine deutsche Geschichte gibt«. Im Rückgriff auf Luthers Beziehung zu Katharina von Bora erklärte er auch, dass »der Mann des Weibes Haupt sei«. Und wer als Pfarrer das »ewige Wohl seine Kinder im Auge« habe, der müsse »neben den Apfel die Rute« legen.[15] In diesem Sinne ist wohl eine Notiz von Martin über die nötige »Kontrolle der Extemporalia« zu verstehen, zu denen das spontane »Aufspringen bei Tisch« ohne Erlaubnis des gestrengen Vaters zählte.[16]

Der Patriarch Heinrich Niemöller feiert am Vorabend des Ersten Weltkriegs Weihnachten im Kreise seiner Familie. Martin sitzt rechts neben seiner Mutter Paula, sein Bruder Wilhelm links von der Mutter.

Die Erziehung im protestantischen Pfarrhaus war von Strenge und Härte geprägt. Für die körperliche Züchtigung war im Hause Niemöller die Mutter zuständig. Wie Martin einem Schulfreund in der Volksschule berichtete, war dies von Vorteil, denn »wenn Mütter schlagen, tut es nicht so viel weh«.[17] Aber Heinrich Niemöller erschien als »Unteroffizier vom Dienst« zuweilen zur Inspektion in den Zimmern der Kinder und überprüfte »Ordnung und Pünktlichkeit«. Diese Praxis sollte Martin später von seinem Vater übernehmen.[18] Heinrich war vor allem gegenüber den Kleinen ein strenger Vater. Als er Martin im Alter von 13 oder 14 Jahren bei der Zimmerinspektion mit einer Zigarre ertappte, meinte er jedoch nur lakonisch, dass Vater und Sohn dann ja künftig »gemeinsame Zigarrenbestellungen« aufgeben könnten.[19]

Selbstredend hatten sich die Kinder eines evangelischen Pfarrers in der Praxis christlicher Frömmigkeit zu üben. Im Hause Niemöller zählte dazu neben der Morgen- und Abendandacht im Familienkreis die Teilnahme der Kinder an Kindergottesdiensten, am Konfirmandenunterricht und an den Bibelstunden. Nach dem Wechsel Heinrich Niemöllers auf eine Pfarrstelle in Elberfeld 1900 besuchten die Kinder regelmäßig die normalen Gottesdienste des Vaters. Martin scheint zudem für eine gewisse Zeit im evangelischen Jünglingsverein aktiv gewesen zu sein.[20] Während der KZ-Haft dachte er oft an die Kindergottesdienste bei seinem Vater zurück und wäre »gern viele, viele Kilometer« gelaufen, »um mal wieder an einem evangelischen Gemeindegottesdienst teilnehmen zu können«. Im November 1943 schrieb er rückblickend an seine Frau: »Wie reich sind wir doch einmal gewesen und haben es nur sehr leise geahnt.«[21] Aus der selbstverständlichen Teilnahme Martin Niemöllers am religiösen Leben von Familie und Gemeinde kann allerdings nicht geschlossen werden, dass er ein frommes Kind war. »Wir waren nicht fromm«, erklärte Wilhelm Niemöller nach 1945 einer Journalistin, die an einem Porträt seines Bruders arbeitete.[22] Ehrlicher und präziser wäre die Antwort gewesen, dass sein Bruder Martin als Kind nicht fromm war, denn Wilhelm galt in Familie und Gemeinde als »das fromme Jüngsken«, dem am ehesten zuzutrauen war, den Beruf des Vaters zu ergreifen.[23] Dass er in einem christlichen Elternhaus als ältestes und selbstständigstes der fünf Kinder aufwuchs, machte Martin noch keineswegs zum religiösen Eiferer.

Heranwachsen im Zeichen von Nationalprotestantismus und Kaiserkult

Ein prägendes Element in der Kindheit und Jugend von Martin war ohne Zweifel die konservativ-nationalprotestantische Haltung des Vaters. Der lutherische Pfarrer Heinrich Niemöller vertrat die Auffassung, dass die deutsche Nation auf der Reformation Martin Luthers und auf dem Kampf gegen den römischen Katholizismus aufgebaut war, in Wort und Tat. Als Mitglied des 1886/87 gegründeten »Evangelischen Bundes zur Wahrung der deutsch-protestantischen Interessen« gehörte er der antikatholischen Sammlungsbewegung des protestantischen Bürgertums an und unterstützte damit die im wilhelminischen Kaiserreich herrschende »latente Kulturkampfstimmung«. Daneben engagierte er sich im 1832 – am Jahrestag der Schlacht von Lützen – gegründeten Gustav-Adolf-Werk, das diese antikatholische Stoßrichtung in praktische Hilfe für die evangelische Diaspora umsetzte. Seit 1913 amtierte er auch für zwei Jahrzehnte als Vorsitzender von dessen rheinischem Hauptverein.[24] Ein zentrales Element der nationalprotestantischen Mentalität im Kaiserreich war die Loyalität zur Hohenzollernmonarchie, deren Oberhaupt, der Kaiser, zugleich als *summus episcopus* der oberste Bischof der evangelischen Kirche war, bis die Revolution von 1918/19 diesem landesherrlichen Kirchenregiment ein Ende bereitete. Die erhebenden Momente in Heinrich Niemöllers Leben waren zweifellos jene, in denen er seine Treue zum Kaiser mit dem Lobpreis der lutherischen Reformation verbinden und zelebrieren konnte.

Ein solcher Augenblick kam im Oktober 1892, als Wilhelm II. an der Einweihung der umgebauten Schlosskirche in Wittenberg teilnahm, an der Luther der Legende nach 1517 seine »weltbewegenden« – so Heinrich Niemöller – 95 Thesen angeschlagen hatte. Martins Vater im Talar des Kirchenmannes verfolgte mit einem Amtsbruder den Einzug des Kaiserpaares und warf sein Barett in die Luft, noch bevor die Menge in das Lied »Eine feste Burg ist unser Gott« einstimmte.[25] Bald darauf entsandte Wilhelm II. die in Wittenberg federführenden Architekten Friedrich Adler und Paul Groth nach Jerusalem, um im Heiligen Land mit dem Bau der evangelischen Erlöserkirche ein weiteres Zeichen für die Einheit und Strahlkraft des deutschen Protestantismus zu setzen. Deren Einweihung fand am Reformationstag des Jahres 1898 statt und war das wichtigste Ereignis der Reise, die Wilhelm II. als erster westlicher Herrscher der Neuzeit nach Palästina unternahm. An dieser Reise, teils private Pilgerreise des Kaisers, teils Demonstration imperialer Weltgeltung einer protestantischen Nation, nahm Heinrich Niemöller als Mitglied der offiziellen kirchlichen Delegation teil. Wie der ultranationalistische Fabrikbesitzer

Diederich Heßling in Heinrich Manns Roman *Der Untertan* war er auf jede Gelegenheit erpicht, seinem Kaiser nahe zu sein. Am 31. Oktober 1898 wurde in der Erlöserkirche wiederum der Choral »Eine feste Burg« gesungen, und zwar bei geöffneten Türen. So konnten auch die von Heinrich Niemöller abschätzig als »Orientalen« bezeichneten muslimischen Osmanen das Lied hören. Dieser Moment blieb dem Pastor aus Lippstadt so »unvergeßlich« wie die ganze Reise, die der »Höhepunkt« seines Lebens war,[26] zumal ihm obendrein die Ehre zukam, das offizielle kirchliche Gedenkbuch zur Einweihung der Erlöserkirche herauszugeben.

Der Moment der Heimkehr des Vaters von der Reise nach Jerusalem hat sich dem kleinen Martin fest eingeprägt, ebenso das Bild des »hinauf gen Jerusalem« ziehenden Kaisers, das den Titel für das vom Vater herausgegebene und mit zahlreichen Bildern versehene Erinnerungsbuch schmückte.[27] Dieser wilhelminische Reichsnationalismus und Kaiserkult wurde Martin Niemöller aber nicht nur durch den Vater nahegebracht, sondern auch in der Schule. Zu seinen bleibenden Eindrücken aus der Kindheit in Lippstadt gehörte der mit dem Verzehr von »Korinthenbrötchen« gefeierte Kaisergeburtstag am 27. Januar. Wie an vielen anderen Volksschulen in Westfalen wurden die Schüler schon Tage zuvor durch das Binden von Ehrenkränzen aus Efeu oder Tannengrün auf das Fest vorbereitet. Der Ehrentag des Kaisers wurde festlich begangen mit Ansprachen der Lehrer und Liedern, welche die Kinder vortrugen. Martins Klasse sang das sentimentale Volkslied »Der Kaiser ist ein lieber Mann«. Zu Weihnachten 1897 wurde auch Wilhelm I. als »Kaiser Wilhelm der Große« im Familienkreis gefeiert, vielleicht weil im Frühjahr dieses Jahres ein Schnelldampfer des Norddeutschen Lloyd unter diesem Namen vom Stapel gelaufen war.[28]

Lippstadt war um die Jahrhundertwende eine beschauliche Kleinstadt mit etwas mehr als 10 000 Einwohnern. Neben der Einübung in die Rituale des wilhelminischen Reichsnationalismus, des protestantischen Glaubens und des für Kinder in bürgerlichen Familien obligatorischen Klavierspiels fand Martin dort genügend Zeit für »Spiele auf der Straße« oder das »Angeln an der Lippe«, die direkt hinter dem großen Garten des Pfarrhauses in der Brüderstraße verlief. Auch Schützenfeste, Kartoffelfeuer und die Heuernte waren feste Erinnerungen Niemöllers an die Zeit in Lippstadt. Bei aller bürgerlichen Konvention und Regelhaftigkeit war es eine unbeschwerte Kindheit.[29] Martin und seine Geschwister waren daher wenig erbaut, als der Vater eine Einladung der lutherischen Gemeinde von Elberfeld auf die dortige Pfarrstelle annahm. Im November 1900 zog die Familie Niemöller in die durch die Textilindustrie groß und wohlhabend gewordene Stadt an der Wupper. Über deren Häuser legte sich »wolkenartig« der Rauch aus den Schornsteinen der »Stätten des Fleißes«, wie es in einer zeitgenössischen Beschreibung hieß.[30] Gegen den Umzug in die mehr als 150 000 Einwohner zählende Großstadt rebellierten vor allem die Söhne. Wilhelm erklärte, dass er in das alte Haus zurückwolle. Und der gerade acht Jahre alte Martin äußerte offenherzig: »Vater, was bist du dumm gewesen!«[31] Später, während der KZ-Haft in Sachsenhausen, hat Niemöller im Rückblick auf die Jugend erklärt, dass er sich in Elberfeld »nie beheimatet gefühlt« habe. Westfalen blieb seine Heimat, und zwar das Tecklenburger Land in Westerkappeln und Wersen, wo die Großeltern lebten.[32]

Bis Ostern 1901 ging Martin zunächst auf die Vorschule des Gymnasiums in Elberfeld, es folgte die reguläre Gymnasiallaufbahn bis zum Abitur im März 1910. Die Zeugnisse weisen in Mathematik und den alten Sprachen zumeist befriedigende, sonst gute bis sehr gute Leistungen auf mit einer zum Abitur hin aufsteigenden Kurve. Sie bestätigen aber auch die Aussage von Wilhelm, dass sein großer Bruder kein »Musterschüler« gewesen sei. Immer wieder gab es Klagen der Lehrer, dass Martin »sich leicht ablenken läßt«, »zu Störungen« neige oder seine »Neigung zum Plaudern« nicht im Griff habe.[33] Wenn das wilhelminische Gymnasium eine autoritäre Sozialisationsinstanz war, so ließ sich der offenkundig mit einigem Selbstbewusstsein ausgestattete Pfarrerssohn davon jedenfalls nicht übermäßig beeindrucken. Gemäß dem Reifezeugnis hat Niemöller das Gymnasium im März 1910 mit der Gesamtnote »sehr gut« abgeschlossen.[34]

Während der folgenden Ausbildung zum Marineoffizier blickte Martin in Briefen an seinen besten Freund Hermann Bremer hin und wieder auf die gemeinsam im Gymnasium verbrachten Jahre zurück. Er erinnert an »das öde Einerlei des Schullebens«, und auf die Nachricht vom Tod eines früheren Lehrers namens Lenz heißt es, dieser habe »an dem Schicksal seiner Schüler so persönlichen Anteil« genommen.[35] Kurz vor dem Abitur scheint sich Niemöller einen typischen Pennälerstreich erlaubt zu haben. Mit einigen Schulkameraden verfasste er ein Spottgedicht auf einen Lehrer, das diesem anonym zugespielt wurde. Die Affäre zog weite Kreise. Martin musste ein Entschuldigungsschreiben aufsetzen und sein Vater beim Schuldirektor noch energisch zugunsten seines Sohnes intervenieren, als dieser längst in Kiel Dienst tat.[36] Im Vergleich mit dem streng geregelten Dienstbetrieb in der Kaiserlichen Marine erschien dem jungen Seekadetten das humanistische Gymnasium inzwischen als eine relativ ungezwungene Institution, die viele Freiräume geboten hatte. Dies äußerte er jedenfalls 1910, nachdem er die ersten Monate der Ausbildung in Kiel absolviert hatte: »An die Pennälerzeit denke ich noch viel. Es war doch recht fidel! Hier sind die Unterrichtsstunden nur zum Unterricht da.«[37]

Heinrich und Paula Niemöller versuchten, ihrem heranwachsenden ältesten Sohn einen möglichst weiten Horizont zu eröffnen. Dazu zählt auch, dass sie über einen Bekannten der Familie einen Aufenthalt Martins in London arrangierten und der Sechzehnjährige im August und September 1908 sechs Wochen in der Hauptstadt des Britischen Empire verbrachte. Er war in Privatquartieren untergebracht und nutzte den Aufenthalt zur Erkundung der touristischen Sehenswürdigkeiten der Metropole. Sein erster Eindruck von der Weltmacht Großbritannien war »trostlos«, denn die »Eisenbahnen taugen herzlich wenig«. Aber dieses abträgliche Urteil über die – damals wie heute – desolate britische Infrastruktur war bald nur noch Nebensache. Es zog ihn immer wieder nach South Kensington in das Victoria and Albert Museum zu den Galerien mit den Schiffsmodellen. Als Hermann Bremer zwei Jahre später nach London fuhr, legte Martin ihm diese Sammlungen ausdrücklich ans Herz. Bei der Familie Lumb, bei der er gegen Ende des Aufenthalts untergebracht war, erhielt der Pfarrerssohn auch Einblicke in das religiöse Leben der Briten. Die Lumbs gingen am Sonntag gleich zweimal zum Gottesdienst, morgens und dann wieder abends nach dem Supper. Martin zog es vor, am Sonntagabend in seiner Ausgabe des Neuen Testament zu lesen, das er zunächst »sehr vermißt hatte«, nach einigem Suchen aber in seinem Gepäck fand.[38]

Der Aufenthalt in London vermittelte dem jungen Martin Niemöller viele neue Eindrücke und verbesserte seine Sprachkenntnisse, die er nun gleich in den Briefen an seinen Freund Hermann Bremer zum Besten gab.[39] Darüber hinaus motivierte ihn die Reise, seine Eindrücke und Gedanken in einem Tagebuch festzuhalten, das er nach der Rückkehr nach Elberfeld aber zunächst nicht fortführte. Die Niederschrift von Impressionen und Gefühlen in einem Tagebuch war um 1900 unter Jugendlichen aus bürgerlichen Kreisen eine weit verbreitete Praxis. Vor allem für Mädchen stelle es förmlich ein Refugium dar, in dem »schreibend über Rollenerwartungen nachgedacht und diese abgewogen werden« konnten. Nach einer längeren Pause hat Martin das Schreiben wieder aufgenommen.[40] Am 1. Januar 1909, zwei Wochen vor seinem 17. Geburtstag, trug er mit einigem Pathos die folgenden Notizen in eine als »Tagebuch I« bezeichnete Kladde ein:

> Ein neues Jahr hat angefangen, ein Jahr, das für mich seltene Bedeutsamkeit besitzt. Es bringt das letzte Schuljahr mit sich, entscheidet endgültig über meinen Beruf und wird noch anderweitig bedeutend für mich sein in Charakter- und Geistes-Entwicklung. Vieles nehme ich aus dem alten Jahr in das neue hinüber, den christlichen Glauben, jugendlichen Patriotismus, allerlei Wissen und eine alte, junge, heiße Liebe.[41]

An diesem Notat ist nicht nur die Selbstverständlichkeit auffällig, mit welcher Martin Glauben und Patriotismus als Kernelemente seiner Persönlichkeit definiert, sondern auch der biographische Entscheidungscharakter, den er dem letzten Schuljahr zuweist. Wie er in einem Notat am folgenden Tag präzisierte, sollte ihm das Tagebuch vornehmlich dazu dienen, nun endlich erwachsen zu werden. Doch die Ernsthaftigkeit, die aus diesen Worten sprach, wurde konterkariert durch das Trinklied, das Martin am Abend zuvor gedichtet und ebenfalls notiert hatte. Der Gegensatz von Anspruch und Praxis war ihm wohl bewusst, denn er bekannte, dass er »durchaus nicht den Willen« gehabt habe, gleich »am ersten Tag des Jahres solche Töne anzuschlagen«.

Zum Erwachsenwerden gehörte auch die erwähnte »heiße Liebe«. Am 12. Januar folgte eine Liebeserklärung an die Angebetete, ein Mädchen aus einer gutbürgerlichen Elberfelder Familie namens Elisabeth Scheffner.[42] Prägende Wirkung dürfte diese erste Liebesbeziehung allemal gehabt haben, auch wenn sie kaum länger als ein Jahr währte. Im Juli 1912 erhielt der Fähnrich zur See die Nachricht, dass Elisabeth sich mit einem anderen Mann verlobt hatte. Daraufhin notierte er in seinem Tagebuch:

> Und jetzt steht noch einmal vor mir die ganze schöne Zeit, wo ich mit meinem jugendlichen 17jährigen Herzen sie von ganzem Herzen zu lieben glaubte. Es war wirklich eine schöne Zeit, die meinen ganzen letzten Pennälerjahren einen für meine Entwicklung sehr wichtigen Inhalt gab und mich vor mancher Torheit bewahrt hat.[43]

Die Faszination des Marineschauspiels

Als Martin Niemöller am 1. Januar 1909 in sein Tagebuch schrieb, beschäftigte er sich auch mit der Frage, welchen Berufsweg er einschlagen sollte. Im Rückblick haben Martin Niemöller und sein Bruder Wilhelm oft wiederholt, dass Martin bereits als Vierjähriger einen fest gefügten »Lebensplan« hatte und zur Marine wollte.[44] Einige Biographen haben die wagemutige These geäußert, dass bereits der Fünfjährige die Absicht hatte, »Marineoffizier« zu werden.[45] Das gehört, wie sich leicht nachweisen lässt, ins Reich der Legenden. Die Popularisierung der Kriegsmarine erfolgte nämlich erst mit ihrem Ausbau, und der begann 1897 mit der Berufung von Alfred von Tirpitz zum Staatssekretär des Reichsmarineamtes gerade erst. Das erste Flottengesetz vom April 1898 sah den Aufbau von zwei Geschwadern mit je acht Schlachtschiffen sowie weiteren Kreuzern und anderen Begleitschiffen über sechs Jahre hinweg vor. Die Flottennovelle im Jahr 1900 verdoppelte dieses Bauprogramm auf vier Geschwader. Hinter dem Aufbau der Kriegsflotte stand die Vorstellung, dass sich Seemacht unmittelbar in Weltmacht übersetzen lässt. Die Kaiserliche Marine signalisierte somit den imperialen Weltmachtanspruch des Deutsches Reiches. Zugleich symbolisierte sie die Einheit der Nation, da sie anders als das in Kontingente der Einzelstaaten (Preußen, Bayern, Württemberg, Sachsen) unterteilte Heer von Beginn an als eine Institution des Reiches konzipiert war.[46] Das »Marineschauspiel« entfaltete also erst nach 1900 seine volle Breitenwirkung in der bürgerlichen Öffentlichkeit des deutschen Kaiserreichs. Nun fanden auf künstlich angelegten Seen Demonstrationsfahrten von elektrisch angetriebenen Schlachtschiffmodellen statt, die gerade so groß waren, dass der Ingenieur, der sie steuerte, in ihrem Rumpf Platz fand. Von den Tribünen entlang der Ufer verfolgten oft Tausende von begeisterten Zuschauern dieses Spektakel. »Marineschauspiel« im weiteren Sinne wurde nach der Jahrhundertwende gerade im protestantischen Bürgertum zur Metapher für die Flottenbegeisterung. Diese äußerte sich in der steigenden Nachfrage nach Postkarten, populären Schriften und Bilderbögen. In den sorgfältig choreographierten Staffelläufen von Schiffen der Kriegsmarine in Bremen, Hamburg und Kiel fand sie eines ihrer wichtigsten Rituale. Die Nachrichtenabteilung des Reichsmarineamts arbeitete mit Unterstützung radikalnationaler Verbände daran, Presse und öffentliche Meinung auf die Notwendigkeit der Flottenpolitik einzuschwören. Aber die Flottenbegeisterung war nicht einfach das Resultat einer Manipulation von oben, sondern speiste sich vor allem aus der wechselseitigen Interaktion von Regierung, Militärs und einer breiten Öffentlichkeit, die an der technischen, ästhetischen und imperialen Dimension der Flotte Gefallen fand.[47]

Das Marineschauspiel der Kriegsflotte zog auch den jugendlichen Martin Niemöller in seinen Bann. Die Wände seines Zimmers im Dachgeschoss des Elberfelder Pfarrhauses waren mit Bildern von Schiffen der Kriegsmarine übersät. Die kleineren Geschwister mussten die Schiffstypen der deutschen Kriegsflotten lernen. Seine Schwester Magdalene nähte ihm Signalflaggen. Zu Weihnachten wünschte er sich Bücher über die Marine, und auch das mit Nachhilfestunden verdiente Geld gab er dafür aus. So baute er sich allmählich eine kleine Bibliothek auf. Zu deren Bestand gehörte das von Kapitänleutnant a. D. Bruno Weyer seit 1900 jährlich herausgegebene *Taschenbuch der Kriegsflotten*, das einen breiten Überblick über die Schiffstypen und Dienstregularien nicht nur der europäischen Kriegsmarinen enthielt. Es war in erster Linie die Faszination der technischen Details und Bauelemente von Kriegsschiffen, die den jungen Mann zur Kriegsmarine führte. Aus den

Sommerferien in Westerkappeln schrieb er Hermann Bremer im August 1909 mit Bedauern, dass er dessen Frage über Details eines Cruisers der US Navy leider nicht beantworten könne, da er Weyers Taschenbuch nicht mitgenommen habe.[48]

Die jugendliche Begeisterung Niemöllers und seiner Freunde für die Kaiserliche Marine fand ihren Ausdruck in einem »Flottenkränzchen«, das für Martin eine »sehr ernste, genau organisierte Angelegenheit« war. Das Beisammensein diente der Fachsimpelei über Baureihen, Motoren und Bewaffnung. Die Mitgliedschaft in diesem Zirkel war streng formalisiert, sodass Hermann Bremer erst nach einer schriftlichen Einladung durch Niemöller und drei seiner Freunde im Juli 1908 beitreten konnte.[49] In diesem Zirkel wird es kurz vor dem Schulabschluss auch zu Diskussionen über die Berufswahl gekommen sein. Dem *Taschenbuch der Kriegsflotten* konnte Niemöller entnehmen, welche Voraussetzungen für die Aufnahme als Seeoffiziersanwärter erfüllt werden mussten. Demnach war eine Eingangsprüfung in Arithmetik, Geometrie und Trigonometrie abzulegen, und es mussten naturwissenschaftliche Grundkenntnisse vorgewiesen werden, in der Regel durch das Abitur. Nur im Englischen war mit »gut« eine Mindestnote angegeben. Für Martin stellte das kein Problem dar, da er darin seit dem Frühjahr 1909 stets ein »Sehr gut« erhielt. Weyers Taschenbuch informierte im Übrigen auch über Laufbahn und Einkommensentwicklung eines Marineoffiziers.[50]

Nach der Jahrhundertwende war es für den Sohn eines Pfarrers nicht ungewöhnlich, eine Offizierslaufbahn in der Marine anzustreben. Von den 96 Abiturienten unter den Seekadetten des Eintrittsjahrgangs 1906 waren immerhin 24 Söhne von Akademikern oder Pfarrern, also Angehörigen des protestantischen Bildungsbürgertums.[51] Bleibt die Frage nach den persönlichen Motiven Martin Niemöllers. Im Allgemeinen ergriffen junge Männer den Beruf des Seeoffiziers, weil sie Interesse an den mathematisch-technischen Aspekten der Ausbildung zeigten, weil die Aussicht auf lange Fahrten über alle Weltmeere ihrer jugendlichen Abenteuerlust entsprach oder weil bei der Marine die Beförderung in die Offiziersränge schneller erfolgte als in der Armee. Bei Karl Dönitz (1891–1980) – seit Anfang 1943 Oberbefehlshaber der Kriegsmarine – waren romantische Vorstellungen von Reisen in ferne Länder bestimmend.[52] Heinz Kraschutzki (1891–1982) war der Sohn eines hochrangigen Armeearztes, der den Sohn frühzeitig mit dem Gedanken vertraut machte, dass er den Offiziersberuf zu ergreifen hatte. Allerdings rebellierte der Sohn gegen das geistig so enge Milieu der Heeresoffiziere, das ihm aus dem persönlichen Umfeld seines Vaters vertraut war. Also optierte Kraschutzki für die Ausbildung zum Marineoffizier, darin auch bestärkt durch eine Fahrt an die dänische Küste, die er 1907 mit dem radikalnationalen Flottenverein unternommen hatte.[53] Dönitz und Kraschutzki begannen am 1. April 1910 mit Martin Niemöller die Ausbildung zum Marineoffizier.

Unklar ist, welche Faktoren neben der Faszination für die Technik der Schiffe und dem Interesse an der Seefahrt für Niemöller den Ausschlag gaben. Auf jeden Fall fußte sein Eintritt in die Kaiserliche Marine zu einem gewissen Grad auf einer kollektiven Entscheidung, denn aus dem Flottenkränzchen der Elberfelder Gymnasiasten begann der ebenfalls 1892 geborene Karl Gerstberger auch im April 1910 die Offiziersausbildung, und Hermann Bremer folgte den beiden am 1. April 1911.[54] Im Tagebuch erwähnt Niemöller, dass die Berufswahl noch nicht endgültig festgelegt sei, was sich wohl darauf bezieht, dass er die Eingangsprüfung erst noch bestehen musste. In manchen dunklen Stunden während der Ausbildung, wenn der angehende Seeoffizier seine Entscheidung bereute, kam er am Ende immer wieder zu dem Schluss, dass ihm das berufliche »Interesse zu irgendeiner anderen Sache« gänzlich fehle.[55]

Biographische Darstellungen entgehen nicht immer der Gefahr, aus dem späteren Lebensweg ihres Protagonisten auf Erlebnisse und Motive in der Kindheit zu schließen und diese dann nach hinten zu verlängern. Solche nicht durch Quellen gestützte Spekulation ist hier vermieden worden.[56] Wir kennen nur den Tagebucheintrag vom 1. Januar 1909, wo Martin sich als guter Christ, guter Deutscher und guter, wissbegieriger Schüler beschreibt. Die Jugend in einem Pfarrhaus hatte ihm Kernelemente der nationalprotestantischen Mentalität nahegebracht, darunter nicht zuletzt die Hochachtung für den symbolischen Eckpfeiler des wilhelminischen Reichsnationalismus, Kaiser Wilhelm II. Was in Lippstadt zunächst eine kindliche Begeisterung für den Kaiser als populäre Vaterfigur war, prägte auch noch den erwachsenen Martin Niemöller. Als er im Juni 1941 im KZ Sachsenhausen vom Tod Wilhelms II. hörte, war er »recht bewegt«.[57] Die KZ-Haft gab Niemöller hinreichend Gelegenheit, in Erinnerungen an das »Idyll meiner Lippstädter Kinderjahre« zu schwelgen. Dazu gehörte auch die Erinnerung an seine Begeisterung für die Kriegsmarine, die bei dem jugendlichen Gymnasiasten schließlich die Entscheidung beeinflusst hat, den Beruf des Marineoffiziers zu ergreifen.[58]

2
Als Offiziersanwärter in der Kaiserlichen Marine

Am 1. April 1910 trat Martin Niemöller mit 206 anderen Seekadetten in der Marinekaserne in Kiel-Wik seinen Dienst an.[1] Es hatte sich in der Kaiserlichen Marine eingebürgert, die Offiziersanwärter eines Einstellungsjahrgangs mit dem Begriff der »Crew« zu bezeichnen. Niemöller war also Mitglied der Crew 1910. Während des aktiven Dienstes hatte diese Zugehörigkeit eine praktische Bedeutung, denn die Beförderung innerhalb der Offiziersdienstgrade erfolgte nach dem Prinzip des Dienstalters oder der Ancienität. Einem Mitglied der Crew 1910 war es damit in der Regel nicht möglich, einen Offizier der Crew 1909 bei der Beförderung zu überholen. Die jährlichen Ranglisten wurden für jeden Jahrgang gesondert erstellt. Selbst lange nach dem Ausscheiden aus dem aktiven Dienst – und weit über den Zusammenbruch der Kaiserlichen Marine in der Revolution 1918/19 hinaus – blieb die Zugehörigkeit zur Crew für den einzelnen Offizier von fundamentaler Bedeutung. Denn die Crew war nicht nur eine Dienst-, sondern auch eine Solidaritäts- und Erinnerungsgemeinschaft. Noch kurz vor seinem 90. Geburtstag, nach jahrzehntelangem Einsatz für die deutsche und internationale Friedensbewegung, nahm Niemöller ganz selbstverständlich an Kameradentreffen der Crew 1910 teil.

Vier Jahrzehnte nach dem Ende des Zweiten Weltkriegs war Kameradschaft für die große Mehrheit der Bundesbürger ein »Begriff wie aus einer anderen Welt«.[2] Nicht so für Niemöller. Sichtlich gut gelaunt kam er 1980 im Rahmen eines Treffens der Crew 1910 mit Karl Dönitz zusammen, Großadmiral der Kriegsmarine des »Dritten Reiches« und 1945 Nachfolger Hitlers als Reichspräsident und Oberbefehlshaber der Wehrmacht.[3] Ein anderer Crewkamerad, Heinz Kraschutzki, war seit Anfang der 1920er Jahre bis zu seinem Tod Radikalpazifist und emigrierte bereits 1932 nach Spanien. Nach einer Denunziation durch die Behörden des NS-Staates saß er von 1936 bis 1943 in den Gefängnissen der Militärdiktatur von General Franco ein.[4] Die Mitglieder der Crew 1910 entwickelten also sehr unterschiedliche Berufskarrieren und biographische Lebensentwürfe, die auf verschiedene Entwicklungstendenzen innerhalb der deutschen Militärgeschichte des 20. Jahrhunderts verweisen. Bei allen biographischen Unterschieden blieb die Kameradschaft der Crew 1910 aber ein übergreifendes, Gemeinschaft stiftendes Band.

Mehr noch als die Offiziere der preußischen Armee waren die Seeoffiziere der Marine das »Elitekorps des Kaisers«. Das lag an dem direkten Einfluss auf die Ernennungen, Beförderungen und Dienstverhältnisse der Marineoffiziere, den Wilhelm II. durch das 1889 von ihm geschaffene Marinekabinett ausübte, und an der vorbehaltlosen Zustimmung des Kaisers zum Programm der Flottenpolitik als Weltmachtpolitik, das Admiral von Tirpitz als Chef des Reichsmarineamtes verfolgte. Schließlich wussten die Marineoffiziere, dass Wilhelm II. nicht nur der Oberbefehlshaber der Kaiserlichen Marine, sondern auch einer ihrer einflussreichsten Befürworter im innenpolitischen Machtgefüge des Kaiserreichs war. Seine Bewunderung und paternalistische Fürsorge für die Seeoffiziere brachte der Kaiser bei einer Rede zur Einweihung der neuen Marineschule in Flensburg-Mürwik im November 1910 zum Ausdruck. Hier sprach Wilhelm II. davon, wie sehr ihm das Seeoffizierkorps, dessen Uniform er selbst trage, »ans Herz gewachsen« sei, und titulierte die anwesenden Kadetten und Offiziere als »meine jungen Kameraden«.[5]

Dem elitären Charakter des Seeoffizierkorps entsprach das Bemühen, dessen Mitglieder vornehmlich aus den sozial »erwünschten« Kreisen zu rekrutieren. Dazu zählten neben den Söhnen von aktiven Offizieren vornehmlich solche von höheren, akademisch gebildeten Beamten, anderen staatsnahen Mitgliedern des Bildungsbürgertums und Gutsbesitzern. Angehörige des Wirtschaftsbürgertums waren weniger willkommen, junge Männer aus sozial niedriger stehenden Kreisen de facto ebenso ausgeschlossen wie Juden und Sozialdemokraten. Auf dem Papier war das Abitur keine Eingangsvoraussetzung für die Aufnahme als Seekadett. Bedingt durch den allgemein steigenden Bildungsgrad der bürgerlichen Schichten, aber auch durch die wachsenden technisch-mathematischen Anforderungen einer Laufbahn als Seeoffizier hatte sich die Zahl der Abiturienten unter den Seekadetten allerdings von nur 40 Prozent 1894 rasant auf 90 Prozent im Jahr 1914 erhöht.[6]

Das Seeoffizierkorps war damit bürgerlicher als das Offizierkorps im Heer. Von den Seekadetten der Crew 1907 waren nur 11 Prozent adlig und rund 26 Prozent die Söhne von Berufsoffizieren. Fast 46 Prozent hatten – wie Martin Niemöller – einen bildungsbürgerlichen Vater mit einem Universitätsabschluss, und rund 17 Prozent kamen aus Familien des Wirtschaftsbürgertums.[7] Für die soziale Exklusivität der Offiziersanwärter sorgten bereits die erheblichen Kosten, welche die Familien für die militärische Ausbildung ihrer Söhne aufbringen mussten. Nach 1910 in der Marineleitung angestellten Berechnungen waren für die vier Jahre bis zur Beförderung zum Leutnant zur See rund 4800 Mark für Uniform, Ergänzung der Ausrüstung und Zuschüsse zur Lebenshaltung zu veranschlagen. Die monatliche Löhnung eines Seekadetten von 40,50 Mark wog dies nicht im Entferntesten auf. Allerdings war ein Universitätsstudium für die Eltern vor allem aufgrund der Ausgaben für die Wohnung noch sehr viel kostspieliger. Für das Studium der evangelischen Theologie rechnete man mit einen Zuschussbedarf von bis zu 15 000 Mark.[8]

Man sollte die an das Bildungsniveau der Seeoffiziere gestellten Anforderungen aber nicht überbewerten. Während seiner großen Ausbildungsreise mit der *SMS Hertha* gab Niemöller im Dezember 1910 einem Freund Auskunft über die ihm abverlangten Kenntnisse. Sie war ernüchternd: »Es ist herzlich wenig: Wenn man einen normalen gesunden Menschenverstand hat und Addieren respektive Subtrahieren kann, so kommt man überall mit.«[9] Für die innere Kohäsion des Seeoffizierkorps waren deshalb andere Faktoren weitaus wichtiger als die formal durch das Abitur nachgewiesene Bildung und die im Verlauf der Ausbildung erworbenen technischen Kenntnisse. Dazu zählten die sozial exklusive Rekrutierung, die spezifischen Ehrvorstellungen und die am Beginn der Ausbildung durch den Eid abgelegte direkte Bindung an den Kaiser. All dies prägte die Gruppenkultur der Seeoffiziere. Ungeachtet der gestiegenen Bildungsvoraussetzungen blieben sie deshalb ein »Stand«, und ihre Tätigkeit wurde nicht einfach ein spezialisierter »Beruf«.[10] Auch die Tätigkeit der Seeoffiziere unterstützte diese ständische Ausrichtung. Denn ihnen oblag in erster Linie das Kommando über die Schiffe und deren Besatzung. Es waren die Marineingenieure, Deckoffiziere und Sanitätsoffiziere, die mit technischen Dingen, der Navigation sowie der unmittelbaren Aufsicht über die Mannschaft befasst waren. Doch vor der Qualifikation und Ernennung zum Offizier stand die dreieinhalbjährige Ausbildung der Offiziersanwärter.[11] In dieser Zeit mussten sie sich an die Prinzipien militärischer Disziplin gewöhnen und theoretische wie praktische Ausbildungsteile absolvieren. Aber auch die standesgemäße Charakterbildung der Offiziersanwärter war Teil des Curriculums, wozu Unterrichtsstunden im Reiten, Fechten und Tanzen gehörten.[12]

Für Martin Niemöller standen zu Beginn der Seekadettenzeit im April 1910 andere Dinge im Vordergrund, über die er seinem in Elberfeld verbliebenen Freund Hermann Bremer in Briefen detailliert berichtete. Um Aufnahme in das Korps zu erlangen, musste man zunächst etwa die Eingangsprüfungen in englischer Sprache bestehen. Immerhin gab es 372 Bewerber für die Crew 1910 bei einem angenommenen Bedarf von etwa 230 Seekadetten. Niemöller beobachtete mit Sorge, dass schon in den ersten Tagen einige »Leute nach Haus geschickt« wurden. Danach standen das Maßnehmen für die Uniform auf dem Programm und die Verteilung auf die Boote. Mit 51 anderen Männern wurde Niemöller der *SMS Hertha* zugeteilt, einem der vier zu dieser Zeit im Einsatz befindlichen Schulschiffe. Die Gruppe wurde dort in eine

Steuerbord- und eine Backbordwache aufgeteilt und diese wiederum in Halbwachen oder Sektionen zu je 13 Mann. In Niemöllers Sektion taten auch seine Elberfelder Freunde Karl Gerstberger und Carl Pagenstecher Dienst.[13]

Vor den Ausbildungsreisen mit der *SMS Hertha* gab es zunächst eine militärische Grundausbildung in Kiel. Sie wurde von Offizieren des Seebataillons durchgeführt, einer infanteristischen Truppe, die bei militärischen Expeditionen wie etwa der Niederschlagung des Boxeraufstands 1900 zum Einsatz kam. Dieser Ausbildungsteil bestand im Wesentlichen aus einem Exerzierdienst von bis zu fünf Stunden, auf den Instruktionen folgten. Nach nicht einmal zwei Wochen hatte Martin schon zwei Schuhsohlen durchgelaufen. Der Umgangston auf dem Kasernenhof war rau, es gab »Anschnauzer« zuhauf, und Martin riet Hermann Bremer, sich schon einmal ein »recht dickes Fell« zuzulegen.[14] Andererseits hatte Niemöller keine Scheu, den Offizieren gegenüber altklug aufzutreten. Für die Ausbildung der zur *SMS Hertha* eingeteilten Seekadetten waren Oberleutnant Theodor Schaarschmidt und Leutnant z. S. Ludwig von Müller zuständig. Martin fand, dass Müller ein »netter Kerl« sei. Immerhin fasste er »es gut auf«, als der noch in der Grundausbildung befindliche Seekadett Niemöller ihn vor versammelter Mannschaft beim »Anschauungsunterricht« über die korrekte Zahl der verschiedenen Geschütztypen auf der *SMS Gneisenau* belehrte, einem Großen Kreuzer der Scharnhorst-Klasse.[15]

Niemöllers Begeisterung für die Kriegsmarine war also zunächst ungebrochen. Bereits in den ersten Tagen hatte er mit seinen Freunden Gerstberger und Pagenstecher eine Segelfahrt in der Kieler Förde unternommen. Dort lag gerade die *SMS Nassau* in der Werft, das 1908 vom Stapel gelaufene, den Dreadnoughts der Royal Navy vergleichbare erste Großlinienschiff der Kaiserlichen Marine. Mit seinen sechs Geschütztürmen und einer Länge von 146 Metern war es ein imposantes Schiff. Niemand war »vergnügter« als Niemöller und seine Freunde, als der wachhabende Offizier sie zu einer Besichtigung einlud. Über das Fallreep kletterten sie an Bord und sahen sich eine Stunde lang um.[16] Aber nicht nur die Technik der Kriegsschiffe faszinierte Niemöller, wie aus brieflichen Erläuterungen über die Anordnung der Geschütztürme auf einem Torpedoboot deutlich wird, die er zur besseren Anschaulichkeit gleich mit einer Aufsichtzeichnung versah. Auch die sinnliche Qualität des Marineschauspiels übte immensen Reiz auf ihn aus. Eines Abends liefen bei Dunkelheit mehrere Torpedoboote aus dem Torpedoboothafen in Wik aus. »Es sah fein aus«, so sein Kommentar, »wie die schicken niedrigen Dinger mit 20 km Fahrt durch die Förde stoben und fortwährend Lichtsignale gaben.«[17]

Gegen Ende der sechswöchigen Grundausbildung standen noch das Scharfschießen auf dem Programm sowie die Einkleidung mit der Ausgehuniform der Seekadetten und ihrer von der Royal Navy übernommenen kurzen Jacke, dem sogenannten »Affenjäckchen«. Niemöller verspürte nun erstmals Heimweh, mochte sich aber auch nicht an den banalen Alltagsgesprächen in der Kasernenstube beteiligen oder wie andere Seekadetten Zerstreuung in Cafés und seichten Theaterstücken wie *Die geschiedene Frau* suchen. Seine feste Hoffnung war, dass er es niemals lernen würde, sich auf so geistlose Art und Weise zu »amüsieren«.[18] Diese Spannung zwischen der geistigen Öde der Kameradschaft unter den Offiziersanwärtern und dem Streben nach moralischer Sublimierung sollte ein zentrales Moment in Niemöllers Erleben der kommenden Jahre werden.

Dienst auf dem Schulschiff SMS Hertha

Im Mai 1910 begann die Einweisung auf dem Schulschiff. Die *SMS Hertha* war 1898 als Panzerkreuzer in Dienst gestellt worden, wurde seit 1908 aber als Schulschiff für die Ausbildung der Offiziersanwärter genutzt. Das über 110 Meter lange Schiff hatte rund 300 Mann Besatzung, darunter allein 200 Schiffsjungen, die an Bord ihre Ausbildung durchliefen. Die 52 Seekadetten schliefen in Hängematten auf engem Raum in der Seekadettenmesse und in der angrenzenden kleinen Messe. Oberleutnant Schaarschmidt führte sie an einem zwei Meter langen Modell in die technischen Eigenheiten des Schiffes ein, was Martin selbstredend »sehr schön« fand. Daneben gab es Unterricht in Navigation sowie Übungen im Fechten und Turnen, die einen wichtigen Teil im Ausbildungsprogramm der Seekadetten darstellten.[19] Anfang Juni begann die erste der kleineren Ausbildungsreisen mit der *SMS Hertha* in die norwegischen Fjorde. Martin empfand die Fahrt durch den Hardangerfjord, an dessen Ufern bis zu 1600 Meter hohe, schneebedeckte Berge aufsteigen, als etwas »ganz Wunderbares«. Diese Landschaft, vor der sowohl das mächtige Kriegsschiff als auch seine Besatzung »ganz gewaltig klein« erschienen, beeindruckte ihn sichtlich.[20] Die Faszination, die Kriegsschiffe auf ihn ausübten, blieb dennoch ungebrochen. In Danzig lag die *SMS Kolberg* vor Anker, ein Kleiner Kreuzer, dessen Ausstattung ihm »sehr imponiert. Einheitliche Feuerleitung! 2 Breitseittorpedorohrc«, so sein von jugendlicher Technikbegeisterung geprägtes Fazit. Auch die ästhetische Erscheinung der Kriegsschiffe war ihm wichtig. »Fein und schlank!«, so erschien ihm die in Danzig liegende U 11, eines der ersten Unterseeboote der Kaiserlichen Marine.[21]

Auf den ersten Ausbildungsfahrten stand auch »sehr strammer Dienst« auf dem täglichen Programm. Dazu zählte neben theoretischem Unterricht und praktischer Einweisung in die Artillerie das »Pullen«, also das Rudern auf den kleinen Beibooten der *SMS Hertha*. Nicht nur Karl Dönitz beklagte sich rückblickend über die Blasen an den Händen.[22] Im August 1910 begann dann die große Auslandsreise, welche die *SMS Hertha* und ihre Besatzung im Mittelmeer über San Sebastian, Barcelona, Haifa, die österreichischen Adriahäfen Cattaro und Pola sowie Venedig und Korfu führte, bevor man im März 1911 nach Kiel zurückkehrte.

Auf der großen Reise gab es für Niemöller mannigfach Gelegenheit, die Schiffe anderer Kriegsmarinen zu bestaunen – so etwa zwei Schulschiffe der österreichischen Flotte, die in Pola lagen – und die Schönheit mediterraner Städte wie Venedig zu bewundern. Im Juli war das Schulschiff bei Bornholm der *SMS Hohenzollern* begegnet, auf welcher Kaiser Wilhelm II. gerade seine jährliche Nordlandreise unternahm. Die Seekadetten stimmten in das dreifache »Hoch« auf den Kaiser begeistert ein. Im November kam dann ein Höhepunkt der großen Auslandsreise, als die *SMS Hertha* im ägyptischen Hafen Port Said vor Anker lag. Kurzfristig sagten sich der preußische Kronprinz Wilhelm (1882–1951) und seine Frau, Prinzessin Cecilie, zu einem Besuch an Bord an. Das Paar befand sich auf einer längeren Reise über Ägypten nach Indien. In aller Eile wurde die Mannschaft zur Musterung zusammengetrommelt. Von den vier Seekadetten, die am Fallreep zur Begrüßung des Prinzenpaares standen, hatte einer die Kokarde an der Uniformmütze über dem Ohr sitzen, einem anderen stand gar ein Hosenknopf offen. Doch nach diesem verunglückten Start »klappte alles tadellos«. Als die Kronprinzessin nach dem Besuch an Bord vom ablegenden Motorboot zur *Hertha* knickste und der Besatzung ein »Danke schön!« zurief, war die »Begeisterung« groß. »Es war famos«, so Martins Fazit. Für den angehenden Marineoffizier Niemöller gab es keine größere Freude als eine persönliche Begegnung mit einem Mitglied des Hauses Hohenzollern.[23]

Von den verschiedenen Unterrichtsfächern an Bord der *Hertha* interessierte sich Niemöller noch am ehesten für Navigation und Artillerie. Eigentlich lag ihm die »Seemannschaft« am meisten, die praktische Unterweisung in der seetechnischen Ausrüstung des Schiffes und den für das Manövrieren nötigen Techniken. Aber der dafür zuständige erste Seekadettenoffizier Oberleutnant z. S. Schaarschmidt verstand nach Ansicht Niemöllers »recht wenig davon«. In der Freizeit feierten die Offiziersanwärter gerne, wobei in der Regel für reichlich Alkohol gesorgt war. Am Weihnachtstag 1910 fanden sich in der kleinen Messe 20 Seekadetten zu einer »internen Weihnachtsfeier« zusammen, für die sie neben sechs Flaschen Chianti, zwei Flaschen Likör und einer Flasche Whisky auch noch 50 Liter Bier »heimlich« an Bord geschmuggelt hatten. Dieses Quantum an Alkohol erklärt, warum die Hälfte von ihnen am nächsten Tag einen »grenzenlosen Kater« hatte. Um Mitternacht machte der Erste Offizier der *Hertha*, Korvettenkapitän Otto Hillebrand, der Zecherei allerdings ein Ende. Da er keine Strafe für die ungenehmigte Feier aussprach, konnte Martin Niemöller noch »wochenlang« von der Erinnerung an diesen schönen Abend zehren.[24]

Der Dienst in der Marine und mehr noch das tägliche Zusammenleben in den beengten Quartieren eines Schiffes bedeuteten eine Zwangsvergemeinschaftung auf Zeit. Martin Niemöller musste mit den anderen Männern zurechtkommen, ob er wollte oder nicht. Das betraf zunächst die einfachen Seeleute, die an Deck und im Innern des Schiffes Dienst taten. Hier bewies Niemöller, dass ihm bei allem Verständnis für die Notwendigkeit militärischer Disziplin Standesdünkel durchaus fernlag. Vor allem die Heizer, die im Bauch der *SMS Hertha* die Dampfkessel befeuerten, »dauerten« ihn »oft genug«. Zu groß war für ihn die Diskrepanz zwischen deren harter, körperlich aufreibender Arbeit – welche auch jeder Seekadett im Verlauf der Reise einmal für drei Wochen verrichten musste – und der geringen Löhnung. Aber auch in der eigenen Gruppe der Seekadetten bewies der Bürgerssohn Niemöller ein feines Gespür für Standesdünkel. Seiner Beobachtung zufolge gab es unter den 52 Seekadetten der *SMS Hertha* eine große »Rivalität zwischen Backbord und Steuerbord«. Für ihn war das ebenso bedauerlich wie »natürlich«, da in der Steuerbordwache fast alle adligen Kadetten Dienst taten. Deshalb, so seine Analyse, »herrscht da lauter Kliquenwesen. Wer nicht in einer der 3 Kliquen drin ist, der ist drunter durch. Dann sind die Leute sehr zurückhaltend und vielleicht auch blasiert. Jedenfalls nenne ich es so, wenn man sich zu gut dünkt, einem Deutschen im Orient, der nur Weinbauer oder dergleichen ist, die Hand zu drücken.«[25]

Nun war es keineswegs so, dass Niemöller sich jeglichem Umgang mit adligen Seekadetten verweigerte. Bereits in den ersten Tagen der Grundausbildung in Kiel hatte er die Bekanntschaft von Otto Ferdinand Graf von Spee gemacht, dem älteren der beiden Söhne von Admiral Maximilian von Spee, der zu diesem Zeitpunkt als Chef des Stabes der Marinestation der Nordsee diente. Otto von Spee fand mit seinem Vater, seinem Bruder und mehr als 2000 anderen Marinesoldaten am 8. Dezember 1914 den Tod, als britische Schlachtschiffe einen Verband der deutschen Ostasienflotte bei den Falklandinseln versenkten. Im April 1910 segelte der junge Otto mit Martin Niemöller und einem anderen Crewkameraden frohgemut durch die Kieler Förde. Und bei einem Zwischenstopp in Plymouth während der großen Ausbildungsreise legten er und Martin ihre Ersparnisse zusammen, um sich ein Exemplar von Jane's *All the World's Fighting Ships* zu kaufen, dem britischen Gegenstück zu Weyers *Taschenbuch der Kriegsflotten*.[26] Die Faszination der beiden jungen Männer für die technische Ausstattung der modernsten Kriegsschiffe überspielte alle Standesschranken.

Schon zu Beginn der Grundausbildung hatte Niemöller notiert, dass »Freund und Kamerad ein Unterschied ist«. Mit Karl Gerstberger und Carl Pagenstecher waren zwei gute Freunde aus Elberfeld mit ihm in der Crew 1910. Aber Gerstberger diente in einer anderen Wachhälfte als Niemöller, und so gab es während des Dienstes nur wenig Gelegenheit zum persönlichen Umgang. Bereits im September beklagte sich Niemöller über die Einsamkeit, die er immer wieder verspürte, obwohl er im Kreis der Kameraden durchaus Gelegenheit zum Gespräch hatte. Aber die Kameraden waren eben nicht seine persönlichen Freunde, so wie Hermann Bremer, der ihm sehr fehlte.[27] Nach 1945 ließ Karl Dönitz wiederholt verlauten, dass er bereits in der Seekadettenzeit ein Duzfreund von Martin Niemöller gewesen sei.[28] Zu diesem Zeitpunkt kam es ihm wohl zupass, die Freundschaft mit einem Mann zu betonen, der als moralische Instanz und Kritiker des NS-Regimes weltweit bekannt war. In den Briefen und Tagebüchern Niemöllers aus der Seekadettenzeit wird Dönitz aber nicht einmal erwähnt. Ohnehin diente Dönitz in der Steuerbordwache der *SMS Hertha*, Niemöller dagegen in der Backbordwache. Er hatte dort keine engen persönlichen Freunde, sah diesen Mangel allerdings durch die harmonische Atmosphäre innerhalb der Gruppe kompensiert:

> Aber die Kameradschaft ist sehr gut. Wir machen gerne mal etwas Radau und einen dummen Streich, trinken auch mal etwas über den Durst usw. Das ist in den Augen derer von Steuerbord natürlich ein großes Verbrechen, und so kommt es zu keinem vernünftigen Verkehr.[29]

Die Vorliebe Niemöllers und seiner an Backbord der *SMS Hertha* dienenden Kameraden für praktische Scherze und ein gelegentliches Saufgelage bedeutete nun allerdings nicht, dass der Pfarrerssohn seine Ausbildung an Bord des Schulschiffes schleifen ließ, ganz im Gegenteil. Neben der praktischen Ausbildung in Wachdienst und Geschützexerzieren erhielten die Seekadetten während der Reise theoretischen Unterricht in einer Reihe von Fächern, darunter Navigation und Artillerie, Elektrotechnik und Kenntnis der Dienstvorschriften. Gegen Ende der Fahrt mit dem Schulschiff gab es eine dreitägige schriftliche Prüfung, an die sich nach der Ankunft in Kiel eine weitere

Inspektion durch die Prüfungskommission anschloss. Nach erfolgreich absolvierter Prüfung erfolgte im April 1911 die Beförderung zum Fähnrich zur See.[30] Niemöller bestand die Abschlussprüfung mit der Note »Sehr gut«.

Gemäß den Ergebnissen der Prüfung wurden die Offiziersanwärter nun in die Rangliste eingeteilt und ihr Dienstalter festgesetzt. Von den Fähnrichen der Crew 1910 rangierte Niemöller in der Rangliste des Jahres 1911 an fünfter Stelle, deutlich vor Otto Graf von Spee (15.) und Karl Dönitz (39.). Noch in seinen 1968 veröffentlichten Memoiren war der spätere Großadmiral darum bemüht, dieses eher mittelmäßige Ergebnis mit seinem mangelnden Ehrgeiz im Erlernen der Dienstvorschriften zu erklären. Zugleich verwies Dönitz darauf, dass er in der Rangliste 1914 – also nach der Beförderung der Crew 1910 zum Leutnant zur See im September 1913 – »wieder erheblich nach vorne« gekommen sei. Das stimmt, denn Dönitz stand nun auf Platz 21. Allerdings war der ebenso wissbegierige wie fleißige Pfarrerssohn Niemöller 1914 fast an die Spitze der Rangliste auf den zweiten Platz vorgerückt. Vor ihm rangierte mit Friedrich Wilhelm Christian Prinz zu Schleswig-Holstein-Sonderburg-Glücksburg (1891–1965) nur noch ein Angehöriger des Hochadels.[31]

Ein vergeudetes Jahr an der Marineschule in Mürwik

Nach der bestandenen Fähnrichsprüfung kamen die angehenden Offiziere zur weiteren theoretischen Ausbildung nach Flensburg-Mürwik. Dort hatte Wilhelm II. am 21. November 1910 die neue Marineschule eröffnet. Mit dem großen, direkt an der Flensburger Förde gelegenen roten Backsteinbau reagierte die Marineleitung auf den im Gefolge der Flottengesetze seit 1897 rapide gestiegenen Bedarf an Seeoffizieren. Während der zwölfmonatigen Schulzeit in Mürwik waren die Fähnriche ständig auf Trab. Der Unterricht begann im Sommer um sieben und im Winter um acht Uhr in der Frühe und umfasste etwas mehr als 40 Stunden pro Woche. Neben Navigation – dem Fach, dem bei weitem die meisten Stunden gewidmet waren – und technischen Disziplinen standen Turnen, Fechten, Reiten und Tanzen auf dem Ausbildungsplan. Nicht nur das dienstliche, auch das außerdienstliche Verhalten der Fähnriche unterlag strengen Regeln. Eine Liste der für den Besuch freigegebenen Lokale und Wirtschaften in Flensburg reglementierte das abendliche Vergnügen.[32]

Im Rückblick war das Jahr an der Marineschule für Niemöller ein vergeudetes Jahr. Anfang 1912 berichtete er Hermann Bremer, dass die Zeit in Mürwik an Erlebnissen »nicht eben reich« gewesen sei und er »das wenig befriedigende Gefühl« habe, »nicht viel weiter gekommen zu sein«. Seine ganze Hoffnung richtete sich zu diesem Zeitpunkt auf die Zeit nach Ostern, in der eine Reihe von Waffenlehrgängen zu absolvieren war. Dann, so Martins Erwartung, gebe es endlich wieder »vernünftige Arbeit und man bekommt wieder ein Recht darauf, sich als Seemann zu fühlen«.[33] Es war aber keineswegs so, dass ihm alle Aspekte des Alltags an der Marineschule gegen den Strich gingen. Vor allem die Unterweisung in den für den gesellschaftlichen Umgang nötigen Fertigkeiten und manche Freizeitaktivität sagten ihm zu. »Der Tanzunterricht, das Kegeln, Segeln und Musizieren macht mir Spaß«, teilte er Bremer im Oktober 1911 mit. Auch eine alle 14 Tage stattfindende »Debattierstunde« gefiel ihm, in der die angehenden Offiziere sich in der Kunst der freien Rede üben sollten, ebenso der musische Zirkel am Montagabend, in dem Niemöller das Kornett spielte.[34]

Aber der Unterricht im Tanzen und Reiten war für ihn letztlich nicht mehr als »nette Abwechslungen, wenn es zu trübsinnig wird«,[35] und der sonstige Unterricht bot Niemöller bald keine Anreize mehr, zumal seit Anfang 1912 in den meisten Fächern die Wiederholung des bereits Erlernten auf dem Programm stand und es »nicht übermäßig viel zu tun« gab.[36] Aus einem tristen Jahr an der Marineschule in Mürwik ragte somit nur der lange Sommerurlaub heraus. Martin verbrachte ihn bei der Familie seiner Mutter in Westerkappeln, radelte aber jeden Morgen nach Wersen, wo er mit seinen Geschwistern baden ging. Abends saßen sie irgendwo im Freien, tranken Mineralwasser oder eine »Kalte Ente« – eine mit Zitrone versetzte Bowle aus Wein und Sekt – und unterhielten sich. Aus der Einzelhaft im KZ Sachsenhausen zurückblickend war dieser im Kreis der Familie verbrachte August 1911 für Niemöller »die unbeschwerteste und glücklichste Zeit in meinem ganzen Leben«.[37]

In Mürwik machten sich allmählich Öde und Langeweile breit, die am Ende des Jahres an der Marineschule in Überdruss am Offiziersberuf insgesamt umschlagen sollten.[38] Niemöller suchte während des eintönigen Dienstes immer wieder Gelegenheiten zu geistiger Reflexion und Verinnerlichung und fand Zuflucht in Elementen der bildungsbürgerlichen Kultur. Das protestantische Christentum dagegen spielte über die unregelmäßige Teilnahme an den Gottesdiensten der Militärpfarrer hinaus praktisch keine Rolle. Niemöller kommt auf diese erstmals während der Grundausbildung im April 1910 zu sprechen, nachdem er der im wilhelminischen Militär üblichen Praxis folgend geschlossen mit den anderen Seekadetten an einem Gottesdienst des in Kiel tätigen Militärpfarrers teilgenommen hatte:

Die Crew 1910 vor der Marineschule in Flensburg-Mürwik. Niemöller als Dritter von rechts in der vordersten Reihe knieend. Das Foto wurde um den 15. April 1911 herum aufgenommen, als die Mitglieder der Crew 1910 zum Fähnrich zur See befördert wurden. An der im November 1910 eröffneten Marineschule erhielten die angehenden Offiziere ihre theoretische Ausbildung. Die in der ersten Reihe teils sitzenden, teils stehenden Ausbilder tragen den Offizierssäbel. Die Fähnriche der Crew 1910 erhielten die Berechtigung zum Tragen des Säbels – als sogenannte Säbelfähnriche – erst im Dezember 1912, nachdem sie weitere Lehrgänge in der Schiffsartillerieschule Sonderburg und auf der *SMS Württemberg* erfolgreich absolviert hatten.

> Gleich werden wir zur Kirche geführt, mal etwas geistige Arbeit; die Instruktionsstunden nämlich sind stumpfsinnig; die Predigt ist immer noch besser, wenn ich auch meinen Vater sehr entbehre. [...] Die Kirche ist aus. Gott sei Dank, die Predigt war entschieden besser als das letzte Mal. Der Mann fängt an, mir zu gefallen. Er predigt praktisches Christentum und das schätze ich.[39]

Niemöller führte nicht weiter aus, was er unter einem »praktischen Christentum« verstand. Aber ein Blick in das zeitgenössische theologische Schrifttum verdeutlicht, dass damit in erster Linie eine Orientierung an den Zehn Geboten und an Luthers Schrift *Der Kleine Katechismus* für die praktische Alltagsmoral gemeint war.[40] Ohnehin macht die Bezeichnung des Gottesdienstes als »geistige Arbeit« deutlich, dass Niemöller den Kirchgang in erster Linie als eine durchaus willkommene Abwechslung zum Einerlei der Grundausbildung durch die Instrukteure des Kieler Seebataillons empfand. Während der Ausbildung in Mürwik waren die Predigten jedenfalls überhaupt nicht nach seinem Geschmack. Denn bei einem der Waffenlehrgänge im Juli 1912 notierte er, dass ihm die dortige Predigt »über die Vaterlandsliebe des Apostels Paulus« – also eine Schriftauslegung im Sinne der nationalprotestantischen Botschaft von der Überlegenheit Deutschlands – »gut gefallen« habe »nach allem, was ich von Mürwik her gewohnt war«.[41]

Niemöllers Interesse am evangelischen Christentum ging während der Marinezeit vor 1914 über die vorgeschriebene Teilnahme am Kirchgang nicht hinaus. Und dieser war auch »kein Hinderungsgrund«, wenn er stattdessen am Sonntag seinen Freund Hermann Bremer sehen konnte, wie er diesem im September 1912 aus der Schiffsartillerieschule in Sonderburg versicherte.[42] Wie gering Niemöllers geistige Auseinandersetzung mit dem evangelischen Glauben zu dieser Zeit tatsächlich war, verdeutlicht eine Tagebuchnotiz vom April 1913. Zu diesem Zeitpunkt reflektierte er wieder einmal seinen eigenen Lebensentwurf – und zwar insbesondere die Möglichkeit einer Verlobung:

> Und doch: ich fühle mich zu irgend etwas Besonderem bestimmt! Ob ich ohne das Weib dabei auskomme, ob es nicht nur pure Einbildung ist, ob ich stark genug bin, auf eigenen Füßen zu stehen? Wie kommts, daß ich die sonntägliche Predigt nicht mehr lese; es würde nicht mehr Kraft kosten, als ich davon empfinde. Und ich will trotzdem kein Heide sein; ich glaube, zu den Griechen hätte ich gepasst![43]

Aus diesen Formulierungen wird deutlich, dass Niemöller auf der Suche nach einer gedanklichen Richtschnur war, die ihm bei der Entwicklung eines Lebensentwurfs als zukünftiger Marineoffizier, Ehemann und potenziell auch Familienvater von Nutzen sein konnte. Aber das evangelische Christentum bot ihm ganz offensichtlich keine brauchbaren Rollenmodelle oder Wertnormen an. Anstatt Inspiration in der Bibel oder deren Auslegung von der Kanzel herab zu suchen, war er eher noch bereit, sich an der idealisierten und imaginierten Gedankenwelt des antiken Griechenland zu orientieren, die ihm das humanistische Gymnasium nahegebracht hatte.[44] Niemöller war klar, dass nur eine feste Beziehung und die Gründung einer Familie ihm jene emotionale Stabilität und Geborgenheit geben würden, nach der er sich sehnte. Die damit verbundene Ambivalenz vertraute er im Juli 1912 seinem Tagebuch an:

> Ich komme mehr und mehr zu dem Schluß, daß man als Seeoffizier, wie wunderbar der Beruf auch ist – und er ist sicherlich schöner als jeder andere – doch viel entbehren muß: die Familie und das Familienleben. Und doch bin ich in meinem Innersten darauf angewiesen und werde es immer sein.[45]

Zu diesem Zeitpunkt befand sich Niemöller bereits seit einigen Monaten in einer emotional tiefgehenden Beziehung mit Käthe Dilthey. Im Mai 1913 blickte er auf das mit ihr verbrachte vergangene Jahr als das »schönste« zurück, »seit ich mit Bewußtsein lebe«.[46] Katharina Dilthey – von allen Freunden stets Käthe genannt – war eine alte Bekannte der Familie Niemöller. Ihr Vater Julius hatte zusammen mit Heinrich Niemöller das Gymnasium Schulpforta besucht. Heinrich Niemöller und Julius Dilthey hatten 1898 auch zusammen jene Reise zur Eröffnung der Erlöserkirche in Jerusalem unternommen, die den Höhepunkt in Heinrich Niemöllers Leben darstellte. Nach Berufsjahren als Lehrer und Diakon amtierte Julius Dilthey von 1889 bis zu seinem frühen Tod 1906 als Hofprediger in Weimar, Sitz des ernestinischen Großherzogs von Sachsen-Weimar-Eisenach.[47] So war Käthe über die Jahre hinweg im Haus der Familie Niemöller in Lippstadt vor allem in den langen Schulferien ein immer wieder »gern gesehener Gast« gewesen. Für Martin war die drei Jahre ältere Käthe also seit seiner Jugend eine gute Freundin.[48]

Käthes Mutter Auguste war nach dem Tod ihres Mannes zunächst in Weimar geblieben und dann nach dem Ersten Weltkrieg nach Berlin verzogen, wo Martin und Käthe von 1931 an wieder regelmäßigen Umgang hatten. In den Jahren 1912 bis 1914 pflegten Martin Niemöller und Käthe Dilthey also das, was man heute eine Fernbeziehung nennt. Neben sporadischen Treffen in Elberfeld oder Weimar hielten beide diese Beziehung vor allem über regelmäßige ausgetauschte Briefe aufrecht.[49] Das war für Martin gewiss eine emotionale Bereicherung und große Hoffnung. Aber die Beziehung warf zugleich die Frage auf, in welche Richtung sie sich entwickeln könnte oder sollte. An diesem Punkt kamen die Dienstvorschriften der Kaiserlichen Marine ins Spiel. Denn in den Bemühungen um die standesgemäße Absonderung des Seeoffizierkorps nahm die Regelung ihrer Verheiratung eine prominente Rolle ein. Es war eine »ständige Sorge« der Marineleitung, dass eine zu frühe Verheiratung der Seeoffiziere zu deren Verschuldung und damit »zum Verlust gesellschaftlichen Ansehens nicht nur des einzelnen Offiziers, sondern des Offizierkorps als Ganzes führen könnte«.[50]

Das Problem des Ehekonsenses

Die Heirat eines Seeoffiziers setzte einen Ehekonsens voraus, an dessen Regelung und Erteilung der Kaiser persönlich beteiligt war. Dafür hatte der heiratswillige Offizier nicht nur detaillierte Informationen über die familiären und pekuniären Verhältnisse der Braut beizubringen. Es war auch ein Vermögensnachweis erforderlich. Ein Leutnant musste ein regelmäßiges jährliches Einkommen von mindestens 3000 Mark nachweisen. Die Marineleitung hoffte damit Heiratsgesuche junger Offiziere eindämmen und eine standesgemäße Verheiratung sicherstellen zu können. In der Praxis hieß das, dass eine Verheiratung vor der Beförderung zum Kapitänleutnant – in der Regel im Alter von etwas über 30 Jahren – kaum möglich war. Ein Ausweg – den Niemöller gewiss nicht beschreiten wollte – lag darin, um die Hand einer Tochter aus wohlhabender Familie anzuhalten. So häuften sich trotz wiederholter Ermahnungen der Marineleitung die Annoncen junger Offiziere in den Tageszeitungen, die nach heiratswilligen Töchtern aus Bankiers- oder Kaufmannsfamilien suchten.[51] Martin Niemöller waren diese Zusammenhänge nur zu gut bekannt. Und je länger er über sie nachdachte, desto mehr trugen sie dazu bei, ihm erst die Beziehung zu Käthe Dilthey und dann den Beruf des Seeoffiziers generell madig zu machen. Im Januar 1913 vertraute er seinem Tagebuch an:

> Wenn ich heiraten könnte, also mit ca. 32 Jahren wäre sie [Käthe] fast 35 Jahre alt und dann ist der Duft des Lebens bei uns beiden geschwunden, also habe ich keine Aussicht, ein glücklicher Familienvater zu werden; mein Leben wird, wenn ich mich nicht ganz in meinen Beruf versenke, immer eintöniger und inhaltsloser werden.[52]

Das war eine nüchterne Anerkennung der mit dem Ehekonsens verbundenen Realitäten und zugleich eine düstere Einschätzung der Gefahren, die dem unverheirateten Seeoffizier bei einer schleichenden Vereinsamung drohten. Doch wo Niemöller die aus der Vereinsamung resultierenden Probleme reflektierte, standen ihm auch die Gefahren der Verrohung als der anderen Option für die Lebensführung des Seeoffiziers nur zu deutlich vor Augen. Direkt im Anschluss an die eben zitierte Tagebuchnotiz bekräftigte er seine Absicht, die Freundschaft mit Käthe aufrechtzuerhalten, und bedachte dann die Alternative:

> An die Weiber will ich, solange es eben auszuhalten ist, nicht geraten, wie leider die meisten meiner Kameraden. Dafür bin ich mir selbst zu schade. Und das Beste, was es dagegen gibt, ist doch noch die Freundschaft mit einem wertvollen Mädchen, da sieht man erst so recht, was für ein Schund und Abfall der menschlichen Gesellschaft auf Gottes schöner Erde herumläuft […]. Manchmal ist es geradezu erschreckend, mit welcher Freude und Sucht, dies Heilige [die Familie] zu entwürdigen, Zoten gemeinster Art und widerlichster Witzlosigkeit gemacht und mit Freudengebrüll aufgenommen werden. Es tut mir leid, bei solcher Gelegenheit von Freude sprechen zu müssen. […] Und dabei Optimist bleiben, ist wahrlich keine Kleinigkeit, solange man es mit dem nötigen Ernst sein will. Ich tröste mich noch oft damit, daß dies wahrscheinlich und hoffentlich nur in unserem Beruf und in einigen bestimmten, degenerierten Klassen der Gesellschaft möglich ist und daß im übrigen ein gesunder Kern in unserem deutschen Volksleben steckt, sonst Wehe über solch ein Volk! Dann wäre ein Krieg mit den furchtbarsten Verlusten und extremsten Folgen, der das Volk beim letzten Stückchen seiner nationalen Ehre zum Bewußtsein bringt, die letzte Möglichkeit, ein besseres Wiederaufleben hervorzurufen.[53]

Interessant an diesem Zitat ist weniger die Entschiedenheit, mit der Niemöller die unter den Fähnrichen üblichen Zoten und flüchtigen Frauenbekanntschaften als amoralisch verwarf. Das war vom Sohn eines evangelischen Pfarrers durchaus zu erwarten. Aufschlussreich ist vielmehr, wie er diese Beobachtungen in ein radikalnationalistisches Narrativ vom Verfall der sittlichen Substanz des deutschen Volkes einbaute. Es ist nicht ohne Ironie, dass Niemöller damit die ideologische Vorstellung vom Seeoffizierkorps als einer Elite der Nation dekonstruierte. Denn der unter den Seeoffizieren sichtbare moralische Verfall werde nur noch in einigen »degenerierten Klassen der Gesellschaft« erreicht. Niemöller mag hier an jene Teile der gewerblichen Arbeiterschaft gedacht haben, die nicht vom disziplinierenden Einfluss der sozialdemokratischen Arbeiterbewegung und ihren Bildungsanstrengungen erreicht wurden.[54] Die in die moralische Krise des deutschen Volkes eingeschriebene Verfallsgeschichte führte Niemöller zu einer radikalen Lösung: dem Postulat der Notwendigkeit eines Krieges. Nur die Anstrengung und die Opfer eines Krieges, so sein Argument, würden die sittliche Substanz des Volkes verbessern. Mit diesen Überlegungen reihte er sich in das wachsende Heer jener Stimmen im nationalprotestantischen und radikalnationalistischen Lager ein, die in den Jahren unmittelbar vor 1914 die »Vorstellung von der Notwendigkeit des Krieges« verbreiteten und einen Krieg der europäischen Großmächte als unvermeidlich hinstellten.[55]

Niemöllers Ablehnung von oberflächlichen Frauengeschichten verschaffte ihm ein Gefühl moralischer Überlegenheit. Aber damit hatte er noch immer keine Antwort auf die Frage, ob er die Beziehung mit Käthe Dilthey fortsetzen sollte. Im Mai 1913 schrieb er Käthe einen Brief, in dem er die Verbindung löste. Doch so einfach war es nicht. Denn Käthe versicherte Martin ihre Liebe, und so kamen sie beide nicht voneinander los. Bald sah sich Niemöller allerdings wieder in derselben Situation. Im Mai 1914 schrieb er einen neuerlichen und diesmal endgültigen »letzten« Brief.[56]

Mit der Trennung von Käthe Dilthey war Niemöller zugleich wieder auf jene innere Vereinsamung zurückgeworfen, die er ganz bewusst der durch den Offiziersberuf drohenden Verrohung vorzog. Umso wichtiger war deshalb die Freundschaft mit Hermann Bremer, welcher der Crew 1911 angehörte und Martin während der verschiedenen Abschnitte der Ausbildung immer wieder einmal in Kiel oder Mürwik treffen konnte. Über die gesamte Marinezeit war der Schulfreund Hermann – den er Armin nannte – ein wichtiger emotionaler Bezugs- und Haltepunkt für Niemöller.[57] Im November 1912 vertraute Martin seinem Tagebuch an, welche enorme Bedeutung der persönliche Umgang mit Bremer für ihn hatte und wie sehr er dessen Gegenwart auch als Gegengewicht zu der in der Marine drohenden Verrohung bedurfte:

> Wenn ich Armin doch nicht immer nur auf wenige Stunden sähe! Er giebt mir so das Gefühl der Ruhe, wenn ich mit ihm zusammen bin; ich glaube, das ist hauptsächlich die Erinnerung an die alte, schöne Zeit daheim, dies Gefühl der Geborgenheit, daß man lauter liebe Leute um sich hatte, die man kannte und denen man ganz vertraute. Das Leben, die Wirklichkeit ist ganz etwas anderes als dieser glückliche Traumzustand der Schülerjahre. Bis jetzt ist es für mich nur zerstörend und rauh.[58]

Martin Niemöller (links) und sein enger Freund Hermann Bremer, 1911/12. Bremer war Angehöriger der Crew 1911 und zum Zeitpunkt der Aufnahme noch Seekadett. Anders als Niemöller hat er noch kein Eichenlaub um die Reichskokarde auf der Dienstmütze.

In diesen Formulierungen wird die zarte und empfindsame Seite des gerade einmal zwanzigjährigen Niemöller deutlich, die nicht recht zur rauen Männerwelt der Marine passte. Während des Weltkrieges sollte sich Niemöller gar darüber beklagen, dass er zu viele »weibliche Anlagen mitbekommen habe«.[59] Doch seine tiefsitzende Angst vor der sittlichen Verrohung führte keineswegs dazu, dass er sich allen unter den Offiziersanwärtern üblichen männerbündischen Ritualen verweigerte. Das war letztlich nicht möglich. Eines dieser Rituale bestand im gemeinsamen Trinken. Nun hatte Kaiser Wilhelm II. den Seeoffiziersanwärtern bei der Einweihung der Marineschule in Mürwik am 21. November 1910 eine klare Anweisung mitgegeben: »Der nächste Krieg und die nächste Seeschlacht fordern gesunde Nerven von Ihnen. Durch Nerven wird er entschieden. Diese werden durch Alkohol untergraben […]. Da heißt es: Klare Nerven und kühlen Kopf, und diejenige Nation, die das geringste Quantum von Alkohol zu sich nimmt, die gewinnt, und das sollen Sie sein, meine Herren!«[60] In der Offiziersmesse der Marineschule in Mürwik hing diese Passage in Glas gerahmt an der Wand. Direkt darunter feierten Fähnriche und Seeoffiziere regelmäßig feucht-fröhliche Feste.[61]

Je nach ihrer Einstellung zum Alkohol konnten die angehenden Seeoffiziere unterschiedliche Lebensentwürfe entwickeln. Das wird am Beispiel des Crewkameraden Heinz Kraschutzki deutlich. Nach dem Ende des ersten Ausbildungsjahres fasste er beim Eintritt in die Marineschule Mürwik im April 1911 den Entschluss, fortan ganz auf Alkohol und Nikotin zu verzichten. Damit schloss sich Kraschutzki bewusst aus der Männerkameradschaft der Offiziersanwärter aus, die in regelmäßigen Trinkgelagen begossen wurde. Er trat sogar dem »Verein abstinenter Offiziere der deutschen Marine« bei, der das Ideal des Alkoholverzichts offen propagierte. Von 1915 an entwickelte sich Kraschutzki auch zum Kriegsgegner und schließlich zum Pazifisten. Bereits mit der Alkoholabstinenz nahm er jene Außenseiterrolle im Seeoffizierkorps ein, die er dann mit dem Übergang zum Pazifismus besiegelte.[62] Einen ähnlichen Weg ging Hans Paasche, Seekadett der Crew 1899, der den »Verein abstinenter Offiziere« 1908 mitbegründet hatte und von 1910 bis zu seiner Ermordung durch Schergen des Reichswehr-Schutzregiments 4 im Mai 1920 einen radikalen Pazifismus vertrat.[63] Doch dies war nicht der Weg, den Martin Niemöller vor 1914 ging. Er nahm an den Alkoholexzessen und dem Glücksspiel seiner Crewkameraden teil, tat es allerdings mit einem schlechten Gewissen.[64]

Wir müssen nun die chronologische Schilderung von Niemöllers Ausbildungsgang in der Marineschule in Mürwik wieder aufnehmen. Am Ende des Schuljahres stand im März 1912 die Seeoffizier-Hauptprüfung auf dem

Programm, die als schriftliches Examen in mehreren Fächern absolviert wurde. Von den Fähnrichen der Crew 1910 hatte Martin Niemöller mit 117 Punkten das beste Ergebnis und erhielt das Gesamturteil »vorzüglich«. So rangierte er bei der Festlegung des Dienstalters für die Rangliste des Jahres 1913 auf dem ersten Platz, vor Otto Ciliax (1891–1964), dem späteren Admiral der Kriegsmarine des »Dritten Reiches«, der als einziger weiterer Fähnrich der Crew 1910 mit seinen 109 Punkten als »vorzüglich« beurteilt wurde.[65]

Von April bis September 1912 standen für die Fähnriche verschiedene Waffenlehrgänge auf dem Programm, die sie in mehrwöchigen Einheiten absolvierten. Auf den Lehrgang an der Schiffsartillerieschule in Sonderburg folgte die Torpedoschule, deren praktischer Unterricht auf der *SMS Württemberg* stattfand, dem Torpedoschulschiff der Kaiserlichen Marine. Schließlich stand auch ein mehrwöchiger Fachlehrgang in der Marine-Infanterie auf dem Programm. Alle diese Einheiten wurden jeweils durch eine Prüfung abgeschlossen.[66] Danach wurden die angehenden Offiziere in Gruppen von jeweils sechs bis zehn Fähnrichen verschiedenen Kriegsschiffen zur weiteren Ausbildung zugeteilt. Niemöller kam mit acht anderen – darunter nur Otto Meyhoff als näherer Bekannter aus der Crew 1910 – auf die in Wilhelmshaven stationierte *SMS Thüringen*. Das 1911 in Dienst gestellte Schiff mit über tausend Mann Besatzung gehörte zu den Schlachtschiffen der Helgoland-Klasse. Nach den bestandenen Spezialkursen war Niemöller nun ein Säbelfähnrich, der einen Offizierssäbel tragen durfte. An Bord wurden die Fähnriche jeweils einem Wachoffizier zur weiteren Ausbildung zugeteilt. Niemöller qualifizierte sich als Torpedooffizier und hatte so bereits im Dezember 1912 die Aussicht, nach der im Herbst 1913 anstehenden Offizierswahl als zweiter Torpedooffizier auf die *Thüringen* zu kommen.[67]

Auf der *SMS Thüringen* geriet die Ausbildung Niemöllers zum Marineoffizier in ruhigeres Fahrwasser. Da er nur mit wenigen Crewkameraden auf dem Schiff Dienst tat, war der Gruppendruck weitaus geringer als zuvor in der Marineschule und bei den Spezialllehrgängen im Frühjahr und Sommer 1912. Niemöller notierte die »Erholung«, die sich daraus für die Gespräche unter den Fähnrichen in der Offiziersmesse ergab. Da es nur eine kleine Gruppe war, »kann man denn auch mal Themata anschneiden, die über Amüsement, Fachsimpelei und Rangliste hinausgehen«.[68]

Auf dem »dicken Schiff« wollte er allerdings nicht unbedingt bleiben. Anfang 1913 überlegte Niemöller, ob er sich als »Flugschüler« bei der im Entstehen begriffenen Luftwaffe melden solle. Auch eine Kommandierung zu einem Torpedoboot oder U-Boot hätte er vorgezogen. Zum Ende der Ausbildungszeit wuchs seine Unruhe, da er nun »gerne die Uniform, den

Rock anziehen« wollte, zumal er wie die anderen Fähnriche bereits Offiziersdienst verrichtete. Am 27. September 1913 erfolgte dann schließlich die Beförderung zum Leutnant zur See. Während Offiziere seines Crewjahrgangs nun Posten auf anderen Schiffen erhielten, verblieb Martin Niemöller auf der *SMS Thüringen*.[69] Mit gerade einmal 21 Jahren war er Seeoffizier in der Kaiserlichen Marine.

Die Schilderung von Niemöllers Jahren als Offiziersanwärter wäre nicht vollständig ohne Erörterung seiner politischen Ansichten. Die Marineleitung ließ keinen Zweifel daran, dass sie von den Seeoffizieren eine strikt antisozialdemokratische Einstellung erwartete. Obwohl der reformistische Flügel innerhalb der SPD nach 1900 längst die politische Praxis der Partei dominierte, galt die Sozialdemokratie in der Marine als eine Partei des Umsturzes und der Revolution.[70] Während seiner Ausbildung kam Niemöller nur phasenweise und insgesamt selten auf politische Fragen zu sprechen. Aber auch er konnte kaum den politischen Erdrutsch übersehen, den die Reichstagswahlen vom 12. Januar 1912 auslösten. Denn die SPD steigerte ihren Wähleranteil auf 34,8 Prozent der abgegebenen Stimmen und stellte mit 110 Abgeordneten nunmehr auch die bei weitem stärkste Fraktion – trotz des gravierenden Handicaps, das sich aus der seit 1871 unveränderten Wahlkreiseinteilung ergab, welche die Urbanisierung nicht reflektierte und damit die vor allem in Städten gewählte SPD stark benachteiligte. Niemöller beschrieb dieses Ergebnis metaphorisch als eine »rote Flut«. Er verwies auf die in Elberfeld nötige Stichwahl zwischen Friedrich Linz, der diesen Wahlkreis seit 1907 für die konservative Deutsche Reichspartei vertrat, und dem Sozialdemokraten Friedrich Ebert, die Letzterer gewann.

Bereits vor den Stichwahlen stand für Niemöller fest, dass mit dem so gewählten Reichstag »wohl nicht viel anzufangen sein« werde.[71] Für dieses Urteil waren nicht nur seine politische Überzeugung, sondern auch professionelle Überlegungen maßgeblich. Denn in einem Reichstag mit der SPD als stärkster Partei werde, so sein Kalkül, die neue Flottenvorlage »einstweilen wenig Aussicht« auf Erfolg haben. Über diese Flottennovelle wurde seit dem Spätsommer 1911 hinter den Kulissen zwischen der Marineleitung, der Reichsleitung um Reichskanzler Bethmann Hollweg und der Führung der bürgerlichen Parteien erbittert gerungen. Als Insider war Niemöller erstaunlich präzise über die Pläne der Marineleitung um Alfred von Tirpitz informiert, obwohl deren Details nach langen Konflikten und dem Scheitern der Mission des britischen Kriegsministers Lord Haldane für eine Begrenzung der Flottenrüstung erst am 22. März 1912 veröffentlicht wurden. Neben einer deutlichen »Personalvermehrung«, so berichtete er Hermann Bremer, sei die »Indiensthaltung eines dritten

Geschwaders geplant. Interessant für Niemöller war daran die Aussicht, dass damit im Blick auf die Beförderung »die Aussichten bis zum Stabsoffizier« – also bis zum Dienstgrad eines Korvettenkapitäns – »wohl besser« würden.[72]

So präzise Niemöllers Kenntnis der internen Planungen für die Flottennovelle war, so überzogen waren seine Befürchtungen über deren mögliche Blockade durch die SPD. Als die Novelle im Mai 1912 den Reichstag passierte, stimmten neben den sozialdemokratischen Abgeordneten nur die Vertreter der nationalen Minderheiten gegen das Gesetz. Alle anderen Parteien – einschließlich der Linksliberalen – stimmten geschlossen dafür.[73]

In der Behandlung der Flottennovelle stand die Reichsleitung um Kanzler Bethmann Hollweg unter dem wachsenden Druck einer »nationalistischen Öffentlichkeit, die massive Aufrüstung forderte, dem gegenüber die Politiker nach und nach zurückweichen mußten«. Als »Wasserscheide« in der Formierung eines rechtsradikalen, gegen Kanzler Bethmann Hollweg gerichteten Lagers wirkte die zweite Marokkokrise des Sommers 1911.[74] Der deutsche Außenminister Kiderlen-Waechter wollte die französische Besetzung von Fez und Rabat im April 1911 dazu nutzen, Frankreich in einem kolonialen Kompensationsgeschäft zum Verzicht auf den Kongo zu zwingen. Der »Panthersprung« des Kanonenbootes *Panther* nach Agadir am 1. Juli und die damit einhergehende Kriegsdrohung sollten den Druck auf Frankreich erhöhen. Doch als Schatzkanzler Lloyd George Großbritannien in einer Rede in London ebenfalls für kriegsbereit erklärte, wich die deutsche Politik zurück. Sie stimmte einem Kompromiss zu, in dem Deutschland für die Anerkennung französischer Interessen in Marokko nur ein Teil des französischen Kongo zugesprochen wurde. In der deutschen Presse deutete man dies als Zeichen der Schwäche. Konservative, nationalliberale und alldeutsche Zeitungen »schäumten vor Wut« über die Rede von Lloyd George und forderten die Reichsleitung unverhohlen auf, den Konflikt auch um den »Preis eines europäischen Krieges« zuzuspitzen.[75]

Martin Niemöller kommentierte den Verlauf der Agadirkrise in mehreren Briefen. Ende Juli hoffte er noch auf eine englische Neutralität und erwartete frohgemut, dass die Deutschen »nur ganz solo mit den Franzosen« Krieg führen müssten.[76] Anfang September, als die Verhandlungen zwischen Frankreich und Deutschland über ein Abkommen noch liefen, klang sein Urteil resignierter und zugleich aggressiver. An Hermann Bremer schrieb er:

> Was aus der Marokkofrage wird, soll mich doch noch wundern. Es ist fast ulkig, wie die Zeitungen mit scheinbar größter Ruhe über Krieg oder Nichtkrieg reden, toll aber ist es doch, wenn ein »deutscher« Kolonial-

verband eine Resolution faßt, Marokko sei keinen Krieg wert; als wenn es sich um die lumpigen Quadratmeilen afrikanischen Sandes handele. Der deutsche Michel ist doch immer saudumm gewesen! – Tirpitz soll übrigens gesagt haben wir wären momentan nicht fähig loszuschlagen! (Bitte behalte dies für Dich!) – Na, wir sollen ja nicht in Politik arbeiten und es ist auch besser, wenn andere Leute sich dadurch unsterblich machen![77]

In der Schlussbemerkung klingt die antrainierte Zurückhaltung eines angehenden Marineoffiziers an, der angewiesen ist, sich aus der politischen Sphäre herauszuhalten, aber auch eine tiefe Geringschätzung für die Politiker und Reichstagsabgeordneten, die sich hauptberuflich damit befassen. Zugleich gab Niemöller seiner Unterstützung für einen Krieg mit Frankreich über Marokko Ausdruck, und dies obwohl nach seiner Kenntnis die deutsche Aufrüstung dafür nicht hinreichend war. In der Tat protestierte Alfred Tirpitz im Verlauf der Agadirkrise hinter den Kulissen mehrfach gegen die mit dem Kriegsrisiko spielende Diplomatie Kiderlen-Waechters, weil die deutsche Flotte dazu einfach nicht in der Lage war.[78] In der Invektive gegen den deutschen »Michel« klingt Niemöllers tiefe Verachtung für jene Kreise an, die sich einer aggressiven, zu allem entschlossenen imperialistischen Politik des Deutschen Reiches verweigerten. Insgesamt lässt sich der Brief als zumindest implizite Zustimmung Niemöllers zu den antigouvernementalen Forderungen des rechtsradikalen Lagers interpretieren, das sich im Gefolge der Agadirkrise formierte. Der radikale Nationalismus dieser Kreise sah sich in dezidierter Opposition zur Politik von Kanzler Bethmann Hollweg, dem man Schwäche und Unentschlossenheit vorwarf.[79]

In Briefen und Veröffentlichungen hat Wilhelm Niemöller nach 1945 wiederholt ein überaus positives Bild jener Jahre gezeichnet, die sein älterer Bruder bei der Kaiserlichen Marine verbracht hat. Martin Niemöller sei, so hätten Kameraden aus der Crew 1910 ihm bestätigt, für sie der »Prototyp eines Seeoffiziers« gewesen.[80] Bei der Marine, so insistierte Wilhelm Niemöller, habe Martin »glückliche Jahre« verlebt, in denen es »an Kameradschaft und Freundschaft« nicht gefehlt habe und wo »über harter Arbeit« doch »ein Schimmer von Heiterkeit und Beschwingtheit« gelegen habe.[81] Auch Martin Niemöller selbst hat in seinen 1934 verfassten Erinnerungen betont, dass er als Seeoffizier vor 1914 in seinem Beruf »über alle Maßen glücklich gewesen« sei.[82] Die in diesem Kapitel herangezogenen Quellen, nicht zuletzt Niemöllers eigene Tagebucheintragungen, machen klar, dass dies nachträgliche biographische Stilisierungen sind. Niemöllers Platzierungen in den Ranglisten der

Jahre 1911 bis 1914 beweisen, dass er alle Ausbildungsschritte mit Umsicht und Akribie absolvierte und seinem Beruf mit aller dafür nötigen Ernsthaftigkeit nachging.

Nicht zu übersehen sind allerdings die tiefen emotionalen Probleme, vor die der Dienst in der Marine Martin stellte. Das erste Jahr mit der großen Ausbildungsreise und ihren mannigfachen Eindrücken in verschiedenen Mittelmeerländern vermochte ihn noch zu fesseln. Doch danach gab es mehr als nur einen »stumpfsinnigen Tag«, der in tristem Einerlei und ohne wirklich ernsthafte Aufgaben an ihm vorüberzog.[83] Zu einer tiefen Belastung für sein emotionales Wohlbefinden entwickelte sich bald der mit dem Ehekonsens verbundene Zwang, eine mögliche Verlobung aufschieben oder die Beziehung zu Käthe Dilthey abbrechen zu müssen. Dabei war es gerade die ihm von zu Hause bekannte Geborgenheit des Familienlebens, nach der sich Niemöller sehnte. In der von männerbündischen Ritualen, Gruppendruck, oberflächlichen Gesprächen und Fachsimpeleien geprägten Kultur des Seeoffizierkorps sah er sich der Gefahr der Vereinsamung wie der Verrohung ausgesetzt. Doch Niemöller hatte keine Wahl: Für einen anderen Beruf als den des Seeoffiziers, für den ein Studium zu absolvieren war, mangelte es ihm persönlich an intellektuellem Interesse und seiner Familie am nötigen Wohlstand.

In der rauen, männerbündischen Gruppenkultur der Seeoffiziere mit den regelmäßigen Trinkgelagen gab es für Niemöller auch keine Möglichkeit, den im Elternhaus aufgenommenen Glauben zu praktizieren. Der sonntägliche Gottesdienst war für die Seekadetten nicht mehr als ein Teil des Dienstes. Zunächst verlieh Niemöller seiner Wertschätzung für ein »praktisches Christentum« Ausdruck, doch im weiteren Verlauf der Offiziersausbildung spielten protestantische Glaubensinhalte oder Deutungsmuster für ihn keine Rolle mehr. Nach dem Beginn des Krieges im August 1914 musste er sich die protestantische Tradition seines Elternhauses wieder neu aneignen, diesmal ganz im Zeichen des Kriegsnationalismus.

3
»Gott strafe England«:
Nationalismus und Krieg 1914 bis 1918

Nach vier Jahren Dienst in der Kaiserlichen Marine stellte sich bei Martin Niemöller das Gefühl ein, in einer Tretmühle zu stecken, aus der es kein Entrinnen gab. Gerade in Momenten der Entspannung und Abwechslung war dies schmerzlich spürbar. Ende Juni 1914 unternahm er mit einem Kameraden an einem freien Nachmittag eine »Landpartie« von Wilhelmshaven nach Jever. Das Herumwandern in den Wäldern war »wunderschön« und so anders als das tägliche Einerlei: »Dieser ewige Alltag macht einen ja ganz stumpfsinnig.« Allein wenn die *SMS Thüringen* in See stach, versprach das einige »arbeitsreiche und interessante Tage«.[1] Martin notierte diese Einblicke in seine Gefühlslage am 28. Juni 1914. Dabei ahnte er nicht, dass sich die Ermordung des österreichischen Thronfolgers in Sarajevo am selben Tag zum Auslöser für einen Krieg der europäischen Großmächte entwickeln würde. Eine Epochenwende stand bevor. Aber was er sich im Juni 1914 erhoffte, war eine Lebenswende. Als der Krieg dann kurz darauf begann, brachte er beides.

Die turnusmäßige Sommerreise der *SMS Thüringen* begann am 13. Juli. Auf hoher See war die Besatzung von Neuigkeiten über den Verlauf der Julikrise weitgehend abgeschnitten.[2] Doch bei der Rückkehr geriet sie mitten hinein in das von der Kaiserlichen Marine geprägte Wilhelmshaven, wo unmittelbar vor der deutschen Mobilmachung ein »unbeschreibliches Leben« herrschte. Die Uferlinie am Jadebusen »war schwarz von Menschen«, welche die nun in rascher Folge auslaufenden Schiffe verabschiedeten. Wie wir heute wissen, reagierte die Mehrheit der deutschen Bevölkerung teils mit resignativer Skepsis, teils mit Sorge und Angst auf den Kriegsbeginn. Doch am 31. Juli war zumindest in Wilhelmshaven »die Begeisterung […] grenzenlos«. Bei jedem auslaufenden Schiff »wurde Hurra gerufen und die ›Wacht am Rhein‹ oder ›Deutschland, Deutschland über Alles‹ gesungen«. An diesem Aufbruch der Nation nahm Niemöller regen Anteil. Es sei, so schrieb er den Eltern, »eine Freude, solch eine Zeit mitmachen zu dürfen«. Wenn der Krieg nun beginne, so sollten sie wissen, »daß ich mit Leib und Seele dabei bin!«[3]

Am 1. August, als die deutsche Mobilmachung verkündet wurde, sangen die Matrosen auf der *Thüringen* bis Mitternacht »alle möglichen patriotischen

Lieder«. Martin selbst hatte keinen Zweifel daran, dass das Deutsche Reich »die gerechte Sache« vertreten würde, und zwar nicht nur, weil es nun galt, den »Russen eins auszuwischen«.[4]

Der Kriegsbeginn im August 1914 war ein Moment, in dem die nationale Einheit der Deutschen symbolisch beschworen und beglaubigt wurde. Die öffentliche Zurschaustellung von Kriegsbegeisterung blieb weitgehend auf Situationen wie die Verabschiedung der Truppen in Wilhelmshaven beschränkt. Aber die Inszenierung nationaler Einheit im Zeichen des Burgfriedens ging tiefer. Sie schloss die bislang als vaterlandslos hingestellte Sozialdemokratie ein und fand auch bei dieser Resonanz. Im Krieg mussten sich nun jeder Einzelne und die Nation als Ganzes bewähren. Und diese Bewährung forderte – so die gerade im protestantischen Bürgertum verbreitete Vorstellung – »nationale Solidarität« im Sinne einer »aus dem Krieg geborenen harmonischen Gesellschaftsordnung«.[5] Der Glaube an die im Krieg begründete nationale Gemeinschaft fiel umso leichter, als die Sozialdemokratie sich mit ihrer Zustimmung zu den Kriegskrediten am 4. August zumindest formell eingereiht hatte. Zudem konnte vorerst offen bleiben, wie die Vorstellung einer Gemeinschaft mit Inhalt zu füllen war. Denn wichtig war vor allem, dass die Nation als »gedachte Ordnung« eine Projektionsfläche für die nach der Mobilmachung überall gesteigerten Erwartungen und aufschäumenden Gefühle bot.[6]

Diese Gefühle richteten sich zunächst gegen den Feind. Erst durch »Grenzziehungen« gegen äußere Feinde konnte sich die Nation als Einheit verstehen.[7] Die »Aggression« gegen als verfeindet verstandene Nationen war deshalb ein notwendiges Komplement zur politischen »Partizipation« an der eigenen nationalen Ordnung.[8] Über einen Mangel an Feinden konnte sich das Deutsche Reich 1914 nicht beklagen. Neben Frankreich, seit den Befreiungskriegen gegen Napoleon 1813 bis 1815 der traditionelle »Erbfeind« der Deutschen, stand das zaristische Russland, dessen autoritäre Staatsform Liberalen und Sozialdemokraten gleichermaßen verhasst war. Am 23. August kam ein neuer Feind hinzu, als Japan Deutschland den Krieg erklärte. Doch die Aufmerksamkeit fokussierte sich bald auf England, denn das Verhalten der Reichsleitung um Kanzler Bethmann Hollweg in der Julikrise war auch von der Erwartung geleitet gewesen, dass Großbritannien neutral bleiben würde. Als London dem Deutschen Reich dann am 4. August den Krieg erklärte, schlug die Enttäuschung in nationalistischen Zirkeln rasch in Wut um. Binnen wenigen Tagen avancierte England zumindest bei den Konservativen und Radikalnationalisten zum Hauptfeind der Deutschen. In seinem bald nach Kriegsbeginn veröffentlichten »Hassgesang gegen England« brachte der Dichter Ernst Lissauer diese

Wahrnehmung mit der Zeile »Sie alle haben nur einen Feind: England« auf den Punkt.[9]

Diese Dynamik der Zuspitzung des nationalistischen Diskurses auf die Markierung von äußeren Feinden zeigt sich auch in Martin Niemöllers Stellungnahmen aus den ersten Wochen und Monaten nach Kriegsbeginn. Er entwarf dabei keine detaillierten Blaupausen für die politische Neuordnung Deutschlands, sondern konzentrierte sich darauf, seinen Gefühlen in pointierter Form Ausdruck zu verleihen. Diese Gefühle waren in erster Linie solche der Abneigung und offenen Feindseligkeit gegen den Kriegsgegner, und sie richteten sich vor allem und von Beginn an gegen Großbritannien. Bereits am 2. August notierte Martin, dass es »mit den Engländern brenzlich zu werden« drohe, also ihr Kriegseintritt auf Seiten der Alliierten bevorstehe. In seinem lakonischen Kommentar benutzte er das Stereotyp von der britischen Krämernation: »Na, will's Gott, sollen die Kunden es bereuen, sich auf die Seite der Unkultur gestellt zu haben.« So oder so sei der Krieg eine »gerechte Sache für uns«.[10] Auch das gehässige Bonmot über die »langen Beine« der englischen Soldaten, mit denen sie in ihrer Feigheit vor den Deutschen bald Reißaus nehmen würden, floss ihm leicht aus der Feder. Die Briten repräsentierten in seinen Augen den »übelsten Soldatentypus unserer Gegner«. Dass den Matrosen der Royal Navy die langen Beine »nichts nutzen« würden, erheiterte ihn.[11]

Solche Äußerungen lassen sich noch als Teil der nationalistischen Kriegsfolklore interpretieren, die seit 1914 in humorvoll gemeinten Redensarten und auf Postkarten die Gegner Deutschlands verunglimpfte. Doch bereits wenige Wochen nach Kriegsbeginn wurde deutlich, dass humoristische oder rabiate antienglische Invektiven für Niemöller Teil einer umfassenderen Erwartung auf eine imperialistische Neuordnung der Welt waren. In dieser Vorstellung kam es der aufstrebenden deutschen Nation zu, das bislang dominierende Britische Empire zu verdrängen. Bereits am 22. August schrieb er seinen Eltern mit Bezug auf die Engländer: »Mit dem Pack muß abgerechnet werden, die Erde ist zu eng für beide Völker, eins muß verschwinden, und der Deutsche wird nicht derjenige sein!«[12] Bei der Vernichtung des Vereinigten Königreichs war Niemöller jedes Mittel recht, auch das Aufpeitschen antikolonialer Leidenschaften im Nahen Osten. Nachrichten über den bevorstehenden Kriegseintritt des Osmanischen Reiches deutete er als willkommene Bedrohung der britischen Position in Ägypten: »Ich glaube fest an den heiligen Krieg des Islam in Asien und Afrika«, so sein Kommentar. Denn dann werde es »brenzlich für die Herrn Konkurrenten«.[13] In der imperialistischen Konkurrenz mit der etablierten Weltmacht Großbritannien gab es für Niemöller keine Tabus – weder politische noch ethische oder religiöse.

Als Martin Niemöller in den ersten Wochen und Monaten nach der Mobilmachung seine eigene Variante des gegen England gerichteten Kriegsnationalismus entwickelte, ging es ihm nicht nur um die große Politik. Zur Nation als gedachter Ordnung gehört auch, dass jedes Individuum seinen Platz in ihr finden kann. Seine Reflexionen über den Sinn des Lebens in der kriegführenden Nation hielte Niemöller in seinem Tagebuch fest. Am 17. September nahm er die Gewohnheit wieder auf, in lockerer Folge Eintragungen in seinem »Logbuch« festzuhalten, womit er 1913 begonnen hatte. Dieses Notat zeigt, dass Niemöller seinen radikal antibritischen Nationalismus offen gegenüber den Eltern formulierte, um bei diesen Bestätigung zu finden, und offenbart überdies, in welchem Maß die kriegführende Nation für ihn zum Inhalt auch der eigenen Biographie geworden war:

> Das Leben kennt nur noch einen Wunsch, diese fremden Hunde auszurotten die über unser schönes, herrliches, friedliches Reich hergefallen sind. Wenn das geschehen ist, bin ich eine Null, die ohne Zweck und Ziel in der Welt steht.[14]

Aber Martin wollte diese Prioritäten nicht nur für sich selbst, sondern auch für andere setzen. Wilhelm Niemöller, gerade 16 Jahre alt, wollte sich bald nach Kriegsbeginn freiwillig zum Militärdienst melden und suchte den Rat seines älteren Bruders über die dafür geeignete Waffengattung. Martin riet ihm von der Marine ab, da er dort nicht »an den Feind« komme.[15] Doch zugleich ließ er ihn wissen, dass es wichtigere Dinge gebe als die Planung der eigenen Laufbahn beim Militär. Dies sei ein selbstsüchtiges Denken, für das es momentan keinen Platz gebe:

> Wir brauchen jetzt nur zweierlei: Liebe u. Begeisterung für unsere große, gute, gerechte Sache u. einen unlöslichen Haß gegen den Urheber alles Unglücks, England. Wenn England vernichtet ist, ist Zeit, wieder an uns selbst zu denken, eher nicht![16]

Auf ganz selbstverständliche Weise verband Martin Niemöllers Kriegsnationalismus das Opfer für das deutsche Vaterland mit der Zielperspektive der eigenen Biographie. Ob er selbst, sein Bruder Wilhelm oder alle anderen Deutschen: Ihr Leben hatte nur dann »Zweck und Ziel«, wenn es der Niederringung der Feinde und besonders des Hauptfeindes, der Briten, diente. Erst mit der Vernichtung Großbritanniens konnte Deutschland sich jenen Weltmachtstatus sichern, den Niemöller wie andere Radikalnationalisten als das legitime Ziel aller Ambitionen ansah. Doch ob dieses Ziel erreichbar war, hing nicht nur von der Opferbereitschaft der Deutschen selbst ab. Für den Protestanten Niemöller war die Selbstbehauptung der Nation untrennbar mit dem Wirken der göttlichen Vorsehung verknüpft. Gott hatte die Deutschen als jenes Volk erwählt, dem er seine bedingungslose Unterstützung zukommen lassen würde. Diese nationalprotestantische Vorstellung gewann im Ersten Weltkrieg neue Relevanz und die »unbedingte Opferbereitschaft« jedes Einzelnen letztlich erst im Rückgriff auf die »christliche Opfer- und Liebessemantik« ihre volle Plausibilität und Beglaubigung. Die christliche Nächstenliebe verlor so ihren universellen Charakter und wurde als bedingungslose »Hingabe« an die eigene Nation uminterpretiert.[17]

Die Auseinandersetzung mit der religiösen Dimension des Nationalprotestantismus war neu für Martin Niemöller. Nichts deutet darauf hin, dass ihm der lutherische Glaube seines Elternhauses in dem eher religionsfeindlichen Klima des Seeoffizierkorps vor 1914 Anlass zur Reflexion oder zur kontinuierlich praktizierten Frömmigkeit geboten hätte. Das änderte sich unmittelbar nach der Mobilmachung. Ein Aspekt seines neuen Interesses am protestantischen Glauben war, dass er die Praxis der Militärseelsorge beobachtete und kommentierte. Am 2. August 1914 hielt der Pfarrer des Geschwaders in Wilhelmshaven einen Gottesdienst. Martin hätte sich einen Text wie »Sei getreu bis in den Tod« als Grundlage der Predigt gewünscht. Stattdessen kam eine Predigt über »Fürchte Dich nicht, glaube nur!« zur Verlesung. Das könne, so sein Urteil, »den Soldaten nicht packen«, wenn der Militärpfarrer gleich zu Beginn des Krieges »erst mal von Bangesein spricht«.[18] Die Bereitschaft zur selbstlosen Aufgabe des eigenen Lebens »bis in den Tod« hinein schien ihm viel eher jener Aspekt des Kriegsdienstes der Soldaten zu sein, der in diesem Moment hervorzuheben war.

Es gibt noch ein anderes Indiz dafür, dass sich Niemöller erst im Krieg die religiöse Dimension des Nationalprotestantismus umfassend zu eigen machte: die regelmäßige Berufung auf den allmächtigen Schöpfergott des Christentums. Vor 1914 hat der Abiturient und Seekadett Niemöller den Begriff Gott in Briefen und Tagebüchern – soweit die Quellenlage ein Urteil zulässt – nirgendwo benutzt. Mit der Mobilmachung ändert sich das schlagartig: Nun berief er sich in beinahe jedem Brief und auf jeder Postkarte auf das Wirken jenes unbewegten Bewegers, der den Erfolg der Deutschen im Kampf gegen eine Vielzahl von Mächten erst garantierte. Am 18. August etwa schrieb er an seine Eltern:

Jetzt fängt auch Japan noch an!! Alles der liebe Vetter Engländer. Schade, daß die Friedens-Bertha das nicht mehr erlebt! – Das Leben wird doch auf die Dauer interessant. Wenn wir nur erst vom Leder ziehen! [...] Gott verläßt die Deutschen nicht. Hoffentlich wird mit den Briten gründlich aufgeräumt, die Schurken![19]

In diesen Worten wird Niemöllers Glaube an das providenzielle Wirken Gottes sichtbar. Die von Gott auserwählte deutsche Nation konnte sich immer auf ihn verlassen. Zugleich werden jene innenpolitischen Feindmarkierungen und Ausschließungsmechanismen deutlich, welche die Beschwörung der nationalen Einheit notwendigerweise nach sich zog. Denn all jene, die sich der »Einordnung« in und der »Hingabe« an die Nation verweigerten, mussten aus der Perspektive nationaler Einheit als »Sünder« erscheinen.[20] Dabei konnte die Markierung des inneren Feindes durchaus wechseln. Wie wir noch sehen werden, identifizierte Niemöller bis zum Kriegsende 1918 neben Flaumachern und Sozialdemokraten auch die Juden als jene, die sich dem Versprechen nationaler Einheit entzogen. In dem Brief vom 18. August 1914 gab er die »Friedens-Bertha« der Lächerlichkeit preis. Bertha von Suttner, die Pionierin und Galionsfigur des europäischen Pazifismus, 1905 als erste Frau mit dem Friedensnobelpreis ausgezeichnet, war erst kurz zuvor am 21. Juni verstorben. Indem Niemöller ihr das Faktum des Krieges quasi als sarkastischen Nachruf hinterherschickte, machte er die militaristische und damit zugleich antipazifistische Grundierung seines Nationalismus deutlich.

Nicht jede verbale Berufung auf Gott war eine theologisch elaborierte Stellungnahme, auch und gerade beim Marineoffizier Niemöller nicht. Am häufigsten verwendete er jene schlichte Formel, die sich bald nach Kriegsbeginn in nationalistischen Zirkeln einbürgerte und auch im persönlichen Umgang als Grußformel Verwendung fand. Er beendete seine Briefe und Karten mit den Worten: »Gott strafe die Engländer! Euer Martin.«[21] Den Eltern in Elberfeld blieb es dann überlassen, den obligatorischen Gegengruß »Er strafe sie!« im Geiste zu ergänzen. Wichtiger als theologische Erörterungen war im Alltag der protestantischen Christen ohnehin die moralische Dimension des Christentums. Der evangelische Glaube vermittelte einen Kompass für den alltäglichen Umgang mit Freunden und Fremden. Es war eine Ethik des Miteinanderlebens und der Anerkennung, die ein zentraler Text wie die Bergpredigt in Begriffen wie Feindesliebe, Friedfertigkeit und Barmherzigkeit ausflaggte. Vor allem erforderte sie eine Selbstreflexion über das, was der einzelne Christ für seine Mitmenschen tun könne. Doch der Krieg führte dazu, dass nationalistische Protestanten die inklusive Dimension ihrer christlichen Ethik suspendierten. Wer sich in hasserfüllten Schmähungen gegen die Feinde der Deutschen erging, konnte diese nicht mehr gleichberechtigt als ihm selbst nahestehende Christenmenschen anerkennen. Die Folgen dieser auf Ausgrenzung basierenden Kriegsethik standen Niemöller klar vor Augen. Als das Weihnachtsfest 1914 näherrückte, formulierte er in deutlichen Worten sowohl seine Phantasien zur Vernichtung der Gegner als auch die Konsequenzen, die das für ihn als einen Christen haben musste:

> Am liebsten wär's mir schon, wir wären am 1. Weihnachtstag an der englischen Küste und hälfen diesen Vettern beim Feiern. Wenn andere Menschen als die Deutschen u. ihre Bundesgenossen in dem biblischen Begriff »Nächster« mitenthalten sind, dann komme ich nicht in den Himmel: ich hasse sie *alle:* Engländer, Franzosen, Amerikaner und Italiener. Je weniger von dem Lumpenpack übrig bleiben, umso besser für die Menschheit.[22]

In den ersten Wochen und Monaten des Krieges dachte Niemöller intensiv über den Sinn nationaler Feindschaft und das Wirken der göttlichen Vorsehung nach, die einen Erfolg der Deutschen garantieren würde. In den Briefen an die Eltern und seinen Bruder Wilhelm eignete er sich Vokabular und Vorstellungswelt des Kriegsnationalismus an, gab seiner unbändigen »Wut« über die Feinde Ausdruck und versicherte – ohne jede moralische Mäßigung –, dass ihm »kein Engländer lebendig in die Hände fallen« dürfte.[23] Doch während Niemöller auf diese Weise intellektuell am nationalen Aufbruch bei Kriegsbeginn teilnahm, machten sich in praktischer Hinsicht bald Ernüchterung und Frustration breit. Denn für den Dienst des Marineoffiziers Niemöller brachte der Krieg keine Veränderung. Bereits am 8. August meldete Martin eine »ziemliche Langeweile« an die Eltern. Vier Tage später ließ er seinen Unwillen über die ungeliebte »Warterei« erkennen. Am 22. August beklagte er sich darüber, nicht bei der Armee zu sein, wo man »draufdreschen« könne. Und Ende Oktober schrieb er: »Wenn's nicht in den Zeitungen stünde, könnte man glauben es wäre gar kein Krieg.«[24]

Der Grund für Niemöllers Unzufriedenheit lag in der deutschen Seekriegführung begründet.[25] Die strategische Planung der deutschen Marine vor 1914 war auf eine Konfrontation mit der britischen Royal Navy ausgerichtet. Seit 1912 diente Wilhelmshaven deshalb als wichtigster Stützpunkt der Hochseeflotte. Im Reichsmarineamt und im Admiralstab erwartete man, dass die Royal Navy im Kriegsfall in die Offensive gehen und eine enge Seeblockade vor der deutschen Nordseeküste einrichten würde. Daraus würde sich dann, so die deutsche Überlegung, die Möglichkeit einer »Entscheidungsschlacht« in der Nähe von Helgoland ergeben.[26] Was genau mit einer solchen Schlacht entschieden werden sollte, blieb offen. Ohnehin verkannte die deutsche Admiralität mit derartigen Planungen die geostrategische Lage des Deutschen Reiches. Denn für die Royal Navy schien es seit 1911/12 ausreichend, den Zugang zur deutschen Nordseeküste durch die Abriegelung des Ärmelkanals und des Seeweges zwischen Schottland und Norwegen zu blockieren. Eine solche Fernblockade minimierte jedes Risiko für die Grand Fleet. Der deutsche Admiralstab ließ 1912 in einem Kriegsspiel untersuchen, wie man auf diese Neuausrichtung der britischen operativen Planung reagieren könne. Die Antwort war eindeutig: Eine Entscheidungsschlacht ließ sich nicht erzwingen. Doch die deutsche Marineführung zog aus dieser Erkenntnis keine Schlüsse und hielt an ihrer bisherigen Planung fest.[27]

Die Folgen dieser Fehlplanung wurden schon unmittelbar nach Kriegsbeginn offenbar. Die Royal Navy setzte ihre Fernblockade in Kraft, griff aber zugleich überraschend am 28. August bei Helgoland an und versenkte drei kleine Kreuzer, was zu hohen deutschen Personalverlusten führte. In der deutschen Marineführung machte sich daraufhin Verunsicherung breit, und die ohnehin restriktiven Vorgaben für die Operationsplanung wurden noch weiter eingeschränkt. Eine etwaige »Entscheidungsschlacht« solle »nicht durch vorzeitige Verluste gefährdet« werden, so lautete die Vorgabe von Kaiser Wilhelm II. Der Admiralstabschef Hugo von Pohl, seit Januar 1915 Chef der Hochseeflotte, musste sie unverzüglich umsetzen.[28] Zwar unternahmen einzelne Einheiten der deutschen Hochseeflotte im Herbst und Winter 1914/15 kleinere Vorstöße gegen die englische Ostküste, doch das Gros der Flotte lag untätig in den Häfen fest.

Das lange Warten auf einen Einsatz

Für Martin Niemöller wie für die große Mehrheit der deutschen Seeoffiziere bedeutete die Vorgabe des Kaisers »das lange Warten« auf einen Einsatz.[29] Für die Dauer der dreizehn Monate von August 1914 bis Ende August 1915 war dieses Warten die bestimmende Erfahrung in Niemöllers Leben. Der Kriegsbeginn war ihm als willkommener Ausweg aus der Routine des Alltags erschienen, doch nun erwies sich der Dienst auf der *SMS Thüringen* als Sackgasse, in der er nicht nur die berufliche Ehre, sondern mehr noch die gesamte Zweckhaftigkeit des Dienstes als Offizier zu verlieren schien. Es mangelte nicht an Angeboten für den Zeitvertreib, ob an Bord oder in Wilhelmshaven, wenn das Schiff dort an der Reede lag. Doch bereits im Frühjahr 1915 war der

»allgemeine Stumpfsinn« auf eine »seltene Höhe gelangt«, und im Sommer 1915 war der militärische Dienstbetrieb auf der SMS *Thüringen* längst zur Nebensache geworden.[30] Im Juli 1915 berichtete Martin seiner Schwester Lene, dass zur Zerstreuung »Sportfeste« stattfänden, bei denen allerlei »Allotria« getrieben werde. Ansonsten schwamm die Besatzung viel im Meer, und Niemöller bildete neun Fähnriche im Turnen aus. Er selbst spielte während der langen Liegezeiten im Hafen allerdings lieber Tennis.

Für Niemöller wie für viele andere jüngere Seeoffiziere ging es um sehr viel mehr als nur um die Bekämpfung der aufkommenden Langeweile, für die sich der Alkohol oder das Kartenspiel anboten. Auf dem Spiel standen die Berufsehre der Seeoffiziere, die für ihr kollektives Standesbewusstsein von herausragender Bedeutung war, und im Kern der Ehrvorstellungen des Offizierskorps der Treueeid auf den Kaiser als Obersten Kriegsherrn, der die Bindung an das monarchische System symbolisierte. Hinzu kam die Idee unbedingter Pflichterfüllung und Bewährung, aus der allein sich schließlich die Privilegien der Offiziere ableiteten.[31] Die Koordinaten dieses Ehrgefühls gerieten allerdings rasch ins Wanken, als die Hochseeflotte über Monate hinweg praktisch untätig auf Reede lag, während die Offiziere und Mannschaften des Feldheeres einen hohen Blutzoll entrichteten. Bereits im November 1914 musste Niemöller voller Neid anerkennen, dass die Ehre der Seeoffiziere beinahe irreparabel ins Hintertreffen geraten war: »Was ist der Leutnant im Felde gegenüber dem Seeoffizier, der wohl im Frieden sehr wichtig sein kann, für ein Halbgott.«[32]

Das war eine selbstkritische und in der Sache vernichtende Aussage über den Stand der Seeoffiziere insgesamt. Aber es ging nicht nur um die kollektive Ehre, sondern noch viel mehr um die persönliche Befindlichkeit Niemöllers, ja um die biographische Legitimation der eigenen Existenz. Das eine war von dem andern gar nicht zu trennen. Anders als bei nationalistischen Feindbildern oder religiösen Erlösungshoffnungen ließ sich das ganze Ausmaß der mit dem Warten verbundenen Krise nicht in Briefen an die Eltern formulieren. Deshalb griff Martin nun auf ein bewährtes Mittel der biographischen Selbstverständigung zurück – das Tagebuch. Bereits als Schüler hatte er zuweilen Tagebuch geführt und dann als Fähnrich zur See im Mai 1913 begonnen, ein »Logbuch« mit Aufzeichnungen in unregelmäßiger Folge zu führen. Doch diese Praxis gab er im Juni, also schon nach wenigen Wochen, auf. Erst im Krieg nahm er sie wieder auf. Es war jedoch weder die nationalistische Aufwallung der Gefühle im August 1914 noch die Suche nach einer neuen Identität als Protestant, die dafür den Ausschlag gab. Der Moment kam vielmehr Mitte September 1914, als die Einsicht in die persönlichen Konsequenzen des langen Wartens unerträglich zu werden drohte:

> Der tiefere Grund, warum ich zu diesem Buch meine Zuflucht nehme, ist der, daß ich mal wieder auf dem moralischen Nullpunkt bin. Von zu Haus bekomme ich jeden Tag einen Gruß: »Wir hoffen, daß es nicht zu einer rechten Schlacht kommt.« Was soll ich dazu sagen? Jeder opfert in dieser Zeit Leben und Gut; sollte bei mir daheim nicht dieser große Opfergeist herrschen; sollte er überhaupt drinnen im deutschen Lande nicht so allgemein durchgedrungen sein, wie man's überall liest? Dann: Armes Deutschland! Ich habe ja leicht reden: Dienst fürs Vaterland ist mein Alles heute mehr denn je; was sollte ein Mann, der vom Leben nichts zu hoffen hat, auch andere Ideale haben?![33]

Für einen Mann wie Niemöller, der dem bewaffneten Dienst an der Nation sein gesamtes Leben als Erwachsener gewidmet hatte, war es unerträglich, gerade im Krieg die Nutzlosigkeit dieses Dienstes erkennen zu müssen. Das war keine Frage des Vertrauens in die deutsche Sache, denn um den »Ausgang« des Krieges war ihm nicht »bange«: Es werde »nur einen Sieg« geben. Es war auch keine Frage des persönlichen Ehrgeizes, wie er im Oktober 1914 notierte, als er im »Logbuch« auf dieses Thema zurückkam. Denn schließlich wolle er »ja nichts Besonderes«, sondern »nur etwas leisten dürfen«, auf das er »die ganze Zeit« hingearbeitet habe.[34] Das lange Warten auf einen Einsatz war für Martin vielmehr deshalb unerträglich, weil seine persönliche Berufsehre als Offizier mit der Bereitschaft für den Einsatz im Dienst der Nation völlig kongruent war. Niemöller war Offizier, weil er der deutschen Sache dienen wollte. Und als Nationalist war er bereit, für Deutschland zu sterben. Im März 1915 vertraute Niemöller seinem »Logbuch« an, wie sehr das untätige Herumliegen auf Reede nicht nur an seinen Nerven zerrte, sondern mehr noch eine tiefgreifende Enttäuschung seiner mit dem Offiziersberuf verbundenen Hoffnungen darstellte:

> Meine Kameraden: ich glaube sie haben ihr Vaterland nicht lieber gehabt als ich – sie durften fechten, bluten und sterben. Aber ich. Ich darf hier sitzen, mir die Nase begießen und das Ende dieser großen Zeit herbeisehnen. [...] Dieser Krieg nimmt mir die Fähigkeit, ein guter Offizier zu sein. Man wird Offizier, um in der Entscheidungs-Stunde sein Blut, Gut, Leben fürs Vaterland zu lassen und im Frieden, bei seinen Untergebenen den Willen zu dieser Offensive großzuziehen. Jetzt ist der Krieg da. Und nun sagt man uns: Dein Leben will ich gar nicht, arbeite weiter wie bisher! [...] Ich bin um meinen Beruf betrogen.[35]

Niemöller um 1913 auf der *SMS Thüringen*, während er die Matrosen beim Setzen der Torpedoschutznetze beaufsichtigt. An ausklappbaren Stangen befestigt und mehrere Meter tief im Wasser hängend, hielten die Stahlnetze Torpedos davon ab, auf den Rumpf des Schiffes aufzuprallen. Die Waffenentwicklung reagierte durch die Ausstattung der Torpedos mit Netzscheren. Seit 1916 brachte die *SMS Thüringen* deshalb keine Torpedonetze mehr aus.

Doch welche Alternativen gab es, wenn die in den Häfen liegende Schlachtflotte keine Erfüllung der Berufsehre erlaubte? Eine Meldung zur Fliegertruppe versprach Teilhabe an der Romantik des Kampfes in der Luft. Doch seine Vorgesetzten leiteten eine entsprechende Meldung Niemöllers im August 1915 einfach nicht weiter.[36] Bereits im Frühjahr 1915 hatte sich jedoch eine andere Möglichkeit abgezeichnet. Die deutsche Marine hatte einen steigenden Bedarf an U-Boot-Offizieren. Zu diesem Zweck erklärte sie die zweiten Torpedooffiziere auf den großen Schlachtschiffen wie der *SMS Thüringen* für abkömmlich, da sie durch Fähnriche ersetzt werden könnten. Doch Niemöllers unmittelbarer Vorgesetzter, Kapitänleutnant Wilhelm von Türcke, der erste Torpedooffizier der *Thüringen*, wollte diesen tüchtigen Untergebenen nicht ziehen lassen. »Wenn ich N. abgebe, bleibt der ganze Laden stehen«, äußerte er gegenüber einem anderen Offizier. Für Niemöller war das ein Vertrauensbruch. Denn Türcke hatte ihm zuvor versprochen, er könne einen Fähnrich ausbilden, der dann im Fall einer Versetzung für ihn »einspringen könnte«. Die Reaktion Niemöllers entsprach den Gepflogenheiten im Offizierkorps: »Zuerst habe ich mich absichtlich mit Vorsatz betrunken.«[37]

Niemöller hielt mit seiner Unzufriedenheit nicht hinter dem Berg. Er verstand sich gut mit dem ersten Artillerieoffizier der *Thüringen*, Bruno Glüer. Als sie eines Abends im Juli 1915 in geselliger Runde in der Offiziersmesse zusammensaßen, sagte dieser zu ihm: »Niemöller, gehen Sie hier nur weg. Sie gehören hier nicht hin; gehen Sie auf ein Torpedoboot!«[38] Zur gleichen Zeit berichtete sein Bruder Wilhelm ihm brieflich von den Fährnissen und Gefahren des Soldatenlebens bei der Feldartillerie an der Westfront. Nach diesen Nachrichten fühlte sich Martin noch mehr als sonst im »Abseits«, und verfluchte den Krieg, zumindest »wenn nichts anderes dabei herauskommt« als Untätigkeit.[39]

Die nagende Unzufriedenheit mit der Arbeit an Bord der *SMS Thüringen* hatte allerdings nicht nur dienstliche, sondern auch persönliche Gründe. Niemöller fühlte sich einsam, und er befürchtete, durch den eintönigen Offiziersalltag geistig abzustumpfen und zu verflachen. Das soziale Leben im Offizierkorps der Hochseeflotte vollzog sich in engen Bahnen. Es gab materielle Privilegien wie das gemeinsame Feiern und Trinken in der Messe, regelmäßigen Landgang und reichlich bemessenen Heimaturlaub.[40] Doch der soziale Zirkel, in dem sich ein Leutnant wie Niemöller an Bord der *SMS Thüringen* bewegte, war eng, nicht zuletzt wegen der Rangunterschiede, die den Verkehr mit höheren Dienstgraden formalisierten und ritualisierten. 1916 berichtete Martin seinem Bruder Wilhelm, dass »geistige Werte« in der Marine verkümmerten. Die »Freundschaft« unter den Offizieren an Bord bleibe in der Regel

»beim Begriff der ›guten Kameradschaft‹ stehen«. Der Umgang mit den Vorgesetzten sei »nicht immer leicht« und gehe nur zu oft »auf Kosten der Ehrlichkeit und innerer Ruhe«.[41]

War schon die Zahl der Kameraden gering – im Juni 1913 hatte Niemöller sie auf fünf beziffert –, so hatte er an Bord der *Thüringen* eigentlich nur einen einzigen Freund: Hans Jochen Emsmann. Wie Niemöller war er 1892 geboren, mit diesem als Seekadett der Crew 1910 in die Marine eingetreten und hatte auf der *SMS Hertha* gedient. Beide wurden dann im Herbst 1912 zur *SMS Thüringen* versetzt. Niemöller lehnte sich eng an seinen Freund an. Welche zentrale Rolle dieser für Niemöllers seelisches Gleichgewicht spielte, wurde im Sommer 1915 deutlich, als Emsmann ohne Ankündigung in Urlaub ging.[42] Selbst das abendliche Klavierspiel half Niemöller über die Abwesenheit des Freundes nicht hinweg. So blieb nur die Zuflucht zu einem anderen Ritual: »Gott strafe England, auch um meinetwillen!«[43]

Vor diesem Hintergrund wirkt es geradezu ironisch, dass Niemöllers Abschied von der *Thüringen* ausgerechnet auf Kosten von Emsmann erfolgte. Hinter dem Rücken seines unmittelbaren Vorgesetzten Türcke hatten »ältere Herren« Niemöller zur Abkommandierung vorgeschlagen. Am 27. August erfuhr Niemöller von Hugo Langemak, dem Kommandanten des Schiffes, dass er – und nicht Emsmann, der auch damit rechnete – zur U-Boot-Flotte versetzt werde.[44] In den folgenden Wochen und Monaten schien diese Abkommandierung immer wieder einmal fraglich, bevor sie dann tatsächlich wie geplant am 1. Dezember 1915 erfolgte.[45]

Immerhin konnte Martin in der verbleibenden Zeit auf der *Thüringen* eine gewisse Befriedigung erlangen, da nun eine der wenigen größeren Unternehmungen der deutschen Hochseeflotte eine willkommene Abwechslung brachte und ihm überdies das Eiserne Kreuz II. Klasse eintrug. Niemöller nahm es als »schönes Erinnerungszeichen« gerne entgegen, auch wenn die *Thüringen* in der »Rigaunternehmung« keinen einzigen Schuss abgefeuert hatte.[46] Vom 6. bis 9. und dann nochmals vom 16. bis 20. August 1915 hatten Einheiten der Ostseeflotte zwei vergebliche Vorstöße in die Rigaer Bucht unternommen, welche die russische Flotte zurückdrängen und eine mögliche Eroberung Rigas vorbereiten sollten. Doch die vom 1. Geschwader der Hochseeflotte in die Ostsee abgeordneten Einheiten – darunter die *SMS Thüringen* – dienten nur zur Absicherung des Unternehmens und warteten vor der durch Minen abgeriegelten Irbenstraße, dem Eingang in die Rigaer Bucht.[47] Der Qualifikationsbericht für das Jahr 1915 hatte den Leutnant zur See Niemöller als »sehr gut veranlagt«, »frisch entschlossen« und »energisch« beurteilt und ausdrücklich festgehalten, dass er »besonders geeignet« sei für den Dienst in der U-Boot-Waffe. Aufgrund dieser Einschätzung war dann seine Versetzung erfolgt.[48]

Als Niemöller am 1. Dezember 1916 in Kiel seinen Dienst bei der U-Boot-Flotte antrat, hatte er eine eher ambivalente Einstellung zu dieser Waffengattung, die »nicht gerade mein Ideal war«, wie er den Eltern schrieb.[49] Zu Beginn des Krieges hatte er dies noch drastischer formuliert. Anlass dafür war der spektakuläre Erfolg von U 9 unter seinem Kapitän Otto Weddigen. Am 22. September 1914 versenkte dieser in der Nähe von Scheveningen in weniger als einer Stunde drei britische Kreuzer und tötete damit mehr als 1400 Angehörige der Royal Navy. Nur etwa 800 britische Seeleute konnten von einem Fischerboot und zwei Passagierschiffen gerettet werden. Weddigen avancierte damit schlagartig zu einem der wichtigsten deutschen Helden des Weltkrieges. Diese Attacke mit ihrer Mischung von Wagemut, Todesbereitschaft und moderner Technologie schlug eine breite bürgerliche Öffentlichkeit in ihren Bann.[50] Auch Niemöller stimmte in den »großen Jubel« darüber ein, dass ein einziges Boot einen Erfolg hatte, »zu dem sonst eine verlustreiche, stundenlange Seeschlacht gehört«. Wie er an Wilhelm schrieb, konnte er sich darüber freuen, »daß unsere Torpedos so gut sind und eine derartige Wirkung haben«. Aber ansonsten sah er im »U-Boot eine so häßlich gemeine Waffe, daß ich mich nie werde dafür begeistern können«.[51] Niemöller fand es offenkundig unmoralisch, dass mit der U-Boot-Waffe Hunderte von Menschen ohne jede Vorwarnung in den sicheren Tod gerissen wurden. Aber zugleich machte genau diese Destruktivkraft sie für den Nationalisten Niemöller unersetzlich. In seinem »Logbuch« drückte er im September 1914 diese tiefe Ambivalenz in starken Worten aus: »Ich hasse die U-Boote. Aber das ist gut! Der Krieg wird sehr schwer für Deutschland werden; aber für unsere Feinde, will's Gott, vernichtend!«[52] Der nationalistische Zweck – die Vernichtung Englands – rechtfertigte jedes Mittel.

Bei Kriegsbeginn war der rasante Aufstieg der deutschen U-Boot-Waffe zur Projektionsfläche imperialistischer Machtphantasien und Siegeshoffnungen noch nicht absehbar. In den Planungen von Alfred von Tirpitz, dem Chef des Reichsmarineamtes, spielten U-Boote keine Rolle, da der Großadmiral ganz auf den Ausbau der Schlachtschiffflotte für eine Entscheidungsschlacht mit der Royal Navy fokussiert war. Deshalb begann der Bau der ersten U-Boote erst 1904/05. Bei Kriegsbeginn waren gerade einmal 28 U-Boote fertiggestellt, davon nur zehn mit Dieselmotoren, wodurch sie erst hochseetauglich wurden. Alle U-Boote des Ersten Weltkrieges waren technisch gesehen eher »Tauchboote«. Bei der langen Überwasserfahrt luden sie die Akkumulatoren auf, was eine kurze Tauchphase mit Elektromotoren ermöglichte.[53]

Die ersten Einsätze der U-Boote im Weltkrieg erfolgten – wie bei Weddigens Versenkungsaktion im September 1914 – ausschließlich gegen britische Kriegsschiffe. Zu diesem Zeitpunkt war noch nicht an den Einsatz dieser Waffe gegen Handelsschiffe gedacht, denn der unterlag dem in der Londoner Seerechtsdeklaration von 1909 kodifizierten internationalen Prisenrecht – auch wenn Großbritannien das Abkommen nie ratifiziert hatte. Das Prisenrecht – in der deutschen Prisenordnung von 1909 im Detail geregelt – schrieb vor, dass feindliche wie neutrale Handelsschiffe von Kriegsschiffen erst nach Vorwarnung aufgebracht werden konnten und ein vom Kriegsschiff entsandtes Prisenkommando zuvor die Ladung zu prüfen hatte. Die Zerstörung unter feindlicher Flagge fahrender Handelsschiffe war gestattet, die neutraler Schiffe nur in – sehr unscharf definierten – »Ausnahmefällen«, wenn etwa die »Einbringung in einen Hafen« den »Erfolg der Operation« gefährdete. So oder so hatte zuvor die sichere Bergung der Besatzung zu erfolgen. Das war auf U-Booten kaum möglich. Zudem stellte sich die Frage, ob ein U-Boot nicht seine größte Stärke, das Moment der Überraschung, verspielte, wenn es nach Prisenrecht vorging. Und solange die U-Boote nicht über eigene Bordkanonen verfügten, waren sie sogar durch bewaffnete Handelsschiffe gefährdet.[54]

Die britische Fernblockade der deutschen Handelswege veränderte schließlich die Prioritäten der Marineführung. Admiralstab und Reichsmarineamt nutzten nun das Potenzial des Handelskrieges mit U-Booten. Am 4. Februar 1915 wurde eine Zone rund um die Britischen Inseln öffentlich zum Kriegsgebiet erklärt, in dem feindliche Handelsschiffe auch ohne die nach Prisenrecht vorgesehene Vorwarnung versenkt würden. Zugleich sollten die U-Boot-Kommandanten bei Handelsschiffen, die unter neutraler Flagge fuhren, prüfen, ob es sich nicht um getarnte Feindschiffe handelte. Einen »uneingeschränkten« U-Boot-Krieg führte das Deutsche Reich damit noch nicht. Diese oft verbreitete Interpretation ist »nicht zutreffend«. Das geschah erst später, von Februar 1917 an.[55] Doch trotz dieser Einschränkung war der Einsatz der U-Boote eine Gratwanderung. Das Ignorieren des Prisenrechts bei Angriffen auf feindliche Handelsschiffe wurde als Maßnahme gegen die Fernblockade durch Großbritannien gerechtfertigt. Diese war nach Auffassung der deutschen Regierung völkerrechtswidrig. Den erweiterten U-Boot-Krieg rechtfertigte man daher als eine »notwendige Gegenmaßnahme«, um das Vereinigte Königreich zur Lockerung der Blockade zu veranlassen.[56]

Diese Interpretation des Seevölkerrechts war im Kern plausibel. Doch Reichsleitung wie Marine unterschätzten in ihrem Beharren auf der Legalität des deutschen U-Boot-Krieges einen wichtigen Faktor: die öffentliche Meinung in den neutralen Staaten. Dies wurde im Mai 1915 deutlich, als U 20 vor

Irland den britischen Passagierdampfer *Lusitania* versenkte. Unter den fast 1200 Toten waren auch 128 amerikanische Staatsbürger. Die Regierung in Washington intervenierte umgehend und erzwang den Verzicht der deutschen Seite auf weitere Angriffe gegen Passagierschiffe. Die Versenkung der *Lusitania* brachte der deutschen Seite dennoch den Vorwurf der »barbarischen Kriegführung« ein.[57]

Die Erfolge des U-Boot-Krieges gegen feindliche Handelsschiffe forderten auch die britische Seite heraus. In den ersten neun Monaten des Jahres 1915 versenkte die noch kleine U-Boot-Flotte – im September standen nur 46 Boote im Dienst – immerhin 500 Handelsschiffe mit 824 292 Bruttoregistertonnen (BRT). Die Londoner Regierung antwortete mit Gegenmaßnahmen. Britische Handelsschiffe hatten eine neutrale Flagge zu zeigen und wurden bewaffnet.

Klar völkerrechtswidrig war die Praxis der »Q-Ships« genannten U-Boot-Fallen. Dies waren als Segler oder Fischerboote getarnte britische Hilfskreuzer, die nach Annäherung eines U-Bootes ihre falschen Deckaufbauten fallen ließen und mit großkalibrigen Geschützen das Feuer eröffneten.[58] Im Spätsommer 1915 gelang es dem Q-Ship *Baralong*, binnen vier Wochen gleich zwei deutsche U-Boote zu versenken. Im Fall der U 27 schossen die Briten dabei gezielt auf elf im Wasser schwimmende Besatzungsmitglieder. Andere deutsche Seeleute, die sich an Bord des britischen Frachters *Nicosian* gerettet hatten, wurden dort exekutiert.[59] Als amerikanische Besatzungsmitglieder der *Nicosian* den Vorfall im Oktober publik machten, reagierte auch Martin Niemöller empört auf die »Ermordung der Ubootsbesatzung«. Er und seine Kameraden auf der *Thüringen*, schrieb er den Eltern, »kochen vor Wut«. Die emotionale Reaktion führte unmittelbar zur Forderung nach Vergeltung: »Ich hoffe, wir werden noch viel öfter Bomben auf London schmeißen, das ist ein glänzendes Mittel: schade, daß wir uns erst so spät dazu entschlossen haben, aber wir sind längst noch nicht die Barbaren, die wir diesem Pack gegenüber sein müssten!«[60]

Dienst in der U-Boot-Flotte

Mit dem Wechsel zur U-Boot-Flotte setzt die autobiographische Erzählung ein, die Niemöller 1934 unter dem Titel *Vom U-Boot zur Kanzel* publiziert hat. Auf 211 Textseiten führt er den Leser dort von jenem Moment, als er am 30. November 1915 in Wilhelmshaven von Bord der *Thüringen* ging, bis zu seiner Ordination als Pfarrer im Juni 1924. Auf Drängen seiner Freunde in der

Bekennenden Kirche hatte Niemöller das Buch während seines Sommerurlaubes 1934 schnell aufs Papier geworfen. Er wollte damit herausstellen, dass es ihm und der Bekennenden Kirche nicht an Einsatz für und Bekenntnis zur deutschen Nation mangelte. Die Niederschrift fiel Martin leicht, weil er den Kern des Buches – seine Erlebnisse in der U-Boot-Flotte seit 1916 – von 1920 bis 1932 des Öfteren in Versammlungen nationalistischer Wehrverbände vorgetragen hatte. *Vom U-Boot zur Kanzel* stellt die Pflichterfüllung im Dienst der Nation ins Zentrum der Erzählung. Niemöller stilisiert sich nicht zum Helden, sondern betont in nüchternen Worten die Regelhaftigkeit des Versenkens von Tonnage als Kern des U-Boot-Krieges.[61] Gewöhnlich haben die Biographen Niemöllers seinen Bericht in *Vom U-Boot zur Kanzel* schlicht für bare Münze genommen und sind ihm unkritisch gefolgt.[62] Ich werde hier mit Blick auf Niemöllers politische Einstellungen nur dann auf diesen Text zurückgreifen, wenn keine anderen Quellen vorliegen. An besonders eklatanten Punkten werde ich zudem aufzeigen, wie Niemöller in dem Buch seine biographischen Motive geschönt und verfälscht hat.

Die ersten Wochen des Jahres 1916 verbrachte Niemöller in Kiel. Am 27. Januar besuchte er dort einen Gottesdienst »zur Feier von Kaisers Geburtstag«, freute sich aber noch mehr auf den Abend, an dem er mit seinem Schulfreund und Marinekameraden Armin Bremer eine Aufführung von Richard Wagners *Die Meistersinger von Nürnberg* besuchen wollte.[63] Einige Tage darauf begann die Einweisung in die technischen Details der U-Boote. Sie fand in der U-Boot-Schule in Eckernförde statt, die seit 1910 die Besatzungen der deutschen U-Boote ausbildete. In den ersten Wochen standen der theoretische Unterricht und die technische Handhabung der Boote im Vordergrund. Dann folgten Probefahrten auf der *SMS Vulkan*, einem eigentlich zur Bergung von U-Booten gebauten Schiff. Martin war überglücklich. Nach dem untätigen Warten auf der *Thüringen* fühlte er sich »allmählich wieder lebendig« und hatte »das Leben so lieb« wie nie zuvor.[64] Bereits am 23. Februar gab es Anlass zum Feiern, denn ein Kommando stand in Aussicht. Damit bot sich Martin nun »endlich mal« die Chance, »etwas zu leisten«.[65] Er kam auf die U 73. Das war ein Minenleger, der eigentlich nicht für Angriffe auf andere Schiffe ausgelegt war und in der Überwasserfahrt kaum mit dem Tempo von Frachtschiffen mithalten konnte. Als zweiter Wachoffizier diente Niemöller mit zwei anderen Offizieren und 28 Mann Besatzung unter Kapitänleutnant Gustav Sieß, mit dem er sich gut verstand.[66]

Der Operationsbefehl der U 73 enthielt den Auftrag, im Mittelmeer Minen zu verlegen. Das erledigte U 73 vor der Durchfahrt durch die Meerenge von Gibraltar vor dem Hafen von Lissabon, später bei Malta und den

Kykladen in der Ägäis. Doch das Schiff hatte viele technische Mängel und lag im Sommer und Herbst 1916 wiederholt für Wochen im Adriahafen Pola zur Reparatur auf Reede. Pola diente der österreichischen Marine als Stützpunkt. Während seiner Zeit als Kadett war Niemöller bereits 1910 in Pola gewesen. Neben Offizieren deutscher U-Boote traf er dort nun auch Kameraden aus der österreichischen Flotte, die ihm bereits aus dieser Zeit bekannt waren. Deutsche und Österreicher pflegten einen kameradschaftlichen Umgang, es gab regelmäßig Treffen im Offizierskasino oder Einladungen zum Umtrunk auf einem der Boote.

So war der Sommer 1916 für Niemöller eine unbeschwerte Zeit. An manchen Tagen wurden in Pola Bootsfahrten veranstaltet, an anderen nahmen die Offiziere Sonnenbäder und gossen sich zur Abkühlung Meerwasser aus Eimern über den Kopf. Im August freute sich Martin zudem über eine weitere Auszeichnung. Ihm wurde das österreichische Militär-Verdienstkreuz »mit der Kriegsdekoration«, einem Lorbeerkranz zwischen den Armen des Kreuzes, verliehen.[67] Bereits im März 1916 war er zum Oberleutnant zur See befördert worden.[68] Für den zeit seines Lebens ungeduldigen Niemöller war das allerdings nur eine Zwischenstation. Bereits im Dezember notierte er voller Neid, dass es in seinem Seekadettenjahrgang, der Crew 1910, »schon eine ganze Reihe Kommandanten« gab, »die ihr eigenes Boot fahren«.[69] Er dagegen bekam ein eigenes Kommando erst 1918.

Das Ziel des Handelskrieges mit U-Booten im Mittelmeer war die Versenkung von Tonnage, entweder direkt durch Torpedos oder durch Minen. Martin Niemöller widmete sich diesem Ziel mit Inbrunst, Präzision und akribischer Buchführung. Letzteres wird aus einer Notizkladde deutlich, die sich in seinen Papieren findet und sinnfällig mit »Erfolge U 73« überschrieben ist. Hier notierte er die während seiner Zeit auf U 73 versenkte Tonnage, fügte darüber hinaus Informationen über die Namen der Schiffe und die Tonnage bei, soweit bekannt auch zur Ladung und schließlich zum Ort und der Art der Versenkung, ob durch Feuer aus dem Bordgeschütz von U 73 oder durch von dieser verlegte Minen. Auch woher er diese Informationen bezog – zumeist Zeitungsnotizen –, hielt Niemöller fest. Mit Bleistift addierte er in einer Ecke der jeweiligen Seite die versenkte Gesamttonnage bis hin zum 20. Januar 1917, an dem der mit Weizen beladene englische Dampfer *Bellvier* einer von U 73 verlegten Mine zum Opfer fiel: Insgesamt waren damit seit April 1916 145 189 BRT versenkt.[70]

Das durch geregelte Abläufe und Präzision bestimmte Versenken von Schiffen prägt auch Niemöllers 1934 verfasste Erinnerungen. Ausgespart blieben darin jene Momente der Gefahr und Todesangst, die es an Bord der

U-Boote immer wieder gab. So unternahm U 73 im Dezember 1916 eine Fahrt an die Küste Ägyptens nach Port Said. Nach der Rückkehr in den Adriahafen Cattaro zum Jahresende schrieb Martin seinen Eltern: »[V]om 24. bis 27. waren in meinem jetzigen Ubootleben die kritischsten Tage, Tage, wie ich sie meinem ärgsten Widersacher nicht gönne. Ich erzähle euch noch mündlich davon.«[71] U 73 hatte am Ende dieser Fahrt Probleme mit der Ölpumpe und musste deshalb in den Tagen nach Weihnachten wiederholt »stundenlang stoppen«. Bei der Einfahrt in Cattaro war das Boot nur noch ein »Wrack«.[72] In *Vom U-Boot zur Kanzel* deutet Niemöller aber nicht einmal an, welche Ängste ihn damals plagten. Es lässt sich nur vermuten, dass er um sein Leben fürchtete, als das defekte Boot antriebslos dahinzutreiben drohte. Doch solche existenziellen Ängste hatten im nationalistischen Narrativ keinen Platz. Wichtiger war die Glorifizierung der deutschen U-Boot-Flotte und ihrer herausragenden Helden. Zu ihnen gehörte Walter Forstmann, Kommandant von U 39, einer der großen »Tonnage-Könige« des Ersten Weltkriegs.[73] Während U 73 zur Reparatur in Cattaro lag, sprang Niemöller im Januar 1917 kurzfristig als Steuermann auf U 39 ein. Im östlichen Mittelmeer konnte er beobachten, wie Forstmann, Träger des Ordens Pour le Mérite, einen Angriff »mit absoluter Ruhe und eiserner Zähigkeit« durchführte. Am 27. Januar, also an Kaiser Wilhelms Geburtstag, lief U 39 dann wohlbehalten wieder in Cattaro ein. Es ist durchaus glaubhaft, dass dies eine der »liebsten Marineerinnerungen« Niemöllers war.[74] Denn der Reichsnationalismus und sein symbolisches Zentrum, der Hohenzollernkaiser, waren die wichtigsten Konstanten in Niemöllers politischem Weltbild.

Niemöllers Ungeduld über seine Position als Wachoffizier auf U 73 nahm in den ersten Monaten des Jahres 1917 zu. Er wollte weg von dem »alten Kahn« und ein eigenes Kommando bekommen.[75] Das war keine unrealistische Vorstellung. Denn in den letzten beiden Kriegsjahren dienten immer mehr jüngere Offiziere, und zwar auch solche der »Crew 1910«, als Kommandanten kleinerer U-Boote, ohne dass dafür eine vorherige Beförderung zum Kapitänleutnant nötig war. Doch Niemöller musste sich weiter in Geduld üben. Statt zu einem Kursus für angehende Kommandanten wurde er nach Tondern auf die Marineschule geschickt, wo er einen zweiwöchigen Lehrgang zur Entzifferung feindlicher Funksprüche absolvierte. Immerhin unternahm er in dieser Zeit mit einem der in Tondern stationierten Kampfflieger den ersten Flug seines Lebens, einen Rundflug über Sylt.[76] Es folgte eine weitere »Episode«. Auf der Durchreise erfuhr er beim Admiralstab in Berlin, dass er dort für einige Zeit einen erkrankten Referenten in der Mittelmeerabteilung vertreten solle.[77] Der Aufenthalt in Berlin dauerte von Anfang Mai bis Ende

Juni 1917. In dieser Zeit knüpfte er ein Band zu der Frau, die sein Leben für die nächsten 44 Jahre und noch weit darüber hinaus prägen sollte.

Die Büroarbeit beim Admiralstab gefiel Niemöller »recht gut«. Die Stadt Berlin – die selbst am Ende des dritten Kriegsjahres noch viele der urbanen Annehmlichkeiten einer Millionenstadt zu bieten hatte – beeindruckte ihn derart, dass er »im Frieden ganz gern« wieder dorthin zurückkehren wollte.[78] Und nun, im Frühsommer 1917, begegnete er dort Else Bremer wieder. Die beiden kannten sich aus gemeinsamen Kinder- und Jugendtagen in Elberfeld, denn Else, Jahrgang 1890, war die ein Jahr ältere Schwester von Hermann Bremer, Martins Schulfreund und Marinekameraden. Else erinnerte sich 1940, dass sie an Hermanns zehntem Geburtstag im November 1901 erstmals mit Martin zusammengetroffen war. Er dagegen meinte sich zu entsinnen, dass sie sich um diese Zeit das erste Mal auf der Eisbahn im Elberfelder Ortsteil Üllendahl begegnet seien. So oder so machte der hagere Junge damals und in den folgenden Jahren keinen besonderen Eindruck auf Else. Umgekehrt scheint das anders gewesen zu sein. Denn Martin schrieb seiner Schwester Magdalene im Juli 1912, es habe »mal eine Zeit« gegeben, wo ihn Else »interessierte«, dass aber ein ernsthaftes Interesse an einer Frau bei einem Marineoffizier »zwecklos« sei. An Gelegenheiten zur Begegnung mangelte es nicht, denn Martin war sowohl als Gymnasiast als auch später als Seekadett des Öfteren im Hause Bremer anzutreffen.[79]

Marie Elisabeth Bremer war das älteste von fünf Kindern des Arztes August Bremer und seiner Frau Helene.[80] Eine Erkrankung ihrer früh gehbehinderten Mutter zwang Else dazu, bereits in jungen Jahren Verantwortung und viele häusliche Aufgaben in der Familie zu übernehmen. Doch das hielt sie nicht davon ab, eine berufliche Karriere als Lehrerin anzustreben. Seit der Jahrhundertwende beschritt eine stetig wachsende Zahl junger Frauen aus bürgerlichen Familien diesen Ausbildungsweg in dem Bestreben, eine professionelle Berufslaufbahn einzuschlagen und damit verbunden eine gewisse Selbstständigkeit zu erlangen. Der Abschluss an einer Höheren Mädchenschule hatte Else für die Ausbildung an der Städtischen Lehrerinnen-Bildungsanstalt in Elberfeld qualifiziert, die sie von 1907 bis 1910 besuchte. Danach unterrichtete sie für ein Jahr Deutsch und Gesang an einer Privatschule in der englischen Grafschaft Kent. Damit zeigte sie nicht nur Bereitschaft und Fähigkeit zum eigenständigen Leben, sonder erwarb sich zugleich einen »excellent command of English«, der ihr noch Jahrzehnte später, bei den langen Reisen im Dienste der Ökumene mit Martin, gute Dienste leistete.[81]

Nach der Rückkehr aus England unterrichtete Else erst an einer Volksschule, von 1912 an in einem Lyzeum (Mädchengymnasium) in Elberfeld.

3 »Gott strafe England«: Nationalismus und Krieg 1914 bis 1918

Doch ihre beruflichen Ziele hatte sie damit noch nicht erreicht. Im Mai 1916 schrieb sie sich an der Universität Bonn für die Fächer Englisch, Geschichte und Deutsch ein in dem Wunsch, sich als Studienrätin für den Schuldienst an einem Gymnasium zu qualifizieren. Bereits im Oktober 1916 wechselte sie an die Friedrich-Wilhelms-Universität Berlin, die heutige Humboldt-Universität. Dort besuchte sie bis zum Sommersemester 1918 unter anderem Vorlesungen bei dem Historiker Otto Hintze, der mit Arbeiten zur Wirtschaft und Verfassung in der Frühen Neuzeit hervortrat und einer der Begründer der modernen Sozialgeschichte war.[82] In ihrem Tagebuch beschrieb Else Hintze sehr treffend als einen »Mann der feinen Definitionen«.[83]

Das Studium und die persönliche Ungebundenheit in Berlin gefielen Else offenkundig sehr gut. Eine Heirat hätte dem allen ein Ende gemacht, denn im Kaiserreich galt der sogenannte Lehrerinnenzölibat, den erst die Weimarer Nationalversammlung 1919 aufhob. Damit waren Lehrerinnen als Beamtinnen kündbar, sobald sie sich verheirateten. Das Lehrerinnenzölibat erschien nicht nur Männern im Kaiserreich als ein probates Mittel der Steuerung des akademischen Arbeitsmarktes, mit dem sich weibliche Konkurrenz fernhalten ließ. Else steckte also in einem Dilemma. Ihr Beruf war ihr wichtig, und der Gedanke, ihn aufzugeben, schmerzte sie. Andererseits hatte sie mit Mitte zwanzig das durchschnittliche Alter für die Eheschließung bei Frauen aus bürgerlichen Familien erreicht. Im September 1916, den sie bei ihren Eltern in Elberfeld verbrachte, vertraute sie ihrem Tagebuch den Zwiespalt an, in den sie durch die neuerliche Begegnung mit Martin geraten war:

> Manch netten Abend erleben wir mit Bekannten, Lewis, Buchfelds, Engels. Bei weitem der schönste war der bei Niemöllers. (12.9.) Martin war da, und das, was Herm.[ann], bzw. Frl. Schmidt über ihn aus der Schule geplaudert haben, bringt mich in ein besonderes Verhältnis zu ihm. Selten bin ich so fröhlich gewesen wie an dem Abend. Ich sehne mich ja so nach der Liebe, die das Weib erst zu der Stufe der Entwicklung bringt, zu der sie fähig ist. Dies sich Bescheiden ist so schwer, selbst wenn man glaubt, auch noch auf andere Weise sein Leben führen zu können.[84]

Else war hin- und hergerissen zwischen der Sehnsucht nach Liebe und dem Wissen um das »sich Bescheiden«, das eine Ehe bedeutete. Am Ende überwog die Sehnsucht. Am 1. November notierte sie noch: »Mein Herz ist voll Schnsucht, aber ich muß sie begraben.« Doch bereits am folgenden Tag schien es, als komme »alles ins Lot«, wozu ein Besuch bei Pauline Niemöller, der jüngeren Schwester Martins, beigetragen haben mochte.[85]

Als Else und Martin sich im Mai 1917 in Berlin wiederbegegneten, war also zumindest auf ihrer Seite die klare Erwartung einer möglichen Beziehung vorhanden. In Briefen an seine Eltern beschrieb Martin diese glücklichen Frühlingstage. An den beiden Pfingstfeiertagen Ende Mai segelte Martin mit Else, ihrer Schwester Käthe und Käthe Dilthey für jeweils drei Stunden auf dem Wannsee. Zwei Wochen später fanden sich wieder zwei Tage, an denen er – diesmal nur mit Else und Käthe – der Hitze im Häusermeer der Großstadt entkommen und bei einer frischen Brise auf dem Wannsee segeln konnte. Diese Tage waren mit Gewissheit nicht nur für Martin »wundervoll«. So konnte er seiner Mutter mit gutem Gewissen mitteilen, dass er wegen eines dieser Segeltörns den Kirchgang zu Pfingsten ausgelassen hatte.[86] Im August war Martin nochmals für zwei Tage dienstlich in Berlin. In Elses Gesellschaft stockte er seine »Vorräte an Freude« – so die sehr mechanisch klingende Metapher – für die kommende lange Fahrt auf U 151 »noch einmal gründlich auf«.[87] Doch dann gerieten die Pläne ins Stocken. Das lag nicht an der gegenseitigen Zuneigung, sondern an ganz anderen Gründen.

Erstens war der Krieg mit all seiner Unsicherheit generell nicht die beste Zeit für eine Heirat, wie die seit 1915 dramatisch sinkende Zahl der Trauungen zeigt. Zweitens machte Vater Bremer seiner Tochter die »bittersten Vorwürfe«, als sie ihm vom der geplanten Verlobung erzählte und dafür ihr Studium aufgeben wollte.[88] Der dritte und vielleicht problematischste Grund war die Sicherstellung der finanziellen Voraussetzungen. Offiziere benötigten für die Verheiratung einen Ehekonsens, den bei Seeoffizieren der Kaiser erteilte. Der Konsens war an einen Vermögensnachweis gebunden, sollte nicht standesgemäße Verbindungen ausschließen und zugleich gewährleisten, dass die Familie des Offiziers finanziell abgesichert war. Für einen Oberleutnant wie Niemöller hieß das, dass er neben seinem Gehalt »eine sichere jährliche Privateinnahme« von 3000 Mark nachweisen musste. Als Martin im August 1918 dem Vater seine »Heiratssorgen« unterbreitete, rechnete er deshalb mit einem Kapitalbedarf von 60 000 Mark, in »5%iger Kriegsanleihe angelegt«. Er selbst und Else besaßen nur ein Zehntel davon, das sie bereits in Kriegsanleihen investiert hatten. Im Moment der Niederlage im November 1918 war dieses Kapital dann verloren.[89]

All diese Probleme machten offenbar einen komplizierten Prozess der Abstimmung nötig, der sich im Herbst und Winter 1917/18 über mehrere Monate hinzog. Es scheint, als ob Hermann Bremer, Elses Bruder, dabei als ein Mittelsmann diente. »Armin« stellte zwischen Else und Martin, aber vielleicht auch zwischen den beiden Familien die Kommunikation her. Im März 1918 schrieb Martin jedenfalls an Wilhelm, dass seine »Heiratsaussichten« nun

»nach einigen ernsthaften Erkundigungen bei Armin und langem Für und Wider-Überlegen auf einem ziemlichen Nullpunkt angelangt« seien. Es komme ihm vor, »als sei ich zum Junggesellen prädestiniert«.[90] Doch am Ende konnten alle Bedenken beiseite geräumt waren. Am 23. Juli 1918 feierten Martin und Else ihre Verlobung.[91] Martin war zu dieser Zeit für drei Wochen im Heimaturlaub. Nach der Rückkehr nach Pola äußerte er seine Zuversicht, dass »der Sonnenschein dieser Zeit« auch in Zukunft »immer über meinem Leben liegen bleiben« werde. »Else ist glücklich und ich auch, und daran können auch die Kriegssorgen nichts Wesentliches ändern.«[92]

Die Verlobung mit Else Bremer veränderte Niemöllers Leben entscheidend. Die Aussicht auf Gründung einer eigenen Familie versprach Unabhängigkeit von den Eltern, ein eigenes Zuhause und damit eine bürgerliche Lebensführung, die dem ledigen, zwischen Kajüte und Kasino pendelnden Seeoffizier bislang verschlossen schien. Im Juni 1916 hatte Martin in einem Brief an Wilhelm seiner tiefen Skepsis über die Lebensform des Marineoffiziers Ausdruck verliehen, deren Monotonie und geistige Enge er aus der Beobachtung älterer Offiziere nur zu gut kannte. Er hatte große »Angst vor der Zeit, wenn die erste Jugend mit ihrer Begeisterung vorüber ist. Dann wird's einsam und leer um die meisten.«[93] Das musste er nach seiner Verlobung nicht mehr befürchten.

Aus Elses Sicht stellte sich die Verlobung etwas anders dar. Denn sie entsprach beileibe nicht dem Klischee einer jungen Frau aus bürgerlicher Familie, deren Lebensentwurf ganz auf eine standesgemäße Ehe ausgerichtet war. Das wird bereits daran deutlich, dass Else knapp anderthalb Jahre älter als Martin war. In bürgerlichen Familien nach 1900 war der Mann im Schnitt sieben Jahre älter als die Frau, was das »patriarchalische Gefälle« in der Ehe verstärkte.[94] Hinzu kam ihre berufliche Eigenständigkeit. Zum Zeitpunkt der Verlobung konnte sie immerhin auf acht Jahre professioneller Ausbildung und Berufsarbeit zurückblicken. Else Bremer trat somit als »eigenständige Persönlichkeit« in die Beziehung zu Martin ein.[95] In dieser musste sie sich allerdings nun, wie sie selbst nur zu gut wusste, »bescheiden«.

Martin dagegen wollte sich auf keinen Fall bescheiden. Im Frühjahr 1917 hoffte er immer noch, bald ein eigenes U-Boot kommandieren zu dürfen. Doch inzwischen hatte Waldemar Kophamel, der Niemöller aus seiner Tätigkeit als Kommandeur der U-Boot-Flottille Pola kannte, mit U 151 ein neues Kommando bekommen. Martin sträubte sich, konnte sich dem Ruf Kophamels aber nicht entziehen. So diente er von Juli bis Ende Dezember 1917 als »Erster Offizier« auf U 151, einem 65 Meter langen U-Boot-Kreuzer der »Deutschland«-Klasse. Von Ende August bis Weihnachten 1917 führte die »längste Kriegsfahrt eines deutschen U-Bootes« Niemöller in 114 Tagen um die Britischen Inseln herum in den Atlantik bis zu den Azoren und den Kanarischen Inseln, wobei U 151 insgesamt rund 50 000 BRT versenkte.[96]

Inzwischen hatte sich der Kontext geändert, in dem die deutschen U-Boote das Geschäft der Versenkung von Schiffstonnage betrieben. Erich Ludendorff und Paul von Hindenburg hatten sich bald nach Antritt ihres Amtes als Chefs der Obersten Heeresleitung Ende August 1916 zu den stärksten Befürwortern des uneingeschränkten U-Boot-Krieges entwickelt. Nachdem Reichskanzler Bethmann Hollweg lange eine hinhaltende Taktik verfolgt hatte, erklärte die deutsche Reichsleitung schließlich zum 1. Februar 1917 weite Gebiete um die Britischen Inseln, im Atlantik, in der Nordsee und im Mittelmeer zu Sperrzonen, wo fortan Handelsschiffe neutraler Staaten ohne die nach der Prisenordnung vorgeschriebene Vorwarnung versenkt würden. Mit einer Versenkungsquote von 600 000 BRT pro Monat sollte der Nachschub der Alliierten unterbunden und Großbritannien wirtschaftlich in die Knie gezwungen werden.[97]

Enttäuschte Siegeshoffnungen

Wie die meisten Radikalnationalisten teilte Niemöller die Hoffnung, dass der uneingeschränkte U-Boot-Krieg bald zu einem deutschen Sieg führen werde. Im Februar 1917 schwadronierte er über die Möglichkeit, dass der »mit jedem Monat besser« werdende U-Boot-Krieg die »Beefs« – also die Rindfleisch essenden Briten – bald »überhaupt« vom Seefahren abhalten werde.[98] Im Sommer pries er die dritte Oberste Heeresleitung (OHL) unter Hindenburg und Ludendorff als vom Himmel gesandte Retter der Nation und machte sich über die Parlamentarier im Reichstag lustig, wo der Zentrumsführer Matthias Erzberger am 6. Juli 1917 einen Verständigungsfrieden ohne Annexionen gefordert hatte: »Der U-Krieg muß und wird es schaffen, wenn es nur nicht schon zu viel blödsinnige Vertreter im lieben, heiligen deutschen Vaterlande gibt! Dem Himmel sei Dank, daß wir Hindenburg und Ludendorff haben.«[99] Doch das Kalkül von Marineführung, Heeresleitung und Radikalnationalisten ging nicht auf. Am 3. Februar 1917 brachen die USA als Reaktion auf den uneingeschränkten U-Boot-Krieg die diplomatischen Beziehungen zu Deutschland ab. In diesem Schritt der »Wölfe in Schafspelzen« sah Martin allerdings noch keinen »Grund zur Beunruhigung«.[100]

Seit dem Sommer 1917 erregte noch eine andere Entwicklung Niemöllers Aufmerksamkeit. Bis über das Kriegsende hinaus verschob sie sein politisches

Koordinatensystem. Bereits seit 1916 hatte sich die Stimmung unter den Zivilisten an der Heimatfront in Deutschland gravierend verschlechtert. Versorgungsengpässe, Mangelernährung und eine wachsende soziale Ungleichheit erbitterten weite Bevölkerungskreise in Stadt und Land. In der evangelischen Kirche wurde dies als zunehmende Gleichgültigkeit gegenüber dem Glauben und der praktizierten Frömmigkeit wahrgenommen. Wie andere protestantische Pfarrer veröffentlichte Heinrich Niemöller 1916 eine kleine Broschüre, die zum Durchhalten aufrief. Als »Friedensziele« des deutschen Volkes propagierte er darin Werte wie »Schlichtheit, Sparsamkeit, Zufriedenheit« und beschwor die »Einigkeit« der Deutschen angesichts einer »Welt von Feinden«.[101] Eine derart pathetische Sprache überzeugte allerdings außerhalb des protestantischen Bürgertums 1916 kaum noch jemanden in Deutschland. Seit dem Frühjahr 1917 schlugen Missmut und Unzufriedenheit in Politisierung um. Im April kam es in Berlin, Leipzig und anderen Großstädten zu Streiks der Arbeiter gegen die mangelhafte Versorgung mit Lebensmitteln. Im Juli zeigte die Gründung des Interfraktionellen Ausschusses aus Mehrheits-SPD, Zentrum und Linksliberalen im Reichstag an, dass die Mehrheitsparteien des Reichstags nun energisch auf demokratische Reformen und eine Beendigung des Krieges drängten.[102]

Streiks und Reformversuche stießen auf die entschiedene Ablehnung des kaiserlichen Marineoffiziers Niemöller. Er erkannte, dass die sich abzeichnende Kriegsgegnerschaft weiter Bevölkerungskreise ein neues, höchst gravierendes Problem aufwarf: Wenn das Volk sich gegen den Kaiser, seine Regierung oder gar gegen eine Weiterführung des Krieges wandte, stand dieses Volk dann überhaupt noch im Zentrum der deutschen Nation? Für den protestantischen Reichsnationalismus war die Nation ein Dreiklang: Das Volk verkörperte die Substanz der Nation, während der Staat sie politisch manifestierte und der Kaiser sie als symbolische Verkörperung und Spitze des Reiches repräsentierte. Niemöller hatte seiner grenzenlosen Verehrung für den Kaiser bereits am 4. Februar 1915 in Wilhelmshaven Ausdruck verliehen bei der ersten Kriegsansprache Wilhelms II. vor Einheiten der Flotte. Er zitierte längere Passagen der Rede aus der Erinnerung, unter anderem die Feststellung Wilhelms, er habe seit Beginn des Krieges gewusst, dass »wir gegen eine vielfache Übermacht kämpfen würden«. Niemöller war damals sehr bewegt gewesen, zumal der Kaiser einige ausgewählte Offiziere persönlich begrüßt hatte:

So sah ich ihn aus nächster Nähe! Der Kaiser ist gealtert; aber unglaublich frisch und zuversichtlich. Es war ein Moment, den ich nie vergessen werde. Nachher hielt der Kaiser eine Ansprache vom Oberdeck der »Seydlitz«

aus, großartig, nein einzigartig! Solch einen Mann kann's nur alle paar hundert Jahre mal geben. Er sprach von der Flotte, ihrem Geist, ihren Leistungen, ihren Aufgaben: frei natürlich, mit unerhörter Lebhaftigkeit, und lang![103]

Aber wenn das Volk gegen den Staat protestierte und den Kriegseinsatz der Nation in Frage stellte, war die Harmonie des Dreiklangs Volk – Staat – Kaiser gestört und die sittliche Substanz der Nation gefährdet. Niemöller verlieh diesem Gedanken zum ersten Mal im August 1917 Ausdruck, kurz bevor er zu der langen Feindfahrt mit U 151 aufbrach:

Auf das Unternehmen freue ich mich: da sieht man Gott sei Dank mal wieder etwas anderes als unzufriedene Gesichter. Nichts ist gegenwärtig schlimmer als im Binnenlande unter all den Kretins zu sitzen, die heute »deutsches Volk« markieren![104]

Das wichtigste Element dieser Passage sind die Anführungszeichen um den Begriff »deutsches Volk«. Sie zeigen an, dass das im Sommer 1917 kollektiv protestierende »Volk« für Niemöller nicht mehr jenes Volk war, das im Zentrum der idealistischen Ideenwelt des Reichsnationalismus stand. Das idealisierte Volk musste den Krieg bis zum deutschen Sieg fortführen, denn die Nation war in der Feindschaft gegen andere Nationen begründet. Anfang Oktober 1918, als sich die deutsche Niederlage schon deutlich abzeichnete, kam Niemöller auf diesen Gedanken in etwas anderer Formulierung zurück:

Mit meinen Erfolgen bin ich zufrieden, und wenn die Lage im Innern des deutschen Reiches nicht so übel aussähe, wäre ich überhaupt ganz glücklich. Aber unser Volk wird ja nicht eher vernünftig, als bis der Feind im Lande steht und unzweideutig zeigt, wie er sich seinen Frieden mit uns denkt! Dann aber ist's zu spät, und es hebt eine große Auswanderung an.[105]

Es ist interessant, dass Niemöller hier die Idee der Auswanderung aus Deutschland ansprach. Sie war für ihn bereits im Oktober eine Option, die er nach dem Waffenstillstand dann für einige Monate auch praktisch verfolgte.[106] Auswanderung ist hier auch als eine Chiffre dafür zu lesen, dass ein national denkender Mann wie Niemöller das Gefühl hatte, in seinem eigenen Land zum Fremden geworden zu sein. Doch dann war im Mai 1918 endlich ein lange angestrebtes Ziel erreicht: Er erhielt das Kommando über ein eigenes Boot. Ein interner Qualifikationsbericht für die Zeit bis Ende 1917 hatte ausdrücklich festgestellt, dass Niemöller als Kommandant eines U-Bootes »gutes leisten« werde.[107] Nach dem Erhalt der Nachricht lautete Martins briefliche Erfolgsmeldung an Wilhelm: »Nun habe ich alles, was ich brauche!«[108] Das Boot war die UC 67, ein Ende 1916 in Dienst gestelltes Minenlegeboot mit einer Besatzung von 26 Mann. Nach einigen Reparaturen brach Niemöller am letzten Junitag zu seiner ersten Feindfahrt als Kapitän auf. Doch bereits nach wenigen Tagen wurde UC 67 durch einen Flieger getroffen und musste zur Reparatur zurück nach Pola.[109]

Nach einem Urlaub in Deutschland – den er wie erwähnt zur Verlobung nutzte – war Niemöller Mitte August wieder in Pola. Am 28. August stach UC 67 erneut in See, um ihrem Operationsbefehl gemäß vor Marseille Minen zu legen. In den 1920er Jahren fand Niemöller des Öfteren ein dankbares Publikum, wenn er in deutschnationalen Verbänden seinen Standardvortrag über die »letzte Feindfahrt« mit UC 67 hielt und das Erlebte dramatisch ausschmückte.[110] Doch die Realität sah nüchterner aus. Auf der Fahrt vom 28. August bis 26. September versenkte Niemöller mit UC 67 drei Dampfer mit zusammen 14 500 BRT. Auf der ersten Fahrt Anfang Juli war es ein Dampfer mit 4000 Tonnen gewesen.[111] Mit zusammen 18 500 Tonnen nahmen sich Niemöllers Erfolge als U-Boot-Kapitän nicht nur im Vergleich mit den Tonnagekönigen eher bescheiden aus. An deren Spitze stand der bereits 1916 mit dem Orden Pour le Mérite ausgezeichnete Lothar von Arnauld de la Perière. Er führte eine 1922 zusammengestellte Liste der »erfolgreichsten Unterseebootskommandanten« mit 485 000 Bruttoregistertonnen an. Selbst der in dieser Liste erst als Nr. 53 geführte Kapitän Paul Wagenführ hatte 100 000 BRT versenkt. Immerhin hatte Niemöller überlebt: Von etwa 450 deutschen U-Boot-Kommandeuren starben nicht weniger als 145 in Ausübung ihres Dienstes.[112] Niemöllers eher bescheidener Beitrag zum U-Boot-Krieg war nicht etwa darauf zurückzuführen, dass das Mittelmeer ein Nebenkriegsschauplatz gewesen wäre – im dritten Quartal 1916 versenkten deutsche U-Boote dort 65 Prozent aller Tonnage, und auch noch 1917 feierten sie beträchtliche Erfolge , sondern darauf, das die reparaturanfälligen Boote 1918 einfach zu lange in Pola auf Reede lagen. Zudem schützten die Alliierten ihre Handelsschiffe inzwischen durch ein Konvoisystem, bei dem mehrere Schiffe zusammen unter Begleitschutz fuhren.[113] Als Niemöller endlich als Kapitän in den U-Boot-Krieg im Mittelmeer eingriff, war dieser im Grunde bereits beendet.

Im Oktober 1918, während er in Pola auf die Reparatur von UC 67 wartete, gingen Niemöller aber längst ganz andere Dinge durch den Kopf als sein möglicher Ruhm als U-Boot-Kapitän. Die deutsche Niederlage war absehbar, und sie warf fundamentale Fragen auf nach der Ehre und dem Weiterbestand der Nation, nach dem moralischen Versagen und dem möglichen Wiederaufstieg des deutschen Volkes und schließlich nach einer möglichen Weiterführung des Kampfes als Alternative zur Kapitulation, die für Niemöller »das Schlimmste« war.[114] Gerade die letzte Frage wurde im Oktober 1918 in bürgerlich-nationalen Kreisen intensiv diskutiert. Zur Debatte stand auch eine »Levée en Masse«, also die totale Mobilisierung aller nationalen Reserven. Deren Befürworter akzeptierten zur Verteidigung Deutschlands sogar dessen – zumindest teilweise – Selbstzerstörung, indem man französische Truppen auf heimischem Territorium mit Guerillamethoden bekämpfte.

Der Historiker Michael Geyer hat solche Überlegungen als »katastrophischen Nationalismus« bezeichnet, der im Untergang der Nation eine Chance zur Erneuerung sah.[115] Es waren Ideen, die auch Martin Niemöller beschäftigten. Die Niederlage war gleichbedeutend mit dem Ehrverlust der Nation, und aus diesem Grund schien ihm eine Weiterführung des Kampfes durchaus angebracht, zumal die Demokratisierung des Kaiserreichs – die im Oktober mit überhasteten Reformen zur Stärkung des Reichstags erfolgte – das politische Gleichgewicht der Nation weiter aus den Fugen geraten ließ:

> Aber was ist demgegenüber die Sorge um unser bißchen Leben, wo jetzt alles auf dem Spiele steht und wir höchstens einen Frieden bekommen, für den wir uns eines Tages um unsrer Ehre willen wieder zu einem Krieg auf Leben u. Tod aufraffen müßten. Wollen wir das nicht lieber jetzt tun? [...] Soviel man hört, werden alle kaiserlichen Rechte geschmälert oder ganz beseitigt. Wohin soll das führen? Deutschland braucht jetzt mehr als je *eine* starke Hand, die das Ruder führt.[116]

Doch der Ausgang eines solchen Kampfes auf Leben und Tod schien eher den Tod als das Leben zu versprechen, und so blieb Niemöller in dieser Frage ambivalent und unentschieden. Er schrieb seinen Eltern am 25. Oktober in einer letzten politischen Stellungnahme vor dem Beginn der Revolution:

> Sollen wir den Verzweiflungskampf kämpfen, der uns nicht retten kann, uns wohl aber den letzten Rest unserer Volkskraft kosten wird? Ich bin froh, daß ich das nicht zu entscheiden brauche. Vielleicht ist es ja auch für das deutsche Volk besser, jetzt durch alle Tiefen zu gehen, und erst ein paar Menschenalter später wieder zum Aufstieg fähig zu sein, als jetzt seine nationale Ehre, so angekränkelt sie ist, ganz aufzugeben und zu kapitulieren. – Der Aufruf der Regierungs-Sozialisten im Vorwärts ist das

Schamloseste, was in diesem Krieg geschrieben worden ist. Soll das der Geist unseres Volkes sein? Dann haben wir unser Schicksal tausendfach verdient. Lassen wir das. Gott weiß, was er zulassen will.[117]

In der Frage der moralischen Substanz des deutschen Volkes, die er schon 1917 durchdacht hatte, war Niemöller offenkundig entschiedener als je zuvor. Mit einem öffentlichen Aufruf hatte der Vorstand der Mehrheits-SPD um Friedrich Ebert und Philipp Scheidemann am 17. Oktober neben dem Angebot eines Waffenstillstands nochmals den Willen zur Demokratisierung von Staat und Gesellschaft bekräftigt und dies als eine »friedliche Revolution« bezeichnet.[118] In Niemöllers Augen kam dies einer Bankrotterklärung der Nation gleich. Als Ende Oktober Meutereien in der österreichischen Flotte begannen, wurde ein Teil der deutschen U-Boote in Pola versenkt, der andere machte sich auf den Heimweg nach Deutschland. Am 29. Oktober stach UC 67 in See. Die Fahrt ging durch die Straße von Gibraltar und durch die Biskaya, man umrundete Großbritannien im Norden, fuhr vorbei an den Shetland-Inseln und machte in einem norwegischen Hafen einen kurzen Zwischenstopp. UC 67 befand sich mit anderen Booten in einer kleineren Gruppe, für ein paar Tage auch in einem größeren Verband.

Niemöller und seine Besatzung erfuhren durch Zeitungsmeldungen von den Ereignissen in Deutschland, wo der Aufstand der Matrosen in Kiel seit dem 1. November das Signal zur Revolution gab und der Sozialdemokrat Philipp Scheidemann am 9. November vom Balkon des Reichstags die deutsche Republik ausrief. Es ist durchaus glaubhaft, wenn Niemöller in seinem Erinnerungsbuch berichtet, dass er auf der Fahrt die »leise Hoffnung« hatte, dass ein »zweiter Umsturz die Schande des 9. November wieder abwaschen würde«.[119] Doch diese Hoffnung, falls er sie tatsächlich gehegt haben sollte, wurde enttäuscht. Am 29. November 1918 lief UC 67 schließlich unter seinem Kommando in den Kieler U-Boot-Hafen ein.

In seinen Einstellungen und Verhaltensweisen während des Ersten Weltkriegs zeigte sich Niemöller als ein typischer Repräsentant des wilhelminischen Marineoffizierkorps. Mit seinen Siegeshoffnungen, seinen imperialistischen Allmachtsphantasien, seiner Ablehnung jeder demokratischen Reform in Deutschland, seiner ungebrochenen Verehrung für den Kaiser und auch seiner Enttäuschung über die politische Substanz des deutschen Volkes ähnelt seine Sichtweise der anderer Marineoffiziere.[120] Das gilt nicht zuletzt für das wichtigste Element seines nationalistischen Weltbildes, den beinahe pathologischen Englandhass.

Vielen Angehörigen des protestantischen Bildungsbürgertums galt England vor 1914 als die puritanische Nation par excellence. Die protestantische Religion war daher bei aller imperialen Mächtekonkurrenz ein wichtiges Element ihrer Wahrnehmung.[121] Für Niemöller war das Bild von Deutschlands Hauptfeind dagegen definitiv nicht durch den geteilten protestantischen Glauben geprägt. Er brachte seine tiefsitzende Ablehnung der Engländer vielmehr dadurch zum Ausdruck, dass er sie als »Beefs« bezeichnete.[122] Während viele Pfarrerssöhne, die als Offiziere an der Front dienten, intensiv über die Relevanz des Glaubens im Krieg reflektierten und ihre Frömmigkeit bei jeder Gelegenheit praktizierten,[123] findet sich bei Niemöller nichts dergleichen, abgesehen von der Berufung auf das providenzielle Wirken Gottes. Doch solche Hoffnungen hegte er vor allem 1914. Seit Mitte 1915 kamen Bezugnahmen auf religiöse Motive in seinen Reflexionen kaum noch vor. Niemöllers Deutung des Weltkriegs war weniger Ausdruck eines religiös fundierten Nationalprotestantismus als die eines protestantischen Nationalismus. Die religiöse Tradition seines Elternhauses eignete sich Martin erst von 1919 an umfassend an.

4
Theologiestudium und Konterrevolution
1919 bis 1923

Als Martin Niemöller am 29. November 1918 mit UC 67 im Kieler Hafen einlief, war die revolutionäre Umwälzung dort bereits vorüber. Die Kieler Matrosen hatten den Startschuss zur Revolution gegeben, als sich Ende Oktober Gerüchte verbreiteten, die Flotte solle auslaufen und im Angesicht des Feindes den ehrenvollen Untergang suchen. Diesen Plänen der Marineleitung widersetzten sie sich. Nach der Verhaftung von »Rädelsführern« entwickelte sich diese Meuterei nach dem 1. November zum revolutionären Aufstand. Bereits am 4. November musste Vize-Admiral Wilhelm Souchon – als Befehlshaber der »Marinestation Ostsee« auch Gouverneur der Stadt und damit Inhaber der Polizeigewalt – mit den Matrosen verhandeln. Am selben Tag entsandte die nach den Oktoberreformen nun parlamentarisch kontrollierte Reichsregierung Gustav Noske, den Wehrexperten der SPD, als ihren Vertreter nach Kiel. Am 6. November übernahm der Arbeiter- und Soldatenrat in Kiel die Macht. Er war mit der Kontrolle der Verwaltung zufrieden und strebte keine weitere Umwälzung an. »Am Abend des 7. November ist die Revolution in Kiel und in Schleswig Holstein beendet.«[1] Fortan hatte Noske als Vorsitzender des Soldatenrates und Gouverneur die Zügel in der Hand. Unter seiner Leitung arbeiteten die revolutionären Matrosen und die alten Eliten zusammen. Von den etwa 50 000 Matrosen und Soldaten, die sich bei Ausbruch der Unruhen in Kiel aufhielten, hatte am 1. Dezember schon fast ein Drittel Entlassungspapiere erhalten und die Stadt verlassen. Da die Demobilmachung rasch voranschritt, kehrte Kiel schon bald zur Normalität zurück.[2]

Aber diese nüchterne Bewertung ergibt sich erst in der Rückschau. Der Zeitgenosse Martin Niemöller, Marineoffizier und Radikalnationalist, war kein objektiver Beobachter. Niederlage und Übergang zur Republik zerstörten die Fundamente seines politischen Weltbildes – Kaiser und deutsche Weltgeltung –, und sie machten zudem das Ende seiner beruflichen Karriere in der Marine wahrscheinlich. Niemöller war in seinem Ehrgefühl in doppelter Weise getroffen – als Deutscher und als Offizier. Kein Wunder also, dass er in seinem Erinnerungsbuch von einer »Revolutionspsychose« sprach, die Kiel erfasst habe, und von dem Gefühl, sich im »eigenen Vaterland wie ein Fremder«

vorzukommen.³ Das war keine nachträgliche Stilisierung, sondern findet Bestätigung in den ersten brieflichen Äußerungen nach der Rückkehr. Dort sprach Martin auch das Problem an, das ihn seit 1917 angesichts der wachsenden Unruhe an der Heimatfront bewegte. Mehr noch als Streiks und Hungermärsche hatte die Revolution nach seiner Ansicht bewiesen, dass die sittliche Substanz des Volkes verloren gegangen war. Doch auf welcher Grundlage sollte dann der Wiederaufbau der Nation erfolgen? Am 3. Dezember schrieb er an die Eltern:

Was aus Deutschland wird, ist eine müßige Frage; wenn man sieht, wie die Leute sich aufführen, die jetzt die tatsächliche Gewalt in Händen haben, dann hat man keine Hoffnung mehr auf eine bessere Zukunft; und doch muß der Kern des Volkes lebensfähig sein, nur muß er erst zum Gefühl der Verantwortung erzogen werden. Wer soll das tun? [...] Und wenn unsre Regierung nur stark genug ist, die Ordnung aufrecht zu erhalten und auf den Trümmern die Grundlagen für ein neues Reich aufzubauen! Groß ist meine Zuversicht nicht mehr.⁴

Neben diesen politischen Erwägungen bewegte Martin auch die Frage, wie seine »persönliche Zukunft« sich gestalten würde. Hier »tappte« er noch »überall im Dunkeln«. Er erwog, sich zum »Minensuchen« zu melden und sich erst später in einen zivilen Beruf »hinüberzuretten«. Die Marine war auch in sozialer Hinsicht Martins Zuhause gewesen, aber es gab kaum noch Gründe, über das Kriegsende hinaus dort zu bleiben. Noch in Pola hatte Niemöller erfahren, dass sein Jugendfreund und Schwager Hermann Bremer – zu diesem Zeitpunkt Wachoffizier auf UB 104 – am 19. September in der Nordsee vor den Shetland-Inseln den Tod gefunden hatte.⁵ Bremer war ein Jahr nach Niemöller als Kadett in die Marine eingetreten. Es war die seit Schülertagen gemeinsam gehegte Begeisterung für die kaiserliche Flotte, die beide zur Wahl dieses Berufs bewogen hatte. In Kiel erfuhr Martin dann, dass auch Hans Jochen Emsmann kurz vor Kriegsende gefallen war. Damit gab es auch keine persönlichen Bande mehr, die Martin zu einem Verbleib bei der Marine hätten bewegen können, vielmehr hatte sein soziales Netzwerk nach dem Kriegstod der beiden Freunde Löcher, die nicht mehr zu schließen waren. »Es ist«, so schrieb er den Eltern, »arg einsam um mich geworden; gut, daß ich Else und Euch habe!«⁶

Mit dieser Einsamkeit hatte nicht nur er zu kämpfen. Von den 207 Seekadetten der Crew 1910 waren im Mai 1914 noch 168 als Seeoffiziere aktiv. Von diesen waren 61, also mehr als ein Drittel, im Weltkrieg gefallen.⁷

Martin Niemöller – stehend in der Mitte – mit der Besatzung von UC 67 im Hafen von Kiel, 29. November 1918. Als das U-Boot an diesem Tag in Kiel einlief, war die Revolution dort bereits weitgehend beendet. Unmittelbar nach dem Anlegen ließ Niemöller die Reichskriegsflagge einholen und verstaute sie in seinem Handkoffer. Er veröffentlichte diese Aufnahme 1934 in seinem Erinnerungsbuch *Vom U-Boot zur Kanzel*. Das Gruppenfoto der eng beisammenstehenden Offiziere und Matrosen suggeriert eine verschworene Gemeinschaft. Niemöller erzählt allerdings ganz aus der Perspektive des Kommandanten und schildert ausführlich seine Leistung bei der Führung des Bootes und beim Versenken von Tonnage.

Am 9. Dezember verabschiedete sich Niemöller von der Besatzung von UC 67. Zu diesem Zeitpunkt schien es ihm bereits »fast ausgeschlossen«, in Deutschland zu bleiben. Ihn beschäftigte ein »Japanprojekt«, dessen Details nicht überliefert sind. Daneben knüpfte er »Beziehungen zu einer Gruppe von Seeoffizieren«, die »eine deutsche Kolonie in Argentinien gründen« wollten. Die Auswanderung war für Mai 1919 geplant. Das war eine konkrete Perspektive, in die er »großes Vertrauen« hatte. Überdies hatte sie den Vorteil, dass er sich nicht mehr unausgesetzt mit der düsteren »Zukunft des Vaterlandes« beschäftigte.[8] Mitte Dezember ging Niemöller in Urlaub. Zunächst traf er sich mit Else bei den Verwandten seiner Mutter in Westerkappeln im Tecklenburger Land. Zu Weihnachten reisten die beiden dann zu Martins Eltern nach Elberfeld. Neben der aus Martins Sicht so katastrophalen Lage der deutschen Nation war die Auswanderung in diesen Tagen das Gesprächsthema schlechthin. Das Wichtigste, so hatte ihm Korvettenkapitän Hans von Koschitzky gesagt, sein Gewährsmann bei der Marine in Sachen Auswanderung, sei der Erwerb spanischer Sprachkenntnisse. Also wünschte sich Martin zu Weihnachten ein Buch über den »Selbstunterricht im Spanischen«.[9]

Im Januar und Februar 1919 lernte er täglich ein gewisses Pensum an spanischen Wörtern. Wenn Else und Martin den Tag zusammen verbrachten, lernten sie gemeinsam, und am Nachmittag wurde musiziert.[10] Am 10. Januar reisten die beiden nach Düsseldorf, wo sie mit einem argentinischen Konsul zusammentrafen. In Düsseldorf wurden sie Augenzeugen einer Schießerei zwischen Mitgliedern der KPD, die einige Tage zuvor durch einen Vollzugsrat die Macht in der Stadt an sich gerissen hatten, und Gegendemonstranten aus den Reihen der MSPD und der linksliberalen Deutschen Demokratischen Partei. Mitglieder der KPD feuerten auf die Demonstranten. Martin hielt die »Schießerei« in seinem Tagebuch fest und schrieb, dass der »Bahnhof in Hand der *Spartakisten*« sei.[11] Er hatte damit einen unmittelbaren Eindruck von der Präsenz kommunistischer Politik im Nachkriegsdeutschland gewonnen. Dass er sie ablehnte, passte zu seinem völkisch-nationalen Weltbild. Das »argentinische Projekt« kam nach Düsseldorf einer Klärung nicht näher, obwohl Martin in den folgenden Wochen in Kiel zuweilen an Sitzungen eines »Kolonistenvereins« teilnahm.[12]

Niemöller tauchte in den Wochen und Monaten nach Kriegsende in die Vorstellungswelt des völkischen Nationalismus ein. Dabei knüpfte er an die radikale Variante des Reichsnationalismus und deren Feindbilder an, die er schon während des Krieges vertreten hatte. Auch der »katastrophische Nationalismus« der letzten Kriegsmonate, der in der Selbstzerstörung der Nation die einzige Chance auf ihren möglichen Wiederaufstieg sah, war für ihn über das Kriegsende hinaus attraktiv. Doch der Kontext des nationalistischen Denkens hatte sich gravierend verändert: Die erzwungene Flucht des Kaisers ins niederländische Exil ließ eine zentrale Symbolstelle des Reichsnationalismus unbesetzt. Und die deutsche Niederlage verlangte nach einer Erklärung. Wie konnte es geschehen, dass das Reich trotz der Größe und Kraft seiner Militärmaschinerie nach vier Jahren ausdauernden Kampfes am Ende doch verloren hatte? In der Zeit des Umbruchs nach dem November 1918 mussten Nationalisten auf diese Fragen eine Antwort finden.

Dabei half der völkische Nationalismus. In dieser gedachten Ordnung bildeten nicht die gemeinsame Sprache, Kultur und Geschichte, sondern die ethnisch oder rassisch verstandene Substanz der Deutschen die Basis für das nationale Kollektiv. Zugleich verstärkte das Denken in völkischen Kategorien die jedem Nationalismus eigene Zuspitzung des binären Gegensatzes zwischen »uns« und den »anderen«. Als Gegner »der« Deutschen gerieten dabei neben den Sozialisten und Bolschewisten vor allem die Juden in den Blick. Der völkische Nationalismus verstand sie nicht als eine religiöse Gemeinschaft, sondern als ein rassisches Kollektiv.[13] Nur so jedenfalls ist zu verstehen, warum Martin Niemöller Alice Salomon (1872–1948) als beispielhaft für die »gottverfluchten Juden« nennen konnte. Die bekannte Sozialreformerin und Pionierin der sozialen Arbeit war 1914 evangelisch getauft worden. Anfang Dezember hatte sie im liberalen *Berliner Tageblatt* die Folgen der Einführung des Frauenstimmrechts für die Wahl zur Nationalversammlung im Januar 1919 diskutiert und selbstbewusst darauf hingewiesen, dass nur eine weitere »Politisierung der Frauen« diesen den umfassenden, verantwortungsvollen Gebrauch dieses Rechtes ermöglichen werde.[14] Für Niemöller, der die Revolution als Auflösung jeder Ordnung verstand, war das Salz in seinen Wunden. Als er kurz vor dem Weihnachtsfest 1918 die politische Lage interpretierte, brachen Wut und Verzweiflung regelrecht aus ihm heraus:

Der Einmarsch der Entente wird wohl die einzige Rettung aus diesen Zuständen sein; für die Zukunft des deutschen Volkes gebe ich keinen roten Heller. Eine Großmacht werden wir nie wieder, und ein Volk, das auf den Trümmern seiner nationalen Ehre und Größe einen solchen Hexensabbath feiert, verdient auch nicht, noch einmal in die Höhe zu kommen. Deutsche Treue! Und unser Kaiser muß außer Landes gehen, weil sonst totsicher sein Volk an ihm zum Verräter geworden wäre. Deutsche Frauen! Und in ihrem Namen zeichnet Alice Salomon. Diese gottverfluchten Juden! – Ich finde mich durch den Wust nicht mehr durch. Lassen wir's. In Berlin wird's von Tag zu Tag toller, das ganze Reich ist ein Tollhaus.[15]

Niemöllers Nationalgefühl war zutiefst verletzt. Er benutzte dafür die Metapher des »Hexensabbaths«, in der sich antisemitische, frauenfeindliche und verschwörungstheoretische Bedeutungsebenen überlagerten. Die binäre Logik und radikale Weltsicht des völkischen Nationalismus waren hier voll entwickelt. Ganz und gar unklar war hingegen noch, mit welchen Mitteln die Deutschen aus Ehrverrat und machtpolitischem Niedergang herausfinden könnten.

Ende Januar 1919 kehrte Niemöller nach Kiel zurück. Dort erreichte ihn am 31. Januar der Befehl, sich beim Inspekteur der Unterseeboote einzufinden. Niemöller sollte ein U-Boot in einen britischen Hafen überführen. Der am 11. November in Kraft getretene Waffenstillstand sah vor, dass die deutsche Hochseeflotte sich binnen einer bestimmten Frist unter alliierte Kontrolle zu begeben hatte. Doch Niemöller verweigerte die Ausführung des Befehls. Er bat um direkte Rücksprache mit dem Inspekteur des U-Boot-Wesens, Kommodore Paul Heinrich, dem er erklärte, dass er selbst nicht um den Waffenstillstand nachgesucht habe und die Überführung deshalb nicht ausführen werde. »Durch Vorstellung bei Commodore Heinrich befreit«, notierte er sichtlich erregt mit roter Unterstreichung in seinem Tagebuch.[16] Denn Heinrich entließ ihn und erteilte einem anderen Offizier den Auftrag.[17]

Schon zu diesem Zeitpunkt muss Niemöller gewusst haben, dass der politisch reaktionär eingestellte Kommodore mit der Weigerung, die Waffenstillstandsbedingungen zu erfüllen, sympathisierte. Nach dem wenig glaubwürdigen Eintrag in Niemöllers Erinnerungsbuch hingegen offenbarte sich Heinrich erst, als beide sich in den frühen 1920er Jahren im rechtsradikalen Milieu der nationalistischen Wehrverbände in Münster wiederbegegneten, in der »Organisation Escherich«, kurz »Orgesch«, und beim »Westfalenbund«.[18] So oder so war Niemöller jedenfalls bereits im Januar 1919 klar, dass er auch aus politischen Gründen der Republik nicht als Offizier dienen konnte.

Alternativen zum Offiziersberuf?

Wenn er der Republik nicht als Offizier dienten konnte, welche Optionen gab es dann? In der Umbruchssituation der Jahreswende 1918/19 hätte Niemöller paramilitärische Arbeit im Dienst der Konterrevolution leisten können. Möglichkeiten dazu bestanden. Am 7. Januar 1919 rief die sozialistische Übergangsregierung des Rats der Volksbeauftragten zur Bildung von militärischen Einheiten auf, mit denen sie die Aufstände der radikalen Linken unter

Kontrolle bringen wollte. Diese Freikorps basierten zumeist auf Einheiten der alten kaiserlichen Armee und füllten einen Stamm verbliebener Offiziere und Mannschaften mit angeworbenen Freiwilligen auf. Bereits im März 1919 waren rund 250 000 Mann in diesen Einheiten einsatzbereit. Die überwiegend antisozialistische und antidemokratische Grundhaltung der Freikorpsmänner machte den Einsatz im Dienst der Republik aber zu einem zweischneidigen Schwert.

In Kiel hatten sich seit Mitte November Seeoffiziere in der »Seeoffizier-Vereinigung Ostsee« (SOVO) zusammengeschlossen. Deren Sprecher war niemand anderes als der besagte Kommodore Heinrich. Da die »konterrevolutionär eingestellten« Seeoffiziere in der SOVO mit Gegenwehr des Kieler Soldatenrats rechneten, traten sie zunächst nicht öffentlich auf, sondern knüpften ein konspiratives Netz unter gleichgesinnten Offizieren.[19] Wie die meisten Seeoffiziere nahm auch Niemöller an den geheimen Sitzungen teil, unter anderem Ende Januar 1919 bei Wilhelm Canaris, dem späteren Chef der militärischen Abwehr in der Wehrmacht.[20]

Ein weiteres führendes Mitglied der SOVO war Korvettenkapitän Wilfried von Loewenfeld, den Niemöller aus seiner Zeit auf der *SMS Hertha* kannte, wo er 1910 Navigationsoffizier gewesen war. Loewenfeld bemühte sich seit Dezember 1918 bei den Marinestellen in Berlin, die Genehmigung für den Aufbau eines Freikorps zu erhalten. Ausgerechnet von Gustav Noske, dem neuen Reichswehrminister, erhielt er dafür am 3. Februar eine Vollmacht. Seit Anfang März baute er auf dieser Grundlage die im Kern republikfeindliche Marinebrigade Loewenfeld mit zunächst etwa 1500 Mann auf. Niemöller erwog Ende Januar mit Loewenfeld und Kapitänleutnant Arnauld de la Perière den Eintritt in dieses Freikorps, entschied sich jedoch letztlich dagegen.[21] Was ihn dazu veranlasste, ist nicht genau überliefert. In seinem Erinnerungsbuch nannte er als Grund dafür, dass das Freikorps auf die Volksbeauftragten vereidigt werden sollte. Nun hatte der Rat der Volksbeauftragten bereits am 13. Februar mit der Bildung des ersten Kabinetts Scheidemann seine Funktion verloren. Und selbst wenn diese Bemerkung als Chiffre für eine Indienststellung im Namen der Republik zu verstehen ist, hinderte dies das Freikorps Loewenfeld nicht daran, sich nur wenige Monate später, im März 1920, für die Putschregierung von Wolfgang Kapp und General Walther von Lüttwitz einzusetzen.

In seinem Buch *Männerphantasien* hat der Germanist Klaus Theweleit eine andere Erklärung angeboten. Er behandelt Niemöller dort als einen Vertreter jenes Typus des »soldatischen Mannes«, der mit seiner radikal antibolschewistischen und frauenfeindlichen Haltung als Prototyp für das faschistische Modell einer aggressiven Männlichkeit gelten kann. In dieser Hinsicht vergleicht er ihn mit ehemaligen Offizieren und Freikorpskämpfern wie Rudolf Höß, Ernst von Salomon, Manfred von Killinger oder Gerhard Roßbach. Niemöller habe sich, so Theweleit, als Enziger von diesen nicht einem Freikorps angeschlossen, da er sich der christlichen Familientradition seines Elternhauses verpflichtet fühlte.[22] Doch das scheint wenig plausibel, zumal die Tradition protestantischer Frömmigkeit für den Seeoffizier Niemöller gerade während des Weltkriegs bestenfalls von nachrangiger Bedeutung war. Im Vergleich mit den genannten Freikorpskämpfern fällt vielmehr die jeweilige Familiensituation auf. Höß und Salomon waren bei Kriegsende noch zu jung für eine Eheschließung, und Roßbach war homosexuell. Gerade im Februar und März 1919, als die Marinebrigade Loewenfeld aufgebaut wurde, hatte Niemöller jedoch Heiratspläne im Kopf. Am 10. März notierte er mit doppelter Unterstreichung in seinem Tagebuch: »Brief an Vater Bremer geschrieben.« Und nur wenige Tage später hieß es dann: »Telegramm: Eltern einverstanden herzlichen Gruß Else.«[23] Martin und Else hatten bei der Verlobung an eine Hochzeit zu Weihnachten gedacht, sie zu diesem Termin aber nicht vorbereiten können. Nun hielt Martin bei August Bremer formell um die Hand von Else an. Niemöller gründete eine Familie. An einem potenziell gefährlichen Einsatz in einer Truppe von Paramilitärs hatte er daher kein Interesse. Das heißt nicht, dass Niemöller die politische Motivation für den Einsatz der Freikorps nicht teilte, im Gegenteil. Mit dem dort dominanten Antibolschewismus und Antisemitismus konnte er sich voll identifizieren. Und wie für die meisten Freikorpsmänner war der Antibolschewismus auch für Niemöller nur eine Chiffre für den generellen Kampf gegen Sozialisten jeglicher Couleur unter Einschluss der Sozialdemokraten.

Aber gerade die Tatsache, dass eine von Sozialdemokraten geleitete Regierung die Freikorps für ihre Zwecke einsetzte, scheint ihn misstrauisch gemacht zu haben. Am 13. März riefen Reichswehrminister Noske und der preußische MSPD-Kultusminister Konrad Haenisch die Studenten zum Eintritt in Zeitfreiwilligeneinheiten für den »Grenzschutz im Osten« gegen die Bolschewiki auf. An Universitäten in Preußen war der Lehrbetrieb zu diesem Zeitpunkt bereits kurzfristig eingestellt.[24] Das betraf Wilhelm Niemöller, der sich im Wintersemester 1918/19, unmittelbar nach der Rückkehr aus dem Kriegsdienst bei der Feldartillerie, in Münster für evangelische Theologie immatrikuliert hatte. Martin gab seinem jüngeren Bruder den Rat, dem Aufruf vom 13. März nicht zu folgen, da die studentischen Freikorpsmitglieder nur als Lückenbüßer und Notnagel der von Sozialisten geleiteten Regierung dienen würden:

Ob die Universitäten zum Sommersemester wieder aufmachen? Wir wollens hoffen; aber die Bolschewisten stehen vor der Tür, und die intellektuellen Kreise sind der Regierung gerade gut genug, um in die Bresche zu springen und zu bluten. Ich bin gegen den Eintritt in die Freikorps, solange die Regierung nicht bindende Erklärungen abgibt. – Der Teufel hole die Juden und Genossen!²⁵

Die tiefsitzende Abneigung gegen »Juden« und sozialistische »Genossen« war zu diesem Zeitpunkt bereits eine Konstante in Martin Niemöllers politischem Weltbild.

Anfang März war noch immer nicht klar, welche berufliche Perspektive sich für Niemöller ergeben würde. Seit Mitte Februar arbeitete er in Kiel bei der Marine-Offizier-Hilfe (M.O.H.). Fregattenkapitän Georg von Bülow hatte sich noch am Tag des Waffenstillstands darum bemüht, den durch die Niederlage in berufliche Ungewissheit gestürzten Marineoffizieren mit einem Selbsthilfeverein den Übergang in andere Stellungen zu erleichtern. Der eingetragene Verein hatte Außenstellen in Wilhelmshaven und Kiel. Seine Mitarbeiter versuchten, geeignete zivile Arbeitsmöglichkeiten für Marineoffiziere zu finden.²⁶ Am 17. Februar begann Niemöller seinen Dienst bei der M.O.H. in Kiel, den er in den folgenden Wochen praktisch täglich versah. Während er anderen half, einen neuen Beruf zu finden, sah er für sich selbst noch immer keine klare Perspektive. »Wie die Zukunft sich gestalten soll«, schrieb er Mitte Februar an Wilhelm, »ist mir gänzlich schleierhaft«. Die Aussicht auf baldige Klärung schätzte er als »minimal« ein. »Wenn man rechtzeitig gefallen wäre«, so lautete sein düsteres Fazit, »brauchte man jetzt nicht so herumzutrauern.«²⁷

Mitte März änderte sich das. Zunächst erfuhr Martin, dass die Marine das »Suchen einer Zivilstelle« unterstützte, indem sie den Marineangehörigen einen dreimonatigen bezahlten Urlaub gewährte. Kurz darauf traf das Einverständnis von Vater Bremer zur Hochzeit mit Else ein. Zu dieser Zeit meldete sich zudem ein Bruder seiner Mutter aus Westerkappeln. Statt in Argentinien könne Niemöller ja auch in Deutschland eine Bauernstelle bewirtschaften. Er sei gerne bereit, ihm eine Lehrstelle zu vermitteln, wo er das Handwerk des Landwirts erlernen könne. Das angesparte, zumeist in Kriegsanleihen angelegte Vermögen Niemöllers müsste, meinte der Onkel, für Erwerb oder Teilpacht eines entsprechenden Hofes ausreichen.²⁸

Die Pläne für eine Auswanderung nach Argentinien hatten sich inzwischen zerschlagen, doch Martin, dem klar gewesen war, dass neben der Kenntnis der Sprache auch praktische Fertigkeiten gefragt waren, wenn man als Farmer in Argentinien arbeiten wollte, hatte im Dezember den Wunsch geäußert,

»auf einem Bauernhof als Volontär tätig zu sein«.[29] Im März wurden die Vorstellungen dann konkreter. Martin wollte zwei Jahre auf einem Bauernhof lernen, dann vielleicht noch ein Jahr studieren, danach aber auf jeden Fall »auf eigenem Kotten« wirtschaften. Eines war klar: Für diesen Weg brauchte er einen »Haufen Mut«, zumal in dieser »elenden Zeit«.[30]

Nachdem die Entscheidung einmal gefallen war, ging alles ziemlich rasch. Am 27. März reichte Niemöller sein Abschiedsgesuch bei der Marine ein und erhielt den ihm zustehenden dreimonatigen Urlaub. Mit dieser Entscheidung war er nicht allein. Von den 107 Seeoffizieren der Crew 1910, die den Weltkrieg überlebt hatten, taten 1924 gerade noch 22 bei der Reichsmarine Dienst, darunter Karl Dönitz.

Wenige Tage nach dem Abschied von der Marine feierte Niemöller mit den Offizierskameraden der Crew 1910 noch einen anderen Abschied. An diesem Abend wurde er als »Junggeselle zu Grabe getragen«, indem man ihn in einem Tischtuch durch die Räume des Offizierskasinos trug.[31] Am folgenden Tag wusste Martin nicht mehr, wie er nach Hause gekommen war. Die »Unsolidität« solch exzessiver Trinkgelage sei nun jedoch »endgültig vorbei«, so versicherte er Wilhelm. Er meinte, die »Anlagen« zu einem »ruhigen Ehemann« zu haben. Alles in allem war Niemöller froh, dass das »Leiden« in und an der Marine, der in der revolutionären Umbruchsphase nach seiner Ansicht jedes »Rückgrat« fehlte, für ihn nun ein Ende hatte.[32] In seinem Erinnerungsbuch schrieb er 1934, der Abschied von seinem Beruf sei ihm »sauer« geworden.[33] Doch das war eine nachträgliche, ganz bewusste Stilisierung. Direkt nach dem Krieg hatte ihm die Ohnmacht der Marine angesichts des nationalen Ehrverlusts den Offiziersberuf gründlich verleidet.

Am 20. April fand in Elberfeld die kirchliche Trauung statt. Es muss ein froher und fröhlicher Tag gewesen sein. Ein Marinekamerad aus der Crew 1910, Karlhans Heye, hielt beim Mittagsmahl eine Rede auf Martin, nachmittags gab es Kaffee und unterhaltsame Vorträge, wobei die Gäste als »Bänkelsänger« auftraten. Danach brachen die Eheleute zu einem Kurzurlaub in Bad Essen bei Osnabrück auf, den sie allerdings wegen mangelnder Verpflegung vorzeitig abbrachen. Am 30. April 1919 trafen Martin und Else in Westerkappeln ein. Dort bezogen sie im Haus eines Verwandten von Martin ein Zimmer.[34]

Schon nach wenigen Tagen trat Martin seinen Dienst an. Rund vier Kilometer von der Ortschaft Westerkappeln entfernt, zwischen Osnabrück und Ibbenbüren, liegt die Bauerschaft Sennlich. Wieligmanns Hof umfasste rund 40 Hektar Land, davon knapp die Hälfte Ackerland. Niemöller wurde in die Hausgemeinschaft der Familie Wieligmann aufgenommen, die aus dem

Martin und Else Niemöller im Kreise bäuerlicher Verwandter im Tecklenburger Land, 1919. Als Else Bremer Martin Niemöller im April 1919 heiratete, gab sie ihren Beruf auf, blieb aber eine selbstständige und selbstbewusste Frau, und dies nicht nur, weil ihr Mann von Anfang an häufig abwesend war. Besonders während der KZ-Haft spürten beide, wie sehr sie – trotz aller Konflikte in dieser schweren Zeit – aufeinander angewiesen waren. Als Martin ihr Anfang 1940 bei einem ihrer Besuche in Sachsenhausen erklärte, sie »wäre sehr alt geworden«, schrieb sie ihm im nächsten Brief: »Aber es heißt ja auch in dem Film ›Eine Frau wird erst schön durch die Liebe‹, und da ich die 2 1/2 Jahre habe entbehren müssen, so braucht man sich ja nicht zu wundern.«

jungen Ehepaar und seinen beiden Kindern, Mägden, einem Kindermädchen und einem zweiten Knecht bestand. Arbeit gab es genug. Felder, Wiesen, Weiden und auch der Stall mit den Kühen und Pferden erforderten die ganze körperliche Kraft eines 27 Jahre alten Mannes. An manchen Tagen stand Martin um 4.30 Uhr oder gar 4.15 Uhr in der Frühe auf, an anderen etwas später, aber auch dann war es nicht später als 5.30 Uhr. »Dünger gestreut und eingepflügt«, »Jauche gefahren«, »Kuhroggen geholt«, wobei es sich nicht um Getreide, sondern um Grünfutter für den Kuhstall handelt. Dies waren nur einige der Tätigkeiten, die im Mai und Juni Niemöllers Tage ausfüllten. Im August und September fielen – der Jahreszeit entsprechend – andere Arbeiten an. In diesen Monaten hat Martin mit dem »Kultivator Haferland losgearbeitet«, »Thomasschlacke auf Haferland gefahren«, »Kartoffeln eingefahren«. Am 16. September notierte er: »Mist gestreut«.[35] Niemöller stürzte sich mit Eifer und Tatkraft auf die neue Aufgabe. Else hat später stolz berichtet, dass ihr Mann unter den Bauern als »der Kerl, der so arbeitet«, bekannt war.[36]

Else blieb zunächst bei Martins Verwandten in Westerkappeln. Im Juli fand auch sie eine Stelle auf einem Bauernhof, wo sie sich auf das Leben als Bauersfrau vorbereiten konnte. Der Hof Averwerser lag in Wersen, etwa fünf Kilometer östlich von Westerkappeln. Er verfügte über acht Milchkühe, zwei Rinder und einen Bullen. Else kam mit der Umstellung auf die harte körperliche Arbeit – sie musste um halb sechs aufstehen – gut zurecht. Aber sie beklagte, dass ihre »geistige Beschäftigung« bei der rastlosen Tätigkeit »leider nur gering« sei. Wenn das Tagewerk endlich vollbracht war, war es selbst im August bereits dunkel, und geeignetes Licht zum Lesen gab es nicht. Nur in der Mittagspause vor dem kurzen Mittagsschlaf konnte sie wenigstens für einige Minuten lesen.[37] Else wohnte weiterhin in Wersen auf Schabergs Hof, bei Tante Johanna Schaberg, der ältesten Schwester von Martins Vater Heinrich Niemöller, und deren Mann Hermann. Sowohl mit Frau Averwerser als auch mit Johanna Schaberg freundete sich die stets freundliche und umgängliche Else schnell an. Beide wurden Paten ihrer ältesten Tochter Brigitte, die im April 1920 inmitten der politischen Wirren nach dem Kapp-Putsch geboren wurde.[38]

Abwechslung von der anstrengenden Arbeit boten nur die Wochenenden. Am Samstagnachmittag machte sich Martin zu Fuß auf den Weg nach Westerkappeln zu Else. Am Montag in der Frühe stapfte er zurück zur Arbeit auf Wieligmanns Hof. In ihren gemeinsamen Stunden trafen die beiden sich mit Bekannten, es wurde gekocht, oder sie schrieben Briefe an Verwandte und Bekannte. Am Sonntag schliefen sie aus, standen erst zwischen acht und neun Uhr auf, und selbst dann blieb manchmal noch Zeit für eine »lange Toilette«.

Nach dem Mittagessen am Sonntag zog sich Martin gerne zu einem Nickerchen zurück.[39]

Berührungspunkte mit der großen Politik gab es in diesen Monaten nur wenige. Else und Martin waren aber keineswegs desinteressiert, im Gegenteil. Getreulich notierten sie Ereignisse in ihren Tagebüchern, welche die Erniedrigung Deutschlands durch die alliierten Sieger des Weltkrieges erkennen ließen: die aus deutschnationaler Sicht harschen Friedensbedingungen der Alliierten; die Selbstvernichtung der deutschen Flotte in Scapa Flow vor ihrer Auslieferung an die Briten. Martin schien besonders darüber aufgebracht, dass sich Paul von Hindenburg unter jenen Offizieren befand, deren Auslieferung die Alliierten verlangten, um sie als Kriegsverbrecher anklagen zu können.[40] Zuweilen kamen Martins Eltern zu Besuch nach Westerkappeln, und dann gab es intensive »politische Gespräche« im Familienkreis. Gelegenheit zur aktiven Teilnahme an der Politik bot sich hingegen nur selten. Anfang Juni fand in Westerkappeln eine »große« politische Versammlung statt. Elses Notaten zufolge war »Martin obenauf«, während die Sozialdemokraten »herein« fielen. Zwei Wochen später nahmen Martin und Else an einem Treffen der »Deutsch Nationalen« teil, wo es »erregt« zuging. Bereits hier wird die Präferenz der beiden für die Deutschnationale Volkspartei (DNVP) deutlich, die im November 1918 als Nachfolgerin der beiden konservativen Parteien und als Sammelbecken für andere rechte Splittergruppen gegründet worden war.[41]

Nach 1945 spielte Niemöller in Interviews sein politisches Engagement in der Weimarer Republik stets herunter. So behauptete er beispielsweise, dass er an den Wahlen zur Nationalversammlung nicht teilgenommen habe. Doch der Amtskalender beweist das Gegenteil. Auch wenn er seine Parteipräferenz nicht notierte, spricht alles dafür, dass er am 19. Januar 1919 für die DNVP stimmte.[42]

Der Wechsel zum Pfarrberuf im Zeichen des drohenden Staatsbankrotts

So ging der Sommer 1919 ohne besondere Vorkommnisse vorüber. Doch noch bevor der Herbst begann, beschloss Niemöller, Theologie zu studieren. Wie bei kaum einer anderen Zäsur seines an Umbrüchen reichen Lebens hat Niemöller sich in seinem Erinnerungsbuch bemüht, eine Legende zu stricken, die diesen Entschluss erklären soll. Diese Legende nimmt eine zentrale Stellung ein, schließlich soll sie den erstaunlichen Sprung »vom U-Boot zur Kanzel« plausibel machen. Niemöller bereitet dies in drei Schritten vor. Zunächst erzählt er, er habe im September 1918 mit Karli Topp auf der Brücke von UC 67 gestanden. Die Gedanken schweiften in die Zukunft, und als beide einen möglicherweise nötigen Berufswechsel erörterten, habe Niemöller – so die Legende – »mit großer Bestimmtheit« gesagt: »Dann werde ich Pastor!« Damit lässt er es zunächst bewenden. In einem zweiten Schritt betont er, dass die Sonntage in Westerkappeln im Sommer 1919 stets »ihr besonderes Gepräge« hatten. Morgens seien Else und er – so die Legende – entweder in Kappeln oder in Wersen in die Kirche gegangen. Ganz offenkundig wollte er als frommer evangelischer Christ erscheinen, für den es nichts Ungewöhnliches war, an einem bestimmten Punkt in seinem Leben den Beruf des Pfarrers in Betracht zu ziehen. Als Auslöser für die Entscheidung zum Pfarrberuf nennt Niemöller schließlich das intensive Nachdenken über »Volk und Heimat« seit Kriegsende. Habe er sich angesichts der Revolution zunächst vom Volk entfremdet und entfernt, so habe die Arbeit auf dem Bauernhof ihm diese Grundfesten der nationalen Ordnung »wieder nahegerückt«. Doch als im September klar wurde, dass an den Erwerb einer eigenen Bauernstelle angesichts der steigenden Inflation nicht zu denken war, begann die Suche nach Alternativen erneut. In dieser Situation hatte er am 17. September eine Begegnung mit einem der beiden Pfarrer von Kappeln, Ernst Johann te Settel. Noch am selben Tage trug er in sein Tagebuch ein: »Werde ich Theologe?«[43]

Niemöller betont ausdrücklich, dass es »kein eigentlich theologisches Interesse« war, das ihn motiviert habe, Theologie zu studieren und den Beruf des Pfarrers zu ergreifen. Das scheint durchaus glaubwürdig, denn der Pfarrberuf hatte in erster Linie eine pastorale Funktion, weniger eine theologische. Dann jedoch folgt eine idealistisch verbrämte, rührselige Passage, in der Niemöller das Umsatteln als eine tief in seiner Persönlichkeit und seiner Familie verwurzelte Konsequenz hinstellt:

> Aber daß das Hören auf die Christusbotschaft und der Glaube an Christus als den Herrn und Heiland neue, freie und starke Menschen macht, dafür hatte ich in meinem Leben Beispiele gesehen, und das hatte ich aus meinem Elternhaus als Erbe mitgenommen und im Auf und Ab, im Hin und Her meines Lebens festgehalten. Damit konnte ich, das war meine ehrliche Überzeugung, meinem Volk aus ehrlichem und geradem Herzen dienen [...] und besser helfen in seiner trostlosen völkischen Lage, als wenn ich still und zurückgezogen nur einen Hof bewirtschaftet hätte.[44]

Diese Gedanken hätten sich, so Niemöller 1934, »immer mehr zu einem festen Plan« verdichtet, bis er Bauer Wieligmann darum bat, ihn nach der Kartoffelernte aus dem Dienstverhältnis zu entlassen.[45] Das klingt nobel und in der politischen Absicht durchaus konsequent, bedenkt man Niemöllers Wendung zum völkischen Nationalismus seit Kriegsende und Revolution. Aber ist es auch wahr? Die Überlieferung ist lückenhaft, reicht aber aus, um eine deutlich abweichende Motivlage zu rekonstruieren.

Zunächst zur Chronologie. Nichts spricht dafür, dass Niemöller bereits im September 1918 über den Wechsel zur Theologie nachdachte. Zu stark war er zu diesem Zeitpunkt in seinen Kriegsdienst involviert und zu fragmentarisch war seine Auseinandersetzung mit der christlichen Tradition, als dass die Erzählung von der Unterhaltung mit Karli Topp glaubhaft erscheint. Hätte Niemöller diesen Gedanken tatsächlich erwogen, so hätte sich dies in den Briefen an die Familie niedergeschlagen. Das ergibt sich auch daraus, dass Martin in einem Brief an Wilhelm tatsächlich einen möglichen Berufswechsel erwähnte. Am 5. April 1919 beklagte er nach dem Junggesellenabschied zunächst sein »Leiden« an der Marine, fühlte sich zum »ruhigen Ehemann« geboren und bemerkte dann: »Wenn der Staatsbankrott kommt, werde ich auch noch Theologe.«[46]

Damit war das Stichwort gefallen, das fortan die Überlegungen bestimmte und schließlich zur Entscheidung für den Beruf des Pfarrers führte. Die Dominanz ökonomischer Motive und Befürchtungen tritt dabei deutlich hervor. Niemöller machte sich Sorgen um die wirtschaftliche Grundlage, die eine Bauernstelle bot, zumal die Gründung einer Familie geplant war. Noch im Juli betonte er in einer Karte an Else allerdings, dass der Besuch einer »Ackerbauschule« allemal besser sei als jener der »Universität«. Doch dann wurde ihm allmählich klar, dass ihm die finanzielle Ausstattung für den Aufbau einer Existenz als Bauer fehlte. Ende Juni machte er zum ersten Mal eine »Vermögensaufstellung«, der am letzten Tag des August eine zweite »Ordnung der Geldverhältnisse« folgte. Die Ergebnisse dieser Bilanzierung müssen niederschmetternd gewesen sein. Denn am 6. September notierte Else, dass Martin abends zu ihr gekommen sei: »Staatsbankrott, Auslieferung, ziemlich elend zu Bett.«[47] Am 17. September traf Martin Pastor Johann te Settel, nachdem er Kartoffeln eingefahren hatte, und notierte tatsächlich: »Werde ich Theologe?«

Es war nicht das erste Mal, dass er Ernst Johann te Settel in diesen Wochen sprach. Am 1. September waren beide Pfarrer von Westerkappeln, Arnim Wollschläger und Johann te Settel, mit ihren Frauen bei Niemöllers zu Gast gewesen. Für Else war das ein »*sehr* netter Abend«, vor allem als Martin später hinzustieß. »Wir sind so glücklich im Zusammensein«, notierte sie über die Freude an ihrer jungen Ehe. Als Martin ihr dann am 17. vom geplanten Theologiestudium erzählte, war sie mit den Nerven am Ende: »Ich bin sehr müde und heule ihm etwas vor.« Am folgenden Tag schrieb Martin Briefe an seinen Vater und einen Freund. Der Vater antwortete umgehend und offenkundig zustimmend, erst da war die Sache entschieden. Am 24. September kündigte Martin seine Stelle bei Bauer Wieligmann.[48]

So weit also die Chronologie der Ereignisse. Doch wie steht es um die Motive? War Martin Niemöller jener fromme evangelische Christ, der sonntags mit seiner Frau die Kirche aufsuchte und somit bei der Wahl des Pfarrerberufs auf eine sorgfältig gepflegte Tradition zurückgreifen konnte? Der Amtskalender vermittelt ein anderes Bild. Demnach hat Martin in den vier Monaten von Juni bis September nur vier Mal den Sonntagsgottesdienst besucht. Zu Pfingsten »mit allen« aus der Familie. Im August einmal, als sein Vater in Wersen predigte – was er kaum versäumen konnte –, und ein anderes Mal mit Else, einer Tante und einem Freund. Und schließlich am 21. September, also in genau jenen Tagen, als die Entscheidung zum Theologiestudium fiel. An manchen Tagen gab es gute Gründe, den Kirchgang auszulassen: wegen Ohrenschmerzen, die Martin ans Bett fesselten, oder an Elses Geburtstag, dem 20. Juli. Ferner gab es ganz profane, aber nach der harten körperlichen Arbeit unter der Woche doch sehr verständliche Gründe: »Auf dem Sessel geschlafen«, während Else und eine Freundin zur Kirche gingen.[49] Auch an anderen Tagen ging Else, während Martin zu Hause blieb. Das entsprach einem Trend zur Feminisierung der Religiosität, der sich seit der Jahrhundertwende verfestigt hatte: Evangelische Frauen nahmen häufiger am Abendmahl teil als evangelische Männer. Im letzten Kriegsjahr lag die Verteilung – gerechnet auf 100 Abendmahlsteilnahmen – bei 37 Männern zu 63 Frauen und pendelte sich nach der Rückkehr der Frontsoldaten 1919 auf 40 zu 60 ein.[50]

Die nur sporadische Frömmigkeitspraxis Niemöllers lässt sich allerdings nicht allein als typisch männliche Zurückhaltung gegenüber dem Kirchgang deuten. Denn wenn er wollte, nahm Martin durchaus regelmäßig am Gottesdienst teil, etwa im Oktober, also nachdem er sich für das Theologiestudium entschieden hatte. Nun sah man ihn an allen vier Sonntagen auf den Kirchenbänken. An drei Sonntagen vermerkte er auch die Schriftstelle, über die gepredigt wurde, und er lobte Pastor Johann te Settel für eine »schöne Predigt«. Solche Kommentare hatte er zuvor nie notiert. Ebenfalls erst nach der Entscheidung für den Pfarrberuf diskutierten Else, Martin und ihre Freunde nicht nur politische, sondern auch religiöse Themen.[51] Martin Niemöller kam also nicht aus der christlichen Tradition zum Theologiestudium, sondern eignete sich diese Tradition erst an, nachdem er sich für den Pfarrberuf entschieden hatte. Der Anstoß zu diesem Wechsel kam nicht aus der Religion, sondern aus Ökonomie und Politik.

Im April hatte Martin erstmals von einem drohenden »Staatsbankrott« gesprochen, der einen Wechsel zur Theologie nötig machen würde. Im September kehrte er zu diesem Thema zurück und zog dann die unausweichlich scheinende Konsequenz. Auslöser dieser Befürchtungen war die Inflation, die bereits während des Krieges eingesetzt hatte, als das Deutsche Reich die Kriegskosten nicht mit einer höheren Steuerlast, sondern mit Anleihen und letztlich mit der Notenpresse finanzierte. Sie setzte sich 1919 beschleunigt fort, auch wenn sie immer noch weit von der Hyperinflation des Jahres 1923 entfernt war. Setzt man den Wechselkurs der Mark zum Dollar für 1913 = 1, so stand der Index im Schnitt des Jahres 1918 bei 1,43, im September 1919 dann allerdings schon bei 5,73. Doch zumindest zu diesem Zeitpunkt war die inflationäre Entwicklung günstig für die deutsche Wirtschaft. Der im Frühjahr einsetzende Aufschwung ermöglichte die reibungslose Reintegration der demobilisierten Soldaten, stärkte die Exportwirtschaft und reduzierte überdies die immense, durch die bald fälligen Reparationszahlungen noch angestiegene Staatsschuld.[52]

Das war allerdings nicht die Wahrnehmung der deutschnationalen Kreise, denen Niemöller angehörte. Seit den preußischen Abgeordnetenhauswahlen im Januar hatte die DNVP in Flugblättern wiederholt auf die drohende Gefahr eines Staatsbankrotts hingewiesen. Im Zentrum ihrer Agitation stand die doppelte Ausplünderung Deutschlands durch die Siegermächte und die revolutionäre Linke. Damit knüpfte man an die Rede vom »Revolutionsgewinnlertum« an, welche die rechte Presse bereits seit November 1918 beherrschte. Die Arbeiter- und Soldatenräte, so hieß es, würden zu viel kosten und zudem noch Geld verschwenden. Der »Staatsbankrott wird unausweichlich sein«, so warnte die DNVP in demagogischer Absicht.[53] Im Juli verschärfte der DNVP-Politiker Karl Helfferich den Ton, als er in einer Serie von Zeitungsartikeln den Zentrumspolitiker und Finanzminister Matthias Erzberger der Korruption und privaten Vorteilsnahme bezichtigte. Else und Martin nahmen aufmerksam Notiz von diesen »Erzberger Enthüllungen«. Schließlich kam noch ein weiteres Moment hinzu. Martin und Else hielten einen Großteil ihrer eigenen Ersparnisse in Kriegsanleihen. Im Sommer 1919 lag der Kurswert von Kriegsanleihen jedoch rund ein Viertel unter jenem der – niedriger verzinsten! – Hypothekenpfandbriefe. Darin drückten sich das mangelnde Vertrauen in die Sicherheit dieser Anleihen und die wachsende »Angst des Publikums vor einem Staatsbankrott« aus.[54]

Hinter Niemöllers Entscheidung für den Wechsel zur Theologie stand also in erster Linie die teils politisch, teils ökonomisch motivierte Furcht vor einem möglichen Staatsbankrott und dessen Folgen. Der Beruf des Pfarrers verhieß ein gesichertes und geregeltes Einkommen. Die evangelische Theologie galt als ein »Brotstudium«, das in eine »beamtenähnliche Karriere« führte.

Nicht selten gaben ökonomische Gründe den Ausschlag, wenn dieses Studienfach gewählt wurde.[55] Man kann annehmen, dass Heinrich Niemöller seinem Sohn diese Aussichten brieflich verdeutlicht hat. Damit ist nicht gesagt, dass das von Niemöller 1934 herausgestellte Motiv, einen Beitrag zum völkischen Neuaufbau leisten zu wollen, reine Fiktion war. Immerhin hat er diesen Aspekt in abgeschwächter Form bereits 1922 in einem Lebenslauf betont, den er bei der Anmeldung zur ersten kirchlichen Prüfung einreichte. Im Sommer 1919 »faßte ich den Entschluß«, so heißt es dort, »Theologie zu studieren, um Pastor zu werden, weil mir nach Aufhebung der allgemeinen Wehrpflicht dieser Beruf die geradlinige Fortsetzung meines alten Offiziersberufes zu sein schien«.[56] Niemöller hatte am Beispiel seines Vaters beobachten können, dass ein protestantischer Pfarrer auch Dienst an der Nation leistete. In der konkreten Situation des September 1919 war dieses Motiv jedoch bestenfalls zweitrangig.

Die Entscheidung für den Pfarrberuf ist Niemöller bestimmt »nicht leicht geworden«. Das war jedenfalls die Meinung seiner Freundin Käthe Dilthey, die ihn kannte wie kaum jemand sonst.[57] Nachdem der Entschluss endlich gefasst war, ging Niemöller mit der ihm eigenen Zielstrebigkeit ans Werk. Pfarrer Johann te Settel erklärte sich bereit, Martin Unterricht im Hebräischen zu erteilen, dessen Kenntnis für das Theologiestudium Voraussetzung war. Von Anfang Oktober an paukte Martin in jeder freien Minute. In einem Brief an ihre Schwester Leni berichtete Else Mitte November, er habe sich mit Hebräisch »so überfüttert«, dass ihm »sein körperlicher Appetit« vergangen sei.

Ansonsten stand alles im Zeichen der methodischen Vorbereitung auf die Gründung von Hausstand und Familie. Martin las eifrig das Buch *Ich kann wirtschaften*, ein erstmals 1910 erschienener Ratgeber, der Grundsätze der rationellen Hauswirtschaft erläuterte. »Wir haben eine glückliche Ehe«, konstatierte Else zufrieden, schöner als sie es sich hatte »träumen lassen«. Nebenbei widmete sich Martin der Erziehung von Nero, ihrem Hund, und zwar »als Vorbereitung auf seinen Beruf als Vater«, denn Else war schwanger. Aber nicht nur die künftige Rolle als Mutter beschäftigte Else. Als »künftige Pastorenehefrau« setzte sie sich mit dem Buch Hiob auseinander, um ihr Verständnis der Bibel zu vertiefen.[58] Ohne Übertreibung lässt sich sagen, dass Else ihr Theologiestudium bereits vorantrieb, noch bevor Martin seines schließlich im Januar 1920 aufnahm. Obwohl er sich bereits am 3. Oktober 1919 in Münster für das eigens für Kriegsheimkehrer eingerichtete Herbstzwischensemester eingeschrieben hatte,[59] nahm er am Lehrbetrieb erst nach dem Umzug nach Münster teil.

Die Politik blieb in der deutschnationalen Familie Niemöller immer ein Thema. Else fragte ihre Schwester im November 1919, ob auch sie den Untersuchungsausschuss »mit solchem Interesse« verfolge. Martin jedenfalls sei gestern »Feuer und Flamme für Helfferichs Auftreten darin« gewesen.[60] Diese Bemerkung wirft ein Schlaglicht auf Niemöllers politisches Weltbild und auf die Politik der radikalen Rechten in der frühen Weimarer Republik generell. Seit Anfang 1919 widmete sich ein parlamentarischer Untersuchungsausschuss verschiedenen Aspekten der deutschen Politik im Ersten Weltkrieg. Im zweiten Unterausschuss ging es um das Scheitern diplomatischer Friedensbemühungen. Vor diesem Forum hatten Paul von Hindenburg und Erich Ludendorff am 18. November 1919 ihren großen Auftritt. Unter Berufung auf einen britischen General verschaffte Hindenburg der Dolchstoßlegende mit der Autorität des Kriegshelden eine quasi-offizielle Beglaubigung.[61]

In den Tagen zuvor war Karl Helfferich als Zeuge vernommen worden. Während des Krieges unter anderem Staatssekretär im Reichsamt des Innern, war Helfferich seit der Revolution an den völkisch-rechtsradikalen Rand des politischen Spektrums gerückt und zum führenden Mitglied der DNVP aufgestiegen. Vor dem Untersuchungsausschuss wurde er zur Frage des uneingeschränkten U-Boot-Krieges vernommen, den er nach anfänglicher Ablehnung vorbehaltlos unterstützt hatte. Sein Auftritt vor diesem Forum wurde zum Skandal, als er sich an zwei Verhandlungstagen ganz gezielt weigerte, Fragen des jüdischen Ausschussmitglieds Oskar Cohn von der USPD zu beantworten. Dafür nahm Helfferich sogar die zweimalige Verhängung einer Ordnungsstrafe von 300 Mark in Kauf. Ludger Heid, der Biograph Cohns, hat die symbolpolitische Dimension dieser in rechtsnationalen Kreisen mit Beifall aufgenommenen Handlung treffend umrissen. Mit der Aussageverweigerung habe Helfferich »deutlich gemacht, dass es für einen erklärten Nationalisten geradezu unerträglich war, sich vor einem Juden rechtfertigen zu müssen oder sich auch nur von diesem befragen zu lassen. Nach völkischem Verständnis konnte es nicht sein, dass ein Jude über einen ›echten‹ Deutschen Recht sprach« oder ihn auch nur kritisch verhörte.[62] Und es gibt allen Grund anzunehmen, dass vornehmlich diese Dimension von Helfferichs Auftritt Martin Niemöller mit »Feuer und Flamme« begeisterte.

Kurz vor Weihnachten 1919 zogen Else und Martin nach Münster. Heinrich Niemöller hatte den beiden durch telefonische Aktivierung seiner Verbindungen eine Bleibe verschafft. Walter Kähler, Pfarrer und nebenamtlich Konsistorialrat in Münster, hatte in seinem Pfarrhaus eine Mansardenwohnung zu vermieten. Nach der Besichtigung nahm Martin das Angebot gerne an. Zuvor gab es noch erfreuliche Nachrichten: Ende November erreichte ihn eine Verfügung der Marine, mit der seine Verabschiedung aus dem Dienst bestätigt wurde, und zwar unter Charakterisierung als Kapitänleutnant und mit der

Berechtigung zum Tragen der Uniform. Das hatte unter anderem den erfreulichen Nebeneffekt, dass Niemöller fortan eine bescheidene Offizierspension bezog, die zwar nicht den Lebensunterhalt der Familie deckte, aber doch einiges dazu beitrug.[63]

Münster, Bischofsstadt und Zentrum eines der geistlichen Territorien im Alten Reich vor 1803, war im Kern eine katholische Stadt. Doch zugleich war es seit 1815 die Hauptstadt der preußischen Provinz Westfalen, Sitz einer nach älteren Vorläufern 1902 neu gegründeten Universität und des Generalkommandos des VII. Armeekorps, aus dem Ende 1919 im Zuge des Aufbaus der Reichswehr das Wehrkreiskommando VI entstand. Münster galt als Beamtenstadt. Viele der dort ansässigen Behörden beschäftigten Protestanten, was der wichtigste Grund dafür war, dass 1910 immerhin 17 Prozent der Münsteraner der evangelischen Konfession angehörten. Politisch war in der Großstadt Münster – die Einwohnerzahl hatte während des Krieges die Marke von 100 000 überschritten – die katholische Zentrumspartei klar führend. Bei der Wahl zur verfassunggebenden preußischen Landesversammlung im Januar 1919 hatten rund 63 Prozent der Münsteraner für das Zentrum gestimmt. Die Mehrheits-SPD als zweitstärkste Partei war mit gut 14 Prozent weit abgeschlagen, die DNVP mit 5,8 Prozent marginal. Dasselbe galt, mit leicht abweichenden Zahlen, für die Kommunalpolitik.[64]

Rechtsradikaler Studentenpolitiker in Münster

Bei der Wahl des Studienortes Münster war für Martin das Vorbild seines Bruders Wilhelm ausschlaggebend. Dieser hatte sich direkt nach seiner Entlassung aus dem Wehrdienst im Wintersemester 1918/19 in Münster für evangelische Theologie eingeschrieben. Seit dem Herbst 1919 war Wilhelm in der Studentengruppe der DNVP aktiv. Auch darin folgte Martin seinem jüngeren Bruder. Unmittelbar nach der Ankunft in Münster schloss er sich der Studentengruppe der DNVP an, der er bis zum Sommersemester 1922 angehörte.[65] Mit dem Eintritt in die DNVP-Studentengruppe begab sich Martin Niemöller in das Milieu der radikalnationalistischen Rechten, das seit 1920 in Münster Auftrieb erhielt. Dies war ein verwirrendes Netzwerk konkurrierender, zugleich aber durch Mehrfachmitgliedschaften vielfach miteinander verbundener Parteien, Gruppen und Verbände. Es war eine fluide Form der Vergemeinschaftung, in der einzelne Gruppen entstanden und rasch wieder verschwanden, nicht zuletzt aufgrund des Drucks staatlicher Verbotsmaßnahmen. Neben trennenden Faktoren wie Streitigkeiten über die einzuschlagende

Taktik gab es auch manches, was diese Gruppen verband. Alle in diesem Milieu Aktiven waren völkisch antisemitisch eingestellt, tief erbittert über die Folgen des verlorenen Krieges für Deutschland und lehnten die Republik von Weimar rundweg ab. Aus dieser »Gemeinsamkeit des Nein« – wie es der DNVP-Politiker Hans-Erdmann von Lindeiner-Wildau 1929 prägnant formulierte – speiste sich der Zusammenhalt der radikalen Rechten.[66]

Der Kern der radikalnationalistischen Rechten in Münster bestand aus drei Personengruppen. Die erste Gruppe bildeten Angehörige der protestantischen Mittelschichten. Dazu zählten auch einige Universitätsprofessoren, die damit zugleich die Verbindung zwischen dem universitären und dem weiteren rechtsradikalen Milieu herstellten. Die zweite Gruppe waren protestantische Studenten. Von den im Winter 1919/20 knapp 4400 Studenten der Universität Münster war immerhin knapp ein Drittel evangelisch. Hinzu kamen – drittens – aktive Offiziere des Reichswehrstandortes Münster sowie außer Dienst stehende Berufsoffiziere des alten kaiserlichen Heeres. In der Person Martin Niemöllers überschnitten sich die drei Kreise, aus denen sich das rechtsradikale Milieu Münsters in den frühen 1920er Jahren rekrutierte.

Im Zentrum von Niemöllers politischer Aktivität stand zunächst die DNVP. Gerade in den Jahren 1919/20, bevor andere völkische Gruppierungen sich als bessere radikale Alternative zur verhassten Republik präsentierten, konnte die DNVP als nationalistische Sammelpartei die Wut über die Kriegsniederlage, die Ablehnung des von den Alliierten diktierten Friedens und das Ressentiment gegen Juden und Kommunisten bündeln. In der Studentengruppe der DNVP, in der Martin zunächst aktiv war, wurde ein reges gesellschaftliches Leben gepflegt. Es gab gesellige Abende und ein großes Angebot an Vorträgen, die entweder von den studentischen Mitgliedern selbst oder von DNVP-Funktionären aus der Stadt und deren Umland gehalten wurden. Niemöller sprach hier mehrfach über seine Erlebnisse in der U-Boot-Flotte und entwickelte hier das Narrativ, das später sein Buch *Vom U-Boot zur Kanzel* prägte.

Zwei Dinge erwiesen sich als einigende Klammer für die politischen Themen der DNVP-Studentengruppe. Das erste war die tiefe Sehnsucht nach der Wiederherstellung der Hohenzollernmonarchie, die Niemöller vor allem in der jährlichen Feier des Geburtstages von Wilhelm II. am 27. Januar zelebrierte.[67] Das zweite war die antisemitische Agitation. Im März 1920 gab Leni, die Schwester von Else, einen Einblick, wie sehr dieses Thema in den studentischen Alltag des Ehepaars Niemöller verwoben war:

Martin diktiert Else gerade einen Vortrag, den er am nächsten Donnerstag in der hiesigen deutsch-nationalen Studentengruppe halten wird. Das Thema lautet: 4 Monate U-Kreuzerfahrt im Atlantischen Ozean. Die erste Sekretärin Else ist also schon beschäftigt. Da habe ich es unternommen, euch von uns zu erzählen. [...] Donnerstag [4.3.1920] war ich mit Martin in der deutsch-nationalen Studentengruppe, wo ein Student eine Rede über »Das Ziel des Judentums« hielt. Überhaupt steht hier die Frage des Judentums sehr im Brennpunkt des Interesses. Mittwoch wird ein Rabbiner sprechen, in gewissem Sinne soll es eine Entgegnung werden auf die Rede eines Professor Werner aus Gießen, eines Führers im deutschvölkischen Bund. Man ist allgemein auf den Abend recht gespannt.[68]

Bei dem besagten »Professor« handelte es sich um Ferdinand Werner (1876–1961), führendes Mitglied des Deutschvölkischen Schutz- und Trutzbundes (DVSTB), einer völkisch-rassenantisemitischen Partei.[69] Das Interesse der DNVP-Studentengruppe, die bereits unmittelbar nach ihrer Gründung 1919 mit antisemitischer Hetzpropaganda beschäftigt war, am Vortrag von Ferdinand Werner deutet darauf hin, wie fließend die Übergänge zwischen deutschnationalen und deutsch-völkischen Positionen zu diesem Zeitpunkt waren.

Vom Frühjahr 1920 bis zum Ende des Wintersemesters 1920/21 amtierte Niemöller zudem als Vorsitzender der DNVP-Studentengruppe. Dennoch war sie letztlich nur ein Sprungbrett für viele weitere Aufgaben, die er von 1920 bis 1922 in rastloser Tätigkeit für die DNVP erfüllte, und zwar über den Rahmen der Studentengruppe hinaus in der Ortsgruppe der Partei und im Landesverband.[70]

Eine wichtige Zäsur für das rechtsradikale Milieu Münsters war der Kapp-Lüttwitz-Putsch. Militärs um den Chef des Reichswehrgruppenkommandos I, General Walther Freiherr von Lüttwitz, und Wolfgang Kapp, 1917 einer der Mitbegründer der radikalnationalen Vaterlandspartei, taten sich zum Sturz der Republik zusammen. Er begann am 13. März 1920 mit dem Einmarsch der Marinebrigade von Hermann Ehrhardt in Berlin und der Besetzung des Regierungsviertels. Die Reichsregierung unter Kanzler Gustav Bauer (SPD) zog sich daraufhin nach Stuttgart zurück, um handlungsfähig zu bleiben. Für die nationalistische Studentenschaft nicht nur in Münster war die Absetzung der legitimen Regierung ein Anlass zum Jubel. »Die alte Regierung ist gestürzt!«, notierte Martin emphatisch in seinem Kalender. Sein Bruder Wilhelm drückte sich deutlicher aus: »Neuer Reichskanzler Kapp! Ebert-Bauer gestürzt! Große Begeisterung! Schwarz-weiß-rot!«[71] Doch die Begeisterung schlug bald in Ernüchterung um, als der sozialdemokratische

4 Theologiestudium und Konterrevolution 1919 bis 1923

Reichsminister und SPD-Vorsitzende Otto Wels noch am selben Tag zum Generalstreik gegen die Putschisten aufrief. Die SPD-nahen Freien Gewerkschaften übernahmen die Durchführung des Streiks, wobei sie schon am folgenden Tag von der KPD unterstützt wurden. Nach Verhandlungen zwischen der Regierung und den Gewerkschaften kam es am 22. März zum Abbruch des Generalstreiks.

Im Ruhrgebiet gingen die Streiks aber weiter. Dort gab es viele syndikalistisch oder anarchistisch eingestellte Bergleute, aufgrund der Demilitarisierungsbestimmungen des Versailler Vertrages aber nur wenig Reichswehrtruppen. Unmittelbar nach dem Beginn des Putsches hatten sich linke Arbeiter im Ruhrgebiet bewaffnet und in der »Roten Ruhrarmee« organisiert, die bis zu 50 000 Mann umfasste.

Die rechtsnationalen Studenten in Münster forderten unmittelbar nach der Nachricht vom Kapp-Putsch die Einberufung der Akademischen Wehr, eines Verbandes studentischer Zeitfreiwilliger. Oskar von Watter, der zuständige Kommandeur des Wehrkreises VI der Reichswehr in Münster, wartete jedoch zunächst ab. Erst als die Putschisten am 17. März aufgaben, mobilisierte er die Akademische Wehr.[72] Sie umfasste rund 750 Studenten in drei Bataillonen. Niemöller übernahm das Kommando des dritten Bataillons, dem die nichtkorporierten Studenten unterstanden.

Am 27. März rückte die Akademische Wehr gegen die Rote Ruhrarmee vor. Am 1. April stürmte das dritte Bataillon unter Niemöller bei Selm in der Nähe von Lünen die Zeche Hermann II. Schon am 5. April lösten sich die Reste der Roten Ruhrarmee auf. Die Kampfhandlungen waren also bereits vorbei, als die Akademische Wehr am 4. April über die Lippe vorrückte.[73] In seinem Erinnerungsbuch hat Niemöller seinen Trupp dennoch als »Befreier aus der Hölle des Bolschewismus« glorifiziert.[74] Dabei kam nur eine kleine Minderheit der Soldaten in der Roten Ruhrarmee aus der KPD. Aber der Antibolschewismus war das wichtigste politische Motiv der radikalnationalen Studenten, und zwar als ideologische Projektion, nicht etwa als Beschreibung der politischen Realitäten. Am 22. April kehrte die Akademische Wehr nach Münster zurück. Einige Tage später erhielt Niemöller das Angebot, als Adjutant eines Majors in die Reichswehr einzutreten. Doch »Else möchte nicht«, wie Martin notiert, und das aus gutem Grund: Am 2. April 1920 war Brigitte geboren worden, das erste Kind des jungen Paars.[75]

Nach der Rückkehr aus dem Kampf gegen die Rote Ruhrarmee erfolgte eine weitere Radikalisierung von Niemöllers politischer Arbeit. Denn neben der Arbeit in der DNVP engagierte er sich nun auch im Deutschvölkischen Schutz- und Trutzbund, der im Frühjahr 1919 gebildet wurde und als erste faschistische Partei in Deutschland zu verstehen ist. Die Partei vertrat das Programm einer völkischen Erneuerung Deutschlands, das auf einem rassistischen Antisemitismus und strikten Antibolschewismus basierte. Mit seinen reichsweit etwa 110 000 Mitgliedern am Ende des Jahres 1920 schuf der Verband eine Massenbasis für völkische Politik. Viele spätere Funktionäre der NSDAP begannen ihre politische Arbeit hier.[76]

Niemöller trat der studentischen Gruppe des DVSTB unmittelbar nach der Reichstagswahl vom 6. Juni 1920 bei. Im Sommer 1920 zählte diese bereits 158 Mitglieder, von denen mindestens 24 wie Niemöller zugleich Mitglied der DNVP waren. Die Satzungen der Gruppe verpflichteten die Mitglieder auf den Kampf gegen den »verderblichen Einfluss« der Juden auf das »Deutschtum«. Die »deutsche« – also »arische« beziehungsweise nichtjüdische – Abstammung war Voraussetzung der Mitgliedschaft.[77] Die politischen Effekte des DVSTB gingen weit über sein eigentliches Betätigungsfeld hinaus. Er wirkte zugleich wie ein Transmissionsriemen bei der Verbreitung des rassistischen Antisemitismus in anderen nationalen Verbänden, die nicht zum Kern des »völkischen« Lagers gehörten, aber zusammen mit den völkischen Verbänden eine »geschlossene antisemitische Front gegen die Republik« bildeten.[78]

In allen diesen Verbänden war Niemöller aktiv: im Nationalverband Deutscher Offiziere (NDO), der die antisemitische Hetze zum Programm erhob; im paramilitärischen Wehrverband Organisation Escherich und, nachdem dieser im Juni 1921 verboten worden war, dessen Nachfolger – dem Westfalenbund. Daneben besuchte er Versammlungen des Heimatbundes Rote Erde, des Bundes der Aufrechten – das war ein radikalnationalistischer Verband, der auf die Restauration der Hohenzollernmonarchie hinarbeitete – und des Alldeutschen Verbandes. Der völkische Studentenpolitiker Martin Niemöller war von 1919 bis 1923 also in insgesamt acht rechtsradikalen und rassenantisemitischen Parteien und Verbänden aktiv.[79] In der einen oder anderen Form kultivierten alle diese Verbände die Erwartung eines charismatischen Führers, der die Nation retten sollte. Im November 1920 besuchte Niemöller einen Vortrag von Paul von Lettow-Vorbeck, der in einem Guerillakrieg gegen britische Truppen die Kolonie Deutsch-Ostafrika bis 1916 verteidigt hatte und dadurch im nationalen Lager zu einer Heldenfigur von nachgerade mythischem Ausmaß aufgestiegen war. Niemöller teilte diese Verehrung und notierte über Lettow-Vorbeck: »[D]er Eindruck ist überwältigend und macht den Alltagssterblichen vor sich selbst klein und häßlich.«[80]

Theologiestudium mit Praxisbezug

Dass Martin Niemöller neben all dieser rastlosen Tätigkeit in rechtsradikalen Parteien und Verbänden noch Zeit fand, dem Studium der evangelischen Theologie nachzugehen, lässt sich aus den besonderen Umständen erklären, unter denen er studierte. Martin war rund zehn Jahre älter als seine Kommilitonen. Nicht zuletzt deshalb hielt er sich vom geselligen Leben der Korporationsstudenten fern, die sich in ihren Verbindungen dem exzessiven Alkoholgenuss hingaben und eher nebenbei studierten. Mit den alten Sprachen hatte er »keine Last«, auch wenn die Jahre auf dem Gymnasium schon einige Zeit zurücklagen. Als Berufsoffizier war er das systematische Arbeiten und die schnelle, akkurate Aufnahme von Informationen gewöhnt. So kam es, dass seine in säuberlicher Handschrift angefertigten Vorlesungsmitschriften unter den Theologiestudenten »von Hand zu Hand« gingen. Die erhaltenen Nachschriften geben schließlich einen weiteren Anhaltspunkt. Denn die Mehrheit der Kolleghefte stammt aus dem Sommer 1921 und dem Wintersemester 1921/22. Mitschriften aus dem Jahr 1920 gibt es dagegen nur wenige. Das stimmt mit Martins politischem Engagement überein, das vor allem 1920 rastlos war. In den beiden folgenden Jahren rückte – bei weiter anhaltender Tätigkeit vor allem in der DNVP und dem NDO – das Studium allerdings mehr in den Vordergrund.[81]

Auch die universitären Verhältnisse erklären, wie Martin das Studium mit rechtsradikalem Politisieren verbinden konnte. Die evangelisch-theologische Fakultät der Universität Münster war im Oktober 1914 feierlich eröffnet worden. Im Krieg kam der soeben erst begonnene Lehrbetrieb aber bald weitgehend zum Erliegen. Zur Grundausstattung der Fakultät gehörten sechs ordentliche Professoren, zudem ein Honorarprofessor für westfälische Kirchengeschichte und zwei außerordentliche Professoren. In den ersten Jahren nach dem Krieg fand der Lehrbetrieb in räumlich und finanziell ungemein beengten Verhältnissen statt. Die Fakultät verfügte nur über sechs Räume, Veranstaltungen mussten in der Seminarbibliothek abgehalten werden. Die damals noch Kollegs genannten Vorlesungen begannen am frühen Morgen, um die Kosten für Beleuchtung zu senken. Im Winter folgten die Studenten den Vorträgen in dicken Mänteln, da an der Kohle für die Beheizung gespart werden musste. Man saß eng aufeinander, was einem intimen sozialen Umfeld förderlich war und weit entfernt von den Bedingungen der heutigen Massenuniversität. Mit dem Zustrom der Kriegsheimkehrer stieg die Zahl der Studierenden im Herbst 1920 kurzfristig auf 111 an, darunter zwei Frauen. Doch bereits im Herbst 1922 waren es nur noch 74.

Einem fast dreißigjährigen Studenten wie Niemöller fiel es in diesem kleinen Kreis leicht, mit den Dozenten auf einer mehr persönlichen Ebene zu kommunizieren und in solchen Gesprächen das im Kolleg Gelernte zu vertiefen. Vor allem mit dem nicht viel älteren Georg Wehrung (1880–1959), dem erst im Frühjahr 1920 nach Münster berufenen Professor für systematische Theologie, verband Niemöller bald eine freundschaftliche Beziehung. Wehrung wohnte in der Nähe der Niemöllers, und so gingen beide nach dem Seminar des Öfteren zusammen nach Hause. Dieser gesellschaftliche Verkehr schloss auch die Ehefrauen ein. So waren Martin und Else zuweilen bei Wehrungs nachmittags zum Tee eingeladen.[82]

Schließlich hat Niemöller selbst sein Studium ganz bewusst pragmatisch und damit kompakt angelegt. Sein Ziel war nicht die systematische Durchdringung und Reflexion theologischer Theoriefragen, sondern die Vorbereitung auf die Berufspraxis als »Pastor«. So beschrieb er selbst seine Schwerpunkte, als er im August 1922 für die Anmeldung zur ersten kirchlichen Prüfung einen Lebenslauf einreichte: »Meine Hauptarbeit habe ich der biblischen Exegese gewidmet; Kirchengeschichte und Systematik vermochten mich nur zeitweilig stärker zu fesseln, während mir die praktische Tätigkeit immer deutlicher als Ziel vor Augen trat.« Mit dieser Fokussierung auf die Exegese und homiletische und katechetische Arbeit korrespondierte seine theologische Lektüre: im Zentrum standen das Studium der wichtigsten Schriftkommentare – so etwa zum Neuen Testament die von Theodor Zahn (1897–1899) und Hans Lietzmann (1906–1910) – und die von Emil Hautsch besorgte und erläuterte Übersetzung des Alten Testament (1894). Für das gesamte Feld der Kirchengeschichte hingegen begnügte sich Niemöller mit dem Besuch der Vorlesungen und Seminare von Georg Grützmacher. Als vertiefende Lektüre dienten ihm hier nur wenige »Abschnitte« aus Kompendien wie der von Albert Hauck seit 1887 in mehreren Bänden veröffentlichten *Kirchengeschichte Deutschlands*.[83]

Auf der Basis dieser eher eng umrissenen Lektüre und der vorhandenen Quellen ist es nur schwer möglich zu bestimmen, ob und wie sich Niemöller einer der verschiedenen Richtungen in der evangelischen Theologie zuordnete. Seit dem 19. Jahrhundert hatte sich der Gegensatz zwischen der liberalen und der »positiven« Theologie als wichtigste Unterscheidung herausgebildet. Die liberale Theologie hatte im Gefolge von Friedrich Schleiermacher Impulse der Aufklärung aufgenommen und die Spannung zwischen christlicher Überlieferung und moderner Kultur als produktive Herausforderung akzeptiert. Eine historische Kritik der biblischen Überlieferung und die Rekonstruktion der christlichen Ethik im Zeichen der modernen Autonomie des

Individuums waren wichtige Schritte auf diesem Weg. Die »Positiven« dagegen beharrten darauf, dass sich die christliche Offenbarung als etwas »positiv« Gegebenes der Historisierung und der aufklärerischen Reflexion entziehe. Sie betonten die ungebrochene Geltung von Schlüsselbegriffen christlicher Moral wie der Sünde oder des Bösen. Nach dem Ersten Weltkrieg wurde der Gegensatz zwischen Liberalen und »Positiven« zunehmend überlagert durch eine nationale Haltung, die sich nicht zuletzt aus dem Vordringen einer Frontgeneration von Theologen auf die Lehrstühle in den Universitätsfakultäten ergab.[84]

In *Vom U-Boot zur Kanzel* nennt Niemöller den Systematiker Georg Wehrung als denjenigen Münsteraner Theologen, der ihm die Bedeutung überindividueller »Ordnungen« für das »christliche Verständnis der Gegebenheiten« eröffnet und ihm damit zugleich das »gute Gewissen« für seine »sehr beträchtliche Mitarbeit in den vaterländischen Organisationen« verschafft habe.[85] Doch das scheint in doppelter Hinsicht eine nachträgliche Stilisierung zu sein. Denn zum einen vertrat Wehrung bei einer gesellschaftspolitisch eher konservativen Grundhaltung das Programm der liberalen Theologie und war gerade als Schleiermacher-Experte nach Münster berufen worden. So gehörte Schleiermachers *Über die Religion. Reden an die Gebildeten unter ihren Verächtern* aus dem Jahr 1799, die Programmschrift der liberalen Theologie, denn auch zu Niemöllers Lektürepensum in Wehrungs Seminaren. Wenn Niemöller sich die Bedeutung von kollektiven Ordnungen als Leitstern seiner christlichen Ethik erkor, dürfte dies kaum auf den Einfluss Wehrungs zurückzuführen sein.[86] Zum anderen spricht Niemöllers eigenes Zeugnis dafür, dass er dessen Theologie eher ablehnend gegenüberstand. Im Juni 1921 notierte er nach einem Vortrag von Wehrung über das Thema »Der soziale Gedanke im Christentum«, dass dessen Vorstellungen »sehr idealistisch und links« seien.[87] Diese Wahrnehmung ist verständlich. Denn Wehrung kritisierte in seinem Vortrag nicht nur die Staatsvergottung des traditionellen Luthertums und den »Egoismus« der wirtschaftlichen Interessenverbände. Er postulierte auch, dass Christen in der »Idee des Sozialismus etwas Verwandtes empfunden haben«.[88] Niemöller musste diese These angesichts seiner antibolschewistischen Grundhaltung als eine Provokation empfinden.

Wichtiger als alle theologischen Richtungskämpfe war für Niemöller demnach die praktische Seite der christlichen Verkündigung. Das zeigt sein Kollegheft zur Vorlesung von Rudolf Smend über »Liturgik« im Herbst 1921, der als einer der führenden deutschen Experten auf diesem Gebiet galt. Mit 162 eng beschriebenen Seiten handschriftlicher Notizen ist es mit Abstand das umfangreichste von Martins Kollegheften.[89]

Doch das eifrige Studium des Gottesdienstes war das eine, die praktische Umsetzung etwas ganz anderes. Am 15. Dezember 1921 stand eine Probepredigt in Smends homiletischem Seminar an, die in der Kapelle des Diakonissenhauses in Münster stattfand mit dem Professor und etwa zwanzig Studenten als Publikum. Niemöller hatte seine Predigt über den Lobgesang Marias aus dem Lukas-Evangelium (Lk 1, 46–55) erst schriftlich ausgearbeitet und dann acht volle Tage lang »memoriert«, »gelernt« und nochmals »gelernt«. Doch im Vortrag blieb er zweimal »stecken« und musste sein Konzept konsultieren. Auch wenn die Kritik der Kommilitonen freundlich ausfiel, war dies alles andere als ein hoffnungsvoller Beginn. Martin war niedergeschlagen und bat seinen Vater telefonisch um Hilfe. So konnte er nur drei Tage später, am vierten Advent, in dessen Elberfelder Gemeinde predigen und damit versuchen, das böse Omen der studentischen Probepredigt zu vertreiben. Das gelang ihm dieses Mal ganz gut.[90] Aber damit war seine »Angst« vor dem Predigen noch lange nicht »besiegt«.[91] Denn auch in den folgenden Jahren war vielleicht weniger der Vortrag der Predigt, aber auf jeden Fall deren schriftliche Niederlegung ein permanentes Problem für Niemöller. Bereits am Ostermontag 1922 predigte Martin wieder in der Elberfelder Gemeinde seines Vaters, und auch diesmal war er »sehr abhängig vom Konzept«.[92]

Der erfolgreiche Abschluss des Theologiestudiums mit einem Universitätsexamen war für die Zulassung zum Pfarrberuf nicht nötig. Voraussetzung dafür waren vielmehr der Nachweis eines zumindest dreijährigen Studiums und die erfolgreiche Absolvierung des ersten kirchlichen Examens. Darauf folgten ein Lehrvikariat und das zweite kirchliche Examen. Also meldete sich Martin im August 1922 nach dem Abschluss des sechsten Semesters beim Konsistorium für die erste Prüfung an. Bis Mitte Dezember hatte er die beiden kurzen wissenschaftlichen Arbeiten abgeschlossen, die für das erste Examen einzureichen waren. Zusammen mit einer Predigt und einer katechetischen Arbeit lieferte er diese Unterlagen im Januar 1923 beim Konsistorium ab. Gemeinsam mit Wilhelm bereitete er sich einige Wochen auf die mündliche Prüfung in Philosophie vor, weil beide in diesem Fach den größten Nachholbedarf hatten. Am 11. April konnten Martin und Wilhelm dann mit Konsistorialrat Kähler den erfolgreichen Abschluss des ersten kirchlichen Examens feiern.[93]

Derweil hatte sich seit dem Sommer 1922 die wirtschaftliche Lage von Martin und Else zunehmend verschlechtert. Die Angst vor einem Staatsbankrott, die Martin im Sommer 1919 zum Studium der Theologie veranlasst hatte, war inzwischen geschwunden. Die deutsche Wirtschaft erlebte inmitten einer weltweiten Rezession 1920/21 ein starkes Wachstum. Auch der inflationäre Verfall des Außenwertes der Mark war vom Frühjahr 1920 bis in den

4 Theologiestudium und Konterrevolution 1919 bis 1923

Sommer 1921 hinein weitgehend gebremst. Die Wirtschaftshistoriker sprechen deshalb für diesen Zeitraum von einer »relativen Stabilisierung« der wirtschaftlichen Lage in Deutschland. Doch von Herbst 1921 an schritt die Geldentwertung fort. Seit Anfang 1922 ging sie in die Phase der »galoppierenden« Inflation über. Nach dem Schock des Attentats auf Außenminister Walther Rathenau im Juni 1922 schmolz das Vertrauen ausländischer Investoren in die Stabilität der Weimarer Republik vollends dahin. Von September 1922 an fiel der Außenwert der Mark dramatisch, und es setzte die Phase der Hyperinflation mit einer exponentiell wachsenden Geldentwertung ein.[94] Davon waren Bezieher nominell festgelegter Einkommen besonders betroffen, und zu denen gehörte Martin Niemöller. Finanztechnisch gesehen war er ein Pensionär, der seine Familie mit einer bescheidenen Marinepension ernährte. Als deren reale Kaufkraft 1922 zunehmend verfiel, machte er sich zunächst auf die Suche nach Notbehelfen. Regelmäßig fuhren Martin und Wilhelm an den Wochenenden zu den bäuerlichen Verwandten nach Wersen und Westerkappeln, um dort Lebensmittel zu hamstern. Außerdem versuchte Martin, eine in seinem Besitz befindliche alte Lutherbibel aus dem Jahr 1545/46 zu verkaufen, hatte aber keinen Erfolg. Schließlich sprang im Mai 1922 Friedrich Bremer ein, der jüngere Bruder von Else, der als Oberarzt in Göttingen arbeitete. Er half seinem Schwager mit einer einmaligen Geldzahlung aus. Solche Nothilfen reichten allerdings nicht mehr, als am 16. Juli 1922 das zweite Kind von Else und Martin zu Welt kam. Es war ein Junge. Nach Martins altem, kurz vor Kriegsende 1918 gefallenem Marinekameraden Hans Jochen Emsmann wurde er auf den Namen Hans Joachim getauft, doch in der Familie stets Jochen genannt.[95]

In dieser Not fand Martin – und übrigens auch Wilhelm – im August 1922 endlich eine Beschäftigung als Rottenarbeiter bei der Reichsbahn. Damit war er Mitglied einer »Rotte« von Arbeitern, die Ausbesserungsarbeiten an Bahngleisen in Münster vornahmen. Das war eine schwere körperliche Arbeit, die ihn ganztägig in Anspruch nahm. Auf die Arbeit an den Gleisen folgte im September eine kurze Phase in einem Stellwerk, schließlich kam er als Hilfsarbeiter zur Stationskasse der Reichsbahn, wo die Berechnung der infolge der Hyperinflation nun im Wochenrhythmus anzupassenden Löhne und Gehälter enorm viel Zeit verschlang. In *Vom U-Boot zur Kanzel* hat Niemöller behauptet, in der Zeit als Rottenarbeiter habe er die Lebenswelt der »städtischen Arbeiter« kennengelernt, denen er »ohne jede Klassendistanz« begegnet sei und mit denen ihn bald eine »dauernde Freundschaft« verbunden habe.[96] Das lässt sich getrost als Versuch verstehen, eine brutale soziale Wirklichkeit mit dem Zuckerguss nationalistischer Gemeinschaftsideologie zu überziehen. Denn Martin kam über die Technische Nothilfe zur Reichsbahn. Sie entstand Anfang

1919 aus Verbänden von rechtsradikalen Zeitfreiwilligen und wurde seit Ende 1919 beim Reichsinnenministerium geführt. Ziel der Technischen Nothilfe war es, in Fällen von Streiks der sozialistischen Arbeiterschaft eine personelle Reserve vorzuhalten, die vor allem in infrastrukturell wichtigen Bereichen wie der Gas-, Elektrizitäts- und Wasserversorgung oder eben der Reichsbahn als Streikbrecher wirken konnte. Dem entsprach die soziale Zusammensetzung der Nothelfer, die zumeist den bürgerlichen Mittelschichten entstammten und bei denen gerade Studenten einen politisch »reaktionären« Kern stellten. Kein Wunder also, dass ein Spitzenfunktionär der sozialdemokratischen Freien Gewerkschaften Ende 1920 konstatierte, dass die Arbeiterschaft der Technischen Nothilfe »absolut keine Sympathien abgewinnen« könne.[97]

Es ist ein Beleg für die enorme Zähigkeit Niemöllers und seine Fähigkeit zu konzentriertem Arbeiten, dass er sich unter diesen Bedingungen erfolgreich auf den Abschluss des ersten kirchlichen Examens im April 1923 vorbereiten konnte. Direkt im Anschluss daran begann am 1. Mai 1923 das Lehrvikariat. Es dauerte üblicherweise ein Jahr und war Teil der praktischen Vorbereitung auf den Kirchendienst. Ein Vikar konnte zwar Gottesdienste halten und Konfirmandenunterricht erteilen, war aber noch nicht zur Ausübung der Kasualhandlungen an den Lebenswenden (Taufe, Konfirmation, Trauung und Begräbnis) berechtigt.

Martin wurde Konsistorialrat Walter Kähler als Vikar zugeteilt. Da dieser bald darauf als Generalsuperintendent nach Stettin berufen wurde, blieben nur wenige Wochen, in denen Kähler den Vikar Niemöller in die Arbeit des Pfarrers einführen konnte. Immerhin durften Martin, Else und die beiden Kinder nach der Abreise Kählers Ende Juli in dessen Haus bleiben, wo ihnen eine Wohnung zugewiesen worden war. Dennoch geriet die Tätigkeit als Vikar angesichts der ökonomischen Situation der Familie bald darauf völlig ins Hintertreffen. Seit August 1923 arbeitete Martin wieder bei der Stationskasse der Reichsbahn, um den sehr kärglichen Lebensunterhalt der Familie aufzubessern. Nur mit äußerster Disziplin gelang es ihm, bis Ende November die zum Abschluss des zweiten kirchlichen Examens nötige Arbeit »Über die Berechtigung und die Schranken der religions-psychologischen Methode« fertigzustellen. Sie war in säuberlicher Handschrift niedergeschrieben und umfasste 23 Seiten. Als er sich am 12. November 1923 beim Konsistorium zur zweiten theologischen Prüfung anmeldete, war dies nur mit Zustimmung des Evangelischen Oberkirchenrates möglich, der die verkürzte Vikariatszeit genehmigte. Mit der Anmeldung verbunden war das Eingeständnis, dass er »gegenwärtig nicht in der Lage« sei, sich »praktisch für meinen Beruf weiter vorzubilden«. Am folgenden Tag erhielt Niemöller von der Stationskasse der Reichsbahn die

Kündigung.⁹⁸ Im November 1923, mitten in der durch die Hyperinflation und den Hitler-Putsch in München ausgelösten tiefen Erschütterung von Staat und Gesellschaft, war seine ökonomische Situation problematischer als je zuvor.

Der Zusammenbruch des Kaiserreichs im November 1918 bedeutete für die meisten deutschen Protestanten eine tiefe »Traumatisierung«.⁹⁹ Aus nationalprotestantischer Sicht war der Weltkrieg mehr als nur ein bewaffneter Konflikt gewesen. Für Niemöller wie andere Nationalprotestanten war er vielmehr ein Kampf um die Bestätigung der höheren Mission und der moralischen Überlegenheit der Deutschen. Umso größer waren im Moment der Niederlage die Fallhöhe und damit die Enttäuschung. Denn nun gerieten wesentliche Eckpfeiler der nationalprotestantischen Mentalität ins Wanken. Mit der Abdankung von Wilhelm II. kamen der Garant und die symbolische Spitze der Ordnung im Kaiserreich abhanden. Sodann löste die revolutionäre Umwälzung ein Gefühl der Ohnmacht aus, da national gesinnte Protestanten hilflos zusehen mussten, wie die politische Macht in die Hände von Sozialisten überging. In den Augen von Niemöller wie vieler anderer Protestanten verfügte die aus der Revolution hervorgegangene Republik über keinerlei Legitimität. In einem Brief an Elses Schwester Leni gab Niemöller 1921 seine Geringschätzung für die neue Staatsform deutlich zu erkennen, als er der jungen Frau zu ihrem zwanzigsten Geburtstag und damit zugleich zum aktiven Wahlrecht gratulierte. Sie müsse sich jetzt mit Politik beschäftigen, riet er, denn damit könne sie die »Zukunft des Deutschen Reiches« in genau dem gleichen Maße mitbestimmen wie »Reichspräsident Ebert und andere Größen des neuen Regimes«. Diese Ironie konnte nicht übertünchen, dass die Erschütterung über den Umbruch bei Martin immer noch tief saß. Es seien »böse Jahre« gewesen seit Anfang 1919, schrieb er, und für »unser Volk« und das »Vaterland« waren es die »vielleicht schlimmsten« bisher. Ob und wann es »wieder aufwärts« gehe, sei noch offen.¹⁰⁰

Eine weitere protestantische Traumatisierung ging vom Versailler Friedensvertrag und der alliierten Besetzung des Rheinlandes aus. Das ganze Ausmaß von Niemöllers Erschütterung durch die Niederlage wird in einer Episode deutlich, die sich in den Bodelschwinghschen Anstalten in Bethel abspielte. Dort gab es seit 1905 die Theologische Schule, die eine kirchliche theologische Ausbildung in Konkurrenz zu den theologischen Fakultäten an staatlichen Hochschulen anbot und unter der Leitung des Theologen Samuel Jaeger (1864–1927) stand. Im Januar 1920 besuchten Martin und Wilhelm Niemöller dort einen Gottesdienst Jaegers. Als dieser in seiner Predigt die von Karl Kautsky Ende 1919 veröffentlichten »Deutschen Dokumente zum

Kriegsausbruch« würdigte, platzte den Brüdern der Kragen.[101] Der USPD-Politiker Kautksy wies darin dem Deutschen Reich die Hauptverantwortung für den Ausbruch des Weltkriegs zu und wollte damit zu einer moralischen Läuterung Deutschlands nach dem Krieg beitragen. Martin Niemöller fand den Vortrag, wie er in seinem Amtskalender notierte: »Schamlos!«[102] Einige Tage später schrieb er in einem Brief an Jaeger, dieser kenne einfach »die Tragik unseres Lebens« nicht, in der sich die Deutschen nach der Niederlage 1918 befinden würden und aus der ihr »Nationalismus« geboren sei. Er als ehemaliger Offizier habe sie dagegen durchlebt und durchlitten und lehne es ab, wie Jaeger »die Politik unserer Gegner« zu betreiben.[103]

Niemöllers rastlose Tätigkeit in einer ganzen Reihe von rechtsradikalen Parteien und Verbänden diente vornehmlich dem Zweck, die durch die Niederlage hervorgerufenen Traumata zu verarbeiten und zu überwinden. Doch darin lag zugleich eine implizite Anerkennung der politischen Gegebenheiten. Niemöller hatte sich Anfang 1919 eben nicht dem paramilitärischen Kampf gegen die Republik verschrieben, wie es viele andere ehemalige Offiziere taten. Stattdessen gründete er eine Familie und wurde in einer Partei wie der DNVP aktiv, die bei aller Abneigung gegen die Republik doch deren politischen Spielregeln folgte. Der Einsatz der Akademischen Wehr im Ruhrgebiet 1920 war so letzlich nicht mehr als eine kurze Episode, die bestenfalls nostalgische Erinnerungen hinterließ. Im Herbst 1940 schrieb Wilhelm – zu diesem Zeitpunkt im Dienst bei der Wehrmacht – seinem im KZ Sachsenhausen befindlichen Bruder, dass der Ruhrkampf 1920 eine »sehr schöne Zeit« gewesen sei, »weil man für eine gute Sache kämpfen konnte«.[104] Diese »Sache« war der Kampf gegen den Sozialismus und Bolschewismus, und es ist symptomatisch für die politische Gesinnung Wilhelm Niemöllers – der sein Bruder zustimmen mochte –, dass er sie auch sieben Jahre nach der Machtergreifung Hitlers noch ungebrochen befürwortete.

Martin Niemöller hatte die Zeit seines Studiums überwiegend dem Kampf gegen die Folgen der Revolution von 1918 gewidmet. Am 8. Juni 1923 nahm er in Elberfeld an der großen Gedenkfeier für Leo Schlageter teil, jenes völkischen Aktivisten, den ein französisches Militärgericht wegen seiner Sabotageakte gegen die Besetzung des Ruhrgebiets zum Tode verurteilt hatte. Die Feier war eine Heerschau der radikalnationalistischen Rechten, zu der Mitglieder von Stahlhelm und völkisch-nationalen Verbänden mit der schwarz-weiß-roten Fahne des Kaiserreichs erschienen.[105] Doch als Niemöller Ende 1923 auf den Abschluss seiner Ausbildung zum Pfarrer zusteuerte, hatte er andere Prioritäten. Er musste nun überlegen, wie er künftig den Lebensunterhalt seiner Familie sichern wollte.

5
Innere Mission und Volksgemeinschaft 1924 bis 1931

Am 1. Dezember 1923 wurde Martin Niemöller – zunächst befristet – zum hauptamtlichen Geschäftsführer des westfälischen Provinzialverbandes der Inneren Mission mit Dienstsitz in Münster bestellt. Dies geschah auf Initiative von Friedrich von Bodelschwingh dem Jüngeren (1877–1946), Leiter eines der bedeutendsten Zentren der Inneren Mission in Deutschland, der von Bodelschwinghschen Anstalten Bethel in Bielefeld. Der von seinem Vater, Friedrich von Bodelschwingh dem Älteren (1831–1910), seit 1872 aufgebaute und geleitete Komplex umfasste zahlreiche Einrichtungen für körperlich und geistig Behinderte. Der konkrete Anlass für Niemöllers Bestellung war, dass den Anstalten der Inneren Mission auf dem Höhepunkt der Hyperinflation ein Teil der staatlichen Mittel entging, da diese nur verspätet zur Anweisung kamen. Das sollte Niemöller ändern. Bevor er sich für Niemöller entschied, hatte Bodelschwingh den Rat des früheren Konsistorialrats Walter Kähler eingeholt, in dessen Haus Else und Martin immer noch wohnten. Kähler war voll des Lobes. Er charakterisierte Niemöller als jemanden, der »die Genauigkeit eines Beamten mit der Entschlussfreudigkeit eines Offiziers *und* mit einem besonders praktischen Blick und Griff« verbinde. »Als Theologe«, so Kähler, habe er »etwas gelernt, und sich dabei doch nicht der Kritik ergeben«. Auch »als Mensch« habe sich Niemöller in den Jahren des Zusammenlebens unter einem Dach »fabelhaft entwickelt« und sich nicht, wie zunächst befürchtet, in einen »verschlafenen Pastor« verwandelt. Als hauptamtlicher Geschäftsführer der Inneren Mission, so schloss er seine Empfehlung, sei Niemöller eine exzellente Wahl: »so fleißig, so genau, so klug und so praktisch«.[1]

Was war die Innere Mission, in der Niemöller nun für etwas mehr als sieben Jahre bis zum Frühsommer 1931 arbeiten sollte?[2] Im Verlauf des 19. Jahrhunderts, das sich recht treffend als das Jahrhundert der Assoziation bezeichnen lässt, war auch im Protestantismus ein breit aufgefächertes Netzwerk von Vereinen entstanden. Neben berufsspezifischen – etwa für Arbeiter, Handwerker oder Landfrauen – gab es nach Geschlechtern differenzierte Vereine für Männer, Frauen und Jugendliche. Der 1832 gegründete Gustav-Adolf-Verein widmete sich der Unterstützung der protestantischen Diaspora, während der 1886 entstandene Evangelische Bund auf das Ende des Kulturkampfes gegen die Katholiken reagierte. Mit seinen 470 000 Mitgliedern im Jahr 1911 war der Evangelische Bund die schlagkräftigste Massenorganisation im protestantischen Vereinswesen des Kaiserreichs. Wie der Gustav-Adolf-Verein hatte er eine ausgeprägte antikatholische Stoßrichtung. Beide Verbände definierten protestantische Identität in erster Linie durch ihre konfessionelle Frontstellung gegen die als rückständig und abergläubisch karikierte Massenreligiosität und die Papsttreue der ultramontanen Katholiken.

Neben die berufs- und geschlechtsspezifischen Vereine sowie die beiden konfessions- und kirchenpolitisch aktiven Großverbände traten schließlich die sozial-karitativen Vereine. Johann Hinrich Wichern (1808–1881), der Leiter des Rauhen Hauses in Hamburg, hatte auf dem ersten evangelischen Kirchentag im September 1848 das Signal dafür gegeben. In einer improvisierten Rede entwarf Wichern dort das Programm der »Inneren Mission« als eines Werks der »rettenden Liebe«.

Wichern stand noch unter dem Eindruck der Märzrevolution, die 1848 die Monarchien in Preußen und den anderen Staaten des Deutschen Bundes erschüttert hatte. Er sah die Beteiligung der Unterschichten an der Revolution nicht nur als eine Folge der ökonomischen Verelendung im Pauperismus der 1840er Jahre. In der Hinwendung gerade der Handwerksgesellen zu sozialistischen Ideen hatte sich für Wichern zugleich das Vordringen des »Heidnischen« unter der Fassade einer christlich geprägten Gesellschaft manifestiert. Materielle Not und tiefgreifende Entchristlichung der Unterschichten hingen zusammen. Für Wichern, der durch die neupietistische Erweckungsbewegung geprägt war, hatte das Projekt der Inneren Mission somit eine doppelte Stoßrichtung: Durch die Verkündigung des Evangeliums unter den Notleidenden, durch persönliche Zuwendung und diakonische Hilfeleistung sollte die Entkirchlichung der Unterschichten gebremst und zugleich die soziale Frage gelöst werden.[3]

Als konkrete Umsetzung des von Wichern in Wittenberg verkündeten Programms entstand Anfang 1849 der »Central-Ausschuss für die Innere Mission der Deutschen Evangelischen Kirche« mit Sitz in Berlin. Das war zunächst nicht mehr als ein Zirkel von zehn Männern, die sich in der Art eines Honoratiorenclubs zu Besprechungen trafen. Doch damit war ein wichtiger Anfang gemacht, die Tätigkeit jener Vereine und Anstalten zu koordinieren, die sich der Arbeit der Inneren Mission widmeten. Hilfsvereine auf Landes- und Provinzebene stellten einen gewissen organisatorischen Unterbau bereit. Schrittweise entwickelte sich der Central-Ausschuss (CA) nach Ansicht des jüngeren Bodelschwingh zu einem »Generalstab der Liebesarmee«, die sich dem Kampf gegen die Entchristlichung und sittliche Verwahrlosung der

5 Innere Mission und Volksgemeinschaft 1924 bis 1931

Unterschichten widmete. Im Rückgriff der Inneren Mission auf die vergesellschaftende Kraft des Vereinswesens drückte sich zugleich Misstrauen gegen den kirchlichen Apparat in der Form des Landesherrlichen Kirchenregiments aus, wie es bis zur Revolution von 1918 bestand.[4]

In der Weimarer Republik veränderten sich die Rahmenbedingungen für die Arbeit der Inneren Mission fundamental. Zum einen kam es im Gefolge der Revolution in den Jahren 1919 bis 1921 zu einer massenhaften Entkirchlichung vor allem in Kreisen der sozialistischen Arbeiterschaft. Allein 1919 traten knapp 238 000 Gläubige – das waren 0,82 Prozent der evangelischen Christen – aus der Kirche aus, 1920 dann noch einmal 315 000. Erst 1991, im Gefolge einer neuerlichen Lohnsteuererhöhung – die regelmäßig zum Anstieg der Kirchenaustritte führt – und in einem radikal veränderten gesellschaftlichen Umfeld wurde dieser Spitzenwert übertroffen. Auch für die Flut der Kirchenaustritte 1919 waren finanzielle Motive – die Kirchensteuer wurde nunmehr flächendeckend erhoben – wichtig. Allerdings setzte sich die Austrittsbewegung in der gesamten Weimarer Republik fort, wenn auch nicht mehr auf dem ganz hohen Niveau der Jahre 1919 bis 1921.

In der Folge formierte sich in protestantisch geprägten Großstädten ein vollständig säkulares Milieu. In Berlin, das bereits vor 1900 notorisch niedrige Abendmahlsziffern aufwies, verfestigte sich nach 1918 unter vormals protestantischen, sozialistischen Industriearbeitern eine radikal kirchenferne Subkultur. Dieser Prozess vollzog sich nun auch in anderen Städten. Den Spitzenwert für die konfessionell nicht länger gebundene Bevölkerung im Deutschen Reich erreichte 1925 aber nicht Berlin, sondern Braunschweig mit elf Prozent Konfessionslosen. Antireligiöse Kampagnen der sozialistischen Freidenkerverbände, die von 1919 an Hunderttausende Mitglieder gewannen, verstärkten diesen Prozess. Aber im Kern wurde die Entkirchlichung durch die Erfahrung des Krieges vorangetrieben. Der Marineoffizier Niemöller hatte den Kriegseinsatz der Deutschen als von Gott gelenktes Schicksal glorifiziert. Protestantische Industriearbeiter dagegen waren von den Durchhalteparolen der Pfarrer angewidert und durch die Sinnlosigkeit des Sterbens im Krieg in ihrem Glauben erschüttert.[5]

Das rasante Wachstum eines radikal kirchenfernen Blocks sozialistischer Arbeiter war der entscheidende Antrieb für die Arbeit der Inneren Mission nach 1918. Wicherns Schreckensvision einer zunehmend entchristlichten Gesellschaft war zur praktischen Realität geworden. Die Weimarer Republik bot punktuell aber auch Chancen für die Entfaltung der christlichen Liebestätigkeit. Denn der Ausbau des Sozialstaates bekam nun Verfassungsrang. Das betraf nicht nur den weiteren Ausbau der seit der Bismarckzeit etablierten

Zweige der Sozialversicherung, der Kranken-, Unfall- und Invalidenversicherung, sondern auch die neuen kriegsbedingten Folgelasten wie die materielle Absicherung der Kriegsbeschädigten und Kriegerwitwen, oder den systematischen Ausbau von palliativen und präventiven Maßnahmen im Bereich der Wohlfahrtspflege. Dem diente etwa die Regelung der Jugendwohlfahrtspflege und der Fürsorge durch 1922 beziehungsweise 1924 ergangene Reichsgesetze. Von 1919 an entstand jenes »duale Prinzip sozialer Sicherung«, das den deutschen Sozialstaat bis heute prägt. Neben Reich, Länder und Kommunen als staatliche Akteure traten nun die Spitzenverbände der freien Wohlfahrtspflege als »subsidiäre« Träger des Sozialstaats. Dazu zählten vor allem der katholische Caritasverband und die Innere Mission. Mit anderen Verbänden wie dem Roten Kreuz schlossen sie sich 1925 zur »Deutschen Liga der freien Wohlfahrtspflege« zusammen. Aus Sicht des Staates war es von Vorteil, wenn diese privaten Träger ihre Expertise in der Fürsorge zur Geltung brachten, und kostensparend war es auch. Dabei konnten die Verbände auf Mittelzuweisungen des Staates rechnen, von denen der größte Teil an Caritas und Innere Mission floss.[6]

An dieser Stelle kam Martin Niemöller ins Spiel. Der systematische Einbau der Inneren Mission in das duale System der Sozial- und Fürsorgepolitik machte eine Professionalisierung und organisatorische Neuorientierung ihrer Arbeit erforderlich, und zwar den Übergang vom nur lose vernetzten »Verein« zum systematisch aufgebauten »Verband«.[7] In Berlin entstand nun eine mit mehreren hauptamtlichen Kräften besetzte CA-Zentrale.[8] Diese Entwicklungen in der Hauptstadt fanden ihre Entsprechung auf regionaler Ebene. Im Januar 1922 kam es zur Bildung des westfälischen »Provinzialverbandes für Innere Mission«. Ihm gehörten sowohl die örtlichen Vereine als auch die Anstalten an. Er gliederte sich in Fachgruppen für männliche und weibliche Diakonie, Jugendarbeit und andere Arbeitsfelder der Fürsorge.[9] In diesem Rahmen machte sich Niemöller noch im Dezember 1923 umgehend an die Arbeit. Anfang März 1924 beschloss der westfälische Provinzialausschuss die dauerhafte Absicherung der Geschäftsführerstelle. Für Niemöller war dies eine wichtige Entscheidung, und so unterstrich er in seinem Amtskalender die Notiz »fest angestellt« gleich zweimal.[10]

Geschäftsführer der Inneren Mission in Westfalen

Mit der dauerhaften Berufung zum Geschäftsführer hatte Martin Niemöller für sich und seine Familie ein gesichertes bürgerliches Umfeld geschaffen. Die Erleichterung war verständlich, zumal am 6. Januar 1924 Heinz Hermann, das dritte Kind von Else und Martin, zur Welt gekommen und es noch dringender notwendig war, der Familie nach den Entbehrungen der Inflationszeit ein hinreichendes Auskommen zu verschaffen. Die Festanstellung konnte allerdings erst erfolgen, nachdem die kirchliche Examinierung abgeschlossen war. Der Evangelische Oberkirchenrat in Berlin erließ Niemöller den Rest des Vikariats, und so konnte er sich bereits für das Frühjahr 1924 zur zweiten kirchlichen Prüfung anmelden. Zur Vorbereitung darauf kam er angesichts der Arbeit in der Inneren Mission nur noch sporadisch. Für die im November 1923 eingereichte schriftliche Arbeit, die Probepredigt und die katechetische Übung gab es jeweils nur die Note »recht gut«. Aber die beiden Klausuren in Systematik und Exegese wurden ebenso mit »sehr gut« bewertet wie die meisten der mündlichen Prüfungen. So schloss er das Examen am 9. Mai 1924 mit der Gesamtnote »vorzüglich« ab.[11] Da neben den Professoren Wehrung und Grützmacher auch Wilhelm Zoellner Mitglied der Prüfungskommission war, liegt die Vermutung nahe, dass der Generalsuperintendent dem Manager der Inneren Mission mit einer wohlwollend vergebenen Abschlussnote den Start ins Berufsleben erleichtern wollte.[12]

Direkt nach der Prüfung wurde Niemöller offiziell als »Vereinsgeistlicher« der Inneren Mission berufen.[13] Erst im Juni 1924 war also jener Weg »vom U-Boot zur Kanzel«, den Niemöller zehn Jahre später in seinem Erinnerungsbuch als eine geradlinige Entwicklung beschrieb, gänzlich abgeschlossen. Am 29. Juni erfolgte dann in der Erlöserkirche in Münster Niemöllers Ordination zum Pfarrer durch den Oberkonsistorialrat Theodor Simon. Martins Vater Heinrich assistierte dabei. Am Nachmittag desselben Tages taufte Niemöller seinen Sohn Heinz Hermann in der kleinen Mansardenwohnung, welche die Familie noch immer bewohnte. Heinz wurde er nach seinem Großvater benannt und Hermann in Erinnerung an Hermann Bremer, den 1918 an Bord von UB 104 verstorbenen Jugendfreund und Schwager Martins.[14]

Im Frühsommer 1924 bog die berufliche Arbeit Niemöllers in geregelte Bahnen ein. Dennoch blieben Sorgen und Spannungen bestehen, und zwar sowohl in beruflicher als auch in familiärer Hinsicht. Ein Brief Martins an Else vom Neujahrstag 1924 wirft ein Schlaglicht auf Besorgnisse und Konflikte, welche die Ehe der beiden für lange Jahre prägen sollten. Else hatte sich zur bevorstehenden Geburt von Heinz Hermann zu den Schwiegereltern nach

Elberfeld begeben. Martin blieb in Münster, wo er am Silvesterabend in der Apostelkirche seine Examenspredigt hielt. Bei dieser Gelegenheit zeigte sich, dass Martins Probleme mit dem Predigen noch nicht behoben waren, ganz anders als er es 1934 in seinem Erinnerungsbuch suggerierte.[15] Bereits das »Memorieren« des Manuskripts in den Tagen zuvor ging nur »mäßig« vonstatten. Auch wenn Niemöller einige Bekannte aus dem radikalnationalen Milieu sah, war die Kirche doch »ziemlich leer«. Wiederum blieb die Predigt ein unbefriedigendes Erlebnis: »Mein Kopf war benommen und ich war nicht frei vom Concept. Die innere Fühlung mit der Gemeinde fehlte ziemlich und ich ging ziemlich unglücklich von der Kanzel.«[16]

Immerhin war Niemöller bereit, beim Erlernen der Kunst des Predigens auf »Gottes Führung und Fügung zu vertrauen«. Doch über die räumliche Trennung von seiner Frau konnte ihm Gott nicht hinweghelfen. Erst am folgenden Samstag wollte er nach Elberfeld kommen, aber nur »für einige Stunden«, da er bereits am Sonntag zum Gottesdienst wieder in Münster sein musste. Er versäumte es nicht, die hochschwangere »Herzenselse« seiner Liebe zu versichern. Ganz offenkundig war er dabei von Schuldgefühlen geplagt: »[W]ie lieb ich Dich habe, Elselein, das weißt Du; Du bist wirklich die bessere Hälfte in meinem Leben und ich denke oft, daß ich sehr, sehr in Deiner Schuld bin. Wenn wir dies Jahr zusammenbleiben dürfen, möchte ich vieles wieder gut machen; es ist doch eine ernste Sache um das Leben.«[17]

Bei aller affektiven Zuneigung, die in Martins Beteuerungen deutlich wird, ist doch die düstere Befürchtung nicht zu übersehen, welche aus dem bangen Hoffen auf den Fortbestand der Ehe spricht. Sie beruhte auf Spannungen, die offenkundig schon zu diesem Zeitpunkt das Verhältnis der Eheleute schwer belasteten. In den folgenden Jahren wurde immer wieder und immer mehr deutlich, welches Konfliktpotenzial das immense Arbeitspensum Martins und seine häufige Abwesenheit von Münster für das Verhältnis zu Else bargen. Auch im Januar 1924 hielt die Trennung weiter an. Am letzten Tag dieses Monats war Else immer noch mit den nunmehr drei Kindern in Elberfeld. Und Martin schrieb ihr, dass er die letzten Tage jeweils »bis Mitternacht« mit Büroarbeit für die Innere Mission verbracht habe.[18]

Niemöller ging an die neue Aufgabe in drei Schritten heran. Erstens mit einer Bestandsaufnahme der vorhandenen Vereine und Einrichtungen der Inneren Mission. Zweitens mit Maßnahmen zur besseren Vernetzung auf lokaler Ebene, vor allem durch die Schaffung von kirchlichen Wohlfahrtsämtern in den Kommunen. Drittens durch die engere Koordination von Innerer Mission und den kirchlichen Behörden in Westfalen vor allem in den Gremien des Provinzialverbandes. Einmal jährlich fand eine Mitgliederversammlung statt, an der alle Anstalten und Einzelvereine teilnehmen konnten. Im Verbandsvorstand saßen neben Repräsentanten der Fachgruppen als Vertreter der Kirche ex officio der Generalsuperintendent und der Präses der Provinzialsynode. Als organisatorischen Kern der praktischen Arbeit sah Niemöller aber einen enger gefassten Arbeitsausschuss vor, der alle zwei Monate unter seiner Mitwirkung zu einem festen Termin tagen sollte.[19] Doch gerade die organisatorische Abstimmung zwischen den am Provinzialverband beteiligten Personen und Interessengruppen gestaltete sich zunächst außerordentlich schwierig und führte zu Konflikten. Sie wurden erst 1926 völlig gelöst, als Johannes Hymmen, Niemöllers wichtigster Gegenspieler in den Gremien der Inneren Mission, zum Konsistorialrat in Münster bestellt wurde. Niemöller amtierte fortan als erster Geschäftsführer des Provinzialverbandes.[20]

Erst jetzt konnte Niemöller eine genauere programmatische Begründung für die diakonische Arbeit in Westfalen entwerfen. Er tat dies im August 1925 in einem dreißig Punkte umfassenden Aufriss, in dem er vor allem seine Auseinandersetzung mit den Leitideen der Inneren Mission darlegte. Ganz im Einklang mit Wichern bestimmte Niemöller das Ziel der Inneren Mission als eine »rettende« Zuwendung zu jenen Christen, »welche der Gemeinde entfremdet sind«. Im Abfall von Gott und der Entkirchlichung der Massen sah er also eine wesentliche Ursache für die sozialen und politischen Probleme der Gegenwart. In seiner Konzeption diakonischer Arbeit waren drei Handlungsfelder gleichrangig nebeneinander vertreten: einmal die »geistliche Hilfe« in »Evangelisation« und »Apologetik«, die in der volksmissionarischen Tätigkeit ihren praktischen Ausdruck fand. Zum zweiten die »sittlich-erziehliche Hilfe«, die sich im »Kampf gegen Alkohol« ebenso bewährte wie in der vorbeugenden »Förderung der christlichen Schule«. Erst als drittes Feld kam dann die »äusserliche Hilfe« ins Spiel, etwa im »Kampf gegen Wohnungsnot« und Arbeitslosigkeit oder in der traditionellen »Armenpflege«.[21] Das war eine weit gefasste Zielstellung diakonischer Arbeit, die in allen ihren Praxisformen als missionarische Tätigkeit, als Evangelisation zu verstehen war, ein weit ausgreifendes Programm für die Arbeit der Inneren Mission.

Bei allen persönlichen Problemen Niemöllers, vor allem seiner permanenten Überlastung, waren die Jahre von 1924 bis 1926 für ihn eine aufregende Periode der Neugestaltung diakonischer Arbeit in Westfalen. Das klang ganz deutlich im Jahresbericht für 1927 an, den er wie üblich für den Provinzialverband anfertigte. Der »strategische Grundzug der Verbandsarbeit« in den Jahren zuvor, so resümierte Niemöller, habe »naturgemäß seinen besonderen Reiz« gehabt und mannigfache Gelegenheit zu »freier Initiative« geboten. Doch im Berichtsjahr 1927 waren keine »neuen Gesichtspunkte« hinzugekommen. Fortan gelte es, die bei der Organisationsreform »gewonnenen Einsichten praktisch auszuwerten und in kleine Münze umzusetzen«.[22]

»Kleine Münze« – diese Formulierung zeigt überdeutlich an, wie unzufrieden Niemöller mit einer nach drei Jahren zur Routine geronnenen Verbandsarbeit war. Ebenso selbstkritisch verstand er auch die eigene Arbeit im abgelaufenen Jahr. Man habe in der Geschäftsstelle in Münster nur noch auf das reagiert, was »von außen« herangetragen wurde, anstatt ein »freies zielstrebiges Wirken« zu entfalten. Bei allen erreichten Erfolgen – und hierzu zählten für ihn neben der volksmissionarischen Arbeit auch die Gefährdetenfürsorge und die Gefangenenhilfe – sah Niemöller in der Fortsetzung eines solchen geschäftigen Normalbetriebes eine »schwere Gefahr für unseren Verband«.

In dieser ernüchternden Schussfolgerung lag gewiss zuallererst die persönliche Enttäuschung Niemöllers darüber, dass auf den Höhenflug der inhaltlichen Neubestimmung diakonischer Arbeit nun deren praktische Anwendung in ermüdender Detailarbeit folgte. Wenn Niemöller allerdings darüber klagte, dass zur eigentlichen Verbandsarbeit keine Zeit bleibe, so war dies auch das Resultat einer übersteigerten Erwartung in Bezug auf das, was in der Inneren Mission überhaupt geleistet werden konnte. In allen genannten Arbeitsgebieten war eine »einigermaßen restlose Durcharbeitung« aus Niemöllers Sicht nicht gelungen.[23] Die Enttäuschung darüber war letztlich das Ergebnis zu hochgeschraubter Erwartungen. Eine Konzeption diakonischer Arbeit, die zugleich ein wesentlicher Teil kirchlicher Arbeit sein sollte und die neben der moralischen »Rettung« der von der Kirche Entfremdeten und der »Apologetik« des evangelischen Christentums zugleich die freie Wohlfahrtspflege im Weimarer Sozialstaat verankern wollte, überforderte sich letztlich selbst.

Die Selbstüberforderung zeigte sich nicht zuletzt in Niemöllers persönlichem Arbeitsrhythmus. Auch da dieser schließlich zur Ursache für allerlei Querelen mit Else und zu einer Belastung der Ehe wurde, müssen wir darauf im Detail eingehen. Die Kernaufgabe des Geschäftsführers war, wie Niemöller selbst programmatisch formuliert hatte, die Vernetzung der mannigfachen Einrichtungen und Arbeitsfelder der Inneren Mission in Westfalen. Und dafür war es nötig, die vielen Anstalten und Heime aufzusuchen und ebenso jene Pfarrgemeinden, die über die Einrichtung eines Kindergartens oder Altersheims noch nachdachten. Vernetzung erforderte persönliche Präsenz, die Teilnahme an Pfarrkonferenzen, Kirchen- und Stiftungsfesten sowie regelmäßige Besprechungen. Und für den Geschäftsführer hieß das, sich auf Dienstreise zu begeben. Mit der Arbeit in der Inneren Mission verband sich für Martin Niemöller daher eine rastlose Reisetätigkeit. Die meisten Reisen waren allerdings Tagesfahrten, sodass Martin am späten Abend wieder zu Hause in Münster war.[24]

Die stetig wachsende Beanspruchung durch Reisen im Dienste der Inneren Mission war aber nur ein Teil des Problems. Hinzu kam, dass Niemöller nicht nein sagen konnte, wenn man weitere Aufgaben an ihn herantrug. So notierte Else 1926 in einem Brief an ihre Schwester Leni:

> Ich bin zum 33. Mal in diesem Jahr Strohwitwe. Da ist der Leiter der Bibelschule in Witten plötzlich erkrankt, wer muß in die Bresche springen, Dein Schwager Martin! Er hatte noch gerade mal 1 Nachmittag Luft geschöpft, war mit mir, Kockelkes u. Frau Hymmen spazieren gegangen. Ich habe meiner Mißbilligung auch Ausdruck verliehen, leider mit Tränen. Den General [Generalsuperintendent Zoellner] hatte ich, wie ich später hörte, auf meiner Seite. Martin sehnte sich allerdings mal nach etwas Anderem als nach Akten.[25]

Es war gerade einmal Mitte März, und Martin hatte seit Jahresbeginn bereits mehr als einen Monat auf Dienstreisen verbracht. Die kurzfristige Übernahme der Leitung einer Bibelschule in Witten sollte ihn dann für knapp zwei weitere Wochen von zu Hause fernhalten. Hier wird eine Triebfeder für Niemöllers Neigung erkennbar, zusätzliche Aufgaben außerhalb seines eigentlichen Arbeitsfeldes zu übernehmen. »Kredite loseisen und Akten wälzen«, Kernaufgaben seiner Tätigkeit als Geschäftsführer, hatten bereits zwei Jahre nach Übernahme dieser Funktion ihren Reiz verloren. Nachdem die strategische Arbeit des Planens und Organisierens vorbei war, flüchtete sich Niemöller gerne in andere Aktivitäten, um der öden Routine des Alltags zu entkommen. Physische Überlastung war die unmittelbare Folge. Er reagierte »reizbar und nervös«, und so war der »Ehe-Himmel zeitweise bewölkt«.[26]

Im Verhältnis von Else und Martin gab es Höhen und Tiefen. Bei aller Frustration über die permanente Überarbeitung ihres Mannes war Else »aber doch stolz auf das, was er leistet«.[27] Während der Jahre bei der Inneren Mission verfestigte sich so ein Muster, bei dem die Unzufriedenheit Martins mit der Routinearbeit und seine stete Bereitschaft zur Annahme immer neuer Aufgaben zu längerer Abwesenheit, zu periodischem Ärger über Stress und Konflikte in der Arbeit und letztlich zu Spannungen in der Ehe führten. Martins häufige Abwesenheit war ein wichtiger Faktor in diesem Spannungsfeld und gewann schon rein quantitativ zunehmend an Gewicht. In seinem Amtskalender trug er sorgfältig all jene Tage ein, die er ganz oder überwiegend mit Dienstgeschäften außerhalb Münsters zugebracht hatte. Im Jahr 1925 waren dies »137 Reisetage«, bereits im folgenden Jahr aber bereits

174 und 1929 gar 201 Tage.²⁸ War sich Else bereits 1926 als Strohwitwe vorgekommen, so musste sich dieses Gefühl in den folgenden Jahren noch verstärken.

Leben in einer Pfarrfamilie

Elses Einstellung zur aufreibenden Arbeit ihres Mannes blieb ambivalent. Bereits im August 1925 nahm sie an, dass Martin nicht sehr viel länger in der Münsteraner Stellung bleiben werde, »die ihn so aufreibt und zermürbt«.²⁹ Die Überarbeitung ihres Mannes, so notierte Else einige Wochen später, äußere sich nicht im »Stöhnen [...], aber die Zeichen dafür sind mir dann leider allzu bekannt«.³⁰ Martin war dann »oft unnahbar« und »noch schweigsamer als sonst«. In solchen Momenten durfte Else ihn nicht mit Fragen nach den dienstlichen Problemen bedrängen. Wenn sie etwas über die Gründe seiner Unruhe erfahren wollte, musste sie sich vielmehr selbst aus den im Arbeitszimmer verstreuten »Akten orientieren«.³¹

Else brachte nach wie vor Verständnis dafür auf, dass ihr Mann noch immer große Probleme mit dem Predigen hatte. Martin predigte mehrmals im Jahr am Sonntag in der Apostelkirche, der in der Altstadt gelegenen evangelischen Hauptkirche Münsters, zuweilen aber auch in anderen Gemeinden des Rheinlands und Westfalens. Die Zeit für die Vorbereitung war angesichts der anderen Dienstgeschäfte stets knapp, und so musste er oft ein bis zwei Nächte durcharbeiten, um die Predigt fertigzustellen. Die Anspannung ihres Mannes, der sich so »quält und zermartert«, färbte auf Else ab, die sich dann »recht unglücklich« fühlte. Es war nur ein scheinbarer Widerspruch, wenn sie deshalb bereits 1926 notierte, dass Martin »in die Gemeinde« müsse, denn als Gemeindepfarrer wäre die Vorbereitung der Predigt eine seiner pastoralen Kernaufgaben gewesen und nicht eine stets unter immensem Zeitdruck zu erledigende Zusatzaufgabe.³² Für seine permanente Überlastung und häufige Abwesenheit brachte sie allmählich weniger Verständnis auf. So oder so waren Konflikte unvermeidlich. Im März 1926 erklärte Else Martin, sie mache »die ewige Reiserei nicht mehr mit«. Diese Erklärung blieb allerdings folgenlos und war vielleicht mehr ein Ausdruck ihrer eigenen Überlastung und Erschöpfung. »Was ich an Kraft habe«, so notierte sie eine Woche später, »trinkt der kleine Jan fort, und bekommt nicht mal genug«.³³ Jan, das vierte Kind der beiden, war im Dezember 1925 geboren worden.

Aber es gab auch immer wieder Momente der Entspannung und des Glücks in der Zweisamkeit, etwa im Februar 1927:

Ich sitze bei Martin im Zimmer. Nur ein einziges Eckchen steht mir zur Verfügung, alles schwimmt über vor Akten. Martin war 2 Tage in Berlin. Nun muß er »aufarbeiten«. Man hört die Feder sausen. Er hat doch ein besonders schnelles Tempo. Beim Klavierspielen vorhin fand ich es auch wieder. […] Heute war ein richtiger Sonnentag. Martin und ich waren 1 ½ Stunden spazieren. […] Kinder schickte ich auch alle heraus. Ich hätte sie gerne mit *mir* genommen, doch Martin hatte Parole ausgegeben: »ohne Kinder!« Wenn man so oft *nicht* zusammen ist, wie wir, dann genießt man das Zusammensein doppelt.[34]

Ein solcher »Sonnentag« war eine seltene Ausnahme in der Münsteraner Zeit. Sehr viel häufiger kam es zu Reibereien, zuweilen – wie etwa im Februar 1928 – auch zu einem richtigen »Krach«, wie Martin und Else in identischer Wortwahl berichteten, Letztere in einem Brief an ihren Vater:

Dagegen kann es Martin nicht haben, wenn ich böse mit ihm bin, im Augenblick, wo er viel Arbeit hat, darüber, daß er zu viel Arbeit hat. Wir hatten darüber einen ordentlichen Krach. Er hat mir versprochen bei der Übernahme von »Aufträgen« jedesmal daran zu denken, daß es nicht über die Kräfte gehen darf. Wenn ich das erkämpft habe, bin ich ja trotz allem froh; denn ich sehe bei der Unregelmäßigkeit seines Lebenswandels ein Ende mit Schrecken voraus, was er nicht wahr haben will.[35]

Es wäre allerdings falsch, die in diesen Jahren wiederholt aufbrechenden Spannungen zwischen Martin und Else nur als Resultat seiner Neigung zur Übernahme von immer neuen »Aufträgen« zu interpretieren. In diesem Zusammenhang muss auch der weitere Rahmen betrachtet werden, in dem die Ehe der beiden situiert war: das evangelische Pfarrhaus mit seinen Rollenzwängen und Ambivalenzen. Gewiss, Martin war kein Gemeindepfarrer mit unmittelbarer pastoraler Verantwortung. Dennoch teilte der Haushalt der Familie Niemöller viele der für den Pfarrhaushalt typischen Strukturmerkmale und Probleme. Die in bürgerlichen Familien übliche Trennung von privater und öffentlicher Sphäre gab es nicht, im Fall der Niemöllers schon deshalb nicht, weil sich im Haus in der Erphostraße 60 sowohl die Wohnung der Familie als auch die Büroräume des Provinzialverbandes der Inneren Mission befanden. Die Pfarrfrau unterlag einer Mehrfachbelastung: als Hausmutter, der die Erziehung der Kinder und die Versorgung aller im Haushalt lebenden Personen oblagen, und als Gehilfin des Mannes bei seinen beruflichen Aufgaben. Letzteres wurde von Else in den Münsteraner Jahren noch kaum erwartet, von Ausnahmen wie dem Predigtschreiben und dem oben erwähnten Aufräumen der Aktenschubladen abgesehen. Aber die Kindererziehung und die Versorgung des Haushaltes nahmen sie ziemlich in Anspruch, oft bis zur völligen Erschöpfung. Solch »selbstlose Aufopferung« und »totale Unterordnung unter das Leben des Mannes« entsprachen den zeitgenössischen Erwartungen an das Rollenbild der evangelischen Pfarrfrau.[36]

Das Bild der opfer- und leidensbereiten Pfarrfrau war nicht nur eine im kirchlichen Raum gepflegte Erwartung. Der geschlechtsspezifische Diskurs zur Rolle der Pfarrfrau prägte auch das Selbstbild der Betroffenen. Bei Else Niemöller zeigt sich das deutlich in einem Brief aus dem Jahr 1926, in dem sie sich bei ihrer Schwester Leni über eine Tante beklagte, die in der letzten Zeit des Öfteren zu Besuch in Münster gewesen war:

> Du weißt ja, daß sie mir trotz aller guten Seiten, die sie hat, in ihrer Art gar nicht liegt. Aber das darf ich wohl als Pfarrfrau nicht sagen, sondern muß sie mit liebevollem Herzen tragen. Bis jetzt ist mir noch keine Aufgabe zu schwer geworden.[37]

Aufgaben gab es viele. Innerhalb von acht Jahren hatte Else sechs Kinder zur Welt gebracht – Brigitte 1920, Hans Joachim 1922, Heinz Hermann 1924, Jan 1925, Hertha 1927 und Jutta 1928; dazu kam 1921 ein wenige Stunden nach der Geburt verstorbenes Mädchen.[38] Nach dem zweiten Geburtstag von Hans Joachim 1924 gab Martin seiner Frau ein Sparkassenbuch, damit sie für Geburtstagsgeschenke sorge. Der väterliche Beitrag zur Kindererziehung blieb insgesamt marginal, wie Else 1927 ironisch kommentierte: »Auch in der Erziehung leistet er Erfolgreiches, wenn er als Jupiter tonans [also als donnernder Göttervater] aus dem Zimmer stürzt, den Sohn zur Ordnung erzieht und die Tochter zur Ruhe ermahnt.«[39] In diesem Jahr wurde deutlich, dass mehr noch als die Arbeit die von den Kindern verursachte »häusliche Unruhe« – das hieß im Klartext: der »Kinderlärm« – das Nervenkostüm des Vaters angriff und weitere Konflikte verursachte.[40]

Die Erziehung im Pfarrhaus war an der Norm strikten Gehorsams ausgerichtet, wobei es üblicherweise der Vater war, der diesen Gehorsam bei den Kindern durchsetzte. Durch die häufige Abwesenheit des Vaters fiel diese Aufgabe im Hause Niemöller allerdings der Mutter zu, die in der Wahl ihrer Disziplinierungsmittel nicht zimperlich war. Im Alter von sieben Jahren bekam das älteste Kind Brigitte einmal »Hausarrest«, denn, so kommentierte Else in ironischer Einschätzung ihrer Rolle: »Wer nicht hören will, muß fühlen. Ich muß bei ihr sehr aufpassen. Ich bin überhaupt der richtige Polizist.«[41]

Else war aber mehr als nur ein Polizist. Bei der häufigen Abwesenheit Martins war es ihr überlassen, die Kinder als evangelische Christen zu erziehen und somit die Grundlagen einer christlichen Familie zu schaffen. Dazu gehörte etwa das regelmäßige Morgengebet. Als der gerade zwei Jahre alte Sohn Heinz Hermann versuchte, seinen knapp zwei Jahre älteren Bruder Jochen einzuholen, und beim Morgengebet »ganze Zeilen« mitsprach, freute sie das sehr.[42]

Die Kindererziehung war nur eine der beiden großen Aufgaben von Else Niemöller, die andere war die Haushaltsführung. Auch wenn ihr dabei zwei Hausmädchen helfend zur Hand gingen, war dies eine äußerst kraft- und zeitraubende Tätigkeit. Ein Pfarrhaushalt war ein offener Haushalt, bei dem des Öfteren nicht nur Verwandte und Bekannte, sondern auch Kollegen aus dem Kreis der westfälischen Pfarrer oder gar deren Angehörige unterzubringen und zu verpflegen waren. Im März 1926 etwa war neben Johannes Hymmen – der zu dieser Zeit den beruflichen Wechsel von Blankenstein an der Ruhr nach Münster vollzog – noch ein weiterer Pfarrer im Haus untergebracht, wobei Hymmen auch voll verpflegt wurde. »Mein Betrieb ist groß«, kommentierte Else die Situation mit trockener Ironie, zumal sie gerade versuchte, ihren »Haushalt wieder auf Schwung zu bringen«.[43] Im Monat darauf war auch noch eine fünfjährige Tochter von Hymmen einquartiert, sodass »nur« – erneut ein ironischer Kommentar – 15 Personen im Haus übernachteten.[44] Sehr selten gab es für Else einmal eine ruhige Woche, in der sie Zeit zum Lesen fand. Im Juni 1928 etwa widmete sie sich der Lektüre des Romans *Volk ohne Raum* von Hans Grimm, dem 1926 erschienenen, im radikalnationalistischen Milieu vielfach gelesenen Erfolgsbuch, dessen Handlung die Notwendigkeit kolonialen Lebensraums für den Wiederaufstieg der deutschen Nation suggeriert.[45]

Die periodisch aufflammenden Spannungen und Konflikte im Hause Niemöller sind also keineswegs auf charakterliche Mängel Martins zurückzuführen, zumal dieser in der Familie nicht zum Jähzorn neigte und sich im Zweifelsfall eher selbst »zermartert[e]« und damit das Mitleid seiner Frau erweckte.[46] Letztlich litten beide, Else und Martin, unter dem immensen Druck, den die Zwänge und Belastungen durch die doppelte Rolle des Pfarrhauses im Beruf und die stetig wachsende Familie mit sich brachten. Bei allen Reibungen, die im Alltag daraus entstanden, waren beide bereit, diese Last zu tragen, und gerade Else hatte sich, wie sie ihrem Vater 1927 anvertraute, inzwischen in Münster sehr gut eingelebt:

> Wir leiden beide unter diesem verrückten Dasein. Aber Dienst ist Dienst. Ich hoffe ja, er bekommt doch mal einen Posten, wo er nicht so viel zu reisen hat. Der Abschied von hier würde mir jetzt freilich schwer werden.⁴⁷

Persönliche Freiräume gab es in dieser straff reglementierten und gerade für Martin Niemöller eng getakteten Lebensweise nur wenige. Sie ergaben sich nicht zuletzt daraus, dass der 1934 in seinem Erinnerungsbuch beschriebene Weg vom U-Boot zur Kanzel eben noch keineswegs abgeschlossen war. Niemöller hatte die Kanzel noch nicht völlig erreicht, da er als Verbandsgeistlicher beziehungsweise »theologischer Berufsarbeiter«, wie es in der Inneren Mission hieß, tätig war und nicht in einer Pfarrgemeinde. Und er hatte das U-Boot und die Marine noch nicht völlig verlassen, zumindest nicht gedanklich. Das wurde zum Jahresende 1930 deutlich, als zwei alte Marinekameraden aus Essen zu Besuch kamen. »Martin war glückselig über den Nachmittag«, so berichtete Else, und »plötzlich in eine andere Welt versetzt«.⁴⁸

Die Zeit in der Marine, und hier besonders die Erlebnisse während des Weltkriegs, behielt für Niemöller ihre Gültigkeit als wichtige persönliche und politische Referenz. Im Weltkrieg hatte er der deutschen Nation bis zum Moment der Niederlage gedient und sich des Offiziersberufs als würdig erwiesen. Zugleich hatte das deutsche Volk in seiner Sicht einen tiefgreifenden Mangel an sittlicher Substanz offenbart, hatte durch »Flaumacherei« und »Drückbergerei« unmittelbar zum Zusammenbruch im November 1918 beigetragen. Niemöllers Engagement in der Inneren Mission zielte von Beginn an denn auch darauf ab, zur Behebung dieser sittlichen Notlage beizutragen und damit eine Grundlage für den moralischen Wiederaufstieg der deutschen Nation zu schaffen. In einigen Veröffentlichungen der Jahre 1927 bis 1930 äußerte er sich konkreter zu den Zusammenhängen zwischen Innerer Mission, Nation und dem nötigen »Sichtbarwerden von Gemeinschaft«, das sich in der Volksgemeinschaft realisieren sollte.⁴⁹

Seit dem Beginn der Arbeit in der Inneren Mission im Spätherbst 1923 hatte das politische Engagement Niemöllers im rechtsradikalen Milieu Münsters stark nachgelassen. Das hatte zunächst einmal ganz praktische Gründe: Mit dem Übergang von einem eher im Nebenberuf betriebenen Studium zum kräftezehrenden Vollzeitjob als Geschäftsführer fehlte ihm schlicht und einfach die Zeit, um mehrmals die Woche an politischen Versammlungen und Treffen teilzunehmen. Das Verbot der Orgesch und anderer paramilitärischer Verbände machte diesen Teil seiner politischen Arbeit dann gegenstandslos.

Zwischen 1924 und 1930 nahm das politische Engagement Niemöllers somit eine stärker erinnerungspolitische Form an. Seine anhaltende Verbundenheit mit den Zielen und Problemwahrnehmungen des radikalnationalen Lagers zeigte sich nun vor allem in Reden und Vorträgen zum Gedenken an die Leistungen der Kaiserlichen Marine im Weltkrieg, die er in unregelmäßigen Abständen hielt. Im Mai 1926 etwa sprach er in Tecklenburg zum Gedächtnis für die Gefallenen in der Skagerrakschlacht 1916, und zwar in seiner Marineuniform. Sodann hatte Niemöller in dieser Zeit wiederholt Gelegenheit, seinen Standardvortrag über die »letzte Kriegsfahrt« mit UC 67 zu halten.[50]

Der Höhepunkt von Niemöllers erinnerungspolitischer Arbeit während der Münsteraner Jahre kam jedoch 1930. Nach langen Querelen und praktischen Schwierigkeiten wurde am 8. Juni 1930 in Kiel-Möltenort ein Ehrenmal für die U-Boot-Fahrer des Ersten Weltkriegs eingeweiht. Auf einer 15 Meter hohen, sich nach oben verjüngenden Betonsäule stand ein gusseiserner Adler von vier Metern Höhe, der mit gespreizten Flügeln zum Flug ansetzte. Diese Formgebung und die Inschrift »Es kommt der Tag« symbolisierten die Hoffnung, dass Deutschland mit einer neuen U-Boot-Flotte wieder wehrhaft gemacht werden könne.[51]

Nur wenige Tage später, am 21. Juni, traf sich die Crew 1910 in Kiel, um den gefallenen Kameraden ihre Ehre zu erweisen. Seit dem Ende des Krieges und der Auflösung der Kaiserlichen Marine hatte sich der Charakter der Crew 1910 gewandelt. Sie war nun nicht mehr eine Ausbildungs- und Dienstgemeinschaft, sondern eine Erinnerungsgemeinschaft, an deren Treffen auch die Ehefrauen der Seekadetten des Jahrgangs 1910 teilnehmen konnten. Das Crewtreffen 1930 zog sich über drei Tage hin. Am 20. Juni traf Niemöller in Kiel ein, wo er – und später Else – bei einem Crewkameraden übernachteten. An diesem Abend stand ein feucht-fröhlicher »Bierabend« im »Skagerrak-Club« auf dem Programm.[52]

Am nächsten Morgen holte Martin Else vom Bahnhof ab und ging dann zu einer Crewsitzung im Kaiserlichen Yachtclub. Anschließend fuhr die Gesellschaft mit zwei Motorbooten nach Möltenort zu einer Besichtigung des U-Boot-Ehrenmals. Von dort ging es nach Laboe zum Marine-Ehrenmal, das zwar erst 1936 offiziell eingeweiht wurde, dessen 72 Meter hoher Turm aber seit 1929 im Rohbau fertig war. Dort hielt Niemöller im Namen der Crewkameraden eine Ansprache, die nach Elses Eindruck »in ihrer Schlichtheit und Tiefe […] zu Herzen gehend« war. Danach herrschte »minutenlanges Schweigen«, bevor die Organisatoren der Feier Niemöller anerkennend die Hand reichten.[53] Der Einfachheit halber hielt sich Niemöller bei seiner Ansprache eng an den Text der Rede, die er bereits 1926 zur Feier der Skagerrakschlacht gehalten hatte. Sie enthielt alle üblichen Versatzstücke nationalistischer Gedenkrhetorik, von »stolzer Trauer« im Gedenken an die gefallenen

Kameraden und der Erinnerung an die »gewaltige Zeit« des Weltkrieges bis hin zu der von Heinrich Lersch 1914 geprägten Zeile »Deutschland muß leben und wenn wir sterben müssen!«.[54] Wichtiger als nationalistische Rhetorik war aber der gesellige Aspekt des Crewtreffens bei dem abendlichen Festessen. Dort wurden »Militärmärsche« gespielt, und es bedienten Matrosen der Reichsmarine. Else schilderte das Treffen so:

> Es herrschte eine sehr vergnügte, doch nicht ausgelassene Stimmung. Bei den Herren war's, als ob sie nicht Jahrzehnte getrennt gewesen wären. Martin war so vergnügt wie selten in den letzten Jahren. Eine Rede, teils ernster, teils heiterer Art folgte der anderen. Zuletzt wurden Marine-Geschichten erzählt […]. Martin genoß die Freundschaft vieler. Es war 3 Uhr, als wir nach Hause gingen.[55]

Am nächsten Morgen stand noch die Besichtigung der *Königsberg* auf dem Programm, eines leichten Kreuzers der Reichsmarine, bevor es mit dem Hanomag – einem Zweisitzer-Pkw mit einem Viertaktmotor, der Niemöller seit 1928 für seine Dienstreisen zur Verfügung stand – zurück nach Münster ging. Else Niemöller brachte ihren Jungen je ein Mützenband des Kreuzers mit, »worauf sie sehr stolz sind«.[56] Das Crewtreffen 1930 macht deutlich, dass sich Martin Niemöller auch ein Dutzend Jahre nach dem Ende des Weltkrieges in der Gesellschaft von Marineoffizieren wohler fühlte als irgendwo sonst. Er hatte den Habitus und die politische Mentalität des Berufsoffiziers noch nicht abgelegt.

Innere Mission als Dienst an der Volksgemeinschaft

Die parteipolitischen Präferenzen Niemöllers in den Jahren 1924 bis 1930 zu bestimmen ist schwierig. In seiner Darlegung vor dem Sondergericht Berlin im Februar 1938 behauptete Niemöller, »seit 1924 stets die NSDAP gewählt« zu haben.[57] Eine handschriftliche Notiz, auf der seine Verteidigungsrede basierte, präzisierte dies dahingehend, dass er am 7.12.1924 in Elberfeld erstmals für die NSDAP gestimmt habe, wobei offen bleibt, ob damit die Reichstagswahl oder die zeitgleich stattfindende Wahl zum preußischen Landtag gemeint war. Das erscheint aber extrem unwahrscheinlich, da Niemöller zu diesem Datum keinen Eintrag im Amtskalender gemacht hat, was er sonst von 1919 bis 1933 bei einer Stimmabgabe in der Regel tat.[58] Niemöller verwies 1938 ferner darauf, dass sein Bruder Wilhelm bereits im August 1923 der

NSDAP beigetreten sei.⁵⁹ Letzteres ist die einzige belegbare Aussage. Wilhelm Niemöller war am 22. August 1923 der NSDAP beigetreten und hatte diese Mitgliedschaft nach der Wiedergründung der Partei 1925, inzwischen als Pfarrer in der Gemeinde Schlüsselburg im Kirchenkreis Minden tätig, erneuert. Mit der – neuen – Mitgliedsnummer 26 850 zählte er zu den »Alten Kämpfern« der Partei.⁶⁰ Dagegen ist es eher unwahrscheinlich, dass sein Bruder Martin im Dezember 1924 von seiner bis dahin bestehenden Präferenz für die Deutschnationale Volkspartei abgewichen ist. Nichts spricht dafür, dass er kurz nach dem Übergang in die Innere Mission einen solchen Schritt vollzog. Gänzlich unplausibel ist die Behauptung, er habe seit 1924 »stets« die NSDAP gewählt. Wie wir im folgenden Kapitel sehen werden, begann Niemöller erst 1931/32, sich für den Nationalsozialismus zu interessieren.

Für die Jahre 1924 bis 1930 lassen sich das politische Denken und das Umfeld Niemöllers nur aus verstreuten Hinweisen rekonstruieren. In den erhaltenen Unterlagen gibt es keinerlei Hinweise auf Kontakte zu Gruppen oder Einzelpersonen in der NSDAP. Wohl aber bestanden solche zur DNVP, zum Beispiel zu deren Ortsgruppe in Elberfeld, die ihn 1927 als Festredner für eine Hindenburgfeier gewinnen wollte, eine Einladung, die er aus Termingründen absagen musste. Mit dem Ende 1918 gegründeten rechtsnationalen Stahlhelm, »Bund der Frontsoldaten«, stand er ebenfalls in Kontakt. Auch hier hielt ihn Zeitmangel von einem Besuch der Versammlungen ab, was er mit »deutschem Gruss« zu entschuldigen bat.⁶¹ Im März 1929 traf sich Niemöller allerdings mit Franz Seldte, dem Gründer und Vorsitzenden des Stahlhelm.⁶² All dies deutet darauf hin, dass Niemöller noch immer fest im nationalprotestantischen Milieu verankert war, in dem er sich politisch seit 1919 bewegte.

Die vorhandenen Zeugnisse zu Niemöllers politischem Denken bestätigen diesen Befund. Im September 1927 bat ein Major a. D. Niemöller, ihm Schriften zu empfehlen, mit denen er einen Vortrag über die »innere Erneuerung des deutschen Volkes« unter Berücksichtigung des »religiösen Moments« ausarbeiten könne. Niemöller zögerte zunächst, denn obwohl ihn diese Fragen »sehr stark« beschäftigten, hatte er sie bislang stets »ohne besondere Literatur behandelt«. Schließlich empfahl er Texte von Hermann Jordan und Reinhold Seeberg.⁶³ Vor allem die zweite Empfehlung ist relevant. Denn Seeberg (1859–1935) war nicht nur ein konservativer Lutheraner, der mit einer positiven Theologie gegen die individualistisch-liberale Deutung des evangelischen Christentums ankämpfte. Neben seiner Professur an der Berliner Universität war er zugleich von 1923 bis 1933 Vorsitzender des Central-Ausschusses der Inneren Mission in Berlin und damit ein wichtiger Protagonist des konservativen Sozialprotestantismus. Niemöller nannte eine Broschüre Seebergs aus dem Jahr 1915, in der eine radikalnationalistische Kriegstheologie ausgebreitet wird.⁶⁴ All dies zeigt, dass sich Niemöllers politisches Denken gegen Ende der 1920er Jahre noch in den Bahnen eines konservativ-nationalen Luthertums bewegte, das auf die durch Kriegsniederlage und Revolution induzierte Krise der deutschen Nation mit einem Programm der sittlich-religiösen Erneuerung reagierte.

Diese These findet breite Bestätigung in einer Reihe von Artikeln, die Niemöller zwischen 1927 und 1931 in *Ziele und Wege* veröffentlichte, der Zeitschrift der Inneren Mission in Westfalen. Darin warb er dafür, eine »wahre Volksgemeinschaft« aufzubauen.⁶⁵ Erst die Volksgemeinschaft ermöglichte es, die funktionale Differenzierung der Gesellschaft zu überwinden, die es etwa in der freien Wohlfahrtspflege unmöglich mache, den Hilfsbedürftigen in seiner »ganzen menschlichen Not« zu sehen und anzusprechen. Zugleich wurde damit die mit dieser Differenzierungsform einhergehende Engführung auf Zweck-Mittel-Relationen aufgelöst. Der Aufbau einer Gemeinschaft, das wusste Niemöller nur zu gut, erforderte die persönliche Hingabe des Einzelnen. Wie konnte man die Bereitschaft zu solcher Hingabe wecken und erhalten? Welche Motive konnte man noch für die Gemeinschaftsbildung einsetzen, wenn man nicht mehr – wie im Ersten Weltkrieg – sein Leben opferte? Hier blieben die Auskünfte Niemöllers vage. Er griff auf moralische Appelle zurück und postulierte, dass die jedem »Volksgenossen« persönlich geschuldete »Wertschätzung« als »Inbegriff unserer völkischen Ehre« zu verstehen sei.⁶⁶

In solchen Formulierungen zeigt sich die ganze Unentschiedenheit des Volksgemeinschaftsdiskurses in der Weimarer Republik. Der Begriff selbst war bereits vor 1914 in Gebrauch, auch wenn er erst im Ersten Weltkrieg in die politische Alltagssprache eindrang. In den 1920er Jahren waren es keineswegs allein die Nationalsozialisten, die damit die Überwindung der Klassenspaltung und der tiefen kulturellen Fragmentierung in der Gesellschaft als politisches Kernziel ausflaggten. Gerade im Nationalprotestantismus war »Volksgemeinschaft« eine weit verbreitete politische Formel. Auch die Unbestimmtheit, wie diese Gemeinschaft zu realisieren sei, war nicht charakteristisch für Niemöllers Denken. Sie kennzeichnete vielmehr jegliche Berufung auf diesen Begriff. Volksgemeinschaft war kein Programm und keine konkrete Handlungsanweisung. Es war vielmehr eine politische »Erwartungsstruktur«, in der sich vage Hoffnungen und Sehnsüchte auf eine Erneuerung der Nation bündelten.⁶⁷ Nur in einem Punkt hatten Niemöller und Gleichgesinnte eine klare Vorstellung: Die »demagogische Vergiftung« und den »Fanatismus«, den der »Kampf der Parteien« gegeneinander produzierte, lehnten sie ab.⁶⁸ Aus dieser Parteienkritik entwickelte Niemöller den Gedanken einer überparteilichen Sammlung aller evangelischen Christen, der sein politisches Engagement von 1929 an bestimmen sollte.

Den Ansatzpunkt für Niemöllers Kritik bildete die Wahrnehmung, dass religionsfeindliche Kreise den »konfessionellen Charakter« – und das hieß für Niemöller: die christliche Grundierung – der freien Wohlfahrtspflege zurückdrängen wollten.[69] Bereits kurz nach seinem Amtsantritt 1924 hatte er sich darüber beklagt, dass im Jugendamt der Stadt Witten neben Vertretern der Inneren Mission und der katholischen Caritas auch »Israeliten« und »Freidenker« zugelassen werden sollten, wobei er mit Letzteren die Vertreter der sozialistischen, der SPD nahestehenden Arbeiterwohlfahrt meinte.[70] Wichtiger als die antisemitische Implikation dieser Beschwerde ist die Frontstellung gegen die als gottlos wahrgenommenen Sozialdemokraten. Denn darin kam nichts weniger als das generelle Anliegen der Inneren Mission zum Ausdruck, zur Errettung der von Gott entfremdeten Massen beizutragen. Als Niemöller 1929 am Beispiel der Fürsorgeerziehung auf dieses Thema zurückkam, schien es ihm ganz klar, dass die Arbeiterwohlfahrt einen »konzentrischen Angriff« auf die diakonische Arbeit in diesem Feld unternahm, und zwar unterstützt von den zuständigen städtischen Beamten. Seine Schlussfolgerung war ebenso deutlich: Aktives Eingreifen in die Kommunalpolitik war nötig und damit die Aufgabe jeglicher »Scheu vor aller Politik«. Sonst werde man von den Feinden des Christentums schlichtweg »aus dem Sattel gehoben«.[71]

Aus diesen Überlegungen kristallisierte sich im Provinzialverband der Inneren Mission der Plan einer Mobilisierung der evangelischen Christen für die im November 1929 in Westfalen stattfindende Kommunalwahl heraus. In deren Vorfeld veröffentlichte Niemöller ein Flugblatt mit »Gesichtspunkten für die kommunalpolitische Mitarbeit der evangelischen Bevölkerung«. Darin wog er die Vorteile einer Mobilisierung dieser Gruppe in den bestehenden Parteien gegen die Möglichkeit ab, eine separate »Evangelische Vereinigung« zu bilden, die um die Stimmen aller Protestanten warb. Niemöller wollte die Entscheidung von der jeweils vor Ort herrschenden Konstellation abhängig machen. Klar war allerdings, dass in Münster eine eigene Liste gebildet werden sollte, die sich dem »Dienst an unserem Volk« widmen sollte.[72] Für die Wahlen im November 1929 kam diese Initiative zu spät. Wegen eines Formfehlers wurde die Wahl in Münster allerdings angefochten und am 30. März 1930 wiederholt. Dabei stand nun eine separate Liste der Evangelischen zur Wahl, die als »Evangelischer Volksdienst« firmierte. Sie führte am 28. März ihre einzige Wahlversammlung durch, bei der die Durchsetzung evangelischer Interessen gegen »Bolschewismus, Freidenkertum und weltliche Schule« als Ziele ausgeflaggt wurden. Nach kritischen Bemerkungen von Vertretern der NSDAP erklärte Niemöller in dieser Versammlung, dass man keineswegs an einen »Kulturkampf« denke. Vielmehr sei das Kernziel, so hob er unter Bravorufen hervor, die »bisher über alle Parteien versprengten Evangelischen« zu einigen.[73]

Der minimale Aufwand im Vorfeld der Wahl brachte maximale Ergebnisse. Der »Evangelische Volksdienst« gewann 10,7 Prozent der abgegebenen Stimmen. Er überholte damit aus dem Stand die rechtsliberale DVP und die radikalnationale DNVP, die bei der Wahl im November 1929 mit einer bürgerlichen Einheitsliste noch 15,4 Prozent erzielt hatten, nun aber auf zusammen 10,3 Prozent abrutschten. Die NSDAP war mit 3,4 Prozent der Stimmen in Münster (noch) bedeutungslos. Damit zogen auf Anhieb fünf Vertreter der neuen Vereinigung in die Stadtverordnetenversammlung ein, in der die katholische Zentrumspartei mit 28 Sitzen die absolute Mehrheit hielt. Niemöller selbst trat erst Ende Juni 1930 als Nachrücker in die Fraktion des Evangelischen Volksdienstes ein und übernahm deren Leitung. Seine Tätigkeit als Münsteraner Stadtverordneter hat wenig Spuren hinterlassen. Bereits im Mai 1931, nun auf dem Sprung nach Berlin-Dahlem, legte er sein Mandat nieder.[74]

Das Auftreten des Evangelischen Volksdienstes in Münster war nur ein kleines und vergleichsweise unspektakuläres Beispiel für die tiefgreifenden Umbrüche, die sich in Deutschland seit 1929 im protestantisch-nationalen Wählerlager vollzogen. Wichtigster Auslöser dafür war der dramatische Rechtsruck der DNVP, nachdem der Medienunternehmer Alfred Hugenberg Ende 1928 deren Vorsitz übernommen hatte. Hugenberg steuerte die Partei auf einen radikal antirepublikanischen Kurs, der auch eine opportunistische Zusammenarbeit mit der NSDAP einschloss, so etwa in der Agitation für ein Volksbegehren gegen den Young-Plan im Juli 1929. Dies führte bald zu einer Spaltung der DNVP. Seit 1918 war sie die politische Heimat der meisten Nationalprotestanten gewesen, doch nun trennte sich der Arbeitnehmerflügel von der Partei. Mit christlich-sozialen Gruppen vornehmlich aus dem pietistisch geprägten Südwesten des Reiches, die seit Mitte der 1920er Jahre als Christlicher Volksdienst (CVD) auftraten, schloss man sich Ende 1929 zum Christlich-Sozialen Volksdienst (CSVD) zusammen. Als Hermann Kling, einer der führenden Vertreter des CVD in Württemberg – und dort nach 1945 einer der Mitbegründer der CDU –, im Sommer 1929 zur Kontaktpflege durch Norddeutschland reiste, traf er selbstredend mehrmals mit Niemöller zusammen. Ziel dieser Besprechungen war es, eine Zersplitterung der Kräfte zu vermeiden, wenn der CVD in Konkurrenz zu bestehenden evangelischen Listen antreten würde, vor allem bei den Wahlen zum westfälischen Provinziallandtag.[75] Im Vorfeld der Kommunalwahl vom 30. März 1930 betonte der Evangelische Volksdienst, dass man »unabhängig nach allen Seiten« sei, auch vom CSVD und dessen Reichstagsfraktion. Im Januar 1931 schloss sich die Münsteraner Wählervereinigung dann aber doch dem CSVD an.[76]

Neben diesem politischen Engagement, das er von 1929 an zeigte, verfolgte Niemöller in der Münsteraner Zeit noch vielfältige weitere Aktivitäten. Er selbst nannte in einer 1931 verfassten Bilanz die »zeitweilig sehr intensive Unterrichtstätigkeit an der Bibelschule, Wohlfahrtsschule, Diakonenanstalt, ferner Vortragstätigkeit und Predigten« sowie »Rundfunkandachten«.[77] Unerwähnt blieb dabei unter anderem, dass er von Juni 1925 bis Februar 1926 mit einer kurzen Unterbrechung als »theologischer Hilfsarbeiter« beim Konsistorium in Münster tätig war, dessen ohnehin schon sehr kleine Mannschaft damals durch Krankmeldungen noch geschwächt wurde. Dasselbe gilt für seine Tätigkeit als beratendes Mitglied der westfälischen Provinzialsynode, wo er die Innere Mission repräsentierte. Bereits 1927 hob man dort den »belebenden, anregenden und richtunggebenden Einfluß« Niemöllers auf die diakonische Arbeit in der Provinz Westfalen anerkennend hervor.[78] Auf der im September 1929 beginnenden Synode wurde Martin »aus Versehen« als Doktor tituliert, während die Fakultät in Münster tatsächlich Johannes Hymmen mit einem Doktortitel ehrte. Karl Koch, der Präses, empfahl Martin, dies »als den Silberstreifen« für eine eigene Ehrenpromotion zu nehmen. Dieser kochte derweil vor Wut über die auf der Synode vertretenen »Flaumacher unter den Theologen«, womit wohl die Vertreter der liberalen Theologie gemeint waren.[79]

Bereits 1925 trat Niemöller auch auf nationaler Ebene in den Gremien der Inneren Mission hervor und nahm regelmäßig in Berlin an Sitzungen teil. Dabei handelte es sich zunächst um Besprechungen innerhalb des preußischen Landesverbandes der Inneren Mission. In den Jahren 1930 und 1931 war er dann auch in den nationalen Spitzengremien der Inneren Mission präsent. Deren Sitzungen fanden zumeist im Paulinum statt, einem Alumnat für evangelische Jungen, das direkt neben dem Dienstgebäude des Central-Ausschusses in der Altensteinstraße in Dahlem lag.[80] Die Schlussfolgerung liegt nahe, dass sich aus den engen Kontakten Niemöllers zum Central-Ausschuss und kirchlichen Gremien in Berlin schließlich auch sein Wechsel in die Gemeinde Dahlem ergab. Wie wir gesehen haben, war Else bereits Ende 1926 davon überzeugt, dass ihr Mann einmal »in die Gemeinde« wechseln müsse, auch wenn sie zu dieser Zeit noch nicht zum Fortgang aus Münster bereit war. Martin selbst sah im September 1928 seine Aufgabe ebenfalls immer noch in Münster. Der frühere U-Boot-Kapitän Lothar von Arnauld de la Perière, nun Kommandant des Kreuzers *Emden*, lud Niemöller damals ein, anstelle des erkrankten Schiffspfarrers auf eine mehr als ein Jahr dauernde Weltreise mitzukommen. Doch dieser lehnte mit dem Hinweis ab, in seinem »Spezial-Kommando« in der Inneren Mission habe er in fünf Jahren »soviel Fäden geknüpft«, dass eine längere Abwesenheit ungut sei.[81]

1929 stand mehr oder weniger fest, dass Niemöller in eine Position als Gemeindepfarrer wechseln würde. Die Frage war nur noch: wohin? Einladungen zu Probepredigten hatte es bereits in den Jahren zuvor gegeben, so etwa 1927 aus Hagen. Im Oktober 1929 erklärte Niemöller seiner Frau, er »wäre ein gehetzter Hund«.[82] Deutlicher ließ sich kaum zum Ausdruck bringen, dass die Zeit des ständigen Reisens und Organisierens bald ein Ende haben musste. Als Niemöller im Frühjahr 1931 seinen Lebenslauf bei der Gemeinde Dahlem einreichte, nannte er als einen Grund für seine Bewerbung, dass er bereits »seit etwa 2 Jahren« überlege, »in die Gemeindearbeit überzugehen, um der Unrast eines fortgesetzten Reiselebens ein Ende zu machen (200 bis 250 Tage im Jahr) und doch noch das zu werden, was ich bei Beginn meines Studiums vorhatte: Pastor«.[83]

Zur Überlastung kam Ärger hinzu. Anfang 1930 hatte Niemöller einen Konflikt mit dem Generalsuperintendenten Zoellner. Im Dezember 1930 kündigte Niemöller dann seine Stelle in Münster zum 1. Oktober 1931. Sein Vater war ob dieses Schritts ins Ungewisse besorgt.[84] Aber bereits am 6. Januar 1931 erreichte Niemöller ein Brief des im Evangelischen Oberkirchenrat in Berlin tätigen Oberkonsistorialrats Friedrich Jeremias, der ihm die Dahlemer Pfarrstelle anbot. Nach einem Gespräch mit Jeremias zögerte Niemöller zuerst, da Dahlem »kein Westfalen sei« und weit von der Heimat entfernt. Doch Else merkte im selben Brief – wie stets in ironischer Form – an, dass »Dahlem nicht Argentinien ist«, womit sie an die Auswanderungspläne zu Anfang des Jahres 1919 erinnerte. Überdies wusste sie zu berichten, dass die Pfarrstelle in Dahlem »eine der begehrtesten in Preußen sein« solle. Für Martin spielte auch eine Rolle, dass der Ruf »ganz ohne unser Zutun«, also aus dem freien Willen der Berliner erfolgte.[85]

Wie Martin Niemöller selbst am besten wusste, war er in den Münsteraner Jahren von 1924 bis 1931 noch kein »Pastor«. Er war vielmehr ein Funktionär, jemand, der die kollektiven Interessen einer Gruppe – hier: der Inneren Mission – durch rastloses Organisieren zu artikulieren, bündeln und gegenüber politischen Instanzen zu vertreten wusste. Als ein solcher Verbandsfunktionär war er bei seinem Abschied aus Münster einer breiten Öffentlichkeit bekannt, und zwar nicht nur in Westfalen, seinem primären Wirkungskreis, sondern weit darüber hinaus. Zugleich hatte diese Tätigkeit Folgen für sein politisches Engagement. In seiner Studentenzeit war Niemöller in verschiedenen völkisch-nationalen Gruppen aktiv gewesen, die sich die radikale Gegnerschaft zur Weimarer Republik auf die Fahne geschrieben hatten. Als Funktionär musste er dagegen die Spielregeln des Weimarer Sozialstaates einhalten, der die Verbände der freien Wohlfahrtspflege als eigenständige Akteure anerkannte und ihnen Gelegenheit gab, Sozialpolitik in der Praxis mitzugestalten. Als Geschäftsführer des westfälischen Provinzialverbandes folgte Niemöller nicht nur nach innen demokratischen Prinzipien, etwa indem er Berichte und Protokolle schrieb, die der Rechenschaftslegung und der Vorbereitung von Abstimmungen dienten. Gerade in jener zunehmend ausdifferenzierten und professionalisierten Form, in der Niemöller sie betrieb, setzte die Arbeit in der freien Wohlfahrtspflege auch nach außen eine stillschweigende Akzeptanz des republikanischen Staates voraus.

Die politische Problematik von Niemöllers diakonischer Arbeit liegt in ihrem Überschuss an utopischen Erwartungen in Bezug auf die Kraft der Gemeinschaftsbildung. Ganz im Sinne ihres Begründers Johann Hinrich Wichern bestimmte Niemöller als Ziel der Inneren Mission die Errettung der entchristlichten Massen durch »Liebestätigkeit« und volksmissionarische sowie apologetische Arbeit. Die im engeren Sinne wohlfahrtspflegerische Arbeit war dabei nur eine Komponente einer weit ausgreifenden Konzeption, die letztlich der Entchristlichung – und damit zugleich einem weiteren Vordringen des als »gottlos« wahrgenommenen Sozialismus und Bolschewismus – einen Riegel vorschieben sollte. Als ultimatives Ziel wie als Mittel zu dessen Umsetzung diente dabei die Vorstellung einer klassenübergreifenden, den Parteihader auflösenden Volksgemeinschaft. Diakonische Arbeit – wie jedes andere gesellschaftliche Engagement eines verantwortlichen Christen – war für Niemöller Arbeit an der Volksgemeinschaft. Die »volkskirchliche Bedeutung« der Diakonie gipfelte für ihn in der »gemeinschaftsbildenden Wirkung«.[86]

Auf einer Tagung der Apologetischen Centrale der Inneren Mission im Januar 1931 fand Niemöller eine andere Formulierung für dieselbe Idee. Im Berliner Johannesstift diskutierte man – anknüpfend an ein Referat von Lic. Helmuth Schreiner, dem Vorsteher des Stifts – das Thema »Evangelische Kirche und Politik«. Implizit ging es dabei auch um die Frage, ob man als evangelischer Christ die Politik des CSVD unterstützen sollte. In der Aussprache beharrte Niemöller darauf, dass die Kernaufgabe darin bestehe, »christliche Grundsätze im öffentlichen Leben durchzusetzen« und übergreifende soziale »Ordnungen« zu schaffen, »die mit dem Willen Gottes in Einklang« stehen.[87] Das war eine deutliche Anspielung auf die Theologie der kollektiven »Schöpfungsordnungen«, die der Theologe Paul Althaus vertrat und mit der sich Niemöller bereits während seines Studiums beschäftigt hatte.[88]

Mit der Zielvorstellung der Volksgemeinschaft war ein Überschuss an utopischen Erwartungen verbunden, der sich in einer geeigneten Konstellation gegen die Weimarer Republik richten konnte. Bis 1931 war dies aber noch nicht der Fall, im Gegenteil: Niemöller betrat 1929 die lokalpolitische Bühne in Münster mit dem Ziel der Sammlung aller Evangelischen in einer einheitlichen Liste. Zu diesem Zeitpunkt spiegelte sich darin vor allem die Abwendung vieler Protestanten von der DNVP. Niemöllers Arbeit für den Evangelischen Volksdienst war dabei nur ein kleiner Ausschnitt aus der umfassenden Neuausrichtung von Parteipräferenzen, die sich gegen Ende der 1920er Jahre in ganz Deutschland im protestantisch-nationalen Wählerlager vollzog und eine entscheidende Voraussetzung für den Aufstieg der NSDAP zur Massenpartei war.[89] Aber zumindest in Münster begünstigten diese Umbrüche bis 1931 noch nicht die NSDAP.

6
Pfarrer in Berlin-Dahlem 1931/32

Das Dorf Dahlem geht auf das 13. Jahrhundert zurück und wurde 1375 erstmals urkundlich erwähnt. Aus dem 13. Jahrhundert stammt auch die erste Kirche Dahlems, die Sankt-Annen-Kirche. Im frühen 19. Jahrhundert gelangte das vor den Toren Berlins gelegene Dorf an den preußischen Domänenfiskus. Seit 1901 wurde das Domänengelände parzelliert. In immer größerer Zahl zogen nun Mitglieder der Eliten aus der expandierenden Reichshauptstadt in die dort errichteten Villen im Grünen. Zu ihnen zählten hochrangige Beamte und Militärs ebenso wie Industrielle und wohlhabende Vertreter bürgerlicher Berufe wie Anwälte und Professoren. Die Einwohnerzahl Dahlems wuchs explosionsartig an, von gerade einmal 194 im Jahr 1901 auf mehr als 10 403 im Jahr 1925 und auf 12 668 im Jahr 1933. Noch vor der Eingemeindung in die Verwaltungseinheit Groß-Berlin 1920 wurde die Gemeinde im Oktober 1913 durch eine U-Bahn verkehrstechnisch an die Berliner Innenstadt angeschlossen. In dem so rasant wachsenden, quasi über Nacht entstehenden Villenvorort, dessen Bewohner zu drei Vierteln evangelisch waren, kam der Kirchengemeinde eine wichtige Rolle für die lokale Vergemeinschaftung zu.[1]

Die Gemeinde musste auf die wachsende Seelenzahl reagieren. 1927 wurde daher eine zweite Pfarrstelle eingerichtet. Doch der zuständige Superintendent Max Diestel stimmte einer Aufteilung der Seelsorgebezirke zwischen den beiden Pfarrern nur unter der Bedingung zu, dass eine dritte Pfarrstelle eingerichtet wurde. Als die Gemeinde schließlich im März 1930 beim Konsistorium um die Genehmigung für diese Pfarrstelle nachsuchte, wies sie ausdrücklich darauf hin, dass die zuvor angegebenen Gründe für einen zweiten Pfarrer »in erhöhtem Maße fortbestehen. Mit den zahlreichen Neubauten und dem ständigen Zuzug« wachse die Kirchengemeinde »nicht nur an Seelenzahl, sondern auch in der geographischen Ausdehnung, womit das Wachsen der pfarramtlichen Aufgaben ohne weiteres gegeben ist«. Auch sei die gegenwärtige »Bauperiode der Gemeinde« noch nicht abgeschlossen.

Bereits in den Jahren 1906 bis 1910 war das Pfarrhaus in der Cecilienallee 61 entstanden, direkt neben der Dorfkirche St. Annen. 1926/27 errichtete die Gemeinde ein Gemeindezentrum in der Thielallee 1–3, das mit den »dadurch vermehrten Vereins- und Gemeindeveranstaltungen den Pfarrern neue

Arbeitsmöglichkeiten erschlossen und neue Verpflichtungen auferlegt« hatte. Im Frühjahr 1930 stand zudem der Baubeginn für die große Jesus-Christus-Kirche in der Hittorfstraße »unmittelbar bevor«, die schließlich im Dezember 1931 eingeweiht wurde.[2]

Diese hektische Bautätigkeit inmitten einer dramatischen, die deutsche Gesellschaft zutiefst erschütternden Wirtschaftskrise wäre ohne entsprechende Mittel nicht möglich gewesen. Im Jahr 1930 betrug der Kirchensteuerhebesatz der Gemeinde sechs Prozent, womit sich auf ein Einkommenssteuersoll von etwa 8,5 Millionen Mark für die Gemeinde etwas mehr als eine halbe Million Reichsmark an Einnahmen ergab. Davon mussten in einer Art Finanzausgleich erhebliche Umlagemittel an die Landes- und Provinzialkirche abgeführt werden, die diese weniger gut betuchten Berliner Kirchengemeinden zukommen ließ. Aber im Haushaltsplan für das Jahr 1930 waren als Gehalt für den ersten Dahlemer Pfarrer 9888 und für den zweiten 8608 Reichsmark veranschlagt. Es stand also außer Frage, dass sich die Gemeinde einen dritten Pfarrer leisten konnte, ohne dafür womöglich den Kirchensteuerhebesatz erhöhen zu müssen. Nach Einrichtung der dritten Pfarrstelle musste jeder Dahlemer Pfarrer etwa 3500 Seelen pastoral betreuen, während die durchschnittliche Betreuungsrelation in Berlin im Jahr 1933 mit mehr als 7756 Seelen pro Pfarrer mehr als doppelt so hoch lag. Die Einrichtung der dritten Pfarrstelle war also letztlich die Reaktion auf ein Luxusproblem. Denn aufgrund der großbürgerlichen Sozialstruktur Dahlems hatte sich die Pfarrei bis 1930 »zur reichsten Kirchengemeinde Berlins, wahrscheinlich auch Deutschlands« entwickelt.[3]

Nicht nur aus diesem Grund waren die Pfarrstellen in Dahlem äußerst begehrt. Als Eberhard Röhricht (1888–1969) sich 1927 erfolgreich auf die kurz zuvor eingerichtete zweite Pfarrstelle bewarb, setzte er sich in der Wahl durch die Gemeinde gegen fünfzig Mitbewerber durch.[4] Bei Martin Niemöller war dies anders. Er wurde nicht durch die Gemeinde gewählt, sondern durch das Konsistorium als kirchliche Aufsichtsbehörde bestimmt. Das hatte mit einem schwebenden Rechtsstreit zwischen dem preußischen Staat und der Kirchengemeinde Dahlem zu tun. Dabei ging es um die Frage, ob die Annen-Kirche unter einem staatlichen Patronat stand, woraus sich für den preußischen Staat Lasten für die Erhaltung der Kirche ergeben hätten. Damit lag es nahe, dass auch die neue Pfarrstelle unter das Patronatsrecht fiel. Da der Gemeinde aber an einer zügigen Besetzung der Stelle gelegen war, hatte sie in einer Gemeindekirchenratssitzung im April 1931 beschlossen, ihr Wahlrecht unabhängig vom Ausgang des Rechtsstreites an die Kirchenbehörde abzutreten. Das Konsistorium selbst war bereits bei der Planung der Stelle im Sommer 1930 davon ausgegangen, über das Besetzungsrecht zu verfügen.[5]

Als Martin Niemöller am 13. Januar zu Besprechungen über den Wechsel nach Dahlem in Berlin eintraf, fand er sich deshalb zunächst im Evangelischen Oberkirchenrat (EOK) ein, um dort mit Oberkonsistorialrat Jeremias zu verhandeln, der ihn nach Berlin eingeladen hatte. Diese Unterredung verlief so »kühl sachlich«, dass Martin zunächst »starke Bedenken« hatte, seine Familie der »Berliner Atmosphäre auszusetzen«. Doch dann meldete sich der Inhaber der ersten Dahlemer Pfarrstelle, Oberkonsistorialrat Theodor Lang, einige Tage später mit einem »herzlichen Brief« bei ihm, in dem er dem Kollegen »Mut« zum Wechsel machte und ihm versicherte, dass er die Stelle auf jeden Fall bekommen werde, und Jeremias hatte erklärt, dass es keine anderen Vorschläge der Kirchenbehörde für diese Stelle gebe.[6] In seinem Brief verwies Lang auf die rastlose Bautätigkeit in der Gemeinde und die Tatsache, dass sie über große »finanzielle Möglichkeiten« verfüge. Als weiteren Vorzug hob er hervor, dass die drei Pfarrer »reihum« predigten, »so daß *mindestens* jeder 3. Sonntag frei« sei. Lang setzte also den großen Wohlstand Dahlems geschickt als Lockmittel ein. Auch ein persönliches Gespräch mit ihm am 30. Januar scheint Niemöller für diesen eingenommen zu haben.[7] Der langsame Fortgang des Verfahrens im EOK ließ Martin und Else dann für einige Wochen im Unklaren. Aber Ende April kam aus Dahlem die Nachricht, dass eine offizielle Bestätigung des Konsistoriums unmittelbar bevorstehe.[8] Die Pfarrstelle war schlechter dotiert als die des Geschäftsführers der Inneren Mission in Münster. Zudem brachte eine krisenbedingte Gehaltskürzung bald weitere Einschränkungen, wie etwa eine »recht bescheiden[e]« Bescherung zu Weihnachten 1931. Dennoch waren Else und Martin sich einig, dass sie nach Berlin gehen wollten.[9]

Am Sonntag, dem 17. Mai 1931, fand dann in der voll besetzten Annen-Kirche in Gegenwart der anderen Dahlemer Pfarrer und des Superintendenten Max Diestel die Probeaufstellung Martin Niemöllers statt. Mitglieder der Gemeinde hatten bei diesem Ritual die Möglichkeit, etwaige Einwände gegen den vom Konsistorium präsentierten Geistlichen zu äußern. Solche Einwände blieben selbstredend aus. Neben einer katechetischen Übung hielt Niemöller eine Probepredigt über Joh. 15, 26 (»Wenn aber der Tröster kommen wird, den ich euch senden werde vom Vater.«). Eine Lokalzeitung hob in ihrem Bericht hervor, dass »etwas asketisch Strenges« in Niemöllers äußerer Erscheinung liege und dass in seiner Predigt ein »lebendiger, energieerfüllter Kampfwille« zu spüren sei.

Weitaus wichtiger als solche Folklore ist die Präzisierung dessen, wogegen sich Niemöller, der seine »Schäflein« eben nicht im betulichen pastoralen Stil belehrte, derart energisch wandte: Er predigte den im Missionsauftrag des

Evangeliums begründeten »Befehl zum Angriff«, trat auf gegen das »Vordringen der Eigengesetzlichkeit auf allen Gebieten« und den »Schlachtruf der Gottlosen: ›Hinweg mit diesem!‹« Nach dem Zeitungsbericht setzte er dieser Strömung »Jesu Verkündigung der Herrschaft Gottes über die Welt und das Wort des Johannes ›Unser Glaube ist der Sieg, der die Welt überwunden hat‹ [1. Joh., 5,4] entgegen«.[10]

Was war damit gemeint? Mit dem Begriff der »Eigengesetzlichkeit« bündelten Vertreter des Kulturprotestantismus wie der Theologe Ernst Troeltsch die Beobachtung, dass sich in der modernen Gesellschaft selbstständige Kulturgebiete wie die Wissenschaft, die Massenmedien oder die Wirtschaft herausbilden, die in der autonomen Regelung ihrer Operationen keiner religiösen Orientierung oder Normierung mehr bedürfen. Soziologen bezeichnen dies heute als die funktionale Differenzierung der Gesellschaft. Manche Vertreter der liberalen Theologie wie Otto Baumgarten betonten über die faktische Feststellung dieser »Eigengesetzlichkeit« hinaus sogar, dass eine normative Auflagung der Religion als einer alle Kulturgebiete übergreifenden Sphäre zu vermeiden sei.[11]

Diesem liberalen Verständnis der christlichen Religion als einer abgesonderten Sphäre setzte Niemöller einen entschiedenen Herrschaftsanspruch des Glaubens als eine über alle Kulturgebiete hinweg verbindliche normative Orientierung entgegen. Das verband sich mit einer aggressiven Frontstellung gegen das Vordringen der »Gottlosen«. Damit war zum einen die bolschewistische Kampagne zur Propagierung des Atheismus gemeint, die ein Verband der Gottlosen seit 1925 in der Sowjetunion vorantrieb. Aber auch die seit dem Ende des Krieges und der Revolution 1918/19 in Deutschland auf breiter Front erfolgreiche sozialistische Freidenkerbewegung – die wiederum in einen sozialdemokratischen und einen kommunistischen Flügel zerfiel – war damit impliziert. Unter Titeln wie *Der Gottlose* oder *Der kämpfende Gottlose* erschienen um 1930 mehrere Zeitschriften der kommunistischen Freidenkerbewegung.

Mit dem Kampf gegen den Säkularismus der »gottlosen« Freidenker knüpfte Niemöller an Überlegungen an, die praktisch zeitgleich in der Apologetischen Centrale der Inneren Mission entwickelt wurden und ihm aus der Mitarbeit in deren Berliner Central-Ausschuss bestens bekannt waren. Eine solche Kampfansage an den Säkularismus der Sozialisten auf der Basis einer einheitlichen christlichen Weltanschauung bildete zugleich eine potenzielle Brücke zur Unterstützung des antibolschewistischen Kampfes völkischer Radikalnationalisten.[12] Ob Niemöller über diese Brücke gehen würde, war im Mai 1931 noch nicht abzusehen. Dass der »Stand der Gottlosenbewegung« ihn weiterhin interessierte, war offenkundig. Denn bereits im Dezember 1931 hielt er in Dahlem im Rahmen der Evangelischen Frauenhilfe einen Vortrag zu diesem Thema, und im Mai 1932 widmete er eine ganze Predigt der Agitation gegen die »Angriffsfront der Gottlosen«, die ein »ohnmächtiges, verarmtes, gequältes Volk« wie die Deutschen von innen zersetzen und ihm »Recht und Sitte und Glauben« rauben wollte.[13]

Nach der erfolgreich verlaufenen Probeaufstellung gingen Martin und Else erst einmal mit Auguste Dilthey und ihren beiden Töchtern zum Feiern in die Dahlemer Gastwirtschaft »Zum alten Dorfkrug«, nur wenige Schritte von der Annen-Kirche entfernt.[14] Am 23. Juni 1931 bezog die Familie Niemöller dann die geräumige Wohnung in der Podbielskiallee, welche die Gemeinde dem neuen Pfarrer zunächst zur Verfügung gestellt hatte. Der Umzug nach Dahlem war eine tiefe Zäsur in Niemöllers Leben. Im fortgeschrittenen Alter von 39 Jahren arbeitete er in der für ihn gänzlich neuen Position eines Gemeindepfarrers. Wir werden gleich im Detail verfolgen, wie er sich in die neue Aufgabe vertiefte und versuchte, als Seelsorger in Dahlem akzeptiert zu werden. Vieles hing dabei von der personellen Konstellation ab, die ihn mit den anderen beiden Pfarrern verband.

Bereits wenige Wochen nach Niemöllers Einführung war Theodor Lang im August 1931 unerwartet verstorben.[15] Zu seinem Nachfolger wählte die Gemeinde im November 1932 Friedrich Müller (1889–1942). Anders als Niemöller und Eberhard Röhricht, dessen Vater Leiter der Schule im Rauhen Haus in Hamburg war, entstammte Müller keiner Pfarrersfamilie, sondern war der Sohn eines Berliner Schulrektors. Ansonsten sind die biographischen Übereinstimmungen der drei Dahlemer Pfarrer »augenfällig«. Alle drei waren um 1890 geboren, hatten den Ersten Weltkrieg als aktive Frontsoldaten im Rang eines Offiziers beziehungsweise Reserveoffiziers absolviert und trugen das Eiserne Kreuz I. Klasse als sichtbares Zeichen ihres besonderen Einsatzes. Alle drei waren durch die nationalprotestantische Ablehnung der Weimarer Republik geprägt. Röhricht und Niemöller teilten zudem die Nähe zur Inneren Mission und ihrem von Hoffnungen auf eine Volksgemeinschaft getragenen Programm der aktiven Wiederverchristlichung der Gesellschaft. Nach dem ersten kirchlichen Examen war Röhricht von 1910 bis 1912 am Rauhen Haus tätig gewesen. Aber auch Müller hatte sich im Kampf gegen die »Gottlosen« bewährt, als er von 1919 an in einer industriellen Arbeitergemeinde in der Lausitz als Hilfsprediger tätig war. Für seine Verdienste im Kampf gegen die sozialistischen Freidenker wurde Müller 1927 mit der Luthermedaille ausgezeichnet.[16]

Die drei Pfarrer waren zur Kooperation in der pastoralen Arbeit gezwungen. Aber es bestand zwischen ihnen ein implizites Spannungsverhältnis.

Nach den in Dahlem verbrachten Dienstjahren und nach seinem ganzen Temperament – der Superintendent auf seiner vorherigen Pfarrstelle in der Mark Brandenburg hatte seinen »starken Geltungsdrang« hervorgehoben – war Eberhard Röhricht der Senior unter den drei Pfarrern. Es lag nahe, dass Niemöller sich zunächst um ein gutes Verhältnis zu ihm bemühte. Die Ehepaare Röhricht und Niemöller pflegten geselligen Umgang miteinander. Im August 1931, nachdem man bis kurz vor Mitternacht zusammengesessen hatte, konnte Martin notieren, es sei ein »sehr netter Abend« gewesen. Einige Wochen darauf erfolgte der Gegenbesuch von Martin und Else bei Röhrichts.[17] Als Martin in einem Brief an Vater Bremer das erste Jahr in der Dahlemer Gemeinde kurz bilanzierte, hob er als einen der Gründe dafür, »dankbar zu sein«, neben der »Einigkeit in der Kirchengemeinde« auch »das nette Verhältnis mit Röhrichts« und dem Gemeindekirchenrat hervor und betonte, dass man »glücklich« in Dahlem sei und sich gut eingewöhnt habe.[18] Dagegen hat es mehrere Monate gedauert, ehe sich ein »etwas näheres Verhältnis« zwischen ihm und Fritz Müller entwickelte. Aus Niemöllers nach 1945 verfasster Charakterisierung spricht die immense Hochachtung, ja Bewunderung, die er für Müllers »Sachkunde« und »Urteil« als einen der Führer der Bekennenden Kirche von 1933 bis 1939 hatte. In seinen Augen war Müller »der eine Kirchenmann von Format«, den die evangelische Kirche in jenen kritischen Jahren hervorbrachte. Doch aus seiner Schilderung wird auch erkennbar, dass es Zeit und Geduld bedurfte, um das Vertrauen des im Umgang eher nüchternen, wenn nicht spröden Pfarrerkollegen zu gewinnen.[19]

Sorgen um Predigten und Zahl der Kirchenbesucher

Ein wichtiger Gradmesser für den Erfolg der pastoralen Arbeit eines Pfarrers und seine Beliebtheit in der Gemeinde ist die Zahl der Kirchenbesucher. Am Ende seiner ersten Dahlemer Predigt am 28. Juni 1931 kam Niemöller ganz offen auf dieses Thema zu sprechen. Die »Wirksamkeit« eines Pfarrers werde »am Erfolg gemessen«, so wie die »Bedeutung der Kirche in Zahlen der kirchlichen Statistik« ihren Ausdruck finde, und zwar vor allem jener zu den Gottesdienstbesuchern. Niemöller versuchte diese Wahrnehmung zu relativieren, indem er sie als eine »fromme Selbsttäuschung« bezeichnete, da »Erfolg oder Nichterfolg« der pastoralen Arbeit letztlich nicht in der Hand und »Verantwortung« der Menschen liege.[20] Doch wenn er nicht öffentlich von der Kanzel sprach, machte er sich sehr wohl intensive Gedanken darüber, wie sich die Zahl der Besucher in seinen Gottesdiensten auf seine Position in der

Gemeinde auswirkte. Im September 1931 schrieb er seinen Eltern, dass die Aula des Paulinums – wohin die Dahlemer Pfarrer vor der Eröffnung der Jesus-Christus-Kirche des Öfteren auswichen – bei seiner Predigt über den barmherzigen Samariter (Lk. 10, 25–37) »brechend voll« gewesen sei. Diese Feststellung diente offenkundig auch dazu, die weiterhin an ihm nagenden Zweifel über seine Befähigung zur Predigt zu bekämpfen, denn sein eigener Eindruck von seinem Auftritt war »wenig erfreulich«, während Else versicherte, »es wäre gut gegangen«.

An diesem Sonntag hatte auch Walter Hafa, einer der Direktoren im Central-Ausschuss der Inneren Mission, in der Dorfkirche gepredigt. Doch anders als im Paulinum blieb die Annen-Kirche an diesem Tage »leer«, und die Betonung dieses Vergleichs zeigt, wie hoch Niemöller die Zahl der Gottesdienstbesucher als Maßstab seiner pastoralen Arbeit und seiner Stellung in der Gemeinde bewertete. Noch war ihm allerdings nicht klar, welche Aspekte des Gottesdienstes und seines eigenen Auftretens die Nachfrage regelten: »Bis jetzt bin ich hier noch nicht hinter die Gesetze des Kirchenbesuchs gekommen.«[21] Niemöller sah den Gottesdienstbesuch der Dahlemer auch als Zeichen einer von Frömmigkeit geprägten Gemeinde, was ihm »imponiert[e]«, aber zugleich in die Verpflichtung stellte, dass es nicht durch sein »Versehen und Versagen weniger« werde.[22]

Die Teilnahmefrequenz an Niemöllers Gottesdiensten blieb ein wichtiges Thema für Martin und Else. So konnte Else ihrer Schwiegermutter im Mai 1932 berichten, dass die Gottesdienste ihres Sohnes »sehr besucht« seien und er auch sonst »allerlei Anerkennung« in der Gemeinde erfahre. So hatte er gerade an diesem Tag von einem Gemeindemitglied ein Buch geschenkt bekommen, zwei Tage zuvor gar eine »Kristallschale, mit Gebäck für die Kinder drauf«. Solche Gesten des Respekts und der Verbundenheit waren, so kommentierte Else, für ihren Mann von großer Bedeutung: »Das hebt sein Zutrauen zu sich selbst, was sehr notwendig ist«, zumal Martin zu dieser Zeit immer noch vom »Heimweh« nach Westfalen geplagt war.[23]

Ein wichtiger Grund für das mangelnde Selbstbewusstsein Martins im Blick auf seine Rolle als Pfarrer war gewiss, dass er sich bei der Vorbereitung seiner Predigten – wie zuvor in den Münsteraner Jahren – weiterhin »sehr gequält« hat.[24] Dies kam auch Paula Niemöller zu Ohren, die ihren Sohn mehrfach brieflich ermahnte, sich genügend Zeit für die Ausarbeitung der Predigten zu nehmen, sich keine zusätzlichen Aufgaben aufhalsen zu lassen und richtig auszuschlafen.[25] Doch die Lösung dieser Probleme lag wie schon in Münster eher darin, dass Else ihrem Mann beim Verfassen der Predigten zur Hand ging, sei es durch das Korrekturlesen und Empfehlen von Verbesserungen oder gar durch die Wahl des Themas. Im November 1931 schrieb Else ihrem Vater: »Ich habe das Gefühl, als wenn die Predigten immer besser würden. Er spricht Sonntag über Offenbarung, 7, 9–17. Ich habe den Text gewählt. Mein Anteil an den Predigten ist immer noch stark. Die Kinder sehen ihren Vater mehr als Juppiter tonans augenblicklich.«[26]

Da es aus der Zeit bis Ende 1932 nur vier erhaltene Dahlemer Predigten gibt, lässt sich nicht mehr rekonstruieren, ob Elses Überzeugung, dass die Predigten ihres Mannes »immer besser würden«, tatsächlich zutrifft. Um die Mühen zu verringern, wiederholte Niemöller einfach zuweilen eine bereits ausgearbeitete Predigt. Festzuhalten bleibt, dass die Predigten in der Zeit vor 1933 in hohem Maße eine Koproduktion – und zwar zu annähernd gleichen Teilen – von Else und Martin Niemöller waren.[27] Der seiner Sache gewisse und rhetorisch versierte Prediger Martin Niemöller kam erst in den Jahren des Kirchenkampfes von 1933 an zum Vorschein.

Auch wenn es erfreuliche Anzeichen für seine wachsende Akzeptanz unter den Gemeindemitgliedern gab, hatte Niemöller in den ersten beiden Dahlemer Jahren also erhebliche Anlaufschwierigkeiten. Die Sorge um den Zulauf zu seinen Gottesdiensten blieb bestehen und war von solch großer Bedeutung für Martin, dass er seiner Meinung nach untertriebene Angaben von Else explizit korrigierte.[28] Und ein Blick in die von der Gemeinde geführte Statistik der Gottesdienstbesucher macht klar, dass Eberhard Röhricht zunächst unangefochten der beliebteste Pfarrer in Dahlem war. Im Durchschnitt des Jahres 1932 fanden sich 344 Teilnehmer in Niemöllers Gottesdiensten ein, verglichen mit 397 in jenen von Röhricht.[29]

Niemöller hatte genügend Zeit und Gelegenheit, sich in die neue Aufgabe als Gemeindepfarrer hineinzufinden. Rasch entwickelte sich ein geregelter Tagesablauf. Unter der Woche gab er morgens von 8 bis 9 Uhr Konfirmandenunterricht, eine Gewohnheit, an der er nach Möglichkeit auch nach 1933 festhielt. Vormittags fand er sich des Öfteren im Pfarrbüro ein, um dort Büroarbeiten zu erledigen. Am späten Nachmittag standen dann Hausbesuche auf dem Programm, und zwar in der Regel von 17 bis 19.30 Uhr, da die überwiegend berufstätigen Gemeindemitglieder vorher nicht anzutreffen waren. Mit diesen »Pflichtbesuchen«, bei denen ihn Else zumeist begleitete, hatte Martin bis Ende 1931 seine erste Runde in der Gemeinde absolviert. Daneben gab es in unregelmäßigen Abständen die üblichen Kasualien wie Taufen, Trauungen und Beerdigungen. Von Freitag in der Frühe, manchmal bereits schon am Donnerstagnachmittag stand dann die Niederschrift der Predigt im Zentrum, die sich in der Regel bis Samstagabend hinzog.[30] Abgesehen von Freitag und Samstag waren die Abende in der Regel frei.

Kein Wunder also, dass sich Martin zunächst »noch ganz wie ein heimlicher Urlauber« vorkam. In seinem Tagesablauf klaffte eine große Lücke um die Mittagszeit, die er mit Lektüre verbrachte, zuweilen auch mit einem Mittagsschlaf. Zu seiner Lektüre machte er sich »auch einige Gedanken«. Wir werden einige Ergebnisse dieser Reflexion gleich noch erörtern. Die freien Abende verbrachten Martin und Else gewöhnlich in geselliger Runde zu Hause. Zu ihren häufigsten Gästen zählte Käthe Dilthey, Martins alte Jugendliebe, die ebenso wie ihre Schwester Ilse als Lehrerin in Berlin arbeitete. Beide wohnten mit ihrer Mutter Auguste, der Witwe des Hofpredigers Julius Dilthey, in einer Wohnung in der Gleditschstraße in Schöneberg. Zu den Gästen, die öfter kamen, gehörten auch Friedrich Bremer, Elses jüngerer Bruder, der seit 1932 eine Stelle als Chefarzt am Berliner Elisabeth-Krankenhaus innehatte, und dessen Frau Gertrud.

Auch alte Freunde aus Westfalen ließen sich blicken. Im September 1931 erschien plötzlich Friedrich von Bodelschwingh auf eine Stunde zu einem Plausch in der Podbielskiallee und brachte, so Martin, einen »hellen Strahl Sonne« zu den Niemöllers. Otto Dibelius hatte ihn mitgebracht. Dibelius (1880–1967) war als Generalsuperintendent der Kurmark und Autor zahlreicher Publikationen bereits zu dieser Zeit einer der prominentesten protestantischen Kirchenführer. Im Kirchenkampf der Jahre von 1933 an war er ein enger Weggefährte Niemöllers. Nach 1945 hatte er – erst als Mitglied und seit 1949 dann als Vorsitzender des Rates der EKD – viele Konflikte mit diesem.[31]

Bei aller durchaus vorhandenen Geselligkeit hatte das Ehepaar Niemöller aber die meisten Abende für sich allein. Das war gegenüber den Jahren in Münster, in denen Martins permanente Reisetätigkeit an den Nerven aller Familienmitglieder gezerrt hatte, eine erhebliche Veränderung. Als ihr Mann im September 1931 einmal einen Abend beim Central-Ausschuss der Inneren Mission verbrachte und sich etwas verspätete, notierte Else ebenso überrascht wie erfreut, was für ein »seltener Zustand« das »Alleinsein« für sie selbst und wie »viel leichter hier« das Leben für Martin geworden sei.[32] Wie ihr Mann bemühte sie sich, in ihrem neuen Umfeld als Pastorenfrau in der Gemeinde heimisch zu werden, und registrierte mit Aufmerksamkeit jeden Fortschritt in dieser Richtung. Im März 1932 schrieb sie ihrem Vater:

> Gestern begrüßte mich auf dem Markte eine Marktfrau sehr herzlich als ihre Pfarrfrau. Es ist doch schön, eine solche zu sein. Neuerdings drückt es mich, eine rechte zu werden. Gott gebe mir das Zeug dazu. Ich bin mehr für den Spruch: Mulier tacet in ecclesia. [frei nach 1. Korinther, 14, 34:

»Die Frau schweigt in der Kirche!«] Aber irgendwie muß man doch wirken und sich bemühen. Habt aber keine Angst. Ich werde große Reden nie schwingen. Meine Kinder sind die Hauptsache.[33]

Die Sorge um die Kinder und den Haushalt beansprucht die ganze Energie von Else Niemöller. Das in Münster eingespielte Muster einer Überlastung der Hausfrau und der Streits zwischen Martin und Else um die angemessene Erziehung der Kinder und über die Führung des Haushalts setzte sich in Dahlem zunächst fort. Im September 1931 hatte Martin zu den drei kleineren Kindern Jan, Hertha und Jutta nicht mehr zu sagen, als dass sie ihm »durch ihren Radau lästig« fallen würden.[34] Zugleich warf der »Patriarch« – so der von Else benutzte Begriff – seiner Frau vor, dass der »Hausbetrieb« nicht recht »klappte«, da sie zu »planlos« arbeite.[35] Ein weiterer Faktor in der andauernden Überlastung Elses war, ebenfalls wie zuvor in Münster, die Aufnahme und Versorgung von Gästen.

Im Herbst 1931 hatte Martin die Bekanntschaft von Hans-Joachim Rust (1900–1987) gemacht, einem promovierten Geographen, der als Schriftleiter der *Zeitschrift für Geopolitik* arbeitete. Doch zu diesem Zeitpunkt war bereits absehbar, dass Rust diese Stelle aufgrund von Sparmaßnahmen des Verlages zum Jahresende verlieren würde. »Auch unter den Gebildeten«, so kommentierte Else, »herrscht schon viel Not.« Die Freundschaft mit dem Ehepaar Rust scheint ihr die Tiefe der ökonomischen und sozialen Krise, in der sich Deutschland befand, verdeutlicht zu haben. »Wann wird der Retter kommen diesem Lande?«, so fragte sie sich.[36] Also nahmen Martin und Else das Ehepaar Rust kurzerhand in ihre eigene Wohnung auf und feierten Heiligabend 1931 mit ihnen. Dieses Arrangement überdauerte auch den Umzug in das Pfarrhaus in der Cecilienallee 61, der im Januar 1932 erfolgte, bevor Hans Rust zu einer längeren Reise in das frühere Deutsch-Südwestafrika aufbrach. Zwar half Frau Rust Else bei der Erledigung der Hausarbeiten, doch dann wurde sie im Mai 1932 bettlägerig, und das Hausmädchen Klara war bereits seit fast drei Wochen ebenfalls krank. Auch eine kurzfristig eingestellte Aushilfskraft brachte keine echte Entlastung, und so waren die »Kraftreserven« von Else angesichts ihrer ständigen Überlastung wieder einmal »verbraucht«. Es kam zuweilen vor, dass Else erst um Mitternacht zum Briefeschreiben kam, so lange hielt sie die Hausarbeit beschäftigt.[37]

Für Martin Niemöller war der Übergang in das Dahlemer Pfarramt also wesentlich angenehmer als für seine Frau, die wie zuvor in Münster am Rande ihrer Kraftreserven operierte. Kein Wunder also, dass Martin andere Stellenangebote ohne längere Bedenkzeit ablehnte. Im Dezember 1931 hatte ihn der

Chef der Marineleitung, Admiral Erich Raeder, zu sich bestellt und ihm die Stelle des ersten Garnisonspfarrers in Kiel angeboten. Martin war offenkundig geschmeichelt, aber sagte »natürlich« umgehend nein. Überhaupt riss der Kontakt zur Marine auch in Dahlem nicht völlig ab, denn hin und wieder fand sich ein Kamerad aus der Crew 1910 bei den Niemöllers ein.[38]

Niemöllers Arbeit in Dahlem blieb bis 1933 im Wesentlichen auf die eigene Gemeinde fokussiert – mit einer wichtigen Ausnahme: seine Tätigkeit in den Schülerbibelkreisen. Das war ein 1883 im Kontext der Erweckungsbewegung entstandenes Netzwerk von Gruppen, welche die Jugendlichen zu einer selbstständigen Bibellektüre hinführen wollten. Niemöller hatte sich bereits in Münster für die Schülerbibelkreise engagiert. Als Dahlemer Pfarrer wurde er bald zum Leiter einer der drei Berliner Sektionen der Schülerbibelkreise gewählt, in der rund 1300 Jugendliche organisiert waren. Seit Ende 1931 nahm Niemöller regelmäßig an Besprechungen in diesem Rahmen teil. Dabei arbeitete er unter anderem eng mit Conrad Schako zusammen, einem Hauptmann der Reichswehr und Mitglied der Dahlemer Gemeinde, und mit dem Juristen Hermann Ehlers (1900–1954), der später ein aktives Mitglied der Bekennenden Kirche wurde.[39]

Mit seiner Arbeit in den Schülerbibelkreisen entwickelte Niemöller ein dichtes Netzwerk von kirchlichen Kontakten innerhalb Berlins und auch weit darüber hinaus, auf das er 1933 beim Aufbau des Pfarrernotbundes zurückgreifen konnte. Auch einer breiteren Öffentlichkeit war Niemöller bereits vor 1933 bekannt. Im Juli 1932 erschien in der populären, deutschlandweit vertriebenen Familienzeitschrift *Beyers für Alle* – für die auch Erich Kästner zu dieser Zeit unter Pseudonym Artikel verfasste – eine Art Homestory über die »Lebensgeschichte des früheren U-Boot-Kommandanten«. Der Artikel war mit einem Foto des Zigarre rauchenden Niemöller bebildert und nahm viele biographische Deutungsmuster und Versatzstücke vorweg, die Niemöller zwei Jahre später in seinem Erinnerungsbuch *Vom U-Boot zur Kanzel* verwenden sollte.[40]

Martin Niemöller hatte sich allmählich in die Rolle als Gemeindepfarrer hineingefunden, als für den November 1932 Kirchenwahlen für die Evangelische Kirche der altpreußischen Union anberaumt wurden. Diese fanden turnusmäßig statt und dienten dazu, die Mitglieder der Selbstverwaltungsorgane in den Gemeinden zu bestimmen. Dazu zählten der Gemeindekirchenrat, der mit den von Amts wegen vertretenen Pfarrern alle wichtigen Entscheidungen in der Gemeinde traf, und die erweiterte Gemeindevertretung, die nur selten – wie etwa bei der Wahl eines Pfarrers – in Aktion trat. Die letzten Kirchenwahlen hatten im November 1928 stattgefunden. Zu diesem Zeitpunkt hatten sich die »Positiven«, die »Liberalen« und die »Mittelpartei« zur Wahl gestellt, also drei Gruppierungen, welche die Spannungen zwischen den Lagern der liberalen und der »positiven«, auf der Schriftgemäßheit des Glaubens beharrenden Theologie sowie einer Vermittlungsposition abbildeten. Bezeichnend war allerdings, dass in fast achtzig Prozent aller Berliner Gemeinden 1928 gar keine Wahl stattfand, da die Mandate vorab zwischen den drei Gruppen verteilt und den Gemeinden dann eine Einheitsliste zur Zustimmung vorgelegt wurden.[41] Das sollte sich 1932 grundlegend ändern.

Die Deutschen Christen

Zu Beginn dieses Jahres forderte Wilhelm Kube, Leiter des NSDAP-Gaus »Ostmark« und Fraktionsführer der Partei im preußischen Landtag, alle »evangelischen Nationalsozialisten« auf, sich in die Wählerlisten der Gemeinden einzutragen und so bei den Wahlen im November die Kirche der altpreußischen Union von innen zu erobern. Kurz darauf wurden in einer Anzeige im *Deutschen Pfarrerblatt* alle mit der NSDAP verbundenen oder sympathisierenden Pfarrer in Berlin, Brandenburg und Sachsen aufgefordert, einer neu zu bildenden Arbeitsgemeinschaft beizutreten. Dieser Kreis traf sich im Februar 1932 in einem Berliner Lokal zu einer internen Versammlung, wo das weitere Vorgehen mit Blick auf die Kirchenwahlen festgelegt wurde. Am 6. Juni trat die »Glaubensbewegung Deutsche Christen« – so der Name der Gruppierung – dann erstmals in Preußen an die Öffentlichkeit.[42] Als ihr Führer trat Joachim Hossenfelder auf, seit 1931 Pfarrer der Berliner Christus-Gemeinde. Der 1899 geborene Lehrerssohn, Kriegsfreiwilliger des Jahres 1917, hatte sich 1919 und 1921 als Student am paramilitärischen Grenzschutz zu Polen beteiligt und war 1929 der NSDAP beigetreten. Tief geprägt durch den nationalprotestantischen Glauben an die historische Sendung des deutschen Volkes und an die Notwendigkeit der Volksgemeinschaft, entwickelte sich Hossenfelder in den folgenden anderthalb Jahren »zu einer der wichtigsten Figuren des deutschen Protestantismus«.[43]

Am 6. Juni 1932 stellte Hossenfelder in zehn Punkten die Richtlinien der Deutschen Christen (DC) vor. Unter anderem forderte er den Zusammenschluss der 28 evangelischen Landeskirchen zu einer einheitlichen, nationalen Reichskirche. Dies war eine populäre Forderung, der auch viele der NSDAP fernstehende Nationalprotestanten zustimmen konnten. Sodann beriefen sich die DC auf Punkt 24 des NSDAP-Parteiprogramms aus dem Jahr 1920, das ein »positives Christentum« jenseits der konfessionellen Spaltungen propagierte. Diese Formulierung wird von manchen Historikern als eine taktische

Konzession verstanden, mit der die Partei von der religionsfeindlichen Ausrichtung ihrer völkischen Ideologie ablenken wollte, doch es herrscht heute zumindest Konsens darüber, dass die Führungselite der NSDAP mit der Formel vom »positiven Christentum« tatsächlich das Ziel verband, die konfessionelle Spaltung der Deutschen als ein wichtiges Hindernis auf dem Weg zu einer homogenen Volksgemeinschaft zu überwinden. Voraussetzung dafür war eine von jüdischen Einflüssen freie Interpretation der christlichen Tradition, die in ihrer radikalsten Spielart Christus als einen Arier verstand.

An diese völkische Lesart des christlichen Glaubens knüpften die Richtlinien der DC an, indem sie in Punkt 9 die Mission unter Juden als ein »Eingangstor fremden Blutes in unseren Volkskörper« ablehnten und in Vorwegnahme der Nürnberger Gesetze des Jahres 1935 ein Verbot der Eheschließung von Juden und nichtjüdischen Deutschen forderten. Insgesamt waren die Richtlinien, wie der Kirchenhistoriker Klaus Scholder treffend formuliert hat, »mehr ein völkischer Appell als ein kirchenpolitisch oder gar theologisch durchdachtes Programm«. Aber sie waren damit nicht sehr weit von Positionen innerhalb der protestantischen Theologie entfernt, welche die dienende Funktion der evangelischen Verkündigung im Rahmen einer Volkskirche für das Leben der Nation betonten.[44]

In formeller Hinsicht war zunächst entscheidend, dass der Evangelische Oberkirchenrat in Berlin den Wahlvorschlag der »Glaubensbewegung Deutsche Christen« für die Kirchenwahlen zuließ, nachdem eine Verpflichtungserklärung geändert wurde, welche die Gemeindeverordneten der DC auf ein imperatives Mandat ihrer Bewegung festgelegt hätte. Damit war der Weg für den Wahlkampf der DC frei. Er korrespondierte mit der generellen Politisierung der deutschen Öffentlichkeit im Kontext der beiden Reichstagswahlen vom Juli und November 1932 und trug eine neue Form der Polarisierung in den bislang zumeist betulichen Alltag der Kirchengemeinden hinein. Die DC begannen ihren Wahlkampf im September 1932 und traten in den meisten Berliner Gemeinden dabei »fordernd, lautstark« und »polternd« auf. Diese Konflikte waren in den Gemeinden mit hohem Arbeiteranteil besonders stark ausgeprägt, da die DC dort unter Pfarrern wie Laien die meisten Anhänger fanden.[45]

Im gutbürgerlichen Dahlem, wo 1932 ein Kaufmann namens Karl von Elstermann die DC repräsentierte, waren die Umgangsformen konzilianter.[46] Die beiden Pfarrer Röhricht und Niemöller – die Pfarrstelle von Theodor Lang war noch vakant – waren mit Blick auf die anstehenden Kirchenwahlen darum bemüht, eine Polarisierung innerhalb der Gemeinde nach Möglichkeit zu vermeiden. So verhandelten Vertreter des Gemeindekirchenrats und die beiden

Pfarrer mit der Dahlemer Gemeindegruppe der DC über die mögliche Aufstellung einer Einheitsliste. Dabei bot man der DC 15 von 40 Sitzen in der erweiterten Gemeindevertretung an. »Menschlich«, so die Darstellung einer Beteiligten, war man sich dabei »vollkommen einig, es scheiterte nur am ›höheren Befehl‹«, also den Direktiven der DC-Führung. In der Tat kam es nur noch in knapp einem Viertel der Berliner Gemeinden zur Aufstellung einer Einheitsliste, bei der man die Mandatsverteilung zwischen den verschiedenen Gruppen vorab regelte.[47]

Die Mehrheitsvertreter in der Gemeinde Dahlem, unter ihnen auch die Pfarrer Röhricht und Niemöller, tauften ihren Wahlvorschlag auf den Namen »Evangelisch-unpolitische Liste«. In ihren Aufrufen betonte diese Gruppe, dass der »politische Kampf« unter allen Umständen aus dem »kirchlichen Gemeindeleben« herausgehalten werden müsse. Durch ihre enge Verbindung zur NSDAP würde die Gruppe der DC mit dieser Tradition brechen.[48] Niemöller selbst konnte mit dieser Argumentation unmittelbar an seine Tätigkeit für den Evangelischen Volksdienst in Münster 1930 anknüpfen, die er ja auch als Sammlung aller Evangelischen unabhängig von politischen Parteien verstanden hatte.

Auffällig ist, dass die Vertreter der als »unpolitisch« deklarierten Liste nicht müde wurden, die durchaus bestehende inhaltliche Übereinstimmung mit den DC zu betonen. In einem von Röhricht verfassten Entwurf für ein Flugblatt wurde hervorgehoben, dass man sich »in keiner Weise gegen den Nationalsozialismus als politische Partei« wende. »Und ›deutsche Christen‹«, so betonte der Verfasser weiterhin, »sind wir längst gewesen, ehe diese Gruppe sich so nannte.«[49] Mit dieser Formulierung machte sich Röhricht zum Gefangenen der nationalprotestantischen Assoziationen, welche der geschickt gewählte Name der nationalsozialistischen Glaubensbewegung aufrief. Ein von den Laienmitgliedern des Wahlausschusses der »unpolitischen« Liste verfasstes Flugblatt ging sogar noch weiter. Gegen die DC betonten sie die Gewissensbindung als alleinige Richtschnur der gemeindlichen Arbeit. Zugleich aber lobten sie den »christlichen und deutschen Idealismus« der Nationalsozialisten und hoben deren Kampf »gegen die mit dem Bolschewismus auf's engste verbundene Gottlosen-Bewegung« und gegen die »sittlichen Entartungs- und Verfallserscheinungen« der Gegenwart ausdrücklich als wichtige Zonen inhaltlicher Übereinstimmung hervor.[50] Dagegen enthielt sich ein namentlich von Niemöller gezeichneter Entwurf eines Wahlaufrufs der Herausarbeitung von solchen inhaltlichen Konvergenzen und hob allein die »Belastung« des kirchlichen Lebens hervor, die sich aus der »Verkoppelung von politischem Wollen und kirchlichem Wollen« bei den DC ergebe.[51] Wäre Niemöller im

Herbst 1932 wirklich ein überzeugter Nationalsozialist gewesen – wie er es 1938 in seiner Aussage vor dem Sondergericht behauptete –, hätte er es wohl vorgezogen, in diesem Punkt den Laienvertretern zu folgen und eine teilweise Übereinstimmung mit der Politik der NSDAP zu signalisieren.

Bei der Abstimmung am 13. November 1932 kam es dann zu folgendem Ergebnis: Die Liste der DC erhielt in Dahlem 352 oder 23 Prozent der Stimmen, die von den Pfarrern unterstützte »unpolitische« Liste dagegen 1170 Stimmen. Damit gesellte sich ein Vertreter der DC zu den insgesamt fünf Kirchenältesten im Gemeindekirchenrat. In der Gemeindevertretung eroberten die DC neun der vierzig Sitze, deutlich weniger, als ihnen im Vorfeld für den Fall des Zustandekommens einer Einheitsliste zugestanden worden waren. Die Dahlemer Kirchengemeinde erwies sich also bereits vor der Machtergreifung der Nationalsozialisten als schwieriges Pflaster. Nur in der Gemeinde Grunewald lag der Anteil der DC bei den Kirchenwahlen 1932 mit 12,5 Prozent noch niedriger. Im Berliner Durchschnitt waren es, rechnet man nur die Gemeinden, in denen eine DC-Liste zur Wahl stand, immerhin 33 Prozent. Vor allem in den bürgerlichen Vororten der Stadt lag ihr Anteil höher, was ebenfalls die Ausnahmestellung Dahlems verdeutlicht. Ein direkter Vergleich mit den am 6. November abgehaltenen Reichstagswahlen ist wegen unterschiedlicher Gebietsgrenzen nicht möglich. Aber im gesamten Stadtbezirk Zehlendorf sank die Zahl der NSDAP-Stimmen leicht auf 29,4 Prozent ab.

Es spricht also vieles dafür, dass die Dahlemer Gemeindegruppe der DC im November 1932 noch weniger Stimmen erhielt als jene Partei, als deren kirchlicher Vortrupp sie sich verstand.[52] Selbst für die Gemeinde Dahlem ist es dennoch überzogen, eine »eindeutige Niederlage« der DC bei den Kirchenwahlen im November 1932 zu konstatieren, wie dies Klaus Scholder getan hat. Denn auch dort erreichten sie aus dem Stand knapp ein Viertel aller Stimmen. Gemessen an der gesamten Seelenzahl von rund 12 000 war das nur eine kleine Minderheit. Aber im aktiven Leben der Gemeinde und in deren Selbstverwaltungsgremien waren sie fortan ein wichtiger Faktor.[53]

Was in Dahlem – im Unterschied zu vielen anderen Berliner Kirchengemeinden – fehlte, war ein Pfarrer, der sich aktiv für die Ziele der Deutschen Christen und der Nationalsozialisten einsetzte und seine Gemeinde in deren Sinne zu beeinflussen suchte. Weder Eberhard Röhricht noch Martin Niemöller waren dazu bereit, auch wenn Niemöllers Verhältnis zum Nationalsozialismus von tiefen Ambivalenzen geprägt war, und zwar vor 1933 ebenso wie danach. Niemöller mag sich in den Jahren nach 1923, als sein Bruder Wilhelm der NSDAP beitrat, zuweilen mit diesem über die Partei unterhalten haben. Ihm selbst waren die Ziele und Inhalte völkisch-nationaler Politik aus seiner Mitarbeit im Deutschvölkischen Schutz- und Trutzbund, einem wichtigen Vorläufer und Wegbereiter der NSDAP, bestens bekannt. Doch es scheint, als habe er sich wie viele andere bürgerliche Protestanten erst durch die Ergebnisse der Reichstagswahl vom 14. September 1930 zu einer näheren Beschäftigung mit der Partei veranlasst gesehen. In seinem Amtskalender notierte er die »Ergebnisse der Reichstagswahl (106 Nazis!)« offenbar sichtlich überrascht. Jedenfalls war sein Interesse geweckt, denn kurz darauf, im Dezember 1930, bestellte er sich ein Exemplar von Hitlers *Mein Kampf* und widmete sich dieser Lektüre.[54]

Der erdrutschartige Wahlerfolg der NSDAP im Herbst 1930 löste in beiden konfessionellen Lagern intensive Orientierungsbemühungen und Reflexionen aus, da Pfarrer wie Laien und vor allem Intellektuelle ihre Position zu einer Bewegung zu bestimmen suchten, an deren politischer Schlagkraft es nun keinen Zweifel mehr gab. Dabei zeigte sich im evangelischen Lager eine verwirrende Vielfalt von Positionen, die in ihrer Haltung – pro oder contra – wie in deren Begründung zuweilen weit auseinander lagen. In den Jahren 1931 und 1932 avancierte das Thema »Kirche und Nationalsozialismus« deshalb zu einem der »meistverhandelten und meistumstrittenen Themen« in evangelischen Zeitschriften und kirchlichen Tagungen.[55]

Diese Debatte fand unter anderem im Johannesstift zu Berlin-Spandau statt, wo die Apologetische Centrale der Inneren Mission, die sich der Beobachtung geistiger Strömungen und der Diskussion politischer Fragen widmete, regelmäßig Pastorenkurse abhielt. Der dritte dieser Kurse fand vom 28. bis 31. Januar 1931 zum Thema »Die Stellung der Kirche zu den nationalen Problemen der Gegenwart« statt. Bereits im Vorfeld gab es Bedenken und Kontroversen. So rief Anfang Januar ein Mitglied einer »kirchlichen Behörde« – entweder Konsistorium oder EOK – bei Gerhard Jacobi an, dem Pfarrer an der Kaiser-Wilhelm-Gedächtniskirche, der von 1933 bis 1939 als Präses der Bekennenden Kirche in Berlin eine auch überregional bedeutende Figur des Kirchenkampfes werden sollte. Der uns unbekannte Kirchenrat beklagte sich bei Jacobi darüber, dass zu den Referenten im Johannesstift »lediglich Redner der politischen äußersten Rechten« wie Bruno Doehring und Wilhelm Stapel zählen würden, was der kirchlichen Leitung »nicht sympathisch« sei.[56] In der Tat war Stapel (1882–1954) seit 1919 als Verfasser und Herausgeber zahlreicher radikalnationalistischer und antisemitischer Publikationen hervorgetreten.[57]

Martin Niemöller, der in diesen Tagen zu Sitzungen im Central-Ausschuss der Inneren Mission in Berlin weilte, hatte sich bereits frühzeitig zur Teilnahme an diesem stark nachgefragten Pastorenkurs mit 150 Teilnehmern angemeldet. Den späten Morgen des 30. Januar nutzte er, um mit D. Theodor

Lang in Dahlem seinen möglichen Wechsel auf die dortige Pfarrstelle zu besprechen. Bereits am frühen Nachmittag war er jedoch in Spandau und hörte den Vortrag von Stapel über »Die Weltanschauung des Nationalsozialismus und das Christentum«. »Sehr interessant!«, notierte er in seinem Amtskalender über Stapels Darlegungen.[58] In der extrem verdichteten Diktion des Amtskalenders ist »sehr interessant« ein Ausdruck weitgehender Zustimmung, was nur noch durch ein große Freude ausdrückendes »sehr schön« übertroffen wird. Niemöller hatte in Spandau auch den Vortrag von Otmar von Verschuer gehört, dem Erbbiologen und Rassehygieniker, der über »Vererbung und Rasse im deutschen Volk« sprach. Niemöller notierte zwar das Thema – »biologisch. Rasse« –, fand die Überlegungen aber wohl keiner lobenden Erwähnung wert.[59] Stapel arbeitete seinen Spandauer Vortrag umgehend zu einer kleinen Broschüre aus, die bis Ende 1931 fünf Auflagen erreichte und somit als eine der gewichtigeren und breiter rezipierten Stellungnahmen zum Verhältnis von evangelischer Kirche und Nationalsozialismus gelten kann.[60]

Was war es also, das Martin Niemöller »sehr interessant« fand? Worüber sprach Stapel? Dessen Ausführungen waren von der tiefen Faszination geprägt, welche die auf dem »Instinkt« basierende »elementare Bewegung« des Nationalsozialismus auf ihn ausübte. Zugleich unterstellte Stapel, dass es innerhalb der NSDAP ein starkes und genuines »Verlangen« nach einer »deutschen Volkskirche« gebe, auf deren Kooperation mit christlichen Kreisen also zu rechnen sei. Nach dem Durchgang durch die drei Themenkomplexe der »Rassenfrage«, des Sozialismus und des Nationalismus stellte Stapel fest, dass für den Christen weder »ein sittlicher noch ein religiöser Grund« bestehe, den Nationalismus der Nationalsozialisten »zu verdammen«. Zugleich lehnte er jede synkretistische Vermischung der religiösen und der politischen Sphäre ab, wie sie viele völkische Ideologen vertraten. Jenes »demokratische Christentum«, in dem alle gleichermaßen erlöst werden, verfiel seiner radikalen Kritik. Die religiöse Verkündigung müsse die Macht der Hölle und die »Ewigkeit der Verdammnis« betonen. Eines solchen Christentums aber bedürfe die Nation, damit sie ihr »Schwert mit Furcht und Zittern vor dem Allmächtigen« führe.[61] Im Kern propagierte Stapel also eine lutherisch geprägte politische Theologie, die Nation und Christentum als zwei verschiedene Reiche voneinander trennte, aber im politischen Raum die Legitimität des Nationalsozialismus anerkannte und wichtige Kritikpunkte an ihm ausräumte.[62] Das konnte den nationalprotestantischen Lutheraner Martin Niemöller überzeugen, auch wenn er in seiner Kritik des Judentums sehr viel weiter ging als der Antisemit Stapel, wie wir im nächsten Kapitel im Zusammenhang der Diskussion um die Anwendung des »Arierparagraphen« in der Kirche 1933 sehen werden.

Wie Niemöller – in Übereinstimmung mit Stapel – die politischen Ansprüche von Nation und Volksgemeinschaft und die Forderungen Gottes an den Menschen differenzierte, lässt sich exemplarisch an zwei Ansprachen verdeutlichen, die er 1932 zur Erinnerung an die im Ersten Weltkrieg Gefallenen hielt. Die erste war eine Rede im Rahmen der Dahlemer »Sonnwendfeier« am 22. Juni 1932, bei der sich Vereine und örtliche Parteigruppen zur mythischen Zelebrierung lokaler Gemeinschaft zusammenfanden. In ebenso pathetischen wie aggressiven Formulierungen beschrieb Niemöller hier das Vermächtnis der Gefallenen als Appell an die nationale Opferbereitschaft der Lebenden:

Den Gefallenen des Großen Krieges gilt jetzt unser Gedenken, den Millionen Vätern und Brüdern und Söhnen, die hinauszogen, um nicht heimzukehren, die mit ihren Leibern den Damm um Deutschlands Grenzen bauten, an dem die Sturmflut einer Welt sich brechen mußte. Ein Werk aus Feuer und Eisen, aus Blut und Grauen, aus Trauer und Tränen! Aber zugleich ein Werk aus Mut und Gehorsam, aus Glauben und Treue, aus Dienst und Opfer! [...] Und unser Gedenken wird zum Danken, denn was ihr tatet, das tatet ihr für uns! Unser Danken aber werde zum Gelöbnis: auch wir wollen nicht uns selber leben. Volk und Vaterland brauchen unser Opfer wie das eure: Deutschland soll leben.[63]

Mit diesem Appell kontrastiert eine predigtartige Ansprache, die Niemöller im Februar 1932 zum Volkstrauertag hielt. Auch hier beschwor er das Opfer der Frontsoldaten und die in der Rückschau auf die »große Zeit« des Weltkrieges umso stärker werdende Hoffnung auf »eine Zeit neuer nationaler Größe«. Doch im Unterschied zur Gedenkrede stellte er nun die Ernüchterung heraus, die sich nach 1918 mit dem Verstummen der an der Front noch so lebendigen Gemeinschaft der »Bruderliebe« eingestellt habe. Weder die so oft praktizierte Beschwörung der »Volksgemeinschaft« noch die Pflege des »Frontgeistes« oder der diakonischen »Winterhilfe« könne darüber hinwegtäuschen, dass der im Krieg noch selbstverständliche Altruismus »verlorengegangen« sei. Von dem Bann der »Ich-Sorge« könne aber nur eines die Menschen befreien, und zwar »das Wort vom Kreuz unseres Herrn Jesus Christus«.[64] Das Reich der Welt und das Reich Gottes blieben also in Niemöllers neulutherischer Aktualisierung der Zwei-Reiche-Lehre voneinander getrennt, und bei aller Befürwortung einer nationalistischen Gesinnung und Opferbereitschaft kam Letzterem die höhere Dignität zu.

6 Pfarrer in Berlin-Dahlem 1931/32

Rapider Rechtsrutsch 1931/32

Niemöllers traditionelle nationalprotestantische Grundhaltung in den Jahren 1931/32 wies, wie gesehen, vielfältige Berührungspunkte und Überschneidungen mit dem Programm des Nationalsozialismus auf. Das gilt für den Kampf gegen den Bolschewismus und andere politische Kräfte, die das Vordringen der »Gottlosen« unterstützten, die Beschwörung des Heldentums deutscher Soldaten im Weltkrieg und die Forderung nach dem außen- und innenpolitischen Wiedererstarken der deutschen Nation und der Realisierung einer Volksgemeinschaft. Doch welche praktischen politischen Forderungen unterstützte Niemöller 1931/32, und wie kommentierte er das hektische politische Geschehen dieser Zeit?

Die für diese Zeit äußerst fragmentarische Quellenlage erlaubt nur einige punktuelle Einblicke. So hatte Niemöller in Berlin offenbar Kontakt zu Personen aus dem Umfeld der Reichswehr und der DNVP, die im Stahlhelm aktiv waren, dem radikalnationalistischen Wehr- und Veteranenverband. Nicht anders ist zu erklären, dass er am 4. August 1931 zu einer Kundgebung des Stahlhelms im preußischen Herrenhaus eingeladen war, bei der er unter anderem mit Oskar von Watter zusammentraf. Watter, der ehemalige Kommandeur des Wehrkreises VI der Reichswehr, war ihm bereits aus Münster bekannt. Inzwischen lebte dieser aber in Berlin im Ruhestand.

Den konkreten Anlass für die Kundgebung im Herrenhaus lieferte die laufende Kampagne des Stahlhelms für den Volksentscheid zur Auflösung des preußischen Landtages. Seit der Bildung des ersten, nur auf Notverordnungen des Reichspräsidenten gestützten Präsidialkabinetts unter Heinrich Brüning im März 1930 und dem Wahlerfolg der NSDAP im September 1930 war die von dem Sozialdemokraten Otto Braun geleitete preußische Regierung eine der letzten wichtigen Bastionen der Demokratie in Deutschland. Mit einem seit März 1931 laufenden Volksbegehren zur Auflösung des Landtags, das neben DNVP und DVP schließlich auch die NSDAP unterstützte, wollte der Stahlhelm diese Bastion schleifen. Nachdem sich in der Einschreibefrist genügend Wähler für die Durchführung eines Volksentscheids ausgesprochen hatten, wurde dieser – nun auch von der KPD unterstützt – auf den 9. August 1931 festgesetzt. Die Kundgebung im Herrenhaus mit einer Rede von Theodor Duesterberg, dem zweiten Bundesführer des Stahlhelms, stand also ganz im Zeichen des Angriffs auf die demokratisch legitimierte Regierung des moderaten Sozialdemokraten Otto Braun. Martin Niemöllers Zustimmung ist in einem Brief von Else überliefert: »Düsterberg sprach hervorragend, so sagt der Patriarch.«[65]

Ein weiteres eindringliches Zeugnis für den rapiden Rechtsrutsch Niemöllers in der zweiten Jahreshälfte 1931 ist aus dem Oktober überliefert. Am 7. Oktober war Heinrich Brüning zur Demission seiner Regierung gezwungen, nachdem ihm die rechtsliberale DVP ihre Unterstützung entzogen hatte und Außenminister Julius Curtius zurückgetreten war. Zugleich erhöhte die radikale Rechte ihren Druck auf Brüning. Mit der Bildung der Harzburger Front aus Nationalsozialisten, DNVP und rechtsradikalen Wehr- und Wirtschaftsverbänden am 11. Oktober gab sie eine eindringliche Demonstration ihrer gestiegenen Macht und ihres noch stärkeren Selbstbewusstseins. Mit der Ministerliste seiner Kabinettsumbildung rückte Brüning weiter nach rechts. Dennoch überstand er am 16. Oktober 1931 nur knapp ein Misstrauensvotum im Reichstag. Von den bürgerlichen Parteien unterstützte ihn neben dem Zentrum und der Deutschen Staatspartei nur noch der Christlich-Soziale Volksdienst.[66] Else Niemöller hat in einem Brief die Reaktion ihres Mannes überliefert:

> Scheinbar bekommt Brüning doch eine knappe Mehrheit heute. Martin war ganz geknickt. Und daß die Christlich Sozialen so stimmen! Nun, unsere Partei ist es nicht. Jochen hat gebetet: »Lieber Gott, gib, daß Brüning keine Mehrheit bekommt!«[67]

Diese Passage wirft ein Schlaglicht auf die politische Gesinnung im Hause Niemöller Ende 1931. Zunächst sind die bemerkenswerte Geschwindigkeit und Entschiedenheit zu notieren, mit der sich Niemöller vom Christlich-Sozialen Volksdienst abgewandt hatte, den er noch fünf Monate zuvor als Stadtverordneter in Münster vertreten hatte. Der CSVD war die einzige politische Gruppierung im nationalprotestantischen Lager, die sich zu diesem Zeitpunkt weiterhin mit Entschiedenheit den Nationalsozialisten entgegenstellte. Doch für Niemöller dürfte der katholische Zentrumspolitiker Brüning ein rotes Tuch gewesen sein, da er im Reichstag von den Stimmen der SPD abhängig war, welche Nationalprotestanten wie Niemöller mit dem Angriff der gottlosen Säkularisten auf die sittlichen Fundamente der Gesellschaft assoziierten. Sodann ist die unreflektierte Zustimmung zu beachten, mit der Else Niemöller das Gebet ihres gerade einmal neunjährigen Sohnes notierte. Wir erhalten hier Einblick in die Familie eines jener zeitgenössisch als »Stahlhelmpastoren« titulierten Pfarrer, denen beinahe jedes Mittel recht war zur Durchsetzung ihrer nationalistisch-militaristischen Ziele.[68] Aus heutiger Perspektive lässt sich dieses Verhalten nur als bigott bezeichnen.

Schließlich stellt sich die Frage nach den politischen Zielen. Wenn Niemöller Heinrich Brüning so entschieden ablehnte, verwarf er auch dessen

Politik, die immerhin rudimentäre Reste parlamentarischer Kontrolle enthielt und sich in Buchstaben und Geist im Rahmen der Weimarer Verfassung bewegte. Was war die Alternative? An der Jahreswende 1931/32 bestand sie im Übergang zu einem autoritären Regime unter völliger Ausschaltung des Reichstages – entweder mit Unterstützung der Rechtsparteien und einem von diesen bestimmten Kanzler oder unter Führung der NSDAP.[69] Ob Niemöller 1931/32 die Ernennung Hitlers zum Reichskanzler unterstützte, muss aus Mangel an zuverlässigen Quellen offenbleiben.[70] Ohne jeden Zweifel lässt sich aber sagen, dass er zu dieser Zeit die endgültige Zerstörung des parlamentarisch-demokratischen Systems befürwortete.

Während des Prozesses vor dem Berliner Sondergericht 1938 sagten mehrere der von Niemöllers Verteidigern bestellten Zeugen aus dem Umfeld der Dahlemer Gemeinde aus, dass der Pfarrer Niemöller dort bereits vor 1933 als ein überzeugter »uralter Nationalsozialist« bekannt gewesen sei.[71] Doch diese Aussagen sind als Schutzbehauptungen zur Entlastung des Angeklagten zu verstehen und können keine Glaubwürdigkeit beanspruchen, zumal sie nicht durch andere Quellen aus dem unmittelbaren Kontext der Jahre 1931/32 bestätigt werden. Sehr viel zurückhaltender und dichter an der historischen Wahrheit war die Aussage von Ernst Brandenburg, der zu dieser Zeit als Ministerialdirektor im Reichsinnenministerium arbeitete. Seinem Zeugnis zufolge war der Dahlemer Pfarrer Niemöller im Jahr 1932 jemand, der »seine Kinder in großer Vaterlandsliebe aufzog«, dessen »Jungens alle militär-fromm waren« und der »selber an seinen alten soldatischen Erinnerungen mit Liebe hing«. Brandenburg bezeichnete Niemöller als einen »leidenschaftlichen Nationalisten und Gläubigen« und einen »schlichten, frommen Christen« – eine Charakterisierung, die mit dem historischen Befund übereinstimmt.[72]

Während Niemöllers politische Einstellungen in den Krisenjahren 1931/32 nur schwer zu bestimmen sind, lassen sich seine Reflexionen zu Fragen der christlichen Ethik ohne weiteres nachvollziehen. Wir haben bereits notiert, dass Niemöller nach dem Einleben in den Alltag des Dahlemer Gemeindebetriebes seit dem Herbst 1931 täglich über einige freie Zeit verfügte, die er für eine intensive Lektüre und »einige Gedanken« über das Gelesene nutzte.[73] Sein Lektürepensum dürfte vor allem im Bereich der theologischen Literatur recht ausgreifend gewesen sein, wenngleich es sich nur zum Teil rekonstruieren lässt. Auf jeden Fall zählten dazu Bücher von Friedrich Naumann, Eduard Spranger, Marianne Weber, deren 1926 erschienenes *Lebensbild* ihres Mannes Max er zitierte, und Max Scheler (*Vom Ewigen im Menschen*, 1921). Hinzu kamen Aufsätze der Theologen Karl Barth, Hermann Sasse, mit dem Niemöller 1933 in der Jungreformatorischen Bewegung zusammentraf, und Friedrich

Gogarten.⁷⁴ Vor allem Gogarten hat Niemöller nachhaltig beeinflusst. Am 3. Oktober 1932 hörte er ihn im Rahmen der Berliner Missionswoche zum Thema »Schöpfung und Volkstum« sprechen, scheint dann aber auch die bald darauf in der Zeitschrift *Zwischen den Zeiten* gedruckte Fassung des Vortrags gelesen zu haben.⁷⁵

Auf der Basis des Gelesenen notierte Martin Niemöller in seinem Amtskalender auf fast 40 Seiten Exzerpte und Reflexionen zu den in dieser Lektüre angesprochenen Themen. Diese Notate sind undatiert, aber da sie mit einem Hinweis auf Gogarten beginnen und Exzerpte aus dessen Vortragsmanuskript breiten Raum einnehmen, spricht manches dafür, dass die Niederschrift dieser Reflexionen auf dessen Vortrag reagierte und somit in den letzten drei Monaten des Jahres 1932 erfolgte. Neben Fragen der christlichen Jugendarbeit und Pädagogik kreisten Niemöllers Notizen um zwei große Themenkreise. Zum einen ging es unter der Überschrift »Altes Testament und Evangelium« um den Platz des Alten Testaments – und damit auch des Judentums – in der christlichen Heilsbotschaft. Da diese Fragestellung eng mit dem seit dem Auftreten der Deutschen Christen tobenden Streit um den Platz des Antisemitismus in der protestantischen Kirche verknüpft ist, werden wir sie im nächsten Kapitel im Kontext des Konflikts um die Anwendung des »Arierparagraphen« in der Kirche behandeln.⁷⁶

Der andere große Themenkreis dieser Notate war die Krise eines individualistischen Verständnisses des Christentums, wie es die liberale Theologie vertrat, und die damit einhergehende Krise des Individualismus überhaupt. Ein wichtiges Symptom dieser Krise war für Niemöller die Beobachtung, dass es »keine allgemein anerkannten Formeln und Formen« mehr gebe, da »heute alles zweifelhaft« sei. Niemöller reagierte also auf die Relativierung aller Normen und Wertmaßstäbe, die er als Konsequenz eines individualistischen Freiheitsverständnisses interpretierte. An die Stelle der Heteronomie oder Fremdbestimmung des Menschen sei nach Immanuel Kant die Betonung der Autonomie des Subjekts und seines guten Willens getreten. Er pries Friedrich Gogarten dafür, dass er den »Fehler im heutigen Verständnis des Guten« aufgedeckt habe, der darin liege, dass die Menschen sich nur »in Freiheit der Norm« beugen könnten. Damit rede der Mensch sich ein, so frei wie Gott zu sein, aber, so Niemöller: »Gott ist nicht das Maß für den Menschen.«⁷⁷

Wie andere protestantische Theologen der Zeit verstand Niemöller die ethische Krise der Gegenwart als Ergebnis der korrosiven Tendenzen der liberalen Gesellschaftsordnung und ihres Kernprinzips, der »Eigengesetzlichkeit« von Lebensordnungen, die sich in Formeln wie »Politik als Beruf« oder »Wirtschaft als Beruf« sowie in der »Autonomie der Pädagogik« spiegelten.

Ein übergreifender sittlicher Rahmen konnte so nicht mehr existieren. Niemöllers Antwort auf diese Krise lag aber nicht in dem Gedanken der innerweltlichen Erlösung, den etwa die totalitäre Pseudoreligion des Nationalsozialismus mit ihrem Glauben an »Krieg, Masse, Führer« vertrat. Er beharrte darauf, dass es »unmöglich« sei, »den religiösen Impuls einsperren zu wollen in den Käfig einer Praxis«. Christlicher Glaube sei nicht nur Glaube an die Erlösung, sondern müsse auch die »Forderung« Gottes an die Menschen ernst nehmen, die sich auf alle Lebensbereiche und Lebensordnungen der Gesellschaft erstrecke.[78]

In der Krise des Individualismus waren Bindungskräfte gefragt, die den zentrifugalen Tendenzen der liberalen Ordnung entgegenwirkten. Sowohl im politischen Raum als auch in der theologischen Diskussion vertraten viele Interpreten die Auffassung, dass im Kollektiv des deutschen Volkstums eine solche Bindewirkung begründet sei. Genau an dieser Stelle kam für Niemöller Friedrich Gogarten ins Spiel. Gogarten hatte sich in seinem Vortrag im Oktober 1932 mit der Frage auseinandergesetzt, ob die »volkhafte Verbundenheit« der Menschen auf »Setzungen« Gottes zurückgehe oder nur eine »zufällige« Form sei. Er erkannte durchaus an, dass die Bindewirkung des Volkstums den Forderungen Gottes »ähnlich« sei, unter deren Gesetz die Menschen als Teil der Schöpfung stünden, lehnte aber die in völkischen Zirkeln weit verbreitete Metapher ab, nach der das Volk ein »lebendiger Organismus« sei. Gogarten nannte dies eine »bedenkliche Rede« und verurteilte die völkisch-nationalsozialistische Vorstellung, nach der sich die Bindewirkung des Volkstums allein »durch das Blut« oder die »Rasse« ergebe, als eine der »grausigen Gedankenlosigkeiten« der Zeit. Für Gogarten stand diese völkische Denkfigur zur Erzeugung von Bindung auf derselben Stufe wie die »anglo-amerikanische«, vom Kapitalismus geprägte »Zivilisation«. Beide Positionen übersahen das für Gogarten wie Niemöller fundamentale Faktum der »Hörigkeit« des Menschen unter dem Gesetz Gottes.[79] Niemöller exzerpierte diese Passagen voller Zustimmung. Und er folgte Gogarten in dessen Berufung auf Gott als den »rechten Vater« (Eph. 3, 15), von dem – so Niemöller in seinen eigenen Worten – letztlich alle »Vaterlandschaft« ausgehe.[80] Deutlicher ließ sich die nationalsozialistische Vorstellung einer sakral aufgeladenen Nation, in der das Volk selbst zur Quelle der innerweltlichen Erlösung werden sollte, kaum zurückweisen.

Martin Niemöller hat sich also in den Jahren 1931/32 intellektuell mit der tiefen Krise von Staat und Gesellschaft auseinandergesetzt, die Deutschland erfasst hatte, wovon die gutbürgerliche Dahlemer Gemeinde aber nur mittelbar betroffen war. Aus seinen Exzerpten und Reflexionen wird deutlich, dass er seine Analyse der Ursachen mit vielen anderen konservativen Protestanten teilte. Demnach war diese Krise durch exzessiven Individualismus und die Folgewirkungen der funktionalen Differenzierung entstanden, in der funktional definierte Teilsysteme ohne eine übergreifende sittliche Ordnung nebeneinanderstanden. Aber Niemöllers Kritik an der Bindungslosigkeit und dem ethischen Relativismus der modernen Gesellschaft führte ihn nicht in das Lager der völkischen Protestanten, die in der innerweltlichen Selbsterhöhung des Volkes zu einer sittlichen Substanz Zuflucht suchten. Nicht nur in religiös-theologischer, auch in kirchenpolitischer Hinsicht gab es 1932 eine deutliche Distanz zwischen Niemöller und der nationalsozialistischen Bewegung. Als die Deutschen Christen bei den Kirchenwahlen im Herbst 1932 auch in Dahlem auf den Plan traten, stellte sich Niemöller dem Eindringen der Parteipolitik in den kirchlichen Raum entgegen und verzichtete sogar auf die Herausstellung inhaltlicher Gemeinsamkeiten zu den evangelischen Nationalsozialisten in seiner Gemeinde, obwohl dies ein Leichtes gewesen wäre. Dabei teilte Niemöller die Kritik am Liberalismus und befürwortete den Kampf gegen die Linke und andere Elemente der NS-Ideologie. In den Jahren 1931/32 nahm er mehrfach zu den Gefahren Stellung, die vom Vordringen des aggressiv antichristlichen Säkularismus der sozialistischen Freidenker und der Propaganda der »Gottlosen« für die sittlichen Fundamente der Nation drohten. Wie für viele andere Nationalprotestanten war damit eine Zone der Übereinstimmung mit der antisäkularistischen Propaganda der NSDAP markiert und eine Brücke gebaut von Niemöller zu den Nationalsozialisten.[81] Doch vor der Machtergreifung Hitlers im Januar 1933 hat Niemöller diese Brücke nicht überschritten.

Teil II

KIRCHENSTREIT UND GLAUBENSKRISE IM »DRITTEN REICH«

7
Die NS-Machtergreifung 1933 als »protestantisches Erlebnis«

Die Machtergreifung der Nationalsozialisten in den Monaten nach dem 30. Januar 1933 war ein facettenreicher Prozess. Auf der einen Seite nutzte Adolf Hitler seine Macht als Reichskanzler, um sich schrittweise der rechtlichen Fesseln der Weimarer Republik zu entledigen und einen totalitären Einparteienstaat zu errichten. Ein Mittel dazu war der gewalttätige Terror gegen die sozialistische Arbeiterbewegung, den die Braunhemden der SA auf den Straßen und die von Hermann Göring als Innenminister in Preußen geleitete Polizei entfachten. Nach der Reichstagswahl vom 5. März 1933 – bei der die NSDAP nur im Bündnis mit der »Kampffront Schwarz-Weiß-Rot«, der früheren DNVP, eine absolute Mehrheit erringen konnte – trieb die Berliner Zentralgewalt die Gleichschaltung der Länder voran. Mit der Verabschiedung des Ermächtigungsgesetzes am 22. März gegen die Stimmen der SPD war die verfassungsrechtliche Grundlegung der Machtergreifung abgeschlossen. Nur eine Woche später, am 1. April, zeigte der Boykott jüdischer Geschäfte und Rechtsanwälte, dass Terror gegen die jüdische Minderheit ein Kernelement des NS-Regimes war. Die seit dem 2. Mai vollzogene Zerschlagung der Gewerkschaften und die im Juni durchgesetzte Auflösung der SPD und aller anderen Parteien schlossen diese erste Phase der gewaltsamen Machtkonsolidierung ab.[1]

Es hieße die historische Bedeutung dieser Monate missverstehen, wenn man nur die durch Terror erzwungene Gleichschaltung der deutschen Bevölkerung sehen würde. Denn neben dem Terror stand das, was ein zeitgenössischer Beobachter als Prozess der »Umstellung« beschrieb. Dabei handelte es sich um eine Fülle von kleinen Schritten und Gesten – vom erneuten Lesen der eigenen Feldpostbriefe aus dem Weltkrieg bis zur Beflaggung des Hauses mit der Hakenkreuzfahne –, mit denen sich Einzelne in die neuen politischen Realitäten hineinfanden und sich aus freien Stücken an sie anpassten.[2] Die Wirkungen dieser Umstellung reichten tief bis in das sozialistische Arbeitermilieu und die kleinbürgerlichen Mittelschichten hinein. Für das bürgerlich-nationalprotestantische Milieu, zu dem Martin Niemöller gehörte, galt dies im besonderen Maße, denn das protestantische Milieu war die »Haupteinbruchstelle des Nationalsozialismus in die deutsche Gesellschaft«, wie sich mit einer Analyse der NSDAP-Wählerschaft vor 1933 zeigen lässt. Für viele Nationalprotestanten war die Machtübernahme der Nationalsozialisten ein Moment der »Erfüllung langgehegter Erwartungen und Hoffnungen sowie der aktiven Teilnahme und Mitarbeit am geistig-politischen Umbruch« der Zeit. Viele Pfarrer stimmten der Zerstörung des verhassten Weimarer Systems und der Bekämpfung des Bolschewismus zu, denn sie teilten die genuin nationalprotestantischen Hoffnungen auf die Schaffung einer homogenen Volksgemeinschaft. In der Machtergreifung sahen sie die ersehnte »Zeitenwende«. Der Umbruch des Jahres 1933 war für bürgerliche Protestanten daher keineswegs eine »Zeit der Illusion« oder eine »Selbsttäuschung« über den wahren Charakter des Regimes. Vielmehr stellte er, wie der Historiker Manfred Gailus treffend formuliert hat, ein erhebendes »protestantisches Erlebnis«, einen Moment der religiös-nationalen Selbstfindung und Selbsterklärung dar.[3] Die *Allgemeine evangelisch-lutherische Kirchenzeitung*, ein weit verbreitetes Kirchenblatt, fasste die Lage bündig in der Feststellung zusammen, Hitlers Ernennung zum Kanzler stelle für mindestens achtzig Prozent der deutschen Protestanten eine »klare Lösung« dar.[4]

Anschauliche Beispiele für die mit der Machtergreifung der Nationalsozialisten verbundene Teilnahme an einer nationalen Zeitenwende gab es in Martin Niemöllers direktem persönlichen Umfeld. Aus Elberfeld hielt seine Mutter Paula die Kinder brieflich auf dem Laufenden. Am 3. Februar gab sie ihrer Hoffnung Ausdruck, dass es mit dem neuen Kanzler nun »endlich wieder aufwärts geht in unserem Vaterland«, und beklagte, dass überhaupt noch eine neuerliche Reichstagswahl nötig sei. Zehn Tage später berichtete sie, dass sie mit ihrem Mann in den Tagen zuvor im Radio Reden von Adolf Hitler, Alfred Hugenberg und Franz von Papen gehört habe, der als Vizekanzler der Regierung Hitler angehörte. »Gott helfe den Leuten, daß sie erreichen, was sie sich vorgenommen«, fasste sie ihre Hoffnung zusammen.[5]

Das war mehr als nur ein frommer Selbstbetrug über die Kraft des Glaubens, vielmehr nahm Paula Niemöller in typisch nationalprotestantischer Manier damit einen Heilsplan Gottes für die Erneuerung der deutschen Nation in Anspruch. In den kommenden Monaten berichtete sie immer wieder über jene symbolischen Gesten, in denen die aktive Umstellung der Familie Niemöller auf die neuen politischen Verhältnisse sichtbar wurde. Anfang Juni hielt ihr Mann Heinrich Niemöller in Elberfeld einen Gottesdienst, den er mit folgenden Worten beendete: »Heut soll ein Dank- und Bittgottesdienst sein. Wir danken Gott, daß Er uns durch die neue Regierung vor dem Bolschewismus bewahrt hat und bitten Ihn, daß Er die Arbeit in der Kirche durch Seinen heiligen Geist regiere.« Mit seinem Vertrauen in die rettende Kraft des NS-Regimes befand sich Heinrich Niemöller in Überstimmung mit seiner Gemeinde, die ihm in diesen Tagen eine Hakenkreuzfahne schenkte. Sie habe diese »nicht geflaggt«, berichtete seine Frau, aber »bei politischen Erfolgen wollen wir es gerne tun«.[6] Der rechte Moment zur Beflaggung kam dann allerdings nicht anlässlich eines Erfolges des neuen Regimes, sondern bei einer symbolischen Reminiszenz an das 1918 untergegangene Kaiserreich, wie Paula Niemöller im September aus Elberfeld berichtete: »An unserm Haus weht seit gestern die Hakenkreuzfahne, unsere alte schwarz-weiß-rote [die Farben des Kaiserreichs] habe ich aber daneben gehängt.«[7] Anlass dazu gab der Besuch des vierten Sohnes von Wilhelm II. – Prinz August Wilhelm von Hohenzollern – in der Stadt.

Sehr viel emphatischer fiel die Umstellung der Familie Niemöller in Bielefeld aus, wo Wilhelm Niemöller seit 1930 als Pfarrer in der Jakobus-Gemeinde amtierte. Martins jüngerer Bruder war der NSDAP bereits 1923 beigetreten, und so war er im Frühjahr 1933 vielfach im Einsatz. Er trat verschiedentlich als Festprediger bei Fahnenweihen von SA-Stürmen auf und weihte dabei Hakenkreuzfahnen. Am 1. Juli nahm »unser alter Kämpfer Pfarrer Niemöller« – so der Bericht in einer nationalsozialistischen Bielefelder Tageszeitung – eine weitere Fahnenweihe vor. »Heute ist für uns ein großer Tag«, erklärte der Pfarrer bei dieser Gelegenheit. »Unsere Herzen erglühen und die Erkenntnis, daß wir für Deutschland und nicht von Deutschland leben sollen, muß sich in uns festigen.«[8]

Wilhelm Niemöller rief nicht nur öffentlich zur Unterstützung der nationalsozialistischen Volksgemeinschaft auf, er war zugleich auch Mitglied der Glaubensbewegung Deutsche Christen. Erst Ende Juni grenzte er sich deutlich von der Reichsleitung der DC ab, was ihm prompt ein seit Juli 1933 laufendes Parteiausschlussverfahren aus der NSDAP einbrachte. Doch Wilhelm Niemöller wollte sich nicht aus der NSDAP herausdrängen lassen. Also legte er – erfolgreich – Widerspruch ein und blieb bis 1945 Parteimitglied. Noch während das Verfahren lief, beteuerte er im Juli 1933 wortreich, dass er zur Not »auch ohne ein Mitgliedsbuch [...] meinem Führer an meinem kleinen Teil dienen kann«.[9]

Martin Niemöller wird zumindest in groben Umrissen gewusst haben, wie seine engsten Verwandten in Elberfeld und Bielefeld die Umstellung auf das »Dritte Reich« vollzogen. Doch wie reagierte er selbst auf die Ereignisse seit dem 30. Januar 1933? Für die Beantwortung dieser Frage liegen keine direkten persönlichen Quellen vor. Das ist erstaunlich, denn für die Zeit bis Januar 1933 und dann wieder von Mai 1933 an gibt es eine relativ dichte Überlieferung durch Briefe zwischen Martin, Else und deren Eltern. Wie ist das zu erklären?

Wilhelm Niemöller hat bereits in den frühen 1960er Jahren diverse Umgruppierungen in den Papieren seines Bruders vorgenommen, zu denen er unbeschränkten Zugang hatte. Zu diesem Zeitpunkt baute er sein »Bielefelder Archiv des Kirchenkampfes im Dritten Reich« auf, zu dessen Kern auch eine Serie von Akten mit Dokumenten von und über Martin gehörte. Die »Persönliche Korrespondenz« von Martin für die Jahre 1933 bis 1935 hat er dabei »aus verschiedenen Gründen aus der allgemeinen Korrespondenz herausgenommen«. Was immer diese Gründe gewesen sein mögen: Der erste, die Monate Februar bis April 1933 abdeckende Band dieser Serie liegt heute nicht mehr vor.[10]

Predigten im Zeichen des nationalen Aufbruchs

Trotz der Überlieferungslücke von Januar bis Mai 1933 ist eines gewiss: Auf die Machtergreifung der Nationalsozialisten reagierte Martin Niemöller keineswegs mit einem Gefühl der »Beklemmung«,[11] im Gegenteil: Er gab seiner Zustimmung zur Machtergreifung als einem Moment der nationalen Einigung und Erhebung beredten Ausdruck.[12] Belege dafür bieten seine Predigten aus den ersten Monaten des Jahres 1933. In dieser Zeit fand Niemöller seinen Stil als Prediger. Er fasste sich in der Regel recht kurz. »Keine langen Predigten ([maximal] 35 Minuten)«, das hatte sein Vater ihm als eine wichtige Maßregel mitgegeben.[13] Martin predigte also kurz, prägnant und in einem antithetischen Stil, in dem auf die Exposition des Themas stets ein »Aber« folgte. Mit diesem zweiten Schritt stellte er das zuvor angesprochene Thema in den Rahmen der christlichen Heilslehre und ihrer zentralen Forderungen, des nötigen Gehorsams gegen Gott und der Aufnahme der christlichen Botschaft in Wort und Sakrament. Es wäre jedoch falsch, diese Rückführung des exponierten Themas auf die christliche Heilslehre als Ausdruck der Skepsis gegenüber den politischen Aussagen des ersten Teils zu verstehen.[14] Anders als sein Bruder weihte Martin Niemöller keine Hakenkreuzfahnen oder rief offen zum Gehorsam gegenüber Adolf Hitler auf.[15] Er sprach als lutherischer Prediger, der die Botschaft des Christentums verkündete. Doch das heißt nicht, dass seine politischen Aussagen nicht authentisch waren.

Die Predigt vom 5. März 1933 macht dies mehr als deutlich. An diesem Sonntag fanden die letzten Reichstagswahlen statt. Am Nachmittag ging Martin »mit Else zur Wahl! Liste 1 bez. 5«. Während Martin Niemöller also die NSDAP wählte – und zwar aller Wahrscheinlichkeit nach zum ersten Mal in seinem Leben –, gab Else der »Kampffront Schwarz-Weiß-Rot« ihre Stimme, in der sich die DNVP mit dem Stahlhelm zu einem Wahlbündnis zusammenfand. Zuvor hatte Niemöller am Morgen um 10 Uhr in der Annen-Kirche gepredigt. In seinem Amtskalender bezeichnete er seine Ansprache ausdrücklich als eine »politische Predigt«, was bestätigt, dass alle politischen Aussagen in dieser Predigt auf innerer Überzeugung beruhen.[16] Und diese Überzeugung war die eines Nationalprotestanten, der am selben Tag der NSDAP seine Stimme gab. Erst mit dem Wissen um diese Stimmabgabe erschließt sich der Sinn der Predigt. Niemöller sprach über die Passion Christi (Matthäus 16, 21–26) und begann mit dem Hinweis, dass die Konzentration auf dieses Thema jedem angesichts der »Fülle der Eindrücke« in diesen Tagen schwerfallen müsse. Mit der »bequemen Formel«, dass »die Politik nicht in die Kirche gehört«, komme man heute nicht mehr weit. Denn das laufende politische Geschehen entscheide »über unser und unseres Volkes Schicksal«. Damit machte Niemöller klar, dass Fragen von nationaler Bedeutung – wie die Errichtung eines auf radikalnationalistischer Ideologie basierenden Gemeinwesens – durchaus in die Kirche gehörten und von jedem einzelnen Christen eine »Stellungnahme« erforderten.[17]

Niemöller führte die Mitglieder seiner Gemeinde an die Aufgabe heran, die durch die Machtübernahme Hitlers erforderliche »Umstellung« als eine persönliche Herausforderung zu begreifen und zu reflektieren. Nach seiner Ansicht kam den Christen dabei eine zentrale Rolle zu. Denn die »Volkwerdung« der Deutschen sei »innerlich vom Christentum getragen«, und »ohne das positive Christentum der Lutheraner und Reformierten und Katholiken« wäre es nicht »unser Volk«. Das war ein direktes Zitat und eine zustimmende Bezugnahme auf das Parteiprogramm der NSDAP, das sich in seinem Artikel 24 auf ein »positives Christentum« ohne Bindung an ein »bestimmtes Bekenntnis« konfessioneller Art berief.[18] Aus dieser Bindung des Volkes an das Christentum zog Niemöller die Schlussfolgerung, dass es »für unser deutsches Volk niemals eine nationale Wiedergeburt […] geben kann, die nicht innerlich getragen wäre von einer Erweckung des christlichen Glaubens«. Wenn Religion nur »Privatsache« sei – womit Niemöller die als säkularistisch interpretierte Weimarer Republik meinte –, dann werde das Volk »entnationalisiert«.[19]

Schließlich bezog sich Niemöller wörtlich auf den »Schutz«, den Hitler den christlichen Kirchen in seiner ersten Rede nach der Ernennung zum Reichskanzler am 1. Februar versprochen hatte. Darin hatte sich dieser dazu bekannt, dass seine Regierung das Christentum als »Keimzelle unseres Volks- und Staatskörpers in ihren festen Schutz nehmen« werde.[20] Der Dahlemer Pfarrer sprach Hitler ausdrücklich von dem »Verdacht« frei, mit einer solchen Rede »Gott zu einem Mittel seiner Ziele und Pläne machen« zu wollen, also sich aus rein egoistisch-taktischen Gründen auf den christlichen Glauben bezogen zu haben. Bei einem solchen Verdacht gerate aus dem Blick, dass ein »deutscher Staatsmann« die Verantwortung vor seinem Volk stets »vor Gott« trage.[21]

»Aber« – an dieser Stelle folgte jene rhetorische Entgegensetzung, derer sich Niemöller in der Regel bediente: Allein mit einer Regierung, welche die »Schicksalsverbundenheit von Volkstum und Christentum bejaht«, sei eine »Garantie für äußeren Aufstieg und innere Gesundung« der Nation nicht gegeben. Der Rest der Predigt entfaltete den ebenso simplen wie zentralen Grund für diese Einschränkung: Voraussetzung dafür sei, dass der christliche Glaube in der Nation »lebendig« und wirksam sei. Dafür aber sei es nötig, dass die einzelnen Christen »den Weg der Nachfolge Christi« gingen und sich mit diesem »Christendienst« dem Herrn in »Gehorsam« unterstellten. Erst dies sei der eigentliche und »größte Dienst« der Christen am deutschen Volk, »denn ohne christliche Erneuerung keine Wiedergeburt unseres Volkes!«[22]

Als der NSDAP-Wähler Martin Niemöller am 5. März 1933 vor seine Gemeinde trat, bezog er sich also zustimmend auf das Programm dieser Partei, nahm deren Führer gegen mögliche Kritik an seinen Motiven in Schutz und verwarf ganz ausdrücklich jenes politische System, das die nationale Revolution der Nationalsozialisten gerade gewaltsam zerstörte. Zudem ermahnte er die Mitglieder seiner Gemeinde, sich des schicksalhaften Charakters der vor ihren Augen ablaufenden Umwälzung bewusst zu werden und ihren Glauben zu erneuern, um auf diese genuin christliche Weise zur nationalen »Wiedergeburt« beizutragen.

Niemöllers Predigt vom 5. März 1933 ist als offene Zustimmung zur nationalsozialistischen Machtübernahme und dem damit verbundenen Projekt der nationalen Erneuerung zu verstehen.[23] Sie ist ein eindringlicher Beleg für die »emphatische Selbsttransformation« des Protestantismus Anfang 1933 im Sinne der Teilhabe am Projekt der nationalsozialistischen Revolution.[24] Von der euphorischen Feier der NSDAP und ihres »Führers«, wie sie Wilhelm Niemöller und viele andere den Deutschen Christen angehörende Pfarrer zur selben Zeit von der Kanzel vollzogen, unterschied sich Martin Niemöller nur in einem, allerdings wichtigen Punkt: Die Verschmelzung von Christentum und Volkstum im Konzept einer völkischen Religiosität vermied er. In eher ironischer Weise kommentierte er die umlaufende »Parole ›Volkstum und Christentum‹« und jene »zuversichtlichen Stimmen«, welche die »günstige Situation« für die Verbindung der beiden ausnutzen wollten.[25] Damit blieb Niemöller seiner bereits vor 1933 von Friedrich Gogarten übernommenen Kritik an der Identifikation von Volkstum und Christentum treu, sogar als dieser selbst 1933 wie viele andere Theologen seine frühere Position revidierte und zu den Deutschen Christen überlief.

Die Predigt vom 5. März 1933 steht nicht allein da. Am 30. April predigt Martin Niemöller zum Jubiläum der Berliner Schülerbibelkreise. Wieder gab es ein »Aber«. Es bezog sich auf die Rechtfertigung der angesichts der großen Geschehnisse der Zeit eher marginal erscheinenden Arbeit der Bibelkreise. Doch diese verkündeten eine überaus wichtige »Botschaft«, so Niemöller, und dies sei die »Forderung« Gottes an uns, die »unbedingte Herrschaft Gottes über uns« anzuerkennen. Vor dem »Aber« stand die nationale Emphase, und diese fiel noch deutlicher aus als am 5. März. Das deutsche Volk schicke sich an, »die Ketten zu sprengen, mit denen Haß und Rachsucht der Feinde uns gefesselt hat. Die Parole der nationalen Ergebung ist ausgegeben und hat ein Echo gefunden, das die kühnsten Erwartungen noch übertrifft.« Es sei ein »Wunder«, so Niemöller, dass »unser ganzes 70-Millionen-Volk« auf ein Wort hin zu »marschieren« beginne. Aber letztlich seien es »einzelne, wenige Männer«, welche die »Geschicke« des Volkes bestimmen. Das habe man auch am »Grabe des großen Preußenkönigs« gesehen. Damit spielte Niemöller auf den »Tag von Potsdam« am 21. März an, als Reichspräsident Paul von Hindenburg bei einem Staatsakt in der Potsdamer Garnisonkirche Hitler als Reichskanzler vereidigte.[26] Niemöller fasste die militärische Metaphorik in eine religiöse Sprache, sodass die Umwandlung des deutschen Volkes in eine kampfbereite Gemeinschaft der 70 Millionen zu einem »Wunder« geriet.

In einem im Mai veröffentlichten Artikel äußerte sich Niemöller zu den Konsequenzen der gegenwärtigen »Umwälzung« für das einzelne Individuum. In dieser Situation, in welcher der Einzelne gegenüber der Gemeinschaft als »überflüssig« erscheinen könne, fingen viele Menschen wieder an, »sich nach Gott umzusehen«.[27] In der Tat erweckte der quantitative Befund 1933 den Eindruck eines religiösen Aufschwungs. Während die Zahl der Austritte aus der evangelischen Kirche dramatisch zurückging – von fast 250 000 im Jahr 1931 auf weniger als 50 000 im Jahr 1933 –, verzeichnete die evangelische Kirche allein 1933 rund 325 000 Zugänge. Zu 95 Prozent waren das Konfessionslose, von denen rund die Hälfte die Kirche zuvor verlassen hatte.[28] Welche Schlussfolgerung zog Niemöller daraus? In einer Zeit, in welcher der »Einzelne völlig zurücktritt hinter dem Ganzen«, stelle sich der »Christenheit die Aufgabe, gerade dem Einzelnen seinen Platz zu zeigen, wo er stehen kann.«[29] Mit anderen Worten: Nur durch den Glauben konnte jeder einzelne Deutsche erfahren, wo sein Platz in der Volksgemeinschaft war.

In einer Predigt am 21. Mai kamen dann erstmals wichtige Nuancen zum Vorschein, denn nun forderte Niemöller, dass die Gemeinde das »Ärgernis«

des dem Herrn schuldigen Gehorsams gerade gegenüber jenen vertreten solle, »die die Kirche nur um irdischer Hoffnungen und nationaler Wünsche willen wollen«. Das war eine deutliche Spitze gegen jene Nationalsozialisten, die wie die Deutschen Christen die Kirche vornehmlich als Vehikel innerweltlicher Machtansprüche benutzten. Zugleich brachte Niemöller zum Ausdruck, dass in der »neuen Volksgemeinschaft«, die nun aufgebaut werde, »nicht nur Einigung, sondern auch Abgrenzung und Scheidung« zur Geltung kommen. Als Beispiel diente ihm unter anderem »ein seiner Abstammung wegen entlassener Beamter«. Das war eine direkte Anspielung auf das am 7. April erlassene »Gesetz zur Wiederherstellung des Berufsbeamtentums«, mit dem der NS-Staat jüdische sowie politisch missliebige Beamte aus dem Dienst entfernte.[30]

Seit Juli 1933 ließ Niemöller in seinen Predigten profunde Zweifel erkennen, ob mit dem nationalen Aufbruch dieses Jahres tatsächlich ein religiöser Aufschwung verbunden war. Am 23. Juli sprach er davon, dass »unser Volk« nun doch »keineswegs für die Botschaft Jesu von Buße und Glauben, von Sünde und Gnade aufgeschlossen« sei und »aus aller Unruhe und Betriebsamkeit« letztlich »keine Glaubensbewegung« entstanden sei. Im August brachte er sein Misstrauen gegen die Motive jener zum Ausdruck, die in die Kirche zurückgekehrt waren. Und im Oktober äußerte sich Niemöller bedrückt über die Gefahr, dass aus dem »gegenwärtigen Umbruch« nicht mehr erwachsen werde als eine »natürliche Religiosität«, die nur den selbstbezogenen Ruf »Gott mit uns!« kenne.[31]

Bis zum Herbst 1933 machte sich bei Niemöller also tiefe Skepsis breit, ob der mit der Machtergreifung verbundene nationale Aufbruch sich tatsächlich günstig auf das evangelische Christentum auswirken würde. An der Authentizität seiner anfänglichen nationalprotestantischen Begeisterung über das mit dem »Dritten Reich« gegebene Gemeinschaftserlebnis gibt es aber keinen Zweifel. Denn noch im Februar 1935, als er in seinen Predigten bereits deutliche Kritik an den kirchenpolitischen Maßnahmen des Staates äußerte, sprach er im Rückblick auf den 30. Januar 1933 über den Gegensatz »zwischen der Begeisterung unsres nationalen Gefühls und der Leidenschaft unsres kirchlichen Wollens«, der in den vergangenen zwei Jahren aufgebrochen sei.[32] Der Wahlsieg der NSDAP am 5. März und die Errichtung der Führerdiktatur mit dem Ermächtigungsgesetz vom 23. März fanden weiterhin Niemöllers Zustimmung.

Auch die Deutschen Christen fühlten sich ermutigt. Sie forderten die Schaffung einer einheitlichen Reichskirche, welche die 28 selbstständigen Landeskirchen zusammenfassen sollte, die Abschaffung des durch die Synoden verkörperten parlamentarischen Elements und die Gleichschaltung der

Kirche mit dem NS-Staat durch die Einsetzung von Staatskommissaren. In Mecklenburg preschte der dortige Ministerpräsident Walter Granzow vor und setzte am 22. April einen Staatskommissar ein, musste aber auf Druck Hitlers bereits vier Tage später einen Rückzieher machen. Dieser berief am 25. April den früheren Marinepfarrer Ludwig Müller offiziell zu seinem Bevollmächtigten für die evangelische Kirche. Müller sollte auf die innerkirchlichen Bestrebungen zur Kirchenreform und ebenso auf das Auftreten der Kirchenvertreter Einfluss nehmen. Unterdessen hatte der deutsche Evangelische Kirchenbund, ein 1922 geschaffenes Koordinationsgremium der Landeskirchen, einen nach seinem Vorsitzenden Hermann Kapler benannten dreiköpfigen Ausschuss eingesetzt. Der Kapler-Ausschuss sollte die evangelischen Kirchen nach außen vertreten und Wege zu einer Reform und stärkeren Bündelung der Kirchen beraten. Dabei musste er notgedrungen im Mai auch Ludwig Müller hinzuziehen.[33]

Für Martin Niemöller tat sich in diesen Wochen ein Dilemma auf. Auf der einen Seite betrachtete er das radikale Auftreten der Berliner DC, die ihm aus den Dahlemer Kirchenwahlen vom November 1932 gut bekannt waren, mit Unruhe. Nach der Reichstagung der Deutschen Christen in Berlin vom 3. bis 5. April notierte er: »Die ›Deutschen Christen‹ werden aufsässig! Wenig erfreuliche Prognose.«[34] Auf der anderen Seite legte Niemöllers generelle Zustimmung zum Programm der nationalsozialistischen Machtergreifung eine fundamentale Gegnerschaft zu den DC nicht von vornherein nahe. So stellte es nach den Worten von Else Niemöller eine gewisse »Versuchung« dar, als ihr Mann im Mai 1933 Besuch von Pfarrer Horst Schirmacher bekam, einem alten Bekannten aus der Arbeit in der Inneren Mission in Westfalen. Dieser war inzwischen einer der Direktoren des Central-Ausschusses der Inneren Mission in Berlin und zugleich einer der Berater von Ludwig Müller, der seit dem 16. Mai offiziell auch als Schirmherr der DC amtierte. Schirmacher suchte Niemöller für eine Mitarbeit bei den Deutschen Christen »zu gewinnen«. Dieser ließ den Gast aber »unverrichteter Sache wieder gehen«.[35]

Die Jungreformatorische Bewegung

Schirmachers Offerte sollte möglicherweise den Eintritt Niemöllers bei der Jungreformatorischen Bewegung verhindern, die am 9. Mai in Berlin gegründet wurde. Zu ihren Gründungsmitgliedern zählten Walter Künneth, der Leiter der Apologetischen Centrale in Spandau, und Hanns Lilje, Generalsekretär der Deutschen Christlichen Studentenvereinigung. Schirmacher besuchte

Niemöller erstmals am 13. Mai. Vier Tage später fand sich Künneth am Nachmittag in der Cecilienallee 61 ein. Bei diesem Besuch fiel ihm ein signiertes Foto von Kaiser Wilhelm II. in Uniform auf, das über Niemöllers Schreibtisch hing. Am Abend war dann wieder Schirmacher für mehrere Stunden zu Gast. Vermutlich umwarben beide kirchenpolitischen Strömungen den dynamischen und über Berlin hinaus bekannten Dahlemer Pfarrer.

Bei Niemöllers Entscheidung, der viele Telefonate vorausgingen, scheint Else eine gewisse Rolle gespielt zu haben. Denn als Niemöller zu einer Versammlung der Jungreformatoren eingeladen wurde, riet sie ihm »dringend« zu.[36] Bereits am 19. Mai nahm Niemöller dann mit Künneth und Theodor Heckel, einem am Kirchenbundesamt tätigen Oberkonsistorialrat, an einer Pressekonferenz teil, auf der die Richtlinien der Bewegung vorgestellt wurden. An deren Formulierung hatte auch Niemöller mitgewirkt, der nun gemeinsam mit Künneth und Lilje die Leitung der Jungreformatoren übernahm.[37]

Die neue Bewegung machte von Beginn an klar, dass sie wohlwollend gegenüber dem nationalsozialistischen Staat eingestellt war. In einem ihrer programmatischen Texte hieß es: »Wir fordern, daß die Kirche in freudigem Gehorsam den von der deutschen Freiheitsbewegung geschaffenen Staat anerkennt.«[38] Doch mit solchen staatsfrommen Bekenntnissen allein ließen sich die Vorwürfe der DC nicht entkräften. Diese zählten die Jungreformatoren zu den »reaktionären« Kräften, die sich gegen die von der NSDAP begonnene Revolution stellten. Also trat Anfang Juni eine »nationalsozialistische Arbeitsgemeinschaft« innerhalb der Jungreformatoren hervor, die sich aktiv gegen die »Gleichsetzung von Nationalsozialismus und Deutschen Christen« wandte.[39] In ihrem »Organisationsplan«, welcher der ebenso berlin- wie kopflastigen Jungreformatorischen Bewegung durch Anknüpfung an lokal bestehende Bruderschaften und Vereine einen Unterbau verschaffen sollte, hieß es ausdrücklich, dass alle zu »Gemeindeführern« ernannten Männer – Frauen gab es bei den Jungreformatoren nicht – »das Vertrauen der nationalen Bewegung«, also der örtlichen NSDAP, genießen sollten.[40]

Einen wichtigen Hinweis auf die Hintergründe solcher Rhetorik vermittelt die beste Teilbiographie von Martin Niemöller, die bisher vorliegt. Sie stammt von Franz Hildebrandt (1909–1985). Im Juni 1933 in der Berliner Nicolai-Kirche zum Pfarrer ordiniert, legte er, dessen Mutter aus einer jüdischen Familie stammte, sein Amt nieder, als die Evangelische Kirche der altpreußischen Union (ApU) im September 1933 einen »Arierparagraphen« für Pfarrer einführte. Im Februar 1934 und dann wieder im Juli 1937 übernahm Hildebrandt Niemöllers Dahlemer Gottesdienste, als dieser suspendiert beziehungsweise inhaftiert war. Im August 1937 emigrierte er schließlich nach England.

Als Mitglied des linken Flügels der Bekennenden Kirche verfügte Hildebrandt, der seit 1927 mit Dietrich Bonhoeffer befreundet war, über ein zugleich unabhängiges und fundiertes Urteil zu Niemöller. In London verfasste er eine biographische Würdigung Niemöllers, die 1938 unter dem Titel *Martin Niemöller und sein Bekenntnis* anonym erschien und unter anderem vom »Schweizerischen Hilfswerk für die Bekennende Kirche in Deutschland« gedruckt und vertrieben wurde. In Deutschland von der Zensur rasch verboten, zirkulierte ein kürzerer Auszug in einer Auflage von 60 000 Exemplaren.[41] Hildebrandt zeichnete hier das Porträt eines Mannes, der nicht nur aus nationaler oder nationalprotestantischer, sondern aus nationalsozialistischer Überzeugung heraus in die kirchenpolitischen Auseinandersetzungen des Jahres 1933 eintrat. Ganz konkret mit Blick auf die Verlautbarungen der Jungreformatoren formulierte Hildebrandt, es sei Niemöller gewesen, der hier »den Ton darauf legt, daß dem neuen Staat nicht nur sein Recht, sondern das Prädikat des Retters und Befreiers auch von der Kirche zuerkannt werde. Wo andere Hände die Ausdrücke wie ›Erhebung‹ und ›Umbruch‹ tilgten, da geschah es gegen den Willen Niemöllers.«[42]

Die Jungreformatoren stimmten mit den Deutschen Christen in der Befürwortung des NS-Staates überein, und es gab noch eine Reihe weiterer programmatischer Überschneidungen. So begrüßten beide Gruppen die Zusammenfassung der 28 Landeskirchen zu einer nationalen »Einheitskirche« mit einem Reichsbischof an der Spitze. Das war eine Forderung, die seit der Aufhebung des landesherrlichen Kirchenregiments 1918 verschiedentlich in protestantischen Zirkeln diskutiert worden war. Auch in ihrer Abneigung gegen die aus ihrer Sicht überalterten und bürokratisch erstarrten Kirchenbehörden in den Landeskirchen trafen sich die beiden Gruppen. Entschiedenen Widerspruch legten die Jungreformatoren allerdings gegen alle Versuche des Staates ein, die Freiheit der Kirche zur autonomen Regelung ihrer Angelegenheiten zu beschneiden. Als Maßstab für die sich aus der Diskussion von Themen wie »Volk, Rasse, Staat« ergebenden Fragen in der Reform der Kirche diene nur »das reformatorische Bekenntnis«. In der Konsequenz war dies auch eine Ablehnung der von den Deutschen Christen vertretenen Forderung nach dem Ausschluss von »Nichtariern« – also getauften Juden – aus der Kirche. Nach Auffassung der Jungreformatoren seien »die Christen jedes Volkes und jeder Rasse als vor Gott gleiche Kinder der Einen Kirche *unbedingt*« anzuerkennen. Allerdings sollte die Kirche nur »deutsche Menschen zu ihren Führern« berufen, was »Judenchristen« in den Kirchenleitungen ausschloss.[43]

Im Mai und Juni stand die Person des künftigen Reichsbischofs im Zentrum der kirchenpolitischen Auseinandersetzungen. Bereits auf ihrem

Presseempfang am 19. Mai hatten sich die Jungreformatoren dafür ausgesprochen, Friedrich von Bodelschwingh zum Reichsbischof zu ernennen. Der Leiter der Betheler Anstalten verkörpere, so ihr Argument, »die freie, nur an das Evangelium gebundene Kirche«. Niemöller, der mit Bodelschwingh seit der gemeinsamen Arbeit in der Inneren Mission in Westfalen gut befreundet war, konnte die Mitglieder des dreiköpfigen Kapler-Ausschusses, der über Fragen der Kirchenverfassung beriet, hinter den Kulissen von einer Unterstützung Bodelschwinghs als Kandidat überzeugen.[44] Währenddessen tobte in den Reihen der Deutschen Christen ein Machtkampf zwischen Ludwig Müller, der als Schirmherr den gemäßigten Flügel stärken sollte, und der radikalen Gruppe um den Berliner Pfarrer Joachim Hossenfelder. Auf einem Treffen der DC-Gauleiter in Berlin setzte sich Hossenfelder durch, doch propagierten die Deutschen Christen Ludwig Müller als ihren Kandidaten für das Amt des Reichsbischofs.[45]

Am 26. und 27. Mai trafen sich die Vertreter der Landeskirchen im Berliner Kirchenbundesamt, um einen Reichsbischof zu küren. Niemöller hatte Bodelschwingh dorthin begleitet und geriet mit dem bayerischen Bischof Hans Meiser aneinander. Dieser optierte zunächst für Müller, da er sich davon eine stärkere Autonomie der Landeskirchen versprach, was Niemöller erregt als »Feigheit« anprangerte. Bodelschwingh zufolge zeigte sich hier »zum ersten Mal« Niemöllers »kämpferische Haltung, die ohne alle menschliche Rücksicht nur geradeaus gehen konnte«. Gerade weil Niemöller der NSDAP nahe stand, so Bodelschwingh, »wusste er um die Gefahr eines Hineinströmens dieser politischen Kräfte in das kirchliche Leben«. Nach mehreren Abstimmungen sprach sich schließlich bis auf drei Bischöfe die Mehrheit der Kirchenvertreter für Bodelschwingh als Reichsbischof aus.[46]

Doch Bodelschwingh agierte nur vier Wochen als designierter Reichsbischof. Dafür gab es drei Gründe. Der erste hing mit Prozeduren zusammen. Das Amt des Reichsbischofs war besetzt worden, bevor die genauen Umrisse der künftigen Kirchenverfassung festgelegt waren. Eine wichtige Aufgabe des Designierten bestand darin, sich an der weiteren Ausgestaltung der Reichskirchenverfassung zu beteiligen. Aber die Ungewissheit über das Prozedere schwächte Bodelschwinghs Position, und das erlaubte es – zweitens – den Deutschen Christen, eine Kampagne gegen ihn zu starten, die sie mit Artikeln, Reden und Kundgebungen auch unter Beteiligung von SA und HJ betrieben. Entscheidend waren jedoch – drittens – Entwicklungen in der preußischen Landeskirche der ApU, der mit Abstand größten in Deutschland. Nicht zuletzt unter dem Eindruck dieser Kampagne gegen Bodelschwingh trat Hermann Kapler, der neben der Arbeit in dem nach ihm benannten

Verfassungsausschuss Präsident des Evangelischen Oberkirchenrates (EOK) war, der obersten Kirchenbehörde der ApU, am 8. Juni von seinem Präsidentenamt zurück. Daraufhin setzte der Kirchensenat der ApU den rheinischen Generalsuperintendenten Ernst Stoltenhoff kommissarisch als Präsidenten des EOK ein.

Das bot dem preußischen Kultusminister Bernhard Rust einen Vorwand, den erst im Mai zwischen dem Staat Preußen und der ApU abgeschlossenen Kirchenvertrag verletzt zu sehen, denn nach diesem hatte der Staat eine solche Besetzung zu prüfen. Rust bestellte daher am 24. Juni August Jäger – DC-Mitglied und Landgerichtsrat – zum Staatskommissar für alle preußischen Landeskirchen, darunter auch die ApU. Jäger löste sofort alle gewählten Kirchenorgane auf und ernannte Friedrich Werner, einen Rechtsanwalt und NS-Karrieristen ohne jede engere Kirchenbindung, zum Präsidenten des EOK, und Joachim Hossenfelder ernannte Jäger selbst zum geistlichen Vizepräsidenten des EOK. Die Führung der ApU war damit fest in der Hand der Deutschen Christen. Da auch die Vertreter der Landeskirchen nun der Auffassung zustimmten, dass Bodelschwingh erst nach Abschluss der Verfassungsberatungen effektiv als Reichsbischof amtieren könne, trat dieser am 24. Juni zurück.[47]

Am Tag seiner Ernennung zum Reichsbischof hatte Bodelschwingh Martin Niemöller und den westfälischen Pfarrer Gerhard Stratenwerth zu seinen »Adjutanten« berufen. Beide machten sich sofort daran, die Arbeit des designierten Reichsbischofs hinter den Kulissen und in der Öffentlichkeit zu unterstützen. Über Pfingsten reiste Niemöller nach Bielefeld, wo er mit seinem Bruder Wilhelm und einer Gruppe von Pfarrern der Kirchenprovinz über eine öffentliche Erklärung zugunsten Bodelschwinghs beriet. Auch im Rahmen der Jungreformatorischen Bewegung setzte sich Niemöller für Bodelschwingh ein. Am 15. Juni sprach eine Delegation der Jungreformatoren bei diesem vor. Eine »Verständigung mit Hossenfelder« sei, so der Tenor ihrer Intervention, »unmöglich«, und den DC gegenüber dürfe nicht die »geringste Schwäche« gezeigt werden. Um die Position Bodelschwinghs zu stärken, sei die Weiterarbeit an einem Verfassungsentwurf für die künftige Reichskirche zu forcieren. Niemöller wirkte an diesen parallel ablaufenden Verhandlungen mit der Erarbeitung von Textentwürfen mit.[48] Doch einige lutherische Landeskirchen schwächten die Position Bodelschwinghs, indem sie Bedenken an der rechtlichen Gültigkeit seiner Berufung äußerten. Die Kampagne der Deutschen Christen gegen den Reichsbischof hielt derweil an. Bei einer Sitzung im Kirchenbundesamt am 17. Juni platzte Niemöller ob dieser Obstruktionspolitik der Kragen. »Explodiert« und »[Ludwig] Müller stinkt«, notierte er in seinem Amtskalender.[49]

Am 23. und 24. Juni fand dann in Eisenach eine Versammlung der Kirchenvertreter statt, an deren Ende Bodelschwingh als designierter Reichsbischof zurücktrat, nachdem eine Mehrheit der lutherischen Bischöfe ihm in einem separaten Treffen das Vertrauen entzogen und damit seine Position gegenüber den Deutschen Christen unterminiert hatte.[50] Niemöller begleitete Bodelschwingh nach Eisenach. Zwei Tage zuvor hatte er diesem persönlich seine »Demission« als Mitarbeiter erklärt, nachdem er ihm die Gründe dafür bereits brieflich erläutert hatte. Niemöller wies Bodelschwingh in diesem Zusammenhang darauf hin, dass viele Gegner es als eine »Herausforderung« betrachten würden, wenn er, Niemöller, in Eisenach erscheinen würde. Ohnehin sei seine Rolle in den Verhandlungen über die personelle Neuregelung in der ApU nunmehr beendet.

Niemöller forderte Bodelschwingh in eindringlichen Worten auf, sich schon jetzt mit den Konsequenzen auseinanderzusetzen, wenn er als Reichsbischof in Eisenach »beiseitetritt oder getreten wird«. Zur Entscheidung stehe die Frage, ob die evangelische Kirche künftig »ein Salz für unser Volk und für unser Staatswesen sein wird oder lediglich eine religiöse Organisation inmitten eines entschlossen auf das Diesseits gerichteten Volkes!« Eine Einigung mit der »Gegenseite«, den Deutschen Christen, könne es erst dann geben, »wenn man drüben unzweideutig erkennen läßt, daß es um die Botschaft von dem biblischen Christus gehen soll, also um Buße und Glauben, um Sünde und Gnade, und nicht um irgend ein kämpferisches Ideal«. Die Kirche müsse »auf dem Bekenntnis stehen« und nicht auf der »Majorität« von Synoden. Wenn sich die Kirchenvertreter nicht zur Unterstützung Bodelschwinghs zusammenfänden, müsse man »den Mut zum Schisma im Notfall haben«. Und wenn dabei diejenigen zum Schisma gedrängt würden, die auf dem Boden des Bekenntnisses stehen, »dann ist die Kirche der Reformation zerstört«.[51]

An diesen Formulierungen ist die Entschiedenheit auffällig, mit der Niemöller das »heldische« Frömmigkeitskonzept der Deutschen Christen mit der Fokussierung auf den Dualismus von Sünde und Gnade als Kern der Erlösungsreligion zurückwies. Bemerkenswert ist aber vor allem die Konsequenz, mit der er bereits zu diesem Zeitpunkt, noch vor dem Beginn des eigentlichen Kirchenstreits und vor der Formierung der Bekennenden Kirche, eine Separierung der bekenntnistreuen Kräfte als ein notwendiges »Schisma« antizipierte. In den vier Wochen, in denen Bodelschwingh als designierter Reichsbischof amtierte, rückte Martin Niemöller endgültig von der kleinen Bühne der Dahlemer Gemeinde ins Rampenlicht einer breiten kirchlichen Öffentlichkeit und ins Zentrum der kirchenpolitischen Auseinandersetzungen im »Dritten Reich«.

Die in Niemöllers Brief ausgesprochene Bereitschaft zur Sammlung und Aktivierung bekenntnistreuer Christen hatte unmittelbar Konsequenzen. Bereits am 26. Juni trafen sich Vertrauensmänner der Jungreformatoren in Niemöllers Dahlemer Haus. Sie forderten die Mitglieder der Bewegung auf, sich in ihren Gemeinden zusammenzuschließen und zwei Erklärungen zu verbreiten, die Bodelschwingh beziehungsweise die von einer Amtsenthebung bedrohten Generalsuperintendenten in der ApU verfasst hatten. Am folgenden Tag, dem 27. Juni, setzte August Jäger dann Otto Dibelius ab, den Generalsuperintendenten der Kurmark, der regelmäßig an Niemöllers Dahlemer Gottesdiensten teilnahm. Sein Berliner Amtskollege Emil Karow wurde einen Tag später abgesetzt.

Einige Tage danach verfasste Niemöller mit Kurt Scharf, dem Pfarrer der nördlich von Berlin gelegenen Gemeinde Sachsenhausen, einen Aufruf an die Pfarrer der Mark Brandenburg. Mehr als 150 Pfarrer der brandenburgischen Kirchenprovinz schlossen sich diesem Aufruf an. In Berlin unterzeichneten bis zum 6. Juli 106 Pfarrer eine ähnliche Erklärung. In all diesen Aufrufen und Erklärungen stand das Bemühen im Zentrum, die Freiheit der kirchlichen Verkündigung gegen staatliche Eingriffe zu verteidigen. Niemöller betonte in seinem mit Scharf verfassten Text, dass sich das Handeln der Kirche »ausschließlich« an der Heiligen Schrift orientieren solle.[52] Der Aufruf der Generalsuperintendenten, den Niemöller ebenfalls entworfen hatte, wandte sich ausdrücklich dagegen, dass das Evangelium »politisch verfälscht« werde.[53]

Der Konflikt zwischen der von den Deutschen Christen gewaltsam usurpierten Kirchenleitung der ApU um Friedrich Werner und Joachim Hossenfelder und den abgesetzten preußischen Generalsuperintendenten steuerte am 2. Juli 1933 einem ersten Höhepunkt entgegen. Letztere hatten für diesen Sonntag zu einem »Buß- und Bittgottesdienst« aufgerufen, in dem die »ganze Not unserer Kirche« zum Ausdruck kommen sollte, während der von den Deutschen Christen kontrollierte Oberkirchenrat die Gemeinden zu einem Dankgottesdienst aufrief, für den die Kirchen mit der Hakenkreuzfahne zu beflaggen waren. In der Kaiser-Wilhelm-Gedächtniskirche waren zu beiden Seiten des Altars SA-Fahnen aufgestellt, und Joachim Hossenfelder predigte vor einer Gemeinde, die überwiegend aus SA-Leuten im Braunhemd bestand. In der Lazarus-Gemeinde im Osten Berlins fand an diesem Morgen eine Massentrauung der Deutschen Christen mit mehr als vierzig Paaren statt. Die meisten Bräutigame waren SA-Männer, die sich nachträglich kirchlich trauen ließen.[54]

In der Dahlemer Gemeinde hielten Niemöller, Röhricht und Fritz Müller am 2. Juli gemeinsam einen Buß- und Betgottesdienst in der Jesus-Christus-

Kirche ab, der mit kurzen Predigten der drei Pfarrer endete. Niemöller konzentrierte sich dabei auf die Feststellung, dass der Staat auf die »freie Verkündigung« der Botschaft Jesu und eine »freie Kirche« angewiesen sei. Auf diesen Kern seiner Ansprache folgte das übliche einschränkende »Aber«, mit dem er die einleitende Aussage auf die christliche Verkündigung zurückführte, nachdem er sich zuvor klar dazu bekannt hatte, dass Christen stets »gute Volksgenossen und Patrioten, gehorsame Bürger und Untertanen sein müssen«.[55] Bei allem Streit über die innere Unabhängigkeit der evangelischen Kirche war er im Juli 1933 offensichtlich immer noch nicht bereit, von seiner emphatisch staatstreuen und nationalistischen Rhetorik abzulassen.

Interessanter als die Ansprachen der drei Pfarrer war allerdings die Struktur des Gottesdienstes. Er begann mit einer Verlesung der Erklärung Hossenfelders und des Aufrufs der Generalsuperintendenten. Danach verlasen die drei Pfarrer im Wechsel ausgewählte Passagen von Werken Luthers über die geistige und weltliche Obrigkeit. Sowohl das Glaubensbekenntnis als auch das Vaterunser wurden gemeinsam von Pfarrern und Gemeinde gesprochen. Die Weigerung vieler Pfarrer, die Gebete nicht allein, sondern mit der Gemeinde zu sprechen, sorgte seit den 1870er Jahren immer wieder für heftigen Streit. Die Dahlemer Gemeinde aber fand in dieser Zeit eine liturgische Form, die später viele Gemeinden der Bekennenden Kirche übernahmen und die auch heute in den lutherischen Kirchen üblich ist. So gelang es, die Opposition der Gemeinde »in der Gestalt der Liturgie zum Ausdruck zu bringen«.[56]

Die Zuspitzung des Gegensatzes zwischen den Deutschen Christen und den um die Jungreformatoren gruppierten bekenntnistreuen Kreisen war allerdings im Juli noch nicht so weit gediehen, dass jede Verständigung unmöglich erschien. Ende Juni machte sich etwa Wilhelm Niemöller noch Hoffnungen, dass eine Einigung unter alten Marinekameraden hergestellt werden könne. Er schrieb seinem Bruder Martin, dass ein Pfarrer aus Herford versuchen werde, ein Treffen zwischen Admiral Erich Raeder, dem Chef der Reichsmarine, Ludwig Müller, dem früheren Marinepfarrer, und Martin zu arrangieren, bei dem Niemöller im Auftrag Bodelschwinghs sprechen solle.[57] Zu einem solchen Treffen kam es nicht. Dafür waren Eingaben der kirchlichen Opposition – darunter auch eine von Martin Niemöller – erfolgreich, in denen der Reichspräsident von Hindenburg zum Eingreifen aufgefordert wurde. Dieser ermahnte Hitler bei einem Treffen am 29. Juni, ein Ende des Streits in der evangelischen Kirche herbeizuführen. Am 1. Juli veröffentlichte die Presse – mit Ausnahme des *Völkischen Beobachters* – sogar einen entsprechenden Brief Hindenburgs an Hitler, in dem der Reichspräsident abermals eine baldige Einigung zwischen den Parteien forderte.[58]

Vor diesem Hintergrund fand am 3. Juli ein Treffen von drei Vertretern Ludwig Müllers und der Leitung der Jungreformatoren, darunter Walter Künneth und Martin Niemöller, statt. In einem vorab verfassten Ergebnisprotokoll erklärten sich die Jungreformatoren bereit, mit Ludwig Müller als dem Beauftragten Hitlers beim »Neubau der Kirche« zusammenzuarbeiten. Voraussetzungen dafür seien der Rückzug der in der ApU eingesetzten Staatskommissare und die Aufhebung der von diesen ausgesprochenen Beurlaubungen. Überdies sollten jungreformatorische Positionen ungehindert in Presse und Rundfunk publiziert werden können. Innerhalb der Jungreformatorischen Bewegung stieß dieses weitgehende Entgegenkommen allerdings auf Kritik.[59]

Im hektischen kirchenpolitischen Geschehen des Juli 1933 entfiel die Verhandlungsgrundlage für eine solche Einigung aber schon bald. Denn nun schaltete sich Reichsinnenminister Wilhelm Frick in die Geschicke der evangelischen Kirche ein, um im Sinne des NS-Staates – und gegen die Repressionspolitik der preußischen Regierung – eine Beruhigung zu erreichen. Bei einem Treffen mit Kirchenvertretern am 7. Juli – darunter sowohl Jäger und Müller als auch die lutherischen Bischöfe Hans Meiser und August Marahrens – drängte Frick auf einen raschen Abschluss der Beratungen über eine neue Kirchenverfassung. Diese waren nach dem Ausscheiden Kaplers aus dem Kapler-Ausschuss im Juni zwar fortgesetzt worden, doch es hatte sich bald herausgestellt, dass die Schaffung einer einheitlichen Reichskirche an den Landeskirchen scheitern würde. Diese beharrten auf ihrer Unabhängigkeit und auf der Unverwechselbarkeit ihrer verschiedenen Bekenntnisse, ob lutherisch, reformiert oder uniert. Deshalb blieb als Kompromiss nur ein Kirchenbund, allerdings mit einem starken Reichsbischof an der Spitze, der die Mitglieder eines Geistlichen Ministeriums ernannte. Der Einbau stärkerer kollegialer oder synodaler Elemente unterblieb. Schon am 11. Juli nahmen die in Berlin versammelten Vertreter der Landeskirchen die Kirchenverfassung der Deutschen Evangelischen Kirche (DEK), so der neue Name, an. Eine Sitzung des Reichskabinetts am 14. Juli bestätigte die Verfassung, die noch am selben Tag durch ein Reichsgesetz Rechtskraft erlangte.[60] Zugleich erlosch die Rolle August Jägers als Staatskommissar der ApU. Die von ihm für die einzelnen Kirchenprovinzen ernannten Kommissare wurden zurückgezogen.

Mit der Verabschiedung der neuen Kirchenverfassung und dem Ende der staatlichen Eingriffe in die preußische Kirche schien eine Befriedung des im Mai aufgeflammten Kirchenstreits erreicht. Noch am 14. Juli verfasste Martin Niemöller mit Walter Künneth und Hanns Lilje einen Aufruf der Jungreformatorischen Bewegung. In feierlichen Worten bezeichneten sie darin das Verfassungswerk als eine »kirchengeschichtliche Wende«. Sie erkannten an, dass einige ihrer Forderungen nun »erfüllt« seien, womit in erster Linie die gemeint war, dass es in Zukunft einen Reichsbischof geben würde. Den »radikalen Willen« zur Erneuerung gebe man allerdings noch nicht auf. Das Ziel sei eine »Volkskirche als wirkliche Kirche des Evangeliums«. Dazu bedürfe es einer »volksmissionarischen Arbeit« mit dem Ziel, das Wort Gottes auch in die »kirchenentfremdeten« Schichten zu tragen. Die in vielen Großstädten anzutreffenden »Riesengemeinden« mit 30 000 oder mehr Gläubigen müssten dafür in »kleine Gemeindebezirke« aufgeteilt werden. Mitglieder in kirchlichen Körperschaften und kirchliche Amtsträger sollten nach Eignung ausgewählt werden und nicht etwa nach politischen Gesichtspunkten.[61] Mit der Betonung des volksmissionarischen Gedankens griffen sie in diesem Aufruf auf Vorstellungen zurück, die Niemöller in seiner praktischen Arbeit für die Innere Mission in Münster entwickelt hatte.

Sehr viel emphatischer fiel eine andere in der *Jungen Kirche* veröffentlichte Erklärung der Jungreformatoren aus. Sie wies das »Reden vom Schisma« zurück und widersprach damit implizit Niemöller, der in seinem Brief an Bodelschwingh am 21. Juni ein solches Schisma vorausgesagt hatte.[62]

Die Kirchenwahlen vom 23. Juli 1933

Bereits am 30. Juni hatte Hitler in einer Besprechung mit Wilhelm Frick und Ludwig Müller festgelegt, dass auf eine Beilegung des Kirchenstreits in Preußen und den Abschluss des kirchlichen Verfassungswerkes sogleich kirchliche Neuwahlen für das gesamte Reich folgen sollten. Als Niemöller Anfang Juni hinter den Kulissen von diesen Plänen erfuhr, wandte er sich strikt gegen solche Wahlen, denn es lag auf der Hand, dass die massive Unterstützung der Deutschen Christen durch NSDAP-Gliederungen dazu führen sollte, diese auf legalem Weg in Schlüsselstellungen der Kirche zu befördern. Das Reichsgesetz zur DEK von 14. Juli bestimmte, dass diese Wahlen am 23. Juli stattfinden sollten. In dieser überaus kurzen Frist war es der kirchlichen Opposition nahezu unmöglich, sich angemessen auf die Wahl vorzubereiten.[63] Die Leitung der Jungreformatoren in Berlin machte sich dennoch umgehend ans Werk. Noch am 14. Juli formulierte Niemöller mit Lilje und Künneth »Richtlinien« für die Kirchenwahlen. Diese standen unter der Parole »Evangelium und Bekenntnis« und kontrastierten die Bewahrung der »reinen Verkündigung« mit den »Irrlehren und Irrlehrern« an der »Spitze und in der Mitte« der Deutschen Christen. Mit dieser Einschränkung versuchten Niemöller und seine Mitstreiter, gemäßigte Mitglieder der Deutschen Christen für die eigene Sache zu gewinnen. Das offenbarte, dass die Rede von der Schaffung einer »kirchlichen Einheitsfront« nicht so eindeutig war, wie es die Rhetorik nahelegte.[64]

Auch in ihrer Haltung zum NS-Staat zeigten die Jungreformatoren weiterhin eine ambivalente Einstellung. In dem ersten an die Gemeindemitglieder zur Wahl ergehenden »Wort« wandten sie sich deutlich gegen die »politischen Methoden«, mit denen die DC »rücksichtslos die Macht in der Kirche erobern wollten«. Aber zugleich bekannten sich die Jungreformatoren um Niemöller dazu, »dankbar und entschlossen hinter Hindenburg und Hitler als den Führern unseres Staates« zu stehen.[65] In den wenigen Tagen bis zur Wahl am 23. Juli war Niemöller vollauf mit der Organisierung des Wahlkampfs für die innerkirchliche Opposition beschäftigt, deren Liste schließlich unter dem Namen »Evangelium und Kirche« antrat. Er arbeitete an Flugblättern und Aufrufen, die von den Jungreformatoren reichsweit verbreitet wurden. Darüber hinaus musste er sich um die Aufstellung der eigenen Liste und die Vorbereitung der Wahlen in der Dahlemer Kirchengemeinde kümmern. Auf dem dortigen Pfarrbüro herrschte, wie Niemöller am 20. Juli notierte, »kolossaler Betrieb«.[66]

Seit der NS-Machtergreifung am 30. Januar hatten sich Niemöller und die beiden anderen Pfarrer darum bemüht, ein kooperatives Verhältnis zur örtlichen Gemeindegruppe der DC aufzubauen. Die Pfarrer gestatteten diesen unter anderem die Benutzung des großen Saals im Gemeindehaus für die Durchführung von Veranstaltungen. Am 19. März fand dort ein Gemeindeabend statt, bei dem der Architekt Georg Krahl, der Vorsitzende der DC-Gemeindegruppe, zusammen mit Niemöller auftrat. Professor Iwan Alexandrowitsch Iljin, ein seit 1923 in Berlin lebender und strikt antibolschewistischer Exilrusse, referierte über die religionsfeindliche Politik der Bolschewiki in der Sowjetunion, und Gerhard Klinge, Pfarrer in der Samariter-Gemeinde, legte deren Auswirkungen auf Deutschland anhand der Gottlosenbewegung dar. Das Ende bildeten gemeinsamer Gesang und ein »Schlusswort« von Niemöller. Dieses stand unter dem Motto: »Vor allem greift zum Schild des Glaubens! Mit ihm könnt ihr alle feurigen Geschosse des Bösen auslöschen« (Eph. 6, 10–18).[67] Die Teilnahme Niemöllers an dieser Veranstaltung war ein klarer Beleg dafür, dass der militante Kampf gegen das »Böse« – also den Atheismus und das Freidenkertum – auch nach der Machtergreifung Hitlers eine verbindende Klammer zwischen den Deutschen Christen und der von den drei Pfarrern vertretenen Mehrheit in der Dahlemer Gemeinde darstellte.[68]

Am Sonntag, dem 16. Juli, luden die drei Pfarrer in den Dahlemer Gemeindesaal ein, um die bevorstehenden Kirchenwahlen zu besprechen. Alle drei hatten »als Zeugnisse ihrer Staatsgesinnung« ihr Eisernes Kreuz I. Klasse und andere Ehrenzeichen aus dem Weltkrieg angelegt. Den Beginn machte Fritz Müller, der im Rückblick auf die politische Gesinnung der Kirche seit 1918 den Vorwurf der »Volksfremdheit« zurückwies. Seit 1918 habe man die kirchenfeindliche Politik der Sozialisten ebenso wie den »Schmachfrieden« von Versailles und die »Kriegsschuldlüge« bekämpft. So konnte die Kirche, »auf ihre Weise [...] den jetzigen Staat mit vorbereiten helfen, den sie von Herzen bejaht und mit Leib und Gut zu verteidigen bereit ist«.[69] Nun war Fritz Müller von den drei Dahlemer Pfarrern derjenige, der sich in seiner das NS-Regime und den »Führer« glorifizierenden Rhetorik so leicht von niemandem überbieten ließ. Noch im Januar 1934 gab er in einer Rede in Erfurt zu Protokoll, dass die »Treue zum Führer« in »uns allen lebendig« sei. Man habe Gott dafür zu danken, dass er die vom Bolschewismus ausgehenden Gefahren »durch die Tat Adolf Hitlers abgewandt hat«.[70] So oder so waren Müllers Worte am 16. Juli 1933 von der politischen Rhetorik der Deutschen Christen praktisch ununterscheidbar.

Danach gab Niemöller einen kurzen Überblick über die kirchenpolitischen Ereignisse der letzten Wochen. Er schilderte die »Suspendierung von Geistlichen« und andere von den Staatskommissaren in der ApU ausgesprochene Repressionsmaßnahmen, hob aber auch die von Hitler ausgehende Beilegung des Konflikts hervor. Mit Blick auf die Kirchenwahlen und die zwei zur Wahl stehenden Listen betonte er, dass dies »keine Parteibildung«, sondern vielmehr eine »Grenzziehung« bedeute, »die sogar mitten durch die ›Deutschen Christen‹ laufe [...]. Die Kirche stehe nur auf Gottes Wort und dem Bekenntnis und könne nicht der Staat mit religiösen Vorzeichen sein.«

Schließlich erörterte Eberhard Röhricht die Verhältnisse in der Dahlemer Gemeinde, wo die Gemeindevertreter nur nach ihrer »Eignung« bestimmt würden und die Pfarrer sich von »Parteikämpfen« fernhielten. In der anschließenden Aussprache zeigte sich »viel Verständigungswille« zwischen den beiden Gruppen der Deutschen Christen und der von den Pfarrern vertretenen Liste »Evangelium und Kirche«. Dazu trug offenbar auch die zwischen dem Vatikan und dem »Dritten Reich« erlangte Einigung über ein Reichskonkordat bei, das am 20. Juli offiziell unterzeichnet und als Zeichen einer dauerhaften Befriedung der kirchlichen Verhältnisse interpretiert wurde. Die Lokalzeitung fasste die überwiegende Meinung der Teilnehmer an dieser Veranstaltung so zusammen: »Wenn in Deutschland in den letzten Jahren alle Pfarrer so gesprochen hätten wie die drei Dahlemer Pfarrer, so wäre die Bewegung ›Deutsche Christen‹ nicht nötig gewesen.«[71]

Doch alle Betonung ihrer nationalen Zuverlässigkeit und die Herausstellung von Gemeinsamkeiten mit den Deutschen Christen durch die Protagonisten der Liste »Evangelium und Kirche« verhinderten nicht, dass der NS-Staat massiv zugunsten seiner Parteigenossen in den Wahlkampf eingriff. Die Gestapo beschlagnahmte in der Geschäftsstelle der Liste »Evangelium und Kirche« Flugschriften und Druckplatten, und die NS-Presse erklärte eine Stimmabgabe für die DC zur Pflicht jedes evangelischen Christen. Schließlich griff Hitler mit einer am 22. Juli, also am Vorabend der Wahl, im Rundfunk ausgestrahlten Rede direkt in den Wahlkampf ein. Er bat offen um die Unterstützung jener Kräfte, die wie die Deutschen Christen auf dem »Boden des nationalsozialistischen Staates« stünden.[72] Damit war die von Niemöller und anderen Jungreformatoren in ihren Reden und Aufrufen verfolgte Taktik, sich als unbedingt loyal zum NS-Staat zu präsentieren, ad absurdum geführt und die Wahl entschieden. Ohnehin hatten sich viele einzelne Gemeinden und ganze Landeskirchen – darunter Baden, Hannover und Sachsen – bereits im Vorfeld auf die Aufstellung einer Einheitsliste verständigt, die den DC von vornherein eine große Mehrheit der Sitze einräumte. In Berlin wurde immerhin in 80 Gemeinden gewählt, doch nur in einer, Dahlem, erzielten die DC keine Mehrheit. Auf sie entfielen dort nur 1046 Stimmen, 1447 dagegen auf die Liste »Evangelium und Kirche«. »Gott sei Dank!«, kommentierte Niemöller dieses Ergebnis in seinem Amtskalender.[73]

Der Achtungserfolg in der Dahlemer Gemeinde konnte allerdings nicht darüber hinwegtäuschen, dass das Wahlergebnis eine fundamentale Weichenstellung bedeutete. Die Deutschen Christen konnten nun ganz legal – über die Wahl von Vertretern für Provinzial- und Generalsynoden – die Macht in den Landeskirchen an sich reißen. Zugleich hatte sich deutlich gezeigt, dass eine Mehrheit der deutschen Protestanten bereit war, die von den DC vorgenommene Umdeutung der christlichen Tradition nach völkischen Gesichtspunkten zu unterstützen.[74] Noch am Wahlsonntag beriet sich Niemöller mit Walter Künneth über die Konsequenzen der Wahl für die Jungreformatoren. Beide beschlossen, dass diese fortan nicht mehr kirchenpolitisch tätig sein sollten. Am folgenden Tag sandten sie mit Hanns Lilje im Namen der Reichsleitung der Jungreformatoren ein entsprechendes Telegramm an den Theologieprofessor Karl Fezer, der mit Ludwig Müller und anderen am 23. Juli mit der kommissarischen Kirchenleitung der DEK beauftragt worden war.

In einer öffentlichen Kundgebung betonte die Führung der Jungreformatoren überdies ihre Bereitschaft, an der »inneren Befriedung und Einheit der Kirche mitzuarbeiten«. Als Bedingung dafür benannten sie eine »freie und ungehinderte Betätigung« und das Ende jeglicher »Benachteiligung«.[75] Das ließ sich als Signal verstehen, dass Niemöller und Künneth bereit waren, mit den gemäßigten Kräften der DC um Ludwig Müller zusammenzuarbeiten. Da es so verstanden wurde, brachen nun Gegensätze innerhalb der Jungreformatoren auf, die während der Mobilisierung für die Wahlen verdeckt geblieben waren. Sie traten bei einer Besprechung des Wahlvorschlags »Evangelium und Kirche« hervor, bei der Fritz Müller in Abwesenheit Niemöllers die Dahlemer Pfarrer vertrat. Gerhard Jacobi, dessen Kreis von Berliner Pfarrern eine der Keimzellen der Jungreformatoren bildete, kritisierte deren Reichsleitung mit den Worten, dass sie sich nun wie »Pilatus seine Hände in Unschuld« wasche. Aber, so Jacobi, »Politik kommt von Politeia« (also dem griechischen Wort für Gemeinwesen), und deshalb könne man die Arbeit an der Neugestaltung der Kirche »nicht aufgeben«. Theodor Moldaenke, Pfarrer in der Steglitzer Matthäus-Gemeinde, musste Niemöller ausdrücklich gegen den Vorwurf in Schutz nehmen, dass durch einen Kompromiss mit den DC ein »Pöstchen« in führenden Kirchengremien für ihn herausspringen solle. Wie der Superintendent Max Diestel fand er das Telegramm an Fezer allerdings auch »wenig glücklich«. In anderen Berliner Gemeinden hieß es über die Führer der Jungreformatoren: »Die Kerls haben sich ergeben.« Der im EOK tätige Oskar Söhngen vermutete sogar, dass Niemöller und Künneth »einen geschlossenen Übertritt« zu den DC anordnen wollten. Solche Übertritte hatte es nach dem 23. Juli in der Tat gegeben, wenn auch nur von einzelnen Jungreformatoren.[76] Und Künneth hatte Anfang August tatsächlich mit dem Gedanken gespielt, die Jungreformatoren dem Schutz Ludwig Müllers zu unterstellen. Gerüchte über den Vollzug dieser Idee kursierten den ganzen Monat über.[77]

Während diese Konflikte die Gemüter der Jungreformatoren erhitzten, brach Niemöller zu einem zweiwöchigen Urlaub nach Amrum auf, wohin es die Familie auch in den folgenden Jahren hin und wieder zog. Dort nutzte er die Ruhe, um »16 Thesen« zum künftigen Vorgehen der Jungreformatoren niederzulegen, die im August in der Zeitschrift *Junge Kirche* erschienen, dem »Mitteilungsblatt« der Jungreformatoren.[78] Es ist die erste kirchenpolitische Stellungnahme, die Niemöller in alleiniger Verantwortung veröffentlichte, und schon deshalb lohnt es, einen Blick auf den kurzen Text zu werfen. Niemöller bezeichnete die Ereignisse der letzten drei Monate als einen prosaischen »Kampf um die Macht«. Die innerkirchliche Opposition habe diesen Kampf erst in dem Augenblick verloren, als Hitler mit seiner Rede vom 22. Juli daraus einen »staatspolitischen Kampf« gemacht und die Gegner der Deutschen Christen damit als potenzielle Gegner des Staates gebrandmarkt habe. Wenn man den kirchenpolitischen Kampf fortsetze, erwarte man von den eigenen Kirchenvertretern im Grunde, sich mit dem »Makel der minderen staatspolitischen Zuverlässigkeit« zu belasten. Aber der »status confessionis«, also die Verletzung des Bekenntnisstandes der Kirche, sei noch »nicht gegeben«.

Wohl müssten »klare Fronten« geschaffen werden, aber das sei mehr eine »gemeindlich-praktische« und »kirchlich-theologische« Aufgabe. Niemöller schlug vor, die »gläubigen Glieder der Gemeinden zu sammeln« und eine »innere Linie« zu vertreten. Worin diese »innere Linie« praktisch bestehen sollte, blieb unklar. Allerdings stellte Niemöller heraus, dass »theologisch ein grundsätzlicher Unterschied zwischen der reformatorischen Lehre« und den Thesen der Deutschen Christen bestehe, auch wenn diese das bestritten. »Diese Unklarheit«, so folgerte er, »muß bereinigt werden durch ein zeitgemäßes Bekenntnis.«[79]

Aus einem Entwurf dieses Textes geht hervor, dass Niemöller ganz explizit jeglichen Versuchen eine Absage erteilte, bei den bevorstehenden Synoden in der preußischen Kirche der ApU für die Rechte der »Minoritäten« zu kämpfen. Stattdessen solle man den DC »ehrlich« dabei helfen, ihre »Verantwortung« für die Gesamtkirche wahrzunehmen und bei den Synoden »nicht nach Machtgesichtspunkten« zu verfahren.[80] So blieben seine Thesen ambivalent. Auf der einen Seite stand die Forderung, sich auf die Suche nach einem »zeitgemäßen Bekenntnis« zu machen, eine Forderung, die bereits während des Streits um Bodelschwinghs Kandidatur zu zahlreichen Erklärungen geführt hatte, die auf eine bekenntnismäßige Neuorientierung der evangelischen Kirchen zielten. Indem Niemöller sich diese Forderung zu eigen machte, suchte er die »Wahrheit« und »Gewißheit« des evangelischen Glaubens wiederherzustellen und legte damit den Schwerpunkt auf eine bekenntnismäßige Grundlegung der kirchlichen Opposition.[81] Noch waren seine Thesen von der Illusion geprägt, dass sich ein Modus vivendi mit den Deutschen Christen finden ließe. Diese Hoffnung wurde jedoch umgehend enttäuscht. Denn bei den folgenden Synoden in der Kirche der ApU setzten die Deutschen Christen ihre Ziele mit Rücksichtslosigkeit und brutaler Effizienz durch.

Unmittelbar nach den Kirchenwahlen beschloss die Jungreformatorische Bewegung, zu den 1933 so intensiv diskutierten Fragen des reformatorischen Bekenntnisses eine grundsätzliche Stellungnahme vorzulegen. Ein theologischer Ausschuss, dem unter anderem Dietrich Bonhoeffer angehörte, legte bis Ende August den Entwurf für ein »Betheler Bekenntnis« vor, der anschließend zahlreichen Gutachtern zur Stellungnahme unterbreitet wurde. Als sie Einwände erhoben, regte Friedrich Bodelschwingh eine weitere Überarbeitung an, was schließlich dazu führte, dass Bonhoeffer den endgültigen Text nicht unterzeichnete.[82] Niemöller war an diesem Projekt weniger inhaltlich als vielmehr organisatorisch beteiligt. In mehreren Briefen versuchte er Bodelschwingh davon zu überzeugen, dass eine Druckausgabe auch »in aller Unvollkommenheit und Schwachheit« denen helfen würde, »die in die neuen

Bruderschaften hineingegangen sind«.⁸³ Schließlich gaben die noch verbliebenen Bearbeiter – unter ihnen Georg Merz, Dozent an der Theologischen Schule in Bethel – dem Drängen Niemöllers nach und autorisierten ihn, den Text unter seinem Namen mit dem Titel *Das Bekenntnis der Väter und die Bekennende Gemeinde* Ende 1933 herauszugeben.⁸⁴

Wie viele andere protestantische Pfarrer verstand Martin Niemöller den Beginn des »Dritten Reiches« 1933 und das Versprechen der nun zu realisierenden Volksgemeinschaft als ein genuin »protestantisches Erlebnis«.⁸⁵ In seinen Predigten beschrieb er die Machtergreifung der Nationalsozialisten als einen Moment der nationalen »Wiedergeburt«. Er verlieh seiner Erwartung Ausdruck, dass diese Transformation auch zu einer Erneuerung des christlichen Glaubens und einer Vertiefung der Frömmigkeit führen werde. Niemöllers Engagement in der Jungreformatorischen Bewegung beruhte – wie die Arbeit dieser Gruppe generell – auf der Hoffnung, den Schwung und die Dynamik der NS-Machtergreifung zu einer Reform der Kirche zu nutzen, insbesondere durch Schaffung einer einheitlichen Reichskirche. In seiner Dahlemer Gemeinde wie in der Auseinandersetzung mit Ludwig Müller zeigte Niemöller, dass er eine Zusammenarbeit mit dem gemäßigten Flügel der Deutschen Christen und eine kirchenpolitische Neutralität des Staates für möglich hielt. Doch beide Hoffnungen wurden durch Hitlers Rede vom 22. Juli und der am folgenden Tag stattfindenden Kirchenwahl enttäuscht. Von nun an standen die Zeichen auf Sturm. Innerhalb der protestantischen Kirche entbrannte ein Kampf um die Macht.

8
Die Anfänge des Kirchenstreits

Nachdem sie sich bei den Kirchenwahlen vom 23. Juli mit Unterstützung der NSDAP klar durchgesetzt hatten, verfolgten die Deutschen Christen den Umbau der evangelischen Kirche rücksichtslos im Sinne des Führerprinzips und der völkischen Ideologie. Doch die kirchliche Opposition, in der sich Niemöller bis zum Jahresende 1933 zu einer der wichtigsten Führungsfiguren entwickelte, gab nicht einfach auf. Es entwickelte sich eine Auseinandersetzung um die Hegemonie innerhalb der evangelischen Kirche, die zeitgenössische Beobachter als »Kirchenstreit« bezeichneten.[1] Dabei handelt es sich nicht um den Kirchenkampf der Bekennenden Kirche, der 1934 einsetzte. Im Kirchenstreit verteidigte die kirchliche Opposition Grundpositionen der reformatorischen Bekenntnisse gegen die Irrlehren der Deutschen Christen. Zugleich suchte und fand sie mit dem Pfarrernotbund eine organisatorische Form, in der sie diesen Konflikt bestreiten konnte. Erst im Kirchenkampf handelten die Notbundpfarrer in dem klaren Bewusstsein, dass sie nicht nur eine kirchliche Gruppe unter mehreren waren, sondern die wahre Kirche repräsentierten.

Bei der Vorbereitung zur brandenburgischen Provinzialsynode hatte Gerhard Jacobi mit den Deutschen Christen ein Verhältnis von 75 zu 25 Prozent für deren Vertreter beziehungsweise für die der Liste »Evangelium und Kirche« festgelegt. Auf der am 24. August stattfindenden Synode erschienen die Deutschen Christen geschlossen in der braunen Parteiuniform der NSDAP. In großer Eile setzten sie mit ihrer komfortablen Mehrheit mehrere Anträge an die Generalsynode der Kirche der ApU durch, darunter einen Antrag des Gauobmanns der DC in Berlin, Studienassessor Dr. Reinhold Krause, der einige Monate später mit einer Rede im Berliner Sportpalast den Niedergang des radikalen Flügels der DC einleitete. Krause forderte, dass man auf der Generalsynode die Einführung eines Kirchengesetzes analog zum staatlichen Beamtenrecht beschließen möge. Nach dem »Gesetz über die Wiederherstellung des Berufsbeamtentums« vom 7. April waren Beamte »nicht arischer Abstammung« in den Ruhestand zu versetzen. Für die Vertreter der kirchlichen Opposition – zu denen Niemöller gehörte – erklärte Gerhard Jacobi dazu, dass eine solche Übertragung staatlicher Grundsätze auf die Besetzung kirchlicher Ämter dem »Wesen der Kirche« widerspreche. Die DC-Synodalen quittierten dies mit Gelächter und nahmen den Antrag von Krause mit großer Mehrheit an.[2]

Bei der Generalsynode der altpreußischen Kirche, die am 5. September stattfand, wiederholten sich diese tumultartigen Vorgänge. Wiederum erschienen die Vertreter der DC in den braunen Uniformen von SA und NSDAP. Abermals wurden in kürzester Zeit verschiedene Anträge ohne gründliche Diskussion mit der Mehrheit der DC durchgewunken und Einwände der Minderheit durch Lärmen unterbunden. Angenommen wurde unter anderem der Antrag von Krause, den »Arierparagraphen« in der Kirche einzuführen. Ein weiteres Gesetz berief Ludwig Müller als Landesbischof der altpreußischen Kirche mit quasi-diktatorischen Vollmachten und setzte August Jäger als Präsident des EOK ein. Damit war der Umbau der preußischen Kirche im Sinne der Deutschen Christen vollendet.

Für die Vertreter der Minderheit sprach Karl Koch, den die westfälische Regionalsynode zuvor als Präses der dortigen Kirchenprovinz bestätigt hatte. Einen Entwurf dieser Erklärung, die in scharfen Worten den Machtmissbrauch im kirchlichen Raum durch die Deutschen Christen anprangerte, hatte Niemöller am Tag zuvor mit einigen anderen Delegierten erarbeitet. Als die Synodalen der DC Kochs Rede mit Zwischenrufen und Lärmen störten, zogen die Vertreter von »Evangelium und Kirche« aus der Synode aus.[3]

Mit dem Auszug der kirchlichen Opposition aus der altpreußischen Generalsynode war eine fundamentale Weichenstellung in den kirchenpolitischen Kämpfen des »Dritten Reiches« vollzogen. Denn damit bahnte sich die Spaltung der Kirche an, die letztlich zur Bildung der Bekennenden Kirche hinführte. Am 5. September war allerdings noch nicht klar, in welchen organisatorischen Formen sich diese Absonderung vollziehen würde. Am 6. September trafen sich die Mitglieder des Berliner Pfarrerkreises um Gerhard Jacobi. Dietrich Bonhoeffer und Franz Hildebrandt befürworteten dort einen Austritt der bekenntnistreuen Pfarrer und ihrer Gemeinden. Das hätte die Bildung einer Freikirche impliziert mit weitreichenden Folgen für das weitere Schicksal der Kirchenopposition. Denn eine solche freikirchliche Struktur war staatlichen Repressalien nahezu schutzlos ausgeliefert. Die Mehrheit der bei Jacobi versammelten Pfarrer entschied sich schließlich dagegen.

Bonhoeffer und Niemöller verfassten daraufhin eine Erklärung im Namen der oppositionellen Pfarrer, welche die Einführung des »Arierparagraphen« in der Kirche als bekenntniswidrig verwarf – wir kommen darauf zurück.[4] Mit Bezug auf die Struktur dachte Niemöller an eine Art Sammelbecken für die Opposition. Er schlug Bodelschwingh, dem immer noch weithin anerkannten

Führer der bekenntnistreuen Kräfte, vor, an die Öffentlichkeit zu treten und die innerkirchliche Opposition aufzufordern, »kleine Gemeinden in den ›Gemeinden‹« zu bilden »mit einer besonderen Aufnahmeverpflichtung auf die Heilige Schrift und das Bekenntnis der Reformation«. Daraus solle sich dann eine »heimliche Kirche« bilden, mit einer »äußeren Ordnung« in Gestalt von Bruderräten, Synoden und Leitungsgremien.[5] In ihrer Struktur kam diese »heimliche Kirche« der Bekennenden Kirche sehr nahe, die sich seit 1934 entfaltete. Allerdings dachte Niemöller zu diesem Zeitpunkt noch nicht daran, dass sich eine solche »heimliche« Kirche auch als die wahre Kirche verstehen könne. Zu dieser Position kamen er und die anderen Mitglieder der kirchlichen Opposition erst unter dem Einfluss des reformierten Theologen Karl Barth.

Die Gründung des Pfarrernotbundes

Seit dem 7. September fanden in Berlin und im Rheinland Treffen bekenntnistreuer Pfarrer statt, bei denen über Formen und Möglichkeiten eines festeren organisatorischen Zusammenschlusses beraten wurde. Pläne hierfür waren schon deshalb von besonderer Dringlichkeit, weil für den 27. September eine Nationalsynode der DEK in Wittenberg geplant war. Die beiden Niederlausitzer Pfarrer Günter Jacob und Eugen Weschke fanden sich am 11. September zu Beratungen hierüber bei Niemöller ein. Sie schlugen ihm einen deutschlandweiten Zusammenschluss bekenntnistreuer Pfarrer vor. Jacob entwarf sogar eine erste Verpflichtungserklärung, mit der sich die Pfarrer unter die Leitung von Friedrich von Bodelschwingh stellten. Doch als Niemöller und Weschke sich am 15. September in Bethel zu einer Besprechung mit Bodelschwingh einfanden, machte der seine Zustimmung von der Teilnahme des Hannoveraner Bischofs August Marahrens abhängig. Der konnte sich allerdings nicht zur Übernahme einer Leitungsfunktion durchringen. Also entschied sich Niemöller auf der Rückfahrt von Hannover nach Berlin, die Leitung des Pfarrernotbundes – so der bereits einige Tage zuvor gefundene Name – selbst zu übernehmen.[6]

Niemöllers Entschluss scheint zunächst nicht ganz unumstritten gewesen zu sein, denn Niemöller musste Bodelschwingh gegenüber den Verdacht entkräften, in Berlin wolle man ein »Führerprinzip« unter den oppositionellen Pfarrern einführen. Wie bereits bei seinem Eintritt bei den Jungreformatoren spielte Niemöller seine Rolle auch dieses Mal herunter und erklärte, er sei ohne eigenes »Zutun in diese Sammlungsaktion hineingeführt worden, weil die Amtsbrüder vom Lande einfach zu mir ins Haus kamen und Hilfe forderten«.[7] Diese Bescheidenheit stand allerdings im krassen Gegensatz zum offenkundigen Tatendrang und Organisationstalent des Dahlemer Pfarrers.

Am 21. September erläutere Niemöller in einem Rundschreiben seine Motive für die Gründung des Notbundes. Nach der Generalsynode in Preußen hätten sich unter den Pfarrern so viel »Verwirrung«, »Ratlosigkeit« und »böse Verzagtheit« gezeigt, dass aus dieser »Not« ein Zusammenschluss entstanden sei. Obwohl die Werbung nur durch Vertrauensleute erfolgt sei, hätten sich – ohne Westfalen, wo es ja schon einen Zusammenschluss oppositioneller Pfarrer gab – bereits 1300 Pfarrer im Sinne des Notbundes verpflichtet. Als wichtigste Aufgaben postulierte Niemöller, dass die regionalen Bünde »füreinander eintreten« sollten, da sonst eine Region nach der anderen »gesäubert« werde, und sprach sich für die »Laiensammlung« in den Gemeinden aus. Am Ende gab Niemöller zu, »dass dieser Zusammenschluss nicht etwa die Kirche retten und die Welt bewegen kann«. Aber man sei es dem »Herrn der Kirche« und den »Brüdern« schuldig, alles Mögliche zu tun, weil ein »vorsichtiges Zurückhalten und Zuschauen heute schon ein Verleugnen bedeutet«.

Der Aufruf »So lasst uns handeln!«[8] war in gewisser Hinsicht die Gründungsurkunde der Bekennenden Kirche: Das Handeln des Notbundes sollte ein Zeugnis ablegen und unter Einschluss der Laien die Bekenner sammeln. Dies geschah nicht in der Hoffnung auf eine baldige Wendung zum Besseren, sondern aus Gewissensgründen angesichts der Gefahr des Verleugnens, das Niemöller als das Gegenteil des Bekennens verstand.[9]

Die erste öffentliche Proklamation des Pfarrernotbundes erfolgte anlässlich der Nationalsynode der DEK am 27. September in Wittenberg. Else und Martin hatten den Entwurf dieser Erklärung zusammen mit Friedrich Müller verfasst. In dem Aufruf wurden die Synodalen aufgefordert, zu den »umkämpften Fragen« nicht einfach »mutlos« zu schweigen, und es wurde darauf hingewiesen, wie sehr die Gemeinden »von tiefsten Gegensätzen zerrissen sind«.[10] Da der Hannoveraner Bischof Marahrens sich weigerte, diese Erklärung auf der Synode zu verlesen, hefteten Niemöller, Bonhoeffer und die anderen aus Berlin angereisten Vertreter des Notbundes die Erklärung an Häuserwände, Bäume und Telegrafenmasten. Dann verfolgten sie die kurzen Verhandlungen der Synode als Zuschauer von der Empore der Wittenberger Stadtkirche und wurden Zeugen, wie Ludwig Müller von den sechzig Synodalen einstimmig als Reichsbischof der DEK gewählt wurde.[11]

In den folgenden Wochen baute Niemöller mit der technischen Unterstützung des Pfarrbüros der Dahlemer Gemeinde die Organisation des Pfarrernotbundes auf, dem im Übrigen vornehmlich lutherische Pfarrer angehörten.[12]

Am 20. Oktober traf sich eine Gruppe von Vertrauensleuten aus der altpreußischen Kirche und neun anderen Landeskirchen in Dahlem, um über Strukturen und Vorgehen des Notbundes zu beraten. Die Versammlung bildete aus ihrer Mitte einen achtköpfigen Bruderrat als Leitungsgremium.

Warum ein Bruderrat? Franz Hildebrandt hat in seiner 1938 erschienenen Teilbiographie von Niemöller den Hintergrund erläutert. Evangelische Pfarrer redeten sich gewöhnlich entweder mit »Herr Kollege« oder mit »Herr Bruder« an. Die Bezeichnung Bruderrat, die sich später in der gesamten Bekennenden Kirche durchsetzte, pflegte also diese Gleichheit und Verbundenheit betonende Semantik der Brüderlichkeit, die zugleich eine Spitze gegen das nationalsozialistische Führerprinzip war. Das schloss Konflikte und heftigen Streit unter den Brüdern nicht aus und bedeutete auch nicht, dass man umstandslos zum »Du« überging. Dem reformierten Pfarrer und Spandauer Superintendenten Martin Albertz, einem seiner engsten Freunde in der Bekennenden Kirche, bot Niemöller das »Du« erst per Postkarte an, als beide im Sommer 1937 inhaftiert waren.[13]

Dem Bruderrat des Pfarrernotbundes gehörten neben Niemöller unter anderem Gerhard Jacobi und der westfälische Pfarrer und Gründer der dortigen Pfarrbruderschaft Karl Lücking an. Man legte einige Regeln für das weitere Vorgehen fest. So sollten die Notbundpfarrer mit örtlichen DC-Vertretern im Gespräch bleiben, wenn möglich kirchenregimentliche Funktionen übernehmen und sich bei der drohenden Gleichschaltung von kirchlichen Vereinen vom Notbund beraten lassen. Alle Mitglieder des Notbundes sollten in ihrer Gemeinde einen »Laienkreis« um sich sammeln. Schließlich legte sich der in Dahlem versammelte Kreis darauf fest, von jedem Pfarrer, der beitreten wollte, die Unterzeichnung der Verpflichtungserklärung in der von Niemöller entworfenen Fassung zu verlangen.[14] Die vier Artikel dieser Erklärung lauteten:

1. Ich verpflichte mich, mein Amt als Diener des Wortes auszurichten allein in der Bindung an die Heilige Schrift und an die Bekenntnisse der Reformation als die rechte Auslegung der Heiligen Schrift.
2. Ich verpflichte mich, gegen alle Verletzung solchen Bekenntnisstandes mit rückhaltlosem Einsatz zu protestieren.
3. Ich weiß mich nach bestem Vermögen mit verantwortlich für die, die um solchen Bekenntnisstandes willen verfolgt werden.
4. In solcher Verpflichtung bezeuge ich, daß eine Verletzung des Bekenntnisstandes mit der Anwendung des Arier-Paragraphen im Raum der Kirche Christi geschaffen ist.[15]

Die vier Artikel der Selbstverpflichtung des Pfarrernotbundes waren als Einheit zu verstehen, setzten aber unterschiedliche Akzente. Die ersten beiden Artikel verpflichteten den Notbundpfarrer auf die Wahrung des Bekenntnisses, der dritte und vierte dagegen auf die Solidarität mit den um des Bekenntnisses wegen Verfolgten, und zwar – wie der letzte Artikel präzisiert – mit jenen Pfarrern jüdischer Herkunft, die der auf der altpreußischen Generalsynode beschlossene kirchliche »Arierparagraph« aus dem Amt entfernen sollte.[16] Der Pfarrernotbund machte also den Einsatz für die Christen jüdischer Herkunft unter den Pfarrern zum wichtigsten Grund und zum Prüfstein für die Sammlung der oppositionellen Kräfte in der Kirche. Dabei war nur eine winzige Minderheit der etwa 18 000 evangelischen Pfarrer in Deutschland betroffen, nämlich 29 getaufte Juden, von denen wiederum elf im Ersten Weltkrieg als Frontsoldaten gedient hatten oder bereits vor dem August 1914 amtierten, also unter eine analog zum Reichsbeamtengesetz geschaffene Ausnahmeregelung fielen. Dem standen etwa 300 000 sonstige evangelische Christen jüdischer Herkunft gegenüber, von denen eine erhebliche Zahl nun als Staatsbeamte ihren Beruf aufgeben mussten. Diese Opfer der staatlichen Rassengesetzgebung waren für den Pfarrernotbund allerdings kein Thema.[17]

Ungeachtet ihrer geringen Zahl entwickelte sich die Frage der »Judenchristen« unter den Pfarrern seit dem Frühjahr 1933 zum Angelpunkt für die Formierung der kirchlichen Opposition und zum Streitfall unter den Theologen. Viele Einzelne nahmen dazu ausführlich Stellung, darüber hinaus gab es Gutachten der Erlanger und der Marburger Theologischen Fakultät vom September 1933 sowie eine Erklärung von 21 führenden Neutestamentlern.[18]

Um Niemöllers Widerstand gegen die Einführung des »Arierparagraphen« in der evangelischen Kirche und sein Verhalten im Sommer und Herbst 1933 zu verstehen, müssen wir den weiteren Kontext seiner Einstellungen gegenüber dem Judentum in den Blick nehmen.[19] Als Mitglied der DNVP und der Studentengruppe des Deutschvölkischen Schutz- und Trutzbundes hatte Niemöller Anfang der 1920er Jahre ganz klar einen rassistischen Antisemitismus vertreten. Er verstand die Juden als eine völkisch beziehungsweise ethnisch abgesonderte Gruppe, die zur Zersetzung des deutschen Volkstums beitrage. Noch 1928 klangen in einem seiner Artikel Ressentiments gegen die »Führung volksfremder und artfremder Elemente« bei der »Selbstentmannung« des deutschen Volkes an.[20] Dies ist als Indiz dafür zu verstehen, dass sein biologistischer Antisemitismus zu dieser Zeit noch ungebrochen war. Nichts deutet darauf hin, dass Niemöller in den 1920er Jahren theologische Kategorien benutzte, um das Judentum und die jüdische Religion aus der Perspektive christlich-antijudaistischer Vorstellungen zu deuten. Das änderte sich 1932.

8 Die Anfänge des Kirchenstreits

Reflexionen und Ambivalenzen im Blick auf die Juden

Wir haben im Kapitel 6 gesehen, dass Niemöller nach der Eingewöhnung in die neue Arbeit als Gemeindepfarrer viel Zeit mit der Lektüre zu theologisch-ethischen Fragen verbrachte und das Gelesene in Notizen reflektierte, unter anderem zum Thema »Altes Testament und Evangelium« gegen Ende des Jahres 1932. Die Stellung des Alten Testaments im Rahmen der christlichen Offenbarung ist ein traditionelles Thema der Theologie, das allerdings seit 1930 vermehrte Aufmerksamkeit auf sich zog. Dazu trugen zahlreiche Beiträge von evangelischen Theologen über das Alte Testament bei, die teils an innerfachliche Diskurse anknüpften, sich aber auch mit den Thesen antisemitischer Autoren auseinandersetzten.[21] Alfred Rosenberg etwa, der führende Rassentheoretiker der NSDAP, hatte in seinem 1930 erschienenen Buch *Der Mythus des 20. Jahrhunderts* vorgeschlagen, das Alte Testament aus der christlichen Überlieferung zu streichen. Nur so ließen sich jüdische Einflüsse aus dem Christentum entfernen und Jesus als ein Vertreter der nordischen Rasse verstehen. Auch Teile der Deutschen Christen drängten seit 1932 auf eine Säuberung der evangelischen Kirche von den in ihrer Wahrnehmung verderblichen jüdischen Inhalten des Alten Testaments.[22]

Niemöller begann seine Reflexionen mit der These: »Die evangelische Theologie fällt das Urteil = Religionsurkunde des Volkes Israel und des Judentums. Von da aus gibt es für uns keinen aktuellen Wert des Alten Testaments. Grundposition!«[23] Niemöller hatte sich vermutlich mit der Broschüre *Fort mit dem Alten Testament?* von Johannes Hempel, Professor für Altes Testament in Göttingen, auseinandergesetzt. Hempel, der im Frühjahr 1933 Mitglied der Deutschen Christen wurde, hatte das Alte Testament als eine »jüdische Religionsurkunde« bezeichnet. Zugleich aber hatte er es als »innerlich notwendige Vorbereitung« des Neuen Testaments verstanden. Das Alte Testament war somit auch dann ein »Wegbereiter zu Jesus«, wenn man als Christ nicht mehr »alle Stufen durchlaufen« wollte. Nur jene evangelischen Christen, die starke »Hemmungen« gegen das Alte Testament hegten, sollten es deshalb in ihrer Glaubenspraxis »getrost beiseite« lassen.[24]

Niemöller benutzte zwar Hempels Wort von der »Religionsurkunde«, folgte dessen weiterem Gedankengang aber nicht. Er ging vielmehr von der »Vergänglichkeit und Relativität« des biblischen Textes aus. Damit knüpfte er an die Tendenz zur empirischen Kritik und Historisierung der in den biblischen Texten mitgeteilten Geschichten an, die sich im 19. Jahrhundert durchgesetzt hatte. Das Alte Testament war für Niemöller nur noch »ein Teil der Literaturgeschichte«. So gebe es »historische Angaben, die nicht stimmen«, und andere, »die uns nicht passen«, wie etwa die Josefsgeschichte. Aus all diesen Gründen sei das Alte Testament nur »relativ« und »kann nicht endgültig sein«. Die Schlussfolgerung Niemöllers aus diesen Überlegungen war unmissverständlich: »Die Theologen *können* die antisemitischen Einwände *nicht* widerlegen.«[25]

Was Niemöller damit meinte, ist offensichtlich: Theologen wie Johannes Hempel, Emanuel Hirsch, Friedrich Baumgärtel und Ernst Sellin, die sich 1931/32 der Herausforderung der antisemitischen Angriffe auf den im Alten Testament enthaltenen Teil der christlichen Offenbarung gestellt und diese in unterschiedlicher Form und Schärfe zumindest teilweise zurückgewiesen hatten, waren gescheitert.[26] Jene Nationalsozialisten, welche die Verkündigung der evangelischen Kirche von den verderblichen »jüdischen« Einflüssen des Alten Testaments säubern wollten, hatten recht. Doch Niemöllers Position warf weitere Fragen auf, die er sich selbst stellte. Denn was war zu tun, wenn »die Bibel nicht mehr Gottes Wort« war? »Wir können nicht beweisen, nur bekennen!«, folgerte Niemöller, und dann noch einmal explizit: »Ist die Bibel mehr als Religions-Urkunde? Wenn ja, dann können wir's nur bekennen!«[27] Nun hat der Begriff des Bekennens und des Bekenntnisses verschiedene Bedeutungsschichten, die zunächst auf die Geltendmachung der reformatorischen Bekenntnisse und ihrer Aktualisierung in den Bekenntnissen des Jahres 1933 und den späteren Bekenntnissynoden verweisen. Im Kontext dieser Notizen ist das Bekennen als ein demonstrativer Akt des Zeugnis-Ablegens zu verstehen.

Niemöller hatte allerdings noch eine zweite Antwort, und mit dieser nahm er zumindest implizit auf die am Ende von Hempels Broschüre vorgebrachte Stufenvorstellung Bezug, nach welcher der im Alten Testament geschilderte Teil der Offenbarung sich als »Wegbereiter zu Jesus« verstehen ließ.[28] Wenn das Alte nur »Vorstufe« des Neuen Testaments sei, müsse man, so Niemöller, fragen: »Was geht uns dann noch die Unterstufe an?«. Als Beispiel verwies er auf die Differenz zwischen »Prima« und »Sexta«, dem Ende und Beginn der gymnasialen Schullaufbahn. Also sei die Perspektive umzudrehen: »Erst vom Neuen Testament aus läßt sich behaupten, daß das Alte Testament Gottes Wort ist. [...] Wir Christen sind das auserwählte Volk. Was in der Synagoge gemacht wird – ist prinzipiell Mißbrauch des Alten Testaments.«[29]

Aus den fragmentarischen, erkennbar zur Selbstverständigung geschriebenen Notizen lassen sich zumindest drei wichtige Schlussfolgerungen ziehen. Erstens ist hier, gegen Ende des Jahres 1932, zum ersten Mal überhaupt erkennbar, dass Niemöller über das Judentum in Kategorien reflektiert, die nicht dem rassistischen Antisemitismus, sondern der christlichen Theologie entnommen sind. Auch wenn er die Juden dabei weiterhin nicht nur als eine Religionsgemeinschaft, sondern auch als eine ethnische Gruppe – »Volk« – ansieht, geschieht dies nicht mehr in einem explizit biologistischen Sinn. Das hinderte ihn – zweitens – allerdings nicht daran, die fehlende Legitimität des Judentums als Erlösungsreligion in einer Weise zu beurteilen, die den Thesen der Deutschen Christen sehr nahe kam. Indem er die judenfeindlichen Positionen, welche die Theologen »nicht widerlegen« könnten, akzeptierte, erkannte er die Geltung des rassistischen Antisemitismus zumindest implizit weiterhin an. Schließlich wird – drittens – eine Aporie des so durch Ausschluss des Alten Testaments definierten Christentums deutlich. Denn damit war einem »Relativismus« Tür und Tor geöffnet, bei dem womöglich die »Relativität […] das letzte Wort« hat, wie Niemöller selbst erkannte.[30] Wie ließ sich auf dieser wackeligen Grundlage überhaupt noch der evangelische Glaube fundieren? Mit dem Hinweis auf das nötige Bekennen, also das demonstrative Glaubenszeugnis, fand Niemöller eine Position, auf die er in den hektischen Geschehnissen des Jahres 1933 zurückkam.

Nach der Machtergreifung der Nationalsozialisten, der Forderung der Deutschen Christen nach einer nur durch »arische« Christen gebildeten Kirche und der Formierung der Jungreformatorischen Bewegung stand die Frage des Umgangs mit Juden und »Judenchristen« im Zentrum der kirchenpolitischen Debatten des Jahres 1933.

Einen ersten Einblick in seine Haltung zu diesen Fragen gab Niemöller bei einem von allen drei Dahlemer Pfarrern veranstalteten Gemeindeabend am 28. Mai 1933. In der auf seinen Vortrag folgenden Diskussion gab er zu, dass die »Errichtung einer Kirche nur arischer Christen« eine Möglichkeit sei, allerdings nur dann, »wenn gleichzeitig eine gleichberechtigte und eine gleichgeachtete Kirche der Judenchristen gegründet wird«. Wie stark diese Position immer noch von antisemitischen Denkmustern geprägt war, verdeutlicht Niemöllers anschließender Hinweis, dass die »Gleichsetzung der Judenmission mit der Heidenmission« abzulehnen sei.[31] Das entsprach nicht ganz den Forderungen der Deutschen Christen, die in ihren Richtlinien vom Juni 1932 die Judenmission unter Hinweis auf die drohende »Rassenverschleierung und -bastardierung« gänzlich abgelehnt hatten.[32] Aber Niemöllers geringere Wertschätzung der Judenmission kam den Deutschen Christen deutlich entgegen, ebenso seine pathetische Formulierung am Ende des Gemeindeabends, mit der er »sein unbegrenztes Vertrauen zu dem Reichskanzler Hitler« kundtat.[33]

Doch unmittelbar nach der preußischen Generalsynode vom 5. September reagierte Niemöller auf die Einführung des »Arierparagraphen« in der

Kirche der altpreußischen Union. Zusammen mit Dietrich Bonhoeffer, der in der Frage der protestantischen Haltung zum Antisemitismus der Nationalsozialisten schon im April 1933 entschieden Stellung bezogen hatte, formulierte er eine »Erklärung«, die alle bekenntnistreuen Pfarrer unterschreiben sollten. Zusammen mit Franz Hildebrandt und einigen Studenten hatte Bonhoeffer Niemöller am 6. September in Dahlem aufgesucht und in einer langen Nachtsitzung diese Erklärung beraten. Else gab die Gedanken ihres Mannes wieder, als sie noch am selben Tag ihrer Schwester schrieb, »die Durchführung des Arierparagraphen« greife »an den Nerv der Kirche« und sei als »Ketzerei« zu verstehen. Zugleich gab sie einen Hinweis auf die theologische Motivation ihres Mannes zum Handeln: Der »Arierparagraph«, teilte sie mit, »widerspricht dem 3. Artikel«, also jenem Teil des Glaubensbekenntnisses, der im Glauben an den heiligen Geist die »Gemeinschaft der Heiligen« und damit die Gleichheit aller Getauften betont. Mit Freude beobachtete Else überdies, dass Martin geistig »sehr in Form« sei. »Je mehr Kampf, desto besser«, so fasste sie sein Credo prägnant zusammen.[34]

Diesen »Kampf« läutete die von Niemöller und Bonhoeffer erarbeitete Erklärung ein. In ihren drei Artikeln verwarf sie den »Arierparagraphen« als bekenntniswidrig, da das »Lehramt« des Pfarrers nur »an die ordnungsmäßige Berufung gebunden« sei, aber nicht – so der implizite Gegensatz – an die Abstammung. Wer einem solchen »Bruch des Bekenntnisses« zustimme, schließe sich selbst »aus der Gemeinschaft der Kirche aus«. Das den »Arierparagraphen« einführende Kirchengesetz sei deshalb »unverzüglich« aufzuheben.[35]

Wie war Niemöller zu dieser Position gekommen, nachdem er sich noch 1932 so entschieden zur fehlenden theologischen Legitimität und Dignität der jüdischen Synagogenpraxis geäußert hatte? Und in welcher Form vertrat er die in der Erklärung vom 7. September festgehaltene Position?

Niemöller scheint sich im Verlauf des Augusts erstmals mit der »Judentaufe« befasst zu haben. Jedenfalls hielt er dies als Thema eines am 21. August geführten Gesprächs fest. Am folgenden Tag fand einer der offenen Abende statt, die alle drei Dahlemer Pfarrer seit dem Sommer regelmäßig, aber unabhängig voneinander durchführten – Niemöller zu diesem Zeitpunkt noch in seinem dann regelmäßig überfüllten Haus in der Cecilienallee –, um die Gemeinde über die aktuellen kirchenpolitischen Entwicklungen auf dem Laufenden zu halten. Am 22. August wurden dort »Bekenntnisfragen« diskutiert.[36] Es waren also Mitglieder seiner Gemeinde, die Niemöller zu Diskussionen über die Position der Juden in Kirche und Staat drängten. Zu ihnen zählte Elisabeth Schiemann (1881–1972), eine der ersten Professorinnen der deutschen Wissenschaftsgeschichte, die sich an der Berliner Friedrich-

Wilhelms-Universität als Expertin für Pflanzengenetik einen Namen gemacht hatte. Seit Juli 1933 rief sie Niemöller in mehreren Briefen »zu einer öffentlichen Stellungnahme der Kirche gegen die nationalsozialistische Judenverfolgung auf«.[37] Doch Niemöller reagierte ablehnend, erklärte die Kirche für nicht zuständig und wiederholte dabei klassische antisemitische Vorurteile.

Am 7. September, also direkt nach Fertigstellung der mit Bonhoeffer verfassten Erklärung, hielt Niemöller in einem Schreiben an Schiemann fest, dass »die Kirche vom Staat nichts anderes zu fordern [habe], als daß er der Verkündigung keine Hemmnisse bereitet und die Kirche Kirche sein läßt«. Nur die einzelnen Christen, »die sich dem Willen Gottes beugen«, könnten im Staat dann diesen Willen zur Geltung bringen. Das war ganz im Sinne der lutherischen Zwei-Reiche-Lehre formuliert, nach der das Regiment des Staates und die Kirche separate Sphären darstellten. In »dürren Worten« ausgedrückt hieß das: »Die Kirche predigt nicht dem Staat in seine (gerecht oder ungerecht angewandte) Gewalt hinein, auch nicht in der Judenfrage, sondern spricht zu den Menschen in der Gemeinde von dem Willen Gottes mit den Menschen, auch mit den Juden usw.« Das wäre eine im Rahmen der Zwei-Reiche-Lehre konsistente Position gewesen, wenn Niemöller etwa in seinen Predigten die Dignität und die Rechte der (ungetauften) Juden betont hätte – was er aber nicht tat. De facto stellte Niemöller so dem NS-Staat einen Freibrief zur Judenverfolgung aus. Dabei beließ er es allerdings nicht. Denn er erbat Schiemanns Einverständnis damit, dass er »als Christ nicht anders denke als Sie, wenn ich auch das relative Recht unseres Volkes bejahe, sich gegen einen übergroßen und schädlichen Einfluß des Judentums nachdrücklich zu wehren, der meines Erachtens dagewesen ist«.[38] Das war eine unverhohlene Bekräftigung antisemitischer Vorurteile über den zersetzenden Einfluss der Juden auf das deutsche Volkstum.

Manche Historiker haben argumentiert, dass Martin Niemöller 1933 vor einer Kritik der staatlichen Judenpolitik und offener Solidarität mit den ungetauften Juden zurückschreckte, weil darin ein übergroßes »Konfliktpotential mit dem NS-Regime« lag, das die Position oder gar die Existenz des Pfarrernotbundes gefährdet hätte.[39] Für diese These gibt es keinerlei stichhaltige Belege. Dagegen spricht schon die ungebrochene Virulenz antisemitischer Ressentiments in Niemöllers Denken. Dabei handelte es sich nicht mehr um jene völkisch-rassistischen Vorstellungen, die er als Student gehegt hatte, sondern vielmehr um einen gesellschaftlich-kulturellen Antisemitismus, der obsessive Vorstellungen hinsichtlich der jüdischen Dominanz und deren Beitrag zur Zersetzung der deutschen Gesellschaft kultivierte. Aber auch diese Form der Judenfeindschaft bot hinreichende Überschneidungsflächen mit der NS-

Rassenpolitik, um Niemöller Solidarität mit den Juden als ein bestenfalls zweitrangiges oder gar gänzlich unerhebliches Problem erscheinen zu lassen.[40]

Der zweite, wichtigere Grund für das Schweigen Niemöllers zur Judenpolitik des NS-Staates 1933 sind die völlige Selbstbezüglichkeit seines kirchlichen Denkens und Handelns und die daraus folgende Verengung seiner Perspektive. Dies wird eindringlich in dem genannten Schreiben an Elisabeth Schiemann deutlich, in dem er »die eigentliche Gefahr« der Entwicklungen im Sommer 1933 im »Schicksal der Kirche Luthers« und der Frage sah, »[w]ie lange diese Kirche überhaupt noch äußerlich bestehen kann«. Für Niemöller ging es also nicht etwa um die Juden oder andere Opfergruppen des NS-Staates, die in Gefahr waren, sondern einzig um die gleichermaßen von »Rom«, den »Freikirchen« und den »völkisch-heidnischen Gruppen« bedrängte evangelische Kirche.[41]

Es gilt also, sich von der beruhigenden Vorstellung zu verabschieden, Niemöller habe seit dem Spätsommer 1933 den nationalsozialistischen Antisemitismus grundsätzlich kritisiert. Sein Augenmerk galt vielmehr ausschließlich Christen jüdischer Herkunft, für welche die Zeitgenossen den Begriff »Judenchristen« verwendeten. Allein gegen deren Entfernung aus dem Pfarramt richteten sich die Verpflichtungserklärung des Pfarrernotbundes und die These einer Verletzung des Bekenntnisstandes im Sinne des 3. Artikels des Apostolischen Glaubensbekenntnisses. Doch auch hier relativierte Niemöller bereits im November die Position der Verpflichtungserklärung, die er selbst im September verfasst hatte. Im Verlauf des Oktober gehörten Anfragen von Pfarrern und Notbundmitgliedern zum »Arierparagraphen« in der Kirche zu seinem »täglichen Brot«.[42] Niemöller reagierte darauf mit dem kurzen Text »Sätze zur Arierfrage in der Kirche«, den er Anfang November in der Zeitschrift *Junge Kirche* veröffentlichte.[43] Aus seinem vielschichtigen und komplexen Argument seien nur zwei Momente hervorgehoben.

Zum einen wiederholte Niemöller die Grundposition des Pfarrernotbundes, nach der »die bekehrten Juden als durch den heiligen Geist vollberechtigte Glieder« der Kirche »anzuerkennen« seien. Dabei handle es sich stets nur um die Bekehrung Einzelner, weshalb Niemöller seine noch im Mai vertretene Position einer möglichen separaten »judenchristlichen Kirche« ausdrücklich als »Utopie« verwarf. Andererseits machte er klar, dass es in der Praxis Grenzen für die Anerkennung der Rechte getaufter Juden gab. In einer neuerlichen Wiederholung antisemitischer Ressentiments bekräftigte er die Behauptung, dass »wir als Volk unter dem Einfluß des jüdischen Volkes schwer zu tragen gehabt haben«, und so erfordere die Anerkennung der Gleichheit aller Getauften in diesem Fall erhebliche »Selbstverleugnung«. An der »Gemeinschaft der

Heiligen« gab es dennoch keinen Zweifel. Aber man könne zumindest von kirchlichen »Amtsträgern jüdischer Abstammung« die »gebotene Zurückhaltung« verlangen. Praktisch hieß das, dass Pfarrer »nichtarischer Abstammung« kein »Amt im Kirchenregiment oder eine besonders hervortretende Stellung in der Volksmission« einnehmen und damit nicht kirchenleitend tätig sein sollten.[44]

Mit dieser Stellungnahme hatte Niemöller die in den vier Artikeln der Verpflichtungserklärung des Pfarrernotbundes bekräftigte Einheit gesprengt. Er gab das im dritten und vierten Punkt versprochene »Einstehen für die Verfolgten« und das »Widerstehen gegenüber dem Arierparagraphen« wieder auf, indem er Bedingungen und Einschränkungen für die Präsenz der Christen jüdischer Herkunft in der Kirche formulierte. Damit lag sein Akzent ganz klar auf dem in den ersten beiden Punkten ausgesprochenen Bekenntnis. Niemöller machte »aus der Not des Arierparagraphen eine Tugend verbalen Bekennens«.[45] Diese Aufweichung der im September gefundenen Position zum kirchlichen »Arierparagraphen« ist in der Forschung durch den Weggang Dietrich Bonhoeffers nach London im Oktober erklärt worden. Niemöller, so diese Lesart, habe sich in der Folge mehr an dem reformierten Theologen Karl Barth orientiert, für den die Reaktion auf die antijüdische Politik in Kirche und Staat weniger wichtig gewesen sei als andere dogmatische Fragen. Für Niemöller hätte sich deshalb die Alternative gestellt: »sachlich: Handeln oder Bekennen, personal: Bonhoeffer oder Barth«.[46] Diese These ist schon deshalb nicht überzeugend, weil Karl Barth bereits 1933 eindringliche Worte der Ablehnung nicht nur des kirchlichen »Arierparagraphen«, sondern auch der staatlichen Judenpolitik fand, mit denen er der entschiedenen Position Bonhoeffers sehr nahe kam. Im Übrigen war es gerade Barth, der Bonhoeffers Abreise nach London als eine Flucht vor der Verantwortung zum Widerstand heftig kritisierte.[47]

Es ist also überzeugender, die im November sichtbare Aufweichung des in der Verpflichtungserklärung gegebenen Versprechens mit Niemöllers eigener ambivalenter Haltung zum Judentum zu erklären. In seinem Aufsatz über die »Arierfrage« konturierte Niemöller das Bekennen durch den Gegenbegriff des »Verleugnens«.[48] In seinen aus dem Jahr 1932 stammenden Notizen zur Verwerfung des Alten Testaments hatte er auf das Bekennen als den einzigen Ausweg aus den Aporien des Relativismus verwiesen, der aus der Historisierung der biblischen Überlieferung in Gestalt des Alten Testaments entstehe. In dieser Spannung zwischen Bekennen und Verleugnen ist Niemöllers Position in Bezug auf die Juden 1933 zu verstehen. Der Drang zum Bekenntnis verweist auf die Herausforderung durch den rassistischen Antisemitismus der Deutschen Christen. Er weist aber auch auf die Aporien in Niemöllers eigenen

Notizen zum Alten Testament am Ende des Jahres 1932, Aporien, die er nur durch das Bekennen des Glaubens aufzulösen vermochte. Doch sein Einsatz für die »Judenchristen« unter den Pfarrern hatte konkrete Grenzen, die in seiner andauernden gesellschaftlich-kulturellen Judenfeindschaft begründet waren. Für das Schicksal der Juden fühlten er und seine Kirche sich ohnehin nicht zuständig. So findet sich bei Niemöller beides: das Bekenntnis zum Einsatz für die Christen jüdischer Herkunft und das Verleugnen der vom NS-Regime verfolgten jüdischen Deutschen.

Im Widerspruch gegen die Übertragung des staatlichen »Arierparagraphen« in den kirchlichen Raum hatte der Pfarrernotbund eine Grenze gezogen, an der Niemöller und seine Brüder den Bekenntnisstand verletzt sahen. Doch selbst einem engagierten und kritischen Mitglied des Notbundes wie Gerhard Jacobi war Ende Oktober nicht wirklich klar, warum die Auseinandersetzung mit den Deutschen Christen sich gerade »an der ja an sich nicht so zentralen Frage des Arierparagraphen« entzündet hatte.[49]

Niemöller tat einiges dafür, um weitere Unklarheit und Verwirrung in die Reihen des Notbundes hineinzutragen. Im ersten Rundschreiben an die Mitglieder des Notbundes druckte er am 2. November nochmals den Text eines Telegramms ab, das er am 15. Oktober im »Namen von mehr als 2500 evangelischen Pfarrern« an den Reichskanzler geschickt hatte. Darin gratulierte Niemöller Hitler zu dem am Vortrag verkündeten Austritt Deutschlands aus dem Völkerbund und dankte »für die mannhafte Tat und das klare Wort, die Deutschlands Ehre wahren«. Zugleich gelobte er für die Notbundpfarrer »treue Gefolgschaft und fürbittendes Gedenken«.[50] Das Telegramm war nicht Niemöllers Idee gewesen, sondern ging auf den Berliner Pfarrer Wilhelm Harnisch zurück, der noch 1957 der festen Überzeugung war, der Völkerbund habe keinem anderen Zweck gedient, als »Deutschland niederzuhalten«. Harnisch hatte zusammen mit Niemöller auch den Text formuliert, der allerdings die Überzeugung beider wiedergab.[51] Die Lehrerin Elisabeth Schmitz, die als Laienvertreterin in einer Berliner Gemeinde tätig und später in der Bekennenden Kirche aktiv war, verurteilte in einem Brief an Karl Barth das Verhalten Niemöllers. Solange die »sogenannte Opposition nur immer Bücklinge vor dem Staat macht, wird es nicht anders«, schrieb sie und fügte spöttisch hinzu, dass die meisten »Oppositionellen« in der Kirche ja »doch nur etwas zahmere deutsche Christen« seien.[52] Bei anderer Gelegenheit betonte Niemöller, der Gegensatz zwischen DC und Notbundpfarrern erwachse »weder aus alt oder jung, aus konservativ oder fortschrittlich, aus dogmatisch-orthodox oder dogmatisch-liberal, auch nicht aus nationalsozialistisch oder politisch-reaktionär, denn viele alte nationalsozialistische Kämpfer gehören dem Pfarrer-

Notbund an«. Vielmehr beruhe der Gegensatz nur auf »der Beurteilung dessen, was die Kirche sein darf und sein muß. Sie darf nicht eine Stätte sein, in der religiöse Fragen mit Gewalt vorwärts getrieben werden. In ihrem Zentrum darf nicht das heutige Zeitgeschehen, sondern muß Christus stehen.«[53]

Kritik an Niemöllers Positionen

Niemöllers Äußerungen zur Haltung der Kirche ließen sich als Anbiederung an das NS-Regime verstehen, und sie wurden im Pfarrernotbund auch so verstanden. Am 24. Oktober gab Franz Hildebrandt seinem tiefen Unbehagen über diesen Kurs in einem Brief an Niemöller Ausdruck. Er könne schon »seit langem« der von den Jungreformatoren und nun auch vom Notbund verfolgten Linie nicht mehr folgen:

> Denn mir ist völlig unverständlich, wie man im gleichen Augenblick den politischen Schritt in Genf [den Austritt aus dem Völkerbund] mit Freude begrüßen kann, ohne dasselbe deutliche Nein zu der Kirche zu sagen, die uns die »Gleichberechtigung« fort und fort verwehrt, und mit der man m. E. auch nach außen keine Schein-Solidarität mehr machen darf, wenn man der Meinung ist, die Kirche Christi sei bei uns und nicht bei ihr. Es sieht so aus und es kann weder von dem normalen Gemeindeglied noch von der Gegenseite anders verstanden werden, als habe bei uns wieder einmal die Parole der »Mitarbeit« um jeden Preis gesiegt.[54]

Für Hildebrandt selbst war diese Kritik des von Niemöller vertretenen Kurses der »Mitarbeit um jeden Preis« mit einer persönlichen Konsequenz verbunden. Er folgte Bonhoeffer Anfang November nach London, da er in Deutschland keine Zukunft für sich sah. Allerdings kehrte er auf dringenden Wunsch Niemöllers bereits im Januar 1934 wieder nach Dahlem zurück, um dort als Schatzmeister des Notbundes zu agieren, aber auch um den inzwischen vom Dienst suspendierten Niemöller zeitweilig zu vertreten.[55]

Kritik an Niemöllers Kurs kam auch von anderer Seite. Am 30. Oktober 1933 besuchte der seit 1930 in Bonn lehrende reformierte Theologe Karl Barth Berlin, wo er einen öffentlichen Vortrag zum Thema »Reformation als Entscheidung« hielt. Am folgenden Tag traf er in drei verschiedenen Runden mit Berliner Pfarrern zusammen, die dem Notbund angehörten. Die erste Aussprache fand im kleineren Kreis im Haus von Gerhard Jacobi statt. Barth drängte die Versammelten, sich auf keine Gespräche mit der Kirchenregierung unter dem Reichsbischof Ludwig Müller einzulassen, weil der Notbund diese damit »anerkennen« würde. Er bezog sich dabei konkret auf Gespräche, die Niemöller, Jacobi und Künneth am 16. und 25. Oktober im Kirchenbundesamt mit Vertretern des gemäßigten Flügels der DC geführt hatten.[56] Niemöller wies diesen Vorwurf empört zurück, erinnerte an den Auszug der oppositionellen Pfarrer aus der altpreußischen Generalsynode am 5. September als Beispiel für fundamentale Opposition und betonte, allein »theologische Klärung« sei das Ziel der jüngsten Gespräche gewesen. Und er machte deutlich, dass er als Pfarrer in der pastoralen Praxis durchaus differenziere. An einem Theologen der DC, der bei ihm zum Abendmahl komme, werde er mit dem Kelch vorübergehen. Von einem Laien könne er aber »diese Einsicht nicht verlangen« und werde ihm den Kelch reichen.

Neben Niemöller wurde der Berliner Missionsdirektor Siegfried Knak bei diesem Treffen mehrfach von Barth scharf kritisiert, nicht zuletzt als Knak darauf beharrte, es sei die »Aufgabe« der Kirche, dem »Staat das Beste zu geben, was wir zu geben haben, die Verkündigung des Evangeliums«. Dieser These widersprach auch Niemöller mit dem Hinweis, dass die preußische Kirchenleitung um Ludwig Müller und Joachim Hossenfelder »die Häresie zum geltenden Recht« erhoben habe. Aber auch er wollte die Möglichkeit der Verkündigung nicht preisgeben, solange sie bestand. In diesem Punkt widersprach ihm Franz Hildebrandt mit dem Hinweis, die Unterscheidung zwischen der Kirchenleitung und dem einfachen Gemeindepfarrer sei haltlos. Als Gehaltsempfänger sei auch der Pfarrer Teil einer sichtbaren Kirche.[57]

Zwei Dinge sind an dieser weitreichenden und kontrovers geführten Diskussion besonders bemerkenswert. Zum einen verstand keiner der anwesenden Notbundpfarrer die These von Barth: »Wir sind die wahre evangelische Kirche.« Diese auf die Konstituierung der Opposition als Bekennende Kirche vorausweisende Bemerkung verhallte ungehört. Auch auf Barths drängende und dringliche Anfrage, ob die Kirche bereit sei, etwas zum Geschehen in den Konzentrationslagern oder dem, »was man den Juden angetan hat«, zu sagen, gab es keine Reaktion.[58]

Bei der Bedeutung des kirchlichen »Arierparagraphen« für die Gründung des Notbundes war zudem die unter den Versammelten herrschende Konfusion um die Konsequenzen dieser Politik erheblich und zugleich beschämend. Konkret ging es dabei um den Fragebogen, den die altpreußische Kirchenleitung an die Pfarrer versandte, um deren »arische« Abstammung festzustellen. In seinem ersten Rundbrief hatte der Notbund die Pfarrer aufgefordert, nach Erhalt des Fragebogens die Dahlemer Zentrale zu benachrichtigen und auf weitere Instruktionen zu warten. Doch offenbar gab es, so monierte Franz

Hildebrandt, »noch sehr viele Unklarheiten« zum praktischen Vorgehen. Niemöller gab zu verstehen, dass er eine »rein statistische Feststellung aus apologetischen Gründen [...] nicht ablehnen« könne. »Damit ist kein status confessionis gegeben«, denn man müsse erst fragen: »Was wollt ihr mit dem Fragebogen?« Hildebrandt war entsetzt über die Naivität Niemöllers. Im »Dritten Reich« würde sich eine solche Frage »erübrigen«.[59]

Am Nachmittag fand dann eine Aussprache mit Barth in einem größeren Kreis von 150 Pfarrern statt. Gleich zu Beginn sprachen sich hier Friedrich Lindenmeyer und Gerhard Jacobi ganz entschieden für eine Zurückweisung des Fragebogens bei der Kirchenleitung aus. Das war eine unverhohlene Kritik an der Bagatellisierung dieses Punktes durch Niemöller am Morgen. Dann wiederholte Barth nochmals seine Anregung, die auf dem Boden des Bekenntnisses stehenden Pfarrer sollten sich in einer »freien Synode« zusammenfinden und sich damit als die »legitimen Vertreter der wahren deutschen Kirche« konstituieren. Doch das Gespräch über diese Möglichkeit – die im Mai 1934 in der Synode von Barmen Gestalt gewann – unterblieb. Denn der amerikanische Kirchenvertreter Charles Macfarland, der an diesem Tag eine Unterredung mit Hitler hatte, unterrichtete Gerhard Jacobi telefonisch, dass der Reichskanzler bereit sei, sich mit Jacobi als Sprecher der Kirchenopposition zu treffen. Als Jacobi dies den Versammelten mitteilte, brach spontan »großer Jubel« aus.[60]

An diesem Jubel zeigte sich, wie verworren die kirchenpolitische Lage geworden war. Ausgerechnet von einem katholischen Politiker erhofften sich die Notbundpfarrer einen Ausgleich und eine Anerkennung ihrer Forderungen. Jacobi regte an, dass Barth ihn begleiten solle. Doch in einer Sitzung des Bruderrates der Notbundpfarrer am 9. November wurde diese Idee von den anderen – mit Ausnahme Jacobis – einmütig zurückgewiesen. Es schien diesem Kreis undenkbar, dass Barth als Schweizer und früheres Mitglied der inzwischen verbotenen SPD mit dem Reichskanzler sprechen solle. Stattdessen verfiel man auf die opportunistische Idee, mit Wilhelm Niemöller einen als erklärten »Anhänger« Hitlers bekannten Notbundpfarrer mitzunehmen.[61]

Zu dem Treffen von Kirchenvertretern mit Hitler kam es in anderer Konstellation erst am 25. Januar 1934, und es sollte dabei das Gegenteil von dem erreicht werden, was sich die am Reformationstag 1933 versammelten Notbundpfarrer erhofft hatten. Nach den Diskussionen am 31. Oktober war deutlich, dass Niemöller und mit ihm die Mehrheit der Teilnehmer nicht bereit waren, Barth in seiner fundamentalen Kritik an den DC und in seinem Beharren auf der theologischen Begründung einer bekenntnistreuen Kirche zu folgen. Gerade Niemöller hoffte weiter auf die Möglichkeit, in der Kirchenleitung und bei Ludwig Müller Anerkennung für die Wünsche des Notbundes zu finden und nur den radikalen Flügel der DC als Faktor auszuschalten.[62] Dabei gab es bereits Hinweise darauf, dass sich diese Gruppe innerhalb der DC nach vorne drängte und die gesamte Glaubensbewegung schärfer gegen die oppositionellen Pfarrer vorging.

Am 6. November trug die Dahlemer Gemeindegruppe der DC beim EOK den Wunsch vor, eine der drei Pfarrstellen mit einem der Bewegung angehörenden Pfarrer zu besetzen. Werde dafür Niemöller versetzt, würde man damit von dem »aktivsten Widersacher« in der Gemeinde befreit. Bereits zu diesem Zeitpunkt galt Niemöller – wohl nicht nur für die DC – »als der Bedeutendste der Dahlemer Geistlichen«. Denn bis Ende 1933 überholte Niemöller den bisherigen Primus, Eberhard Röhricht, in der durchschnittlichen Zahl der Gottesdienstbesucher mit 438 zu 407. Im Jahr darauf verdreifachte sich Niemöllers Abendmahlsgemeinde fast auf im Schnitt 1112 Gläubige. Aus der Tatsache, dass Niemöller auch für die DC sehr »schätzenswerte Qualitäten als Seelsorger« aufwies, entstand ein Dilemma. Dies spiegelte sich darin, dass die DC-Gruppe im Sinne der »Gemeindeinteressen« für den Verbleib Niemöllers plädierte, ihn aber aufgrund seiner »Einstellung gegen unsere Bewegung« möglichst entfernen wollte.[63]

Unterdessen bereitete die Reichsleitung der DC eine missionarische Offensive vor, die mit einer Massenkundgebung im Berliner Sportpalast am 13. November eingeläutet werden sollte. Zwei Tage zuvor suspendierte das Konsistorium mit Niemöller, Kurt Scharf und Eitel-Friedrich von Rabenau drei prominente Notbundpfarrer vom Dienst. Proteste der Gemeinde Dahlem, des Notbundes und eine Intervention des Reichspräsidenten von Hindenburg sorgten dafür, dass die Suspendierung bereits am 16. November wieder aufgehoben wurde.[64] Mitglieder der Dahlemer Gemeinde demonstrierten ihre Unterstützung für den abgesetzten Pfarrer auch auf praktische Weise. An einem Novembersonntag fand Else Niemöller morgens eine Gans vor der Haustür. Mit Freuden machte sie daraus einen »leckeren Sonntagsschmaus«. In den Wochen darauf geschah dasselbe. Die fünfte Gans verschenkte sie dann an eine Mitarbeiterin der Gemeinde und kaufte stattdessen Suppenfleisch, woraufhin ihr ältester Sohn Joachim lakonisch bemerkte: »Endlich gibt es mal keine Gans als Sonntagsessen!«[65]

Die Kundgebung der Deutschen Christen am 13. November im Berliner Sportpalast war mit rund 20 000 Teilnehmern eine für den Nationalsozialismus typische Massenveranstaltung. Neben dem brandenburgischen Bischof Joachim Hossenfelder nahmen fast alle Mitglieder des EOK unter seinem Präsidenten, dem NS-Juristen Dr. Friedrich Werner, teil. Hauptredner war der Gauobmann der Berliner DC, Reinhold Krause, zugleich ein Mitglied der brandenburgischen Provinzialsynode. Krauses Rede wurde zum Skandal, als er in direkter Anlehnung an Alfred Rosenbergs *Der Mythus des 20. Jahrhunderts* die Säuberung der Kirche vom Alten Testament und seinen jüdischen »Viehhändler- und Zuhältergeschichten« forderte. Aber auch aus dem Neuen Testament sollte die »Minderwertigkeitstheologie des Rabbiners Paulus« entfernt werden. Damit wollte Krause im Herzen der evangelischen Kirche eine völkisch-germanische Religiosität platzieren. Eine entsprechende Resolution wurde unter großem Jubel bei nur einer Gegenstimme angenommen.[66]

Diese Ergebnisse bestärkten Martin Niemöller in dem Gefühl, dass weite Teile der Deutschen Christen in das Fahrwasser einer völkisch-neopaganen Glaubenshaltung abdrifteten und jeden Bezug zur christlichen Tradition über Bord warfen. Einen Kristallisationskern für diese Bestrebungen bildete die Deutsche Glaubensbewegung, die Jakob Hauer, Professor für Indologie, seit dem Sommer 1933 aufgebaut hatte und in der er indogermanische und mystische Versatzstücke mischte.[67]

Niemöller handelte unverzüglich. Noch am Nachmittag des 14. November trafen er selbst, sein Bruder Wilhelm und Gerhard Jacobi mit Ludwig Müller und dem reformierten Theologen Otto Weber zusammen, einem Mitglied des Geistlichen Ministeriums der DEK. Die Notbundpfarrer forderten Müller ultimativ auf, die Schirmherrschaft über die DC niederzulegen und alle im Sportpalast anwesenden kirchlichen Amtsträger zu entlassen. Dahinter stand die Intention, wie Jacobi deutlich machte, die DC zu spalten, deren radikaler Flügel »zu Hauer gehen« solle. Martin Niemöller wollte vor allem die Absetzung Hossenfelders. Das mochte den Eindruck einer persönlichen Vendetta erzeugen, und das war es auch. Letztlich aber handelte es sich, so wurde im Verlauf der Besprechung klar, um enttäuschte Hoffnungen. Denn Niemöller erklärte zur Überraschung Müllers, im Mai 1933, als die moderaten ostpreußischen Richtlinien der DC erschienen waren, »war die Jungreformatorische Bewegung beinahe bereit, mit Ihnen zu gehen«. Doch die Dominanz Hossenfelders in den DC hatte diese Hoffnung Niemöllers auf eine breite nationalkirchliche Einigung zerschlagen.[68] Derartig unter Druck gesetzt, wich Müller aus und spielte auf Zeit.

Am Ende der dramatischen Sitzung gab es eine sentimentale Geste unter zwei alten Marinekameraden, als Niemöller deutlich machte, dass er der noch schwebenden Suspendierung von seinem Pfarramt nicht folgen werde: »Ich melde gehorsamst meine zweite Gehorsamsverweigerung.« Die erste hatte er begangen, als er sich 1919 weigerte, ein U-Boot nach Scapa Flow an die Briten auszuliefern. Daraufhin fasste Müller, so das Protokoll, »Niemöller zärtlich an die Rockaufschläge und drückt Niemöller freundlich die Hand«.[69]

Müller reagierte hinhaltend. Direkt nach der Unterredung entließ er Krause und veröffentlichte eine Erklärung, in der er sich von dessen Rede distanzierte und die landeskirchlichen Behörden aufforderte, die Pfarrer an ihr Ordinationsgelübde zu erinnern. Doch allen weitergehenden Forderungen der Notbundpfarrer verweigerte er sich, auch in einer zweiten Unterredung am 16. November.[70] Noch am Abend des 14. November hatte ein weiteres Treffen der Notbundpfarrer mit Karl Barth stattgefunden, der ebenso wie Friedrich Bodelschwingh sofort nach Berlin gereist war. Dabei kam es zur Neuauflage jenes Konflikts zwischen Barth und Niemöller über den richtigen Kurs, der sich bereits am Reformationstag abgespielt hatte. Barth forderte eine »umfassende Opposition« gegen die Gängelung der Kirche, und zwar ausdrücklich auch gegen den NS-Staat, der durch die Einsetzung des Staatskommissars für die altpreußische Kirche Ende Juni ja den Deutschen Christen erst ihre Machtposition verschafft hatte. Niemöller war aber nicht bereit, Ludwig Müllers Autorität als Reichsbischof rundweg abzulehnen, solange dieser auch Bischof der altpreußischen Kirche war. Denn, so belehrte er Barth in einer arroganten Geste, »wir hier sind nun einmal Lutheraner!«, und auch die lutherischen Bischöfe hätten Müller gewählt. Er bestand darauf, weiter mit Müller zu verhandeln und auf diesem Weg die Spaltung der DC herbeizuführen. Gerade mit Blick auf seine Dahlemer Gemeinde hoffte Niemöller, dass Müller dem Notbund »zunächst erhalten« blieb, denn erst unter diesem »Druck« könnten sich die Gemeinden entwickeln.[71]

Damit gab Niemöller eine grundsätzliche Schwäche der kirchlichen Opposition in Berlin zu erkennen. Sie war bislang nur eine Angelegenheit der Pfarrer, von denen einige, wie Jacobi bestätigte, mit Blick auf ihre persönliche Existenz von der Fahne gehen könnten. Eine Aktivierung der Laien in den Gemeinden fehle noch weitgehend. Dieses Geständnis veranlasste Georg Schulz, Pfarrer in Barmen und Leiter der Sydower Pfarrbruderschaft, zu der spöttischen, direkt gegen Niemöller gerichteten Bemerkung, seine Gemeinde habe es »gut verstanden«, als er ihr einmal die »Vermischung von Wort und Gewalt« als Kern der »Häresie« der Deutschen Christen erklärt habe.[72] Doch Niemöller setzte sich durch, obwohl neben Schulz auch Jacobi und Günther Dehn, der seit 1919 bei den Religiösen Sozialisten aktiv war, Barth unterstützten. Auf welche Weise er das tat, hat Barth einige Wochen später in einem Brief an Günter Jacob beschrieben. Danach trafen sich am 15. November parallel der Bruderrat des Notbundes und eine größere Versammlung von Notbundpfarrern in Jacobis Wohnung. Der Bruderrat entwarf eine Eingabe an den Reichsbischof, die in sieben Punkten im Wesentlichen die bereits am 14. November mündlich an Müller gerichteten Forderungen wiederholte. Im

»entscheidenden Augenblick«, so Barth, habe Niemöller sowohl Bodelschwingh als auch ihn selbst einfach »in aller Form aus dem Zimmer geschickt« und dann mit seinen Gefolgsleuten den Text der Eingabe »bereinigt und beschlossen«.[73] Eine Teilnehmerin an diesem Treffen war Christa Müller, eine junge Doktorandin der Theologie, die kurz darauf in der Dahlemer Gemeinde ihre Tätigkeit als Vikarin begann und dabei eng mit Niemöller zusammenarbeitete. Karl Barth flüsterte ihr während des turbulenten Treffens »einmal verzweifelt ins Ohr: ›Ihr Niemöller ist fürchterlich!‹« Müller selbst, die sich bei aller Nähe zu Niemöller ihren kritischen Blick bewahrte, urteilte bei anderer Gelegenheit einige Wochen später, dass Niemöller »ja *überzeugter* Nazi ist«.[74] Erst nach längerem Drängen stimmte Niemöller dem Wunsch Barths zu, ein »grundsätzliches Wort« zu verfassen, das dieser dann in sechs Thesen unter dem Titel »Kirchliche Opposition« veröffentlichte.[75]

Die neuerliche Begegnung mit Niemöller und dessen Beharren auf weiteren Verhandlungen lösten bei Barth anhaltende Verärgerung aus, der er wenige Tage später in einem Brief an seinen früheren Studenten Richard Karwehl Luft machte. Er beschrieb die Berliner Notbundmitglieder darin als einen »Ameisenhaufen aufgeregter Pfarrer«, die »unter der Diktatur des U-Bootskommandanten Niemöller« stehen, der »sich im Namen der ›Gemeinde‹ jegliche theologische Bedenklichkeiten verbat«.[76] Als Barth dies bald darauf – in konzilianteren Worten – in einem neuen Heft seiner Reihe *Theologische Existenz heute* wiederholte, beschwerte sich Gerhard Jacobi über diese für ihn betrübliche Kritik. Doch Barth blieb unerbittlich. Niemöller habe noch immer nicht begriffen, »um welchen Gegensatz es geht«. Jene Notbundmitglieder, die sich wegen seiner und Günther Dehns politischer Haltung vor den NS-Mitgliedern im Notbund und ihren Gemeinden schämten, sollten das nur offen sagen. Der Notbund betreibe »Kirchenpolitik« nur »in einem üblen Sinn des Begriffs«, denn es werde da »immer wieder geschielt nach dem Wohlwollen der Nazis«. Der Bruderrat wolle sich nur ein »Feigenblatt mit einem Hakenkreuz darauf verschaffen«, anstatt sich um eine mögliche »Kompromittierung« in den Augen des Staates »einen Deubel zu kümmern!«

Nach dieser Generalabrechnung mit der Anbiederung Niemöllers bei der NSDAP und der von ihr an der Macht gehaltenen Kirchenleitung muss es überraschen, dass Barth den so heftig gescholtenen Dahlemer Pfarrer »persönlich richtig sympathisch« fand.[77]

Immerhin wusste Niemöller den Sportpalastskandal für die Aktivierung der kirchlichen Opposition zu nutzen. Bereits am 16. November verschickte er ein Rundschreiben an alle Notbundpfarrer, in dem er den Gang der Ereignisse seit dem 13. November zusammenfasste und die Verlesung einer beigefügten

Kanzelabkündigung in den Gemeinden forderte. Damit wurden die Gemeinden zum ersten Mal seit dem 2. Juli wieder über den Gang der kirchenpolitischen Auseinandersetzung informiert und eindringlich vor dem »Heidentum« gewarnt, das in den »Raum unserer Kirche« eindringe.[78] Der Pfarrernotbund wagte den Schritt ins Rampenlicht einer breiteren Öffentlichkeit.

Die klare Haltung schlug sich unmittelbar in steigenden Mitgliederzahlen nieder. Waren es Mitte November noch 3000 Mitglieder, stieg deren Zahl bis Mitte Dezember auf 5500 und erreichte Mitte Januar 1934 den Höchststand von rund 7000, das war mehr als ein Drittel aller deutschen Pfarrer. Vor allem in Westfalen und im Rheinland begann nun – so Niemöller – der »passive Widerstand gegen die Repräsentanten dieses Kirchenregiments«, indem viele Pfarrer und Gemeinden in Eingaben die »ihnen aufgenötigten ›Bischöfe‹« nicht anerkannten.[79]

Darüber hinaus erweiterte Niemöller den Kreis der oppositionellen Kräfte noch. Am 24. November kam es zu einem Treffen von ihm selbst und Gerhard Stratenwerth für den Notbund mit den drei Bischöfen der noch »intakten« Landeskirchen von Hannover, Bayern und Württemberg – August Marahrens, Hans Meiser und Theophil Wurm – sowie Karl Koch, dem Präses der einzigen noch »intakten« preußischen Provinzialkirche. Damit war eine »Bekenntnisfront« all jener Kräfte geschaffen, die sich den Deutschen Christen entgegenstellten. Die in Stuttgart Versammelten forderten neuerlich die Entlassung Hossenfelders.[80]

Die kirchliche Opposition konnte trotz ihrer neugefundenen Stärke allerdings keinen vollkommenen Erfolg erringen. Müllers Festhalten an Hossenfelder erwies sich zwar als ein taktischer Fehler, denn eine steigende Zahl von Pfarrern und Gemeindegruppen sagte sich nun von den Deutschen Christen los, da sie Hossenfelders völkisch-paganen Angriff auf das Christentum nicht mittragen wollten. Bis Mitte Dezember rückten auch mehrere Gauführungen der DC von ihrem Reichsleiter ab. Damit war der Niedergang dieser Glaubensbewegung eingeleitet, die in den Jahren 1932/33 auf so fatale Weise den Gang der deutschen Kirchengeschichte bestimmt hatte. Am 6. Dezember legte Ludwig Müller die Schirmherrschaft über die DC nieder, und Hossenfelder selbst trat am 21. Dezember von seinen kirchlichen Ämtern sowie als Reichsleiter der DC zurück. Die verbliebenen DC-Mitglieder spalteten sich in mehrere rivalisierende Gruppen auf.[81] Nachdem Niemöller seine Arbeit in der kirchlichen Opposition mehrere Monate lang auf die Person Hossenfelders konzentriert hatte, hätte dies eigentlich die Stunde seines Triumphes sein müssen. Doch er hatte sich verkalkuliert. In einer Besprechung mit dem Berliner Theologen Erich Seeberg – der den Deutschen Christen nahestand –

wenige Tage nach dem Sportpalastskandal zerstörte dieser Niemöllers Hoffnung, dass der Sturz Hossenfelders auch den Müllers nach sich ziehen müsse. Das »Umgekehrte« sei der Fall, sagte Seeberg voraus. Durch die Ausschaltung des radikalen DC-Führers werde der Reichsbischof als »Retter der Kirche« dastehen und somit »gestärkt« aus den Auseinandersetzungen hervorgehen.[82]

Diese Prognose war in der Form übertrieben, aber in der Tendenz durchaus zutreffend.[83] Denn Ludwig Müller vermochte zum Jahresende alle Versuche der Bekenntnisfront auf eine Neubildung der Reichskirchenregierung in ihrem Sinne durch hinhaltendes Taktieren zu vereiteln. Die vielen hinter den Kulissen ablaufenden Sitzungen und Besprechungen hatten Niemöller bereits Anfang Dezember völlig ausgelaugt. Auf einem seiner offenen Abende im Gemeindesaal gab er am 5. Dezember zu erkennen, er fühle sich »wie ein ausgehöhlter Krater und würde so gerne mal wieder richtig Gemeindebesuche machen, anstatt am Tage 6x mit der Taxe in die Stadt zu fahren«.[84]

Doch Müller taktierte nicht nur, er handelte auch. Quasi nebenbei gelang es ihm, durch ein geschicktes Doppelspiel gegenüber Kirche und NS-Staat das Evangelische Jugendwerk in die Hitlerjugend einzugliedern, was eine dramatische Einschränkung der kirchlichen Organisationsfreiheit zur Folge hatte. Schließlich griff Müller zum Mittel der offenen Repression, um die kirchliche Opposition mundtot zu machen. Am 4. Januar 1934 erließ er eine bald als »Maulkorberlass« bekannte Verordnung, in der er alle kirchenpolitischen Verlautbarungen, Flugblätter und Rundschreiben untersagte und Pfarrern bei Zuwiderhandlung mit Disziplinarverfahren drohte.[85] Niemöller verurteilte diesen Erlass in scharfen Worten als ein »terroristisches Gewaltregiment«, und der Pfarrernotbund reagierte mit einer neuerlichen Kanzelabkündigung und mit einer Protestkundgebung in Berlin. Müller suspendierte daraufhin etwa fünfzig Pfarrer, welche die Kanzelabkündigung verlesen hatten. Und es gelang ihm, die am 13. Januar 1934 nach Berlin einbestellten Kirchenführer – selbst jene, die wie Meiser und Wurm zur Bekenntnisfront gehörten – zu einem »Burgfrieden« zu bewegen, bis in einer für den 17. Januar anberaumte Besprechung Müllers mit Hitler eine Klärung herbeigeführt sei.[86]

In den Tagen nach dem Maulkorberlass war die kirchenpolitische »Lage sehr nebelig«, wie Niemöller am 11. Januar notierte. Am selben Tag hatte Reichspräsident von Hindenburg Ludwig Müller empfangen und Bedenken gegen dessen Vorgehen vorgebracht. Einige Tage später teilte Hindenburg Hitler diese Vorbehalte mit. Der war des ständigen Streits in der evangelischen Kirche müde und vereinbarte am 18. Januar in einer Unterredung mit Reichsinnenminister Frick, dass eine Klärung der Situation in einer Aussprache zwischen Führern der beiden kirchenpolitischen Lager in der Reichskanzlei herbeigeführt werden solle.[87]

Bei der Vorbereitung dieser Besprechung folgte Frick der bereits im Dezember deutlich gewordenen Haltung Hitlers, der die staatlichen Instanzen auf eine Neutralität gegenüber den streitenden Kirchenparteien verpflichten wollte. Außer Müller selbst waren jeweils sieben Vertreter der Deutschen Christen und der Bekenntnisfront eingeladen, darunter neben den Bischöfen Marahrens, Meiser und Wurm sowie dem westfälischen Präses Karl Koch auch Niemöller. Allerdings vertraten der Theologe Karl Fezer und die beiden ehemaligen Mitglieder des Reichskirchenministeriums Hermann Wolfgang Beyer und Otto Weber die DC, die nun eher zur Kirchenopposition zählten.[88] Damit war die Opposition mit einem Verhältnis von 10:4 gegenüber den Unterstützern Müllers in der Mehrheit. Daraus leiteten die Vertreter der Bekenntnisfront im Vorfeld des Kanzlerempfangs die Hoffnung ab, dass es ihnen gelingen werde, Ludwig Müller als Reichsbischof zu entfernen, den Maulkorberlass aufzuheben und jegliche Schritte in Richtung einer Staatskirche abzuwehren. In diesen Punkten waren sich die verschiedenen Kirchenführer, Notbundpfarrer und Professoren aus allen Teilen Deutschlands einig.

Das zeigte sich, als sie sich einige Tage vor dem 25. Januar in Berlin zur Vorbereitung des Kanzlerempfangs versammelten. Weitgehende Einigkeit herrschte auch darüber, dass nur Hitler einen Ausweg aus der verfahrenen Situation weisen könne, eine Ansicht, die auch Niemöller teilte: »Der einzige Punkt, an welchem man noch dagegen ankämpfen kann, ist der Führer.« Niemöller sah den Moment der Entscheidung über die ideologisch-geistige Grundhaltung des deutschen Volkes gekommen. Denn es sei, so erläuterte er vor den Versammelten, »auf die Dauer kein Nebeneinander zwischen evangelischem Christentum und einer verkappten völkischen Weltanschauung« vorstellbar.[89]

In der Sitzung am 23. Januar beriet man auch über den Entwurf eines Schreibens, das Hitler im Vorfeld des Empfangs überreicht werden sollte. Und hier brachen die Gegensätze auf, da einige der Anwesenden, unter ihnen Friedrich Gogarten, der nach der Machtergreifung wie viele andere Theologen mit wehenden Fahnen zu den Deutschen Christen übergelaufen war, den völkischen Aufbruch seit Januar 1933 verteidigten. Die Lage wurde kompliziert, als Karl Barth am Abend zur Runde hinzustieß. Die Reformierten im Rheinland hatten ihn nach Berlin entsandt, um faule Kompromisse mit den deutsch-christlichen Theologen zu verhindern. Da sie solche Kompromissbereitschaft von Niemöller befürchteten, hatten die westfälischen Notbundpfarrer bereits vorher Karl Lücking und Heinrich Held nach Berlin geschickt, um Niemöller »zu konfirmieren«. Zwischen Barth und den Theologen Gogarten und Gerhard Kittel kam es schließlich zu einer heftigen Auseinandersetzung. So blieb es Niemöller überlassen, mit zwei anderen Teilnehmern das Schreiben an Hitler auszuarbeiten.[90] In diesem für alle Seiten annehmbaren Kompromisspapier führten die Unterzeichner den Kirchenstreit auf die Tatsache zurück, dass die Kirche »ihre eigentliche Aufgabe, das reine Evangelium zu verkünden, [...] nicht entschieden genug« verfolgt habe. Damit wehrte man den möglichen Vorwurf ab, »nicht genug dem Nationalsozialismus« aufgeschlossen gewesen zu sein. Einen Ausweg aus der verfahrenen Situation böte nur der Neuaufbau des Kirchenregiments durch die »Wiederherstellung des Vertrauens«. Dieses Vertrauen möge Hitler den Unterzeichneten »schenken«.[91]

Das Schreiben trug elf Unterschriften, neben denen von Niemöller und den drei Bischöfen der Bekenntnisfront auch die von gemäßigt deutsch-christlichen Theologen wie Karl Fezer. Aber auch ein radikaler DC-Vertreter wie der schneidige NS-Karrierejurist Friedrich Werner, Präsident des EOK, hatte unterzeichnet. Werner entwickelte sich bald zur Verkörperung all dessen, was Niemöller als falsch und überholt am überkommenen System der evangelischen Landeskirchen empfand und weshalb er 1939/40 zur katholischen Kirche konvertieren wollte. Am 24. Januar unterzeichnete Werner letztlich nur, weil ihn ein Streit mit Ludwig Müller vorübergehend zur Opposition gebracht hatte.[92]

Der Kanzlerempfang vom 25. Januar 1934

In der hagiographischen Literatur zu Niemöller steht dessen Begegnung mit Hitler ganz im Zentrum des gut eine Stunde dauernden Kanzlerempfangs.[93] Das entspricht allerdings nicht den Tatsachen, sondern folgt Niemöllers Bemühen, seine eigene Rolle in diesem Debakel für die Kirchenopposition im Nachhinein schönzureden. Dabei hatte der Tag für ihn gut begonnen. Er war spät aufgestanden und deshalb ausgeruht. Ein Besuch beim Friseur verlieh ihm den letzten Schliff. Bevor er sich auf den Weg in die Reichskanzlei machte, legte er alle seine Orden und Ehrenzeichen aus dem Ersten Weltkrieg an, um sich dem Kriegsveteranen Hitler angemessen zu präsentieren. Um 12 Uhr gab es eine Vorbesprechung mit den eingeladenen Kirchenvertretern. Um 13 Uhr begann dann der Empfang in den Räumen der Reichskanzlei mit der Vorstellung der Beteiligten durch Innenminister Wilhelm Frick, der mit

Hermann Göring und dem Chef der Reichskanzlei, Hans Heinrich Lammers, neben Hitler stand. Doch gleich darauf folgte der »Querschläger durch Göring«, wie Niemöller am Abend in seinem Amtskalender notieren sollte.[94]

Von der kirchlichen Opposition unbemerkt, hatte Ludwig Müller Anfang Januar die Unterstützung des preußischen Ministerpräsidenten für seine kirchenpolitischen Pläne gewonnen. Als Göring am 20. Januar Hitler gegenüber der kirchlichen Opposition die alleinige Schuld am Kirchenstreit gab und ihr politische Motive unterstellte, beauftragte ihn dieser mit der Sammlung von Material. Bereits vier Tage später konnte die Geheime Staatspolizei zwei Mappen mit Berichten über regimekritische Äußerungen und Flugblätter einzelner Notbundpfarrer vorlegen. Überdies hatte Göring die Überwachung von Niemöllers Telefon angeordnet. Also konnte er zu Beginn des Empfangs aus dem Protokoll eines Telefonats vorlesen, das Niemöller kurz vor der Abfahrt zur Reichskanzlei mit Walter Künneth geführt hatte. Er bezog sich darin auf ein für 12 Uhr anberaumtes Treffen von Hitler mit Hindenburg, von dem die kirchliche Opposition sich erhoffte, dass der greise Reichspräsident Hitler von der nötigen Absetzung des Reichsbischofs überzeugen möge. »Die letzte Ölung vor der Besprechung!«, so formulierte Niemöller laut dem Protokoll. Dabei stammten diese Worte nicht von ihm selbst. Ein Mitarbeiter an einem Zweithörer hatte sie beigesteuert. Es handelte sich dabei um Ernst Eisenhardt, der seit Mai 1933 im Pfarrhaus als freiwillig tätiger »Adjutant« und »Famulus« Niemöller mit allerlei praktischen Diensten zur Seite stand und 1938 als Pfarrer der Bekennenden Kirche ordiniert wurde. Dann rühmte sich Niemöller noch, dass »wir alles so gut über Meissner eingefädelt haben«. Damit war Otto Meißner gemeint, der Leiter des Präsidialbüros, der die Vorschläge der kirchlichen Opposition an Hindenburg vermittelt hatte.[95]

Noch im Herbst 1938 musste Else Niemöller einem Gestapo-Beamten im KZ Sachsenhausen Fragen über den Kanzlerempfang und das inzwischen berühmt gewordene Wort von der »letzten Ölung« beantworten.[96] Mit den Enthüllungen über das Telefonat waren die Vertreter der Kirchenopposition beim Kanzlerempfang schlagartig in der Defensive, schien es doch, als habe Niemöller den Reichspräsidenten zur Manipulation Hitlers benutzt. Niemöller, der nach Nennung seines Namens durch Hitler einen Schritt vortrat, musste bestätigen, dass sich das Telefonat so zugetragen habe. Als er sich zu rechtfertigen suchte, er habe nicht nur im Sinne der Kirche, sondern auch für Volk und Staat gehandelt, fertigte Hitler ihn barsch ab: »Die Sorge um das Dritte Reich überlassen Sie mir und sorgen Sie für die Kirche!«

Es trifft nicht zu, dass die Unterhaltung zwischen Niemöller und Hitler das zentrale Ereignis des Empfangs war. Niemöller versuchte nach diesem kurzen Austausch noch mehrmals, das Wort zu erhalten, wurde aber »geflissentlich übersehen«.[97] Dann wies der Reichskanzler darauf hin, dass die Kirche selbst Müller zum Reichsbischof gewählt habe und er ihn weder halten noch absetzen wolle. Die völlig verdutzten Bischöfe Wurm und Meiser waren nicht in der Lage, ihre Vorbehalte gegen Müller bündig zu formulieren, und mussten Hitler auf Nachfrage zugeben, dass auch ein Reichsbischof aus den Reihen der Bekenntnisfront den kirchlichen Frieden nicht garantieren könne. Hitler beendete den Empfang mit einem Appell zur Einigkeit und drohte, andernfalls erfolge der Entzug staatlicher Mittel für die Kirche. Im Ergebnis war der Empfang ein »völliger Sieg« für Hitler. Bischof Theophil Wurm kommentierte das Geschehen einige Tage später mit den bitteren Worten, diesmal habe »der U-Bootführer nicht den Gegner, sondern den Freund und sich selbst torpediert!«[98]

Damit gab Wurm die Sicht der Kirchenführer wieder, die Niemöller die alleinige Schuld für dieses Debakel in die Schuhe schoben. Am folgenden Tag rief der bayerische Bischof Hans Meiser bei Niemöller an und forderte ihn auf, den Vorsitz im Pfarrernotbund niederzulegen.[99] Am selben Tag begannen die Kirchenführer Verhandlungen mit dem Reichsbischof, ohne Vertreter des Notbundes zu beteiligen. Bereits am Tag darauf, am 27. Januar, endeten diese Verhandlungen mit einer gemeinsamen Erklärung, die einer völligen Kapitulation der Bischöfe vor dem Reichsbischof – in Niemöllers Worten: einem »Umfall der Kirchenführer« – gleichkam. Darin stellten sie sich geschlossen hinter Müller und die von diesem erlassenen Verfügungen, was auch den Maulkorberlass einschloss.[100]

Niemöller selbst war schon unmittelbar nach dem Kanzlerempfang klar, welch ein Debakel er für die kirchliche Opposition verursacht hatte. Noch am Nachmittag des 25. trafen er und andere Notbundpfarrer sich mit Ulrich von Sell (1884–1945), einem Mitglied der Dahlemer Gemeinde. Bei diesem Treffen herrschte »Konsternation I. Klasse!«, wie Niemöller notierte.[101] Der erste Eindruck war offenkundig niederschmetternd. Erst zwei Wochen nach der Kapitulation der Kirchenführer vor Müller versuchte Niemöller in Rundschreiben an die Notbundpfarrer eine positive Deutung des Kanzlerempfangs zu vermitteln und Gerüchten um seine eigene Rolle dabei entgegenzutreten. Im Ergebnis sei es »weder ein Sieg der einen noch eine Katastrophe für die andere Seite« gewesen, »sondern ein Appell zur Einigung«. Dass eine »Katastrophe« folgte, wurde erst »später entschieden«. Als »Legende« bezeichnete Niemöller es auch, dass er nach Görings Auftritt »bleich« zusammengesunken sei.[102]

Letztlich schob Niemöller dem Reichsbischof »allein die volle Verantwortung« für die im Gefolge des Kanzlerempfangs entstandene Situation zu.[103]

Dabei hätte der streitbare Dahlemer Pfarrer durchaus Anlass gehabt, Selbstkritik zu üben, aber das gehörte nicht zu seinen persönlichen Stärken. Zum einen hatte er selbst länger als andere Mitglieder der Bekenntnisfront auf Verhandlungen mit Müller gesetzt und damit dessen Position bestätigt, wenn nicht direkt gestärkt. Zum anderen waren Zweifel angebracht, ob Niemöllers schneidender Verhandlungsstil tatsächlich zielführend war, wenn er im entscheidenden Moment Hitler doch nichts entgegenzusetzen hatte als Phrasen aus dem Textbuch der nationalistischen Rhetorik.

Georg Schulz hatte bereits Ende 1933 in einem Rundbrief an die Mitglieder der Sydower Pfarrbruderschaft auf die rhetorischen Schwächen Niemöllers hingewiesen. Gewiss, Schulz tat dies aus beleidigter Eitelkeit, nachdem die am 12. November bei Jacobi versammelten Notbundpfarrer nicht ihn, sondern die Brüder Niemöller als mögliche Vertreter für einen dann schon absehbaren Kanzlerempfang vorzogen. Schulz gab aber zu, dass das Nachhaken in Verhandlungen nicht seine Sache war, was damals kein anderer als Martin Niemöller selbst als wichtigste Voraussetzung formuliert hatte, wollte man in der bevorstehenden Debatte mit Hitler etwas erreichen. Schulz wies jedoch völlig zu Recht darauf hin, dass Niemöller bereits in den früheren Verhandlungen mit dem Reichsbischof keine konkreten Ergebnisse erzielt hatte. »Wie Kettenraucher, so gibt es auch Kettenredner«, formulierte er bündig mit Blick auf den Dahlemer Pfarrer.[104] Das war eine treffende Kritik, was sich am 25. Januar 1934 schmerzlich bestätigte.

In der zweiten Jahreshälfte 1933 rückte Martin Niemöller ins Zentrum der kirchenpolitischen Auseinandersetzungen im »Dritten Reich«. Mit dem Pfarrernotbund verfügte er über eine Machtbasis, die er auch nach dem Debakel des Kanzlerempfangs vom 25. Januar 1934 unabhängig von den Bischöfen der intakten Landeskirchen in die Waagschale werfen konnte. Dabei war sein kirchenpolitischer Kurs bei aller verbalen Radikalität in diesen Monaten noch auf Kompromiss angelegt. Länger als andere Mitglieder der Kirchenopposition setzte er auf eine Spaltung der Deutschen Christen und auf Verhandlungen mit dem ungeliebten Reichsbischof. Kompromisse und Doppeldeutigkeiten prägten auch Niemöllers Umgang mit dem zentralen Auslöser des Kirchenstreits, dem kirchlichen »Arierparagraphen«. Bereits 1932 hatte er seinen rassistischen Antisemitismus hinter sich gelassen und das Judentum in theologischen Kategorien gedeutet, war dabei aber zu dem Ergebnis gekommen, dass die Theologie Kernpunkte der antisemitischen Kritik am Judentum nicht widerlegen könne. Die von ihm entworfene Verpflichtungserklärung des Notbundes vollzog dann mit der vorbehaltlosen Anerkennung der

Christen jüdischer Herkunft eine klare Abgrenzung von den Deutschen Christen. Allerdings blieb Niemöller durch seine gesellschaftlich-kulturelle Judenfeindschaft geprägt und war deshalb in der praktischen Umsetzung der Verpflichtungserklärung zu Kompromissen bereit. Solidarität mit den Deutschen jüdischen Glaubens war von ihm – wie von den allermeisten Mitgliedern des Notbundes – nicht zu erwarten. Dies ist keine besserwisserische Mäkelei des nachgeborenen Historikers. Substanzielle und teilweise schneidende Kritik an Niemöllers Kurs und seinen Kompromissen kam bereits aus den eigenen Reihen der bekenntnistreuen Kräfte, sowohl von Pfarrern und Theologen wie Karl Barth, Franz Hildebrandt, Gerhard Jacobi, Christa Müller und Georg Schulz als auch von Laien wie Elisabeth Schiemann und Elisabeth Schmitz. Alle bis Anfang 1934 sichtbaren Kompromisse und Ambivalenzen Niemöllers waren nicht Ausdruck von Schwächen seines Charakters, sondern das Resultat seiner ungebrochenen nationalprotestantischen Grundhaltung.

9
Der Aufbau der Bekennenden Kirche 1934

Nach dem für die kirchliche Opposition so desaströs verlaufenen Kanzlerempfang mussten Niemöller und seine Mitstreiter im Pfarrernotbund umdenken. Offenbar war es ihnen nicht möglich, Ludwig Müller aus seiner doppelten Position als Reichsbischof und Bischof der altpreußischen Landeskirche zu verdrängen. Von regionalen Initiativen ausgehend, wuchs in der kirchlichen Opposition seit Anfang 1934 das Bewusstsein, dass sie selbst sich als wahre evangelische Kirche konstituieren konnte. Die Barmer Bekenntnissynode Ende Mai 1934 bildete den ersten Höhepunkt dieses Prozesses. Zugleich sah sich Martin Niemöller im Gefolge des Kanzlerempfangs zunehmenden Diffamierungen und Repressalien ausgesetzt, und zwar von Seiten des Staates, der kirchlichen Behörden und der Deutschen Christen.

Dies begann bereits zwei Tage nach dem Kanzlerempfang. Am 27. Januar fand eine »Haussuchung« der Gestapo in Niemöllers Pfarrhaus in der Cecilienallee 61 statt. Die Beamten beschlagnahmten Unterlagen des Notbundes. Am folgenden Tag, einem Sonntag, wurde Niemöller nachmittags von Gestapo-Beamten abgeholt und in das Geheime Staatspolizeiamt in der Prinz-Albrecht-Straße 8 verbracht. Dort wurde er zu »Auslandsbeziehungen« des Notbundes verhört. Bereits während des Kanzlerempfangs hatte Göring angebliche Verbindungen des Notbundes zur Auslandspresse als Beleg für deren staatsgefährdende Aktivitäten genannt.

Am 30. Januar gab es eine neuerliche, vom Mittag bis in den frühen Abend reichende Vernehmung, diesmal zusammen mit Ernst Eisenhardt, seinem »Adjutanten« und unermüdlichen Helfer in praktischen Dingen. Diesmal ging es um den Vorwurf, Niemöller habe mit »ausländischen Journalisten gefrühstückt«.[1] Die Londoner *Times* berichtete am 29. Januar unter der treffenden Schlagzeile »Collapse of Opposition« über das Ergebnis des Kanzlerempfangs und die Verbringung Niemöllers in das Gestapo-Hauptquartier. In einer internen Aktennotiz stellte die Gestapo klar, dass es sich, anders als von der *Times* gemeldet, nur um eine Vernehmung gehandelt habe und Niemöller ohne Auflagen entlassen worden sei.[2]

Allerdings blieb es nicht bei diesen polizeilichen Vernehmungen. Bereits am 22. Januar 1934 hatte die Gestapo den Pfarrernotbund als »Sammelbecken reaktionärer Gruppen« eingestuft, die als »geschlossene Kampforganisation« zu verstehen sei. Nicht weniger als 8000 Exemplare des im vorigen Kapitel zitierten Rundschreibens an die Notbundpfarrer, in dem Niemöller seine Lesart des Kanzlerempfangs darlegte, wurden in einer Berliner Druckerei beschlagnahmt.[3]

Hinzu kamen persönliche Angriffe auf Niemöller. Am Morgen des 10. Februar warfen Unbekannte eine mit Sprengpulver gefüllte Konservenbüchse in die Diele des Dahlemer Pfarrhauses. Die Explosion verpuffte und richtete nur geringen Sachschaden an. Die Suche nach den Tätern blieb ergebnislos. Immerhin stimmten auch die DC-Vertreter im Dahlemer Gemeinderat einer Entschließung zu, bei den staatlichen Behörden um einen verstärkten Schutz des Pfarrhauses nachzusuchen. Niemöller konnte nicht wissen, dass Reichsinnenminister Frick die preußischen Behörden in scharfen Worten angewiesen hatte, die »Ermittlungen nach den Tätern energisch durchzuführen« und vorbeugende Maßnahmen zum Schutz Niemöllers zu ergreifen.[4] Extrem verstörend wirkte auf ihn die Beschimpfung als »Lügner« und »Hetzer« von Seiten deutsch-christlicher Randalierer, denen er im April bei Veranstaltungen des sächsischen Notbundes ausgesetzt war. Hinzu kamen körperliche Attacken, denen nur durch das Eingreifen der Polizei Einhalt geboten werden konnte.[5] Die Angriffe auf Niemöller wirkten auch tief in den häuslichen Alltag seiner Familie hinein. Else war verzweifelt, wie die Vikarin Christa Müller berichtete, und weinte »täglich stundenlang«. Sie wollte Martin zu einem Urlaub überreden, doch ohne Erfolg, und so herrschten »unerträgliche Spannungen« im Pfarrhaus in der Cecilienallee.[6]

Niemöller, der seine Arbeit bei den Jungreformatoren und im Pfarrernotbund als Beitrag zum nationalen Aufbruch seit dem 30. Januar 1933 verstand, war durch diese Erlebnisse erkennbar irritiert, wenn nicht schockiert. Als Seismograph für das Ausmaß der Erschütterung können seine Dahlemer Predigten dienen. Am 4. März hielt er seine österliche Passionspredigt über Lukas 22, 31–34, jene Passage, in der Jesus Petrus voraussagt, dass er ihn noch dreimal verleugnen werde, bevor der Hahn kräht. Niemöller nutzte diese Schriftstelle zu einem pessimistisch gestimmten Rückblick auf die kirchliche Entwicklung seit dem Januar 1933, für den ein Vergleich mit der Christenverfolgung im Römischen Reich den Grundton setzte. Angesichts solcher Verfolgung stelle sich nun in der Nachfolge Christi die grundsätzliche Alternative: »Bekennen oder Verleugnen?« Niemöller räumte ein, dass das abgelaufene Jahr auch manches Positive gebracht habe, vor allem »manches ehrliche Bekenntnis in Wort und Tat«. Aber für ein »heldisches Christentum« – eine von den Deutschen Christen oft benutzte Formulierung – gebe es weder Platz noch Anlass, denn

Christus sei »nicht auf dem Schlachtfeld gefallen«, sondern am »Kreuz hingerichtet worden«. Er sei nicht als »Märtyrer«, sondern als »Staatsverbrecher« gestorben. Dies war eine düstere Metapher, die in starkem Kontrast zur Beschwörung der »Liebe Christi« stand, mit der Niemöller die Passionspredigt 1933 beendet hatte.[7] Im Wandel der Sprache deutet sich zugleich ein Wandel der Einstellung Niemöllers zum NS-Staat an.

Nach der Kapitulation der Kirchenführer vor dem Reichsbischof am 27. Januar 1934 gingen aber nicht nur deutsch-christliche Randalierer und die Gestapo mit neuer Schärfe gegen Niemöller und andere Notbundpfarrer vor. Auch die Kirchenführung mit Ludwig Müller an der Spitze griff nun zu Repressalien. Bereits am 26. Januar, also am Tag nach dem Kanzlerempfang, wies Ludwig Müller in seiner Rolle als altpreußischer Landesbischof das Konsistorium an, Niemöller »wegen seines kirchenpolitisch und staatspolitisch untragbaren Verhaltens« vorläufig zu beurlauben.[8] Als rechtliche Grundlage für diesen Schritt benutzte Müller eine Verordnung vom selben Tag, in der er in seiner Funktion als Reichsbischof sich selbst als preußischem Landesbischof ein Weisungsrecht gegenüber dem EOK und allen nachgeordneten Kirchenbehörden der ApU zusprach. Es sollte nicht das letzte Mal sein, dass kirchliche Behörden mit Hilfe einer derartigen zirkulären Selbstermächtigung gegen Niemöller vorgingen. Um die juristische Basis für Schritte gegen Niemöller und andere missliebige Pfarrer zu erweitern, publizierte Müller einige Tage später zwei weitere Verordnungen, mit denen Pfarrer in den einstweiligen Ruhestand versetzt werden konnten. Damit sah Müller nun genügend Handhabe, um Niemöller mit Wirkung zum 1. März zwangsweise in den Ruhestand zu versetzen.[9]

Die Dahlemer Gemeindevertretung und 600 Gemeindemitglieder protestierten in getrennten Resolutionen gegen das Vorgehen Müllers, ebenso der Pfarrernotbund. Niemöller selbst warf Müller in einem Schreiben vor, dass dies ein »persönlicher Racheakt« sei, da die Verordnung bislang nur auf ihn selbst angewendet worden sei. Zugleich verwahrte er sich gegen die Behauptung, dass er, Niemöller, »nicht die Gewähr dafür biete, daß ich jederzeit rückhaltlos für den nationalen Staat eintrete«, wie es ein Paragraph der Verordnung beschrieb.[10] Dies ist ein Beleg dafür, dass Niemöller angesichts der öffentlichen Anfeindungen weiterhin die Linie verfolgte, nach außen seine eigene nationale Grundhaltung ebenso wie die unpolitische, rein auf kirchliche Fragen bezogene Haltung der kirchlichen Opposition zu betonen. Die Mittel dazu waren nicht unumstritten. Im März gab Niemöller in einer Sitzung von Notbundpfarrern gar zu bedenken, ob sie nicht geschlossen der NSDAP beitreten sollten, um weitere Maßnahmen der Staatspolizei abzuwenden.[11]

Es waren solche taktischen Winkelzüge, die Dietrich Bonhoeffer Ende April in einem Brief an einen Schweizer Freund zu einem scharfen Urteil über Niemöller veranlassten, den er zuletzt zusammen mit Franz Hildebrandt im Februar in Dahlem getroffen hatte:

> Phantasten und Naive wie Niemöller glauben immer noch, die wahren Nationalsocialisten zu sein – und es ist vielleicht eine gütige Vorsehung, die sie in dieser Täuschung bewahrt und es liegt vielleicht auch im Interesse des Kirchenkampfes – wenn einen dieser Kirchenkampf überhaupt noch interessiert.[12]

Ganz so naiv, wie Bonhoeffer ihn hinstellte, war Niemöller allerdings nicht. Wenn er nicht mit staatlichen oder kirchlichen Behörden kommunizierte – wie in dem eben genannten Beschwerdebrief an Müller –, sondern sich unter Gleichgesinnten befand, pflegte er eine kompromisslose Sprache. Ein Beispiel dafür ist der offene Abend vom 27. März 1934 in der Dahlemer Gemeinde. Niemöller erklärte dort, dass sich seine Versetzung in den Ruhestand gegen ihn als »Führer des Pfarrernotbundes« richte – ein Beleg dafür, wie weit die Sprache des Führerstaates inzwischen auch in den kirchlichen Raum eingedrungen war. Weiterhin schilderte er unumwunden die andauernden »Gewaltmassnahmen« gegen die Kirche, vor allem die Suspendierung und Zwangsversetzung einer Reihe anderer Pfarrer. Was seine eigene Suspendierung anging, vertrat er mit der ihm eigenen Unverblümtheit die Auffassung, dass er einfach »weiter predigen zu können« glaube, da ihn kein Disziplinarverfahren aus dem geistlichen Stand entfernt habe.[13] Und so predigte und konfirmierte Niemöller nach einer kurzen Unterbrechung mit Unterstützung der Gemeindevertretung und der beiden anderen Pfarrer in Dahlem weiter, als sei nichts geschehen.

Mit der gleichen Mischung aus Entschlossenheit und Renitenz reagierte die Dahlemer Gemeinde, als das Berliner Konsistorium mit Rückendeckung von Ludwig Müller seit Ende März versuchte, den Pfarrer Alexander Schaerffenberg zum kommissarischen Verwalter von Niemöllers Pfarrstelle zu berufen. Eberhard Röhricht machte dem erkennbar aufgebrachten Schaerffenberg telefonisch unmissverständlich klar, dass er in der Gemeinde unerwünscht sei und sich gar nicht erst nach Dahlem bemühen solle. Im Konsistorium beobachtete man diese »offene Auflehnung« mit Argwohn, zumal die Londoner *Times* über die Suspendierung Niemöllers berichtete. Aber der mit dem Fall beauftragte Oberkonsistorialrat Otto Gruhl konnte weder Röhricht noch den Superintendenten Max Diestel zum Einlenken bewegen. Sichtlich frustriert notierte er in einer Marginalie in den Akten: »Das Weitere wird sich finden.«[14]

Doch das Weitere fand sich nicht, im Gegenteil. Nun ging Niemöller in die Offensive und strengte – mit unverhohlener Zustimmung des Gemeindekirchenrats – einen Prozess gegen seine eigene Gemeinde an, um sie zur Weiterzahlung seiner Bezüge zu zwingen. Am 5. Juli gab ihm das Landgericht Berlin in diesem Zivilverfahren Recht und verpflichtete die Gemeinde, das seit März einbehaltene Gehalt Niemöllers nachzuzahlen. Zugleich erklärte es die Verordnung des Reichsbischofs vom 26. Januar, auf der alle folgenden Verordnungen in dieser Sache aufbauten, für verfassungswidrig.[15] Niemöller hatte hier geschickt die Möglichkeiten genutzt, die ihm die Justiz im nationalsozialistischen »Doppelstaat« (Ernst Fraenkel) bot. Während der terroristische »Maßnahmenstaat« die Grenzen des rechtsförmigen Vorgehens stetig einschränkte, blieb der »Normenstaat« davon tendenziell unabhängig.[16] So ließen sich auch 1934 noch Maßnahmen des Kirchenregiments erfolgreich durch Zivilklagen anfechten.

Ludwig Müller und den ihm nachgeordneten Kirchenbehörden musste die Gemeinde Dahlem so als eine »Festung« erscheinen, die sie nicht einnehmen konnten.[17] Erst nach der Verbringung Niemöllers ins KZ Sachsenhausen 1938 unternahmen Konsistorium und EOK einen neuerlichen Versuch, den ihnen unliebsamen Pfarrer aus seinem Pfarramt zu entfernen. Doch auch dieser Versuch war, aus ähnlichen Gründen, erfolglos.

Nach den Kontroversen um seine zeitweilige Suspendierung war die internationale Presse auf Niemöller aufmerksam geworden. Neben britischen Tageszeitungen berichtete auch die Presse in Österreich und der Schweiz ausführlicher über die Dahlemer Gemeinde und ihren charismatischen Pfarrer. Sogar die weit verbreitete amerikanische Wochenzeitschrift *Literary Digest* widmete sich Niemöller.[18] Für die Baseler *National-Zeitung* schien er den »freien, gefaßten, vollkommen phrasenlosen, sich selbst verantwortlichen deutschen Menschen« zu verkörpern. Als »Seele des Widerstandes der freien Kirche gegen den Staatsdespotismus« sei er in ganz Deutschland »berühmt«.[19] Die liberale Wiener Tageszeitung *Neue Freie Presse* bemühte sich, ihren Lesern die Ambivalenz Niemöllers nahezubringen. Dieser erkenne »vorbehalt- und bedingungslos Adolf Hitlers weltliche Führerschaft« an. Er gehöre letztlich zu jenen Deutschen, die bereits vor 1933 dem »nationalsozialistischen Umsturz« die »Wege bereiten half«. Umso »tragischer« sei es, dass er nun »selbst unter die Räder gerät«. Der Korrespondent der Zeitung notierte, dass viele »hochgestellte Würdenträger« des NS-Staates zur Gemeinde gehörten und an Niemöllers Gottesdiensten viele Uniformträger teilnahmen. »Daß die Gemeinde ihren Hirten im Gotteshaus mit dem deutschen Gruß empfängt, den er ebenfalls mit strammem Hochrecken der Rechten erwidert, ist selbstverständlich.«[20] Die

Gemeinde Dahlem war, das lässt sich nicht oft genug betonen, kein Hort des politischen Widerstands gegen das NS-Regime, sondern das Zentrum der Opposition gegen staatliche Eingriffe in Angelegenheiten der Kirche.

Das Interesse der internationalen Presse erregten aber nicht die bekannten politischen Ambivalenzen Niemöllers, sondern der Prediger. »Absolute Korrektheit«, so fasste der Wiener Journalist seine Eindrücke zusammen: »Korrekt gescheitelt ist sein dunkles Haar, korrekt trägt er den vorschriftsmäßig hohen Stehkragen, korrekt sind Haltung, Gebärde, Bügelfalten. Ist es auch das Feuer, das seine dunklen Augen sprühen?« Niemöller sei eben »kein Savonarola, kein lodernder Mönch, kein Engel mit dem Flammenschwert, sondern ein preußischer Bekenner.«[21] In der *Neuen Zürcher Zeitung* wurde berichtet, wie sich die Bänke der Jesus-Christus-Kirche schon eine Stunde vor dem Gottesdienst füllten und sich die Besucher »im Mittelgang und auf den Stufen des Altars drängten«:

> Die Atmosphäre des starken Gemeinschaftsgefühls und religiösen Aufschwungs, die an solchen Tagen den hellen und schmucklosen Kirchenraum erfüllt, läßt sich kaum in Worte fassen. Die Choräle Paul Gerhards, die in den Sturmzeiten des 17. Jahrhunderts entstanden sind, gewinnen etwas von ihrem ursprünglichen Stimmungsgehalt zurück.[22]

In seiner Predigt vom 8. April 1934, auf die sich dieser Bericht bezieht, verteidigte Niemöller den christlichen Glauben gegen die Forderung, »sich den Methoden und Gesetzen der Welt« anzupassen. In der Gegenwart gelte das Christentum »vielen als Ausdruck einer volks- und rassefremden Religion, die ausgeschieden werden muß« oder nur dann erträglich sei, wenn es »unserer deutschen Art entspricht«. Für diese Kritiker »darf freilich Jesus kein Jude gewesen sein«. Das war eine beherzte und deutliche Kritik an »völkischer Religiosität«. Um ihr zu widerstehen, müsse man »zum einfachen, schlichten Hören dessen« zurückkehren, »was Gottes Wort uns sagt«.[23] Niemöller wandte sich damit gegen jene deutschgläubige Strömung innerhalb der NSDAP, die eine weitgehende Abkehr von den christlichen Traditionsbeständen im Namen einer germanischen Religiosität propagierte. Seit dem Sportpalastskandal im November 1933 war sie immer mehr ins Zentrum der apologetischen Bemühungen Niemöllers um eine Verteidigung des Christentums getreten. Auch wenn es nie mehr als 30 000 organisierte Mitglieder dieser Bewegung gab, machte sie Niemöller klar, dass es womöglich nicht nur um Staatseingriffe in die Kirche ging, sondern um die Existenz des Christentums überhaupt.[24]

Die nach dem Kanzlerempfang einsetzenden Repressalien boten in dieser Hinsicht einen ersten Vorgeschmack. Nach der Kapitulation der Kirchenführer am 27. Januar 1934 war die Verbindung zwischen dem Pfarrernotbund und den Kirchenführern der intakten Landeskirchen abgebrochen. Die württembergische Sektion des Notbundes wurde aufgehoben. Auch in anderen Teilen Deutschlands verließen zahlreiche Pfarrer den Notbund, dessen Mitgliederzahl rasch auf etwa 5500 sank.[25] Was sollte die kirchliche Opposition in dieser Situation tun? Diese Frage diskutierte Niemöller in einem Artikel für die Zeitschrift *Junge Kirche*. Ein Indiz für die konfuse Situation war für ihn, dass viele den Notbund drängten, zu einer »Austrittsbewegung« aus der Kirche aufzurufen. Zugleich gab es offenbar viele evangelische Christen, die mit dem Gedanken einer Konversion zur katholischen Kirche spielten.[26] Niemöller war klar, dass der »Kampf um das Kirchenregiment«, den er seit Juni 1933 ausgefochten hatte, beendet war. Doch was war die Alternative? Das Abdriften in eine »Sekte« war zu vermeiden, dies war gewiss. So verfiel Niemöller wiederum auf die Idee einer Sammlung der wahren Christen »aus der Gemeinde heraus«, die er bereits 1933 einmal angedacht hatte. Allerdings verband er diese nun mit einer deutlichen Kritik an der fraglosen »Gleichsetzung von Volk und Kirche«, die sich traditionell im Begriff der Volkskirche bündelte. Denn die Zeit dieses »Gebildes« gehe, so Niemöller, wohl »dem Ende zu«.[27]

Damit deutete sich ein tiefer Bruch in Niemöllers ekklesiologischen Vorstellungen an, also seinem Denken über die Gestalt der Kirche. Im Zentrum seiner Tätigkeit in der Inneren Mission in Münster hatte die volksmissionarische Aktivierung kirchenferner Schichten gestanden, damit die evangelische Kirche ihren volkskirchlichen Auftrag angemessen erfüllen konnte. Für Niemöller stand damals fest, dass die evangelische Kirche nur als alle sozialen Schichten gleichermaßen umfassende Volkskirche eine sittliche und nationale Ordnungsmacht sein könne. Im Rückblick musste er jedoch erkennen, dass diese Vorstellung gerade im Jahr 1933 zerbrochen war, als die Schaffung einer Nationalkirche das kirchliche Leben ausschließlich »in den Dienst des Volksaufbaus« stellen sollte. Durch ihre völkische Inanspruchnahme war die Idee der Volkskirche für Niemöller ad absurdum geführt worden.[28]

Unter jenen Pfarrern und Theologen, die seit 1934 die Bekennende Kirche aufbauten, gab es nur wenige wie Franz Hildebrandt, die für die Schaffung einer einem Verein vergleichbaren Freikirche plädierten. Die Mehrheit der Bekennenden Kirche verstand die im Verlauf des Jahres 1934 geschaffenen synodalen und bruderrätlichen Strukturen weiterhin als Kirche mit dem Status einer Körperschaft des öffentlichen Rechts, den die Kirchen in Deutschland genossen. Doch das diente mehr der Konstruktion theologischer und kirchenrechtlicher Legitimität, als dass damit der Anspruch erhoben wurde, tatsächlich alle evangelischen Christen zu vertreten.

»Sammlung der Christen unter den Christen« – die Bekennende Kirche

Eine Volkskirche ohne rechtes Bekenntnis war für Niemöller nur eine »hohle Sache«.[29] Er sprach im Februar 1934 von der Aufgabe einer »Sammlung der Christen unter den Christen, der Gemeinde in der Gemeinde, der Kirche in der Kirche«.[30] Das klang sehr stark nach einer Scheidung der religiösen Virtuosen von der Gemeinschaft der Gläubigen, abgehoben von der Masse der einfachen Christen, die ihren Glauben mehr schlecht als recht oder unter falschen Vorzeichen praktizierten. In einem im März in Barmen gehaltenen Vortrag präzisierte er dann seine Vorstellungen über den Neuaufbau der Kirche von unten. Äußere Gestalt und Leitung der Kirche seien »nicht ausschlaggebend«, solange sie nicht »mit Leben erfüllt« würden. »Ohne Gemeinde keine Kirche«, das war sein Credo. Die Gemeinde lebe nicht allein vom Bekenntnis, wohl aber lebe sie »allein vom Wort«. Eine Gemeinde, die sich »unter das Wort stellt«, sei eine »bekennende Gemeinde«. Niemöller verwies darauf, dass die Gemeinden im Westen Deutschlands mittlerweile beginnen würden, sich in dieser Art zu »regen« und »als Kirche zu handeln«.[31] Damit spielte er auf Entwicklungen an, die sich seit Januar in den Gemeinden des Rheinlands abgespielt hatten und die letztlich den Weg zum Aufbau der Bekennenden Kirche wiesen.

Den Anfang hatte eine Freie reformierte Synode gemacht, zu der sich am 4. Januar Vertreter von 167 reformierten Gemeinden des Rheinlandes in Barmen trafen. Diese Initiative entsprach der reformierten Tradition mit ihrem Aufbau der Kirchenstrukturen von unten, aus der Gemeinde heraus, durch Presbyter und synodale Strukturen. Eine dort beschlossene, von Karl Barth entworfene Erklärung verwarf in ihrem ersten Artikel die Vorstellung, dass »neben Gottes Offenbarung, Gottes Gnade und Gottes Ehre« auch die »Eigenmächtigkeit des Menschen« über die »Gestalt der Kirche« zu bestimmen habe. Kirche war, mit anderen Worten, überall da zu finden, wo Gottes Offenbarung und sein Wort in Predigt und Gottesdienst unverkürzt zur Geltung kamen. Zugleich riefen die reformierten Synodalen dazu auf, dass alle evangelischen Christen, egal ob Lutheraner, Reformierte oder Unierte, die »wesentliche Einheit ihres Glaubens« erkennen und betonen sollten.

Am 18. und 19. Februar folgte eine Freie Synode, zu der sich Pfarrer und Laienvertreter von 30 der 33 Kreissynoden des Rheinlandes wiederum in Barmen versammelten, und zwar diesmal Lutheraner, Reformierte und Unierte. Die dort verabschiedete Entschließung rief die Gläubigen auf, sich dem deutsch-christlichen Kirchenregiment zu widersetzen und die bekenntnistreuen Pfarrer in ihren Gemeinden zu unterstützen. Damit war klar, dass die Bekennende Kirche innerhalb der bestehenden Kirchenstrukturen verbleiben, diese aber vom Bekenntnis her völlig neu begründen würde.³² Das Bekenntnis erhielt nun eine neue Funktion: Es war nicht mehr Ausdruck »bloßer persönlicher Glaubensüberzeugung«, sondern wie im 16. Jahrhundert ein »Zeichen der Kirche«.³³

Einer der Ersten, welche die Tragweite dieser Entwicklungen begriff, war Martin Niemöller. Bei einem Treffen am 20. Februar entschied sich der Bruderrat des Notbundes auf seinen Vorschlag hin dazu, den Notbund kollektiv an die gerade eben begründete rheinische Synode anzuschließen. In einem Rundschreiben informierte Niemöller die Notbundpfarrer, dass dies der »allein noch mögliche Weg eines ›kirchlichen‹ Handelns sei, das über den Kreis der einzelnen Gemeinde« hinausgreift. Die Notbundpfarrer in anderen Regionen Deutschlands sollten ihre Gemeinden dazu bewegen, sich der freien Synode anzuschließen. Dahinter stand die Hoffnung, dass die bekenntnistreuen Gruppen in ganz Deutschland sich dann in einer »Freien Evangelischen Nationalsynode« zusammenfinden könnten.³⁴

In der altpreußischen Kirche war dieses Vorgehen von besonderer Dringlichkeit, da die Kirchenleitung der DEK unter dem »Reibi« Ludwig Müller nun die Unabhängigkeit der Landeskirchen angriff. Die treibende Kraft dabei war der NS-Jurist August Jäger, der im Sommer 1933 für kurze Zeit als Staatskommissar an der Spitze der ApU gestanden hatte. Er betrieb mit Billigung Müllers seit Anfang Februar 1934 eine Politik der Gleichschaltung der Landeskirchen, was mit Hilfe eines simplen Tricks geschah: Müller übertrug zunächst die landeskirchlichen Befugnisse auf die Reichskirche, woraufhin diese die jeweilige Kirchenleitung nach ihren Wünschen neu besetzte. In Preußen erfolgte diese Eingliederung am 2. März. In den Monaten danach »gliederte« Jäger auf diese Weise noch 14 weitere Landeskirchen in die zentralistische Struktur der Reichskirche ein.³⁵

Auf die Eingliederung der altpreußischen Kirche reagierte wiederum der Pfarrernotbund als Erster. Auf Betreiben Niemöllers plante man den »Neuaufbau« der Kirche in Preußen durch die Bildung freier Synoden nach dem Beispiel des Rheinlandes. Die DEK in ihrer »sichtbaren Gestalt« könne dagegen »nicht mehr als Kirche« gelten. Dabei war zu diesem Zeitpunkt noch völlig unklar, in welcher rechtlichen Form ein Neuaufbau kirchlicher Strukturen möglich sein und wie er sich zu den bestehenden Institutionen verhalten würde. Dies waren allerdings Probleme, die auch beim weiteren Aufbau der Bekennenden Kirche nie gänzlich gelöst wurden. In Westfalen widersetzte sich die Provinzialsynode ihrer Auflösung durch die DEK und konstituierte sich am 16. März als Westfälische Bekenntnissynode, womit es in dieser Provinz nun zwei Kirchenleitungen gab, eine deutsch-christliche und eine der bekenntnistreuen Kräfte. Um Letztere zu stärken, forderte deren Präses Karl Koch die bekenntnistreuen Gemeinden und Bruderräte auf, ihre Kirchensteuer auf deren Treuhandkonto zu überweisen.[36] Das war ein erster Schritt zum Aufbau paralleler Kirchenstrukturen und für Niemöller das »wichtigste kirchliche Geschehen seit vielen Monaten«.[37]

Was noch fehlte, war die Verbindung der bekenntnistreuen Kräfte im Norden und Westen Deutschlands mit den intakten süddeutschen Landeskirchen in Württemberg und Bayern. Nach dem Debakel des Kanzlerempfangs war diese Verbindung gekappt worden, und zwar von beiden Seiten, den Bischöfen Wurm und Meiser und dem Notbund um Niemöller. Wurm und Meiser hatten am 13. März eine neuerliche Besprechung mit Hitler, bei der sie ihre Bedenken über die Eingliederungspolitik August Jägers und Ludwig Müllers vortrugen. Hitler gab jedoch zu verstehen, dass er Müller weiter unterstützen werde. Mehr noch: Am 12. April wurde Jäger als »Rechtswalter« in das geistliche Ministerium der DEK berufen und konnte von dort aus die Politik der gewaltsamen Eingliederung aller Landeskirchen fortsetzen.

Als Erstes wandte er sich gegen die württembergische Kirche und deren Bischof Wurm. Doch es gelang ihm nicht, diesen zum Rücktritt zu zwingen, vielmehr löste er eine breite Welle der Solidarität mit dem Bischof in den Gemeinden Württembergs aus und beschleunigte damit den Aufbau der Bekennenden Kirche. Noch am Tag vor Jägers Amtsantritt, am 11. April, hatten sich in Nürnberg Vertreter bekenntnistreuer Gruppen aus Nord- und Süddeutschland getroffen und einen »Nürnberger Ausschuss« gebildet. Gleich nach dem Angriff Jägers auf Wurm rief Meiser den Nürnberger Ausschuss erneut zusammen, diesmal in München. Zu diesem Treffen wurde auch Niemöller hinzugezogen, und so kam es am Abend des 17. April in Meisers Wohnung zu einer Aussöhnung zwischen den beiden.[38]

Der ebenfalls nach München eingeladene Dresdner Pfarrer Hugo Hahn schlug am folgenden Tag eine groß angelegte gemeinsame Kundgebung der neu begründeten Bekenntnisgemeinschaft im Ulmer Münster vor, wo Wurm ohnehin am 22. April predigen sollte. Dort verlas Meiser vor mehr als 5000 Zuhörern die »Ulmer Erklärung«. Niemöller war nicht anwesend, da er von München aus in den Urlaub gefahren war. In diesem ersten Gründungsdokument der Bekennenden Kirche erklärten sich die bekenntnistreuen Gruppen und Landeskirchen aus ganz Deutschland als die »rechtmäßige evangelische Kirche Deutschlands«. Der junge lutherische Pfarrer Hans Asmussen aus Hamburg-Altona hatte diese Formulierung eingebracht. In seinen folgenden Sitzungen beschloss der »Nürnberger Ausschuss« Anfang Mai, diesen hohen Anspruch durch die Einberufung einer deutschen Bekenntnissynode einzulösen, die vom 29. bis 31. Mai in Barmen stattfinden sollte.

Niemöller, aus dem Urlaub zurückgekehrt, stimmte am 7. Mai mit der Mehrheit des Ausschusses darin überein, dass diese Bekenntnissynode die bestehende Nationalsynode der DEK nicht ersetzen solle. Vielmehr gehe es, so Niemöller, um einen »Ansatz zur Überleitung in die Verfassung« der DEK. Wie diese Überleitung der neuen bekenntniskirchlichen Strukturen in die bestehende Kirchenordnung vonstattengehen solle, blieb allerdings völlig offen.[39] Niemöller informierte die Mitglieder des Pfarrernotbundes darüber, dass keinesfalls an die »Schaffung einer organisatorisch abgetrennten Freikirche« gedacht sei. Die Kirchenverfassung der DEK vom 11. Juli 1933 hatte sich an die reformatorischen Bekenntnisse gebunden. Daraus leitete die Bekenntnisfront ihren Anspruch ab, die wahre Kirche zu vertreten. Für Niemöller kam es aber nicht darauf an, nun einfach diesen Anspruch auf der kommenden Synode durch formale »Rechtsverwahrungen« erneut zu bekräftigen. Er erhoffte sich vielmehr konkrete Impulse bei dem Bemühen, »die bekennende Gemeinde zu sammeln und so zu ordnen, dass praktischer Dienst am Aufbau des gemeindlichen Lebens innerhalb der bekennenden Kirche getan werden kann«.[40]

Martin Niemöller traf am 28. Mai in Wuppertal-Barmen ein.[41] Wie alle anderen Teilnehmer an der Bekenntnissynode war er privat untergebracht, und zwar bei seinen Eltern. Auch die beiden anderen Dahlemer Pfarrer Müller und Röhricht gehörten zu den 138 stimmberechtigten Synodalen – 83 Pfarrer beziehungsweise Theologen und 55 Laien –, die zusammen 18 Landeskirchen vertraten. Franz Hildebrandt zählte mit anderen Vertrauensleuten des Notbundes zu den rund 200 Gästen, die in Barmen zugegen waren.

Am 29. Mai begann der Tag für Niemöller bereits um 10 Uhr morgens, denn vor der Bekenntnissynode der DEK tagte separat eine Bekenntnissynode der altpreußischen Kirche, und das hieß für ihn »Arbeit durch den ganzen Tag«. Doch aus seiner Sicht lohnte das Ergebnis die Mühe: »sehr gut! [...] 2 Beschlüsse!«, lautete sein Fazit.[42] Wie wir später sehen werden, ging die altpreußische Synode mit ihren beiden Entscheidungen in praktischer Hinsicht noch über das hinaus, was die Bekenntnissynode der DEK in Barmen beschloss. Diese wurde am Abend des 29. mit einem Gottesdienst eröffnet, dessen Predigt der Dresdener Superintendent Hugo Hahn hielt. Danach folgte bis in den späten Abend hinein ein vom Münchener Bischof Hans Meiser einberufener »lutherischer Konvent«, dessen Beratungen Niemöller als ausgesprochen »schwierig« empfand.[43] Die genauen Details dieser Verhandlungen sind nicht aufgezeichnet worden, aber es kam offenbar zu erregten Diskussionen. Dieser separate Konvent war nötig geworden, da Meiser und andere Lutheraner weiterhin Bedenken gegen den Entwurf einer Theologischen Erklärung geltend machten, die ein am 2. Mai eingesetzter Theologischer Ausschuss vorbereitet hatte. Er bestand aus Karl Barth, Hans Asmussen und dem lutherischen Oberkirchenrat Thomas Breit aus München.[44]

Um die Arbeit dieser drei Kirchenvertreter ranken sich manche Legenden, die hier nicht näher zu erörtern sind. Wichtiger sind die Bedenken der Lutheraner, auch da sie eine potenzielle Bruchstelle in der Bekennenden Kirche markierten, die sich mit zeitlichem Abstand zu Barmen zu einer tiefen Kluft weitete. Bereits in der Kasseler Sitzung am 7. Mai hatte Meiser Vorbehalte gegen den Plan geäußert, in Barmen ein gemeinsames Bekenntnis zu verabschieden. Wie andere Lutheraner fürchtete er eine Verwässerung der traditionell auf den lutherischen Bekenntnistexten des 16. Jahrhunderts beruhenden konfessionellen Identität, zumal unter dem Einfluss eines reformierten Theologen wie Barth. Niemöller hatte diese Vorbehalte der süddeutschen Lutheraner gegen ein »Einheitsbekenntnis« im Vorfeld von Barmen respektiert. Aber es scheint, dass die am Abend des 29. Mai wiederholten Argumente ihn nicht mehr überzeugten.[45] Darin stimmte er mit den meisten anderen Lutheranern des Konvents überein. Also beschloss man, dass ein kleiner Ausschuss der Lutheraner den Textentwurf bis in den frühen Morgen beraten solle. Am nächsten Tag würde Asmussen im Plenum der Synode den Text der Erklärung erläutern, deren Annahme dann ausdrücklich nur in Verbindung mit diesen Auslegungen erfolgen sollte. Anschließend würden getrennte Beratungen in den Konventen der Lutheraner und Reformierten stattfinden. Dieses Vorgehen rügte der Essener Pfarrer Friedrich Graeber, der anmerkte, dass man über theologische »Wahrheiten« nicht abstimmen könne »wie in einer Aktiengesellschaft«.[46]

Niemöller hatte dennoch recht, wenn er in seinem Amtskalender zu den Verhandlungen des ersten Tages notierte: »Großer consensus.«[47] Lediglich der in Erlangen lehrende lutherische Theologe Hermann Sasse verweigerte sich diesem Konsens. Er reiste noch vor Beginn der Plenarverhandlungen aus Barmen ab und protestierte mit einer schriftlichen Note beim Vorsitzenden der Synode, dem Präses Karl Koch, »feierlich« gegen die in seinen Augen bevorstehende »Vergewaltigung der evangelisch-lutherischen Kirche«.[48]

Die drei Dahlemer Pfarrer Martin Niemöller, Friedrich Müller und Franz Hildebrandt auf der Bekenntnissynode der DEK in Barmen, Mai 1934. Niemöller hatte Hildebrandt im September 1933 eingeladen, in der Geschäftsführung des Pfarrernotbundes zu arbeiten. Der lehnte unter Hinweis auf Niemöllers Danktelegramm an Hitler zum Austritt Deutschlands aus dem Völkerbund ab und ging nach London zu Bonhoeffer. Im Januar 1934 kehrte Hildebrandt aber wieder nach Berlin zurück.

Niemöller selbst intervenierte in den Plenarverhandlungen der Synode, bei denen es am Nachmittag des 30. Mai um Rechtsfragen und am Morgen des folgenden Tages um die abschließende Lesung der Theologischen Erklärung ging, nur an wenigen Stellen mit kurzen Einwürfen. Ihm ging es erkennbar um die praktischen Schlussfolgerungen der Beschlüsse für die Notbundpfarrer: »Wer bestimmt über die Grundsätze für die Wahrnehmung eines Pfarramtes? Wer veranlaßt die Pfarrerwahl?« Dabei erregte er große Heiterkeit, als er die Arbeit des aktuellen Kirchenregiments mit einer Hausfrau verglich, die ihre Suppentöpfe »verkehrt herum auf das Regal stellt, so daß der Inhalt sich auf den Boden ergießt«.[49]

In Barmen wartete Niemöller vergeblich auf Antworten. Aber das spielte letztlich keine Rolle, da der »eigentliche Höhepunkt der gesamten Tagung« für ihn in dem Augenblick gekommen war, als fünf Vertreter der verschiedenen Bekenntnisgruppen – Theologen und Laien – ihre Zustimmung zur Endfassung der Theologischen Erklärung formulierten und Karl Koch danach zur Abstimmung aufrief. »Annahme der theologischen Erklärung. – Einmütig!«, so hielt Niemöller diesen bewegenden Moment in seinem Amtskalender fest.[50] In einem einige Wochen später veröffentlichten Zeitungsartikel erklärte er, dass es nicht das Ziel der Theologischen Erklärung sei, »die Grenzen zwischen den verschiedenen Bekenntnissen zu verwischen« oder gar eine »neue Version« zu schaffen. Sie solle vielmehr dazu dienen, die aktuellen Fragen der Kirche »einheitlich zu beantworten«.[51] Dabei konnte sich Niemöller auf die Präambel der Erklärung berufen, in der ausdrücklich festgehalten war, dass »wir unseren verschiedenen Bekenntnissen treu sein und bleiben wollen«, und offen blieb, »was dies für das Verhältnis der Bekenntniskirchen untereinander bedeuten mag«.[52]

Die Theologische Erklärung der Synode von Barmen

Mit einigem zeitlichen Abstand zu Barmen ging Niemöller dazu über, die dort beschlossene Theologische Erklärung mit der Präambel und ihren sechs Artikeln in einem emphatischen Sinn als ein Bekenntnis zu bezeichnen, das durch die Scheidung der Geister eine neue kirchliche Gemeinschaft begründet habe. In einem Aufsatz von 1936 bezeichnete er Bekennen als eine Aktualisierung der christlichen Botschaft, die ein »unausweichliches Entweder-Oder in sich birgt: Gnade oder Gericht Gottes!« In Barmen habe man ganz entschieden die seit 1933 in die Kirche getragene Auffassung zurückgewiesen, es gebe neben der Offenbarung Gottes noch »andere Heiltümer, wie etwa Rasse,

Blut und Boden«. Und genau darin wurde das Reden der Kirche in Barmen »ein Bekenntnis [...], denn es folgte die Scheidung«, und zwar sowohl zwischen den Bekennern und ihren Gegnern als auch zwischen »Lehre« und »Irrlehre«. Diese in Barmen begründete »neue Gemeinschaft des Glaubens und Bekennens« sei die »Bekennende Kirche«.[53] Damit bezog sich Niemöller vor allem auf die erste These der Theologischen Erklärung:

> Jesus Christus, wie er in der Heiligen Schrift bezeugt wird, ist das eine Wort Gottes, das wir zu hören, dem wir im Leben und im Sterben zu vertrauen und zu gehorchen haben. Wir verwerfen die falsche Lehre, als könne und müsse die Kirche als Quelle ihrer Verkündigung außer und neben diesem einen Worte Gottes auch noch andere Ereignisse und Mächte, Gestalten und Wahrheiten als Gottes Offenbarung anerkennen.[54]

In seiner Erläuterung hatte Hans Asmussen dieser These in Barmen in doppelter Weise akzentuiert: als Widerspruch gegen den Anspruch der Deutschen Christen, »die Ereignisse des Jahres 1933 als bindend für Verkündigung und Schriftauslegung« zu betrachten und damit das Volkstum als eine weitere Quelle der Offenbarung neben das Wort Gottes zu stellen. Damit allerdings, so Asmussen, würden die Synodalen »nicht als Staatsbürger gegen den neuen Staat« protestieren, sondern gegen »dieselbe Erscheinung, die seit mehr als 200 Jahren die Verwüstung der Kirche schon langsam vorbereitet hat«. Präzisierend wandte sich Asmussen gegen den theologischen Liberalismus, Historismus und den Kulturprotestantismus, die aus seiner Sicht »die Vernunft, die Kultur, das ästhetische Empfinden« als Bindungen neben die Heilige Schrift gestellt hatten.[55]

Diese weit ausholende Begründung der ersten These war und ist umstritten. Martin Niemöller dürfte an ihr weniger interessiert gewesen sein, auch wenn er einer Kritik der liberalen Theologie gewiss zustimmen konnte.[56] Stattdessen wird er die These als eine kraftvolle Wiederholung der drei reformatorischen Grundprinzipien des *solus Christus*, *sola scriptura* und *sola fide* – allein durch Christus, die Schrift und den Glauben – verstanden haben.[57] Auch die zweite Barmer These, der zufolge Jesus Christus »Gottes kräftiger Anspruch auf unser ganzes Leben« ist, war letztlich nur die Wiederholung und Bekräftigung einer Position, die Niemöller selbst oft in seinen Dahlemer Predigten vertreten hatte: dass sich die Menschen der »Forderung« Gottes »nie und nirgends entziehen können« und dass darin auch alle anderen Forderungen politischer oder ethischer Natur ihre Begrenzung erfuhren.[58] Zweifellos war und blieb Barmen für den Christen und Theologen Martin Niemöller ein zutiefst prägendes Ereignis. Sein Einsatz für die Bekennende Kirche war stets ein Kampf um die Verteidigung der Theologischen Erklärung und ihres ersten Artikels. In einem Brief an Karl Barth hat Niemöller 1966 die Bedeutung von Barmen noch einmal betont. Selbst wenn man eine dem Empfänger des Schreibens geschuldete Reverenz in Rechnung stellt, wird die Tiefe dieser Verbundenheit darin offenkundig:

> Theologie hörte damals [seit 1933] auf, denkende Theorie und theoretisches Denken zu sein. Was in Barmen geschah, war Leben und wirkliches Geschehen; und die erste Barmer These hat seither nicht nur unter Glas und Rahmen in meinem Studierzimmer gehangen und mich an ein Kirchengeschichtliches Ereignis erinnert, dessen Zeuge ich geworden war. Sie hat vielmehr von da an mein Denken und Leben bestimmt und mein Wirken erfüllt. – Seit damals weiß ich, daß ich – wenn auch spät, so doch unwiderruflich – Dein Schüler wurde und bleibe. Hab Dank, und unserem gemeinsamen Herrn sei Dank, daß es so gekommen ist![59]

Barmen hatte so zu einer theologischen Klärung geführt und die bekenntnistreuen Kräfte als die rechtmäßige Kirche konstituiert. Zugleich hatte die Bekenntnissynode der DEK jedoch ausdrücklich festgehalten, dass sie nicht an die Stelle der Nationalsynode treten und damit ein neues, in Konkurrenz zum Reichsbischof und der Reichskirchenregierung tretendes Kirchenregiment aufbauen wolle. Man begnügte sich damit, den Nürnberger Ausschuss, der die Synode einberufen und vorbereitet hatte, als einen Reichsbruderrat zu konstituieren, der die in Barmen gefassten Beschlüsse weiter beraten sollte. Daneben wurde eine Art ständige Vertretung der Bekennenden Kirche mit Sitz im westfälischen Bad Oeynhausen geschaffen, wo Präses Karl Koch sowie Hans Asmussen und Eberhard Fiedler als Berater die laufenden Verwaltungsgeschäfte führten.[60]

Wie der Anspruch die Bekennende Kirche, zu sammeln, in der Praxis umgesetzt werden sollte, blieb am 30. und 31. Mai unklar. Man war nicht bereit, »den Boden positiven Rechts zu verlassen«, solange die Reichskirchenregierung unter Ludwig Müller formal noch zu Recht bestand. Ganz anders ging dagegen die Bekenntnissynode der altpreußischen Kirche in Barmen vor, die am 29. Mai direkt vor jener der DEK tagte. Unter Rückgriff auf ein »Interimsrecht«, das später zu einem »Notrecht« erweitert und präzisiert wurde, nahmen die preußischen Synodalen für die Bekennende Kirche das Recht in Anspruch, die rechtmäßige Kirche auch dort zu vertreten, wo bekennende Gemeinden nur die Minderheit stellten. Auf dieser Grundlage wurde mit dem

Aufbau von kirchlich-synodalen Strukturen begonnen, von der Gemeinde- über die Kreis- und Provinzebene bis hin zu einer Bekenntnissynode der ApU, einem Landesbruderrat und einem ständigen Ausschuss für Verwaltungsfragen. Zugleich forderte man die Gemeinden auf, im Zuge einer freiwilligen Selbstbesteuerung zehn Prozent der Kirchensteuern als Umlage an die Bekennende Kirche abzuführen. In einem separaten Beschluss zur Rechtslage erklärte die Synode darüber hinaus alle seit den Kirchenwahlen vom 23. Juli 1933 von deutsch-christlichen Kirchenleitungen erlassenen Verordnungen und Kirchengesetze »für kraftlos«, das heißt ungültig.[61] Dies waren jene zwei Beschlüsse, die Niemöller am 29. Mai in seinem Amtskalender als »sehr gut« hervorgehoben hatte. Damit lobte er auch sich selbst, denn er hatte die entsprechenden Vorlagen für die altpreußische Bekenntnissynode verfasst.

In den Wochen nach Barmen drängte Niemöller den altpreußischen Bruderrat wiederholt zur praktischen Umsetzung dieser Entscheidungen. Dabei stieß er auf manche Widerstände, die ihm »viel Enttäuschung« brachten. Erst am 5. Juli beschloss der Bruderrat schließlich die Gründung von zwei Predigerseminaren, schuf Regelungen für die Ordinierung von Pfarrern der Bekennenden Kirche und richtete eine Geschäftsstelle mit Sitz in Bad Oeynhausen und – für Rechtsfragen – in Berlin ein. Zugleich verabschiedete man einen Text für die Verpflichtung der einfachen Gemeindemitglieder. Damit begann auch in der Gemeinde Dahlem die Ausgabe der sogenannten Roten Karte an Mitglieder der Bekennenden Kirche. Sie war etwa erforderlich, um Zutritt zu den von Niemöller abgehaltenen offenen Abenden zu erhalten, an denen er kirchenpolitische Vorgänge erläuterte. Deshalb erhielt Niemöller seit August 1934 wiederholt Anfragen von Laien aus anderen Teilen Berlins, die eine Rote Karte der Dahlemer Bekenntnisgemeinde erhalten wollten.[62]

Über Monate hinweg hatte Niemöller nun an vorderster Front des Kirchenkampfes gestanden. Daneben lief der Pfarrbetrieb in Dahlem weiter. Er musste predigen und Konfirmandenunterricht erteilen, beides Aufgaben, denen er sich mit großer Sorgfalt widmete. Hinzu kamen Kasualien wie Trauungen und Beerdigungen. Bald nach Beginn des Kirchenkampfes war Niemöller als Seelsorger an den Lebenswenden nicht nur in seiner eigenen Gemeinde gefragt, sondern erhielt Anfragen aus ganz Berlin, denen er nachkam, wann immer es möglich war. So war das Pfarrhaus in der Cecilienallee 61 weit mehr als nur das Heim einer Familie. Auch als im Frühjahr 1934 das Büro des Präses Karl Koch in Bad Oeynhausen die administrative Leitung der Bekennenden Kirche übernahm, blieb es die eigentliche Schaltzentrale des Kirchenkampfes. Franz Hildebrandt hat anschaulich beschrieben, was dies für das Leben Niemöllers und seiner Familie bedeutete:

> Die Spannung und Unruhe in diesem Hause teilt sich jedem, der es zum erstenmal aufsucht, unmittelbar mit: in allen Zimmern sitzen Wartende verteilt, andauernd geht die Türklingel und das Telefon, Kindergeschrei und Bürolärm durchdringt die Wände, und »er« ist immer nur für Augenblicke zwischen zwei oder drei verschiedenen Dingen, die gleichzeitig zu erledigen sind, sichtbar. [...] Um 9 Uhr kommt die Sekretärin zum Diktieren der Briefe, das oft den halben Vormittag in Anspruch nimmt und von zahllosen Telefonanrufen und Sprechstundenbesuchern unterbrochen wird; gegen Mittag geht es dann in aller Eile zur nächsten Bruderratssitzung oder Pfarrerversammlung in der Stadt, die gewöhnlich schon morgens begonnen hatte und bei der Niemöller dringend erwartet wird. [...] Kann er einmal zu Hause bleiben, so kommt er niemals vor Mitternacht ins Bett, da abendliche Besprechungen, Nachtsitzungen oder wenigstens Besuche von Freunden angesagt sind. [...] Zum wirklichen Stillsitzen kommt es eigentlich niemals bei ihm, und er ist auch wahrhaftig nicht dafür geschaffen. [... Ein] wesentlicher Teil des Kirchenkampfes spielt sich in den Hunderten von Orts und Ferngesprächen ab, die Niemöller führt und deren Sprache für ihre Deutlichkeit bei Freund und Feind nicht minder bekannt ist wie die seiner Briefe.[63]

Bei aller hektischen Geschäftigkeit neigte Niemöller nicht zum Delegieren von Aufgaben. Nur sein »Adjutant« Ernst Eisenhardt stand ihm seit dem Sommer 1933 stets zur Seite. Bei der administrativen Arbeit des Pfarrernotbundes mit seinen Tausenden von Mitgliedern half zunächst ein alter Marinekamerad, Fregattenkapitän a. D. Martin Schulze aus der Crew 1902, der in Dahlem wohnte. Nach seinem Ausscheiden Anfang 1934 übernahm Franz Hildebrandt diese Arbeit. Aus eigener, gewiss oft leidvoller Erfahrung urteilte er, dass für Niemöllers »explosives Temperament der ruhigste Mitarbeiter der beste« sei.[64] So gab es für Martin und Else nur wenige Momente der Ruhe und des Beisammenseins. Neben dem Frühstück, das beide mit den Kindern einnahmen, zählten dazu gelegentliche Kinobesuche im Ufa-Palast am Zoo oder im Steglitzer Titania-Palast mit seinem linientreuen Programm. Beide bevorzugten leichte – und seichte – Unterhaltung im Sinne der NS-Massenkultur. So schauten sie den Operettenfilm *Gern hab ich die Frau'n geküßt* mit Theo Lingen in einer der Hauptrollen oder die Komödie *Die Liebe und die erste Eisenbahn*.[65]

Am 21. Juli 1934 fuhr die Familie Niemöller zum Sommerurlaub nach Zinnowitz auf Usedom. Doch auch an der Ostsee kam Niemöller nicht vom Kirchenkampf los, denn er begann sogleich mit der Niederschrift seiner Teilautobiografie *Vom U-Boot zur Kanzel*. Am 16. August war die Manuskript-

Martin Niemöller posiert, keck und stolz in die Kamera blickend, 1917 in der Uniform eines Offiziers der Kaiserlichen Marine mit dem Eisernen Kreuz und anderen Ehrenzeichen auf der Brust. Das Foto wählte er als Frontispiz seines 1934 erschienen Erinnerungsbuches *Vom U-Boot zur Kanzel*. Darunter fand sich von Niemöllers eigener Hand der Hinweis, es zeige ihn als »Oberleutnant zur See«. Niemöller verfolgte mit dem Buch die Absicht, seinen Militärdienst im Ersten Weltkrieg und den Einsatz für die deutsche Nation als Kern seines Wirkens herauszustellen.

fassung fertig. Drei Tage später kehrte die Familie nach Dahlem zurück. Der rasante Schreibprozess erklärt sich aus der Tatsache, dass Niemöller das Narrativ seines Einsatzes in der U-Boot-Flotte seit den Studentagen in Münster eingeübt und stetig verfeinert hatte. So konnte er die entscheidenden Episoden und Erzählmotive aus dem Gedächtnis abrufen.

Niemöllers Verleger, Martin Warneck, und Mitglieder seiner Gemeinde hatten ihn dazu gedrängt, seine U-Boot-Erlebnisse aufzuschreiben. Damit sollte demonstriert werden, dass die Bekennende Kirche trotz aller gegenläufigen Vorwürfe der Deutschen Christen und der vom NS-Staat gelenkten Presse den Nationalsozialisten in ihrem Einsatz für die deutsche Nation in nichts nachstand. Auch die Verlagswerbung betonte den Gedanken des selbstlosen Einsatzes für die Nation, indem sie als biographisches Leitmotiv hervorhob, Niemöllers Lebensweg sei ein »Werdegang im Kampf, in unbeirrbarer, leidenschaftlicher Liebe zu seines Volkes bester Kraft«.[66]

Niemöllers Bericht ist vom Narrativ der Pflichterfüllung geprägt, das weitgehend im Rahmen des wilhelminischen Reichsnationalismus verharrt. Erst im letzten Satz des Buches wird ein Bezug zur Lage im »Dritten Reich« hergestellt. Dort bezieht Niemöller sich auf den nötigen Dienst der Kirche am Wort Gottes, »damit das gewaltige Werk der völkischen Einigung und Erhebung, das unter uns begonnen ist, einen unerschütterlichen Grund und dauernden Bestand gewinne!«[67]

Bis Ende 1934 waren bereits 60 000 Exemplare der Erinnerungen verkauft. Die Rezeption in Deutschland war positiv und fokussierte sich auf das zentrale Motiv des Kampfes im Dienste der Nation. Demnach hatte sich Niemöller als Marineoffizier seit 1914 selbstlos für Deutschland eingesetzt, wovon er nach Ansicht der Rezensenten ohne jedes falsche Pathos erzählte. Auch die Gestapo wusste die nationalistische Grundhaltung des Verfassers zu würdigen: »Das Buch selbst ist inhaltlich nicht zu beanstanden.« Mit diesen lapidaren Worten zollte die Zensurstelle der Gestapo im September 1938 – also nach Niemöllers Verbringung in das KZ Sachsenhausen – dessen Lebensgeschichte noch immer Anerkennung. Von einem Verbot sah man zunächst ab. Erst am 5. September 1940 untersagte das Reichsministerium für Volksaufklärung und Propaganda die weitere Verbreitung des Buches, und zwar vermutlich auf direkte Weisung von Joseph Goebbels. Zu diesem Zeitpunkt war es allerdings bereits vergriffen.[68] Karl Barth hatte dagegen bereits frühzeitig vorausgesehen, dass alle rhetorische Beteuerung seines Nationalismus Niemöller nicht vor der Verfolgung durch den NS-Staat schützen werde. Im November 1934 meinte er gesprächsweise zu Niemöller: »Ihr nächstes Buch wird wohl heißen: Von der Kanzel zum Kittchen.«[69]

Während Niemöller in der Niederschrift seiner Gedanken und Erlebnisse ausdrücklich seine nationalistische Pflichterfüllung für die Nation hervorhob, fand die Bekennende Kirche weder Stimme noch Sprache für den Protest gegen die terroristischen Exzesse des NS-Regimes. Dazu hätte am 2. Juli 1934 Gelegenheit bestanden, als sich der fünfzehnköpfige Reichsbruderrat, den die Synode von Barmen eingesetzt hatte, in einem Würzburger Bahnhofshotel zu seiner zweiten Sitzung traf. Aus der westfälischen Kirche war die Aufforderung gekommen, Hitler in einem Telegramm zur Ermordung des SA-Führers Ernst Röhm und anderer Politiker wie des früheren Reichskanzler Kurt von Schleicher zu gratulieren. Immerhin lehnte Hans Asmussen dieses Ansinnen unter Hinweis auf die in Römer 13 festgeschriebene Grundposition ab, nach der Christen der Obrigkeit Gehorsam schuldeten, und verwies darauf, dass sich die Bekennende Kirche innenpolitische Stellungnahmen versage. Dass auf dieser Basis keine kritische Stellungnahme zur brutalen Ermordung der SA-Führung zu erwarten war, versteht sich von selbst. Niemöller war von den »Alarmnachrichten«, die ihn am 30. Juni erreichten, offenbar erschüttert.[70] Aber als er in der Bruderratssitzung am 2. Juli vorschlug, dass die Kirche ein »ernstes Busswort zur Lage sprechen« solle, bezog er sich dabei lediglich auf die kirchenpolitische Situation.[71] Nach 1945 sollte Wilhelm Niemöller im Sinne der Legendenbildung behaupten, sein Bruder habe an diesem Tag ein kirchliches Wort zum »Massenmord« am 30. Juni verlangt.[72]

Wenn es darum ging, staatliche Eingriffe in kirchliche Belange anzuprangern, konnte Niemöller durchaus deutliche Worte finden. Anfang Juli 1934 protestierte er in scharfer Form bei dem für Kirchenfragen zuständigen Ministerialdirektor im Reichsinnenministerium Rudolf Buttmann gegen eine Verordnung, die alle öffentlichen Erörterungen des Kirchenstreits mit Ausnahme von Verlautbarungen des Reichsbischofs untersagte. Sein Ton nahm an Schärfe zu, als er während des Urlaubs in Zinnowitz am 14. August von zwei Gestapo-Beamten verhört wurde. Dabei ging es um eine Kanzelabkündigung des Reichsbruderrates vom 12. August, die sich gegen die bei einer Nationalsynode der DEK am 9. August weiter vorangetriebene Eingliederungspolitik von Ludwig Müller und August Jäger richtete. Bei dieser Synode war die bekenntnistreue Minderheit nur noch durch wenige Delegierte vertreten.[73] In seinem Schreiben an Buttmann geißelte Niemöller in scharfen Worten die von der Reichskirchenregierung um Müller ausgehende »Christenverfolgung« und die »verlogene Darstellung« der kirchenpolitischen Lage durch August Jäger. Die Bekennende Kirche werde Befehle der weltlichen »Obrigkeit« weiterhin »loyal befolgen bis zur Hingabe des Lebens. Und das ist keine Phrase.« Diese Formulierung mag heute als hohles Pathos erscheinen, ist aber auch im Licht von Niemöllers späterer Entscheidung im September 1939 zu sehen, sich freiwillig zum Dienst an der Waffe in der Wehrmacht zu melden. Niemöller nahm Buttmann und den Staat allgemein in die Pflicht, sich mit der »Dynamik der Dinge« in der Kirche zu beschäftigen und einzugreifen. Die bekenntnistreuen Kräfte jedenfalls könnten »nicht schweigen«, wenn die Kirche »vom Satan regiert wird und dieser Satan sich Christus nennt«.[74]

Niemöller hatte durchaus Gründe dafür, sich einer solch dramatischen, ja apokalyptischen Rhetorik zu bedienen. Denn im Spätsommer 1934 stand das Schicksal der Bekennenden Kirche tatsächlich auf »des Messers Schneide«.[75] Nach der gleichgeschalteten Nationalsynode vom 9. August waren Bayern und Württemberg die beiden einzigen evangelischen Landeskirchen, die August Jäger als Rechtswalter der DEK noch nicht ihrer Selbstständigkeit beraubt und in die Reichskirche »eingegliedert« hatte. Am 3. September erließ er jedoch eine Verfügung, die auch die Leitung dieser beiden Kirchen dem Reichsbischof übertrug. Theophil Wurm verwahrte sich gegen diesen Schritt und rief die württembergischen Pfarrer zur Unterstützung auf. Daraufhin gab Jäger persönlich mit seiner Entourage am 8. und 14. September zwei dramatische Auftritte im Stuttgarter Landeskirchenamt und erklärte Wurm schließlich für abgesetzt. Am 6. Oktober stellte man diesen gar unter Hausarrest, um dem Widerstand die Spitze abzubrechen. Die Kampagne gegen den bayerischen Landesbischof Meiser begann mit einer Kundgebung am 17. September und Artikeln in der fränkischen Tagespresse. Am 11. Oktober erschien Jäger höchstpersönlich in München, um den bayerischen Bischof abzusetzen, über den am folgenden Tag ein Hausarrest verhängt wurde.

Sowohl in Württemberg als auch in Bayern kam es aus Solidarität mit den bedrängten Landesbischöfen zu einer Welle populärer Proteste. In Schwaben gab es vereinzelt Tumulte, als einfache Gemeindemitglieder vor dem örtlichen Pfarrhaus demonstrierten. Und am 20. Oktober musste der bayerische Ministerpräsident nach Berlin berichten, dass eine Abordnung von 15 NSDAP-Mitgliedern ihm im Namen von 60 000 fränkischen Bauern berichtet habe, diese seien »von einer Rebellion« nur noch abzuhalten, wenn Meiser sofort freigelassen und wieder in sein Amt eingesetzt werde.[76]

Die Bekennende Kirche zögerte nicht, die beiden süddeutschen Bischöfe in ihrem Kampf gegen diese unrechtmäßigen Amtsenthebungen zu unterstützen. Bei einem Treffen des Reichsbruderrates am 18. September entwarf Niemöller mit zwei anderen Mitgliedern des Gremiums eine Erklärung, die am 23. September von den Kanzeln verlesen wurde. Darin postulierte der Bruderrat, dass sich die Mitglieder der Reichskirchenleitung um Ludwig Müller durch ihre Aktionen selbst aus der Kirchengemeinschaft ausgeschlossen hätten.

Dies knüpfte an frühere Überlegungen Niemöllers an, ob man deutsch-christliche Pfarrer und Amtsträger durch Exkommunikation aus der Kirche ausschließen könne.⁷⁷ Für Niemöller waren die Ereignisse in Bayern und Württemberg im Übrigen nur ein weiterer Beleg dafür, dass die Bekennende Kirche eine völlige organisatorische Trennung von der bisherigen Kirchenleitung vollziehen müsse, und zwar nicht nur in Preußen, wo dieser Prozess im Gefolge von Barmen in Gang gekommen war, sondern in ganz Deutschland. Bereits am 17. Juli hatte er auf einer Sitzung des Reichsbruderrates verlangt, dass

> wir mit dieser Reichskirche gar nichts mehr zu tun haben. [...] Wir müssen das Reichskirchenregiment vor der Gemeinde der bewußten Unwahrhaftigkeit zeihen. Wir müssen aus der kirchlich-bürgerlichen Haltung heraus. In dieser Sache müßte man auch an die staatliche Obrigkeit heran.⁷⁸

Noch bevor August Jäger seinen Versuch der Eingliederung von Bayern und Württemberg begonnen hatte, forderten die Vertrauensleute des Pfarrernotbundes den Reichsbruderrat zu konkreten Schritten auf. Nachdem seit der Barmer Synode »kostbare Wochen und Monate ungenutzt verstrichen« seien, müsse nun endlich in allen »bedrückten Gebieten« ein »Notkirchenregiment für die Bekennende Gemeinde« errichtet werden. Der Bruderrat solle die Reichsregierung offiziell davon informieren, dass die Bekennende Kirche nun die »rechtmässige Kirche« sei. Ein Treueeid der Pfarrer auf den Führer, den die gleichgeschaltete Nationalsynode am 9. August per Kirchengesetz eingeführt hatte, sei zu verweigern.⁷⁹

Zu diesem Zeitpunkt, also vor den Angriffen gegen Meiser und Wurm, war Niemöllers Drängen vor allem von der Sorge getragen, es könne zur »Bildung einer Mittelgruppe aus dem Kreis der Nichtkombattanten« kommen.⁸⁰ Dabei dachte Niemöller vor allem an jene Lutheraner, die bald nach der Barmer Synode Kritik an deren Theologischer Erklärung äußerten und die gemeinsame konfessionelle Identität herausstellten. Den Anfang machte der Ansbacher Ratschlag vom 11. Juni, eine Erklärung von acht Theologen, darunter der 1933 durch antisemitische Stellungnahmen hervorgetretene Paul Althaus. Gegen die Offenbarungstheologie der Barmer Thesen machten sie die Geltung natürlicher Schöpfungsordnungen wie Volk, Familie und Staat geltend. Der Erlanger Theologe Werner Elert, treibende Kraft hinter dem »Ansbacher Anschlag« – wie die Bekennende Kirche bald spottete –, machte die konfessionellen Vorbehalte deutlich, die sich damit verbanden. Lutherische Theologen und Kirchenführer hegten die Besorgnis, dass im Gefolge von

Barmen der lutherisch-reformierte Konfessionsunterschied eingeebnet und durch eine von dem Reformierten Karl Barth inszenierte Unionstheologie ersetzt werden solle. Das war eine Wahrnehmung, die viele maßgebliche Lutheraner teilten – von Marahrens, Meiser und Niemöllers altem Vorgesetzten, dem westfälischen Generalsuperintendenten Wilhelm Zoellner, bis hin zu Friedrich Bodelschwingh.[81]

Diese theologischen Differenzen verstärkten unterschiedliche Interessenlagen. So hatten die intakten süddeutschen Landeskirchen in Württemberg und Bayern vor der gewaltsamen Intervention August Jägers keinerlei Interesse daran, eine funktionierende, bekenntnistreue Kirchenleitung durch den Aufbau separater bekenntniskirchlicher Strukturen zu ergänzen und damit zu schwächen. Auch in manchen zerstörten Landeskirchen regte sich Unmut über die von Niemöller und dem Pfarrernotbund eingeschlagene konfrontative Taktik. Ein Beispiel dafür ist eine Stellungnahme des sächsischen Superintendenten Arno Spranger, der zunächst bei den DC aktiv war, sich aber seit 1934 der kirchlichen Mitte verpflichtet fühlte. Er warf den Notbündlern vor, einen rein »negativen« Kampf zu führen, der sich einseitig gegen Reichsbischof und Kirchenregiment richte. In Sachsen solle aber der »lutherische Charakter« der Kirche bewahrt und vertieft und eine »gemeinsame Arbeitsfront« jenseits »aller kirchenpolitischen Lager« gebildet werden.[82] Damit drückte Spranger Hoffnungen auf ein Ende der innerkirchlichen Konfrontation aus, die viele Lutheraner außerhalb der altpreußischen Union teilten.

Um ihren Besorgnissen Ausdruck zu verleihen, trafen sich führende Lutheraner am 24. und 25. August unter dem Vorsitz des Landesbischofs Marahrens in Hannover. Zur Bündelung der gemeinsamen Interessen gründete man einen Lutherischen Rat, dem neben den Bischöfen der drei noch intakten lutherischen Landeskirchen Vertreter theologischer Fakultäten und Verbände angehörten. Das Treffen gipfelte in einer Litanei von Beschwerden über die Synode von Barmen und die dort angeblich beschlossene Einebnung des konfessionellen Profils der Lutheraner.[83] In dieser Sammlung der Lutheraner und der nicht direkt in den Kirchenkampf involvierten Mittelgruppen deutete sich bereits der Konflikt an, der letztlich zur Spaltung der Bekennenden Kirche führen sollte.

Die Dahlemer Synode und die Einsetzung des kirchlichen Notrechts

Angesichts der vielen Probleme – neben dem Streit über Barmen vor allem die Angriffe August Jägers auf die Bischöfe Wurm und Meiser – schien dem Reichsbruderrat eine neue Bekenntnissynode geboten. Nachdem der Plan im September zunächst zurückgestellt worden war, beschloss man am 10. Oktober die Einberufung einer solchen für Ende des Monats. Nach einem dramatischen Hilferuf aus München, wo Jäger am 11. Oktober Bischof Meiser absetzte, wurde die Synode sogar um zehn Tage vorverlegt, womit nur noch sehr wenig Zeit zur Vorbereitung blieb.

Die zweite Bekenntnissynode der DEK fand am 19. und 20. Oktober 1934 im Gemeindehaus in Dahlem statt, was einmal mehr unterstreicht, wie sehr sich Niemöllers Gemeinde inzwischen zu einem zentralen Schauplatz des Kirchenkampfs entwickelt hatte.

Anders als in Barmen hatte Niemöller eine starke Präsenz in den Verhandlungen des Plenums und des Ausschusses der Dahlemer Synode. Er meldete sich wiederholt und sehr ausführlich zu Wort, war sichtlich sowohl in der Sache als auch emotional engagiert und zog alle rhetorischen Register. Als er die Synodalen beschwor, ein klärendes Wort zur »Notlage der Kirche« und zur Notwendigkeit des »Notrechts« zu sagen, da alles andere eine »Verleugnung des Herrn Christus« bedeute, verzeichnete das Protokoll »anhaltendes Händeklatschen«.[84]

Die theologische »Botschaft« der Dahlemer Synode stand unter dem unmittelbaren Eindruck der völligen Zerstörung auch der bis dahin noch intakten Landeskirchen in Bayern und Württemberg, die sich in diesen Tagen vollzog. Vor diesem Hintergrund rief gerade Niemöller zu einem »absoluten Bruch« mit dem deutsch-christlichen Kirchenregiment auf und damit zur konsequenten Scheidung von den bestehenden kirchlichen Strukturen.[85] Der dritte Teil der Botschaft vollzog diesen Bruch. Die Synode erklärte hier, dass die Leitung der DEK von Ludwig Müller in die Hände der Bekenntnissynode übergegangen sei. Damit setzte der Beschluss jenes kirchliche Notrecht für ganz Deutschland um, das die altpreußische Synode für ihre Kirche bereits in Barmen erlassen hatte.

Dieser Teil der Botschaft war unter den Synodalen äußerst umstritten. Sie folgten teilweise den Bedenken der Lutheraner, die eine konfessionelle Gliederung der neu geschaffenen Spitzengremien der Bekennenden Kirche forderten, des nun auf 22 Mitglieder erweiterten Reichsbruderrates und eines sechsköpfigen Rates, der als engeres Gremium zur Beratung laufender Fragen diente. Doch es gab auch Stimmen, die einen Abbruch jeglicher Zusammenarbeit mit dem von Müller geleiteten Kirchenregiment als in der Praxis unmöglich ablehnten. Ihnen trat Niemöller mit Entschiedenheit entgegen: »Sie kommen nicht daran vorbei, das Wort, den Gehorsam aufzusagen gegenüber einem Regiment, das vom Teufel ist, ernst zu nehmen, bis in die Fingerspitzen und bis zum Gemeindehausbau und bis in die Einreichung von statistischen Formularen.« Selbst eine gemeinsame Bibellektüre mit Deutschen Christen, so formulierte er in gewollter Schärfe, sei bereits »geistlicher Ehebruch«.[86] Auch aufgrund dieser emotionalen Intervention entschied sich die Mehrheit der anwesenden Synodalen für die entschiedenere Formulierung des Reichsbruderrates.

Der Kirchenhistoriker Klaus Scholder hat von einer »Schwäche« der Dahlemer Synode gesprochen. Diese habe sich darin gezeigt, dass es bei der Abstimmung über die Endfassung des dritten Satzes des dritten Abschnitts der Botschaft nur 52 Ja-Stimmen gab, womit nur ein Drittel aller Synodalen die radikale Trennung vom bestehenden Kirchenregiment unterstützt habe. Durch die Annahme eines Mehrheitsbeschlusses sei zudem das »Grundprinzip einer bruderrätlich-synodalen Kirchenordnung« verletzt worden, in der stets einmütige Beschlüsse zu fassen seien. Auf diese Weise sei Dahlem eine »schwere Belastung« für die Einheit der Bekennenden Kirche geworden.[87] Niemöller erscheint so als treibende Kraft hinter einer Entwicklung, die letztlich zur Selbstzerstörung der Bekennenden Kirche beigetragen habe. Dem lässt sich entgegenhalten, dass es zuallererst praktische Umstände waren, die zu den Problemen dieser Abstimmung führten. Denn als sie am Samstag, dem zweiten Tag der Synode, stattfand, waren nur noch 72 der insgesamt 143 Synodalen anwesend, weil vor allem viele der süddeutschen Teilnehmer bereits abgereist waren. Dies wirft die Frage nach ihren Prioritäten auf, zumal es ja gerade die bayerische Kirche war, deren Hilferuf zur überhasteten Vorverlegung der Synode geführt hatte.[88] Doch selbst wenn die Dahlemer Beschlüsse das Gewissen mancher Lutheraner belasteten, so hatte sich deren konfessionelle Absonderung längst vor Dahlem abgezeichnet. Es war die lutherische Kritik an den in Barmen gefassten Beschlüssen, die letztlich bis 1936 zur Spaltung der Bekennenden Kirche führte.

Eine wichtige Rolle in diesem Prozess spielte der NS-Staat, in letzter Instanz also Adolf Hitler selbst. Bereits seit dem Sommer 1934 hatten die Gremien der sich eben formierenden ökumenischen Bewegung zugunsten der Bekennenden Kirche interveniert. Der ökumenische Weltrat für Praktisches Christentum beschloss bei seinem Treffen auf der dänischen Insel Fanø Ende August eine Resolution, welche die Beschränkung kirchlicher Freiheit in Deutschland verurteilte. Reichsaußenminister Konstantin von Neurath wies

Hitler seit Ende Juni mehrfach auf die Belastungen hin, die das Gewaltregiment August Jägers in der DEK vor allem für die Beziehungen zu Großbritannien bedeutete. Letztlich gab für Hitler jedoch weniger außenpolitische Rücksichtnahme als vielmehr die Sorge vor einer juristischen Blamage den Ausschlag. Justizminister Franz Gürtner informierte den Reichskanzler am 24. Oktober über den Fortgang eines Revisionsverfahrens, das die Gemeinde Dahlem gegen das Urteil des Berliner Landgerichts vom 5. Juli 1934 angestrengt hatte. Wie oben erwähnt, hatte das Landgericht darin nicht nur die Ende Januar ausgesprochene Amtsenthebung Niemöllers aufgehoben, sondern auch die am 26. Januar erlassene Verordnung Müllers über die »einheitliche Führung« der ApU für verfassungswidrig erklärt. Die Gemeinde Dahlem hatte daraufhin Revision beim Reichsgericht eingelegt, um im Sinne der Bekennenden Kirche eine höchstrichterliche Bestätigung dieser juristischen Zensur Ludwig Müllers zu erreichen.[89]

Als Gürtner Hitler am 24. Oktober berichtete, dass das Reichsgericht mit Sicherheit die Verordnung des Reichsbischofs für rechtswidrig erklären würde, entschied dieser sich für einen sofortigen kirchenpolitischen Kurswechsel. Er sagte kurzentschlossen seine Teilnahme an der für den folgenden Tag terminierten feierlichen Amtseinführung Müllers als Reichsbischof ab. Zugleich forderte er die staatlichen Behörden in München auf, für die Aufhebung des Hausarrests von Bischof Meiser zu sorgen. Auf Druck der staatlichen Instanzen und einiger deutsch-christlicher Kirchenführer trat August Jäger am 26. Oktober als Rechtswalter der DEK zurück und drei Tage später auch von seinen Staats- und Parteiämtern.[90] Die Politik der gewaltsamen Eingliederung der einzelnen Landeskirchen in die DEK, die Jäger seit April 1934 verfolgt hatte, war damit gescheitert. Das hieß aber nicht, dass Hitler nun Ludwig Müller als Reichsbischof fallen ließ oder sich von den Deutschen Christen distanzierte. Dies teilte er auch den eben aus dem Hausarrest entlassenen Bischöfen Meiser und Wurm mit, die er zusammen mit Bischof Marahrens am 30. Oktober in der Reichskanzlei empfing.

Auch Müller selbst machte wie bereits Anfang des Jahres keinerlei Anstalten, dem Druck der kirchlichen Opposition zu weichen. Die drei Bischöfe der intakten Kirchen plädierten nach ihrer Unterredung mit Hitler für eine Übergangslösung in der Kirchenleitung. Ein »Reichskirchenverweser«, bei dem sie an August Marahrens dachten, sollte im Einvernehmen mit den staatlichen Behörden eine Neuordnung der kirchlichen Verhältnisse herbeiführen. Niemöller blieb gegenüber solchen Hoffnungen auf eine Anerkennung der Bekennenden Kirche durch den Staat skeptisch. Er beharrte auf der Gültigkeit der in der Dahlemer Synode gefassten Beschlüsse. Wenn überhaupt eine Person für den Übergang als »Reichskirchenverweser« ernannt würde, kam für ihn nur Präses Koch in Frage, der anders als Marahrens sein Vertrauen genoss.[91]

Thomas Breit, der Stellvertreter Meisers, arbeitete mit den Theologieprofessoren Hermann Beyer, Julius Schniewind und Friedrich Schumann in der Folgezeit an einem Vorschlag für ein kirchliches Notregiment. Er orientierte sich dabei an den Vorstellungen des Reichsjustiz- und des Reichsinnenministeriums, welche Präses Koch in einem Gespräch mit Gürtner erörtert hatte. Am 9. November kam es bei einer Diskussion dieses Vorschlags in einer Sitzung des Reichsbruderrates in Dahlem zur Konfrontation zwischen den durch Meiser vertretenen lutherischen Bischöfen und den preußischen Unterstützern des in Dahlem eingeschlagenen Weges. Neben Niemöller zählten zu ihnen auch die Reformierten Karl Immer und Paul Humburg sowie Karl Lücking aus Westfalen.

Niemöller war – wie so oft in solchen Sitzungen – wütend und aufgebracht. Er lehnte es rundweg ab, »auf ein paar Professoren« zu hören, »die vor einem halben Jahr noch DC waren«. Damit meinte er Schumann, der sich erst nach der Sportpalastkundgebung im November 1933 von den Deutschen Christen abgewandt, und Beyer, der zu dieser Zeit noch im zweiten Reichskirchenkabinett Müllers als unierter Minister amtiert hatte. Im Übrigen war die Situation für Niemöller ganz klar: »Es ist ein kirchlich legitimes Regiment da: in Dahlem eingesetzt.« In der von ihm seit 1934 oft benutzten düsteren, ja apokalyptischen Diktion fügte er hinzu: »Es geht in den Abgrund, wenn wir von Dahlem abweichen.« Hans Meiser widersprach ihm sofort und sehr scharf. Wenn Niemöller Kirche als identisch mit der Bekenntnissynode definiere, »dann besteht die Gefahr der Sekte«. Außerdem »wehre« er sich dagegen, »daß jemand die Theologische Erklärung [von Barmen] unterschreiben muß, wenn er zu uns gehören will, und seine Beteuerung, er stehe zum Bekenntnis, nicht genügt«. Heinz Kloppenburg, führendes Mitglied des Pfarrernotbundes und der Bekennenden Kirche in Oldenburg, hatte danach nur galligen Spott für Meiser übrig. Was man jetzt in Bayern noch als Bekenntnis definiere – allein das »sola fide« und »sola gratia«, so höhnte er, »das leisten die DCer im Norden mit Freuden«.[92]

Bei dieser Sitzung traten neben dem Dissens um die richtige Taktik und die »verschiedenen Voraussetzungen« – so Meiser –, welche die Wiederherstellung von »verfassungsrechtlichen Zuständen« in Bayern und Württemberg mit sich brachte, vielfältige Spannungen und Konfliktlagen hervor. Aus Meisers Sicht waren die Beschlüsse von Dahlem bereits drei Wochen nach der Synode überholt. Überdies machte er Vorbehalte gegen Barmen geltend. Hinzu kam das Bemühen der Lutheraner, eine breite Grundlage für die Neuordnung zu sichern. »Volkskirche« heiße, so erklärte Wilhelm Pressel, ein enger Vertrauter von Theophil Wurm, »alle zu umfassen«, auch jene, die sich nicht offen zu Barmen bekennen mochten. So klafften die Vorstellungen der süddeutschen Lutheraner und des Dahlemer Flügels der Bekennenden Kirche um Niemöller auf vielen Ebenen weit auseinander. Der Versuch von Hans Asmussen, die Basis für einen Kompromiss auszuloten, hatte keinen Erfolg. Dabei zeigte Niemöller sich kompromissbereit und hätte die Konstruktion einer Vorläufigen Kirchenleitung gebilligt, sofern diese in den Händen von Präses Koch lag.

Am Ende trennten sich die Mitglieder des Reichsbruderrates am frühen Abend des 9. November nach einer mehr als zehnstündigen Aussprache, ohne die Position der jeweils anderen Seite verstanden oder gar ein konkretes Ergebnis erzielt zu haben.[93] Man ging nun verschiedene Wege.[94] Niemöller sprach noch am selben Abend mit Präses Koch und Gerhard Jacobi vor den etwa 15 000 Teilnehmern einer Massenversammlung in den Ausstellungshallen am Funkturm. Er wandte sich dort gegen den Eindruck einer »Spaltung in der Bekenntniskirche«, obwohl sich diese in den Stunden zuvor bereits deutlich abgezeichnet hatte, und polemisierte gegen alle Versuche, einen »billigen Vergleich« zwischen den kirchlichen Konfliktparteien zu schließen. »Kein Kompromiß, keine Halbheit. Alles für die bekennende Gemeinde«, so lautete sein Credo.[95]

Die Veranstaltung auf dem Berliner Messegelände war nur eine in einer ganzen Reihe von Massenkundgebungen in deutschen Großstädten, auf denen Niemöller in den kommenden Wochen für die Bekennende Kirche warb.[96] Damit unterlief er eine Verordnung von Innenminister Frick, der am 6. November alle Veröffentlichungen zur Lage in der evangelischen Kirche verboten hatte. Ludwig Müller konnte dagegen ungehindert seine »Lügen ins Volk« streuen, wogegen Niemöller in scharfen Worten bei Frick Protest einlegte.[97]

Unterdessen berieten die Bischöfe der drei intakten Landeskirchen mit dem badischen Landesbischof Kühlewein und einigen Theologen Pläne für eine Vorläufige Kirchenleitung. Als Ludwig Müller am 20. November die Verordnung über die Eingliederung der ApU aufhob und eine Mehrheit des Reichsbruderrates diesen Plänen zustimmte, war der Weg für die Neuordnung frei. Am 22. November unterzeichnete Präses Koch die Vereinbarung über die fünfköpfige Vorläufige Kirchenleitung (VKL) unter Vorsitz von August Marahrens. Sie war das Ergebnis einer Übereinkunft zwischen dem Reichsbruderrat und den drei intakten Landeskirchen. Die VKL sollte sich bei der Neuordnung der kirchlichen Verhältnisse am Geist der Synoden von Barmen und Dahlem orientieren, zugleich aber die Bestimmungen der Reichskirchenverfassung vom 11. Juli 1933 beachten. Bis zur Berufung einer neuen Nationalsynode – zu der es letztlich nie kam – vertrat der Reichsbruderrat allerdings das synodale Element in der DEK.[98]

Aus Sicht der Befürworter, zu denen auch Präses Koch zählte, der selbst in die VKL eintrat, war dies ein notwendiger Kompromiss. Er wurde notwendig, so die Argumentation, nachdem die Leitung der beiden süddeutschen Kirchen wieder in die Hände ihrer rechtmäßig bestellten Bischöfe übergegangen war. Angesichts der ohnehin verbreiteten Bedenken gegen die in Dahlem gefassten Beschlüsse schien es nicht statthaft, die intakten Kirchen einem nur durch das Notrecht legitimierten Gremium wie dem Reichsbruderrat zu unterstellen. Hinzu kamen die konfessionellen Bedenken, die der lutherische Theologe Walther Künneth Anfang November in einer Denkschrift formulierte. Er sah den Reichsbruderrat durch eine Mehrheit reformierter und unierter Vertreter geprägt. Die VKL hingegen, der jeweils ein theologischer Vertreter der Reformierten, Unierten und Lutheraner unter der Leitung des Lutheraners Marahrens angehörte, werde für eine bessere Vertretung der konfessionellen Interessen des Luthertums sorgen.[99]

Alle diese Gründe waren für Niemöller nicht stichhaltig. Gemeinsam mit den Reformierten Karl Barth, Karl Immer und Hermann Albert Hesse verließ er am 20. November den Reichsbruderrat, nachdem dieser die Bildung der VKL gebilligt hatte. Wie er seinem alten akademischen Lehrer Georg Wehrung – inzwischen Professor in Tübingen – erklärte, trat er damit nicht etwa den »Kampf« gegen die VKL an. Er war durchaus bereit, dieser eine »Chance zu geben«, wollte aber auf keinen Fall die »Verantwortung« für deren Kurs übernehmen. Er hatte aus dem verunglückten Kanzlerempfang im Januar die »bitter bezahlt[e]« Lehre gezogen, dass man zunächst für einen »unbeirrbaren Kurs« zu sorgen habe und erst dann eine »breite kirchliche Front« aufbauen könne. Mit seiner Meinung, dass die Person von Marahrens an der Spitze der VKL »nach Restauration« klinge, hielt er nicht hinter dem Berg.[100] Aus Sicht Niemöllers und seiner reformierten Freunde war der Hannoveraner Bischof untragbar, weil er weder die Bekenntnisgemeinschaft unterstützt noch sich – von einer durch ein Treuebekenntnis zum »Führer« geprägten Morgenandacht in Barmen abgesehen – den Bekenntnissynoden oder gar dem Reichsbruderrat angeschlossen hatte. Umso schwerer wog, dass Marahrens letztlich auf Druck der staatlichen Stellen als Vorsitzender der VKL nominiert worden war. Das widersprach diametral dem in Dahlem gefassten Entschluss, dass die Kirche selbst über ihre inneren Angelegenheiten entscheiden solle.[101]

Über die Ablehnung der Vorläufigen Kirchenleitung und der Person von Marahrens kamen Niemöller und Barth zum Jahresende in engeren Kontakt.

Erst jetzt entstand jene vertrauliche Zusammenarbeit, welche die Arbeit des Dahlemer Flügels der Bekennenden Kirche fortan prägen sollte. Dabei machte Barth den ersten Schritt, indem er sich bereits zwei Tage nach der Entscheidung des Reichsbruderrates für die VKL erstmals brieflich an Niemöller wandte. Er versicherte diesem, dass er ihn ungeachtet aller früheren Kontroversen »immer gerne gemocht« habe. Nun freue er sich, mit ihm »auf einer Seite zu stehen«. Das »System Marahrens« wertete der Schweizer Theologe entgegen allen mit der VKL verbundenen Hoffnungen auf eine volkskirchliche Verbreitung der Bekennenden Kirche als »Exponent eines geheimen Säkularismus«. Besonders »unerquicklich« schien es Barth, dass die von ihm und Niemöller vertretene Position im Reichsbruderrat stets »als die ›reformierte‹ bezeichnet wurde«. In einer deutlichen Spitze gegen das Bestreben der Lutheraner auf angemessene Repräsentation ihrer Interessen zeigte er sich überzeugt, »dass wir mit dem ganzen Konfessionalismus heute ebensowenig vom Fleck kommen wie mit dem Unionismus der vorrevolutionären Kirche«.[102] Niemöller stimmte dieser Analyse mit Nachdruck zu und gab seiner »Freude« darüber Ausdruck, künftig mit Barth und Asmussen in den kirchenpolitischen Kämpfen »eng« zusammenzustehen und sich regelmäßig mit beiden abzustimmen.[103]

Im Verlauf des Jahres 1933 war Martin Niemöllers kirchenpolitisches Handeln von vielen Ambivalenzen geprägt. Dazu trug nicht nur seine generelle Zustimmung zum nationalsozialistischen Projekt der Volksgemeinschaft bei, sondern auch seine Neigung, von Verhandlungen mit dem »Reibi« Ludwig Müller eine Anerkennung der kirchlichen Opposition zu erwarten. Erst nach dem Debakel des Kanzlerempfangs trat Niemöller ernüchtert, aber damit auch sehr viel entschlossener in die kirchenpolitischen Auseinandersetzungen des Jahres 1934 ein. Er machte sich nun die bereits zuvor von Karl Barth vertretene Position zu eigen, nach der die kirchliche Opposition als die rechtmäßige evangelische Kirche zu verstehen sei. Und er verteidigte diese Position fortan kompromisslos gegen all jene Personen und Kräfte in der Bekenntnisfront, die sich von einer Erweiterung der Phalanx zu den bislang neutralen Protestanten und ehemaligen Deutschen Christen einen Vorteil versprachen.

Als die Barmer Synode in den sechs Thesen ihrer Theologischen Erklärung eine programmatische Grundlage für die Bekennende Kirche schuf, machte sich Niemöller diese umgehend zu eigen. Er nutzte die Barmer Thesen nicht nur für den Aufbau der Bekennenden Kirche in der altpreußischen Union, sondern verteidigte sie zugleich mit stetig wachsender Entschiedenheit gegen ihre Kritiker und Verächter aus dem lutherischen Lager. In seiner harschen Kritik an der konfessionellen Besonderung der Lutheraner und ihrem Beharren auf einer konfessionellen Gliederung der DEK ließ Niemöller eine Haltung hinter sich, die er in Teilen selbst noch bis Ende 1933 vertreten hatte. Damit deckte er eine Spannungslinie auf, die 1936 schließlich zur Spaltung der Bekennenden Kirche führte. Blickt man aus der Perspektive der Zeit nach 1945 und der Gegenwart auf die Ereignisse des Jahres 1934 zurück, dann wird gerade hier die historische Größe und Bedeutung Martin Niemöllers sichtbar. Gegen seine eigenen lutherischen Instinkte machte er sich zum resoluten Fürsprecher der Barmer Thesen, die durch ihre Verankerung in der EKD heute als eine wichtige bekenntnismäßige Grundlage des deutschen Protestantismus gelten.

10
Die Spaltung der Bekennenden Kirche 1935/36

Bereits in jener langen Sitzung des Reichsbruderrates am 9. November 1934 waren die Konflikte sichtbar geworden, die schließlich zur Spaltung der Bekennenden Kirche führten. Die Vertreter der intakten Landeskirchen um die Bischöfe Wurm und Meiser distanzierten sich von den Beschlüssen der Dahlemer Synode und waren nicht bereit, die synodalen Strukturen der Bekennenden Kirche in ihren Bistümern zur Geltung kommen zu lassen. Sie ließen aber erkennen, dass ihnen an einer konfessionellen Sammlung der Lutheraner auf einer breiten volkskirchlichen Grundlage gelegen war. Für Niemöller und seine überwiegend reformierten Mitstreiter aus der Kirche der altpreußischen Union waren die bruderrätlichen Strukturen der Bekennenden Kirche dagegen der einzige Weg zur Sicherung der bekenntnismäßigen Grundlagen der evangelischen Kirche. Zudem stand Niemöller skeptisch allen Versuchen gegenüber, eine breitere kirchliche Front unter Einbeziehung der mittleren Kräfte aufzubauen, solange zu jenen neben konservativen Lutheranern auch ehemalige Deutsche Christen zählten. Ein weiterer Konfliktpunkt lag in der Bereitschaft der im November 1934 gebildeten Vorläufigen Kirchenleitung (VKL), sich bei der Neuordnung der kirchlichen Verhältnisse mit dem Staat abzustimmen. Seit der Ernennung von Hanns Kerrl zum Reichsminister für die kirchlichen Angelegenheiten im Juli 1935 verschärfte sich Niemöllers Kritik an Staatseingriffen in die Kirche und an der Bereitschaft von Teilen der Bekenntnisfront zur Kooperation mit dem Staat. In der Synode von Bad Oeynhausen im Februar 1936 kam es dann zur endgültigen Spaltung der Bekennenden Kirche und zur Bildung einer zweiten VKL, in der nun die Niemöller nahestehende Gruppe von Pfarrern aus der Kirche der altpreußischen Union dominierte.

Die Ende November 1934 unter Leitung des Hannoveraner Bischofs August Marahrens gebildete VKL sondierte zunächst in Verhandlungen mit dem ostpreußischen NSDAP-Gauleiter Erich Koch die Möglichkeiten für eine vom Staat gebilligte Umbildung der Reichskirchenregierung, der unter anderem die beiden deutsch-christlichen Bischöfe Helmut Johnsen (Braunschweig) und Adalbert Paulsen (Schleswig-Holstein) angehören sollten. Diese Vorschläge scheiterten daran, dass Hitler weiterhin nicht bereit war, Ludwig

Müller als Reichsbischof fallen zu lassen. Parallel dazu bemühte sich die VKL um ein mögliches Einvernehmen mit deutsch-christlich geführten Kirchenleitungen. Dazu kamen die Mitglieder der VKL zu Gesprächen mit dem badischen Landesbischof Julius Kühlewein und Otto Zänker zusammen, dem Bischof der schlesischen Kirchenprovinz der ApU.[1]

Es waren genau diese Versuche zur Einbindung ehemaliger oder aktueller Deutscher Christen, an denen sich Niemöllers Kritik der VKL um Marahrens entzündete. Mitte Januar 1935 erläuterte er seinem ehemaligen Dienstvorgesetzten Wilhelm Zoellner seine Haltung. »Bin ich denn tatsächlich Unionist«, so erwiderte er auf Zoellners Vorwürfe, »wenn ich mit den reformierten Brüdern auf die D.C.-Irrlehre dieselbe Antwort gebe?« Die »Dahlemer Front«, so Niemöllers rückblickende Schuldzuweisung, sei allein »durch ›lutherische‹ Sonderwünsche zerschlagen worden«. Immer noch konnte er sich über die Tatsache erregen, dass sich Marahrens in einem Brief an die Marburger Theologische Fakultät für eine Übernahme des deutsch-christlichen Bischofs Heinrich Oberheid in den Hochschuldienst ausgesprochen hatte, der 1934 einer der wesentlichen Unterstützer der gewaltsamen Eingliederung der Landeskirchen gewesen war. Dieser Brief, um dessen Rücknahme er Marahrens gebeten habe, hatte ihn zum Austritt aus dem Reichsbruderrat bewogen. Die aktuelle Situation fasste Niemöller in einer militärischen Metapher zusammen: In dem Moment, in dem sich die »bekennende Gemeinde« zum »Entscheidungskampf gegen das Heidentum Rosenbergs und das Römertum der D.C. gefunden hatte«, sei diese »Kampffront« zerbrochen worden, indem man »einen neuen Feldherrn [Marahrens] wählte, der gar nicht zu dieser Front gehörte«.[2]

Im Februar 1935 machte Niemöller seine Kritik an dem von der VKL eingeschlagenen Kurs in einem Rundbrief an die Mitglieder des Pfarrernotbundes auch öffentlich. Aus dem Handeln der VKL müsse der Eindruck entstehen, »als sei der Tag des Friedens irgendwo in greifbarer Nähe«. Aus dem Blickwinkel der zerstörten Kirchen, und zumal aus dem der ApU, erscheine dies aber als eine Illusion, da täglich neue Nachrichten über die Amtsenthebung von Pfarrern einträfen. Letztlich werde, so Niemöllers Credo, die »Rettung der evangelischen Kirche« allein »in den Gemeinden« entschieden und »nicht im Kirchenregiment«.[3] Die Bekenntnisgemeinschaft der hannoverschen Landeskirche nahm dieses Schreiben zum Anlass, ihre Beziehungen zum Pfarrernotbund aufzukündigen, und aus Sachsen kam Kritik von Hugo Hahn, dem Vorsitzenden des dortigen Pfarrernotbundes. Doch Niemöller beharrte darauf, dass er den »Weg einer ›mittleren Linie‹ in der Lösung des Kirchenkampfes« auf keinen Fall mitgehen werde. Erneut eine militärische Metapher bemühend, erklärte er Hahn, dass er lieber »in der offenen Feldschlacht zu fallen« gedenke, als sich im Reichsbruderrat zum »Schweigen« verurteilen zu lassen.[4]

Diese martialische Rhetorik kann nicht darüber hinwegtäuschen, dass sich Niemöller in der ersten Hälfte des Jahres 1935 gegenüber der VKL durchaus gesprächs- und kompromissbereit zeigte. Ohnehin konnte er mit Recht darauf hinweisen, dass er sich persönlicher Attacken gegen Marahrens in der Öffentlichkeit enthalten hatte. Auf dieser Grundlage trafen sich Marahrens und Niemöller am 27. Februar 1935 in Berlin zu einer Unterredung, in der sich der Hannoveraner Bischof klarer als zuvor für das Anliegen der Bekenntnisfront aussprach und jeglicher Mitwirkung von Deutschen Christen am Kirchenregiment eine Absage erteilte. Für Niemöller war dies Grund genug, eine neuerliche Annäherung von VKL und Reichsbruderrat zu befürworten, die am 7. März zu einer gemeinsamen Sitzung beider Gremien führte. Ein dabei eingesetzter Arbeitsausschuss widmete sich der Vorbereitung einer neuerlichen – nach Barmen und Dahlem war es die dritte – Bekenntnissynode der DEK, die schließlich, nach mehrfacher Verschiebung des Termins, vom 4. bis 6. Juni 1935 in Augsburg stattfand.[5]

Während sich auf der Reichsebene eine kurzzeitige Entspannung im Streit innerhalb der Bekenntnisfront abzeichnete, standen die Zeichen in der altpreußischen Kirche weiterhin auf Sturm. Dort hatte Niemöller seine Mitstreiter seit Januar 1935 zur Einberufung einer Bekenntnissynode gedrängt. Diese sollte, so seine Idee, vor allem einen »Angriff gegen Rosenberg« und das vom Chefideologen der NSDAP verbreitete völkische Neuheidentum vortragen.[6] Das von Heinrich Vogel entworfene Wort »An die Gemeinden« war denn auch das wichtigste Ergebnis dieser zweiten Bekenntnissynode der Kirche der altpreußischen Union, die am 4. und 5. März in Dahlem stattgefunden hatte. Der »Ungehorsam« gegen das erste Gebot, so hieß es dort, »ist die neue Religion«, in der »die rassisch-völkische Weltanschauung zum Mythos, Blut und Rasse, Volkstum, Ehre und Freiheit zum Abgott« gemacht würden. Dieser »Wahnglaube« habe mit dem im NSDAP-Parteiprogramm zitierten »positiven Christentum« in der Realität »nichts zu tun«, sondern sei »Antichristentum«. In Bezug auf das Verhältnis zum Staat hieß es, dass die Kirche dessen Autorität anerkenne, aber sich gerade deshalb nicht »dem Totalitätsanspruch beugen« dürfe, »den die neue Religion dem Staate zuschreibt«.[7] In der Summe war dieses Wort eine ebenso klare wie entschiedene Zurückweisung nicht nur der totalitären Staatskonzeption des Nationalsozialismus, sondern auch einiger Grundelemente seiner Ideologie.[8]

Die Synodalen beschlossen in Dahlem eine Verlesung der Botschaft als Kanzelabkündigung in den Gemeinden.

Repressionswelle des NS-Staates

Am Sonntag, dem 10. März, verlas Niemöller das Wort in seinem Dahlemer Gottesdienst und später dann in Strausberg bei Berlin. An einer weiteren Verlesung hinderte ihn die vorübergehende Festnahme durch die Gestapo, der am 13. März ein mehrstündiges Verhör im Reichsinnenministerium folgte. Dies war nur der Auftakt zu einer Welle von Repressalien des Reichsinnenministers Wilhelm Frick. Er wies die Polizeistellen an, eine vom Pfarrernotbund für den 17. März geplante allgemeine Verlesung des Wortes zu unterbinden. Insgesamt wurden im Bereich der altpreußischen Kirche 715 Pfarrer kurzfristig inhaftiert.

Unter den Notbundpfarrern war die allgemeine Verlesung des Wortes durchaus umstritten, da für den 17. März auch ein Staatsakt zur Wiedereinführung der allgemeinen Wehrpflicht angesetzt war. Niemöller hatte in einer Besprechung am 13. März allerdings auf die Verlesung gedrängt, da an der Spitze des Staates »wortbrüchige Betrüger« stünden.[9] Dass die inhaftierten Pfarrer umgehend wieder freigelassen wurden, ging auf Verhandlungen zwischen Wilhelm Frick und Präses Koch zurück. Als Kompromiss war ausgehandelt worden, dass die Verlesung des Wortes mit einem Vorspann zu erfolgen habe, in dem betont wurde, dass sich die Botschaft der Bekennenden Kirche nur gegen das Neuheidentum – und nicht gegen den Staat – richte.[10] Doch die vorübergehende Zurückhaltung der preußischen Behörden war allein taktischen Erwägungen geschuldet. Mit Billigung der deutsch-christlichen Bischöfe in Nassau-Hessen und Sachsen lieferte die Polizei dort rund vierzig Pfarrer in Konzentrationslager ein. Ende April wurden dann auch im Bereich der ApU mehrere Notbundpfarrer ins KZ Sachsenhausen verbracht.[11]

Martin Niemöller war ob dieser neuerlichen Repressionswelle so empört, dass er sich im Mai brieflich an den parteilosen Reichsfinanzminister Ludwig Graf Schwerin von Krosigk wandte, welcher der Bekennenden Kirche nahestand und seit Ende 1933 mehrfach als Mittelsmann zwischen kirchlichen Kreisen und dem greisen Reichspräsidenten von Hindenburg gewirkt hatte. Niemöller sprach in drastischen Worten von einer »Christenverfolgung«, da die Pfarrer durch »Verhaftungen, Haussuchungen, Beschlagnahmen« letztlich zu »Freiwild« gemacht würden. Doch noch immer war er nicht bereit, sich von den nationalprotestantischen Prämissen seines politischen Denkens zu verabschieden, denn er betonte, dass die verfolgten Notbundpfarrer »nicht nur die besten Freunde, sondern Vorkämpfer des Dritten Reiches gewesen« seien. Sein abschließender Aufruf an von Krosigk, im Sinne der Kirche von seinem Amt zurückzutreten, verhallte ungehört.[12]

10 Die Spaltung der Bekennenden Kirche 1935/36

Schwerer als die Unbeweglichkeit staatlicher Stellen wog für Niemöller allerdings die anhaltende Kompromissbereitschaft der von Marahrens geleiteten VKL. Dieser verhandelte am 2. Mai mit Innenminister Frick über eine mögliche Freilassung der inhaftierten hessischen und sächsischen Pfarrer. An diesen Gesprächen nahm aber auch der sächsische Bischof Friedrich Coch teil, der die Verbringung der Pfarrer in das KZ selbst veranlasst hatte. Niemöller sah deshalb in diesen Gesprächen nicht nur einen Verstoß gegen die Beschlüsse der Dahlemer Synode vom Oktober 1934 – keine Verhandlungen mit dem deutsch-christlichen Kirchenregiment –, sondern auch eine grobe politische Instinktlosigkeit. Zudem hatte die VKL für den Geburtstag Hitlers am 20. April eine Fürbitte in den Gemeinden angeordnet, in der die Freude der gesamten Kirche über diesen »Führer« zum Ausdruck gebracht werden sollte. Das war für Niemöller schlichtweg »unerträglich«. Also erhob er gegenüber Präses Koch den

Vorwurf gegen das Vorläufige Kirchenregiment, daß es dem Führer Weihrauch streut, daß es die Gefühle des evangelischen Kirchenvolkes absolut falsch darstellt und beeinflußt, während evangelische Pfarrer in erheblicher Zahl in Konzentrationslagern sitzen, in Sträflingskleidung und mit geschorenem Kopf. [...] Mir sind die Knochen eines ehrlichen evangelischen Pastors lieber als diese ganze sogenannte Bischofsklerisei, die im Grunde noch genau da steht, wo sie am 27. Januar 1934 gestanden hat: Der Staat gebietet, wir schweigen und gehorchen![13]

Nun war Niemöller 1935 nicht nur in kirchlichen Kreisen für seine scharfe Wortwahl bereits hinlänglich bekannt. Aber hier ist nicht in erster Linie die Schärfe seiner Ablehnung der VKL bemerkenswert, sondern wie sehr seine schlechten persönlichen Erfahrungen mit dem Regime ihn inzwischen geprägt hatten. Zum einen ist es das Trauma, das der missglückte Kanzlerempfang bei ihm hinterlassen hatte, zum anderen sein gerade in diesen Monaten stetig wachsendes Ressentiment gegen die lutherischen Bischöfe der intakten Landeskirchen, das sich bald zu einer Polemik gegen das Luthertum überhaupt weitete und sein kirchliches Handeln weit über 1945 hinaus beeinflussen sollte.

Im Kontext der Auseinandersetzungen im Frühjahr 1935 erfüllte das harsche Schreiben an Koch jedenfalls seinen Zweck, da Niemöller zudem vorübergehend alle seine Ämter in der Bekennenden Kirche ruhen ließ. Auf diese Weise überzeugte er Marahrens schließlich davon, weitere Verhandlungen mit dem Staat von der Freilassung der inhaftierten Pfarrer abhängig zu machen.

So konnten Niemöller und seine reformierten Freunde in den Reichsbruderrat zurückkehren, den sie im November 1934 verlassen hatten. Unmittelbar vor der Eröffnung der Ausgsburger Bekenntnissynode der DEK am 4. Juni wurden die inhaftierten Pfarrer entlassen.[14]

Zu Beginn der Beratungen in Augsburg wurde eine Frage diskutiert, die sich im Verlauf des Jahres 1935 zu einem der wichtigsten Streitpunkte innerhalb der Bekenntnisfront entwickelte: das Verhältnis zwischen den evangelischen Bekenntnissen. Der Münchener Bischof Hans Meiser schlug eine Aufteilung der Synodalen in nach Konfessionen gegliederte Konvente vor, die dann die Ausschüsse besetzen sollten. Dahinter verbarg sich der Wunsch nach einem Zusammenschluss der lutherischen Landeskirchen. Das war ein unverhohlener Affront gegen die unierte Kirche in Preußen, wo die Synodalen auf administrativer Ebene der unierten Kirche angehörten, aber entweder die lutherische, die reformierte oder die bekenntnis-unierte Konfession vertraten, eine Mischform, die sich seit dem 19. Jahrhundert allmählich herausgebildet hatte. Der brandenburgische Pfarrer Helmut Vogel merkte spöttisch an, ob sich die gemeinsam im KZ befindlichen Pfarrer auch in konfessionellen Konventen organisieren sollten.

Bei Niemöller und Hans Asmussen stieß Meisers Vorschlag auf heftige Kritik, und Asmussen machte sogleich klar, was die Aufteilung nach Konfessionen in der Praxis bedeuten würde: 120 lutherischen Synodalen würden nur 18 Reformierte und gerade einmal 14 Unierte gegenüberstehen. Nach dem Modell Meiser würden die Unierten und damit die ApU als kleiner separater Konvent nur marginal repräsentiert sein. An der altpreußischen Union hing aber die Existenz der Bekennenden Kirche, da sie die mit Abstand größte der zerstörten Landeskirchen war. Niemöller schlug daher als Alternative vor, die Ausschussmitglieder durch die Landeskirchen bestimmen zu lassen. Der Kompromiss bestand darin, die konfessionell bestimmten Konvente nur als beratende Gremien zu verstehen. Die Ausschussmitglieder wurden schließlich aus dem Plenum der Synode bestimmt, wobei die Abgesandten aus den unierten Kirchen angemessen vertreten waren.[15]

Das wichtigste materielle Ergebnis der Augsburger Beratungen war die Regelung der Kompetenzen von VKL, Reichsbruderrat und Bekenntnissynode. Dabei wurde rasch klar, dass von einem weiteren Aufbau synodaler Strukturen in allen Landeskirchen, wie ihn das Notrecht der Dahlemer Synode vom Oktober 1934 avisiert hatte, keine Rede mehr sein konnte. Der Jurist Hermann Ehlers, Mitglied des Bruderrates der ApU, machte in seinem Referat deutlich, dass keine grundlegende Änderung der Reichskirchenverfassung vom 11. Juli 1933 beabsichtigt sei und alle Beschlüsse nur als »Notlösung« bis zum

Aufbau allseits anerkannter Strukturen zu verstehen seien. Das einst so drängende Problem der Abgrenzung von den DC-dominierten Kirchenleitungen wurde in Augsburg nicht mehr erwähnt. Den dort gefassten Beschlüssen zufolge sollte die VKL vor wichtigen Entscheidungen den Reichsbruderrat anhören. So konnte Niemöller zunächst annehmen, dass die in Augsburg gefundene Regelung der Abgrenzung zwischen den Institutionen ihre positiven Seiten habe.[16]

Über die Regelung von Verfahrensfragen hinaus gab es in Augsburg kaum inhaltliche Ergebnisse. Ein »Wort an die Obrigkeit« wies die Unterstellung zurück, die Bekennende Kirche befürworte oder decke einen »politischen Widerstand«, zugleich wurde die Regierung aufgefordert, »keine Kluft zwischen Christentum und Volksgemeinschaft aufreißen zu lassen«.[17] Das waren staatsfromme Redensarten, die umgehend Kritik von Karl Barth und Dietrich Bonhoeffer hervorriefen, dass die Synode zu wichtigen Fragen der Gegenwart wie der Verfolgung der Juden und der politischen Gegner des Regimes geschwiegen habe.[18] Hans Asmussen wiederholte dieselbe Kritik auf einer gemeinsamen Sitzung von Reichsbruderrat und VKL am 20. August, deren Teilnehmer wiederum vornehmlich um Verfahrens- und Institutionenfragen stritten. »Wir können zum Verhalten des Staates nicht schweigen«, flehte er seine Mitstreiter an. »An diesem Schweigen geht die bekennende Kirche zugrunde.«[19]

So war die Synode von Augsburg im Ergebnis kaum mehr als ein formelhafter Kompromiss, der die Konflikte zwischen dem Dahlemer Flügel der Bekennenden Kirche und den intakten lutherischen Landeskirchen nicht aufhob, sondern nur für den Moment verdeckte, denn bereits vom 2. bis 5. Juli trafen sich in Hannover unter der Leitung von Marahrens und Hans Meiser Lutheraner aus allen Teilen Deutschlands zu einem als eine Art Synode gedachten »Deutschen Lutherischen Tag«. Tenor der dortigen Diskussionen waren eine unverhohlene Kritik an dem in Barmen und Dahlem geschaffenen neuen, konfessionsübergreifenden Bekenntnis und die offene Forderung nach einer Auflösung der Kirche der altpreußischen Union, da sie dem Kernziel der Versammelten, der Sammlung aller deutschen Lutheraner auf einheitlicher konfessioneller Grundlage, entgegenstehe.[20]

Niemöller hatte die Kirche der altpreußischen Union auf der Augsburger Synode verteidigt. Für ihn war sie nicht nur eine »Union im juristischen Sinne«, sondern eine kirchliche Gemeinschaft, in der »Lutheraner und Unierte und Reformierte die Last des Kämpfens und des Bekennens gegenüber den verschiedensten Irrlehren und Feinden gemeinsam getragen haben«.[21] Um der Zersplitterung der Bekennenden Kirche in konfessionelle Gruppen und weiteren Kompromissen entgegenzuwirken, beschloss er mit seinen engsten

Weggefährten – darunter Hans Asmussen und Karl Immer –, den Pfarrernotbund zu aktivieren. Für den 30. Juli 1935 lud er fünfzig Notbundpfarrer zu einer Sitzung nach Dahlem ein. Dort beschlossen sie ein von Asmussen entworfenes und von Niemöller und anderen ausgearbeitetes Rundschreiben »An unsere Brüder im Amt«. Darin war von der »Enttäuschung« die Rede, die das »Warten auf einen durchschlagenden Erfolg unserer Kirchenleitung« in den letzten Monaten nach sich gezogen habe. Das war nichts anderes als eine unverhohlene Kritik an der VKL um Marahrens. Das Rundschreiben verpflichtete die Pfarrer zudem auf das »kompromißlose Nein gegenüber jedem Versuch, die Kirchenfrage im Widerspruch zu den Entscheidungen von Barmen und Dahlem zu lösen«.[22]

Die Reaktionen fielen kontrovers aus. Aus Finkenwalde gratulierte Dietrich Bonhoeffer, der dort seit April 1935 ein Predigerseminar der Bekennenden Kirche leitete. Er schlug Niemöller vor, einen »Notbund im Notbund« zu schaffen, der auf einer fundamental anderen Auslegung von Matt. 22, 21 (»So gebt dem Kaiser, was dem Kaiser gehört, und Gott, was Gott gehört!«) basieren müsse.[23] Friedrich Bodelschwingh dagegen sah sich durch das Rundschreiben veranlasst, in einem Schreiben an Karl Immer offen Position gegen seinen einstigen Schützling Niemöller zu beziehen. Mit dem Austritt aus dem Reichsbruderrat und der Kritik an Marahrens habe dieser die Autorität der VKL beschädigt und eine mögliche Anerkennung der Bekennenden Kirche durch den Staat verhindert. Bodelschwingh kritisierte die »Kanonisierung der Beschlüsse von Barmen und Dahlem«, die auch in diesem Rundschreiben wieder zum Ausdruck komme. Wie bereits auf der Dahlemer Synode selbst war dabei der Beschluss zu III, 3 – der die radikale Trennung vom deutschchristlichen Kirchenregiment forderte – der Stein des Anstoßes. Man müsse »über Dahlem hinaus«, so lautete Bodelschwinghs »Losung«.[24]

Der heftige Streit um die Kritik Niemöllers an der VKL und um das von ihm veranlasste Rundschreiben beherrschte auch zwei gemeinsame Sitzungen von VKL und Reichsbruderrat am 31. Juli und 20. August 1935. Dabei konnte Niemöller mit guten Gründen der Behauptung entgegentreten, er wolle die Beschlüsse von Dahlem kanonisieren. »Ich hänge nicht an Dahlem. Es kann fehlbar gewesen sein.« Aber im Verhalten der VKL konnte er nicht mehr als ein Taktieren gegenüber dem Staat erkennen. Und dabei sei das eigentliche Anliegen der Bekennenden Kirche – die Bindung an das Bekenntnis und das Wort Gottes als einzige Quelle der Offenbarung – »immer mehr verlorengegangen«.[25]

Das »Befriedungswerk« von Kirchenminister Kerrl

Die in den Wochen nach der Augsburger Synode ausgefochtenen Kontroversen innerhalb der Bekennenden Kirche waren Makulatur, als sich im Juli 1935 das Verhältnis des NS-Staates zu den Kirchen fundamental veränderte. Bis dahin hatte das Regime eine durchaus schwankende Kirchenpolitik verfolgt, wobei auf die entschiedene Parteinahme für die Deutschen Christen Phasen der wohlwollenden Neutralität folgten, für die zumeist die Rücksichtnahme auf außenpolitische Reaktionen leitend war. Nach dem Scheitern der gewaltsamen Eingliederungspolitik von August Jäger im Oktober 1934 stand entweder der völlige Rückzug des Staates oder eine direkte Kontrolle der Kirche zur Debatte. Hitler entschied sich für Letzteres und beauftragte in einem Erlass vom 16. Juli 1935 Hanns Kerrl mit den kirchlichen Angelegenheiten.

Kerrl (1887–1941) war ein »alter Kämpfer«, der seit 1933 eng mit Göring zusammenarbeitete und seit 1934 als Reichsminister ohne Geschäftsbereich amtierte. Nach seiner Beauftragung machte er sich – mit nachträglicher Billigung Hitlers – selbst zum Reichs- und preußischen Minister für die kirchlichen Angelegenheiten. Die entsprechenden Abteilungen des Reichserziehungs- und Reichsinnenministeriums stellten den organisatorischen Unterbau für das neue Ministerium bereit. Kerrl erhielt allerdings keine Befugnis zur Besetzung theologischer Lehrstühle, und auch sonst hatte seine Behörde im polykratischen Institutionengewirr des NS-Staates nur eine relativ schwache Position.[26]

Kerrl schlug zu Beginn einen moderaten Kurs ein und verstand seine Arbeit als ein »Befriedungswerk«, das auf eine vorsichtige Domestizierung der Bekennenden Kirche hinauslief. Also wies er Anfang September die staatlichen Behörden in einem Runderlass an, von der Schutzhaft für Pfarrer und anderen Repressalien ohne seine ausdrückliche Zustimmung vorerst abzusehen.[27] Dem Zweck der Vertrauensbildung diente auch eine Reihe von Gesprächen, die Kerrl und seine Spitzenbeamten mit den Vertretern der kirchlichen Richtungen führten. Am 23. August, zwei Tage nach einer Unterredung mit DC-Bischöfen, traf sich Kerrl für mehrere Stunden mit Repräsentanten der Bekennenden Kirche. Niemöller hatte im Vorfeld vergeblich versucht, eine Teilnahme des sächsischen Generalsuperintendenten Johannes Eger zu verhindern, der die lutherischen Mittelgruppen vertrat und der Bekennenden Kirche kritisch gegenüberstand. Doch Marahrens ignorierte Niemöllers Einwände einfach.[28]

In diesen hektischen Tagen wurde am 11. August – mit einigem Abstand zu seinen älteren Geschwistern – der kleine Martin Niemöller geboren, das siebte Kind des Ehepaars Niemöller. Else und Martin nannten ihren Jüngsten stets Tini. Doch der Kirchenkampf, der wie in den Jahren zuvor einen Großteil der Zeit und Energie von Vater Niemöller beanspruchte, hatte auch weiterhin Priorität, und so lag die Erziehung der Kinder mehr oder weniger in der alleinigen Verantwortung von Mutter Else.

Der Kirchenminister präsentierte sich bei der Besprechung am 23. August als ein gläubiger evangelischer Christ, der sich freimütig über sein »inneres Fühlen« ausließ. Kerrl versicherte, dass er »das Christentum schützen« wolle, und zwar auch vor dem »Neuheidentum«. Doch zugleich war er sich sicher, dass Luther »begeistert neben dem Führer« stehen würde, wenn er »heute lebte«. Im Namen der versammelten Kirchenführer gab Marahrens seiner Freude über die Berufung Kerrls zum Minister Ausdruck und betonte, dass der Gegensatz zu den DC ein »rein kirchlicher« sei, also das Verhältnis zum Staat nicht berühre.[29] Kerrl versicherte im Gegenzug, er wolle keine »Staatskirche« schaffen. Auch die anderen Kirchenvertreter kamen Kerrl weit entgegen, allen voran Bodelschwingh. Laut seinen eigenen Notizen gab Bodelschwingh zu Protokoll: »Wir sind die Stütze des Staates.«[30] Den Notizen Niemöllers zufolge ging er aber noch sehr viel weiter. Demnach gab Bodelschwingh seiner Freude darüber Ausdruck, dass die evangelische Kirche seit der Reformation »nicht so lebendig gewesen« sei wie heute, und glorifizierte den »Führer« mit den Worten, kein Mann »der letzten Jahrhunderte« habe »kirchlich soviel getan wie Adolf Hitler«. Bei so viel spontaner Euphorie sah sich Kerrl genötigt, bremsend einzugreifen und darauf zu beharren, man müsse »behutsam« vorgehen.[31]

In dieser entspannten Atmosphäre fühlte sich Martin Niemöller ermutigt, Einblicke in den Kern seiner religiösen Gedankenwelt zu vermitteln, und zu der gehörte – nicht überraschend – eine Polemik gegen den theologischen Liberalismus. Niemöller beharrte darauf, dass die Verkündigung Jesu im »Lebenszentrum« der Kirche stehe. »Am Bekenntnis der Kirche ist der Liberalismus nicht als gleichberechtigt anerkannt worden. Wir wollen die Kirche nicht heute noch liberaler machen.« Das war eine unmissverständliche Absage an die Subjektivierung und Pluralisierung der Religion, die der Kulturprotestantismus befürwortet hatte. Im direkten Gegensatz zum liberalen Postulat der Freiheit stand die Idee der Bindung im Zentrum von Niemöllers theologischem Denken: »Wir sind gebunden an Gottes Wort.«[32] Dass eine solche Botschaft auch als Zustimmung zum politischen Antiliberalismus des NS-Regimes verstanden werden konnte, zumal in der Besprechung mit einem Reichsminister, nahm er dabei zumindest billigend in Kauf. Allerdings erhöhten Niemöllers theologische Vorlieben seine Bereitschaft, Kompromisse mit

Kerrl zu suchen, keineswegs. Als Bodelschwingh Niemöller in einer Besprechung nach dem Empfang zur Kooperation mit Kerrl zu überreden versuchte, erntete er ein »hartes Nein«.³³

Bereits drei Tage später, am 26. August, hatte Niemöller Gelegenheit, Kerrl seine Vorschläge für einen Ausweg aus der verfahrenen kirchenpolitischen Situation persönlich zu unterbreiten. Im Kern plädierte er für eine Art Simultaneum, also eine parallele Struktur mit zwei geistlichen Kirchenleitungen im Territorium jeder Landeskirche beziehungsweise Provinz, einer deutsch-christlichen und einer der Bekennenden Kirche. »Treuhandstellen«, wie sie die Bekennende Kirche im Herbst 1934 zur Verteilung von Kirchensteuermitteln geschaffen hatte, sollten unter staatlicher Aufsicht das Finanzielle regeln. Ansonsten solle der Staat nur »abwarten«.³⁴

Das war aus zwei Gründen eine illusorische Vorstellung: Zum einen hatte der Staat in einem Gesetz vom 11. März 1935 zunächst für die ApU Finanzabteilungen geschaffen, die diesen Teil der kirchlichen Angelegenheiten regelten. Der Kurswechsel in der Kirchenpolitik deutete sich damit bereits im März 1935 an. In einem Erlass vom 22. August hatte Kerrl sodann die treuhänderische Sammlung von Kirchensteuermitteln durch die Bekennende Kirche untersagt und die Mittel auf dem entsprechenden Konto beschlagnahmen lassen. Niemöller versuchte, die Dahlemer Gemeinde aus dieser Zwangslage zu befreien, musste aber machtlos zusehen, wie die preußischen Behörden dieser kurzerhand jegliche Finanzautonomie entzogen.³⁵ Zum anderen stieß Niemöllers Idee auf die strikte Ablehnung von Marahrens und Bodelschwingh. Diese setzten ihre Hoffnungen auf ein Überlaufen von gemäßigten DC-Anhängern und warfen Niemöller vor, er vergesse die neutrale Mitte, die sich niemals den »Regierungsmethoden der Bruderräte« unterstellen würde. Bodelschwingh verband dies – wie schon öfter in diesen Monaten – mit scharfen Attacken gegen Niemöller, dem er in einem Brief an Marahrens vorwarf, mit seinen »immer wieder bekannt werdenden Explosionen zum Aufrichten dieser Trennungsmauern beigetragen« zu haben.³⁶

In mehreren Besprechungen mit Ministerialrat Julius Stahn vom Reichskirchenministerium erfuhren Niemöller und Otto Dibelius dann bereits Ende August von den Plänen Kerrls, ein staatlich gelenktes Gremium einzusetzen, das die Geschäfte der evangelischen Kirche leiten und die zwischen den kirchlichen Gruppierungen aufgebrochenen Konflikte befrieden sollte. Niemöller protestierte umgehend brieflich gegen diese Pläne und warnte davor, dass jeder direkte »Staatseingriff mit einer Katastrophe enden« müsse, da es sich bei der Bekennenden Kirche nicht mehr um eine »kirchliche ›Gruppe‹« handle, sondern um *die* Evangelische Kirche. Also sei es besser, wenn der Staat die

»Tatsache der vollzogenen Kirchenspaltung« einfach anerkenne. Doch solche brieflichen Interventionen waren aussichtslos, auch wenn Niemöller seine Schreiben mit einem zackigen »Heil Hitler!« unterzeichnete.[37] Am 24. September erging das Reichsgesetz zur Sicherung der Deutschen Evangelischen Kirche. Zur Begründung hieß es, dass der Staat als »Treuhänder« die Ordnung der kirchlichen Verhältnisse übernehmen müsse. Zu diesem Zweck bevollmächtigte das Gesetz den Kirchenminister, für den Gesamtbereich der DEK und die Landeskirchen rechtsverbindliche Verordnungen zu erlassen.[38]

Dieses »Sicherungsgesetz« platzte mitten in die Beratungen einer neuerlichen Bekenntnissynode der altpreußischen Kirche hinein, die vom 23. bis 26. September in Berlin-Steglitz tagte. Zu deren Beginn sprach – eine Ausnahme in der Geschichte der Bekenntnissynoden seit 1933 – mit Julius Stahn, Ministerialrat im Reichskirchenministerium, ein Vertreter des Staates. Er begründete, warum Kerrl die Synode der ApU als eine unwillkommene Störung seines Befriedungswerkes ansah. Als er die Synodalen mit der Maxime »Hüte dich und sei stille!« zur Zurückhaltung aufforderte, erntete er allerdings verächtliches Gelächter.[39]

Die Steglitzer Synode hatte zwei Schwerpunkte. Zum einen suchten die Mitglieder der Bekennenden Kirche in Preußen nach Möglichkeiten, auf die verstärkten Staatseingriffe in die Kirche zu reagieren. Dieses Bestreben hatte sich bereits vor der Ernennung Kerrls abgezeichnet, als im März Finanzabteilungen gebildet wurden zur Regelung der entsprechenden Angelegenheiten in der preußischen Landeskirche, und im Juni, als eine Beschlussstelle beim Reichsinnenministerium für die Behandlung kirchlicher Rechtsstreitigkeiten geschaffen wurde. In den Beschlüssen der Steglitzer Synode wurde die Zusammenarbeit von Gliedern der Bekennenden Kirche mit diesen Stellen rundweg abgelehnt.[40] Weitaus strittiger war aber der zweite Schwerpunkt der Synode, der kirchliche Umgang mit den Juden.

Die Persistenz antijüdischer Stereotype in der Bekennenden Kirche

Die Initiative zur Behandlung der Frage, wie man mit den Juden umgehen solle, kam von Martin Niemöller, der erstmals in einer Sitzung des Reichsbruderrates vom 31. Juli von der Notwendigkeit einer Stellungnahme sprach. Am 12. August sandte er Präses Koch eine Entschließung des Bruderrates des Pfarrernotbundes. Darin aktualisierten die Notbundpfarrer den vierten Punkt ihrer Verpflichtungserklärung, die Ablehnung des »Arierparagraphen« in der Kirche, und baten um ein »eindeutiges Wort« zu diesem Themenkomplex.

Erläuternd wies Niemöller darauf hin, dass Aussagen wie jene des Leiters der Berliner Stadtmission dem »Ruf der Bekennenden Kirche« schaden würden.[41] Er bezog sich damit auf einen Aufsatz von Siegfried Knak, seit 1921 Direktor der Berliner Mission. Knak hatte 1933 mit den Deutschen Christen sympathisiert, war dann zur Bekennenden Kirche gewechselt, hatte seine rassistische Grundhaltung aber nicht aufgegeben. Mittlerweile war er in einem Bruderrat der missionarischen und diakonischen Werke aktiv. In seinem kurzen Text wiederholte Knak nicht nur antisemitische Vorurteile wie das vom »Verderben«, welches das jüdische Volk jenen Nationen bringe, »unter die es zerstreut ist«. Er sprach auch dem NS-Staat die alleinige Autorität zu, Mischehen zwischen Deutschen und Juden zu regeln, denn ein »Jude wird durch Taufe und Glauben nicht ein Deutscher«.[42]

Angesichts solcher Aussagen konnte man leicht die Kernthese Knaks überlesen, der die christliche Mission unter den Juden im Prinzip weiterhin befürwortete. Doch genau das war in der Bekennenden Kirche durchaus umstritten. Präses Koch etwa bezweifelte, dass die »Judenfrage« auf die Synode gehöre, und gab im altpreußischen Bruderrat noch am Tag vor deren Eröffnung zu Protokoll, dass die Judenmission überhaupt »keine Verheißung« habe. Der bayerische Bischof Meiser sah gar ein »selbstverschuldetes Martyrium« voraus, wenn die Synode dieses Thema behandelte.[43] Auch der Pfarrer Günter Jacob teilte Niemöller seine Sorge darüber mit, dass eine Stellungnahme im gegenwärtigen »Daseinskampf unseres Volkes« politisch missverstanden werden könne. Das Wort »Daseinskampf« lässt sich dabei als Hinweis auf eine vom Weltjudentum ausgehende Bedrohung verstehen. Jacob erinnerte auch daran, dass das Betheler Bekenntnis 1933 in der von Dietrich Bonhoeffer nicht mehr autorisierten Endfassung den »Wahrheitsgehalt der modernen Rassenlehre« im Kern bestätigt hatte.[44]

Begleitet von derartigen Interventionen tagte vom 5. bis zum 23. September eine theologische Kommission des altpreußischen Bruderrates, in deren Auftrag Niemöller, Franz Hildebrandt und Heinrich Vogel eine Textvorlage für die Botschaft der Synode erarbeiteten.[45] Der vorab an die Synodalen verteilte Entwurf verteidigte die Judenmission unter Berufung auf Gal. 3, 27–28 mit den Worten: »Wer der Kirche die Judentaufe als Verrat an Christus anrechnet, lästert das Heilige Sakrament.« Darüber hinaus enthielt diese Fassung einen auf der Synode gestrichenen Passus, in dem die Kirche daran erinnert wurde, dass sie auch dem »ungetauften« Juden gegenüber nicht »von dem Liebesgebot Jesu Christi entbunden« sei. Diese zweifache entschiedene Stellungnahme wurde jedoch sogleich wieder eingeschränkt: »Die Taufe begründet freilich für niemanden irdische Ansprüche und Rechte.«[46] Der in Steglitz schließlich vorgestellte Entwurf ging hier noch einen Schritt weiter mit der Formulierung, die Taufe verleihe »kein weltliches Bürgerrecht«.⁴⁷ Erst am 15. September hatte der Reichstag die sogenannten Nürnberger Rassengesetze beschlossen, mit denen das NS-Regime die Bürgerrechte der Juden – und zwar auch der getauften – nach rassistischen Kriterien aufhob. Die theologische Beschlussvorlage ließ sich also in diesem Punkt als Zustimmung zu den politischen Kriterien der NS-Rassengesetzgebung verstehen.

Auf der Synode setzte der Berliner Pfarrer und Superintendent Martin Albertz mit Unterstützung von Franz Hildebrandt und Dietrich Bonhoeffer, der mit Studenten seines Finkenwalder Predigerseminars auf der Gästetribüne erschienen war, eine Streichung dieses Passus durch. Aber damit fiel ebenso – auf Drängen von Präses Karl Koch – die Passage zum Liebesgebot gegenüber den Juden.⁴⁸ Auch so verblieben genügend Streitpunkte für eine kontroverse Debatte, in der wie in einem Brennspiegel die Ambivalenz Niemöllers wie der gesamten Bekennenden Kirche angesichts des Schicksals der vom NS-Staat verfolgten Juden deutlich wird.

In einer ausdrücklich mit Blick auf das »Protokoll dieser Synode« – und damit letztlich auf seinen Platz in den Geschichtsbüchern – motivierten Intervention sprach Niemöller von dem nun gefassten Beschlusstext als einem »weniger als notdürftigen Minimum«. Er verwies auf die Arbeit des Pfarrernotbundes seit 1933 und brachte zum Ausdruck, dass über die Gewährung der Taufe hinaus den Christen jüdischer Herkunft ein gleichberechtigter Platz in der Kirche eingeräumt werden solle. Das sei in dieser »Zeit der Verfolgung der Kirche« eine praktische Notwendigkeit. In dieser selbstbezüglichen Formulierung kam bereits zum Ausdruck, dass Niemöller nicht über den Tellerrand der Kirche hinauszublicken vermochte und für die tatsächlich stattfindende Verfolgung der ungetauften Juden keinerlei Sensorium besaß.⁴⁹

Die einzige Synodalin, Stephanie von Mackensen, die 1933 von den Deutschen Christen zur Bekennenden Kirche gekommen war, widersprach Niemöller entschieden. Die Ablehnung des »Arierparagraphen« in der Kirche sei in der theologischen Kommission ebenso wenig kontrovers gewesen wie die Tatsache, dass die »getauften jüdischen Mitchristen [...] vollwertige Mitglieder der Gemeinde sind«. Strittig sei nur, ob »die Taufe zum Deutschen macht«. Siegfried Knak, der genau dies in seinem von Niemöller kritisierten Artikel verneint hatte, sekundierte seiner Vorrednerin. Der Dahlemer Pfarrer Eberhard Röhricht verstieg sich dann zu der offen antisemitischen Behauptung, die »Nichtarischen« würden nur deshalb die Taufe »begehren«, »weil sie die wirtschaftliche Gemeinschaft suchen«. Der Breslauer Synodale Ernst Hornig hingegen lehnte die Judentaufe gleich ganz aus »rassischen Gesichtspunkten« ab. Niemöller bekräftigte immerhin seinen Glauben in die gleichmachende Wirkung der Taufe und beharrte deshalb darauf, dass die Formulierung »Wir Deutsche« die getauften Juden einschließen müsse. Angesichts dieser Fokussierung auf das Schicksal der wenigen getauften Juden sprach allein Gerhard Jacobi – der mit seinem Gesprächskreis Berliner Pfarrer 1933 die kirchliche Opposition begründet hatte – die alles entscheidende Frage aus: »Welche Stellung nimmt die Kirche ein zu den nicht getauften Juden?«[50] Doch darauf wollte ihm keiner der Synodalen antworten, auch nicht Martin Niemöller.

Während das NS-Regime just zu diesem Zeitpunkt die Ausgrenzung und Verfolgung der Juden dramatisch verschärfte, blieb die Bekennende Kirche ganz auf ihre innerkirchlichen Problemlagen fixiert. So stellte ein im Vorfeld der Steglitzer Synode erstellter Gestapo-Bericht zu Recht fest, dass »führende Männer der Bekenntnisfront [...] die Stellung des Staates zur Judenfrage grundsätzlich bejahen«.[51]

Der Befund über die Steglitzer Synode ist ernüchternd. Genau jenes Thema, das 1933 zur Sammlung der kirchlichen Opposition geführt hatte – die Ablehnung antijüdischer Maßnahmen in der Kirche –, führte nun zu Streit innerhalb der Bekennenden Kirche der altpreußischen Union. Deren zutiefst ambivalente Haltung ging auch auf Niemöllers eigene Ambivalenzen zurück. In einer Sitzung des altpreußischen Bruderrates am Eröffnungstag der Synode hatte der Reformierte Karl Immer beherzt gefordert, »zu der schamlosen Pornographie des *Stürmer* etwas zu sagen«. Niemöller, der als führendes Mitglied des Rates mit einem mutigen Wort gewiss die Stoßrichtung bestimmt hätte, zog es vor, sich hinter Hinweisen auf Verfahrensfragen zu verstecken.[52] In seiner Stellungnahme auf der Synode selbst sprach er von den »getauften christlichen Brüdern, die nach dem Fleische Juden oder Halbjuden sind«. Damit machte sich Niemöller nicht nur die rassistische Terminologie des NS-Regimes zu eigen, sondern auch die Vorstellung einer biologischen Substanz des Judentums.[53]

In den Predigten Niemöllers aus dieser Zeit zeigt sich ebenfalls, dass er traditionelle antijüdische Stereotype weiterhin unreflektiert benutzte. So sprach er in der Predigt vom 25. August 1935 von der »unmöglichen Existenz« des jüdischen Volkes und vom »Fluch« des »ewigen Juden« als eines »ruhelosen Wanderers, der keine Heimat hat und keinen Frieden findet«.[54] Damit reproduzierte er die Legende von Ahasver als dem ewigen Juden, welche die NS-Propaganda in anderer Form etwa seit Ende 1937 in einer Wanderausstellung benutzte. Gewiss, antijüdische Stereotype finden sich nur in sehr wenigen der Dahlemer Predigten Niemöllers zwischen 1933 und 1937.[55] Über sein

Verhältnis zur jüdischen Religion gibt jedoch auch ein Vortrag über die Bedeutung des Alten Testaments Auskunft, den er 1936 hielt und bald darauf publizierte. Darin überrascht Niemöller mit der These, das Alte Testament habe »seinen Besitzer gewechselt«. Denn die christliche Gemeinde bestreite den Juden seit ihren Anfängen »das Recht, dies Buch weiter für sich in Anspruch zu nehmen«. Mit der Offenbarung Gottes in Jesus Christus seien nunmehr die Christen »Gottes Volk«. Allein aus der Perspektive der in den Evangelien beschriebenen Heilsgeschichte biete sich somit ein Schlüssel zum Verständnis des Alten Testaments, und zwar ein »Schlüssel, den die Judenheit nicht hat«.[56] Mit dieser Argumentation wandte sich Niemöller ganz explizit gegen jene Nationalsozialisten und Deutschen Christen, welche die christliche Überlieferung von allen jüdischen Traditionsbeständen säubern wollten. Zugleich aber bekräftigte er jene Auffassung, die er bereits 1932 in seinem Amtskalender notiert hatte, dass dem Judentum jegliche Legitimität als Erlösungsreligion fehle.

Angesichts des Kampfes gegen das Judentum als religiöse Gemeinschaft im »Dritten Reich« waren solche Äußerungen problematisch. Und auch im politischen Bereich zeigte Niemöller, dass seine nationalprotestantische Grundhaltung noch weitgehend ungebrochen war, denn er stellte ganz bewusst Berührungspunkte mit der Politik des Regimes heraus. Ein wichtiges Beispiel dafür ist ein Vortrag zum Thema »Der Friede Gottes als die Kraft des wehrhaften Mannes«, den er Ende August 1935 auf der Evangelischen Woche in Hannover hielt und der bald darauf auch im Druck erschien.[57] Noch im Juni 1943, Monate nach der deutschen Niederlage bei Stalingrad, kam Niemöller im KZ Dachau bei einer der turnusmäßigen Sprecherlaubnisse mit seiner Frau auf diesen Text zu sprechen. Voller Genugtuung erinnerte er sich daran, dass sein Bruder Wilhelm einmal »gesagt hätte, es sei das Beste, was ich je geschrieben habe«.[58] Der Vortrag in Hannover erfolgte einige Monate nach der Wiedereinführung der allgemeinen Wehrpflicht im März 1935, mit der das NS-Regime in einem bewussten Verstoß gegen den Versailler Vertrag unmissverständlich einen Kurs der Aufrüstung und Kriegsvorbereitung ankündigte.

Vor diesem Hintergrund bezeichnete Niemöller es als eine »unverantwortliche Utopie« zu behaupten, man lebe »in einer Welt des Friedens«, und stellte die Deutschen als ein »wehrloses Volk« hin. Also sei es »geboten und notwendig, daß ein Staat, der den Auftrag hat, ein großes Volk vor dem Unrecht zu schützen«, dafür durch den Aufbau einer hinreichend starken »Wehrmacht« Sorge trage. In dem kommenden »Existenzkampf«, den die Deutschen »bis aufs Blut« zu führen hätten, bedürfe es einer Pflege der »eigentlichen soldatischen Tugenden«. Also müssten auch die evangelischen Christen in dem »wehrhaften Mann« den »christlichen Bruder« sehen. Es gelte die falsche Auffassung zurückzuweisen, wonach der christliche Glaube zu einer »unmännlichen« Haltung führen müsse.[59] Dass Niemöller selbst als angehender Seeoffizier erhebliche Probleme mit dem hegemonialen Männlichkeitstyp im Offizierkorps gehabt hatte, war zwanzig Jahre später kein Thema mehr. Im August 1936 behauptete er rückblickend, er habe sich seit Mitte 1935 ganz »bewußt« gegen alle »Loyalitätserklärungen politischer Art« gestellt.[60] Bei seinem Vortrag in Hannover war davon allerdings noch nichts zu spüren. Die vorbehaltlose Anerkennung der von Gott gesetzten staatlichen Obrigkeit war auch 1935 noch eine feste Konstante in Niemöllers politischem Weltbild, die er etwa im Februar in einer Predigt zum Ausdruck brachte. Mit Verweis auf Römer 13 hieß es von der Kanzel der Jesus-Christus-Kirche, dass »eine staatsfeindliche evangelische Kirche ein Widerspruch in sich« sei.[61]

Mit dem Sicherungsgesetz vom 24. September 1935 hatte sich Hanns Kerrl die Befugnis verschafft, rechtsverbindliche Verordnungen für die DEK und die einzelnen Landeskirchen zu erlassen. Mit der ersten Durchführungsverordnung zu diesem Gesetz, die Kerrl am 3. Oktober publizierte, schuf der Reichskirchenminister einen Reichskirchenausschuss (RKA), einen Landeskirchenausschuss (LKA) für die Kirche der altpreußischen Union und entsprechende Ausschüsse für die einzelnen Kirchenprovinzen. Diese Ausschüsse sollten – zunächst für eine befristete Zeit – die Leitung der Kirche übernehmen und dabei auch Personalentscheidungen, etwa die Berufung von Kirchenbeamten, treffen. Bei der Wahl der Ausschussmitglieder ließ sich Kerrl von Bischof Marahrens beraten. Nachdem Friedrich Bodelschwingh eine Übernahme des RKA-Vorsitzes abgelehnt hatte, wählte Kerrl für diese Aufgabe Wilhelm Zoellner aus, den bereits seit 1931 pensionierten westfälischen Generalsuperintendenten und ehemaligen Dienstvorgesetzten Niemöllers. Als gemäßigter Lutheraner mit Sympathien für die Bekennende Kirche, aber auch mit Verständnis für die Ziele der Deutschen Christen, vertrat der weithin respektierte Zoellner genau jene kirchlichen Mittelgruppen, auf die Kerrl seine Befriedungspolitik stützen wollte. Als Vorsitzenden des preußischen LKA berief er Johannes Eger, den früheren sächsischen Generalsuperintendenten, der bis 1929 Pfarrer in Dahlem gewesen war. Im Vorfeld dieser Personalentscheidungen stimmte sich Kerrl auch mit Vertretern der Reichsbewegung Deutsche Christen ab, womit eine breite Zustimmung zu seinem Vorgehen gesichert schien. Eine programmatische Erklärung von RKA und LKA am 17. Oktober betonte die Orientierung an Schrift und Bekenntnis, bejahte aber auch die »nationalsozialistische Volkwerdung« in »Rasse, Blut und Boden«.[62]

Mit dieser Formulierung hatten sich die neuen Gremien zwar für kritische Nachfragen zur Bekenntnismäßigkeit ihres Handelns exponiert. Aber die Frage war, ob solche Kritiker überhaupt auf den Plan treten würden. Am 12. Oktober betonte Paul Winckler, ein Vertrauter Zoellners, in einem Brief an Bodelschwingh, dass eine substanzielle Gefahr für die Arbeit der neuen Ausschüsse allein von einer möglichen Opposition Niemöllers und seiner Freunde ausgehen würde. Dann aber könnte diese sich zu einer erheblichen Belastung für die Bekennende Kirche insgesamt entwickeln.[63] Das war eine präzise Vorhersage der Entwicklungen, die sich von Oktober 1935 bis Februar 1936 vollzogen. Während die Vorläufige Kirchenleitung unter Marahrens sich umgehend für die Nominierung von Vertretern für die von Kerrl geschaffenen Ausschüsse aussprach, warnte der altpreußische Bruderrat Ende Oktober genau davor und erklärte die Mitgliedschaft in Organen der Bekennenden Kirche mit jener in den Ausschüssen für unvereinbar. Niemöller begründete dieses Vorgehen mit dem erwartbaren Argument, dass die Bekennende Kirche durch Anerkennung der Ausschüsse ihren Anspruch auf Repräsentanz der wahren evangelischen Kirche aufgebe.

Der Reichsbruderrat bestätigte am 15. November in einer Kampfabstimmung Niemöllers Kurs. In zwei Besprechungen am 27. November mit der VKL und dem altpreußischem Bruderrat warb Kerrl um Verständnis für sein Vorgehen. Mit Ausnahme des reformierten Mitglieds Paul Humburg signalisierte die VKL ihre Unterstützung. Dagegen brach Fritz Müller die Verhandlungen für den Bruderrat kurzentschlossen ab, nachdem Kerrl in langatmigen Ausführungen erst die Größe seiner Verantwortung für die Kirche beschworen und dann die Ideen der Bekennenden Kirche als »wertlos« befunden hatte. Kerrl reagierte umgehend mit einer weiteren – der mittlerweile fünften – Durchführungsverordnung zum Sicherungsgesetz. Mit Datum vom 2. Dezember war darin allen kirchlichen Gruppen – gemeint war jedoch allein die Bekennende Kirche – die Ausübung allein dem Kirchenregiment vorbehaltener Funktionen wie der Prüfung und Ordinierung von Pfarrern oder der Durchführung von Bekenntnissynoden untersagt.[64]

Seit der Einsetzung der Kirchenausschüsse forderte Niemöller eine säuberliche »Scheidung« von allen Mitgliedern der Bekennenden Kirche, die sich zur Mitarbeit in den Ausschüssen bereitfanden und damit aus seiner Sicht eine »Union mit den Deutschen Christen« eingingen. Wie das praktisch umgesetzt wurde, dafür liefert die ostpreußische Kirchenprovinz ein Beispiel, wo sich der Vorsitzende des Provinzialbruderrates, Theodor Kueßner, nach Gesprächen mit Marahrens zum Eintritt in den RKA bewegen ließ. Daraufhin kontaktierten Laienmitglieder der Bekennenden Kirche aus der

Provinz Niemöller, der umgehend für die Entfernung Kueßners aus dem Bruderrat der ApU sorgte.⁶⁵

Während Niemöller seit dem Sommer 1933 stets die gesamte Breite der Konflikte in der altpreußischen Kirche im Blick behielt, konzentrierte sich sein Ärger über die Kirchenpolitik Kerrls mit der Zeit mehr auf die Spitze, und das hieß vor allem: auf Wilhelm Zoellner, den Vorsitzenden des RKA. Niemöller hatte von 1924 bis 1931 in Münster vertrauensvoll mit Zoellner zusammengearbeitet. Aber diese alte persönliche Verbundenheit hielt ihn nicht davon ab, Zoellner nun zur Zielscheibe verbaler Attacken zu machen. Diese Unerbittlichkeit in der Sache zeigte er auch nach 1945, als er keinerlei Rücksicht gegenüber einstigen Weggefährten aus der Bekennenden Kirche walten ließ, wenn sie andere kirchliche Positionen vertraten. Ende Dezember 1935 schrieb Niemöller an Zoellner, dass niemand ihm abnehmen würde, »einen vor Gott gültigen Auftrag« erhalten zu haben. Zu offensichtlich sei es, so spottete er, dass Zoellner seine »Befehle nicht von dem Herrn der Kirche«, sondern von dem durch seine »antichristlichen Reden« bekannten Minister Kerrl entgegennehme.⁶⁶ In der Folgezeit verschärfte sich Niemöllers Tonfall noch. So verhöhnte er im Oktober 1936 einem Pfarrer gegenüber Zoellner mit den Worten, dass »Eitelkeit und Angst aus diesem Mann und Christen einen Waschlappen und Verleugner gemacht haben«.⁶⁷

Der Anspruch der von Kerrl eingesetzten Kirchenausschüsse, für die gesamte evangelische Kirche zu sprechen, wurde so zum Katalysator für die endgültige Spaltung der Bekennenden Kirche. Deren interne Bruchlinien waren Ende 1934 offenbar geworden, als die Vertreter der intakten Landeskirchen sich weigerten, die Beschlüsse der Dahlemer Synode umzusetzen, und zugleich eine Sammlung der Lutheraner in die Wege leiteten. Doch zum Jahresende 1935 eskalierte der Konflikt. Als Kerrl mit der Verordnung vom 2. Dezember offen die Ausschaltung der Bekennenden Kirche aus ihrer kirchenleitenden Funktion betrieb, erhöhte Niemöller den Druck auf die Mitglieder der VKL, sich davon zu distanzieren und weiterhin als Kirchenleitung aufzutreten.

Der endgültige Bruch erfolgte dann auf einer Sitzung des Reichsbruderrates am 3. Januar 1936. Marahrens betonte dort für die VKL, dass diese sich bemüht habe, die auseinanderstrebenden Kräfte zusammenzuhalten. Friedrich Müller brachte dagegen einen Antrag ein, der auf die Ablösung der VKL hinauslief, da deren Mitglieder durch die Zusammenarbeit mit dem RKA gegen die Beschlüsse der Bekenntnissynode verstoßen hätten. Für die Dahlemer Richtung sprachen neben Müller auch Niemöller und Asmussen. Wie bereits bei vielen vorherigen Treffen – von der Synode in Barmen 1934 bis zu früheren Sitzungen des Reichsbruderrates – war es wiederum Hans Asmussen, der mit großer Klarheit das eigentliche Problem auf den Punkt brachte. Niemöller, der laut dem überlieferten Protokoll nur kurz sprach, war der unermüdliche Antreiber der Bekennenden Kirche, daneben auch ihr öffentliches Gesicht. An kritischen Wendepunkten beschränkte er sich aber oft auf Verfahrens- oder Organisationsfragen. Die Niemöller zumindest ebenbürtige intellektuell-theologische Leitfigur der Bekennenden Kirche hingegen, dies gilt es angesichts seiner Vernachlässigung in der Historiographie zu betonen, war Hans Asmussen. Am 3. Januar 1936 führte er unter anderem aus:

> Die Kirche lebt von der Bezeugung des Evangeliums und das schließt in sich auch die Verwerfung der Irrlehre. Einige Mitglieder der Vorläufigen Leitung meinen, diese Bezeugung könne geschehen durch Schreiben an die staatlichen Ausschüsse – während wir meinen, es muß von den Dächern gepredigt werden. Nur durch *öffentliche* Bezeugung des Evangeliums und der Verwerfung der Irrlehre kann die Vorläufige Leitung Autorität gewinnen – das hat sie seit 1 ¼ Jahr nicht getan.[68]

Eine Abstimmung ergab eine Mehrheit von 17 zu 11 Stimmen für die Position des Dahlemer Flügels um Müller und Niemöller. Die beiden Gruppen setzten die Verhandlungen umgehend getrennt fort. Im engeren Kreis der Dahlemer Richtung schob Hans Asmussen einem anderen Mitglied des Reichsbruderrates einen Zettel mit der Bemerkung zu: »Nun haben wir endlich eine brüderliche Atmosphäre.«[69] Doch diese Atmosphäre kuscheliger Brüderlichkeit im Kreis um Niemöller war nur Fassade. Hinter den Kulissen sank der Streit innerhalb der Bekennenden Kirche in den folgenden Wochen auf das Niveau juristischer Gutachten und Gegengutachten herab, in denen sich beide Seiten die Legitimität ihres Handelns und der am 3. Januar erfolgten Abstimmung zu- beziehungsweise absprachen.[70]

Im Kern ging die Spaltung der Bekennenden Kirche auf das unterschiedliche Kirchenverständnis des Kreises um Niemöller und der gemäßigten Lutheraner zurück. Die Bildung der Kirchenausschüsse gab dann den »letzten Anstoß zur Trennung«, weil sie eine mögliche Neuordnung des Verhältnisses der Kirche zum NS-Staat andeutete, die allerdings auf dem Boden eines lutherischen Kirchenverständnisses vollzogen werden musste.[71] Und zu einem solchen Schritt, der für ihn einer Aufgabe der Beschlüsse von Barmen, Dahlem und Augsburg gleichkam, war Niemöller selbstredend nicht bereit, was er etwa am 1. Februar 1935 in einem Vortrag in Barmen begründete.[72] Gerade aus seiner Perspektive ging es allerdings nicht nur um theologische Fragen, sondern auch um einen schleichenden Verlust des Vertrauens in die lauteren

Absichten der Lutheraner. Bereits im Oktober 1935 hatte Niemöller in seiner Dahlemer Gemeinde davon gesprochen, dass nach seinen Informationen hinter der Arbeit der Kirchenausschüsse nur »die Absicht steht, die Bekennende Kirche zu spalten«. Dass er selbst zu einer Verschärfung der Konflikte beigetragen habe, konnte er nicht erkennen. Vielmehr bedauerte er, dass er sich seit November 1934 – also nachdem die Konflikte im Reichsbruderrat offen aufgebrochen waren – zu einer »falschen Zurückhaltung habe bestimmen lassen«.[73]

Einige Wochen zuvor hatte sich Niemöller empört an Marahrens gewandt, nachdem er im Anschluss an eine Sitzung mit der VKL den Eindruck gewonnen hatte, dass zumindest bei einer Gelegenheit sein Telefon von einem mit dem Hannoveraner Bischof verbundenen Pfarrer abgehört worden war. In seine Beschwerde darüber, in solch einer »infamen und hinterhältigen Weise« ausspioniert zu werden, mischte sich Zorn über den Vertrauensbruch gerade durch jene, die stets »die Forderung nach Vertrauen« erhoben hatten.[74]

Die formelle Spaltung der Bekennenden Kirche in Bad Oeynhausen

Nach dem im Reichsbruderrat am 3. Januar aufgebrochenen Zwiespalt musste die Spaltung der Bekennenden Kirche allerdings noch formal vollzogen werden. Dafür bedurfte es – darin stimmten beide Seiten überein – einer neuerlichen Bekenntnissynode der DEK. Aus der Sicht der intakten lutherischen Kirchen kam dieser Synode lediglich noch »die Aufgabe der Liquidation« der Bekennenden Kirche zu, wie Bischof Meiser in einem Telefonat mit Präses Koch formulierte.[75] Vom 3. Januar bis zum Beginn der Synode, die schließlich vom 18. bis 22. Februar 1936 in Bad Oeynhausen stattfand, waren beide Seiten hinter den Kulissen emsig damit beschäftigt, sich eine optimale Ausgangsposition zu verschaffen. Dabei brach wie zuvor bei der Bekenntnissynode in Augsburg der Streit um die angemessene Repräsentanz der konfessionellen Gruppen auf, wobei die Lutheraner der intakten Kirchen eine zahlenmäßige Dominanz von Synodalen der ApU zu verhindern suchten.[76]

Auf der Synode selbst blieb es Marahrens und Niemöller überlassen, in zwei langen Eingangsreferaten die Position der jeweiligen Seiten zu umreißen. Niemöller akzentuierte seine Sicht der Dinge mit Blick auf die »Entchristlichung unseres Volkes«, die sich seit der Einsetzung des Reichsbischofs Müller 1933 abgezeichnet habe. Für ihn und seine Mitstreiter in den zerstörten Gebieten der ApU seien die Kräfte, die so auf eine Entchristlichung zielten, »nicht anonym«, sondern hätten ein »eindeutiges Gesicht« – gemeint waren die radikalen, neuheidnischen Teile der Deutschen Christen sowie der NSDAP und ihre Unterstützung durch den Staat. Gottes Wort habe, so insistierte Niemöller, die Bekennende Kirche zu »einem ›Entweder-Oder‹ gegenüber einer Irrlehre« genötigt, die auch dem Staat gegenüber »zu derselben Unnachgiebigkeit« verpflichte wie einst gegenüber dem »Reibi« Ludwig Müller und den Deutschen Christen. Die bekannten Differenzen im Kirchenbegriff als Konfliktthema herunterspielend, forderte er zu einem »missionarischen letzten Totalangriff« auf, um das Vordringen des »Heidentums« aufzuhalten.[77]

Die Wortwahl zeigt, dass sich der Kirchenkampf für Niemöller seit 1935 immer mehr zu einem Kampf um die Wiederverchristlichung der deutschen Gesellschaft entwickelte. In einem Aufsatz über die »Missionierende Kirche« stimmte er deshalb sogar der deutsch-christlichen Kritik an einer »selbstgenügsam« und »selbstzufrieden« gewordenen Kirche zu. Das Beharren auf dem rechten Bekenntnis war die Voraussetzung dafür, zu den für die Kirche bislang »Unerreichbaren« vorzudringen.[78] Wieder einmal zeigte sich darin auch, wie sehr Niemöllers Kirchenverständnis von seiner langjährigen Arbeit in der Inneren Mission geprägt war.

In ihrem zentralen Beschlussdokument »Von der Kirchenleitung« verurteilte die Synode von Bad Oeynhausen den Anspruch der vom Staat eingesetzten Kirchenausschüsse, eine kirchenleitende Funktion zu übernehmen. Die noch verbliebenen Mitglieder der ersten VKL – Paul Humburg war bereits zurückgetreten – legten ihr Amt nieder, während sich zugleich ein neuer Reichsbruderrat konstituierte. Ansonsten versandete die Synode in einer Reihe von Geschäftsordnungsdebatten und Anträgen zur Geschäftsordnung.[79] Für die Übergangszeit bestimmte sie einen aus Fritz Müller, Hans Böhm und Martin Albertz bestehenden Ausschuss, der bis zur Wahl einer neuen VKL die Geschäfte führen sollte. Müller übernahm dann den Vorsitz dieser neuen, der 2. VKL, die der Reichsbruderrat am 12. März wählte. Zu den bereits Genannten kamen als Ausschussmitglieder noch Otto Fricke und Bernhard Heinrich Forck hinzu. Zugleich setzte der Reichsbruderrat einen siebenköpfigen Rat der DEK mit Niemöller an der Spitze ein, der die VKL beraten sollte.[80]

Mit diesen Beschlüssen war die Spaltung der Bekennenden Kirche an der Spitze vollzogen. Die neue Vorläufige Kirchenleitung setzte die Politik der Bekennenden Kirche im Sinne der Synodenbeschlüsse von Barmen, Dahlem und Augsburg fort. Die intakten Landeskirchen in Hannover, Württemberg und Bayern sahen die 2. VKL allerdings nicht als eine legitime Kirchenleitung an, und so reichte ihr Einfluss kaum über den Bereich der Kirche der altpreußischen Union hinaus.

Doch die Spaltung vollzog sich nicht nur an der Spitze, sondern auch an der Basis. Das zeigte sich nirgendwo deutlicher als in Niemöllers Dahlemer

10 Die Spaltung der Bekennenden Kirche 1935/36

Gemeinde. Seit dem gemeinsamen Gottesdienst am 2. Juli 1933 hatten die drei Dahlemer Pfarrer einträchtig an der Ausbildung der Bekenntnisgemeinschaft und später der Bekennenden Kirche gearbeitet. Neben Niemöller waren auch Friedrich Müller und Eberhard Röhricht im Mai 1934 in Barmen als Synodale beteiligt. Seit Ende 1935 wendete sich das Blatt. Röhricht ließ nun seine Zustimmung zum vermittelnden Kurs der Kirchenausschüsse erkennen. 1936 trat er in das Berliner Konsistorium ein – das den Kirchenausschüssen unterstand – und bezahlte auch seine Beiträge an den Pfarrernotbund nicht mehr.[81]

Bald nach der offiziellen Spaltung der Bekennenden Kirche war dann auch in Dahlem das Tischtuch zerschnitten. Niemöller und Röhricht kamen im April – also nur Wochen nach der Bildung der 2. VKL – zu dem Schluss, dass es »zu einer gemeinsamen Arbeit keinen Boden mehr« gebe.[82] Immer neue Sticheleien und gegenseitige Vorwürfe wurden schließlich zu einem »fürchterlichen Konflikt«, von dem Niemöller bereits im September annahm, er werde bald zum »Auseinanderbrechen der Gemeinde« führen. Im November 1936 traten Niemöller, Hildebrandt und Müller daher mit der Bitte an Röhricht heran, die pfarramtliche Arbeit bezirksweise aufzuteilen, um weitere Reibereien auf ein Minimum zu beschränken.[83] Bereits vor der Verhaftung Niemöllers im Juli 1937 erfasste die Spaltung der Dahlemer Gemeinde über die Pfarrer hinaus auch die engagierten Laien. Im Juni 1937 beschwerte sich ein Mitglied des Helferkreises für die Kindergottesdienste bei Niemöller, dass der Kindergottesdienst erst mit zwanzig Minuten Verspätung beginnen konnte, da sich die Jesus-Christus-Kirche nach seinem Abendmahlsgottesdienst nur langsam geleert habe. Röhricht, der die Kindergottesdienste abhielt, hatte offenbar damit gedroht, die Eltern der Kinder gegen Niemöller zu mobilisieren.[84]

Im Gefolge von Bad Oeynhausen setzte sich mit der Bildung der 2. VKL in der Bekennenden Kirche der ApU der Dahlemer Flügel um Niemöller durch. Auf der anderen Seite kam es zu einer engeren Kooperation der intakten Landeskirchen unter konfessionellen – und das hieß lutherischen – Vorzeichen. Bereits im Februar 1935 hatten die Bischöfe von Hannover, Württemberg und Bayern mit dem »Lutherischen Pakt« eine engere Zusammenarbeit auf liturgischem Gebiet beschlossen. Mit dem Lutherischen Tag im Juli 1935 erfolgte eine weiter gefasste Konsultation lutherischer Organisationen. Am 18. März 1936 kam es schließlich in Leipzig zur Gründung des Lutherrates. Neben den Bischöfen der drei intakten Landeskirchen gehörten ihm Vertreter der Landesbruderräte aus Sachsen, Mecklenburg und Thüringen an. Die lutherischen Kirchen bekannten sich darin formal zu den Synodenbeschlüssen von Barmen, Dahlem und Augsburg, aber in der Praxis öffnete sich der

Lutherrat Kirchenleitungen, die zuvor den Deutschen Christen angehört hatten. Zugleich erhob er unverhohlen den Anspruch, auch die Lutheraner in den östlichen Kirchenprovinzen Preußens zu vertreten, und stellte damit letztlich die Existenz der ApU »zur Disposition«.[85]

Nicht nur aus diesem Grund nutzte Niemöller in den folgenden Monaten jede Gelegenheit, in scharfen Worten gegen die Bildung des Lutherrates und dessen Politik zu polemisieren. Auf einer Sitzung des Reichsbruderrates am 12. März – die Absicht zur Gründung des Lutherrates war am Tag zuvor bekannt geworden – geißelte er das Vorgehen der intakten Landeskirchen als »unanständig und unehrlich«.[86] Im April wetterte er in einem Schreiben an Bodelschwingh, dass die Lutheraner »Liebe und Verständnis nicht nur für die Irrlehrer [der DC], sondern auch für die Irrlehre« forderten. Marahrens, Meiser und Wurm hätten die Bekennende Kirche »zerschlagen, um sich selbst am Leben zu erhalten«. Das sei nichts anderes als »Verrat«.[87] Das waren starke Worte, die Niemöllers Erregung über die Spaltung der Bekennenden Kirche wiedergaben, aber auch eine eindeutige Schuldzuweisung an die drei genannten Bischöfe enthielten. Anfang der 1950er Jahre zeigten die Konflikte innerhalb der EKD, dass Niemöllers Ärger über das von ihm als »Verrat« wahrgenommene Verhalten mehr als 15 Jahre später noch kaum nachgelassen hatte.

Nach der Spaltung der Bekennenden Kirche widmete sich Niemöller mehr denn je dem Kampf gegen die zunehmende Entchristlichung der Gesellschaft, die der NS-Staat unter dem irreführenden Schlagwort der »Entkonfessionalisierung« vorantrieb.[88] Als Robert Ley, der Leiter der Deutschen Arbeitsfront, am 1. Mai 1936 gegen das Christentum den Vorwurf erhob, es erzeuge ein »artfremdes Minderwertigkeitsgefühl«, reagierte Niemöller mit einer Postkarte an Wilhelm Zoellner, auf der er höhnisch bemerkte, es müsse sich nun zeigen, »ob der Reichskirchenausschuss einen Mund hat, durch den [die] Kirche Jesu Christi spricht«.[89] In einem vermutlich im Frühsommer 1936 verfassten Brief betonte er, dass die Erfüllung des Ordinationsgelübdes »einen bekennenden und wagenden Einsatz wegen der offenen Feindschaft gegen den christlichen Glauben« erfordere. Diese habe sich zunächst »in der getarnten Form« des deutsch-christlichen Glaubens gezeigt. »Heute« dagegen »sei der offene Angriff des deutschgläubigen Mythus gegen die christliche Lehre […] auf der ganzen Linie entbrannt.«

Noch vertraute Niemöller darauf, dass sein Kampf gegen die Entchristlichung gesetzeskonform sei und ihn »nicht etwa in Gegensatz zur Volksgemeinschaft« stelle, »sondern vielmehr als dienendes Glied mitten in sie hinein«. Dagegen werde die Selbstvergottung des Menschen für das deutsche Volk »im Bolschewismus enden«.[90]

10 Die Spaltung der Bekennenden Kirche 1935/36

Die Denkschrift der 2. VKL an Hitler

Der Kampf gegen die Verdrängung des Christentums aus wichtigen Funktionsbereichen der Gesellschaft wie Erziehung, Schule, den Massenmedien sowie nicht zuletzt der NSDAP selbst war nicht nur Niemöllers persönliches Anliegen. Er war ein gemeinsames Anliegen aller Christen. So hatte etwa die katholische Fuldaer Bischofskonferenz am 20. August 1935 in einer Denkschrift an Hitler die vielfältigen Angriffe gegen das Christentum beklagt. Die 2. VKL diskutierte erstmals im Vorfeld der Reichstagswahlen vom 29. März – mit denen das NS-Regime öffentliche Unterstützung für den Einmarsch deutscher Truppen in das entmilitarisierte Rheinland signalisieren wollte – die Idee, »ein Wort an die Gemeinden und an den Staat zu richten«. Der Zeitpunkt schien jedoch unpassend, und so nahm die VKL zunächst Abstand von dem Plan. In allen folgenden Überlegungen blieben die Mitglieder der VKL allerdings bei der bereits hier angedachten doppelten Funktion für die geplante Denkschrift: sowohl Unterrichtung der Gläubigen als auch Appell an die Staatsführung.[91] Niemöller war weder einer der Verfasser der Denkschrift – wie zuweilen fälschlich behauptet wurde –, noch war er in ihre Entstehung von Beginn an eingebunden. Es war vielmehr der Lübecker Pastor Wilhelm Jannasch, den die Deutschen Christen 1934 aus seinem Amt vertrieben hatten, der die verschiedenen Entwürfe maßgeblich verfasste und redigierte. Bei einer gemeinsamen Sitzung der 2. VKL und des Rates der DEK war Niemöller als Vorsitzender des Rates am 30. April erstmals damit befasst. Zu diesem Zeitpunkt stand bereits die vierte Fassung der Denkschrift zur Debatte.[92]

Erst bei der Erstellung der sechsten, nunmehr endgültigen Version arbeitete Niemöller direkt am Text. Am 22. Mai nahm er gemeinsam mit Asmussen und Jannasch eine redaktionelle Bearbeitung der Fassung vor. Diese bestand in der Streichung von möglicherweise anstößigen Begriffen und führte insgesamt dazu, dass nicht mehr eine »Erwartung« an den Staat formuliert wurde, sondern nur noch eine »Bitte«. Die in früheren Fassungen »sehr klar formulierte Einsicht, dass der nationalsozialistische Staat der Gegner der Kirche und des Christentums sei«, so hat Martin Greschat treffend formuliert, wurde »erheblich zurückgedrängt«.[93] Schon in der Einleitung wurde in der Endfassung gewürdigt, dass die »Träger der nationalsozialistischen Revolution« mit ihrem »Sieg über den Bolschewismus zugleich den Feind« des Christentums überwunden hatten. Damit wird die eigentliche Frontstellung als eine zwischen Bolschewismus und Christentum beschrieben. Und das entsprach exakt dem, was Martin Niemöller bereits 1932/33 öffentlich geäußert hatte und auch 1936 vertrat, wie wir eben gesehen haben.[94] Niemöller war demnach – aller Wahrscheinlichkeit nach maßgeblich – daran beteiligt, den kritischen Kern der Botschaft zu entschärfen und durch Verweis auf die Gefahren des Bolschewismus sogar in sein Gegenteil zu verkehren. Das ist insofern relevant, als er selbst und seine Mitstreiter nach 1945 kaum eine Gelegenheit ausließen, Niemöllers Beteiligung an der Denkschrift als den Höhepunkt seines Widerstands gegen das NS-Regime anzupreisen.

Es steht keineswegs im Widerspruch zu diesem Befund, wenn hier zugleich die historische Bedeutung der Denkschrift hervorgehoben wird. Weder davor oder danach hat eine Gruppe von Protestanten im »Dritten Reich« sich so prägnant »zum Anwalt von Recht und Sittlichkeit« gemacht und das »herrschende Unrecht« benannt.[95] Über die Anprangerung kirchenfeindlicher Maßnahmen hinaus wurde in der Denkschrift auf Wahlfälschungen hingewiesen und die »jeder richterlichen Nachprüfung« entzogenen »Maßnahmen der Geheimen Staatspolizei« sowie die »Konzentrationslager« wurden ausdrücklich gerügt. Gegen einen Antisemitismus, »der zum Judenhaß verpflichtet«, setzten die Verfasser »das christliche Gebot der Nächstenliebe«. Das waren mutige Worte. Sie waren an den »Führer und Reichskanzler« adressiert.[96] Am 4. Juni gab Wilhelm Jannasch persönlich eines der nur drei Exemplare zur Weiterleitung an Hitler in der Präsidialkanzlei ab. In einer gemeinsamen Sitzung von VKL und Rat der DEK – deren Mitglieder gemeinsam unterzeichnet hatten – machte sich allerdings am 24. Juni Ernüchterung breit, als Jannasch berichtete, die Reichskanzlei habe das Schreiben an das Reichskirchenministerium weitergeleitet. Hitler selbst, so viel war klar, wollte sich nicht auf eine Diskussion mit der Bekennenden Kirche einlassen.

Die Denkschrift war in strenger Vertraulichkeit entstanden und nur zur Unterrichtung Hitlers bestimmt. Ihre Verfasser gerieten daher in erhebliche Schwierigkeiten, als zuerst am 16. Juli die *New York Herald Tribune* über den Inhalt berichtete und dann am 23. Juli die *Basler Nachrichten* den vollen Wortlaut abdruckten. In der VKL fiel der Verdacht rasch auf Friedrich Weißler (1891–1937). Weißler stammte aus einer jüdischen Familie, wurde aber vom Vater getauft und machte nach 1918 eine steile Karriere im preußischen Justizdienst, die im »Dritten Reich« allerdings ein jähes Ende fand: Im April 1933 wurde Weißler als Beamter entlassen. Seit Ende 1934 arbeitete er zunächst als Bürokraft, später als Büroleiter und Rechtsberater in der Kanzlei der VKL, sowohl der ersten wie der zweiten, von der Dahlemer Richtung dominierten. In dieser Funktion war er beratend und schriftführend an der Entstehung der Denkschrift beteiligt.

Die Spitzengremien der Bekennenden Kirche waren nach den Enthüllungen in der Presse in der Defensive. Im August ersuchte Präses Karl Koch das

Justizministerium um Untersuchung der Vorgänge, die zur Veröffentlichung geführt hatten. Mitte September suspendierte die VKL Weißler vom Dienst. Am 7. Oktober 1936 wurde er von der Gestapo verhaftet und nach langen Verhören am 11. Februar 1937 ins KZ Sachsenhausen überführt. Dort starb er an den Folgen schwerer körperlicher Misshandlungen durch das Wachpersonal am 19. Februar 1937.[97]

Ob Weißler tatsächlich für die Weitergabe der in den *Basler Nachrichten* veröffentlichten Fassung verantwortlich war, lässt sich heute nicht mehr mit Sicherheit entscheiden, und es gibt gute Gründe, dies zu bezweifeln.[98] Allerdings hatte er bei früheren Gelegenheiten sehr wohl zusammen mit Werner Koch, einem bei Dietrich Bonhoeffer tätigen Vikar, und dessen Freund Ernst Tillich Informationen über kirchenpolitische Fragen an die ausländische Presse geleitet. Er rechtfertigte dieses Verhalten damit, dass Christen im Ausland jedes Recht hätten, mehr über die kirchlichen Verhältnisse in Deutschland zu erfahren. Weißler überschritt so ganz bewusst eine »Grenze«, welche die »Bekennende Kirche selbst nicht überschreiten wollte: vom Kirchenkampf in eigener Sache zur politischen Handlung, letztlich zu Schritten auf dem Weg in einen christlich begründeten Widerstand«.[99]

Das war ein Weg, den gerade Niemöller keinesfalls gehen wollte, wie er in der von vielen Gerüchten, Vermutungen und Schuldzuweisungen geprägten Affäre um die undichte Stelle in der VKL gleich mehrfach betonte. Anfang September wies er in einem Brief an einen Berliner BK-Pfarrer die offenbar von dem Erlanger Theologen Hermann Sasse stammende Unterstellung zurück, die Denkschrift habe auf eine direkte politische Wirkung gezielt: »Niemand von uns«, so betonte Niemöller, »hat den Versuch gemacht, den Staat ›noch vor den olympischen Spielen‹ zu einem Eingreifen zu bewegen, wie es uns überhaupt gleichgültig ist, ob der Staat dieses oder jenes tut, wenn wir nur tun, was unseres Amtes und unsere Aufgabe ist.«[100] Zugleich dementierte Niemöller, dass die Initiative zur Denkschrift von ihm und Karl Barth, den er zuletzt im April mit Else für ein »nettes kurzes Beisammensein« in Basel getroffen hatte, ausgegangen sei.[101] Eine Woche nach der Verhaftung Weißlers erklärte Niemöller, eine weitere Beschäftigung des bereits suspendierten Büroleiters sei »schlechthin unmöglich«. Und im Reichsbruderrat forderte er am 29. Oktober mit aller Schärfe: »Gegen Weißler muß *sofort* ein *klarer* Strich gezogen werden.«[102] Wenige Tage später wurde dieser entlassen. Einige wenige Theologen der Bekennenden Kirche – an erster Stelle ist hier Martin Albertz zu nennen – zeigten Solidarität mit Weißler und kümmerten sich um ihn und seine Familie.[103] Im Einklang mit der Mehrheit der VKL ließ Niemöller den bedrängten Juristen dagegen fallen wie eine heiße Kartoffel.

Von Beginn an war die Denkschrift der 2. VKL als ein Appell an den Staat und als ein Wort an die Gemeinde gedacht. Als schließlich erkennbar wurde, dass Hitler auf die Eingabe nicht reagieren würde, begann die Vorläufige Kirchenleitung mit der Vorbereitung einer Kanzelabkündigung. Mitte Juli lag ein Entwurf von Wilhelm Jannasch vor, der in einer Aufforderung an die Gemeinden gipfelte, »das schriftliche Bekenntnis eurer Zugehörigkeit« zur Bekennenden Kirche abzulegen, »euch selbst als ein Halt, unserem Staate und seinen Führern eine Mahnung«. Das war nicht weniger als eine Aufforderung zum schriftlichen »Nein«, einer Protestation der Glaubenstreue als Widerspruch zum Regime.[104] Doch nach der Veröffentlichung der Denkschrift in der internationalen Presse schien eine solche Aufforderung zum Handeln nicht mehr angeraten. Als sich der Reichsbruderrat am 30. Juli traf, setzte Martin Niemöller sich dort mit drei anderen Mitgliedern zusammen, um einen von Otto Dibelius vorbereiteten Text zu redigieren. Der noch am selben Tag beschlossene neue Text der Kanzelabkündigung verzichtete auf jene expliziten politischen Bezüge wie die Anprangerung der Konzentrationslager, welche die Denkschrift noch enthalten hatte. Die Bekennende Kirche rief die Gläubigen lediglich dazu auf, den Glauben zu »bezeugen«, enthielt aber keine Mahnung mehr an die Staatsführung. Dennoch war sie selbst in dieser endgültigen Fassung ein mutiger Widerspruch gegen die vom NS-Staat vorangetriebene Politik der »Entkonfessionalisierung des öffentlichen Lebens« und die »Bespitzelung der kirchlichen Arbeit«.[105]

Am 23. August erfolgte die Verlesung der Kanzelabkündigung in den Gemeinden. Etwa drei Viertel der bekenntnistreuen Pfarrer in der ApU und anderen zerstörten Kirchen verlasen das Wort, während in Bayern und Württemberg Erklärungen der dortigen Kirchenleitungen zur Verlesung kamen. Das Reichskirchenministerium verfügte ausdrücklich, dass Pfarrer, die das Wort verlesen hatten, nicht disziplinarisch belangt werden sollten, und der Sicherheitsdienst des Reichsführers SS, der sich der Überwachung politischer Gegner des Regimes widmete, versuchte vergeblich, die Verbreitung eines Flugblatts mit der Erklärung zu verhindern.[106]

In der Dahlemer Jesus-Christus-Kirche hielt Niemöller am 23. August eine sehr kurze Predigt über den Brief des Paulus an die Philipper (Phil. 1, 27). Er verglich die Bekennende Kirche mit der Situation des Paulus, der diesen Brief aus der Gefangenschaft schrieb. Danach verließ Niemöller die Kanzel und verlas die Abkündigung vom Boden der Kirche aus. Wie der Korrespondent der Londoner *Times* nicht zu Unrecht vermutete, tat Niemöller dies, um einen Verstoß gegen den Kanzelparagraphen zu vermeiden, jene aus dem Kulturkampf gegen die Katholiken stammende Bestimmung in Paragraph 130a des Strafgesetzbuches, welche die Störung des öffentlichen Friedens durch Geistliche unter Strafe stellte. Gegen Ende der Verlesung, so der Zeitungsbericht, »waren viele Frauen in Tränen«, und die »Inbrunst«, mit der die Gemeinde abschließend »Eine feste Burg ist unser Gott« sang, »ließ keinen Zweifel an der Tiefe der Gefühle, welche der religiöse Konflikt [in Deutschland] hervorgerufen hat«.[107]

Einer war daran allerdings nicht beteiligt: »Röhricht kündigt *nicht* ab«, notierte Niemöller empört in seinem Amtskalender.[108]

In den Jahren 1935 und 1936 hielt Niemöller mit Entschiedenheit, ja zunehmender Verbissenheit an den Beschlüssen der beiden Synoden von Barmen und Dahlem fest. Mit sicherem Instinkt machte er als das ultimative Ziel der Kirchenpolitik von Hanns Kerrl und der von diesem eingesetzten Kirchenausschüsse die Marginalisierung der Bekennenden Kirche und die Schaffung einer vom Staat kontrollierten evangelischen Kirche aus. Bereits im Januar 1936 publizierte er in hoher Auflage eine von Otto Dibelius verfasste, aber von Niemöller selbst herausgegebene und verantwortete Broschüre mit dem Titel »Die Staatskirche ist da!«.[109] Darin argumentierten Dibelius und Niemöller, dass der Staat über die Kirchenausschüsse nicht nur in finanzielle und administrative, sondern auch in die geistlichen Angelegenheiten der Kirche eingriff und all das letztlich durch ein »Zusammenwirken mit der Geheimen Staatspolizei« abgesichert werde. Gegen die »staatliche Gefangenschaft der Kirche« gebe es nur ein Gebot: »Man muß Gott mehr gehorchen als den Menschen.«[110]

Die Spaltung der Bekennenden Kirche, die Anfang 1936 erfolgte, war somit aus Niemöllers Sicht nicht nur ein Verlust. Auf der einen Seite sah er darin einen »Verrat« der Lutheraner – und besonders der Bischöfe der drei intakten lutherischen Landeskirchen – an der Sache der Bekennenden Kirche. Damit wies er zugleich und durchaus zu Recht jegliche eigene Verantwortung an der Spaltung von sich. Diese Wahrnehmung sollte Niemöllers Urteil über die lutherischen Landeskirchen und das Amt des Landesbischofs nicht nur während der KZ-Haft, sondern weit über 1945 hinaus prägen. Auf der anderen Seite ermöglichte die Spaltung der Bekennenden Kirche Niemöller, seinen entschiedenen Kurs ohne Rücksicht auf Vermittlungsbemühungen fortzusetzen und die Reste des Dahlemer Flügels der Bekennenden Kirche in den Gebieten der altpreußischen Union zu sammeln. Die erste unmittelbare Folge dieser neuen Option war, dass Niemöller seit dem Spätsommer 1936 eine zunehmend deutlichere Sprache für seiner Kritik am NS-Staat und dessen kirchenpolitischen Maßnahmen wählte.

11
Verhaftung und Prozess 1937/38

Seit die Bekennende Kirche das Anliegen ihrer Denkschrift an Hitler den Gemeinden in einer Kanzelabkündigung nahegebracht hatte, veränderte sich die öffentliche Rhetorik Niemöllers merklich. In den kirchenpolitischen Streitigkeiten seit dem Sommer 1933 fand er klare Worte und stieß damit seine innerkirchlichen Gegner – und auch seine Freunde – mehr als einmal vor den Kopf. Doch persönliche Angriffe auf Vertreter des Staates und der NSDAP oder gar abfällige Bemerkungen gegen diese hatte er bislang nur in Briefen an Freunde in der Bekennenden Kirche oder in geschlossenen Sitzungen vorgebracht. Das änderte sich nun. Es begann ein Prozess verbaler Radikalisierung, in den sich zunehmend pessimistische Äußerungen über die Situation der Kirche angesichts der kirchenfeindlichen Politik des NS-Regimes mischten. Etwas mehr als zehn Monate nach der Kanzelabkündigung, am 1. Juli 1937, wurde Niemöller in seinem Dahlemer Pfarrhaus von der Gestapo verhaftet.

Es ist wohl kein Zufall, dass die Verschärfung der Rhetorik unmittelbar nach der Kanzelabkündigung mit den Beschwerdepunkten aus der Denkschrift der VKL an Hitler begann. Dieses öffentliche Wort scheint Niemöllers Kampfgeist geradezu angestachelt zu haben.[1] Nur wenige Wochen nach der Abkündigung kam er am 21. September 1936 bei einem seiner offenen Abende im überfüllten Dahlemer Gemeindehaus darauf zu sprechen. Wir sind über den Verlauf des Abends gut informiert, da ein Gestapo-Beamter einen ausführlichen Bericht dazu anfertigte.

Die Teilnahme an den Versammlungen an den Montagabenden, bei denen Niemöller ungezwungen über kirchenpolitische Fragen sprach, setzte den Besitz der Roten Karte voraus, welche die Mitgliedschaft in der Bekennenden Kirche anzeigte. Das war für den Beamten kein Problem, obwohl die Kontrolle diesmal »besonders sorgfältig« gehandhabt wurde. Doch die »kalte Dusche« folgte sogleich, als Niemöller einleitend darum bat, dass der spitzelnde Gestapo-Beamte bitte den Saal verlassen möge. Nachdem diese Bitte um »Anstand« folgenlos verhallt war, fuhr er fort und berichtete von einer Durchsuchung seines Hauses, welche die Gestapo am 18. September auf der Suche nach Unterlagen zur Kanzelabkündigung durchgeführt hatte. Es erregte »allgemeine Heiterkeit«, als er sich darüber lustig machte, dass die – laut seinem Amtskalender fünf – Beamten mehrere Stunden nach Unterlagen gesucht hätten, die offen auf seinem Schreibtisch lagen.[2] Er nehme von der Gestapo ausgesprochene Verbote stets zur Kenntnis, bekannte er, um »dasselbe ruhig weiter zu tun«, sobald die Beamten ihm den Rücken kehrten.

Niemöller beließ es nicht bei beißendem Spott gegen die Gestapo, sondern prangerte auch die moralische Vergiftung der Jugend durch die Hetzpropaganda von Julius Streichers *Stürmer* an. Er beklagte ferner die Einschränkung der Pressefreiheit und die völlige Knebelung der evangelischen Zeitungen. Dies war Grund genug für den Gestapo-Beamten, die »Gehässigkeit« und »Gemeinheit« Niemöllers zu beklagen und anzudeuten, dass seine Behörde die »dauernden Wühlereien« des Pfarrers nicht länger hinnehmen sollte.[3]

Das NS-Regime stand 1936 auf dem Höhepunkt seiner Unterstützung durch die große Mehrheit der deutschen Bevölkerung. Die offenen Abende Niemöllers in der Dahlemer Gemeinde waren einer der wenigen Orte, an denen in einer begrenzten Öffentlichkeit die kritische Erörterung kirchlicher und politischer Fragen noch möglich war. Die Wirkung dieser Abende sollte nicht unterschätzt werden, denn der Andrang war enorm. Niemöller hatte sie bald nach 1933 von seinem Pfarrhaus in den Gemeindesaal verlegt, wo bis zu 800 Zuhörer Platz fanden. Anfang 1937 wurden sie dann in die Jesus-Christus-Kirche verlegt. Da bis zu 1500 Teilnehmer erschienen, dauerte allein die Einlasskontrolle eine Stunde.[4] Eine unzensierte Öffentlichkeit schuf Niemöller auch durch zahlreichen Vorträge, die er zwischen Herbst 1936 und Frühjahr 1937 landauf landab hielt und von denen viele später minutiös in der Anklageschrift der Staatsanwaltschaft aufgelistet waren.[5]

Bei all diesen Gelegenheiten kam Niemöller in erster Linie auf kirchenpolitische Fragen zu sprechen. Er kritisierte die willkürlichen Eingriffe der von Kerrl eingesetzten Kirchenausschüsse in die Arbeit der Landeskirchen und Gemeinden. Er sparte nicht mit beißender Kritik an der Person des Reichskirchenministers und des »Reibi« Ludwig Müller, der weiterhin das üppige Gehalt eines Reichsministers kassiere, obwohl er nach der Errichtung des Kirchenministeriums längst keine Rolle in der Kirchenpolitik mehr spielte.[6] Das Bild, das er von der Situation des Christentums und der Kirche zeichnete, verdüsterte sich dabei zunehmend. Im Oktober 1936 führte er auf einem Kursus für Theologiestudenten in Westfalen aus, dass die Bekennende Kirche inzwischen »jedes Recht verloren« habe. Alle Kirchentüren – so seine Metapher – würden von jeweils zwei Doppelposten bewacht, innen von denen der Kirchenausschüsse und außen von denen der Gestapo, sodass kein Wort aus der Kirche in die Öffentlichkeit gelange. Unter Gejubel und Gelächter der Teilnehmer riss er wiederum Witze über die Gestapo, die trotz mehrmaliger Nachforschungen in seinem Haus die für den Versand von Druckschriften benutzte Adressiermaschine nicht gefunden habe. Auf diese sarkastischen Attacken folgte die bedrückende Feststellung, dass die Christen das »Dasein einer Katakombenkirche« führten und die endgültige Trennung von Staat und Kirche unmittelbar bevorstehe.[7]

Auch vor Kritik und unverhohlenen Angriffen gegen die Führungsspitze des NS-Staates schreckte Niemöller nun nicht mehr zurück. Bei einem offenen Abend in Dahlem im September 1936 bezeichnete er die Kirchenausschüsse als »Sonderabteilungen des Propagandaministeriums«, die eigentlich »unter der Firma ›Joseph Goebbels‹« aufzutreten hätten.[8] Er streute satirische Bonmots gegen Heinrich Himmler und Baldur von Schirach ein, garniert mit der Bemerkung, »es kann ja auch wieder mal die Zeit kommen, wo wir dann gut genug sind, um das Volk mit Römer 13 in Schach zu halten«.[9] Das war auch als Selbstkritik an jener Tradition lutherischer Sozialethik zu verstehen, die unter Berufung auf Römer 13,1 (»Jedermann sei untertan der Obrigkeit, die Gewalt über ihn hat.«) unbedingten Gehorsam gegenüber dem Staat eingefordert hatte. Allein Hitler blieb von solchen verbalen Attacken weitgehend ausgenommen. Vor Studenten in Dortmund beharrte er darauf, dass man Gott mehr gehorchen müsse als den Menschen, und »auch Adolf Hitler sei nur Fleisch«.[10] Ansonsten teilte Niemöller bei aller Kritik an der Kirchenpolitik des NS-Regimes immer noch die im Führermythos praktizierte Glorifizierung Hitlers. August Kopff, ein namhafter Astronom und Mitglied der Dahlemer Gemeinde, erinnerte sich später als Zeuge im Prozess daran, dass Niemöller einen offenen Abend am 20. April 1936, Hitlers Geburtstag, zum Anlass nahm, »in einem sehr eindringlichen und verhältnismäßig langen Gebet für den Führer zu beten«.[11] In seiner Familie hielt man es so noch nach dem Beginn des Zweiten Weltkriegs, indem etwa die 1927 geborene Tochter Hertha für ihren inhaftierten Vater, aber auch für den Führer und die Soldaten der Wehrmacht betete.[12]

Niemöller mochte in öffentlichen Vorträgen wie etwa im November 1936 in Gütersloh beteuern, dass Mitglieder und Leitung der Bekennenden Kirche »gewiss keine Staatsfeinde« seien. Die Gestapo, die auch diese Äußerung sorgfältig notierte, war durchaus anderer Ansicht. Sie begann im Juni 1936, die Vorträge und Predigten Niemöllers durch Kriminalbeamte protokollieren zu lassen.[13] Im Januar 1937 stellte sie in der Lübecker Landeskirche neun von der deutsch-christlichen Kirchenleitung suspendierte Bekenntnispfarrer unter Hausarrest. Wilhelm Zoellner, der im Februar in Vertretung der Suspendierten Gottesdienste abhalten wollte, wurde auf Weisung des Kirchenministeriums von der Gestapo daran gehindert. Daraufhin trat der von ihm geleitete

Reichskirchenausschuss am 12. Februar geschlossen zurück. Die Landeskirchenführer – Bischöfe und Führer der Landeskirchenausschüsse –, die Zoellner zuvor ihre Unterstützung signalisiert hatten, ließen ihn nun allerdings im Stich. Kerrl reagierte prompt. In einer Rede am 13. Februar umriss er Pläne für eine seinem Ministerium direkt unterstellte Kirchenleitung der DEK. Da er bei dieser Gelegenheit zugleich das Dogma von Jesus als dem Gottessohn »lächerlich« nannte, sahen sich Niemöller und seine Mitstreiter in ihren Vorbehalten gegen die deutsch-christliche Grundausrichtung von Kerrls Politik bestätigt.[14]

Die zu erwartende außenpolitische Resonanz ließ eine staatliche Leitung der Kirche allerdings problematisch erscheinen. Hitler vollzog daher einen neuerlichen kirchenpolitischen Kurswechsel, und damit waren Kerrls Pläne Makulatur. Am 15. Februar unterzeichnete er einen Erlass, der Kerrl mit der Vorbereitung von Kirchenwahlen für eine Generalsynode der DEK beauftragte und dies mit der populistischen Aussicht auf eine Selbstbestimmung des »Kirchenvolkes« begründete. Diese Wahlen fanden nie statt, aber sie bestimmten bis in den November 1937 hinein, als Kerrl sie formal aussetzte, die Agenda der evangelischen Kirche.[15]

Die Vorläufige Kirchenleitung der Bekennenden Kirche stellte umgehend in einer Verlautbarung Bedingungen für die Teilnahme an der Wahl. Darin bestritt sie Kerrl das Recht zu deren Durchführung und kritisierte die Tatsache, dass bei Beteiligung der nur noch nominell der Kirche angehörenden Protestanten die tatsächliche Gemeinde der Gläubigen überstimmt werde. In einer Predigt am 4. März verglich Niemöller den Wahlerlass mit der Wahl zwischen Barrabas und Jesus, vor die der römische Statthalter Pilatus die Menge in Jerusalem gestellt hatte (Matth. 27,17). Diese Wahl, so Niemöller, »ist nicht frei«. Denn mit dem Namen Jesus verbinde sich der, den man Christus nenne, und indem Pilatus ihn neben Barrabas zur Wahl stellte, habe »er schon den Anspruch Jesu für seine Person zurückgewiesen«.[16] In der Sprache der aus dem Neuen Testament entnommenen Parabel war das eine klare Kritik an der nur scheinbaren kirchenpolitischen Neutralität des Kirchenministers und der von diesem organisierten Wahl.

Immerhin führte der Druck der Wahlankündigung zu einer zeitweiligen Annäherung der gespaltenen Flügel der Bekennenden Kirche. Der Reichsbruderrat trat nach langer Pause wieder zusammen und regte eine Arbeitsgemeinschaft der 2. VKL mit dem Lutherrat an, die sich am 11. März 1937 bildete. Das war ein reines »Zweckbündnis« für die Stärkung gemeinsamer Positionen im Vorfeld der Wahl. Niemöller, der im Reichsbruderrat mit dem Antrag auf Boykott der Wahl überstimmt worden war, kritisierte denn auch bald die

Aufweichung von Kernpositionen der Bekennenden Kirche durch diese Verbreiterung der Front.[17] Sein Misstrauen gegen die lutherischen Bischöfe der intakten Landeskirchen, die zwischen der VKL und den für Niemöller bekenntniswidrigen Landeskirchenausschüssen pendelten, »ohne sich für die eine oder andere Seite entscheiden zu können«, war weiterhin ungebrochen.[18]

Angesichts der Spaltung und Schwäche der Bekennenden Kirche und des wachsenden Drucks von Seiten des Kirchenministers beobachtete Niemöller die Situation in der katholischen Kirche mit Aufmerksamkeit. Im Oldenburger Münsterland hatte sich die katholische Bevölkerung Ende 1936 erfolgreich gegen die staatlich angeordnete Entfernung von Kreuzen und anderen religiösen Symbolen aus den Konfessionsschulen gewehrt. Eine tumultöse Versammlung in Cloppenburg hatte den Gauleiter der NSDAP zur Rücknahme des Erlasses gezwungen. Im Januar 1937 drückte Niemöller in einem Brief an einen Kollegen seine Bewunderung für diese »mit Energie« durchgeführten Proteste aus. »Zum Neidischwerden« sei das, »wenn«, so die Einschränkung, »wir nicht evangelische Christen wären«.[19]

Der konfessionelle Gegensatz hielt Niemöller inzwischen aber nicht mehr davon ab, mit führenden Vertretern der katholischen Kirche über ein gemeinsames Vorgehen gegen die Religionspolitik des NS-Regimes nachzudenken. Im März 1937 suchte der katholische Bischof von Berlin, Konrad von Preysing, das Dahlemer Pfarrhaus auf. Niemöller schlug ihm eine »Einheitsfront« von Bekennender Kirche und katholischer Kirche vor. Preysing sah in einem solchen »Bündnis« aber, wie er seinen Vertrauten mitteilte, eher eine Belastung für die Arbeit der Bekennenden Kirche.[20] Ende April 1937 führte Niemöller ein ähnliches Gespräch mit Clemens August von Galen, dem katholischen Bischof von Münster.[21] Noch bei seinen letzten offenen Abenden im Dahlem im Juni verwies Niemöller auf das staatliche Vorgehen gegen die katholische Kirche und den Widerstand Galens gegen Eingriffe in die Konfessionsschule.[22]

Während die Vertreter der Bekennenden Kirche im März um eine gemeinsame Position gegen den Wahlerlass rangen, schuf Hanns Kerrl Tatsachen. Mit einer weiteren Durchführungsverordnung zum Sicherungsgesetz – nunmehr der 13. – unterstellte er am 20. März die Verwaltung der DEK Friedrich Werner, dem deutsch-christlichen Präsidenten des Evangelischen Oberkirchenrates der altpreußischen Kirche. Damit waren beide Funktionen in der Hand eines Juristen, der in Niemöllers Wahrnehmung »keinerlei Verhältnis zur Evangelischen Kirche und ihrer Botschaft hat«.[23] Weitere Behinderungen und Repressalien gegen die Bekennende Kirche im Norden und Westen Deutschlands folgten unmittelbar. Die 2. VKL und die Landeskirchenführer bemühten sich unterdessen im April und Mai 1937 hinter den Kulissen um eine Regelung zur

Leitung der altpreußischen Kirche.[24] Niemöller, der an diesen Auseinandersetzungen kaum beteiligt war, verlegte sich in diesen Wochen und Monaten darauf, die durch den Wahlerlass geschaffene Situation und die Lage der Bekennenden Kirche in zahlreichen Predigten und Vorträgen zu kommentieren. Darunter ragte besonders ein Vortrag über das Thema der belagerten Gottesstadt heraus, den er von März bis Mai verschiedentlich hielt. Er wurde zum Gegenstand der gegen Niemöller erhobenen Anklage, da er darin den Reichskirchenminister als einen »Minister *gegen* die kirchlichen Angelegenheiten« bezeichnete.[25]

Der Vortrag benutzte die biblische Geschichte von dem assyrischen König Sanherib, der mit seinen Truppen Jerusalem belagerte. Sanherib schickte Gesandte an die Stadtmauern, die den Gott der Israeliten verhöhnten, da er den Bewohnern der Stadt keinen Schutz bieten könne (2. Chr 32). Niemöller zögerte nicht, die Analogie in aller Deutlichkeit auszusprechen:

> So wie es bei der Stadt Jerusalem war, die belagert wurde, so ist es heute seit 4 Jahren bei der Kirche. Feinde ringsum belagern die Stadt Gottes und das feindliche Heer, etwa der heutige Staat, hat Kraft seiner politischen Macht einen geschlossenen Ring um die Kirche gelegt. Die Belagerer werden aber eines Tages zum Sturm übergehen und werden versuchen, mit Gewalt die Christenheit zu vernichten. Und auf diesen Tag müssen wir gerüstet sein.[26]

Während Erich Ludendorff ungehindert seine völkisch-pagane Religionslehre verbreiten könne, werde die Bekennende Kirche mit »Verhaftungen und Haussuchungen« und Redeverboten überzogen. Die Gestapo – in Niemöllers Analogie »die feindlichen Truppen« – hätte »noch nie so viel mit der Kirche zu tun gehabt« wie seit dem Wahlerlass vom 15. Februar. Angesichts des bevorstehenden Endkampfes forderte Niemöller die Christen auf, in »Straßen und U-Bahnen« die Bibel zu lesen und damit »Widerspruch« herauszufordern.[27]

Zum Widerspruch rief Niemöller mit solchen plakativen Äußerungen in der Tat auf, und zwar die als »feindliche Truppe« angesprochene Geheime Staatspolizei.[28] Seit Ende März musste er sich mehrfach zu Vernehmungen in der Berliner Gestapo-Stelle im Polizeipräsidium am Alexanderplatz einfinden. Auch die Justizbehörden zeigten Interesse an einer Strafverfolgung Niemöllers. Spätestens im Mai übernahm der Generalstaatsanwalt beim Berliner Landgericht die Federführung. Ludwig Chantré, der in der Berliner Gestapo-Leitstelle für Kirchensachen zuständige Referent, hatte im Mai 1937 genügend Material für eine Anklage gegen Niemöller zusammengestellt. Was noch fehlte, war die Festnahme des Delinquenten.

Die Entscheidung zur Verhaftung Niemöllers

Nach der Legende hat Niemöller Hitler durch sein »respektloses Auftreten« beim Kanzlerempfang im Januar 1934 »verärgert« und damit die spätere Verhaftung heraufbeschworen.[29] Dafür gibt keine Belege, und Hitler selbst hat sich später in ganz anderer Weise über diese Begegnung geäußert. Im Januar 1940 etwa ahmte er Alfred Rosenberg gegenüber die »salbungsvollen Redensarten Niemöllers nach«, dessen »im Matrosenjargon« geführtes Telefonat er daraufhin habe verlesen lassen. Die Folge sei ein »peinliches Zusammensinken der Brüder« gewesen.[30] Statt Verärgerung hatte Hitler also nur herablassenden Spott für Niemöller übrig.

Es ist ohnehin nicht so, dass Hitler selbst die treibende Kraft hinter dem Verfahren gegen Niemöller war. Dagegen spricht bereits, dass Hitler nach dem Wahlerlass rasch das Interesse an kirchenpolitischen Angelegenheiten verlor und mit Blick auf die Reaktion im Ausland eine direkte Konfrontation mit der Bekennenden Kirche scheute. Die Initiative für das Verfahren gegen Niemöller ging vielmehr von Reichskirchenminister Kerrl aus. Die Vertreter aller beteiligten Behörden stimmten aber darin überein, dass für die Verhaftung Niemöllers die Zustimmung Hitlers eingeholt werden müsse. Theo Gahrmann, der für die Beobachtung der protestantischen Kirchen im SD-Hauptamt zuständige Referent, notierte am 2. Juni, dass der Gestapo zufolge »die Entscheidung über die Verhaftung Niemöllers dem Führer vorliege«. Aus seiner Sicht bedeutete angesichts »der sich immer mehr steigernden hetzerischen Tätigkeit des Pfarrers Niemöller [...] jeder Tag, solange Niemöller noch nicht verhaftet ist, einen ungeheuren Prestigeverlust des Dritten Reiches«.[31]

Die Entscheidung, Niemöller zu verhaften, fiel schließlich Ende Juni 1937. Der Weg dahin lässt sich aus der Perspektive Niemöllers am besten anhand von Aufzeichnungen erhellen, die Mitglieder seiner Gemeinde zu den drei offenen Abenden dieses Monats anfertigten, die Niemöller in der jeweils voll besetzten Jesus-Christus-Kirche abhielt. Darin wird über eine hektische Abfolge von Geschehnissen berichtet und über einen Niemöller, der mutig auftritt, keine Furcht zeigt und zu erkennen gibt, dass er um die drohende Verhaftung weiß.

Am Montag, dem 7. Juni, listete Niemöller die 16 Redeverbote, 22 Ausweisungen und 11 Verhaftungen auf, die in jüngster Zeit gegen Pfarrer der Bekennenden Kirche ergangen waren. Er berichtete von stundenlangen Vernehmungen durch die Staatsanwaltschaft, ohne dass bisher eine Anklage erhoben worden sei. Da der Führer mehrfach versichert habe, dass der »Lebensraum« der evangelischen Kirche nicht eingeengt werden solle, könne man ihm kein staatsfeindliches Handeln vorwerfen, »wenn er darum kämpfe, daß das deutsche Volk ein christliches Volk bleibt«. Niemöller kritisierte offen die »Einschüchterungsmethoden« der Gestapo. Anstatt die Pfarrer der Bekennenden Kirche zu attackieren, lade sie deren Büroangestellte zum Verhör vor.[32]

Am 21. Juni berichtete Niemöller über die Geschehnisse nach dem vorangegangenen offenen Abend. Assessor Chantré habe mit anderen Gestapo-Leuten in einem Café am Thielplatz gesessen und sich dort von »Inhabern roter Karten« – also Mitgliedern der Bekennenden Gemeinde – über das von Niemöller Gesagte berichten lassen. Die Teilnehmer des offenen Abends, die um 22 Uhr »erregt« aus der Kirche gekommen seien, hätten sich Mitgliedern von SA und HJ gegenübergesehen, die »provozieren« wollten. Offenbar, so vermutete Niemöller, suchten sie einen Vorfall zu inszenieren und ihn unter dem Vorwand, er sei in seiner Gemeinde »nicht mehr sicher«, in »Schutzhaft« zu nehmen. Er berichtete von weiteren Verhaftungen von Pfarrern, schilderte aber auch den Mut der Frau von Hans Asmussen, der sich auf Anraten Niemöllers bereits versteckt hielt. Sie habe Chantré erklärt: »Sie können mich einsperren, soviel sie wollen, wo mein Mann ist, erfahren sie von mir nicht.« Schließlich prangerte er eine Verordnung Kerrls vom Februar 1937 an, nach der die öffentliche Bekanntgabe von Kirchenaustritten strafrechtlich verfolgt werde: »Um den Kampf der Gottlosen zu erleichtern, wird die Abkündigung der Kirchenaustritte verboten.« Genau dies aber hatte Niemöller – im Einklang mit einem Beschluss des altpreußischen Bruderrates – verschiedentlich in seinen Gottesdiensten getan. Gegen Ende des offenen Abends forderte er die Gemeinde auf, zwei Männer, die er für Spitzel hielt, am Verlassen der Kirche zu hindern, da sie das Gesagte sogleich an Ludwig Chantré berichten würden.[33]

In der folgenden Woche überschlugen sich die Ereignisse. Am 23. Juni versammelten sich die Mitglieder des altpreußischen Bruderrats in der Friedrichswerderschen Kirche in Mitte und nicht in Dahlem, wo das Gemeindehaus von Gestapo-Leuten umstellt war. Doch bald nach Beginn der Sitzung drangen Gestapo-Beamte in die Kirche ein, verhafteten acht Mitglieder des Bruderrats und der VKL und beschlagnahmten Akten. Neben Präses Koch und dem untergetauchten Asmussen war Niemöller nun das letzte noch nicht verhaftete Mitglied des Bruderrats der Kirche der ApU.

Auf dem offenen Abend am 28. Juni, dem Montag nach seiner letzten Dahlemer Predigt, berichtete Niemöller davon und von einer mehrstündigen Vernehmung durch den Berliner Generalstaatsanwalt Ernst Lautz nach dem vorherigen Montagabend. »Wird die B.K. verboten werden?«, fragte Niemöller. Er glaube es nicht, aber wenn es geschehe, »so wird doch die Kirche Jesu Christi darum nicht vernichtet«. Niemöller verglich die Situation mit der

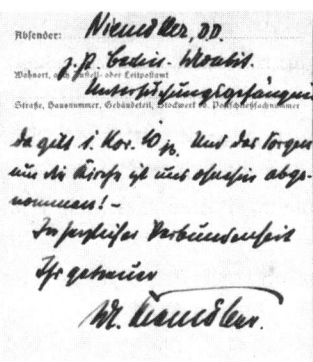
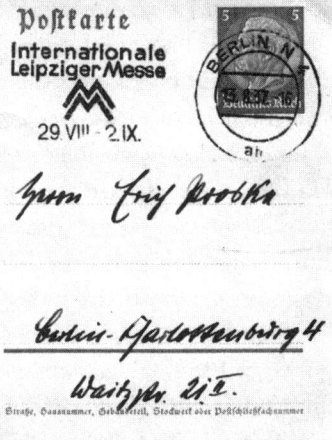

Diese Karte schrieb Niemöller aus der U-Haft an Erich Proske, einen guten Bekannten aus der Dahlemer Gemeinde. Er hält darin optimistisch fest: »Gott sei Dank: es geht mir gut, und ich sehe die Sache zunächst mal als eine verdiente Ausspannung an, dann aber auch als Gelegenheit, selbst aus Gottes Wort zu schöpfen und dadurch innerlich erfrischt zu werden. Und endlich tut meiner drängend ungeduldigen Seele solch eine Zwangsschulung in der Geduld auch gut. Ich bin also nach diesen 6 Wochen besser dran als vorher, und freue mich über jeden Tag, wenn er kommt und wenn er geht.«

von Frontsoldaten im Krieg, denen vor dem Angriff das Herz wild schlägt. War man aber »einmal im Kampf drin, so war man vollkommen ruhig«. Mit einer gemeinsamen Fürbitte für die Gefangenen aus dem Kreis der Bekennenden Kirche verabschiedete er sich an diesem Abend von seiner Gemeinde.[34]

Am 29. Juni reiste er nach Wiesbaden und hielt dort mehrere Vorträge. Am 30. traf er sich kurz entschlossen in Bielefeld mit seinem Bruder Wilhelm, Friedrich Bodelschwingh und den Bischöfen Meiser und Wurm. Zurück in Dahlem wurde er am Morgen des 1. Juli in seinem Pfarrhaus von der Gestapo festgenommen und gegen Mittag in das Untersuchungsgefängnis in Moabit verbracht. Währenddessen durchsuchte die Gestapo das Pfarrhaus, hielt die dort versammelten Freunde – darunter Bonhoeffer und Hildebrandt – für mehrere Stunden fest und beschlagnahmte Akten und einen größeren Geldbetrag.[35] Der *Völkische Beobachter* und andere Tageszeitungen brachten am 2. Juli eine kurze Notiz, dass der »Bekenntnispfarrer« Niemöller wegen »dauernder Kanzelhetze« festgenommen und dem Richter vorgeführt worden sei.[36]

Die Verbringung in das Untersuchungsgefängnis in Moabit markierte eine tiefe Zäsur im Leben Niemöllers, allerdings weniger aufgrund der Einschränkung seiner persönlichen Bewegungsfreiheit, mit der er sich zumindest in den ersten Wochen erstaunlich gut abfand. Viel mehr beschäftigte ihn, dass er nun schlagartig zur Ruhe kam. Neben der nicht unerheblichen Arbeit in der Dahlemer Gemeinde lösten sich in seinem Tagesablauf bis dahin Besprechungen, Sitzungen und Vorträge in dichter, nie nachlassender Folge ab. Als führendes Mitglied der Bekennenden Kirche bereiste er zudem viele Teile Deutschlands. Seit dem Frühjahr 1937 brachten dann die immer häufigeren Auseinandersetzungen mit Staatsanwaltschaft und Gestapo zusätzliche Hektik in diesen Ablauf. Als er im Februar 1938 in seinem Amtskalender für das vergangene Jahr blätterte, fragte er sich erschrocken, »wie ich das überhaupt ausgehalten habe«. Für das Privatleben ließ der Kirchenkampf am Ende keine Zeit mehr. Am 24. Januar 1937 war er das letzte Mal mit Else im Kino gewesen, praktisch das einzige noch verbliebene Freizeitvergnügen des Ehepaars Niemöller.

Das »Stillgelegtsein« durch die Haft war also zumindest zunächst »gewiß kein Mangel«.[37] Und auch der Ausstieg aus dem kirchenpolitischen Alltagsgeschäft setzte Niemöller nicht zu. An Wilhelm Niesel schrieb er im August: »Und wenn man sich für noch so unentbehrlich gehalten haben mag (ich habe ja nie an Selbstunterschätzung gelitten), so bekommt man hier dafür eine recht gute Lektion.«[38] Eine dramatische Zäsur war die Haft allerdings in sozialer Hinsicht. In seiner Gemeinde, den Gremien der Bekennenden Kirche und in vielen weit über das Reich verstreuten Kirchengemeinden kam Niemöller seit 1933 mit Hunderten, ja Tausenden von Mitbürgern in Kontakt.

Niemöller war ein geselliger Mensch, der auch abseits der kirchenpolitischen Auseinandersetzungen das Gespräch suchte. Nun schrumpfte sein sozialer Radius schlagartig auf eine Handvoll Personen zusammen. Neben den Gefängniswärtern und dem protestantischen Gefängnisseelsorger waren dies – als Besucher – Else und die drei Verteidiger Niemöllers, die Dr. Horst Holstein (1894–1945) anführte.

Holstein war ein versierter Anwalt und amtierte zudem als praktizierender evangelischer Christ als Kirchenältester in der Dreifaltigkeitskirche in Berlin-Mitte. Seit 1934 hatte er auf Wunsch Niemöllers die Bekennende Kirche in vielen Prozessen vertreten. Er diente ihr aber auch als Synodaler auf wichtigen Bekenntnissynoden sowohl der ApU als auch der DEK, so etwa 1935 in Steglitz und in Augsburg.[39] Während der langen Monate der Untersuchungshaft kam Niemöller Holstein auch menschlich näher; sie wurden Freunde. In der Zeit der Einzelhaft im KZ Sachsenhausen und besonders während der sogenannten Wartestandsaffäre 1939/40 war Holstein dann als persönlicher Ratgeber für Niemöller eine zentrale Bezugsperson. In den Schreiben und Schriftsätzen Holsteins wird ein Jurist erkennbar, der neben hoher Sachkenntnis auch über sehr viel gesunden Menschenverstand verfügte und seinen stets ungeduldigen Mandanten so mehrfach vor unbedachten Vorstößen bewahrte.

Noch nach seiner Einberufung zur Wehrmacht im Juli 1940 setzte sich Holstein juristisch für die Bekennende Kirche ein. Niemöller hoffte nach Kriegsende, dass Holstein seine Fachkenntnis beim Wiederaufbau der Kirche zur Geltung bringen könne, doch dieser starb im November 1945. Wenige Wochen zuvor hatten sich die beiden noch einmal im Dahlemer Pfarrhaus getroffen. Es gibt viele gute Gründe, warum dieses letzte Wiedersehen mit Horst Holstein für Niemöller »einer von den bewegendsten Augenblicken meines Lebens« war.[40]

Der zweite Anwalt Niemöllers war Dr. Hans Koch (1893–1945). Er hatte 1937 bereits Gerhard Jacobi vertreten, den Präses der Bekennenden Kirche in Berlin. Zusammen mit Hermann Ehlers war Jacobi als Verantwortlicher für den Beschluss des altpreußischen Bruderrates zur Bekanntgabe von Kirchenaustritten angeklagt. Koch konnte einen Freispruch für seine Mandanten erreichen, und da die Bekanntgabe von Kirchenaustritten auch ein Anklagepunkt gegen Niemöller war, lag Kochs Beteiligung an dessen Verteidigung nahe. Auch Koch blieb weit über den Prozess hinaus Niemöllers Rechtsbeistand. Er schloss sich 1940 der Widerstandsgruppe um Hans von Dohnanyi und Hans Oster an, wurde im Gefolge des 20. Juli 1944 verhaftet und am 24. April 1945 von der SS ermordet.[41]

Der Dritte im Bunde von Niemöllers Anwälten, Justizrat Dr. Willy Hahn, war einer der versiertesten Strafverteidiger Berlins. Politisch konservativ und bis 1933 der DNVP nahestehend, war Hahn der Bekennenden Kirche als Laienmitglied des brandenburgischen Provinzialbruderrates verbunden. Karl Deutschmann, Vorstandsmitglied der Berliner Anwaltskammer und NS-Mitglied, hielt ihn für einen der »gefährlichsten Reaktionäre« in der Berliner Anwaltschaft, nicht zuletzt deshalb, weil Hahn auch Sozialdemokraten wie Alwin Brandes verteidigte, den früheren Vorsitzenden des Deutschen Metallarbeiterverbandes, für den er 1937 vor dem Volksgerichtshof einen Freispruch erreichte. Hahn starb 1942.[42]

Der mit großem Abstand wichtigste Gesprächspartner für Niemöller während seiner Untersuchungshaft war aber seine Frau. Else Niemöller durfte ihren Mann alle zehn Tage für eine Viertelstunde in Moabit sprechen, musste die Sprechzeiten aber jedesmal vorher beantragen. Oft brachte sie zu diesen Besuchen eines der Kinder mit.[43] Fast noch wichtiger war der briefliche Austausch. Niemöller schrieb beinahe täglich an Else, und aus jedem dieser Briefe sprechen das Bemühen um emotionale Nähe und Vergewisserung sowie die Sorge um das Wohlergehen der Kinder. Im September hatte Niemöller ein Stimmungstief, das wohl auch durch das »ewige Gezerre« der letzten Monate vor der Verhaftung bedingt war. Aber insgesamt kam er mit der Haft gut zurecht. Er führte diese Widerstandsfähigkeit auf seine »westfälische Bauernnatur« zurück.[44]

Als kurz vor Weihnachten immer noch kein Ende der Haft abzusehen war, drängte es Niemöller allerdings, eine dauerhafte Klärung der Situation seiner Familie herbeizuführen. Offenbar war dies bereits einige Male Thema der Gespräche mit Else gewesen, die stets für »Abwarten« plädiert hatte. Niemöller wollte aber nicht mehr warten, sondern konkrete Pläne schmieden. Nach seinen Vorstellungen sollten Else und alle sieben Kinder nach England übersiedeln, während sein Bruder Wilhelm nach Dahlem kommen, die Vertretung der Pfarrstelle übernehmen und den Kontakt mit ihm halten sollte. Horst Holstein und Superintendent Max Diestel würden Else Niemöller einen geeigneten Wohnort in England vermitteln. Hinter diesem Plan stand einerseits Niemöllers Sorge um die Gesundheit seiner Frau und seiner Kinder. Zum anderen fürchtete er, dass die Kinder eines Vaters in U-Haft als »Staatsbürger 2. Klasse« stigmatisiert werden könnten.[45] Doch Else unterband durch Hinhalten und Verzögern jegliche Initiative in dieser Richtung. Dies war eine Taktik, die sie 1939/40 nochmals mit Erfolg anwenden sollte, als ihr Mann die Konversion zur katholischen Kirche erwog.

11 Verhaftung und Prozess 1937/38

Weltweite Solidarität mit dem inhaftierten Niemöller

Während Niemöller in der Abgeschlossenheit seiner Moabiter Zelle Pläne für seine Familie schmiedete, erfuhr er in der Welt draußen große Anteilnahme und Solidarität. Das begann noch am Abend des 1. Juli, also wenige Stunden nach Niemöllers Verhaftung, als sich eine kleine Menschenmenge in der Dahlemer Cecilienallee vor dem Pfarrhaus versammelte. Die gemischte Gruppe – darunter Bibelschülerinnen des Burkhardthauses, einer nahegelegenen Einrichtung für die Mädchenfürsorge – ging schließlich zu einer kurzen Andacht unter Leitung von Helmut Gollwitzer (1908–1993), einem Schüler von Karl Barth, in die Annen-Kirche. Am 4. Juli gab es abermals einen von Gollwitzer geleiteten Abendgottesdienst. Damit begann die Reihe der Fürbittgottesdienste, die fortan bis 1945 täglich in Dahlem abgehalten wurden.

Fürbitte für Verfolgte hatte es bereits zuvor in der Bekennenden Kirche gegeben; Niemöller selbst hatte 1935 einige solche Gottesdienste geleitet. Neu war, dass die nun täglich geübte Praxis zur Bildung einer auf der Fürbitte basierenden Gemeinde führte, die sich schrittweise aus der offiziellen Dahlemer Gemeinde herauslöste und zum Zentrum der Bekennenden Kirche in Dahlem wurde.[46] Als Niemöller im Januar 1938 einen Gruß mit den Unterschriften der etwa 250 Mitglieder dieser »Fürbittgemeinde« erhielt, war er hocherfreut. Dies gab ihm Anlass zu der Hoffnung, dass seine Haft einen Beitrag zur Sammlung der »entfremdeten Brüder« um die »Fahne« der Synode von Barmen leisten könne. Wenn das so sei, kommentierte er, dann »›sitze‹ ich gern«.[47]

Fürbitten, Kanzelabkündigungen und andere Akte der Unterstützung und Solidarität kamen aber nicht nur aus Dahlem und von den Gremien der Bekennenden Kirche in Berlin und der altpreußischen Union.[48] Auch im Ausland gab es Proteste gegen die Inhaftierung Niemöllers. Als Erster meldete sich George Bell (1883–1958) zu Wort, der Bischof von Chichester. Bell war einer der angesehensten anglikanischen Bischöfe. »This Bell never rings for nothing« – »diese Glocke läutet niemals vergebens«, so hatte ein Beobachter bereits 1925 die Fähigkeit Bells beschrieben, seine Position und sein Ansehen in der britischen Öffentlichkeit effektiv zur Geltung zu bringen. Doch Bells Stimme zählte nicht nur in Großbritannien, sondern weit darüber hinaus. Als Präsident des Ökumenischen Rates für Praktisches Christentum leitete er die Keimzelle der sich in den 1930er Jahren formierenden ökumenischen Bewegung.[49]

Bell hatte die kirchenpolitische Entwicklung in Deutschland seit 1933 intensiv beobachtet und – von Dietrich Bonhoeffer stets zuverlässig informiert –

die Bekennende Kirche unterstützt. Auf einer seiner Informationsreisen durch Deutschland traf er sich am 29. Januar 1937 erstmals persönlich mit Niemöller. Gegen die freundlichen, aber unverbindlichen Kirchenführer Marahrens und Zoellner – »er war offenkundig viel zu alt für seinen Beruf« –, die Bell zuvor getroffen hatte, hob der dynamische und charismatische Niemöller sich wohltuend ab. Bell spürte instinktiv, dass Niemöllers Hingabe und Treue zu den Grundprinzipien seines christlichen Glaubens und sein missionarischer Impuls ungekünstelt und echt waren. Der anglikanische Bischof war, wie seine Notizen zeigen, hingerissen:

> Er war ein Mann, der vor lauter Energie brannte, aber dabei stets lächelte und freundlich war; und er war ein Mann von sehr großer Glaubensstärke. Er war nicht nur ein Kämpfer, obwohl er auch das war. Er sagte, dass der Glaube stärker sei als die Organisation, und dass es überall in der Kirche zu viel Interesse an Organisationsfragen gebe. [...] Jetzt werde die Kirche verfolgt, aber er betonte die Tatsache, dass das Leben des Christen eines voller Verpflichtungen sei. [...] Wir hätten keine glücklichere oder noch mehr erhellende Unterhaltung haben können.[50]

Nach Niemöllers Verhaftung schrieb Bell umgehend, und zwar am 2. Juli, an Rudolf Heß, den er 1935 in München getroffen hatte. Die Verhaftung des in Deutschland und im Ausland berühmten Pfarrers müsse als eine »Attacke gegen die christliche Religion insgesamt« erscheinen. Geschickt argumentierte er mit Blick auf die vom 12. Juli an in Oxford stattfindende ökumenische Weltkonferenz, dass ein solcher Akt der Aggression »zwangsläufig alle Kirchen auf Seiten der leidenden Christen in Deutschland vereinigen werde«.[51] Damit spielte Bell auf den Einfluss an, den der Druck aus der Ökumene zuvor auf kirchenpolitische Entscheidungen des NS-Regimes gehabt hatte, namentlich beim überstürzten Abbruch der Eingliederungspolitik von August Jäger im November 1934. Doch die erhoffte Reaktion blieb aus. Heß antwortete freundlich, aber bestimmt, dass Niemöller die Kanzel zur Agitation gegen den Staat missbraucht habe und dass auch er, Bell, es gewiss ablehnen würde, wenn ein Deutscher die britische Regierung wegen der Behandlung katholischer Geistlicher in Irland angreifen würde.[52]

Bell beließ es nicht bei dem Appell an die NS-Führung, sondern wandte sich mit einem Leserbrief an die Londoner *Times*, ein damals probates und oft geübtes Mittel der Beeinflussung der öffentlichen Meinung in Großbritannien. Darin nannte er Niemöller »in der ganzen Christenheit berühmt« und stellte die rhetorische Frage, ob jener »hochrangige deutsche Staatsmann«, dessen Kinder Niemöller nicht getauft habe, sich nun für den »Lehrer« seiner Kinder einsetzen werde.[53] Das bezog sich auf ein Gespräch Bells mit Joachim von Ribbentrop im November 1934. Der spätere Reichsaußenminister – ein Mitglied der Dahlemer Gemeinde – hatte Bell erzählt, dass Niemöller sich im Juli 1933 geweigert hatte, Ribbentrops jüngste Tochter Ursula zu taufen, nachdem das Ehepaar Ribbentrop in einer Unterhaltung seine Sympathien für die Deutschen Christen zu erkennen gegeben hatte.[54]

Der Leserbrief von Bell war nur ein Indiz für das sprunghaft angestiegene Interesse der britischen Öffentlichkeit an Niemöller. Waren 1935 und 1936 nur zehn beziehungsweise acht Artikel in der Londoner *Times* erschienen, die Niemöller erwähnten, stieg diese Zahl 1937 auf 33, mit Prozess und Verbringung ins KZ 1938 gar auf 53 Nennungen.[55] Im *Manchester Guardian* zeigt sich eine ähnliche Verlaufskurve der Berichterstattung über Niemöller.[56] Doch auch britische Laien unterstützten Niemöller. Eine Methodistengemeinde in Poplar im Londoner East End brachte an ihrem Gemeindehaus ein großes Plakat mit der Aufschrift »Pray for Pastor Niemöller« an.[57]

Bischöfe wie George Bell und engagierte Laien wie die Quäkerin Dorothy Buxton, welche die Bekennende Kirche vorbehaltlos unterstützten, stießen aber auch auf Widerspruch. Arthur Headlam etwa, der anglikanische Bischof von Gloucester, vertrat eine mit Rudolf Heß übereinstimmende Meinung: Niemöller sei ein Fanatiker, der zu Recht vor Gericht stehe, wenn er gegen staatliche Gesetze verstoßen habe.[58]

In der Untersuchungshaft wurde der Dahlemer Pfarrer Martin Niemöller allmählich zur international bekannten Symbolfigur der Bekennenden Kirche und des Widerstandes gegen Hitler. Das war so nicht zu erwarten gewesen, war der Stern Niemöllers zum Zeitpunkt seiner Verhaftung doch eher im Sinken, zumal nicht er, sondern Hans Asmussen der eigentliche intellektuelle Kopf der Bekennenden Kirche war. Niemöllers Stellung im Kirchenkampf gründete dagegen vor allem auf der Macht des Pfarrernotbundes. Der hatte nach seiner Gründung 1933 einen Höchststand von 7036 Mitgliedern erreicht, aber 1934 war diese Zahl durch den kollektiven Austritt von 1200 bayerischen Pfarrern bereits deutlich gesunken. 1938 gehörten dem Pfarrernotbund nur noch 3933 Pfarrer an, das waren etwa zwanzig Prozent aller im aktiven Dienst stehenden evangelischen Geistlichen.[59] Ein früheres Mitglied der BK kritisierte bereits Ende 1936 den radikalen Kurs der Verweigerung, den der Pfarrernotbund gegenüber den staatlichen Kirchenausschüssen einschlug und der maßgeblich von Niemöller bestimmt wurde. Spöttisch wies der Kritiker auf die »Art der Zusammensetzung der meisten Bekenntnis-Kirchenzellen« hin, von denen »90 % Frauen« seien, und »von diesen wiederum 90 % über

50 Jahre« alt.⁶⁰ Im Klartext lautete dieser Vorwurf: Nach vier Jahren Kirchenkampf war der von Niemöller repräsentierte bruderrätliche Flügel der BK kaum mehr als eine Versammlung älterer Betschwestern.

Dass Niemöller vom Pfarrer zum Symbol wurde, war durch solche Mäkeleien nicht zu verhindern. In der neuen Rolle schlug dieser schließlich auch jene in seinen Bann, die sich zunächst kritisch gezeigt hatten. Ein Beispiel dafür ist Hermann Klugkist Hesse, Pfarrer der reformierten Gemeinde in Elberfeld, der als Mitglied der BK bereits 1934 aus dem Amt entfernt worden war und deshalb in allen möglichen anderen Veranstaltungsräumen predigte. Sein Tagebuch vermittelt einen Eindruck, welche Verehrung Niemöller in Kreisen der Bekennenden Kirche genoss. Im November 1936 hörte Hesse Niemöller in Elberfeld sprechen, was »großartig« war, da dieser wie gewohnt »unverblümt« redete und die kirchliche Lage mit eingängigen Metaphern beschrieb.⁶¹

Verhaftung und Inhaftierung Niemöllers verfolgte Hesse mit großer Anteilnahme. Als dann im Februar 1938 der Prozess begann und die lutherische Gemeinde Elberfelds einen Bittgottesdienst für Niemöller ansetzte, wurde es ihm allmählich zu viel. Ich »bin auch der Meinung«, so notierte er, »daß wir zuviel tun und den Anschein erwecken können, als sei Niemöller die BK. Mir geht diese ganze Niemöllerei zu weit in der Menschenverehrung. Jeden Sonntag, jede Bibelstunde, jede bekenntniskirchliche Versammlung wird an Niemöller gedacht.«⁶² Doch nach der Verbringung Niemöllers in das KZ Sachsenhausen im März 1938 wich die Kritik grenzenloser Verehrung. Beim Erhalt der Nachricht war Hesse »ganz krank davon« und fragte sich, ob die Bekennende Kirche womöglich vor dem Herrn »verworfen« sei. In der Folgezeit flehte der reformierte Pfarrer, es möge »Gott doch gefallen, unsere Gebete« für Niemöller zu erhören.⁶³

Niemöller selbst wusste nicht so recht, wie er mit dem durch die Haft gewonnenen Status einer internationalen Berühmtheit umgehen sollte. Als ihn aus den USA eine Bitte um Autogramme von »weltberühmten Männern« erreichte, dachte Niemöller daran, nach seiner Freilassung eine ausgestopfte »Dublette« von sich herzustellen, die solche Anfragen erfüllen könne. Und als Else die Vorhersage von Otto Dibelius übermittelte, dass man künftig »in allen Lehrbüchern der Kirchengeschichte« von Niemöller lesen werde, meinte er, dass diese »ohnehin langweilig« seien.⁶⁴ Und damit hatte er zweifellos recht.

Die Anklage und die Strategie von Niemöllers Verteidigung

Am 13. Juli legte die Staatsanwaltschaft ihre Anklageschrift vor. Sie umfasste im Wesentlichen drei Punkte: Verstöße gegen den Kanzelparagraphen 130a des Strafgesetzbuches, der die Störung des öffentlichen Friedens durch Geistliche unter Strafe stellte. Wegen der verschiedenen Äußerungen gegen die Minister Kerrl und Goebbels erging Anklage nach dem Heimtückegesetz vom 20. Dezember 1934, das kritische Äußerungen gegen die NSDAP und die Reichsregierung unter Strafe stellte. Hinzu kamen Verstöße gegen das von Kerrl am 28. Februar 1937 erlassene Verbot einer Bekanntgabe von Kirchenaustritten.[65]

Die Verteidigung benannte unter anderem eine Reihe von Leumundszeugen, die sich entweder schriftlich oder in Vernehmungen zur nationalen Einstellung und Staatstreue des ehemaligen Marineoffiziers äußerten. Unter diesen waren neben dem Mediziner Ferdinand Sauerbruch auch Ulrich von Hassell und General Oskar von Watter, unter dessen Befehl Niemöller 1920 an der Niederschlagung der Roten Ruhrarmee teilgenommen hatte. Die Anklage hatte eine Verhandlung vor dem Sondergericht beim Landgericht Berlin beantragt. Diese Sondergerichte waren 1933 im Gefolge der sogenannten Reichstagsbrandverordnung geschaffen worden, mit der die Bürgerrechte außer Kraft gesetzt wurden. Sie sollten unter anderem zur Beschleunigung der Strafverfahren führen. Im Fall Niemöller konnte davon keine Rede sein. Zunächst wurde ein für den August geplanter Verhandlungsbeginn verschoben, offenkundig auf Druck des SD. Am 17. Januar 1938 reichte die Staatsanwaltschaft schließlich eine Nachtragsanklage ein, um ihre Position zu verbessern. Zugleich versandte das Gericht die Ladung zur Hauptverhandlung, die am 7. Februar beginnen sollte und auf acht Verhandlungstage terminiert war.[66]

Niemöller musste also sieben Monate lang auf den Beginn des Prozesses warten. Aber zum »Bitterwerden« sah er keine Veranlassung. In den vielen Zuschriften von Pfarrern und ganzen Pfarrgemeinden, die ihn auch aus den intakten Landeskirchen von Hannover, Württemberg und Bayern erreichten, sah er eine Ermutigung und ein Indiz dafür, dass das »Schiff der Kirche wieder flott geworden« sei. »Die Farbe ist lädiert, die Masten sind gebrochen, der ganze Anblick ist nicht schön; aber der Herr Christus steht noch am Steuer, und das Schiff schwimmt!«[67] Die nautische Metaphorik war kein Zufall. Denn in der U-Haft wurde Niemöllers Liebe zur Kriegsmarine »wieder leidenschaftlich lebendig«. Erst las er mit Begeisterung ein Buch des britischen Admirals John Jellicoe. Dann musste ihm Else einige Bände von Weyers *Taschenbuch der Kriegsflotten* besorgen, das einst seine jugendliche Begeisterung für die

Kriegsmarine genährt hatte. Niemöller war, wie er Else versicherte, Soldat »gewesen und geblieben«.[68]

Unterdessen rangelten hinter den Kulissen verschiedene Institutionen von Partei und NS-Staat um Einfluss auf den Prozess. Am 21. Januar rief Joseph Goebbels bei Reinhard Heydrich an. Goebbels hoffte, die Verhandlungsdauer »auf zwei Tage herabdrücken« zu können. Zu diesem Zweck solle Heydrichs SD ihm Informationen über die Richter verschaffen.[69] Am 30. Januar kamen Hitler, Gürtner und Goebbels zusammen, um den »Prozessrahmen« abzustecken. Sie entschieden unter anderem, dass der Prozess »ganz klein« durchgeführt werden solle, also ohne große propagandistische Ausschlachtung.[70] Schließlich traf sich Goebbels am 5. Februar mit einem der Staatsanwälte und Wilhelm Crohne vom Reichsjustizministerium, um eine Marschroute für den zwei Tage später beginnenden Prozess zu entwerfen. Seine Grundsätze waren klar: »möglichst kurz, harte Strafe, keine Öffentlichkeit. [...] Und frei kommt Niemöller sowieso nicht.«[71] Offenkundig hatte sich Goebbels frühzeitig bei Hitler dafür eingesetzt, Niemöller nach dem Urteil auf jeden Fall in Schutzhaft zu nehmen. Dabei konnte er auf Hitlers Zustimmung rechnen. Im Reichskirchenministerium war bereits im Dezember 1937 bekannt, dass Hitler eine Entlassung Niemöllers aus der Untersuchungshaft unterbinden werde, falls das Gericht den Haftbefehl aufheben sollte.[72]

Doch nicht alles verlief für Goebbels nach Plan. Am ersten Verhandlungstag kam es zu einem Eklat, noch bevor der Prozess richtig begonnen hatte. Direkt nach der Verlesung der Personalien des Angeklagten beantragte der Oberstaatsanwalt – wie vorher mit Goebbels abgesprochen – den Ausschluss der Öffentlichkeit. Daraufhin versuchten sowohl die Bekennende Kirche als auch Vertreter verschiedener NS- und Staatsorganisationen die Zulassung ihrer Beobachter durchzusetzen. Neben Max Diestel – als Superintendent der direkte Dienstvorgesetzte Niemöllers – ließ das Gericht zunächst noch vier weitere Kirchenvertreter zu, darunter Kurt Scharf als Vertreter des Berliner Bruderrates. Einem Antrag der Staatsanwaltschaft folgend, schloss das Gericht aber bereits am zweiten Verhandlungstag alle Kirchenvertreter mit Ausnahme von Diestel aus.[73]

Die Liste der Vertreter des Regimes war sehr viel länger und bestand aus Prozessbeobachtern des Propaganda-, Kirchen-, Justiz- und Innenministeriums, des Stabes von Rudolf Heß und der Dienststelle Ribbentrop sowie von HJ und Gestapo. Für den SD berichtete der Referent Theo Gahrmann, für das Amt Rosenberg der ordinierte Pfarrer Wilhelm Brachmann, der in der BK als »abtrünniger Theologe« galt. Brachmanns Anwesenheit bewog Niemöller am zweiten Prozesstag zu einem dramatischen Schritt: Er widersprach dem Staatsanwalt, der den Ausschluss der BK-Vertreter beantragt hatte, mit dem Hinweis, dass »antichristliche weltanschauliche Gruppen« weiter vertreten seien. Er werde seinen Verteidigern daher das Mandat entziehen. Doch das Gericht gab nicht nach, bestimmte einen Pflichtverteidiger und verschob die Verhandlung auf den 19. Februar.[74]

Immerhin kam es am ersten Prozesstag zur Vernehmung Niemöllers. Das Gericht gestattete dem Angeklagten, sich ausführlich über seinen Lebenslauf auszulassen. Das nutzte Niemöller zu einem Vortrag, der viele Elemente des Narrativs aus *Vom U-Boot zur Kanzel* wiedergab: der im Dienst für das Vaterland sein Leben riskierende Marineoffizier und U-Boot-Kapitän, der »Freikorpskämpfer« des Jahres 1920, der Theologiestudent und Pfarrer, der dem »entwurzelten deutschen Volke« dienen wollte. Er habe »seit 1924 stets die NSDAP gewählt«.[75] Das war offenkundig falsch, denn alle verfügbaren Informationen belegen, dass Niemöller erstmals am 5. März 1933 für die NSDAP gestimmt hat. Andere Elemente seiner Darstellung waren dagegen keine reinen Schutzbehauptungen. So ist etwa das Telegramm gut belegt, mit dem Niemöller Hitler 1933 zum Austritt aus dem Völkerbund gratulierte. Und wenn er zu Protokoll gab, die »Juden seien ihm unsympathisch und fremd«, dann war das angesichts seiner früheren Mitgliedschaft im rassenantisemitischen Deutschvölkischen Schutz- und Trutzbund eher eine Verharmlosung.[76]

Niemöllers Strategie, seine nationalistische Grundhaltung und seine Erfolge als Offizier und antibolschewistischer Freikorpskämpfer herauszustellen, machte nicht nur bei den Richtern Eindruck. Bereits nach zwei Prozesstagen war sich Brachmann sicher, dass der Angeklagte am Ende als ein »Märtyrer großen Stils« dastehen werde. So wie das Gericht dürfe man mit der »Freiheit keines deutschen Mannes umgehen«. Nach dem zweiten Prozesstag sei einer der Staatsanwälte an ihn herangetreten und habe ihn gebeten, der Anklagebehörde »stichhaltiges Material« gegen Niemöller zu besorgen.[77] Joseph Goebbels lud bereits für den folgenden Tag zwei Vertreter des SD zu einer Besprechung über den Niemöller-Prozess. In deren Gegenwart rief er Roland Freisler an und erkundigte sich, warum das Reichsjustizministerium seine Anweisungen nicht umgesetzt habe. Nach diesem Telefonat erklärte er, »dass eben endlich die Unabhängigkeit der Richter abgeschafft werden« müsse.[78]

Goebbels hatte nach dieser Besprechung, wie er seinem Tagebuch anvertraute, eine »Granatenwut«.[79] Das änderte 1938 aber noch nichts an der Unabhängigkeit der Richter.[80] Der Prozess wurde am 18. Februar mit der Aussage von Niemöller fortgesetzt. Zu den Anklagepunkten vernommen, wusste er Vorwürfe wegen seiner offenen Kritik an der Gestapo abzubiegen oder zurückzurücken und erwies sich dabei als »äußerst geschickter Verteidiger« seiner selbst.⁸¹ Auch die Vernehmung der Zeugen führte nicht viel weiter. Die Verteidigung präsentierte – wie bereits erwähnt – eine Reihe von bekannten Leumunds- und Entlastungszeugen und konnte anders als die Anklage, die laut dem SD-Berichterstatter nur »unbedeutende und zum Teil unbeholfene Kriminalbeamte« aufrief, »mit Zeugen von Namen [...] aufwarten«.⁸²

Am 24. Februar hielten die Staatsanwälte ihre Plädoyers. Sie forderten Einzelstrafen von insgesamt 25 Monaten Haft, die sie zu einer Gesamtstrafe von einem Jahr und zehn Monaten zusammenzogen. Die Verteidigung plädierte auf Freispruch. Dann erhielt Niemöller Gelegenheit zu einem Schlusswort. Er betonte die Bindung an zwei Eide, den Fahneneid und das Ordinationsgelübde, und seine Treue zu dem Staat, »wie ihn der Führer will«. Er habe stets nur das Christentum verteidigt und seine Gemeinde aufgefordert, dasselbe zu tun. Der »Kapitänleutnant Niemöller« von früher stehe hier als der »mit seiner ganzen irdischen Existenz im nationalen Ehrgefühl gewurzelte und verwurzelte Pfarrer Martin Niemöller« vor dem Gericht.⁸³ Das war keine Schutzbehauptung. Denn Niemöller hatte erst am 26. Januar 1938, einen Tag, bevor der »alte Herr in Doorn« Geburtstag hatte – für den er offenkundig sentimentale Gefühle hegte –, in einem Brief an Else deutlich gemacht, wo er politisch stand: Er fühle sich heute »noch als ebenso braver und vaterländischer deutscher Mann wie bei meiner Beförderung zum Kaiserlichen Leutnant vor 25 Jahren«.⁸⁴

Niemöller hatte das Gericht mit seiner betont nationalen Haltung und Einstellung ganz offenkundig für sich eingenommen. Bereits am fünften Verhandlungstag stellte der Vorsitzende Richter Robert Hoepke anerkennend fest, alle im Saal hätten den Eindruck gewonnen, dass Niemöller eine »Kämpfernatur« sei.⁸⁵ Am 2. März verkündete das Gericht das Urteil. Es sah in den verschiedenen Vorträgen und Niemöllers Äußerungen bei den Dahlemer Montagabenden einen fortgesetzten Verstoß gegen den Kanzelparagraphen 130a. Den Tatbestand der Heimtücke sah das Gericht aber nicht als gegeben an. Mit Blick auf die Bekanntgabe von Kirchenaustritten bestätigte das Gericht einen Verstoß gegen die sogenannte Reichstagsbrandverordnung vom 28. Februar 1933. Bei der Strafzumessung würdigte es ausdrücklich Person und Charakter des Angeklagten, dessen Werdegang es eingangs in direkten Anleihen bei dessen eigenem Narrativ des Wandels *Vom U-Boot zur Kanzel* geschildert hatte. Niemöller sei ein »verdienter Offizier«, der eine »starke vaterländische Gesinnung« zeige, und, wie in der Verhandlung deutlich geworden sei, ein »Mann von unbedingter Wahrheitsliebe«. Daraus konnte das Gericht folgern, dass Niemöller aus »ehrenhaften Motiven« gehandelt habe. Das Urteil lautete auf sieben Monate Festungshaft für die Vergehen gegen den Kanzelparagraphen und eine Geldstrafe von insgesamt 2000 Mark für die anderen Verstöße. Durch die Untersuchungshaft seien die Haftstrafe und ein Teil der Geldstrafe verbüßt. Der Haftbefehl wurde damit aufgehoben.[86]

Die Begründung des Urteils erfolgte unter Ausschluss der Öffentlichkeit. Diese wurde erst zu dessen Verkündung wieder zugelassen. Vor den Toren des Gerichts in Moabit hatte sich inzwischen eine Menschenmenge zum Empfang Niemöllers versammelt, jedoch vergeblich. Niemöller wurde zunächst wieder in das nahegelegene Untersuchungsgefängnis zurückgeführt. Gegen Mitternacht wurde er mit einem Wagen der Staatspolizei abgeholt und ins KZ Sachsenhausen nördlich von Berlin verbracht. Bereits am Tag vor der Urteilsverkündung, also am 1. März 1938, hatte Hitler die Verbringung Niemöllers nach Sachsenhausen angeordnet. Nach den vom SD eingehenden Berichten war schon vor der Urteilsverkündung abzusehen gewesen, dass das Gericht keine höhere Haftstrafe verhängen würde.[87] Mit der Verbringung nach Sachsenhausen war Niemöllers aktive Beteiligung an den kirchenpolitischen Auseinandersetzungen im »Dritten Reich« endgültig beendet.

Wie wir in den folgenden Kapiteln sehen werden, gewann Niemöller durch seinen besonderen Status als »persönlicher Gefangener des Führers«, durch die lange Haftdauer und die wachsende Anteilnahme christlicher Kirchen und Gruppen im Ausland bald den Ruf, ein besonders hartnäckiger Widersacher Hitlers und des NS-Regimes zu sein. Doch waren Martin Niemöller und die Bekennende Kirche tatsächlich Teil des Widerstands gegen den Nationalsozialismus? Diese Frage ist seit 1945 oft gestellt worden. Im Kern geht es dabei darum, ob die theologische und kirchliche Arbeit der Bekennenden Kirche eine politische Qualität hatte und ob sich diese nur auf die Kirchenpolitik bezog oder auf die verbrecherische Politik des NS-Regimes insgesamt. Niemöller selbst war sich der Bedeutung dieser Frage nur zu bewusst. Im September 1945 kontaktierte er Hans Ehrenberg, jenen Bochumer Pfarrer, der sich als einer der Ersten in der Bekennenden Kirche für eine entschiedene Ablehnung antisemitischer Positionen ausgesprochen hatte. Niemöller schrieb ihm nach England, wohin Ehrenberg nach der Haft im KZ Sachsenhausen 1939 emigrieren konnte. Er bat ihn, ihm eine Kopie der in der britischen Presse veröffentlichten Denkschrift der 2. VKL an Hitler vom Mai 1936 zu schicken, deren Text ihm nicht vorlag. Denn die Denkschrift sei ein »Beweis, dass der Kampf der Bekennenden Kirche politische Konsequenzen nach sich ziehen musste«, und ein Beleg dafür, dass die Protestanten nicht auf die katholische Kirche gewartet hätten, bevor sie gegen »Konzentrationslager und vergleichbare Übel protestierten«.[88]

Aus Sicht der Geschichtswissenschaft fällt die Antwort negativ aus. Weder Martin Niemöller selbst noch die Leitungsgremien des Dahlemer Flügels der Bekennenden Kirche hatten die Absicht, politischen Widerstand gegen das NS-Regime zu leisten. Solcher Widerstand, der letztlich auf die Überwindung des NS-Regimes zielte, blieb die Sache von Einzelnen wie Dietrich Bonhoeffer oder Friedrich Justus Perels. Durch die Vermittlung von Hans von Dohnanyi, dem Schwager Bonhoeffers, kamen beide seit 1938 in Kontakt mit Personen aus dem militärischen Widerstand um Ludwig Beck. Aufgrund ihrer konspirativen Widerstandsarbeit gerieten sie erst ins Visier der Gestapo, später in Haft und wurden schließlich im April 1945 von der SS ermordet.[89]

Es ist kein Zufall, dass sich Niemöller 1945 auf die Denkschrift der 2. VKL als Zeichen für eine politische Stoßrichtung seiner kirchlichen Arbeit berief. Denn die Abfassung dieser Denkschrift war jener Moment, in dem die Bekennende Kirche das in ihr durchaus vorhandene widerständige Potenzial am entschiedensten aktivierte.[90] Aber Niemöller selbst war daran, wie im vorigen Kapitel geschildert, allein mit der Entschärfung eines weitaus prägnanteren Entwurfs beteiligt. Und die für die Öffentlichkeit bestimmte Kanzelabkündigung vermied genau jene konkreten Hinweise auf die Konzentrationslager und andere Aspekte des Unrechtsregimes, die Niemöller 1945 dann so betonte.

Diese Einschränkungen mögen den Einwand herausfordern, dass Niemöller selbst doch mutig Zeugnis abgelegt habe zu den Angriffen gegen den christlichen Glauben im »Dritten Reich«. Das stimmt zweifellos. Doch ob er gegen die Usurpierung kirchenamtlicher Funktionen durch die Deutschen Christen, gegen die Einführung des »Arierparagraphen« in der Kirche oder gegen die Kirchenpolitik von Hanns Kerrl protestierte: Immer ging es Niemöller darum, Eingriffe von Staat und Partei in die Kirche abzuwehren und deren Autonomie zu sichern. Ihm kam es allein auf die Bindung der evangelischen Menschen an Gottes Wort und ihren Gehorsam gegenüber Gott an. Seine kirchenpolitischen Aktivitäten von 1933 bis 1937 erwuchsen aus dem missionarischen Grundverständnis seelsorgerischer Arbeit, das Niemöller in seiner Zeit in Münster entwickelt hatte. Nachdem er im Februar 1937 in einer Rede vor Göttinger Studenten jüngste Einschränkungen der kirchlichen Verkündigung in Wort und Schrift angeprangert hatte, machte Niemöller die Alternative deutlich:

> Es bedeutet, dass heute der Staat darüber bestimmt, wo Evangelium gepredigt werden darf und wo es nicht gepredigt werden darf. Es ist die Situation, wo die Kirche vor der Frage steht, ob sie Gott mehr gehorchen will als den Menschen. Wenn sie den Menschen gehorcht, hört sie auf, Kirche zu sein.[91]

Niemöller forderte die Studenten nicht zu Ungehorsam gegen den NS-Staat auf. Aber indem er Eingriffe in die kirchliche Arbeit öffentlich kritisierte, praktizierte er diesen selbst. Wenn man aus seinen Äußerungen einen an die Quellen angelehnten Begriff ableiten will, dann praktizierte Niemöller kirchlichen Ungehorsam.

In der fachhistorischen Diskussion der letzten Jahrzehnte hat sich ein Konsens darüber herausgebildet, dass der Begriff des Widerstands nicht inflationiert werden sollte. Er bleibt jenen Gruppen und Einzelpersonen vorbehalten, die auf eine Überwindung des NS-Regimes hinarbeiteten. Das war zu keinem Zeitpunkt Niemöllers Absicht. Will man eine der von Historikern geprägten Kategorien benutzen, dann lässt sich für Niemöller von einer gesellschaftlichen »Verweigerung« oder einem »Loyalitätsentzug« sprechen. Dessen Wirkung lag darin, dass er den »totalen Herrschaftsanspruch« des NS-Staates in einem gesellschaftlichen Teilbereich – hier: der evangelischen Kirche – effektiv einschränkte.[92] Mit Blick auf Niemöller ist dabei die Einschränkung wichtig, dass sich seine Verweigerung vornehmlich auf die Kirchenpolitik des Regimes bezog und weniger auf dessen weltanschauliche Grundlagen.[93] Wie sein Auftreten im Prozess 1938 noch einmal deutlich machte, gab es vielfach Überschneidungen zwischen der nationalprotestantischen Grundhaltung Niemöllers und der Volksgemeinschaftsideologie des NS-Regimes. Das wurde gerade an seinem Bekenntnis zur Antipathie gegen die Juden deutlich, das der Sache nach einer Verharmlosung seines eigenen Antisemitismus gleichkam. Der Vergleich mit Bonhoeffer macht den Unterschied deutlich. Dieser hatte bereits 1933 in seinem berühmten Aufsatz »Die Kirche vor der Judenfrage« die Notwendigkeit für ein Einschreiten der Kirche im Fall der »Rechtlosmachung irgendeiner Gruppe von Staatsuntertanen« diskutiert. Dann gelte es womöglich, so argumentierte Bonhoeffer ganz konkret mit Blick auf die ungetauften Juden, »nicht nur die Opfer unter dem Rad zu verbinden, sondern dem Rad selbst in die Speichen zu fallen«.[94] Einem Vorschlag von Michael Geyer folgend lässt sich Widerstand im weitesten Sinne auch als Solidarität mit Fremden verstehen.[95] Aber gerade ein solidarisches Eintreten für Menschen, die nicht der evangelischen Kirche angehörten, lag Niemöller fern. Sein fehlendes Eintreten für Deutsche jüdischen Glaubens nach 1933 zeigt das.

12
KZ-Haft als »persönlicher Gefangener des Führers« 1938 bis 1945

Als er ins KZ Sachsenhausen kam, ahnte Niemöller nicht, dass er die nächsten sieben Jahre in Haft zubringen würde. Die Einzelhaft wurde ihm bald zu einer physischen und psychischen Strapaze. Mit der räumlichen Distanz zu den kirchenpolitischen Konflikten und der Muße zur Lektüre und Reflexion entwickelte er tiefe Zweifel an der Legitimität und Verheißung der evangelischen Kirche. Als die Kirche der altpreußischen Union ihn 1939 in den Wartestand versetzen wollte, verdichtete sich diese Kritik zu dem Entschluss, zum katholischen Glauben zu konvertieren. Nur der beharrliche Widerstand seiner Frau hielt ihn davon ab, diesen Schritt zu vollziehen. Die »Wartestandsaffäre« markierte den absoluten Tiefpunkt in Niemöllers Leben. Während er im KZ beinahe vollständig von der Außenwelt abgeschnitten war, wurde er in der Welt draußen weit über Deutschland hinaus zu einem Symbol des Widerstands gegen Hitler. Diese Spannung zwischen der Glorifizierung des Häftlings Niemöller und dessen ungebrochener nationalprotestantischer Grundhaltung sollte nach 1945 für zahlreiche Irritationen sorgen. Nach dem Urteilsspruch am 2. März 1938 wurde Niemöller zunächst in das Untersuchungsgefängnis zurückgebracht. Kurz vor Mitternacht führte man ihn zu einem Pkw der Gestapo im Gefängnishof. Dort teilte ihm Ludwig Chantré mit, dass er »auf Befehl des Führers in ein Konzentrationslager verbracht werde«. Die Ankunft am Tor des KZ Sachsenhausen hat Niemöller 1946 so beschrieben:

> Ein junger SS-Offizier tritt aus der Tür der Wachstube und fängt an zu schreien: »Da ist ja endlich der seltene Vogel!«, und bald ist er von der ganzen Wachmannschaft umringt. Ich weiss nicht, was die Leute alles schreien und brüllen; wie im Traum lasse ich alles mit mir geschehen. Man schleppt mich durch die Wachstube und durch eine andere Türe wieder hinaus. Für einen Augenblick kommt es mir zum Bewusstsein, dass ich nun innerhalb des Lagers und hinter dem Stacheldraht bin; aber schon stehen wir wieder vor einem Tor; es wird geklingelt und nach einer Weile tut sich das Tor auf. Ich befinde mich in einem Innenhof vor einem langen, niedrigen Gebäude mit einer grossen Tür und vielen kleinen, vergitterten Fenstern; ein Gefängnis im Gefängnis.[1]

Niemöller wurde in die Zelle 1 des sogenannten Kommandanturarrests oder Zellenbaus gebracht, wo ihm ein SS-Wachmann die Hosenträger abnahm. Am nächsten Morgen erschien der Kommandant des Lagers, Hans Helwig, in seiner Zelle:

> Ich bin der Kommandant des Lagers. Sie sind heute Nacht hier eingeliefert worden als der persönliche Gefangene des Führers. Ich habe noch keine Instruktionen über Sie. Wie Sie sich zu verhalten haben, steht auf dieser Tafel an der Wand zu lesen.

Dann fragte Helwig den Gefangenen nach seinen Wünschen. Niemöller verlangte nach seiner Bibel, die man ihm bei der Einlieferung weggenommen hatte:

> Ich fühle, wie der Lagerkommandant unsicher wird; er hat keine Instruktionen und möchte nichts Verkehrtes tun; einen Augenblick zögert er. Dann wendet er sich an den einen SS-Mann: »Laufen Sie zu meinem Bureau und bringen Sie die Bibel, die auf meinem Schreibtisch liegt!«[2]

Der Status von Niemöller als »persönlicher Gefangener des Führers« war nicht genau definiert. Er wurde im offiziellen Schriftverkehr über den Gefangenen nicht verwendet und ist nur durch die Erinnerung Niemöllers überliefert. Allerdings konnte der SD bereits unmittelbar nach der Einlieferung Niemöllers in Erfahrung bringen, dass dieser im KZ »eine bevorzugte Behandlung« genießen würde.[3] Niemöller zählte so zu der weiteren Kategorie der Sonder- und Ehrenhäftlinge, welche die SS in Konzentrationslagern internierte. Zu ihnen gehörten überwiegend hochrangige Politiker und Würdenträger von Staaten, die im Zuge der Expansionspolitik des »Dritten Reiches« in die Fänge der SS gerieten. Ein frühes Beispiel dafür war der österreichische Bundeskanzler Kurt Schuschnigg, der nach dem »Anschluss« Österreichs im März 1938 umgehend nach Sachsenhausen verbracht wurde. Zu den persönlichen Gefangenen Hitlers zählte neben Niemöller auch Georg Elser, der im November 1939 das Attentat auf Hitler im Münchener Bürgerbräukeller verübt hatte.[4]

Ein Indiz für die herausgehobene Stellung Niemöllers unter den KZ-Sonderhäftlingen ist die Tatsache, dass Hans Lammers, der Chef der Reichskanzlei, Hitler wiederholt persönlich über Bitten um dessen Freilassung informierte. Dies gilt etwa für eine Eingabe des Dahlemer Gemeindekirchenrats vom 31. März, die auch Eberhard Röhricht unterzeichnet hatte. Lammers lud daraufhin einige Mitglieder des Gemeindekirchenrats zu einer Besprechung in die Reichskanzlei. Dabei ging es wieder einmal um die genauen Umstände jenes Telefonats von Niemöller am 25. Januar 1934, mit dem Göring beim Führerempfang so große Wirkung erzielt hatte. Lammers trug Hitler am folgenden Tag das Ergebnis der Besprechung vor. Doch dieser lehnte die Freilassung Niemöllers – wie bei allen folgenden Gelegenheiten auch – ab.[5]

Welche Gründe hatte Hitler dafür? Hinweise enthält seine Reaktion auf die von Else Niemöller handschriftlich vorgetragene Bitte, ihren Mann zum 20. Hochzeitstag und dem 50. Geburtstag des »Führers« am 20. April 1939 freizulassen. Wie Hans Lammers in seiner – ablehnenden – Antwort erläuterte, sei Hitler der Auffassung, dass Niemöller nach der Haftentlassung »sehr bald wieder der Mittelpunkt eines Kreises von Personen sein würde, die dem Nationalsozialismus feindlich gegenüberstehen« und die »Einigkeit des deutschen Volkes« gefährden würden.[6] Niemöller blieb also vor allem deshalb in KZ-Haft, weil die maßgeblich von ihm ausgehenden Aktivitäten des Dahlemer Flügels der Bekennenden Kirche der Beruhigung der Kirchenpolitik und einer Komplettierung der Volksgemeinschaft auch in religiöser Hinsicht zuwiderliefen. Diese wollte die Führungsspitze des NS-Regimes aber unbedingt erreichen, und sie nahm dafür in Kauf, dass sich Teile der evangelischen Bevölkerung und der internationalen Öffentlichkeit mit Niemöller solidarisierten.

Als sich Else, Wilhelm und Heinrich Niemöller zusammen mit Rechtsanwalt Hans Koch dafür einsetzten, Martin Niemöller aus Anlass der Goldenen Hochzeit seiner Eltern am 23. Juli 1939 zu beurlauben, lehnte Himmler diese Bitte rundweg ab, da selbst eine kurzfristige Beurlaubung die »Beruhigung« der aufgeregten Erörterungen »erschweren würde«. Zudem würde die ausländische Presse – insbesondere die der deutschen Emigration – darin eine propagandistisch verwertbare »Unsicherheit der Staatsführung« sehen. Ein Beamter der Reichskanzlei gab jedoch zu bedenken, dass eine solche Geste nicht nur in kirchlichen Kreisen »Dankbarkeit« auslösen würde und damit innenpolitisch vorteilhaft sei.[7] Hitler, der auf dem Obersalzberg über das Gesuch informiert wurde, reagierte abermals ablehnend, was Lammers bereits vermutet hatte.[8] Er untersagte zudem jegliche Nachprüfung seiner Entscheidung zur Inschutzhaftnahme Niemöllers durch andere Instanzen des »Dritten Reiches«.[9] Im Februar 1941 gab Himmler in einem Gespräch mit dem norwegischen Bischof Eivind Berggrav – der nach der deutschen Besetzung des Landes zu einem Symbol des Widerstands wurde – einen weiteren Einblick in die Gründe, warum Niemöller bis Kriegsende in Haft blieb: »Weil er dafür gesorgt hat, daß seine Predigt in England gegen uns verwandt wurde. [...] So etwas ist Verrat. Das dulden wir nicht.«[10]

Freilassung durch einen Revers?

Wäre Niemöller freigekommen, wenn er eine Unterlassungserklärung unterzeichnet und damit auf weitere kirchenpolitische Interventionen verzichtet hätte? Genau diese Frage hatte sich Niemöller kurz vor Weihnachten 1937 selbst gestellt. War die Untersuchungshaft vielleicht nur »eine Art Beugehaft«, mit der das NS-Regime ihn zur Unterzeichnung einer »Loyalitätserklärung« zwingen wollte? Niemöller bat seine Frau, ein Gespräch mit Justizminister Gürtner zu arrangieren, das hinsichtlich der Bedingungen Klarheit bringen sollte. Wenn tatsächlich eine Unterschrift von ihm verlangt werde, dann »werden wir uns mit viel Geduld wappnen müssen«, schrieb er an Else – ein Indiz dafür, dass Niemöller zu diesem Zeitpunkt nicht bereit war, einen solchen Revers zu unterschreiben.[11] Direkt nach dem Urteil und der Überführung nach Sachsenhausen kam diese Frage wieder auf. Der *Manchester Guardian* berichtete am 4. März 1938, dass Niemöller erst entlassen würde, wenn er den Behörden mit einer »Verpflichtungserklärung« versicherte, dass er »seine Prinzipien fallenlasse«. Dem Bericht zufolge zirkulierte in Kreisen der Bekennenden Kirche bereits während des Prozesses das Gerücht, dass Niemöller auf diese Weise seine Freilassung erreichen könne. Er habe dies aber abgelehnt.[12]

Wenn dieses Gerücht zutrifft, so hatte Niemöller nach nur zwei Monaten Haft in Sachsenhausen seine Meinung geändert. Am 6. Mai suchte ihn dort Admiral a. D. Wilhelm von Lans (1861–1947) auf, der als Kommandeur des I. Geschwaders der Hochseeflotte bis 1915 sein Geschwaderchef gewesen war und seit der Pensionierung in Berlin lebte. Lans legte Niemöller nahe, eine Erklärung abzugeben, »die es nach seiner Ansicht der Geheimen Staatspolizei ermöglichen würde, meine Schutzhaft aufzuheben«. Dies war für den inhaftierten Pfarrer eine überraschende Wendung. Denn noch Anfang April hatte man ihm in der Berliner Gestapo-Leitstelle auf die Frage nach der Dauer seiner Haft versichert, das hinge davon ab, wie sich »draußen die Pfarrer und Gemeinden verhalten würden«. Er selbst könne nichts weiter tun, als auf seine »Freunde beruhigend zu wirken«.

Niemöller war nach dem Besuch von Lans bereit, dem Regime entgegenzukommen. In Bezug auf den Kanzelparagraphen habe er bei einer Vernehmung in der Gestapo-Leitstelle am 4. März 1938 zu Protokoll gegeben, dass er bei künftig etwa auftretenden Konflikten zwischen seinen Pflichten als Geistlicher und Staatsbürger stets der »Staatspolizei Mitteilung« geben wolle. Er habe »keinen andern Wunsch und kein anderes Ziel«, als mit der Verkündigung des Evangeliums »meinem Volk zu dienen«. Dass ich mir »auch meiner *Liebe* zu Volk und Reich bewußt bin und sein werde«, so erklärte Niemöller weiter, habe er ja bereits vor Gericht »ausführlich dargelegt«.[13] All dies legte Niemöller in einem Schreiben an den Kommandanten des KZ Sachsenhausen nieder, das mit Gewissheit in die Hände der Gestapo gelangt ist.[14]

Lange nach 1945 hat Wilhelm Niemöller behauptet, sein Bruder habe das Ansinnen von Admiral Lans, einen Revers zu unterschreiben, abgelehnt.[15] Diese Fehlinformation ging aller Wahrscheinlichkeit nach ausnahmsweise nicht auf seine emsigen Bemühungen zurück, eine Heldenlegende für seinen älteren Bruder zu stricken, sondern darauf, dass dieser ihm bei einem Treffen am 29. August 1938 in diesem Punkt nicht die ganze Wahrheit gesagt hatte. Für jenen Tag bekam Wilhelm ganz überraschend eine Sprecherlaubnis in Sachsenhausen. Seinen Notizen zufolge lächelte sein Bruder Martin während dieser Zusammenkunft »beinahe verschämt« bei der Mitteilung, Familie und Freunde hätten »nicht die geringste Sorge«, dass er einen solchen Revers unterschreiben könnte.[16] Allein die Nachricht, der sonst so prinzipienfeste Niemöller sei bereit, einen Revers zu unterschreiben, hätte damals Schockwellen durch die Bekennende Kirche gesandt.

Es blieb nicht bei der brieflichen Bitte Niemöllers, seine Freilassung durch eine Unterlassungserklärung zu erwirken. Hinter den Kulissen setzten sich auch seine Marinekameraden dafür ein. Lans agierte dabei in Verbindung mit Admiral Erich Raeder, der als Oberbefehlshaber der Kriegsmarine eines der führenden Mitglieder der militärischen Elite des »Dritten Reiches« war. Raeder hatte Niemöller, das wird aus einem Schreiben von Else deutlich, 1936 beschworen, die Kirchenausschüsse mitzutragen und damit an der Befriedung der Kirchenpolitik mitzuarbeiten. Raeders Engagement für Niemöller war aber offenbar nicht frei von Widersprüchen, denn Else Niemöller beklagte sich auch darüber, dass sich der Admiral gegenüber dem Bundesführer der deutschen Pfarrervereine ehrabschneidend über ihren Mann geäußert habe.[17] Dennoch versuchte Raeder hinter den Kulissen die Bedingungen für eine Freilassung Niemöllers zu erkunden. Wie er das tat, wollte er Else Niemöller nicht verraten, versicherte ihr aber, dass er den Nutzen der evangelischen Kirche im Blick habe.[18] Raeder führte vermutlich persönliche Gespräche mit Hitler oder anderen führenden NSDAP-Funktionären.[19] Im Januar 1939 teilte er Heinrich Niemöller allerdings mit, dass seine gemeinsam mit Lans unternommenen Aktivitäten »zu Gunsten« des Sohnes Martin erfolglos geblieben seien.[20] Zur gleichen Zeit äußerte Hitler im Führerhauptquartier, Raeder könne sich aus »alter Marinetreue« noch so sehr für Niemöller einsetzen, »er bliebe hart wie Eisen« und würde diesen »nicht mehr in die Freiheit lassen«.[21]

Die Frage eines möglichen Reverses sorgte 1938 in den Kreisen der Bekennenden Kirche für erhebliche Unruhe, zumal als dies ein Thema in der internationalen Presse wurde. Im Juli 1938 publizierte die Londoner *Times* einen Leserbrief von Arthur Headlam, dem anglikanischen Bischof von Gloucester. Dieser wiederholte darin nicht nur seine bekannte Ansicht, dass Niemöller aufgrund seiner Verstöße gegen staatliche Gesetze zu Recht inhaftiert sei. Er behauptete auch, man habe ihm signalisiert, Niemöller könne freikommen, wenn er darauf verzichte, die Kanzel für politische Zwecke zu nutzen.[22] Die Behauptung erregte »erhebliches Aufsehen«, da Headlam Kontakte in Berliner Regierungszirkeln unterhielt. Hans Böhm, seit März 1936 das für ökumenische Fragen zuständige Mitglied der 2. VKL, versuchte umgehend, von Headlam Auskunft über seine Quelle zu bekommen, allerdings ohne Erfolg.[23] Wilhelm Niemöller verwahrte sich von der Kanzel der Dahlemer Jesus-Christus-Kirche, wo er wiederholt in Vertretung seines Bruders predigte, in einer improvisierten Kanzelabkündigung gegen Headlams Behauptung. Als schließlich in der Öffentlichkeit Gerüchte die Runde machten, Niemöller werde bald freigelassen, verbot das Propagandaministerium der Presse 1939 wiederholt jegliche Berichterstattung über den Fall Niemöller, weil man dem Ausland keinen »neuen Stoff« zu dem inhaftierten Pfarrer liefern wolle.[24] Niemöller selbst blieb von diesen Spekulationen unberührt. Im März 1939 notierte er nach einem Gespräch mit seiner Frau, dass er auf deren Frage nach einem Revers »nur antworten konnte: ich weiß von nichts«.[25]

Hitler und Goebbels stimmten Ende 1940 darin überein, dass Niemöller gut behandelt werden müsse, um nicht als »Märtyrer« zu erscheinen. Aber eine Entlassung komme »nicht in Frage«.[26] Else Niemöller ließ allerdings auch in den folgenden Jahren nicht darin nach, sich für die Freilassung ihres Mannes einzusetzen. Sie wurde unterstützt von dem württembergischen Landesbischof Theophil Wurm, der an Niemöllers Schicksal regen Anteil nahm und dies Else auch wissen ließ. Im Juni 1943 unternahm Wurm mit einem Schreiben an Heinrich Himmler abermals einen Versuch, die Bedingungen für eine Freilassung Niemöllers zu erkunden. Die von Ernst Kaltenbrunner, dem Chef des Reichssicherheitshauptamtes, gezeichnete Antwort nannte als Bedingung dafür, dass Niemöller »nicht unter religiösem Deckmantel den Aufbau nationalsozialistischer Volksgemeinschaft« stören würde. Aber das war, wie Wurm rasch erkannte, nur eine Ausflucht. Denn als der Bischof sich anbot, Niemöller persönlich von der Unterzeichnung eines solchen Reverses zu überzeugen, erhielt er umgehend die abschlägige Antwort, dass dessen Freilassung nicht in Betracht komme.[27]

Im KZ Sachsenhausen lebte Niemöller in einer Einzelzelle im sogenannten Zellenbau. Die mit einer Mauer umgebene T-förmige Anlage diente mit ihren achtzig Zellen als Lager- und Gestapo-Gefängnis innerhalb des KZ. Neben

Niemöller waren dort auch andere Sondergefangene untergebracht, etwa Georg Elser oder von 1940 an der polnische Weihbischof Władysław Goral. Niemöller war von den anderen Gefangenen streng isoliert. Im Gegensatz zu den normalen KZ-Häftlingen musste er nicht arbeiten und war keinen Misshandlungen oder Demütigungen durch die SS-Männer ausgesetzt.[28] Auch sein Umgang mit den SS-Männern im Zellenbau war auf ein Minimum reduziert. Die Häftlinge des Lagers bekamen Niemöller nur zu sehen, wenn Häftlingspfleger ihn medizinisch versorgten oder er etwa zu einer Zahnbehandlung ins Krankenrevier gebracht wurde.[29] Auf dem Rückweg von der Kommandantur, wo die Zusammenkünfte mit seiner Frau stattfanden, sah Niemöller zweimal Heinrich Grüber, der seit 1938 eine Hilfsstelle für nichtarische Christen organisiert hatte, und den ostfriesischen Pfarrer Gerhard Bockeloh beim Appell »im Glied stehen«.[30] Ansonsten war er nur als Ohrenzeuge über das Geschehen im Lager informiert: Im Hof des Zellenbaus wurden die körperlichen Lagerstrafen vollzogen, sodass Niemöller die Schreie der an Bock und Pfahl gemarterten Mithäftlinge hören konnte.[31] Seine Zelle lag gleich rechts neben dem Eingang in den Zellenbau. Nach Niemöllers Erinnerung war sie 3,50 × 2,20 Meter groß und ausgestattet mit einer Pritsche, einem kleinen Tisch mit Schemel und einem kleinen Regal für Geschirr. Das Klosett war in der Ecke rechts neben der Tür.[32] Einmal am Tag wurde der Gefangene für einen nachmittäglichen Spaziergang in den »Arresthof« des Lagers geführt.[33]

Besucher gab es nur wenige. Eine Ausnahme blieb der Besuch von Kurt Scharf, dem evangelischen Pfarrer der Gemeinde Sachsenhausen, seit den Anfängen der Bekennenden Kirche eines ihrer engagierten Mitglieder. Ihm gelang es, für den Karfreitag 1938 eine Besuchsgenehmigung zu erhalten. Bei dieser Gelegenheit konnte er – in einer leeren Zelle gegenüber der Niemöllers – im Beisein des Lagerkommandanten und von zwei SS-Offizieren mit Martin Niemöller das Abendmahl feiern.[34] Eine Erlaubnis zu regelmäßigen Treffen hatte nur Else Niemöller. Diese fanden einmal monatlich statt, und zwar zunächst in der Berliner Gestapo-Leitstelle am Alexanderplatz. Dabei war stets ein Assessor oder Polizeiinspektor der Gestapo-Leitstelle anwesend, seltener auch zwei oder gar drei Beamte.[35] Im Frühjahr 1939 wurden die Sprecherlaubnisse dann in das KZ Sachsenhausen verlegt.[36]

Am 26. Mai traf sich Niemöller dort zum ersten Mal mit seiner Frau und der ältesten Tochter Brigitte. Am Tag zuvor hatte Else Niemöller bei der Adjutantur Heinrich Himmlers, wo man sie »sehr zuvorkommend« behandelte, erfahren, dass sie ihre Kinder über 17 Jahren mitnehmen dürfe. Allerdings kullerten Brigitte »bei dem Anblick ihres Vaters in Sträflingskleidung die Tränen aus den Augen«.[37] Auch für Else Niemöller war dies ein neuer Anblick, denn zur Gestapo hatte man ihren Mann stets in ziviler Kleidung gebracht. Sie fand es allerdings »viel ungezwungener«, die Sprecherlaubnis im Lager abzuhalten, und hatte sich an die Häftlingskleidung bereits nach einigen Minuten gewöhnt.[38] Seit August 1939 erhielt sie – wohl in Reaktion der Gestapo auf eine ihrer Eingaben – alle zwei Wochen eine Sprecherlaubnis.[39] Auf dem Weg von Dahlem bis zum Lagertor war Else zumeist in Begleitung eines jener jungen Theologen, die in der Dahlemer Gemeinde in Vertretung ihres Mannes tätig waren. Dazu zählten neben Hans Peter Jessen vor allem Wolfgang Saß, der seit dem Sommer 1937 als Hilfsprediger in Dahlem arbeitete, und Helmut Gollwitzer, der seit April 1938 mit der Vertretung Niemöllers beauftragt war. Für die etwa zwei Kilometer lange Strecke vom S-Bahnhof Oranienburg bis zum KZ besorgten sich Else Niemöller und ihr jeweiliger Begleiter zuweilen eine Pferde- oder Autodroschke. Doch zumeist legten sie diesen Weg zu Fuß zurück.[40]

Von März 1939 an legte Niemöller zu jedem Treffen mit seiner Frau ein ausführliches, oft drei oder vier Seiten langes handschriftliches Protokoll an. Er begann damit unmittelbar nach der Rückkehr in seine Zelle – das Gespräch mit Else fand meist um die Mittagszeit statt – und verbrachte zuweilen noch ein oder zwei weitere Tage damit, seine Notizen zu vervollständigen. Diese Niederschriften zeigen, dass die Gespräche zwischen Niemöller und seiner Frau nach einem relativ festen Muster abliefen und die beiden dabei »planmäßig« vorgingen.[41] Zunächst tauschten sie sich über das gegenseitige Befinden und etwaige Neuigkeiten über jene Dinge aus, die Niemöller 1939 und 1940 am meisten beschäftigten und die wir gleich ausführlicher besprechen: die Versetzung in den sogenannten Wartestand und die geplante Konversion. Darauf folgte Elses Bericht über die sieben Kinder, dem Alter nach in absteigender Reihenfolge. Dann ging es um Dora und Anni, die beiden Hausmädchen, ohne deren unermüdliche Unterstützung Else nicht in der Lage gewesen wäre, den Pfarrhaushalt weiter zu führen. Dann folgten in steigender Zahl – zumal seit Beginn des Zweiten Weltkrieges – »Todesnachrichten«, Berichte von den »Kranken«, und am Ende trug Martin seiner Frau Grüße für enge Freunde und viele Mitglieder der Dahlemer Gemeinde auf.[42]

Für das erste Jahr der KZ-Haft, also die Zeit vor dem Beginn dieser Niederschriften, sind wir vor allem auf die Briefe an seine Frau als Quellen für Niemöllers Gemütszustand angewiesen. Sie lassen erkennen, dass ihm die Einzelhaft in Sachsenhausen von Beginn an sehr viel mehr zusetzte als die wie im Fluge vergangene Zeit der U-Haft. Das lag zum einen an gesundheitlichen Problemen. Über mehrere Monate hinweg litt Niemöller sehr unter ständig wiederkehrenden neuralgischen Kopfschmerzen. Als ihr Mann im Februar

1939 brieflich von Sehstörungen als Folge der Neuralgie berichtete, wandte sich Else an Heinrich Himmler. Sofort wurde der Lagerkommandant Hermann Baranowski eingeschaltet, der vom Lagerarzt einen Bericht anforderte. Zusammen mit dem Protokoll einer Vernehmung Niemöllers über seinen Gesundheitszustand legte der Adjutant Himmlers diesen Bericht Else Niemöller persönlich vor, um ihre Bedenken zu zerstreuen.[43] Diese Bemühungen zeigen, welchen Aufwand das NS-Regime betrieb, um negative Berichte über den »persönlichen Gefangenen des Führers« zu vermeiden.[44]

Aber körperliche Beschwerden waren nur ein Teil von Niemöllers Problemen. Weitaus wichtiger war, dass mit der Verbringung ins KZ jede Aussicht auf eine baldige Entlassung aus der Haft geschwunden war. Und das setzte dem Gefangenen enorm zu. Es mangele ihm, so schrieb er Else schon im Juli 1938, »an der seelischen Fassungskraft, ich halte es einfach nicht mehr aus«. Diese emotionalen Probleme belasteten auch die wenigen Stunden, die Niemöller für die Gespräche mit Else hatte. Es kam schließlich so weit, dass er sich »nur in der Zelle geborgen« fühlte und manche Zusammenkunft ohne echte Aussprache verstrich.[45] Die »Gegenwart ist kein Leben«, notierte Niemöller im August 1938, und es zeigte sich, dass er »eigentlich nur noch in der Vergangenheit« lebte. Er verfasste Aufzeichnungen über seine Kindheit und vertiefte sich in Bücher über die Kriegsflotten, die er zuletzt als junger Mann gelesen hatte.[46]

Im Februar 1939 schrillten bei Else die Alarmglocken, als Martin ihr mitteilte, dass sein Leben eigentlich nicht mehr sei »als ein freilich arg in die Länge gezogenes Sterben«.[47] Umgehend versicherte sie ihm, wie besonders »liebevoll« er bei ihrem letzten Besuch gewesen sei, und ermahnte ihn, sich »nicht allzu viel mit Todesgedanken« zu beschäftigen, auch wenn sie verstehen könne, dass seine Lage dies »so mit sich bringt«. Offenkundig fürchtete Else, dass ihr Mann sich mit dem Gedanken an einen Freitod trug. Zur Ablenkung solle er täglich eine Viertelstunde auf »frohe und dankbare Gedanken« für sie selbst und die sieben Kinder verwenden. Dann seien schon zwei Stunden des »endlos langen Tages herum«.[48] Für den Betroffenen war dieser gut gemeinte Ratschlag Elses jedoch nicht mehr als »blasse Theorie«.[49] Vermutlich trug er sogar dazu bei, Niemöller seine problematische Lage noch deutlicher zu machen. Denn bereits nach wenigen Monaten Haft spürte er schmerzhaft, dass er »als Familienvater mehr und mehr ausgeschaltet« wurde. Da war es nur ein kleiner Trost, dass dies auch zugunsten »guter Freunde« und »getreuer Nachbarn« geschah.[50]

Letzteres war ein Hinweis auf die immer größere Rolle, die ein Kreis von engen Freunden für Else spielte. Sie standen ihr beinahe täglich als Berater in allen Lebenslagen zur Seite und unterstützten sie auch bei der Erziehung und Führung der Kinder. In den Briefen des Ehepaars Niemöller wird etwa eine »Gisela« genannte Freundin von Else erwähnt. Das war der Codename für Hans Bernd Gisevius (1904–1974), der 1933/34 beim Aufbau der Gestapo mitgewirkt hatte, seit 1938 aber in Kreisen des militärischen Widerstands aktiv war. Die Benutzung eines Tarnnamens war weise Voraussicht, denn nach dem 20. Juli 1944 musste Gisevius untertauchen. So blieb der Gestapo seine Beziehung zu Niemöller verborgen.[51]

Auch Hans Asmussen, der sehr oft im Dahlemer Pfarrhaus vorbeischaute, war Else »in allem ein treuer Berater«,[52] doch noch wichtiger wurde allmählich die ständige Präsenz von Helmut Gollwitzer, mit dem Else und die Kinder beispielsweise den Heiligabend 1938 verbrachten. Nach dem deutschen Überfall auf Polen im September 1939 wurde der Weinkeller in der Cecilienallee 61 zum provisorischen Luftschutzkeller, wo Gollwitzer zur Beruhigung der Familie für eine Weile übernachtete. »Vor allem«, so urteilte Else im April 1940 über den stets hilfsbereiten Pfarrer, »kann er ausgezeichnet mit den Jungens, und er wird sogar mit Brigitte fertig, Eigenschaften, die unserm guten Sass alle abgehen.«[53] Von allen Pfarrern und Unterstützern der Bekennenden Kirche, die in ihrem Haus tagtäglich ein- und ausgingen – im Juni 1940 notierte sie, dass es im Schnitt täglich 17 Personen waren –, kam Else Niemöller mit dem jungen Gollwitzer »am besten« zurecht, auch wenn seine Pünktlichkeit »stark zu wünschen« übrig ließ.[54]

Dass enge Freunde der Familie Else bei der Bewältigung ihres Alltags halfen, war für ihren Mann kein Problem. Zu schaffen machte ihm aber, dass seine Frau mit zunehmender Haftdauer nicht nur den Willen, sondern auch die Fähigkeit zeigte, Familie und Pfarrhaushalt in eigener Regie zu führen, dabei Verantwortung zu übernehmen und sich den Wünschen ihres Mannes zu verweigern. Das entsprach nicht dem paternalistischen Rollenbild, das Niemöller von sich selbst und von der Rolle des Ehemanns schlechthin hatte. In einem Brief aus der Untersuchungshaft hatte er noch gegen zwei namentlich nicht genannte »Lau-Männer« gewettert, deren Weichheit ihm als »deutschem Mann so gegen den Strich« ging. Wie stehen, so fragte er sich rhetorisch, solche Männer »eigentlich vor ihren angetrauten Ehefrauen« da, »deren ›Herren‹ sie doch sein sollten!«[55] Doch in der KZ-Haft wurde Niemöller ganz allmählich deutlich, dass er selbst sich gegenüber seiner Frau keineswegs als ein solcher »Herr« aufspielen konnte. Und Else Niemöller registrierte durchaus, dass die neu gewonnene Autonomie und Verantwortung, welche die Haft ihres Mannes mit sich brachte, zu einer Belastung für die Beziehung zwischen ihnen beiden werden konnten. Im August 1939 schrieb sie an Martin:

Allmählich habe ich ja auch gelernt, selbst Entscheidungen zu treffen. Ich weiß, daß das furchtbar schwer für Dich ist, und nur dies Bewußtsein läßt mich diese falsche Auffassung von Dir über mich einigermaßen ertragen.[56]

Das Bewusstsein über die Probleme Niemöllers mit der neu gewonnenen Autonomie seiner Frau und ihr damit verbundenes schlechtes Gewissen hielten Else Niemöller nicht davon ab, sich in allen wichtigen Krisen und Konflikten der Jahre 1938 bis 1941 gegen den Willen ihres Mannes zu stellen und damit Entscheidungen zu blockieren, die nicht nur für das Ehepaar Niemöller einschneidende Folgen gehabt hätten. Ein Beispiel dafür ist ihre Weigerung, mit den Kindern nach England auszuwandern. Martin Niemöller hatte diese Idee erstmals während der Untersuchungshaft aufgebracht, um seinen Kindern die Schmach zu ersparen, als Sprösslinge eines U-Häftlings gehänselt zu werden. In Sachsenhausen kam er bald wieder auf dieses Thema zurück. Anna Riethmüller – die Witwe von Otto Riethmüller, dem 1938 verstorbenen Leiter des Burckhardthauses in Dahlem, und eine Freundin der Familie – hatte das Witwengeld berechnet, das Else im Fall von Martins Tod erhalten würde. In dessen Augen war es so gering, dass eine Übersiedlung nach England mit Unterstützung von Freunden der Bekennenden Kirche die beste Option schien. Doch als er Else im März 1939 während einer Sprecherlaubnis zu einer Entscheidung drängen wollte, antwortete sie einfach: »Ich kann nicht.«[57] Und damit war das Thema für immer vom Tisch.

Wartestandsaffäre und freiwillige Meldung zur Wehrmacht

Noch sehr viel mehr Konfliktpotenzial als der Revers enthielt die sogenannte Wartestandsaffäre, auch wenn es hier in erster Linie um eine Maßnahme der kirchlichen Bürokratie ging, deren Vertreter Martin Niemöller mit Schreiben vom 2. Juni 1939 mitteilten, dass das Konsistorium der evangelischen Kirche der Mark Brandenburg ihn in den »Wartestand« versetzt habe.[58] Bereits unmittelbar nach seiner Verbringung in das KZ Sachsenhausen hatte der Evangelische Oberkirchenrat erwogen, Niemöller mit einem Disziplinarverfahren aus seiner Dahlemer Pfarrstelle zu entfernen. Das Konsistorium hatte sich diesem Ansinnen jedoch verweigert. Erst im März 1939 erging dann durch den Präsidenten des VKL, den NS-Juristen Friedrich Werner, eine seit längerem vorbereitete »Verordnung über die Versetzung von Geistlichen aus dienstlichen Gründen«. Sie ermöglichte es den Kirchenbehörden, einen Pfarrer auch ohne die mit dem Disziplinarverfahren verbundene öffentliche

Anhörung und Beweispflicht in den Wartestand – eine Art einstweiligen Ruhestand – zu versetzen. Als Begründung reichte nun der Hinweis, dass Niemöller eine »gedeihliche Führung seines Pfarramts« – so der entsprechende Passus der Verordnung – nicht mehr möglich sei, da er sich ja seit zwei Jahren in Haft befand. Dass das Verfahren eine juristische Farce war, offenbarte schon der Umstand, dass Friedrich Werner, der Urheber der Verordnung, zugleich die einzige und letzte Beschwerdeinstanz gegen deren Anwendung darstellte.[59]

Niemöller selbst war außer sich. Er schaltete sofort seine Anwälte ein, um Beschwerde einzulegen. Doch am 25. November 1939 bestätigte das Konsistorium die Entscheidung und kündigte die Versetzung in den Wartestand zum 1. Januar 1940 an. Dazu kam es letztlich nicht, da die kirchlichen Behörden bald beschlossen, diese und andere Maßnahmen gegen missliebige Pfarrer zur Befriedung der Kirche während des im September 1939 begonnenen Krieges auszusetzen. Aber das konnte der Betroffene nicht wissen. Erst im Mai 1940 teilte ihm Horst Holstein mit, dass der Beschluss ausgesetzt sei. Für fast ein Jahr lebte Niemöller also in der Annahme, dass der Wartestand beschlossene Sache sei. Er war sicher, dass er am 1. Januar 1940 seine Pfarrstelle verlieren und seine Familie aus dem Pfarrhaus exmittiert würde. Mit den Konflikten innerhalb der Kirche der ApU, die im Frühjahr 1933 begonnen hatten, war Niemöller mit dem Wartestand in große Not geraten. Die Wartestandsaffäre markierte den absoluten Tiefpunkt seines gesamten Lebens.

Niemöller konnte sich nicht enthalten, seiner ganzen Erbitterung, Wut und Desillusionierung Ausdruck zu verleihen. Er tat dies in zwei Schreiben. In einem langen Schriftsatz belehrte er Friedrich Werner nicht nur darüber, dass die von ihm ausgehende Maßnahme allen Regeln kirchlichen Miteinanders und eines geordneten Verfahrens Hohn spreche. Auch eine handfeste Verbalinjurie in Form eines »klassischen Zitats« – gemeint war Götz von Berlichingens »er kann mich im A…« – durfte nicht fehlen. Am wichtigsten aber war die Schlussfolgerung, die Niemöller aus dem Handeln von EOK und Konsistorium zog. Bei der »Landeskirche« der ApU – ein Terminus, den er konsequent in ironisierende Anführungszeichen setzte – handle es sich tatsächlich um eine rein »weltliche, von der Kirche völlig losgelöste Organisation«, die nur noch drei Aufgaben besorge: die Verwaltung eines Vermögens, das den Gemeinden als den eigentlichen Eigentümern entzogen war; die Verteilung der Umlagemittel unter Bevorzugung der Deutschen Christen und »die Beseitigung mißliebiger kirchlicher Persönlichkeiten, die der stillen Liquidation der evangelischen Kirche noch im Wege stehen«. In der Konsequenz hieß das:

> In dieser Organisation sind das kirchliche Bekenntnis und die V. U. [Verfassungsurkunde der ApU von 1922] praktisch und weitgehend auch grundsätzlich außer Kraft gesetzt. Sie ist infolgedessen für einen Christenmenschen belanglos und überflüssig.[60]

Am Ende seines Schreibens an Friedrich Werner bekräftigte Niemöller nochmals, was er dem Präsidenten des Konsistoriums, Johannes Heinrich, bereits zehn Tage zuvor, am 12. Dezember 1939, mitgeteilt hatte:

> Bis zur definitiven Entscheidung der Angelegenheit durch Ihren Auftraggeber [gemeint war der EOK] habe ich vorsorglich für mich und meine Familie den Austritt aus der »Evangelischen Landeskirche« in die Wege geleitet.[61]

Damit hatte Niemöller seine Verbindung zur evangelischen Kirche gelöst. Diese Entscheidung stand im Kontext seiner bereits länger andauernden Überlegungen, zur katholischen Kirche zu konvertieren, die wir gleich ausführlich behandeln. Aber erst die Versetzung in den Wartestand war der Anstoß dafür, aus der evangelischen Kirche auszutreten. Am 13. Dezember instruierte Niemöller seine Frau in Anknüpfung an frühere Briefe und Gespräche, nun auch für sich und die nicht religionsmündigen Kinder den Austritt aus der Kirche zu vollziehen. Wir wissen nicht genau, was Else Niemöller mit ihrem Mann besprach, als sie ihn am 21. Dezember das nächste Mal in Sachsenhausen traf. Denn ausgerechnet über diese Sprecherlaubnis liegt keine Aufzeichnung vor. In seinem Protokoll über das folgende Treffen am 4. Januar 1940 bezeichnete Martin Niemöller die Zusammenkunft im Dezember als eine »unglückliche«.[62] Zu vermuten ist, dass Else zum Austritt aus der evangelischen Kirche nicht bereit war und ihm dies auch kundtat. In dieser für ihn existenziellen Frage schien sie ihm nicht folgen zu wollen, was offenbart, dass Niemöller keine Kontrolle über seine Frau hatte.

Auf Elses Unterstützung konnte Niemöller aber in einer anderen Angelegenheit rechnen, die wie kaum eine Episode in seinem Leben weltweit für Aufsehen und Verwunderung gesorgt hat, weil sie mit der Legende vom prinzipienfesten Widerstandskämpfer so gar nicht in Einklang zu bringen war: die freiwillige Meldung zur Wehrmacht. Wir müssen sie im Zusammenhang der Wartestandsaffäre besprechen, da sie nur so zu verstehen ist. Am 7. September 1939, eine Woche nach dem deutschen Überfall auf Polen, wandte sich Niemöller mit einem von Hand geschriebenen Brief an das Oberkommando der Kriegsmarine in Berlin:

> Da ich bislang vergeblich auf meine Einberufung zum Dienst gewartet habe, obgleich ich alle erforderlichen Meldungen und Angaben als ehemals aktiver Seeoffizier seit den Zeiten der »schwarzen Reichswehr« pünktlich abgegeben habe, melde ich mich nunmehr ausdrücklich als Freiwilliger.[63]

Diese Meldung galt, so hielt Niemöller ausdrücklich fest, für »irgendeine Verwendung im Kriegsdienst«. Er verwies auf seinen aktiven Dienst im »Krieg 1914/18« und dann nochmals in den »Spartakuskämpfen im Ruhrgebiet« 1920. Seine »Crewkameraden« seien sicher bereit, über ihn – und das hieß wohl: über seine Eignung und Haltung – Auskunft zu erteilen. Das zackige Schreiben schloss mit der von Niemöller nicht zum ersten Mal benutzten Grußformel: »Heil Hitler!«[64]

Der Brief gibt bereits einige Hinweise auf die Chronologie der Erwartungen, die zur freiwilligen Meldung hinführten. Im August 1935 hatte Niemöller in Hannover einen Vortrag gehalten, in dem er dem NS-Staat ausdrücklich die Aufgabe zuwies, durch den Aufbau einer starken »Wehrmacht« für den kommenden »Existenzkampf« des deutschen Volkes gerüstet zu sein. Niemöller unterstützte, daran besteht kein Zweifel, die Aufrüstungspolitik des NS-Regimes. Als er im August 1938 Besuch von seinem Bruder Wilhelm bekam, hatte er gerade in der Zeitung gelesen – der *Völkische Beobachter* gehörte in Sachsenhausen zu seiner täglichen Lektüre –, dass sich bis Ende September alle ehemaligen Offiziere zu melden hätten. Er bat Wilhelm, dies für ihn in die Wege zu leiten, äußerte aber Bedenken, ob die Wehrmacht nach seiner anderthalbjährigen KZ-Haft auf seinen Einsatz »noch Wert lege«.[65] Es war nur folgerichtig, dass er Else während ihres Treffens am 24. August 1939 anwies, die im Pfarrhaus in einem »eisernen Kasten« aufbewahrte Mobilmachungsordre für den Kriegsfall herauszusuchen. Else war wie er überzeugt, dass mit einem »baldigen Krieg zu rechnen« sei.[66] Am 4. September teilte sie ihrem Mann brieflich mit, die Nachfrage beim Wehrbezirk habe ergeben, dass mit der Mobilmachungsordre »alles in Ordnung« sei. Und sie benutzte – nun unter dem Eindruck des gerade begonnenen Polenfeldzugs – die klassische Formel des nationalprotestantischen Diskurses, nach der das von Gott auserwählte deutsche Volk unter seiner Führung stehen werde:

> Möchte doch Gott unser geliebtes deutsches Vaterland in seinen besonderen Schutz nehmen! Wie manches Wort der Bibel bekommt nun in dieser neuen Situation wieder einen neuen Klang! Auch unser Leben, Deins, steht in seiner Hand, und Gott wird uns so führen, wie er es für gut hält. Wir müssen jetzt noch mehr wie sonst das Grübeln sein lassen.[67]

Ihr Mann sollte nicht grübeln, implizierte das, sondern handeln. Die Entscheidung zum Handeln fiel dann bei dem Treffen vom 7. September. Martin erfuhr, dass sein Bruder Wilhelm als Oberleutnant der Reserve eingezogen worden war und in Osnabrück Dienst tat. Er sprach mit Else länger über seine eigene Situation und fragte nach ihrer Meinung zu einer freiwilligen Meldung, legte auch deren »Schwierigkeiten dar«, wobei er in erster Linie an eine Zurückweisung gedacht haben mag. Von den engsten Freunden aus der Bekennenden Kirche war Jacobi »schon fort« in Polen, während Fritz Müller auf seine Einberufung wartete. Else berichtete dann, dass man »draußen« – also unter den engsten Freunden – zu dieser Frage »geteilter Ansicht« sei. Kapitän zur See Martin Schulze, ein enger Mitarbeiter aus den Anfängen des Pfarrernotbundes, und sein Anwalt Horst Holstein hatten zu einer freiwilligen Meldung geraten. Else, so die Notiz ihres Mannes, »sagte vorsichtiger, sie hätte den Eindruck, dass es doch wohl das Richtige wäre«.

Damit hatte Niemöller alle Informationen, die er für seine Entscheidung benötigte. Er bat Else noch, sich mit Walter Lohmann (1891–1955) »zu besprechen«, einem alten Kameraden aus der Crew 1910, der inzwischen als Chef der Marinehaushaltsabteilung im Oberkommando der Marine seinen Dienst tat. Dieser Kontakt sollte vermutlich die Wahrscheinlichkeit einer Annahme der freiwilligen Meldung eines KZ-Häftlings in der Marineleitung eruieren und, wenn möglich, erhöhen. Niemöller selbst wollte sich, so notierte er als Ergebnis der Aussprache mit Else, »binnen 24 Stunden entscheiden«. Er schickte seine Meldung aber noch am selben Tag ab.[68]

Wilhelm Niemöller, der vor keiner Geschichtsklitterung zurückschreckte, wenn es um das Ansehen seines Bruders ging, hat nach 1945 behauptet, es sei »sicher«, dass die »Anregung« zur freiwilligen Meldung aus der Dahlemer Gemeinde kam und dass Else sie am 7. September weitergab. Es sei »abwegig« zu behaupten, Martin Niemöller habe aus »nationalistischen und militaristischen Motiven« gehandelt. Er habe vielmehr nach einer »Freiheit« verlangt, die ihm erlaubte, »als Christ zu reden«.[69] Doch in der Notiz über die Zusammenkunft mit Else am 7. September ist mit keinem Wort von Ermunterungen aus der Gemeinde die Rede.[70]

Dass er von der Einberufung seines Bruders und Jacobis hörte, hat gewiss den moralischen Druck auf Martin Niemöller erhöht, sich für den Dienst an der Waffe bereitzustellen. Aber die Entscheidung war allein seine, mit »vorsichtiger« Unterstützung seiner Frau, die vermutlich – und nicht zu Unrecht – um sein Leben fürchtete. Diese Entscheidung war in erster Linie die eines Berufssoldaten, der im Kriegsfall nicht zögert, sein Leben für die eigene Nation zu riskieren. Dass es Martin Niemöller keineswegs um eine Befreiung aus der KZ-Haft ging, macht eine an das Gestapa in Berlin gerichtete Notiz deutlich, die er auf demselben Blatt notierte wie die Meldung an das Oberkommando der Marine:

> Ich bemerke dazu ausdrücklich, daß ich es lieber gesehen hätte, wenn diese Meldung durch unmittelbare Einberufung überflüssig geworden wäre, weil jetzt der Eindruck entstehen kann, als suchte ich auf diese Weise einen Ausweg aus dem Konzentrationslager. Daher erkläre ich von mir aus, daß ich für den Fall der Annahme meiner Meldung mich selbstverständlich sofort nach Entlassung aus dem Wehrdienst zur Fortsetzung meiner Schutzhaft zur Verfügung stellen werde.[71]

Als Else am 19. Oktober wieder nach Sachsenhausen kam, teilte der anwesende Gestapo-Assessor eher beiläufig mit, dass das Oberkommando der Wehrmacht – also nicht jenes der Marine, an das sich Niemöller gewandt hatte – die Meldung abgelehnt habe. Niemöller »war wie vor den Kopf geschlagen«, und »Else stürzten die Tränen aus den Augen«. Das lapidare, von Wilhelm Keitel gezeichnete Schreiben wurde Niemöller noch am selben Tag ausgehändigt.[72] Am 2. November erläuterte Martin seiner Frau im Gespräch den genauen Inhalt der Absage von Keitel und die vermutlichen Gründe dafür. Sie sollte seinen Anwälten auftragen, das Urteil aus dem Prozess 1938 »an zuständiger Stelle« einzureichen, gewiss mit dem Hintergedanken, dass es die ehrenhaften Motive von Niemöllers kirchenpolitischem Handeln ausdrücklich hervorhob. Dann meinte er zu Else, dass er nun »wieder genau da stände, wo wir 1919 angefangen hätten«, also vor dem Theologiestudium.[73] Das ist als ein Hinweis auf den Kontext der Wartestandsaffäre zu verstehen, schließlich erwartete Niemöller im Herbst 1939, dass er zum Jahreswechsel aus dem Dahlemer Pfarramt entfernt würde. Was lag da näher, als die Hoffnung auf eine weitere Arbeit als Pfarrer komplett aufzugeben und in seinen angestammten Beruf zurückzukehren?

Der wichtigste Grund für die freiwillige Meldung war allerdings die bereits 1938 erkennbare Absicht Niemöllers, im Kriegsfall der deutschen Nation mit dem Dienst an der Waffe beizustehen. Dass er dies als Dienst an der Nation verstand und nicht etwa als Dienst für das NS-Regime, was sich in der Praxis kaum säuberlich trennen ließ, verdeutlicht eine frühere Entscheidung Niemöllers. Am 25. Februar 1939 las er im *Völkischen Beobachter* einen Artikel von Joseph Goebbels. Der Propagandaminister geißelte darin die »Feinde des deutschen Volkes im Ausland«, die mit einer »kleinen Clique von Intellektuellen und gewerbsmäßigen Neinsagern« in Deutschland gemeinsame Sache machten. Deshalb, so Goebbels, »schwärmen die deutschfeindlichen Blätter in Paris, London und New York für Niemöller und für die Bekenntnisfront«.[74] Das ging Niemöller gehörig gegen den Strich, denn er verstand sich nicht als Feind des deutschen Volkes, sondern als ein protestantischer Nationalist. Goebbels hatte seine Ehre angegriffen, und darauf reagierte er nach den Ehrvorstellungen eines deutschen Offiziers. Noch am selben Tag teilte er Großadmiral Raeder brieflich mit, dass er fortan auf das Recht verzichte, eine Uniform zu tragen, das er beim Ausscheiden aus der Marine 1919 behalten hatte. Als eine Antwort ausblieb, erneuerte er den Verzicht im August und fügte erklärend hinzu, dies sei ein »notwendiges Erfordernis meiner Achtung vor dem Ehrenkleid«, das er getragen habe, und diene seiner »persönlichen Sauberkeit«.[75]

Niemöllers Reaktion zeigt, dass er zwei Jahrzehnte nach seinem Ausscheiden aus dem aktiven Dienst noch immer entsprechend dem Ehrbegriff des Offizierskorps dachte und handelte, und das umfasste selbstredend die Bereitschaft, im Kriegsfall dem Vaterland mit der Waffe zu dienen. Die Analyse der Erwartungen, die Niemöller 1939 zur freiwilligen Meldung veranlassten, macht diese Motivlage deutlich. Niemöller war von der Notwendigkeit des Krieges gegen Polen überzeugt, sonst hätte er nicht davon gesprochen, dass seiner Tochter Brigitte, die sich gerade mit einem Stabsarzt der Wehrmacht verlobt hatte, die »Nachrichten« darüber, »wie die Polen Krieg führen, […] gewiß das Herz schwer machen«.[76] Ohne Zweifel trug auch die Isolierung in der KZ-Haft dazu bei, dass er den Gräuelmeldungen der vom NS-Regime gelenkten Medien über die barbarischen Kampfmethoden der polnischen Armee Glauben schenkte. Aber in erster Linie folgte er hier dem Habitus eines Berufsoffiziers, der geneigt ist, dem Gegner niedere Motive zu unterstellen. In Niemöller regte sich der Instinkt eines nationalistischen Soldaten, der dem Gegner der Deutschen derartige Gräuel durchaus zutraute. Else bestätigte ihn darin, als sie im Oktober 1939 von Hauptmann Conrad Schako berichtete, einem alten Freund aus der Arbeit in den Berliner Bibelkreisen. Es werde Martin »sehr freuen« zu hören, dass man Schako für »tollkühne Unternehmungen« gegen die Polen die Spange zum EK I verliehen habe. Diese militärische Auszeichnung erhielten jene Soldaten, die bereits im Ersten Weltkrieg ein Eisernes Kreuz erhalten hatten.[77]

Der Polenfeldzug ging schnell vorüber und endete mit einem klaren Sieg der deutschen Truppen, die in dem besetzten Land eine Politik der ethnischen Säuberung einleiteten. Auch »Unternehmen Barbarossa«, der deutsche Überfall auf die Sowjetunion im Juni 1941, brachte anhaltende Erfolge und gewaltige Geländegewinne. Doch nach der verlorenen Schlacht von

Stalingrad wurde 1943 unübersehbar, dass die deutsche Kriegführung im Osten in die Defensive geraten war, und der inzwischen im KZ Dachau inhaftierte Niemöller verfiel wieder ins Grübeln. Ende April 1943 schrieb er an Else:

> Manchmal quält mich der Gedanke, dass das ganze blutige Ringen doch noch im Bolschewismus enden könnte; aber wir – Du und ich – können ja daran nichts weiter tun, als darum zu beten, dass uns und unserm Volk und Land dies furchtbare Geschick erspart bleiben möchte; und hier und da denke ich an jene Andacht, die ich vor 15 Jahren auf der Inneren Missions-Woche in Bielefeld hielt, bevor Professor Auhagen dort über seine russischen Eindrücke sprach, über Epheser 6, 11–12. Ich bin auch heute noch – und mehr denn je – überzeugt, dass der Apostel dort den einzig möglichen Weg weist.[78]

Die defensive Kriegslage des Jahres 1943 aktualisierte also jenen Antibolschewismus, den Niemöller bereits bei der Inneren Mission in Münster kultiviert hatte, deren Arbeit er als Kampf gegen den Säkularismus der »gottlosen« Kommunisten verstand. Bei der Woche der Inneren Mission in Bielefeld im Jahr 1929 hatte Otto Auhagen gesprochen, ein evangelischer Christ und Professor der Staatswissenschaft, der als Agrarexperte der deutschen Botschaft in Moskau über die verheerenden Folgen der von Stalin betriebenen Kollektivierung berichten konnte.[79] Im Einklang mit seinem Antibolschewismus griff Niemöller auch wieder auf die nationalprotestantische Lesart der Geschichte zurück, nach der es im Sinne des Apostels Paulus gelte, für das Gedeihen des deutschen Volkes und seinen Sieg im Waffengang gegen die teuflische List des Gegners zu beten (Eph. 6,11–12: »Zieht die ganze Waffenrüstung Gottes an, damit ihr gegen die Listen des Teufels bestehen könnt!«). Im Juni 1943 fasste Niemöller die Summe seiner Überlegungen in einem Brief an Else zusammen:

> In den letzten Wochen und Monaten habe ich mir oft die Frage vorgelegt, ob ich's nochmal mit einer Meldung versuchen sollte; aber das Schreiben von Keitel auf meinen ersten Versuch hin lässt mir ja keine Möglichkeit, nochmal die Initiative zu ergreifen, obgleich mir das Zusehen masslos sauer wird. Solange alles gut zu gehen schien, war es nicht halb so schwer – lassen wir das![80]

George Bell (links) und Franz Hildebrandt (Mitte) am 1. Juli 1941 vor der Kirche St Martin-in-the-Fields in London nach einem Fürbittgottesdienst für den inhaftierten Martin Niemöller. George Bell war seit seiner ersten Begegnung mit Niemöller von dessen Persönlichkeit eingenommen und der wichtigste Fürsprecher der Bekennenden Kirche im englischsprachigen Ausland. Nach Niemöllers Verhaftung hielt er zu Else Niemöller Kontakt und besuchte sie 1938 in Berlin. Am 1. Juli, dem Jahrestag von Niemöllers Verhaftung, organisierte er in diesem Jahr erstmals einen Fürbittgottesdienst für den Inhaftierten. Dies wiederholte er bis 1944 jedes Jahr und hielt dabei stets selbst die Predigt.

Als Niemöller 1943 nochmals eine freiwillige Meldung erwog, erschien sie ihm noch dringlicher als 1939, als ein rascher Sieg der Wehrmacht in Polen absehbar war. In beiden Fällen war die wichtigste Triebfeder die Bereitschaft eines nationalistisch denkenden ehemaligen Berufsoffiziers, für sein Vaterland in den Kampf zu ziehen.

Die freiwillige Meldung im September 1939 sprach sich bald herum, erst in den Kreisen der Bekennenden Kirche und dann in der Weltöffentlichkeit. Helmut Gollwitzer ermahnte seine Freunde in einem Rundbrief während der Adventszeit, dass »niemand sich wirklich in seine Lage versetzen« könne. Sei die freiwillige Meldung »auch ein Irrtum« gewesen, so solle »deshalb doch niemand an ihm irre« werden. Diese Aussage wäre glaubwürdiger gewesen, hätte Gollwitzer nicht direkt anschließend mit einigem Stolz über die Einberufung von Fritz Müller berichtet, der nun »mit einer würdigen Leutnantsuniform bekleidet« sei.[81] Offen blieb dabei, ob Müller sich nicht genauso wie sein enger Freund Niemöller freiwillig zum Dienst in der Wehrmacht gemeldet hatte, nachdem er im März 1939 seines Pfarramtes enthoben worden war.[82]

Karl Barth, der durch Freunde im Umfeld der Familie Niemöller informiert war, dementierte das Gerücht der freiwilligen Meldung Niemöllers zunächst, und dieses Dementi wurde im *Daily Telegraph* gedruckt. Nachdem er eines Besseren belehrt worden war, entspann sich ein Briefwechsel zwischen Barth und Bischof George Bell, der ebenfalls alarmiert worden war. Teile dieses Briefwechsels wurden dann im Dezember in französischen Medien abgedruckt. In einem Brief an den in Genf lebenden Ökumeniker Adolf Keller zeigte Barth eine erstaunliche Einsicht in die Mentalität Niemöllers. Dieser sei eben ein »alter Deutsch-Nationaler« und »Ordnungskämpfer gegen die Kommunisten«, welcher »der verderblichen Tradition des Großteils des deutschen Protestantismus schwerlich so entwachsen ist, wie man es wünschen möchte«.[83]

Eine niederländische Tageszeitung hatte bereits am 17. Oktober 1939 über die Meldung berichtet. Ihren Informationen zufolge war es »Vaterlandsliebe« und nicht der »Wunsch, freigelassen zu werden«, die Niemöller zu diesem Schritt bewogen hatte.[84] Auch die Londoner *Times* brachte die Meldung und bestätigte als Motiv »den Wunsch, seinem Vaterland zu dienen«.[85] Der *Observer* berief sich dann im November auf einen Bericht in der *Neuen Zürcher Zeitung*, was deutlich werden lässt, wie schnell die Meldung in der internationalen Presse die Runde machte.[86] Doch all diese Berichte waren ein laues Lüftchen im Vergleich zu dem Sturm der Entrüstung, dem sich Niemöller nach der Befreiung 1945 für seine Entscheidung vom 7. September 1939 ausgesetzt sah.

Die geplante Konversion zur katholischen Kirche

Die freiwillige Meldung ist eine wichtige Episode aus der Zeit in Sachsenhausen, nicht zuletzt da sie Niemöllers Bild in der Öffentlichkeit nach 1945 nachhaltig beeinflusste. Das beherrschende Thema der Jahre 1938 bis 1941 war allerdings die geplante Konversion Niemöllers zum katholischen Glauben. Dass er ein Katholik hätte werden können, wird offenbar als dermaßen beunruhigend empfunden, dass die bisherigen Biographen Niemöllers lieber einen großen Bogen um dieses Thema gemacht oder Allgemeinplätze wie den der »Extremsituation« im KZ als Erklärung angeboten haben.[87] Schon bei der »bloßen Erinnerung an diese Episode«, so hat Gerhard Besier treffend formuliert, »fährt dem Protestantismus noch heute der Schreck in die Glieder«.[88]

Niemöllers Konversionspläne waren eine äußerst vielschichtige Angelegenheit, die sich einfachen Zuschreibungen entzieht.[89] Bevor wir einige ihrer vielen Dimensionen darlegen, ein kurzer Blick auf die Chronologie. Wie seine Briefe an Else zeigen, setzte Niemöller sich seit August 1938 intensiv mit dem katholischen Glauben auseinander. Den Anlass dazu bot ein katholisches Messbuch, das ihm jemand zugeschickt hatte. Bei der täglichen Lektüre war er »erstaunt über den Reichtum an Gebeten und biblischen Lektionen«, den er dort fand. Zu Ostern 1939 erhielt er eine Ausgabe des *Breviarum Romanum* mit den Stundengebeten. Diese katholische Frömmigkeitspraxis half ihm, die karge »geistliche Selbstversorgung« anzureichern, zu der er in der Einzelhaft ohne die Möglichkeit zum Empfang des Abendmahls gezwungen war. Dabei entdeckte er im Brevier und in den altkirchlichen Hymnen »mancherlei, was in der Sterilität unserer protestantischen, oft fälschlich so genannten Theologie längst gestorben ist«.[90]

Im Frühjahr 1939 weitete sich diese Entdeckungsreise in eine Niemöller bis dahin unbekannte Frömmigkeit zu einer kritischen Reflexion über Inkonsistenzen des reformatorischen Grundprinzips des *sola scriptura*, wonach die Schrift als einzige Quelle der Heilsbotschaft gilt. Er begann nun einen schriftlichen und mündlichen Dialog mit seiner Frau und – über diese vermittelt – mit Hans Asmussen. Im Juli 1939 verdichteten sich diese Reflexionen zu dem Plan einer Konversion. Der unmittelbare Anlass dafür war die Wartestandsaffäre, denn sie brachte Niemöller zu der Überzeugung, dass die evangelische Landeskirche – jene der altpreußischen Union und alle anderen – nur ein bürokratischer, auf die eigene Bestandserhaltung programmierter Apparat sei, dem jegliche heilsgeschichtliche Qualität fehlte. Die evangelische Kirche, so formulierte er im Juli 1939, sei »niemals christliche Kirche« gewesen, nicht einmal im Sinne der lutherischen Bekenntnisschriften.[91] Bereits einige Tage zuvor hatte er, wie oben geschildert, in einem Brief an den Konsistorialpräsidenten seinen Austritt aus dieser Kirche erklärt – als ersten Schritt auf dem Weg hin zur katholischen Kirche.

Diese Entscheidung vom Juli 1939 war der Auftakt zu einem intensiven Ringen zwischen Martin auf der einen und Else mit ihren engsten Beratern auf der anderen Seite. Das Gerangel zog sich über die folgenden 18 Monate hin und entwickelte sich zu einer ernsten Belastung für die Beziehung zwischen Else und Martin Niemöller. Einer Lösung kam man aber in all diesen Monaten nicht näher. Am 9. Februar 1941 schrieb Niemöller an Else, dass er »anscheinend den Zeitpunkt für eine Entscheidung verpaßt habe«.[92] Damit war der Plan aber noch nicht vom Tisch. Während der Sprecherlaubnis am 22. Februar kam es schließlich zu einer einschneidenden Konfrontation:

> Else wurde ganz dramatisch, als sie mich beschwor, nicht katholisch zu werden, führte dabei aber merkwürdigerweise wirtschaftliche Gründe ins Feld! »Dann kannst du Straßenkehrer werden; und wo bleiben wir mit den Kindern? Mehr als 3 können wir dann nicht ernähren!« – Ich sagte ihr zu, ich würde keinen Schritt in dieser Richtung ohne ihr Wissen tun; z. Zt. läse ich Newman.[93]

Drei Tage später beschwor Else ihren Mann in einem Brief noch einmal, keine Entscheidung zu treffen, zumal man von einem »richtigen Zeitpunkt« gar nicht sprechen könne. Dabei wies sie auch auf die Konsequenzen hin, die ein solcher Schritt für Niemöllers Freunde und Bekannte, aber auch für die evangelische Kirche insgesamt haben würde. Denn für »manche« unter ihnen wäre sein Übertritt ein »Fanal« und eine Aufforderung, ihm sogleich zu folgen.[94] Am 6. März notierte Niemöller nach dem Treffen mit Else, dass er »ziemlich mitgenommen« sei: »quousque tandem?!« Wie lange noch? Am 17. April erkundigte sich Else, ob er viel lese, was Niemöller verneinte. Als seine Frau im Gegenzug schnippisch fragte, ob er denn etwa »Daumen lutschte«, brach er »diese Aussprache ab, weil ich sehr ›am Rande‹ bin«.[95] Dann starb sein Vater am 19. März, und er war vollkommen niedergeschlagen.[96] Zu dieser Zeit wog Niemöller gerade einmal 133 Pfund und hatte jegliche körperliche und geistige Spannkraft verloren.

Unmittelbar danach stellte Else Niemöller das Fragen nach der Konversion in den Briefen wie in den Sprechstunden abrupt ein. Stattdessen empfahl sie ihrem Mann englische Schmöker und andere Unterhaltungslektüre.[97] Diese Strategie der Ablenkung und Dethematisierung hatte beim körperlich geschwächten und seelisch angeschlagenen Niemöller Erfolg. Am 4. Mai beharrte er zwar brieflich darauf, dass er keinen Grund sehe, in dieser Frage seine »sachliche Einstellung zu revidieren«. Aber er musste »eine Konzession« bekräftigen, nämlich dass er Else am 22. Februar versprochen hatte, keine Konversion zu vollziehen, ohne sie zuvor davon zu unterrichten. In der Korrespondenz der folgenden Monate verliert sich das Thema weitgehend. Niemöller musste sich eingestehen, dass ihn das Lesen theologischer Bücher »nicht vor der langsamen Verblödung« bewahrt habe. Stattdessen legte er nun »von früh bis spät« zum Zeitvertreib Patiencen.[98] Am 11. Juli 1941 wurde er dann – für ihn überraschend – in das KZ Dachau verlegt. Am 18. Juli fand dort das erste Zusammentreffen mit Else statt. Als ihr Mann erwähnte, er sei nun mit zwei katholischen Pfarrern zusammengelegt, erwiderte Else: »[N]un werde aber nicht gleich katholisch!«[99] Das war zu diesem Zeitpunkt nicht mehr als eine scherzhaft hingeworfene Bemerkung. Das Thema Konversion war für Niemöller, daran gibt es keinen Zweifel, bereits vor der Verlegung nach Dachau abgeschlossen.

Worum ging es inhaltlich bei der Konversion? Die erste Dimension war – wie bereits angesprochen – jene der katholischen Frömmigkeitspraxis, die sich Niemöller, zur »geistigen Selbstversorgung« gezwungen, schrittweise aneignete. Hinzu kam – zweitens – die rechtliche Dimension der Wartestandsaffäre. Niemöller war zwar gewillt, »den Wiederanschluß an die Kirche zu suchen und zu vollziehen«. Aber er wartete auf ein »klares Zeichen, das mir den Weg freigibt«. Und dieses Zeichen kam, wie er im Juli 1939 seiner Frau schrieb, mit der angekündigten Versetzung in den Wartestand in den Blick.[100] Der daraufhin eingeleitete Austritt aus der ApU warf eine Reihe von rechtlichen Fragen auf, die Niemöller mit seinen Anwälten diskutierte.[101] Eine dritte Dimension lag in der Aufweichung der konfessionellen Gegensätze zwischen Protestanten und Katholiken, die tief in die Religionsgeschichte der Territorien des Alten Reiches seit der Reformation eingebrannt waren. Seit 1933 war Bewegung in diese Gegensätze gekommen – durch die steigende Zahl der Austritte von überzeugten Nationalsozialisten aus den christlichen Kirchen, die sich nun als »gottgläubig« bezeichneten, durch Rücktritte zu den protestantischen Kirchen durch vormalig Ausgetretene, aber auch durch eine wachsende Zahl von Übertritten zur katholischen Kirche. Zwischen 1933 und 1945 traten 70 000 Deutsche zur katholischen Kirche über, die allermeisten von ihnen Protestanten. Und dies ist nur die absolute Untergrenze, da für vier Jahre keine Daten vorliegen. Die kirchenpolitischen Konflikte seit 1933 dynamisierten und pluralisierten alle Religionsgemeinschaften und damit auch das gesamte religiöse Feld.[102] Zugleich schliffen sich die Gegensätze zwischen den Konfessionen ab.

Niemöller wurde in diesem Zusammenhang deutlich, in welch hohem Maß das kollektive Selbstbewusstsein der Protestanten allein aus dem Gegensatz zu den Katholiken gespeist wurde. Wir haben bereits gesehen, dass er 1936 bereit war, im Kampf gegen die neopagane Agitation entschiedener Nationalsozialisten mit Katholiken gemeinsame Sache zu machen. Aber hier ging es noch um etwas anderes: Niemöller war zu der Überzeugung gelangt, dass die Protestanten kein kirchliches, sondern nur ein »konfessionelles Bewußtsein« hatten, das allein »in der Abwehr gegenüber Rom« seine Grundlage fand. Symptomatisch dafür schien ihm die Arbeit des Evangelischen Bundes, in dem sein Vater lange Jahre aktiv gewesen war. Schon den Namen empfand er als irreführend. »[N]ur der Name ›Antirömischer‹ oder ›Antikatholischer Bund‹«, so argumentierte er, bezeichne die Sache so, »daß auch der Nichteingeweihte erkennen kann, um was geht!«[103] Die »Haltung«, die im Evangelischen Bund zum Ausdruck komme, sei »also im Grunde weder religiös noch kirchlich, sondern politisch und allenfalls noch weltanschaulich«.[104]

Aber nicht nur die vornehmlich politische Stoßrichtung des konfessionellen Selbstverständnisses der Protestanten erwies sich für Niemöller bei näherem Nachdenken als fragwürdig und hohl. Auch das praktische Verständnis ihrer eigenen Religion, das die protestantischen Gemeindemitglieder zeigen würden, schien ihm äußerst mangelhaft:

Man mache mal den Versuch und frage ein paar lutherische Durchschnittschristen, die jeden Sonntag zur Kirche gehen, worin eigentlich der trennende Unterschied zwischen uns und den Katholiken besteht; und man wird die sonderbarsten Antworten bekommen, wie ich aus Erfahrung weiß: nur nicht die eine, die für Luther entscheidend war. Aber alles andere gilt schlechterdings als unbedingt abzulehnen, *weil* es »katholisch« ist: die Heiligen, die Priestergewänder, das Kreuzschlagen, das Knieen in der Kirche, die Beichte, der Cölibat, das Mönchtum! Ja, das regelmäßige Kirchengehen wird als katholischer Glaube d. h. als Aberglaube gewertet. – *Wie aber soll bei solcher Verwirrung der Begriffe die kirchliche Aufgabe erkannt, angefaßt und wirksam durchgeführt werden?!*[105]

In diesem Zitat wird deutlich, worum es Niemöller im Kontext der vierten Dimension – der kirchlich-theologischen Reflexion – ging: die »kirchliche Aufgabe«, also die Bildung einer Kirche, welche die Heilsbotschaft Jesu Christi in angemessener und zugleich autoritativer Weise verkörperte und verkündigte. Niemöller widmete diesem Zusammenhang besondere Aufmerksamkeit. Von Ende August bis Anfang November 1939 verfasste er ein Manuskript mit dem Titel »Gedanken über den Weg der christlichen Kirche«.

Es ist an sich bemerkenswert, dass er in dieser kurzen Zeit, während ihn zugleich seine freiwillige Meldung und der Beginn des Polenfeldzugs beschäftigten, auf 215 Seiten seine Überlegungen zur Fehlentwicklung der Kirche seit der Reformation niederlegen konnte. Mit der Einführung des Landeskirchentums mit dem Landesherrn als jeweiligem *summus episcopus* habe, so sein Argument, eine bürokratische Erstarrung eingesetzt, in der »politisch-fiskalische Rücksichten entscheiden, während der Auftrag Jesu Christi in ihr nur noch so weit gilt, als er im Einzelfall der Anwendung die obrigkeitliche Genehmigung erhält. So wurde die lutherische Kirche steril.«[106] Auch mit der Aufhebung des Summepiskopats 1918 habe sich die Kirche nicht wirklich aus dieser »tödliche[n] Umklammerung« durch den Staat lösen können.[107] Die Kirchenpolitik des NS-Staates und die Anpassung zahlreicher Landeskirchen an dessen völkische Vorgaben erschienen in dieser Perspektive als die Spätfolge einer Fehlentwicklung, die bereits im 16. Jahrhundert eingesetzt hatte. Niemöller kritisierte auch, dass mit der Einpassung der protestantischen Kirchen in den Rahmen des jeweiligen Territoriums der universalistisch-missionarische Impetus des Christentums verloren gegangen sei. Und so fand Niemöller denn auch Worte des Lobes und der Anerkennung für den Pietismus des 18. Jahrhunderts und für die Arbeit der Inneren Mission, die als eine »kirchliche Reformbewegung« zu verstehen sei. In einer stark idealisierten Sicht von deren Lebensweise sah er die Diakonissen als einige der wenigen Gruppen, die »als Beweis dafür gelten« könnten, »daß auch auf dem Boden lutherischen Glaubens ein geprägtes christliches Leben zu wachsen und zu reifen vermag«.[108]

Neben der Entleerung und Verweltlichung des kirchlichen Lebens, die seit dem 16. Jahrhundert um sich gegriffen habe, identifizierte Niemöller den Verlust des kirchlichen Lehramts als zweite dramatische Fehlentwicklung seit der Reformation. Es sei »im Luthertum durch die heilige Schrift und ein aus der Schrift geschöpftes Bekenntnis des 16. Jahrhunderts ersetzt« worden. Diese Fokussierung auf das Schriftprinzip, so Niemöller, »führt sich vor unseren Augen selbst ad absurdum, und wir rufen hilfesuchend nach dem apostolischen Amt, ohne das es keine Einheit der Kirche gibt«.[109] Lange Passagen seines Manuskripts konzentrierten sich darauf, die Notwendigkeit eines Kanons nachzuweisen, durch dessen organische Anpassung und Weiterentwicklung in einer autoritativen Lehrtradition alleine sich die Kirche ihre Lebendigkeit erhalten könne. Dabei folgte er ohne Rücksicht auf die theologische Fachdiskussion seiner Zeit einem naiven Biblizismus, der aus der Lektüre des Neuen Testaments eine unmittelbar gültige Wahrheit ableiten wollte. Im

Zusammenhang damit entwickelte er eine idealisierte Sicht der römisch-katholischen Kirche und vor allem des Petrusamtes, das ihm unverzichtbar erschien für die Aufrechterhaltung der Tradition.[110]

Niemöller hat seine »Gedanken über den Weg der christlichen Kirche« im Gespräch mit Else als sein »Buch« bezeichnet. Mit dieser Gattungsbezeichnung deutete er an, dass die Ausarbeitung von substanziellen Argumenten seinen Konversionsplänen Gewicht verleihen sollte. Zugleich sprach er davon, dass er seinen »Weggenossen« Rechenschaft über seine Motive und Gründe ablegen wolle.[111] Das galt vor allem Hans Asmussen, der zur gleichen Zeit wie Niemöller theologische Suchbewegungen unternahm, die in den Kreisen der Bekennenden Kirche in Berlin auf viele Vorbehalte stießen, da man sie als katholisierend wahrnahm.

Niemöller entwickelte diese kirchenhistorischen und theologischen Argumente in der Abgeschlossenheit seiner Einzelhaft. Aber gerade mit seiner Kritik an der ekklesiologischen Legitimität der evangelischen Kirchen stand er in der Bekennenden Kirche keineswegs allein. Ein Schlaglicht auf diese weitere Relevanz von Niemöllers Überlegungen wirft ein Brief von Heinz Kloppenburg, einem führenden Mitglied der BK in der oldenburgischen Landeskirche aus dem März 1941. Kloppenburg dementierte darin zunächst die in den internationalen Medien kursierenden Meldungen, nach denen Niemöller bereits konvertiert sei. Dann schrieb er in bemerkenswerter Übereinstimmung mit Niemöllers Manuskript:

Ich glaube, die große Linie, um die es Martin Niemöller geht, zu sehen, und es liegt mir um seinetwillen und um der Sache willen alles daran, daß das, was er tut oder tun oder auch nicht tun wird, nicht abgetan werde mit der Vermutung, es handele sich um Dinge, die nur aus einer Art Haftpsychose oder aus ähnlichen Gründen zu erklären seien. Der Anfang und das Ende der Gedanken von Martin Niemöller in dieser Sache sind zweifellos die Fragen nach der Kirche als der Gemeinschaft im Leibe Christi in ihrer Gestalt hier auf Erden. […] Die Erfahrungen der letzten Jahre führen ja zwangsläufig zu der Frage, ob man denn [an] diese evangelische Kirche mit diesen Konsistorien, deutschchristlichen Bischöfen und restlos nach dem Gesetz der Welt statt nach dem Evangelium handelnden Behörden überhaupt noch als Kirche Jesu Christi im Sinne des 3. Glaubensartikels glauben kann. Die Antwort auf diese Frage lautet für viele ernste Christen heute: nein![112]

Aber auch die »evangelische Kirche als Ganzes«, also nicht nur die von den Deutschen Christen dominierten Kirchenleitungen, so fuhr Kloppenburg fort, »scheint nicht mehr als christliche Kirche anzusprechen zu sein.« Wie Niemöller führte er diese Fehlentwicklung auf die »Einführung des Summepiskopats« zurück, das die evangelische Kirche zum »Spielball der weltlichen Herren« gemacht habe. Ob Niemöller nun den Übertritt vollziehe oder nicht, schien Kloppenburg zu einer »sehr zweitrangigen Frage« geworden zu sein, auch wenn er zu bedenken gab, dass die »Frage nach der Wirklichkeit der einen Kirche Christi« durch Übertritte nicht gelöst werde. Die Quintessenz seiner Überlegungen war deutlich:

> Ich persönlich kann es jedenfalls nur positiv werten und eine echte Glaubensfrage darin sehen, daß uns [durch] die Gerüchte über Martin Niemöller die Frage nach der Wirklichkeit der Kirche plötzlich in so unüberhörbarer Weise neu gestellt wird.[113]

Aus Kloppenburgs Stellungnahme wird deutlich, dass Niemöllers kritische Bestandsaufnahme der kirchlichen Fehlentwicklungen seit der Reformation nicht nur im Zusammenhang seiner eigenen Konversionspläne zu sehen ist. Niemöller brachte Überlegungen zu Papier, die eine Reihe enger Weggefährten theologisch in Teilen nachvollziehen konnten, während sie zugleich den von Niemöller gesuchten Ausweg ablehnten. Kloppenburgs Brief verdeutlicht zugleich die fünfte Dimension, die kirchenpolitischen Konsequenzen einer möglichen Konversion Niemöllers. Sein Bruder Wilhelm war einer der Ersten, die sie ansprachen:

> Wenn ich von Else höre, dass Du den Gedanken an einen Übertritt erwägst, so ist mir dabei sehr weh zumute. Ich halte dafür, dass man Dir mit dem Hinweis darauf, dass Du »keine Privatperson« bist, nicht kommen darf und kann. Ich bin davon überzeugt, dass ein solcher Schritt sich für die Christenheit bei uns, zumal bei der Bekennenden Kirche böse auswirken würde, aber man muss schließlich das tun, was das Gewissen erfordert.[114]

Die Gelassenheit, mit der Wilhelm Niemöller eine Konversion seines Bruders als eine persönliche Gewissensfrage hinstellte, war rein rhetorischer Natur. Hinter den Kulissen versorgte er Else Niemöller mit guten Argumenten gegen einen solchen Schritt. Zum Zeitpunkt dieses Briefes, im November 1940, wussten allerdings nur Familienangehörige und engste Freunde Martin

Niemöllers von dessen Interesse an einem Übertritt. Erst Anfang 1941 verbreitete sich die Nachricht im Kreis jener Laien in der Dahlemer Gemeinde, die im Helferkreis und im Ausschuss getrennt von der Offizialgemeinde weiterhin das Anliegen der Bekennenden Kirche vertraten. Dort entstand eine große Unruhe. In einer Reihe von kontroversen Gesprächen und Vorträgen erwogen nun auch die Gemeindemitglieder die Frage »evangelisch« oder »katholisch«.[115] Ludwig Bartning, Kirchmeister der Gemeinde Dahlem und ein enger Freund des Ehepaars Niemöller, gestand Else, dass er bereits am Ende des Ersten Weltkriegs einen »Übertritt« erwogen habe, und zwar aus »Furcht, sein Seelenheil zu verlieren«.[116]

Kaum hatte die Dahlemer Gemeinde damit begonnen, die mögliche Konversion Niemöllers zu diskutieren, tauchten Meldungen darüber in der internationalen Presse auf. Dies deutet darauf hin, dass die Nachricht aus Kreisen der Bekennenden Kirche an eine weitere Öffentlichkeit gelangte. Die Londoner *Times*, die das Thema wie viele andere Zeitungen in Großbritannien, in der Schweiz, Frankreich und den USA aufgriff, meldete im Februar fälschlich, Niemöller habe den Übertritt bereits vollzogen.[117] Schließlich wurde auch der Papst eingeschaltet. Der Berliner Bischof Konrad von Preysing erfuhr von Georg von Sachsen SJ, dem letzten sächsischen Kronprinzen, und vielleicht auch direkt über Hans Asmussen von Niemöllers Plänen. Georg von Sachsen war selbst 1918 unter dem Eindruck von Weltkrieg und Revolution zum katholischen Glauben konvertiert und trat später dem Jesuitenorden bei. Preysing fragte Pius XII. daraufhin offenbar, wie er sich verhalten und ob er womöglich in den Prozess der Konversion eingreifen solle. Aber der Papst signalisierte ihm seine Beruhigung darüber, »dass der nach der Wahrheit Suchende seinen Weg ohne jede Beeinflussung von aussen gegangen ist«.[118]

Solche Beeinflussung von außen gab es allerdings, und sie kam von jenem Menschen, der als Einziger direkten Einfluss auf Niemöller hatte: seiner Frau. Allein Else Niemöller hatte es in der Hand, den Übertritt ihres Mannes zum katholischen Glauben zu verhindern. Die Konversion war so – und dies ist die sechste und letztlich wichtigste Dimension – ein Teil der ehelichen Auseinandersetzungen zwischen Else und Martin Niemöller. Dieser Konflikt lässt sich am besten als ein Abnutzungskrieg beschreiben, in dem Else Niemöller zeigte, dass sie eine starke Frau war. Sie wusste um die Schwächen ihres Mannes, und sie wusste ihre Vorteile auszunutzen: Sie kontrollierte den Zufluss von Informationen in das KZ Sachsenhausen beinahe vollständig, und sie war seit mehr als zwei Jahrzehnten der wichtigste emotionale Bezugspunkt in Niemöllers Leben. In der Abgeschlossenheit seiner Einzelzelle bedurfte ihr Mann, das war Else Niemöller nur zu bewusst, mehr denn je ihres Zuspruchs und ihrer Zuwendung. Sie müsse wissen, so schrieb Martin im Februar 1940, dass er ihre Briefe nicht lese, um sich dann »einer anderen netten Unterhaltung zuzuwenden, sondern daß sie mein Dasein ausfüllen und beherrschen, bis der neue Brief oder die Sprechstunde kommt«.[119]

Else Niemöller war von Beginn an entschlossen, den Konversionsplänen ihres Mannes einen Riegel vorzuschieben, und sie nutzte dazu alle Waffen, die ihr zur Verfügung standen. Ganz direkt und schonungslos ging sie vor, wenn sie in einer Sprechstunde eine Szene provozierte und ihren Mann damit in die Enge trieb. Dies geschah etwa am 2. November 1939. Zu dieser Zeit war die Affäre um den Wartestand gerade in der Schwebe, und Niemöller vermutete wieder einmal, dass seine Frau ihn nicht vollständig unterrichtet hatte, zumindest wichen ihre Informationen von denen Horst Holsteins ab. Es entspann sich folgender Dialog:

> Ich möchte wissen, ob man mir mit einem staatlich gültigen Gesetz etwas machen könnte wenn ich aus der Landeskirche austrete, desgleichen wenn ich mich der katholischen Kirche anschlösse. – Dagegen begehrte Else leidenschaftlich auf: Unsinn, verrückt usw. und brach in Tränen aus. Ich sagte, ich sei mir ziemlich klar, und es wäre weder Unsinn noch verrückt.[120]

Beim Abschied brach Else dann erneut in Tränen aus, und nun war Niemöller »auch nicht weit davon«.[121] Doch eine solche direkte Konfrontation blieb die Ausnahme. Drohungen gehörten aber durchaus zu Else Niemöllers Repertoire. In einer Sprechstunde im August 1940 versicherte sie ihrem Mann zunächst, dass sie in seinen Briefen ganze Passagen über die theologischen Fragen angestrichen hätte und sie so gut wie »auswendig« kenne. Dann sagte sie unvermittelt: »Vater [Heinrich Niemöller] bringt sich um.« Auf diese Drohung folgte die Bitte, ihr bis zum 1. Januar 1941 »Zeit zu lassen, was ich widerstrebend zugestand«.[122] Else wiederholte diese Hinhaltetaktik mehrfach, indem sie ihren Mann davon zu überzeugen versuchte, »ich dürfte keine Entschlüsse fassen, solange ich nicht frei sei«.[123] In ihren Briefen benutzte sie eine weite Palette von Argumenten und rhetorischen Figuren. Sie erinnerte Martin daran, dass er »keine Privatperson mehr« sei und nur dann übertreten könne, »wenn Du die mitnimmst, die auf Dich hören«.[124] Bei anderer Gelegenheit verlegte sie sich aufs Jammern. Nachdem die Konversionspläne im Februar 1941 öffentlich bekannt wurden, konnte sich Else Niemöller »nicht retten vor Anfragen« über das Gerücht. »Ich bin dies nachgerade leid«, erklärte sie ärgerlich und warnte ihren Mann vor der »Verwirrung, die es schaffen würde, wenn du wirklich mal austreten würdest«.[125] Schließlich versäumte sie nicht, ihm die Bedeutung einer Konversion nicht nur für die Kirche und die Gemeinde, sondern vor allem auch für »Deine Familie« ans Herz zu legen, und dies reichte bis zu jener bereits zitierten Eruption im Februar 1941, als sie davon sprach, dass Niemöller ja »Straßenkehrer« werden könne.[126]

Hier wird eines der Motive deutlich, das Else Niemöller zu diesem beharrlichen Kleinkrieg gegen ihren Mann bewog: Sie teilte dessen Gedankengänge nicht. Mit tatkräftiger Unterstützung von Hans Asmussen, der wichtige Formulierungen aus dem Hintergrund soufflierte, ging Else Niemöller aber auf die theologischen Argumente ihres Mannes ein und machte zuweilen auch taktische Konzessionen. Doch im Kern war ihr Vertrauen darauf, als evangelischer Christ auf dem richtigen Pfad zu wandeln, ungebrochen. Im Dezember 1939 schrieb sie: »Mein Glaube und meine Zuversicht [...] sind ungleich stärker als früher.«[127] Daneben verteidigte Else Niemöller die Integrität und Geschlossenheit ihrer Familie, so wie sie das bereits während jener zwei Jahrzehnte getan hatte, in denen ihr Mann nur hin und wieder als »Jupiter tonans« nach dem Rechten gesehen hatte. Nur spekulieren lässt sich darüber, was eine Konversion ihres Mannes für Else tatsächlich bedeutet hätte. Denn ein Übertritt zum katholischen Glauben konnte entweder der eines Laien sein oder ein Übertritt mit dem Ziel, kurz- oder mittelfristig in den Priesterstand einzutreten. Und das hätte, so musste es Else Niemöller erscheinen, wegen der zölibatären Lebensform des Priesters das Ende der Ehe bedeutet.[128]

Es gab offenbar keine direkten Drohungen Martin Niemöllers mit dieser Option. Aber Andeutungen gab es genug. Bereits aus der U-Haft in Moabit erinnerte er Else daran, sie kenne ja seine »(theoretische) Vorliebe für den kirchlichen Zölibat«.[129] Im Februar 1941 kam er wieder auf dieses Thema zurück. Die älteste Tochter Brigitte hatte inzwischen ihre Verlobung mit einem Wehrmachtsarzt gelöst, nachdem dieser den für eine Heirat erforderlichen Ehekonsens nicht erhalten hatte. Damit war diese Affäre aber noch nicht ganz ausgestanden. Denn sofort hielten andere Männer um Brigittes Hand an, und ihre Eltern stellten gemeinsam allerlei Überlegungen an, wie sie diesen Prozess steuern sollten. In diesem Zusammenhang kam Niemöller schließlich zu der Überzeugung, dass Erich Klapproth, der als Hilfsprediger in der Dahlemer Gemeinde tätig war und um die Verlobung nachgesucht hatte, »zu schade« für die Enttäuschung sei, die seine älteste Tochter ihm gewiss bereiten würde. Statt einer Ehe mit Brigitte, so Niemöllers Rat, sollte Klapproth »wirklich warten, bis Hertha [die 1927 geborene zweite Tochter des Ehepaars Niemöller] so weit ist, wenn er's nicht überhaupt mit 1. Korinther 7, 7–8 (alte Übersetzung Luthers) halten will, was mir für den Theologen von heute [...] als der bessere Weg erscheint«.[130] Paulus, der die Korinther dort über Fragen der Ehe belehrt, sagte »den Ledigen vnd Widwen / Es ist jenen gut / wenn sie auch bleiben wie ich«, und das hieß: ehelos. Obwohl es nicht direkt so formuliert war, konnte Else Niemöller vermuten, dass ihr Mann für sich selbst die Ehelosigkeit als beste Lebensform nach der Konversion ansah.[131]

Doch dazu kam es nicht. Else Niemöllers Abnutzungstaktik, ihre Mischung aus Drohen, Zuhören und Hinhalten, hatte Erfolg. Nach fast zwei Jahren des Überlegens und ständiger Rechtfertigungen – vom Juli 1939 bis in das Frühjahr 1941 hinein – nahm Martin Niemöller schließlich von einer Konversion Abstand. Aber dieser Erfolg hatte einen Preis. Er bestand nicht so sehr darin, dass die ständige Kontroverse über das Für und Wider einer Konversion die Ehe belastete. Die Beziehung zwischen Else und Martin war von inniger Zuneigung und auch Zärtlichkeit geprägt, und sie konnte diese Belastung durchaus vertragen.[132] Der Preis lag vielmehr darin, dass Niemöller erneut vor Augen geführt wurde, dass er seine Freiheit und darüber hinaus seine Handlungsfähigkeit verloren hatte. Er mag die Konversion wie die freiwillige Meldung zum Kriegsdienst auch als einen Versuch verstanden haben, diese Handlungsfähigkeit zurückzugewinnen und wieder ein »deutscher Mann« zu sein. Aber am Ende der langen Debatten über die Konversion war klar, dass Else Niemöller ihre neue Autonomie mit Entschiedenheit genutzt und die ihres Mannes weiter eingeschränkt hatte. Auf dem Feld des Glaubens war dies für Niemöller ein schweres Problem, mit dem er sich aber letztlich abfinden musste und konnte. In der Familie dagegen empfand er das als tiefe Kränkung, auf die er mit Wut reagierte.

Damit diese Kränkung zu verstehen ist, muss die bereits mehrfach angedeutete Geschichte der Verlobung von Brigitte Niemöller im Zusammenhang erzählt werden. Es sollen hier nicht intime Details aus dem Privatleben der Familie Niemöller durch das Schlüsselloch beobachtet werden, vielmehr geht es darum, dass diese Episode wichtige Aspekte des Verhältnisses von Martin Niemöller zu seiner Familie beleuchtet und zugleich eine Krise offenbar wird – nicht nur für ihn –, die in vielem noch tiefer ging als die Wartestandsaffäre.

Nach dem Zeugnis ihrer Eltern flogen Brigitte, der ältesten, 1920 geborenen Tochter, die Verehrer nur so zu. Im August 1939 erfuhr Niemöller, dass sich Brigitte mit einem Stabsarzt der Wehrmacht verloben wollte. Dieser war NSDAP-Mitglied, sah nach dem Zeugnis von Else aber in der »Weltanschauung kein Hindernis«. Niemöller plädierte auf »Vertagung«, da seine Tochter erst ihre Ausbildung beenden solle.[133] Schließlich gab er dem Drängen von Tochter und Frau jedoch nach. Eine für den März 1940 terminierte Hochzeit musste aber verschoben werden, da der erforderliche Ehekonsens der Wehrmacht noch ausstand. Im Mai ließ Else durchblicken, dass die Entscheidung wohl immer »höher hinauf« gehe.[134] Im September 1940 musste Niemöller dann erfahren, dass der Konsens verweigert worden war. Viel schwerer wog, dass Else ihm dies erst nach acht Wochen erzählt hatte. Mehr noch: Der Arzt schlug nun eine »Ehe zur linken Hand« vor. Da diese Rechtsform seit 1919 abgeschafft war, konnte dies nur eine informelle Legitimierung der Beziehung bedeuten, die für Brigitte keinerlei rechtliche Garantien enthielt. Hinzu kam, dass der Bräutigam inzwischen seinen Austritt aus der Kirche erklärt hatte. Niemöller war außer sich: »Nun ist alles aus!« Und weiter: »Else machte ich den Vorwurf, mich bewusst getäuscht zu haben; ihre Briefe seien für mich wertlos!« Und da schon schmutzige Wäsche gewaschen wurde, beklagte er sich auch noch »wegen der nicht erfolgten theologischen Aussprache« über die Konversion, »um die ich mich seit Jahr und Tag bemühe«, die Else aber erfolgreich verschleppte.

Bezeichnend ist Niemöllers Reaktion: Noch in derselben Sprechstunde, in der er von der Verweigerung des Ehekonsenses erfuhr, beauftragte er Else, Rechtsanwalt Koch zu fragen, ob er »nun um Pensionierung oder ehrengerichtliches Verfahren einkommen sollte«.[135] Durch die geplatzte Heirat seiner Tochter sah Niemöller seine Ehre als Familienvater, Pfarrer und Offizier derart erschüttert, dass aus seiner Sicht nur die Konsequenz blieb, die zweite und die dritte Rolle sofort niederzulegen.

Einem Brief an seinen Rechtsanwalt Hans Koch ist zu entnehmen, dass Niemöller zunächst daran dachte, die Angelegenheit mit einem »persönlichen Ehrenhandel« zu beenden, also mit einem Duell.[136] Dies zeigt noch einmal, dass die Ehrvorstellungen des kaiserlichen Marineoffiziers für Niemöller weiterhin Bedeutung hatten. Da ein Duell nicht möglich war, bat er Koch in einem weiteren – nicht abgeschickten – Brief darum, der Dahlemer Gemeinde seinen Rücktritt vom Pfarramt mitzuteilen. Dies geschah aus dem »seelischen Zusammenbruch« heraus, den er im Gefolge der geplatzten Verlobung durchlitt, zugleich war es aber auch eine Konsequenz aus der im Verlauf der letzten drei Jahre gewonnenen Einsicht, dass die Kirche der ApU »an der christlichen Kirche keinen Anteil hat«.[137] Wie schon in der Wartestandsaffäre gelang es Hans Koch jedoch, seinen ungeduldigen Mandanten mit juristischem Rat und sehr viel gesundem Menschenverstand von dieser impulsiven Entscheidung abzubringen. Dies galt allerdings nur für dessen Rolle als Offizier und Pfarrer.

In sorgfältig abgewogenen Formulierungen stellte Koch darüber hinaus klar, dass alle Beteiligten in Bezug auf Brigitte nicht zum »Richter« berufen seien, »sondern nur zum Erzieher«.[138] Doch der Appell an den Familienvater Niemöller, über die Tochter nicht den Stab zu brechen, war vergeblich. Niemöller war in seiner Ehre als Familienvater so verletzt, dass er beschloss, seine älteste Tochter zu verstoßen. Zwei Wochen nachdem Else endlich mit der Nachricht von der geplatzten Verlobung herausgerückt war, teilte Niemöller ihr seine Entscheidung bezüglich der Tochter mit: »[I]ch sagte ihr, sie [Brigitte] müsse aus dem Haus, und ich wolle nichts mehr von ihr wissen.« Else hatte diese Reaktion erwartet. Also war ihr Versuch, Brigitte in Schutz zu nehmen, eher halbherzig. Im Ergebnis blieben von dieser Zusammenkunft nur Tränen: »Else weinte, ich auch – furchtbar!«[139]

Niemöller war klar, dass dieser Zustand nicht von Dauer sein konnte. Aber die praktische Umsetzung erfolgte prompt: Am 3. Oktober eröffneten Hans Asmussen und Hans Koch der konsternierten Brigitte, dass sie als Haustochter in das evangelische Waisenhaus in Lippstadt ziehen müsse. Als sie sich dagegen auflehnte, erteilte Asmussen, der hier an Stelle des Vaters agierte, ihr eine deutliche Anfuhr, und so ergab sie sich schließlich in ihr Schicksal. Nach einigen Monaten kehrte sie in das Dahlemer Pfarrhaus zurück, aber damit war die Sache nicht erledigt. Da Niemöller juristische Schritte gegen den Stabsarzt erwog und die Sorgen um Brigitte kaum weniger wurden, beschäftigte diese Angelegenheit das Ehepaar Niemöller bis weit in das Jahr 1941 hinein. Sie markiert ein weiteres Moment in der tiefen Lebenskrise Niemöllers in den Jahren 1939 bis 1941 und wirft zugleich ein Schlaglicht auf die zutiefst paternalistische und autoritäre Einstellung, mit der er seine Rolle als Familienvater verstand, und auf die Belastung, welche die Einschränkung seiner Handlungsfähigkeit in dieser Rolle mit sich brachte. Er könne sich »nicht damit abfinden«, beklagte Niemöller noch im Mai 1941, »daß sie wieder zu Hause lebt«.[140] Eine Entlastung von all diesen Krisen und Problemen brachte erst die Verlegung Niemöllers in das KZ Dachau.

Zusammen mit drei katholischen Priestern im KZ Dachau

Niemöllers Verlegung nach Dachau erfolgte am 11. Juli 1941. Mit ihm wurden zwei katholische Geistliche verlegt. Der eine war Johannes Neuhäusler (1888–1973), der nach dem Krieg Weihbischof im Erzbistum München und Freising wurde. Neuhäusler war im Februar 1941 von der Gestapo verhaftet worden, nachdem er seit 1933 im Auftrag des Münchener Kardinals Faulhaber Berichte über die kirchenfeindliche Politik des NS-Regimes zusammengestellt hatte. Der andere war Michael Höck (1903–1996), den die Gestapo im Mai 1941 verhaftet hatte, nachdem ein Prozess wegen seiner Tätigkeit als Schriftleiter der *Münchener Katholischen Kirchenzeitung* zuvor noch mit einem Freispruch geendet hatte.[141] Es ist oft gemutmaßt worden, dass die Gestapo

Niemöller nach Dachau verlegte, damit er dort in Gegenwart von zwei katholischen Geistlichen den letzten Schritt zur Konversion vollziehen möge. Denn dies – so das fiktive Kalkül – hätte eine dramatische Schwächung der Bekennenden Kirche nach sich gezogen.[142] Dafür gibt es keine Belege, und die Überlegung ist aus zwei Gründen auch nicht plausibel: Erstens hätte die SS Niemöller auch in Sachsenhausen mit Höck und Neuhäusler zusammenlegen können. Zweitens wusste die Gestapo aus den Briefen Niemöllers und der Überwachung seiner Gespräche mit Else, dass er den Plan einer Konversion bereits im Frühjahr 1941 aufgegeben hatte.[143]

Die Verlegung Niemöllers erfolgte letztlich aus dem schlichten Grund, dass seit Ende 1940 die Geistlichen beider Konfessionen und aller Nationalitäten in Dachau zusammengeführt wurden.[144] Die einzige Besonderheit war, dass Niemöller, Höck und Neuhäusler nicht in einen der Priesterblöcke des Lagers verbracht wurden, sondern in den Zellenbau oder »Bunker«, ein Gefängnis innerhalb des KZ. Die SS benutzte es, um bestimmte Gefangene zu isolieren, aber auch um diese zu foltern oder zu töten. Im Zuge von Umbaumaßnahmen im KZ Dachau war dort im Frühjahr 1938 ein neuer Zellenbau errichtet worden, der über 196 Meter parallel zum Wirtschaftsgebäude in west-östlicher Richtung verlief. Alle Zellen waren gleich groß (2,20 × 2,90 Meter) und hatten die gleiche, aus einer Pritsche, Waschbecken und Toilette bestehende Ausstattung.[145]

Kurz vor dem Jahresende 1941 stieß mit dem Aachener Domkapitular Nikolaus Jansen (1880–1965), der im August 1941 verhaftet worden war, ein weiterer katholischer Priester zu der Gruppe. Die vier Geistlichen wurden zunächst in Einzelzellen untergebracht, die in der Mitte des Arrestbaus neben einem Bad lagen. Vermutlich Ende 1942, spätestens Anfang 1943 wurden sie dann in vier Zellen am westlichen Ende des Baus verbracht. Daneben gab es vier weitere Zellen, welche die Gruppe zur Einnahme der Mahlzeiten, zum Gebet und zum Feiern der Messe mit einem Kofferaltar nutzen konnte. Eine Tür trennte das von den vier Geistlichen bewohnte Ende des Gangs von den übrigen Zellen in der Westhälfte des Zellenbaus.[146]

Bereits in seinem ersten Brief an Else aus Dachau betonte Niemöller, er verstehe sich mit den »beiden Brüdern […] ganz ausgezeichnet«.[147] Rasch bildete sich ein relativ fester Tagesablauf heraus. Am Vormittag widmeten sich die drei für ein bis zwei Stunden der gemeinsamen Lektüre der Heiligen Schrift in griechischer Sprache. Sie begannen mit der Offenbarung des Johannes und gingen dann zu weiteren Büchern des Neuen Testaments über. Für Niemöller war dies die »schönste, freilich auch anstrengendste Stunde am Tage«.[148] Nach dem Essen mit anschließender Mittagsruhe gingen sie dann

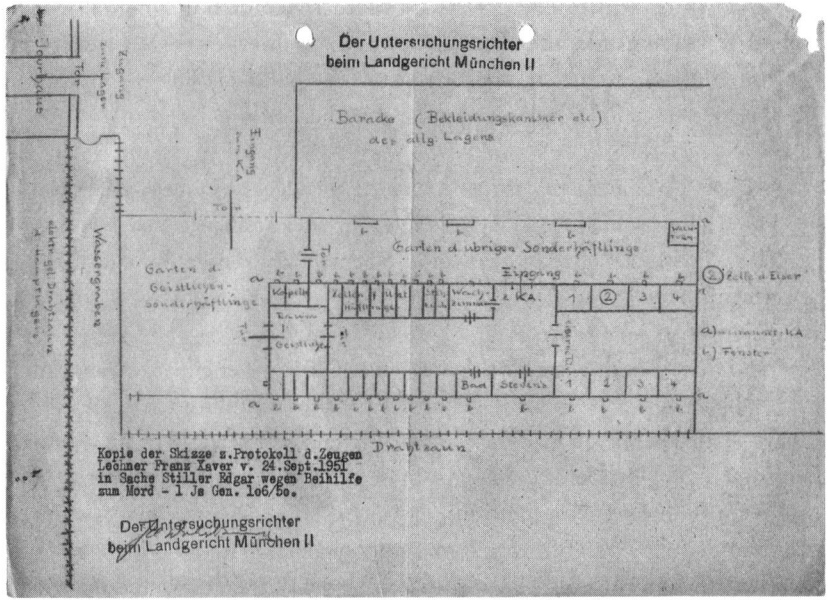

Niemöller und drei katholische Priester waren in einem abgetrennten Bereich an der Westseite des »Bunker« genannten Zellenbaus im KZ Dachau untergebracht, den eine Tür vom Gang abtrennte. Eine andere Tür öffnete sich zu einem von dem SS-Rottenführer Franz Xaver Lechner als »Garten« bezeichneten Bereich, den nur die vier Geistlichen benutzten. Dort konnten sie bei schönem Wetter auf Stühlen sitzend sonnenbaden. Lechner fertigte die Vorlage für diese Skizze der Haftsituation an. Für die Betreuung der Sonderhäftlinge im »Bunker« war der SS-Untersturmführer Edgar Stiller zuständig.

zu leichter Lektürekost über, wobei Niemöller in der Regel das Vorlesen übernahm. Als Erstes standen Bände aus der sechzehnteiligen *Jalna*-Romanserie der kanadischen Schriftstellerin Mazo de la Roche auf dem Programm.[149] Den Abend verbrachten die drei zunächst einzeln in ihrer jeweiligen Zelle. Die Optionen erweiterten sich allerdings, seitdem Nikolaus Jansen die Runde komplettierte, wie Niemöller im Januar 1942 berichtete:

> Wir vier leben in guter Harmonie, und der abendliche Skat bekommt uns gut; ich bin jedenfalls froh, dass die lange Einsamkeit überstanden ist, und dass ich doch noch nicht ganz für ein Gemeinschaftsleben unbrauchbar geworden bin.[150]

Sowohl Niemöller als auch Höck scheinen zu Neuhäusler ein gutes, aber auch leicht distanziertes Verhältnis gehabt zu haben. Immerhin hat einer von ihnen – oder beide zusammen? – ihm Kartenspiele wie Skat und Rommé beigebracht.[151] Höck lehnte sich eng an den mehr als zehn Jahre älteren Niemöller an. Die Anerkennung und Gesprächsbereitschaft des weltbekannten protestantischen Pfarrers halfen ihm, in der eigenen Haft einen tieferen Sinn zu sehen.[152] Die Zuneigung beruhte auf Gegenseitigkeit. Niemöller sah in dem jüngeren katholischen Priester »bei allem Unterschied unserer theologischen Auffassungen« einen wichtigen Gesprächspartner.[153] Und er rechnete es Höck hoch an, dass dieser sich alle Mühe gab, Niemöller nicht das Gefühl zu geben, er sei in der Gruppe eine »Klasse für sich«. Nach einem guten halben Jahr kehrte allerdings Routine ein. Niemöller verbrachte nun mehr Zeit als in den Monaten zuvor alleine in seiner Zelle, entweder lesend oder schlafend. Und er rang sich zu der Einsicht durch, dass man »die unfreiwillige Gesellschaft nehmen [müsse], wie sie mal ist«. Dabei sei »Schweigen«, so seine Maxime, »manchmal Gold«.[154] Aus diesem Grund beschränkte sich das eigentliche theologische Gespräch zwischen Niemöller und den Priestern recht bald auf »gelegentliche Einzelheiten«.[155]

Für diese Entwicklung gab es verschiedene Gründe. Zum einen begann sich Niemöllers Haltung zum »konfessionellen Problem« langsam »zu verschieben«, da er nun dem »evangelischen Christentum« wieder eine Aufgabe »als Korrektur für den Katholizismus« zuweisen wollte.[156] In den ersten Monaten der Dachauer Haft war Niemöller, frisch aus seiner Konversionskrise kommend, seinen katholischen Brüdern noch in einem Geist der Offenheit und des tiefen Respekts vor deren Glauben begegnet. Doch dieses Fenster eines offenen Dialogs schloss sich nun. Die theologischen Gespräche blieben »unfruchtbar«.[157] Niemöller fokussierte sich immer mehr auf Dinge am katholischen Glauben, die ihn irritierten, wie etwa die Heiligenverehrung, und unterstellte den Katholiken, dass sie mit einer »semipelagianischen Anschauung vom Heilsweg« den christlichen Glauben verkürzten.[158] Der Mönch Pelagius hatte in der Spätantike gelehrt, dass die Menschen ohne Erbsünde seien. Für Niemöller machte dagegen gerade die Sündhaftigkeit des Menschen die Erlösung durch den Kreuzestod Christi nötig.

Mit dem Hinzutreten von Nikolaus Jansen veränderte sich die Gruppendynamik.[159] Für Niemöller war »das Zusammenleben zu viert doch erheblich anstrengender als früher zu dritt«, und es gibt Grund zu der Vermutung, dass dies vornehmlich an der Person Jansens lag.[160] Martin berichtete Else voller Empathie, dass Neuhäuslers Naturell ans »Melancholische« grenze. Also kann mit jenem »Sanguiniker«, der ihm im Zusammenleben »Schwierigkeiten« bereitete, nur Jansen gemeint gewesen sein.[161]

Seit Frühjahr 1942 beherrschte Routine das gemeinsame Leben der vier Gefangenen im Kommandanturarrest des KZ Dachau. Nach dem Ende der gemeinsamen Lektüre des Neuen Testaments las Niemöller täglich für eine Weile aus den Psalmen vor. Vormittags betete man gemeinsam Stundengebete aus dem katholischen Brevierbuch. Nach dem Mittagessen dösten alle vor sich hin. Abends stand dann gemeinsames Kartenspiel auf dem Programm.[162] Anfang 1943 kamen Bewegung und willkommene Abwechslung in dieses festgefahrene Programm, da ein neuer SS-Mann für die Sonderhäftlinge zuständig war. Er hieß Wilhelm Beyer, hatte bis zum Kriegsbeginn als Angestellter im Justizdienst gearbeitet und war dann zur Wehrmacht einberufen worden. Seinen Personalunterlagen zufolge war er seit Anfang 1936 Mitglied der SS. Im November 1942 wurde er in das KZ Dachau versetzt.[163] Niemöller scheint sehr rasch ein Vertrauensverhältnis zu dem Untersturmführer aufgebaut zu haben. Das lag nahe, denn dieser war nur zwei Jahre jünger als er und ein evangelischer Familienvater. Zudem hatte Beyer im Ersten Weltkrieg als Frontsoldat gedient.[164] Niemöller führte wiederholt längere Gespräche mit Beyer, der ihn an manchen Tagen gleich zweimal in seiner Zelle aufsuchte, zuweilen auch die Besuche von Else überwachte, was Niemöller »sehr schön« fand, vermutlich weil Beyer nicht so genau hinhörte. Als der SS-Mann im November 1943 nach Lublin versetzt wurde, verabschiedete er sich persönlich von Niemöller.[165]

Doch nicht nur Niemöller, auch seine drei katholischen Mitgefangenen profitierten von der guten Beziehung zu Beyer. Am 20. März nahm Beyer alle vier erstmals zu einem Ausflug in den Wildpark mit. Das war ein Parkgelände nördlich des eigentlichen Schutzhaftlagers. KZ-Häftlinge hatten es in schwerer Handarbeit von 1937 bis Frühjahr 1938 für den damaligen Kommandanten Hans Loritz angelegt. Mit Bäumen, Ziersträuchern, Rasenflächen und einem künstlich angelegten Teich diente es der Erholung der SS-Männer. Loritz selbst feierte dort in einem Blockhaus Feste.[166] Der »erweiterte Auslauf« in den Wildpark gab Niemöller einen »neuen Lebensimpuls«. Es sei eben »ein Stückchen deutsche Heimaterde, auf der man steht und die das Auge mit Liebe in sich trinkt«. Alle vier Geistlichen waren den ganzen Tag »in freudiger Erregung«. Da es auf dem Teich Ruderboote gab, wies er Else an, ihm eine Badehose zukommen zu lassen.[167] Solche Abstecher in den Wildpark wurden bald zur Normalität. Bis Oktober 1943 nahm Beyer Niemöller und die anderen Geistlichen ein Dutzend Mal dorthin mit. Der längste Ausflug dauerte vier Stunden.[168]

Sonnenbaden im Wildpark war nicht die einzige Vergünstigung der vier Sondergefangenen. Beyer nahm sie auch einige Male mit auf die Kegelbahn, die sonst nur den SS-Leuten in dem ihnen zugewiesenen Areal außerhalb des Schutzhaftlagers zur Verfügung stand. Im Juli 1943 wurde »viel Wein dabei getrunken«, sodass Else bei ihrem Besuch am folgenden Tag fragte, ob ihr Mann etwa verkatert sei.[169] Auch das für die SS-Leute eingerichtete Kino durfte Niemöller einige Male besuchen. Dort sah er Filme wie *Kleiner Mann ganz groß* aus dem Jahr 1938 oder *Nacht ohne Abschied*.[170] Doch die beiden größten Privilegien wurden den Häftlingen im Juli 1943 zuteil. Am 1. Juli ging Niemöller »mit Herrn Beyer zur Schneiderei: Einkleidung in Civil«.[171] Beim nächsten Treffen konnte Else ihren Mann in einem »eleganten Anzug« bewundern, äußerte wenig später aber Kritik, weil er einen aus ihrer Sicht unpassenden »Nachthemdschlips« trug.[172] In jenen Tagen wurden Niemöller und den drei anderen Geistlichen auch gefederte Betten zugeteilt. Nach sechs Jahren auf einer harten Pritsche musste Niemöller sich daran erst einmal gewöhnen.[173]

Die Treffen mit Else verliefen nun voller Harmonie, zumal auch hier die Umstände laxer wurden. Zuweilen drehte der überwachende Beamte ihnen den Rücken zu und vertiefte sich in seine Akten. Ein anderes Mal war das Ehepaar Niemöller »mehrfach allein im Zimmer«. Dann, so Niemöller, nutzten wir »die Zeit, uns herzhaft zu küssen«.[174] Und selbst wenn Herr Beyer die vier Geistlichen einmal nicht in den Wildpark oder ins Kino mitnahm, hatten sie Freiräume. Eine Tür führte aus dem von ihnen bewohnten westlichen Ende des Bunkers ins Freie, und sie konnten sich in dem durch eine Mauer vom Schutzhaftlager abgetrennten Hof die Beine vertreten oder sonnenbaden. Kein Wunder also, dass Niemöller seiner Frau im August 1943 seine Situation so beschrieb:

> Von mir erzählte ich ihr, daß ich viel in der Sonne gelegen hätte, und daß meine Haft jetzt eher eine »Internierung« zu nennen sei.[175]

Am 18. September 1941 begleiteten Helmut
Gollwitzer – in Wehrmachtsuniform –, seine
Verlobte Eva Bildt (rechts) und Elsie von Stryk
Else Niemöller (Mitte) in das KZ Dachau. Else
trug an diesem Tag, wie ihr Mann im Nachhinein
notierte, »ihr blaues Kleid und grauen Herbst-
mantel«. Er half ihr aus dem Mantel, und dann
setzten sich die beiden auf zwei Sessel im Büro
des Lagerkommandanten. Martin erkundigte
sich nach dem letzten Luftangriff britischer
Bomber auf Berlin in der Nacht auf den
8. September, worauf Else antwortete: »Es war
gräßlich, so etwas haben wir noch nicht erlebt.«
Im Zentrum des Gesprächs standen dann die
anhaltenden Konflikte um die Tochter Brigitte.

Während Martin Niemöller sich beim Sonnenbaden entspannte, waren die Lebensumstände seiner Frau extrem problematisch. Sie war immer noch für die Führung des Pfarrhaushalts in Dahlem verantwortlich und musste zudem alle 14 Tage die lange Bahnfahrt nach München unternehmen, oft in Begleitung eines ihrer Kinder. Es fehlte ihr nicht an Unterstützung: Das eine oder andere Mal luden der Münchener Bischof Hans Meiser und seine Frau Else Niemöller zum Essen ein und boten ihr eine Unterkunft. Bei anderer Gelegenheit kam sie in München im »Europäischen Hof« unter, einem vom Caritasverband unterhaltenen Hotel. Dann diente ein Hospiz in Schliersee als Herberge.[176] Inzwischen hatte der Krieg aber auch Deutschland erreicht, flogen alliierte Bomberverbände Luftangriffe gegen deutsche Großstädte. Nachdem Hamburg am 24. Juli Ziel einer verheerenden Angriffswelle von Bombern der Royal Air Force geworden war, forderte Goebbels als Gauleiter Berlins am 1. August alle Frauen und Kinder auf, die Reichshauptstadt zu verlassen. Else war in diesen Tagen mit den Kindern Martin und Jutta sowie dem Hausmädchen Dora Schulz in Bayern und musste auch dort ständig die Unterkunft wechseln. Der Rückweg nach Berlin schien ihr versperrt, und so telegrafierte sie an die Gestapo, dass sie einstweilen in Süddeutschland bleibe. Aber wo?[177]

Selbstverständlich hatte der stets hilfsbereite Hans Asmussen eine Empfehlung parat. Doch Else kam schließlich auf Vermittlung der Witwe des Verlegers Wilhelm Langewiesche für zunächst zwei Wochen im Ferienhaus von Maria Lempp – der Witwe von Albert Lempp – in Leoni am Starnberger See unter. Bis zu seinem plötzlichen Tod im Juni 1943 hatte Lempp das Verlagshaus Christian Kaiser geleitet. Martin Niemöller war ihm 1936 begegnet, als der Verleger die *Stimme der Gemeinde*, eine Zeitschrift der Bekennenden Kirche, unter seine Fittiche nahm.[178] Aus dem Provisorium in Leoni wurde bald ein Dauerzustand, der bis November 1945 anhielt. Auf »Weisung von oben« – also wohl von der Gestapo in Berlin – hatte der Bürgermeister von Leoni Maria Lempp davon überzeugt, Else Niemöller, die Kinder Martin, Jutta und Hertha sowie Dora Schulz bei sich aufzunehmen. Unter den beengten Wohnverhältnissen führte das bald zum Streit. Schließlich zog Maria Lempp vorübergehend aus und schaute nur sporadisch als »Kontrollkommission« – so Elses ironische Wortwahl – vorbei, um das Haus auf Sauberkeit und Ordnung zu prüfen.[179]

Die drohende deutsche Niederlage als »Untergang des Abendlandes«

Welche Wahrnehmungen und Beobachtungen bewegten Martin Niemöller in den beiden letzten Kriegsjahren, als sich die militärische Niederlage des »Dritten Reiches« deutlich abzeichnete? Nicht erst mit der zuvorkommenden Behandlung durch Wilhelm Beyer hatte sich das Klima in Dachau merklich gewandelt, wo es immer öfter Momente gab, in denen Martin und Else während der Sprechstunde für kurze Zeit alleine waren. Hier hätte Gelegenheit bestanden, einmal offen über die verbrecherische Politik des NS-Regimes zu sprechen. Else Niemöller hätte aus Dahlem berichten können, wo die Bekennende Gemeinde, angestoßen durch Helmut Gollwitzer, praktische Maßnahmen der Solidarität mit den »nicht-arischen« Christen ergriffen hatte, vom Novemberpogrom 1938 bis hin zur Einführung des Judensterns im September 1941.[180] Aber von solchen Gesprächen findet sich in den Notizen über die Sprecherlaubnisse – welche die SS wie die anderen Papiere Niemöllers während seiner KZ-Haft nie kontrollierte – nicht der Hauch einer Andeutung. Seit dem Sommer 1943 dominierte vielmehr ein Thema: die Bedrohung der deutschen Nation und die immer düsterer erscheinende Kriegslage.

Anhaltspunkte für das Gespräch über dieses Thema bot zunächst der familiäre Nahraum. Dora Schulz berichtete im Dezember 1943 von den Zerstörungen in Berlin nach den letzten Luftangriffen und von den nicht explodierten Brandbomben, die um das Dahlemer Pfarrhaus herumlagen. Und Niemöllers Mutter und seine Schwester Magdalene, die im April 1944 eine Zeitlang in Leoni unterkamen, berichteten von den Luftangriffen auf Elberfeld im Juni des vorigen Jahres: »Die Flucht aus dem brennenden Häusermeer (in nassen Bademänteln!)«, so notierte Martin nach Elses mündlichem Bericht, »muß furchtbar gewesen sein. Von Elberfeld steht fast nichts mehr.«[181]

Im Herbst 1943 wurde der achtzehnjährige Sohn Jan zur Wehrmacht eingezogen. Sein Vater war besorgt, als im Januar 1944 die Nachricht kam, dass Jan an der Ostfront zum Einsatz kommen würde. Um seine »Haltung als Soldat«, so versicherte Niemöller Else brieflich, müssten sie sich als Eltern keine Sorgen machen:

Der Junge ist »richtig« und wird seinen Platz – wo immer es sei – schon ausfüllen. Was freilich werden soll, wenn die bolschewistische Woge über Europa und über unser Vaterland kommt, daran kann man nicht in Ruhe und in Ergebung denken, da kann man nur beten: »Herr, erbarme Dich!« Daniel 9, 15–19.[182]

Niemöllers antibolschewistische Reflexe waren also noch intakt, und er hielt weiter an seiner nationalprotestantischen Grundeinstellung fest. Diese verlangte, dass jeder einzelne Deutsche seine eigenen Belange hinter die des Volkes zurückstellte. Und so sah Niemöller nicht etwa sich selbst als Opfer, sondern die Deutschen als nationales Kollektiv. Im Juli 1943, während er das Kegeln und Baden im See des Wildparks genoss, machte er sich über sein »Drohnen-Dasein« Gedanken. Es kam ihm »sonderbar« und fragwürdig vor, dass er selbst sich »sattesse und gut ausschlafe, während Millionen in der Heimat nicht wissen, ob sie in der nächsten Nacht noch ein Dach über dem Kopf haben und Millionen draußen am Feinde stehen«. Dieser Widerspruch war für ihn nur ertragbar, solange er auch darin – ganz nationalprotestantisch gedacht – »Gottes Vaterhand am Werk glauben kann«.[183]

Im Laufe des Jahres 1944 rückten die alliierten Truppen immer dichter an die deutsche Grenze der Zeit vor 1939 heran. Für Niemöller war dies jeden Tag aufs Neue ein Anlass, »mit Aufregung auf die Wehrmachtsberichte« zu warten, »die ja bei aller Zurückhaltung und Knappheit doch etwas von dem ganzen Ernst der Situation durchblicken lassen. Wenn der Krieg nur zu einem Ende käme, das unserem Volk einen Weg in die Zukunft freigäbe!«[184] Seit Anfang 1944 trug Niemöller seine Zusammenfassung der Meldungen des Wehrmachtsberichtes mit gewissenhafter Regelmäßigkeit in einen Kalender ein: »Heeresbericht wenig befriedigend«, so lautet ein typisches Notat.[185] »Wenig befriedigend« war der Bericht nicht etwa deshalb, weil der Tag der Befreiung sich hinauszögerte, sondern weil der Ring der Alliierten sich immer fester um Deutschland zog. Im November 1944, als der Heeresbericht wieder einmal »ziemlich trüb« lautete, notierte Niemöller »aber V2!« und gab damit seiner Hoffnung Ausdruck, dass die mit der »Wunderwaffe« ausgeführten Raketenangriffe auf London vielleicht doch noch eine Wende bringen würden.[186]

Angesichts der Zerstörung weiter Teile Deutschlands und der Vernichtung von vielen »unersetzlichen Werten« machte Niemöller sich Gedanken, dass das »Wort vom Untergang des Abendlandes wahrhaftig keine Redensart mehr« sei, »zumal wenn man sich sagen muss, dass für die Schaffung von etwas Gleichwertigem einfach alle seelisch-kulturellen Voraussetzungen in der Generation unserer Tage fehlen«.[187] Wenn Niemöller an den Untergang des christlichen Abendlandes dachte, hatte er dabei zunächst – einem seit 1919 tief in seine politische Mentalität eingeschliffenen Reflex folgend – die zerstörerische Dynamik des Kommunismus vor Augen. Im November 1944 schrieb er an Else, der Bolschewismus hängt doch wie eine furchtbare Drohung über uns allen, wenn man sich auch sagt, dass wir nicht mehr viel zu verlieren haben; es ist eben doch eine ganze Menge![188]

Aber die Gegner des deutschen Volkes und seiner christlichen Zivilisation standen nicht nur im Osten. Im März 1945 musste Niemöller dem Wehrmachtsbericht mit Erschrecken entnehmen: »Im Westen steht der Feind am Rhein und in Trier!«[189]

Am 28. Februar 1945 starb Jochen, sein ältester Sohn, als Wehrmachtssoldat in Pommern. Einen Monat zuvor hatte er den Vater noch im KZ besucht. Zum Jahresende 1944 war Jutta, die 1928 geborene jüngere Schwester, überraschend an einer Krankheit verstorben, und der Sohn hatte bei diesem Besuch wie der Vater noch ganz unter dem Schock dieses Verlustes gestanden. Jochen war MG-Schütze und fühlte sich wohl bei seinem Truppenteil. Seine Kameraden wussten, wer sein Vater war, und konnten es dennoch nicht verstehen, dass der Sohn noch nicht zum Offiziersanwärter befördert worden war. Auf diese Nachricht reagierte der Vater, seinem Instinkt als Berufsoffizier folgend, so:

> Ich gab meiner Bitterkeit offenen Ausdruck und sagte ihm, er solle seine Pflicht tun, aber auch nicht mehr, worauf er entgegnete: »Das ist schwer, der Name verpflichtet ja doch!«[190]

Aus Sicht des Sohnes stand der Name Niemöller also in erster Linie für das Ethos des Offiziers. Kurz vor seinem Tod hatte Jochen seinem Vater brieflich eine Frage gestellt, die ihn in diesen Wochen umtrieb: »Sollte Spengler doch Recht gehabt haben?« Stand der Untergang des Abendlandes bevor, wie das der Philosoph Oswald Spengler in seinem zum Sprichwort geronnenen Erfolgsbuch behauptet hatte? Die posthume Antwort des Vaters – brieflich an Else übermittelt – war eindeutig:

> Ich sehe nicht, wie man die Frage verneinen könnte; denn ich kann es mir nicht vorstellen, dass den Angloamerikanern irgend etwas an dem Schicksal der europäischen Kultur gelegen ist; außerdem, was ist davon eigentlich noch übrig? Trümmer und Scherbenhaufen.[191]

Die militärische Niederlage des »Dritten Reiches« war für Niemöller in erster Linie eine Niederlage der deutschen Nation. Von Bolschewisten und Angloamerikanern besetzt und besiegt, drohte ihr nun eine ungewisse Zukunft. Das Ende des Nationalsozialismus registrierte er dagegen mit Genugtuung. Am

1. Februar 1945 gab er gegenüber Else seiner »Freude darüber Ausdruck, daß nun die Herren Kreisleiter auch wieder drankämen«. Aber selbst dies war zumindest zum Teil eine selbstbezogene Haltung. Denn Niemöller hatte in diesem Moment »die Wut bis zum Halse«, weil ein neuerlicher Antrag auf Beurlaubung in Berlin abgewiesen worden war.[192]

Mit seiner ambivalenten Einstellung zur Eroberung Deutschlands stand Niemöller keineswegs allein. Für viele Deutsche war es ein »Muss, die Front zu halten«, um das Vordringen des Bolschewismus hinauszuzögern. Selbst ein Opfer der NS-Rassenpolitik wie der Romanist Victor Klemperer, der wegen seiner jüdischen Abstammung jahrelang mit seiner Frau in einem »Judenhaus« leben musste, empfand das Kriegsende zugleich als Befreiung und Niederlage.[193]

In der letzten Zeit von Niemöllers Haft in Dachau gab es einige Veränderungen. Im April 1944 war Nikolaus Jansen in den Pfarrerblock verlegt worden. In seine Zelle steckte die SS Corbinian Hofmeister, den Abt der Benediktinerabtei Metten.[194] Seit Ende 1944 trafen immer mehr Sonderhäftlinge im Kommandanturarrest ein, wo die SS sie aus anderen Lagern in Dachau zusammenführte. Nachdem im März eine Gruppe von neun italienischen Offizieren hinzugekommen war, fühlte sich Niemöller isoliert.[195]

Das herannahende Ende des NS-Regimes brachte ganz neue Freiheiten. Am 13. Januar unternahmen Niemöller und Corbinian Hofmeister in Begleitung eines Sturmscharführers namens Bossenigk einen Spaziergang in den Ort Dachau, wo sie ins Café Fuchs einkehrten.[196] Eine Woche später ging es mit Johannes Neuhäusler für drei Stunden bis zum Schlossberg, gefolgt von einem gemütlichen Kaffeetrinken im Café Brüller. Weitere Ausflüge dieser Art folgten bis in den März hinein im Abstand von wenigen Tagen, jeweils in Begleitung eines SS-Mannes. Am 1. März 1945 trafen sie dabei den katholischen Stadtpfarrer von Dachau, Friedrich Pfanzelt. An diesem Tag hatte Niemöller morgens eine Sprecherlaubnis mit Else gehabt, auf die kurz danach ein Fliegeralarm folgte. Also gingen Niemöller, Michael Höck und ihr SS-Begleiter auch beim Bahnhof vorbei, um sich danach zu erkundigen, ob Elses Zug noch vor dem Alarm abgegangen sei.[197] Dann hörte diese Vergünstigung unbeschwerter Ausflüge in die Stadt Dachau plötzlich wieder auf, ohne dass Niemöller den Grund dafür benennen konnte.[198]

In der hektischen Atmosphäre der letzten Kriegswochen wuchsen Nervosität und Unsicherheit. Am 3. April 1945 notierte Niemöller die ominöse Äußerung eines SS-Manns namens Bruno Lenzkowski: »Lenzkowski hat geschwätzt, er wolle vor Schluß noch alle Sonderhäftlinge ›umlegen‹!«[199] Ein solche Entscheidung stand Lenzkowski gewiss nicht zu, aber für Unruhe sorgte sie dennoch. Nur zwei Tage später, am 5. April, wurden Michael Höck und Corbinian Hofmeister überraschend entlassen. Niemöller gab Höck seine persönlichen Unterlagen – Briefabschriften und Manuskripte – mit auf den Weg, die so noch am selben Tag in die Hände des Dachauer Stadtpfarrers Friedrich Pfanzelt gelangten.[200] Ein Wachmann sagte Johannes Neuhäusler, dass er ursprünglich auch auf der Entlassungsliste gestanden habe, aber noch bleiben müsse, »damit Niemöller nicht allein sei«.[201] Am 16. April teilte SS-Obersturmführer Edgar Stiller, der Ende 1943 die Betreuung der Sonderhäftlinge übernommen hatte, Niemöller mit, dass sie in die frühere Bordellbaracke übersiedeln müssten. Doch in diesen Tagen löste sich die Ordnung des Lagers auf, und Niemöller hatte ohnehin seinen eigenen Willen: »Ich lehne«, so notierte er, »mit Erfolg ab.«[202] Dasselbe geschah einen Tag später, als überraschend der Abtransport der Sondergefangenen verkündet wurde. Niemöller weigerte sich mit den Worten, er lasse sich nicht »nach Katyn schleppen« – wo der NKWD im Frühjahr 1940 Tausende von polnischen Offizieren ermordet hatte.[203]

Am 20. April 1945 fand das letzte Treffen Niemöllers mit seiner Frau in Dachau statt. Es dauerte neunzig Minuten und war bestimmt von Martins Bericht über die hektischen Geschehnisse im Lager. Dann gab es einen Fliegeralarm, und »Else schulterte ihren Rucksack; unser Abschied war ganz herzlich und fröhlich, wenn man so sagen darf«. Else sei, so sein Fazit nach sieben Jahren KZ-Haft, »überhaupt eine Frau, wie es nur wenige geben kann«.[204] An diesem Tag gingen die beiden in gehobener Stimmung auseinander. Drei Tage später kam der Abmarschbefehl für die Sonderhäftlinge. Einige fragten Niemöller, ob er auch mitkomme. Er sagte dies zu, bestand aber mit Erfolg darauf, dass zwei »üble« SS-Männer aus dem KZ Buchenwald den Transport nicht begleiten sollten.

Am 24. April begann der Abtransport von etwa 160 Sonderhäftlingen in Lastwagen und Bussen.[205] In den folgenden Tagen ging es über Innsbruck und den Brenner nach Niederndorf in Südtirol. Ob die SS tatsächlich vorhatte, die Sonderhäftlinge zu liquidieren, falls ihr Plan scheiterte, sie als Verhandlungsmasse in den Gesprächen mit den Alliierten zu nutzen, lässt sich nicht mit letzter Sicherheit nachweisen. Fest steht jedenfalls, dass die Häftlinge in Todesangst lebten, bis sie am 30. April eine Wehrmachtseinheit unter Wichard von Alvensleben in Gewahrsam nahm und unter ihren Schutz stellte. Am 4. Mai befreiten schließlich Truppen der US Army die prominenten Sonderhäftlinge.[206]

In der Zeit nach 1945 hat Niemöller oft und in wechselnden Varianten davon berichtet, wie sich in den Jahren der KZ-Haft – und zumal in Dachau – seine politische Einstellung gewandelt habe. In erster Linie ging es dabei um seine wachsende Empathie für die Kommunisten und andere Opfer des NS-Terrors. Alle bisherigen Biographen sind Niemöllers Zeugnis bedenkenlos gefolgt und haben unterstellt, dass sich seine politische Theologie und seine Einstellung zum Nationalismus während der Zeit in Dachau »radikal gewandelt« hätten.[207] Eine genaue Überprüfung der zahlreich erhaltenen Quellen führt allerdings zu dem Ergebnis, dass davon keine Rede sein kann. Die antibolschewistische Grundhaltung Niemöllers blieb bis 1945 genauso konsistent wie sein Nationalismus. Mit Schaudern und Erschrecken notierte er, wie sich die Wehrmachtstruppen vor der Roten Armee zurückziehen mussten. In Niemöllers nationalistischer Vorstellungswelt erschien das deutsche Volk in erster Linie als Opfer des Bombenkrieges der Alliierten. Noch im Moment der Befreiung aus dem KZ interpretierte er die Niederlage der deutschen Nation als Untergang des Abendlandes. Wenn sich in den langen Jahren der KZ-Haft etwas wandelte, dann war es Niemöllers Einstellung zur protestantischen Kirche. Vor allem dank des hartnäckigen Widerstands seiner Frau vollzog er die über einen langen Zeitraum gedanklich vorbereitete und begründete Konversion zur katholischen Kirche letztlich nicht. Dennoch war dies mehr als eine nur dem Lagerkoller geschuldete Episode in Niemöllers Leben, schon allein deshalb, weil es in den Jahren nach 1945 oft so schien, als wolle er sein Schwanken durch eine demonstrativ antikatholische Einstellung kompensieren. Aber auch die Distanz zu einer als bürokratischer Apparat operierenden Kirche, die seine Konversionspläne befördert hatte, war nicht überwunden, nachdem er diese Pläne verworfen hatte.

Teil III
KIRCHE, FRIEDENSPOLITIK UND ÖKUMENE NACH 1945

13
Der verzögerte Neuanfang: Übergänge und Kontroversen

Mit der Befreiung durch eine Einheit der US Army am 4. Mai 1945 begann für Martin Niemöller eine Zeit des Übergangs. Die Heimkehr zu seiner Familie nach Leoni verzögerte sich, und die Suche nach einer angemessenen kirchlichen Tätigkeit – und damit auch die nach einem dauerhaften Wohnort – sollte noch bis Ende 1947 dauern. Nach sieben Jahren Haft im Konzentrationslager sah eine breite internationale Öffentlichkeit in Niemöller einen Märtyrer der Opposition gegen das »Dritte Reich«. Umso größer war das Erstaunen, als erste öffentliche Äußerungen nach der Befreiung erkennen ließen, dass die nationalistische Grundhaltung Niemöllers noch weitgehend intakt war. Bis 1947 flammten immer wieder Kontroversen um sein Verhalten in der NS-Zeit auf, denen Niemöller in aktuellen Äußerungen weitere Nahrung gab. Dadurch stand er während der unmittelbaren Nachkriegszeit im Zentrum von Konflikten, in denen auch der richtige Umgang mit dem Erbe des »Dritten Reiches« ausgehandelt wurde.

Die Wehrmachtseinheit unter Wichard von Alvensleben hatte die aus dem KZ Dachau evakuierten Sonderhäftlinge in das Hotel Pragser Wildsee in den Südtiroler Dolomiten gebracht. Als die US Army dort am 4. Mai eintraf, nahm sie zunächst einmal die Personalien der Gefangenen auf. Am Tag darauf gab es einen »Einbruch der Journalisten und Photographen der 7. Armee«.[1] So war es möglich, dass bereits am 8. Mai ein ausführliches Interview mit dem als »Anti-Nazi Pastor« vorgestellten Niemöller in der *New York Times* erscheinen konnte. Dieser gab zu Protokoll, dass Deutschland die nächsten Monate nur mit Hilfe der evangelischen Kirche überstehen könne. Und dafür benötige diese die Unterstützung der amerikanischen Protestanten. Bereits hier begann Niemöller mit dem Aufbau einer Legende über seine Haft, indem er – wahrheitswidrig – andeutete, er wäre vermutlich entlassen worden, wenn er sich bereit erklärt hätte, die Dahlemer Kanzel aufzugeben.[2]

Am 8. Mai wurde die Gruppe der ehemaligen Sonderhäftlinge nach Verona gebracht, von wo es drei Tage später mit dem Flugzeug nach Neapel ging. Nicht weit von dort, in der Stadt Caserta, war das Hauptquartier der im Mittelmeer operierenden alliierten Truppen unter dem Kommando des britischen Feldmarschalls Harold Alexander einquartiert, dem die Gruppe nun unterstand. In Neapel wurde Niemöller ein »großer Empfang« bereitet. Reinhard Pauly, ein Konfirmand aus der Dahlemer Gemeinde, der 1937 in die USA emigriert war, begrüßte ihn in seiner Eigenschaft als Mitglied des Nachrichtendienstes der US Army.[3] Aber Grund zur Unruhe blieb. »Wo ist Else, wo sind die Kinder?« Diese für Niemöller brennende Frage klärte sich erst am 18. Mai, als er in der Armeezeitschrift *Stars and Stripes* ein Interview mit Else las.[4]

In den folgenden Tagen gab es Gespräche mit Feldmarschall Alexander und zahlreichen amerikanischen Geistlichen verschiedener protestantischer Kirchen. In der Gruppe der prominenten Sonderhäftlinge stand Niemöller im Zentrum des öffentlichen Interesses, was zu einigen Vorbehalten unter den anderen ehemaligen Mitgefangenen führte, die über eine Bevorzugung Niemöllers durch die Amerikaner klagten. Die Tage gingen rasch dahin. Neben zahlreichen Gesprächen genoss Niemöller die Annehmlichkeiten eines Lebens in Freiheit wie Wannenbäder, Kinobesuche – inzwischen wurden Farbfilme gezeigt – und das Schwimmen im Mittelmeer.[5] Am 5. Juni gab er zusammen mit Johannes Neuhäusler, Hermann Pünder, Josef Müller und Reinhard Goerdeler – dem Sohn von Carl Friedrich Goerdeler, den die SS nach dem Attentat auf Hitler am 20. Juli 1944 in Sippenhaft genommen hatte – eine Pressekonferenz.[6] Die Berichte der New Yorker Tageszeitungen konzentrierten sich allerdings ganz auf den Pastor, der durch seine »courageous opposition to the Nazis« berühmt geworden sei.

Was Niemöller auf dem Podium zum Besten gab, passte allerdings gar nicht zum Bild eines unerschrockenen Widerstandskämpfers. Er gab zu, dass er bei Kriegsbeginn 1939 aus dem KZ heraus seine Dienste als Marineoffizier »in jeder Kapazität« – also auch für einen Kampfeinsatz – angeboten habe.[7] Das *Time Magazine* zitierte ihn mit der Aussage, dass »ein Deutscher im Krieg nicht danach fragt, ob er gerecht ist oder nicht, sondern sich verpflichtet fühlt, mit an die Front zu gehen«.[8] Weiter betonte Niemöller, dass er eine Beteiligung an der Opposition gegen das NS-Regime für sich nicht beanspruche. Wahrheitsgetreu gab er zu Protokoll, er sei als Mann der Kirche an Politik nicht interessiert gewesen, sondern habe nur Eingriffe in deren Autonomie abgewehrt. Merkwürdig mutete die Aussage an, dass die Deutschen sich nach »Autorität« sehnen würden und ihnen eine demokratische Teilhabe an der Politik fernliege.[9] Die *New York Times* kommentierte trocken, Niemöller sei eben ein »Held mit Einschränkungen«.[10]

Bei den amerikanischen Offizieren in Neapel schrillten nach dem Interview die Alarmglocken. Am 13. Juni wurden Niemöller, Hjalmar Schacht, Pünder und einige andere Dachauer Sonderhäftlinge zunächst nach Paris geflogen, von wo es am 16. Juni nach Frankfurt ging. Dort wurde Niemöller nicht entlassen, vielmehr hielten die amerikanischen Militärbehörden ihn in einem Verhörzentrum in Wiesbaden weiterhin fest. Immerhin erlaubte ihm der britische Begleitoffizier gleich am ersten Tag, seine in Frankfurt lebende Schwester Pauline Kredel kurz zu besuchen, mit der es ein »erschütterndes Wiedersehen« gab.[11] Am 18. Juni folgten ganztägige Vernehmungen. Morgens gab es zunächst ein längeres Gespräch mit Major Marshall C. Knappen, der die Religious Affairs Section bei den Supreme Headquarters, Allied Expeditionary Force (SHAEF) leitete, dem Obersten Hauptquartier der Alliierten Expeditionsstreitkräfte. In dieser Position war Knappen, ein ehemaliger Pastor, für die Ausarbeitung der kirchenpolitischen Grundsätze der westlichen Alliierten verantwortlich. Niemöller empfand das Gespräch mit dem Major als »sehr heftig«.[12] Nachmittags verhörten ihn dann noch zwei Offiziere des US-Geheimdienstes Office of Strategic Services (OSS).[13]

Beide Gespräche waren nicht unbedingt geeignet, bestehende Bedenken der Amerikaner hinsichtlich der politischen Haltung Niemöllers zu zerstreuen. Den beiden OSS-Offizieren erklärte er zu seiner freiwilligen Meldung 1939, dass er nach Kriegsbeginn »keine Alternative« zu dem Entschluss gesehen habe, für seine Nation zu kämpfen. Berichte über den »polnischen Terror«, die der NS-Führung als Vorwand für den Überfall auf Polen gedient hatten, seien zutreffend gewesen, er selbst kenne deutsche Pfarrer, die von den Polen »abgeschlachtet« worden seien. Nachdem Niemöller so gezeigt hatte, dass er die nationalsozialistische Gräuelpropaganda immer noch für bare Münze nahm, durfte man sich nicht wundern, dass er als Ursache für den systematischen Terror in den Konzentrationslagern eine »ansteckende Krankheit« ausmachte, der auch andere Völker als die Deutschen erliegen mochten.[14] Knappen hob in dem Bericht über sein Gespräch mit Niemöller hervor, dass die westliche Presse dessen Bild als eines »anti-Nazi Märtyrers« unzulässig vergrößert und verzerrt habe. Ihm selbst erschien Niemöller eher als ein »provinziell gesinnter Pastor«. Knappen unterschied sorgfältig zwischen dem populären »kirchlichen Führer« Niemöller und dem politisch denkenden ehemaligen Marineoffizier. Jener verdiene Respekt, während dieser, zumal wenn er die Politik der US-Militärregierung diskreditieren wolle, weiter »sorgfältig beobachtet« werden müsse.[15]

Knappen plädierte in seinem Bericht für die baldige Freilassung Niemöllers, der inzwischen in einen Hungerstreik getreten war, um diese zu erreichen. Die beiden politischen Berater der britischen und amerikanischen Militärregierung ordneten die Entlassung bereits am folgenden Tag an.[16] Doch dieser Schritt war innerhalb der Militärregierung nicht unumstritten. Thomas B. Wenner, der beim politischen Berater der US-Militärregierung für

Public Relations zuständig war, sprach sich gegen die Freisetzung aus, nachdem die Presseabteilung des US-Militärs ihn auf die »heiße Kartoffel« Niemöller aufmerksam gemacht hatte. Dort fürchtete man, dass Niemöller nach der Entlassung Kritik an seiner Behandlung in die Öffentlichkeit tragen werde. Um gegen ihn vorzugehen, wollte man die freiwillige Meldung aus dem Jahr 1939 ausschlachten.[17]

Die ersten Kontakte mit den amerikanischen Besatzungsbehörden sollten weit über die kurze Internierung Niemöllers hinaus Folgen haben. Denn die Amerikaner wurden in der Absicht bestärkt, beim Wiederaufbau der evangelischen Kirche in Deutschland eher auf Bischof Theophil Wurm zu setzen als auf den so impulsiven Dahlemer Pfarrer.[18] Der Stein des Anstoßes war auch diesmal Niemöllers Bereitschaft, seiner Nation im Krieg als Offizier zu dienen. Niemöller erkannte das, und so bemühte er sich in den folgenden Monaten, dieses für ihn gefährliche Thema zu entschärfen und eine geschönte Version seiner Motive vom September 1939 zu verbreiten.

Gelegenheit dazu bot etwa sein erster Brief an George Bell, den Bischof von Chichester, der sich während der gesamten Haftzeit Niemöllers in der anglikanischen Kirche und in der ökumenischen Bewegung für ihn eingesetzt hatte. Niemöller erklärte das Dilemma, in dem er sich angeblich 1939 befunden habe. Eine Niederlage Hitlers hätte eine komplette Zerstörung Deutschlands nach sich gezogen. Also habe er, wie viele andere Deutsche, gehofft, dass der Krieg – nachdem er nun einmal begonnen hatte – zum Sturz des Regimes führen könne, »der natürlich nicht ohne die Hilfe der Streitkräfte durchgeführt werden konnte«.[19] Der Sinn dieser gewundenen Formulierungen war klar: Niemöller wollte andeuten, dass seine freiwillige Meldung allein dem Zweck gedient habe, sich den Verschwörern des 20. Juli 1944 anzuschließen.[20] Das war reine Fiktion, da sich die Widerstandsbewegung um Offiziere wie Wilhelm Canaris und Hans Oster erst über ein Jahr nach Niemöllers Verhaftung im Sommer 1937 formiert hatte, er also 1939 keine Kenntnis von ihr haben konnte. Angesichts der drängenden Nachfragen auch der Freunde aus dem Ausland war aber offensichtlich jede Notlüge recht.[21]

Nach seiner Entlassung aus amerikanischer Internierung am 21. Juni traf Niemöller in Frankfurt neben seiner Schwester Pauline auch Freunde aus der Bekennenden Kirche, unter ihnen Otto Fricke und Wilhelm Fresenius. Am folgenden Tag stießen noch Theophil Wurm und Hans Asmussen zu längeren Gesprächen hinzu. Erst dann ging es mit dem Auto in Richtung Leoni, wo Niemöller am frühen Morgen des 24. Juni seine Frau sowie den kleinen Martin und Hertha aufweckte. Bald fanden sich Freunde aus der Umgebung im Hause von Maria Lempp ein, darunter die Hausherrin selbst. Den von freudigen

Gesprächen geprägten langen Tag beschloss Hans Asmussen mit einer kurzen Andacht.[22] Doch die Zeit allein mit Freunden und Familie war nur kurz. Schon in den folgenden Wochen unternahm Niemöller immer wieder Reisen, etwa nach München zum Mittagessen mit Johannes Neuhäusler, oder in den Frankfurter Raum, wo er ehemalige Mitgefangene des Transports in die Alpenfestung traf, unter ihnen die Offiziere Alexander von Falkenhausen und Bogislav von Bonin.[23]

Hauptansprechpartner blieben aber die amerikanischen Militärbehörden. Niemöller plante Reisen ins Ausland, wofür er deren Genehmigung benötigte. In der Schweiz und in Großbritannien wollte er Hilfe für die deutsche Kirche und die notleidende deutsche Bevölkerung organisieren. Doch seine Beziehung zu den US-Behörden war angespannt. Major Knappen wusste zu berichten, dass Niemöller einem US-Offizier in München erklärt haben sollte, er sei in Dachau besser behandelt worden als von den Amerikanern. Wann immer er im KZ mit einem Offizier der SS habe sprechen wollen, sei ihm dieser Wunsch erfüllt worden. Bei der Internierung in Wiesbaden hätten ihm die Wachen dagegen abgefertigt mit der Bemerkung »forget it«. Kein Wunder also, dass Knappen mit Hugh Davis, dem Pressereferenten der amerikanischen Militärregierung in Frankfurt, darin übereinstimmte, die Reisewünsche Niemöllers nicht zu erfüllen und ihm auch die Bitte um einen Pkw abzuschlagen.[24] Niemöller bleibe, so Knappen in einer Aktennotiz, »potenziell gefährlich als ein politischer Anführer«.[25]

General Clarence L. Adcock, der bei SHAEF die für den Kontakt mit der Zivilbevölkerung zuständige Abteilung G-5 leitete, urteilte ebenso nüchtern. Für ihn war Niemöller »nur ein weiterer Deutscher«, und deshalb solle er in Deutschland bleiben.[26] Allerdings unterstützten einige der für das US-Militär arbeitenden Geistlichen Niemöller. Einer von ihnen war Frank P. Hladky, der ebenfalls beim alliierten Hauptquartier tätig war. Er setzte sich bei Knappen dafür ein, dass Niemöller vor amerikanischem Militärpersonal sprechen durfte. Dieser Auftritt wurde für den 31. Juli in Frankfurt anberaumt. Das Publikum – rund tausend Besucher hatten sich eingefunden – wartete schon, als der Auftritt in letzter Minute auf Weisung des Stabschefs abgesagt wurde.[27]

Immerhin ist der Text des Vortrags überliefert, und es lohnt ein Blick darauf, was Niemöller bei seinem ersten öffentlichen Vortrag nach der Befreiung gesagt hätte. Zurückschauend auf 1933 kritisierte er die Deutschen Christen als jene Gruppe, die sich der NSDAP angeschlossen hatten, um zur »Re-Christianisierung« Deutschlands beizutragen. Dass er selbst im Gefolge der NS-Machtergreifung die Hoffnung auf eine solche Rechristianisierung geteilt hatte, verschwieg er geflissentlich. Sodann stellte er die Bekennende

Kirche als »einzige Hoffnung« für eine geistige »Wiedergeburt« Deutschlands nach dem Zusammenbruch heraus. Mit einer Diskussion spezifischer Felder wie Erziehung, Schule und Wirtschaft verdeutlichte er, wie die Kirche diese Hoffnung einlösen könne. Im Zentrum von Niemöllers Überlegungen stand die Forderung, dass »kein Gebiet« des sozialen Lebens »sich nach seinen eigenen Gesetzen« entwickeln dürfe, sondern dass »sie immer dem Gesetz Gottes verantwortlich bleiben« müssten.[28] Dies war letztlich eine Absage an die Autonomie der Funktionssysteme der modernen Gesellschaft.[29] Seine Position lässt sich zutreffend als religiöser Fundamentalismus bezeichnen, da der Glaube so zum Maßstab allen sozialen Handelns gemacht wird. Darin zeigt sich eine bemerkenswerte Kontinuität in Niemöllers Denken. Denn gegen die Vorstellung einer »Eigengesetzlichkeit« der Funktionssysteme der modernen Gesellschaft hatte er sich bereits in seiner Probeaufstellung in der Dahlemer Gemeinde am 17. Mai 1931 gewandt. Auch die zweite These der Barmer Theologischen Erklärung von 1934, die Gottes Anspruch »auf unser ganzes Leben« betonte, ließ sich als eine Zurückweisung solcher Eigengesetzlichkeit verstehen.[30]

Anfang August traf der amerikanische Journalist Percy Knauth, der für das *Time Magazine* arbeitete, Niemöller in Frankfurt. Er begegnete einem »äußerst bitteren, äußerst negativ« gestimmten Mann, der eine amerikanische Armeehose trug und sich seine amerikanischen Zigaretten mit einem Feuerzeug der US-Marke Zippo anzündete. Mit dieser äußerlichen Amerikanisierung kontrastierte Niemöllers starkes Ressentiment gegen die Amerikaner. Er war ernsthaft von der verschwörungstheoretischen Idee überzeugt, dass die amerikanischen Zeitungen einer »Direktive« folgen würden, nach der sie nichts Positives über seine Person berichten durften. Knauth versuchte vergeblich, seinem Gesprächspartner die Idee einer freien Presse zu erklären. Niemöller klagte weiterhin über seine Behandlung durch die Amerikaner. Aber es ging ihm nicht nur um seine persönlichen Befindlichkeiten. Er war sich sicher, dass die Alliierten auf den »völligen Ruin« Deutschlands abzielten und Deutschland zum Schlachtfeld eines neuerlichen Krieges machen wollten, der das Ende der deutschen Nation bedeuten würde.[31]

Der »historische« Niemöller und der Mythos vom Widerstandskämpfer

In Niemöllers Ansichten zu den Zielen der Amerikaner wird ein virulenter Antiamerikanismus deutlich, der eine ambivalente Bewunderung des Wohlstands und der materiellen Zivilisation in den USA keineswegs ausschloss.

Knauth brachte durchaus Verständnis für die Erbitterung Niemöllers auf, der, eben aus dem KZ befreit, zu seiner Verwunderung erfuhr, dass die Weltöffentlichkeit ihn als einen Helden des Widerstands gefeiert hatte, und nun verdammte sie ihn ob der Nachricht seiner freiwilligen Meldung.³² Um diese Fallhöhe zu verstehen, müssen wir einen Blick auf das Bild Niemöllers in der amerikanischen Öffentlichkeit werfen. Ein sicherer Indikator für das dort herrschende Interesse ist, dass die *New York Times* vom Tag seiner Verbringung nach Sachsenhausen bis zur Kapitulation Deutschlands am 8. Mai 1945 nicht weniger als 167-mal über Niemöller und die Resonanz seines Schicksals in der ganzen Welt berichtete.³³

Vor allem die protestantischen Kirchen in den USA überboten sich geradezu darin, Niemöller als einen christlichen Märtyrer zu verehren. Am Jahrestag seiner Inhaftierung, dem 1. Juli, waren alle Protestanten in den USA aufgerufen, seiner zu gedenken. Eine treibende Kraft hinter dieser Initiative war Henry Smith Leiper, ein Kongregationalist, der als führendes Mitglied des Federal Council of Churches – dem Dachverband verschiedener protestantischer Kirchen in den USA – und des Ökumenischen Rates der Kirchen über vielfältige Verbindungen verfügte. Im Vorfeld der Gedenkfeiern am 1. Juli 1939 bezeichnete er Niemöller als ein »Symbol für den unstillbaren Durst der Menschen nach Gewissensfreiheit«, dessen »Martyrium« mit der Verhaftung begonnen habe. Hitler habe diese Maßnahme gegen den tapferen Pfarrer mit den Worten »entweder Niemöller oder ich« begründet. Da diese – fiktive – Bemerkung ständig wiederholt wurde, musste es schließlich so erscheinen, als sei Niemöller der wichtigste Gegenspieler des brutalen Diktators.³⁴ Ein Pfarrer in Brooklyn ging 1939 sogar so weit, die Verhaftung Niemöllers in seinem Gottesdienst nachzustellen. Als er auf die Kanzel stieg, zerrten ihn zwei in eine braune Nazi-Uniform gesteckte Männer fort. Er hielt die Predigt dann hinter der Nachbildung einer vergitterten Zellentür, welche die Aufschrift »Sachsenhausen« trug.³⁵

Aber nicht nur Protestanten sahen Niemöller als Symbol des Widerstandes gegen Hitler. Auch amerikanische Rabbiner priesen den inhaftierten Geistlichen und verglichen ihn mit dem alttestamentarischen Propheten Jeremia. Der New Yorker Rabbiner William Rosenblum sagte, dass der Gefangene als »Märtyrer Niemöller« in die Geschichtsbücher eingehen werde, da er es vorgezogen habe, die Kluft eines Gefangenen zu tragen anstatt »neuheidnische Gewänder«.³⁶ Die Medien verstärkten diese Wahrnehmung noch. So erschien 1942 das Buch *I was in Hell with Niemöller*, dessen Autor Leo Stein schilderte, wie er angeblich als Niemöllers Mitgefangener in Sachsenhausen Zeuge von dessen brutaler Behandlung durch die SS geworden sei.³⁷ Die

Identität des Verfassers, der sich hinter dem Pseudonym verbirgt, hat sich bis heute nicht klären lassen. Zwar tauchten in den Medien in den USA bald berechtigte Zweifel an der Authentizität der Geschichte auf,[38] was aber die Faszination, die das Schicksal des inhaftierten Pastors ausübte, eher noch steigerte.

Schließlich erschien Niemöller auch in den Kinos. Der Anarchist und Dramatiker Ernst Toller hatte im New Yorker Exil das Stück *Pastor Hall* geschrieben, das in unverkennbarer Anlehnung an die Biographie Niemöllers die Geschichte des Kirchenkampfes erzählte. Auf der Grundlage dieses Stückes produzierten zwei englische Regisseure 1939 einen Film, der mit einiger Verzögerung im Herbst 1940 in Großbritannien und den USA in den Kinos lief. Die *New York Times* berichtete, dass Eleanor Roosevelt – die Frau des Präsidenten – den Film, den ihr für ein Hollywoodstudio arbeitender Sohn James in die Kinos brachte, mehrfach gesehen habe.[39]

Niemand hatte Niemöller darauf vorbereitet, dass die Weltöffentlichkeit nach seiner Befreiung aus dem KZ einen Widerstandshelden und Märtyrer erwartete. Karl Barth, dessen oft ironische Bemerkungen in der Regel den Nagel auf den Kopf trafen, formulierte am 9. Juli 1945 in seinem ersten Brief an Niemöller nach der Befreiung das Problem so:

> Ich übertreibe nicht, wenn ich Ihnen sage, dass es in unserer Zeit gewiss kaum einen gegeben hat, der von weitem von ähnlicher Liebe und Verehrung umgeben war, für den unter den Christen so viel gebetet und dem auch von den Weltkindern der verschiedensten Art so viel Respekt entgegengebracht wurde, wie es Ihnen widerfahren ist. [... D]ie Zeitungen wurden nicht müde, Sie gelegentlich immer wieder zu nennen, und in Amerika sind Sie in aller Form als Heros über die Filmleinwand gegangen. Sie waren *das* Symbol *des* Widerstands gegen Hitler. Ich erinnerte ab und zu schüchtern an den »historischen« Niemöller, den ich zwar auch im Grossformat, aber nun immerhin gerade in seinem Verhältnis zu Hitler und vor allem zum vorhitlerschen deutschen Nationalismus in nicht so einfachen Konturen in Erinnerung hatte. Aber da gab es kein Aufhalten. [...] Nachher haben Sie dann – sicher wieder ohne es zu ahnen – etwas ziemlich Mächtiges zum Abbau dieser Sage getan: ich meine das Interview, das in Neapel zwischen Ihnen und einem oder mehreren amerikanischen Journalisten stattgefunden hat. O weh, die Erklärung, dass ein richtiger Deutscher im Kriegsfall nicht erst frage, ob sein Vaterland im Recht oder im Unrecht sei! O wie erkannte ich da den alten, eben den »historischen« Martin Niemöller![40]

Zu Weihnachten 1940 brachte das amerikanische *Time Magazine* den inhaftierten Niemöller als den »Märtyrer des Jahres 1940« auf seine Titelseite und fügte hinzu, dass sich in Deutschland allein »das Kreuz nicht dem Hakenkreuz beuge«. Das Titelbild war Teil der breiten Glorifizierung Niemöllers als eines Helden des christlichen Glaubens, die sich seit Beginn seiner KZ-Haft in den USA ausbreitete. Protestanten wurden von ihren Kirchen aufgefordert, die Jahrestage seiner Verhaftung und seiner Verbringung nach Sachsenhausen als Gedenktage zu begehen, und Henry Smith Leiper, ein führender Vertreter der ökumenischen Bewegung in den USA, forderte die Pfarrer auf, »Predigten über den modernen Luther« zu halten.

Damit hatte Barth die Fallhöhe zutreffend beschrieben. Hinter der Folie der als Widerstandskämpfer und Held des »Kirchenkampfes« überhöhten Symbolfigur der Bekennenden Kirche tauchte der von Barth treffend als »historisch« bezeichnete Militarist, Nationalist und einstmalige Befürworter des Nationalsozialismus wieder auf. Instinktiv lag Niemöllers Reaktion auf das negative Presseecho darin, die Medien für eine verzerrende Berichterstattung anzuklagen. Im November 1945 drückte er seine Verwunderung darüber aus, dass viele Menschen »trotz unserer Erfahrungen mit Goebbels noch immer [...] so zeitungsgläubig« seien.[41] Dass die Massenmedien in einer pluralistischen Gesellschaft eine wünschenswerte Funktion erfüllen, kam ihm nicht in den Sinn. Und auch in den folgenden Jahren blieb die Medienschelte stets Niemöllers erste Reaktion auf abträgliche Berichte.[42]

Während Niemöller sich so im Deutschland der Nachkriegszeit zurechtzufinden versuchte, musste er vor allem mit praktischen Problemen kämpfen. In Leoni standen ihm, seiner Frau, dem kleinen Martin, Hertha, Brigitte und dem Hausmädchen Dora Schulz weiterhin nur drei Zimmer im Ferienhaus von Frau Lempp zur Verfügung. Zwei von ihnen waren nach seinen Angaben »winzig«, und nur eines ließ sich im Winter richtig heizen. So kam es im August und September 1945 wiederholt zu heftigem »Krach«, den Niemöller »unerträglich« fand.[43] Erst stieß er mit Brigitte und Dora Schulz zusammen. Als Dora nach Dahlem zurückkehrte, um das dortige Pfarrhaus zu hüten, blieb immer noch der ständige Konflikt mit seiner ältesten Tochter, der bis zu ihrer geplatzten Verlobung 1940 zurückreichte. So gab es mehr als einmal »fürchterliche Szenen mit Brigitte! Unglaublich, krasser Zustand, schlimme Nacht.«[44] Immerhin gelang es Niemöller nach einigen Mühen, sich Abschlagszahlungen auf das für die Dahlemer Pfarrstelle zustehende Gehalt anweisen zu lassen. Aber in die Strukturen der bayerischen Landeskirche war er nicht eingebunden, und die Fahrten nach Frankfurt waren genauso kräftezehrend wie die beengten Lebensumstände in Leoni. Also lag die Überlegung nahe, nach Dahlem zurückzukehren.

Die Frage der Rückkehr Niemöllers nach Dahlem ist eine Scharade, die sich über zwei Jahre hinzog und bei der selbst ihr Protagonist vielleicht am Ende nicht mehr genau wusste, was er wirklich wollte. Während der langen Jahre der Dachauer KZ-Haft hatten Else und Martin Niemöller nie die Hoffnung aufgegeben, dass sie nach dem Krieg nach Dahlem zurückkehren würden. Anfang 1945, als die Rote Armee auf Berlin vorrückte und sich Niemöller die von den Bolschewisten ausgehende Zerstörung in den dunkelsten Farben ausmalte, änderte er allerdings seine Meinung.[45] Die ersten Nachrichten aus der geteilten Stadt schienen seine schlimmsten Befürchtungen zu übertreffen. Franz Hildebrandt schrieb er im September 1945, dass es in Dahlem »nicht eine ungeschändete Frau« und in einer Woche über 200 Selbstmorde gegeben habe. Aber auch ohne diese grotesk übertriebenen Gräuelmeldungen gab es zunächst keinen Grund zur Rückkehr nach Dahlem, da die Gemeinde mit den Pfarrern Röhricht und Dreß auch nach Ansicht Niemöllers »ausreichend versorgt« war.[46] Der Theologe Walter Dreß war nach seiner Suspendierung als Dozent für Kirchengeschichte an der Kirchlichen Hochschule Berlin seit Ende 1938 als Vertretung für Fritz Müller in Dahlem tätig.[47]

Im Herbst 1945 konnten Martin und Else dann doch nach Dahlem fahren. Ihr allererster Besuch galt Ludwig Bartning, dem alten Freund und Kirchmeister der Gemeinde. Erst danach ging es in die Cecilienallee 61. Dort trafen die beiden ihren Sohn Heinz Hermann wieder, der auf Umwegen von der Ostfront nach Berlin gekommen war, aber auch Gemeindemitarbeiter, darunter Karl-Albrecht Denstaedt, der Niemöllers Pfarrstelle seit Anfang 1945 kommissarisch vertreten hatte.[48] Am 23. Oktober besuchte Niemöller mit seiner Frau die in Spandau tagende Brandenburger Bekenntnissynode. Die dort versammelten Synodalen begrüßten ihn mit dem Lied »Nun danket alle Gott«. Dann baten sie ihn, seinen Wohnsitz nach Berlin zu verlegen, und legten nahe, dass damit auch der Eintritt in ein kirchenleitendes Amt verbunden sei.[49]

Niemöller hat später stets bestritten, dass ihm ein solches Angebot gemacht worden sei. In seiner Wahrnehmung waren die kirchenpolitischen Verhältnisse in Berlin dadurch vergiftet, dass sich Otto Dibelius im Mai 1945 angeblich eigenmächtig zum Bischof von Berlin ernannt und ihm, dem aus dem KZ Zurückgekehrten, die kalte Schulter gezeigt habe. In einer besonders bösartigen Formulierung in einem Brief an Franz Hildebrandt sprach Niemöller 1945 davon, Dibelius regiere »nach dem Führerprinzip«.[50] Im Juli 1946 beklagte er sich direkt bei Dibelius darüber, dass seine Dahlemer Amtsbrüder es nicht für nötig befunden hätten, ihm »Guten Tag zu sagen«, und die Berliner Kirche sich »nicht mit einem Wort an mich wandte«.[51] Beides traf nicht zu. Kurt Scharf erinnerte Niemöller im August 1946 in einem langen persönlichen Schreiben an die tatsächlichen Abläufe auf der Brandenburger Synode.[52] Ludwig Bartning tat dasselbe im Oktober 1947. Niemöller hätte nach Berlin kommen müssen, so meinte er, in das »Bischofsamt, das Dir ja angeboten wurde«.[53]

Die Zeugnisse aus dem direkten Umfeld der ersten Tage in Dahlem bestätigen, dass Niemöller zunächst glücklich über die Rückkehr war. Am 29. Oktober traf sich der Dahlemer Gemeindekirchenrat, und Niemöller gab seine Absicht bekannt, in die Gemeinde zurückzukehren und sein Pfarramt neben seiner Tätigkeit in der Evangelischen Kirche Deutschlands »zu verwalten«.

Im Fall seiner Abwesenheit sollte Denstaedt ihn vertreten.[54] Im November 1945 – inzwischen hatte man ihm eine Pfarrstelle in Wiesbaden angeboten – beschrieb er die Tage in Dahlem als die »schönste« Zeit seit der Befreiung und sah seine wirkliche Aufgabe »bei den notleidenden Gemeinden des Ostens«, also in Berlin.[55] In den folgenden Monaten sandte er dann höchst widersprüchliche Signale aus. Einem Berliner Pfarrer schrieb er im Juli 1946, es wäre ihm »persönlich nichts lieber« als eine Rückkehr nach Dahlem, obwohl er inzwischen auch in der Bekennenden Kirche in Hessen-Nassau engagiert sei und den Amtsbrüdern dort in ihrem »Ringen gegen die Restauration der Kirche« beistehen wolle.[56] Ein praktisch zeitgleich geschriebener Brief an einen anderen Berliner Amtsbruder wiederholte die inzwischen sattsam bekannte Klage, dass Dibelius ihn ignoriert und der Gemeindekirchenrat nicht einmal »ein offizielles Schreiben« mit Glückwünschen zur Befreiung geschickt habe.[57]

Deutlich wird, dass Niemöller selbst hin- und hergerissen war und sich nicht recht entscheiden konnte. Ein praktisches Problem war die Frage der Reiseerlaubnis im Interzonenverkehr, also die problemlose Erreichbarkeit der drei Westzonen. Wichtig war ihm auch der direkte Zugang zu den Zentren der Macht, wo alle Deutschland betreffenden Entscheidungen gefällt wurden. Und dies geschah nach seiner Einschätzung nicht beim Alliierten Kontrollrat in Berlin, sondern durch die Regierungen in den Hauptstädten London, Washington und Paris, weshalb ihm viel daran lag, in die USA und nach Großbritannien zu reisen. Daran zeigt sich, dass Niemöller bereits 1945 über die Rolle des einfachen Gemeindepfarrers hinausgewachsen war und äußerst ehrgeizige Ziele verfolgte. Dennoch versicherte er Martin Albertz, dem alten Mitstreiter aus der Bekennenden Kirche in Berlin, dass er 1947 seinen Lebensmittelpunkt dorthin verlegen werde.[58]

Zunächst schien es auch so, als ob genau das geschehen würde. Am 28. Juni 1947 trat der Gemeindekirchenrat zu einer Sitzung zusammen. Eberhard Röhricht begrüßte in einer »längeren Ansprache« Pfarrer Niemöller »zu seiner Heimkehr nach Dahlem« und übertrug ihm den Vorsitz im Gemeindekirchenrat und die Geschäftsführung der Gemeinde. Niemöller bedankte sich für die freundliche Begrüßung und erläuterte seine Pläne. Auch an der nächsten Sitzung am 2. Juli nahm er teil.[59]

Doch wenn in Dahlem Freude über diese Entscheidung herrschen mochte, so währte sie nicht lange. Bereits vier Monate später, im November 1947, teilte Niemöller dem Gemeindekirchenrat mit, dass er sein Pfarramt niederlege, um das leitende Amt der Evangelischen Kirche in Hessen und Nassau (EKHN) anzutreten.[60] Seinem Bruder Wilhelm erklärte Martin später, die Person von

Niemöller spricht am 29. Oktober 1945 bei seinem ersten Gottesdienst nach der Befreiung in der Dahlemer Annen-Kirche. Zwei Jahre später stand fest, dass er nicht nach Dahlem zurückkommen würde. Sein alter Freund Ludwig Bartning schrieb ihm am 16. Oktober 1947: »Zehn Jahre haben wir auf Dich gewartet, ›und jetzt ist alles umsonst.‹ Dieser Satz spricht sich fast von selbst aus, man kann ihn kaum rechtzeitig verschlucken. Aber ich glaube, es ist besser, ihn auszusprechen und dann hinterher zu sagen: nein, der Satz ist falsch. Es ist nichts umsonst! Du bist alle zehn Jahre bei uns gewesen […]. Du hast die Gemeinde gehalten, und nicht die Gemeinde Dich. Und all die Mühsal dieser 10 Jahre – war der Mühe wert.«

Walter Dreß habe den Ausschlag gegeben. Trotz langer Verhandlungen sei das Konsistorium nicht bereit gewesen, den von Niemöller als erklärten Gegner der BK eingeschätzten Pfarrer aus Dahlem zu entfernen.[61] Das war wohl ebenso ein Vorwand wie die wortreichen Klagen über die angebliche Ignorierung durch Otto Dibelius. Der wahre Grund für den Abschied aus Berlin lag vermutlich in der Tatsache, dass die Bühne der Berliner Kirche für Niemöller zu klein geworden war. Das Kirchenamt der EKHN, unweit des Frankfurter Flughafens in Darmstadt gelegen, schien ein sehr viel besseres Sprungbrett in die weite Welt der Ökumene und bot zudem die Nähe zur US-Militärregierung.[62] Diese Kalkulation war falsch, wie der Aufstieg von Otto Dibelius in Spitzenpositionen der EKD und der Ökumene zeigt. Aber vielleicht wollte Niemöller auch nicht am selben Ort wie Dibelius tätig sein.

Niemöllers Engagement in der EKHN hatte damit zu tun, dass er seit Mitte November 1945 in Hessen wohnte. Zuvor standen auch Alternativen zur Wahl, etwa eine Pfarrstelle in Westfalen. Schließlich entschied er sich jedoch für das Angebot der Fürstin von Ysenburg-Büdingen, nicht ohne die Fürstin brieflich vor den Konsequenzen dieses Angebots zu warnen: »Wir sind ein unruhiges und viel durch Besuche beunruhigtes Völkchen.«[63] Niemöller hatte das Fürstenpaar 1935 getraut. So kam er mit seiner Familie in einer geräumigen Wohnung im Schloss Büdingen unter, einer alten staufischen Wasserburg sechzig Kilometer östlich von Frankfurt. Zwar war auch dies eine provisorische Unterkunft, aber immerhin war sie sehr viel geräumiger als die winzigen Zimmer in Leoni und zudem beheizt. Niemöller standen dort ein Büro und eine Sekretärin zur Abwicklung seiner umfangreichen Korrespondenz zur Verfügung.[64]

Während Niemöller durch die Übersiedlung nach Büdingen zumindest äußerlich zu einer gewissen Ruhe fand, rissen die Kontroversen um sein Verhalten im und seine Einstellung zum »Dritten Reich« nicht ab. Mehrere Monate nach dem Interview in Neapel waren sich die amerikanischen Besatzer immer noch nicht sicher, was sie von ihm halten sollten. Der für die öffentliche Gesundheit zuständige Generalmajor Morrison C. Stayer urteilte im September 1945, es sei »zu früh um vorauszusagen«, ob der ehemalige U-Boot-Offizier die »militaristische[n] und nationalistische[n] Vorstellungen vom deutschen Staat wirklich aus ganzem Herzen ablehnen werde«, mit denen die evangelische Kirche so lange verbunden war. Stayer war sich sicher, dass die Äußerungen in Neapel nicht eine »isolierte Äußerung« waren, sondern »guter lutherischer Theologie« entsprachen.[65] Auch General Lucius D. Clay, zu diesem Zeitpunkt stellvertretender Befehlshaber der US-Militärregierung für die amerikanische Zone, blieb skeptisch. Er notierte, dass man Niemöller selbstverständlich die Freiheit gebe, sich am Wiederaufbau der Kirche zu beteiligen. Aber Clay teilte Stayers Zweifel, dass Niemöller seinen militaristischen und nationalistischen Ideen wirklich abgeschworen hatte.[66]

In der Schweiz hatte Karl Barth derweil erhebliche Mühe, der Öffentlichkeit die Person Niemöllers und dessen problematische Äußerungen zu erklären. Kritische Artikel in der sozialistischen Presse wiesen darauf hin, dass der Auftritt Niemöllers in Neapel seinem »Wesen und Denken« voll entspreche und die Schweizer Öffentlichkeit ihr positives Bild des Pastors – und der Bekennenden Kirche – revidieren müsse. Indizien, die eine Grundlage für diese Revision lieferten, gab es genug. Eine gründliche Textanalyse der Teilbiographie *Vom U-Boot zur Kanzel* genügte für den Nachweis, dass er ein »harter deutscher Nationalist« sei. Auch für die These, dass er weder vor noch nach 1933 ein Demokrat gewesen war, ließen sich leicht Belege beibringen.[67] In der Schweiz begann also bald nach 1945 der mühevolle Prozess einer Revision des Bildes der Bekennenden Kirche, der in der Bundesrepublik erst in den 1980er Jahren einsetzen sollte.[68]

In den Jahren 1945 und 1946 ging es in den öffentlichen Kontroversen um Niemöller vor allem um seine Äußerungen zur Schuldfrage, die im nächsten Kapitel im Zusammenhang mit der kirchlichen Politik behandelt werden. Aber 1947 fokussierte sich die Aufmerksamkeit wieder direkt auf die Person Niemöller. Den ersten Anlass dazu bot eine Pressekonferenz, die Robert W. Kempner, der stellvertretende Chefankläger der Nürnberger Prozesse, am 28. März 1947 abhielt. Dort trug er Auszüge aus dem Bericht über den Auftritt Niemöllers am ersten Tag seines Prozesses vor dem Sondergericht 1938 vor, den Wilhelm Brachmann für das Amt Rosenberg verfasst hatte. Der Bericht enthält bekanntlich viele Aussagen über die Einflussnahme auf das Gericht und andere prozesstechnische Umstände. Aber die Berichterstattung der Presse konzentrierte sich vornehmlich auf Niemöllers Auslassungen, der – wahrheitswidrig – behauptet hatte, seit 1924 stets die NSDAP gewählt zu haben, und – stark untertreibend – hervorgehoben hatte, dass ihm die Juden von Hause aus »unsympathisch« seien. Die Zeitungen zogen daraus den Schluss, dass er ein »Sympathisierender der NSDAP« gewesen sei.[69] Damit gab es für die Massenmedien – nicht zum letzten Mal – einen »Fall Niemöller«.[70]

Alte Freunde aus der Bekennenden Kirche wie etwa Hans Böhm, der 1936 in die 2. VKL eingetreten war und seit 1945 als Propst von Berlin amtierte, reagierten. Böhm pries Niemöller als »Seele des Widerstandes« der Kirche und wies auf die Denkschrift von 1936 hin.[71] Da aber Niemöller, der sich zum Zeitpunkt der Veröffentlichung in den USA aufhielt, selbst nicht dazu

Stellung nahm, blieb das Medienecho kritisch. Die jüdische Wochenzeitschrift *Aufbau*, die in deutscher Sprache in New York erschien, formulierte zugespitzt, das Protokoll der Aussage aus dem Jahr 1938 reiße »Niemöller die Maske vom Gesicht«.[72]

Die Deutschen als Opfer und der Antisemitismus Niemöllers

Noch bevor Niemöller aus den USA zurückkehrte, zeichnete sich bereits die nächste Kontroverse ab. Am Ende der über fünf Monate dauernden Reise hatte er einen offenen Brief an Frederik J. Forell geschrieben, einen schlesischen Pfarrer, der 1933 vor den Nazis ins Exil geflohen und nach vielen Irrungen schließlich 1940 in den USA eingetroffen war. Als Leiter des Emergency Committee for German Protestantism war Forell, der für die notleidende deutsche Bevölkerung Hilfsgelder und CARE-Pakete auftreiben wollte, ein wichtiger Ansprechpartner für Niemöller.[73] Doch was als aufrüttelnder moralischer Appell gemeint war, geriet Niemöller zu einer rhetorisch völlig verunglückten Beschwörung der Opferrolle der Deutschen. Angeblich hätten die Bewohner der britischen Zone in den letzten Tagen »nur 700 Kalorien bekommen. Das bedeutet weniger als die niedrigste Ration, von der man jemals in einem nationalsozialistischen Konzentrationslager berichtet hat.« Die Folge sei »Verhungern im eigentlichen Sinne«.[74]

Nun war es zutreffend, dass Deutschland im Winter 1946/47 eine Hungerkrise durchmachte. Allerdings ist die durchschnittliche Kalorienzahl pro Bewohner bestenfalls an einigen Orten auf das von Niemöller genannte Niveau gesunken. Im Schnitt verfügten die Bewohner der britischen Zone im Frühjahr 1947 über mindestens 1100 Kalorien pro Tag.[75] Der Vergleich mit den Lebensmittelrationen der KZ-Insassen sollte den Anschein erwecken, dass es den Deutschen unter alliierter Besatzung noch schlechter gehe als den Opfern des NS-Terrors. Und das war nicht alles. Mit wilden Zahlenspielen versuchte Niemöller zu suggerieren, dass seit der Kapitulation des »Dritten Reiches« im Mai 1945 »mindestens 6 Millionen Deutsche verschwunden« seien. Hinter all dem stehe nichts anderes »als die praktische Durchführung des Morgenthau-Planes mit der Absicht, ein ganzes Volk bis zu seinen Wurzeln auszurotten«. Die Herrschaft der Alliierten über Deutschland sei letztlich nur eine »Fortsetzung« der »Terrorherrschaft der Gestapo«.[76]

Eine solch zügellose Rhetorik war nicht nur wegen der heftigen Vorwürfe gegen die Alliierten, die immerhin Deutschland unter großen Opfern von der Terrorherrschaft des »Dritten Reiches« befreit hatten, starker Tobak. In dem

Vorwurf, der aus Franken stammende Jude und Emigrant Hans Morgenthau wolle die Deutschen ausrotten, steckten darüber hinaus unverkennbar antisemitische Assoziationen, wie ein Mitarbeiter der US-Militärregierung kritisch notierte.[77] Aber im Zentrum des Briefes stand die Viktimisierungsthese, mit der Niemöller das deutsche Volk als Opfer darstellte, dessen Leiden die der KZ-Insassen noch übertreffen würden. »Weniger als KZ-Rationen«, so lautete denn auch die Schlagzeile einer Tageszeitung.[78] Da der Brief an die amerikanische Öffentlichkeit gerichtet war, blieb das deutsche Presseecho auf diese abgründigen Bemerkungen Niemöllers eher verhalten.

In direktem sachlichen Zusammenhang mit der USA-Reise brach allerdings bald darauf eine weitere Kontroverse los, die Niemöllers Bild in der Öffentlichkeit noch mehr verdunkelte. Im Juni 1947 wurde Niemöllers Haushälterin von Wilhelm Beez abgewiesen, dem Kreisvorsitzenden der Vereinigung der Verfolgten des Naziregimes (VVN). In dieser Funktion war Beez für die Verteilung von zusätzlichen Lebensmittelrationen für Opfer des NS--Regimes zuständig, die Niemöller und seine Familie seit der Übersiedlung nach Büdingen bekommen hatten. Doch Beez hatte offenbar eine Notiz der SPD-Ortsgruppe Büdingen zur Verteilung der von Niemöller in den USA organisierten CARE-Pakete gesehen. Danach erhielt Prinz Hubertus von Preußen, der Enkel von Kaiser Wilhelm II., der seit Kriegsende auch auf Schloss Büdingen wohnte, ebenso CARE-Pakete wie die Fürstenfamilie selbst und frühere Nationalsozialisten. In Büdingen lebende Sozialdemokraten und Kommunisten, die tatsächliche Opfer des NS-Regimes waren, gingen dagegen leer aus. Dies nahm Beez zum Anlass, der Haushälterin von Niemöller die Zusatzkarten zu verweigern.[79] Daraufhin machte sich Niemöller am 14. Juni selbst auf den Weg zum Landratsamt. »Krach gemacht«, so lautete die lapidare Formulierung in seinem Amtskalender.[80] Der *Spiegel* wusste einige Wochen später zu berichten, womit Niemöller dort »Krach gemacht« hatte: »Sie unterstützen wohl nur Judenfreunde?«, so lautete der auch später nicht dementierte Vorwurf Niemöllers.[81]

Der hessische Landesvorstand der VVN nahm diese Vorfälle zum Anlass, Niemöller auszuschließen. Der jüdische Emigrant und Journalist Hans Mayer, Gründungsmitglied und Vorsitzender der hessischen VVN, gab Ende Juli im Radio eine abgewogene Begründung für diesen Schritt. Er stellte klar, dass die Vorgänge auf dem Landratsamt nur das Fass zum Überlaufen gebracht hätten. Diskussionen über die politische Haltung Niemöllers habe es schon länger gegeben. Den in der VVN organisierten »religiös Verfolgten« sei klar gewesen, dass »ein religiöser Kampf gleichzeitig ein vollkommen weltanschaulich politischer Gegensatz zum Dritten Reich sein musste«. Da wirkte es befremdlich, wenn Niemöller nach 1945 erklärte, dass er das NS-Regime allein aus religiösen Gründen abgelehnt habe. Entscheidend war auch hier die Veröffentlichung seiner Aussagen vor dem Sondergericht 1938. Mayer differenzierte und räumte ein, dass viele VVN-Mitglieder einst »vor der Gestapo« Dinge gesagt hätten, »die zu Zwecken der Tarnung gedient haben«. Aber Niemöllers 1938 abgegebenes Bekenntnis zum Antisemitismus und Nationalsozialismus gehe weit darüber hinaus.[82]

Die Entscheidung der hessischen VVN rief ein weites Presseecho hervor, und zwar nicht nur in Deutschland, sondern auch in der Schweiz, Großbritannien und in den USA. Niemöller sei »Not a Nazi Victim«, so überschrieb der *Manchester Guardian* seinen Bericht, während eine amerikanische Armeezeitschrift festhielt, Niemöller sei »aus einem Verband der Nazi-Opfer ausgestoßen und als Antisemit benannt« worden.[83] Nur wenige deutsche Zeitungen nahmen Niemöller ausdrücklich in Schutz, etwa *Die Zeit*, die das Ganze als eine »Büdinger Schildbürgerei« abqualifizierte und darauf beharrte, dass man Niemöller nicht absprechen könne, ein Verfolgter des NS-Regimes zu sein.[84] Hinter den Kulissen der VVN herrschte eine gewisse Unsicherheit, wie man mit dem losbrechenden Pressesturm umgehen sollte. Aber Hans Mayer konnte in einer internen Notiz darauf hinweisen, dass die Vertreter aller Parteien im hessischen Landesvorstand und im Landesausschuss der VVN den Beschluss unterstützt hatten, auch jene aus der CDU wie etwa Eugen Kogon.[85]

Niemöller selbst reagierte überaus ungeschickt. Als die Kontroverse Ende Juli losbrach, war er gerade auf dem Weg nach Oslo. Eine deutsche Tageszeitung meldete, er habe dort wörtlich gesagt, jene Leute, die hinter dem Beschluss stünden, seien »von Haß erfüllt und huldigen dem Prinzip ›Auge um Auge, Zahn um Zahn‹«.[86] Die antisemitischen Implikationen dieser Aussage, die verfälschend auf ein Zitat aus dem Alten Testament zurückgriff (Ex. 21,24), waren offenkundig.

Bei seiner Rückkehr aus Oslo setzte Niemöller noch einen drauf und verkündete, er werde die »Richtigkeit« seiner Behauptung beweisen, dass nur »Judenfreunde« von den Zusatzpaketen profitierten.[87] Am 10. August hielt er dann in der Büdinger Kirche einen Vortrag, in dem er eine »Stellungnahme zu den Attacken« abgab.[88] Im Grunde war es der Versuch, sich als unschuldiges Opfer einer Kampagne zu stilisieren. Die Angriffe auf ihn seien in einer Form abgelaufen, »wie sie in den vergangenen fünfzehn Jahren üblich gewesen ist«. Im Klartext bezichtigte er die hessische VVN damit der Anwendung von Nazi-Methoden. Mit mehr als nur einem Anflug von Selbstgerechtigkeit beharrte er darauf, niemandem »beweisen« zu müssen, dass »er Antinazi gewesen sei«.[89] Damit mochte Niemöller die evangelische Gemeinde in Büdingen überzeugen, und so war es für ihn ein »guter Abend«.⁹⁰ Aber die Massenmedien ließen sich nicht umstimmen. Eine der KPD nahestehende Tageszeitung druckte einfach Auszüge aus dem 1938 anonym erschienenen Buch *Martin Niemöller und sein Bekenntnis* ab, in dem Franz Hildebrandt die Nähe seines Dahlemer Pfarrkollegen zum Nationalsozialismus herausgestellt hatte. In der Geschichte des Kampfes gegen Hitler, so lautete die Schlussfolgerung, sollten gerade nicht diejenigen im Zentrum stehen, die den 30. Januar 1933 »als Erfüllung langgehegter Hoffnungen liebevoll begrüßten«.⁹¹

Eine antisemitische Äußerung Niemöllers hatte diese Kontroverse ins Rollen gebracht, und so war es zutiefst ironisch, dass er sie durch den öffentlich ausgestellten Persilschein eines Juden zu beenden suchte. Am 18. August traf er sich deshalb in München mit Philipp Auerbach,⁹² der aus einer jüdischen Familie in Hamburg stammte. Auerbach hatte die Schlussphase des Krieges in Auschwitz verbracht und war seit 1946 als bayerischer Staatskommissar für »rassisch, religiös und politisch Verfolgte« zuständig, ein auf Drängen der US-Militärregierung eingerichtetes Amt für die Belange der vom NS-Regime Verfolgten.⁹³ Der wichtigste Zweck der Unterredung mit Auerbach lag in der Veröffentlichung einer gemeinsamen Presseerklärung. Darin hieß es, Niemöller empfinde es als eine »persönliche Kränkung«, wenn man ihm, »dem Vorkämpfer für Recht und Wahrheit«, Antisemitismus unterstelle. Niemöller habe sich nach anfänglichen Sympathien bereits von der NSDAP abgewandt, als Hitler die Potempa-Morde verherrlichte.⁹⁴ Das war eine gezielte Falschaussage, denn der brutale Mord an einem kommunistischen Arbeiter in der oberschlesischen Gemeinde Potempa fand im August 1932 statt, also Monate bevor Niemöller von der Kanzel herab seine Zustimmung zum NS-Regime kundgab und im März 1933 für die NSDAP stimmte. Aber diese Zusammenhänge waren 1947 eben nicht allgemein bekannt. Ein weiteres Ergebnis des Gesprächs war, dass Auerbach, ein Gründungsmitglied der VVN, sich mit dem hessischen Landesverband um eine Lösung des Konflikts bemühen wollte.⁹⁵

Insgesamt verdeutlichen die Kontroversen um Niemöller, dass diesem der Umgang mit der Resonanz einer breiten internationalen Öffentlichkeit noch schwerfiel. Diese erwartete, einem Märtyrer des Kampfes gegen Hitler zu begegnen, musste aber stattdessen höchst widersprüchliche Stellungnahmen Niemöllers bezüglich seiner Haltung zum NS-Regime zur Kenntnis nehmen. Einen weiteren Ansatzpunkt für Kritik bot das Bekanntwerden seiner Aussage vor dem Sondergericht 1938. Darüber hinaus zog er durch judenfeindliche Äußerungen besondere Aufmerksamkeit auf sich. Gerade diese werfen die weitergehende Frage auf, welche Haltung Niemöller nach 1945 zum Judentum und zum Antisemitismus einnahm. Zu ihrer Beantwortung wird in der Regel auf seine öffentlichen Äußerungen zur Schuldfrage verwiesen, deren generellen Tenor wir im nächsten Kapitel als ein Thema der kirchlichen Politik genauer diskutieren.

Am 22. Januar 1946 etwa sprach Niemöller in der Neustädter Kirche in Erlangen vor rund 1200 Studenten. Dort verwies er darauf, dass er es nicht gewagt habe, den »Mund aufzutun«, als er im KZ sah, »wie man die Juden mißhandelte«. Und mit Blick auf die »5,6 Millionen toten Juden« stellte er fest, dass diese »auf unseres Volkes Schuldkonto« stünden.[96] Aber die besondere Note dieser Vorträge und Äußerungen Niemöllers lag – so die oft vertretene These – darin, dass er die Verantwortung der evangelischen Christen für die Juden nicht nur in abstrakter Form als eine der Deutschen formulierte, sondern »offen und unumwunden« auf sich persönlich bezog.[97] So auch in Erlangen. Er sprach dort von der Begegnung mit einem »Juden, der alles verloren hatte« und »allein von seiner Familie übriggeblieben war«. Also »konnte er nicht anders«, als zu ihm zu sagen:

> Lieber Bruder, Mensch und Jude, bevor du etwas sagst, sage ich dir: Ich bekenne mich schuldig und bitte dich: Vergib mir und meinem Volk diese Schuld. Nur so wird der Weg wieder frei, nur so kann die Botschaft wieder wirken und neues Leben beginnen.[98]

Nun fällt an dieser Formulierung sogleich auf, dass Niemöller die Vergebung im selben Atemzug auch auf das Kollektiv der Deutschen bezog und nicht nur auf sich selbst. Zudem sticht der instrumentelle Bezug der erhofften Vergebung ins Auge. Sie war nicht ein Zweck in sich selbst, sondern diente letztlich dazu, die neuerliche Verkündigung der christlichen Botschaft zu erleichtern und zu stärken.

Aber wer war jener »Jude«, den Niemöller hier so persönlich und inklusiv als »Bruder« und »Mensch« anredete? Aufschluss darüber gibt eine andere Version der vielen Vorträge, die Niemöller 1945/46 unter dem Titel »Der Weg ins Freie« zu diesem Themenkreis hielt. Hier wurde die Begegnung mit dem »Bruder« konkreter, denn Niemöller erzählte von einer Begebenheit im Oktober 1945 in seinem Dahlemer Pfarrhaus. Dort kam ein Mann zu ihm, dessen Eltern »in Theresienstadt verhungert« und dessen »Schwester vergast« worden waren. Also sagte er, ganz ähnlich formuliert: »Lieber Bruder [...], ich weiß was ich und was mein Volk an Dir und den Deinen gesündigt haben.«[99] Jener »Bruder« aber war, so stellte Niemöller hier klar, »ein jüdischer Christ aus meiner Gemeinde, den ich 1936/37 zuletzt gesehen hatte«.[100] Mit anderen Worten: Diese rhetorisch geschickt eingesetzte Geste der persönlichen Vergebung galt nicht etwa einem gläubigen Juden, sondern einem Christen. Als »Bruder« redete er jemanden an, der wie er selbst zur wahren Religion des Christentums gefunden hatte. Der »Jude« blieb für Niemöller eine Schimäre, eine abstrakte Einbildung.

Damit soll nicht bestritten werden, dass Niemöller sich um eine Auseinandersetzung mit der Schuld der Kirche an der Judenverfolgung bemühte. In Vorträgen aus den Jahren 1945 und 1946 formulierte er die Schuld am Völkermord an den Juden als etwas, das nicht nur auf dem »deutschen Volk und dem deutschen Namen« laste, sondern »auch auf der Christenheit«.[101] Auch in kirchlichen Kreisen wurde er aktiv. So fand 1948 in Darmstadt eine Tagung zum Thema »Kirche und Judentum« statt. In seiner Begrüßungsansprache hob Niemöller hervor, dass ihm »in den Jahren der Verfolgung die Schuld der Christenheit an den Juden deutlich geworden« sei. Das Thema der Tagung sei »zu einem überragenden Problem« geworden. Deshalb unterstütze er das Ziel, die »Judenfrage« zu einem Anliegen der gesamten deutschen Kirche werden zu lassen.[102]

Es ist keine semantische Spitzfindigkeit, wenn man darauf hinweist, dass der Begriff »Judenfrage« nur im Rahmen eines antisemitischen Diskurses sinnvoll ist. Denn aus Sicht der Juden selbst stellen diese weder ein Problem noch eine »Frage« dar, die es zu lösen gilt. Dies ist nur ein Beispiel dafür, dass die historische Tiefe und Reflexivität der Erörterungen, die Niemöller mit kirchlichen Freunden in den ersten Nachkriegsjahren zur theologischen Dimension des christlichen Antisemitismus pflegte, noch gering war.[103] Hinzu kommt, dass eine pauschale Distanzierung von antisemitischen Denkfiguren in Sonntagsreden und entsprechenden Synodenbeschlüssen noch keinen tiefgreifenden Einstellungswandel anzeigt, zumindest dann nicht, wenn im politischen Alltagsdiskurs weiter die antisemitische Unterstellung benutzt wird, »die Juden« stünden als Drahtzieher hinter abträglichen Entwicklungen. Gerade dies tat Niemöller aber in den ersten Nachkriegsjahren wiederholt, wie wir bereits an einigen Beispielen gesehen haben.

Es ist bezeichnend, dass er antisemitische Denkfiguren gerade dann benutzte, wenn er sich rhetorisch von der rassistischen Judenfeindschaft der Nationalsozialisten distanzieren wollte.[104] Auf einer Pressekonferenz in New York im Januar 1947 erklärte er, dass es keinen Antisemitismus in Deutschland mehr gebe. Das führte nicht nur zu heftigen Protesten einiger Rabbiner, die in Kontakt mit jüdischen Displaced Persons in Deutschland standen und wussten, dass diese beinahe täglich zum Opfer judenfeindlicher Ressentiments wurden. Ein US-Journalist kommentierte diese Äußerung mit trockener Ironie so: »Pastor Niemöller ist nach Amerika gekommen, um mitzuteilen, daß der

Antisemitismus in Deutschland tot sei. Wenn der Pastor etwas genauer hinsähe, würde er sehen, daß es die Juden sind, die tot sind.«[105]

In einem Interview mit der deutsch-jüdischen Wochenzeitschrift *Aufbau* nahm Niemöller zu der Frage Stellung, ob die emigrierten Juden nach Deutschland zurückkehren würden. Zuerst drückte er sein Entsetzen darüber aus, dass »6 Millionen Menschen« so »grauenvoll abgeschlachtet worden sind«. Diese verbale Empathie schlug aber sogleich in Xenophobie um, als Niemöller die rhetorische Frage stellte, was die zurückgekehrten Juden denn im »überfüllten und verarmten« Deutschland tun sollten – »vorausgesetzt, dass sie nicht Bauern werden wollten«?[106] Dieser Frage lag das antisemitische Stereotyp zugrunde, dass Juden zu harter körperlicher Arbeit weder willens noch fähig sind.

Nach der Rückkehr aus den USA nach Deutschland setzte Niemöller solche rhetorischen Tiefschläge fort. Ende Juni 1947 gab er eine Pressekonferenz in Berlin, bei der er ausführlich auf seine USA-Reise und auf allgemeine politische Fragen einging. Auf die Virulenz des Antisemitismus in Deutschland und den USA angesprochen, fiel Niemöller wiederum nichts Besseres ein, als antisemitische Stereotype zu bemühen. Der rassistische Antisemitismus sei in Deutschland »totgeschlagen« worden – so nach dem stenographischen Protokoll die mehr als unglückliche Wortwahl –, als 1938 die Synagogen brannten. Aber in den letzten Monaten sei in Deutschland Antisemitismus als »allgemeines Gefühl« wieder hervorgetreten, wie es ihn auch vor 1933 gegeben habe. Der Grund dafür? Dass »überall in den amerikanischen Stellen […] Juden sitzen. Wir müssen doch das Kind beim Namen nennen.« Damit nicht genug, lieferte Niemöller auch eine Erklärung dafür, warum die angeblich so zahlreichen Juden in der US-Militärregierung »keine Versöhnung« mit den Deutschen wollten: »Wenn ich als Jude von Amerika nach Deutschland herüberginge, nachdem ich dem Gemetzel unter Hitler entgangen bin, würde ich auch in Hasspolitik und Rachepolitik machen, vorausgesetzt, dass ich nicht ein Christ bin.«[107] Damit hatte Niemöller die Umkehr von Tätern und Opfern als den Kern des antisemitischen Diskurses vollzogen, indem er aus den Opfern des Holocaust Täter machte, die an den judenfeindlichen Ressentiments selbst schuld waren.[108] Mit dem Topos des rachsüchtigen, von Hass erfüllten Juden, der allein durch die Taufe von seinen Übeln befreit werden könne, griff Niemöller zugleich tief in die Mottenkiste judenfeindlicher Stereotype.

Der Vermutung, es könne sich dabei um eine vereinzelte Entgleisung gehandelt haben, steht die Tatsache entgegen, dass Niemöller in kleinerem Kreis ganz ähnliche Gedanken zum Besten gab. So etwa am 7. März 1946, als ihn eine Gruppe von Vertretern des Schweizerischen Evangelischen Hilfswerkes für die Bekennende Kirche in Zürich zu einem Vortrag mit anschließender

Aussprache empfing. Der Pfarrer Paul Vogt hatte das Hilfswerk 1937 gegründet.[109] Die Sitzung begann mit einer freundlichen Geste. Vogt überreichte sowohl Else als auch Martin Niemöller einen Strauß Nelken, einen »handgreiflichen Gruß in Gestalt einer Schweizer Banknote«, sowie, um das Ökumenische zum Ausdruck zu bringen, eine »deutsche Banknote«. Sowohl Vogt als auch der ebenfalls anwesende Karl Barth betonten eindringlich, dass von den folgenden Diskussionen »grundsätzlich« nichts an die Presse gelangen dürfe.[110] Im Verlauf der Debatte fragte eine Teilnehmerin nach der »Judenfrage in Deutschland«. Barth ergänzte, dass damit »das ernste Problem des Antisemitismus« zur Debatte stehe, dessen mangelnde theologische Klärung 1941 beinahe zum Austritt Barths aus dem Hilfswerk geführt hatte.[111] Niemöller antwortete auf diese Anfragen so:

> Es besteht ein neuer Antisemitismus in Deutschland, der aber nichts mit den zurückwandernden Juden zu tun hat. Er ist dadurch entstanden, dass die Amerikaner die Entnazifizierung durch Juden ausführen lassen.[112]

Wiederum bediente sich Niemöller der antisemitischen Redefigur der Opferumkehr, indem er die Juden selbst als Urheber der gegen sie gerichteten Stimmung hinstellte. Am Ende der fast vier Stunden dauernden Aussprache gab Niemöller Einblick in den Kern seiner Persönlichkeit, als er betonte, »dass er trotz allem nichts anderes als ein Deutscher sein möchte«.[113] Damit war klar: Auch nach 1945 stand der Nationalismus im Zentrum seines politischen Denkens. Und da Nationalismus stets eine zu Aggression und Exklusion führende, xenophobe Schattenseite hat, war auch der Antisemitismus weiter in Niemöllers Denken verankert.[114] Während er nach 1945 erste Schritte unternahm, sich vom Erbe des christlichen Antijudaismus zu lösen, blieb seine gesellschaftlich-kulturelle Judenfeindschaft bestehen.

Neu war nach 1945 nur, dass Niemöller seine antisemitischen Ressentiments im Idiom eines antiamerikanischen Diskurses artikulierte. Wo immer Probleme auftauchten, waren die Juden schuld, und zwar die Juden in den USA. Im Herbst 1947 schrieb er dem Methodisten Ewart Turner, der von 1930 bis 1934 als Pfarrer der amerikanischen Kirche in Berlin amtiert hatte und ein enger persönlicher Freund und Fürsprecher von Else und Martin Niemöller war.[115] Er beklagte sich bei Turner darüber, dass die Lebensmittelrationen auf 100 Gramm Fleisch pro Woche gekürzt worden seien. Normalverbraucher würden also im kommenden Winter sterben, so seine Vorhersage. Also werde, so Niemöller, jener Jude [in der US-Militärregierung] Recht behalten, der meine Frage danach, was mit den zu vielen Menschen in der westlichen Zone passieren werde, sagte: »Keine Sorge, wir kümmern uns darum, dieses Problem wird in einer recht natürlichen Weise gelöst werden!«[116]

Für Niemöller waren es die Juden, welche die Deutschen verhungern ließen, und nicht etwa umgekehrt. Zugleich bediente er sich verschiedentlich einer Entgegensetzung, welche die dem evangelischen Schulddiskurs nach 1945 innewohnende Heuchelei offenlegt. Demnach waren nur Christen zu Reue und Versöhnung bereit. Wenn die Juden also die öffentlich angebotene Schulderklärung nicht annahmen, bestätigten sie nur, was Niemöller wiederholt betonte: dass sie von Hass und Rachegefühlen geleitet würden.

Der Neuanfang nach der Befreiung zögerte sich für Niemöller lange hinaus. Das lag auch an seiner persönlichen Situation. Zunächst wohnte er abgeschnitten und in beengten Verhältnissen in Leoni, dann, mit mehr Freiräumen, aber immer noch als »Untermieter«, in Büdingen. Erst im Mai 1948 – inzwischen amtierte er schon einige Monate als Kirchenpräsident der EKHN – zog er mit seiner Familie in ein Haus in der Brentanostraße in Wiesbaden, in dem er bis zu seinem Tod leben sollte. Entscheidend für die Verzögerung war letztlich, dass er selbst lange nicht so recht wusste, welche kirchliche Funktion er übernehmen wollte. Seine lautstarke Kritik am Berliner Bischof Otto Dibelius – die ein Teil der 1945 aufbrechenden kirchenpolitischen Auseinandersetzungen war – sollte nicht darüber hinwegtäuschen, dass Niemöller geraume Zeit benötigte, bis er eine Rückkehr in die Dahlemer Gemeinde endgültig ausschloss. Nach der Befreiung der Dachauer Sonderhäftlinge hatte die internationale Öffentlichkeit erwartet, einen Märtyrer und Helden des Widerstands gegen Hitler anzutreffen. Umso größer war das Erstaunen, als sich herausstellte, dass der »historische« – so Karl Barth – Niemöller noch existierte und in Interviews seine ungebrochene nationalistische Grundhaltung zu erkennen gab. Diese über das Jahr 1945 hinausweisenden Kontinuitätslinien zeigten sich auch in Niemöllers Einstellung zu den Juden. Zwar nahm er an ersten innerkirchlichen Bemühungen teil, die Erbschaft des christlichen Antijudaismus aufzuarbeiten. Aber sein persönliches antisemitisches Ressentiment, seine habituell tief verwurzelte gesellschaftlich-kulturelle Judenfeindschaft, trat bei verschiedenen Gelegenheiten sowohl im Privaten als auch in der Öffentlichkeit ungebrochen hervor.

14
Wiederbeginn und Erneuerung in der evangelischen Kirche

Für Protestanten wie Katholiken gaben der Zusammenbruch des »Dritten Reiches« und das Ende des Krieges 1945 Anlass zur Hoffnung. Die christlichen Kirchen waren die einzigen gesellschaftlichen Institutionen, die das Ende des NS-Regimes intakt überstanden, auch wenn dies für viele evangelische Landeskirchen – und zumal für die Evangelische Kirche der altpreußischen Union – nach den heftigen Konflikten des Kirchenkampfes nur mit erheblichen Einschränkungen galt. Trotz des im Jahr 1933 einsetzenden Gerangels um die Kirchenleitung in den Konsistorien und Pfarreien blieb ein administrativer Apparat erhalten, der auch in den Wirren des Zusammenbruchs weiterarbeitete. Doch in der Zäsur des Jahres 1945 ging es nicht nur um Institutionen, sondern noch vielmehr um Leitbilder und Ideen für die Erneuerung von Moral und Gesellschaft nach der Katastrophe des Nationalsozialismus. Und gerade hier verspürten führende Vertreter der evangelischen Kirchen – zu denen auch Martin Niemöller zählte –, dass ihnen dabei eine große Verantwortung zukam, die Kirche aber auch besondere Chancen der Verkündigung hatte.

In diesem Sinn sprach der bayerische Landesbischof Hans Meiser bereits im Januar 1945 davon, dass die »Stunde der Kirche« jetzt »neu im Kommen« sei.[1] In diese Erwartung flossen vielfältige und oft widersprüchliche Deutungen ein, die sich in der Entgegensetzung von Säkularisation und Rechristianisierung bündelten.[2] Dies war eine bei Geistlichen beider Konfessionen bereits vor 1945 verbreitete Denkfigur, die nun aktualisiert wurde. Sie verstand den Nationalsozialismus als das Resultat eines Abfalls vom Christentum und den Angriff gegen den christlichen Glauben als den Kern seiner Ideologie.

Martin Niemöller hatte sich diese Lesart nach dem Sportpalastskandal im November 1933 zu eigen gemacht und sie von 1935 an unter dem Eindruck des Vordringens einer völkisch-paganen Religiosität modifiziert und radikalisiert. Aus seiner Interpretation des Nationalsozialismus als einer religionsfeindlichen Macht ergab sich auch seine Schlussfolgerung, wonach 1945 mehr auf dem Spiel stand als nur die Hoffnung auf einen Anstieg der Gottesdienstbesucher und eine Rückkehr der seit 1933 Ausgetretenen in den Schoß der Kirche. Rechristianisierung hieß, dass die Deutschen – weit über den kirchlichen Raum und die nominellen Kirchenmitglieder hinaus – zu Gott zurückfinden müssten. Erst wenn alle Felder der Gesellschaft sich an christlichen Normen orientierten, könne die destruktive Hinterlassenschaft des »Dritten Reiches« überwunden werden. Die Erwartung, dass christliche Imperative nun alle Felder der Gesellschaft bestimmen sollten, hatte Niemöller in seiner für den 31. Juli 1945 geplanten und dann kurzfristig abgesagten Ansprache vor Repräsentanten der US-Besatzungstruppen vertreten.[3] Auch in einem Fragebogen für das US-Militär betonte er, dass es für den »Wiederaufbau« Deutschlands »keinen anderen Weg gebe« als den der christlichen Kirche, die allein die dafür nötigen »spirituellen Kräfte« bereitstellen könne.[4]

Die Idee einer Rechristianisierung der deutschen Gesellschaft war von Beginn an nicht mehr als eine Wunschvorstellung, der jede Fundierung in der sozialen Realität fehlte. Zwar gab es direkt nach Kriegsende manche, die der evangelischen Kirche beitraten oder zu ihr zurückkehrten. Aber bereits 1946 stand diesen Eintritten eine größere Zahl von Austritten gegenüber. So ergab sich als Nettosaldo für die Jahre 1945 bis 1949 ein Zuwachs von gerade einmal 75 000 neuen Kirchenmitgliedern. In den Jahren 1933 bis 1939 waren allerdings 1,3 Millionen evangelische Christen ausgetreten und hatten damit die volkskirchliche Verankerung der Kirche erheblich geschwächt.[5]

Doch auch als chimärenhafte Illusion war die Idee der Wiederverchristlichung relevant, da sie die soziale Wirklichkeit deutete und ordnete. Dies galt gerade für Martin Niemöller, dem in den ersten Monaten nach der achtjährigen Haft ohnehin zuverlässige Informationen zur Situation der evangelischen Kirche bei Kriegsende fehlten. In Briefen an Weggefährten aus der Bekennenden Kirche betonte er im Juli 1945 immer wieder, dass er über die Entwicklungen seit 1937 »völlig im Unklaren und Dunklen« sei.[6] Diese Unkenntnis hielt ihn aber nicht davon ab, im selben Atemzug sehr bestimmte Vorstellungen über die kirchliche Situation und die zu unternehmenden Schritte zu äußern.

Aus Niemöllers Sicht musste man vier Maßnahmen ergreifen, um die Hinterlassenschaften des Nationalsozialismus zu beseitigen und die kirchliche Erneuerung auf den Weg zu bringen. Alle seit 1933 geschaffenen Amtsstellen – dazu rechnete er neben der DEK auch deren Kirchenkanzlei und die neu ernannten Bischöfe – müssten »verschwinden«, ebenso jene Amtsträger, welche die »Naziherrschaft in der Kirche gefördert oder schweigend geduldet« hatten. Hier nannte Niemöller neben dem Hannoveraner Bischof Marahrens noch Friedrich Happich, der von 1935 bis 1945 mit Billigung des NS-Staates Leiter der Landeskirche Kurhessen-Waldeck gewesen war. Die Bekennende Kirche solle – drittens – in den Gemeinden »klar in Führung gehen«. Damit blieb

Niemöller seiner im Kirchenkampf entwickelten Vorstellung treu, dass die missionarische Arbeit der bekenntnistreuen Christen auf gemeindlicher Basis beginnen müsse. Den vierten Schritt, die Neubildung von Kirchenleitungen, könne man dagegen nur »langsam« angehen. Auf der Grundlage von allgemeinen Kirchenwahlen sollten Bekenntnissynoden in aller Ruhe die dafür nötigen Entscheidungen treffen.[7]

Es fällt auf, dass Niemöllers erwartbare Polemik nicht etwa auf die ehemaligen Anhänger der Deutschen Christen zielte, sondern auf die kirchliche »Mitte«: »Unter den alten DC sind wahrscheinlich mehr Leute, die man für die Zukunft gebrauchen kann, als unter den Lauen und Lautern der ›Mitte‹.«[8] Was meinte er damit? Im Kirchenkampf hatten sich als kirchliche »Mitte« jene zumeist konservativen Lutheraner verstanden, die weder die Bekennende Kirche noch die Deutschen Christen unterstützten, auch wenn viele im Zeichen des nationalprotestantischen Aufbruchs im Jahr 1933 einmal DC-Mitglieder gewesen waren. Der rapide Zerfall der DC nach dem Sportpalastskandal im November 1933 hatte diese »Mitte« ebenso gestärkt, wie er 1936 die Spaltung der Bekennenden Kirche befördert hatte und die vermittelnde Linie des Reichskirchenausschusses. Mitglieder dieser Strömung lehnten die völkischen Erlösungsphantasien der DC ebenso ab wie die in ihrer Wahrnehmung theologische »Neuorthodoxie« des Dahlemer Flügels der BK.[9] Die Stärke der kirchenpolitischen Flügel lässt sich nur schwer schätzen. Aber vieles spricht dafür, dass die kirchliche Mitte in den Jahren des Zweiten Weltkriegs, in dem die Konfliktlinien des Kirchenkampfes insgesamt zurücktraten, die größte Gruppe unter den Protestanten darstellte.[10]

Niemöller verstand unter der kirchlichen Mitte jedoch etwas ganz anderes. Ende Juli 1945 verfasste er ein mehrseitiges Memorandum über »Lage und Aussichten der Evangelischen Kirche«. Da es in erster Linie dazu dienen sollte, von den US-Militärbehörden die Genehmigung zur Durchführung einer Tagung des Reichsbruderrates zu erhalten, übersetzte er es gleich selbst ins Englische. In diesem Text sprach er von den intakten Landeskirchen Hannover, Bayern und Württemberg als jenen, in denen die »›Mitte‹ regiert« habe. Hier hätten jene »Neutralen« die Oberhand, die »sich unter dem Hitlerregime gescheut haben, eine klare Stellung einzunehmen«, und sich deshalb »außerhalb des Kampfes« befanden.[11] Dass zumindest in Württemberg und Bayern ein erheblicher Teil von Kirchenvolk und Pfarrern die Bekenntnisfront unterstützt hatte, fiel so unter den Tisch. In Niemöllers Darstellung schrumpfte die Bekennende Kirche im Kern auf den von ihm selbst geleiteten Pfarrernotbund zusammen. Zugleich verstieg er sich zu der Behauptung, dass die so verstandene BK »seit vielen Jahren die große Mehrheit aller evangelischen

Christen in Deutschland« stelle, »soweit sie aktiv am kirchlichen Leben teilnehmen«.[12]

Das war von der Realität weit entfernt. Denn bereits 1938 gehörte dem Pfarrernotbund nur noch ein Fünftel aller aktiven Pfarrer an, und diese Relation dürfte relativ zuverlässig die damalige Verankerung der Bekennenden Kirche unter den Evangelischen insgesamt widerspiegeln.[13] Aber auf solche störenden Details kam es Niemöller wahrlich nicht an, und daher war es nur konsequent, dass er nicht nur eine große Mehrheit für die so definierte BK bei Kirchenwahlen vorhersagte, sondern von sich selbst als jener Person sprach, die »zweifellos von der ganzen evangelischen Christenheit in Deutschland und außerhalb als Führer der deutschen Kirche angesehen wird«.[14]

Der strategische Sinn dieser Ausführungen war deutlich. Niemöller wollte den Besatzungsbehörden klarmachen, dass nur die von ihm geleitete Bekennende Kirche »den rechten Weg vom Evangelium her weisen« und damit »dem deutschen Volk zu einer geistlichen Wiedergeburt« verhelfen könne.[15] So gesehen war das Versprechen einer Rechristianisierung Deutschlands in ihm gebündelt und personifiziert. Doch während Niemöller auf diese Weise versuchte, die von der Dahlemer Synode 1934 her verstandene Bekennende Kirche als die alleinige Kraft zur moralischen Erneuerung der Deutschen anzupreisen, hatten andere längst Tatsachen geschaffen. Wie wir bereits gesehen haben, hegten die amerikanischen Besatzungsbehörden erhebliche Vorbehalte gegen Niemöller und entschlossen sich deshalb frühzeitig, bei der Erneuerung der evangelischen Kirche auf den württembergischen Bischof Theophil Wurm zu setzen. Dieser hatte seit 1941 mit seinem Einigungswerk versucht, die zerstrittenen Fraktionen innerhalb der evangelischen Kirche zusammenzuführen. Bis Ostern 1943 hatte Wurm seine Ideen zu »Auftrag und Wesen der Kirche« in 13 Sätzen verdichtet und fand dafür Unterstützung bei den Repräsentanten aller maßgeblichen kirchlichen Richtungen mit Ausnahme der DC.[16]

Sein vermittelndes und zugleich der Bekenntnisfront verpflichtetes Vorgehen hatte Wurm weithin Ansehen nicht nur in kirchlichen Kreisen verschafft. Auch die Vertreter des in Gründung befindlichen Ökumenischen Rates der Kirchen (ÖRK) in Genf votierten für Wurm. Willem Visser 't Hooft, von 1948 an als ÖRK-Generalsekretär eine treibende Kraft der ökumenischen Bewegung, sprach sich ausdrücklich gegen Niemöller aus. Dieser solle, so Visser 't Hooft, besser nicht der führende Geistliche der evangelischen Kirche werden, »da er kein Staatsmann sei«.[17] Auf einer Rundreise durch die amerikanische und die britische Besatzungszone gelang es Wurm im Juni, in Gesprächen mit Vertretern von Landeskirchen, Alliierten und Ökumene Zustimmung für den Plan der Gründung eines Kirchenbundes zu gewinnen, der die kirchlichen Verhältnisse auf eine neue Grundlage stellen würde. Am 21. Juli gab die Regierung in Washington Wurm grünes Licht für die Abhaltung einer Konferenz, bei der »Kirchenführer« – also führende Vertreter der Landeskirchen – die »Neuordnung« der evangelischen Kirche in Deutschland beraten sollten. Vier Tage später verschickte Wurm die Einladung zu diesem Treffen, das vom 27. bis 31. August 1945 in der hessischen Gemeinde Treysa stattfinden sollte.[18]

In Wurms Einladung für Treysa war Niemöllers Name für den Eröffnungsgottesdienst eingetragen. Niemöller traf das unvorbereitet, da er nichts »davon geahnt« hatte. Nun aber wandte er sich an Karl Barth mit der Bitte, an der inzwischen genehmigten Tagung des Reichsbruderrates in Frankfurt vom 21. bis 24. August teilzunehmen und ihm dabei zu helfen, »den Wagen noch einmal aus dem Dreck zu ziehen«.[19] Als Wurm von dem Treffen in Frankfurt hörte, reagierte er erschrocken und gereizt, da er befürchtete, Niemöller wolle daraus eine »Gegensynode« machen. Inständig bat er ihn, die Frankfurter Tagung als eine »Vorsynode für Treysa« zu verstehen. Niemöller beharrte aber auf seiner im Kirchenkampf gewonnenen und auch in seinem Memorandum vom 20. Juli wiederholten Ansicht, die Kirche müsse nicht von oben, sondern von den Gemeinden und Bruderräten her aufgebaut werden, und darüber hinaus auf der Gültigkeit des in Dahlem 1934 beschlossenen kirchlichen Notrechts. Dass es in den meisten Landeskirchen bereits neue Kirchenleitungen gab, in denen oftmals Vertreter der BK zusammen mit Vertretern der Mitte und vereinzelten ehemaligen DC-Mitgliedern das Heft des Handelns in der Hand hatten, ignorierte er geflissentlich.[20]

Niemöller war durchaus nicht der einzige maßgebliche Akteur, der Bedenken gegen Wurms Initiative zur Einigung der kirchenpolitischen Gruppen und zur Schaffung eines neuen Dachs für die Landeskirchen hegte. Der bayerische Landesbischof Hans Meiser hatte seit 1934 die Einigung der lutherischen Kirchen innerhalb der DEK vorangetrieben. Der von ihm 1936 mitbegründete Lutherrat hatte sich die Schaffung einer einheitlichen lutherischen Kirche in Deutschland auf die Fahnen geschrieben. Nach dem Zusammenbruch des »Dritten Reiches« hatte für Meiser die Stunde geschlagen, diese Pläne zu verwirklichen. Nun sei der Moment gekommen, eine vereinigte lutherische Kirche als die führende Kraft im deutschen Protestantismus zu schaffen.[21]

Während Wurm weiter mit Beharrlichkeit an einer Einigung arbeitete, hatten sich Niemöller und Meiser also wieder in den Schützengräben des Kirchenkampfes verbarrikadiert.[22] Persönliche Empfindlichkeiten kamen hinzu. Niemöller beschwerte sich im Juli darüber, dass der Bischof ihm »aus dem Wege zu gehen« schien und keine Anstalten mache, ihn im nur dreißig

Kilometer von München entfernten Leoni aufzusuchen. Als diese Klage umging, erinnerte Wurm daran, dass gerade Meiser und seine Frau Else Niemöller des Öfteren ihre Gastfreundschaft gewährt hatten, als diese ihren Mann noch von Berlin aus in Dachau besuchte.[23] Schließlich machte sich Meiser am 16. August auf den Weg nach Leoni und führte ein mehrstündiges Gespräch mit Niemöller. Der verwahrte sich gegen jegliche Schritte zur Auflösung der altpreußischen Union in zwei voneinander getrennte Konfessionskirchen. Die Erneuerung der Kirche müsse auf der Grundlage der Barmer Erklärung von 1934 stattfinden, und daher bilde die Bekennende Kirche das »tragende Gerüst« für die künftige organisatorische Reform.[24]

Unter diesen Voraussetzungen begann am 21. August 1945 in Frankfurt die auf Niemöllers Initiative zurückgehende Tagung des Reichsbruderrates mit rund vierzig Teilnehmern. Als sie drei Tage später endete, gab es keine konkreten Beschlüsse zu den großen Fragen der Zeit, vom Verhältnis zu den Besatzungsmächten bis hin zur Gründung der CDU als einer konfessionsübergreifenden christlichen Partei. Die fünf verabschiedeten Beschlussvorlagen, darunter ein Wort an die Pfarrer und die Gemeinden, behandelten allein kirchliche Themen. Das wichtigste war die Übereinkunft, Vertreter nach Treysa zu entsenden und mit den Vertretern der Kirchenleitungen zu verhandeln. Dabei sollten Bruderräte auch in den ehemals »intakten« Kirchen gebildet werden und zusammen eine neue vorläufige Kirchenleitung bestimmen, für die außer Wurm und Hanns Lilje nur Vertreter der Bruderräte vorgesehen waren.[25] Ob diese Konstruktion überhaupt tragfähig war, blieb dabei ebenso offen, wie es einst bei der Dahlemer Synode 1934 offen geblieben war, deren Beschlüsse letztlich auch nur für die altpreußische Union Relevanz hatten.

Dabei hatte die Frankfurter Tagung vielversprechend mit einer längeren Ansprache Niemöllers begonnen, der alle rhetorischen Register zog. Mit gekonnter Selbstironie erklärte er in eigener Sache, sich gerade in politischer Hinsicht nicht in der »Rolle des Märtyrers« zu sehen. Dies ginge allein deshalb nicht, weil – hier spielte er auf die negative Reaktion der US-Medien auf das Interview in Neapel an – die Amerikaner ihm das »längst bescheinigt« hätten. Die kirchenpolitische Situation umschrieb er scharf in der Alternative, ob man heute eine »Bekennende Kirche« oder eine »befriedete Kirche« benötige. Mit Inbrunst und klarem Fokus umriss er als »Hauptaufgabe der Kirche« die Botschaft, dass dem Herrn allein die »Vergebung der Sünden« vorbehalten sei. Wenn sich die Kirche auf »innerweltliche« Fragen wie die soziale Gerechtigkeit fokussiere, würden ihr »stärkere« und in diesem Punkt klarer agierende säkulare Kräfte bald »den Rang ablaufen«.[26] Das war ein weit vorausschauender Blick auf jene Probleme, welche die kirchliche Verkündigung immer dann verursacht, wenn sie die im religiösen Code von Immanenz/Transzendenz angelegte Reflexion auf das Jenseitige vernachlässigt.[27] Zu diesem Zeitpunkt konnte Niemöller noch nicht ahnen, dass er selbst von den 1970er Jahren an als Symbolfigur von sozialen Bewegungen wie der Friedensbewegung einer solchen Verschiebung auf das Immanente Vorschub leisten würde.

In Bezug auf die brennende Frage der kirchlichen Neuordnung zeigte Niemöller, dass er immer noch in den Konfliktlagen des Jahres 1935 gefangen war und die veränderten Realitäten nicht zur Kenntnis nehmen wollte. In Anspielung auf die Lage in Berlin und Oldenburg, wo Dibelius und Wilhelm Stählin nun als Bischöfe amtierten, beklagte er, dass sein »Ruf von 1935 ›Nie wieder Bischöfe‹« in Vergessenheit geraten sei. Wie selbstverständlich ging er davon aus, dass die »Kirchenleitung« der BK »legitim« sei, schließlich hätten die »intakten« Kirchen das »niemals bestritten« und Vertreter in die erste, 1934 gebildete VKL unter Marahrens entsandt. Dass die intakten Kirchen genau dieses kirchenleitende Recht der Bruderräte dann 1936 in Bad Oeynhausen verneinten und damit die Spaltung der BK ratifizierten, kehrte Niemöller unter den Tisch. Letztlich galt für ihn 1945 dieselbe Priorität wie 1934: einen »kompromißlosen Kurs zu steuern«. Ob die BK personell überhaupt in der Lage sei, überall die kirchenleitende Funktion zu übernehmen, war eine andere rhetorische Frage, die er in Anknüpfung an Dibelius stellte. Der hatte aus Berlin berichtet, dort sei die »aufrechte Schar der illegalen Brüder« zu klein, um »alleinige Verantwortung« zu tragen. Auch wenn Niemöller dies mit den Versammelten diskutieren wollte, schien er doch sicher zu sein, dass die Antwort positiv ausfallen würde.[28]

In der folgenden Aussprache widersprach niemand Niemöller direkt. Aber viele Teilnehmer erinnerten an die vielfältigen Kompromisse, die sie seit 1937 hatten eingehen müssen, und gerade Hans Asmussen verwies auf die Berechtigung von Wurms Einigungswerk. Also blieb Niemöller letztlich nur die Hoffnung, dass man Wurm auf die Seite der Bruderräte »herüberziehen« könne. Was Personalfragen anging, zeigte er allerdings Härte, als die Zusammensetzung eines erweiterten neuen Bruderrates diskutiert wurde. Niemöller meinte dazu, nur »wenn Bayern sich gut zeigt in Treysa«, gebe es »auch für Bayern« dort einen Platz.[29] Dass die bayerische Landeskirche – mit 2,3 Millionen Evangelischen eine der größten westlich der Elbe – so einen Platz beanspruchen könne, kam dem machtbewussten und in seiner Abneigung gegen Hans Meiser unnachgiebigen Dahlemer Pfarrer nicht in den Sinn.

Die Frankfurter Tagung des Reichsbruderrates stand so letztlich im Zeichen der Kontinuität zu den Positionen der Jahre 1935/36, auch wenn sie schließlich gegen Niemöllers Instinkt beschloss, Vertreter nach Treysa zu schicken und damit an der Neuordnung der deutschen Kirche mitzuwirken. Es wurde ein offenes Gespräch auf hohem Niveau gepflegt, das intellektuelle Kontroversen von dauerhafter Relevanz produzierte. Dazu trug auch Niemöller bei, der in dieser Debatte nochmals seiner Hoffnung auf eine Wiederverchristlichung der Gesellschaft Ausdruck gab:

> Die Zeit der Ideen, Ideale in Deutschland ist zu Ende, wir können nur vom Christentum her wieder arbeiten und leben. Kirche muß Kirche bleiben. Die Welt können wir nicht retten. Also konzentriert euch: bleibt Kirche. [...] Wir müssen an die Arbeit gehen – gegen das Chaos. Dann wird auch die Kultur irgendwie christlich werden.[30]

Wie dies geschehen solle, ließ Niemöller so offen, wie es das Wort »irgendwie« ausdrückt. Immerhin gab er ein Beispiel. Zwar müsse »nicht jede Universität eine theologische Fakultät haben«, aber vor jedem Studium müssten »zwei Semester« stehen, in denen die »Grundlinien der christlichen Botschaft und Weltanschauung« und ihre Gegenwartsrelevanz erläutert würden. Jurastudenten müssten so lernen, »daß das Recht von Gott her zu sehen ist«.[31] Nun versuchten zwar manche Hochschulen nach 1945, im Rahmen eines Studium generale eine breite humanistische Einführung zu vermitteln. Dass dies unter christlichen Vorzeichen geschehen würde, war praktisch ausgeschlossen.

Die Konferenz von Treysa

Mit der offenen Diskussion von grundlegenden Fragen des evangelischen Glaubens war das Treffen in Frankfurt ein zu Unrecht oft vernachlässigtes Glanzlicht der evangelischen Kirchengeschichte nach 1945.[32] Was direkt darauf folgte, die Konferenz von Treysa, zeigte sich im persönlichen Umgang wie in der Qualität der Debatten für alle Beteiligten weniger erbaulich.

Unmittelbar im Anschluss an die Tagung in Frankfurt informierte Niemöller Wurm über die dort erzielten Ergebnisse. Davon ermutigt, reiste Wurm am 25. August nach Treysa, wo sich vorab die Vertreter des Lutherrats trafen. Meiser wollte diese Gelegenheit nutzen, um die Etablierung einer vereinigten lutherischen Kirche zu verkünden. Als Wurm ihn und die anderen Teilnehmer erst bedrängte und dann mit sanftem Zwang überzeugte, zuerst die Ergebnisse der Gespräche mit den Vertretern des Bruderrates in der folgenden Kirchenversammlung abzuwarten, drehte sich die Stimmung gegen Wurm. Als die Lutheraner dann noch erfuhren, dass der von ihnen verabscheute Karl

Barth nach Treysa kommen würde, schlug ihm sogar blanke Empörung entgegen. Auch Niemöller kriegte sein Fett ab. Eugen Gerstenmaier, der bis zu seiner Verhaftung im Gefolge des 20. Juli 1944 im Kirchlichen Außenamt gearbeitet hatte, rügte, dass der Pastor in seinen Interviews in Neapel »unglaubliche Urteile über das deutsche Volk« geäußert habe.[33]

So war die Atmosphäre bereits vergiftet, als die Kirchenvertreter aus allen Teilen Deutschlands inklusive der Sowjetisch Besetzten Zone am 27. August in Treysa eintrafen. Wurm hatte ursprünglich 40 Delegierte eingeladen, doch deren Zahl hatte sich – nicht zuletzt durch das Hinzutreten des Bruderrates – am Ende auf 88 erhöht. Mit weiteren Personen, die nicht offiziell als Delegierte galten, nahmen zwischen 120 und 150 Personen an den Plenarversammlungen teil.[34] Die Tagung wurde am 28. August mit Ansprachen von Wurm und Niemöller eröffnet. Über die bis zum 31. August dauernden Verhandlungen und Gespräche liegen drei Mitschriften vor, aber keine vermittelt einen wirklichen Einblick in die Atmosphäre der Kirchenkonferenz.[35] Um den zu gewinnen, müssen wir die Aufzeichnungen neutraler Beobachter heranziehen. Dazu zählte Oberst Russel L. Sedgwick, der Leiter der Religious Affairs Branch der britischen Militärregierung.

Sedgwick war von der anglikanischen Kirche zum Katholizismus konvertiert, brachte also eine gesunde Distanz zu den Verhältnissen im deutschen Protestantismus mit. Er folgte den Ausführungen in den Plenarsitzungen der Konferenz, ohne dass bei ihm rechte Begeisterung aufkommen wollte. »Manche dieser Vorträge«, so schrieb er in seinem Bericht, »waren unendlich lang, praxisfremd und manchmal abstrus. Nicht wenige waren, offen gesagt, langweilig.«[36] Sedgwick führte darüber hinaus viele Gespräche mit einzelnen Teilnehmern und gewann daraus einen ernüchternden Einblick in die allgemeine Stimmung:

> Man konnte kaum umhin zu bemerken, dass viele der Delegierten müde, mutlos und ängstlich waren. Viele von denen, die wirklich den Kampf gegen den Nationalsozialismus aufgenommen hatten, waren nun geistig und physisch erschöpft. Einige drückten ihre Scham darüber aus, dass sie sich nicht früh genug, oder gar nicht, gegen das Regime ausgesprochen hatten. Viele fürchteten sich vor der Zukunft.[37]

»Ohne eine Handvoll von echten, kämpferischen Männern« – dazu zählte Sedgwick neben Wurm und Niemöller auch Asmussen und Lilje – »wäre diese Tagung ein Tal verdorrter Gebeine« gewesen, wie er in Anlehnung an Hesekiel 37, 1–14 formulierte.[38]

Besonders von Niemöller, mit dem er in Gegenwart von Else vier lange Gespräche führte, war der britische Offizier beeindruckt. Dabei hatte er während der sechs Kriegsjahre stets »Argwohn« gegen den deutschen Pfarrer gehegt, nicht zuletzt nach der Lektüre von *Vom U-Boot zur Kanzel*, die »nicht leicht zu vergessen« sei:

> Trotz dieser Bedenken fand ich mich von Niemöllers sehr starker und auf intensive Weise geistlicher Persönlichkeit »bekehrt«. Er ist natürlich ein patriotischer Deutscher wie Bischof Galen von Münster, und wir sollten nicht anderes von ihm erwarten. Er hat niemals von seiner Haft berichtet oder versucht, sich als Märtyrer zu präsentieren. Er setzt alles daran, mit seiner Arbeit an der Rechristianisierung Deutschlands voranzukommen.[39]

Was Sedgwick in seiner Euphorie für den energischen Pfarrer allerdings entging, war die intensive Abneigung, die Niemöller und den anderen Vertretern des Bruderrats von Seiten der Lutheraner entgegenschlug. Niemöller musste zur Kenntnis nehmen, dass man ihn »als einen Diktator« sah.[40]

Schon am Abend des ersten Verhandlungstages kam es zu einer scharfen Konfrontation, als Hans Meiser offen bestritt, dass die Vertreter des Reichsbruderrates ein Recht zur Teilnahme an der Konferenz hätten. Der Theologe Helmuth Schreiner setzte noch einen drauf, sprach von den »Drohungen« der Bruderrätler und gab seinen Eindruck zum Besten, dass die Bruderräte Befehle gäben wie zuvor »die Partei«, was eine unverhohlene Anspielung auf »Nazimethoden« war. Gegen diese »infame Perfidie« verwahrte sich wiederum Hans Asmussen.[41] Die Nerven lagen auf beiden Seiten blank, und es war nur der souveränen Verhandlungsführung von Theophil Wurm zu verdanken, dass die Konferenz überhaupt erfolgreich zu Ende geführt werden konnte. Die Konflikte nahmen auch den sonst so standfesten Niemöller mit. Am Mittag des zweiten Verhandlungstages hatte er einen »Ohnmachtsanfall«, musste einen Arzt konsultieren und sich für einige Stunden ins Bett legen. Oberst Sedgwick zufolge handelte es sich dabei sogar um eine Herzattacke.[42]

Einig waren sich die Delegierten nur darin, den durch seine verbale Unterstützung des NS-Regimes im Zweiten Weltkrieg stark belasteten Bischof von Hannover, August Marahrens, der auch zur Überraschung der Amerikaner immer noch an seinem Amt festhielt, zu ignorieren. Nach Sedgwicks Eindruck wurde er von den Teilnehmern effektiv »boykottiert« und blieb in den öffentlichen Sitzungen stumm. Allein Niemöller ging auf Marahrens zu, nachdem er zunächst mit Abreise gedroht hatte, wenn dieser in Treysa bliebe. Bodelschwingh vermittelte ein Gespräch zwischen den beiden, in dem der

Bischof zusagte, sein Amt der ersten neu gewählten Landessynode zur Verfügung zu stellen. Das geschah erst 1947, aber Niemöller war für den Augenblick versöhnlich gestimmt.[43] Insgesamt hatte Karl Barth recht, als er in einem Bericht für die amerikanische Militärregierung festhielt, er könne sich keines einzigen Augenblicks entsinnen, »in welchem es zu einer offen grundsätzlich sachlichen Aussprache gekommen wäre«.[44] Stattdessen herrschte das Gezerre um die Kompetenzen der neuen Kirchenleitung für Deutschland vor, welches nahtlos in ein langwieriges Geschachere um deren personelle Besetzung überging.

Am Ende stand ein Kompromiss. Es wurde eine vorläufige Ordnung der Evangelischen Kirche in Deutschland (EKD) beschlossen, welche die 1933 geschaffene Kirchenverfassung der DEK aufhob, aber die Landeskirchen in ihrer Selbstständigkeit beließ. Ein aus zwölf Personen bestehender Rat – sechs Lutheraner, vier Unierte und zwei Reformierte – sollte die EKD nach innen und außen vertreten. Sieben von ihnen fungierten als Sprecher des Rates. Ausdrücklich festgehalten wurde, dass der Bruderrat der BK seine ohnehin nur noch auf dem Papier wahrgenommene Funktion als Kirchenregiment dem Rat der EKD zumindest vorläufig, bis zur Schaffung einer endgültigen Regelung, übertrug. Wie genau das Verhältnis zwischen Landeskirchen und EKD abgestimmt werden sollte, blieb offen. Deutlich war, dass die EKD auf Dauer nicht mehr als ein Kirchenbund sein würde, keine Kirche nach eigenem Recht. In diesem Moment ging es aber mehr um Personen als um Strukturen, und zwar konkret darum, ob Hans Meiser Mitglied des Rates würde. Um einen Bruch mit den Lutheranern zu vermeiden, ließ sich dies nicht umgehen. Schließlich wurde der bayerische Bischof Mitglied des Rates der EKD und einer der sieben Sprecher. Aber Wurm führte den Vorsitz, und Niemöller agierte als sein Stellvertreter.[45] Der Rat traf sich noch in Treysa zu einer ersten kurzen Sitzung. Die Kirchenkanzlei wurde in die Hände von Hans Asmussen gelegt, Niemöller die Leitung des Kirchlichen Außenamtes übertragen, das für die »ökumenischen Beziehungen und die Sorge für die deutschen Auslandsgemeinden« zuständig war.[46] Diese Entscheidung hatte einen klaren Grund. Allein Niemöller als dem Symbol der kirchlichen Opposition gegen den Nationalsozialismus trauten es die Kirchenführer zu, die Kirche in Deutschland gegenüber dem kritisch, wenn nicht feindlich eingestellten Ausland zu repräsentieren.[47]

Es gehört zum Wesen eines Kompromisses, dass sich alle Beteiligten danach als Verlierer sehen können. Und genau das war hier der Fall.[48] Bischof Meiser lamentierte wortreich über die in Treysa angewandten »Methoden« und über die von ihm als »taktlos« empfundene Eröffnungsrede Niemöllers. Er sah das Ganze als einen Ansporn, die Zusammenarbeit der Lutheraner noch mehr voranzutreiben. Dieser Plan ließ sich allerdings erst im Juli 1948 mit der Gründung der Vereinigten Evangelisch-Lutherischen Kirche Deutschlands (VELKD) verwirklichen, die zehn der 13 lutherischen Landeskirchen zusammenbrachte.[49] Niemöller wiederum beklagte sich schon zwei Tage nach dem Abschluss der Verhandlungen bei Wurm darüber, dass die »bayerische Obstruktion« im Rat der EKD nahtlos weiterginge, und gab zu Protokoll, dass seine Zustimmung zu dem Kompromiss »nicht freiwillig« erfolgt sei.[50]

Wie er seinem Bruder Wilhelm anvertraute, war Niemöller aber zutiefst enttäuscht und »deprimiert« über die Entwicklung der Bekennenden Kirche während seiner langjährigen Haft. Zu viele der Brüder seien in die »Berneuchener Linie« abgeschwenkt. Damit spielte er auf eine aus der Jugendbewegung kommende kirchliche Strömung an, die seit den 1920er Jahren eine Erneuerung des Glaubens im Sakrament der Eucharistie und durch die Beichte praktizierte.[51] Zu vermuten ist, dass eine solche Betonung ritualisierter Frömmigkeit ihn auch deshalb irritierte, weil sie peinliche Erinnerungen an seine eigenen Konversionspläne heraufbeschwor. Dabei war sein Blick doch in die Zukunft gerichtet. Er musste den Bruderräten erklären, worin ihre weitere Aufgabe liegen würde, nachdem sie in Treysa ihre kirchenleitenden Funktionen abgegeben hatten.

Niemöller tat dies, indem er die Wächterfunktion der Bruderräte hervorhob, solange noch keine allgemeinen Kirchenwahlen stattgefunden hatten. Die Bekennende Kirche solle sich als »Mund der Kirche« verstehen und einen »kirchlichen Kern« in den Gemeinden organisieren und aktivieren.[52] Doch das war leichter gesagt als getan, zumal in der Abgeschiedenheit von Leoni, in die Niemöller erst einmal wieder zurückkehrte. Dort setzte nach dem Ende der Treysaer Konferenz bei Niemöller eine »verzweifelte Stimmung« ein. Er beklagte sich darüber, dass in kirchlichen Dingen »kein Weg sichtbar« sei.[53] Dabei hätte er eigentlich zufrieden sein können. Er war nicht nur stellvertretender Sprecher des Rates der EKD und damit »vor aller Welt«, wie Martin Albertz optimistisch formulierte, als Repräsentant der deutschen Protestanten herausgestellt,[54] sondern hatte auch mit der Leitung des Kirchlichen Außenamtes eine der beiden Amtsstellen der EKD übernommen, die ansonsten zu diesem Zeitpunkt nur in den periodischen Treffen des Rates existierte.

Reichsbischof Ludwig Müller hatte das Kirchliche Außenamt im Februar 1934 im Zuge des Ausbaus der DEK zu einer Reichskirche geschaffen. Es war für die Betreuung der evangelischen Auslandsgemeinden zuständig, die deutsche Protestanten in vielen Ländern Europas, Amerikas und Asiens in eigener Regie unterhielten. Daneben sollte es die Beziehungen zu der sich in den 1930er Jahren formierenden ökumenischen Bewegung und den Kirchen des

Auslands pflegen. Zum Leiter des Außenamtes hatte Müller Theodor Heckel (1894–1967) ernannt, der dafür den Titel eines Bischofs tragen durfte.[55]

Heckel war ein alter, wenn auch nur kurzzeitiger kirchenpolitischer Weggefährte Niemöllers. Als die Jungreformatorische Bewegung am 19. Mai 1933 ihre zweite Pressekonferenz gab, saß neben Niemöller, der erst hier offiziell zu der zehn Tage zuvor gegründeten Bewegung stieß, Helmuth Schreiner und Walter Künneth auch Theodor Heckel auf dem Podium. Noch Ende Juli 1933 zählte Heckel neben Künneth und Hanns Lilje zu jenen Vertretern des jungreformatorischen Aufbruchs, die Niemöller persönlich bei seinen Gottesdiensten in der Annen-Kirche begrüßte.[56] Nach der Übernahme des Kirchlichen Außenamtes entwickelte sich Heckel aber rasch zum Widersacher der Bekennenden Kirche. Wo immer er die DEK auf internationaler Bühne vertrat – wie etwa im August 1934 auf der ökumenischen Konferenz im dänischen Fanø –, versuchte er, Stellungnahmen zum Kirchenkampf zu unterdrücken und die Einladung von Vertretern der BK zu verhindern.[57]

Es entbehrt nicht der Ironie, dass in der kommenden Dekade ausgerechnet Niemöller das Kirchliche Außenamt leiten und mit ganzer Kraft gegen Kritiker seiner Arbeit verteidigen sollte. Denn in Treysa hatte er mit Emphase die Auffassung vertreten, dass die Kirchenkanzlei und das Außenamt als Institutionen der 1933 geschaffenen DEK »nur noch Abwicklungsstellen« seien.[58] Die Gründe für diesen raschen Positionswechsel liegen auf der Hand: Nachdem die Bruderräte mit der Gründung der EKD jeden unmittelbaren Anspruch auf eine kirchenleitende Funktion aufgegeben hatten, war eine Amtsstelle in dem neu geschaffenen Rahmen eine ideale Plattform, um die Interessen der Bekennenden Kirche weiter zu vertreten. Das Problem war allerdings, dass dieses Amt zunächst nur auf dem Papier existierte, beziehungsweise als ein Stapel von Papieren in Niemöllers winzigem Zimmer in Leoni. Erst mit dem Umzug nach Büdingen verbesserte sich die Lage. Im November 1945 konnte Niemöller stolz an Karl Barth berichten, er sei nun dabei, das neue Amt »aufzuziehen, und wenn das einstweilen auch nur aus mir und meiner Reiseschreibmaschine besteht«. Immerhin hoffte er, mit dem Umzug in eigene Räumlichkeiten in Frankfurt, der 1946 erfolgte, auch einen Mitarbeiterstab aufzubauen. Noch 1950 war das Außenamt mit nur sechs Mitarbeitern allerdings eine eher kleine Behörde.[59]

Niemöllers Tätigkeit im Außenamt war von Beginn an von Kontroversen begleitet. Es gab Beschwerden darüber, dass er die Arbeit des Außenamtes vernachlässige, und er selbst beklagte, auf ein Abstellgleis geschoben worden zu sein. Bereits im Juli 1946 sah sich Theophil Wurm genötigt, Niemöller eindringlich ins Gewissen zu reden, nachdem sich dieser in einer Rede in scharfen Worten gegen die Einigungsbestrebungen der Lutheraner gewandt und zum Ausdruck gebracht hatte, dass er seine Stellung in der EKD als unhaltbar empfand. Das war ein Vorwurf, den Wurm keinesfalls gelten lassen wollte:

> Wir haben Ihnen alle Chancen gegeben, und es lag völlig in Ihren Händen, das neue Amt nach Ihren Wünschen zu gestalten. [...] Wenn Ihnen dies nicht gelungen ist, so haben wir Sie jedenfalls nicht daran gehindert. Die Schwierigkeit lag vielmehr darin, dass Sie zweierlei zu vereinigen suchten, die Leitung des Aussenamtes und eine intensive Predigt- und Vortragstätigkeit. Ich verstehe wahrlich sehr gut, dass Ihnen das zweite besonders am Herzen lag, dass Sie sich zu der Predigt von Busse und Glauben besonders beauftragt und berufen fühlten. Aber dann hätte die geregelte Fortführung der Geschäfte des Aussenamtes zunächst in die Hände eines Mannes wie Wahl [Hans Wahl war seit 1934, zunächst als Oberkirchenrat, im Kirchlichen Außenamt tätig] gelegt werden müssen. Die vielgeschmähte kirchliche Bürokratie ist eben nirgends zu entbehren, wo die Einzeldinge sachlich und sorgfältig angefasst werden sollen.[60]

Das war eine im Ton konziliante, aber in der Sache überaus klare Zurechtweisung. Wenn Niemöller die Würde und das Gewicht eines Amtes der EKD für sich in Anspruch nehmen wolle, dann solle er damit aufhören, die Landeskirchen und ihren Apparat zu kritisieren, und sich selbst um eine geregelte Büroarbeit bemühen. Die ironische Bemerkung über die »vielgeschmähte« Kirchenbürokratie war eine deutliche Spitze gegen Niemöller, der eine solche Kritik seit den Tagen des Kirchenkampfes immer wieder vorgetragen hatte und der nach Wurms Ansicht wegen seiner unablässigen Reisetätigkeit eben nicht in der Lage war, kirchliche Probleme »sorgfältig« zu behandeln. Auch zu Niemöllers Kritik am Luthertum hatte Wurm etwas zu sagen. Er teile zwar die Befürchtung, dass der geplante Zusammenschluss der lutherischen Landeskirchen »zu weit« gehe. Aber man müsse sich damit »abfinden, dass nun einmal die deutsche Reformation verschiedene Kirchentypen hinterlassen hat, von denen keiner infolge Diktats des anderen verschwinden kann und verschwinden wird«.[61]

Man mag einwenden, dass Wurm die Arbeit Niemöllers im Kirchlichen Außenamt bewusst falsch dargestellt haben könnte. Aber Niemöller wusste selbst nur zu gut, dass er sich durch seine zeitraubende Vortragstätigkeit verzettelte und dabei die Arbeit des Frankfurter Außenamtes vernachlässigte. Um seine ausufernde private Korrespondenz zu bewältigen, hatte er in Büdingen eine Sekretärin angestellt, die bald aber auch für das Außenamt arbeiten musste und ob der ständigen Querelen um die genaue Aufgabenverteilung 1948 kündigte. Im Dezember 1947 klagte Niemöller ihr sein Leid. »Die Arbeit frißt mich völlig auf, und ich hätte ganz andere Dinge nötig, um wirklich etwas zu schaffen und vorwärts zu bringen.« Was das Außenamt anging, wisse er nur zu gut, dass er »viel öfter dort sein müßte«. Aber die ständige »Reiserei ist vom Teufel«.[62]

Seine vielen Reisen, auf die Niemöller hier anspielte, führten ihn während der Jahre 1945 bis 1947 in viele Städte Deutschlands zu Vorträgen, in denen er sich mit der Schuld der Deutschen am Nationalsozialismus beschäftigte. Wie kein anderer Vertreter der evangelischen Kirche machte Niemöller die Frage der Schuld zu seinem Thema, und es liegt nahe, hierin seinen wichtigsten Beitrag zur Neuorientierung der Kirche nach 1945 zu sehen. Für die zur Heldenverehrung neigenden Biographen Niemöllers steht dabei die reinigende und segensreiche Wirkung seiner Tätigkeit im Zentrum. Seine Reden als »Bußprediger« hätten eine prophetische Kraft gezeigt, wodurch er dem Einzelnen seine »schuldhaften Verstrickungen« klarmachen und ihn »zur Buße« rufen konnte. Das gelang ihm vor allem, weil er mit einer »geradezu beschwörenden Eindringlichkeit von der Erkenntnis seiner eigenen Schuld« sprach.[63]

Diese Deutung ist nicht nur einseitig, sondern falsch. Gewiss, Niemöller sprach wiederholt von seiner persönlichen Schuld. Aber entscheidend ist, in welchem Zusammenhang er dies tat und in welcher Form er dabei seine eigene Schuld und die der Deutschen formulierte. Zu fragen ist auch, aus welchem Grund Niemöller diesen Themenkreis ansprach. Das lässt sich nur indirekt erschließen. Die Chronologie seiner Beschäftigung mit diesem Thema vermittelt dazu aber wesentliche Hinweise.

Wichtige Vertreter der Bekennenden Kirche hatten sich bereits während des Zweiten Weltkriegs zur Schuld der Kirche geäußert. In seiner *Ethik* notierte Dietrich Bonhoeffer im Herbst 1940, die Kirche sei »schuldig geworden am Leben der schwächsten und wehrlosesten Brüder Jesu Christi«. Damit spielte er unverhohlen auf die Verfolgung der Juden durch das NS-Regime an, deren Details er ein Jahr später in einem für die Zirkel des militärischen Widerstands bestimmten Bericht dokumentierte.[64] Auch Hans Asmussen thematisierte im Dezember 1942 in einem Brief an Visser 't Hooft die Frage der Schuld, welche die Christen vor Gott regeln sollten. Die Mitarbeiter der ökumenischen Bewegung in der Schweiz verstanden dies als ein erstes Signal für die Bereitschaft der deutschen Kirche, durch die Thematisierung eigener Schuld den Boden für eine Wiederbegegnung nach Ende des Krieges zu bereiten.[65]

Während Mitglieder der Bekennenden Kirche so 1942/43 eine Diskussion über die Zeit nach Hitler begannen, hatte Niemöller andere Prioritäten. Durch die Offensive der Roten Armee zutiefst beunruhigt, überlegte er in seiner Dachauer Zelle, ob er mit einer zweiten freiwilligen Meldung doch noch etwas dazu beitragen könnte, das Kriegsglück zugunsten Deutschlands zu wenden.[66] Auch in den ersten Wochen nach seiner verzögerten Rückkehr nach Deutschland war die deutsche Schuld noch kein Thema für ihn, ganz im Gegenteil. Im Verlauf des Juli 1945 war Niemöller in Scharmützel mit den amerikanischen Militärbehörden verwickelt, mit denen er über die Genehmigung für das dann im August stattfindende Treffen des Reichsbruderrates verhandelte.

In diesem Kontext steht ein Brief, den er Ende Juli an Oberst Hugh O. Davis schrieb, dem für die Öffentlichkeitsarbeit der US-Militärregierung in Frankfurt zuständigen Offizier. Niemöller griff hier eingangs die von Otto Dibelius übermittelte Information auf, dass sich im Großraum Berlin seit Kriegsende zwanzig evangelische Pfarrer das Leben genommen hätten. Im Anschluss daran entwickelte er eine im Ton apokalyptische Sicht auf die Deutschen als Opfer einer durch Verelendung, Verzweiflung und Massensterben gekennzeichneten Nachkriegssituation:

> Außerdem bekam ich gestern direkte Nachrichten aus Berlin mit der Mitteilung, dass in den letzten Wochen etwa 20 protestantische Pfarrer in diesem Raum voller Verzweiflung Selbstmord begangen haben, ein in der gesamten Geschichte der christlichen Kirche bisher noch nie gesehenes Ereignis. Ich denke Sie werden versuchen zu verstehen, was dies für mich bedeutet, aber ich bezweifle, dass Sie dazu in der Lage sind, selbst wenn Sie es wollten. Und wenn ich dann lese, dass man zwei Frauen in meinem eigenen Haushalt [in Dahlem] geschändet und das Pfarrhaus ausgeraubt hat, dass Millionen Menschen ohne Hilfe und Hoffnung an Hunger sterben, und dass auf diese Weise die Schuldlosen und die Schuldigen ohne Gnade umgebracht werden, da musste ich nur zu Gott beten, dass er mein Herz vom Hass befreien möge und mich auf den rechten Weg führe. Ich weiß sehr wohl, dass Sie sagen werden: ihr Volk hat dieselben Dinge getan, aber ich bezweifle, dass Gott diese Ausrede hören wird, und ich bezweifle ohnehin, dass am Tag des Jüngsten Gerichts Unrecht zu Recht wird. Für mich stellt sich die Frage der Schuld nicht, sondern als ein Christ muss ich auf das Elend schauen und versuchen so gut wie möglich zu helfen. [...] Jetzt sehe ich, dass es zu spät ist um zu helfen, dass der Winter in ein paar Wochen kommen wird, dass mein Volk mit seinem Leben bezahlen muss, was seine verbrecherische Regierung und seine Anhänger getan haben.[67]

Dieses Schreiben ist nicht nur ein eindringlicher Beleg für die Kontinuität der nationalprotestantischen Grundhaltung Niemöllers, der hier seiner heilsgeschichtlich fundierten Gewissheit Ausdruck verlieh, dass Gott nur die Deutschen erhören werde, nicht aber die Ausreden der Amerikaner. Es ist zugleich ein erschütterndes Beispiel christlich verbrämter Selbstgerechtigkeit und Bigotterie. Denn jener Hass, von dem Niemöller sich durch das Gebet befreien wollte, richtete sich nicht etwa gegen die NS-Diktatur und ihre Hinterlassenschaft, sondern gegen die Alliierten, die das deutsche Volk gerade erst davon befreit hatten. Niemöller verstand diese Diktatur allerdings nur als das Werk der Regierung und der kleinen Schar ihrer direkten Anhänger. In ihrer Mehrheit nahm er die Deutschen als passive Opfer wahr, und so stellte sich die Schuldfrage für Niemöller gar nicht.[68] Ohnehin fehlte ihm jegliches Sensorium dafür, dass jene Solidarität mit dem deutschen Volk, die er von den Amerikanern in Gestalt von Hilfsgütern einforderte, eine Empathie mit deren Schicksal voraussetzte, die er Oberst Davis in Bausch und Bogen absprach. Schließlich fuhr Niemöller noch eine Retourkutsche, indem er die Haltlosigkeit der Schuldfrage durch einen Schuldvorwurf an die Alliierten untermauerte. Er selbst habe den »Hitlerismus« gehasst, seitdem er seine Logik durchschaut habe, und das sei »sehr viel früher gewesen, als die Staatsmänner Großbritanniens und Frankreichs zugaben, dass man Hitler nicht trauen könne«.[69]

Schuldfrage und Viktimisierungsdiskurs

In seiner ersten Stellungnahme zur Schuldfrage nach Kriegsende beschwor Niemöller also die Viktimisierung der Deutschen. Sie waren das Opfer einer unterlassenen Hilfeleistung, welche die Alliierten zu Tätern machte. Doch wie sich bald zeigte, war Niemöller in dieser Frage lernfähig. Bei der Tagung des Reichsbruderrates in Frankfurt im August sprach er bereits in seiner Eröffnungsrede die Schuldfrage an. Die Kirche trage an der Entwicklung seit 1933 »ihr gemessen Teil Schuld«. Wie im Brief an Davis verstand er sie allerdings nicht als Schuld gegenüber den Opfern des Nationalsozialismus, sondern gegenüber der »Not« und dem äußeren »Grauen« der Deutschen als Opfer des Krieges. Wieder boten die Selbstmorde der Berliner Pfarrer und das »weiße Leichentuch«, das sich im kommenden Winter über die hungernden Deutschen legen werde, den Rahmen für die Rhetorik der Viktimisierung.[70] Am Tag darauf stand ein von Asmussen verfasstes Wort an die Pfarrer zur Diskussion, in dem der lutherische Theologe sich mit der »Schuld« befasste, »welche unser Volk auf sich geladen hat«. Asmussen entwertete dieses Eingeständnis dadurch, dass er in verquasten Formulierungen die angebliche Dämonie der Macht als Ursache der Gräueltaten des NS-Regimes beschwor und im selben Atemzug von der »Versuchung« für die Alliierten sprach, diese nun durch neuerliche Gräuel zu vergelten.[71] In der Diskussion sprach sich Niemöller gegen diese Relativierung der deutschen Schuld aus. Den Hinweis auf die Besatzungsmächte solle man »noch« unterlassen, denn »die Amerikaner hören es noch nicht«. Zunächst einmal seien Pfarrer und Gemeinden »verpflichtet, das eigene Schuldbekenntnis abzugeben«, und zwar gerade die Bekennende Kirche, die sich aus »Angst zum Schweigen« drängen ließ.[72]

Der instrumentelle Charakter dieses Verständnisses von Schuld sticht ins Auge. Anders als noch im Juli beschrieb Niemöller es nun als eine Aufgabe gerade der Bekennenden Kirche, von der eigenen Schuld zu sprechen. Diese könne man dann mit jener der Alliierten aufrechnen. Aus der ausbleibenden Reaktion auf seinen patzigen Brief an Oberst Davis hatte er allerdings gelernt, dass dafür »noch« nicht die Zeit gekommen war.

Bei seiner Eröffnungsrede in Treysa nahm Niemöller wiederum eine Verschiebung des Schulddiskurses vor. Gleich eingangs wies er jene Beschwörung der Not der Deutschen zurück, die zuvor stets am Beginn seiner Ausführungen gestanden hatte. Sie sei einfach Ausdruck der Tatsache, dass Deutschland den Krieg verloren habe, und »nicht in erster Linie die Schuld unseres Volkes und der Nazis«, die keine Alternative gesehen hätten. Die wahre Schuld an der gegenwärtigen Not liege bei der Bekennenden Kirche, die »allein wußte, daß der eingeschlagene Weg ins Verderben führte«, und dennoch das »Unrecht« nicht rechtzeitig beim Namen genannt habe.[73] Welche Konsequenzen waren daraus zu ziehen? Nun die Nazis anzuklagen, lehnte Niemöller ab, denn diese fänden »schon ihre Kläger und Richter«. Das war eine hochgradig naive Vorstellung, die Niemöllers völliges Desinteresse an den konkreten Imperativen der juristischen Ahndung krimineller Schuld aufzeigte. Aber um solche für die Bewältigung der Hinterlassenschaft des Nationalsozialismus zentralen Fragen ging es im kirchlichen Schulddiskurs auch nie. Wichtig war allein, die moralische Lufthoheit zu gewinnen. Für Niemöller hieß das, dass »wir« – das heißt die Kirche – »uns selber anzuklagen« haben.[74] Was das für die kirchliche Praxis heißen bedeutete, verdeutlichte er im Rest seiner Rede: In Abkehr von einem »falsch verstandenen Luthertum« sei die Kirche im Sinne einer »echten und ernsten Reformation« von unten zu erneuern.[75] Im Klartext hieß das: Aus der Anerkennung ihrer Schuld ergab sich die moralische Berechtigung der Bruderräte, bei der Erneuerung der Kirche die Führung zu übernehmen. Dies war der instrumentelle Sinn von Niemöllers Anerkennung deutscher Schuld.

Nun hätte Niemöller Gelegenheit gehabt, seine in Treysa vorgetragene Anerkennung deutscher Schuld auch dem Ausland mitzuteilen. Die Vertreter der Ökumene warteten im Sommer 1945 auf ein entsprechendes Wort aus Deutschland, das aus ihrer Sicht eine unverzichtbare Vorbedingung für die Wiederaufnahme von kirchlichen Kontakten und die Organisation von Hilfeleistungen war. Aber Niemöller war noch in seiner Sicht der deutschen Viktimisierung befangen. Zwei Wochen nach Treysa wiederholte er in einem Brief an Karl Barth jene Gräuelmeldungen und Übertreibungen, welche die Deutschen als Opfer charakterisierten. Die »anständigen Menschen« im Lande würden nicht »mehr auf die Nazis schimpfen«. Stattdessen rede man darüber, dass angeblich achtzig Prozent aller Frauen in Berlin vergewaltigt worden seien, und von den »Sterblichkeitsziffern, die praktisch eine biologische Ausrottung bedeuten«. Die »biologische Ausrottung« der europäischen Juden hatte Niemöller zu diesem Zeitpunkt noch in keinem einzigen Satz seiner Briefe oder Reden erwähnt. Stattdessen stellte er klar, wer in seiner Sicht für die Not der Deutschen verantwortlich war: Die »Amerikaner fahren Lastwagen über Lastwagen mit Koks und Briketts über Tausende von Kilometern, um im Winter nicht zu frieren«, während für die deutsche Bevölkerung nichts geschehe.[76]

So sorgte erst Druck von außen dafür, dass Niemöller die Beschwörung der deutschen Opferrolle zurückstellte und der Anerkennung deutscher Schuld Priorität zuwies. Für den 18. Oktober war die zweite Sitzung des Rates der EKD in Stuttgart anberaumt. Am 27. September erbat Visser 't Hooft von Niemöller als Leiter des Außenamtes eine Einladung für eine ökumenische Delegation nach Stuttgart. Am Tag darauf machte Karl Barth Niemöller brieflich klar, was die Kreise der Ökumene und das »christliche Ausland« vom Rat der EKD erwarteten: eine unmissverständlich formulierte Erklärung der evangelischen Kirche Deutschlands, dass sie für den »Irrweg« seit 1933 »mitverantwortlich« sei. Barth hoffte, Niemöller könne sich »diese Sache zu eigen machen«.[77] Niemöller beharrte postwendend darauf, dies habe er bereits mit seiner Ansprache in Treysa getan.[78] Aber davon war Barth, der diese Rede gehört hatte, ganz offenkundig nicht überzeugt.

Die Schulderklärung des Rates der EKD kam zweifellos nicht durch eine Erpressung der ausländischen Kirchenvertreter zustande, wie nationalprotestantische Apologeten noch bis in die 1970er Jahre hinein behaupteten,[79] aber sie war eben auch keine freie Gewissensentscheidung der Mitglieder des Rates, Niemöller eingeschlossen. Zwischen der Wiederaufnahme kirchlicher Beziehungen und einem Eingeständnis deutscher Schuld bestand jedenfalls ein nicht nur implizites Junktim, und der »anhaltende Druck« auf den Rat der EKD spielte eine wichtige Rolle.[80]

Die sechsköpfige ökumenische Delegation unter Leitung von Willem Visser't Hooft traf am Abend des 16. Oktober in Stuttgart ein. Bischof George Bell stieß erst am Abend des 18. Oktober dazu. Bischof Wurm traf am Nachmittag des 17. Oktober mit der Gruppe zusammen, aber nur für ein kurzes Gespräch, denn für den Abend waren zwei öffentliche Veranstaltungen angesetzt, bei denen Dibelius und Niemöller sprachen.[81]

Niemöllers Rede im Furtbachhaus begann wiederum mit einer Beschwörung der aktuellen »Not« der Deutschen. Aber diese rhetorische Figur diente jetzt nur noch dazu, die Aufmerksamkeit auf die Schuld der Deutschen an ihrem Schicksal zu lenken und auf deren Anerkennung zu pochen. Die Christen seien »schuldig an dem Weg unseres Volkes, weil wir geschwiegen haben, wo wir hätten reden müssen«. Und an den weitreichenden Folgen dieses Schweigens ließ Niemöller nun keinen Zweifel mehr: »Wir sind schuldig an Millionen und Abermillionen von Umgebrachten, Hingemordeten, Zerbrochenen, ins Elend und in die Fremde gejagten, armen Menschenkindern, Brüdern und Schwestern in allen Ländern Europas.« So eindringlich diese Beschwörung der von Deutschen verübten Verbrechen war, so abstrakt blieb Niemöllers Beschreibung der Konsequenzen, welche der durch die Anerkennung der eigenen Schuld ermöglichte Neuanfang nahelegte. Christen müssten handeln »wie immer«, indem sie das Evangelium so verkünden, dass es »gehört und verstanden wird«. Letztlich blieb die Anerkennung deutscher Schuld in der Praxis gänzlich folgenlos, denn Niemöller mahnte, dass man nun »Vergebung üben« und »Liebe predigen« müsse.[82] Niemöllers Auseinandersetzung mit dem von Deutschen begangenen Völkermord kam über das harmlos-erbauliche Niveau einer mahnenden Sonntagspredigt nicht hinaus. Da die Delegierten der Ökumene, allen voran Visser't Hooft, sich innerhalb der Grenzen dieses Diskurses bewegten, waren sie dennoch von seiner Ansprache tief beeindruckt.

Am folgenden Tag, dem 18. Oktober, konferierten die Delegation und der Rat der EKD zunächst getrennt, bevor es am Nachmittag zu einer gemeinsamen Sitzung kam. Am späten Abend verabschiedete der Rat dann nach Entwürfen von Asmussen und Dibelius die Stuttgarter Schulderklärung. Der aus drei kurzen Absätzen bestehende Text ist in sich widersprüchlich. Formuliert wurde die »Schuld« der »ganzen Kirche« in einer konventionellen christlichen Diktion dahingehend, dass »wir nicht mutiger bekannt, nicht treuer gebetet, nicht fröhlicher geglaubt und nicht brennender geliebt haben«. Doch zugleich nahmen die Verfasser für sich in Anspruch, »lange Jahre hindurch« gegen jenen »Geist« gekämpft zu haben, der im »Gewaltregiment« der Nationalsozialisten seinen Ausdruck fand. Das war eine unverhohlene Beschwörung des

Martin Niemöller und Otto Dibelius, 1945. Während des Kirchenkampfes hatten Niemöller und Dibelius eng zusammengearbeitet, obwohl sie unterschiedliche theologische Positionen vertraten. Nach dem Krieg war das Verhältnis der beiden von dramatischen Konflikten geprägt. Als die Auseinandersetzungen um das Kirchliche Außenamt 1954/55 eskalierten und Niemöller wieder einmal brüllte und tobte, verglich Dibelius ihn mit Kleists Michael Kohlhaas, der im unerbittlichen Drängen nach Gerechtigkeit zu maßlosen Handlungen neigte.

Säkularismus als Ursache des »Dritten Reiches« und damit der Rechristianisierung als eigentlicher Aufgabe der Kirche. Schließlich wurde am Ende der Hoffnung Ausdruck verliehen, dass alle Kirchen gemeinsam dem »Geist der Gewalt und der Vergeltung« entgegentreten würden. Das war ein kodierter Hinweis darauf, dass die EKD die Deutschen auch als Opfer der Besatzungsmächte verstand.[83]

Die Stuttgarter Schulderklärung war ein wichtiger Moment der Kirchengeschichte nach 1945. Sie fand die Unterstützung aller kirchlichen Strömungen, die sich in Treysa noch so erbittert bekämpft hatten. Damit markiert sie die eigentliche Gründung der EKD und ihres Rates, der hier erstmals kollektive Verantwortung übernahm. Trotz ihrer Schwächen und inneren Widersprüche war die Erklärung von nun an der zentrale Referenzpunkt für jeden, der sich innerhalb der evangelischen Kirche mit der Hinterlassenschaft des Nationalsozialismus auseinandersetzen wollte. Diese Wirkung konnte der Text allerdings erst entfalten, nachdem er – gegen die Intentionen seiner Verfasser – mit einigen Tagen Verzögerung den Weg in die Öffentlichkeit gefunden hatte.[84] Daraufhin setzten sogleich die Rezeption und Ausdeutung ein, bei der von Beginn an die kritischen Stimmen überwogen. Nur vier von 27 Landeskirchen und einige Provinzialsynoden machten sich bis 1946 die Stuttgarter Erklärung ausdrücklich zu eigen. Eine große Zahl von Pfarrern, Gemeinden und einzelnen Laien reagierte mit Empörung und Abwehr. Viele beriefen sich dabei auf einen Vortrag des Theologen Helmut Thielicke vom November 1945, der die Idee ablehnte, ein öffentliches Schuldbekenntnis für alle Deutschen abzulegen. Dies würde, so Thielicke, zu einer Herrschaft des »Vergeltungsrechtes« der Alliierten führen.[85]

Hans Asmussen zog in einem einflussreichen Kommentar zur Stuttgarter Erklärung die Schlussfolgerung, dass sie allein in ihrer religiösen Dimension zu verstehen sei. Wenn die reuigen Christen sich Gott zuwandten, konnten sie auch gegenüber anderen vom Gesetz Gottes sprechen und somit für ihr »Recht eintreten«.[86] In der Konsequenz hieß das, dass nach der vorbehaltlosen Anerkennung deutscher Schuld nun der Moment gekommen sei, von der Schuld der Besatzungsmächte zu reden. Die Mitglieder des Rates der EKD verstanden sich dabei als Fürsprecher des deutschen Volkes, die angebliche Missstände bei der Entnazifizierung sowie die materielle Not und mangelnde Fürsorge für die Bevölkerung zur Sprache bringen konnten und mussten.[87] Auf seiner Tagung im Dezember 1945 diskutierte der Rat der EKD den Text eines offenen Briefes »An die Christen in England«, der dieser Logik folgte und Niemöllers Zustimmung fand. In dem Brief wurde die Vorstellung einer »Gegenrechnung« rhetorisch abgelehnt. Doch was war es dann, wenn sich die

Ratsmitglieder dagegen wandten, deutsches »Unrecht durch größeres Unrecht« zu überbieten? Genau wie Niemöller in seinen frühen Äußerungen zur Schuldfrage es getan hatte, wurde in dem Brief angeprangert, dass die Alliierten »Millionen Unschuldiger verhungern« lassen würden.[88]

Das Thema der deutschen Schuld hielt den Rat der EKD auch 1946 auf Trab. Hans Asmussen machte den nächsten Schritt. Er wollte nun nicht nur von der »Schuld der andern« sprechen, sondern darüber hinaus einen öffentlichen Gnadenerweis der Kirche für alle jene beschließen, die ihre Schuld bekannt hatten. Doch im Rat der EKD stieß dieser Vorschlag im November 1946 auf einhellige Ablehnung. Dass die Deutschen sich selbst eine »General-Absolution« erteilen könnten, erschien selbst jenen Mitgliedern des Rates unmöglich, die nach 1945 gegenüber den Alliierten die Opferrolle des deutschen Volkes betonten.[89] Hier war auch der Punkt erreicht, an dem Niemöller seinem alten Freund und Weggefährten nicht mehr folgen konnte. Er wies Asmussen darauf hin, dass er selbst seit Monaten bei jeder Gelegenheit öffentlich »immer auch von der Schuld der andern« gesprochen habe, »aber eben so, [...], daß wir nicht der andern Richter sind«. Der eigentliche Grund von Niemöllers Ablehnung lag aber in seinem Mangel an Vertrauen, dass die deutsche Kirche in Stuttgart »wirklich Buße tun wollte«. In London habe er stets offene Ohren gefunden, wenn er vom »schuldhaften Versagen« der britischen Besatzer sprach. Eine offizielle »Kundgebung« der EKD würde dort aber kein Gehör finden.[90] Im Klartext hieß das: Nur Niemöller selbst als ehemaliger KZ-Häftling hatte die moralische Autorität, den Christen des Auslands die Leviten zu lesen. Er strebte Vergebung als Ergebnis der Schuldanerkennung an, das war ja bereits der Kernpunkt seiner Stuttgarter Rede gewesen.

In der Betonung seiner Autorität als KZ-Häftling, der dennoch eine Mitschuld am NS-Regime trage, lag Niemöllers Zugang zur Schuldfrage. In zahllosen Ansprachen variierte er eine Anekdote, die seine tiefe persönliche Betroffenheit herausstellte. Im Herbst 1945 habe er auf der Rückfahrt nach Leoni mit Else einen Abstecher nach Dachau gemacht, um ihr seine Zelle im Bunker zu zeigen. Dabei kamen sie am Krematorium des ehemaligen KZ vorbei, wo ein Schild die Zahl der dort von 1933 bis 1945 verbrannten Häftlinge – fälschlich – auf 238756 bezifferte.[91] Else Niemöller, so die von ihrem Mann verbreitete Geschichte, erschrak ob der Zahl der Toten. Ihn selbst dagegen verstörte vor allem die Tatsache, dass bereits von 1933 an in Dachau Häftlinge verbrannt worden seien. Für die Zeit von 1937 an habe er vor Gott ein »Alibi« als »Konzentrationär«, ließ Niemöller seine Zuhörer wissen, aber nicht für die vier Jahre davor. Er hätte es aus der Zeitung wissen müssen, dass die Kommunisten bereits 1933 in die KZs gebracht wurden. Da er sich um deren Schicksal »nicht gekümmert« hatte, habe er Teil an der Schuld des deutschen Volkes.[92] Niemöller erzählte diese Geschichte oft und in leicht abweichenden Varianten, und so muss offen bleiben, was daran echte Erschütterung war und was spätere rhetorische Ausschmückung. Fest steht, dass Niemöller am 8. November 1945 mit Else das ehemalige KZ besichtigte, und sein Eintrag im Amtskalender – »nach dem Essen im Lager (Krematorium!)« – weist darauf hin, dass die Stätte des Massenmordes ihn emotional bewegte.[93]

Mit der steten Wiederholung der Geschichte von der Entdeckung seines fehlenden Alibis schuf Niemöller einen persönlichen Zugang zur Frage der Schuld und verlieh seinem Appell an alle Deutschen, sich ihrer Schuld zu stellen und Buße zu tun, besondere Dringlichkeit. Wenn er als KZ-Häftling dies tat, mussten es alle anderen auch tun. Niemöller entwickelte eine andere rhetorische Figur, die verdeutlichte, welchen Opfergruppen gegenüber er sich schuldig fühlte. Wenn ihn am Jüngsten Tag der Herr Christus rufe, so führte er aus, könne er ihn fragen (nach Mt. 25, 42–43):

Ich bin gefangen gewesen (und er [Christus] zeigt dabei auf die Kommunisten im Konzentrationslager des Jahres 1933) und du hast mich nicht besucht; ich bin hungrig gewesen (und er zeigt dabei auf die Massengräber der verhungerten Griechen) und du hast mich nicht gespeist; ich bin umgebracht worden (und er zeigt dabei auf die Millionen Urnen meiner jüdischen Mitmenschen), und du hast gemeint: »Ich kenne den Menschen nicht.«[94]

In der parataktischen Aneinanderreihung der drei Opfergruppen ist unschwer die Struktur jenes Niemöller-Zitats zu erkennen, das in seiner seit den 1970er Jahren verbreiteten Fassung (»Als die Nazis die Kommunisten holten, habe ich geschwiegen; ich war ja kein Kommunist. Als sie die Sozialdemokraten einsperrten, ...«) weltbekannt wurde und im heutigen politischen Diskurs eine oft benutzte Redefigur ist. Dieses Zitat hat seine Wurzeln in den zahlreichen Reden und Predigten Niemöllers vom Herbst 1945 bis 1947, in denen er sich zu seiner Schuld bekannte.[95] Bei der so eindringlichen Betonung seiner persönlichen Schuld ließ er allerdings offen, worin diese eigentlich bestand. In jeder Rede betonte er, nicht für die Opfer gesprochen zu haben. Aber gab es auch eine Schuld, die nicht im Unterlassen, sondern im Handeln oder Sprechen lag? Gelegentlich sagte Niemöller, er sei »schuldig, weil ich 1933 noch Hitler gewählt habe«.[96] Das hatten Millionen andere Deutsche auch getan, und in der öffentlichen Debatte der Nachkriegszeit wurde es keinem von ihnen als eine besonders zu Buche schlagende Schuld zugerechnet. Wenn es Niemöller wirklich um die Betonung seiner persönlichen Schuld ging, hätte er dann nicht erwähnen können, dass er bereits 1920 Mitglied einer Partei war, welche Juden mit einem »Arierparagraphen« ausschloss? Oder dass er noch im Herbst 1933 das »Recht unseres Volkes« bejaht hatte, »sich gegen einen übergroßen und schädlichen Einfluß des Judentums nachdrücklich zu wehren«, womit er der gleich nach der Machtergreifung einsetzenden Judenverfolgung des NS-Regimes einen Freibrief ausstellte?[97]

Die Mehrheit der Mitglieder des Rates der EKD zeigte in der Frage des Schuldbekenntnisses, dass ihre nationalprotestantische Mentalität das Kriegsende intakt überstanden hatte. Sie verstanden sich in erster Linie als Fürsprecher des deutschen Volkes und gingen deshalb nach der Verabschiedung der Stuttgarter Schulderklärung nahtlos dazu über, die Not der Deutschen und die Schuld der Alliierten anzuprangern. Niemöller war sehr wohl bereit, von der »Schuld der andern« zu sprechen, und wie die anderen evangelischen Kirchenführer verstand auch er die Deutschen als Opfer. Aber anders als die Mehrheit des Rates der EKD sah er zweierlei: zum einen, dass Unrecht »nicht dadurch Recht« wird, dass »man auf das Unrecht anderer hinweist«; zum anderen wusste Niemöller, dass die Deutschen erst dann keine »Hohn- und Spottlieder der Welt« mehr hören würden, wenn sie ein hinreichendes Zeichen der Einsicht in ihre Schuld abgelegt hatten. Denn ein Schuldbekenntnis, das »gleichzeitig von der Schuld der anderen spricht«, war tatsächlich keines.[98] Niemöller teilte die nationalprotestantische Grundhaltung, aber er verstand seine Betonung der Schuld als effektivere Taktik, als es darum ging, die Christen des Auslands zu einer positiven Sicht Deutschlands zu bewegen und damit den Deutschen auf ihrem »Dornenweg« aus Nachkriegselend und alliierter Besatzung herauszuhelfen.[99]

Die Betonung der eigenen Schuld war für ihn auch der einzige Weg zur Rechristianisierung. Also machte er sich auf, um in den Städten der drei westlichen Besatzungszonen über die Frage der Schuld und den Wert der Stuttgarter Schulderklärung zu sprechen. Weit über die in der Kirche aktiven Teile der deutschen Bevölkerung hinaus wurde Niemöller damit zum Ärgernis für jene, welche die Thematisierung dieser Frage ablehnten und einen Schlussstrich unter die Auseinandersetzung mit dem NS-Regime ziehen wollten. Er lehnte den Begriff der Kollektivschuld ab und sprach stattdessen von der »Kollektivhaftung«, mit der die Deutschen die Folgen ihres schuldhaften Tuns tragen müssten.[100] Aber das hielt zornige Briefschreiber nicht davon ab, ihn als »Lump« und »Verräter« zu beschimpfen, der sein Vaterland in den Schmutz ziehe. Und so galt Niemöller schließlich einer breiten Öffentlichkeit als Urheber der Rede von einer deutschen »Kollektivschuld«, was die Kontroverse um seine politischen Stellungnahmen noch anfachte.[101]

Besonders empfindlich reagierten Studenten auf die Thematisierung deutscher Schuld, zumal wenn Niemöller sie mit Hinweisen darauf verband, dass der »Stolz des Mannes«, der sich damit entschuldige, nur »seine Pflicht getan zu haben«, nicht mehr gelten könne.[102] An manchen Universitäten wie in Göttingen war ein Drittel aller Studenten ehemalige Wehrmachtsoffiziere. Niemöller sprach dort am 17. Januar 1946, und die Ablehnung der Studentenschaft war spürbar.[103] Dieselbe Rede hielt er dann am 22. Januar in Erlangen vor etwa 1200 Studenten. Viele von ihnen scharrten mit den Füßen und trampelten, als Niemöller auf die Schuld gegenüber Polen zu sprechen kam. Dieser notierte einen »Krawall« in seinem Amtskalender, spielte den Vorfall aber später in einem Brief an den Rektor herunter. Zu diesem Zeitpunkt hatte bereits ein breites Presseecho die Reaktion der Studenten skandalisiert, sodass sich sogar der bayerische Ministerrat damit beschäftigen musste und eine Untersuchung anordnete.[104]

Am 3. Februar hielt Niemöller in Marburg eine Predigt über die Bedeutung der Schuldfrage für die Kirche. Für den folgenden Tag war ein Vortrag über »Die politische Verantwortung des Christen im akademischen Stand« geplant, den die evangelische Studentengemeinde organisiert hatte. Einer Marburger Studentin verdanken wir eine gute Beschreibung dessen, was an diesem Abend geschah:

> Die Erlanger Ereignisse waren bereits allen bekannt. Von Göttingen munkelte man, er sei verprügelt worden. Was den eigentlichen Anlass zu solchen Ausschreitungen gegeben hat, ist mir nicht bekannt. Niemöller hat die Schuld jedes einzelnen Deutschen am Kriege anscheinend so drastisch betont, dass die Studenten, die sechs Jahre hindurch Leben, Freiheit und Gesundheit an der Front opferten, sich dies nicht anhören konnten, ohne ihre Meinung dazu zu äussern. Der Ruf, der Niemöller voraneilte, hatte nun freilich hier in Marburg zur Folge, dass die Studenten teilweise bereits mit Stöcken, Feuerhaken, Pfeifen usw. bewaffnet 2 Stunden vor Beginn sich vor dem Saal aufpostierten, ihn bei Eröffnung förmlich stürmten und sich dann durch Zurufe in eine immer grössere Erregung hineinsteigerten. […] Ein zerbrochener Stuhl wanderte mit dem Begleitwort »Opfer des Faschismus« durch die Reihen. Und aus diesem Wühlen und Wogen tauchte plötzlich in der vordersten Reihe lang und hager und kauend ein Amerikaner auf. Er drehte sich um und sah mit entsetzten Kinderaugen auf die hereinstürmenden Menschenmassen. […] Der Rektor Ebbinghaus

erschien. Die evangelischen Jungfrauen standen singbereit auf der Bühne, die Studenten hatten Stöcke und Zurufe in Bereitschaft. Plötzlich verschwand seine Magnifizenz mit den Anzeichen grosser Bestürzung, bald darauf verkündete ein unsichtbar im Gewühl bleibender Mann mit resoluter Stimme, dass der Vortrag ausfiele.[105]

Die erbosten Studenten zelebrierten eine Katzenmusik und damit ein Ritual der Säuberung, mit dem sie Niemöllers Schulderklärung zum Verstoß gegen die Normen ihrer Gemeinschaft erklärten. Der zerbrochene Stuhl symbolisierte ihre Verachtung darüber, dass das Leiden der NS-Opfer im Zentrum stehen sollte. Unklar blieb, ob Niemöllers Vortrag wegen »Überfüllung und Radau« ausfiel, wie er es in seinem Amtskalender notierte, oder ob er selbst es abgelehnt hatte, in einer solch aufgewühlten Atmosphäre zu sprechen, wie es der Marburger Theologe Rudolf Bultmann und die örtliche Presse meldeten.[106] Dies mag sehr wohl eine Schutzbehauptung der Universität gewesen sein, die nicht wollte, dass auch sie zum Objekt einer »Pressepolemik« wie nach der Erlanger Rede würde. Erst am 4. Mai kam Niemöller nach Marburg zurück, um die Rede nachzuholen.[107]

Auch in den Monaten danach reiste er rastlos umher, um über die Schulderklärung zu sprechen und ihren Inhalt zu vermitteln. Doch im Sommer 1947 erlahmte sein Eifer in dieser Sache relativ abrupt. Vermutlich wurde ihm klar, dass nach den Enthüllungen über seine antisemitischen Aussagen im Prozess 1938 und auf dem Landratsamt Büdingen die rhetorische Standardformel, die im Kern darauf abhob, dass hier ein KZ-Häftling und NS-Opfer seine persönliche Schuld bekannte, nicht mehr plausibel war.[108]

Niemöllers Position in der Schulddebatte war also weitaus komplexer, als es üblicherweise dargestellt wird. Erst unter dem Druck der Ökumene und seines Freundes Karl Barth löste er sich von der alleinigen Beschwörung der Opferrolle der Deutschen. Er teilte die Haltung der Mehrheit des Rates der EKD, dass auch von der Schuld der anderen zu sprechen sei. Anders als diese Mehrheit ging er aber davon aus, dass dies erst dann glaubwürdig und mit Aussicht auf Erfolg geschehen könne, wenn die deutschen Protestanten sich die Stuttgarter Schulderklärung zu eigen machten. Deshalb warb er rastlos für deren Anerkennung. Als sein öffentliches Ansehen als Opfer des Nationalsozialismus, das er stets als persönlichen Zugang zur Frage der Schuld benutzt hatte, unter Beschuss geriet, stellte er dieses Werben ein.

Niemöllers ungebrochene nationalprotestantische Grundhaltung zeigt sich am deutlichsten in seiner Einstellung zur Entnazifizierung. Dies war ein Thema, bei dem der sonst oft zerstrittene Rat der EKD Einigkeit demonstrierte und die Politik der Alliierten in Bausch und Bogen ablehnte. Die US-Besatzungsbehörden gingen in dieser Sache mit Nachdruck vor, während Franzosen und Briten eine stärker pragmatische Haltung einnahmen. Vor allem den öffentlichen Dienst säuberten die US-Militärbehörden von belasteten Personen. Bis März 1946 entließen sie rund 140 000 Mitarbeiter der öffentlichen Verwaltung. Dann trat das »Befreiungsgesetz« in Kraft, das die Entnazifizierung auf die in deutscher Eigenregie verwalteten Spruchkammern übertrug, welche die Verdächtigen in fünf Kategorien – vom Hauptschuldigen über den harmlosen Mitläufer bis zum Entlasteten – einteilten, ein Verfahren, das bald auch in der französischen und britischen Zone zur Anwendung kam. Mit Hilfe vieler evangelischer Gemeindepfarrer, die ohne Bedenken und genaue Prüfung der Umstände massenhaft sogenannte Persilscheine ausstellten, entwickelte sich dieses Verfahren rasch zu einer »Mitläuferfabrik«, die das eigentliche Ziel der Entnazifizierung ins Gegenteil verkehrte.[109] Dennoch fand der Rat der EKD, allen voran Theophil Wurm, die Politik der Alliierten empörend. Am 2. Mai 1946 beschloss der Rat einstimmig eine Entschließung, die das Befreiungsgesetz ablehnte. Wortreich beklagte man die »Ausstoßung« von Personen aus den Ämtern, die ihre Aufgabe dort doch so »untadelig wahrgenommen« hätten. In maßlos überzogener Rhetorik hieß es, die Entnazifizierung ginge sogar noch über entsprechende Maßnahmen des NS-Regimes hinaus, womit auf die Entlassung von jüdischen Beamten seit 1933 angespielt wurde. Allein Verstöße gegen das Strafrecht, also NS-Verbrechen, seien zu ahnden.[110]

Karl Barth war außer sich, als er das las. Punkt für Punkt widerlegte er in einem langen Brief an Niemöller die Logik des EKD-Beschlusses und belehrte seinen Freund, dass die Entnazifizierung in erster Linie eine »Angelegenheit der politischen Moral« sei. Voll Bitterkeit beklagte er, dass dieser selbst und seine Kollegen im Rat das Schicksal der verfolgten Juden wohl »schon wieder vergessen hätten«.[111] Die Antwort Niemöllers wirft ein Schlaglicht darauf, welche Beharrungskraft seine nationalprotestantische Mentalität entfaltete, und auf die damit verbundene Ignoranz gegenüber dem Problem der Entnazifizierung. Barths Kritik an dem verunglückten Vergleich mit der NS-Judenpolitik wies Niemöller zurück, da »kein vernünftiger Mensch« davon ausgehe, dass Juden unter die Kategorie der »unpolitischen Beamten« fallen. Er ließ damit jegliche Empathie mit den Tausenden von jüdischen Beamten vermissen, die 1933 entlassen worden waren. Stattdessen beschwor er wiederum die Opferrolle der Deutschen. Bei der Entnazifizierung gehe es eigentlich darum, die »Intelligenzschicht in Deutschland« zu beseitigen. Die »übrig gebliebenen Reste unseres Volkes« – das war wiederum eine ominöse Beschwörung der Legende von den Millionen Deutschen, die angeblich seit 1945 verhungert waren – seien zu schwach, um zu protestieren. Abschließend machte Niemöller klar, dass zwischen ihn und die anderen Mitglieder des Rates der EKD in dieser Frage kein Blatt Papier passe.[112]

Mit der Entschließung vom Mai 1946 war Niemöllers Kampf gegen die Entnazifizierung noch lange nicht beendet. Anfang 1948 sickerte durch, dass die US-Militärbehörden die Praxis der Spruchkammern noch weiter entschärfen und die Entnazifizierung damit de facto beenden wollten. Niemöller, der seit 1. Oktober 1947 als Kirchenpräsident der Evangelischen Kirche in Hessen und Nassau (EKHN) amtierte, hielten diese Informationen über das baldige Ende der Entnazifizierung und interne Kritik von Mitgliedern der Kirchenleitung der EKHN nicht davon ab, einen Beschluss durchzupeitschen, mit dem am 1. Februar eine Kanzelabkündigung gegen das Befreiungsgesetz in den hessischen Gemeinden erging. Sie gründete auf einem Entwurf, in dem er den das Gesetz angeblich prägenden Geist der »Vergeltung« beklagte, den Vorwurf der »Sippenstrafe« erhob und schließlich den absurden Vergleich der Entnazifizierung mit den Zuständen der »hinter uns liegenden Schreckensjahre« wiederholte. Die Abkündigung gipfelte in einem unverhohlenen Boykottaufruf an die Pfarrer und Gemeindemitglieder, an Spruchkammerverfahren nicht weiter teilzunehmen.[113] Innerkirchliche Kritik an diesem Vorgehen bügelte Niemöller mit fadenscheinigen Ausreden ab.[114] Vertreter der US-Behörden konnten sich diesen maßlosen und durch die Fakten leicht widerlegbaren Appell nur so erklären, dass Niemöller ein »Pseudo-Nazi« sei, der als Nationalist die Entnazifizierung genau deshalb bekämpfe, weil sie sich gegen den weiter vorhandenen Radikalnationalismus vieler Deutscher richte. Die mit der Renovierung der Frankfurter Paulskirche beschäftigten Arbeiter drohten schließlich mit Streik, wenn Niemöller nicht als Redner für die am 18. Mai 1948 stattfindende Wiedereinweihung dieses Symbols der deutschen Demokratie ausgeladen werde. Der Frankfurter SPD-Oberbürgermeister, zugleich ein Mitglied der EKHN-Synode, gab dieser Forderung nach.[115] Der in Darmstadt amtierende Regierungspräsident Ludwig Bergsträsser, ebenfalls ein SPD-Mitglied, notierte in seinem Tagebuch zustimmend den alten Witz, dass »Mit dem U-Boot zur Kanzel« wohl der bessere Titel für Niemöllers Erinnerungsbuch gewesen wäre.[116]

Ein integraler Teil von Niemöllers Kampf gegen die Entnazifizierung war sein Eintreten für die von den Alliierten angeklagten NS-Kriegsverbrecher. Dabei setzte er sich nicht für Einzelne ein, die nach seinem Dafürhalten zu Unrecht angeklagt oder mit übergroßer Härte bestraft wurden.[117] Wie andere Mitglieder des Rates der EKD übte er vielmehr fundamentale Kritik an der rechtlichen Ahndung von Kriegsverbrechen, die sowohl auf die angebliche

Willkür der Verfahren abhob als auch humanitäre Gesichtspunkte geltend machte, vor allem in der Ablehnung der Hinrichtung von Verurteilten. In diesem Sinn nahm er an den Beratungen einer Kommission teil, die der Rat der EKD im Februar 1949 eingesetzt hatte und deren Arbeit zu einem 160 Seiten starken Memorandum führte, das im Februar 1950 dem amerikanischen Hohen Kommissar McCloy überreicht wurde.[118] Für seinen Einsatz für schwerstbelastete NS-Verbrecher instrumentalisierte Niemöller auch seine ökumenischen Kontakte. Bei George Bell setzte er sich etwa für die Freilassung von Erich Koch ein, der seit September 1941 als Leiter des Reichskommissariats Ukraine direkt für den Mord an Hunderttausenden von ukrainischen Juden verantwortlich gewesen war.[119] An diesem Beispiel zeigt sich, wie die nationalprotestantische Grundhaltung nach 1945 die kritische Auseinandersetzung mit den Verbrechen des »Dritten Reiches« blockierte.

Auch in anderer Hinsicht ließ Niemöller erkennen, dass ihm die für den angemessenen Umgang mit der NS-Vergangenheit nötige Sensibilität fehlte. In seiner Rede vor Göttinger Studenten im Januar 1946 berichtete er aus dem Zellenbau des KZ Sachsenhausen und sprach über den »SS-Unterscharführer Georg Elser«, der angeblich »1939 das Attentat im Bürgerbräukeller auf Hitlers persönlichen Befehl durchzuführen hatte«. Er kam dann auf Elsers Ermordung in Dachau im April 1945 zu sprechen und wollte so wohl zum Ausdruck bringen, dass Hitler einen »verbrecherischen Willen« hatte.[120] Durch Meldungen in den Medien aufgeschreckt, wandte sich Marie Elser, die Mutter des Widerstandskämpfers, an Niemöller. Mit dem Hinweis, »einer, der nicht mehr am Leben ist, kann sich nicht mehr verteidigen«, beklagte sie die öffentliche Verunglimpfung ihres Sohnes. Niemöller musste zugeben, dass die von ihm aufgestellte Behauptung nicht auf eigenen Gesprächen mit Elser beruhte, sondern auf Gerüchten, die er im Gespräch mit Angehörigen der SS-Wachmannschaften in Sachsenhausen gehört hatte. Dies hinderte ihn jedoch nicht daran, die Verleumdung Elsers bis in die 1970er Jahre hinein zu wiederholen, als dessen Alleintäterschaft durch inzwischen aufgefundene Quellen längst schlüssig nachgewiesen war.[121]

Kirchenpolitik in Hessen-Nassau und in der EKD

Wir haben im vorigen Kapitel gesehen, dass Niemöller bis in den Sommer 1947 hinein die Absicht verfolgte, auf seine alte Dahlemer Pfarrstelle zurückzukehren. Dabei hatte es bereits seit Herbst 1945 Bestrebungen gegeben, ihn in das kirchenleitende Amt der Evangelischen Kirche in Hessen und Nassau zu berufen, was schließlich im Herbst 1947 geschah. Darin lag eine gewisse Ironie, hatte Niemöller selbst doch die Landeskirchen 1945 aufgrund ihrer Anpassung an das NS-Regime »für abbruchreif« erklärt und dabei die Erwartung geäußert, dass man eventuell zur Bildung von »kleineren und übersichtlicheren Diözesen« schreiten könne.[122]

Niemöller hatte durchaus gute Gründe, das Wagnis des Neuanfangs in Hessen-Nassau einzugehen, der durch die komplizierte Vorgeschichte der Kirchengründung nötig wurde. Als ein erster Schritt zur Konsolidierung der in fünf Kirchen zersplitterten Protestanten in Hessen hatte sich 1933 die auf dem Führerprinzip basierende Evangelische Landeskirche Hessen-Nassau gebildet. Aus den Sprengeln der Kirchen von Hessen, Nassau und Frankfurt entstanden, umfasste sie sowohl die unierte Kirche von Nassau als auch reformierte und lutherische Gemeinden in den beiden anderen Kirchen. Unmittelbar nach Kriegsende gingen die drei Kirchen aber wieder getrennte Wege, auch wenn starke Kräfte vor allem im Landesbruderrat auf einen erneuten Zusammenschluss drängten, als dessen Vorsitzender Niemöller seit April 1946 amtierte.[123]

Niemöller war also frühzeitig in die Bestrebungen zur Neuvereinigung der drei Kirchen eingebunden. Neben dem Landesbruderrat war dabei die Bekenntnissynode die treibende Kraft. Erst mit dem »Kirchentag« in Friedberg kam dieser Prozess 1947 zum Abschluss. Am 30. September 1947 wurde dort die Einheit der Evangelischen Kirche in Hessen und Nassau bestätigt und Dr. Hans Wilhelmi zum Präses der Synode gewählt. Der Frankfurter Rechtsanwalt, Gründungsmitglied der CDU und seit 1957 auch deren Bundestagsabgeordneter, übte dieses Amt bis zu seinem Tod 1970 aus. Am Tag darauf, dem 1. Oktober, wurde Niemöller mit 86 Stimmen bei 22 Gegenstimmen und vier Enthaltungen zum Kirchenpräsidenten der EKHN berufen. Diese Bezeichnung brachte das kollegiale Verständnis der Kirchenleitung zum Ausdruck, weshalb Niemöller sie dem hierarchische Ordnung signalisierenden Bischofstitel vorzog.[124] Ihm war es wichtig, dass die Leitung der EKHN »bruderrätlich« arbeitete, da sich nur so das Erbe der Bekennenden Kirche auch in den alltäglichen Routinen einer Landeskirche erhalten ließ.[125]

Ein anderes zentrales Motiv für Niemöllers Arbeit in der EKHN war die konsequente Überwindung der konfessionellen Zersplitterung des Protestantismus. Im Sprengel dieser Kirche waren unierte, reformierte und lutherische Gemeinden zu einem einheitlichen Ganzen vereinigt. »Wir haben damit also«, schrieb er einem amerikanischen Lutheraner, »aus der Vergangenheit der Bekennenden Kirche eine entscheidende Konsequenz gezogen, dass nämlich unsere konfessionellen Verschiedenheiten keine kirchentrennende Bedeutung haben.«[126] In diesem Sinn wurden in der EKHN bereits von 1949 an alle

Mitglieder von Landeskirchen der EKD unabhängig von ihrem Bekenntnis zum Abendmahl zugelassen.[127]

Die Position als Kirchenpräsident der EKHN war für Niemöller wichtig, da sie ihm nicht nur die Gelegenheit zur Umsetzung seiner kirchenpolitischen Ideen bot, sondern auch eine Machtbasis zur Vertretung seiner Interessen im Rahmen der EKD. Doch was als verheißungsvoller Versuch begann, die im Kirchenkampf gewonnenen Einsichten praktisch umzusetzen, entwickelte sich für Niemöller über die Jahre zu einem Alptraum, aus dem es kein Entrinnen zu geben schien. Zu dieser Entwicklung trug vor allem die zunächst skeptische, dann kritische und schließlich offen feindselige Haltung jener mit der CDU verbundenen Laien und Synodalen bei, denen die zahlreichen politischen Stellungnahmen Niemöllers – und hier vor allem sein Einsatz gegen die Wiederbewaffnung und seine als Diffamierung der Bundeswehr empfundenen Reden – gegen den Strich gingen.

Wortführer dieser Kritiker war Hans Wilhelmi, der als Befürworter der Bundeswehr wie der atomaren Abschreckung die Linie der von der CDU geführten Bundesregierung vertrat und sich über die Jahre zu Niemöllers Nemesis entwickelte.[128] Diese Konflikte erreichten 1958/59 ihren Höhepunkt. Niemöller war erst im März 1958 mit denkbar knapper Mehrheit für weitere acht Jahre als Kirchenpräsident bestätigt worden. Auf einer EKHN-Synode im Dezember kam es zu einer erbitterten Kontroverse zwischen ihm und Wilhelmi über die Frage der atomaren Abschreckung. Nach Niemöllers Kasseler Rede im Januar 1959 – wir gehen darauf später im Detail ein –, die weite Teile der westdeutschen Öffentlichkeit als eine Verunglimpfung der Bundeswehr empfanden, standen die Zeichen auf Sturm. Am Tag nach der Rede hatte Niemöller »Krach am Telefon mit Wilhelmi«. Bald darauf erreichten ihn von dieser Seite »unerhörte Drohungen und Zumutungen«. Am 9. Februar 1959 kam es auf einer Sitzung der Kirchenleitung zum Eklat. Das Treffen verlief für Niemöller »gut, bis Wilhelmi kommt« und es einen kurzen Wortwechsel gab: »Sie trauen mir also ein ›unwürdiges Verhalten‹ zu?« Wilhelmis Antwort war schlicht: »Ja!«[129]

Niemöllers eigentliches Problem war aber nicht die oft gespannte Atmosphäre in der Kirchenleitung der EKHN, sondern der Umstand, dass er trotz bester Absichten nie genug Zeit fand, sich gebührend um die Probleme seiner Landeskirche zu kümmern. Die zahlreichen ökumenischen Reisen verschlangen genauso viel Zeit wie Niemöllers politische Interventionen und Vorträge. Also war er oft »ziemlich gehetzt«, wenn er zwischen anderen Terminen an Sitzungen der EKHN in Darmstadt und Wiesbaden teilnehmen musste.[130] In Briefen an seinen Bruder Wilhelm klagte Niemöller immer wieder darüber, dass er sich heillos »zersplittern« müsse und zu einer »irgendwie geplanten und geordneten Arbeit schlechterdings nicht mehr durchfinde«.[131] Mit seiner nur sporadischen Aufmerksamkeit für die Tagesprobleme der EKHN und seinem offenkundigen Desinteresse an Detailfragen provozierte Niemöller nicht nur die Kritik seiner innerkirchlichen Gegner, sondern strapazierte auch die Geduld seiner engsten Freunde.

Zu diesen Freunden zählte Adolf Freudenberg, im »Dritten Reich« ein aktives Mitglied der Dahlemer Gemeinde, der seine Laufbahn im Auswärtigen Amt aufgrund der jüdischen Abstammung seiner Frau Elsa, die eng mit Else Niemöller befreundet war, aufgab und 1939 durch die BK als Pfarrer ordiniert wurde. Freudenberg und seiner Frau gelang 1939 die Emigration in die Schweiz, wo er in Genf beim Ökumenischen Rat der Kirchen arbeitete, bis das Ehepaar 1947 ins hessische Bad Vilbel zurückkehrte. Dort war Adolf Freudenberg Gemeindepfarrer. Im Jahr 1954 wollte er einmal eine halbe Stunde persönlich mit seinem Kirchenpräsidenten sprechen, und zwar über ein nicht unwichtiges Thema: die nach dem Tod von Otto Fricke neu zu vergebende Leitung der Baugemeinde-Bewegung. Seit 1947 hatten die Baugemeinden erst in Hessen und dann bundesweit den Bau von Siedlungen für Heimatvertriebene gefördert. Doch Niemöller hatte keine Zeit. Daraufhin beklagte sein alter Freund in einem Brief, dass ihn das »Entsetzen« über die »Zumutung« eines kurzen Treffens mit ihm »ebenso verletzt« habe wie Niemöllers »Versuch, diese sachlich und für mich bedeutsame Sache in einem gehetzten Ferngespräch abzuwürgen«.[132]

Mit einem stets nur auf der Durchreise anwesenden, oft gereizten und unwirschen Kirchenpräsidenten war die Kirchenverwaltung der EKHN ein freudloser Ort. Es wird Pflichtbewusstsein und die ausgeprägte Überzeugung von der Unersetzbarkeit der eigenen Person gewesen sein, die Niemöller bewogen, 17 Jahre lang in diesem Amt auszuharren. Zwei Jahre vor dem Ende seiner regulären Amtszeit trat er 1964 schließlich doch überraschend zurück. Im hohen Alter bekannte er auf seinen ökumenischen Reisen im Ausland gegenüber Freunden offenherzig, die Jahre als Kirchenpräsident der EKHN seien der »einzige Teil seines Lebens« gewesen, der reine »Zeitverschwendung« war.[133]

In Hessen-Nassau konnte Niemöller über all die Jahre auf eine umkämpfte, aber doch relativ stabile Hausmacht zurückgreifen. Auf der Ebene der deutschen Kirchenpolitik schwand sein Einfluss dagegen sehr viel schneller dahin. Mit der Bildung des Rates der EKD im August 1945 war die Neuordnung der evangelischen Kirche noch nicht abgeschlossen. Bis zur Verabschiedung einer Verfassung und der Bildung von komplementären Gremien wie der Synode galt der Kompromiss von Treysa nur vorläufig. Die Verhandlungen über die Grundordnung der EKD zogen sich drei lange Jahre hin. Dabei ging es vor allem um die Frage, ob die EKD nur ein Kirchenbund oder eine Kirche sein sollte, und um die Möglichkeit einer vollen Abendmahlsgemeinschaft, die es evangelischen Christen unabhängig von ihrer Konfession erlauben würde, in allen Landeskirchen die Kommunion zu empfangen. Die Lutheraner verteidigten das lutherische Abendmahl aber als einen aus dem 16. Jahrhundert überlieferten »Schatz«, den sie nicht preisgeben wollten.[134] In diesen Konflikten trat die bruderrätliche Strömung bereits nicht mehr als eine Einheit auf. Als sich die Delegierten der Landeskirchen schließlich vom 11. bis 13. Juli 1948 in Eisenach trafen, um die Grundordnung der EKD zu verabschieden, fand dieses Treffen im Zeichen der sich anbahnenden deutschen Teilung statt. Dagegen setzte die EKD, die bis 1969 auch die Landeskirchen in der DDR umfasste, ein Zeichen. Nach langwierigen Querelen gab Niemöller schließlich in Eisenach den Weg zur Verabschiedung der Grundordnung frei, indem er auf eine volle Abendmahlsgemeinschaft zwischen den Gliedkirchen der EKD verzichtete. Sie wurde erst mit der Annahme der Leuenburger Konkordie 1973 realisiert. Die EKD war und ist ein Kirchenbund, der den Landeskirchen weitgehende Selbstständigkeit belässt.[135]

Auf der ersten Synode der EKD, die im Januar 1949 in Bethel stattfand, mussten ein neuer Rat und ein neuer Ratsvorsitzender gewählt werden, da Theophil Wurm aus Altersgründen nicht mehr zur Verfügung stand. Bereits in der vorbereitenden Sitzung des Bruderrates traten gerade die Abgesandten aus der sowjetischen Besatzungszone für Dibelius ein, den sie als Vertreter ihrer Interessen schätzten, zumal im Zeichen der andauernden Blockade Berlins durch die UdSSR. Die Betheler Synode bestimmte zunächst einen neuen Rat mit zwölf Mitgliedern, dem Niemöller weiter angehörte. Dann wurde Dibelius mit großer Mehrheit zum Ratsvorsitzenden berufen. Zu seinem Stellvertreter wählten die Synodalen Hanns Lilje gegen Niemöller, der im zweiten Wahlgang nur noch zwei Stimmen erhielt. Wie der als Beobachter anwesende Visser't Hooft an George Bell berichtete, durchzog die gesamte Synode eine »starke anti-Niemöller Tendenz«, die sich vor allem an dessen nicht erlahmender Kritik des Luthertums und an der stets polemischen Art entzündete, mit der er seine Auffassungen vertrat.[136]

Die Betheler Synode zeigte, dass Niemöller vier Jahre nach Kriegsende in der deutschen Kirchenpolitik stark an Einfluss verloren hatte. Noch verblieb ihm aber die Leitung des Kirchlichen Außenamtes der EKD, das er vor allem zur Anbahnung ökumenischer Kontakte nutzte. Sein anderer Zweck, die Betreuung und Beaufsichtigung der deutschen Auslandsgemeinden, spielte für ihn nur eine nachgeordnete Rolle. Bei Niemöller verfestigte sich bald der

Eindruck, dass seine kirchenpolitischen Gegner seine Arbeit im Außenamt kritisierten und ihn als dessen Leiter entfernen wollten. Seitdem die EKD-Synode in Berlin 1954 entschieden hatte, dass die Arbeit des Außenamtes die »konfessionelle Gliederung« der Auslandsgemeinden berücksichtigen sollte, verdichteten sich die schwelenden Spannungen zu einem handfesten Konflikt. Die in der VELKD vereinten lutherischen Kirchen mahnten im April 1955 eine stärkere Berücksichtigung ihrer Interessen bei der Arbeit mit den Auslandsgemeinden an. Als der Evangelische Pressedienst über einen Vortrag des Hamburger Oberkirchenrates Volker Herntrich und dessen Kritik am Außenamt und seinem Leiter berichtete, war der Eklat da. Die Presse stürzte sich darauf, es gab Dementis und Gegendementis. Niemöller und seine Freunde zeigten sich überzeugt, dass Herntrichs Äußerungen Teil einer Kampagne der Lutheraner waren, die Niemöller als Leiter des Außenamtes zu entfernen trachteten.[137]

Der Rat der EKD setzte einen Ausschuss ein, der die Vorfälle und ebenso Herntrichs angebliche Äußerungen untersuchen sollte. Derweil sondierte Dibelius hinter den Kulissen die Möglichkeiten für einen freiwilligen Rückzug Niemöllers aus dem Außenamt. Dieser wiederum alarmierte alle Mitglieder des Rates der EKD mit einem umfänglichen Schriftsatz, in dem er seine Version der Ereignisse darlegte. Einleitend erklärte er, dass man eigentlich auf die Bekenntnissynode in Bad Oeynhausen 1936 »zurückgreifen« müsse, um die Hintergründe der gegenwärtigen Situation zu verstehen.[138] Niemöller wähnte sich also immer noch in den Schützengräben des Kirchenkampfes. Er sah die gegen ihn geführte Kampagne letztlich als Ergebnis des Abweichens von der reinen Lehre der Dahlemer BK. Zutreffend ist, dass der CDU nahestehende Presseorgane seit Monaten beklagt hatten, dass man den durch seine friedenspolitischen Aktivitäten umstrittenen Niemöller außerhalb Deutschlands quasi als den »legitimen, sozusagen beamteten Sprecher« der EKD verstehen könne. Aber ein den »Kommunismus begünstigender« Niemöller – so die zu seiner Entfernung aufrufende Kritik – überschreite nun einmal die »Grenzen tragbarer Belastung«.[139] Die Verschärfung des Kalten Krieges im Zuge der Einbindung der beiden deutschen Staaten in die jeweiligen Militärblöcke 1955 war damit ein wichtiger Faktor in der Kontroverse.

Letztlich ging es in diesem Konflikt jedoch mehr um persönliche Spannungen zwischen den Mitgliedern des Rates der EKD, die nicht zum ersten Mal auf die in kirchlichen Kreisen ebenso bekannte wie berüchtigte schroffe Tonart Niemöllers zurückzuführen waren. Im April 1952 teilte dieser Martin Haug, dem Nachfolger Wurms als württembergischer Landesbischof, mit, dass er ihm wegen seiner »überheblichen Art in die Parade fahren« müsse. Der leitende Oberkirchenrat in Stuttgart kommentierte dies in einer Aktennotiz so: »Leider gibt anscheinend die Vollendung des 60. Lebensjahrs [Niemöller hatte im Januar seinen 60. Geburtstag gefeiert] keine Gewähr dafür, daß man den Flegeljahren entwachsen ist.«[140]

Im Konflikt um das Außenamt war es vor allem Otto Dibelius, der die volle Wucht von Niemöllers Pöbeleien abbekam und sogar ein Telefonat »wegen seines Erregungszustandes abbrechen mußte«.[141] Obwohl Niemöller ihm seit 1945 ohne jede Berechtigung die Usurpation des Berliner Bischofstitels vorgeworfen hatte, legte Dibelius eine Engelsgeduld im Umgang mit dem oft ausfallenden Kollegen an den Tag, dem er bis an sein Lebensende öffentlich höchste Anerkennung für seine Verdienste um die evangelische Kirche zollte.[142] Aber diese Geduld wurde nun bis zum Anschlag strapaziert. Im Juli 1955 machte Dibelius seinem Herzen Luft: »Niemöller tobt. Mir ist das leid. Aber ich kann es nicht ändern. Er wird uns alle Steine auf den Weg werfen, die er in der Hand hat. [...] Es ist so etwas wie eine Kohlhaas-Natur in ihm, die zu ändern niemandem möglich ist und die wir ihm auch nicht als Schuld anrechnen wollen, so schwer wir auch daran tragen.«[143]

Selbst die engsten Freunde Niemöllers waren von dessen erratischen Eskapaden frustriert. Helmut Gollwitzer etwa beklagte sich im Februar 1956 bei Gustav Heinemann, der an der Bekenntnissynode in Barmen 1934 teilgenommen hatte und von 1949 bis 1955 als Präses der EKD-Synode amtierte: »Wieder einmal ist, wie schon früher, das Problematische an seiner Aktion nicht die Berechtigung der einzelnen Aktion, sondern sein Einzelgängertum und die Kommunikationslosigkeit seiner Aktion.«[144] Im Juni 1956 ernannte der Rat der EKD den Nachfolger für die Leitung des Außenamts, woraufhin Niemöller seinen Ratssitz niederlegte. Seine Rolle bei der Neuordnung der evangelischen Kirche nach 1945 war damit beendet.

Im Juni 1946 schrieb Niemöller Hans Asmussen einen langen Brief mit einer Litanei von Klagen. Sie begann mit dem Bericht über eine Reifenpanne auf der Autobahn kurz vor Mannheim, für den stets auf Reisen befindlichen Niemöller ein nicht unwichtiges Problem. Es ging weiter mit der »Enttäuschung« über die angebliche »Selbsternennung« von Dibelius zum Berliner Bischof und mit der Klage, dass er als stellvertretender Ratsvorsitzender der EKD auf ein »totes Gleis« geschoben und seine Arbeit als Leiter des Außenamts »bei jeder Gelegenheit und in erheblichem Umfange sabotiert worden« sei. Dazu kam seine Frustration über die »Politik der Restauration und Reaktion« in den Landeskirchen, die »konfessionalistische Eigenbrödelei« der Lutheraner und die Vernachlässigung der Schuldfrage.[145] Niemöller hatte bereits ein halbes Jahr zuvor eine Breitseite von Beschwerden gegen seinen alten Freund abgefeuert, die in dem Vorwurf gipfelten, dass Asmussen »mit vollen Segeln im Kielwasser des Episkopalismus« mitfahren würde.[146] Dies war der Beginn einer weiteren Enttäuschung für Niemöllers kirchenpolitische Arbeit nach 1945: die schrittweise Entfremdung, der offene Streit und dann der dauerhafte Abbruch jeglicher Beziehung zu dem einstigen Freund, unentbehrlichen Ratgeber seiner Frau und lutherischen Theologen, der wie kein Zweiter im Kirchenkampf an seiner Seite gestanden hatte.[147]

Niemöllers Brief ist eine frühe Anerkennung der Tatsache, dass er seine mit dem kirchlichen Wiederbeginn nach 1945 verbundenen Ziele verfehlte. Eine Rechristianisierung blieb aus, der bruderrätliche Flügel der BK spielte von Beginn an eine marginale und weiter schwindende Rolle in der Neuordnung der Kirche, und die Arbeit im Rat der EKD verschaffte ihm keinen substanziellen Einfluss. Auch in der Schuldfrage stand er weitgehend allein, bevor er aufgrund der Kontroversen um seine Person sein Engagement in dieser Sache einstellte. In seiner verständigen und gefühlvollen Antwort auf Niemöllers Litanei bot Asmussen noch eine weitere Einsicht in die Gründe für dessen nur begrenzte kirchenpolitische Wirksamkeit in den Jahren nach 1945:

> Du bist nicht darum unglücklich, weil Du unter mancherlei technischen Schwierigkeiten zu leiden hast. Du leidest auch nicht darum, weil Wurm oder ich angeblich Deine Arbeit sabotieren, was im Übrigen wahrlich nicht der Fall ist. Du leidest, weil Du einsam bist. Du bist einsam, weil Du eine Ungebundenheit von Wort und Rat der Brüder in Anspruch nimmst, welche die Brüder Dir nicht gegeben haben. Du solltest Dich nicht davor schrecken lassen, dass dies mancherlei Einschränkung für Dich bedeuten würde.[148]

15
Der politische Pastor:
Niemöller als Kritiker der Bundesrepublik

Im konspirativen Widerstandszirkel des Kreisauer Kreises diskutierten Ulrich von Hassell und Adam von Trott zu Solz 1941 Pläne für die Zeit nach der Beseitigung Hitlers und dem Ende des NS-Regimes. Dazu gehörte auch die Suche nach einer Persönlichkeit, die das neue Deutschland im In- und Ausland repräsentieren könne. Obwohl von Trott Monarchist war, lehnte er eine prominente Rolle für ein Mitglied der Hohenzollernfamilie ab, da dafür jeder Rückhalt im deutschen Volk fehlen würde. Für die Rolle des Staatspräsidenten hatte er vielmehr Martin Niemöller vorgesehen, den »stärksten Exponenten des Antihitlerismus« sowie »bei den Angelsachsen Echo findender Reform«.[1] Eugen Gerstenmaier, nach 1945 ein wichtiger Gegenspieler Niemöllers in der EKD, zog daraufhin vertrauliche Erkundigungen in kirchlichen Kreisen ein. Doch sowohl Theophil Wurm als auch Heinrich Grüber lehnten den Vorschlag ab, da dem stets polarisierenden Niemöller jene »ausgleichende Art fehlte, die ein Staatsoberhaupt braucht«.[2]

Das Attentat vom 20. Juli 1944 scheiterte, und die meisten seiner Anstifter und Mitwisser wurden hingerichtet. Nach seiner Rückkehr nach Deutschland im Juni 1945 erklärte Niemöller einem amerikanischen Militärseelsorger, der ihn nach der möglichen Übernahme eines Regierungsamtes befragt hatte, er sei »ein Geistlicher und kein Politiker«.[3] Diese Auskunft wiederholte er in den folgenden drei Jahrzehnten bei vielen Gelegenheiten. Ungeachtet dessen stand Niemöller wie kaum ein zweiter evangelischer Kirchenvertreter wiederholt im Zentrum öffentlicher Kontroversen um tagespolitische Themen. Dabei befand er sich nicht nur in Opposition zur Mehrheitsmeinung und den regierenden Parteien, sondern auch im Gegensatz zur Idee einer durch Parteien gebündelten demokratischen Interessenvertretung. Wenn wir im Folgenden die politischen Stellungnahmen Niemöllers von 1945 bis Mitte der 1950er Jahre behandeln, geht es daher nicht nur um die Inhalte, sondern auch darum, wie in Reaktion auf jede dieser Äußerungen die Grenzen zwischen Politik und Religion, zwischen kollektivem Entscheiden und aus dem Glauben kommenden Sprechen verhandelt wurden.

Nach dem Zusammenbruch der NS-Diktatur entwickelte Niemöller zunächst seine bereits im Juni 1945 in Neapel ausgesprochene Kritik an der demokratischen Regierungsform. Den US-Militärbehörden erklärte er, dass es den Deutschen niemals besser gegangen sei als in der konstitutionellen Monarchie des Kaiserreichs. Da eine Wiederherstellung der Monarchie nicht möglich sei, müsse ein demokratisches System zumindest eine »starke Autorität« für den Chef der Exekutive beinhalten. Den politischen Wiederaufbau Deutschlands stellte sich Niemöller in Analogie zu seinen Präferenzen für den kirchlichen Neubeginn vor: durch die Neubegründung von lokalen Organen der Selbstverwaltung anstelle zentraler politischer Institutionen. Die Zahl der Parteien sollte dagegen limitiert werden, und Parteien ohne hinreichende Wählerschaft würden am besten ganz verboten.[4] Bei anderer Gelegenheit brachte er seine Hoffnung zum Ausdruck, dass möglichst keine der politischen Parteien aus der Zeit vor 1933 wiedergegründet würde.[5] Seit dem Herbst 1945 hatten die Westalliierten allerdings zunächst auf Kreis- und Länderebene die Bildung von Parteien zugelassen, und so formierte sich rasch in Wiederanknüpfung an die Tradition der Weimarer Republik ein Vierparteiensystem unter Einschluss der KPD mit der überkonfessionellen CDU als der einzigen echten Neugründung. Für Niemöller war diese Entwicklung mit der Restauration vergleichbar, die er in der evangelischen Kirche beobachtete, und so wetterte er etwa bei einer Pressekonferenz in Berlin im Juni 1947 darüber, dass beim Wiederaufbau der Parteien mit »dem alten Apparat und den alten Männern mit den alten Bärten« die falschen Personen zum Zuge gekommen seien.[6]

Unter dem Einfluss von Karl Barth fand Niemöller aber doch recht schnell zu einer vorbehaltlosen Anerkennung der demokratischen Regierungsform. Ein erstes Zeugnis dafür ist seine Ansprache zur Eröffnung der Kirchenkonferenz in Treysa am 28. August 1945. Alle Menschen hätten als Gotteskinder einen »Anspruch auf Recht und Freiheit«, und deshalb stehe die Demokratie dem Christentum näher als jede »autoritäre Form der Staatsführung«. Das war ein entschiedener, mutiger und ganz bewusster Bruch mit der langen Tradition des Gehorsams gegenüber der Obrigkeit in der lutherischen Staatsauffassung mit ihrer Trennung von kirchlicher und staatlicher Sphäre. Niemöller erinnerte an die fatalen Konsequenzen dieser Einstellung, welche die Christen in erster Linie »zum Gehorsam ermahnen und erziehen« sollte.

Die Kirche habe vielmehr eine »öffentliche Verantwortung«, und der müsse sie nun gerecht werden.[7] Niemöller stand in dieser Frage nicht allein, denn auch andere Kirchenvertreter wie Otto Dibelius und Theophil Wurm äußerten die Bereitschaft, am demokratischen Neuaufbau mitzuwirken, selbst wenn ihre Stellungnahmen Zeugnis für die anhaltende Geltung eines konservativen lutherischen Staatsverständnisses sind. Für Dibelius und Wurm bestand die Aufgabe der Kirche darin, allgemeine sittliche Grundsätze zu definieren, deren Umsetzung dann dem Staat überlassen blieb. Fragen der Funktionsweise demokratischer Institutionen waren demgegenüber sekundär, auch wenn Dibelius – wie die Mehrheit der EKD-Ratsmitglieder – die CDU als eine christliche Partei unterstützte, mit der die Laien auf die Politik einwirken konnten.[8]

In die lutherische Staatskonzeption war ein Dualismus von Staat und Kirche eingeschrieben, dessen Kernproblem darin lag, einen Modus für die wechselseitige Beziehung der beiden Sphären zu bestimmen. In der Praxis hieß das vor allem: für die spezifische Form der kirchlichen Präsenz in der Politik. Niemöllers Verständnis der Rolle von Kirche und Evangelium in der Politik unterschied sich fundamental von der Position gemäßigter Lutheraner wie Dibelius. Im Einklang mit seinem Freund und Mentor Karl Barth knüpfte er mit Blick auf das politische Wirken der Kirche an die zweite These der Barmer Theologischen Erklärung an, welche die »falsche Lehre« verwarf, »als gebe es Bereiche unseres Lebens, in denen wir nicht Jesus Christus, sondern anderen Herren zu eigen wären, Bereiche, in denen wir nicht der Rechtfertigung und Heiligung durch ihn bedürften«. »Gottes kräftiger Anspruch auf unser ganzes Leben« – so die positive Formulierung der These – galt demnach auch für die politische Sphäre, und es war die Aufgabe eines jeden evangelischen Christen, diese »Königsherrschaft« Jesu auch dort zur Geltung zu bringen.[9]

Das prophetische Wächteramt der Kirche

Bereits in Treysa wurde deutlich, dass Niemöllers Verständnis der politischen Aufgabe des Christen noch eine andere Facette hatte. Er erklärte dort, dass sich aus der Verantwortung der Christen für die Gestaltung des Politischen eine wichtige Aufgabe für die Kirche ergebe: »das Amt des Wächters und das Amt der Warnung!«[10] In einer anderen Mitschrift von Niemöllers Vortrag hieß es an dieser Stelle: »Wir haben dem Volk etwas zu sagen, was nur wir zu sagen haben.«[11] Was hatte es mit diesem Wächteramt auf sich? Die Idee, dass Christus neben dem Amt des Königs und des Priesters noch ein drittes Amt zukommt, das prophetische Wächteramt, geht auf die reformierte Tradition zurück. Es war Calvin, der dieses *munus proheticum* zu einer Säule seiner Christologie machte. In der reformierten Dogmatik wurde dieses prophetische Zeugnis dann als eine Aufgabe jedes einzelnen evangelischen Christen reformuliert. Im Kontext der im 20. Jahrhundert zunehmenden Privatisierung der Religion interpretierten viele Theologen diese Maxime schließlich als einen Zwang zur ethischen Intervention. Gerade weil der Einfluss der Kirche als Institution in der Gesellschaft im Zeichen des Pluralismus abnehme, müssten evangelische Christen die prophetische Kompetenz des Glaubens herausstellen. Für dieses prophetische Wächteramt der Kirche sprachen sich nun im Übrigen auch Vertreter des Neuluthertums wie etwa Paul Althaus aus.[12]

Für die politische Debatte stellte die Vorstellung eines prophetischen Wächteramtes der Kirche, wie Niemöller es vertrat, ein ernsthaftes Problem dar. Denn die demokratische Regierungsform lebt von der Fähigkeit aller Beteiligten zur Revision eigener Meinungen und von der Bereitschaft zum Kompromiss. Der Prophet muss dagegen weder »Kompromisse mit der Realität schließen, noch sich der eigenen Rationalität der Institutionen anpassen«.[13] Er kann seine Präferenzen und Werthaltungen absolut setzen und sich darauf berufen, dass er die Sache Gottes vertritt. Ob auf dieser theologischen Grundlage beruhende politische Interventionen mit dem demokratischen Erfordernis zum Kompromiss kompatibel waren, musste sich erst noch erweisen.

Ein erster Prüfstein dafür war das Wort des Bruderrates der EKD »zum politischen Weg unseres Volkes«, das »Darmstädter Wort«. Es ging auf eine Diskussion in Darmstadt zurück, die im Juli 1947 in Reaktion auf einen Vortrag von Karl Barth stattfand. Vor allem der Theologe Hans Joachim Iwand plädierte eindringlich dafür, dass die durch den Bruderrat repräsentierten Reste der Bekennenden Kirche einen politischen Neuanfang wagten. Ihm kam es dabei vor allem auf die »Aufkündigung des Bündnisses zwischen Christlich und Konservativ« an, welches das politische Handeln der evangelischen Kirche von 1871 bis 1945 und darüber hinaus bestimmt hatte.[14] In der lebhaften Diskussion um das geplante Wort ging es Niemöller weniger um die inhaltliche Stoßrichtung als um die Autorität, die ein politisches Sprechen überhaupt erst ermöglichte. »Will Gott, daß wir ein Neues sprechen sollen«, so lautete seine rhetorische Frage. Ihm kam es vor allem darauf an, dass die Kirche durch ein »prophetisches« Sprechen die Schuld der Vergangenheit hinter sich ließ und damit Raum für eine politische Neuordnung auf der Basis des Evangeliums schuf.[15] Man hätte in Darmstadt durchaus ganz konkrete Fragen diskutieren können. So wies Ulrich Bunzel auf die »Satanie des Bolschewismus« hin. Er war Dekan in der Evangelischen Kirche der schlesischen Oberlausitz, wo er die Ausgrenzung und Zurückdrängung der Kirchen in der Sowjetisch Besetzten Zone (SBZ) täglich erlebte und darüber in Darmstadt einen »erschütternden Bericht« gab. Aber der Mehrheit des Bruderrates lag nicht daran. Ihr war es wichtiger, mit dem geplanten Wort die tradierte »Frontstellung« zwischen Christentum und Marxismus auszuräumen.[16]

Das war auch ein wesentliches Anliegen des im August 1947 beschlossenen Darmstädter Wortes. In sieben Thesen verwarf es vier Irrwege (»Wir sind in die Irre gegangen ...«), darunter den »Traum einer besonderen deutschen Sendung« und den Machtstaatsgedanken, das »Bündnis der Kirche« mit den konservativen Kräften der Beharrung sowie die pauschale Zurückweisung des Marxismus und damit das Versäumnis, die »Sache der Armen und Entrechteten« zu vertreten.[17] Doch das Wort fand bereits unter den Verfassern kaum Rückendeckung. Nur 12 der 43 Mitglieder des Bruderrates waren an der Abstimmung beteiligt, und so repräsentierte es mehr deren private Meinung als eine Entscheidung des Gremiums.[18] Auch darüber hinaus blieb das Wort die Sache einer kleinen Minderheit, die im kirchlichen Raum auf massive Ablehnung stieß. Die Kritiker, unter denen Hans Asmussen eine prominente Stimme war, monierten die theologisch wohlfeile politische Rede ebenso wie die pauschale Anerkennung des Sozialismus als politischer Option, die sie aus dem Wort herauslasen. Zum eigentlichen »Prüfstein« für die Rezeption des Wortes wurde allerdings die Frage, wie deren Verfasser ihr Bekenntnis für soziale Gerechtigkeit und die Sache der Armen mit den Verhältnissen in der SBZ vereinbarten, wo SED und sowjetische Besatzungsmacht die konkrete Umsetzung des Sozialismus versprachen.[19]

Darum ging es im Oktober 1947, als der Bruderrat wiederum tagte, und zwar nun mit einer größeren Zahl von Mitgliedern aus den Kirchengebieten östlich der Elbe. Der Berliner Propst Kurt Scharf brachte deren Meinung mit der These auf den Punkt, das Darmstädter Wort versetze den in der SBZ »Entrechteten Fußtritte«. Er fügte hinzu, dass die evangelische Kirche in West und Ost offenbar »völlig verschiedene Sprachen« spreche.[20] Dem konnte Niemöller in einem Anflug von Zerknirschung zustimmen und bedauerte, dass bei der Diskussion des Wortes »niemand aus dem Osten dabei« gewesen sei.[21] Als Dekan Bunzel im Juli aus der Oberlausitz berichtete, hatte er offenbar nicht aufgepasst. Aber dem hessischen Kirchenpräsidenten ging es ohnehin um Wichtigeres, nämlich um das politische »Wächteramt der Kirche«. Entscheidend dafür war die hinreichende »Legitimation«, und die konnte, der Theologie von Barmen II folgend, nur von Gott kommen. Für Niemöller hieß das in diesem Zusammenhang, dass er zum »Leiden unserer Brüder im Osten« besser nichts sagen wollte, als dass »wir« uns mit ihnen »unter dasselbe Gericht gestellt sehen«. Zur Begründung führte er an:

> Sie wollen hören, dass wir die russischen Methoden anprangern, aber wollen sie es hören als ein Wort christlichen Zuspruchs? Wo hat Gott mich beauftragt, einer fremden Regierung oder verantwortlichen Stellen, denen er das Gericht zu vollziehen übertragen hat, ihre Sünde vorzuhalten – im Namen der Kirche? Die Russen habe ich nicht zu meinen Herrschern bestellt, das hat Gott gemacht. Wo ist für mich die Legitimation Gottes, diese Leute anzusprechen? [...] Es geht mir um die Frage: Herr, was willst Du, was ich tun und sagen soll?[22]

Niemöller hegte keine Sympathien für das staatssozialistische Gesellschaftssystem, das zu dieser Zeit mit Hilfe des Terrorapparates der sowjetischen Geheimpolizei GPU in der SBZ aufgebaut wurde. Diesen Vorwurf, den Asmussen in der Sitzung erhob, konnte er umgehend und mit gutem Gewissen deutlich zurückweisen.[23] Für die 1950er Jahre liegt eine ganze Reihe von Belegen dafür vor, dass Niemöller auch und gerade bei Reisen in die DDR fundamentale Kritik am Kommunismus äußerte. Im Oktober 1952 stellte er vor 800 Studenten in der Stadtmission Halle die Frage, wie der Bolschewismus »auf der einen Seite für den Frieden eintreten könne«, wenn er zugleich »gegen den Amerikaner den Haß« propagiere. Im Dezember 1953, also nur wenige Monate nach dem Volksaufstand vom 17. Juni, wurde Niemöller in der Predigerkirche zu Erfurt vor 1200 Zuhörern noch deutlicher. »Der Marxismus im Osten wie im Westen sei zum Untergang verurteilt«, sagte er dort. »Selbst die Menschen, die ihn propagieren und vertreten, würden nicht daran glauben.«[24]

Der Grund für Niemöllers Schweigen zu der Repression in der SBZ bei der Sitzung des Bruderrates 1947 lag nicht in einer politischen Präferenz. Er lag in seiner Interpretation des prophetischen Wächteramtes, das er sich selbst und den verbliebenen bruderrätlichen Zirkeln der BK in Anlehnung an die zweite These der Barmer Erklärung zusprach. Im Klartext hieß das, dass eine prophetische Äußerung einfach ausblieb, wenn Niemöller dafür keine Legitimation Gottes erkennen konnte. »Herr, was willst Du, was ich tun und sagen soll?« Diese rhetorische Frage hat Niemöller in den folgenden Jahrzehnten oft wiederholt, wenn es ihm darum ging, politische Missstände anzuprangern.[25]

Im Herbst 1947, als es ihm um einen Bruch mit der kirchlichen Tradition des Antisozialismus ging, blieb der Ruf des Herrn jedenfalls aus, als die Not der Christen in der SBZ zur Sprache kam. Selbst Hermann Diem, der in den folgenden Jahrzehnten die friedenspolitischen Positionen Niemöllers stets unterstützte und dessen Überzeugung vom prophetischen Amt der Kirche teilte, war erschüttert. Angesichts des Unrechts in der SBZ war es für ihn »nicht damit getan, daß wir sagen, wir nehmen das Wächteramt wahr«, und dann schwieg man einfach zu diesem Unrecht.[26]

An dieser Stelle wird ein problematischer Aspekt des politischen Wächteramtes sichtbar, das Niemöller und seine Freunde im Bruderrat für sich in Anspruch nahmen: Es enthielt einen »ethischen Absolutheitsanspruch«.[27] Als prophetischer Mahner und Wächter sah sich Niemöller der Notwendigkeit zur kritischen Diskussion seiner eigenen Auffassung, zur Anerkennung der pluralistischen Vielfalt politischer Positionen und der Notwendigkeit zum Kompromiss entzogen. Hinzu kamen seine Skepsis hinsichtlich der Lösung politischer Konflikte durch das Mehrheitsprinzip und seine Reserve gegenüber den Parteien und ihrer Rolle als Vermittler und Repräsentant politischer Willensbildung. Als ein prophetischer Wächter konnte sich Niemöller auf eine Beauftragung durch Gott und dessen Autorität berufen und sich damit – wie eben gezeigt – gegen jede Kritik immunisieren. Die formale Befürwortung der Demokratie durch Niemöller enthielt also in ihrer praktischen Ausgestaltung ein der Demokratie widersprechendes Moment.[28] Der im Verständnis von christlicher Politik als einem Wächteramt enthaltene Vorbehalt gegenüber den Spielregeln der pluralistischen Demokratie ist unübersehbar.[29]

Bereits 1947 zeichnete sich noch ein anderes politisches Problem ab, das Niemöller erneut zu entschiedener Stellungnahme provozierte: die deutsche Teilung. Im März 1947 hatte US-Präsident Truman mit dem Ziel der Eindämmung (»Containment«) der kommunistischen Einflusssphäre die Politik des Kalten Krieges eingeläutet. Auf den in diesem Jahr stattfindenden Konferenzen der Alliierten wurden die Spannungen zwischen den Westmächten und der Sowjetunion deutlich, und so war ein separater Staat aus den drei westlichen Zonen bereits abzusehen. Niemöller beobachtete diese Entwicklung mit tiefem Unbehagen, da er die Westintegration der westlichen Besatzungszonen keineswegs als die normativ klar überlegene Option betrachtete. Die ganze Unentschiedenheit seiner Position wird in einem Schreiben an seinen Freund Hans Bernd Gisevius deutlich, das er einige Tage nach dem endgültigen Bruch der Einheit zwischen USA und UdSSR in ihrer Haltung zur Deutschlandfrage auf der Londoner Außenministerkonferenz im Dezember 1947 verfasste:

> [E]ntweder müssen wir nun doch schließlich russisch werden, damit es noch einmal einen neuen Anfang geben kann (vielleicht, vielleicht) oder wir müssen mit dem blinden und verblendeten Westen nochmal in einen Kampf ziehen, in dem das Recht keineswegs auf unserer Seite sein wird. Es sieht sehr, sehr dunkel aus, sobald man an die künftige Entwicklung zu denken versucht.[30]

Niemöllers hochgradig kritische Sicht der Westintegration hatte zum einem mit seiner negativen Wahrnehmung der USA zu tun, die wir im Zusammenhang seiner ökumenischen Tätigkeit noch genauer behandeln. Zum anderen spielte seine Wahrnehmung des konfessionellen Konflikts zwischen Katholiken und Protestanten hinein, in dem er den USA Fürsprache für den römischen Katholizismus unterstellte. Dies zeichnete sich bereits unmittelbar nach Kriegsende ab, als Niemöller sich bei dem Lutheraner Stewart W. Herman darüber beklagte, dass die katholische Kirche durch die Kirchenpolitik der US-Militärregierung Positionsgewinne verbuchen könne.[31] Seine Rhetorik verschärfte sich maßlos, als die Westintegration mit der Gründung der Bundesrepublik am 23. Mai 1949 und den ersten Bundestagswahlen am 14. August desselben Jahres zur Realität geworden war.

Niemöller hatte an der Wahl ostentativ nicht teilgenommen – er befand sich mit Else auf einer Australienreise. Seinem Freund Gustav Heinemann – der als Innenminister in das erste Kabinett Adenauer eingetreten war – schrieb er, dass die westdeutsche Staatsbildung ein »Fehler« sei. Außer den Westmächten würde dies nur der »römischen Kirche« nutzen, die sich die »dauernde Teilung des deutschen Volkes« zum Ziel gesetzt habe. Belege für diese kühne These hatte Niemöller selbstredend keine. Ihn störte es, dass von den 14 Mitgliedern des ersten Bundeskabinetts – unter Einschluss von Adenauer, der auch als Außenminister auftrat – angeblich zehn katholisch waren.[32] Tatsächlich amtierten dort neun Katholiken und fünf Protestanten, und der katholische Justizminister Thomas Dehler trat des Öfteren mit scharfer Kritik am politischen Katholizismus und am Verhalten der katholischen Kirche im »Dritten Reich« hervor. Für Niemöller spielten solche feinen Unterschiede keine Rolle. Als er Heinemann aus Neuseeland seine Beschwerde über die konfessionelle Schieflage des Bundeskabinetts schickte, verließ er sich auf eine ihm brieflich zugesandte Nachricht. Nach Wiesbaden zurückgekehrt, machte er keine Anstalten, die Richtigkeit dieser Information zu überprüfen. So tauchte sie erneut in dem berühmten Higgins-Interview auf, das unter der Schlagzeile »Niemöller für ein vereinigtes Reich, selbst wenn es rot ist« im Dezember 1949 in der *New York Herald Tribune* erschien.[33] In dem Artikel der amerikanischen Journalistin Marguerite Higgins wurde Niemöller mit den Worten zitiert, dass die Deutschen das »Risiko des Kommunismus« eingehen würden, wenn es eine »Aussicht auf Wiedervereinigung« der beiden deutschen Staaten erlaube. Die dauerhafte Überlebensfähigkeit des westdeutschen Teilstaates bezweifelte er. Als Grund für seine kritische Haltung zur Bundesregierung nannte er seine »Bitterkeit« über die Tatsache des »Übergewichts der Katholiken« im Bundeskabinett. In diesem Zusammenhang fiel dann die Formulierung, die westdeutsche Regierung »war empfangen im Vatikan und geboren in Washington. Die Fortdauer des westdeutschen Staates bedeutet den Tod des kontinentalen Protestantismus.«[34]

Die Publikation des bald allerorten nachgedruckten Interviews rief einen Sturm der Entrüstung in der westdeutschen Presse hervor. Adenauer selbst wandte sich mehrfach brieflich an Niemöller mit der Bitte, ihm den genauen Wortlaut des Gesprächs mitzuteilen, und verwies auf die kritischen Stimmen der Alliierten. In der Tat hatte der französische Hochkommissar André François-Poncet mehrfach nach Paris berichtet, allerdings mit dem beruhigenden Tenor, dass die Mehrheit der Westdeutschen Niemöllers Ideen ablehne. Der wiederum wies Adenauers Kritik an seinen Thesen brüsk zurück.[35]

Das Interview selbst war ein erneuter Beleg für das mangelnde Geschick Niemöllers im Umgang mit den Medien. Aber es war mehr als nur das. Denn wann immer ihm die Tendenz der veröffentlichten Meinung nicht passte, lehnte er die Berichte der Massenmedien pauschal als »Propaganda« ab, die noch genauso funktioniere »wie unter Joseph Goebbels«, ohne dass man wisse, »wer eigentlich der heutige Joseph Goebbels im Hintergrund ist«.[36] Diese Äußerung offenbart nicht nur ein mangelndes Verständnis für die Funktionsweise der Massenmedien, sondern zugleich ein tiefes Misstrauen in ihre Fähigkeit, zur Herstellung einer pluralistischen Öffentlichkeit beizutragen.[37] Im Fall des Higgins-Interviews machte Niemöller, was er auch später oft wiederholte: Er schob sofort eine Erklärung nach, in der er sich über eine verkürzte Darstellung beklagte und darüber, dass sein eigentliches Anliegen – in diesem Fall die Bewahrung des Friedens in Europa – gar nicht erwähnt worden sei. Und er wiederholte seinen im Interview kurz angesprochenen Vorschlag, die Aufsicht über das geteilte Deutschland von den Besatzungsmächten auf die UNO zu übertragen, womit der »Eiserne Vorhang« sofort »in sich zusammenfallen« würde.[38]

Als die Kritik am Higgins-Interview nicht nachließ, unternahm Niemöller mit einem wenig später veröffentlichten Brief an Gustav Heinemann einen neuen Erklärungsversuch. Darin betonte er, seine »Stimme« erheben zu müssen, solange »noch Zeit war«, womit er auch das Higgins-Interview als Teil des prophetischen Mahn- und Wächteramtes markierte, das er sich selbst zuwies. In der Sache blieb er beharrlich. Eine »internationale Kontrollpolizei« könnte ohne Probleme im Auftrag der UNO die Besetzung des vereinigten Deutschlands übernehmen. Bei anderer Gelegenheit sprach er davon, dass diese Aufgabe 5000 schwedischen Soldaten übertragen werden könnte, was die Realitätsferne seiner Ideen demonstriert. Auch in der Frage des Ungleichgewichts zwischen den Konfessionen blieb Niemöller sich treu. Seit der

Reformation habe der Protestantismus »in seinem äußeren Bestand« keinen solchen Verlust erlitten wie durch die »Amputation Ostdeutschlands«, mit der Millionen von Protestanten hinter dem Eisernen Vorhang verblieben waren.[39] Das war in einer Hinsicht korrekt: Durch die Gründung der beiden deutschen Staaten war der westdeutsche Teilstaat etwas katholischer geworden.

War im Gebiet des Deutschen Reiches vor 1938 etwa ein Drittel der Bevölkerung katholisch, so stieg dieser Anteil in der Bundesrepublik durch den Zustrom schlesischer Vertriebener und den Verbleib protestantischer Kernregionen in der DDR auf etwa 44 Prozent.[40] Da die Protestanten in der DDR aber nicht einfach verschwanden, konnte diese Tatsache nur für jemanden zu einem öffentlich skandalisierbaren Problem werden, der immer noch in den Kategorien eines durch die Hegemonie des Protestantismus geprägten Nationalstaates dachte oder den Katholiken pauschal finstere Absichten unterstellte. Beides traf auf Niemöller zu. Das Higgins-Interview ist daher in erster Linie als ein Beleg der anhaltenden Bedeutung nationalprotestantischer Denkfiguren für Niemöller zu sehen, worin er gerade durch die Gründung der Bundesrepublik bestärkt wurde.[41] Die konfessionelle Frontstellung gegen die katholische Kirche kam verschärfend hinzu, und zwar keineswegs bei Niemöller allein. Bis in die Mitte der 1950er Jahre hinein bestimmten wechselseitige Animositäten und Spannungen das Verhältnis der beiden Kirchen, sodass die *Süddeutsche Zeitung* 1953 gar von einem »Konfessionskrieg« zwischen Protestanten und Katholiken sprach, während andere Beobachter einen erneuten »Kulturkampf« konstatierten.[42] Niemöller sah die Protestanten in der Rolle der verfolgten Unschuld. Er war überzeugt, dass die »Konfessionalisierung« allein »von Seiten der katholischen Kirche mit Macht vorangetrieben wird […], weil Rom noch nie anders gearbeitet hat, als daß es andere ›Konfessionen‹ und andere Weltanschauungen nur als Steigbügelhalter benutzt, bis es im Sattel sitzt«.[43] Das antikatholische Ressentiment Niemöllers erreichte zu dieser Zeit eine Schärfe, die es seit 1936 nicht gezeigt hatte.[44] Ob die Erinnerung an seine eigenen Konversionspläne als eine Art schlechtes Gewissen diese Gefühle noch verstärkte, lässt sich nicht direkt belegen.

Die Gründung der Bundesrepublik war der erste Meilenstein auf dem Weg zur Westintegration, den Adenauer mit Beharrlichkeit anstrebte. Er bediente sich dabei einer Politik der Vorleistungen, mit der er Schritt für Schritt die Souveränität des westdeutschen Teilstaates erreichen wollte. Mit dem Beginn des Koreakrieges im Juni 1950 sah Adenauer eine Möglichkeit gekommen, durch die Bereitstellung eines deutschen Truppenkontingents die Herstellung der vollen Souveränität der Bundesrepublik zu beschleunigen. Die Franzosen, die solche Planungen mit Sorge beobachteten, reagierten umgehend mit dem am 24. Oktober 1950 vorgelegten Pleven-Plan. In einer Europäischen Verteidigungsgemeinschaft (EVG) sollte eine europäische Armee unter Einschluss eines deutschen Truppenkontingents aufgebaut werden.[45]

Niemöller lehnte Adenauers Politik der Westintegration auch nach der Gründung der Bundesrepublik mit unverminderter Schärfe ab. Seinen Freund Gustav Heinemann bat er darum, doch einmal als Innenminister im Bundeskabinett die Frage zu stellen, welche Schritte für eine Friedensregelung für das gesamte deutsche Volk unternommen würden. »Man bekommt ja«, so fügte er hinzu, »nachgerade den Eindruck, als wenn der westdeutsche Staat von den Aufsichtsbehörden der Besatzungsmächte nur unter der Bedingung genehmigt worden sei, dass diese Frage eben nicht erhoben wird.«[46]

Kritik an der deutschen Wiederbewaffnung

Bereits einige Tage nach dem Beginn des Koreakrieges hegte Niemöller die Vermutung, dass der Bundeskanzler den Krieg als Gelegenheit nutzen werde, eine deutsche Armee aufzubauen. »Wird nicht unter Umständen Adenauer«, so schrieb er an Heinemann, »in diesem Augenblick sich für eine Remilitarisierung Westdeutschlands bereitfinden bzw. entschliessen, und wird dann nicht die gesamte christliche Kirche – auch die evangelische – widerstandslos in seinen Kurs einschwenken? Ich glaube nicht, dass wir das dürfen.«[47] Niemöller war bereit, wo immer möglich den Hebel anzusetzen und Adenauers Politik in der Öffentlichkeit anzuprangern. Dabei kam ihm Franz Beyer zur Hilfe, ein ehemaliger General der Wehrmacht, den er als Mitglied der Crew 1911 noch aus der Zeit vor dem Ersten Weltkrieg kannte. Seit der Entlassung aus der Kriegsgefangenschaft Ende 1947 arbeitete Beyer als Privatsekretär für Niemöller, der damit bewies, dass er sich immer gerne für alte Marinekameraden einsetzte. Ende September wandte sich Paul Mahlmann an Beyer, der gegen Ende des Zweiten Weltkriegs unter dessen Kommando gedient hatte, und teilte ihm mit, dass die »Empörung gegen Heinemann unter den evangelischen Berufssoldaten« deshalb so groß sei, »weil Heinemann ja eine Spitzenstellung in der Kirche innehat, wodurch der Beweis erbracht ist, daß Männer mit unchristlichem Geist in der Kirchenführung sind«. Doch erst die folgende Zeile elektrisierte Beyer: »Es wird Sie interessieren«, schrieb Mahlmann, »daß ich ab 1.10. d. J. die Führung eines Organisationsstabes übernehme, der deutsche Einheiten für die europäische Wehrmacht aufstellt.«[48]

Damit schien Niemöller einen Beweis in Händen zu halten, den er gegen Adenauer verwenden konnte. In einem offenen Brief an den Bundeskanzler vom 4. Oktober 1950 prangerte er an, dass trotz aller Dementis die »Remilitarisierung« bereits »mit allen Mitteln betrieben« werde. »Organisationsstäbe« für deutsche Einheiten in einer »europäischen Armee« seien seit Beginn des Monats tätig, so der direkte Verweis auf die von Mahlmann zugespielte Information. Niemöller verband diesen Vorwurf mit einer heftigen Attacke gegen das Grundgesetz: »Diese Verfassung ist ja so geschickt gearbeitet, daß das deutsche Volk wieder in einen Krieg hineingestürzt werden kann, ohne daß es zuvor überhaupt gefragt wird.« Damit beklagte sich Niemöller darüber, dass im Grundgesetz keine Volksabstimmungen vorgesehen waren, gegen die sich die Verfassungsväter und -mütter im Parlamentarischen Rat 1948 angesichts der abschreckenden Erfahrungen der Weimarer Republik ganz bewusst entschieden hatten. Wenn aber keine Volksabstimmung möglich sei, so müsse es wenigstens Neuwahlen geben. Niemöllers Rundumschlag gipfelte in der Behauptung:

> Wenn der gegenwärtige Bundestag über diese Frage entscheidet, so käme dies einem Volksbetrug gleich, da kein deutscher Wähler bei der Wahl im Sommer 1949 die Absicht gehabt hat, dem Deutschen Bund die Vollmacht zu einer Kriegsrüstung oder Kriegsbeteiligung zu geben.[49]

Im Oktober 1950 stand Adenauer innenpolitisch unter Druck. Er hatte im August in einem Memorandum an US-Hochkommissar McCloy das Angebot eines westdeutschen Truppenkontingents unterbreitet. Innenminister Heinemann, der von diesem Memorandum erst am Tag der Kabinettssitzung am 31. August aus der Zeitung erfuhr, erklärte daraufhin seinen Rücktritt, nachdem Adenauer sein eigenmächtiges Handeln im Kabinett ausweichend mit technischen Gründen gerechtfertigt hatte. Zur Bekräftigung seiner Position übergab Heinemann dem Bundeskanzler am 9. Oktober ein Schreiben, in dem er die Verantwortung der Westmächte für den Schutz der Bundesrepublik hervorhob. Zugleich machte er hier und bei anderen Gelegenheiten klar, dass seine Haltung keineswegs durch einen prinzipiellen Pazifismus begründet sei.[50]

Wenn Niemöller gehofft hatte, seinem Freund durch den Offenen Brief an Adenauer zur Hilfe zu kommen, so war das ganze Gegenteil der Fall. Der Bundeskanzler nutzte ihn vielmehr dazu, Heinemanns Entlassung voranzutreiben, als dieser sich nicht von Niemöller distanzieren wollte. Zugleich brach der sachliche Grund für Niemöllers Anklage schnell in sich zusammen. Erst beschwerte sich Mahlmann darüber, dass Niemöller seinen privaten Brief in der Öffentlichkeit ausgeschlachtet hatte. Dann stellte sich heraus, dass ihm keineswegs deutsche Truppen unterstanden, sondern Arbeitskommandos im

Dienste der US-Armee, die zu den sogenannten Dienstgruppen gehörten.[51] Niemöller mochte dies allerdings bis in den November hinein nicht einsehen und verwickelte sich in einen anhaltenden – und letztlich verlorenen – Streit mit der Deutschen Presse-Agentur über die Frage, ob Mahlmann die von ihm benutzte Aussage dementiert habe oder nicht.[52]

All das war blamabel genug. Aber noch viel verheerender als die mangelnde sachliche Grundlage von Niemöllers Offenem Brief an Adenauer war dessen Wirkung in der DDR. Dort herrschte im Vorfeld der ersten Volkskammerwahl am 15. Oktober ein neuer »Kirchenkampf«, in dem der SED-Staat aggressiv gegen die evangelische Kirche vorging.[53] In diesem Kontext war Niemöllers Brief an Adenauer buchstäblich ein Geschenk des Himmels. Er wurde in allen Tageszeitungen der DDR abgedruckt und in Hunderttausenden von Exemplaren als Flugblatt verteilt. Die DDR-Medien feierten Niemöller im Gegensatz zu den konservativen Bischöfen und dem »kriegstreiberischen« Bundeskanzler als einen progressiven Christen.

Als Dibelius Niemöller von den vielen evangelischen Christen in der DDR berichtete, die sich darüber beklagten, dass die »Kirche des Westens« ihnen mit diesem Brief im Kampf gegen die Kommunisten »in den Rücken« falle, fiel diesem nichts Besseres ein, als seine bereits widerlegten Vorwürfe über die »Polizeitruppe« des Majors Mahlmann aufzuwärmen und zu unterstellen, Bundesregierung und »amerikanische Besatzung« hätten in ihrer »Beeinflussung der Presse zweifellos dahin gewirkt, dass all meine antikommunistischen Äußerungen unterdrückt wurden«. Also sei der Bundeskanzler »selber schuld«.[54] Für die negativen Auswirkungen seiner Äußerungen auf die Stellung der evangelischen Kirche in der DDR fehlte Niemöller jede Sensibilität. Das hinderte ihn allerdings nicht daran, sich zugleich zum Fürsprecher der Menschen im Osten zu stilisieren. Auf einer Veranstaltung in Frankfurt am Main erklärte er, die Kirche sei die »einzige Größe, die noch für die Freiheit des ganzen Volkes ihre Stimme erheben kann«. Im November 1950 behauptete er in seiner alten Dahlemer Gemeinde gar, dass sich niemand um die Menschen in der DDR kümmere, erst recht nicht die Amerikaner und Briten.[55]

Adenauer selbst war über den Offenen Brief und dessen Wirkung zutiefst empört. In der Kabinettssitzung vom 17. Oktober 1950 brach diese Empörung aus ihm heraus. Niemöller sei »geisteskrank«, sein Brief »nackter Landesverrat und weiter nichts«. Die Tirade gipfelte in dem Stoßseufzer, dass der hessische Kirchenpräsident »eigentlich hinter Schloß und Riegel« gehöre.[56] Sieht man von den persönlichen Invektiven ab, wird deutlich, wie nahe sich Niemöller und Adenauer letztlich in ihren Vorbehalten gegen demokratische Verfahrensweisen waren. Jener stellte die demokratisch legitimierten Institutionen des westdeutschen Teilstaats als eine Marionette der Alliierten hin und unterstellte, dass die Presse wie im »Dritten Reich« von der Regierung gesteuert würde, dieser verstand öffentliche Widerrede als eine Art Majestätsbeleidigung, die mit umgehender Inhaftierung zu ahnden sei. Beide hegten damit, bei allen Differenzen in der Sache, ein tiefes Misstrauen gegen die demokratische Legitimation politischen Handelns, die der Rückgriff auf geregelte Verfahren und rechtlich normierte Institutionen bot.

Dabei hatte Adenauer letztlich von Niemöllers Interventionen nichts zu befürchten. Dies war jedenfalls das Ergebnis einer demoskopischen Meinungsumfrage, die das Presse- und Informationsamt der Bundesregierung im Dezember 1950 beim Institut für Demoskopie in Allensbach in Auftrag gab. Demnach wussten 76 Prozent der Bundesbürger, wer Niemöller war. Aber nur elf Prozent der Befragten konnten sich dazu durchringen, seinen »Erklärungen« zur deutschen Wiederbewaffnung zuzustimmen. Dass er zwar recht habe, aber seine Thesen »schädlich« seien, glaubten fünf Prozent. Ebenso viele Befragte lehnten seine Person ab, da er »laufend seinen Standpunkt« ändere. Noch größer als die Schar seiner Kritiker war die Zahl jener, die zwar Niemöller selbst kannten, von seinen sicherheitspolitischen Thesen aber noch nichts gehört hatten. Aus diesem Meinungsbild folgerten die Allensbacher Demoskopen, dass Niemöller als Person »nur eine sehr begrenzte propagandistische Wirkung« habe, und zwar obwohl seine »Gegnerschaft zur Wiederbewaffnung an sich von weiten Kreisen der Öffentlichkeit geteilt« werde.[57]

Waren Niemöllers politische Interventionen für die CDU-geführte Bundesregierung also eher eine unliebsame Belästigung, stellten sie für den Rat der EKD eine Zerreißprobe dar.[58] Hans Asmussen beklagte sich in einem Brief an die Ratsmitglieder bitter darüber, dass durch die von Niemöller und Heinemann losgetretenen Kontroversen die Frage nach dem »Bestehen im jüngsten Gericht«, die im Zentrum der Kirche zu stehen habe, völlig aus dem Blick geraten sei. Asmussen bezweifelte nicht, dass Niemöller subjektiv »die Absicht« habe, dem Osten zu helfen. Tatsächlich seien aber die meisten evangelischen Christen über die »Leiden« in der DDR extrem schlecht informiert, was auch daran liege, dass die bruderrätlichen Kreise in Hessen-Nassau unter Niemöllers Leitung die Berichte der Massenmedien als »amerikanische Propaganda« abtäten. Dass Niemöller gegen die Aufrüstung des Ostens nur »so leise« seine Stimme erhebe, sei angesichts seines im Kampf gegen die Diktatur geprägten persönlichen Werdegangs und der Geschichte der Bekennenden Kirche eine »Ungeheuerlichkeit«.[59]

Otto Dibelius wusste nur zu gut, dass es für ihn als Ratsvorsitzenden unmöglich war, den zahlreichen Kritikern Niemöllers in diesem Gremium nachzugeben und es »zu einem Bruch« mit ihm kommen zu lassen. Denn dann würden die DDR-Massenmedien verkünden, »dass der fortschrittliche Prophet des Friedens von den kriegshetzerischen Bischöfen zu Fall gebracht worden sei«, was sich kirchenpolitisch »verheerend auswirken könnte«.[60] Aus den Kreisen der Lutheraner gab es Stimmen, die als Reaktion auf den Offenen Brief Niemöllers Absetzung als Leiter des Kirchlichen Außenamtes forderten. Nur mit Mühe gelang es Dibelius auf einer Sitzung des Rates der EKD am 17. November 1950, die streitenden Parteien zusammenzuhalten. Heraus kam eine Erklärung, welche den scharfen Ton der Äußerungen von Niemöller und Adenauer kritisierte, aber zugleich festhielt, dass es eine »Einheitlichkeit der politischen Urteile« in der Gemeinschaft des Glaubens nicht geben könne. So eskalierte der Konflikt um das Außenamt erst 1955.[61]

Den Angriffen Niemöllers auf Adenauers Politik der Wiederbewaffnung lag keine pazifistische Haltung zugrunde, sondern eine nationalistische Position. Der streitbare Kirchenpräsident erläuterte sie Anfang 1951 in einer Broschüre, in der er die »Not der Deutschen« beschrieb, deren Land entweder »Kriegsschauplatz oder Brücke« sein würde.[62] Durch den Kalten Krieg, so die Prämisse seines Arguments, seien die Deutschen »nur noch Objekte« für die Pläne anderer Mächte. Im Sinne der bipolaren Logik des Kalten Krieges seien sie aufgerufen, sich für den Osten oder den Westen zu entscheiden. Gewiss, der Westen sei »verlockender«, aber nur deshalb, so Niemöller, weil es da »Plenty« gebe, also viel »Geld«. Das »Leben in der Freiheit«, das der Westen verspreche, sei da nur eine »Dreingabe«, die es in Wahrheit ebenso wenig gebe wie die im Osten versprochene »soziale Gerechtigkeit«. Wenn die Deutschen der Logik des Kalten Krieges folgten und sich für eine der beiden Seiten entschieden, würden sie nur die »Verewigung unserer Not« und der »Unfreiheit« erreichen.[63] Freiheit war für Niemöller, das wird aus diesen Formulierungen deutlich, nicht etwa als Schutz der einzelnen Person definiert, sondern als die Fähigkeit zu nationaler Selbstbestimmung. Und genau darin traf sich Niemöller mit jenem Teil der öffentlichen Meinung, der die deutsche Wiederbewaffnung ablehnte. Denn diese Ablehnung war »national, wo nicht ausgesprochen nationalistisch motiviert«. Adenauers Pläne wurden auch deshalb abgelehnt, weil er einen deutschen Beitrag zu einer europäischen Armee vorschlug, nicht aber eine nationale, deutsche Armee.[64]

Nach Niemöllers Attacke gegen Adenauer lag es nahe, dass die SED versuchen würde, ihn öffentlichkeitswirksam für ihre politischen Ziele einzuspannen. Als Vehikel dafür diente der Friedensrat der DDR, eine von der SED gesteuerte Organisation, die nach außen für Abrüstung und internationale Verständigung warb, dabei aber streng den Vorgaben des SED-Regimes folgte und eine prosowjetische Leitlinie vertrat. Der Friedensrat war die ostdeutsche Sektion des Weltfriedensrates, den kommunistische Intellektuelle aus Ost- und Westeuropa im November 1950 in Warschau gegründet hatten.[65] Im September 1951 traf sich Niemöller in Wiesbaden tatsächlich mit Heinz Willmann, dem Generalsekretär des Deutschen Friedensrates.

Willmann versuchte zunächst, Niemöller für die Teilnahme an Treffen des Weltfriedensrates zu gewinnen. Der verwies auf seinen übervollen Terminkalender, ließ in dem nachfolgenden Gespräch aber die Bemerkung fallen, dass die Sowjetunion nach seiner Überzeugung keinesfalls einen Krieg vom Zaum brechen wolle. Daraufhin deutete Willmann an, Moskau sei daran interessiert, dass Niemöller sich selbst einen Eindruck von der Sowjetunion verschaffe. Dazu war dieser sofort bereit. Beide kamen überein, dass der Patriarch der russisch-orthodoxen Kirche Niemöller alsbald eine Einladung für einen Besuch im Januar 1952 übermitteln solle. Bei einer weiteren Besprechung am 23. Dezember wurde vereinbart, die Presse erst nach Weihnachten über die Moskaureise zu informieren und es so aussehen zu lassen, als diene der Besuch dem »Zwecke ökumenischer Information« und basiere auf bereits seit längerem angebahnten Kontakten mit der orthodoxen Kirche.[66] Das war eine bewusste Falschinformation.[67] Aber auch Niemöller konnte nicht daran gelegen sein, den wahren Hintergrund seiner Reise gerade in dem Moment bekannt werden zu lassen, in dem sich die evangelischen Kirchen in der DDR gegen den massiven Druck des SED-Staates wehren mussten, sich dem Friedensrat anzuschließen.[68]

Am 29. Dezember traf sich Niemöller mit engen Freunden wie Heinrich Held und Ernst Wilm, um seine Reise vorzubereiten. Gollwitzer, der verhindert war, schickte einen ausführlichen Brief. Darin begrüßte er die Gelegenheit, der sowjetischen Seite zu zeigen, dass die Kirche im Westen nicht nur aus »Kriegshetzern« bestehe. Aber er ermahnte Niemöller zugleich eindringlich, dass der Patriarch und die orthodoxe Kirche insgesamt »keinerlei Handlungsfreiheit« hätten, sondern letztlich nur ein Sprachrohr der KPdSU seien, und dass die Erörterung von friedenspolitischen Themen völlig »sinnlos« sei, wenn Niemöller nicht ausspreche, was den Machthabern »unangenehm zu hören ist«, und das hieß für Gollwitzer ganz konkret: die Botschaft zu vermitteln, dass auch »*ihr* imperialistischer Machtwille« im Sinne des Friedens gezügelt werden müsse. Wenn Niemöller das nicht tue, sei sein Besuch »wertlos«.[69]

Gemessen an diesen Vorgaben Gollwitzers war Niemöllers Besuch in der Tat wertlos. Vor seinem Abflug nach Moskau hatte er sich am Silvestertag 1951 in Berlin noch mit Dibelius und Heinrich Grüber getroffen, der seit 1949

Bevollmächtigter des Rates der EKD bei der DDR-Regierung war. Für den Aufenthalt in Moskau vom 2. bis 8. Januar hatten Niemöllers Gastgeber ein buntes und dicht getaktetes Programm zusammengestellt. Neben Gesprächen mit politischen Vertretern – dabei ging es unter anderem um die Lebensbedingungen und die mögliche Heimführung deutscher Vertragsarbeiter – und Patriarch Alexeij, dem Primas der russisch-orthodoxen Kirche, waren Besichtigungen von Kirchen, Klöstern und Museen vorgesehen sowie eine Theateraufführung. Außerdem traf Niemöller Vertreter der russischen Baptistengemeinden. Seine Tochter Hertha, die Slawistik studierte, begleitete ihn dabei, ferner ein offizieller, von der russischen Seite gestellter Dolmetscher.[70] Nach seiner Rückkehr betonte Niemöller in einem ausführlichen Bericht im *Spiegel*, sein Besuch habe neben dem Einsatz für Vertragsarbeiter und deutsche Kriegsgefangene allein der Anbahnung ökumenischer Beziehungen gedient.[71]

Aus Niemöllers Bericht wird deutlich, dass er die Warnungen Gollwitzers komplett in den Wind geschlagen hatte. Er betonte allen Ernstes, er und seine Tochter seien »niemals unter Polizeiaufsicht« gewesen. Sodann schwadronierte er in völkerpsychologischen Generalisierungen darüber, dass »der Russe« eine besonders tiefe religiöse Empfindung habe. Und die selbst gestellte Frage, ob die Kirche »unter bolschewistischem Druck« stehe, verneinte er. Als Beleg dafür reichten ihm der Anblick voller Kirchen, die intensive Liturgie des orthodoxen Gottesdienstes und die beeindruckende Spiritualität seiner kirchlichen Gesprächspartner. Dass die russisch-orthodoxe Kirche selbst dem kommunistischen Regime zuarbeitete, woran Gollwitzer erinnert hatte, ließ er vollkommen außer Acht.[72]

Es ist offenkundig, dass Niemöllers Bericht über seine Reise von einer beinahe grenzenlosen Naivität geprägt war.[73] Das war im Übrigen auch die Meinung seiner Frau, die zu seinen Ausflügen in die Ostpolitik in diesen Jahren stets bemerkte: »Martin, du bist naiv!«[74] Aber Niemöllers unkritische und hochgradig selektive Beobachtung des religiösen Lebens in der Sowjetunion war noch das geringste Problem. Hinzu kam die grenzenlose Selbstüberschätzung, mit der er sich eine politische Rolle zumaß, die er tatsächlich nicht besaß und die den politischen Interessen der Bundesrepublik – vorsichtig formuliert – nicht zuträglich war. Das wird vor allem in den Aufzeichnungen über ein Gespräch deutlich, das er am 4. Januar 1952 in seinem dicht gedrängten Programm unterbringen konnte, aber nach seiner Rückkehr aus Moskau mit guten Gründen nirgendwo erwähnte. Denn an diesem Tag führte er auf eigenen Wunsch – den der Patriarch übermittelt hatte – ein Gespräch mit Rudolf Appelt, dem Botschafter der DDR in Moskau. Die einstündige Unterhaltung drehte sich zunächst um Einzelheiten des Besuchsprogramms und die humanitäre Situation der deutschen Vertragsarbeiter. Doch dann lenkte Appelt die Unterhaltung geschickt auf Fragen des deutsch-sowjetischen Verhältnisses. Was dann folgte, war Wasser auf die Mühlen des SED-Regimes:

> Pastor Niemöller erklärte, daß er ein unbedingter Anhänger der deutsch-sowjetischen Freundschaft sei und daß das deutsche Volk ohne ein gutes Verhältnis zur Sowjetunion nicht existieren könne. Er berief sich dabei u. a. auf Bismarck. [...] Über seine Eindrücke in Moskau befragt, erklärte er wörtlich folgendes: »Ich habe an einem Tage auf der Straße schon so viel gesehen, daß ich im Westen tausende Behauptungen widerlegen kann.« In der Diskussion zur Frage der Aufstellung einer deutschen Armee meinte er, daß es viel darauf ankäme, die Bildung einer Armee bis zu den Bundestagswahlen 1953 hinauszuschieben. Jede Partei, die für die Aufstellung einer Armee in Westdeutschland eintritt, wird bei den kommenden Bundestagswahlen eine vernichtende Niederlage erleiden.[75]

Niemöllers Ausführungen lassen sich kaum anders als propagandistische Schützenhilfe für die KPdSU interpretieren. Kein Wunder also, dass der für Deutschlandfragen zuständige Abteilungsleiter im sowjetischen Außenministerium hoch erfreut reagierte, als Appelt ihm das Gesagte umgehend zutrug.[76]

Niemöller selbst genoss die Wertschätzung, die man ihm entgegenbrachte. Zum Abschluss seiner Reise fand ein von der für Kirchenfragen zuständigen Abteilung des Ministerrates organisierter Empfang statt, bei dem Niemöller »als Friedenskämpfer gefeiert« wurde. Als Zeichen der Anerkennung überreichte der Patriarch ihm ein großes, mit Edelsteinen besetztes Holzkreuz, während seine Tochter Hertha eine kleinere, mit Brillanten besetzte Version erhielt.[77]

Die Reaktion der bundesdeutschen Öffentlichkeit auf die Moskaureise fiel ausgesprochen kritisch aus. In der Presse wollten manche Kommentatoren es Niemöller immerhin als Verdienst anrechnen, dass seine Reise zum »eigenen Nachdenken« über den Ost-West-Konflikt angeregt habe.[78] Bei der Rückkehr nach Wiesbaden begrüßte ihn dagegen ein Transparent mit der Aufforderung »Zurück nach Moskau!«. Kirchliche Stimmen monierten, dass Niemöller die Situation der Kirchen in der Sowjetunion in zu rosigem Licht gezeichnet habe. Adenauer drückte sein Bedauern darüber aus, dass der Kirchenmann der Bundesregierung mit der Reise in den Rücken gefallen sei.[79]

Der so Kritisierte rechtfertigte sich damit, dass die Protestanten in der Politik »eine prophetische Aufgabe« hätten.[80] Dabei hatte sein Freund Gollwitzer ihn ausdrücklich ermahnt, prophetisches Reden von politischen Urteilen zu

Martin Niemöller wird am 9. Januar 1952 nach der Rückkehr von seiner Moskaureise von Propst Heinrich Grüber (rechts) und dem Erzbischof Boris, der als Exarch die russisch-orthodoxe Kirche in Westeuropa vertrat und in Karlshorst im Osten Berlins residierte, in Empfang genommen.

trennen. Die politisch-moralischen Deformationen, die das Wächteramt von eigenen Gnaden verursachte, waren bei Niemöller und in seinem Umfeld unübersehbar.[81] Das belegt unter anderem ein Vortrag, den Niemöller kurz nach der Rückkehr aus Moskau in Darmstadt hielt und der als Broschüre weite Verbreitung fand. In dem Heftchen wurde gleich eingangs klar, dass Niemöller sein politisches Engagement als eine Art des Widerstands interpretierte und dabei auf fatale Weise die Differenz zwischen der NS-Diktatur und der Bundesrepublik missachtete. Denn er sah die Moskaureise und seine anderen friedenspolitischen Aktivitäten als Teil einer Aufgabe, der sich die Kirche »auch im Dritten Reich habe widmen müssen«.[82] Niemöller hatte sich offensichtlich noch nicht von jener nationalprotestantischen Gedankenfigur gelöst, nach der »Gott ein deutsches Volk« erstehen lasse. Damit begründete er auch seine Präferenz für die Sicherung der deutschen Einheit vor dem Ziel der Westbindung. Denn die »Zertrennung unseres Volkes« bedeute für die Menschen ein tiefes »Leiden«. Als Mittel dazu propagierte er die »Neutralisierung« der beiden deutschen Staaten, die durch ein Viermächteabkommen oder ein UN-Statut erreicht werden sollte.[83]

Niemöller und die Neutralisten

Es war nur konsequent, dass Niemöller die Gesellschaft jener bürgerlich-konservativen Kritiker der Westbindung suchte und fand, die für ein neutrales Deutschland plädierten. Zu ihnen gehörten etwa der Historiker Ulrich Noack, ein CSU-Mitglied, und Günther Gereke, den die CDU wegen seiner Kontakte zur SED ausgeschlossen hatte. Im Dezember 1950 organisierte Niemöller in seinem Wiesbadener Haus ein Treffen Heinemanns mit diesen beiden, bei dem der mögliche organisatorische Rahmen für eine auf den Neutralismus verpflichtete Politik sondiert wurde. Erstes Ergebnis war ein »Ruf zum Frieden«, der neben dem Verzicht auf die Bewaffnung von BRD und DDR eine Volksabstimmung zu diesen Fragen forderte. Heinemann distanzierte sich aber bald wieder von dieser Initiative, da ihm das von Rechtskonservativen bis zu einigen Linksradikalen reichende Spektrum der Unterstützer suspekt war. Niemöller hatte damit keine Probleme. »Unser Volk und die ganze Welt stehen am Rande des Abgrunds«, schrieb er Heinemann, und da wolle er nicht auch noch die »Feuerwehrleute, die löschen und retten sollen, erst auf ihre gesellschaftliche Qualifikation prüfen«.[84] Noack ließ er wissen, dass diese Spannbreite ein Zeichen dafür sei, dass es nicht um einen »Parteiprogrammpunkt« gehe, »sondern um die Lebensfrage unseres Volkes«. Zugleich gab er seiner Freude darüber

Ausdruck, dass trotz der »Knebelung der deutschen Presse« der Widerstand gegen die Remilitarisierung wachse.[85] Damit bewies er zum wiederholten Male, dass ihm jegliches Verständnis für die grundlegende Bedeutung der Pressefreiheit in der Bundesrepublik fehlte.

Trotz des Rückschlags mit dem »Ruf zum Frieden« ließ sich Gustav Heinemann in seiner Suche nach einer organisatorischen Plattform gegen Adenauers Politik der Wiederbewaffnung und für den Neutralismus nicht beirren. Er fand bald neue Bündnispartner, darunter die katholische Zentrumspolitikerin Helene Wessel. Mit diesen gründete er im November 1951 die »Notgemeinschaft für den Frieden«. Bis in den Herbst 1952 sammelte sie etwa 150 000 Unterschriften für eine Petition an den Bundestag. Niemöller unterstützte die Notgemeinschaft aus dem Hintergrund als eine Plattform gegen die Politik der Westbindung. Aber er äußerte Heinemann gegenüber Skepsis, »ob Du mit Deinen Freunden und mit uns gegen diesen Dollarsegen bzw. Dollarfluch ankommen kannst«, mit dem »Adenauer seine letzten Chancen« nutze.[86] Diese Metapher macht deutlich, dass der Bundeskanzler für Niemöller nicht nur eine politische Option vertrat, die er ablehnte, sondern dass er in ihm die Marionette einer amerikanisch dominierten Moderne sah, deren oberflächlichen Materialismus der protestantische Pfarrer zutiefst ablehnte. Bei anderer Gelegenheit sprach Niemöller vom »Tanz um das goldene Kalb«, der die westdeutsche Öffentlichkeit präge. »Geld ist Trumpf und Geld heißt heute Dollar.«[87] Im Gegensatz dazu standen die »Menschen in Rußland« mit ihrer »moralischen und seelisch sittlichen Sauberkeit«, von der Niemöller nach seiner Rückkehr aus Moskau schwärmte.[88]

Das Drängen der »Notgemeinschaft für den Frieden« auf eine überparteiliche Sammlung aller Gegner der Westbindung und Wiederaufrüstung blieb weitgehend erfolglos. Außerdem hatte sich 1952 die außen- und sicherheitspolitische Konstellation geändert. Die sogenannte Stalin-Note vom 10. März 1952, in welcher die Wiedervereinigung eines neutralisierten Deutschlands vorgeschlagen wurde, verschaffte den Verhandlungen über die EVG weitere Dringlichkeit. Adenauer lehnte die Note umgehend ab. Am 26. und 27. Mai 1952 wurde in Paris der EVG-Vertrag unterzeichnet, und zwar zusammen mit dem Deutschlandvertrag, der das Besatzungsstatut revidierte. Die DDR reagierte mit der Errichtung einer Sperrzone entlang der Grenze zur Bundesrepublik. Damit war die deutsche Teilung auf einen Schlag »unübersehbar« geworden.[89]

Die Bildung der EVG intensivierte im Kreis der »Notgemeinschaft« die Überlegungen zur Gründung einer Partei. Niemöller hatte seinen Freund Gustav Heinemann bereits 1950 dazu gedrängt. »Unser Volk hier im Westen braucht eine sammelnde bürgerliche Partei«, schrieb er ihm, »die sich weder konfessionell, noch ›christlich‹ abstempelt, die aber gleichwohl einigermaßen wissen müsste, was sie will.«[90] Aber Heinemann zögerte und musste erst mühsam überzeugt werden. Schließlich wurde im November 1952 von den an der »Notgemeinschaft« Beteiligten die Gesamtdeutsche Volkspartei (GVP) aus der Taufe gehoben mit einem Präsidium, zu dem auch Heinemann gehörte. In der Außenpolitik vertrat die GVP eine neutralistische Position, die sie als »Ausklammerung Deutschlands« aus den beiden Militärblöcken bezeichnete.[91]

Die Gründung der GVP erfolgte bereits mit Blick auf die zweite Bundestagswahl, die am 6. September 1953 stattfand. Im Vorfeld gab es im evangelischen Lager erbitterte Auseinandersetzungen über die Themen Wiederbewaffnung und Westintegration. Den Auftakt machte Niemöller am 15. Juli 1953 mit einer öffentlichen Erklärung, die kaum anders denn als Wahlaufruf zugunsten der GVP zu interpretieren war. Denn Niemöller fragte nach einer Partei, die sich für eine »friedliche Wiedervereinigung« einsetzen würde. Der Bundesregierung warf er vor, sie sei »an der Meinung des Volkes achtlos« vorübergangen, habe die »Aufklärung des Volkes« verhindert und »ihre Gegner als getarnte Kommunisten« diffamiert. Allein die »Macht der Propaganda und des Geldes« habe dabei gewirkt, während »Millionen« Bundesbürger es ablehnten, sich in den »tödlichen Gegensatz zwischen Ost und West hineinziehen« zu lassen.[92] Niemöller forderte zugleich alle Gegner der Wiederbewaffnung auf, sich zusammenzuschließen. Das geschah durch ein Wahlbündnis der GVP mit dem Bund der Deutschen (BdD), einer von dem früheren Zentrumspolitiker Joseph Wirth geführten Partei. Heinemann lehnte dieses Bündnis zunächst ab, da er wie andere Beobachter vermutete, dass der BdD kommunistisch unterwandert sei. Aber Niemöller und sein enger politischer Mitstreiter Herbert Mochalski, der auch für die GVP kandidierte, drängten darauf. Umso größer war die Ernüchterung, als im August bekannt wurde, dass die SED den BdD finanziell unterstützte.

Währenddessen führte Hermann Ehlers, seit 1950 Präsident des Bundestages, die Schar der Niemöller-Kritiker in der CDU an. Er warf Niemöller vor, mit seinem Aufruf das Grundgesetz herabgesetzt zu haben, und kritisierte mit scharfen Worten jene Theologen, die wie dieser den Politikern mit großer Geste »Ratschläge« erteilten, »als ob sie allein von den Dingen durch eine Art höherer Erleuchtung etwas verstünden«.[93] Niemöller erhoffte sich von seinen Freunden, dass einer von ihnen einmal gegen Ehlers und Eugen Gerstenmaier »schießt« und ihm damit die »Last dieses Kampfes« abnehme.[94] Aber diese Hoffnung war vergeblich. Er blieb das öffentliche Gesicht der protestantischen Gegner von Wiederbewaffnung und Westintegration, und so unterstützte

Ehlers sogar die Idee, Niemöller das Rederecht auf dem Evangelischen Kirchentag in Hamburg im August zu verweigern.[95]

Das Ergebnis der Bundestagswahl war ernüchternd. Die CDU/CSU erreichte mit 45,2 Prozent der Stimmen eine Mehrheit der Mandate, während die SPD bei 28,8 Prozent stagnierte. Die GVP kam gerade einmal auf 1,16 Prozent. Otto Dibelius hatte recht, als er notierte, dass das Wahlergebnis »auch eine Niederlage des Niemöller-Kreises« sei, »der sich über seinen politischen Einfluss hundertprozentig getäuscht hat«.[96] Das miserable Ergebnis bei der Bundestagswahl 1953 war sicherlich ein wichtiger Grund dafür, dass Niemöller danach seine allgemeinen politischen Interventionen zurückschraubte und sich zunehmend auf die Themen Friedenspolitik und Pazifismus konzentrierte.

Das Jahr 1953 war aber auch noch in anderer Hinsicht eine Zäsur. Hermann Ehlers hatte sich nicht mit der Forderung durchgesetzt, Niemöller an einer Rede auf dem Hamburger Kirchentag zu hindern. Also sprach er dort am 14. August vor etwa 20 000 Zuhörern zum Thema »Unser Volk unter den Völkern«. In dieser Rede kritisierte er eine Nationskonzeption, die nur auf Abstammung oder gemeinsame Sprache abhebe. Zum »Volk-Sein« gehöre auch der »Wille« zum Beisammensein, was eine voluntaristische Vorstellung der Nation implizierte. Zugleich verabschiedete Niemöller die Vorstellung, es gebe ein »von Gott bevorrechtigtes Volk«. An der Nahtstelle zwischen Ost und West gelegen, wies er dem deutschen Volk die Aufgabe zu, wie eine »Brücke« zwischen den Völkern und Nationen zu wirken, und bezeichnete die Idee, man müsse »nur im Interesse des eigenen Volkes« handeln, als fragwürdig. Man müsse darüber hinaus auch anerkennen, dass die deutsche Teilung mit dem Zweiten Weltkrieg in Verbindung stehe und damit auch die »Schuld« der Deutschen selbst sei.[97]

Mit dieser grundlegenden Rede hatte Niemöller einen ebenso deutlichen wie dauerhaften Bruch mit der nationalprotestantischen Vorstellung von der gottgegebenen Höherwertigkeit der deutschen Nation vollzogen.[98] Einer wichtigen Tradition, die seit 1914 sein politisches Denken bestimmt hatte, erteilte er damit endgültig eine Absage. Wie wir in Kapitel 17 sehen werden, war dieser Schritt wohl auch durch seinen zunehmend globalen Blick auf die Fragen der Ökumene bestimmt.

Von der Gründung der Bundesrepublik 1949 bis in die Mitte der fünfziger Jahre hinein stand Martin Niemöller beinahe ununterbrochen im Zentrum politischer Kontroversen zu zwei der wichtigsten Themen der Zeit: Westbindung und Wiederbewaffnung. Jede seiner Stellungnahmen, jeder Aufruf und jede Initiative wurden breit und kontrovers diskutiert, und zwar nicht nur in kirchlichen Kreisen, sondern weit darüber hinaus. Doch nicht nur der Inhalt von Niemöllers politischen Initiativen polarisierte eine breite öffentliche Meinung, auch dass er überhaupt politische Themen ansprach, war umstritten. War es denn statthaft, dass ein evangelischer Pfarrer zu nicht direkt die Kirche betreffenden Fragen Stellung bezog? Sprach Niemöller dabei als Pfarrer oder nur als einfacher Christ? Und, so fragten manche Beobachter, musste man nicht gerade dem so streitbaren Pfarrer, der für seine Überzeugungen jahrelang im KZ gesessen hatte, jeglichen Freiraum zur Äußerung geben?

Niemöller bezog zu diesen Fragen eine konsequente Position. Er betonte stets, dass er als Christ spreche und als solcher die »Freiheit« in Christus wahrnehme. Wenn er etwas aussprechen müsse, dann tue er dies auch, »und wenn ich dafür ins KZ muß«.[99] Nach seiner Rückkehr aus Moskau stellten Mitglieder der hessen-nassauischen Kirchensynode den Antrag, dass Niemöller sich bei politischen Äußerungen künftig Zurückhaltung auferlegen solle. Die große Mehrheit der Synodalen wies dieses Ansinnen aber zurück. Zu seiner Rechtfertigung wiederholte Niemöller, was er bereits bei anderer Gelegenheit gesagt hatte: »Er verstehe von Politik nichts. Er sei kein Parteimann und wolle auch keiner werden. Vielmehr sei und bleibe er Pastor.«[100]

Gerade zu diesem Punkt kam es in der Öffentlichkeit der 1950er Jahre im nahezu permanenten »Streit um Niemöller« zu keiner Annäherung.[101] Manche Beobachter wie der SPD-nahe Journalist Karl Gerold bescheinigten Niemöller gerade im Zusammenhang mit seiner Moskaureise eine völlige »Ahnungslosigkeit« in Bezug auf die tatsächlichen Verhältnisse in der Sowjetunion und warfen dem »Pfarrer-Politiker« vor, dass er wiederholt »falsches Zeugnis gegen andere« abgelegt habe.[102] Andere Beobachter begrüßten es dagegen, dass Niemöller »den Bereich seiner kirchlichen Aufgabe« verlasse und damit »das Gewissen durcheinanderschüttelt«. Unabhängig von seinen konkreten Positionen werfe er Fragen auf, die es dem »Berufspolitiker« wie dem »kleinen Mann« schwerer machten, die mit jeder politischen Entscheidung gegebene Verantwortung zu ignorieren.[103] Paul Sethe, der Adenauers Außenpolitik ebenfalls kritisch gegenüberstand und deshalb 1955 als Mitherausgeber der *FAZ* ausschied, war nicht der Ansicht, dass Niemöller sich »von der Politik zurückhalten sollte. [...] Die Grenzen von Politik und Religion sind fließend«, konstatierte Sethe zu Recht. Das Provokante an Niemöllers Äußerungen wollte er im Übrigen nicht zuletzt durch dessen »zur Starrheit entschlossenen Charakter« erklären. Vielleicht gelinge es dem »brüderlichen Gespräch« im Kreise der Theologen, so Sethes Hoffnung, den Streit um Niemöllers politische Äußerungen beizulegen.[104]

Aber diese Hoffnung war vergeblich. Im Gefolge der Moskaureise kam es Ende Januar 1952 zu einer langen Aussprache im Rat der EKD, in der die Kritiker Niemöllers wie der Hannoversche Landesbischof Hanns Lilje und seine Freunde, darunter Wilhelm Niesel und Gerhard Stratenwerth, ausführlich zu Wort kamen. Niemöller rechtfertigte sein Engagement gegen die Wiederbewaffnung damit, dass es ein einfaches »Entweder-Oder« gebe, das zur Entscheidung zwinge – womit sich jede weitere Diskussion erübrigte. In der Aussprache nahmen verschiedene Teilnehmer auf das Konzept der Brüderlichkeit Bezug, für das sie das griechische Wort *adelphotes* benutzten. Am Ende der Debatte hielt Otto Dibelius allerdings resigniert fest, dass sich bei Niemöller »die Brüderlichkeit nur auf die ihm nahestehenden Freunde erstreckt«. Nach jahrelangen Kontroversen hatte er den Eindruck gewonnen, dass Niemöller »denen, die anders denken als er, ihr Anliegen einfach nicht abnimmt«.[105] Mit seinem alten Mitstreiter aus der Bekennenden Kirche konstruktiv über dessen politische Interventionen zu diskutieren schien dem Ratsvorsitzenden der EKD auch im geistlichen Gespräch unter Dienern der Kirche nicht möglich.

Im Jahr 1979 blickte Niemöller in einem Artikel auf dreißig Jahre Bundesrepublik zurück. Darin kritisierte er die 1945 von ihm selbst gehegte »Illusion«, die »Kräfte der Vergangenheit« seien mit dem Kriegsende verschwunden, während sie doch im »Verborgenen« an einer Restauration arbeiteten und dabei auch »Verbündete« unter den westlichen Besatzungsmächten fänden. Mit diesem von einem Hauch Verschwörungstheorie umwehten Geschichtsbild interpretierte er die Politik der Westbindung als einen maßgeblich von der westdeutschen Industrie gesteuerten Prozess. »Kein Mensch« habe die Wiederbewaffnung gewollt. Doch warum hatten die Unionsparteien, die diese Politik vorantrieben, dann 1953 und 1957 überzeugende Wahlsiege errungen? Auch dafür hatte Niemöller eine Erklärung: Die großen Parteien würden eben ein »diktatorisches Regiment« ausüben, unter dem »das Volk keine andere als *ihre* Meinung« wählen dürfe. Da er die Bundesrepublik als eine verkappte Diktatur ansah, lag es für Niemöller auf der Hand, dass ein »ähnlicher innerer Widerstand« nötig war wie im »Dritten Reich«. Ansonsten gelte das »prophetische Wort«: »Ihr könnt nicht Gott dienen und dem Mammon« (Mt. 6, 24).[106]

Aus diesem Text werden die tiefgreifenden Vorbehalte deutlich, die Niemöller auch drei Jahrzehnte nach der Gründung des westdeutschen Staates noch gegen die Regeln und Institutionen der repräsentativen Demokratie hegte. Im August 1945 hatte er sich auf der Konferenz von Treysa mit Emphase zur demokratischen Regierungsform bekannt. Aber in der Praxis wurde dieses Bekenntnis durch eine Reihe von Vorbehalten und Mechanismen konterkariert. Niemöller gewann – erstens – keinen konstruktiven Zugang zur Realität einer pluralistischen Medienlandschaft. Da er sich – nicht zuletzt durch sein eigenes Ungeschick im Umgang mit der Presse – ständig in öffentliche Kontroversen und Widersprüche verwickelte, witterte er wiederholt eine an Joseph Goebbels erinnernde Propaganda am Werk.

Niemöllers Opposition gegen die von Adenauer betriebene Politik der Westintegration und Wiederbewaffnung trieb ihn – zweitens – in ein Ressentiment gegen die Mechanismen der parlamentarischen Repräsentation. Um die Wiederbewaffnung zu verhindern, forderte er eine Volksabstimmung und damit ein plebiszitäres Element, das die Mütter und Väter des Grundgesetzes nicht vorgesehen hatten. Mit seinen Vorbehalten gegen die Gründung des westdeutschen Teilstaates und die durch das Grundgesetz gegebene Verfassungsordnung stand Niemöller 1949 unter den deutschen Protestanten nicht allein. Die evangelischen Kirchen waren zu einer konstruktiven Beeinflussung der Verfassungsberatungen nicht in der Lage, und angesichts der mit der Staatsgründung vollzogenen Teilung Deutschlands zeigten sich in vielen protestantischen Blättern zudem die Spuren einer »beträchtlichen emotionalen Distanz gegenüber der entstehenden Bundesrepublik«.[107]

Diese skeptische Haltung wurde bald durch das praktische Engagement namhafter Protestanten wie Asmussen und Ehlers in den Unionsparteien abgeschliffen. Nicht so bei Niemöller. Die Vorstellung vom prophetischen Wächteramt der Kirche veranlasste ihn wiederholt, konkrete politische Entscheidungen in scharfer Form zu kritisieren. Darin lag der dritte und letzte schwerwiegende Vorbehalt gegen die repräsentative Demokratie, den Niemöller bis an sein Lebensende hegte. Prophetische Kritik an den politischen Zuständen, so hat der Theologe Friedrich Wilhelm Graf treffend formuliert, »macht sich durch Selbstimmunisierung gegen Kritik immun«.[108] Und das war letztlich ein Vorbehalt gegen die fundamentalen Spielregeln demokratischer Debatte, was selbst alte Freunde Niemöllers wie Otto Dibelius auf Dauer ebenso ermüdend wie destruktiv fanden. Stets setzte Niemöller seine Position absolut und war nicht bereit, die im Geiste der Brüderlichkeit vorgetragenen Argumente seiner Weggefährten ernsthaft zu würdigen oder deren lautere Motive für abweichende Meinungen anzuerkennen.

16
Pazifismus:
Niemöller im Kampf gegen atomare Rüstung

Von Niemöllers politischem Engagement nach 1945 ist sein Einsatz in der Friedensbewegung am stärksten in Erinnerung geblieben. Dafür gibt es gute Gründe. Mit Beharrlichkeit und Konstanz hat sich Niemöller über Jahrzehnte hinweg für friedenspolitische Themen eingesetzt und pazifistische Organisationen unterstützt, und zwar selbst noch im hohen Alter, nachdem er sich längst aus allen kirchlichen Funktionen zurückgezogen hatte. Als einer der Erstunterzeichner des Krefelder Appells im Jahr 1980 wurde der fast neunzig Jahre alte Niemöller neben Petra Kelly zum öffentlichen Gesicht des Protests gegen den NATO-Doppelbeschluss, der Millionen von Bundesbürgern auf die Straße trieb. Geschickt und ohne großes Pathos warf er die moralische Autorität eines Menschen in die Waagschale, der als Seeoffizier in der Kaiserlichen Marine an der Vorbereitung und Durchführung eines Krieges beteiligt gewesen war, doch nun – mit gehöriger Verspätung – die richtigen Konsequenzen gezogen hatte. Dabei verschwieg Niemöller nie, dass er unmittelbar nach dem Kriegsende 1945 keineswegs ein überzeugter Pazifist gewesen war. Ähnlich wie seine Abkehr vom Nationalprotestantismus zog sich seine Hinwendung zu pazifistischen Ideen über einige Jahre hin.

Auf einem der Fragebögen, die Vertreter der US-Militärbehörden Niemöller 1945 vorlegten, wurde er nach dem deutschen Militarismus gefragt. Welche Mittel gebe es, um dessen Wiederaufleben zu verhindern? Die Antwort fiel ihm leicht. Deutschland sei »für die nächsten Jahrzehnte« vom Übel des Militarismus »geheilt«. Die christliche Erziehung in Familie und Schule würde eine Wiederkehr militaristischer Einstellungen verhindern.[1]

Nach den Zerstörungen, die der Zweite Weltkrieg in seiner Endphase nach Deutschland gebracht hatte, war es für Niemöller schwer vorstellbar, dass sich die Deutschen jemals wieder für das Militär begeistern könnten. Aber die nachträgliche Erschütterung über die Schrecken des Krieges machte aus Niemöller noch lange keinen Pazifisten. Gewiss, er fand einige Zeit nach Kriegsende Gelegenheit, die Sehnsucht nach Frieden in Artikeln und Ansprachen zum Ausdruck zu bringen. Im Juli 1949 warnte er vor einer anthropologischen Begründung des Friedens. Denn der »Traum vom guten Menschen«, der quasi automatisch den Frieden herbeiführen würde, sei »gründlich ausgeträumt«.

Auch die Christen hätten kein praktisches »Programm« zur Hand, mit dem sich der Frieden durchsetzen lasse. Zur Überwindung von Feindschaft und Gewalt könne es erst kommen, wenn die »Wurzel« des Übels, der »Abfall von Gott«, beseitigt sei.[2] Niemöllers generelle Hoffnung auf eine Rechristianisierung ersetzte also auch hier die Suche nach spezifischen Lösungen.

Als sich von 1948 an die Spannungen zwischen den Weltmächten im Kalten Krieg verstärkten, äußerte sich auch die EKD zu den davon ausgehenden Gefährdungen des Friedens. Am Ostermontag des Jahres 1949 veranstaltete sie in der Frankfurter Paulskirche eine Kundgebung zum Thema mit Ansprachen von Dibelius, Lilje und Niemöller. Dieser hob in seiner Rede die Impulse hervor, die von der Vollversammlung des Ökumenischen Rates der Kirchen in Amsterdam 1948 ausgingen. Ein dort gefasster Beschluss hielt fest: »Krieg soll nach Gottes Willen nicht sein.« Im Wachsen der ökumenischen Kontakte sah Niemöller ein wichtiges Indiz dafür, dass die Völker über alle Feindschaft hinweg versuchten, sich »brüderlich zu begegnen«. Also müssten sich die deutschen Christen mit dem Ruf »Gebt uns Frieden!« an die weltweite Christenheit wenden.[3] Niemöller demonstrierte damit, dass er den Einsatz für den Frieden für eine christliche Pflicht hielt. Aber trotz aller Hoffnungen, die er in die Ökumene setzte, scheint er dieser inhaltlich wenig konkreten Friedensrhetorik selbst nicht ganz getraut zu haben. Denn im Anschluss an die Frankfurter Kundgebung notierte er in seinem Amtskalender »Gebt uns Frieden! (Ach ja!)«, und das »Ach ja« lässt sich kaum anders denn als ein spöttischer Kommentar zu diesem wohlfeilen Wunsch verstehen.[4]

Die hier aufkeimende Skepsis in Bezug auf die christliche Begründung des Friedens hielt ihn allerdings nicht davon ab, weiterhin von der Verantwortung der Kirche für den Frieden zu reden. Dabei galt der Vorbehalt, dass sich daraus weder ein Programm noch ein Prinzip herleiten ließe, weshalb es für Niemöller »keinen christlichen Pazifismus« gab. Aber trotz dieser Einschränkung zeichneten sich in seinen Stellungnahmen aus dem Jahr 1950 bereits einige praktische Schritte für die Kirche ab. An erster Stelle gehörte dazu eine Kritik der traditionellen Logik des *si vis pacem, para bellum* (Wenn du den Frieden willst, bereite den Krieg vor.), mit der die aus der Wehrhaftmachung kommende Abschreckung als ein Beitrag zur Friedenssicherung bemäntelt werde. Im Zusammenhang damit müsse sich die Kirche auch gegen alle Tendenzen wenden, die Öffentlichkeit auf die Führung eines Krieges vorzubereiten.[5]

Mit seiner Opposition gegen die deutsche Wiederbewaffnung griff Niemöller dann 1950 in die erste große rüstungspolitische Kontroverse der Bundesrepublik ein, wie wir bereits gesehen haben. Das geschah vor dem

Hintergrund einer breiten Massenmobilisierung gegen die Aufstellung deutscher Truppen, die im Verlauf des Jahres 1950 unter der Bezeichnung »Ohne mich«-Bewegung bekannt wurde. Zahlreiche lokale Aktionsgruppen unterstützten diese Kampagne. Traditionelle pazifistische Organisationen wie die 1892 gegründete Deutsche Friedensgesellschaft (DFG) arbeiteten dabei mit anderen antimilitaristischen Gruppen zusammen. Auf lokaler Ebene kam es auch zur Kooperation mit Mitgliedern der KPD. Aber nicht alle Unterstützer der Bewegung fanden das gut. Gerade die SPD drängte auf Abgrenzung, und eine 1951 auf Betreiben der Kommunisten durchgeführte Volksbefragung zur Wiederbewaffnung stand unter dem Druck polizeilicher und juristischer Verfolgung.[6] Zur Rechtfertigung seiner Aktion berief sich der im Frühjahr 1951 gegründete und von Kommunisten dominierte Ausschuss zur Durchführung einer »Volksbefragung gegen Remilitarisierung« explizit auf Niemöllers offenen Brief an Adenauer.[7] Aber Niemöller hatte zu den Protagonisten der »Ohne mich«-Bewegung keinen direkten Kontakt.

Auch seine Opposition gegen einen deutschen Wehrbeitrag machte aus Niemöller noch keinen Pazifisten. Dies wurde etwa im Januar 1951 offenbar, als er im Anschluss an eine Sitzung des Rates der EKD vor etwa 1200 Zuhörern in Potsdam sprach. Den Krieg in Korea vor Augen, thematisierte er die Angst aller Deutschen vor einem neuen Krieg und den »Millionen und Millionen« von Opfern, die er fordern würde. Dann würde es »wieder losgehen mit den Bombennächten«, in denen Menschen durch die Straßen irren, »bis sie niederfallen«.[8] Als Gefangener im KZ Dachau hatte Niemöller 1944 nur die Ausläufer der Luftangriffe auf München erlebt. Aber Else hatte ihm in den Sprechstunden ausführlich davon berichtet, auch über die Verheerungen, von denen sie aus Berlin gehört hatte. So bekam der Bombenkrieg eine sehr reelle Präsenz in Niemöllers Wahrnehmung. Der Koreakrieg aktualisierte diese Ängste, und Niemöller erklärte seinen Zuhörern in Potsdam, dass auf beiden Seiten des Eisernen Vorhangs »Waffen nur von Übel« sein könnten. Aus diesem Grund habe er in der Bundesrepublik politisch gegen die Wiederbewaffnung interveniert. Nach reiflicher Überlegung stand für Niemöller aber fest: »Ich bin kein grundsätzlicher Pazifist.«[9] Exakt dieselbe Feststellung traf er noch im November 1952 vor einem Schweizer Publikum.[10]

Der Weg zum Pazifismus

Fünf Jahre nach seinem Auftritt in der Schweiz ließ sich Niemöller dann zum Präsidenten der DFG wählen. Wie kam es dazu? Ein Element des Wandels war sicherlich der Einfluss seiner Frau. Else Niemöller trat nach 1945 als Rednerin aus eigenem Recht hervor, und zwar sowohl in der Bundesrepublik als auch bei den zahlreichen ökumenischen Reisen, die sie gemeinsam mit ihrem Mann unternahm. Im April 1950 sprach sie in Wiesbaden darüber, was die »christliche Frau für den Frieden tun« könne. Sie erinnerte dabei zunächst an die Schrecken des vergangenen Krieges und beschwor die Friedenssehnsucht der Menschen. Else Niemöllers Begründung der besonderen Berufung der Frau für den Frieden war konventionell: Ihr komme die Rolle als Schlichterin in der Familie und die caritative Arbeit zu. Darüber hinaus sollten die Frauen – dabei verwies sie auf den Christlichen Friedensdienst von Gertrud Kurz in der Schweiz – zum »Friedensfürsten« Jesus Christus für die »Verständigung zwischen Menschen und Völkern« beten.[11] Diese Betonung des täglichen Gebets für den Frieden mag durch das Beispiel der Pax-Christi-Bewegung beeinflusst worden sein, welche die im Südwesten Frankreichs lebende Gymnasiallehrerin Marie-Marthe Dortel-Claudot Ende 1944 als einen »Gebetskreuzzug für die Bekehrung Deutschlands« begründet hatte und die unmittelbar nach Kriegsende auch unter deutschen Katholiken Anhänger fand. Denn in der Pax-Christi-Bewegung der 1950er Jahre stand ganz klar das Gebet als Mittel der Umkehr und Veränderung im Zentrum des Einsatzes für den Frieden.[12] In einer wohl 1952 gehaltenen Ansprache benutzte Else Niemöller das Motiv der Frauen als »Beschützerinnen des Lebens«, um ihr friedenspolitisches Engagement zu begründen. Neben dem Gebet konnte sie für praktische Schritte nun auf die 1952 gegründete Westdeutsche Frauenfriedensbewegung (WFFB) verweisen, die sich gegen die deutsche Wiederbewaffnung einsetzte und deren Vorsitzende Klara Marie Faßbinder auch für die Gesamtdeutsche Volkspartei kandidierte.[13] Bald nach der Gründung trat Else Niemöller der WFFB bei, war für die Bewegung in den nächsten Jahren als Rednerin, bei Aktionen und Veranstaltungen aktiv und wurde auf Initiative von Faßbinder schließlich zu deren Ehrenpräsidentin ernannt.[14]

Der Einsatz Else Niemöllers für den Frieden hatte gewiss nur begrenzten Einfluss auf ihren Mann, der – von der Extremsituation während der KZ-Haft abgesehen – stets seinen eigenen Vorstellungen folgte. Anregungen kamen aber auch von anderer Seite, vor allem von christlichen Pazifisten in Deutschland und den USA. Im Juli 1950 war Niemöller in Kanada, wo er an einem Treffen des Ökumenischen Rates der Kirchen (ÖRK) in Toronto teilnahm und mit dem Theologen Reinhold Niebuhr eine Stellungnahme zur amerikanischen Intervention in Korea ausarbeitete. Da diese von der UN autorisiert worden war, fand sie als »Polizeimaßnahme« die Zustimmung von Niemöller und Niebuhr, deren Resolutionsentwurf der ÖRK annahm. Für Abraham J. Muste war dies Anlass genug, mit Niemöller für Ende Juli 1950 ein Treffen in New York zu verabreden. Muste (1885–1967), in den Niederlanden geboren und durch die reformierte Tradition geprägt, war schon als Kind mit seiner Familie in die USA ausgewandert. Mit Unterbrechungen unterstützte er seit 1916 den Fellowship of Reconciliation (FoR), eine in vielen Ländern verbreitete Organisation protestantischer Pazifisten, die in den USA etwa auch Martin Luther King zu ihren Mitgliedern zählte.[15] Muste drängte Niemöller zu einer Erklärung, unter welchen Umständen er einen Krieg überhaupt noch für gerechtfertigt halte, und machte seine Ablehnung der in Toronto verabschiedeten Resolution klar, da sie die Kirchen mit dem Krieg identifiziere, den der Westen in Korea führte.

Niemöller gab zu, dass er inzwischen selbst Bedenken gegen die Tendenz der Resolution hege, und stimmte mit Muste überein, dass die Kirchen unter keinen Umständen einen Krieg gutheißen könnten.[16] Doch damit war Muste nicht zufrieden. Er hakte brieflich nach und versuchte, Niemöllers Abneigung gegen den Begriff »Pazifismus« aufzuweichen. Niemöller verstand Pazifismus als ein idealistisches, abstraktes »Prinzip« und zog es vor, jeweils auf die spezifische Situation im Sinne Christi zu antworten. Das sei, so Muste, auch sein Verständnis von Pazifismus als einer »Lebensform« im »Geiste der Liebe«, bei der es nur sekundär um spezifische politische Probleme gehe. Gleichwohl müsse dieser Geist der Versöhnung auch in Fragen der Gewaltanwendung zur Geltung kommen. Muste erhoffte sich eine von kirchlichen Persönlichkeiten unterschriebene Resolution, die den Koreakrieg explizit verurteilte.[17]

Schließlich schaltete sich auch der mit Muste in engem Kontakt stehende Friedrich Siegmund-Schultze (1885–1969) in die Diskussion mit Niemöller ein. Der ehemalige Hofpfarrer von Wilhelm II. hatte 1914 als Reaktion auf den Weltkrieg mit einem englischen Quäker den Internationalen Versöhnungsbund gegründet, die Keimzelle und erste nationale Sektion des Fellowship of Reconciliation. Siegmund-Schultze wollte sich nicht lange mit terminologischen Spitzfindigkeiten aufhalten und betonte, dass er anders als seine amerikanischen Freunde um Muste von der Selbstbezeichnung als Pazifist »nie Gebrauch gemacht habe«. Stattdessen stellte er die Gemeinsamkeit im Ziel heraus, nämlich den Kampf »gegen eine Remilitarisierung Deutschlands«, und lud Niemöller zur Zusammenarbeit ein.[18]

Dieses Vorgehen hatte Erfolg. Niemöller kam an Ostermontag 1952 mit Heinrich Grüber nach Heidelberg, um dort auf der Jahrestagung des Internationalen Versöhnungsbundes zu sprechen, welche die deutsche Wiedervereinigung zum Thema hatte. Das war ganz in Niemöllers Sinn, da er sich als Fürsprecher eines neutralen und entmilitarisierten Gesamtdeutschlands präsentieren konnte, ohne sich als Pazifist definieren zu müssen. Seine Reserviertheit gegenüber der Bundesrepublik wurde deutlich, als er davon sprach, dass die Freiheit im Westen »mitunter sehr enge Grenzen habe« und die Wahl zwischen den politischen Systemen in Ost und West der »zwischen einem faulen Apfel und einer faulen Birne« gleichkomme. Am Ende kam Niemöller kurz auf die Angst der Menschen als Problem der Friedenspolitik zu sprechen. Er definierte sie hier noch eher unspezifisch als eine »Angst des Unglaubens« und damit im Rahmen seiner Hoffnungen auf eine Rechristianisierung.[19] Aber er hatte damit ein Thema angesprochen, dem er später im Kontext seines Einsatzes gegen Atomwaffen große Aufmerksamkeit widmen sollte.[20]

Mit der Reise nach Heidelberg zeigte Niemöller bereits 1952, dass er direkten Umgang mit Vertretern des organisierten Pazifismus suchte und seine friedenspolitische Arbeit in diesem Rahmen verstand. Ein eingeschriebenes Mitglied des Internationalen Versöhnungsbundes wurde er aber erst 1954. Das lag vornehmlich daran, dass dessen Vorstand ihn nicht eher darum gebeten hatte, obwohl er dem Verband bereits über Jahre hinweg »eng verbunden« war.[21] Aber auch beim von der KPdSU orchestrierten und finanzierten Weltfriedensrat hatte Niemöller keine Berührungsängste. Am 15. Juni 1953 flog er kurzentschlossen nach Budapest, wo sich dessen Vertreter zu einer Konferenz trafen. Bis dahin hatte Niemöller offizielle Kontakte zu dieser Organisation stets mit Hinweis auf die »christentumsfeindliche Haltung der DDR-Regierung« abgelehnt. Aber Anfang Juni 1953, als sich die ökonomische und politische Krise in der DDR derart zuspitzte, dass es schließlich zum Volksaufstand vom 17. Juni kam, hatte die SED-Führung einen abrupten Kurswechsel vollzogen. In einem Treffen mit Vertretern der EKD am 10. Juni hatte Ministerpräsident Otto Grotewohl deren Beschwerden mit Aufmerksamkeit angehört und ein Ende der kirchenfeindlichen Politik signalisiert. Im Rat der EKD, der am Tag darauf tagte, warnte Dibelius allerdings davor, dem von Grotewohl vorgebrachten Wunsch zu folgen, ein Bischof möge nach Budapest reisen.[22] Aber Niemöller folgte schon seit längerem der Devise, im Zweifel genau das Gegenteil von dem zu tun, was Dibelius vorschlug.

In Budapest sprach Niemöller von der »Verständigung mit dem Gegner« und dem »Nebeneinanderleben« als einer notwendigen Voraussetzung des Friedens sowie von der »Angst« der Menschen in Ost und West voreinander, hinter der ein »künstlich« vertieftes »Mißtrauen« voreinander stehe. Das waren konstruktive Überlegungen zum Abbau der den Kalten Krieg prägenden Vorurteile und Feindbilder. Doch dann kam er auf die Situation in Deutschland zu sprechen und einen »Umschwung«, der es der Kirche ermögliche, sich erneut für eine »friedliche Verständigung« zwischen Ost und West einzusetzen. Damit spielte er auf das am 10. Juni zwischen der EKD und der SED-Spitze beschlossene Kommunique an und unterstützte die Interpretation Otto Grotewohls, der in der Vereinbarung die Basis für eine gesamtdeutsche Friedensinitiative sah. Als die Delegierten in Budapest dementsprechend eine gegen die angebliche Kriegspolitik Adenauers gerichtete Resolution beschlossen, war Niemöller aber bereits wieder abgereist.[23] Seinen Freunden im amerikanischen FoR, die eine Zusammenarbeit mit dem Weltfriedensrat als einer sowjetischen Propagandamaschine strikt ablehnten, versicherte er treuherzig, dass er jeden Einsatz für den Frieden unterstütze, ganz egal aus welchen Motiven er erfolge.[24]

Niemöller hatte sich also seit 1950 auf die Zirkel und Organisationen des organisierten Pazifismus zubewegt und dabei wichtige Kontakte geknüpft. Seine Hinwendung zu pazifistischen Positionen – also einer unbedingten Ablehnung jedes Krieges – erfolgte somit nicht allein aus einer plötzlichen Eingebung heraus, wie er selbst es zuweilen dargestellt hat.[25] Dennoch kam den Ereignissen im Gefolge von »Castle Bravo« eine gewichtige Rolle zu. Unter diesem Namen hatte das US-Militär am 1. März 1954 die erste der insgesamt sieben überirdischen Testexplosionen von Wasserstoffbomben gezündet. Diese H-Bombe hatte eine um den Faktor 1000 größere Sprengkraft als die in Hiroshima und Nagasaki 1945 gezündeten Atombomben. Der Test sorgte für Schlagzeilen in der Weltpresse, nachdem die Besatzung des japanischen Fischerbootes *Daigo Fukuryu Maru*« (Glücklicher Drache) am 14. März in ihren Heimathafen Yaizu zurückgekehrt war. Am Tag der Explosion hatte sich das Schiff meilenweit außerhalb der vom US-Militär ausgeflaggten Gefahrenzone befunden. Dennoch zeigten die Besatzungsmitglieder schwere Symptome einer durch radioaktive Strahlung verursachten Erkrankung. So machte dieser Zwischenfall einer globalen Öffentlichkeit die neuartigen Gefahren deutlich, die von der Wasserstoffbombe ausgingen, und veranlasste pazifistische Gruppen, ihre Strategien gegen die nukleare Bedrohung zu überdenken.[26]

Der Rat der EKD reagierte umgehend. In seiner Sitzung vom 21. Mai verabschiedete er einen »Appell an alle christlichen Kirchenleitungen«, der die von der neuen Waffentechnik ausgehenden Gefahren in drastischen Worten schilderte. Diese überstiegen »alles, was bisher für denkbar gehalten worden war«, sodass »jedes menschliche Herz davor zurückschaudert«. So eindringlich die Beschreibung des Problems war, so blass blieben die Vorschläge zu seiner Behebung, die im Grunde nicht über einen Weckruf an das Gewissen jedes Einzelnen hinausgingen.[27]

Niemöller war mit dieser Erklärung nicht zufrieden und machte etwas sehr Vernünftiges: Er lud drei der führenden deutschen Experten für Kernspaltung und nukleare Technologie ein, ihm und Otto Dibelius den gegenwärtigen Stand der Nuklearwaffen und deren künftige Entwicklungsmöglichkeiten zu erläutern. So versammelten sich Otto Hahn – ein früheres Mitglied der Dahlemer Gemeinde –, Werner Heisenberg und Carl Friedrich von Weizsäcker am 9. Juni 1954 in einem Wiesbadener Hotelrestaurant. Niemöller, Dibelius und Niemöllers enger Vertrauter Helmut Gollwitzer komplettierten die Runde.[28] Gollwitzer verfasste hinterher eine ausführliche Niederschrift über die wichtigsten Ergebnisse der zweistündigen Unterredung. Demnach hatten die drei Experten den Angaben des Physikers Pascual Jordan widersprochen, der dem Rat der EKD über den Stand der Technik berichtete und das Schicksal der *Daigo Fukuryu Maru* als eine Art Betriebsunfall herunterspielte. Jordans Angaben träfen nur für die »gegenwärtige H-Bombe zu, die aber binnen kurzem überholt sein wird«. Den größten Teil des Gesprächs nahmen Erwägungen zur völkerrechtlichen Einhegung der neuen Technologie ein.[29]

Niemöller war mit der Zusammenfassung seines Freundes allerdings nicht zufrieden. Er hatte den Abend anders erlebt, wie er umgehend klarstellte. Demnach habe Hahn erklärt, dass man in naher Zukunft mit einer einzigen Bombe »die Oberfläche des Planeten für Menschen unbewohnbar machen könne«. Diese Bemerkung sei für ihn der »Schlüssel« gewesen, auch im Hinblick darauf, wie Weizsäcker dann die Alternative formuliert habe. Gegenüber der Nuklearwaffentechnologie gebe es, so Weizsäcker, nur noch zwei mögliche Haltungen: entweder die des amerikanischen Physikers Edward Teller, der an der Entwicklung der Wasserstoffbombe maßgeblich beteiligt war und deren konsequente Weiterentwicklung befürwortete, oder die eines »konsequenten Pazifismus«, der Weizsäcker selber »zuneige«. Den Hintergrund dieser Einstellung bildete die mögliche Konsequenz eines mit nuklearen Waffen geführten Krieges, der »den Planeten unbewohnbar« machen konnte.[30]

Niemöller ist also nicht aus theologischen Erwägungen zum Pazifisten geworden. Die für ihn entscheidende Motivation war die Möglichkeit einer Selbstzerstörung der menschlichen Gattung durch die erweiterte Destruktivkraft der Wasserstoffbombe.[31] Die theologische Begründung dieses Schritts erfolgte erst im Nachhinein.[32]

Kampf dem Atomtod

Niemöller nutzte die neugewonnene Einsicht zunächst, um im Rat der EKD Unruhe zu stiften. In der Ratssitzung vom 24. Juni 1954 wurde ein Brief Niemöllers an Pascual Jordan diskutiert, den von Dibelius zu Rate gezogenen Physiker. Niemöller griff Jordan darin so scharf an, dass der württembergische Bischof Martin Haug mit der Faust auf den Tisch schlug und äußerte, der »Rat habe es satt, sich so etwas gefallen zu lassen«.[33] Aber Niemöller war längst klar, dass er in den Gremien der EKD nicht auf substanzielle Unterstützung für seine friedenspolitischen Ziele hoffen konnte, und so suchte er nach anderen Bündnispartnern, etwa unter jenen Atomphysikern, bei denen er sich Aufschluss über die tatsächlichen Auswirkungen nuklearer Waffen verschafft hatte. Sie kamen ins Spiel, als Adenauer und die Bundesregierung 1956/57 eine Ausrüstung der Bundeswehr mit taktischen Nuklearwaffen ins Auge fassten – wobei der Schlüssel zur Freigabe stets in den Händen der Amerikaner verblieb. Dazu zählten etwa Raketen vom Typ Honest John, deren nuklearer Sprengkopf eine Zerstörungskraft von einer bis vier Kilotonnen hatte. Sie konnten von einer fahrbaren Geschützrampe bis zu 28 Kilometer weit abgefeuert werden. Seit 1959 wurden Einheiten der Bundeswehr mit diesem Geschütztyp ausgestattet.[34]

In der öffentlichen Diskussion dieser Pläne beging Adenauer einen schweren Fauxpas, als er in einer Pressekonferenz am 4. April 1957 diese taktischen Atomwaffen als eine »bloße Weiterentwicklung der Artillerie« bezeichnete.[35] Damit gab er leichtfertig eine Sprachregelung wieder, die er bei US-Diplomaten und Militärs aufgeschnappt hatte. Im Bundesvorstand der CDU, wo das Thema mehrfach ernsthaft diskutiert wurde, hatte sich dagegen längst Skepsis ausgebreitet, was die Terminologie und die Funktionsweise taktischer Atomwaffen anging. Überdies wusste die bundesdeutsche Öffentlichkeit seit dem NATO-Manöver »Carte Blanche« im Sommer 1955, dass taktische Nuklearwaffen auf dem Gefechtsfeld zum Einsatz kommen würden. Bei einem sowjetischen Angriff war dieses Gefechtsfeld die Bundesrepublik, und es war damit zu rechnen, dass es binnen wenigen Tagen Hunderttausende, wenn nicht Millionen Tote geben würde.[36]

Der Widerspruch folgte prompt, und zwar in Gestalt des Göttinger Manifests, das 18 namhafte deutsche Atomphysiker am 12. April 1957 veröffentlichten. Darin machten die Unterzeichner klar, dass auch taktische Atomwaffen eine Zerstörungskraft hatten, die der Hiroshima-Bombe gleichkam. Die Physiker, unter ihnen Otto Hahn und Carl Friedrich von Weizsäcker, sprachen sich unmissverständlich für die im Westen bestehende Freiheit aus und erkannten die Logik der nuklearen Abschreckung an. Für eine dauerhafte Politik der Friedenssicherung seien Nuklearwaffen aber ungeeignet. Die Bundesrepublik, so schrieben sie Adenauer und Verteidigungsminister Franz Josef Strauß ins Stammbuch, sollte auf den Besitz von Atomwaffen ausdrücklich verzichten.[37]

Adenauer gelang es, dem Manifest die Spitze zu nehmen, indem er fünf der Unterzeichner, darunter Weizsäcker, einige Tage später ins Kanzleramt einlud. Ein Kommuniqué hob das gemeinsame Interesse an einer nuklearen Abrüstung hervor und sorgte so für eine gewisse Entspannung.[38] Dennoch schlug das Göttinger Manifest hohe Wellen in der westdeutschen Öffentlichkeit, und zwar auch deshalb, weil nur wenige Tage später, am 23. April 1957, Albert Schweitzer sich in einem über Rundfunk in viele Länder übertragenen Appell an die Weltöffentlichkeit wandte und vor den Gefahren von Radioaktivität und Atomwaffen warnte. Die moralische Autorität des mit Niemöller gut befreundeten Friedensnobelpreisträgers Schweitzer war groß und verlieh den Bedenken der Atomphysiker weiteres Gewicht. In Meinungsumfragen sprachen sich 1958 mehr als achtzig Prozent der Bundesbürger gegen eine atomare Bewaffnung der Bundeswehr aus, und selbst im Massenblatt des Springer-Konzerns hieß es kategorisch: »BILD sagt nein!«[39]

Gemeinsam mit namhaften Protestanten wie Heinemann und Gollwitzer hatte Niemöller bereits am 15. April 1957 den Verfassern des Göttinger Manifests für ihre »Warnung vor der atomaren Bewaffnung« gedankt. Im Sommer dieses Jahres veröffentlichte Helmut Gollwitzer seine Überlegungen über *Die Christen und die Atomwaffen* und stieß damit eine weit ausgreifende und kontroverse Diskussion über die theologische Kritik beziehungsweise Rechtfertigung der nuklearen Abschreckung an.[40] Niemöller war nur am Rande in diese Debatten involviert. Ihm ging es in erster Linie um eine politische Mobilisierung gegen die Nuklearbewaffnung der Bundeswehr, zumal als die Unionsparteien in der Bundestagswahl vom 15. September 1957 die absolute Mehrheit der Stimmen erlangten und Adenauer damit noch fester im Sattel saß als zuvor.

Die NATO-Konferenz in Paris Mitte Dezember 1957, bei der die Mitgliedsstaaten beschlossen, die atomare Bewaffnung weiter voranzutreiben, erhöhte die Dringlichkeit von Aktionen noch einmal. Die SPD fühlte sich dazu ermutigt, als der nun zu ihrer Fraktion zählende ehemalige Innenminister Gustav Heinemann am 23. Januar 1958 Adenauer im Bundestag wegen seiner Deutschlandpolitik angriff und zum Rücktritt aufforderte. Praktisch zeitgleich fanden in einigen Orten Protestkundgebungen gegen die Rüstungspolitik der Bundesregierung statt. SPD-Parteichef Erich Ollenhauer propagierte in den Gremien seiner Partei eine breit angelegte Kampagne gegen die

Atombewaffnung und den rüstungspolitischen Kurs Adenauers. Damit wollte er die nach der Wahlniederlage demoralisierte Partei aufrichten und ihr zugleich neue Bündnispartner und Unterstützer zuführen – angesichts der breiten öffentlichen Aversion gegen Atomwaffen ein realistisches Ziel.[41]

Zu diesem Zweck lud die SPD für den 22. Februar 1958 nach Bad Godesberg zu einem Treffen ein, an dem neben Ollenhauer und Walther Menzel von der SPD auch Helene Wessel und Heinemann für die ehemalige GVP, Vertreter von FDP und DGB, Max Born für die Göttinger 18 sowie verschiedene evangelische Vertreter, unter ihnen Niemöller und sein enger Vertrauter Heinz Kloppenburg, teilnahmen. Die Versammlung stimmte dem Vorschlag der SPD zu, mit einem öffentlichen Aufruf, einer Plakataktion und Kundgebungen eine Volksbewegung »Kampf dem Atomtod« zu starten. Im Entwurf des Aufrufs forderte man im Einklang mit dem von dem polnischen Außenminister Adam Rapacki vorgeschlagenen sogenannten Rapacki-Plan die Bundesregierung auf, die Schaffung einer atomwaffenfreien Zone in Europa zu unterstützen.[42]

In der Diskussion wurde rasch deutlich, dass Niemöller mehr als jeder andere auf eine breite Mobilisierungswelle setzte. Einen »realen Sinn« habe die Kampagne nur, »wenn erhebliche öffentliche Bewegung herauskommt«. Die Paulskirchenbewegung, in der sich Vertreter von SPD und GVP Anfang 1955 gegen die deutsche Wiederbewaffnung gewandt hatten, sei auch deshalb rasch »versandet, weil es nicht gelang, bei den Hörern den Eindruck zu erwecken, die Leute *wollen* etwas«. Es bedurfte, das machte Niemöller klar, einer Strategie der Zuspitzung und der Dramatisierung. Der Nobelpreisträger Max Born wies darauf hin, dass die bereits stationierten taktischen US-Atomwaffen stärker als die Bombe von Hiroshima seien. Niemöller fand diese Argumentation zu schwach. Gewiss, so erläuterte er, die »erste Salve« in einem Atomkrieg gehe gegen die in der Bundesrepublik stationierten US-Raketen. Doch das war nicht alles. Bereits »in der ersten Stunde des dritten Krieges fällt die Kobaltbombe«, so sagte er voraus.[43]

Niemöllers Voraussage bezog sich auf ein Gedankenexperiment, das der in den USA arbeitende Atomphysiker Leo Szilard bereits 1950 entwickelt hatte. Eine mit Kobalt ummantelte Wasserstoffbombe könnte große Mengen radioaktiver Strahlung freisetzen und damit die Erde dauerhaft unbewohnbar machen. Das wäre eine Maschine zum Weltuntergang gewesen, die im Englischen »Doomsday Device« genannt wird.[44] Doch Niemöller kam es nicht nur darauf an, die mit der Atombewaffnung einhergehende Gefahr möglichst drastisch auszumalen, sondern – wie schon in der Kampagne gegen die deutsche Wiederbewaffnung – auch darauf, durch eine Rhetorik der Viktimisierung die

Deutschen als das eigentliche Opfer darzustellen. Das »deutsche Volk« sei dem »sicheren Atomtod ausgeliefert«, so seine Mahnung.[45] Die eigentliche Kampfansage des am 10. März 1958 veröffentlichten Aufrufs, den neben den in Godesberg Versammelten auch zahlreiche weitere Politiker von SPD und FDP, Theologen und Intellektuelle unterzeichneten, ging letztlich auf eine Äußerung Niemöllers in der Sitzung am 22. Februar zurück: »Wir werden nicht Ruhe geben, solange der Atomtod unser Volk bedroht.«[46]

Die Kampagne »Kampf dem Atomtod« entwickelte sich im Frühjahr 1958 zu einer Massenbewegung mit zahlreichen öffentlichen Kundgebungen und Veranstaltungen in den Städten Deutschlands. In Hamburg, einer Hochburg der Bewegung, sprach Gustav Heinemann am 28. März vor 7000 Menschen. Eine Gruppe von Quäkern um Hans-Konrad und Helga Tempel hielt eine vierzehntägige Mahnwache auf dem dortigen Rathausplatz und führte damit eine neue Protestform in das Repertoire der deutschen Friedensbewegung ein. Eine Augsburger Gruppe um Walter Oehmichen – dem Gründer der Augsburger Puppenkiste – und den Künstler Carlo Schellemann organisierte im Frühjahr 1958 mit namhaften Malern und Graphikern eine Wanderausstellung, die in Gemälden, Holzschnitten und Kupferstichen das Unvorstellbare – die nukleare Zerstörung – vorstellbar zu machen suchte. Bis 1963 war die Ausstellung in vierzig Städten der Bundesrepublik zu sehen. Von Anfang April bis Ende Juni 1958 nahmen etwa 325 000 Menschen an Demonstrationen der Kampagne »Kampf dem Atomtod« teil, und dabei sind die Teilnehmer der vom DGB organisierten Feiern zum 1. Mai, die auch im Zeichen der Opposition gegen nukleare Waffen standen, nicht eingerechnet.[47] Selbstredend war auch Niemöller verschiedentlich bei Kundgebungen gegen den Atomtod im Einsatz, wobei sich vor allem im Juni 1958 die Termine häuften.[48]

Zu Beginn der Kampagne, am 7. April, war Niemöller allerdings nach London geflogen und von dort nach Aldermaston in der Grafschaft Berkshire gefahren. Vor den Toren der dortigen militärischen Atomforschungseinrichtung fand die Abschlusskundgebung des ersten Ostermarsches statt, den das pazifistische Direct Action Committee mit Unterstützung der »Campaign for Nuclear Disarmament« (CND) organisierte. Im November 1957 gegründet und an der Spitze durch den Philosophen Bertrand Russell und den anglikanischen Priester John Collins vertreten, war CND das britische Pendant zur Kampagne »Kampf dem Atomtod«. CND setzte sich für einen einseitigen Abbau des britischen Atomwaffenarsenals ein. Wie in Deutschland kam auch dort eine bunte Koalition aus sozialistischen Politikern vom linken Rand der Labour Party, evangelischen Christen sowie Künstlern und Schriftstellern zusammen.[49]

Martin Niemöller bei einer Atommahnwache in Köln am 6. August 1958, die von der Kölner Ortsgruppe des Verbands der Kriegsdienstverweigerer organisiert wurde. Angesichts des Aufbaus der Bundeswehr mobilisierte das Thema Kriegsdienstverweigerung viele Angehörige jüngerer Jahrgänge. Zudem experimentierte die Kölner VK-Gruppe mit plakativen Aktionsformen wie einem Autokorso gegen die Einberufung des Jahrgangs 1922, einer Gedenkfeier in einer Kirchenruine oder eben der Mahnwache mit einer Raketenattrappe. Während der sechs Tage dauernden Atommahnwache sammelte die VK-Gruppe rund 15 000 Unterschriften für eine Petition an den Bundestag gegen die Atombewaffnung der Bundeswehr.

Am 7. April 1958 traf Niemöller aber nicht mit Vertretern von CND zusammen, sondern wurde von Stuart Morris vom Flughafen abgeholt, einem anglikanischen Geistlichen, der dem Pazifismus als führendes Mitglied der »Peace Pledge Union« verbunden war. Diese 1934 gegründete Bewegung war in Großbritannien zu Recht umstritten, da einige ihrer Mitglieder im Kampf um die Appeasement-Politik Positionen vertreten hatten, die das »Dritte Reich« als Partner in der Sicherung des Friedens sahen. In Aldermaston hielt Niemöller eine von vielen Reden, lobte die »gute Organisation« der Kundgebung, traf aber sonst »keine Bekannten«.[50] Immerhin, ein erster Schritt war gemacht: Die deutsche Kampagne gegen die Atombewaffnung der Bundeswehr war nun Teil einer transnationalen Friedensbewegung, die sich die Abschaffung nuklearer Waffen zum Ziel setzte.[51]

Die SPD hatte im März 1958 beschlossen, die Kampagne »Kampf dem Atomtod« durch eine Aktion auf parlamentarischer Ebene zu unterstützen, indem sie in Länderparlamenten und im Bundestag Gesetzentwürfe für eine Volksbefragung zur Atombewaffnung einbrachte. Allerdings legte die Bundesregierung beim Bundesverfassungsgericht Beschwerde dagegen ein, und als die Richter in Karlsruhe am 30. Juli ihr Urteil sprachen und diese Referenden verboten, war »Kampf dem Atomtod« als eine breite Bewegung effektiv beendet.[52]

Niemöller hatte seine Beteiligung an dieser Kampagne in erster Linie als Arbeit an einem breiten politischen Bündnis gegen eine atomare Bewaffnung verstanden, doch nun brachen innerkirchliche Kontroversen auf, in denen es um eine theologische Position zur Atomrüstung ging. Mitglieder der Kirchlichen Bruderschaften hatten im März 1958 mit Hilfe von Karl Barth zehn Thesen formuliert, die sich in radikaler Form gegen jegliche atomare Rüstung und die Logik nuklearer Abschreckung wandten und eine Neutralität in dieser Sache für den Christen ausschlossen. Mit diesen Thesen wandten sie sich an die Synodalen der EKD und betonten dabei, dass für sie der *status confessionis* gegeben sei. Damit setzten sie die Diskussion über die atomare Rüstung in eine Parallele zur Diskussion der »Judenfrage« im Kirchenkampf, die Anlass zur Abspaltung der Bekennenden Kirche geboten hatte. Die Bruderschaften verzichteten allerdings darauf, der Ende April 1958 in Ost-Berlin tagenden EKD-Synode diesen Text als formellen Antrag vorzulegen.

Die Debatten auf der Synode waren, wie Niemöller notierte, »völlig politisiert«.[53] Dabei gab es durchaus Gemeinsamkeiten: die Ablehnung eines Atomkrieges als Mittel der Politik, die Forderung nach Abrüstung und – an die NATO-Staaten gerichtet – nach einem Ende der Atomwaffentests, zu dem die Sowjetunion bereits ihre Bereitschaft erklärt hatte. Aber darüber hinaus gingen die Auffassungen weit auseinander. Neben Eugen Gerstenmaier betonte auch Eberhard Müller, Gründungsdirektor der Evangelischen Akademie in Bad Boll, die politische Verantwortung des Christen, was in der Sache ein Eintreten für den Westen und eine Warnung vor dem kommunistischen Totalitarismus meinte. Niemöller fand Müllers Position, wie er seinem Amtskalender anvertraute, »grässlich«.[54] Die Synode verabschiedete dann mit großer Mehrheit einen Antrag, in dem vor allem der feste Wille betont wurde, trotz aller Divergenzen die Einheit der EKD zu bewahren.

Die Diskussionen in den Kirchlichen Bruderschaften gingen auch nach der Synode weiter. Niemöller gestand ausdrücklich zu, dass diese sich nun in Analogie zur Bekennenden Kirche ein eigenes »Organ« schaffen wollten, mit dem sie den »Auftrag der brüderlichen Mahnung, Tröstung und Warnung erfüllen«, auch wenn sie dabei den Namen Bekennende Kirche »nicht wieder hervorholen« sollten.[55] Ganz im Einklang mit früheren Überlegungen verstand Niemöller also die friedenspolitische Arbeit der Bruderschaften als Teil des prophetischen Wächteramtes der Kirche. Das hieß aber nicht, dass er sich die theologische Begründung der Bruderschaften zu eigen machte oder gar eine Kirchenspaltung zur Verteidigung pazifistischer Positionen befürwortete.[56]

Niemöllers eigene theologische Begründung für die Ablehnung atomarer Waffen entwickelte sich erst mit Verspätung, nachdem die Kontroversen in der EKD bereits wieder abgeflaut waren. Den Anstoß dafür lieferten Konflikte innerhalb der hessisch-nassauischen Kirche, die auf der Synode der EKHN im Dezember 1958 aufbrachen. Im Juni dieses Jahres hatte Niemöller auf einer Kundgebung in Frankfurt erklärt, dass jeder, der sich an der Atomrüstung beteilige, »in der Praxis ein Atheist sei«.[57] Diese Äußerung erregte heftigen Widerspruch bei Hans Wilhelmi, dem Präses der Landessynode der EKHN. Er musste darin wie bereits bei früheren Äußerungen Niemöllers in erster Linie eine Spitze gegen die CDU erkennen, die er selbst als Abgeordneter im Bundestag vertrat. In der auf der Synode anberaumten Diskussion wies Niemöller darauf hin, dass er nach den Kontroversen des Jahres 1954 um die Wasserstoffbombe erneut das Neue Testament gelesen habe, und zwar ganz gezielt auf Hinweise zum Problem der Legitimität der Gewaltanwendung. Dabei habe er zwar viele »Warnungen« vor der Gewalt gefunden, aber »nicht eine Ermunterung« dazu, wobei er sich vor allem auf die in der Bergpredigt angesprochene Idee des Gewaltverzichts und der Feindesliebe bezog.[58] Doch diese Beschäftigung mit dem Problem der Legitimität von Rüstung und Krieg führte nicht zum Kern des Problems, wie Niemöller selbst zugab. Denn sie setzte sich nicht direkt mit dem neuartigen Gefährdungspotenzial auseinander, das von der atomaren Rüstung ausging.

Ließ sich bei den nuklearen Sprengköpfen überhaupt noch von »Waffen« sprechen, so fragte Niemöller. War nicht vielmehr ein »völliges Umdenken« erforderlich, »weil die uns geläufigen Begriffe nicht mehr ausreichen«, um die neue Technologie zu verstehen? Wasserstoffbomben waren mehr als nur Waffen, Zerstörungsmittel, die sich instrumentell zu einem bestimmten Zweck, der Niederringung des Gegners, einsetzen ließen. Da die konventionelle Unterscheidung von Kombattanten und Zivilisten fortfiel, waren sie für Niemöller in erster Linie ein Mittel der Selbstzerstörung, das nicht nur jene gefährdete, auf die sie zielten, und jene, die sie einsetzten, sondern auch auf die Existenz »aller übrigen Lebewesen« auf der Erde. Aber hatten die Menschen das Recht, so fragte er weiter, auf diese Weise Gott als »dem Schöpfer das Zepter aus der Hand zu nehmen« und das zu vernichten, was er geschaffen hatte, »nämlich das Leben« schlechthin?[59]

In einem weiteren Vortrag vertiefte Niemöller diese Überlegungen noch und wies erneut auf die Verwirrung und Inversion der Begriffe hin, die sich im Schatten der Bombe vollzogen hatte. Frieden und Krieg ließen sich nicht mehr trennen, denn bereits im Frieden wirke die Drohung mit der Bombe sich auf alle aus, und die atomare Strahlung im Gefolge der Atomwaffentests habe den Tod von Menschen zur Folge. Da ein atomarer Krieg alle Menschen zu Opfern machen würde und damit die Unterscheidung von Freund und Feind aufhebe, lasse er sich nicht mehr als Krieg beschreiben. Aber der wichtigste Zusammenhang für Niemöller war die neue Zerstörungskapazität, die nicht mehr nur andere Gruppen von Menschen bedrohe, »sondern *die* Menschen« und »*das* Leben« schlechthin vernichten könne.[60]

Niemöllers Begründung eines nuklearen Pazifismus, der jede »Herstellung, Lagerung, Anwendung« sowie »Drohung« mit Atomwaffen als eine »Sünde« ablehnte, hatte also eine klare schöpfungstheologische Grundlage.[61] Auffällig ist die begriffliche Nähe zur radikalen Kritik der Situation des Menschen im Schatten der Atombombe, die der Philosoph Günther Anders (1902–1992) zu dieser Zeit vorlegte, etwa im ersten Band seiner Abhandlung zur *Antiquiertheit des Menschen* oder in seinen 1959 verfassten »Thesen zum Atomzeitalter«. Auch Anders stellte die fundamentale Verkehrung beziehungsweise Auflösung der Gegenüberstellung von Krieg und Frieden sowie Zweck und Mittel in den Mittelpunkt, die sich aus der neuartigen Zerstörungskraft atomarer Waffen ergab. Mit schärferer Begrifflichkeit als Niemöller hob er hervor, wie diese destruktive Kapazität auf eine neue Schwelle der Vernichtung hinwies, bei der es nicht mehr um die Auslöschung ganzer Nationen oder Menschengruppen ging – wie im Genozid –, sondern um die Auslöschung der Menschheit insgesamt in einem Omnizid oder »Globozid«.[62]

Mit seiner Arbeit in der Bewegung »Kampf dem Atomtod« hatte sich Niemöller an die Spitze einer die Massen mobilisierenden sozialen Bewegung gestellt, die an einem spezifischen Punkt – der nuklearen Bewaffnung der Bundeswehr – ihre Ablehnung von Rüstung und Krieg in die Öffentlichkeit trug. Das entsprach dem Trend der Jahre nach 1945, in denen Friedensbewegungen mit breiter sozialer Trägerschaft und punktueller Mobilisation den traditionellen Pazifismus ablösten, der eine prinzipielle Kriegsgegnerschaft vertrat und von kleinen Zirkeln und Verbänden getragen wurde.[63] Doch auch die pazifistischen Verbände, welche die Nationalsozialisten nach der Machtübernahme 1933 umgehend verboten hatten, waren nach 1945 wiedergegründet worden. Neben dem deutschen Zweig des Internationalen Versöhnungsbundes, dem Niemöller 1954 beitrat, etwa die Internationale der Kriegsdienstgegner (IdK) oder die deutsche Sektion von »War Resisters' International«. Dies war eine im Gefolge des Ersten Weltkriegs gegründete radikalpazifistische Organisation, welche die Verweigerung des Kriegsdienstes propagierte und gegen die Wehrpflicht mobilisierte. Die Mutter aller pazifistischen Verbände blieb aber die 1892 von Bertha von Suttner und Alfred Hermann Fried gegründete Deutsche Friedensgesellschaft, die 1946 neu begründet worden war. Die Präsidentschaft hatte wie bereits von 1929 bis 1933 Generalmajor a. D. Paul Freiherr von Schoenaich (1866–1954) inne. Wie andere namhafte Pazifisten der Weimarer Republik hatte er im preußischen Militär Karriere gemacht, bevor die Erlebnisse des Ersten Weltkriegs und die reaktionäre Politik der Reichswehr ihn in das pazifistische Lager trieben.[64]

Präsident der Deutschen Friedensgesellschaft

Von 1948 an geriet die DFG in die Mühlen des Kalten Krieges. Wie jede pazifistische Gruppe stand sie in der jungen Bundesrepublik unter dem Generalverdacht, mit der Berufung auf den Frieden der Sache des Kommunismus zu dienen oder von der SED unterwandert zu sein. Bereits 1949 gab es nur noch 4435 zahlende Mitglieder, die durchweg der älteren Generation angehörten. Viele Landesverbände bestanden lediglich auf dem Papier. Als Nachfolger von Schoenaich stand seit 1951 Fritz Wenzel diesem Traditionsverein vor, ein evangelischer Pfarrer, der die SPD im Bundestag vertrat. Doch bei der Bundestagswahl im September 1957 verlor er sein Mandat und stellte umgehend auch sein Amt als Präsident der DFG zur Verfügung.[65]

Ende Oktober 1957 fand der Bundestag der DFG in Mülheim statt. Die dort Versammelten hatte Wenzels Rücktritt überrascht und ratlos zurückgelassen, doch man einigte sich darauf, Niemöller als neuen DFG-Präsidenten vorzuschlagen. Die bange Frage war nun, ob der vielbeschäftigte Kirchenpräsident zusagen würde. Niemöller, der seit 1956 dem Kuratorium der DFG angehörte, aber in Mülheim nicht zugegen war, wurde angerufen und akzeptierte das Amt ohne Zögern. Die Erleichterung war groß, und so wurde er einstimmig »unter großem Beifall gewählt«. Mit diesem Präsidenten, so formulierte es der DFG-Bundesvorsitzende Max Stierwaldt, »der wie kein anderer Deutscher von Washington bis Moskau und weiter nach Sydney bekannt und geachtet ist«, könne man nach vorne blicken.[66]

Dieses Lob und die einstimmige Wahl waren nicht selbstverständlich. Zunächst einmal war die DFG »nicht von Christen gegründet« worden, und so war es »überraschend«, dass sie erneut »ausgerechnet einen evangelischen Pastor« zu ihrem Präsidenten wählte. Das war jedenfalls der Eindruck von Erica Küppers (1891–1968), einer der ersten Theologinnen in Deutschland und engen Freundin von Niemöller, der sie 1950 in der EKHN ordiniert hatte. Küppers besuchte Anfang 1960 eine Versammlung der Berliner DFG-Ortsgruppe und erzählte dort aus dem ereignisreichen Leben ihres Freundes. Das stieß auf großes Interesse, aber »die engagierten Atheisten«, so Küppers, »zogen sich in eine Schmollecke zurück«.[67] Auch die militärische Vergangenheit Niemöllers war ein Problem. Niemand anders als Stierwaldt hatte seine Reserviertheit deutlich zum Ausdruck gebracht, als Niemöller 1950 mit seiner Kritik an der deutschen Wiederbewaffnung Schlagzeilen machte. Jemand, der »einmal Militarist ist«, schrieb er damals, »sich dann wieder freiwillig für die U-Boot-Waffe meldet und dann wieder sein Herz für den Pazifismus entdeckt, [hat] kein Interesse von unserer Seite zu erwarten«.[68] Einige Jahre später hatte die personell ausgezehrte DFG aber keine Wahl. Niemöller war, das hatte sich inzwischen herumgesprochen, ein Magnet für die Massen. Wenn Fritz Wenzel in der Öffentlichkeit auftrat, blieben selbst die örtlichen SPD-Mitglieder zu Hause, bei Veranstaltungen mit Niemöller gab es dagegen »überall überfüllte Säle«.[69] Auch die ersten Eindrücke nach der Wahl zum DFG-Präsidenten waren überaus ermutigend, wie Stierwaldt anerkennen musste. Es sei »phantastisch«, was Niemöller alles unternehme, wie etwa seine Teilnahme am britischen Protestmarsch gegen Atomwaffen in Aldermaston zeige. Auch in alltäglichen Dingen wie der »Beantwortung von Briefen« sei der neue Präsident »außerordentlich zuverlässig«. Wenn Niemöller für die DFG sprach, kamen regelmäßig mehr als tausend Zuhörer.[70]

Doch der Aufschwung, den Niemöllers Wahl an die Spitze der DFG mit sich brachte, hatte einen Preis. Die in Ehren ergrauten Veteranen der Traditionskompanie des deutschen Pazifismus mussten ihre Überheblichkeit gegenüber anderen Friedensfreunden und den Organisationsegoismus aufgeben, der bereits in der Weimarer Republik die entscheidende Schwäche der DFG gewesen war. Mit diesem kleinkarierten Milieu hatte der weit gereiste und weltbekannte Niemöller nichts am Hut. Das hatte sich bereits vor seiner Wahl zum DFG-Präsidenten gezeigt, als die Gesellschaft im Frühjahr 1957 eine Veranstaltung mit Niemöller plante. Der machte für seine Zusage zur Bedingung, dass alle relevanten Friedensverbände als Mitveranstalter auftreten sollten, also auch die IdK, die WFFB und der Internationale Versöhnungsbund. Stierwaldt sah die Notwendigkeit dieses Schritts, zumal man einen »zugkräftigen Redner« gewann, konnte sich aber die hochnäsige Bemerkung nicht verkneifen, dass sich damit die weiblichen Mitglieder des WFFB einmal in »besserer Gesellschaft« – also jener der DFG – präsentieren könnten.[71] Heinz Kraschutzki, ein führendes Mitglied der IdK, wollte sich ohnehin dafür einsetzen, dass auch die IdK Niemöller zu ihrem Präsidenten machte, was dann 1958 geschah. Niemöller sei, so pries er die Qualitäten seines alten Kameraden aus der Crew 1910, »parteipolitisch« nicht gebunden und habe »vor allen Dingen vor nichts Angst«. Mit Niemöller an der Spitze ließe sich zudem die bereits angedachte »Verschmelzung« von DFG und IdK vollziehen.[72] Dazu kam es dann allerdings erst 1968.[73]

Niemöller, der die etablierten pazifistischen Verbände im Sturm eroberte, war nach der Erfahrung mit »Kampf dem Atomtod« jedoch klar, dass die Friedensbewegung nur als lose vernetzte soziale Bewegung eine Zukunft hatte. So fiel ihm erst mit geraumer Verspätung ein, dass auch DFG und IdK in die Kampagne »Kampf dem Atomtod« eingebunden werden müssten.[74] Ansonsten galt ohnehin, dass Niemöller selbst die Positionen der Friedensbewegung in der öffentlichen Debatte sichtbar machte und damit für Kontroversen sorgte. Ein prägnantes Beispiel waren die Reaktionen auf seine Kasseler Rede am Sonntag, dem 25. Januar 1959. Niemöller hatte zunächst in Nidda einen Gottesdienst abgehalten und war anschließend nach Kassel aufgebrochen, wo er mit Walter Hagemann, einem in Münster lehrenden Professor für Publizistik, im Rahmen einer Veranstaltung unter dem Motto »Christen gegen Atomgefahren« auftrat.[75] Zu Beginn wurden sieben Mahnkerzen entzündet, eine davon als Appell an die Soldaten aller Länder, die sich von dem »Irrtum« befreien sollten, dass Not durch »blutige Gewalt« behoben werden könne.[76] In seiner Rede wiederholte Niemöller jene rhetorischen Elemente, die er in den Monaten der Kampagne gegen den Atomtod oft benutzt hatte, etwa die These, dass mit der Existenz von zehn Kobaltbomben die Selbstzerstörung allen Lebens auf der Erde möglich sei. Niemöller folgerte daraus, dass die traditionelle kirchliche Lehre vom gerechten Krieg mit der

Entgrenzung der Kriegsmittel, welche die Unterteilung in Gewinner und Verlierer aufhob, obsolet geworden sei. Und er erinnerte daran, wie er selbst als junger Marineoffizier 1914 den Beginn des Krieges in der Überzeugung begrüßt hatte, dass die »Ehre der Nation« den letzten Einsatz erfordere. 1939 sei von solcher »Begeisterung« nichts mehr zu spüren gewesen.[77]

In einem Punkt wich Niemöller an jenem Sonntag allerdings von seinem Standardvortrag gegen die Gefahren atomarer Rüstung ab. Am 27. Januar zitierten hessische Tageszeitungen ihn mit den Worten, dass »jede Ausbildung zum Soldaten und zu Führungspositionen in übergeordneten Kommandostellen heute als eine Hohe Schule zum Berufsverbrechertum« bezeichnet werden müsse.[78] Niemöller ließ diese Meldungen umgehend richtigstellen, und zwar zu Recht. Denn er hatte nicht von jeder Form von militärischem Kommando gesprochen, sondern von »Kommandotrupps«, wobei es sich um eine Spezialeinheit des Oberkommandos der Wehrmacht handelte, in der Zivilisten für Operationen hinter den Linien des Gegners geschult wurden.[79]

Doch die nun volle Fahrt aufnehmende Maschinerie der Bundeswehr ließ sich nicht mehr aufhalten. In der Ermekeilkaserne in Bonn, dem damaligen Sitz des Bundesverteidigungsministeriums, schrillten am Morgen des 27. Januar die Alarmglocken. Das zuständige Wehrbereichskommando in Mainz hatte das Pressereferat des Ministeriums bereits am Vortag über die inkriminierten Äußerungen informiert.[80] Franz Josef Strauß, der seit Oktober 1956 als Verteidigungsminister amtierte, erteilte daraufhin der Rechtsabteilung die Weisung, eine »Strafanzeige vorzulegen«, die noch am selben Tag abgeschickt werden sollte. Die Rechtsabteilung kam aber zu dem Schluss, dass eine rechtliche Grundlage für dieses Vorgehen nicht gegeben sei. Die Bundeswehr als Ganzes ließe sich beleidigen (§ 186 StGB), sei aber von Niemöller gar nicht erwähnt worden. Üble Nachrede (§ 185 StGB) setzte die Verbreitung von verunglimpfenden Tatsachen voraus. Aber Niemöllers Formulierungen müssten als ein »Werturteil« verstanden werden, weshalb man sich auch nicht auf § 109d StGB berufen könne, der »Störpropaganda gegen die Bundeswehr« mit einer Freiheitsstrafe belegt.[81]

Von solchen Einwänden ließ sich der stets impulsive Strauß nicht abschrecken, und so ging noch am selben Tag die von ihm unterzeichnete Strafanzeige gegen Niemöller an den Oberstaatsanwalt in Kassel heraus.[82] Zu diesem überstürzten Vorgehen mag auch der Erwartungsdruck aus den Reihen der Bundeswehr beigetragen haben, aus der es Proteste gegen Niemöller hagelte. Die Standortkameradschaft Mainz hatte noch am 27. Januar eine Strafanzeige gefordert. Andere Offiziere übten Druck auf Vertreter der evangelischen Kirche aus, gegen Niemöller Stellung zu beziehen. Aber auch ein ehemaliger Generalleutnant der Wehrmacht, Bodo Zimmermann, beklagte bei der EKD die gegen einen »ganzen Berufsstand« gerichtete »unerhörte Beleidigung«, ohne dass er sich fragte, ob nicht vielleicht ihr Verhalten von 1939 bis 1945 die deutschen Soldaten in Misskredit gebracht hatte.[83]

Die Berufssoldaten waren nicht die Einzigen, die sich über Niemöllers Rede empörten. Auch innerhalb der evangelischen Kirche wurden kritische Stimmen laut, so etwa von Hermann Kunst, der als Militärbischof geltend machte, dass hinsichtlich der Legitimität der Bundeswehr Konsens bestehen sollte. Immerhin wies Bundestagspräsident Eugen Gerstenmaier das Ansinnen von Strauß zurück, wonach sich die EKD ganz offiziell von Niemöller distanzieren solle.[84] Wie bei früheren Kontroversen um Niemöller blieb das öffentliche Echo gespalten. Die Unterstützer Niemöllers sahen eine neuerliche »Kampagne« gegen ihn am Werk, während die Wochenzeitung *Die Zeit* ein anderes Muster erkannte, nämlich die wiederholten Dementis, mit denen sich der Kirchenpräsident gegen die aus seiner Sicht so »böse Presse« zur Wehr setzte.[85] Auch die in Kassel angesprochene Berufung Niemöllers auf seinen eigenen Einstellungswandel wurde zum Thema. Dass er 1939 aus dem KZ heraus Hitler seine Dienste anbot, so hieß es in einem Leserbrief an die *FAZ*, könne man ihm nicht zum Vorwurf machen, wohl aber, dass er sich – anders als zu seinem Dienst in der Kaiserlichen Marine – nicht nachträglich dazu bekenne. Niemöller gehe eben fälschlicherweise davon aus, »immer im Recht« zu sein.[86]

Die Deutsche Film AG (DEFA) hatte die Kasseler Rede Niemöllers aufgenommen, und so konnte er den genauen Wortlaut veröffentlichen. Bereits im März beschloss der zuständige Frankfurter Oberstaatsanwalt, das Verfahren gegen Niemöller einzustellen, ein Vorgehen, dem im Mai schließlich auch Franz Josef Strauß zustimmte.[87] So ist die Reaktion auf die Kasseler Rede nicht zuletzt ein Beleg für den anhaltenden Verfolgungsdruck von Polizei und Justiz, dem die organisierte Friedensbewegung auch noch am Ende der 1950er Jahre ausgesetzt war. Ein Beispiel dafür ist der Umgang mit dem Publizistikprofessor Walter Hagemann, der in Kassel vor Niemöller gesprochen hatte. Ihm wurde noch im selben Jahr aufgrund eines Auftritts in der DDR und seines Einsatzes für die Kampagne »Kampf dem Atomtod« die Lehrbefugnis entzogen, woraufhin er 1961 in die DDR übersiedelte.[88]

Auch Niemöller blieb weiter im Visier der Justizbehörden. Am 30. Juni 1959 hielt er auf Einladung der Siegener Ortsgruppe der DFG einen Vortrag zum Thema »Du sollst nicht töten!«. Da die Atombombe die Unterscheidung zwischen Soldaten und Zivilisten, »Kämpfer und Nicht-Kämpfer« endgültig eingeebnet habe, so sein Kernargument, habe der Krieg »einen verbrecherischen Charakter angenommen«. Denn das Töten von Zivilisten sei Mord.[89] Die Siegener Kriminalpolizei hatte die Rede und die anschließende Diskussion auf Tonband mitgeschnitten und erstattete umgehend Anzeige wegen Beleidigung der Bundeswehr, da Niemöller in der Diskussion die Nähe zu seinen Kasseler Aussagen bestätigt und damit seine »Beleidigungsabsicht« deutlich gemacht habe.[90] Niemöller beauftragte Gustav Heinemann und Diether Posser, die in Essen eine Anwaltskanzlei betrieben, mit seiner Vertretung. Das Verfahren wurde im März 1960 eingestellt.[91]

Nach dem Verbot der geplanten Volksbefragung über eine Atombewaffnung der Bundeswehr flaute die Kampagne »Kampf dem Atomtod« rasch ab, und die Mobilisierungsfähigkeit der antinuklearen Friedensbewegung blieb während der gesamten 1960er Jahre gering. Das lag an der nun fehlenden Unterstützung von SPD und DGB, welche die Kampagne für ihre politischen Zwecke benutzt hatten. Aber auch die öffentliche Wahrnehmung der Gefahren ließ nach. Die UdSSR hatte Anfang 1958 ein einseitiges Moratorium von Nuklearwaffentests verkündet, und schließlich hatten langwierige Verhandlungen im August 1963 zur Unterzeichnung eines Vertrags über das Verbot von überirdischen Atomtests geführt, den bis auf China und Frankreich alle Nuklearmächte unterzeichneten.

Verschiedene kleine Gruppen von Aktivisten gaben dennoch nicht auf, so etwa der 1958 gegründete Verband der Kriegsdienstgegner (VK), eine von ehemaligen GVP-Mitgliedern und Gewerkschaftern getragene Interessengemeinschaft der Kriegsdienstverweigerer aus Gewissensgründen. Zu ihnen gehörte der Hamburger Quäker Hans-Konrad Tempel, der darüber hinaus mit Gleichgesinnten in einem Aktionskreis für Gewaltlosigkeit tätig war. Hinzu kamen Mitglieder der antimilitaristisch eingestellten IdK, in der Hans Kraschutzki aktiv war. Als Ende 1959 die Stationierung der ersten britischen taktischen Atomwaffen vom Typ Honest John in Bergen-Hohne bekannt wurde, organisierten diese Gruppen am Karfreitag 1960 den ersten Ostermarsch, an dem einige Hundert Aktivisten teilnahmen. Seit 1961 fanden die Ostermärsche dann jährlich in vielen Städten der Bundesrepublik statt, 1964 bereits mit über 100 000 Teilnehmern.[92]

Stets dabei war seit 1961 – in diesem Jahr auf der Abschlusskundgebung in Heidelberg – Martin Niemöller. Als Redner und als Unterstützer, der mit öffentlichen Aufrufen zur Teilnahme am Ostermarsch das ganze Gewicht seiner Person in die Waagschale warf, war er, inzwischen im achten Jahrzehnt seines Lebens, ein starker Motor der Ostermarschbewegung.[93] Ein wichtiges Ziel dieser Bewegung war von Beginn an, den politischen Diskurs über die Parlamente hinauszutragen und damit zugleich eine Gegenöffentlichkeit zu schaffen. In diesem Sinn gehören die Ostermärsche auch zur Vorgeschichte der außerparlamentarischen Opposition ab 1967. So erklärte Adolf Freudenberg, ein enger Freund Niemöllers, auf der Abschlusskundgebung am Frankfurter Römerberg 1962, es gelte die »Stimme der Wahrheit« gegen eine »Verschwörung des Schweigens« in den Massenmedien zur Geltung zu bringen. Zugleich verwahrte sich Freudenberg gegen den Vorwurf kommunistischer Unterwanderung, der jegliche pazifistische Aktivität in der Bundesrepublik seit 1949 begleitete. Die Antwort liege in einer Gegenfrage: »Wer bestimmt eigentlich bei uns die politische Willensbildung?« Gegen die »Hasenangst vor der Unterwanderung« gelte es, das »Vernünftige und Rechtschaffene« im Kampf für den Frieden zu tun.[94] Niemöller teilte diese Argumente seines Freundes, als er beim Ostermarsch 1964 davon sprach, dass der Kommunismus wieder als »abschreckendes Gespenst« herhalten müsse. Es sei daher die Aufgabe der Bewegung, gegen »gedrucktes Propagandagerede« eine echte öffentliche Meinung zu schaffen.[95]

Pazifismus für die »Menschheitsfamilie«

Niemöller trieb die Ostermarschbewegung nicht nur durch seine persönliche Präsenz voran. Im Verlauf der 1960er Jahre entwickelte er im Einklang mit anderen Aktivisten der Friedensbewegung auch ein neues Verständnis des Pazifismus.[96] In seinem Kampf gegen die deutsche Wiederbewaffnung ging er ebenso wie die DFG mit ihrer pazifistischen Politik nach 1945 von der Nation aus. Pazifistische Politik verteidigte die physische und politische Existenz sowie die moralische Integrität der Deutschen als einer Nation und verstand »Frieden« als ein friedliches Nebeneinander von Nationalstaaten. Noch bei der Kampagne »Kampf dem Atomtod« sah Niemöller als mögliche Opfer des Atomtods in erster Linie die Deutschen. Gerade in diesem Kontext setzte er jetzt andere Akzente. Die »Atomwolken mit ihrer tödlichen Ladung«, so argumentierte er, würden die Grenzen zwischen Ost und West, Reichen und Armen überschreiten und überall Menschen bedrohen.[97] Bald darauf weitete Niemöller dieses Argument zu der grundlegenden Einsicht, dass pazifistische Politik die »Lebensnotwendigkeiten der gesamten Menschheit und Völkerwelt« im Blick behalten müsse. Und damit gehe es nicht mehr nur um die verfehlte Rüstungspolitik der Supermächte und anderer Länder im globalen Norden, sondern um die gravierende Not der »Minderbemittelten, der Hungernden und der Verhungernden« im globalen Süden.[98] Niemöller trug so maßgeblich dazu bei, den Eurozentrismus der westdeutschen Friedensbewegung zu überwinden und Frieden als ein Ziel zu verstehen, das sich nur im Rahmen der »Menschheitsfamilie« angemessen begreifen und ansteuern ließ.[99]

Je mehr Niemöller und andere Mitglieder der DFG die globale »Völker-Solidarität« als Teil der Friedenspolitik verstanden, desto mehr richtete sich ihre Aufmerksamkeit auf die Konflikte an der Peripherie des Kalten Krieges.[100] Einen wichtigen Anstoß gab hier die Eskalation des Vietnamkrieges seit Mitte der 1960er Jahre. Mit anderen DFG-Mitgliedern und dem Internationalen Versöhnungsbund initiierte Niemöller Anfang 1966 die »Hilfsaktion Vietnam«. Dort sammelte man Spenden für humanitäre Aktionen wie die Entsendung eines Lazarettschiffs, das der vietnamesischen Zivilbevölkerung Hilfe zukommen ließ. Mit einer Reise nach Hanoi, die er in den ersten Januartagen 1967 unter anderen in Begleitung von Georg Hüssler, dem Generalsekretär des ebenfalls in Vietnam engagierten katholischen Caritasverbandes, unternahm, sondierte Niemöller weitere Möglichkeiten humanitärer Hilfe für nordvietnamesische Zivilisten.[101] Am Flughafen wurde die kleine Delegation von Vertretern des kommunistischen Weltfriedensrates begrüßt, mit denen man am folgenden Abend zu einem »festlichen Abendessen« zusammenkam. Im Zuge der Besichtigungen gab es mehrmals Bombenalarm, und die nordvietnamesischen Gastgeber stellten Niemöller ein »Napalm-Opfer« vor, um die Leiden der Zivilbevölkerung anschaulich zu machen. Schließlich leistete er einer Einladung von Ho Chi Minh Folge, der laut Niemöller ganz »eisern« darauf beharrte: »Die Amis sollen verschwinden, dann laden wir sie zum Tee ein!«[102]

Unmittelbar nach der Rückkehr aus Hanoi formulierte Niemöller im *Spiegel* als wichtigste Erkenntnis aus der Reise, dass die Nordvietnamesen nach eigener Auffassung gar keinen Krieg führen würden und dass die sofortige Einstellung der US-Bombardements zu fordern sei.[103] In einem ausführlichen Bericht, den Niemöller im Juni 1967 seiner alten Dahlemer Gemeinde über die Reise erstattete, wurde die Ambivalenz pazifistischer Solidarität mit dem Kampf der Nordvietnamesen noch deutlicher. Wie bereits nach der Moskaureise 1952 offenbarte Niemöller mit der Behauptung, er habe sich in Hanoi völlig frei bewegen können, während ihm bei einem Besuch in Saigon 1965 stets ein amerikanischer Aufpasser zur Seite gestanden habe, erneut seine grenzenlose Naivität. Auch an völkerpsychologischer Spekulation darüber, was »der Ostasiate« so denke, fehlte es nicht. Aber bei aller verbalen Berufung auf das »Evangelium vom Frieden« zeigte Niemöllers Bericht doch sehr deutlich, dass er von den Nordvietnamesen keine Anstrengungen zur Erzielung eines Friedensschlusses erwartete. Er habe keinen Nordvietnamesen getroffen, »der des Krieges müde wird«, und so werde dieser andauern, bis die US-Truppen sich zurückzögen.[104]

Dem aufmerksamen Zuhörer dürfte nicht verborgen geblieben sein, dass Niemöller mit dem bewaffneten Widerstand der Vietcong gegen das US-Militär sympathisierte. Solche Äußerungen blieben kein Einzelfall. Ende der 1960er Jahre brach in der DFG ein Konflikt auf zwischen jenen Pazifisten, die auf dem Prinzip der Gewaltlosigkeit beharrten, und jenen, welche den anti-imperialistischen Kampf von Völkern in der Dritten Welt als eine notwendige Ausnahme guthießen. Auf dem DFG-Bundeskongress im Oktober 1972 prallten beide Positionen aufeinander. Niemöller gab mit Blick auf den Vietnamkrieg seine Sympathien so zu Protokoll:

Wenn Sklaven sich wehren, ist das gerechter Krieg. Wir machen zwar nicht mit, aber unsere Sympathie ist beim vietnamesischen Volk.[105]

Niemöller hatte über den Kontakt mit christlichen Pazifisten wie Abraham J. Muste und Friedrich Siegmund-Schultze zum Engagement für den Frieden gefunden. Aber bald nachdem er die Kernelemente seines antinuklearen Pazifismus entwickelt hatte, setzte er vornehmlich auf die Zusammenarbeit mit »säkularen Friedensorganisationen«, ob in der DFG oder mit der Kampagne »Kampf dem Atomtod«. Das hatte einen praktischen Grund: Niemöller wusste, dass er in der evangelischen Kirche keine Mehrheit für seine Positionen gewinnen konnte.[106] Aber es hatte auch eine programmatische Bedeutung, die sich aus dem bereitwillig angenommenen Zwang zur Zusammenarbeit mit jedem Menschen ergab, der dem Frieden dienen wollte. Bei der »Rettung von Hilfsbedürftigen«, so Niemöller 1967, frage er auch nicht danach, ob es ein Christ oder ein Atheist sei, der ihm dabei helfen wolle. Wenn die Rettung an solchen Vorbehalten scheitere, »dann bin ich kein Christ«.[107] Das Ziel einer Rechristianisierung der Gesellschaft, das Niemöllers kirchenpolitische Arbeit seit dem Beginn seiner Tätigkeit für die Innere Mission 1924 maßgeblich motiviert hatte, verlor im Kontext der Friedensbewegung jegliche Bedeutung.

Das Problem der Zusammenarbeit mit nicht dem Christentum verbundenen Gruppen und Individuen stellte sich in der Friedensbewegung ganz konkret im Blick auf Kommunisten. Mit dem Vorwurf der Nähe zur KPD beziehungsweise SED wurden Pazifisten in der Bundesrepublik ständig konfrontiert. Bei seiner Siegener Rede im Juni 1959 etwa wurde Niemöller nach seinem Verhältnis zum Kommunismus befragt. Er begründete dessen Ablehnung damit, dass die Menschen östlich des Eisernen Vorhangs zu einem »Funktionswesen« degradiert würden.[108] Doch in den 1960er Jahren unterstützte er innerhalb der DFG maßgeblich die Öffnung zur Zusammenarbeit mit Kommunisten. Konkret ging es um den von Moskau aus gesteuerten

Weltfriedensrat und seine Zweigorganisation, den Friedensrat der DDR. Niemöller sprach sich 1963 erstmals dafür aus, neben einem »zusammen leben« und »zusammen reden«, das die DFG bislang schon geübt habe, nun auch ein »zusammen wirken« mit dem Friedensrat der DDR zu praktizieren.[109] Seine Position stieß auf breite Zustimmung. Manche DFG-Mitglieder leiteten daraus die Notwendigkeit ab, die Existenz der DDR offiziell anzuerkennen. Die Motive Niemöllers und seiner Freunde in der DFG für diesen Schritt waren vielschichtig. Eine wichtige Rolle spielte die groteske Überalterung der DFG-Aktivisten – in der Ortsgruppe Hamburg-Bergedorf gab es kein einziges Mitglied unter fünfzig Jahren –, welche die Suche nach Bündnispartnern dringlich machte. Gerade Niemöller vertrat zudem die Auffassung, dass auch das »Ausbooten von angeblich mißliebigen Leuten«, die kommunistische Positionen unterstützten, nicht zur Verbesserung des »Rufes« der DFG beitragen würde. Andere DFG-Mitglieder sahen dagegen mit Besorgnis, dass man dort »jede Kritik am ostdeutschen System abwürgen« wolle.[110]

Bei Niemöller kamen die tiefen Vorbehalte hinzu, die er gegen das parlamentarische System der Bundesrepublik hegte. Die Debatte um die Notstandsgesetze, für die das Bundesinnenministerium seit 1956 immer wieder Entwürfe vorlegte, verstärkte diese Haltung. Die DFG veranstaltete 1963 eine Protestaktion gegen die Notstandsgesetze. Niemöller begründete seine Ablehnung damit, dass man in Deutschland erneut linke Positionen verfolge, wobei das geplante Gesetz »ein weiterer Schritt auf diesem verhängnisvollen Weg« wäre.[111] Niemöller, der die Bundesrepublik so bereits unterwegs sah zu einem neuen 1933, konnte im Nebel seines moralischen Relativismus die Unterschiede zwischen den politischen Systemen nicht mehr erkennen. Folgerichtig rief er im Vorfeld der Bundestagwahl 1965 dazu auf, ungültig gemachte Stimmzettel abzugeben. Als »Friedensfreund«, so begründete er seine Position, könne er »unmöglich in diesem angeblichen Zwei-Parteien-System, das keines ist, mit einer gleichzeitigen starken Selbständigkeit und Einflußmöglichkeit der ›Wehrmacht‹ übereinstimmen«.[112] Daraufhin hagelte es Proteste von den Vertretern aller Bonner Parteien, die er so als Teilhaber an einer parlamentarisch verbrämten Diktatur denunzierte. Auch Niemöllers alter Freund und Weggefährte Gustav Heinemann machte seinem Ärger über Niemöller in einem Brief an einen Pfarrer im Ruhrgebiet Luft:

Wenn Niemöller z. B. politische Betätigung so charakterisiert, daß sie die einzige Betätigung sei, für die man nichts gelernt und keinen Befähigungsnachweis erbracht zu haben brauche, darf er sich nicht wundern, wenn ein Mann von dem Lebensweg wie [Herbert] Wehner barsch reagiert [...].

Ich wehre mich dagegen, daß Männer der Kirche die Politik pausenlos mit Maßstäben der Bekenntnistreue messen und obendrein hinsichtlich der kirchlichen Vor- oder Begleitarbeit für ein chemisch reines bekenntnisfreies Handeln enttäuschen. Politik ist etwas anderes als Religion; sie hat es nicht mit Wahrheitsfragen, sondern mit Meinungen und Machtverhältnissen zu tun.[113]

In der DFG führte diese von Niemöller unterstützte Ausrichtung dazu, dass sie bis Ende der 1960er Jahre zunehmend unter den Einfluss von Kommunisten beziehungsweise Mitgliedern der 1968 gegründeten DKP geriet. Unter diesem Vorzeichen fand 1974 auch die Vereinigung der pazifistischen Verbände DFG-IdK und VK zur DFG-VK statt, deren Ehrenpräsident Niemöller wurde. Der Antikommunismus galt vielen Mitgliedern des neuen Verbandes als die wichtigste Kriegsursache, und so zog sich nun ein dem entschiedenen Antimilitarismus verbundener Pazifist wie Heinz Kraschutzki aus dem Verband zurück.[114] Im selben Jahr gründeten der DKP nahestehende Personen das Komitee für Frieden, Abrüstung und Zusammenarbeit (KOFAZ), das bald auch Martin Niemöller als Unterstützer gewinnen konnte. Aber als Crux dieser Art von Friedenspolitik stellte sich bald heraus, dass ihre kommunistische Steuerung deutlich erkennbar war und sie deshalb weitgehend ohne Resonanz blieb.[115]

Die antinukleare Friedensbewegung mobilisierte die Massen erst, als sie nach dem NATO-Doppelbeschluss vom Dezember 1979 ein klares Mobilisierungsziel hatte, das eine breite Koalition aus Sozialdemokraten, Grünen, evangelischen und katholischen Christen, Ökopaxen und radikalen Linken zusammenbrachte. Der Krefelder Appell vom November 1980, den Niemöller als einer der Erstunterzeichner unterstützte, markierte mit seiner Forderung »Der Atomtod bedroht uns alle – keine neuen Atomraketen in Europa!« den Minimalkonsens dieser Massenbewegung. Deren Dynamik ließ sich von der kleinen Gruppe der DKP-nahen Kader nicht mehr substanziell beeinflussen.[116] Mit ihrem Kernbegriff, dem Atomtod, knüpfte diese Mobilisierungswelle zugleich an die Kampagne »Kampf dem Atomtod« an, die Niemöller 1958 mitinitiiert hatte.

In der Friedensbewegung der 1980er Jahre hatte der hochbetagte Niemöller nur noch eine symbolische Präsenz. An der ersten Großkundgebung der Bewegung, zu der am 10. Oktober 1981 mehr als 300000 Menschen im Bonner Hofgarten zusammenströmten, konnte er aus gesundheitlichen Gründen nicht teilnehmen. Aber seine vorbereitete Rede, in der er sich an den Ostermarsch 1958 nach Aldermaston erinnerte und den Staffelstab des Einsatzes für den Frieden an die Jugend weitergab, wurde in Bonn verlesen.[117]

Martin Niemöller war nicht der erste ehemalige Berufsoffizier, der an führender Stelle in der Friedensbewegung tätig war. Zwei Generäle des kaiserlichen Heeres, Paul von Schoenaich und Berthold von Deimling, zählten in der Weimarer Republik zu den gefragtesten Rednern der Deutschen Friedensgesellschaft. Aber für diese Art der symbolischen Inszenierung des Pazifismus gab es in der Bundesrepublik keinen Platz mehr. August Bangel, der langjährige Bundesvorsitzende der DFG, fasste die Veränderung 1964 prägnant zusammen. In der Weimarer Zeit konnte Schoenaich, so erinnerte sich Bangel, »noch in allen Versammlungen davon sprechen, wie richtig er als preußischer General gehandelt habe und [wie] er auf diese Zeit stolz sei; heute würde man ihn in jeder Versammlung« einer pazifistischen Organisation »auslachen«.[118]

Ähnlich wie Schoenaich brachte auch Niemöller seinen biographischen Hintergrund als Berufsoffizier in die Friedensbewegung ein. Aber er tat dies nicht mit prahlenden Hinweisen auf seine früheren Heldentaten. Selbstkritisch beklagte er, dass er nicht früher gelernt und die Konsequenzen aus den Weltkriegen gezogen habe, wie sein Freund Heinz Kraschutzki das schon nach 1918 getan hatte.[119] Die Hinwendung zum antinuklearen Pazifismus war bei Niemöller keine plötzliche Bekehrung, sondern das Ergebnis eines langjährigen Lernprozesses. Er ging von der Einsicht aus, dass die Deutschen das erste Opfer eines mit Nuklearwaffen geführten Krieges sein würden, und bewegte sich durch den Kontakt mit christlichen Pazifisten und unter dem Einfluss seiner Frau auf eine Position zu, die den Krieg generell als Mittel der Politik ablehnte. Doch erst die Einsicht in die potenziell globale Zerstörungskraft der Wasserstoffbombe machte diesen Wandel dauerhaft.

Die historische Bedeutung von Niemöllers Einsatz für den Pazifismus besteht nicht darin, dass er als eine heroische »Lichtgestalt« oder ein »Brückenbauer« seiner Zeit weit voraus war und eine Entspannungspolitik vorschlug, die erst mit langer Verzögerung realisiert wurde.[120] Wichtig war vielmehr, dass er mit seiner Abkehr von einer rein theologisch begründeten und auf den innerkirchlichen Raum bezogenen pazifistischen Politik zum Vorreiter einer Friedensbewegung wurde, die auf einer breiten Koalition unterschiedlicher politischer Gruppen basierte.

17
»Die Welt ist meine Pfarrei«: ökumenische Arbeit

Martin Niemöller war in der nationalprotestantisch geprägten Kultur des späten Kaiserreichs aufgewachsen. In dieser Auffassung hatte Gott eine besondere Berufung für die deutsche Nation. Von 1924 bis 1931 war Niemöller in der Inneren Mission tätig und definierte auch in diesem Kontext das evangelische Christentum in erster Linie durch seinen Beitrag zur moralischen Aufrüstung der Nation. Die Machtergreifung der Nationalsozialisten 1933, die bei ihm wie bei so vielen seiner Zeitgenossen Hoffnungen auf die Realisierung einer Volksgemeinschaft weckte, bestärkte den Bezug auf den nationalen Referenzrahmen noch einmal. Die Auseinandersetzungen zwischen der Bekennenden Kirche und den Deutschen Christen machten dann aber auch die Beziehungen zu den evangelischen Kirchen außerhalb Deutschlands zum Thema. Wer sollte die deutschen Protestanten auf der internationalen Bühne vertreten: die vom Reichsbischof Ludwig Müller geleitete DEK oder die Bekennende Kirche, die auf der Bekenntnissynode von Barmen 1934 den Anspruch erhoben hatte, die wahre evangelische Kirche zu sein? Diese Frage wurde aktuell, als die sich formierende ökumenische Bewegung mit dem deutschen Kirchenkampf konfrontiert wurde. In diesem Zusammenhang kam Niemöller erstmals in Berührung mit der Ökumene, auch wenn seine Verhaftung 1937 einen direkten Kontakt zunächst vereitelte.

Die ökumenische Bewegung nahm seit der Weltmissionskonferenz in Edinburgh 1910 konkrete Gestalt an. Der Name war in zweifacher Hinsicht bezeichnend für das dort verhandelte Anliegen: Die Konferenz versammelte vornehmlich Vertreter von anglo-amerikanischen Missionsgesellschaften, nicht Repräsentanten nationaler Kirchen. Sie knüpfte damit an frühere Treffen von Missionaren an. Der Begriff Ökumene hatte hier noch seinen aus dem Altgriechischen stammenden Sinn: *oikumene*, die gesamte bewohnte Welt. Das vorrangige Thema war also die Koordinierung von missionarischen Aktivitäten in globaler Vernetzung, ganz im Sinne von »Evangelisation der Welt in einer Generation«, ein Motto, das der amerikanische Methodist John Mott, der die Verhandlungen in Edinburgh leitete, 1901 geprägt hatte. Nur 17 der über 1200 Delegierten in Edinburgh kamen aus den sogenannten jungen Kirchen Afrikas und Asiens. Repräsentanten der orthodoxen Kirchen des

Ostens und der römisch-katholischen Kirche waren gar nicht erst eingeladen worden. Bis zum Zweiten Vatikanischen Konzil (1962–1965), bei dem sich die katholische Kirche für den Dialog mit anderen Kirchen öffnete, hatte der Begriff Ökumene noch nicht jene Bedeutung, die ihm heute innewohnt, nämlich die Suche nach einer möglichen Einheit protestantischer und katholischer Christen. Ökumene war zunächst eine Sache von Protestanten, die sich die globale Verbreitung und Vernetzung christlicher – und das hieß in erster Linie: protestantischer – Glaubensgemeinschaften zum Ziel setzten. Erst im weiteren Verlauf der ökumenischen Arbeit löste die Betonung der Einheit aller Christen die missionarische Grundierung ab.[1]

Nach dem in Edinburgh 1910 gegebenen Startschuss spaltete sich die ökumenische Bewegung zunächst in drei verschiedene Flügel auf: erstens den Internationalen Missionsrat, der Ökumene ganz primär als Mission verstand und sich 1928 in Jerusalem zu einer großen Konferenz traf; zweitens den Ökumenischen Rat für Praktisches Christentum (ÖRPC), der stark von der amerikanischen Strömung des *social gospel* beeinflusst war, in der liberal-progressive Protestanten soziale Probleme auf ethischer Grundlage thematisierten; drittens in die aus Edinburgh hervorgegangene Kommission für Glauben und Kirchenverfassung, die seit 1927 mehrere Konferenzen veranstaltete. Erst auf einem gemeinsamen Treffen 1938 in Utrecht kamen die zweite und dritte Strömung zusammen und beschlossen den Aufbau eines Ökumenischen Rates der Kirchen (ÖRK), dessen Zentrale in Genf angesiedelt wurde.[2]

Der ÖRPC war als erste ökumenische Organisation mit den durch den Kirchenkampf ausgelösten Problemen konfrontiert. Er entschied sich im Herbst 1933 dafür, die vom Reichsbischof Ludwig Müller geleitete DEK weiterhin als Mitglied zu behandeln, deren nationalsozialistisch dominierte Kirchenleitung aber nicht anzuerkennen. Damit wollte man Deutschland die Tür offenhalten. Der von Niemöller geleitete Pfarrernotbund zeigte sich zunächst gerade der aus dem Ausland kommenden Einflussnahme gegenüber höchst skeptisch. Als Schweizer Pfarrer im April 1934 in einem Schreiben ihre Sympathie für den Bruderrat bekundeten, reichte dieser das Schriftstück umgehend an das Auswärtige Amt weiter. Als der Aufruf dann in der Schweizer Tagespresse erschien, wandte sich Niemöller wiederum an das Auswärtige Amt. Allein Dietrich Bonhoeffer sah frühzeitig den strategischen Vorteil, den Kontakte zur Ökumene für die Bekennende Kirche mit sich brachten.[3]

Auch in den folgenden Jahren konnte sich der ÖRPC nicht entschließen, die Bekennende Kirche als die alleinige deutsche Kirche anzuerkennen, sosehr sich der in diesem Gremium führende Bischof George Bell auch für Niemöller und seine Mitstreiter einsetzte. Der Konflikt um die Repräsentation der deutschen Kirche spitzte sich im Vorfeld der großen Konferenz zu, die der ÖRPC im Juli 1937 in Oxford veranstaltete. Zu einem Vorbereitungstreffen in Montreux waren im August 1936 noch getrennte Delegationen der zweiten VKL für die Bekennende Kirche sowie der DEK unter Leitung von Wilhelm Zoellner und Theodor Heckel, dem Leiter des Kirchlichen Außenamtes, in die Schweiz gereist. Nach dem Scheitern des Reichskirchenausschusses im Februar 1937 gerieten die Außenbeziehungen der deutschen Kirche dann gänzlich in die Hände von Heckel. Wie ein internes Memorandum des Auswärtigen Amtes festhielt, war diese Angelegenheit von gravierender außenpolitischer Relevanz für das »Dritte Reich«. Denn vor allem in den angelsächsischen Ländern »wird heute nicht so sehr über die Judenverfolgungen wie vielmehr über angebliche Christenverfolgungen geredet und geschrieben«. Wenn es nicht möglich sei, eine deutsche Delegation nach Oxford zu entsenden, bedeute dies »eine erhebliche kulturpolitische Schädigung Deutschlands«.[4]

Vor diesem Hintergrund setzte Heckel die Entsendung einer einheitlichen deutschen Delegation durch. Die Bekennende Kirche benannte dafür neben Dibelius auch Niemöller. Daraufhin änderte Heckel seine Meinung und entschied sich gegen eine deutsche Repräsentanz. Wohl auf sein Betreiben entzog die Gestapo Niemöller und den anderen vorgesehenen BK-Vertretern Mitte Mai 1937 die Reisepässe.[5] Wenige Wochen später wurde Niemöller verhaftet. Damit hatte er bis 1945 keine Gelegenheit, eine aktive Rolle in der ökumenischen Bewegung zu spielen. Soweit es ihm in der Abgeschlossenheit seiner Haft möglich war, verfolgte er die weitere Entwicklung der Ökumene und gab Else gelegentlich Hinweise, die sie an Freunde in der Bekennenden Kirche weiterleiten sollte.[6]

Dass Niemöller über die Aktivitäten der ökumenischen Bewegung gut informiert war, belegt auch sein während der Einzelhaft in Sachsenhausen 1939 entstandenes Manuskript »Gedanken über den Weg der christlichen Kirche«. Er bemühte sich darin, eine kirchenhistorische und theologische Begründung für seine geplante Konversion zur katholischen Kirche zu finden. Aus dieser Perspektive war die ökumenische Bewegung für ihn ein Zeichen für jene Zersplitterung der vielen nicht rechtmäßigen Kirchen, die sich von Rom getrennt hatten. In den Anfängen der Ökumene, so Niemöller, habe es noch »Optimismus« gegeben, dass diese Zersplitterung ein »Zeichen des Reichtums und der Größe der Kirche sei«, und zwar vor allem in jenen Kreisen, denen wie dem ÖRPC »als lohnende kirchliche Weltaufgabe die Verkündigung und Verwirklichung eines ›sozialen Evangeliums‹, einer gesellschaftlichen Neuordnung der Welt« vor Augen stand:

> Diese hoffnungsfrohe Stimmung ist freilich überraschend schnell einer pessimistischen Betrachtung gewichen, die in der Vielheit nicht die Mannigfaltigkeit, sondern die Zersplitterung [...] erkennen zu sollen glaubte. Und wenn wir heute lesen, daß die Führer der christlichen Missionen einen Stillstand, ja einen Rückgang in der Ausbreitung des Christentums verzeichnen, den sie in erster Linie auf das Lebendigwerden völkisch-politischer Ideen, aber in Verbindung damit zu einem nicht unerheblichen Teil auf das Gegeneinander der verschiedenen Bekenntnisse zurückführen, dann bewegt uns die Frage, ob wir denn nicht auch außerhalb der Missionsfelder in den alten »christlichen« Ländern und Völkern einen ebensolchen Rückgang vor Augen haben?! – Und auch hier kommt ein gut Teil der Christentumsmüdigkeit sicherlich auch aus der konfessionellen Aufspaltung, die heute geradezu als Merkmal des Zerfalls der Christenheit gesehen wird.[7]

Niemöller verstand die ökumenische Bewegung ganz zutreffend von ihrem missionarischen Impuls her. Er verband diese Beobachtung mit einem eindeutig negativen Urteil über die Chancen einer solchen Mission, solange die Zersplitterung des Christentums in viele voneinander getrennte Kirchen anhalte. Ohne das apostolische Amt als ein verbindliches Lehramt, da war sich Niemöller sicher, könne »keine Einheit der Kirche« erreicht werden. Allein durch »gelegentliche Konferenzen«, wie er mit Blick auf die Bestrebungen zur weltweiten Einigung des Luthertums bemerkte, lasse sich keine »wirksame Übereinstimmung der Kirchenlehre herbeiführen«. Das gelte noch mehr für die ökumenische Bewegung im engeren Sinn, »die über die konfessionellen Grenzen hinweg *alle* christlichen Kirchen« miteinander in Beziehung bringen wolle. Diese Bemühungen, so sein Urteil, »werden zu nichts führen und doch dadurch der Christenheit einen ungeheuren Dienst leisten, daß in ihnen das Elend unserer Zersplitterung und die Sehnsucht nach einer Gesundung an das Tageslicht des Bewußtseins gebracht wird«.[8] Der Weg zu einer »wahrhaft ökumenischen Arbeit« werde sich aber erst öffnen, wenn die evangelischen Christen nachweisen, aus welchen Gründen sie sich »der römischen Kirche nicht eingliedern können«. Alle bisherige ökumenische Arbeit habe dagegen nur den »frommen Interessen« einer Kultur gedient, die »ihre Zukunft gefährdet« sehe und deshalb auf die weltweite Verbreitung des Christentums setze.[9]

Zu einer derart apodiktischen Aussage konnte Niemöller nur gelangen, weil er zu diesem Zeitpunkt davon überzeugt war, dass allein die römisch-katholische Kirche die Nachfolge Jesu in authentischer Form repräsentiere. Wie wir gesehen haben, nahm Niemöller schon vor der Verlegung ins KZ Dachau von dieser Auffassung und dem damit verbundenen Plan einer

Konversion wieder Abstand. Das hieß allerdings nicht, dass das Pendel nun umgehend zurückschlug und Niemöller seine protestantische Identität sofort wieder betonte. Vielmehr versuchte er in einem offenen Dialog mit seinen drei katholischen Mitgefangenen theologische Grundfragen zu klären. Erst als diese Gespräche erlahmten und in die Männerkameradschaft der vier im Zellenbau des KZ Dachau inhaftierten Gefangenen Routine einkehrte, wuchs bei Niemöller das Verlangen nach der Gemeinschaft mit evangelischen Christen. Am 31. Oktober 1942 etwa schrieb er an Else, dass er seine

> Einsamkeit wieder stärker fühle, zumal an einem Tage wie heute, an dem die evangelische Kirche der Reformation gedenkt! In der katholischen Frömmigkeit – das ist mir jetzt doch wieder ganz klar geworden – steht praktisch denn doch nicht der Herr Christus mit seinem Werk für uns im Mittelpunkt.[10]

Etwas mehr als ein Jahr später betonte er, dass er »gern viele, viele Kilometer laufen« würde, »um mal wieder an einem evangelischen Gemeindegottesdienst teilnehmen zu können«.[11] Nach dem Pfingstfest des Jahres 1944 ließ er verlauten, dass er neben seiner Familie »den evangelischen Gottesdienst sehr entbehrt« habe. Die katholischen Geistlichen im Block 26 des Schutzhaftlagers, dem sogenannten Priesterblock, durften dort in einer Kapelle den Gottesdienst feiern. Als Niemöller am Pfingstsonntag 1944 aus dieser Kapelle ein Gebet hörte, da wurde ihm, so schrieb er Else,

> doch ganz anders zu Sinn, und ich musste an die fröhlichen und freien Pfingstgottesdienste denken, die wir feiern dürfen und gefeiert haben [...]. Und da fühle ich mich wieder so ganz mit der evangelischen Gemeinde zusammengehörig, dass mir der Gedanke einer Trennung von ihr als etwas ganz Absurdes vorkommt.[12]

Die Teilnahme an einem evangelischen Gottesdienst war Niemöller aber nicht möglich. Kurz nach der Verlegung ihres Mannes in das KZ Dachau hatte Erich Hahnenbruch, der für die protestantischen Kirchen zuständige Referent im Reichssicherheitshauptamt, Else Niemöller aufgefordert, für ihren Mann einen Antrag auf Teilnahme am evangelischen Gottesdienst zu stellen, denn auch den protestantischen Pfarrern im Block 26 stand dafür die dortige Kapelle zur Verfügung. Dem Ersuchen wurde jedoch nicht stattgegeben. Die zunächst zwei, dann drei katholischen Mitgefangenen Niemöllers konnten dagegen seit dem Spätherbst 1941 in einer leerstehenden Zelle in dem für sie abgetrennten Teil des Zellenbaus täglich eine Messe feiern. Von Dezember 1941 an benutzten sie dafür einen Messkoffer mit einem Klappaltar, den ihnen Michael von Faulhaber, der Erzbischof von München und Freising, zur Verfügung gestellt hatte.[13] Niemöller, dem die konfessionellen Unterschiede zu den Katholiken während der langen gemeinsamen Haft wieder stärker ins Bewusstsein traten, nahm an diesen Gottesdiensten aber nicht teil.[14]

Ökumenische Begegnung im Zeichen des Todes: die Dachauer Predigten

Zum Jahresende 1944 kam Bewegung in das Einerlei des Alltags im Kommandanturarrest. Einer der prominenten Sonderhäftlinge im Zellenbau, der ehemalige niederländische Verteidigungsminister Johannes C. van Dijk, bat das SS-Wachpersonal um die Erlaubnis, einen evangelischen Gottesdienst feiern zu dürfen. Sie wurde ihm erteilt, und da Niemöller der einzige Geistliche unter den Protestanten im Kommandanturarrest war, leitete er am Heiligen Abend 1944 den Gottesdienst.[15] Neben van Dijk bildeten zwei Norweger, ein Brite, ein Jugoslawe und ein Mazedonier die kleine Gruppe, die Niemöller um sich versammelte. Er predigte über die frohe Botschaft der Weihnachtsgeschichte nach Lukas 2, 10–12, aber in seiner Auslegung mischte sich in die Freude über die Geburt Jesu jene »Todesfurcht«, die alle um den Klappaltar Versammelten kannten und teilten.[16] Im Alter hat Niemöller diese Andacht rückblickend als den »ersten ökumenischen Gottesdienst« bezeichnet, den er je gehalten habe, und der amerikanische Methodist Ewart Turner hat dies zu der These zugespitzt, dass an diesem Abend der »ökumenische Niemöller« geboren worden sei.[17] Niemöllers Darstellung lässt sich durchaus zustimmen, denn unter den Teilnehmern dieses Gottesdienstes waren ein Anglikaner, Lutheraner, Reformierte sowie orthodoxe Christen. Turners Behauptung ist dagegen weit überzogen, denn sie entspricht nicht Niemöllers persönlicher Sicht auf die Abendmahlsfeier am 24. Dezember 1944. Drei Tage später berichtete er seiner Frau brieflich davon. »Es tröpfelte nur langsam«, lautete sein selbstkritisches Urteil, was nach mehr als sieben Jahren ohne Praxis auf der Kanzel keine Überraschung war. Doch dann kam Niemöller darauf zu sprechen, dass er am Silvesterabend eine weitere Andacht halten wolle, und nannte Else den Grund dafür: »Sonst verkommt man allmählich.«[18]

Der Gottesdienst am Heiligen Abend des Jahres 1944 und fünf weitere, die noch bis zum Abtransport aus dem KZ Dachau folgten, standen für Niemöller ganz im Zeichen des Todes und der Furcht davor, angesichts der

Zerstörung des menschlichen Lebens Zuversicht und Glauben zu verlieren. Dabei dachte er allerdings nicht an die in den Baracken des KZ Dachau dahinhinsiechenden sowjetischen Kriegsgefangenen, Juden und Kommunisten, sondern an seine Familie und das deutsche Volk. Am 17. Dezember war mit gerade einmal fünfzig Jahren sein Schwager Fritz Bremer verstorben. »So war's«, schrieb Niemöller an Else, »auch für Dich ein Christfest im Tal der Todesschatten wie für uns alle und wie für die Mehrzahl unseres ganzen Volkes.« Aus diesem Grund hatte er sich auch nicht wie sonst einen kleinen Weihnachtsbaum in der Zelle zurechtgemacht und gestand seiner Frau, dass er »recht verzagt« sei. In dieser verzweifelten Lage erinnerte er sich an ein Wort des Pfarrers Wolfgang Saß, der ihn in Dahlem vertrat:

> Ich verstehe schon, wenn der gute Sass meint, dass er sich auf die Ewigkeit freut; es fliessen jetzt so viel Tränen, die kein Mensch trocknen kann, dass wir wohl Ursache haben, mit der seufzenden Kreatur auf die Stunde zu warten und zu hoffen, da »Gott abwischen wird alle Tränen von unseren Augen« [Offb. 21, 4].[19]

Die Nachricht vom Tod seiner Tochter Jutta am Tag vor Silvester 1944 vertiefte diese düstere Stimmung Niemöllers noch. So widmete er sich in seinen Dachauer Predigten nicht der Begegnung zwischen den Konfessionen, und sie standen auch nicht im Dienst an der Ökumene, sondern ganz im Zeichen des massenhaften Todes und eines fundamentalen Problems, das dieser aufzeigte: Wie konnte es sein, dass Gott eine so unvollkommene Welt zuließ, die er doch selbst in seiner Machtvollkommenheit geschaffen hatte? Dies ist das Problem der Theodizee, und es beschäftigte Niemöller in seinen Dachauer Predigten, ohne dass er eine Antwort fand.[20]

Die »erste Nachkriegsaufgabe« der ökumenischen Bewegung war, so der langjährige Generalsekretär des ÖRK, Willem Visser 't Hooft, die »Versöhnung der Kirchen, deren Länder gegeneinander gekämpft hatten«.[21] Eine Voraussetzung dafür war, dass die deutschen Protestanten ihre eigene Schuld anerkannten. Die Stuttgarter Schulderklärung im Oktober 1945 bereitete dafür den Boden. Während diese Erklärung in der Öffentlichkeit der drei westlichen Besatzungszonen auf heftige Kritik stieß, konnte Visser 't Hooft, der mit den Protestanten in Frankreich und den Niederlanden persönlich im Kontakt stand, Niemöller versichern, dass die Erklärung in den dortigen Kreisen »mit großer Freude aufgenommen« werde.[22] Niemöller war Ende August 1945 in Treysa zum Leiter des Kirchlichen Außenamtes der EKD ernannt worden und somit offiziell für die Pflege der ökumenischen Beziehungen der evangelischen

Kirchen Deutschlands zuständig. In der Praxis machte das eine regelmäßige Kommunikation mit Visser't Hooft und anderen Mitarbeitern des Generalsekretariates des im Aufbau befindlichen ÖRK in Genf nötig. Dorthin zu gelangen erwies sich aber als äußerst schwierig. So hatten die Schweizer Behörden Niemöller problemlos ein Visum für die Einreise erteilt, aber die US-Militärbehörden in Frankfurt am Main zögerten die Erteilung einer Reiseerlaubnis hinaus. Wie Visser't Hooft in Erfahrung bringen konnte, gab es dort seit dem Auftritt in Neapel Vorbehalte gegen Niemöller.

In der ökumenischen Bewegung der Zeit nach 1945 hatten amerikanische Protestanten erheblichen Einfluss. Ihre Kritik an der Anbahnung ökumenischer Kontakte mit den deutschen Protestanten entzündete sich nicht nur an der Person Niemöllers, sondern auch an kirchenpolitischen Fragen. Die Lutheraner unter ihnen warfen die Frage auf, ob ein Kirchenbund wie die EKD überhaupt Mitglied des Ökumenischen Rates der Kirchen werden könne. Namentlich Franklin Clark Fry, Präsident der United Lutheran Church, eines Zusammenschlusses verschiedener lutherischer Kirchen, vertrat diese Position. Dahinter stand zum einen die Besorgnis, dass die deutschen Lutheraner nicht für den Aufbau eines Lutherischen Weltbundes zur Verfügung stehen würden, dessen Gründung 1947 im schwedischen Lund erfolgte. Zum anderen befürchtete Fry, dass die EKD »starke Unionstendenzen« haben würde, für die er wiederum Niemöller verantwortlich machte. Visser't Hooft, der in diesen Konflikten offiziell zur Neutralität verpflichtet war, signalisierte Niemöller aber, dass er eine »Isolierung der Konfessionen« in der Ökumene ablehne.[23]

Um die praktischen Probleme zu umgehen, ernannte Niemöller für die Monate bis zur ersten persönlichen Kontaktaufnahme in der Schweiz seinen am Genfer See lebenden Freund Hans Bernd Gisevius zum Vertreter des Kirchlichen Außenamtes beim ÖRK.[24] Als er im Februar 1946 endlich erstmals für zehn Tage in die Schweiz fahren konnte, war dies für Niemöller und seine Frau nicht nur eine ökumenische Reise, sondern auch eine »Erholungsfahrt«. Bei seinem zweiten Besuch im März traf er in Basel Karl Barth und andere Vertreter des Schweizerischen Evangelischen Hilfswerks für die Bekennende Kirche. Im Kreis dieser Freunde, die ihn und seine Familie seit 1937 auch materiell unterstützt hatten, bekannte Niemöller, »dass er sich wie aus der Welt herausgenommen vorkomme, seit er die Schweizer Grenze überschritten habe«.[25] Mit dem Betreten Schweizer Bodens hatte er die von Mangelernährung, ungeheizten Räumen und vielerlei materiellen Nöten geprägte Realität Nachkriegsdeutschlands gegen jene bürgerliche Behäbigkeit eingetauscht, die er in den langen Jahren der KZ-Haft hatte entbehren müssen.

In den ersten Jahren nach Kriegsende war die Ökumene für Niemöller auch die Begegnung mit einer Welt des Überflusses, die ihm wie ein Traum erscheinen musste.

Bei seinem Besuch in Genf im Februar 1946 nahm Niemöller zusammen mit Theophil Wurm an Treffen im Rahmen des ÖRK teil. Zunächst gab es eine Kommissionssitzung in kleinerem Kreis. Niemöller wusste nicht, wie die anderen Teilnehmer auf den deutschen Vertreter reagieren würden. Doch als Bischof Eivind Berggrav aus Oslo, der die Jahre der deutschen Besatzung Norwegens teils in Haft, teils in verschärftem Hausarrest verbracht hatte, den Raum betrat, ging er direkt auf Niemöller zu, küsste ihn auf beide Wangen und sagte: »Lieber Bruder Niemöller, wie viele, viele Monate habe ich auf diesen Augenblick gewartet.«[26] Danach stand eine Sitzung des Vorläufigen Komitees des ÖRK auf dem Programm. Es war dessen erste Vollsitzung seit Beginn des Zweiten Weltkriegs 1939, und so waren die Erwartungen der etwa fünfzig Teilnehmer hoch. Niemöller hatte erneut »Angst« davor, wie ihm die Vertreter der noch vor kurzem von der Wehrmacht besetzten Länder begegnen würden. Hier brach der dänische Vertreter das Eis, indem er in knappen Sätzen die Verfolgung der dortigen Kirche beschrieb und betonte, dass es ohne das Beispiel der Bekennenden Kirche in Deutschland nicht möglich gewesen wäre, diese Zeit der Entrechtung zu überstehen. Bei einem Gottesdienst in der Genfer Kathedrale hielt Niemöller eine kurze Predigt in französischer Sprache.[27] Die symbolische Wirkung von Niemöllers Arbeit in der Bekennenden Kirche und seine KZ-Haft trugen letztlich viel dazu bei, dass die deutsche evangelische Kirche nach Kriegsende ohne Vorbehalte wieder in den Rahmen der ökumenischen Bewegung aufgenommen wurde.

Die eigentliche ökumenische Arbeit Niemöllers begann mit den kurzen Stippvisiten in die Schweiz und nach England, wohin er Anfang November 1946 zu Gesprächen mit George Bell und Franz Hildebrandt aufbrach.[28] Er verstand unter dieser Arbeit stets die Begegnung mit anderen Christen in aller Welt, und so stehen Niemöllers zahlreiche Reisen im Zentrum seiner ökumenischen Bemühungen. Kontakte innerhalb Europas waren dazu nur der Auftakt. Seit der Befreiung durch die US-Armee plante er eine Reise in die USA. Am 15. Mai 1945 hatte er in Neapel Garfield Bromley Oxnam (1891–1963) getroffen, einen Bischof der Methodist Church, der zugleich Vorsitzender des Federal Council of Churches (FCC) war. Diese 1908 gegründete Vereinigung stellte den ökumenischen Zusammenschluss von mehreren Dutzend protestantischen Religionsgemeinschaften in den USA dar – von den verschiedenen Kirchen der Baptisten und Methodisten über die Presbyterianer und Lutheraner bis hin zu den Quäkern. Oxnam lud Niemöller bei jenem Gespräch ein, möglichst bald in die USA zu kommen. Daraus wurde nach den Kontroversen um Niemöllers Pressekonferenz in Neapel zunächst nichts. Aber Oxnam blieb unbeirrt und erneuerte bei einem Zusammentreffen im März 1946 in Genf seine Einladung, und zwar ganz offiziell im Namen des FCC. Ebenfalls in Genf anwesende reformierte und lutherische Vertreter aus den USA teilten und bekräftigten diesen Wunsch im Namen ihrer Kirchen.[29]

Bis Else und Martin Niemöller sich tatsächlich auf den Weg in die USA machen konnten, waren noch erhebliche Widerstände zu überwinden. Dean Acheson, der für Visafragen zuständige stellvertretende US-Außenminister, wünschte sich als ersten offiziellen deutschen Besucher nach dem Krieg einen »unbestreitbaren« Vertreter der demokratischen Kräfte in Deutschland. Wegen seiner nationalistischen und militaristischen Einstellungen und seiner anfänglichen Unterstützung des NS-Regimes war Niemöller das in seinen Augen nicht. Auch jüdische Vertreter lehnten einen Besuch Niemöllers aufgrund seiner fragwürdigen Stellungnahmen zum Antisemitismus ab, so etwa der Rabbiner Stephen Wise, Mitbegründer und Präsident des American Jewish Congress. Samuel Cavert, der Generalsekretär des FCC, bemühte sich im Frühjahr und Sommer 1946 in langwierigen Korrespondenzen mit Acheson, Wise und anderen Kritikern, diesen Widerstand zu brechen – mit Erfolg: Am 21. November 1946 erhielten die Niemöllers in Büdingen als erste namhafte deutsche Zivilpersonen Visa für die USA.[30] Nach den schlechten Erfahrungen mit Niemöllers Interviews in Neapel suchten seine amerikanischen Unterstützer Vorsorge zu treffen und ihm einen Begleiter und Aufpasser an die Seite zu stellen, der ihn von unbedachten Äußerungen vor der Presse abhalten sollte. Diese Rolle übernahm Ewart E. Turner, ein Methodist, der 1930 das Amt des Pfarrers an der amerikanischen Kirche in Berlin angetreten hatte und während des Kirchenkampfes zum Freund und Vertrauten Niemöllers geworden war. Nach der Befreiung traf Turner Niemöller und seine Frau in Leoni. Das Weihnachtsfest 1945 verbrachten sie zusammen in Büdingen.[31]

Evangelisation im Superlativ:
Niemöllers USA-Reise 1946/47

Turner begrüßte Martin und Else Niemöller am frühen Morgen des 3. Dezember 1946 in New York am Flughafen. In seiner Begleitung ging es sofort mit nur einer Zwischenlandung weiter an die Westküste nach Seattle, wo Niemöller auf einer Tagung des Federal Council of Churches sprechen sollte. Doch schon bald stellte Turner fest, dass Niemöllers spontane Äußerungen keineswegs das einzige praktische Problem waren. Ursprünglich war eine etwa

Else und Martin Niemöller waren über Amsterdam, Shannon und Reykjavik nach New York La Guardia geflogen, wo sie am frühen Morgen des 3. Dezember 1946 eintrafen. Auf Anweisung der anwesenden Fotografen mussten beide mehrmals auf der Gangway posieren, obwohl sie »zum Umfallen müde« waren. Ewart Turner hatte Niemöller bereits vorher ermahnt, stets zu lächeln und das spontane Gespräch mit den Reportern zu vermeiden.

drei Monate dauernde Rundreise durch die wichtigsten US-Bundesstaaten geplant. Aber die Nachfrage nach Vorträgen und Predigten Niemöllers überstieg alle Erwartungen, und so dauerte es bis zum 19. Mai 1947, also fast ein halbes Jahr, bis das Ehepaar Niemöller den Rückflug antrat.[32]

Für Niemöller waren Besuche in nicht weniger als 52 Städten vorgesehen, und so wurde diese ökumenische Reise zu einem Marathon der besonderen Art. In Portland hatte er Herzbeschwerden, sprach nach einer kurzen Behandlung aber dennoch vor einer Versammlung von 12 000 Zuhörern. Turner sorgte dafür, dass künftig an jeder Station ein Arzt bereitstand. Wo immer das Ehepaar Niemöller auftauchte, wurde es von »Journalisten, Glückwünschenden und Autogrammjägern« umringt. Deshalb traf Turner Vorkehrungen, den Zustrom an Besuchern jeweils durch ein örtliches Empfangskommando zu regeln. Er stellte auch sicher, dass in jedem Hotel Stenotypistinnen und Stenografen bereitstanden, damit Niemöller die Korrespondenz mit den zahlreichen Amerikanern erledigen konnte, die sich brieflich an ihn wandten.

In Los Angeles suchte Turner zudem eine Sekretärin zu engagieren, die das Ehepaar begleitete, während der langen Bahnfahrten für Diktate zur Verfügung stand und Else Niemöller Gesellschaft leistete. Der Pastor der First Congregational Church von Los Angeles kümmerte sich umgehend darum, während Else und Martin Niemöller morgens in einem der Hollywood-Studios den Sänger und Schauspieler Bing Crosby trafen, dessen Film *Going my Way* sie schätzten. Als sie sich wenige Stunden später auf dem Bahnhof von Los Angeles einfanden, um die Reise fortzusetzen, stand Miss Gladys Boggess, eine der Sekretärinnen des rührigen Pastors, mit gepacktem Koffer auf dem Bahnsteig. Sie begleitete das Ehepaar Niemöller während der folgenden Monate bis nach New York, dem Endpunkt der Reise, und wurde eine Freundin der Familie.[33]

Niemöllers erste USA-Reise war der über ein halbes Jahr gestreckte Kraftakt eines evangelischen Spitzensportlers. Genau so, in einer Aufzählung von Superlativen, hat Niemöller selbst die Reise nach der Rückkehr in einem Bericht für die EKD beschrieben. Er habe in 22 US-Bundesstaaten und zwei kanadischen Städten insgesamt über 200 Mal öffentlich gesprochen, in großen Auditorien, vor 40 Pfarrerversammlungen – darunter in Columbus vor fast der gesamten, 2000 Köpfe zählenden Pfarrerschaft von Ohio – und in 17 Universitäten beziehungsweise theologischen Seminaren. Alle seine Vorträge wurden über Lautsprecher in die umliegenden Kirchen übertragen, und so meinte Niemöller, »mindestens« eine halbe Million Menschen direkt erreicht zu haben. Wie viele Menschen die Radioübertragungen verfolgt hatten, lasse sich kaum schätzen. Solch eine »Evangelisation über die ganzen Staaten« der USA, da stimmte Niemöller den »Superlative« liebenden Amerikanern zu, habe es seit Menschengedenken nicht gegeben.[34]

Bei der Planung der Reise hatte Niemöller zur Bedingung gemacht, stets nur bei »interkonfessionellen« Veranstaltungen zu sprechen, die von allen wichtigen evangelischen Kirchen vor Ort getragen wurden. Die praktische Durchführung lag dann zumeist beim lokalen Council of Churches, der die verschiedenen Denominationen repräsentierte.[35] In ihrer äußeren Form – Massenveranstaltungen mit Multiplikation der Teilnehmer durch die Massenmedien und mit einem dynamischen Redner, der bereits am Bahnhof oder Flughafen Interviews gab – ähnelten Niemöllers Auftritte den »Crusades«, die der junge evangelikale Baptistenpfarrer Billy Graham seit Herbst 1947 überall in den USA praktizierte.[36]

Als Niemöller in die USA abreiste, stand er in Deutschland wegen seiner Äußerungen zur Schuldfrage in der öffentlichen Kritik. In Amerika stellte er die deutsche Schuld dagegen nur einmal ins Zentrum seiner Ausführungen, und zwar als er im Januar 1947 in Manhattan in deutscher Sprache zu einem überwiegend deutschen Publikum sprach.[37] Ansonsten ging es Niemöller darum, seinen amerikanischen Zuhörern das gute Deutschland zu präsentieren, Verständnis für die materielle Not der Deutschen zu wecken und damit auch an die Hilfsbereitschaft der Amerikaner zu appellieren. Einleitend dankte Niemöller stets für die Fürbitte, die er gerade in den USA während seiner langen KZ-Haft erfahren hatte. So sei er als ein »Opfer« des NS-Regimes zu betrachten, bleibe aber zugleich ein Angehöriger der deutschen Nation. Mit der Einladung in die USA werde eine Brücke geschlagen, seine Reise zeige somit die »ökumenische Lebendigkeit der universellen Kirche«. Wenn Niemöller vom Kirchenkampf sprach, stellte er ihn – wahrheitswidrig – als eine »politische Schlacht« dar und zeichnete ein idealisiertes Bild des »christlichen Widerstandes« der Bekennenden Kirche. Und er erklärte immer wieder, dass die BK eine neue Form der christlichen Gemeinschaft gewesen sei, in der Lutheraner, Reformierte und Unierte zusammenkamen. Erst im Nachhinein sei den Mitgliedern der Bekennenden Kirche klargeworden, dass sie damit eine »ökumenische Kirche« geschaffen hatten, die verschiedene Konfessionen in einer »Bruderschaft« vereinte.[38] Bei dieser allzu glatten Lesart fiel unter den Tisch, dass gerade die Spannungen zwischen Lutheranern und Unierten maßgeblich zur Spaltung der BK beigetragen hatten. Im Zentrum der Ansprachen in den USA stand aber das Bemühen, die Opposition der Bekennenden Kirche gegen die Verbrechen Hitlers herauszustellen und am Beispiel ausgewählter »Märtyrer« – neben Friedrich Weißler nannte Niemöller den Pfarrer Paul Schneider – deren Verfolgung durch den NS-Staat.[39]

Wo Niemöller auch sprach, überall schlugen ihm das Interesse und die Zuneigung seiner Zuhörer entgegen. Vom Startpunkt Seattle ging es förmlich im Galopp in nur 18 Tagen nach Chicago, wo das Ehepaar Niemöller bei einem Pfarrer ruhige Weihnachtstage verbrachte. Dann reiste man nach New York, am Silvestertag 1946 in die Südstaaten Georgia, Virginia, Kentucky, danach weiter in den Mittleren Westen und nach Washington, D.C., bevor nach einem kurzen Abstecher nach Toronto schließlich im März 1947 die Neuenglandstaaten auf dem Programm standen.

In vielen Orten hielt auch Else Niemöller Vorträge, die Ewart Turner für sie organisiert hatte. Dabei sprach sie oft vor einem Publikum protestantischer Frauen und erzählte von den Ereignissen des Kirchenkampfes in der Gemeinde Dahlem. Mit diesen bewegenden Geschichten, in ausgezeichnetem Englisch vorgetragen, fesselte sie ihr Publikum. Im Januar 1947 unternahm Else Niemöller getrennt von ihrem Mann eine dreiwöchige Vortagsreise nach Florida. »In flight«, also während des Fluges, schrieb sie Martin auf dem Briefpapier von Eastern Airlines von ihren Eindrücken. West Palm Beach fand sie »herrlich«. Diesen Ausflug in eine Welt des materiellen Überflusses und freundlicher Begegnungen genoss sie sichtlich.[40]

Auch Martin Niemöller hatte wiederholt Gelegenheit, angenehme Eindrücke in seinen Amtskalender einzutragen. Ob in Hartford, Charlotte, Richmond oder St. Louis, allerorten wurde ihm bereits am Bahnhof ein »großer Empfang« bereitet, standen entweder der Bürgermeister oder lokale Honoratioren bereit, ihn zu begrüßen. In St. Louis beeindruckte ihn ein Auditorium von mehr als 5000 Menschen, zu dem Menschenmengen in drei anderen Hallen hinzukamen. In Columbus, der Hauptstadt des Bundesstaates Ohio, bewegte ihn einer der dortigen Pfarrer, der den deutschen Kollegen mit den Worten verabschiedete: »Sie sind unser aller Pastor geworden.«[41] Auch Theologen waren beeindruckt. Don E. Smucker, ein mennonitischer Prediger und akademischer Lehrer, der 1947 gerade seine Studien in Princeton abschloss, bezeichnete die zwei Predigten, die Niemöller dort hielt, als »zwei der großartigsten biblischen Botschaften, die ich je gehört habe«.[42]

Während in vielen Orten der USA evangelische Christen zusammenkamen, um den weltberühmten deutschen Pastor zu hören, war das Echo in den amerikanischen Medien ziemlich kritisch. Eleanor Roosevelt, die Witwe des US-Präsidenten, die mit ihrer regelmäßigen Kolumne in der *New York Times* und vielen anderen Medienauftritten eine Stimme von erheblichem Gewicht war, setzte dafür den Ton. Sie warnte davor, über der Glorifizierung Niemöllers zu vergessen, dass das deutsche Volk den Diktator Hitler erst ermöglicht hatte. Als Cavert umgehend brieflich gegen diese Sicht protestierte, ließ Eleanor Roosevelt ihn wissen, dass man gegenüber den Deutschen nicht zu wohlwollend eingestellt sein solle.

Zum eigentlichen Prüfstein von Niemöllers öffentlicher Rezeption in den USA wurden dessen Bemerkungen zum deutschen Antisemitismus, vor allem die Behauptung, dieser habe seit Kriegsende dem Mitgefühl für das Leiden der Juden Platz gemacht. Zahlreiche Rabbiner protestierten öffentlich gegen diese Unterstellung. Die jüdische Zeitschrift *B'nai B'rith Messenger* nannte Niemöllers Thesen gar eine gezielte Lüge in der Absicht, ein neues deutsches Reich heraufzubeschwören. In dieser Situation war es nicht hilfreich, dass der einflussreiche protestantische Theologe Reinhold Niebuhr in einem Artikel schrieb, die jüdische Gemeinde in den USA solle sich nicht in interne Angelegenheiten der Protestanten einmischen. Niemöllers Reise trug so auch dazu bei, die Beziehungen zwischen Juden und Protestanten in den USA nachhaltig zu belasten.[43] Direkte, offene Proteste gegen Niemöllers Auftritte blieben 1946/47 aus. Das war bei einer neuerlichen Reise in die USA im Frühjahr 1952 anders. Nach einem Vortrag am Southern College in Lakeland (Florida) wurden rund hundert Studenten beim Dekan vorstellig und bezeichneten »Niemöllers antiamerikanische Darlegungen« als eine Zumutung.[44] Sie störten sich daran, dass er die Gefahr eines sowjetischen Angriffs bestritt und von seinen positiven Eindrücken in Moskau berichtete.

Die kritische Berichterstattung in den Medien hatte Niemöller bereits während der Reise 1946/47 irritiert und frustriert. Das schlug sich in seinem Amtskalender nieder, wo er sich über die »schlechte Presse« beklagte, aber auch in seinem Bericht für die Gremien der EKD, in dem er die »Angriffe in der Presse« allein den Befürwortern des Morgenthau-Plans und »gewissen jüdischen und politischen Kreisen« zuschrieb. In Amerika habe man, so seine Erklärung, »vor der Presse Angst«, was die von Samuel Cavert so restriktiv gehandhabte Medienarbeit erklärte.[45] In einem Brief an Ludwig Bartning machte Niemöller – mit deutlichen antisemitischen Untertönen – jene Kreise für die öffentliche Kritik verantwortlich, die sich »den unerbittlichen Hass gegen alle deutschen Menschen ein für allemal auf ihre Fahne geschrieben haben«.[46]

Niemöllers angespannte Sicht auf die US-Medien war Teil seiner zutiefst ambivalenten und in den Kernpunkten teils herablassenden, teils ausgesprochen feindlichen Wahrnehmung der amerikanischen Gesellschaft insgesamt. Um diese Wahrnehmung zu reflektieren, verfasste er nach seiner Rückkehr ein Manuskript über »Die ›guten‹ Amerikaner«. Gleich zu Beginn machte er klar, dass dieser Titel als Kritik der »amerikanischen Parole« gedacht sei, nach der es »keine guten Deutschen« gebe. Gegen das »Märchen von der Kollektivschuld« der Deutschen – von der die Alliierten nie gesprochen hatten – zog

Niemöller alle Register: Viele Deutsche würden die Amerikaner der »bewussten Heuchelei« und des »gewollten Massenmordes an einem Volke« bezichtigen, »das sich den Siegern bedingungslos ausgeliefert hatte«. Beide Vorwürfe waren für Niemöller nur »sehr schwer zu entkräften«. Denn die Amerikaner hätten keine Demokratie nach Deutschland gebracht, und seit Kriegsende seien »mehr deutsche Menschen verschwunden und umgekommen«, als während der zwölf Jahre des »Hitler-Terrors gemordet wurden, einschließlich der angeblich 6 Millionen verschwundenen Juden«.[47]

Mit diesen völlig aus der Luft gegriffenen Anschuldigungen machte Niemöller wiederum klar, dass er das deutsche Volk – und nicht etwa die vom NS-Regime Verfolgten oder die von der Wehrmacht besetzten Länder – als die eigentlichen Opfer des »Dritten Reiches« sah. Ganz nebenbei deutete er zudem an, dass er nicht die Tatsache des Völkermordes an den europäischen Juden an sich, wohl aber dessen Ausmaß anzweifelte. Zur Untermauerung dieser Vorwürfe führte er an, dass er in den USA praktisch keine einzige politisch informierte Person getroffen habe, die Interesse an Europa und Deutschland zeigte. Selbst die in humanitären Organisationen tätigen Amerikaner würden die Hilfe für Deutschland als moralisch fragwürdig ansehen. Darin offenbarte sich für ihn eine nur schwer überbietbare »moralische Selbstgerechtigkeit« – ein Urteil, das in der Rückschau auf den oft und schnell empörten Niemöller zurückfällt.[48] Nach all diesen Vorwürfen und Anschuldigungen gestand er zu, dass es auch »gute Amerikaner« gebe, die »Christen« – womit er in erster Linie die Protestanten meinte –, doch diese seien nur eine »Minorität«. Selbst über diese urteilte Niemöllers aber abträglich: Er war mit der Frage in die USA gereist, ob nicht die westliche Konzeption der Demokratie letztlich zu einer von Menschen gemachten und damit »intoleranten« Religion werden könne. Nach fünf Monaten musste er diese Frage »vorbehaltlos bejahen«. In den USA sei die Verfassung der Höchstwert, und so gebe es »ungezählte ›amerikanische Christen‹, denen das Amerikanische mehr gilt als Christus«.[49]

Diese von Niemöller ausdrücklich in Analogie zu den Deutschen Christen eingeführte Begriffsbildung zielte auf das, was in der wissenschaftlichen Diskussion seit 1967 mit Robert N. Bellah als »Zivilreligion« bezeichnet wird: die neben den Kirchen als Institutionen bestehende transzendente Überhöhung des amerikanischen Volkes und seiner Verfassung als Rahmen der öffentlichen Kultur.[50] Niemöller hielt ausdrücklich fest, dass das kirchliche Leben der Protestanten in den USA auch gute Seiten habe, von denen man in Deutschland lernen könne. Dazu zählte er die sehr viel höhere Beteiligung am Gottesdienst und die stärkere Präsenz des Glaubens im öffentlichen Leben. Aber die »Vergebung der Sünden« durch den Kreuzestod Jesu, für ihn der Kern des

Christentums, sei in den USA nur ein »leeres Wort«, weil man dort an die Formung des Menschen durch Erziehung glaube.[51] Ein wichtiges Symptom dieses Problems war für Niemöller, dass sich in den USA christliche Pfarrer und Rabbiner gegenseitig im Dienst vertreten konnten. Bei der flachen »Ethospredigt«, die dafür der kleinste gemeinsame Nenner war, ging für ihn die Einsicht in den Sinn des Kreuzestodes Jesu verloren. Bereits im Gewahrsam in Neapel im Mai 1945 hatte er deshalb den Feldgeistlichen der US Army gesagt, dass zu ihnen »christliche Missionare« kommen müssten.[52] Seinem Freund Gisevius gegenüber drückte er diese Wahrnehmung eines zivilisatorischen Gefälles recht drastisch aus: Man müsse mit den »doch sehr primitiven Menschen« in den USA »sehr primitiv sprechen, wenn sie einen verstehen sollen«.[53]

Niemöller fasste sein abträgliches Urteil in einem Brief aus den USA an seine Mutter zusammen, in dem er von den Vereinigten Staaten als einem »Lande der Diesseitigkeit« sprach und festhielt, dass er »lieber in Deutschland verhungere, als hierher [...] auswandern« zu wollen.[54] Die Amerikaner lebten in materiellem Überfluss, der »beängstigend groß« sei.[55] In Niemöllers Wahrnehmung lag der Preis dafür in einer moralischen Verflachung und theologischen Entleerung des protestantischen Christentums, was er abstoßend fand. Er vertrat keinen prinzipiellen Antiamerikanismus, wenn man darunter die Auffassung versteht, Amerika sei die wichtigste »Metapher für eine die eigene Gemeinschaft bedrohende Moderne«.[56] Manche Aspekte der US-Massenkultur fanden durchaus seine ungeteilte Zustimmung, wie die Begeisterung für Bing Crosby und seine Freude am Besuch von unterhaltenden Hollywood-Filmen zeigt, bei denen »viel gelacht« wurde.[57] Aber es liegt eine tiefe Ironie darin, dass Niemöller in demselben Bericht für die Gremien der EKD, in dem er seine Reise als einen großen Erfolg für die Pflege der ökumenischen Beziehungen herausstellte, seine tiefgehenden Vorbehalte gegen die Kultur des evangelischen Christentums in den USA und gegen die Verflachung der Botschaft des Evangeliums in einer plakativen Moralpredigt zum Ausdruck brachte und einen »pragmatischen Utilitarismus« anprangerte.[58]

Auf der anderen Seite hinterließ die USA-Reise einen nachhaltigen Eindruck bei Niemöller, da sie ihm die ungleich größere Bedeutung des gemeindlichen Lebens für die tatsächliche Ordnung und Lebendigkeit des Christentums vor Augen führte. In einem noch in den USA geschriebenen Brief an Elsa Freudenberg betonte er, während der Reise habe sich sein »Hang zum Congregationalismus erheblich gestärkt, d. h. ich zweifle mal wieder sehr stark, ob die großen kirchlichen Organisationen überhaupt etwas bedeuten für das wirkliche geistliche Leben, und ob es nicht besser ist, seine ganze Stoßkraft in einer einzelnen Gemeinde einzusetzen«.[59]

Gerade im Hinblick auf die ökumenische Arbeit blieb Niemöllers große USA-Reise also ambivalent. Sie war ein überwältigender Beweis dafür, dass Niemöller mit seinem persönlichen Zeugnis als Christ und Prediger viele Menschen erreichen konnte und damit die oft kleinlichen Konflikte des evangelischen Landeskirchentums in Deutschland nicht nur räumlich weit hinter sich ließ. Gerade das führte ihm aber vor Augen, dass in der direkten Begegnung mit Christen aus anderen Ländern die eigentliche Stärke seines ökumenischen Wirkens lag. Das dürfte ihm unmittelbar nach der Rückkehr aus den USA bei der Kirchenversammlung der EKD in Treysa im Juni 1947 klargeworden sein. Dort berichtete Niemöller eingangs mit den genannten Superlativen über seine Reise und betonte, dass er in den USA nur auf interkonfessionellen Versammlungen gesprochen habe. Der Oldenburger Pfarrer Wilhelm Wilkens fragte ihn daraufhin, ob er all das wirklich für wichtiger halte als das »konfessionelle Gespräch«.[60] Dieses konfessionelle Gespräch – der in Form und Inhalt eher kleinkarierte Kampf der Lutheraner um die Hegemonie in der EKD – dominierte dann auch den Rest des Treffens in Treysa.

Der Ausbau der institutionellen Strukturen der Ökumene schritt indessen voran, und Niemöller war daran führend beteiligt. Ende August 1948 wurde bei einer Tagung in Amsterdam der Ökumenische Rat der Kirchen formell gegründet. Zu diesem Zweck waren 351 Delegierte aus 44 Ländern versammelt, die insgesamt 147 verschiedene Kirchen repräsentierten. Der ÖRK gab sich in Amsterdam feste Strukturen: Neben eine alle fünf Jahre stattfindende Vollversammlung – die nächste sollte 1954 in Evanston bei Chicago stattfinden – traten an der Spitze sechs Präsidenten und ein neunzigköpfiger Zentralausschuss, dem Niemöller angehörte und der mindestens einmal pro Jahr tagte. Die Vollversammlung in Amsterdam verabschiedete eine Botschaft an die Christen in aller Welt.[61]

Unter der Leitung des umtriebigen Generalsekretärs Visser 't Hooft gelang es dem ÖRK auch in der Folge, sich bei aller Betonung der persönlichen Freiheit als Voraussetzung des Glaubens – und damit einer klaren Kritik am kommunistischen Totalitarismus – von einer einseitigen Stellungnahme für das kapitalistische Gesellschaftsmodell fernzuhalten. Doch die Resonanz dieser ökumenischen Aktivitäten unter den deutschen Protestanten blieb bis weit in die 1950er Jahre hinein eng begrenzt.[62] Auch Niemöller selbst scheint von der Kleinarbeit in den Kommissionen des ÖRK nicht immer begeistert gewesen zu sein. In Amsterdam notierte er 1948 nach einer Sitzung zu Fragen der Mission und der Verkündigung des Evangeliums, dass er »sehr unglücklich« sei, denn dies sei »viel Gerede!«. Eine öffentliche Abendveranstaltung im Concertgebouw, bei der er selbst neben Sarah Chakko, einer aus Indien stammenden Repräsentantin der Syrisch-Orthodoxen Kirche, und dem schottischen Theologen John Baillie sprechen konnte, war dagegen mehr nach seinem Geschmack und folglich eine »große und gute Sache«.[63]

Auch im Rahmen der Ökumene vertrat Niemöller seine Sicht von der notwendigen prophetischen Funktion des evangelischen Christentums und löste damit manche Irritationen aus. Nach dem Treffen in Amsterdam notierte der amerikanische Theologe Reinhold Niebuhr, Niemöller habe mit einer solchen Emphase im Sinne eines eschatologischen Gedankens und so »verächtlich« über eine auf vernünftiger Reflexion basierende Theologie gesprochen, dass er manche Teilnehmer »beklommen« zurückließ.[64]

Für die weitere ökumenische Arbeit ging es wieder auf Reisen. Im Herbst 1949 waren Else und Martin Niemöller für mehrere Wochen in Neuseeland und Australien. Voller Stolz und Freude berichtete Niemöller aus Australien über seine Zusammenarbeit mit den Open Air Campaigners. Diese auf das späte 19. Jahrhundert zurückgehende und noch heute in vielen Ländern der Welt arbeitende Organisation war in seinen Augen eine »überkonfessionelle Gruppe, die Mission außerhalb der Kirchen treibt« und die Menschen über Straßenstände und Veranstaltungen unter freiem Himmel ansprach. »Es sind«, so Niemöller, »ziemlich junge aktive Leute, die dies Werk treiben, teils Anglikaner, teils Freikirchlicher. Unsere Erfahrungen mit ihnen sind die allerbesten, und ich habe sie recht liebgewonnen.« Nach längeren Fahrten durch New South Wales kehrte das Ehepaar Niemöller schließlich nach Sydney zurück, wo Martin eine ganze Woche lang jeden Abend vor 4000 bis 5000 überwiegend jungen Menschen in einer »Zeltmission« sprach: »Ich habe es recht genossen!«

Zur selben Zeit war auch George Bell in Australien unterwegs und hielt Vorträge über die Arbeit des Ökumenischen Rates der Kirchen. Niemöller traf verschiedentlich mit ihm zusammen, war aber ganz offenkundig mehr an der ökumenischen Missionsarbeit in öffentlichen Massenveranstaltungen interessiert. Dafür kooperierte er mit einer evangelikal-erweckungsbewegten Organisation wie den Open Air Campaigners, die wie alle *Evangelicals* auf eine spirituelle Wiedergeburt der angesprochenen Menschen setzte.[65]

Bereits in den 1950er Jahren weitete sich der ökumenische Horizont Niemöllers über die Länder Europas und Nordamerikas hinaus in diejenigen Regionen der Erde, für deren Bezeichnung damals der Begriff »Dritte Welt« aufkam. Heute spricht man von den Ländern des globalen Südens.[66] Im Dezember 1952 nahm er während einer längeren Indienreise an der dritten Weltkonferenz der christlichen Jugend teil. M. M. Thomas, der damals führende indische Ökumeniker, hatte den Vorsitz bei diesem Treffen von Delegierten aus 54 Nationen in der südindischen Stadt Kottayam. Erstmals fand diese

Veranstaltung in einem nichtwestlichen Land statt, ein Zeichen für die beginnende Gewichtsverlagerung in der Ökumene und das Ende der Hegemonie angelsächsischer Protestanten.

Einer der jungen Teilnehmer des Treffens in Kottayam war Hans de Boer, ein Hamburger Kaufmannssohn, der für die väterliche Firma in Namibia arbeitete und später als Missionar und Pastor tätig war. De Boer hat in einem Bericht über seine Reise anschaulich geschildert, wie Niemöller die überwiegend jüngeren Delegierten des ökumenischen Treffens mit seiner »offenen, ungezwungenen Art« für sich einnahm, indem er sich – anders als teilnehmende Bischöfe – wie jeder andere in die Schlange für das Essen einreihte und sich zur Diskussion auf die Erde setzte. Die amerikanischen Delegierten waren – im Jahr von Niemöllers Moskaureise – mit einem »Anti-Niemöller-Komplex« nach Kottayam gekommen. Diese Vorbehalte konnte der Kritisierte im offenen Gespräch ebenso zerstreuen, wie er den Respekt von jungen indischen Kommunisten gewann, mit denen er über die Probleme des Kapitalismus diskutierte. Nach dem Treffen in Kottayam reiste Niemöller zu einer Sitzung des ÖRK-Zentralausschusses in Lucknow im Norden Indiens, an dem auch der Hannoveraner Landesbischof Hanns Lilje teilnahm. Der dort ebenfalls anwesende de Boer beobachtete, dass Lilje sich aus Statusgründen auch in tropischer Hitze nicht von seinem schwarzen Bischofskleid trennen konnte, während Niemöller sich im hellen Hemd und leichter Hose leger gab.[67]

Niemöller hatte offenkundig keine Probleme damit, sich habituell auf andere Umgangsformen als die der hierarchisch geprägten deutschen Kirche einzustellen. Die vielfältigen Eindrücke seiner Indienreise zu ordnen fiel ihm schwerer. An seinen schriftlichen Reflexionen über dieses Thema fällt auf, dass die Situation des Christentums in Indien oder gar die Frage nach einer möglichen Missionierung des Landes für ihn völlig nachrangig war. Niemöller begriff instinktiv, dass die demographischen und sozialen Probleme der Länder in der »Dritten Welt« das Koordinatensystem des Kalten Krieges verschoben und die Brisanz und Relevanz des Ost-West-Konflikts ebenso relativierten wie die Frage der deutschen Teilung.[68] In einem 1956 gehaltenen Vortrag ging er dann spezifischer auf die Situation der »Jungen Kirchen« ein, also der christlichen Gemeinschaften in den von den europäischen Imperialmächten kolonisierten Gebieten. Aus seinen Eindrücken bei den ökumenischen Tagungen und Treffen der letzten Jahre zog er die Schlussfolgerung, dass es nicht mehr auf die »weiße Christenheit« ankomme, wenn es galt, die Botschaft Jesu in die Welt zu tragen. Niemöller beobachtete eine globale Bewegung weg von den historisch überlieferten Kirchen Europas hin zu den dynamischen christlichen Gemeinschaften Afrikas und Asiens. Er verstand diesen Umbruch nicht nur als

Ergebnis der demographischen Entwicklung, also des rapide schrumpfenden Anteils Europas an der Weltbevölkerung. Entscheidend schien ihm vielmehr die größere Kraft zur christlichen Verkündigung im »wirklichen Leben«, die er dort am Werke sah. Deshalb sei es – so seine zugespitzte Bemerkung – wohl an der Zeit, christliche Missionare aus Indien und Afrika nach Deutschland zu schicken. Der Ökumeniker Niemöller beobachtete auch, dass die sogenannten Jungen Kirchen die Zersplitterung in die vielen protestantischen Kirchen – Anglikaner, Lutheraner, Methodisten bis zu den Baptisten –, die ein Erbe der Kolonialmission im Zeichen des Imperialismus war, überwinden wollten.[69]

Niemöller war also für die »Entwestlichung« der ökumenischen Bewegung und trieb diese aktiv mit voran. Ein wichtiger Meilenstein auf diesem Weg war die dritte Vollversammlung des ÖRK, die Ende 1961 in Neu-Delhi stattfand. Nicht nur der Tagungsort selbst, sondern auch der Anteil der vertretenen Mitgliedskirchen aus Asien, Afrika und Lateinamerika zeigte dies an, der bei vierzig Prozent lag. Der indische Premierminister Nehru ermahnte die Delegierten des ÖRK, die Frontstellung des Kalten Krieges zu relativieren, und der indische Marxist M. M. Thomas betonte die politische Verantwortung der Christen für den Aufbau menschenwürdiger Verhältnisse in Asien und Afrika. So war die Vollversammlung in Neu-Delhi insgesamt ein Meilenstein auf dem Weg zu einer tatsächlich weltweiten Ökumene und zu einer Globalisierung ihres programmatischen Selbstverständnisses.[70] Genau so hatte Niemöller im Vorfeld der Tagung ihre Aufgabe bestimmt, und so – als eine überfällige Schwerpunktverlagerung der Ökumene weg von den Ländern des Westens – hat er sie auch im Nachhinein kommentiert und propagiert.[71]

Schließlich bescherte die Vollversammlung in Neu-Delhi ihm auch persönliche Anerkennung im Rahmen der Ökumenischen Bewegung. Unter großem Beifall der Delegierten wurde er zu einem der sechs turnusmäßig amtierenden Präsidenten des ÖRK gewählt. Bei seiner Nominierung für dieses Amt stand zunächst Niemöllers Haltung im Kirchenkampf im Vordergrund. Aber auch sein Beitrag zur Eröffnung des ökumenischen Gesprächs mit der russisch-orthodoxen Kirche, die 1961 in den ÖRK aufgenommen wurde, erfuhr damit eine Würdigung.[72] Niemöller hatte dieses Amt bis zur nächsten Vollversammlung des ÖRK 1968 in Uppsala inne. Im Verlauf der 1960er Jahre fokussierte er seine ökumenische Arbeit vermehrt auf den Kampf gegen den Rassismus in den USA und anderen Ländern, zum Beispiel 1966 auf einer Reise nach Südafrika, ferner indem er 1964 öffentlich die Kampagne für die Verleihung des Friedensnobelpreises an Martin Luther King unterstützte und diesem brieflich für seine Arbeit in der Bürgerrechtsbewegung dankte.[73]

Im Januar 1938 hatte Niemöller seiner Frau aus der U-Haft in Moabit geschrieben, dass er nun mit John Wesley, jenem englischen Theologen, der um 1740 den Methodismus begründet hatte, sagen könne: »The world is my parish.«[74] Zu diesem Zeitpunkt speiste sich diese Bemerkung aus seinem Wissen, dass nicht nur in Deutschland, sondern weit darüber hinaus evangelische Christen an seinem Schicksal Anteil nahmen und er somit weit mehr als nur der Pfarrer der Dahlemer Gemeinde war. Doch dieses Bonmot ist auch als Motto seiner ökumenischen Arbeit passend. Sie konnte erst 1945 beginnen, als Niemöller nach der Befreiung aus dem KZ mit den Repräsentanten des Ökumenischen Rates der Kirchen zusammentraf.

Das ökumenische Engagement Niemöllers war zunächst von vielen Ambivalenzen geprägt, die am deutlichsten in seiner langen USA-Reise 1946/47 hervortraten. Wie andere ökumenische Kontakte diente sie dazu, nach den Verbrechen des »Dritten Reiches« den Weg für die Wiedereingliederung der EKD in die internationale Gemeinschaft der evangelischen Kirchen zu bahnen, eine Aufgabe, für die Niemöller aufgrund seiner Arbeit in der Bekennenden Kirche wie kaum ein Zweiter geeignet war. Doch beim direkten Kontakt mit der amerikanischen Gesellschaft und der moralpädagogischen Entleerung des Kreuzestodes Christi, die er als typisch für die evangelischen Christen in den USA wahrnahm, brachen die antiamerikanischen Ressentiments Niemöllers und der ihnen zugrunde liegende Nationalprotestantismus ungehemmt hervor. Wandel brachte hier erst – beginnend mit der Indienreise des Jahres 1952 – die Begegnung mit den Jungen Kirchen in den neuen Nationalstaaten Asiens und Afrikas, die sich aus der Erbschaft des Kolonialismus lösten.

Während der 1950er Jahre blieb Niemöllers Verständnis der »farbigen Welt« im globalen Süden und der in ihnen lebenden »Rassen« noch von manchen semantischen und gedanklichen Inkonsequenzen geprägt.[75] Auf lange Sicht wichtiger war allerdings, dass die Entwestlichung und Globalisierung der ökumenischen Arbeit, die er begrüßte, es ihm erleichterten, die Erblast des Nationalprotestantismus endgültig hinter sich zu lassen. In seinen ökumenischen Reisen zeigte er eine habituelle Flexibilität und eine gewinnende Art des Auftretens, mit der er die Masse der evangelischen Gläubigen ebenso begeisterte wie örtliche kirchliche Akteure. Schließlich fällt auf, dass Niemöller auf diesen Reisen eine ausgesprochene Affinität zu evangelikalen Gruppen zeigte und selbst Elemente des melodramatischen Stils der Verkündigung übernahm, den die *Evangelicals* pflegen. Auch darin zeigt sich jene Offenheit in Glaubensfragen, als die Niemöller die Ökumene verstand und selbst praktizierte.

18
Hoffnungen und Enttäuschungen im hohen Alter

Der Sommer 1961 war für Niemöller eine hektische Zeit. Seitdem das Präsidium des Deutschen Evangelischen Kirchentages – eine Veranstaltung, die ein von Laien getragener Verein organisiert – im Februar 1960 Berlin als Austragungsort für 1961 bestätigt hatte, gab es heftige Konflikte. Die Entscheidung für Berlin war, so Reinold von Thadden-Trieglaff, der in dieser Sache überstimmte Präsident des Kirchentages, ein Angriff auf die DDR, die Veranstaltungen in Ost-Berlin ohnehin unterbinden würde. Die Bundesregierung sicherte dagegen großzügige finanzielle Hilfe zu, und so wurde der Kirchentag angesichts der Spannungen um die geteilte Stadt und die Krise der DDR infolge der zunehmenden Republikflucht zu einem Schauplatz des Kalten Krieges. Niemöller nutzte die Entscheidung für eine »Generalattacke auf den Kirchentag« und kündigte an, dass er die EKHN zum Boykott auffordern werde. Am 7. Juli 1961 verbot die DDR, erwartungsgemäß, alle Veranstaltungen in Ost-Berlin außerhalb von Kirchengebäuden.[1]

Als der Kirchentag am 19. Juli eröffnet wurde, befand sich Niemöller auf einer ausgedehnten Vortrags- und Predigtreise durch die DDR. Die dortigen Medien berichteten ausführlich. Über Dresden, Halle an der Saale und Halberstadt ging es nach Nordhausen und am selben Tag, dem 29. Juli, weiter nach Heringen. Dort hatte Niemöller beim abendlichen Gottesdienst »große Stimmschwierigkeiten«, nahm aber trotzdem noch an einem bis 23 Uhr dauernden Pfarrkonvent teil. Am 30. Juli, zurück in Wiesbaden, lautete sein Fazit: »Müde!!!« Eine Sitzung der Kirchenleitung am folgenden Tag ging noch »ganz gut« über die Runden. Tags darauf ging er zum Arzt, der eine Kehlkopf-Entzündung diagnostizierte. Niemöller war »Schachmatt« und benötigte einen Urlaub.[2]

Zunächst musste er aber noch in mehreren Interviews den Presseberichten über seine Auftritte in der DDR entgegentreten und versichern, er habe dort nur die »Einheit der Christen« zum Ausdruck gebracht. Am 6. August brachen das Ehepaar Niemöller, die Haushälterin Dora Schulz und der siebenjährige Enkelsohn Martin von Klewitz – aus der Ehe von Hertha mit dem Diplomaten Wilhelm von Klewitz – endlich im VW-Käfer nach Dänemark auf. Nach einem Zwischenstopp ging es am 7. August morgens weiter, über die

Autobahn nach Hamburg, Flensburg und dann über die Grenze. Kurz hinter Apenrade wurde der Wagen aus einer Kurve getragen und prallte gegen einen Baum. Else Niemöller verstarb noch am Unfallort, Dora Schulz im Krankenhaus. Niemöller selbst war zwei Tage ohne Bewusstsein, sein Enkel nahezu unverletzt.[3]

Als Niemöller wieder aufwachte, erwartete ihn ein »Aufmarsch an meinem Bett«. Drei seiner Kinder – Hertha, Jan und Martin jr. – und sein Bruder Wilhelm waren zur Stelle, und sie unternahmen in den folgenden Wochen alle erdenklichen Anstrengungen, um ihm über den Schock des Todes seiner Frau hinwegzuhelfen. Niemöller war schwer verletzt und musste noch für einige Wochen im Krankenhaus bleiben, erst in Apenrade, dann in Frankfurt. An der Beerdigung von Else nahm er nicht teil. Im Oktober kam Wilhelm für einige Wochen nach Wiesbaden, um seinem Bruder während der Rekonvaleszenz beizustehen, bis dieser langsam wieder mit der Arbeit begann, erst in der Kirchenleitung der EKHN, dann mit einem Abstecher nach Berlin zu einem Gespräch mit dem stellvertretenden Staatssekretär für Kirchenfragen der DDR, Fritz Flint. Dann unterbrach Heinz Hermann Niemöller, der älteste Sohn, seine Arbeit in den USA, um seinen Vater mit seiner Anwesenheit einige Zeit zu unterstützen.[4]

Nach mehr als vier Jahrzehnten des Zusammenlebens fiel es Niemöller außerordentlich »schwer«, sich mit dem Tod seiner Frau abzufinden.[5] In die Trauer über den Verlust der wichtigsten Person in seinem Leben mischte sich bald ein Gefühl des Verlassenseins, über das alle betriebsame Geschäftigkeit nicht hinwegtäuschen konnte, die Niemöller auch in seinem achten Lebensjahrzehnt pflegte. Im Herbst 1963 vertraute er einer engen Freundin an, wie es tatsächlich um ihn stand:

> Ich bin ja in der Zwischenzeit doch sehr einsam geworden. Und als ich am Sonntag nach Hause kam, da war von meiner Familie niemand mehr da, bis auf Tini [Martin Niemöller jr.], der gegenwärtig über seiner Assessoren-Hausarbeit sitzt. Was fängt man nun mit seinem Dasein an, in dem man eigentlich für niemanden mehr arbeitet und lebt, der einem unmittelbar und persönlich teuer ist?![6]

Niemöller hätte sich eine längere »Erholungspause« gönnen können, so wie es Else 1950 in einem Brief seiner Schwester Pauline geraten hatte. »Ihr Niemöllers«, so hatte sie Pauline geschrieben, »die Ihr so intensiv lebt, braucht das besonders.«[7] Doch auch nach dem Tod seiner Frau war Niemöller nicht bereit, dieses intensive Leben einfach aufzugeben. Vielmehr scheint es, als ob er seine rastlose Reisetätigkeit in friedenspolitischer und ökumenischer Absicht fortsetzte, um der Leere des Wiesbadener Hauses zu entfliehen, zumal er 1964 sein Amt als Kirchenpräsident der EKHN niedergelegt hatte. In seinem Amtskalender für das Jahr 1967 notierte Niemöller: »Ausland: 182, Inland: 139, Wiesbaden: 44«.[8] Insgesamt verbrachte er also in dem Jahr, in dem er sein 75. Lebensjahr vollendete, nur etwas mehr als einen Monat in Wiesbaden.

Doch das Reisen hatte auch schöne Seiten. Im April 1968 war Niemöller wieder einmal in New York, um Predigten und Vorträge zu halten. Dort nahm Sibylle Donaldson Kontakt zu ihm auf, die eben von ihrem Mann getrennte Frau eines Fernsehproduzenten. Ihr Vater Ulrich von Sell, ein Mitglied der Dahlemer Gemeinde und Leiter der Privatschatulle Wilhelms II., hatte 1938 im Prozess vor dem Sondergericht zugunsten Niemöllers ausgesagt. Die 1923 geborene von Sell hatte Niemöller, der sie in Dahlem konfirmiert hatte, stets bewundert. Nun kam sie der fast dreißig Jahre älteren Vaterfigur wieder näher. 1971 heirateten die beiden. Niemöller war, wie er einem alten Jugendfreund schrieb, »glücklich«, dass seine Familie die späte Neuverheiratung wohlwollend aufnahm, und »froh, daß die Einsamkeit ein Ende hat«.[9] Bald nach der Hochzeit zogen Sibylle Niemöller-von Sell und Marcus, ihr Sohn aus erster Ehe, in das Haus in der Brentanostraße in Wiesbaden ein.

Parteinahme für die Revolution

Nach der Hochzeit mit Sibylle Donaldson trat Niemöller etwas kürzer und hatte, nun in seinem neunten Lebensjahrzehnt, endlich Zeit für ausgedehnte Urlaube auf Mallorca und Madeira, das ihm zu einer »zweiten Heimat« wurde.[10] Aber das altersbedingte Nachlassen des aktiven politischen Engagements bedeutete keineswegs, dass Niemöller seinen Frieden mit den Verhältnissen gemacht hatte – im Gegenteil. Auch im hohen Alter gab es für ihn neben politischen und kirchlichen Enttäuschungen noch neue Hoffnungen auf eine praktische Umsetzung der christlichen Botschaft. Nach seinem achtzigsten Geburtstag trat Niemöller radikaler auf als je zuvor. Am Ende seines langen Lebens fand er sich nun auf Seiten der Linken wieder. Zum Teil war das nur eine Fortsetzung jener entschiedenen Kritik der Parteiendemokratie in der Bundesrepublik, die er schon in den 1950er Jahren geübt hatte. Allerdings richtete sich diese Kritik nun stärker als zuvor gegen die »angeblich ›christlichen‹« Unionsparteien. Als die CDU/CSU Ende April 1972 im Bundestag ein konstruktives Misstrauensvotum gegen Bundeskanzler Willy

Brandt einbrachte, fing Niemöller »an zu überlegen, wohin ich noch emigriere, wenn Barzel und Strauß unseren Staat vereinnahmen«.[11]

Helmut Gollwitzer, der in den 1970er Jahren für viele linke Protestbewegungen ein wichtiger Gesprächspartner war, konnte sich stets auf die Unterstützung von Niemöller verlassen. Auf Anraten seines Freundes war Niemöller gerne bereit, Aktionen wie das zweite Russell-Tribunal über die Lage der Menschenrechte in Lateinamerika mit seinem Namen zu unterstützen. »Es wird noch viel zu ›Kämpfen‹ geben«, da war sich Niemöller mit Gollwitzer einig.[12]

Aber Niemöller ging es nicht nur um Polemik gegen den nur scheinbar christlichen Charakter der Unionsparteien. Seine im Alter radikale Kritik der bundesrepublikanischen Gesellschaft baute auf einer grundsätzlichen Ablehnung von Erwerbsstreben und Geldgier auf. Auch diese Haltung war nicht ganz neu. Als Gollwitzer 1950 nach der Rückkehr aus sowjetischer Kriegsgefangenschaft überlegte, ob er in Berlin oder Bonn einen Lehrstuhl annehmen sollte, riet ihm Niemöller entschieden zur Stadt am Rhein. Im Westen, so seine Begründung, müsse der »Widerstand« geleistet werden, denn wenn man dort der »westlichen Zivilisation« anheimfalle, habe die Kirche keine Aufgabe mehr.[13] Diese Wahrnehmung einer vom Materialismus geprägten Lebensweise durchzog auch seine Kritik an den USA, wie wir im vorigen Kapitel sahen. Im Alter wurde Niemöllers Ablehnung einer von Erwerbsstreben und Konsumerismus geprägten Gesellschaft grundsätzlicher. Wo der »Abgott Mammon« herrsche, seien die Menschen »keine berufenen Gotteskinder mehr«, sondern nur noch »Masse, Müll, für deren Entsorgung der Konsum sorgen muß«.[14] Die Bundesrepublik erschien Niemöller als eine »mammonistische Republik« (Mt. 6, 24), und auch die »Sozialisten« – damit war die SPD gemeint – hätten dazu beigetragen. »Es ging« allen, so sein düsteres Fazit, »bloß ums Geld«.[15]

Aus dieser radikalen Kritik zog Niemöller eine radikale kirchenpolitische Konsequenz: die Parteinahme für die Revolution, und zwar eine »radikale Revolution«, die er als »Jesus-Revolution« definierte.[16] Die evangelische Kirche verstehe sich nur noch als ein Apparat zur Umverteilung von Kirchensteuermitteln und habe als solcher jegliche Legitimation verloren. Mit diesem Vorwurf knüpfte er an seine Kritik des evangelischen Landeskirchentums seit der Reformation an, die er im Zuge seiner Konversionspläne und der Enttäuschung über die Wartestandsaffäre 1939 entwickelt hatte. Die Kirche sei damit zu einer »Abteilung der Staatsverwaltung« herabgestuft worden und betreibe nur noch das Geschäft ihrer »Selbsterhaltung« als Organisation. Dass die meisten Kirchenmitglieder ohnehin nicht zu den »gläubigen« Christen zu rechnen seien, stand Niemöller 1975 noch eindringlicher als 1939 vor Augen.

Das von der DKP gesteuerte Komitee für Frieden, Abrüstung und Zusammenarbeit publizierte dieses Plakat 1984 kurz nach Niemöllers Tod. Es markiert den Übergang von der Person Niemöller, der zu seinen Lebzeiten viele Positionen vertrat – darunter auch völkisch-nationale und antisemitische –, zu Niemöller als einem Erinnerungsort, der ausschließlich progressive, friedensbewegte Werte verkörpert. »Wer den Frieden will, muß mit dem Gegner gemeinsam leben wollen. Wir müssen Vertrauen wagen. Darum Schluß mit dem Rüsten.« Mit diesem Zitat wird Niemöller in den Pantheon des deutschen Pazifismus aufgenommen, dessen Ideen und Ziele er sich erst nach seinem sechzigsten Geburtstag zu eigen machte.

Doch anders als in den in Sachsenhausen verfassten Aufzeichnungen, in denen der künftige Weg der Kirche offengeblieben war, hatte Niemöller nun eine Antwort auf die Frage parat, wie Christen ihren Glauben praktizieren sollten und wo sie eine wahre Kirche finden würden:

> Ich stehe wirklich – wie mein Herr und Heiland Jesus – bei denen, um die sich sonst niemand, auch kein Kommunist, kümmert – bei den Ausgestoßenen, den Elenden, den Hungernden und Verhungernden dieser Welt![17]

Für diese Standortbestimmung seines Glaubens benötigte Niemöller keine »Theologie der Revolution«, wie sie in der Auseinandersetzung mit marxistischen Theorien und den Denkfiguren der Befreiungstheologie seit 1968 von Theologen wie Helmut Gollwitzer und Jürgen Moltmann intensiv diskutiert wurde. Immerhin mochte er mit der dort vertretenen These übereinstimmen, dass die gesellschaftsverändernde Praxis das wahre Kriterium des Glaubens sei.[18] Aber am Ende seines Lebens war Niemöller an den Einsichten und Denkfiguren der Theologie nicht mehr interessiert. Eine Antwort auf die Frage, was denn christlicher Glaube sei, habe er »selbst finden müssen, weil ich sie in aller Theologie, die ich gründlich studiert habe, nicht gefunden hatte« und kein Theologe ihm eine befriedigende Antwort gegeben habe.[19] In seiner entschiedenen Parteinahme für all jene, die in den Exklusionszonen der modernen Gesellschaft von keinerlei Hilfe oder caritativer Zuwendung erreicht wurden, berief er sich auf die einfache Idee von der Nachfolge Jesu in der Erfüllung der »Gotteskindschaft« eines jeden Christen, eine Idee, die in der Hinwendung zum Menschen als einem »Bruder« ihre Erfüllung fand.[20]

Auch in den 1970er Jahren rissen die Kontroversen um Niemöllers politische Stellungnahmen nicht ab, etwa als er sich entschieden dafür aussprach, dass Pfarrer zugleich Mitglieder der DKP sein könnten.[21] In den politisch engagierten Kreisen des Linksprotestantismus, der in den 1970er Jahren innerhalb der Landeskirchen erheblich an Gewicht gewann, stieß Niemöller mit solchen Aussagen auf breite Zustimmung. Er wurde damit zur Ikone all jener, für die der evangelische Glaube in erster Linie ein Medium der Kritik an den gesellschaftlichen Verhältnissen in der Bundesrepublik und der Welt war. In der DDR, in die Niemöller immer wieder reiste, fiel die Reaktion auf seine politischen Positionen skeptischer aus. Anfang Dezember 1976 war er in Dresden, wo er sich zunächst mit einem Kreis von Freunden um den Theologen Walter Feurich und einem Mitglied der SED-Bezirksleitung traf. Am 7. Dezember sprach er dann vor einem Kreis von Superintendenten und Pfarrern aus Dresden. In der Aussprache ging es um den Pfarrer Oskar Brüsewitz, dessen öffentliche Selbstverbrennung im August 1976 zum Fanal für die Formierung einer zivilgesellschaftlichen Opposition in der DDR wurde. Ein junger Pfarrer kritisierte die gezielte Desinformation der DDR-Medien über den Fall Brüsewitz. Doch Niemöller wollte davon nichts hören. Er wies darauf hin, dass die Medien in der Bundesrepublik vom Anzeigengeschäft abhängig seien, worauf es Gescharre und Zurufe wie »Sie haben ja keine Ahnung!« gab. Als Niemöller kundtat, dass für ihn der Sozialismus die einzig mögliche Gesellschaftsordnung sei und die Milliardäre enteignet werden sollten, äußerte der Pfarrer Eberhard Pampel: »Im Westen können Sie über Pazifismus reden, aber bei uns nicht!«[22]

So stand Niemöller bis an sein Lebensende im Schnittpunkt von politischen Auseinandersetzungen. An diesen Kontroversen nahm er im hohen Alter aber nur noch als einfacher Christ teil, nicht mehr als ein Mann der Kirche. Im Jahr 1977 gab Niemöller gegenüber dem Evangelischen Pressedienst zu Protokoll:

> Unter Hinweis auf die angeblich geäußerte Absicht, aus der Kirche auszutreten, meinte Niemöller, er habe schon vor vielen Jahren erklärt, »wenn ich nicht auf meine Pension angewiesen wäre, dann wäre ich schon längst Quäker geworden«. Das habe seinen Grund darin, daß ihm die juristisch beherrschte und gebundene Kirche »mehr und mehr zuwider« geworden sei.[23]

Sein soziales und politisches Engagement habe sich, so betonte Niemöller 1974, vollständig in weltliche Gruppierungen und Bewegungen verlagert, in denen er »Glauben als Nachfolge Jesu« zu praktizieren versuche. Immer wieder frage er sich, ob er der Organisation Kirche »überhaupt noch als ehrlicher Mensch angehören darf«. Und politisch gesehen, so Niemöllers offenherzige Auskunft, sei er »meilenweit links von den Kommunisten«, weil er sich als Christ auch mit jenen beschäftige, um die sich kein Kommunist mehr kümmern würde.[24] Im Umfeld seines neunzigsten Geburtstags gab Niemöller 1982 dem *Stern* ein Interview unter dem Motto: »Mit 90 bin ich jetzt ein Revolutionär.«[25]

Auch im hohen Alter praktizierte Niemöller ein Leben in der Opposition und vertrat ganz bewusst Positionen, die von der politischen Mehrheitsmeinung in der Bundesrepublik abwichen. Aber in manchen Dingen blieb er seinen habitualisierten Gewohnheiten treu oder fiel im Alter wieder in diese zurück. Ein Beispiel dafür ist sein Verhältnis zum Judentum. Niemöller hatte nach 1945 erste Schritte unternommen, um sich von dem christlichen Anti-

Judaismus zu lösen, der auch das halbherzige Vorgehen der Bekennenden Kirche gegen die Rassenpolitik des NS-Regimes geprägt hatte. In einem 1957 gehaltenen Vortrag ging er einen Schritt weiter und stellte die innere Verbundenheit von Nationalismus und Antisemitismus gerade in der deutschen Geschichte heraus. Der »Judenhaß« sei noch etwas anderes als die Feindschaft mit anderen Nationen, auch wenn beide ineinander verwoben seien. Während der Nationalismus auf der »Vergöttlichung des Menschen« basiere, werde »der Jude« als ein »Vorwurf« empfunden, weil er keine Nation habe, im Grunde nichts anderes als sein »nacktes Menschsein«. Niemöller erkannte ausdrücklich die historische Schuld der christlichen Kirchen daran an, dass »dem Juden« sein »Menschtum aberkannt wird«. Ganz konkret beschäftigte Niemöller die Frage, ob die Kirche ihre »schulderfüllte Vergangenheit bewältigt« habe.[26]

Diese Frage stellten sich zur selben Zeit auch viele andere protestantische Theologen. Einige – etwa der Berliner Studentenpfarrer Friedrich-Wilhelm Marquardt und Niemöllers enger Freund Helmut Gollwitzer – reagierten darauf mit einer Israeltheologie. Gollwitzer war erstmals 1958 in Begleitung seiner Frau Brigitte und ihren Eltern Adolf und Elsa Freudenberg nach Israel gereist. Er tat dies im Wissen um die Hinterlassenschaft der Shoah und war zugleich begeistert davon, dass das Judentum in Jerusalem weder theologische Abstraktion noch antikes Relikt war, sondern lebendige Praxis. Wie für Marquardt und den Berliner Probst Heinrich Grüber, die beide ebenfalls 1958/59 im Wissen um die deutsche Schuld an den Juden erstmals nach Israel reisten, war diese Reise für Gollwitzer ein »Meilenstein« in seinen Bemühungen, die Herausforderung des Judentums und der Existenz des Staates Israel in seine theologische Reflexion einzubinden. Die Positionen dieser Israeltheologen differierten im Einzelnen, stimmten aber darin überein, dass die Deutschen angesichts der Shoah eine besondere Verantwortung gegenüber dem Staat Israel hätten und dessen Existenzrecht verteidigen müssten. Und sie erkannten an, dass das Volk Israel – das sie oft vorschnell mit dem gleichnamigen Staat identifizierten – eine heilsgeschichtliche Bedeutung habe, deren Verheißung auch für evangelische Christen relevant sei.[27]

Vor allem Grüber fühlte eine besondere Verpflichtung gegenüber dem Staat Israel und den Juden, die dort vor weiterer Verfolgung Zuflucht gefunden hatten. Mit dem von ihm geleiteten »Büro Grüber« hatte er von 1938 bis 1940 mehr als tausend Christen jüdischer Herkunft die Ausreise aus Deutschland ermöglicht und wurde deshalb Ende 1940 in das KZ Sachsenhausen verbracht. Für Grüber waren die Reisen nach Israel aber nicht nur eine moralische Verpflichtung, sondern auch ein Gemeinschaftserlebnis. Im November 1962 führte er eine Gruppe von insgesamt 32 Personen als quasi-offizielle Delegation der EKD nach Israel. Der »Zielpunkt« war Yad Vashem, der offizielle Erinnerungsort an die Shoah, wo die Gruppe am 9. November an einem Gedenkakt zum Novemberpogrom des Jahres 1938 teilnahm.[28] Selbstredend hatte Grüber seinen Freund Niemöller eingeladen, wenigstens für diese Feier nach Israel zu kommen, zumal angesichts seiner Beteiligung an der Schulderklärung der EKD 1945. Aber Niemöller hatte keine Zeit – so lautete zumindest seine Antwort. Am 9. November beginne die Jahrestagung der DFG, deren Lage »einigermaßen kritisch« sei. Da könne er nicht fehlen.[29] Für das kommende Jahr plante Grüber eine weitere Gruppenreise, und wiederum sagte Niemöller ab. Er habe schon seit Längerem eine Vortragsreise nach London geplant. Grüber ließ nicht locker und meinte, dass Niemöller dorthin noch öfter reisen könne. »Israel«, so sein Einwand, »kann man nur in der Gemeinschaft erleben«. Für Niemöller, »der Du nun immer wieder isoliert herumreist und redest«, sei es vielleicht ganz gut, einmal etwas in Gemeinschaft zu erleben.[30]

Nun traf es gewiss zu, dass Niemöller in der Verfolgung seiner Ziele oft einsam war, wie es Hans Asmussen bereits 1946 festgestellt hatte. Aber der eigentliche Grund für Niemöllers Absagen an seinen Freund war nicht die Skepsis gegenüber einem Gemeinschaftserlebnis oder der vorgeschobene Zeitmangel. Vielmehr stand Niemöller sowohl dem christlich-jüdischen Dialog als auch der damit eng verknüpften westdeutschen Annäherung an den Staat Israel ablehnend gegenüber. Eine theologische Aufladung der Existenz des Staates Israel lehnte er als »christlichen Zionismus« entschieden ab.[31] Als sich 1963 eine Gruppe von Theologen an ihn wandte, um seine Unterstützung für die Anbahnung diplomatischer Beziehungen zwischen der Bundesrepublik und Israel zu gewinnen, erhielt sie eine rüde Abfuhr. Warum die Kirche ein Interesse am Staat Israel haben solle, so Niemöller, sei ihm »schleierhaft«. Und dass sich die Araber durch den jüdischen Staat »gefährdet und attackiert sehen«, das könne er »ihnen nicht übel nehmen«.[32] Die Haltung der westdeutschen Protestanten zum Staat Israel blieb ein kontroverses Thema, vor allem nach dem Sechstagekrieg im Juni 1967, der zur israelischen Annexion des Westjordanlandes, der Halbinsel Sinai und anderer Gebiete führte.

Auffällig ist, dass Niemöller in diesen Debatten mit gespaltener Zunge sprach. In Veranstaltungen, bei denen das Thema Israel im Rahmen des Nahostkonflikts zur Sprache kam, betonte er öffentlich die Notwendigkeit, zu einem Frieden zu gelangen, und die Unmöglichkeit einer eindeutigen Schuldzuweisung an nur einen der Akteure.[33] Doch im privaten Gespräch brachen seine Ressentiments gegen den Staat Israel – und damit implizit auch gegen die Juden – aus ihm heraus. So etwa, als er kurz nach dem Sechstagekrieg mit seinen alten Freunden Elsa und Adolf Freudenberg beim Essen zusammensaß und seiner »Überzeugung Ausdruck« verlieh, »daß ich, wenn ich Araber wäre, bestimmt Antisemit wäre, weil hier ein fremdes Volk auf meinem Boden einen Staat gegründet hat, den meine Väter seit 1200 Jahren bewohnt haben«. Den Staat Israel könne er nicht mit der »Heilsgeschichte« des jüdischen Volkes in Verbindung bringen, da dieses ja in seiner Mehrheit nicht in diesem Staat wohnen würde.[34] Diese Bemerkungen waren äußerst taktlos gegenüber Elsa Freudenberg, die jüdischer Abstammung war. Niemöller hatte einfach kein Sensorium für die Tatsache, dass der Staat Israel auch und gerade ein Zufluchtsort für die von Deutschen verfolgten Juden war und daraus seine Existenzberechtigung bezog. Elsa Freudenberg war fassungslos, dass ihr Freund, den sie seit 33 Jahren kannte und achtete, etwas sagte, das sie »einfach nicht begreifen« konnte. Zugleich wies sie ihn auf die Blindstelle seiner Argumentation hin und damit auf seinen impliziten Antisemitismus: »Der Haß der Araber«, schrieb Freudenberg, »ist genau so grausam und unerbittlich wie Hitlers Judenhaß, denn das ist nur ein Spiel mit Worten, daß er sich gegen den Staat Israel richtet und nicht gegen den einzelnen Juden.«[35]

In seinen Ansprachen nach 1945 hatte Niemöller oft von »dem Juden« gesprochen, in dessen Schuld die Deutschen stehen würden. Aber dieser »Jude« blieb bis an Niemöllers Lebensende eine Chimäre, eine reine Abstraktion. Zur Realität des Judentums fand Niemöller auch nach der Shoah keinen Zugang. Seine beharrliche Weigerung, mit Brüdern wie Grüber nach Israel zu reisen, war eine Facette dieses Problems.[36]

Ein Leben in der Crew 1910

Elemente der Kontinuität wurden bei Niemöller im hohen Alter auch in anderer Hinsicht deutlich, und zwar im Habitus des Berufsoffiziers. Nach Jahren des pazifistischen Engagements hatte er Freunde und Weggefährten in der Friedensbewegung, und noch kurz vor seinem 85. Geburtstag nahm er an einem Bundeskongress der DFG-VK teil.[37] Aber richtig zu Hause fühlte er sich in den letzten anderthalb Jahrzehnten seines Lebens in einem anderen Umfeld: bei der Crew 1910. Um dies zu verstehen, müssen wir ein wenig in die Geschichte der Crew vor und nach 1945 zurückgreifen.

Niemöller hatte vor seiner Verhaftung letztmals 1935 an einem Treffen mit den Seekadetten des Jahrgangs 1910 teilgenommen. Anlass war das Fest zum 25-jährigen Bestehen der Crew, das in Kiel gefeiert wurde. Zunächst wurde dort eine Lobrede »auf den Führer« gehalten. Dann deutete Walter Lohmann – von 1939 bis 1942 Kommandeur der Marineschule Mürwik – das Wesen der

Crew dahingehend, dass es »nicht nur gemeinsames Jugenderlebnis, nicht nur Kriegskameradschaft« sei, »sondern ›Crew schlechthin‹, eine Form männlich-soldatischen Erlebens«, die über den gemeinsamen Einsatz für die kaiserliche Marine und die Kriegsmarine des Dritten Reiches weit hinausreiche und »im Dienst an Volk und Vaterland« verbinde. Dann sprach Karl Diederichs über die noch aktiven Kameraden, die in den »unsäglich schweren Jahren des undeutschen Zwischenreiches« – mit diesem blumigen Begriff meinte er die Weimarer Republik – die »Wehrfreiheit« vorbereitet hätten, die der »Führer« mit der Wiedereinführung der Wehrpflicht gerade verkündet hatte.[38] Danach begann beim Labskaus der gesellige Teil des Abends, über den Niemöller notierte, er habe »bis 4h morgens« gedauert, »aber schön!«[39] Niemöller fühlte sich im Rahmen der Crew zu Hause. Der Kontext der NS-Diktatur, der das nach 1918 entstandene radikalnationalistische Koordinatensystem der Crew ohnehin nicht transformierte, sondern im Kern bestätigte, änderte daran nichts.

Im KZ Sachsenhausen instruierte Niemöller seine Frau am 30. März 1939, den Kameraden Lohmann von seinem »Verzicht« auf die Mitgliedschaft in der Crew 1910 zu informieren.[40] Diese Entscheidung stand im Kontext seiner erwähnten Reaktion auf einen Zeitungsartikel von Joseph Goebbels. Dieser hatte Niemöllers Ehrgefühl als Soldat verletzt und ihn damit bewogen, das Recht zum Tragen der Uniform aufzugeben. Also wollte er auch aus der Crew ausscheiden. Wie so manchen Auftrag, den ihr Mann ihr in jenen konfliktreichen Monaten im Herbst 1939 erteilte, scheint Else Niemöller auch diesen nicht ausgeführt zu haben.

Bald nach Kriegsende wandte sich Otto Kranzbühler, der Karl Dönitz vor dem Nürnberger Militärgerichtshof verteidigte, ganz selbstverständlich im Auftrag seines Mandanten an den alten Crewkameraden Niemöller. Könne der für die Verteidigung bestätigen, dass Dönitz von den Verhältnissen in den Konzentrationslagern nichts gewusst habe? Dazu war Niemöller selbstverständlich gern bereit.[41] Eine massive Belastungsprobe für Niemöllers Akzeptanz in der Crew war dann allerdings dessen Einsatz für den Pazifismus, und vor allem die Kasseler Rede vom Januar 1959. In ihrem Gefolge gingen bei Otto Backenköhler Briefe ein, in denen Crewmitglieder Niemöller als »Landesverräter« und »verrückt gewordener Kommunistenpfarrer« bezeichneten.

Backenköhler, der als Admiral der Kriegsmarine gegen Ende des Zweiten Weltkriegs in deren Oberkommando tätig gewesen war, war damals Crewleiter und für die Organisation der jährlichen Treffen verantwortlich. Dabei ging es nun um Niemöllers Teilnahme am fünfzigsten Crewjubiläum 1960, die auf breite Ablehnung stieß. Mit »diesem schwatzhaften Pfarrer, der uns als Berufsverbrecher bezeichnet, setze ich mich nicht an einen Tisch«, schrieb ein

Crewmitglied an Backenköhler.[42] Niemöller verteidigte seine Position und seine Kasseler Rede und wusch nun seinerseits schmutzige Wäsche. In einem eilends anberaumten Gespräch mit Backenköhler beklagte er sich mit »Bitterkeit« darüber, dass sich die Crewkameraden nicht bei Admiral Raeder für seine Entlassung aus der KZ-Haft eingesetzt hätten und Raeder selbst auch untätig geblieben sei.[43]

Es war Dönitz, der nun die Aussprache mit Niemöller suchte, um ihm eine Teilnahme am Crewjubiläum zu ermöglichen und den Konflikt zu entschärfen. Das Erste gelang ihm, das Zweite allerdings nur vorübergehend. Am 5. Januar 1960 empfing Niemöller Dönitz in seinem Wiesbadener Haus. Eine dreiseitige Protokollnotiz von Dönitz, die das Ergebnis der Aussprache für die Crewkameraden festhielt, fand Niemöllers Zustimmung. Irritationen über die Kasseler Rede ließen sich aus dem Weg räumen, nachdem man lange über die verzerrende Berichterstattung der Massenmedien gesprochen hatte. Was blieb, war der Dissens über die Legitimität künftiger Kriege. Für Dönitz war Niemöllers Ablehnung jeglichen Krieges kein »moralischer Unwert«, sondern eine private politische Stellungnahme. Es gebe »nichts«, so das Resümee des früheren Großadmirals von Hitlers Kriegsmarine, »was mich als Crewkamerad von Niemöller trennt«.[44]

Das Wort von Dönitz hatte Gewicht in der Crew – er wurde dort von manchen immer noch als Reichskanzler bezeichnet! –, und so stand einer Teilnahme Niemöllers am fünfzigsten Crewjubiläum im Juni 1960 in Kiel nichts im Weg. Bei der Besprechung nahm Backenköhler auf diese Konflikte mit der Feststellung Bezug, dass »weltanschauliche Fragen« im Rahmen der Crew nicht entschieden werden könnten. Sie sei »kein eingeschriebener Verein«, sondern basiere auf der Kameradschaft. Zugleich sprach er ein weiteres Problem an. Denn auch Heinz Kraschutzki, seit Ende des Ersten Weltkriegs ein Radikalpazifist, wollte nun seine Beziehung zur Crew »normalisieren«. Unterstützend wies Backenköhler darauf hin, dass Kraschutzki niemals Kommunist, sondern nur Sozialdemokrat gewesen sei und im Spanischen Bürgerkrieg nicht auf Seiten der Republik gekämpft habe.[45]

Mit Niemöllers Teilnahme am Crewfest 1960 war der Konflikt aber nicht ganz ausgeräumt, und die Zusammenkunft kann nur an der Oberfläche harmonisch verlaufen sein. Denn drei Crewmitglieder hatten im Vorfeld erklärt, dass sie wegen Niemöllers Teilnahme nicht kommen würden.[46] So blieb der Besuch des Crewfests 1960 eine Ausnahme. Als sich zwei Crewmitglieder darüber beschwerten, dass Niemöller 1961 in einem Vortrag zum Besten gab, er schäme sich jetzt seiner früheren Begeisterung für die Marine, flammte der Konflikt sofort wieder auf. Niemöller wollte sich nun von der Betreuung durch die Crew gänzlich lösen. Wieder war es Backenköhler, der vermittelnd eingriff. Niemöller blieb den Crewtreffen in den folgenden Jahren fern, traf sich aber im kleinen Kreis zuweilen mit den in Wiesbaden lebenden Crewmitgliedern Helmut Brümmer-Patzig und Lothar Zechlin, der in der Kriegsmarine des »Dritten Reiches« in der U-Boot-Flotte gedient hatte.[47]

Das gesellige Leben in der Crew ging weiter, doch es gab bei vielen Mitgliedern offenbar »Bedrückung ob der ungelösten Frage« von Niemöllers Teilnahme. Dessen alter Elberfelder Freund Carl Pagenstecher versicherte ihm jedenfalls, dass »Deine Kameradschaftlichkeit [...] noch keiner angezweifelt« hat. Pagenstecher selbst war sich 1966 sicher, dass Niemöller stets in der »Richtfeuerlinie« segelte, meinte aber auch, dass es schwer sein müsse, wenn man wie sein Freund »immer nur Wasser und Himmel« sehe, aber kein anderes »Schiff in Sicht« sei.[48] Das war eine gefühlvolle maritime Metapher für den Starrsinn und die oft damit verbundene Einsamkeit, die Niemöllers Leben prägten. Der Konflikt mit der Crew war aber immer noch nicht behoben.

Es blieb Backenköhler vorbehalten, hier Abhilfe zu schaffen. Kurz vor seinem Tod Anfang 1967 trug er Alexander Magnus, der mit ihm die Crewbetreuung leitete, als sein Vermächtnis auf, das Verhältnis der Crew zu Niemöller zu reparieren. Von den 49 noch lebenden Crewkameraden waren nur noch wenige über dessen mögliche Teilnahme irritiert. Andere wie Pagenstecher und Karlhans Heye – der 1945 als Festungskommandant Brunsbüttel gegen die Royal Navy verteidigt hatte – kamen bei langen Gesprächen nach der Beerdigung Backenköhlers zu der Überzeugung, dass sie im Hinblick auf Atomwaffen Niemöllers Pazifismus »sehr nahe gekommen« seien.[49]

Die noch umstrittenen Fragen wurden bei einem Gespräch Niemöllers mit Pagenstecher schließlich ausgeräumt. Dessen Frau Aline soufflierte aus dem Hintergrund: »Ihr alten Knacker solltet euch nicht so wichtig nehmen.«[50] Damit war der Boden für Niemöllers Teilnahme am Crewtreffen 1968 bereitet, das vom 23. bis 25. September in Boppard am Rhein stattfand. Auf dem Programm standen eine Dampferfahrt und mehrere gesellige Treffen mit den nun recht betagten Crewmitgliedern und den sogenannten Crewschwestern, den Ehefrauen und Witwen, die inzwischen die Mehrheit der Teilnehmer stellten. Patzig war der Erste, der Niemöller begrüßte, aber auch mit Pagenstecher und Dönitz kam er schnell in Kontakt. Dönitz und Heye zählten zu jenen, von denen er sich persönlich verabschiedete. Niemöller war wieder ein Teil der Crew, und er fühlte sich wohl in dieser Gesellschaft, wie sein Fazit belegt: »Kreis sehr nett! Guter, versöhnlicher Verlauf.«[51]

Auch in den folgenden Jahren war Niemöller stets dabei – so etwa 1970 in Kiel, 1971 in Überlingen, 1972 und wiederum 1973 in Kassel. Als Zechlin und

Magnus 1971 kurz nacheinander starben, war es selbstverständlich, dass der »Crew-Kamerad Niemöller« die Trauerfeier veranstaltete. Der Kreis der Crewmitglieder war nun stark geschrumpft – von den dreißig noch lebenden Seekadetten des Jahrgangs 1910 nahmen 1973 nur 13 an der Jahresfeier teil.[52] Beim Crewtreffen 1976, wieder mit Niemöller, aber diesmal ohne seine zweite Frau, sprach Helmut Brümmer-Patzig darüber, dass es falsch sei, sich über die Verwerfungen des persönlichen Schicksals zu beklagen, welche zwei Weltkriege und die »Zerstückelung unseres Vaterlandes« mit sich gebracht hätten. All das sei vom »Standpunkt der Ewigkeit« zu betrachten, der diese Unbilden relativiere. Wer »am höchsten Punkt der Leiter« stehe, falle auch am tiefsten: Mit diesen Worten richtete sich Patzig an Dönitz, den »Großadmiral und Reichskanzler«, der das »Mitgefühl Deiner Freunde« in der Crew stets gespürt habe.[53]

Dönitz war wiederum Thema, als beim Crewtreffen 1979 mit Marlene Maertens – Witwe des 1945 verstorbenen Vizeadmirals der Kriegsmarine Erhard Maertens – eine Crewschwester eine Rede hielt. Sie hatte Dönitz während des Zweiten Weltkriegs als junge Sekretärin in der Marineleitung kennengelernt, lebte aber seit langem in den USA. Dort hatte sie Anfang 1979 Niemöller getroffen und ihn nach seinem Verhältnis zu Dönitz befragt. »Schließlich seid Ihr beide so verschiedene Menschen!« Doch mit dieser Auffassung konnte sich Niemöller nicht anfreunden: »Martin's Faust krachte auf meinen Tisch. ›Was für ein Unsinn‹, so rief er dazu. ›Wir sind gar nicht verschieden, wir sind nur verschiedene Wege gegangen!‹«[54]

Das Crewtreffen 1980 in Kiel war das letzte, an dem Niemöller teilnahm.[55] In den letzten 15 Jahren seines Lebens erhielt er zahlreiche Ehrungen, so etwa 1970 das Großkreuz des Verdienstordens der Bundesrepublik.[56] Doch am liebsten scheint ihm der Lenin-Friedenspreis gewesen zu sein, den er 1967 erhielt, die höchste Auszeichnung, welche die Sowjetunion an Ausländer zu vergeben hat. Bei Interviews trug er fortan gerne das Abzeichen des Leninpreises am Revers seines Jackets.[57] Sein Crewkamerad und Friedensfreund Heinz Kraschutzki bemerkte gratulierend ironisch, dass Niemöller nun wohl keine Aussicht mehr habe, auch den Friedensnobelpreis zu bekommen. Aber das focht Niemöller nicht an, im Gegenteil:

> Die Verleihung des Lenin-Friedenspreises hat mich doch gefreut. Wenn die Leute doch endlich begreifen wollten, daß Frieden nur etwas ist, wenn er mit dem Gegner oder Feind geschlossen und gelebt wird. Insofern ist mir ein Preis aus der anderen Welt lieber als ein Preis, der aus der westlichen Welt käme.[58]

Niemöller hatte bereits 1974 in einem Brief an seinen Bruder Wilhelm notiert, dass seine Kräfte nun »langsam, aber doch merklich« schwänden. Zwei Jahre später bekannte er sich Wilhelm gegenüber zu der Einsicht, dass »der Globus sich auch ohne uns weiter dreht«, und gelobte, mit der Vollendung seines 85. Lebensjahres tatsächlich ernsthaft in den Ruhestand zu treten.[59] In den letzten Monaten seines Lebens war Niemöller bettlägerig. Er verstarb kurz nach seinem 92. Geburtstag, zu dem er die Familie und enge Freunde empfing, am 6. März 1984 in seinem Haus in Wiesbaden. Die offizielle Trauerfeier fand am 25. März 1984 in einer Wiesbadener Kirche statt.

Für Niemöller war eine Grabstelle im Kirchhof der Sankt-Annen-Kirche in Dahlem reserviert. Diese hatte er aber 1980 an Rudi Dutschke abgetreten, nachdem dessen Witwe Gretchen vergeblich versucht hatte, an anderer Stelle in Berlin eine Grabstätte für den Wortführer der 68er-Bewegung zu finden.[60] So wurde Niemöller auf seinen eigenen Wunsch in der Familiengrabstätte in Wersen im Tecklenburger Land zur Ruhe gebettet, also dort, wo sein Großvater Gerhard Heinrich Niemöller Lehrer und Kantor gewesen war.

Schluss
Ein Leben in Opposition

Wer war Martin Niemöller? Diese Frage haben sich bereits viele seiner Zeitgenossen gestellt, spätestens seit der Dahlemer Pfarrer 1933/34 durch seine kirchenpolitische Tätigkeit erst in Deutschland und dann weltweit bekannt wurde. Es ist aufschlussreich, einige ihrer Antworten Revue passieren zu lassen. Im Dezember 1934 tat Paul Winckler in einem Brief an Präses Karl Koch seine Meinung kund. Winckler war seit 1925 Direktor des Evangelischen Presseverbandes für Westfalen und Lippe und damit einer der Vereinsgeistlichen der Inneren Mission. In dieser Funktion mag er Niemöller bereits während der 1920er Jahre begegnet sein. In seinem Brief ging es ihm darum, dass die Mitglieder der Bekenntnisfront zu einer »ruhigen« Haltung gegenüber der im November 1934 gebildeten ersten VKL finden sollten. Niemöller schien ihm dazu aber nicht fähig zu sein: »Bruder Niemöllers Auftreten ist schlechterdings schädlich, wenn er sich nicht in Zucht nimmt. Ich habe eine Scene mit ihm erlebt, während deren ich ihn direkt für krank gehalten habe. Maßlos, ungerecht und leider auch anmaßend.«[1] Winckler war keineswegs der einzige Pfarrer, der sich während der kirchenpolitischen Auseinandersetzungen im »Dritten Reich« über das oft schroffe und ungestüme Verhalten Niemöllers beklagte.

Nach 1945 kamen viele Beobachter zu einer weitaus wohlwollenderen Einschätzung. Das ist kein Zufall, denn Niemöller hatte beim Aufbau der Bekennenden Kirche und der Verteidigung ihrer in Barmen und Dahlem 1934 proklamierten Grundsätze gezeigt, dass er seine Auffassungen revidieren konnte, hatte seine erhebliche Energie und Tatkraft in den Dienst der BK gestellt und damit deren Entwicklung maßgeblich bestimmt. Die historische Größe Niemöllers liegt darin, dass er die 1934 gefundenen Positionen der BK konsequent und kompromisslos verteidigte, und zwar gegen innerkirchliche Kritiker wie gegen den NS-Staat. Als sich die kirchenpolitischen Konflikte 1936/37 verschärften, schreckte er vor Risiken für sich selbst nicht zurück, denn er rückte von seiner Position nicht ab und übte öffentlich Kritik an der NS-Kirchenpolitik. Der Historiker Friedrich Meinecke würdigte diesen Mut in seiner 1946 veröffentlichten Reflexion über die *Deutsche Katastrophe* des Nationalsozialismus. Dort charakterisierte er Niemöller als einen »Prediger des Protestes«, einen, »zu dessen Dahlemer Kanzel die Menschen aus ganz Berlin strömten«.[2]

Eine eindringliche Metapher, die das ebenso schroffe wie stets nach vorne drängende Verhalten Niemöllers ins Positive wendete, benutzte nach 1945 Lutz Graf Schwerin von Krosigk. Der bis 1937 parteilose Reichsfinanzminister hatte dieses Amt bereits im Kabinett Papen in der Endphase der Republik innegehabt. Er war ein konservativer evangelischer Christ und stand der Bekennenden Kirche nahe, ließ angesichts der tiefen Konflikte innerhalb des Protestantismus in seiner Unterstützung für die Bekenntnisfront aber schließlich nach. Sein Urteil lautete: »Niemöller ist die Unruhe in der Uhr der Evangelischen Kirche. Die Unruhe zeigt die Zeit nicht an, aber ohne Unruhe kann keine Uhr sein.«[3]

Kritischer fiel das Urteil von Bischof Theophil Wurm aus, der vor wie nach 1945 immer wieder mit Niemöller in Konflikt geriet. Wurms Kirchliches Einigungswerk, dessen 13 Sätze zu Ostern 1943 von mehr als achtzig Persönlichkeiten öffentlich unterstützt wurden, war ein entscheidender Schritt zur neuerlichen Sammlung der auch durch die Auswirkungen des Krieges tief zersplitterten evangelischen Kirche und damit deren Neubegründung nach 1945. Dem Theologen Gottfried Traub gegenüber äußerte sich der Stuttgarter Bischof 1951 zu Niemöller und der 1945 in Treysa getroffenen Einigung so:

> Er [Niemöller] hat offenbar 1945 erwartet, dass ich ihm das Feld überlassen werde, deswegen war es in seinen Augen ein Burgfriede, den er mit mir geschlossen hatte, in meinen Augen war es ein echtes Bündnis zweier aus verschiedener Ecke kommender, aber auf dasselbe Ziel losgehender Richtungen. Es fehlt ihm völlig am Humor, er nimmt sich viel zu wichtig. Ich fürchte sogar, dass er kein gutes Ende nimmt, weil er ganz im Machtdenken befangen ist.[4]

Bei anderer Gelegenheit bediente sich Wurm einer Metapher, um den kirchenpolitischen Neubeginn zu beschreiben: Er sei 1945 mit großen Hoffnungen nach Treysa gefahren, »aber zwischen dem Vulkan Martin Niemöller und dem Eisberg Hans Meiser habe er keinen Platz gefunden«.[5]

All diese Beobachtungen beleuchten einzelne Aspekte von Niemöllers Persönlichkeit und seines kirchenpolitischen Wirkens. Eine Besonderheit seines Lebens hat allerdings ein namentlich nicht bekannter Mitarbeiter des Ministeriums für Staatssicherheit der DDR knapp und präzise Mitte der 1950er Jahre notiert: »Niemöller lebt gerne in Opposition.«[6] So war es in der

Tat. Seit 1919 stellte sich Niemöller dreimal in Opposition zur jeweiligen politischen Ordnung, wobei diese Opposition unterschiedliche Formen annahm und in seiner Stoßrichtung und Intensität variierte.

Der junge Niemöller war mit Begeisterung in die Kaiserliche Marine eingetreten, auch wenn ihn im Alltag bald die Monotonie des Dienstes und die mit dem Ehekonsens verbundenen Probleme belasteten. Während des Ersten Weltkriegs radikalisierten Siegeshoffnungen und imperialistische Allmachtsphantasien sein nationalistisches Weltbild. Dementsprechend empfand er den Zusammenbruch des Kaiserreichs wie viele andere Nationalprotestanten als tiefe Schmach und stand fortan im Widerspruch zu der ungeliebten Republik, die in seinen Augen über keinerlei Legitimität verfügte. Während der Studienjahre in Münster widmete Niemöller den radikalnationalistischen und völkischen Parteien und Verbänden mehr Zeit als dem Studium. Diese Form der konterrevolutionären Politik war aber nur eine von mehreren Möglichkeiten, die ihm offenstanden. Nach dem Soziologen Niklas Luhmann bestehen »die Komponenten eines Lebenslaufs [...] aus Wendepunkten, an denen etwas geschehen ist, was nicht hätte geschehen müssen«.[7] Dafür ist Niemöller ein gutes Beispiel. Er hätte sich Anfang 1919 in Kiel der Marine-Brigade von Loewenfeld anschließen können, deren Kommandeur intensiv um ihn warb, hätte 1919 mit dieser Marine-Brigade an bewaffneten Kämpfen in Oberschlesien teilnehmen und später mit gewaltsamen Attacken gegen die Republik hervortreten können. Oder er hätte wie sein Bruder Wilhelm 1923 aus Empörung über die Ruhrbesetzung in die NSDAP eintreten können. Niemöller tat weder das eine noch das andere. Seine Opposition gegen die Weimarer Republik normalisierte sich vielmehr seit 1924 im Zuge der praktischen Mitarbeit in dem sozialpolitischen Regelwerk, das der Sozialstaat bereitstellte.[8] Seine diakonische Arbeit bei der Inneren Mission war auf eine klassenübergreifende Volksgemeinschaft gerichtet, eine Idee, die in fast allen politischen Strömungen der Weimarer Zeit zu finden war bis hin zur moderaten Sozialdemokratie.

Die schwere soziale und ökonomische Krise der frühen 1930er Jahre veranlasste Niemöller – inzwischen Pfarrer in Dahlem – dann, nach dem Auslöser für die gesellschaftlichen Verwerfungen zu suchen. Ihm erschienen der Liberalismus und die Bindungslosigkeit der modernen Gesellschaft als ärgste Gefahr. Wie viele andere Nationalprotestanten sah er im antichristlichen Säkularismus der sozialistischen »Gottlosen« die Hauptursache für die Krise. Aber als die Deutschen Christen 1932 in die Dahlemer Gemeinde eindrangen, stellte Niemöller sich gegen sie. Und dabei blieb es trotz aller ideologischen Gemeinsamkeiten mit den Nationalsozialisten bis zur Zerstörung der Weimarer Republik.

Zweifellos gab es viele Affinitäten zwischen Nationalprotestanten und Nationalsozialisten. Aber die nationalprotestantische Mentalität begründete keinen Sonderweg, der direkt und zwangsläufig auf 1933 hinführte.[9] Niemöllers Biographie verdeutlicht das.

Zum »Dritten Reich« stand Niemöller nicht von Beginn an in Opposition, ganz im Gegenteil. Für ihn wie für viele andere Pfarrer war die Machtergreifung der Nationalsozialisten ein »protestantisches Erlebnis« (Manfred Gailus), ein Moment der nationalen Wiedergeburt, der Hoffnungen weckte auf eine Vertiefung des christlichen Glaubens. Erneut geschah etwas, das nicht unbedingt hätte geschehen müssen: Obwohl die Deutschen Christen um ihn warben und Niemöller mit der Stimmabgabe für die NSDAP und seiner Predigt vom 5. März 1933 zeigte, dass er das nationalsozialistische Projekt der nationalen Erneuerung aus ganzem Herzen unterstützte, schloss er sich den Jungreformatoren an. Wie diese suchte er den Schwung der NS-Machtergreifung für die Schaffung einer Reichskirche zu nutzen. In Opposition zum NS-Regime geriet Niemöller erst mit der kirchlichen Neuordnung nach den Kirchenwahlen im Juli 1933, die in der autoritären Form des Führerprinzips unter Dominanz der Deutschen Christen erfolgte.

Zum Auslöser für die Sammlung der innerkirchlichen Opposition, der Niemöller sich nun zuwandte, wurde die Einführung des »Arierparagraphen« im kirchlichen Raum. Gerade an diesem Punkt, der so viele hagiographische Legendenbildungen erzeugt hat, zeigen sich aber auch die Grenzen seiner Opposition gegen das »Dritte Reich«. Den rassistischen Antisemitismus seiner Studienjahre hatte er erst 1932 hinter sich gelassen und in seinen Reflexionen das Judentum ausschließlich in theologischen Kategorien gedeutet. Der von Niemöller energisch angeführte Pfarrernotbund setzte sich dennoch nur für Christen jüdischer Herkunft ein, nicht aber für die von der Rassenpolitik des NS-Regimes verfolgten Deutschen jüdischen Glaubens. Aufgrund seiner gesellschaftlich-kulturellen Judenfeindschaft verhielt sich Niemöller gegenüber seinen verfolgten jüdischen Mitbürgern indifferent.

Kernpunkte von Niemöllers kirchenpolitischem Engagement waren die 1934 in Barmen verabschiedete Theologische Erklärung, die das kirchliche Leben auf Jesus Christus fokussiert, und der auf der Dahlemer Synode formulierte kirchenleitende Anspruch der Bekennenden Kirche. Diese verstand er als eine missionierende Kirche, die den »Angriff auf das Reich der Welt« zu »wagen« hatte.[10] Daraus ergaben sich für Niemöller zwei Konsequenzen: Erstens stellte er sich gegen die umfassenden Ansprüche des totalitären Staates auf Durchdringung aller Sphären des Lebens – auch wenn er die Bekennende Kirche ausdrücklich *nicht* als eine Form der politischen Opposition verstand.

Zweitens war sein missionarisches Grundverständnis herausgefordert, als sich die neuheidnische, auf völlige Verdrängung des Christentums zielende Strömung innerhalb der NSDAP in den Vordergrund schob. Niemöller reagierte mit radikalen Verbalattacken auf die Kirchenpolitik des NS-Regimes, was zu seiner Verhaftung im Juli 1937 beitrug.

Trotz seines nachdrücklichen Widerspruchs gegen die Kirchenpolitik des NS-Regimes und den neuheidnischen Unglauben des radikalen völkischen Flügels der NSDAP wurde Niemöller in seiner nationalprotestantischen Grundeinstellung aber nicht schwankend, ganz im Gegenteil.[11] In einem 1935 gehaltenen Vortrag sprach er sich für die Wiedereinführung der Wehrpflicht und den damit verbundenen Bruch der Versailler Vertragsbestimmungen aus. Er rechtfertigte dieses Vorgehen mit dem »Existenzkampf« des deutschen Volkes und forderte die evangelischen Christen auf, im »wehrhaften Mann« den »christlichen Bruder« zu sehen. Das nationalprotestantische Motiv der besonderen Sendung der deutschen Nation blieb für Niemöller auch während der KZ-Haft prägend. Es wurde durch die deutsche Mobilisierung für den Zweiten Weltkrieg – die er durch seine freiwillige Meldung zur Kriegsmarine unterstützen wollte –, durch seine Wahrnehmung der Deutschen als Opfer des Bombenkrieges und durch den Vormarsch der Roten Armee seit 1943 noch verstärkt.

Während der langen Jahre der KZ-Haft gab es neben Kontinuität aber auch Kontingenz. Wie wäre Niemöllers weiterer Lebensweg verlaufen, wenn er den hartnäckigen Widerstand seiner Frau überwunden und sich 1940 der katholischen Kirche angeschlossen hätte? Auf jeden Fall waren Niemöllers Konversionspläne weit mehr als das Resultat eines vorübergehenden Lagerkollers. In seinem im KZ Sachsenhausen verfassten Manuskript *Gedanken über den Weg der christlichen Kirche* kritisierte er die in bürokratischer Routine erstarrten evangelischen Landeskirchen und ihren Mangel an ekklesiologischer Legitimität mit gewichtigen Argumenten. Man darf ruhig annehmen, dass Niemöller in den konfessionellen Streitigkeiten der frühen Bundesrepublik auch deshalb so vehement antikatholisch auftrat, weil er genau wusste, wie nah er der Konversion gewesen war.

Unmittelbar nach der Befreiung aus dem KZ stellte sich Niemöller zum dritten Mal in Opposition zur herrschenden politischen Ordnung. Der Konflikt entzündete sich zunächst an seiner Wahrnehmung der USA, die an die abträglichen Urteile über die »Angloamerikaner« aus der Endphase des Krieges anknüpfte. Heimgekehrt nach Deutschland, beklagte er sich über die Behandlung durch die US-Militärbehörden und eine angebliche Verschwörung der amerikanischen Medien, die kritisch über seinen Auftritt in Neapel im

Mai 1945 berichtet hatten. Diese Kritik weitete sich zu einer larmoyanten Beschwörung der Deutschen als Opfer der US-Besatzungspolitik und der von den Alliierten betriebenen Entnazifizierungspolitik aus. Die lange USA-Reise 1946/47 bescherte ihm zwar manche positiven Eindrücke vom dortigen religiösen Leben, vertiefte aber auch die bestehenden antiamerikanischen Vorbehalte. Ein angemessenes Verständnis der Biographie Niemöllers ist ohne die Betonung seines oft herablassenden Blicks auf die USA in Verbindung mit antisemitischen Stereotypen nicht möglich.[12]

Die Abneigung gegen die Vereinigten Staaten prägte nicht zuletzt seine scharfe Ablehnung der Bundesrepublik und ihrer in seiner Sicht durch eine unheilige Allianz von Washington und dem römischen Vatikan aufoktroyierten Ordnung. Die Diffamierung der parlamentarischen Demokratie der Bundesrepublik als verkappte Diktatur hat Niemöller bis an sein Lebensende nicht widerrufen. Er attackierte vor allem die Parteien als wichtige politische Akteure inner- und außerhalb des Parlaments. Kaum eine politische Intervention Niemöllers nach 1945 kam ohne den Hinweis aus, er äußere sich als einfacher evangelischer Christ und habe nie einer Partei angehört.[13] Das entsprach nicht den Tatsachen, denn in Münster war er sowohl in der Studentengruppe als auch in der Ortsgruppe der DNVP als Mitglied aktiv gewesen. Dennoch war seine Behauptung, er habe nie einer Partei angehört, vielleicht mehr eine rosarot gefärbte Erinnerung als eine gezielte Lüge. Denn in der Krise der Weimarer Republik war er überdies noch in einer anderen Partei engagiert gewesen, dem Evangelischen Volksdienst, den er in Münster kurzzeitig als Stadtverordneter repräsentierte. Das wichtigste – und im Grunde paradoxe – Ziel dieser Partei war die überparteiliche Sammlung aller Evangelischen gegen »Bolschewismus« und »Freidenkertum«. Damit wandten sich ihre Mitglieder gegen die angebliche Zersplitterung und Verfälschung des Volkswillens durch die Parteien, ein heiß diskutiertes Thema im politischen Diskurs der späten 1920er Jahre. Niemöllers Ablehnung der Parteien nach 1945 ist damit auch ein Beispiel für den »langen Schatten der untergehenden Republik« und die »Kontinuität politischer Denkhaltungen« von Weimar bis in die Bundesrepublik hinein.[14]

Der wichtigste Grund für Niemöllers anhaltenden Widerspruch gegen die mit dem Grundgesetz geschaffene repräsentative Demokratie lag allerdings in seinem Verständnis vom politischen Auftrag der Kirche, denn der bestand für ihn darin, das prophetische Wächteramt wahrzunehmen, und das hieß, innerhalb einer im Kern pluralistischen Kirche die »einzige Kraft zur Durchsetzung einer neuen strikten Bindung an Wort und Bekenntnis darzustellen«. Dieses Amt kam nach seiner Ansicht den Bruderräten als den wahren

Vertretern der Bekennenden Kirche zu. Überdies galt es aber, dieses »Wächteramt« der Kirche »gegenüber Staat und Gesellschaft« auszuüben,[15] und diese Aufgabe wies Niemöller vor allem sich selbst zu. Dementsprechend war er weder bereit, die Einwände seiner kirchlichen Weggefährten angemessen zu würdigen, noch Widerspruch gegen die politischen Positionen zu dulden, die er selbst vertrat. Dass diese Positionen sich über die Jahre hinweg verschoben, spielte dabei keine Rolle. Die moralische Selbstgerechtigkeit, die sich in Niemöllers Vorstellung vom prophetischen Wächteramt und der damit verbundenen Geringschätzung der Berufspolitiker zeigte, veranlasste selbst einen engen Freund wie Gustav Heinemann zu äußerst kritischen Stellungnahmen.

In der Rückschau auf sein Leben konstruierte Niemöller eine fromme Legende. Seit frühester Kindheit habe ihn die Frage bewegt: »Was würde Jesus dazu sagen?«[16] Doch als Begründungsformel einer biographischen Kontinuität ist diese Sentenz gänzlich ungeeignet. Denn Niemöllers Lebensweg zeigt überaus deutlich, mit welch schillernden und oft widersprüchlichen Aussagen und Verhaltensweisen ein und dieselbe Person den evangelischen Glauben zum Ausdruck bringen kann.[17] Niemöller berief sich in den unterschiedlichsten Situationen auf Gott,

- 1914, als er die Nächstenliebe allein auf das deutsche Volk bezog und möglichst viele Engländer, Franzosen und Amerikaner sowie anderes »Lumpenpack« tot sehen wollte
- 1920, als er Mitglied im Deutschvölkischen Schutz- und Trutzbund wurde und dessen rassistischen Antisemitismus vertrat
- 1933, als er seiner Hoffnung auf die Realisierung einer NS-Volksgemeinschaft Ausdruck gab
- 1934, als er in Barmen die Theologische Erklärung mit verabschiedete
- 1944, als er Gottes Hilfe gegen die »bolschewistische Woge« anrief, die sein deutsches »Vaterland« bedrohe
- 1945, als er die Amerikaner bezichtigte, das deutsche Volk ausrotten zu wollen
- 1952, als er den christlichen Pazifismus zu seiner Maxime erhob
- 1965, als er öffentlich zu einem Boykott der Bundestagswahl aufrief.

Diese Stellungnahmen zeigen die verschiedenen Facetten des evangelischen Glaubens und des Wirkens als Protestant, die Niemöller in seinem Leben vertrat. In dem hier vorgelegten Buch sind diese Facetten ausdrücklich nicht im Sinne einer einlinigen biographischen Identitätskonstruktion geglättet und begradigt worden. Doch genau das ist nach 1984 geschehen, als der verstorbene Niemöller von einer Persönlichkeit der Zeitgeschichte zu einer Ikone der Erinnerung wurde. Dieser Prozess setzte schon zu seinen Lebzeiten ein. Ein Diakon in Witten schuf 1982 für die dortige Diakonieanstalt Martineum ein Ölgemälde mit dem Titel »Vier Martins«, das neben Martin von Tours, Martin Luther und Martin Luther King jr. auch Martin Niemöller zeigt. Ein örtlicher Pfarrer deutete das Gemälde so: »Mit Martin Niemöller verbinden wir: Wer Gott als seinen Herrn weiß, der scheut keine Autorität und sei es die sich tyrannisch gebärdende Autorität des Staates.«[18] Das Bild lässt sich als Beispiel für die auch im Protestantismus übliche »Heiligenverehrung« verstehen, nicht zuletzt da Niemöller hier ganz konkret neben Martin von Tours (St. Martin I) und Luther (St. Martin II) als St. Martin III gezeigt wird.[19]

Tendenzen zur höchst selektiven Aneignung der Lebensgeschichte und des politischen Wirkens von Niemöller lässt auch die Aktion Sühnezeichen/Friedensdienste erkennen, die sich seit ihrer Gründung im Jahr 1958 der Aussöhnung mit den vom »Dritten Reich« besetzten Ländern und der Friedensarbeit widmet. Seit den 1970er Jahren verwandte sie in ihren Schulungsmaterialien für Freiwillige Texte von Niemöller zum Widerstand der Bekennenden Kirche.[20] Der Dahlemer Pastor wurde so zum Kronzeugen für das Lernen der Deutschen aus ihrer Vergangenheit und für eine progressive politische Identität der Protestanten. Dazu trug vor allem das berühmte Niemöller-Zitat bei, das sich von den 1970er Jahren an mit kräftiger Unterstützung des Urhebers erst in der Bundesrepublik und dann weltweit verbreitete:

> Als die Nazis die Kommunisten holten, habe ich geschwiegen; ich war ja kein Kommunist. Als sie die Sozialdemokraten einsperrten, habe ich geschwiegen; ich war ja kein Sozialdemokrat. [...] Als sie mich holten, gab es keinen mehr, der protestieren konnte.[21]

Gerade dieses Zitat des »Vorbilds« Niemöller wird herangezogen, wenn es gilt, den Anfängen zu wehren und sich für Demokratie, Menschenrechte und Frieden einzusetzen.[22] Gegen ein solches politisches Engagement ist nichts einzuwenden, und auch nichts dagegen, dass Niemöllers Name für die historische Identitätsbildung linksprotestantischer Gruppen und Strömungen benutzt wird. Allerdings sollte auch die historische Realität beachtet werden, über die das berühmte Zitat hinwegzutäuschen versucht: Die historisch-moralische »Schuld« Niemöllers im Hinblick auf den Nationalsozialismus lag nicht im Schweigen, sondern im Handeln. Er schwieg keineswegs zur Verfolgung von Kommunisten und Sozialdemokraten im »Dritten Reich«, sondern er bekämpfte die Mitglieder dieser Parteien, indem er sie von der Kanzel als »Gottlose« beschimpfte und ihnen vorwarf, die Fundamente des Christentums zu untergraben. Ähnliches muss über sein Verhalten gegenüber den Juden gesagt werden, auch wenn das Schweigen zur Judenverfolgung nicht zu der von Niemöller autorisierten Fassung seines Zitats gehört. Wenn wir unter Widerstand im weitesten Sinne Solidarität mit Fremden verstehen,[23] dann ist er dem Widerstand gegen das »Dritte Reich« nicht zuzurechnen, weil er nach 1933 nicht für die Deutschen jüdischen Glaubens eingetreten ist. Es gehört zu den Eigentümlichkeiten des evangelischen Schulddiskurses nach 1945, an dessen Formierung Niemöller selbst maßgeblich beteiligt war, dass dieser Zusammenhang bei aller verbalen Beteuerung seiner eigenen Schuld über Jahrzehnte hinweg nicht beachtet wurde.[24]

Diese Biographie Martin Niemöllers präsentiert die Brüche und Kontinuitäten der deutschen Geschichte des 20. Jahrhunderts, in der er seit 1933 an vielen wichtigen Brennpunkten zu finden war, und die dramatischen Momente in seinem an Entbehrungen und Gefahren reichen Leben. An Niemöllers Lebenslauf und an seinen Einstellungen zu christlicher Kirche und Religion lässt sich so gut wie sonst kaum irgendwo über den fundamentalen Umbruch des religiösen Feldes im 20. Jahrhundert reflektieren.

Als Sohn eines Pfarrers wuchs Niemöller in einem sozialen Umfeld auf, das ebenso selbstverständlich wie umfassend durch die Präsenz des evangelischen Christentums geprägt war. Als er 1939 im KZ Sachsenhausen seine *Gedanken über den Weg der christlichen Kirche* niederschrieb, schien es ihm offensichtlich, dass der Gedanke an ein »Christentum ohne Kirche« nur ein »Erzeugnis modernen individualistischen Denkens« sei und »jeder biblischen Grundlage« entbehre.[25] Diese These hätte er auch vertreten, wenn er zu jener Zeit nicht über die Notwendigkeit einer Konversion zur katholischen Kirche reflektiert hätte. Niemöllers kirchenpolitisches Wirken nach 1945 belegt dies gerade wegen seines gelegentlichen Kokettierens mit dem auf die Gemeinde zentrierten Kongregationalismus, den er in den USA und in Australien kennengelernt hatte. Am Ende seines langen Lebens bewegten sich die evangelischen Kirchen in einem von Kirchenkrisen, religiösem Pluralismus und neuen Formen der Sinnsuche geprägten Umfeld. Zu diesem Zeitpunkt war die Kirche für Niemöller kaum noch mehr als eine leere Hülse, die das Leben im christlichen Glauben eher behinderte als beförderte.[26] Es ist auch ironisch zu verstehen, dass Martin Niemöller, der mehr als ein halbes Jahrhundert mit der und in der evangelischen Kirche gekämpft und gerungen hat, sich am Ende seines Lebens ein Christentum ohne Kirche durchaus vorstellen konnte.

ANHANG

Dank

Im Verlauf der Arbeit an diesem Buch hat sich eine große Dankesschuld angehäuft, die ich hier so weit wie möglich abtragen will. Mein Dank gilt zunächst der Gerda Henkel Stiftung, die meine Forschungen ebenso großzügig wie unbürokratisch unterstützt hat, indem sie mir Freisemester für meine Forschungen ermöglichte. In dieser Zeit war ich an der Humboldt Universität Berlin zu Gast. Dank gilt meinem Gastgeber, Thomas Mergel, ebenso den Mitarbeiterinnen und Mitarbeitern seines Lehrstuhls, vor allem Claudia Gatzka, Felicia Kompio, Dagmar Lissat, Maria Neumann und Dominique Rudin. Während meines Aufenthalts in Berlin gab es immer wieder Gelegenheit für gesellige Gespräche, unter anderem mit Jörg Baberowski, Joachim Häberlen, Svend Hansen, Christoph Nübel, Claudia Prinz, Nadine Rossol, Chris Szejnmann, Andrea Streilly und Andreas Weiß. Dank gilt ferner meinem Bruder Alexander, Christiane Heiß und Irina Heiß, die mich herzlich bei sich aufnahmen und auch nicht meckerten, wenn ich wieder einmal sehr früh am Morgen zum Bahnhof Südkreuz aufbrach. Das geschah oft genug, denn dieses Buch basiert in erster Linie auf langwierigen Forschungen in insgesamt 28 Archiven in der Bundesrepublik, England und der Schweiz. Mein Dank gilt hier zunächst den Archivaren, die mich mit ihrer Sachkunde bei meinen Recherchen unterstützten, vor allem Natalia Alekseeva, Peter Beier, Gotthard Klein, Christine Koch, Jens Murken, Henning Pahl – der mich nicht nur mit Akten, sondern auch noch mit Kaffee und Keksen versorgte –, Dirk Riedel, Hartmut Sander, Kerstin Stockhecke und Peter Zocher. Dank gilt aber auch jenen Freunden, die mir auf meinen Archivreisen ihre Gastfreundschaft gewährten und damit dieses Buch überhaupt erst möglich machten: Irmgard und Hans-Jürgen Brocks, Joan und Franz-Josef Brüggemeier, Heidrun Homburg und Josef Mooser, Anja Kruke und Mocki Diller sowie Daniel Gerster. Alrun Berger, Alessandra Exter und Wenzel Seibold haben mir mit Kopien und Recherchen tatkräftig geholfen.

Dank gilt ferner jenen Kollegen, die meine Arbeit mit Fragen, sachkundigen Hinweisen oder der Gelegenheit zur Diskussion meiner Thesen unterstützten. Hier denke ich vor allem an Christian Albrecht, Reiner Anselm, Nicolas Berg, Richard Bessel, Alf Christophersen, Simon Ditchfield, Jörg

Echternkamp, Michael Epkenhans, Andreas Gestrich, Martin H. Geyer, Michael Geyer, Beatrice de Graaf, Carola Groppe, Christa Hämmerle, Wolfgang Hardtwig, Matthew Hockenos, Peter Jelavich, Ian Kershaw, Peter Krumeich, Dieter Langewiesche, Claudia Lepp, Reinhold Lütgemeier-Davin, Arie L. Molendijk, Bob Moore, Josef Mooser, Armin Nolzen, Agnes Ohm, Detlef Pollack, Till van Rahden, Michael Roper, Martial Staub und Sybille Steinbacher. Mit Hugh McLeod und Todd Weir habe ich 2017 in Zusammenarbeit mit der British Academy in London eine Tagung über die religiösen Kulturkämpfe des 20. Jahrhunderts organisiert. Die Diskussionen mit Hugh, Todd und einem hochkarätigen Team von internationalen Experten haben meinen Horizont erweitert. Norbert Frei und Kristina Meyer haben mir am Jena Center für die Geschichte des 20. Jahrhunderts eine kurze Zeit der Reflexion und Gelegenheit zur Diskussion meiner Thesen geboten: Danke! Besonderer Dank gilt allen, die Teile des Manuskripts lasen: Joan Brüggemeier, Daniel Gerster, Benjamin Lahusen, Christoph Nübel und Friedrich Veitl sowie vor allem Moritz Föllmer, der nicht nur das ganze Buch gelesen und ausgiebig kommentiert hat, sondern seit langem eine Quelle der Inspiration für mich ist. Für die ebenso angenehme wie konstruktive Zusammenarbeit mit dem Verlag danke ich Annette Anton sowie meiner Lektorin Ditta Ahmadi.

Last but not least danke ich Christine Brocks, die nicht nur das gesamte Buch gelesen und in vielen Gesprächen kommentiert hat, sondern mit Gelassenheit dafür sorgte, dass mein ständiges Nachdenken über Niemöller nicht zu einer Belastung für unser Zusammenleben wurde. Unsere Kinder, Sophie und Jonathan Brocks, fragten bereits kurz nach der Niederschrift des ersten Kapitels, warum das Buch denn immer noch nicht beendet sei. Die beiden nennen so etwas »happy banter«, und ich hoffe, dass sie sich diese unbekümmerte Einstellung weiter erhalten können.

Benjamin Ziemann
Sheffield, im Februar 2019

Abkürzungen

ADE	Archiv für Demokratie und Entwicklung
AdsD	Archiv der sozialen Demokratie
AEM	Archiv des Erzbistums München und Freising
AK	Amtskalender Martin Niemöller (vorhanden in ZEKHN, 62/6096 und 6097)
AKG	Archiv der Kirchengemeinde
ApU	Evangelische Kirche der altpreußischen Union
BArch	Bundesarchiv
BdD	Bund der Deutschen
BK	Bekennende Kirche
BMVtg	Bundesministerium der Verteidigung
BRT	Bruttoregistertonnen
BStU	Bundesbeauftragter für die Stasi-Unterlagen
CA	Central-Ausschuss der Inneren Mission
CDU	Christlich Demokratische Union Deutschlands
CND	Campaign for Nuclear Disarmament
CSVD	Christlich-Sozialer Volksdienst
CSU	Christlich-Soziale Union in Bayern
CVD	Christlicher Volksdienst
DC	Glaubensbewegung Deutsche Christen
DEK	Deutsche Evangelische Kirche
DFG	Deutsche Friedensgesellschaft
DFG-VK	Deutsche Friedensgesellschaft-Vereinigte Kriegsdienstgegner
DGB	Deutscher Gewerkschaftsbund
DKP	Deutsche Kommunistische Partei
DNVP	Deutschnationale Volkspartei
DVP	Deutsche Volkspartei
EKD	Evangelische Kirche in Deutschland
EKHN	Evangelische Kirche in Hessen und Nassau
ELAB	Evangelisches Landeskirchliches Archiv in Berlin
EN	Else Niemöller
EOK	Evangelischer Oberkirchenrat
EVG	Europäische Verteidigungsgemeinschaft
EZA	Evangelisches Zentralarchiv
FAZ	Frankfurter Allgemeine Zeitung
FCC	Federal Council of Churches
FoR	Fellowship of Reconciliation
GKR	Gemeindekirchenrat
GSA	Gedenkstätte Sachsenhausen Archiv

GStA PK	Geheimes Staatsarchiv Preußischer Kulturbesitz Berlin
GVP	Gesamtdeutsche Volkspartei
HAB	Hauptarchiv der von Bodelschwinghschen Anstalten Bethel
HN	Heinrich Niemöller
IdK	Internationale der Kriegsdienstgegner
IfZ	Institut für Zeitgeschichte München, Archiv
KBA	Karl Barth Archiv
KOFAZ	Komitee für Frieden, Abrüstung und Zusammenarbeit
KPD	Kommunistische Partei Deutschlands
LAB	Landesarchiv Berlin
LAV NRW R	Landesarchiv Nordrhein-Westfalen, Abt. Rheinland
LAV NRW W	Landesarchiv Nordrhein-Westfalen, Abt. Westfalen
LkA	Landeskirchliches Archiv
LKA	Landeskirchenausschuss
LkA EvKvW	Landeskirchliches Archiv der Evangelischen Kirche von Westfalen
LPL	Lambeth Palace Library
MfAA	Ministerium für Auswärtige Angelegenheiten der DDR
MN	Martin Niemöller
NDO	Nationalverband Deutscher Offiziere
NKWD	Sowjetischer Geheimdienst (›Volkskommissariat für innere Angelegenheiten‹)
OKW	Oberkommando der Wehrmacht
ÖRK	Ökumenischer Rat der Kirchen
ÖRPC	Ökumenischer Rat für Praktisches Christentum
OSS	Office of Strategic Services
PA/AA	Politisches Archiv des Auswärtigen Amtes
PNB	Pfarrernotbund
PPU	Peace Pledge Union
RBR	Reichsbruderrat
RJM	Reichsministerium der Justiz
RKA	Reichskirchenausschuss
SAPMO	Stiftung Archiv der Parteien und Massenorganisationen der DDR im Bundesarchiv
SBZ	Sowjetisch Besetzte Zone
SD	Sicherheitsdienst
SDHA	SD-Hauptamt
SE	Martin Niemöller, Notiz über die Sprecherlaubnis am [Datum]: ZEKHN, 62/6179
SED	Sozialistische Einheitspartei Deutschlands
SHAEF	Supreme Headquarters, Allied Expeditionary Force
SOVO	Seeoffizier-Vereinigung Ostsee
SPD	Sozialdemokratische Partei Deutschlands
StAM	Staatsarchiv München
UAMs	Universitätsarchiv Münster
UdSSR	Union der Sozialistischen Sowjet-Republiken
USPD	Unabhängige Sozialdemokratische Partei Deutschlands
VELKD	Vereinigte Evangelisch-Lutherische Kirche Deutschlands
VK	Verband der Kriegsdienstgegner

VKL	Vorläufige Kirchenleitung
VVN	Vereinigung der Verfolgten des Naziregimes
WCC	World Council of Churches
WFFB	Westdeutsche Frauenfriedensbewegung
WN	Wilhelm Niemöller
ZEKHN	Zentralarchiv der evangelischen Kirche in Hessen und Nassau

Anmerkungen

Einleitung

1 MN, undatierte Notizzettel, eingelegt im Notizbuch mit Eintragungen 1936–1938: ZEKHN, 62/1873. Abkürzungen im Original wurden aufgelöst.
2 MN, *Dahlemer Predigten*, S. 105; vgl. Steigmann-Gall, *Holy Reich*, S. 13–50, hier S. 14.
3 MN, *Dahlemer Predigten*, S. 105f.
4 Ebd.
5 Gailus, »1933 als protestantisches Erlebnis«.
6 Buchheim, »NS-Funktionär«, S. 312f. (Abkürzung im Original aufgelöst). In der Datierung folge ich diesem Bericht. Anders Schmidt, *Niemöller im Kirchenkampf*, S. 439.
7 Vgl. Kapitel 12.
8 »Niemöller Sympathisierender der NSDAP«, in: *Der Tagesspiegel* vom 20.3.1947; vgl. »Schwankende Gestalt«, in: *Neue Ruhr-Zeitung* vom 9.4.1947.
9 Vgl. Kap. 13.
10 Graf, *Wiederkehr*, S. 102–132.
11 Ebd., S. 115; vgl. Hübinger, »Sakralisierung«.
12 Lehmann, »Sedanfest«.
13 Gailus/Lehmann (Hg.), *Nationalprotestantische Mentalitäten*; Hübinger, »Sakralisierung«.
14 Ziemann, »Religion«, S. 696f.
15 Janz, *Bürger*.
16 Weir, »The Christian Front«.
17 Lepp u. a. (Hg.), *Die Politisierung des Protestantismus*.
18 Ziemann, »Religiosität«; Albrecht/Anselm (Hg.), *Teilnehmende Zeitgenossenschaft*.
19 Ziemann, »„Militarism"«; Rüger, *The Great Naval Game*.
20 Conrad, *Kampf um die Kanzeln*, S. 54.
21 AdsD, 6/PLKA014070.
22 Kühne (Hg.), *Von der Kriegskultur*.
23 Sterik (Hg.), *Else Niemöller*.
24 Bahr, »Der lange Weg«, S. 126.
25 Wirth, »Wilhelm Niemöller«.
26 Kampmann, »Bekenntnispfarrer«. Wilhelm Niemöller wehrte sich gegen den Ausschluss aus der NSDAP, der bis 1945 nicht rechtskräftig vollzogen wurde. Vgl. dazu die Unterlagen in LkA EvKvW, 5.1, 1047; BArch, BDC, OPG NA, Film A 0041 Niemoeller, Wilhelm.
27 WN, *Kirchenkampf*, S. 5, 10. Vgl. Ericksen, »Wilhelm Niemöller«.
28 Grundlegend am Beispiel Berlins: Gailus, *Protestantismus und Nationalsozialismus*.
29 Vgl. Kap. 10 und 11.
30 WN, *Macht geht vor Recht*.
31 Ein neuerer Forschungsüberblick liegt nicht vor. Vgl. allgemein Ericksen, »Church Historians«.

32 Schmidt, *Niemöller*. Zuerst 1959 veröffentlicht, wurde das Buch 1983 im Zuge der neuerlichen Prominenz Niemöllers als Leitfigur der Friedensbewegung erweitert und neu aufgelegt. Vgl. Bentley, *Niemöller*. Bentley hat darüber hinaus sehr selektiv einige Akten aus dem Nachlass Niemöllers herangezogen, und zwar vor allem solche mit englischen Korrespondenzpartnern. Das gibt zu der Vermutung Anlass, dass ihm die für umfassende Recherchen nötigen Kenntnisse der deutschen Sprache fehlten. Die Darstellung von Hockenos, *Then They Came For Me*, basiert nur in den Kapiteln zur USA-Reise 1947 und zum Pazifismus auf neuen Forschungen.
33 Ziemann, »Schiffe versenken«.
34 Heymel, *Niemöller*; vgl. meine Rezension in *Zeitschrift für Kirchengeschichte* 128 (2017), S. 276f.
35 Schmidt, *Niemöller im Kirchenkampf*.
36 Vgl. etwa Stupperich, *Otto Dibelius*; Gundlach, *Heinz Brunotte*.
37 Roper, *Der Mensch Martin Luther*.
38 Murken, »Kirchenkampfarchiv«.
39 Laut dem zwischen der Witwe Niemöllers, Sybille Niemöller-von Sell, und dem ZEKHN abgeschlossenen Übernahmevertrag sind die Amtskalender der Jahre 1969 bis 1983 gesperrt.
40 »Aus den letzten Tagen unseres lieben Vaters«, ohne Verf., o. D.: ZEKHN, 62/1287.
41 AK 4.6.1968.

1 Eine Jugend im evangelischen Pfarrhaus

1 So von Günter Gaus formuliert (Gaus, *Zur Person*, S. 114) in Paraphrase von Niemöllers eigenen Worten im Prozess 1938: Buchheim, »NS-Funktionär«, S. 313; vgl. den Brief an EN vom 5.11.1937: MN, *Briefe Moabit*, S. 86 (»Bauernnatur«).
2 WN, *Vater Niemöller*, S. 7f.; HN, *Aus goldener Jugendzeit*, S. 9–15; vgl. Caesar, »Vom armen Heuerling«.
3 HN, *Aus goldener Jugendzeit*, S. 30–39.
4 MN, Meine Großeltern (maschinschriftliche Abschrift eines handschriflichen Manuskripts), 7.2.1939: LkA EvKvW, 5.1, 440 F. 1, Bl. 161–170, hier Bl. 163f.
5 Ebd., Bl. 162–165.
6 WN, *Vater Niemöller*, S. 16–19; HN, *Aus goldener Jugendzeit*, S. 62–87; vgl. HN, *Reformationsgeschichte*.
7 WN 15.1.1974 an Alfred Engelhardt: ZEKHN, 35/678.
8 Murken, *Die evangelischen Gemeinden*, S. 248f.
9 Hölscher, *Geschichte*, S. 208–215.
10 Ebd., Zitat S. 215.
11 HN, *Aus goldener Jugendzeit*, S. 87f.; WN 15.1.1974 an Alfred Engelhardt (Zitat): ZEKHN, 35/678; WN 1.10.1958 an Clarissa Davidson: LkA EvKvW, 5.1, 456 F. 1, Bl. 379.
12 Magdalene Niemöller, Mein Bruder Martin. Jugenderinnerungen, o. D. [ca. 1970], S. 5: ZEKHN, 35/1533.
13 Schulzeugnisse MN 1899 bis 1900: ZEKHN, 62/6063.
14 MN, Was ich noch von meinem Vater weiß, o. D. [1939]: ZEKHN, 62/1873.
15 HN, *Pastorenspiegel*, Zitate S. 123, 125, 127.
16 MN, Was ich noch von meinem Vater weiß, o. D. [1939]: ZEKHN, 62/1873.
17 Magdalene Niemöller, Mein Bruder Martin. Jugenderinnerungen, o. D. [ca. 1970], S. 2: ZEKHN, 35/1533.
18 WN, *Vater Niemöller*, S. 45.

Anmerkungen Seite 16 bis 33

19 MN, Was ich noch von meinem Vater weiß, o. D. [1939]: ZEKHN, 62/1873; vgl. Bentley, *Niemöller*, S. 15.
20 WN, *Vater Niemöller*, S. 45f.; MN, Was ich noch von meinem Vater weiß, o. D. [1939]; ders., Lippstadt, o. D. [1939]: ZEKHN, 62/1873.
21 MN 23.11.1943 an EN: ZEKHN, 35/573.
22 WN 1.10.1958 an Clarissa Davidson: LkA EvKvW, 5.1, 456 F. 1, Bl. 379.
23 WN, Stürmische See – leuchtende Sonne. Ein Lebensbericht (masch. Ms., 1982), S. 6: ZEKHN, 35/578.
24 HN, *Aus 56 Amtsjahren*, S. 37, 44f., 58–67; WN, *Vater Niemöller*, S. 41; vgl. Leugers-Scherzberg, »Kulturkampfstimmung«.
25 HN, *Aus 56 Amtsjahren*, S. 13–16.
26 Ebd., Zitate S. 31, 36.
27 MN, Was ich noch von meinem Vater weiß, o. D. [1939]: ZEKHN, 62/1873; vgl. HN, *Hinauf gen Jerusalem*.
28 MN, Lippstadt, o. D. [1939] (Zitate): ZEKHN, 62/1873; vgl. <http://www.lwl.org/pressemitteilungen/mitteilung.php?urlID=16733> [14.3.2017].
29 MN, Lippstadt, o. D. [1939]: ZEKHN, 62/1873.
30 HN, *Aus 56 Amtsjahren*, S. 36–42; Zitat: Jorde, *Bilder aus dem alten Elberfeld*, S. 260.
31 MN, Was ich noch von meinem Vater weiß, o. D. [1939]: ZEKHN, 62/1873; vgl. HN, *Aus 56 Amtsjahren*, S. 41.
32 MN, Meine Großeltern, 7.2.1939: LkA EvKvW, 5.1, 440 F. 1, Bl. 161–170, hier Bl. 169; WN, *Martin Niemöller. Ein Lebensbild*, S. 7.
33 Schulzeugnisse von 1900 bis 1909, Zitate v. 8.4.1903, 30.3.1904, 2.4.1909: ZEKHN, 62/6063; vgl. WN, *Martin Niemöller. Ein Lebensbild*, S. 8.
34 Gymnasium Elberfeld, Reifezeugnis vom 4.3.1910 (Abschrift): ZEKHN, 62/6063.
35 MN 3.4.1911 an Hermann Bremer: ZEKHN, 62/6065.
36 Geschildert in MN 8.4.1910 an Hermann Bremer: ZEKHN, 62/6065.
37 MN 3.7.1910 an Hermann Bremer: ZEKHN, 62/6065.
38 MN, Tagebuch London 2.8.–11.9.1908, Zitate 2.8. und 30.8.1908: ZEKHN, 62/6063; vgl. MN 16.7.1910 an Hermann Bremer: ZEKHN, 62/6065.
39 MN 11.8.1909 an Hermann Bremer: ZEKHN, 62/6065.
40 Hämmerle, »Ein Ort für Geheimnisse«, Zitat S. 37.
41 MN, Tagebuch I, 1.1.1909: ZEKHN, 62/6063.
42 MN, Tagebuch I, 1.1., 2.1. und 12.1.1909: ZEKHN, 62/6063.
43 MN, Tagebuch 1912, Eintrag für den 23.–25.7.1912: ZEKHN, 62/6063. Im Elberfelder Adressbuch für 1912 sind unter dem Namen Scheffner nur ein Kaufmann sowie die Besitzer einer Textilfabrik und einer Färberei aufgeführt.
44 Gaus, *Zur Person*, S. 104; WN, *Martin Niemöller. Ein Lebensbild*, S. 8 (Zitat).
45 Heymel, *Niemöller*, S. 20.
46 Vgl. Nipperdey, *Machtstaat*, S. 629–639, zu den technischen und politischen Details Epkenhans, *Flottenrüstung*.
47 Grundlegend dazu Rüger, *Great Naval Game*, bes. S. 57–67 zum Marineschauspiel.
48 MN 11.8.1909 an Hermann Bremer: ZEKHN, 62/6065. Vgl. Magdalene Niemöller, Mein Bruder Martin. Jugenderinnerungen, o. D. [ca. 1970], S. 3f.: ZEKHN, 35/1533; WN, *Martin Niemöller. Ein Lebensbild*, S. 8; Weyer, *Taschenbuch*.
49 »Das Flottenkränzchen« (MN und drei seiner Freunde, darunter Karl Gerstberger) 23.7.1908 an Hermann Bremer: ZEKHN, 62/6065; Zitat: Magdalene Niemöller, Mein Bruder Martin. Jugenderinnerungen, o. D. [ca. 1970], S. 4: ZEKHN, 35/1533.

50 Weyer, *Taschenbuch*, S. 304–307; vgl. Zeugnisse vom 2.4. und 22.12.1909: ZEKHN, 62/6063.
51 Herwig, *Elitekorps*, S. 46. Ähnliche – aber nicht direkt vergleichbare – Zahlen für den Jahrgang 1907 bei Sandhofer, »Dokumente«, S. 59.
52 Herwig, *Elitekorps*, S. 53f.; vgl. Sandhofer, »Dokumente«, S. 60.
53 Donat, »Kraschutzki«, S. 340f.
54 Vgl. Gerstberger, *Seekadetten-Briefe*.
55 MN, Tagebucheinträge vom 1.9.1912 und 28.1.1913 (Zitat): ZEKHN, 62/6063.
56 Die üblichen Versatzstücke finden sich bei Heymel, *Niemöller*, S. 15, 18f.
57 MN 8.6.1941 an EN: MN, *Briefe Sachsenhausen*, S. 177.
58 MN 31.10.1940 an seine Eltern, 19.3.1939 an EN: ebd., S. 49, 135.

2 Als Offiziersanwärter in der Kaiserlichen Marine

1 Dönitz, *Mein wechselvolles Leben*, S. 24f.; Sandhofer, »Dokumente«, S. 66. Namentliche Liste in: *Rangliste 1910*, S. 164–168.
2 So zitiert bei Kühne, *Kameradschaft*, S. 9.
3 Vgl. das Foto in Hartwig, *Karl Dönitz*, o. S. [nach S. 216].
4 Donat, »Kraschutzki«.
5 Herwig, *Elitekorps*, S. 23–36, Zitat S. 34f.
6 Ebd., S. 37–48, Zahl S. 43; vgl. die Aufstellung für die Jahre 1883 bis 1907 vom 18.2.1908: BArch, RM 2, 515, Bl. 83.
7 Herwig, *Elitekorps*, S. 39.
8 Die Beförderung zum Leutnant zur See erfolgte in der Regel zur Hälfte des vierten Ausbildungsjahres. Vgl. Scheerer, *Marineoffiziere*, S. 42, 46; Weyer, *Taschenbuch*, S. 307f.; Herwig, *Elitekorps*, S. 49, addiert dagegen noch eine zusätzliche allgemeine Zuwendung der Eltern hinzu und kommt so auf 7235 Mark.
9 MN 26.12.1910 an Hermann Bremer (Abkürzung im Original aufgelöst): ZEKHN, 62/6065.
10 Nipperdey, *Machtstaat*, S. 222.
11 Herwig, *Elitekorps*, S. 60, 80–124. Zur Offiziersausbildung in der Kaiserlichen Marine vgl. allgemein Scheerer, *Marineoffiziere*, S. 83–123; Peter, *Seeoffizieranwärter*; Jentzsch, *Vom Kadetten*, S. 156–180.
12 Herwig, *Elitekorps*, S. 55f.
13 MN 1.4.1910 an Hermann Bremer: ZEKHN, 62/6065; vgl. Sandhofer, »Dokumente«, S. 61; Dönitz, *Mein wechselvolles Leben*, S. 26; Herwig, *Elitekorps*, S. 54; Gerstberger, *Seekadetten-Briefe*.
14 MN 8.4. und 12.4.1910 (Zitat) an Hermann Bremer: ZEKHN, 62/6065.
15 MN 12.4.1910 und 19.5.1910 an Hermann Bremer: ZEKHN, 62/6065; vgl. Dönitz, *Mein wechselvolles Leben*, S. 25.
16 MN 1.4.1910 an Hermann Bremer: ZEKHN, 62/6065. Dieser Brief war auf den 1. April datiert, sammelte aber Eindrücke aus den ersten drei bis vier Tagen nach der Ankunft in Kiel.
17 MN 12.4. und 17.4.1910 (Zitat, Abkürzung im Original aufgelöst) an Hermann Bremer: ZEKHN, 62/6065; vgl. Rüger, *Great Naval Game*, S. 57–67.
18 MN 5.5. (»Affenjäckchen«) und 10.5.1910 (»amüsieren«) an Hermann Bremer: ZEKHN, 62/6065.
19 MN 19.5.1910 an Hermann Bremer: ZEKHN, 62/6065; Dönitz, *Mein wechselvolles Leben*, S. 28; Gerstberger, *Seekadetten-Briefe*, S. 5f.

20 MN 11.6.1910 an Hermann Bremer: ZEKHN, 62/6065; vgl. Gerstberger, *Seekadetten-Briefe*, S. 12f.
21 MN 16.7. und 1.8.1910 (»U 11«) an Hermann Bremer: ZEKHN, 62/6065.
22 MN 3.7.1910 (Zitat) und 9.7.1910 an Hermann Bremer: ZEKHN, 62/6065; vgl. Dönitz, *Mein wechselvolles Leben*, S. 29; Gerstberger, *Seekadetten-Briefe*, S. 19f.
23 MN 9.11. (Zitate), 12.12.und 26.12.1910 an Hermann Bremer: ZEKHN, 62/6065; Gerstberger, *Seekadetten-Briefe*, S. 18, 38f.
24 MN 26.12.1910 an Hermann Bremer: ZEKHN, 62/6065.
25 MN 19.11.1910 an Hermann Bremer: ZEKHN, 62/6065. Abkürzung im Original aufgelöst. Vgl. Gerstberger, *Seekadetten-Briefe*, S. 33–36.
26 MN 1.4. und 24.8.1910 an Hermann Bremer: ZEKHN, 62/6065.
27 MN 1.4. (Zitat), 1.8. und 18.9.1910 an Hermann Bremer: ZEKHN, 62/6065.
28 Sandhofer, »Dokumente«, S. 66.
29 MN 19.11.1910 an Hermann Bremer: ZEKHN, 62/6065; vgl. Dönitz, *Mein wechselvolles Leben*, S. 26–28.
30 Peter, *Seeoffizieranwärter*, S. 93; Scheerer, *Marineoffiziere*, S. 90–92.
31 MN 30.3.1911 an Hermann Bremer: ZEKHN, 62/6065; Dönitz, *Mein wechselvolles Leben*, S. 34; vgl. Rangliste 1911, S. 165; Rangliste 1914, S. 171.
32 Scheerer, *Marineoffiziere*, S. 108–115; Peter, *Seeoffizieranwärter*, S. 86–92, 161.
33 MN 23.1.1912 an Hermann Bremer: ZEKHN, 62/6065.
34 MN 24.10. und 15.11.1911 (»Debattierstunde«) an Hermann Bremer: ZEKHN, 62/6065; vgl. Peter, *Seeoffizieranwärter*, S. 90.
35 MN 17.11.1911 an Hermann Bremer: ZEKHN, 62/6065.
36 MN 3.2.1912 an Hermann Bremer: ZEKHN, 62/6065.
37 MN, Meine Großeltern, 7.2.1939: LkA EvKvW, 5.1, 440, Fasz. 1, Bl. 170.
38 Dazu ausführlich Ziemann, »Ambivalente Männlichkeit«.
39 MN 17.4.1910 an Hermann Bremer: ZEKHN, 62/6065.
40 Vgl. aus der Fülle der Kleinschriften u. a. Pfennigsdorf, *Praktisches Christentum*; Schäfer, *Praktisches Christentum*.
41 MN, Tagebucheintrag vom 7.7.1912: ZEKHN, 62/6063.
42 MN 13.9.1912 an Hermann Bremer: ZEKHN, 62/6065.
43 MN, Tagebucheintrag vom 29.4.1913: ZEKHN, 62/6063.
44 Auch das Weihnachtsfest in Wilhelmshaven, so vertraute er es seinem Freund Hermann Bremer an, war ihm vornehmlich durch die »stille Stunde« wichtig, in der er die Weihnachtsgrüße seiner Familie und Freunde lesen konnte. Die eigentliche Weihnachtsfeier in der Offiziersmesse behagte ihm dagegen »wenig«. MN 20.12.1913 an Hermann Bremer: ZEKHN, 62/6065. Das Verhältnis der wilhelminischen Offiziere zur Religion ist noch wenig untersucht. Vor allem zu Stabsoffizieren vgl. Förster, »Der Sinn des Krieges«.
45 MN, Tagebucheintrag vom 8.7.1912: ZEKHN, 62/6063.
46 MN 25.5.1913 an Hermann Bremer: ZEKHN, 62/6065.
47 HN, *Aus 56 Amtsjahren*, S. 19, 25. Freundliche Auskunft des Landeskirchenarchivs Eisenach vom 2.2.2017.
48 WN, *Vater Niemöller*, S. 48.
49 Vgl. den Hinweis in MN 18.7.1912 an seine Schwester Magdalene: ZEKHN, 62/6065.
50 Herwig, *Elitekorps*, S. 67.
51 Ebd., S. 67–69.
52 MN, Tagebucheintrag vom 28.1.1913: ZEKHN, 62/6063.
53 Ebd.

54 Zur Kultur der SPD als Bildungsmacht vgl. die klassische Darstellung von Lidtke, *Alternative Culture*.
55 Greschat, »Krieg und Kriegsbereitschaft«, Zitat S. 46.
56 Vgl. Ziemann, »Ambivalente Männlichkeit«.
57 MN 18.7.1912 an seine Schwester Magdalene: ZEKHN, 62/6065.
58 MN, Tagebucheintrag vom 26.11.1912: ZEKHN, 62/6063.
59 MN, Tagebucheintrag vom 3.7.1915: ZEKHN, 62/6063.
60 Zitiert nach Peters, *Seeoffizieranwärter*, S. 89.
61 Herwig, *Elitekorps*, S. 74, unter Bezug auf ein Interview mit Martin Niemöller.
62 Donat, »Kraschutzki«, S. 343–347. Das Gründungsjahr nach Wieland, »Paasche«, S. 173.
63 Wieland, »Paasche«.
64 Details bei Ziemann, »Ambivalente Männlichkeit«.
65 Inspektion des Bildungswesens der Marine, Vorschlagsliste, 24.10.1912: BArch, RM 2/525, Bl. 12; vgl. Rangliste 1913, S. 168; Scheerer, *Marineoffiziere*, S. 92.
66 Scheerer, *Marineoffiziere*, S. 115, 375.
67 Ebd., S. 119–123; MN 11.12.1912 an Hermann Bremer: ZEKHN, 62/6065; MN, Tagebucheintrag vom 3.9.1912: ebd., 62/6063.
68 MN 15.1.1913 an Hermann Bremer: ZEKHN, 62/6065.
69 MN 16.2., 25.2. und 20.9.1913 (Zitat) an Hermann Bremer: ZEKHN, 62/6065; Scheerer, *Marineoffiziere*, S. 123.
70 Herwig, *Elitekorps*, S. 62, 77f.
71 MN 15.1.1912 an Hermann Bremer: ZEKHN, 62/6065. Niemöller hat diesen Brief fälschlich – ob durch Nachlässigkeit oder einen Schreibfehler – auf den 15.1.1911 datiert.
72 MN 15.1.1912 an Hermann Bremer: ZEKHN, 62/6065; vgl. Epkenhans, *Flottenrüstung*, S. 93–137, bes. S. 97.
73 Epkenhans, *Flottenrüstung*, S. 138–142.
74 Ebd., S. 108.
75 Geppert, *Pressekriege*, S. 284–289, Zitate S. 286.
76 MN 30.7.1911 an Hermann Bremer: ZEKHN, 62/6065.
77 MN 5.9.1911 an Hermann Bremer: ZEKHN, 62/6065.
78 Bönker, *Militarism*, S. 87; Epkenhans, *Flottenrüstung*, S. 96–105, analysiert Tirpitz' Reaktionen auf die Agadirkrise vor allem mit Blick auf die Durchsetzung der Flottennovelle.
79 MN 23.9.1911 an Hermann Bremer: ZEKHN, 62/6065; vgl. Epkenhans, *Flottenrüstung*, S. 108; Mommsen, *Der autoritäre Nationalstaat*, S. 337f., 389f.; Forsbach, *Kiderlen-Wächter*, S. 539–547.
80 WN 15.1.1974 an Alfred Engelhardt: ZEKHN, 35/678.
81 WN, *Martin Niemöller. Ein Lebensbild*, S. 8f.
82 MN, *Vom U-Boot*, S. 210.
83 MN 18.7.1912 an seine Schwester Magdalene: ZEKHN, 62/6065.

3 »Gott strafe England«: Nationalismus und Krieg 1914 bis 1918

1 MN 28.6.1914 an seine Eltern: ZEKHN, 62/6065.
2 MN 13.7. und 26.7.1914 an seine Eltern: ZEKHN, 62/6065.
3 MN 31.7.1914 an seine Eltern: ZEKHN, 62/6065. Vgl. Verhey, *Der »Geist von 1914«*.
4 MN 2.8.1914 an seine Eltern: ZEKHN, 62/6065.
5 Müller, *Nation als Waffe*, S. 81.
6 Ebd., S. 84.
7 Ebd., S. 111–123, Zitat S. 111.

8 Langewiesche, *Nationalismus*.
9 Stibbe, *German Anglophobia*, S. 10–48.
10 MN 2.8.1914 an seine Eltern: ZEKHN, 62/6065.
11 MN 9.9.1914 an seine Eltern: ZEKHN, 62/6065.
12 MN 22.8.1914 an seine Eltern: ZEKHN, 62/6065.
13 MN 30.8.1914 an seine Eltern: ZEKHN, 62/6065.
14 Logbuch MN, Eintragung vom 17.9.1914: ZEKHN, 62/6063.
15 MN 24.9.1914 an WN: ZEKHN, 35/265.
16 MN 15.10.1914 an WN: ZEKHN, 35/265.
17 Graf, *Wiederkehr*, S. 124.
18 MN 2.8.1914 an seine Eltern: ZEKHN, 62/6065.
19 MN 18.8.1914 an seine Eltern: ZEKHN, 62/6065.
20 Graf, *Wiederkehr*, S. 124; vgl. Mommsen, »Umdeutung«.
21 MN 10.12.1914 an seine Eltern: ZEKHN, 62/6065; Müller, *Nation als Waffe*, S. 116.
22 MN 4.12.1914 an seine Eltern: ZEKHN, 62/6065.
23 MN 22.9.1914 an seine Eltern: ZEKHN, 62/6065.
24 MN an seine Eltern, 8.8., 12.8., 22.8. und 27.10.1914: ZEKHN, 62/6065.
25 Vgl. zum Folgenden Rahn, »Marine«; Nägler, »Operative Vorstellungen«.
26 Rahn, »Marine«, S. 40.
27 Ebd., S. 40ff.
28 Epkenhans, »Kaiserliche Marine«, Zitat S. 119.
29 Vgl. umfassend Wolz, *Warten*.
30 MN 19.5.1915 an seine Eltern, 1.7.1915 an Magdalene: ZEKHN, 62/6066.
31 Wolz, *Warten*, S. 386–400.
32 MN 18.11.1914 an seine Eltern: ZEKHN, 62/6065.
33 Logbuch MN, Eintragung vom 17.9.1914: ZEKHN, 62/6063.
34 Logbuch MN, Eintragung vom 14.10.1914: ZEKHN, 62/6063.
35 Logbuch MN, Eintragung vom 20.3.1915: ZEKHN, 62/6063.
36 MN 23.8.1915 an seine Eltern: ZEKHN, 62/6066.
37 Logbuch MN, Eintragung vom 20.3.1915: ZEKHN, 62/6063.
38 Logbuch MN, Eintragung vom 12.7.1915: ZEKHN, 62/6063.
39 Ebd.
40 Wolz, *Warten*, S. 153–197.
41 MN 10.6.1916 an WN: ZEKHN, 35/265.
42 Ziemann, »Ambivalente Männlichkeit«.
43 Logbuch MN, Eintragung vom 9.7.1915: ZEKHN, 62/6063.
44 MN 28.8.1915 an seine Eltern: ZEKHN, 62/6066.
45 MN 6.9. und 11.11.1915 an seine Eltern: ZEKHN, 62/6066.
46 MN 11.10.1915: ZEKHN, 62/6066.
47 Halpern, *Naval History*, S. 196–199.
48 Auszüge aus den Qualifikationsberichten der Leutnants zur See zum 1.12.1915: BArch, RM 2, 840, Bl. 1.
49 MN 28.8.1915 an seine Eltern: ZEKHN, 62/6066.
50 Schilling, *Kriegshelden*, S. 255–288.
51 MN 24.9.1914 an WN: ZEKHN, 35/265.
52 Logbuch MN, Eintragung vom 22.9.1914: ZEKHN, 62/6063.
53 Schröder, *U-Boote*, S. 21–49, Zitat S. 41.
54 Ebd., S. 51–91, Zitat S. 81.

55 Ebd., S. 96–122, Zitat S. 111.
56 Ebd., S. 102.
57 Ebd., S. 126–135, Zitat S. 126.
58 Ebd., S. 164–170, Zahlen S. 428, 430. Die Relevanz dieser *Q-Ships* für die deutsche Perzeption der völkerrechtlichen Situation wird nicht gewürdigt bei Hull, *Scrap of Paper*, S. 256.
59 Schröder, *U-Boote*, S. 167–169.
60 MN 16.10.1915 an seine Eltern: ZEKHN, 62/6066. Vgl. Rahn, »Marine«, S. 62.
61 Ziemann, »Schiffe versenken«.
62 Bentley, *Niemöller*, S. 17–47; ähnlich Hockenos, *Then They Came For Me*, S. 34–48.
63 MN 26.1.1916 an seine Eltern: ZEKHN 62/6066.
64 MN 31.1. und 12.2.1916 (Zitat) an seine Eltern: ZEKHN 62/6066.
65 MN 11.3.1916 an seine Eltern: ZEKHN 62/6066.
66 MN 27.2.1916 an seine Eltern: ZEKHN 62/6066.
67 MN 22.6., 8.7., 20.8.1916 an seine Eltern: ZEKHN 62/6066; MN 23.8.1916 an WN: ZEKHN, 35/265; MN, *Vom U-Boot*, S. 25f.
68 Patent als Oberleutnant zur See für den bisherigen Leutnant zur See Niemöller (Martin), ausgegeben Großes Hauptquartier den 22. März 1916: ZEKHN, 62/6063.
69 MN 4.12.1916 an seine Eltern: ZEKHN, 62/6066.
70 »Erfolge U 73«, o. D.: ZEKHN, 62/6063.
71 MN 2.1.1917 an seine Eltern: ZEKHN, 62/6066.
72 MN, *Vom U-Boot*, S. 49f.
73 Ziemann, »Schiffe versenken«, S. 30.
74 MN, *Vom U-Boot*, S. 59.
75 MN 6.3.1917 an seine Eltern: ZEKHN, 62/6066.
76 MN 9.5.1917 an seine Mutter: ZEKHN, 62/6066.
77 MN, *Vom U-Boot*, S. 60f.
78 MN 10.6.1917 an seine Eltern: ZEKHN, 62/6066.
79 MN, Protokoll der Sprecherlaubnis vom 5.12.1940: ZEKHN, 62/6179; MN 18.7.1912 an Lene (Zitat): ZEKHN, 62/6065.
80 Vgl. Karnick/Richter (Hg.), *Protestant*, S. 139–142; Sterik (Hg.), *Else Niemöller*.
81 Zeugnis der Ardmore School, Tunbridge Wells, o. D. [Juli 1911]: ZEKHN, 62/6077.
82 Abgangszeugnis vom 3.10.1918: Universitätsarchiv der Humboldt Universität zu Berlin, Bestand Rektor und Senat, Nr. 2007.
83 EN, Tagebuch 26.10.1916: ZEKHN, 62/6078.
84 EN, Tagebuch 10.–16.9.1916: ZEKHN, 62/6078.
85 EN, Tagebuch 1.11. und 2.11.1916: ZEKHN, 62/6078.
86 MN 29.5.1917 an seine Mutter (Zitat), 13. und 17.6.1917 an seine Eltern: ZEKHN, 62/6066.
87 MN 14.8.1917 an WN: ZEKHN, 35/265.
88 So Else in der Rückschau, zit. in Karnick/Richter (Hg.), *Protestant*, S. 143.
89 MN 16.8.1918 an HN: ZEKHN, 62/6067; vgl. Scheerer, *Marineoffiziere*, S. 153–158.
90 MN 30.3.1918 an WN: ZEKHN, 35/265.
91 Verlobungsanzeige der Eltern Bremer: ZEKHN, 62/6063.
92 MN 13.8.1918 an seine Eltern: ZEKHN, 62/6067.
93 MN 10.6.1916 an WN: ZEKHN, 35/265.
94 Nipperdey, *Arbeitswelt und Bürgergeist*, S. 52.
95 So treffend Karnick/Richter (Hg.), *Protestant*, S. 139.

96 MN 9.5.1917 an seine Mutter: ZEKHN, 62/6066; MN, *Vom U-Boot*, S. 62–99, Zitat S. 99.
97 Schröder, *U-Boote*, S. 253–320.
98 MN 20.2.1917 an seine Eltern: ZEKHN 62/6066.
99 MN 11.7.1917 an WN: ZEKHN, 35/265.
100 MN 10.2.1917 an seine Eltern: ZEKHN, 62/6066.
101 HN, *Friedensziele*, S. 7f.
102 Ziemann, »Germany«, S. 388f.
103 MN 4.2.1915 an seine Eltern: ZEKHN, 62/6066. Der Text der Rede in: Gerhard Granier (Bearb.), *Die deutsche Seekriegsleitung im Ersten Weltkrieg. Dokumentation*, Bd. 2, Koblenz 2000, S. 52f.
104 MN 14.8.1917 an WN: ZEKHN, 35/265.
105 MN 2.10.1918 an seine Eltern: ZEKHN, 62/6066.
106 MN 12.10.1918 an seine Eltern: ZEKHN, 62/6066.
107 Auszüge aus den Qualifikationsberichten über die Oberleutnants zur See zum 1.12.1917, 26.2.1918: BArch, RM 2, 839, Bl. 71. In Bezug auf Dönitz hieß es nur lapidar: »Zum Ubootkommandanten geeignet.« Ebd.
108 MN 3.5.1918 an WN: ZEKHN, 35/265.
109 MN, *Vom U-Boot*, S. 104–116.
110 Ziemann, »Schiffe versenken«, S. 26f.
111 Liste mit Versenkungsziffern von »Obltn. Niemüller« [sic!], o. D.: BArch, RM 27-XIII/357; eine etwas höhere Angabe in MN, *Vom U-Boot*, S. 127. Die Angaben bei <http://uboat.net/wwi/boats/successes/uc67.html> [20.6.2017] sind offenbar zu niedrig.
112 »Die erfolgreichsten Unterseebootskommandanten«, 5.5.1922: BArch, RM 27-XIII/357.
113 Halpern, *Naval History*, S. 381–401, Zahl S. 388.
114 MN 19.10.1918 an seine Eltern: ZEKHN, 62/6067.
115 Geyer, »Insurrectionary Warfare«.
116 MN 19.10.1918 an seine Eltern: ZEKHN, 62/6067.
117 MN 25.10.1918 an seine Eltern: ZEKHN, 62/6067.
118 Text in <http://library.fes.de/fulltext/bibliothek/tit00148/00148045.htm#E322E385> [20.6.2017].
119 MN, *Vom U-Boot*, S. 139.
120 Wolz, *Warten*.
121 Vgl. die Belege bei Ghosh, *Max Weber*, S. 126f.
122 MN 20.2.1917 an seine Eltern: ZEKHN, 62/6066.
123 Vgl. die Beispiele bei Molthagen, *Ende der Bürgerlichkeit?*, S. 373–386.

4 Theologiestudium als Konterrevolution 1919 bis 1923

1 Danker, »Revolutionsstadt Kiel«, Zitat S. 288; Wette, *Noske*, S. 218–225; vgl. Groß, »Frage der Ehre«.
2 Wette, *Noske*, S. 226–232.
3 MN, *Vom U-Boot*, S. 141f.
4 MN 3.12.1918 an seine Eltern: ZEKHN 62/6067.
5 <http://www.denkmalprojekt.org/u-boote/uboote_wk1/wk1_ub104.htm> [20.6.2017].
6 MN 3.12.1918 an seine Eltern: ZEKHN 62/6067.
7 Sandhofer, »Dokumente«, S. 66.
8 MN 9.12.1918 an seine Eltern: ZEKHN, 62/6067.
9 MN 17.12.1918 an seine Eltern: ZEKHN, 62/6067.

10 AK 15.1.1919, und Januar/Februar 1919 passim.
11 AK 10.1.1919; vgl. MN, *Vom U-Boot*, S. 145, dort fälschlich auf den 9.1.1919 datiert.
12 Helene Bremer an WN 10.1.1919: ZEKHN, 35/265; vgl. AK 29.1.1919 (»Kolonistenverein«).
13 Hier und im Folgenden ist unter rassistischem Antisemitismus keine durch wissenschaftliche Rasseforschung untermauerte Judenfeindschaft gemeint, wie sie im »Dritten Reich« praktiziert wurde. Im völkischen Studentenmilieu der frühen Weimarer Republik diente das Konzept der Rasse nur dazu, die »biologisch determinierte Wertigkeit der Völker« zu untermauern, und das hieß im Konzept des Antisemitismus: die biologisch determinierte Minderwertigkeit der Juden. Vgl. Herbert, *Best*, S. 60f.
14 Alice Salomon, »Die Frauen vor der Nationalversamlung«, in: *Berliner Tageblatt* Nr. 621 v. 5.12.1918.
15 MN 19.12.1918 an seine Eltern: ZEKHN, 62/6067.
16 AK 31.1.1919.
17 MN, *Vom U-Boot*, S. 147f.
18 Ebd.; vgl. z. B. AK 14.7.1923.
19 Auch zum Folgenden: Wette, *Noske*, S. 243–255, Zitat S. 248.
20 AK 28.1.1919.
21 AK 26.1., 17.2., 28.3.1919.
22 Theweleit, *Männerphantasien*, Bd. 1, S. 12–25, Bd. 2, S. 441f.
23 AK 10.3. und 15.3.1919. Abkürzung im Original aufgelöst.
24 Vieten, *Medizinstudenten*, S. 104f.
25 MN 18.3.1919 an WN: ZEKHN, 35/265; zu dieser gerade in Münster weit verbreiteten Ablehnung vgl. Vieten, *Medizinstudenten*, S. 105.
26 *90 Jahre Marine-Offizier-Vereinigung*, S. 12–20.
27 MN 13.2.1919 an WN: ZEKHN, 35/265. Vgl. AK 17.2., 21.2, 24.2., 22.3.1919.
28 AK 8.3.1919; MN, *Vom U-Boot*, S. 151f.
29 MN 17.12.1918 an seine Eltern: ZEKHN, 62/6067.
30 MN 18.3.1919 an WN: ZEKHN, 35/265.
31 AK 27.3. und 4.4.1919; MN, *Vom U-Boot*, S. 152; vgl. Sandhofer, »Dokumente«, S. 66.
32 MN 5.4.1919 an WN: ZEKHN, 35/265.
33 MN, *Vom U-Boot*, S. 152.
34 AK 20.4., 27.4. und 30.4.1919; Tagebuch EN, o. D. (nach dem 30.4.1919): ZEKHN, 62/6077.
35 AK 8.5., 9.5., 12.5., 15.5., 22.5., 30.8., 16.9., 17.9.1919.
36 EN 19.11.1919 an Helene Bremer: ZEKHN, 62/6079.
37 EN 24.8.1919 an Leni: ZEKHN, 62/6079.
38 Vgl. die im KZ niedergeschriebene Erinnerung von MN, Meine Großeltern, 7.2.1939: LkA EvKvW, 5,1, 440 F. 1, Bl. 161–170, hier Bl. 166f.
39 AK 29.6., 6.7., 13.7., 3.8., 10.8.1919.
40 Tagebuch EN, 18. und 23.6.1919: ZEKHN, 62/6077; vgl. AK 17.6. und 7.7.1919.
41 Tagebuch EN, 1.6. und 15.6.1919 (Zitate): ZEKHN, 62/6077; vgl. AK 1.6. und 15.6.1919.
42 AK 19.1.1919; vgl. Bentley, *Niemöller*, S. 38f.
43 MN, *Vom U-Boot*, S. 127, 157, 161–163.
44 Ebd., S. 163.
45 Ebd., S. 164.
46 MN an WN 5.4.1919: ZEKHN, 35/265.
47 AK 29.6.1919; Tagebuch EN, 31.8., 6.9.1919: ZEKHN, 62/6077; vgl. MN an EN, 22.7.1919: ZEKHN, 35/372.

48 AK 17.9. (Zitat), 18.9., 21.9. und 24.9.1919; Tagebuch EN, 31.8., 1.9., 6.9.1919: ZEKHN, 62/6077.
49 AK Juni–September 1919, Zitate 8.6. und 24.8.1919. Im Sessel schlief Martin auch am Vormittag des 14. September.
50 Ziemann, »Religiosität«, S. 108; Hölscher, *Datenatlas*, Bd. IV, S. 696; vgl. Tagebuch EN, 1.6. und 22.6.1919: ZEKHN, 62/6077.
51 AK 29.9., 5.10., 12.10. (Zitat), 19.10. und 26.10.1919.
52 Holtfrerich, *Inflation*, S. 15.
53 Geyer, »Korruptionsdebatten«, S. 343 (»Revolutionsgewinnlertum«); vgl. den Wahlaufruf der DNVP vom Januar 1919 (Zitat): <http://www.dhm.de/datenbank/dhm.php?seite=5&fld_0=D2004137> [15.3.2018]; Flugblatt der DNVP vom Juni 1920: <http://www.dhm.de/datenbank/dhm.php?seite=5&fld_0=D2Z25502> [15.3.2018].
54 Tagebuch EN, 29.7.1919: ZEKHN, 62/6077; vgl. Geyer, »Korruptionsdebatten«, S. 341f.; Holtfrerich, *Inflation*, S. 124 (Zitat). Die Gefahr eines Staatsbankrotts wurde im Sommer 1919 auch in zahlreichen Broschüren diskutiert. Vgl. etwa Bresin, *Staatsbankrott*; Haefner-Hainen, *Staatsbankrott*.
55 Janz, *Bürger*, S. 151–154, Zitat S. 152.
56 Lebenslauf des stud. theol. Martin Niemöller, 14.8.1922: ZEKHN, 62/6063.
57 Käthe Dilthey 26.11.1919 an MN: ZEKHN, 62/6080.
58 EN 19.11.1919 an Helene Bremer: ZEKHN, 62/6079; vgl. dies. 20.10.1919 an dies.: Sterik (Hg.), *Else Niemöller*, S. 14; AK November/Dezember 1919.
59 AK 3.10.1919.
60 EN 19.11.1919 an Helene Bremer: ZEKHN, 62/6079.
61 Pyta, *Hindenburg*, S. 404–409.
62 Heid, *Cohn*, S. 281–308, Zitat S. 297. Helfferichs Biograph geht auf die antisemitische Dimension des Zwischenfalls nicht ein: Williamson, *Helfferich*, S. 303–308.
63 AK 18.10. und 21.10, 12.12.1919. Personalbogen Martin Niemöller 22.7.1922 (Abschrift): LkA EvKvW, 1 neu, Nr. 2032.
64 Zu Münster in den frühen 1920er Jahren Grevelhörster, *Münster*, Zahlen S. 17f., 146.
65 Vgl., auch zum Folgenden: Ziemann, »Studentenpolitiker«.
66 Hans-Erdmann von Lindeiner-Wildau (1929), zit. in ebd., S. 213.
67 AK 27.1.1921, 27.2.1922.
68 Helene Bremer 7.3.1920 an Heinrich und Paula Niemöller: ZEKHN, 62/6067.
69 Ziemann, »Studentenpolitiker«, S. 216f.
70 Ebd., S. 217f.
71 AK 13.3.1920; Tagebuch WN, 13.3.1920: ZEKHN, 35/703.
72 Ziemann, »Studentenpolitiker«, S. 219f.
73 Ebd., S. 220.
74 MN, *Vom U-Boot*, S. 177.
75 AK 27.4.1920.
76 Ziemann, »Studentenpolitiker«, S. 224–226.
77 Ebd., S. 225.
78 Lohalm, *Radikalismus*, S. 214.
79 Vgl. die detaillierten Belege in Ziemann, »Studentenpolitiker«, S. 227–230.
80 AK 2.3.1921 (Abkürzungen im Original aufgelöst).
81 WN, »Martin Niemöller« (Ms., 1982) (Zitat): ZEKHN, 62/1233; vgl. MN, *Vom U-Boot*, S. 169f., sowie die erhaltenen Kolleghefte in: ZEKHN, 62/6064.
82 Jacobs, »Die evangelisch-theologische Fakultät«, S. 49, 52, 54, 61; Zahl für Herbst 1920

in: *Personal-Verzeichnis der Westfälischen Wilhelms-Universität zu Münster für das Winterhalbjahr 1920/21*, Münster 1920, S. 117; vgl. z. B. AK 29.4.1921 und 26.6.1922; MN, *Vom U-Boot*, S. 186.
83 Lebenslauf des stud. theol. Martin Niemöller, 14.8.1922: ZEKHN, 62/6063.
84 Immer noch anregend: Nipperdey, *Religion im Umbruch*, S. 67–76; für Münster Jacobs, »Die evangelisch-theologische Fakultät«, S. 57; für die Zeit nach 1918 grundlegend: Graf, *Der heilige Zeitgeist*, S. 1–110, hier S. 29–45 zu Generationen.
85 MN, *Vom U-Boot*, S. 186f.
86 Wolfes, *Protestantische Theologie*, S. 201–214; Lebenslauf des stud. theol. Martin Niemöller, 14.8.1922: ZEKHN, 62/6063. Neben Schleiermacher nannte Niemöller hier als vertiefende Lektüre zu Wehrungs Veranstaltungen u. a. Hans Emil Weber, *Historisch-kritische Schriftforschung und Bibelglaube* (1914), Rudolf Otto, *Das Heilige* (1917) und Erich Schaeder, *Theozentrische Theologie* (1909/1914).
87 AK 13.6.1921. Abkürzung im Original aufgelöst.
88 Wehrung, *Protestantischer Geist*, S. 94–122, Zitate S. 99, 118; vgl. Wolfes, *Protestantische Theologie*, S. 212, 652.
89 Kollegheft Prof. Smend, »Liturgik«, WS 1921/22: ZEKHN, 62/6064; vgl. Jacobs, »Die evangelisch-theologische Fakultät«, S. 46f.
90 AK 8.–15.12.1921, Zitate 10., 12., 14. und 15.12.; vgl. MN, *Vom U-Boot*, S. 184–186.
91 So Bentley, *Niemöller*, S. 36. Bentley bezeichnet Smend als »Schmend«, behauptet, Niemöller habe nur »beinahe« den Faden verloren, obwohl er zwei Mal stecken blieb, und nimmt in Unkenntnis der Quellen für die folgenden Jahre an, Niemöller habe seine »Angst« vor der Predigt am 18.12.1921 auf magische Weise kuriert.
92 AK 17.4.1922.
93 Janz, *Bürger*, S. 225–227; MN, *Vom U-Boot*, S. 196f.; WN, Stürmische See – leuchtende Sonne (1982), S. 57: ZEKHN, 35/578; Kampmann, »Bekenntnispfarrer«, S. 470.
94 Holtfrerich, *Inflation*, S. 207–210, Feldman, *Great Disorder*, S. 211–254, 418–452.
95 MN, *Vom U-Boot*, S. 188f.; WN, Stürmische See – leuchtende Sonne (1982), S. 56: ZEKHN, 35/578.
96 MN, *Vom U-Boot*, S. 190–192, Zitate S. 191f.; vgl. WN, Stürmische See – leuchtende Sonne (1982), S. 56: ZEKHN, 35/578.
97 Kater, »Technische Nothilfe«, Zitate S. 50–52.
98 MN 12.11.1923 an Konsistorium Münster (Zitate): LkA EvKvW, I neu Nr. 2032. Die Prüfungsarbeit in: Registratur der Kirchenverwaltung der EKHN, Darmstadt, Personalakten Martin Niemöller, Bd. 1. Vgl. MN, *Vom U-Boot*, S. 201–203. Bei Bentley, *Niemöller*, S. 45, wird aus der theologischen Prüfungsarbeit eine »Doktorarbeit«.
99 Zum Folgenden vgl. Kuhlemann, »Protestantische ›Traumatisierungen‹«; Greschat, *Protestantismus im Revolutionsjahr*.
100 MN 8.1.1921 an Leni Niemöller: ZEKHN, 62/6067. Abkürzung im Original aufgelöst.
101 Tagebuch WN 25.1.1920: ZEKHN, 35/703.
102 AK 25.1.1920. Vgl. die Schilderung dieser Episode durch den Augenzeugen Ernst Wilm, »Kämpfer-Prediger-Schreiber«, in: *Junge Kirche* 39 (1978), S. 3–5, hier S. 3f.
103 MN o. D. [31.1.1920] an Samuel Jaeger (Abschrift): ZEKHN, 62/6063; vgl. AK 31.1.1920.
104 WN 13.11.1940 an MN: LkA EvKvW, 5.1, Nr. 440 F. 2, Bl. 148–150.
105 AK 8.6.1923; vgl. »Schlageters Beisetzung«, in: *Vorwärts* Nr. 266 v. 9.6.1923; Zwicker, *Nationale Märtyrer*, S. 32–73. Die Angabe von Bentley, *Niemöller*, S. 56, neben Martin und Wilhelm habe die Familie Niemöller »geschlossen« an der Feier teilgenommen, ist

frei erfunden. Laut der Notiz im Amtskalender war Martin Niemöller in diesen Tagen bei der Familie Bremer zu Gast, und Wilhelm besuchte ihn erst am späten Nachmittag des 8. Juni.

5 Innere Mission und Volksgemeinschaft 1924 bis 1931

1 Ziemann, »Kampf«, Zitat S. 360f.
2 Zum Folgenden vgl. Kaiser, *Evangelische Kirche und sozialer Staat*; ders., »Formierung des protestantischen Milieus«; Greschat, *Zeitalter der Industriellen Revolution*.
3 *Verhandlungen des 1. Deutschen Evangelischen Kirchentages*, Berlin 1848, S. 68–78, Zitate S. 69, 77; vgl. Kaiser, *Evangelische Kirche und sozialer Staat*, S. 18–27.
4 Zitiert bei Kaiser, *Evangelische Kirche und sozialer Staat*, S. 27.
5 Ziemann, »Religiosität«, S. 109f.
6 Kaiser, »Die Diakonie als subsidiärer Träger«, Zitate S. 120, 125.
7 Kaiser, *Sozialer Protestantismus*, S. 89.
8 Ebd., S. 67–89.
9 Ziemann, »Kampf«, S. 358.
10 AK 5.3.1924.
11 Protokoll über die zweite theologische Prüfung vom 9.5.1924: Registratur der Kirchenverwaltung der EKHN, Darmstadt, Personalakten Martin Niemöller, Bd. 1; vgl. AK 9.5.1924.
12 Die Vermutung von Schreiber, *Niemöller*, S. 40, die Examensnote sei eine Belohnung für das »völkisch-nationalistische Engagement« Niemöllers gewesen, ist unplausibel, da die in den völkischen Verbänden aktiven Professoren nicht in der evangelisch-theologischen Fakultät lehrten.
13 MN, *Vom U-Boot*, S. 198, 204–206; EOK 31.8.1928 an das Konsistorium Münster: ZEHKN, 62/6063; Meldung des Kandidaten der Theologie Martin Niemöller zur II. theologischen Prüfung, 12.11.1923: LkA EvKvW, I neu Nr. 2032.
14 MN, *Vom U-Boot*, S. 207; Beglaubigung der Ordination v. 29.6.1924: LkA, EvKvW, I neu Nr. 2032.
15 MN, *Vom U-Boot*, S. 205, geht auf die Probleme am 31.12.1923 nicht ein.
16 MN 1.1.1924 an EN: ZEKHN, 62/6063. Abkürzungen im Original aufgelöst.
17 Ebd.
18 MN 31.1.1924 an EN: ZEKHN, 62/6063.
19 Ziemann, »Kampf«, S. 364.
20 Ebd., S. 365.
21 Ebd., S. 365–367.
22 Ebd., S. 368f.
23 Ebd.
24 Ebd., S. 369f.
25 EN 18.3.1926 an Leni: ZEKHN, 62/1875.
26 EN 22.3. (Zitate) und 28.3.1926 an ihren Vater. ZEKHN, 62/1875.
27 EN 4.6.1929 an ihre Eltern: ZEKHN, 62/1875.
28 Ziemann, »Kampf«, S. 370.
29 EN 21.8.1925 an ihre Eltern: ZEKHN, 62/6079.
30 EN 29.9.1925 an ihre Eltern: ZEKHN, 62/6079.
31 EN 7.7. (»unnahbar«) und 23.10.1926 an Leni: ZEKHN, 62/1875.
32 EN 16.8.1925 an ihren Vater: ZEKHN, 62/6079; EN 2.4. und 21.11.1926 an Leni (Zitate, Abkürzung im Original aufgelöst), EN 9.6.1926, 12.5.1928 (»recht unglücklich«) und 24.1.1931 an ihren Vater und Leni: ZEKHN, 62/1875; vgl. AK 9.–11.5.1928.

33 EN 6.3.1926 an Leni: ZEKHN, 62/1875.
34 EN 10.2.1927 an ihren Vater: ZEKHN, 62/1875. Hervorhebungen im Original.
35 EN 10.2.1928 an ihren Vater und Leni: ZEKHN, 62/1875 (Abkürzung im Original aufgelöst); vgl. AK 10.2.1928.
36 Vgl. Sachse, *Esther von Kirchbach*, v. a. S. 20–25; Beuys, »Die Pfarrfrau«, Zitate S. 59; Steck, »Im Glashaus«.
37 EN 6.5.1926 an Leni: ZEKHN, 62/1875.
38 AK 28.8.1921.
39 EN 4.3.1927 an ihren Vater: ZEKHN, 62/1875.
40 EN 15.1. und 22.1.1927 (»Kinderlärm«) an ihren Vater: ZEKHN, 62/1875.
41 EN 15.10.1927 an ihren Vater: ZEKHN, 62/1875; vgl. Gestrich, »Erziehung im Pfarrhaus«, S. 68, 81.
42 EN 6.3.1926 an Leni: ZEKHN, 62/1875.
43 EN 6.3. (Zitat) und 18.3.1926 an Leni: ZEKHN, 62/1875; vgl. Sterik (Hg.), *Else Niemöller*, S. 24.
44 EN 9.4.1926 an Leni: ZEKHN, 62/1875.
45 EN 15.6.1928 an Leni und ihren Vater: ZEKHN, 62/1875; vgl. Gümbel, »Instrumentalisierte Erinnerung«.
46 EN 21.11.1926 an Leni: ZEKHN, 62/1875.
47 EN 15.10.1927 an ihren Vater: ZEKHN, 62/1875.
48 EN 29.12.1930 an Leni und ihren Vater: ZEKHN, 62/1875.
49 MN, »Gemeinschaft und Persönlichkeit des Wohlfahrtspflegers«, in: *Ziele und Wege* 7 (1931), Heft 1, S. 12–19, Zitat S. 18.
50 EN 1.2.1930 an Leni und ihren Vater, vgl. dies. 28.5.1926 an Leni und 30.5.1926 an ihren Vater: ZEKHN, 62/1875; Ziemann, »Schiffe versenken«, S. 27f.
51 Sieck/Sieck, *U-Bootfahrer*, S. 40f.
52 AK 20.6.1930.
53 EN 25.6.1930 an ihre Eltern und die ihres Mannes: ZEKHN, 62/1875.
54 Text der Rede in: ZEKHN, 62/1439; Text der Ansprache vom 31.5.1926 in: ebd., 62/6076.
55 EN 25.6.1930 an ihre Eltern und die ihres Mannes: ZEKHN, 62/1875.
56 Ebd.
57 Buchheim, »*NS-Funktionär*«, S. 312.
58 MN, undatierte Notizzettel, eingelegt im Notizbuch mit Eintragungen 1936–1938: ZEKHN, 62/1873; vgl. AK 19.1.1919, 6.6.1920, 20.2.1921, 10.4. und 24.4.1932, 5.3.1933.
59 Buchheim, »*NS-Funktionär*«, S. 312.
60 Kampmann, »Bekenntnispfarrer«, S. 471f.
61 Telegramm Dr. Funccius/DNVP Elberfeld 31.8.1927 an MN und dessen Antwort vom selben Tag: LkA, EvKvW, 5,1, 463, Bl. 59; Stahlhelm. Bund der Frontsoldaten, Ortsgruppe Münster 5.6. und 6.8.1928 an MN und dessen Antwort vom 12.9.1928 (Zitat): ebd., Bl. 35, 163, 168; auch die Münsteraner Ortsgruppe des Alldeutschen Verbandes stand mit Niemöller in Kontakt; vgl. den Brief von Günther von Einem 28.5.1927 an MN: ebd., Bl. 29.
62 AK 9.3.1929.
63 Major a. D. Boden aus Papenburg 11.9.1927 an MN und dessen Antwort vom 20.9.1927: LkA EvKvW, 5,1, 463, Bl. 60, 66.
64 Jordan, *Von deutscher Not*; Seeberg, *Was sollen wir denn tun?*, bes. S. 13–18, 22–28; vgl. Graf, *Der heilige Zeitgeist*, S. 211–263.
65 Zit. in Ziemann, »Kampf«, S. 371.
66 Ebd., S. 372.

67 Mergel, »Führer, Volksgemeinschaft und Maschine«, Zitat S. 91.
68 Zitiert in Ziemann, »Kampf«, S. 372.
69 Ebd., S. 373.
70 Ebd.
71 Ebd.
72 Ebd., S. 373f.
73 Zit. ebd., S. 374.
74 Ebd.
75 MN 28.9.1929 an Friedrich von Bodelschwingh: HAB, 2/37-94; vgl. Opitz, *Christlich-soziale Volksdienst*, S. 63–85, 108–127, 137–155; Nowak, *Evangelische Kirche*, S. 144–151.
76 »Was will der Evangelische Volksdienst?«, in: *Münstersche Zeitung* Nr. 80 v. 23.3.1930; vgl. Opitz, *Christlich-soziale Volksdienst*, S. 131; zum lokalen Kontext Kuropka, »Auf dem Weg«, bes. S. 162–178.
77 MN, Lebenslauf, o. D. [Mai 1931]: AKG Dahlem, 2034, Hefter 1.
78 Brinkmann, »Lebensjahre«, S. 19–21, Zitat S. 19.
79 EN 14.9.1929 an ihren Vater (Zitat) und 29.9.1929 an Leni und den Vater: ZEKHN, 1875.
80 Ziemann, »Kampf«, S. 375.
81 Zitiert in Brinkmann, »Lebensjahre«, S. 22.
82 Zitiert in Ziemann, »Kampf«, S. 375.
83 MN, Lebenslauf, o. D. [Mai 1931]: AKG Dahlem, 2034, Hefter 1.
84 Ziemann, »Kampf«, S. 376.
85 MN und EN an Vater Bremer und Leni 16.1.1931: ZEKHN, 62/1875; AK 6.1.1931.
86 Zit in Ziemann, »Kampf«, S. 377.
87 »Einladung zum dritten Pastorenkursus der Apologetischen Centrale 28. bis 31. Januar 1931, Die Stellung der Kirche zu den nationalen Problemen der Gegenwart«, und Niederschrift der Diskussionen (Zitate, Abkürzungen im Original aufgelöst): ADE, CA/AC, Nr. 151, Bl. 38f., 194–206.
88 Schmidt, *Niemöller im Kirchenkampf*, S. 26, 453.
89 Dazu die konzise Analyse bei Rohe, *Wahlen*, S. 140–163.

6 Pfarrer in Berlin-Dahlem 1931/32

1 Vgl. grundlegend Gailus, *Protestantismus und Nationalsozialismus*, hier S. 311–315.
2 Superintendentur Kölln Land I, gez. Max Diestel 28.3.1927 an Konsistorium Berlin-Brandenburg, und GKR Dahlem 7.3.1930 an das Konsistorium (Zitate), beide in: ELAB, 14/6367.
3 Gailus, *Protestantismus und Nationalsozialismus*, S. 314f. (Zitat), S. 684. Finanzzahlen nach Konsistorium Berlin-Brandenburg, Berichtstatter Dr. Keyser, 28.7.1930 an den EOK, und Anlage 5: Haushaltsplan der Umlagekasse Berlin Dahlem 1.4.1930 bis 1.4.1931: ELAB, 14/6367.
4 Gailus, *Protestantismus und Nationalsozialismus*, S. 316.
5 Konsistorium Berlin-Brandenburg 28.3.1931 an EOK, GKR Dahlem 16.4.1931 an EOK, unter Beifügung eines Auszugs aus dem Protokoll der GKR-Sitzung vom 16.4.1931: EZA 14/6367. Vgl. Janz, *Bürger*, S. 57. Die von Schmidt, *Niemöller*, S. 82, zuerst aufgestellte und von Heymel, *Niemöller*, S. 41, kritiklos wiederholte Behauptung, Niemöller sei nach einer Weile auf die erste Pfarrstelle gewählt worden, ist ebenso falsch wie die Behauptung ebd., S. 40, Heinrich Niemöller hätte für seinen Sohn den Weg nach Dahlem gebahnt.

6 MN 16.1.1931 an Vater Bremer und Leni: ZEKHN, 62/1875; vgl. AK 13.1.1931.
7 Theodor Lang 14.1.1931 an MN (Hervorhebung im Original): ZEKHN, 62/6074; vgl. AK 30.1.1931.
8 Eberhard Röhricht 22.4.1931 an MN (Konzept): AKG Dahlem, 2034, Hefter 1.
9 Sterik (Hg.), *Else Niemöller*, S. 30; MN 10.12.1931 und 5.1.1932 (Zitat) an seine Eltern: ZEKHN, 62/6067.
10 »Probeaufstellung des Pfarrers Nietmöller« [!], in: *Zehlendorfer Bezirksblatt* Nr. 60 v. 19.5.1931, auch in: LkA EvKvW, 5.1, 435 F. 1, Bl. 33.
11 Graf, *Der heilige Zeitgeist*, S. 179f., 187; Honecker, »Eigengesetzlichkeit«.
12 Weir, »The Christian Front«, bes. S. 218–220; *Der Gottlose. Gegen Pfaffen und Pfaffensozialisten* 1 (1928) – 2 (1929); *Der kämpfende Gottlose* 1 (1930) – 2 (1931). Heymel identifiziert als Herausgeber der *Dahlemer Predigten* die »Gottlosen« zu eng mit dem Verband der Gottlosen in der Sowjetunion: MN, *Dahlemer Predigten*, S. 85, Anm. 28.
13 AK 14.12.1931; MN, *Dahlemer Predigten*, S. 83–88, Zitate S. 83f. Vgl. »Aus der Gemeinde Dahlem«, in: *Dahlemer Kirchen-Blatt* Nr. 16 v. 17.4.1932, S. 148. Auch die Predigt über die »Heilighaltung des Sonntags«, die er am 27.9.1931 hielt, dürfte Gelegenheit zu Angriffen auf die Freidenker geboten haben. Vgl. EN 25.9.1931 an ihren Vater: ZEKHN, 62/6079.
14 AK 17.5.1931.
15 AK 15.8.1931.
16 Gailus, *Protestantismus und Nationalsozialismus*, S. 315–319, Zitat S. 319.
17 Ebd., S. 317 (»Geltungsdrang«). Vgl. AK 9.8.1931.
18 EN und MN 17.8.1932 an Vater Bremer: ZEKHN, 62/6079.
19 MN, »Fritz Müller – Dahlem«, Zitate S. 74f.
20 MN, *Dahlemer Predigten*, S. 80.
21 MN 2.9.1931 an seine Eltern: ZEKHN, 62/6067.
22 MN 5.1.1932 an seine Eltern: ZEKHN, 62/6067.
23 EN 9.5.1932 an Paula Niemöller: ZEKHN, 62/1875. Im AK vom 23.8.1931 notierte Martin, sein Gottesdienst sei »sehr besucht« gewesen.
24 EN 21.9.1931 an ihren Vater: ZEKHN, 62/6079.
25 Paula Niemöller an MN 15.7. und 25.10.1932: ZEKHN, 62/1287.
26 EN 20.11.1931 an ihren Vater und Leni: ZEKHN, 62/1875. Vgl. EN 25.9.1931 und 24.6.1932 an ihren Vater: ZEKHN, 62/6079.
27 MN 3.6.1932 an seine Eltern: ZEKHN, 62/6067; vgl. MN, *Dahlemer Predigten*, S. 75–94, ohne die Ansprache zum »Heldengedächtnis« am Volkstrauertag 1932 gerechnet. In seinem umfänglichen editorischen Vorbericht (ebd., S. 15–70) geht der Herausgeber Michael Heymel aus mangelnder Quellenkenntnis auf diese Zusammenhänge nicht ein.
28 MN 5.7.1932 an EN: ZEKHN, 62/6080.
29 Gailus, *Protestantismus und Nationalsozialismus*, S. 686.
30 Dazu vor allem MN 2.9. und 10.12.1931 (Zitat) an seine Eltern: ZEKHN, 62/6067, und die Eintragungen im Amtskalender 1931/32, u. a. 20.8., 21.8., 9.9., 12.9., 24.9.1931, 13.4. und 16.5.1932.
31 MN 2.9.1931 (Zitate) und 16.1.1933 an seine Eltern: ZEKHN, 62/6067; vgl. EN 7.8.1931 an ihren Vater und Leni: ZEKHN, 62/1875. Zu Dibelius Gailus, *Protestantismus und Nationalsozialismus*, S. 535.
32 EN 16.9.1931 an ihren Vater und Leni: ZEKHN, 62/6079.
33 EN 12.3.1932 an ihren Vater und Leni: ZEKHN, 62/1875. Abkürzung im Original aufgelöst.
34 MN 2.9.1931 an seine Eltern: ZEKHN, 62/6067.

35 EN 4.9.1931 an ihren Vater und Leni: ZEKHN, 62/6079.
36 EN 20.11.1931 an ihren Vater und Leni: ZEKHN, 62/1875.
37 EN 9.5.1932 an Paula Niemöller: ZEKHN, 62/1875; AK 11.9., 24.9., 1.11., 12.12. und 24.12.1931. Zu Rust vgl. <http://www.namibiana.de/namibia-information/who-is-who/autoren/infos-zur-person/hans-joachim-rust.html> [20.2.2017].
38 MN 10.12.1931 (Zitat) und 5.1.1932 an seine Eltern: ZEKHN, 62/6067.
39 AK 17.12. und 22.12.1931, 29.10., 11.11. und 16.12.1932, 2.1. und 3.1.1933; vgl. Schmidt, *Niemöller im Kirchenkampf*, S. 30–32; Schäberle-Koenigs, *Und sie waren*, S. 98, 103.
40 Käthe Miethe, »Kreuz und Schwert. Lebensgeschichte des früheren U-Boot-Kommandanten Martin Niemöller«, in: *Beyers für Alle. Die Große Familien-Illustrierte*, Heft 30, 1932, S. 9.
41 Gailus, *Protestantismus und Nationalsozialismus*, S. 91–95.
42 Ebd., S. 89f.
43 Ebd., S. 416–420; Scholder, *Kirchen*, I, S. 284–296, Zitat S. 294.
44 Scholder, *Kirchen*, I, S. 298–303, Zitat S. 301. Zur Neuinterpretation der NSDAP-Programmatik des »positiven Christentums« vgl. Steigmann-Gall, *Holy Reich*, S. 13–50. Zitat »Eingangstor« in den Richtlinien der Liste »Deutscher Christen« vom 26.5.1932: AKG Dahlem, 171, 2.
45 Gailus, *Protestantismus und Nationalsozialismus*, S. 179–196, 449–480, Zitat S. 294.
46 Zumindest trug der Wahlvorschlag der DC seinen Namen. Vgl. »Ein Wort an die Wahlberechtigten zu den Kirchenwahlen in Dahlem«, o. D.: AKG Dahlem, 171, 2.
47 Helene Goldmann 25.8.1932 an die Mitglieder des evangelischen Frauenbundes in Dahlem: AKG Dahlem, 171, 2. Die Zahl der angebotenen Sitze in: Entwurf eines Aufrufs an die Wähler, o. D: ebd. Für Goldmanns Mitgliedschaft in der Gemeindevertretung siehe das Protokoll der Sitzung vom 22.8.1932: AKG Dahlem, Protokollbuch der GKR Sitzungen. Die Zahl der Einheitslisten bei Gailus, *Protestantismus und Nationalsozialismus*, S. 95.
48 Vgl. u. a. »Ein Wort an die Wahlberechtigten zu den Kirchenwahlen in Dahlem«, o. D.: AKG Dahlem, 171, 2.
49 Eberhard Röhricht, Entwurf eines Flugblattes für die Kirchenwahlen, o. D.: AKG Dahlem, 171, 2.
50 Appel, Erdmann u. a., An die Wahlberechtigten, o. D.: AKG Dahlem, 171, 2.
51 P. Niemöller, Zu den Dahlemer Kirchenwahlen (Entwurf), o. D.: AKG Dahlem, 171, 2.
52 Auszug aus dem *Dahlemer Kirchenblatt* Nr. 47 v. 20.11.1932: AKG Dahlem, 1311, 7; vgl. Gailus, *Protestantismus und Nationalsozialismus*, S. 96–99, 320. Gailus beziffert den Anteil der DC in Dahlem ebd., S. 99 fälschlich mit 20 Prozent, nennt aber auf S. 320 die korrekte Zahl.
53 Scholder, *Kirchen*, I, S. 310; vgl. die berechtigte Kritik bei Gailus, *Protestantismus und Nationalsozialismus*, S. 99–101.
54 AK 16.9.1930; Verband Evangelischer Büchereien für Westfalen und Lippe 24.12.1930 an MN: LkA EvKvW, 5.1, 464, Bl. 278; vgl. Aussage Ludwig Bartning am 22.2.1938: GSA, P 3 Niemöller, Martin 2/1, 6. Verhandlungstag Bl. 79.
55 Scholder, *Kirchen*, I, S. 194–212, Zitat S. 199.
56 Gerhard Jacobi 7.1.1931 an Helmuth Schweitzer, und die Antwort von Walter Künneth an Jacobi vom 12.1.1931, der insistierte, dass über nationale Probleme nur »Männer« sprechen könnten, »deren Namen in der nationalen Bewegung einen Klang haben«. ADE, CA/AC, 151, Bl. 308–310. Ebd., Bl. 38f., 42–45 auch Einladung, Programm und Teilnehmerliste des Kurses. Vgl. den knappen Hinweis auf die kontroverse Diskussion von Stapels Referat in Dr. Bornikoel, »3. Pastorenkursus der Apologetischen Centrale, 28. bis

31. Januar 1931«, in: *Wort und Tat. Hefte der Apologetischen Centrale* Jg. 1931, Heft 1, S. 18–20.
57 Vollnhals, »Theologie des Nationalismus«, bes. S. 107f.
58 AK 30.1.1931. Der Titel von Stapels Vortrag nach der Einladung zum Pastorenkurs: ADE, CA/AC, 151, Bl. 38f.
59 Vgl. die Belege in der vorigen Anmerkung.
60 Scholder, *Kirchen*, I, S. 201f.
61 Stapel, *Sechs Kapitel*, Zitate S. 6f., 12, 28f.
62 Scholder, *Kirchen*, I, S. 202.
63 »Dahlems Sonnwendfeier«, in: *Dahlemer Nachrichten* Nr. 50 v. 25.6.1932, Beiblatt.
64 MN, *Dahlemer Predigten*, S. 81–83; vgl. Schmidt, *Niemöller im Kirchenkampf*, S. 39f.
65 EN 7.8.1931 an ihren Vater und Leni: ZEKHN, 62/1875. Abkürzung im Original aufgelöst; vgl. AK 4.8.1931. Zum Kontext vgl. Schulze, *Otto Braun*, S. 660–669.
66 Büttner, *Weimar*, S. 447–451; Opitz, *Christlich-soziale Volksdienst*, S. 226–230, 256–258.
67 EN 16.10.1931 an ihren Vater und Leni: ZEKHN, 62/6079. Abkürzungen im Original aufgelöst.
68 Gaede, *Kirche, Christen, Krieg und Frieden*, S. 39; vgl. Weir, »The Christian Front«, S. 237.
69 Vgl. etwa Büttner, *Weimar*, S. 461–463. Die Pläne der Rechten diskutiert Mommsen, »Regierung ohne Parteien«.
70 Walter Conrad, 1932/33 als Oberregierungsrat im Reichsinnenministerium tätig, hat nach 1945 mehrfach ausgesagt, Niemöller habe 1932 in Gesprächen die Parole »Hitler muß an die Macht« ausgegeben. Niemöller wehrte sich voller Häme und Empörung gegen diese Unterstellung, und wie jede nicht zeitgenössische Aussage ist sie mit Vorsicht zu betrachten. Vgl. Stenographische Berichte aus der öffentlichen Versammlung der FDP Berlin, 30.6.1950, am 8.8.1950 an Franz Beyer übersandt (Zitat), Conrad an MN 22.7.1950, und dessen Antwort vom 18.8.1950: ZEKHN, 62/130.
71 Aussagen Max von Schätzell am 21.2.1938 (Zitat) und Ludwig Bartning am 22.2.1938: GSA, P 3 Niemöller, Martin 2/1, 5. Verhandlungstag, Bl. 81, 6. Verhandlungstag, Bl. 79.
72 Aussage Ernst Brandenburg am 21.2.1938: GSA, P 3 Niemöller, Martin 2/1, 5. Verhandlungstag, Bl. 109.
73 MN 2.9.1931 an seine Eltern: ZEKHN, 62/6067.
74 Vgl. die entsprechenden undatierten Hinweise im AK 1932, S. 272, 282f., 286, 298ff., 308–311. Niemöller hatte von Naumann dessen »Briefe über Religion« (1903) gelesen. Bei Barth verwies er auf einen Text aus »Zwischen den Zeiten 1923« (ebd., S. 273), also wohl den 1922 gehaltenen und 1923 in der ersten Nummer der Zeitschrift *Zwischen den Zeiten* erschienenen Text »Not und Verheißung der christlichen Verkündigung«. Barth, *Vorträge und Kleinere Arbeiten 1922–1925*, S. 65–97.
75 AK 3.10.1932, und ebd. S. 298–306. Vgl. Gogarten, »Schöpfung und Volkstum«. Auch Gogarten, *Wider die Ächtung*, wurde von Niemöller zitiert.
76 AK 1932, S. 278–280.
77 Ebd., Zitate S. 273f.
78 Ebd., Zitate S. 282f., 285, 290, 299.
79 Gogarten, »Schöpfung und Volkstum«, Zitate S. 483, 494, 499, 501f. Zu Gogarten vgl. Graf, *Der heilige Zeitgeist*, S. 265–328, bes. S. 304–308.
80 AK 1932, S. 298–306, Zitat S. 306.
81 Weir, »The Christian Front«, S. 238.

7 Die NS-Machtergreifung 1933 als »protestantisches Erlebnis«

1 Vgl. Ziemann/Szejnmann, »Machtergreifung«; als Abriss Wehler, *Gesellschaftsgeschichte*, Bd. 4, S. 600–623.
2 Fritzsche, *Life and Death*, S. 19–75, Zitat S. 31.
3 Gailus, »1933 als protestantisches Erlebnis«, Zitate S. 481, 483, 498. »Zeit der Illusion« ist der Untertitel von Scholder, *Kirchen*, I. Zum Wahlverhalten der Protestanten Steigmann-Gall, »Apostasy«.
4 Zit. bei Steigmann-Gall, »Apostasy«, S. 278.
5 Paula Niemöller 3.2. und 13.2.1933 an WN und dessen Frau Ingeborg: ZEKHN, 35/880.
6 Paula Niemöller 3.6.1933 an WN und dessen Frau Ingeborg: ZEKHN, 35/880, Abkürzungen im Original aufgelöst.
7 Paula Niemöller 16.9.1933 an WN und dessen Frau Ingeborg: ZEKHN, 35/880.
8 Zit. in Baumgärtel, *Kirchenkampf-Legenden*, S. 25f.
9 Kampmann, »Bekenntnispfarrer«, S. 472f., Zitat S. 476.
10 »Bielefelder Archiv des Kirchenkampfes im Dritten Reich. Pfarrer D. Wilhelm Niemöller«, 1.7.1962 (masch., vervielfältigt), S. 17: ZEKHN, 62/674.
11 So ohne jeden Beleg Heymel, *Niemöller*, S. 57. Als Vorlage diente vermutlich Schmidt, *Niemöller*, S. 85, der dort Gespräche mit Niemöller aus der Zeit nach 1945 referiert.
12 Das betonte im Rückblick auch seine Frau, hier gewiss für beide sprechend: »Die Betonung des Nationalen lag uns, und die Beseitigung der Arbeitslosigkeit war erfreulich für jeden sozial Denkenden.« EN, Kleine Streiflichter aus der Kirchenkampfzeit der Jahre 1933–1937 [November 1958]: LkA EvKvW, 5.1, 456, F. 1, Bl. 189–195, hier Bl. 189.
13 MN, Was ich noch von meinem Vater weiß, o. D. [1939]: ZEKHN, 62/6063.
14 So Schmidt, *Niemöller im Kirchenkampf*, S. 51f.
15 Immerhin hielt er es für angezeigt, neben der 14. Wiederkehr seines Hochzeitstages auch Hitlers Geburtstag in seinem Kalender einzutragen. AK 20.4.1933.
16 AK 5.3.1933. Abkürzung im Original aufgelöst.
17 MN, *Dahlemer Predigten*, S. 103–109, Zitate S. 104.
18 Ebd., S. 105. Das NSDAP-Parteiprogramm von 1920: <http://germanhistorydocs.ghi-dc.org/sub_document.cfm?document_id=4625&language=german> [15.5.2018].
19 Ebd., S. 106.
20 Ebd. Das Zitat aus der Rede bei Scholder, *Kirchen*, Bd. 1, S. 319.
21 MN, *Dahlemer Predigten*, S. 106.
22 Ebd., S. 106–109.
23 Dies gegen die Interpretation bei Schmidt, *Niemöller im Kirchenkampf*, S. 48–50. Schmidt zitiert ebd., S. 49 eine Formulierung vom »Verrat« am christlichen Glauben, die sich in der textkritischen Neuausgabe der *Dahlemer Predigten* nicht findet. Vgl. dagegen die überzeugende Deutung der Predigten von Gerhard Schäberle-Koenigs, Geschichte des Kirchenkampfes in Dahlem, masch. Ms., o.D, S. 4f.: EZA, 686/609.
24 Gailus, »1933 als protestantisches Erlebnis«, S. 481.
25 MN, *Dahlemer Predigten*, S. 107; vgl. die Beispiele bei Gailus, »1933 als protestantisches Erlebnis«, S. 484–494.
26 MN, *Dahlemer Predigten*, S. 124–128; vgl. Freitag, »Der Tag von Potsdam«.
27 MN, *Dahlemer Predigten*, S. 129–131, 130f. (Zitate), 133.
28 Hockerts, »Konfessionswechsel«, S. 153; Besier, *Kirchen*, S. 218f.
29 MN, *Dahlemer Predigten*, S. 131.
30 Ebd., S. 137–141, Zitate S. 138f.
31 Ebd., S. 152f., 159, 163.

32 Ebd., S. 265–270, Zitat S. 266. Es bleibt unerfindlich, wie der Herausgeber dieser Ausgabe, Michael Heymel, die Erwähnung des »30. Januar« am Beginn dieser Predigt auf ein am 30.1.1935 erlassenes Gesetz beziehen kann. Es ist völlig klar, dass Niemöller sich emphatisch auf den Aufbau des direkt erwähnten »Dritten Reiches« seit dem 30.1.1933 bezog. Ebd., S. 265 mit Anm. 453.
33 Immer noch grundlegend: Wright, *Über den Parteien*, S. 197–207; vgl. Meier, *Kirchenkampf*, I, S. 90–92; Schneider, *Ludwig Müller*, S. 103–110.
34 AK 5.4.1933.
35 EN, Kleine Streiflichter aus der Kirchenkampfzeit der Jahre 1933–1937 [November 1958]: LkA EvKvW, 5.1, 456, F. 1, Bl. 189–195, hier Bl. 189. Vgl. Schneider, *Ludwig Müller*, S. 93, 109. Zum Kontakt in Münster vgl. z.B. das Protokoll des Arbeitsausschusses der Inneren Mission in Westfalen vom 15. September 1930: ZEKHN, 62/6072.
36 EN, Kleine Streiflichter aus der Kirchenkampfzeit der Jahre 1933–1937 [November 1958]: LkA EvKvW, 5.1, 456, F. 1, Bl. 189; vgl. AK 13.5. und 17.5.1933; Neumann, *Jungreformatorische Bewegung*, S. 21–37, 40–46; Künneth, *Lebensführungen*, S. 108f., der die gemeinsame Pressekonferenz fälschlich auf den 9. Mai datiert. An diesem Tag hatte die erste Pressekonferenz der Jungreformatoren noch ohne Niemöller stattgefunden. Scholder, *Kirchen*, I, S. 458f.
37 AK 12., 16. und 19.5.1933; Schmidt, *Niemöller im Kirchenkampf*, S. 55–57.
38 Zit. in Meier, *Kirchenkampf*, I, S. 93. Vgl. Neumann, *Jungreformatorische Bewegung*, S. 88–97.
39 *Mitteilungen der Jungreformatorischen Bewegung* Nr. 5 v. 19.6.1933, S. 2: LkA EvKvW, 5.1, 53, F. 1, Bl. 10f.
40 Organisationsplan der Jungreformatorischen Bewegung, o. D. [Juni 1933]: ebd., Bl. 16.
41 Vgl. Roggelin, *Hildebrandt*, hier S. 150f.; zum Schweizerischen Hilfswerk Rusterholz, *Nachbarn Haus nicht in Flammen*.
42 *Martin Niemöller und sein Bekenntnis*, S. 10.
43 Zitate: »Was fordert das Kampfprogramm der Jungreformatorischen Bewegung?«, o. D. [Mai 1933]: EZA, 619/1 (Hervorhebung im Original); vgl. Neumann, *Jungreformatorische Bewegung*, S. 108–118.
44 »Was fordert das Kampfprogramm der Jungreformatorischen Bewegung?«, o. D. [Mai 1933]: EZA, 619/1; vgl. Schmidt, *Niemöller im Kirchenkampf*, S. 61f., 458.
45 Meier, *Kirchenkampf*, I, S. 95.
46 Friedrich von Bodelschwingh, Dreißig Tage an einer Wegwende deutscher Kirchengeschichte, Ms. 29.10.1935, S. 14: HAB, 2/39-176; vgl. Schmidt, *Niemöller im Kirchenkampf*, S. 63-65.
47 Meier, *Kirchenkampf*, I, S. 98–102; Schmidt, *Niemöller im Kirchenkampf*, S. 80–82.
48 Vortrag der Leitung der Jungreformatorischen Bewegung bei dem Herrn Reichsbischof, 15.6.1933: HAB, 2/39-176; vgl. Neumann, *Jungreformatorische Bewegung*, S. 50–69; Schmidt, *Niemöller im Kirchenkampf*, S. 65 (»Adjutanten«), 73–79.
49 AK 17.6.1933.
50 Schmidt, *Niemöller im Kirchenkampf*, S. 85f.; vgl. Wright, *Über den Parteien*, S. 220–230, bes. S. 226ff.
51 MN 21.6.1933 an Friedrich von Bodelschwingh: HAB, 2/39-176, Bl. 94-96; »Demission«: AK 21.6.1933.
52 Erklärung von Pfarrern der Mark Brandenburg, o. D. [Juli 1933]: ZEKHN, 62/6022; vgl. Schmidt, *Niemöller im Kirchenkampf*, S. 89–93.
53 Text in *Junge Kirche* 1 (1933), Nr. 2, S. 16.

54 Scholder, *Kirchen*, I, S. 515, 527f.
55 Ebd., S. 528; Zitate: MN, *Dahlemer Predigten*, S. 147–149.
56 Scholder, *Kirchen*, I, S. 528; vgl. Schmidt, *Niemöller im Kirchenkampf*, S. 98f.
57 Der Vorschlag kam von Wilhelm Meinhold, der selbst als Marinepfarrer in der Kaiserlichen Marine gedient hatte. WN 21.6.1933 an MN: ZEKHN, 62/6022.
58 Scholder, *Kirchen*, I, S. 522f.
59 Ungezeichnetes Protokoll der Besprechung vom 3.7.1933: LkA EvKvW, 5.1, 53 F. 1, Bl. 18; vgl. Schmidt, *Niemöller im Kirchenkampf*, S. 100f.
60 Vgl. Scholder, *Kirchen*, I, S. 529–540.
61 »Kundgebung der Jungreformatorischen Bewegung«, in: *Junge Kirche* 1 (1933), Nr. 4, S. 44–47; AK 14.7.1933. Die durchschnittliche Seelenzahl pro Pfarrgemeinde in Berlin lag 1933 bei 22793. Gailus, *Protestantismus und Nationalsozialismus*, S. 684.
62 »Volkskirche unter dem Evangelium«, in: *Junge Kirche* 1 (1933), Nr. 4, S. 50. Dieser Aufruf stammte von Fritz Söhlmann, dem Herausgeber der *Jungen Kirche*; Scholder, *Kirchen*, I, S. 910.
63 Scholder, *Kirchen*, I, S. 524, 626–631; Schmidt, *Niemöller im Kirchenkampf*, S. 103.
64 »Richtlinien für die Kirchenwahlen«, in: *Junge Kirche* 1 (1933), Nr. 4, S. 43f.
65 »Zur Kirchenwahl. Ein Wort an alle Gemeindeglieder«, in: *Junge Kirche* 1 (1933), Nr. 4, S. 43.
66 AK 20.7.1933; vgl. Schmidt, *Niemöller im Kirchenkampf*, S. 103f.
67 »Dahlemer Gemeindeabend«, in: *Dahlemer Nachrichten* v. 22.3.1933; vgl. AK 19.3.1933 (»Schlußwort«). Zu Klinge, der in der Christlich-deutschen Bewegung aktiv war, die 1933 in den DC aufging, siehe Weiling, *Christlich-deutsche Bewegung*, S. 227, 269f., 272. Am 4.6.1933 gab Krahls Verhalten im Gottesdienst in der Sankt-Annen-Kirche Anlass zu Beschwerden, ohne dass sich die Details rekonstruieren ließen. Krahl reagierte äußerst konziliant, ja ehrerbietig, als Eberhard Röhricht ihn zur Besprechung dieses Vorfalls und Klärung anderer Fragen zu einer Sitzung des Gemeindekirchenrates hinzuzog, dessen Mitglied er nicht war. MN 5.5.1933 an Gemeindegruppe der DC, Röhricht 12.6.1933 an Krahl und dessen Antwort vom 16.6.1933: AKG Dahlem, 350, 4.
68 Nach Niemöllers Verhaftung traten DC-Mitglieder der Dahlemer Gemeinde mit der Behauptung auf, es habe im Sommer 1933 in einer Besprechung zwischen der NSDAP-Ortsgruppe und den drei Dahlemer Pfarrern Bemühungen um eine »Einigungsformel« mit den DC gegeben. Da eine genaue Datierung fehlt und die Diskreditierung Niemöllers das erklärte Ziel dieser retrospektiven Behauptungen war, sind sie mit Vorsicht zu betrachten. Vgl. Dr. Konrad Maas 15.3.1936 [recte: 1938] an den Reichskirchenminister, Hans Brenek 18.5.1938 an NSADAP/Gauleitung Berlin und andere Materialien in: BArch, R 5101/23696.
69 »Worum es bei den Kirchenwahlen geht«, in: *Dahlemer Nachrichten* v. 19.7.1933 (Auszug in ZEKHN, 62/6021).
70 Zitiert nach Friedrich Müller, Anlage zum Schreiben an das Geheime Staatspolizeiamt, 24.3.1934; vgl. Evangelisches Konsistorium Berlin 14.4.1934 an den Landesbischof der ApU: EZA, 7/11665.
71 »Worum es bei den Kirchenwahlen geht«, in: *Dahlemer Nachrichten* v. 19.7.1933 (Auszug in ZEKHN, 62/6021); vgl. auch den kürzeren Bericht »Dahlemer Gemeindeabend«, in: *Zehlendorfer Anzeiger* v. 19.7.1933 (Auszug in: ZEKHN, 62/6022).
72 Scholder, *Kirchen*, I, S. 630–634, Zitat S. 634; vgl. Meier, *Kirchenkampf*, I, S. 103–105.
73 Scholder, *Kirchen*, I, S. 634f.; Mitteilungen des Dahlemer Pfarramtes, o. D. [30.7.1933]: ZEKHN, 62/6022; AK 23.7.1933.

74 Zur Theologie und Ideologie der DC grundlegend: Bergen, *Twisted Cross*.
75 Künneth/Lilje/Niemöller, Die neue Aufgabe der jungreformatorischen Bewegung, 24.7. 1933: LkA EvKvW, 5.1, F. 568, Bl. 259f.; vgl. Schmidt, *Niemöller im Kirchenkampf*, S. 109.
76 Sitzung der Reichsleitung »Evangelium und Kirche«, 27.7.1933 (Protokoll von Fritz Müller): ZEKHN, 62/6022; vgl. Neumann, *Jungreformatorische Bewegung*, S. 136f. Neumann zitiert ebd. Jacobi fälschlich mit den Worten »Politik kommt von Politik«. Danach auch Scholder, *Kirchen*, I, S. 644.
77 Schmidt, *Niemöller im Kirchenkampf*, S. 110; vgl. Gerhard Stratenwerth 18.8.1933 an MN: ZEKHN, 62/6022.
78 MN, »Die Jungreformatorische Bewegung und die Kirchenpolitik. 16 Thesen«, in: *Junge Kirche* 1 (1933), Nr. 9, S. 99–101.
79 Ebd.
80 Entwürfe dieses Textes unter dem Titel »Die JB am Wendepunkt« in: LkA, EvKvW, 5.1., 53, F. 1, Bl. 22–29, Zitate Bl. 23, 25.
81 Scholder, *Kirchen*, I, S. 644f.; vgl. Schmidt, *Niemöller im Kirchenkampf*, S. 112f.
82 Schmidt, *Niemöller im Kirchenkampf*, S. 114f.
83 MN 19.9.1933 an Bodelschwingh: HBA, 2/39-69.
84 Georg Merz 5.12.1933 an MN; [Gerhard Stratenwerth], o. D., Zu Vorbemerkungen des Herausgebers zum Betheler Bekenntnis, beides in: HBA, 2/39-209, 23; vgl. MN, *Das Bekenntnis der Väter*.
85 Gailus, »1933 als protestantisches Erlebnis«. Gailus notiert ebd., S. 507–510, zu Recht, dass der durch das Kriegserlebnis der Jahre 1914 bis 1918 geprägte Niemöller eher eine Ausnahme unter den zur Opposition gehörenden Pfarrern war. Wie viele andere spätere Mitglieder der BK war Niemöller bereits in der zweiten Generation Pfarrer und entstammte dem gehobenen Bürgertum.

8 Die Anfänge des Kirchenstreits

1 Für die Wahrnehmung der ausländischen Presse vgl. z. B. *Neue Zürcher Zeitung* v. 8.12.1933, Morgenausgabe: »Der Kirchenstreit in Deutschland« (Ausschnitt in: LkA EvKvW, 5.1., 435, F. 2, Bl. 33); für Staatsbehörden vgl. Reichsminister des Innern 23.1.1934 an Reichskirchenregierung (Abschrift): ebd., 435, F. 2, Bl. 122. Noch in einem Brief vom 15. März 1935 sprach die in der Dahlemer Gemeinde tätige Vikarin Christa Müller vom »Kirchenstreit«, der »Herz und Nerven in Atem hält«. Wiebel (Hg.), *Christa Müller*, S. 70. Diese Begriffsverwendung von einer Akteurin im Zentrum des sogenannten Kirchenkampfes zeigt an, dass es sich beim »Kirchenkampf« um eine anachronistische, nicht dem Sprachgebrauch der Zeit entsprechende Semantik handelt.
2 Text des Gesetzes in <http://germanhistorydocs.ghi-dc.org/sub_document.cfm?document_id=1520&language=german> [30.5.2017]; vgl. Scholder, *Kirchen*, I, S. 663–666, Zitat S. 665.
3 Scholder, *Kirchen*, I, S. 667–671; Schmidt, *Niemöller im Kirchenkampf*, S. 117–119.
4 Schmidt, *Niemöller im Kirchenkampf*, S. 119f.
5 MN 9.9.1933 an Friedrich von Bodelschwingh: HAB, 2/39-50.
6 Schmidt, *Niemöller im Kirchenkampf*, S. 120–126.
7 MN 19.9.1933 an Bodelschwingh: HAB 2/39-69.
8 MN, Rundschreiben vom 21.9.1933: LkA EvKvW, 5.1, 435 F. 1, Bl. 81.
9 Vgl. Scholder, *Kirchen*, I, S. 686. Scholder sieht den Ton dieser Passage als »charakteristisch« für den »aus christlicher Verantwortung kommenden Widerstand« im »Dritten

Reich«. Da der Begriff des Widerstands ein Eintreten gegen den NS-Staat impliziert, halte ich diese Wertung für irreführend.
10 WN, *Texte*, S. 24f. (Zitate); vgl. Schmidt, *Niemöller im Kirchenkampf*, S. 127f.
11 Scholder, *Kirchen*, I, S. 697f.
12 Die Reformierten sammelten sich seit Mitte September im »Coetus reformierter Prediger« unter Leitung von Karl Immer. Kersting, *Kirchenordnung*, S. 46.
13 *Martin Niemöller und sein Bekenntnis*, S. 52f.; vgl. Noss, *Martin Albertz*, S. 406.
14 Rundschreiben Nr. 1 des PNB, 2.11.1933: LkA EvKvW, 5.1, 816 F. 1, Bl. 10f.; Schmidt, *Niemöller im Kirchenkampf*, S. 129–131.
15 MN, Die Verpflichtung des Pfarrer-Notbundes, Oktober 1933: LkA, EvKvW, 5.1., 435 F. 1, Bl. 99.
16 Die von Karl Bernhard Ritter im November 1933 vorgelegte, aber nicht mehr berücksichtige Fassung der Verpflichtungserklärung bezeichnete den kirchlichen »Arierparagraphen« als »eine besonders offenkundige Verletzung von Schrift und Bekenntnis« und ging damit noch über Niemöllers Fassung hinaus. LkA, EvKvW, 5.1., 99 F. 1, Bl. 50.
17 Zahlen nach Meier, *Kirche und Judentum*, S. 26f.
18 Vgl. dazu ebd., S. 15–20; Smid, *Protestantismus*, S. 362–397.
19 Dazu bislang Siegele-Wenschkewitz, »Auseinandersetzungen«, und Heymel, »Niemöllers Verhältnis zum Judentum«. Beide Arbeiten leiden unter einer nur selektiven Auseinandersetzung mit dem vorhandenen, in sich wiederum fragmentarischen Quellenmaterial.
20 MN, »Ehre und Vaterland. Die Verantwortung des Studenten vor seinem Volk«, in: *Ziele und Wege* 4 (1928), Heft 4/5, S. 14–24, Zitat S. 18.
21 Smid, *Protestantismus*, S. 221–241, 264–272, 301–310.
22 Rosenberg, *Mythus*, S. 218, 246f., 603–607, 614; vgl. Nicolaisen, »Die Stellung«, S. 197–220.
23 AK 1932, S. 278. Abkürzungen im Original aufgelöst.
24 Hempel, *Fort*, S. 19, 26f.; vgl. Weber, *Altes Testament und völkische Frage*, S. 100–136.
25 AK 1932, S. 278f. Abkürzung im Original aufgelöst. Hervorhebungen im Original.
26 Baumgärtel, *Ist die Kritik*; Hempel, *Fort*; ders., *Altes Testament*; Hirsch, »Etwas von der christlichen Stellung«; Sellin, *Abschaffung*. Neben Hempel änderte auch Hirsch nach der NS-Machtergreifung seine Position.
27 AK 1932, S. 279.
28 Hempel, *Fort*, S. 26.
29 AK 1932, S. 279f. Abkürzungen im Original aufgelöst.
30 Ebd., S. 279.
31 »Nochmals: Was geht in der Kirche vor?«, in: *Dahlemer Nachrichten* v. 31.5.1933; vgl. Meier, *Kirche und Judentum*, S. 49f.
32 Zit. nach Meier, *Kirche und Judentum*, S. 82; vgl. Scholder, *Kirchen*, I, S. 298–302.
33 »Nochmals: Was geht in der Kirche vor?«, in: *Dahlemer Nachrichten* v. 31.5.1933.
34 EN 7.9.1933 an ihre Schwester Käthe: ZEKHN, 1875; vgl. Schmidt, *Niemöller im Kirchenkampf*, S. 120; AK 6.9.1933.
35 Zitiert nach Gerlach, *Zeugen*, S. 64.
36 AK 21.8. und 22.8.1933; vgl. MN 15.8.1933 an Pfarrer Kampffmeyer zur unterschiedlichen Ausführung der offenen Abende durch die drei Dahlemer Pfarrer: ZEKHN, 62/6022.
37 Voigt, »Elisabeth Schiemann«, Zitat S. 108.
38 MN 7.9.1933 an Elisabeth Schiemann: EZA, 50/258, Bl. 3f. (die Abschrift in ZEKHN, 35/372 ist leicht verändert). Abkürzung in der Vorlage aufgelöst. Zu den antisemitischen Stereotypen in Niemöllers Dahlemer Predigten aus den Jahren 1933 bis 1935 vgl. die

allerdings unzureichende Analyse bei Heymel, »Niemöllers Verhältnis zum Judentum«, S. 256–260.
39 Siegele-Wenschkewitz, »Auseinandersetzungen«, S. 305; Schmidt, *Niemöller im Kirchenkampf*, S. 135.
40 Zu dieser Unterscheidung vgl. Smid, *Protestantismus*, S. 205–207.
41 MN 7.9.1933 an Elisabeth Schiemann (Abschrift): ZEKHN, 35/372.
42 MN 5.10.1933 an Pastor Lic. Holtz: LkA EvKvW, 5.1, 435, Fasz. 1, Bl. 86.
43 MN, »Sätze zur Arierfrage in der Kirche«, in: *Junge Kirche* 1 (1933), S. 269–271.
44 Ebd, S. 269f.
45 So die überzeugende Deutung von Gerlach, *Zeugen*, S. 86f.
46 So der m. E. nicht überzeugende Aspekt der Deutung von Gerlach, *Zeugen*, S. 86f., 420–422, Zitat S. 422.
47 Busch, »Karl Barth und die Juden«, bes. S. 34–38.
48 MN, »Sätze zur Arierfrage in der Kirche«, S. 270.
49 So am 31.10.1933 bei dem Treffen mit Karl Barth in Berlin: Busch, *Reformationstag 1933*, S. 94. Von einer »Nebensache« sprach auch MN, »Die Anschauungen des Pfarrernotbundes«, in: *Der Ring. Konservative Wochenschrift*, Nr. 48 v.1.12.1933, S. 765.
50 Rundschreiben Nr. 1 des PNB, 2.11.1933: LkA EvKvW, 5.1, 816 F. 1, Bl. 10f.
51 Leserbrief Wilhelm Harnisch in: *Protestantische Monatshefte* 18 (1957), S. 222; Abschrift in: LkA EvKvW, 5.1, 435 F. 1, Bl. 94.
52 Elisabeth Schmitz 1.1.1934 an Karl Barth, in: Meyer, »Briefwechsel«, S. 340.
53 MN, »Die Anschauungen des Pfarrernotbundes«, S. 765.
54 Franz Hildebrandt 24.10.1933 an MN: LkA EvKvW, 5.1, 435 F. 1, Bl. 97.
55 Roggelin, *Hildebrandt*, S. 61–67.
56 Busch, *Reformationstag 1933*, S. 72f.; vgl. Schmidt, *Niemöller im Kirchenkampf*, S. 139f.
57 Busch, *Reformationstag 1933*, S. 71–92, Zitate S. 74, 79, 90f.
58 Ebd., S. 72, 87.
59 Ebd., S. 76; vgl. Rundschreiben Nr. 1 des PNB, 2.11.1933: LkA EvKvW, 5.1, 816 F. 1, Bl. 10f.
60 Busch, *Reformationstag 1933*, S. 93–113, Zitate S. 103f.
61 Scholder, *Kirchen*, I, S. 769.
62 Die Darstellung bei Schmidt, *Niemöller im Kirchenkampf*, S. 144 ist unzutreffend.
63 Rudolf Erbar für die DC-Gemeindegruppe 6.11.1933 an EOK: EZA 7/11661; Zahlen bei Gailus, *Protestantismus und Nationalsozialismus*, S. 686.
64 Ev. Konsistorium Berlin-Brandenburg 15.11.1933 an EOK: EZA, 7/1661; vgl. Schmidt, *Niemöller im Nationalsozialismus*, S. 145–147.
65 EN, Kleine Streiflichter aus der Kirchenkampfzeit der Jahre 1933–1937 [November 1958]: LkA EvKvW, 5.1, 456 F. 1, Bl. 190.
66 Scholder, *Kirchen*, I, S. 783–785, Zitate S. 785.
67 Ebd., S. 641–643.
68 Protokoll des Treffens vom 14.11.1933: LkA, EvKvW, 5.1, 99 F. 1, Bl. 63ff.; abgedruckt in: Busch, *Reformationstag 1933*, S. 114–120, Zitate S. 117f. Zum Kontext der moderaten DC vgl. Meier, *Kirchenkampf*, I, S. 94f.
69 Busch, *Reformationstag 1933*, S. 120.
70 Vgl. das Protokoll der verschiedenen Treffen und Besprechungen am 16.11.1933 in: ZEKHN, 62/6043; Scholder, *Kirchen*, I, S. 786.
71 Protokoll der Unterredung in Busch, *Reformationstag 1933*, S. 121–131, Zitate S. 122–124. Das Treffen ist fälschlich auf den 15.11. datiert bei Schmidt, *Niemöller im Kirchenkampf*, S. 149.

72 Busch, *Reformationstag 1933*, S. 128.
73 Karl Barth 15.12.1933 an Günter Jacob: KBA, 9233.371; Text der Eingabe bei WN, *Pfarrernotbund*, S. 41.
74 Wiebel (Hg.), *Christa Müller*, S. 13, 19.
75 Barth, *Vorträge und kleinere Arbeiten 1930–1933*, Zitat S. 584, Text S. 587–589.
76 Karl Barth 17.11.1933 an Richard Karwehl, zit. ebd., S. 586.
77 Karl Barth 23.12.1933 an Gerhard Jacobi: KBA, 9233.378; vgl. Scholder, *Kirchen*, I, S. 789.
78 MN an die Mitglieder des PNB, 16.11.1933: LkA EvKvW, 5.1., 100, Fasc. 1, Bl. 27ff.; Zitat aus dem Text der Abkündigung in WN, *Texte*, S. 42f.
79 Zitat: Notiz von MN über »Lage, Geschehen, Forderungen«, 24.11.1933: ZEKHN, 62/6043; Zahlen: WN, *Pfarrernotbund*, S. 29; Schmidt, *Niemöller im Kirchenkampf*, S. 153f.
80 Scholder, *Kirchen*, I, S. 799f.
81 Zusammenfassend ebd., S. 800–812.
82 Protokoll einer Unterredung von MN, Erich Seeberg und Gerhard Stratenwerth am 18.11.1933: ZEKHN, 62/6043; zu Seeberg vgl. Kaufmann, »Seeberg«, bes. S. 236.
83 Dies gegen die in der Literatur anzutreffende These, Müllers Position sei nach dem Sportpalastskandal stark geschwächt gewesen. Dem steht entgegen, dass die Opposition es bis zum Jahresende 1933 nicht schaffte, ihn zu substanziellen Konzessionen zu zwingen oder gar aus dem Amt zu entfernen. Vgl. gegenteilig z. B. Steigmann-Gall, *Holy Reich*, S. 164.
84 Susanna Niesel, Bericht über einen offenen Abend bei Niemöller in Dahlem, 6.12.1933: EZA, 619/4.
85 Scholder, *Kirchen*, I, S. 813–823.
86 Schmidt, *Niemöller im Kirchenkampf*, S. 163–167.
87 Zitat: AK 11.1.1934; vgl. Scholder, *Kirchen*, II, S. 37–50.
88 Scholder, *Kirchen*, II, S. 50, 53.
89 Zit. ebd., S. 54.
90 Ebd., S. 55–57; Zitat: Schmidt, *Niemöller im Kirchenkampf*, S. 477, Anm. 395.
91 Schreiben von 11 Kirchenvertretern an Adolf Hitler, 24.1.1934: ZEKHN, 62/6043.
92 Ziemann, »Wartestandsaffäre«; vgl. ders., »Friedrich Werner«.
93 Vorwiegend auf Interviews mit Niemöller beruht die stark stilisierte und in vielem fehlerhafte Version bei Bentley, *Niemöller*, S. 108–113; hagiographisch auch Heymel, *Niemöller*, S. 73–75; Schmidt, *Niemöller im Kirchenkampf*, S. 171–174, S. 172 mit der irrigen Behauptung, Hitler habe sich eine Stunde lang nur mit Niemöller unterhalten.
94 EN, Kleine Streiflichter aus der Kirchenkampfzeit der Jahre 1933–1937 [November 1958]: LkA EvKvW, 5.1, 456 F. 1, Bl. 192; Zitat: AK 25.1.1934.
95 Dies und das Folgende nach der zuverlässigen Darstellung bei Scholder, *Kirchen*, II, S. 59–61. Zu Eisenhardt als Urheber der »letzten Ölung« vgl. WN, *Hitler und die evangelischen Kirchenführer*, S. 38. Heymel, *Niemöller*, S. 75, mit der falschen Behauptung, das Wort stamme ursprünglich von der am Morgen ebenfalls anwesenden Lehrvikarin Christa Müller. »Adjutant« und »Famulus« war Eisenhardts eigene Beschreibung seiner Rolle; vgl. *Karl Barth-Kirschbaum Briefwechsel 1925–1935*, S. 355, Anm. 8.
96 EN 19.10.1938 an Walther Künneth, mit dem Niemöller telefonierte, als dieses Wort fiel: ZEKHN, 62/6091.
97 Theophil Wurm 5.4.1939 an Hammerschmidt: EZA 50/81, Bl. 18 (»geflissentlich übersehen«); Scholder, *Kirchen*, II, S. 61f.
98 Scholder, *Kirchen*, II, Zitate S. 61f.

99 AK 26.1.1934.
100 Scholder, *Kirchen*, II, S. 62–64.
101 AK 25.1.1934.
102 MN 16.2.1934 an die Notbundpfarrer: LkA EvKvW, 5.1, 435 F. 2, Bl. 153; vgl. im Tenor ähnlich: Susanna Niesel, Bericht über den offenen Abend am 27.2.1934: EZA, 619/6.
103 MN 15.2.1934 an die Notbundpfarrer: LkA EvKvW, 5.1., 99 F. 1, Bl. 109.
104 Georg Schulz 13.11.1933 an die Brüder der Sydower Pfarrbrüderschaft: LkA EvKvW, 5.1, 99 F. 1, Bl. 51–53, Zitat Bl. 51. Ein erstes Treffen zur Diskussion einer Delegation für einen Kanzlerempfang fand am 9. November statt. Scholder, *Kirchen*, I, S. 769.

9 Der Aufbau der Bekennenden Kirche 1934

1 AK 27.1., 28.1. und 30.1.1934 (Abkürzung im Original aufgelöst); vgl. WN, *Hitler und die evangelischen Kirchenführer*, S. 41.
2 »German Church Conflict. Collapse of Opposition«, in: *The Times* v. 29.1.1934, S. 11; vgl. »German Pastors' Struggle«, in: *Manchester Guardian* v. 29.1.1934, S. 12; Tagesmeldung des Geheimen Staatspolizeiamts vom 30.1.1934: BArch, R 58, 3144, Bl. 217; der *Times* folgend fehlerhaft Schmidt, *Niemöller im Kirchenkampf*, S. 180.
3 Sandvoß, *Religionsgemeinschaften*, S. 59 (Zitat); Tagesmeldung des Gestapa vom 29.1.1934: BArch, R 58, 3441, Bl. 202.
4 Tagesmeldung des Gestapa vom 12.2.1934: BArch, R 58, 3145; »Noch einige Daten zu den letzten Ereignissen in der Kirche, zusammengestellt nach Angaben von Prof. Bartning, Dahlem«, o. D. [März 1934]: LkA EvKvW, 5.1, 435 F. 2, Bl. 164; Zitat: Reichsminister des Innern 12.2.1934 an den Preuß. Ministerpräsidenten: GStA PK, I. HA Rep. 90, Annex P, Nr. 52/1, Bl. 34.
5 Schmidt, *Niemöller im Kirchenkampf*, S. 181.
6 Brief Christa Müllers v. 1.2.1934, in: Wiebel (Hg.), *Christa Müller*, S. 26.
7 MN, *Dahlemer Predigten*, S. 103, 183–187; vgl. die zutreffende Deutung bei Gerhard Schäberle-Koenigs, Geschichte des Kirchenkampfes in Dahlem, masch. Ms., o.D, S. 4f.: EZA, 686/609.
8 Landesbischof der ApU 26.1.1934 an das Ev. Konsistorium Berlin-Brandenburg: EZA, 7/11661.
9 Schmidt, *Niemöller im Kirchenkampf*, S. 186–188.
10 Zitate: MN 1.3.1934 an Müller: ZEKHN, 62/6069; vgl. Eingabe des Bruderrates des PNB der ApU vom 13.2.1934: LkA EvKvW, 5.1, 435 F 2, Bl. 157; Ludwig Bartning u. a. 14.2.1934 an Müller: EZA, 7/11661.
11 Schmidt, *Niemöller im Kirchenkampf*, S. 181.
12 Brief an Erwin Sutz vom 28.4.1934: Bonhoeffer, *Werke*, Bd. 13, S. 128. Abkürzung in der Vorlage aufgelöst. Vgl. AK 17.2.1934.
13 Aussprechabend vom 27.3.1934: LkA EvKvW, 5.1, 435, F. 2, Bl. 160.
14 Pfr. Schaerffenberg 3.4.1934 an Ev. Konsistorium Berlin mit Aktennotiz Otto Gruhl, 9.4.1934; Aktennotiz des DC-Konsistorialrats Otto Eckert o. D. [April 1934] (»offene Auflehnung«); Protokollnotiz der Unterredung Gruhls mit Röhricht vom 7.4.1934, und weitere Unterlagen in: ELAB, 14/6367. Vgl. »German Church Conflict. Primate's New Measures«, in: *The Times* v. 5.4.1934, S. 9.
15 Oscar Berger 9.6.1934 an das Ev. Konsistorium Berlin-Brandenburg, und Urteil des Landgerichts Berlin vom 5.7.1934: ELAB, 14/6367; Schmidt, *Niemöller im Kirchenkampf*, S. 189–191.

16 Fraenkel, *Doppelstaat*.
17 Gailus, *Protestantismus und Nationalsozialismus*, S. 322.
18 »German Pastor Preaches Gospel, Unafraid«, in: *Literary Digest* v. 12.5.1934, S. 18; vgl. »Nazi Primate's Opponents«, in: *Manchester Guardian* v. 26.2.1934, S. 13; »Defiant German Pastor. A Crowded Church«, in: ebd., 9.4.1934, S. 9.
19 »Ein Deutscher spricht«, in: *National-Zeitung* (Basel) v. 6.3.1934 (Ausschnitt in: LkA EvKvW, 5.1, 435 F. 2, Bl. 70).
20 »Der Pfarrer von Dahlem«, in: *Neue Freie Presse* v. 8.4.1934, Morgenblatt, S. 3.
21 Ebd.
22 »Eine Predigt Niemöllers«, in: *Neue Zürcher Zeitung* v. 9.4.1934 (Ausschnitt in: LkA, EvKvW, 5.1, 435, F. 2, Bl. 106). Vgl. »Eine Predigt Niemöllers«, in: *Neue Freie Presse* v. 9.4.1934, S. 2.
23 MN, *Dahlemer Predigten*, S. 200–204.
24 Steigmann-Gall, *Holy Reich*, S. 86–113, 218–260; Gailus, »Ein Volk – ein Reich«, Zahl S. 262.
25 Schmidt, *Niemöller im Kirchenkampf*, S. 176f.
26 MN, »Kirche? – Kirche! Ein Wort zur Stunde ernster Entscheidung«, in: *Junge Kirche* 2 (1934), S. 139–143, hier S. 141.
27 Ebd., S. 142.
28 So in dem am 6.2.1935 gehaltenen Vortrag MN, »Dienst der Kirche«, Zitat S. 4.
29 MN 19.12.1934 an Pfr. Walter Treu: ZEKHN, 62/6016. Dies kritisch gegen Meier, »Bedeutung volkskirchlicher Konzeptionen«, S. 186–188.
30 MN, »Kirche? – Kirche!«, S. 142.
31 »Gemeinde und Kirche«, in: *Bergisch-Märkische Zeitung*, o. D. [März 1934], Ausschnitt in: LkA EvKvW, 5.1, 435, F. 2, Bl. 82.
32 Scholder, *Kirchen*, II, S. 75–85, Zitat S. 78.
33 Ebd., S. 85.
34 MN, Rundschreiben Nr. 11 an die PNB-Mitglieder vom 28.2.1934: LkA EvKvW, 5.1, 435, F. 2, Bl. 155; vgl. Schmidt, *Niemöller im Kirchenkampf*, S. 196f.
35 Scholder, *Kirchen*, II, S. 87–94.
36 Schmidt, *Niemöller im Kirchenkampf*, S. 195–200; Scholder, *Kirchen*, II, S. 98–101.
37 MN, Rundschreiben Nr. 12 des PNB, 28.3.1934: LkA EvKvW, 5.1, 816 F. 1, Bl. 56.
38 Scholder, *Kirchen*, II, S. 102, 112f.
39 Zu diesen Vorgängen grundlegend Nicolaisen, *Weg*, S. 1–27, S. 23 mit dem Hinweis, dass Niemöller sich auf der Kasseler Sitzung am 2.5.1934 vertreten ließ; vgl. Scholder, *Kirchen*, II, S. 113–115, 171–177; Zitate: Schmidt, *Niemöller im Kirchenkampf*, S. 202, 204.
40 MN, Rundschreiben Nr. 14 des PNB, 25.5.1934: LkA, EvKvW, 5.1, 816 F. 1, Bl. 73.
41 Heymel, *Niemöller*, S. 68, zeigt seine Unkenntnis der Materie, indem er die Synode der ApU am 29. Mai mit jener der DEK vom 29. bis 31. Mai verwechselt, dem Reichsbruderrat, der erst in Barmen geschaffen wurde und sich am 14. Juni zu seiner ersten Sitzung traf, den Beschluss zur Einberufung der Synode von Barmen zuschreibt und seine Mitgliederzahl mit 22 angibt. Tatsächlich waren es 15, erst nach der Synode von Dahlem im Oktober wurde der Reichsbruderrat auf 22 Mitglieder erweitert.
42 AK 29.5.1934; vgl. Scholder, *Kirchen*, II, S. 181f.
43 AK 29.5.1934. Abkürzung im Original aufgelöst.
44 Vgl. dazu Nicolaisen, *Weg*, S. 24, 27–46.
45 Scholder, *Kirchen*, II, S. 173f.; Nicolaisen, *Weg*, S. 48f.; Zitat: Schmidt, *Niemöller im Kirchenkampf*, S. 206.

46 Niemöller, *Bekenntnissynode zu Barmen*, II, S. 43–72, Zitat S. 47; vgl. Nicolaisen, *Weg*, S. 50–56.
47 AK 30.5.1934.
48 Erklärung von D. Hermann Sasse, 31.5.1934 (Abschrift): LkA EvKvW, 5.1, 70 F. 1, Bl. 81f.; vgl. Scholder, *Kirchen*, II, S. 186.
49 Niemöller, *Bekenntnissynode zu Barmen*, II, S. 100, 104, 128 (Zitate), 132f., 137, 186, 188f.
50 AK 31.5.1934. Abkürzung im Original aufgelöst; vgl. MN, »Die Bekenntnissynode«, in: *Deutsche Allgemeine Zeitung* v. 1.7.1934 (»Höhepunkt«); Scholder, *Kirchen*, II, S. 189, meint irrtümlich, dass sechs Synodale ein Schlusswort zur Erklärung abgegeben hätten. Vgl. Niemöller, *Bekenntnissynode zu Barmen*, II, S. 150–157.
51 MN, »Die Bekenntnissynode«, in: *Deutsche Allgemeine Zeitung* v. 1.7.1934. Eine längere Version dieses Textes in Niemöller, *Bekenntnissynode zu Barmen*, II, S. 34–38.
52 Zitiert bei Meier, *Kirchenkampf*, I, S. 189.
53 MN, *Ein Wort zur kirchlichen Lage*, S. 2f.
54 Zit. nach Meier, *Kirchenkampf*, I, S. 190. Eine Online-Version des Textes unter Einschluss der Präambel unter <https://www.ekd.de/Barmer-Theologische-Erklarung-11292.htm> [25.7.2017].
55 Niemöller, *Bekenntnissynode zu Barmen*, II, S. 56.
56 Bereits »Unser Wort an die Gemeinden«, ein von Asmussen, Niemöller und anderen Pfarrern am 5.4.1934 unterzeichneter Text, hatte postuliert, dass die »Gemeinde Jesu Christi von allem toten Liberalismus endlich befreit sein« wolle. LkA EvKvW, 5.1, 100 F. 2, Bl. 9.
57 Vgl. die ebenso emphatische wie einfache Auslegung durch Scholder, *Kirchen*, II, S. 192. Zu den Deutungskontroversen vgl. Hauschild, *Konfliktgemeinschaft*, bes. S. 164–168, 201–220.
58 So zutreffend Hockenos, »Pastor Martin Niemöller«, S. 121f.; Zitat: MN, *Dahlemer Predigten*, S. 127. Vgl. ebd., S. 123, 141, 148f., 164, 174 u. ö.
59 MN 3.5.1966 an Karl Barth: KBA 9125.404.0.
60 Scholder, *Kirchen*, II, S. 187, 203.
61 Dazu präzise Kersting, *Kirchenordnung*, S. 94–103, Zitate S. 96, 101.
62 Zitat: AK 21.6.1934; vgl. Schmidt, *Niemöller im Kirchenkampf*, S. 212–217; verschiedene Vorgänge in LkA EvKvW, 5.1, 474 F. 2.
63 *Martin Niemöller und sein Bekenntnis*, S. 46–48, 51.
64 Ebd., S. 49; vgl. *Rangliste 1914*, S. 143; AK 19.7. und 22.8.1933; Roggelin, *Hildebrandt*, S. 66.
65 AK 11.7. und 25.12.1934.
66 Ziemann, »Schiffe versenken«, Zitat S. 24f.
67 MN, *Vom U-Boot*, S. 211.
68 Ziemann, »Schiffe versenken«, Zitat S. 43. Der Versuch von Heymel, *Niemöller*, S. 71f., Niemöllers Buch als im Effekt regimekritische Werbung für das Christentum hinzustellen, ignoriert die zeitgenössische deutsche Rezeption.
69 Überliefert in einem Brief von Christa Müller an Rudolf Hermann vom 5.11.1934: Wiebel (Hg.), *Christa Müller*, S. 66.
70 Braun/Nicolaisen, *Verantwortung*, I, S. 303f., Anm 2. Zitat: AK 30.6.1934.
71 Protokoll der Sitzung des Reichsbruderrates vom 2.7.1934: ZEKHN, 35/372; vgl. Braun/Nicolaisen, *Verantwortung*, I, S. 308f.
72 Zitat: WN, Stürmische See – leuchtende Sonne (1982), S. 93: ZEKHN, 35/578; vgl. ders.

14.2.1972 an MN: ZEKHN, 62/1295. Dies gegen die auf unzuverlässigen Quellen basierende Darstellung bei Schmidt, *Niemöller im Kirchenkampf*, S. 254.
73 Schmidt, *Niemöller im Kirchenkampf*, S. 218–220, 255.
74 MN 14.8.1934 an Rudolf Buttmann (Abschrift): LKa EvKvW, 5.1., 436 F. 1, Bl. 143–145. Zu dieser Rhetorik auch Scholder, *Kirchen*, II, S. 336.
75 So formuliert in der Predigt vom 28.10.1934: MN, *Dahlemer Predigten*, S. 243.
76 Vgl. im Detail Scholder, *Kirchen*, II, S. 309–335, Zitat S. 332.
77 Schmidt, *Niemöller im Kirchenkampf*, S. 222–224.
78 Braun/Nicolaisen, *Verantwortung*, I, S. 313.
79 MN 6.9.1934 an Präses Karl Koch, unter Bezug auf einen Beschluss der PNB-Vertrauensleute vom 30.8.1934: LkA EvKvW, 5.1, 100 F. 2, Bl. 29f.
80 Ebd.
81 Scholder, *Kirchen*, II, S. 206–212.
82 Arno Spranger, Warum können wir nicht Notbündler sein? [o. D., Herbst 1934], LkA EvKvW, 5.1, 100 F. 2, Bl. 22f.; vgl. Meier, *Kirchenkampf*, 1, S. 478f.
83 Scholder, *Kirchen*, II, S. 295–297.
84 WN, *Die zweite Bekenntnissynode*, S. 96f., 104f., 118f. (Zitate), 129, 131, 137.
85 Ebd., S. 143f., Zitat S. 149.
86 Ebd., Zitate S. 150.
87 Scholder, *Kirchen*, II, S. 345, 348.
88 So die überzeugende Kritik von Kersting, *Kirchenordnung*, S. 121f., der allerdings verkennt, dass Scholder in seiner Kritik an der Abstimmung impliziert, dass die 52 Ja-Stimmen nur einem Drittel aller Synodalen, nicht nur der am Samstag Anwesenden, entsprachen.
89 Scholder, *Kirchen*, II, S. 297–306; Schmidt, *Niemöller im Kirchenkampf*, S. 234f. Niemöller hoffte direkt nach dem Scheitern der Eingliederungspolitik sogar, dass eine solche juristische Klärung zu einer »Erledigung« des Kirchenkampfes führen werde. MN 31.10.1934 an Konsistorialrat Braem in Magedburg: ZEKHN, 62/6002.
90 Scholder, *Kirchen*, II, S. 348–352.
91 Schmidt, *Niemöller im Kirchenkampf*, S. 236–239.
92 Protokoll der Sitzung des Reichsbruderrates vom 9.11.1934 in Dahlem: LkA EvKvW, 5.1, 79 F. 1, Bl. 38–43, Zitate Bl. 39, 42. Abkürzung im Original aufgelöst. Vgl. Meier, *Kirchenkampf*, Bd. 1, S. 512–516.
93 Ebd., Bl. 40f. Es ist ein Indiz für de Kommunikationsprobleme im Reichsbruderrat, dass in einem anderen, auf Notizen Hans Meisers beruhenden Protokoll Niemöller praktisch keine Stimme und Präsenz in der Sitzung hat. Braun/Nicolaisen, *Verantwortung*, I, S. 348–357.
94 Den Zäsurcharakter dieser Sitzung auf dem Weg zur Spaltung der BK betont zu Recht WN, Von der Dahlemer Synode bis zur Gründung der ersten Vorläufigen Kirchenleitung (auch in: *Evangelische Theologie* 19 [1959]): LkA EvKvW, 5.1, 79 F. 2, Bl. 145–164, hier Bl. 149.
95 »Große Kundgebungen der Bekenntniskirche in Berlin«, in: *Basler Nachrichten* v. 10.11.1934: LkA EvKvW, 5.1, 436 F. 1, Bl. 57.
96 Schmidt, *Niemöller im Kirchenkampf*, S. 239f.
97 MN 4.12.1934 an Wilhelm Frick: LkA EvKvW, 5.1, 436 F. 1, Bl. 153f.
98 Meier, *Kirchenkampf*, 1, S. 514, 518–523.
99 Ebd., S. 515f., 520f.
100 MN 7.12.1934 an Georg Wehrung: LkA EvKvW, 5.1, 79 F. 2, Bl. 100. Auch Hans Asmus-

sen trat aus dem Reichsbruderrat aus, war in der Sitzung vom 21.11.1934 aber dennoch als »Sekretär« anwesend und nahm bereits im März 1935 wieder an einer Sitzung teil. Vgl. Schmidt, *Niemöller im Kirchenkampf*, S. 244; Braun/Nicolaisen, *Verantwortung*, I, S, 357f., 376; Meier, *Kirchenkampf*, 1, S. 519.
101 Schmidt, *Niemöller im Kirchenkampf*, S. 244f. Zu den Vorbehalten gegen Marahrens auch Paul Humburg 31.10.1934 an Präses Koch: ZEKHN, 62/6069. Vgl. Scholder, *Kirchen*, II, S. 184.
102 Karl Barth 22.11.1934 an MN: KBA 9234.333.
103 MN 26.11.1934 an Karl Barth: KBA 9125.356.

10 Die Spaltung der Bekennenden Kirche 1935/36

1 Schmidt, *Niemöller im Kirchenkampf*, S. 246–250.
2 MN 16.1.1935 an Wilhelm Zoellner: ZEKHN 35/373; zum Brief von Marahrens siehe Schmidt, *Niemöller im Kirchenkampf*, S. 245.
3 Rundschreiben Nr. 18 des PNB, 9.2.1935: LkA EvKvW, 5.1, 436 F. 1, Bl. 130.
4 MN 20.2.1935 an Hugo Hahn: ZEKHN, 35/403.
5 Paul Winckler, Mitglied der VKL, 29.1.1935 an MN und dessen Antwort vom 30.1.1935: LkA EvKvW, 5.1, 81 F. 1, Bl. 45f.; vgl. Schmidt, *Niemöller im Kirchenkampf*, S. 280–287.
6 MN 31.1.1935 an Karl Immer: WN, *Preußensynode zu Dahlem*, S. 6f.
7 Wort »An die Gemeinden«, Entwurf vom 28.2.1935, am 5.3. in diesem Teil unverändert von der Synode beschlossen: WN, *Preußensynode zu Dahlem*, S. 15f.
8 Besier, *Kirchen*, S. 62.
9 MN 13.3.1935 an Pfr. Schapper: WN, *Preußensynode zu Dahlem*, S. 21f.; Schmidt, *Niemöller im Kirchenkampf*, S. 272–274, Zitat S. 272.
10 Besier, *Kirchen*, S. 62–64.
11 Schmidt, *Niemöller im Kirchenkampf*, S. 275.
12 MN 1.5.1935 an Lutz Graf Schwerin von Krosigk (Abschrift des Entwurfs): ZEKHN, 35/403; vgl. zuvor MN 16.6.1934 an dens.: LkA EvKvW, 5.1, 436 F. 1, Bl. 138; Besier, *Kirchen*, S. 31.
13 MN 3.5.1935 an Präses Karl Koch: LkA EvKvW, 5.1, 436 F. 2, Bl. 1–3.
14 Schmidt, *Niemöller im Kirchenkampf*, S. 285–287.
15 WN, *Augsburg*, S. 146–149, 164–168; Besier, *Kirchen*, S. 90f.
16 Schmidt, *Niemöller im Kirchenkampf*, S. 292.
17 WN, *Augsburg*, S. 85–87.
18 Schmidt, *Niemöller im Kirchenkampf*, S. 291.
19 Braun/Nicolaisen, *Verantwortung*, I, S. 424.
20 Besier, *Kirchen*, S. 107–109; ausführlich Reese, *Bekenntnis und Bekennen*, S. 333–355.
21 WN, *Augsburg*, S. 165.
22 Text des Rundschreibens in: Bonhoeffer, *Gesammelte Schriften*, II, S. 205–209, Zitate S. 206f.; vgl. Schmidt, *Niemöller im Kirchenkampf*, S. 294–296. In diesen Zusammenhang gehört auch die am 7.8.1935 auf einer Sitzung des Bruderrates des PNB beschlossene Forderung an den Reichsbruderrat, dass sich alle Pfarrer der Bekennenden Kirche dem PNB anschließen mögen, was vor allem außerhalb der ApU zu diesem Zeitpunkt nicht mehr der Fall war. MN 3.8.1935 an den Bruderrat des PNB, und dessen Beschluss vom 7.8.1935: LkA EvKvW, 5.1, 100 F. 2, Bl. 153, 155.
23 Bonhoeffer, *Gesammelte Schriften*, II, S. 205.
24 Bodelschwingh 8.8.1935 an Karl Immer, zitiert in Besier, *Kirchen*, S. 110f.; vgl. WN, *Die zweite Bekenntnissynode*, S. 38.

25 Braun/Nicolaisen, *Verantwortung*, I, S. 420, Anm. 14, S. 423f. mit Anm. 15; Besier, *Kirchen*, S. 110. Dies gegen Schmidt, *Niemöller im Kirchenkampf*, S. 296f., der Niemöller ein starres Festhalten an »getroffenen Entscheidungen« unterstellt und damit die theologische Grundlegung seines Kurses unterschätzt.
26 Vgl. Kreutzer, *Reichskirchenministerium*, S. 75–130; Besier, *Kirchen*, S. 287–336.
27 Besier, *Kirchen*, S. 305.
28 MN 22.8.1935 an Marahrens: LkA EvKvW, 5.1 19 F. 1, Bl. 4. Eger war nicht der Amtsvorgänger von Niemöller, sondern der von Theodor Lang, der 1931 nach nur kurzer Amtsdauer in Dahlem verschied. So fälschlich Schmidt, *Niemöller im Kirchenkampf*, S. 324.
29 Bodelschwingh, Aufzeichnungen über eine Besprechung mit Kirchenminister Kerrl am 23. August 1935 (Zitate), sowie die Aufzeichnung der Kanzlei der VKL über diese Besprechung, 4.9.1935: HAB, 2/39-44; vgl. Besier, *Kirchen*, S. 305–318. Das Zitat »rein kirchlicher« aus den Notizen Niemöllers über diese Sitzung, die in manchen Details von der Transkription der in Kurzschrift angefertigten Notizen Bodelschwinghs abweichen: MN, 23.8.1935: LkA EvKvW, 5.1 19 F. 1, Bl. 7–11, hier Bl. 9.
30 Bodelschwingh, Aufzeichnungen über eine Besprechung mit Kirchenminister Kerrl am 23. August 1935: HAB, 2/39-44.
31 Aufzeichnungen MN, 23.8.1935: LkA EvKvW, 5.1, 19 F. 1, Bl. 10. Abkürzungen im Original aufgelöst.
32 Bodelschwingh, Aufzeichnungen über eine Besprechung mit Kirchenminister Kerrl am 23. August 1935: HAB, 2/39-44; zu antiliberalen Tendenzen in der Theologie der 1920er Jahre vgl. Graf, *Der heilige Zeitgeist*, S. 425–446, bes. S. 432. In Niemöllers Notizen hieß es dazu: »Die Kirche ist nicht dem Lib. verfallen. [...] (nicht noch liberaler werden).« Aufzeichnungen MN, 23.8.1935: LkA EvKvW, 5.1, 19 F 1., Bl. 11.
33 Besier, *Kirchen*, S. 318.
34 MN, Bericht über sein Treffen mit Kerrl am 26.8.1935 (Zitate) [29.8.1935], ders. 29.8.1935 an Marahrens: HAB, 2/39-44.
35 Schmidt, *Niemöller im Kirchenkampf*, S. 302–305.
36 Besier, *Kirchen*, S. 322f., Zitat S. 323.
37 MN 2.9. und 4.9.1935 (Zitate) an Julius Stahn: LkA EvKvW, 5.1, 19 F. 1, Bl. 22, 36f.
38 Besier, *Kirchen*, S. 326f., 337–346.
39 WN, *Synode zu Steglitz*, S. 166–170, Zitat S. 168.
40 Meier, *Kirchenkampf*, Bd. 2, S. 159–162; vgl. WN, *Synode zu Steglitz*, S. 106–119.
41 MN 12.8.1935 an RBR/Karl Koch: LkA EvKvW, 5.1, 99 F. 1, Bl. 148.
42 Siegfried Knak, »Ein Wort der Mission zur Rassenfrage«, in: *Berliner Missionsberichte* 111 (1935), S. 157–159, Zitate S. 158f.; vgl. Bergen, *Twisted Cross*, S. 31; Meier, *Kirchenkampf*, II, S. 25.
43 WN, *Synode zu Steglitz*, S. 84, 120, 133.
44 Günter Jacob 13.9.1935 an MN: LkA EvKvW, 5.1, 59 F. 1, Bl. 25; vgl. MN, *Das Bekenntnis der Väter*, S. 24.
45 Schmidt, *Niemöller im Kirchenkampf*, S. 315f.
46 WN, *Synode zu Steglitz*, S. 20.
47 Ebd., S. 234.
48 Noss, *Martin Albertz*, S. 326f.; Roggelin, *Hildebrandt*, S. 94f.
49 WN, *Synode zu Steglitz*, S. 302. Die These von Siegele-Wenschkewitz, »Auseinandersetzungen«, S. 306, Niemöller habe mit genau diesen Aussagen seine Ablehnung der Nürnberger Rassengesetze zum Ausdruck gebracht, entbehrt jeder Grundlage. Irreführend

auch die These von Bentley, *Niemöller*, S. 146, in Steglitz sei ein »Protest gegen den staatlichen verordneten Rassismus« geplant gewesen.
50 WN, *Synode zu Steglitz*, S. 304–309.
51 Stapo-Leitstelle Bielefeld 4.9.1935 an Gestapa Berlin (Abschrift): LkA EvKvW, 5.1, 19 F. 1, Bl. 27.
52 WN, *Synode zu Steglitz*, S. 132.
53 Ebd., S. 302.
54 MN, *Dahlemer Predigten*, S. 355–359, Zitate S. 357. Vgl. ebd., S. 155–160, 258–264, 345–349 auch die Predigten vom 20.8.1933, 16.1. und 4.8.1935.
55 Dies betont Heymel, »Niemöllers Verhältnis zum Judentum«, S. 256.
56 MN, *Bedeutung des Alten Testaments*, Zitate S. 5, 12.
57 MN, »Der Friede Gottes«. Ein leicht abweichendes Manuskript dieses Vortrages in: ZEKHN, 62/6076.
58 SE 24.6.1943. Else Niemöller teilte diese Meinung. Vgl. ihren Brief vom 18.9.1939 an MN: ZEKHN, 62/6081.
59 MN, »Der Friede Gottes«, Zitate S. 244–246, 248, 251.
60 Zitiert nach Besier, *Kirchen*, S. 919; vgl. ebd., S. 57.
61 MN, *Dahlemer Predigten*, S. 265–270, Zitat S. 269.
62 Besier, *Kirchen*, S. 337–348, Zitat S. 348.
63 Zitiert ebd., S. 345.
64 Schmidt, *Niemöller im Kirchenkampf*, S. 321, 338–347; vgl. die Berichte über die beiden Sitzungen vom 27.11. bei Schmidt, *Dokumente*, II/1, S. 83-94, Zitat S. 94.
65 MN 22.10.1935 an Landgerichtsrat Kramer in Allenstein (Zitat), MN 29.10.1935 an Kueßner: LkA EvKvW, 5.1, 201 F. 1, Bl. 194, 202, und andere Schreiben in diesem Akt; zum Kontext Meier, *Kirchenkampf*, Bd. 2, S. 190–192; zu ähnlichem Vorgehen gegen Mitglieder des Pfarrernotbundes vgl. Schmidt, *Niemöller im Kirchenkampf*, S. 330.
66 MN 28.12.1935 an Zoellner: Schmidt, *Dokumente*, II/1, S. 155.
67 Zitiert in Schmidt, *Niemöller im Kirchenkampf*, S. 331.
68 Protokoll der Sitzung des Reichsbruderrates vom 3.1.1936: LkA EvKvW, 5.1, 93 F. 2, Bl. 107. Hervorhebung im Original, Abkürzungen im Original aufgelöst.
69 Die Schilderung findet sich in einem vermutlich von Karl Immer stammenden Brief vom 9.1.1936: WN, *Bad Oeynhausen*, S. 33–36, Zitat S. 36; vgl. Schmidt, *Niemöller im Kirchenkampf*, S. 347–351. Der Beschluss des Reichsbruderrates vom 3.1.1936 bei Schmidt, *Dokumente*, II/1, S. 188f.
70 Vgl. die entsprechenden Gutachten und weiteren Stellungnahmen von VKL und Reichsbruderrat aus dem Januar 1936: Schmidt, *Dokumente*, II/1, S. 189–191, 199–205, 226–245.
71 So zutreffend Besier, *Kirchen*, S. 429.
72 MN, Woher kommt die Spaltung in der Bekennenden Kirche, Vortrag vom 1.2.1935: LkA EvKvW, 5.1, 436 F. 2, Bl. 179–189.
73 Pfr. Theodor Moldaenke 28.10.1935 an MN und dessen Antwort vom 30.10.1935 (Zitat): LkA EvKvW, 5.1, 19 F. 2, Bl. 65, 69.
74 MN 21.9.1935 an Marahrens: LkA EvKvW, 5.1, F. 347, Bl. 153.
75 Präses Koch 12.1.1936 an Asmussen, zit. in WN, *Bekenntnissynode Bad Oeynhausen*, S. 37.
76 Schmidt, *Niemöller im Kirchenkampf*, S. 351–353.
77 WN, *Bad Oeynhausen*, S. 157–175, Zitate S. 170, 173f.
78 MN, »Missionierende Kirche«, in: *Die Stimme der Gemeinde* 16 (1936), Heft 9, S. 6–15, Zitate S. 13f.

79 WN, *Bad Oeynhausen*, S. 112–115, 221–235, 318f.
80 Besier, *Kirchen*, S. 426–428.
81 Gailus, *Protestantismus und Nationalsozialismus*, S. 333.
82 MN 10.10.1936 an Röhricht (das Zitat aus einem im Brief zitierten Brief Röhrichts an Niemöller vom 14.5.1936): ZEKHN, 62/6074.
83 MN 11.9.1936 an Bodelschwingh (Zitat): HAB, 2/39-183, Bl. 1094; vgl. MN, Friedrich Müller und Franz Hildebrandt 20.11.1936 an Röhricht: ZEKHN, 62/6074.
84 Dr.-Ing. Gertrud Freyss für den Helferkreis 6.6.1937 an MN, und dessen Antwort vom 8.6.1937: LkA EvKvW, 5.1, 474 F. 1, Bl. 31f.; Gailus, *Protestantismus und Nationalsozialismus*, S. 334f.
85 Besier, *Kirchen*, S. 399, 440–443, 461–467, Zitat S. 441.
86 Schmidt, *Niemöller im Kirchenkampf*, S. 361–365, Zitat S. 362.
87 MN 6.4.1936 an Bodelschwingh: ZEKHN 62/6002; vgl. MN 24.4.1936 an Kurt Frör: LkA EvKvW, 5.1, 77 F. 2, Bl. 57f.
88 Meier, *Kirchenkampf*, Bd. 2, S. 12–35.
89 MN 30.4.1936 an Zoellner: LkA EvKvW, 5.1, 368a, Bl. 5; Ley zitiert nach Schmidt, *Niemöller im Nationalsozialismus*, S. 402.
90 »Brief von Martin Niemöller«, o. D. [1936]: EZA 50/686. Die Zuordnung dieses Dokuments als eine »Erklärung« für die Staatsanwaltschaft aus der Zeit der Untersuchungshaft 1937/38 ist im Widerspruch zum gesamten Duktus des Textes, insbesondere aber einer Formulierung, die ein »Katakombenchristentum« als Gefahr, aber noch nicht als Realität sah. Diese Position übernahm Niemöller erst im Herbst 1936. Vgl. Schmidt, *Niemöller im Kirchenkampf*, S. 446.
91 Grundlegend, auch zum Folgenden: Greschat, *Widerspruch und Widerstand*, S. 25–29, Zitat S. 26.
92 Ebd., S. 34–78; vgl. fälschlich Bentley, *Niemöller*, S. 150.
93 Greschat, *Widerspruch und Widerstand*, S. 97–103, Zitate S. 97, 100.
94 Ebd., Text der Endfassung mit Anlagen S. 104–143, Zitat S. 105f.
95 So treffend Greschat, ebd., S. 7.
96 Zitate aus der Endfassung ebd., S. 104, 114, 117.
97 Gailus, *Friedrich Weißler*, hier bes. S. 125–189; knapper Abriss der Vorgänge bei Besier, *Kirchen*, S. 488–496.
98 Besier, *Kirchen*, S. 498, und Gailus, *Friedrich Weißler*, S. 148, halten die Verantwortung für nicht mehr aufklärbar. Greschat, *Widerspruch und Widerstand*, S. 148–152, schließt eine Verantwortung Weißlers aus und sieht den Journalisten Hermann Kötzschke als Mittelsmann für die Indiskretion eines Mitglieds der VKL.
99 Gailus, *Friedrich Weißler*, S. 231.
100 MN 11.9.1936 an Pfr. Max Goosmann: ZEKHN, 35/373.
101 Vgl. ebd. Zitat aus dem AK 28.4.1936.
102 Zitiert bei Gailus, *Friedrich Weißler*, S. 160. Hervorhebung im Original.
103 Vgl. ebd., S. 187; Noss, *Martin Albertz*, S. 279. In einem Brief vom 6.1.1937 an den Pfarrer Georg Kühn in Solnhofen behauptete Niemöller, einer »moralisch zu verurteilenden Haltung« halte Weißler in der VKL »niemand für fähig« (ZEKHN, 35/403). Aber das war eine verspätete Ehrenerklärung, die sein Verhalten in den entscheidenden Gremiensitzungen nicht aufhob.
104 Text in Greschat, *Widerspruch und Widerstand*, S. 182–185, Zitat S. 185.
105 Text ebd., S. 189–197, Zitate S. 192, 195, 197.
106 Schmidt, *Niemöller im Kirchenkampf*, S. 400f.; Besier, *Kirchen*, S. 502.

107 »Nazis and the Church«, in: *The Times* v. 24.8.1936, S. 9; vgl. MN, *Dahlemer Predigten*, S. 479–482.
108 AK 23.8.1936.
109 MN, *Staatskirche*; vgl. Schmidt, *Niemöller im Kirchenkampf*, S. 327f.
110 MN, *Staatskirche*, S. 4, 8.

11 Verhaftung und Prozess 1937/38

1 Schmidt, *Niemöller im Kirchenkampf*, S. 401.
2 Gestapo-Bericht vom 21.9.1936: LkA EvKvW, 5.1, 467 F. 2, Bl. 17–20; vgl. AK 18.9.1936. Demnach fand am Nachmittag desselben Tages auch eine Durchsuchung der Räume der VKL statt.
3 Ebd.
4 Aussage MN am 18.2.1938: GSA, P 3 Niemöller, Martin 2/1, Bl. 89f.
5 Generalstaatsanwalt beim Landgericht Berlin, Anklage vom 13.7.1937: LkA EvKvW, 5.1, 466 F. 1, Bl. 6–23, hier bes. Bl. 8–21.
6 Gestapa II I B I 24.[11.]1936 an den Reichskirchenminister (Abschrift): LkA EvKvW, 5.1, 467 F. 2, Bl. 30–35, Bl. 30; zum Gehalt Müllers vgl. Besier, *Kirchen*, S. 324.
7 Bericht über das Treffen der westfälischen Theologiestudenten der BK am 17./18.10.1936 in Dortmund: LkA EvKvW, 5.1, 467 F. 2, Bl. 24–29, Zitat Bl. 27f.
8 Gestapa II I B I, 24.[11.]1936 an den Reichskirchenminister (Abschrift): LkA EvKvW, 5.1, 467, F. 2, Bl. 35.
9 Bericht über den theologischen Kursus in Dahlem vom 1.–30.9.1936: LkA EvKvW, 5.1, 467 F. 2, Bl. 21–23.
10 Bericht über das Treffen der westfälischen Theologiestudenten der BK am 17./18.10.1936 in Dortmund: LkA EvKvW, 5.1, 467 F. 2, Bl. 24–29, Zitat Bl. 27.
11 Aussage August Kopff v. 22.2.1938: GSA, P 3 Niemöller, Martin 2/2, Bl. 123; vgl. SD II 1133 2.6.1937 an Heydrich: BArch, R 58/5729.
12 EN 18.9.1939 an MN: ZEKHN, 62/6081.
13 Ziemann, »Prozess«, S. 301.
14 Besier, *Kirchen*, S. 638–641; Schmidt, *Niemöller im Kirchenkampf*, S. 411–416, Zitat S. 415.
15 Meier, *Kirchenkampf*, Bd. 2, S. 148–154, Zitat S. 148.
16 Ebd., S. 149; MN, *Dahlemer Predigten*, S. 585–588, Zitate S. 587f.
17 Schmidt, *Niemöller im Kirchenkampf*, S. 418–421, Zitat S. 419.
18 MN 17.3.1937 an Pfarrer Dr. Kühn in Leipzig: ZEKHN, 35/403.
19 MN 6.1.1937 an Pfr. Georg Kühn: ZEKHN, 35/403.
20 Adolph, *Geheime Aufzeichnungen*, S. 58.
21 Schmidt, *Niemöller im Kirchenkampf*, S. 391.
22 Aufzeichnung über den offenen Abend vom 7.6.1937: ZEKHN, 62/6020.
23 Schmidt, *Niemöller im Kirchenkampf*, S. 421f.; Zitat: Ziemann, »Wartestandsaffäre«, S. 333.
24 Schmidt, *Niemöller im Kirchenkampf*, S. 422–425.
25 Ziemann, »Prozess«, S. 302.
26 Zitiert ebd., S. 302f.
27 Ebd., S. 303.
28 Nachweise zum Folgenden in ebd.
29 Heymel, *Niemöller*, S. 76.
30 Seraphim (Hg.), *Das politische Tagebuch*, S. 117.

31 Ziemann, »Prozess«, S. 306.
32 Aufzeichnung über den offenen Abend vom 7.6.1937: ZEKHN, 62/6020.
33 Aufzeichnung über den offenen Abend vom 21.6.1937: ZEKHN, 62/6020; vgl. Schmidt, *Niemöller im Kirchenkampf*, S. 428f.
34 Aufzeichnung über den offenen Abend vom 28.6.1937: ZEKHN, 62/6020.
35 Schmidt, *Niemöller im Kirchenkampf*, S. 432. Die dortige Behauptung, Niemöller sei gleich nach der Predigt am 27.6. nach Bielefeld gereist, ist zu korrigieren. Text der letzten Predigt in MN, *Dahlemer Predigten*, S. 649–656.
36 *Völkischer Beobachter* Nr. 183 v. 2.7.1937: BArch, R 8034 II, 1864, Bl. 68.
37 Briefe vom 6.7.1937 und 12.2.1938: MN, *Briefe Moabit*, S. 22, 300f.
38 MN 13.8.1937 an Wilhelm Niesel: ZEKHN, 35/1505. Abkürzung im Original aufgelöst.
39 Vgl. das Lebensbild von Ehlers, »Horst Holstein«; WN, *Synode zu Steglitz*, u.a. S. 347, 351, 358–360.
40 MN 24.11.1951 an WN (Zitat): ZEKHN, 62/672; vgl. die Korrespondenz ebd., 62/1504 (hier bes. MN 9.9.1945 an Holstein) und 62/6069.
41 Sigler, »Hans Koch«.
42 »Niemöller Prozess. Beurteilung des Gerichts durch Dr. Deutschmann« (o. D.): BArch, R 58/5453, Bl. 184–186, hier Bl. 186; Fix u. a. (Bearb.), *Handbuch der dt. evangelischen Kirchen*, Bd. 2, S. 105.
43 WN, *Macht geht vor Recht*, S. 30; MN, *Briefe Moabit*, S. 186, 279.
44 MN, *Briefe Moabit*, Zitate S. 76 (30.10.1937), 86 (5.11.1937), vgl. S. 110, 130.
45 Ebd., Zitate S. 177 (20.12.1937), vgl. S. 179f., 189–191.
46 Vgl. Schäberle-Koenigs, *Und sie waren*, S. 38–45.
47 MN, *Briefe Moabit*, S. 227.
48 WN, *Macht geht vor Recht*, S. 32f.; zu weiteren Aktivitäten auch nach der Verbringung ins KZ vgl. Brakelmann (Hg.), *Kirche im Krieg*, S. 77–97.
49 Scholder, *Kirchen*, II, S. 102f. (Zitat); vgl. Jasper, *Bell*.
50 Chandler, *Brethren in Adversity*, S. 1–32, Zitate S. 122f.
51 George Bell 2.7.1937 an Rudolf Heß: BArch, NS 15/430, Bl. 7.
52 Rudolf Heß 11.7.1937 an George Bell: Ebd., Bl. 2–5. Das Original in: LPL, Bell papers 10, f. 23f.
53 George Chichester, »Letter to the editor«, in: *The Times* v. 3.7.1937, S. 15.
54 Chandler, *Brethren in Adversity*, S. 91.
55 Recherche im Times Digital Archive: <http://find.galegroup.com.sheffield.idm.oclc.org> [30.1.2018].
56 Recherche im ProQuest Manchester Guardian Archive: <https://search-proquest-com.sheffield.idm.oclc.org> [22.2.2018].
57 Wiener, »Untersuchungen«, S. 221.
58 Robbins, »Martin Niemöller«, S. 162–165.
59 Meier, *Kirchenkampf*, Bd. 3, S. 152.
60 Walter von Auwers 5.11.1936 an den Bruderrat der ApU: EZA, 50/268, Bl. 132–135.
61 Abrath, *Subjekt und Milieu*, Zitat S. 268.
62 Ebd., S. 175f., Zitat S. 314 (Abkürzung im Original aufgelöst).
63 Ebd., S. 319f. (Zitate), 370, 372.
64 MN, *Briefe Moabit*, S. 212, 207.
65 Anklageschrift vom 13.7.1937: LkA EvKvW, 5.1, 466 F. 1, Zitat Bl. 8.
66 Ziemann, »Prozess«, S. 308f.
67 MN, *Briefe Moabit*, S. 70, 150, 175, Zitat S. 197 (31.12.1937).

68 Ebd., S. 104 und 199 (Zitate), 251.
69 Ziemann, »Prozess«, S. 309.
70 Dies geht aus einem für Staatssekretär Muhs bestimmten Aktenvermerk des Reichskirchenministeriums vom 1.2.1938 hervor: BArch, R 5101/23696.
71 Reuth, *Goebbels Tagebücher*, Bd. 3, S. 1198f.
72 Aktenvermerk M. für Hermann Muhs, den Staatssekretär im Reichskirchenministerium, 16.12.1937: BArch, R 5101/23696.
73 Ziemann, »Prozess«, S. 310.
74 Bericht SDHA II 1133/Gahrmann, 8.2.1938: BArch, R 58/5453, Bl. 159f.
75 Buchheim, »NS-Funktionär«, S. 312f.
76 Ebd., S. 313.
77 Ebd., S. 314f.
78 Ziemann, »Prozess«, S. 313.
79 Reuth, *Goebbels Tagebücher*, Bd. 3, S. 1206.
80 Differenzierend Lahusen, »Klassenjustiz«. Hitler nahm den Niemöller-Prozess zum Anlass, über Hans Lammers Bemühungen zu einer Änderung der gesetzlichen Regelungen über die Unabhängigkeit der Richter in die Wege zu leiten. Hartmannsgruber (Bearb.), *Regierung Hitler*, Bd. V, S. 320f.
81 Ziemann, »Prozess«, S. 314.
82 Ebd.
83 Ebd.
84 MN, *Briefe Moabit*, S. 257.
85 Ziemann, »Prozess«, S. 315.
86 Ebd.
87 Ebd., S. 316.
88 MN 26.9.1945 an Ehrenberg (Abschrift, rückübersetzt aus dem Englischen): LPL, CFR, LRC 43/1, f. 3.
89 Aus der umfangreichen Literatur vgl. v. a. Besier, »Ansätze«; Ericksen, »Radical Minority«; Scholder, »Politischer Widerstand«; Norden, »Widerstand«; mit einer zu weiten Bestimmung von Widerstand argumentiert Nowak, »Kirche und Widerstand«. Speziell zu Bonhoeffer Marsh, *Strange Glory*, S. 318f., 325–332, 340–345. Nicht überzeugend ist der Vorschlag von Henley, *Cultural Confessionalism*, S. 53–69, Niemöller alleine anhand der Predigten einem »literarischen Widerstand« zuzuordnen.
90 Scholder, »Politischer Widerstand«, S. 260.
91 Rede Niemöllers vom 10.2.1937. Gestapa 11.3.1937 an den Reichskirchenminister: LkA EvKvW, 5.1, 467 F. 2, Bl. 40.
92 So in Anlehnung an Löwenthal, »Widerstand« v. a. Steinbach, »Widerstand als Thema«, hier S. 37; Kershaw, *NS-Staat*, S. 301, verwendet für diese Sachverhalte den Begriff »Opposition«.
93 Dies in Kritik an Steinbach, »Widerstand als Thema«, S. 51.
94 Bonhoeffer, *Werke*, Bd. 13, S. 349–358, Zitat S. 353f.; vgl. Norden, »Widerstand«, S. 107.
95 Geyer, »Resistance«, S. 225f.

12 KZ-Haft als »persönlicher Gefangener des Führers« 1938 bis 1945

1 Erinnerung Martin Niemöllers über die Verschleppung ins KZ Sachsenhausen, ca. 1946: ZEKHN, 35/1521.
2 Ebd. Ähnlich die Schilderung in dem späteren Interview: »In Einzelhaft als Hitlers ›persönlicher Gefangener‹«, in: *die tat*, Nr. 49 v. 2.12.1977, S. 14. Heymel, *Niemöller*,

S. 94, spricht ohne Beleg von einer Unterredung mit Hermann Baranowski. Dieser war im März 1938 aber noch der Schutzhaftlagerführer, nicht der Kommandant des KZ Sachsenhausen.

3 SDHA/II 1133 3.3.1938 an den Stab des Stellvertreters des Führers: BArch, R 58/5453, Bl. 238. Im Reichskirchenministerium wusste man, dass Niemöller »auf Befehl des Führers unter dem besonderen Schutz des Lagerkommandanten« stehe. Aktenvermerk Dr. Albrecht im Reichskirchenministerium v. 30.8.1938: BArch, R 5101/23696.

4 Koop, In Hitlers Hand, S. 79–110.

5 Gemeindekirchenrat Dahlem 31.3.1938 an den Führer und Reichskanzler und Antwort Lammers 26.4.1938, Ludwig Bartning 11.5.1938 an Lammers, Lammers 30.5.1938 an Admiral Raeder: BArch, R 43/II, 155, Bl. 172–174, 183.

6 EN 18.4.1939 an »Mein Führer!«, Lammers 25.4.1939 an EN: BArch, R 43/II, 155, Bl. 206f., 210.

7 Aktenvermerk Dr. Meerwald v. 14.7.1939: ebd., Bl. 241f.

8 Lammers 16.7.1939 an die Adjudantur des Führers, Vermerk Dr. Meerwald v. 19.7.1939: ebd., Bl. 243f.

9 Aktenvermerk Marotzke im Büro Görings als preuß. Ministerpräsident, 4.12.1939: GStA PK, I. HA Rep. 90, Annex P, Nr. 53/1, Bl. 2; vgl. Hermann Göring 16.12.1938 an Prof. Friedrich Bremer: ZEKHN, 35/1511.

10 Nach Aufzeichnungen Berggravs über das Gespräch vom 13.2.1941, zit. in Johnson, Berggrav, S. 188. Himmler selbst führte während der Norwegenreise vom 28.1. bis 15.2.1941 seinen Terminkalender nicht. Witte u. a. (Bearb.), Dienstkalender, S. 116.

11 MN, Briefe Moabit, S. 180, 189 (22.12. und 27.12.1937).

12 »Fate of Dr. Niemöller«, in: Manchester Guardian, 4.3.1938, S. 6. In einer für Bischof Theophil Wurm verfassten Notiz wurde fälschlich vermutet, die Gestapo habe Niemöller einen solchen Revers am 2. März direkt nach dem Urteil vorgelegt und ihn erst nach seiner Weigerung nach Sachsenhausen verbracht. Notiz ohne Verfasser, o. D.: LkA Stuttgart, D 1, 141.

13 MN 8.5.1938 an den »Lagerkommandanten« des KZ Sachsenhausen (eigene handschriftliche Abschrift): ZEKHN 62/6063. Hervorhebung im Original.

14 In seinen in polnischer Haft 1946/47 geschriebenen Aufzeichnungen behauptet Rudolf Höß, Niemöller habe sich dem Vorschlag von Lans verweigert. Aber vermutlich hatte Höß, zu diesem Zeitpunkt Adjutant des Lagerkommandanen, entgegen seiner Behauptung eben gar nicht Einblick in alle Niemöller betreffende Korrespondenz. Höß, Kommandant, S. 83f. Die Gestapo, und nicht etwa der SD, war für Fragen der Schutzhaft zuständig. So fälschlich Heymel, Niemöller, S. 93.

15 Vgl. den von WN eingefügten Hinweis in MN, Briefe Sachsenhausen, S. 39, Anm. 2.

16 [WN], Notiz über die Sprecherlaubnis vom 29.8.1938: ZEKHN, 62/6179. Else Niemöller wusste auch nichts von einem Revers: Chandler, Brethren in Adversity, S. 148.

17 EN 16.6.1938 an Raeder: ZEKHN, 62/6090; vgl. Schmidt, Niemöller im Kirchenkampf, S. 345.

18 Erich Raeder 24.6.1938 an EN: ZEKHN, 35/1512. Nach außen leugnete Raeder seinen Einsatz für Niemöller ab. Vgl. sein Schreiben vom 28.5.1938 an Fritz Klingler, den Leiter des Reichsbundes der Deutsch-Evangelischen Pfarrervereine, das der Chef des Stabes des Oberbefehlshabers der Kriegsmarine am 31.5.1938 in Abschrift u. a. an das Reichspropaganda- und an das Reichskirchenministerium verschickte. BArch, R 5101/23696.

19 Laut einer Bemerkung im Gespräch mit Else hatte Niemöller selbst auch – und zwar am 16.8.1939 – an Raeder geschrieben. Aus dem Kontext geht aber hervor, dass es hierin

vermutlich um die Frage des »Wartestands« ging, und nicht um seine Freilassung. SE 24.8.1939.
20 Erich Raeder 16.1.1939 an HN: LkA EvKvW, 5.1, 440 F. 1, Bl. 16.
21 Kotze (Hg.), *Heeresadjudant*, S. 44 (17.1.1939).
22 »The German Church. Politics and the Pulpit«, in: *The Times* v. 14.7.1938, S. 10.
23 Hans Böhm 18.7. und 1.8.1938 an den Bischof von Gloucester sowie dessen Antwort vom 8.8.1938: EZA, 50/550, Bl. 4ff.
24 Presseanweisungen vom 7.1. und 3.6.1939: Peter (Bearb.), *NS-Presseanweisungen*, Bd. 7/I, S. 24, Bd. 7/II, S. 534; vgl. MN, *Briefe Sachsenhausen*, S. 29, Anm. 1; WN, *Aus dem Leben*, S. 219f.
25 SE 30.3.1939.
26 Reuth, *Goebbels Tagebücher*, Bd. 4, S. 1512.
27 Theophil Wurm 24.8.1943 an EN: ZEKHN, 62/6090; vgl. zum Kontext EN 7.12.1944 an Wurm, Wurm 18.12.1944 an Kaltenbrunner (Entwurf): LkA Stuttgart, A 126, 2156, Bl. 164f.
28 So fälschlich Evans, *Das Dritte Reich*, Bd. II/1, S. 285, der sich ohne Quellenkritik auf den erfundenen Bericht eines fiktiven KZ-Häftlings namens Leo Stein stützt. Vgl. Kap. 13.
29 Interview mit Harry Dubinski, S. 11: GSA, P 3, Dubinsky, Harry; Nachtrag zu den Erinnerungen des ehem. Schutzhäftlings 1245 G. Wackernagel: ebd., P 3 Wackernagel, Günter, Bl. 41. Eine längere Zahnbehandlung im Herbst 1938 führte jedoch ein Zahnarzt in Berlin durch: MN, *Briefe Sachsenhausen*, S. 32, 35.
30 SE 20.2. und 6.3.1941 (Zitat).
31 Reichmann, *Deutscher Bürger*, S. 141.
32 MN 11.3.1961 an Rudolf Wunderlich: GSA, Ordner ZB.
33 Kommandantur KL Sachsenhausen 6.3.1939 an SS-Oberführer von Alvensleben: BArch, R 43/II, 155, Bl. 236.
34 Nationale Mahn- und Gedenkstätte Sachsenhausen, Protokoll des Besuchs von Altbischof Dr. Kurt Scharf am 21.4.1985: GSA, Ordner ZB.
35 SE 25.4.1939.
36 Bentley, *Niemöller*, S. 180, behauptet fälschlich, dieser Wechsel habe erst nach dem Kriegsbeginn stattgefunden.
37 SE 26.5.1939.
38 EN 31.5.1939 an MN: ZEKHN, 62/6081. Die Behauptung von Heymel, *Niemöller*, S. 93, Niemöller habe keine Sträflingskleidung tragen müssen, ist wie vieles in diesem Buch frei erfunden. Bei dem von ihm angeführten »blauen Mannschaftsrock« handelt es sich nicht um eine »alte Polizeiuniform«, sondern um die 1937/38 in allen KZ eingeführte blau-weiß gestreifte Häftlingsuniform. Vgl. auch WN, *Aus dem Leben*, S. 216.
39 SE 11.8.1939.
40 SE vom 7.9., 21.9. und 19.10.1939, 1.2. und 15.2.1940; vgl. MN, *Briefe Sachsenhausen*, S. 45; Schäberle-Koenigs, *Und sie waren*, S. 46–57.
41 SE 6.6.1940.
42 Typisch etwa die hier zitierte SE 4.4.1940.
43 MN, *Briefe Sachsenhausen*, S. 25, 27, 29, 34, 46, 48; vgl. EN 2.3.1939 an Heinrich Himmler, Baranowski 6.3.1939 an Ludolf von Alvensleben und andere Unterlagen in: BArch, R 43/II, 155, Bl. 235–240.
44 Die Gestapo teilte ausdrücklich mit, dass Niemöller jede Woche ärztlich untersucht werde. Geheimes Staatspolizeiamt 30.1.1939 an Reichsminister für die kirchlichen Angelegenheiten: BArch, 5101/23696.

45 MN, *Briefe Sachsenhausen*, S. 28.
46 Ebd., S 31. Vgl. Kap. 1.
47 Ebd., S. 44.
48 EN 20.2.1939 an MN: ZEKHN, 62/6081.
49 MN, *Briefe Sachsenhausen*, S. 47.
50 MN 19.8.1939 an EN: ZEKHN, 62/6081. Abkürzung im Original aufgelöst. Diese Passage ist in der von Wilhelm Niemöller herausgegebenen Edition ausgelassen: MN, *Briefe Sachsenhausen*, S. 30f.
51 EN 15.4.1940 und 20.1.1941 an MN: ZEKHN, 62/6081; vgl. SE 19.9.1940; MN, *Briefe Sachsenhausen*, S. 36f.
52 EN 19.10.1938 an MN: ZEKHN, 62/6081.
53 EN 6.1., 4.9.1939 und 15.4.1940 (Zitat) an MN: ebd.
54 EN 18.9.1939 (Zitat) und 8.6.1940 an MN: ebd.
55 MN, *Briefe Moabit*, S. 291 (10.2.1938). Wilhelm Niemöller hat als Herausgeber die Namen der beiden angesprochenen Personen anonymisiert.
56 EN 27.8.1939 an MN: ZEKHN, 62/6081.
57 SE 30.3.1939; vgl. MN, *Briefe Sachsenhausen*, S. 40, 71f.
58 Dazu ausführlich Ziemann, »Wartestandsaffäre«.
59 Ebd., Zitate S. 324.
60 Zit. ebd., S. 335.
61 MN 12.12.1939 an Johannes Heinrich: ebd., S. 327.
62 SE 4.1.1940; vgl. MN, *Briefe Sachsenhausen*, S. 85.
63 MN 7.9.1939 an das Oberkommando der Reichsmarine: LkA EvKvW, 5.1, 440, F. 2, Bl. 127. Das handschriftliche Original ist nicht als Abschrift gekennzeichnet, aber da es keine Eingangsstempel oder amtlichen Bearbeitungsvermerke enthält, ist zu vermuten, dass es sich um ein von Niemöller selbst angefertigtes Duplikat seines Schreibens handelt.
64 Ebd.
65 WN, Notiz über die Sprecherlaubnis vom 29.8.1938: ZEKHN, 62/6179. Zum Kontext vgl. Kroener, »Ressourcen«, S. 733.
66 SE 24.8.1939; vgl. Kap. 10.
67 EN 4.9.1939 an MN: ZEKHN, 62/6081. Dieses Schreiben traf erst am 9.9., also nach der freiwilligen Meldung, im KZ ein.
68 SE 7.9.1939.
69 WN, »Geschichtliche Einführung«, in: MN, *Briefe Sachsenhausen*, S. 7–18, hier S. 12f. Wilhelm Niemöller behauptet hier gegen besseres Wissen, sein Bruder habe sich beim OKW gemeldet, vermutlich um den Eindruck zu erwecken, die Meldung habe nichts mit der Rückkehr in den angestammten Beruf des Marineoffiziers zu tun.
70 Bethge, *Bonhoeffer*, S. 569, weist darauf hin, dass Dietrich Bonhoeffer nach Kriegsbeginn den Eintritt Niemöllers und anderer inhaftierter BK-Pfarrer in die Wehrmacht befürwortete, da er sie dort vor Schikanen und Attacken der SS sicher wähnte. Aber auch hier gibt es keinen Beleg dafür, dass Niemöller von Bonhoeffers Auffassung wusste.
71 MN 7.9.1939 an das Gestapa: LkA EvKvW, 5.1, 440, F. 2, Bl. 127.
72 SE 19.10.1939; vgl. Chef des OKW 27.9.1939 an MN: LkA EvKvW, 5.1, 440 F. 2, Bl. 128.
73 SE 2.11.1939.
74 Joseph Goebbels, »Krieg in Sicht«, in: *Völkischer Beobachter* v. 25.2.1939, hier zit. nach dem Abdruck in Goebbels, *Zeit ohne Beispiel*, S. 38–47, Zitat S. 41.
75 MN 25.2.1939 an das Oberkommando der Kriegsmarine und 16.8.1939 (Entwurf) an

Erich Raeder (Zitat): ZEKHN, 62/1873. Höß, *Kommandant*, S. 84, datiert diesen Verzicht fälschlich auf das Jahr 1938 und leitet daraus die Weigerung Hitlers ab, Niemöllers freiwillige Meldung zu akzeptieren. Letzteres ist nicht belegbar, entbehrt aber nicht einer gewissen Plausibilität.
76 MN 15.9.1939 an EN: ZEKHN, 62/6081. Diese Passage ist in der Edition MN, *Briefe Sachsenhausen*, S. 70f., ausgelassen.
77 EN 24.10.1939 an MN: ZEKHN, 62/6081.
78 MN 26.4.1943 an EN: ZEKHN, 35/573.
79 Otto Schiller, »Auhagen, Otto«, in: *Neue Deutsche Biographie* 1 (1953), S. 454f. Es handelte sich dabei nicht um die vom Provinzialverband ausgerichtete Woche der Inneren Mission. Veranstalter war vielmehr die Kreissynode Bielefeld. *Verhandlungen Kreis-Synode 1929*, S. 29f.
80 MN 13.6.1943 an EN: ZEKHN, 35/573.
81 Helmut Gollwitzer an »Meine lieben Freunde«, o. D. [17.12.1939]: LkA EvKvW, 5.1, 440 F. 2, Bl. 132f.
82 Dies deutet Forck, *Und folget ihrem Glauben*, S. 75 an. Es wird bestätigt von Wilhelm Niemöller in einer Anmerkung zu: MN, *Briefe Sachsenhausen*, S. 93, Anm. 1.
83 Barth, *Offene Briefe 1935–1942*, S. 196–204, Zitat S. 197f.
84 Auszug aus *Nieuwe Rotterdamsche Courant* Nr. 489 v. 17.10.1939: EZA, 7/11667, Bl. 121.
85 »Dr. Niemöller's Offer to Join Up«, in: *The Times* v. 20.10.1939, S. 7.
86 »War Items«, in: *The Observer* v. 26.11.1939, S. 12.
87 Heymel, *Niemöller*, S. 99–101, spricht davon, dass katholische Gebetsregeln ihm dabei halfen, eine angebliche – und so nicht existierende – »Todesfurcht« durchzustehen, welche die »Extremsituation« der KZ-Haft nach sich zog. Eine »ungeheure Enttäuschung« (S. 100) über die evangelische Kirche sieht Heymel nur für das erste Jahr seiner KZ-Haft. Dabei begann diese erst mit der Wartestandsaffäre im Juni 1939.
88 Besier, *Kirchen*, S. 277.
89 Zum Folgenden, mit weiteren Belegen, Christophersen/Ziemann, »Einleitung«.
90 MN, *Briefe Sachsenhausen*, Zitate S. 52.
91 Ebd., S. 61.
92 Ebd., S. 155.
93 SE 22.2.1941.
94 EN 25.2.1941 an MN: ZEKHN, 62/6081.
95 SE 6.3. und 17.4.1941.
96 Vgl. zu diesem Faktor Schäberle-Koenigs, *Und sie waren*, S. 259f.
97 EN 22.4.1941 an MN: ZEKHN, 62/6081.
98 MN, *Briefe Sachsenhausen*, S. 173–183, Zitat S. 173.
99 SE 18.7.1941.
100 MN 20.7.1939 an EN: MN, *Briefe Sachsenhausen*, S. 62.
101 Ziemann, »Wartestandsaffäre«, S. 332.
102 Vgl. den konzisen Aufriss bei Gailus, »Ein Volk – ein Reich«; speziell zu Übertritten Hockerts, »Konfessionswechsel«, Zahl S. 151.
103 MN, Gedanken über den Weg der christlichen Kirche (1939), S. 145: ZEKHN, 35/1504; ediert als: MN, *Gedanken*.
104 Ebd., S. 147
105 Ebd. Hervorhebung im Original.
106 Ebd., S. 151.
107 Ebd.

108 Ebd., Zitate S. 156, 171.
109 Ebd., S. 209.
110 Vgl. Christophersen/Ziemann, »Einleitung«, bes. S. 20.
111 Ebd., S. 40–53, auch für das Folgende.
112 Heinz Kloppenburg 11.3.1941 an [?] (Abschrift): LkA EvKvW, 5.1, 440 F. 2, Bl. 160f.
113 Ebd.
114 WN 13.11.1940 an MN: LkA EvKvW, 5.1 440 F. 2, Bl. 148–150 (Tippfehler im Original korrigiert.).
115 Schäberle-Koenigs, *Und sie waren*, S. 261–269.
116 SE 5.12.1940.
117 »Pastor Niemöller. Reported Conversion to Rome«, in: *The Times* v. 6.2.1941, S. 3.
118 Pius XII. 19.3.1941 an Bischof Preysing: Schneider, *Die Briefe Pius' XII.*, S. 132–135, hier S. 134. Georg von Sachsen hatte die Nachricht vermutlich von Hans Asmussen erhalten, den er im ökumenischen Una-Sancta-Kreis regelmäßig traf. <https://de.wikipedia.org/wiki/Georg_von_Sachsen_(1893–1943)> [2.4.2018]. Zum direkten Kontakt Preysing–Asmussen vgl. Schneider, *Verhüllter Tag*, S. 171f.
119 MN 28.2.1940 an EN: ZEKHN, 62/6081.
120 SE 2.11.1939. Abkürzungen im Original aufgelöst.
121 Ebd.
122 SE 8.8.1940.
123 SE 3.10.1940; vgl. EN 22.7.1940 an MN: ZEKHN, 62/6081.
124 EN 9.10.1940 an MN: ZEKHN, 62/6081.
125 EN 10.2.1941 an MN: ZEKHN, 62/6081.
126 EN 26.8.1940 an MN: ZEKHN, 62/6081.
127 EN 20.12.1939 an MN: ZEKHN, 62/6081.
128 Nach kanonischem Recht steht das Sakrament der Ehe über dem Zölibat, das als Versprechen eine Bedingung für die Priesterweihe ist, von welcher der Papst im Übrigen dispensieren kann. Aber das wussten aller Wahrscheinlichkeit nach weder Else Niemöller noch ihr Mann.
129 MN 10.11.1937 an EN: MN, *Briefe Moabit*, S. 97.
130 MN 23.2.1941 an EN: ZEKHN, 62/6081.
131 Vgl. Christophersen/Ziemann, »Einleitung«, S. 24f.
132 Es gibt viele Hinweise auf diese Zärtlichkeit und die Bedeutung, die sie für beide hatte. Vgl. SE 6.2.1941. EN 2.–5.2.1940 an MN (dieser Brief wurde über mehrere Tage geschrieben), MN 6.7.1941 an EN: ZEKHN, 62/6081.
133 SE 11.8.1939.
134 SE 7.12.1939, 7.3. und 3.5.1940 (Zitat).
135 SE 5.9.1940.
136 MN 9.11.1940 an RA Hans Koch, »3. Entwurf«: ZEKHN, 62/1873.
137 MN Oktober 1940 an RA Koch, »1. Entwurf«: ebd.
138 Hans Koch 10.9.1940 an MN: ebd.
139 SE 19.9.1940; vgl. MN 22.9.1940 an EN: ZEKHN, 62/6081.
140 EN 9.10. und 16.11.1940 an MN, MN 21.5.1941 an EN (Zitat): ZEKHN, 62/6081.
141 Pisarski, *Gespräche*, S. 146–158.
142 So etwa Heymel, *Niemöller*, S. 107.
143 Für weitere Belege vgl. Christophersen/Ziemann, »Einleitung«, S. 15f.
144 Zámečnik, *Dachau*, S. 172f.; Höß, *Kommandant*, S. 84; allgemein Escher, »Geistliche«.
145 Riedel, *Kerker*, S. 35–48.

146 Aussage MN 9.10.1951: StAM, Staatsanwaltschaften 34475/5; Riedel, *Kerker*, S. 49.
147 MN 20./21.7.1941 an EN: ZEKHN, 35/573.
148 MN 28.12.1941 an Hans Joachim Niemöller: ZEKHN, 35/573.
149 MN 25.8.1941 an EN: ZEKHN, 35/573; vgl. Pisarski, *Gespräche*, S. 165.
150 MN 18.1.1942 an EN: ZEKHN, 35/573.
151 Darauf deuten Notizen Neuhäuslers über die in beiden Spielen anzuwendende Strategie hin: Taschen Termin-Kalender 1942, in: AEM, NL Neuhäusler, Nr. 358/4; vgl. Pisarski, *Gespräche*, S. 163.
152 Pisarski, *Gespräche*, S. 162.
153 MN 8.2.1942 an EN: ZEKHN, 35/573.
154 MN 1.4.1942 an EN: ZEKHN, 35/573.
155 MN 27.9.1941 an EN: ZEKHN, 35/573.
156 MN 23.10.1941 an EN: ZEKHN, 35/573.
157 MN 15.11.1941 an EN: ZEKHN, 35/573.
158 MN 7.12.1941 an EN: ZEKHN, 35/573.
159 MN 24.3.1942 an EN: ZEKHN, 35/573.
160 MN 31.1.1942 an EN: ZEKHN, 35/573. Nach 1945 hat Höck Jansen bezeichnenderweise gar nicht erwähnt, sondern nur Corbinian Hofmeister, der im April 1944 zu der Gruppe hinzustieß. Pisarski, *Gespräche*, S. 165; Höck, »Nec laudibus«, S. 363.
161 MN 28.6.1942 (»Sanguiniker«) und 14.4.1943 (»Melancholische«) an EN: ZEKHN, 35/573.
162 MN 31.1. und 19.5.1942 an EN: ZEKHN, 35/573.
163 Vgl. die Unterlagen in BArch, VBS 286/6400003146, und ebd., R 9361-II/13237. Seine eigene Aussage im Entnazifizierungsverfahren enthält abweichende Angaben zur Dienstzeit in Dachau: Lebenslauf Wilhelm Beyer, 1.8.1947: Staatsarchiv Ludwigsburg, EL 903/1, Bü. 598.
164 Ebd.
165 AK 28.4., 30.4., 4.6., 9.6., 24.6., 16.7. und 12.8.1943 (Zitat).
166 Riedel, »Wildpark«, S. 55f., 59-63.
167 MN 21./22.3.1943 an EN: ZEKHN, 35/573; vgl. AK 20.3.1943.
168 AK 14.4, 17.4., 19.4., 6.5., 12.5., 17.5., 28.5., 14.6., 29.6., 27.7., 30.8., 19.10.1943.
169 AK 7.7., 1.9. und 7.9.1943; Zitat: SE 8.7.1943.
170 AK 21.6.1943 und 3.4.1944, letzteres ein Indiz dafür, dass einige der Privilegien den Abschied von Unterstrurmführer Beyer überdauerten.
171 AK 1.7.1943. Abkürzung im Original aufgelöst.
172 SE 8.7. und 21.10.1943.
173 SE 8.7.1943.
174 SE 8.4. und 22.4.1942 (Zitat).
175 SE 26.8.1943.
176 SE 10.9. und 17.12.1942, 8.7.1943.
177 SE 12.8.1943; vgl. Bergander, »Vom Gerücht zur Legende«, S. 601.
178 SE 12.8.1943; vgl. Schmidt, *Niemöller im Kirchenkampf*, S. 370f. Bentley, *Niemöller*, S. 185, behauptet fälschlich, der zu dieser Zeit bereits verstorbene Albert Lempp habe die Aufnahme von Else arrangiert. Heymel, *Niemöller*, S. 110, übernimmt diesen Fehler einfach.
179 SE 26.8., 9.9. (»Weisung«), 21.10. und 4.11.1943, 20.1.1944 (»Kontrollkommission«).
180 Dazu umfassend Schäberle-Koenigs, *Und sie waren*, S. 183-242.
181 SE 2.12.1943 und 6.4.1944 (Zitat); vgl. MN 13.7.1943 an EN: ZEKHN, 35/573; AK 5.7.1943.

182 MN 26.1.1944 an EN: ZEKHN, 35/573.
183 MN 26.7.1943 an EN: ZEKHN, 35/573.
184 MN 26.3.1944 an EN: ZEKHN, 35/573.
185 AK 25.2.1944 und passim für 1944.
186 AK 8.11.1944.
187 MN 9.8.1944 an EN: ZEKHN, 35/573.
188 MN 6.11.1944 an EN: ZEKHN, 35/573.
189 AK 3.3.1945. Abkürzung im Original aufgelöst.
190 SE 22.1.1945.
191 MN 3.4.1945 an EN: ZEKHN, 35/573.
192 SE 1.2.1945.
193 Stargardt, *Der deutsche Krieg*, S. 619 (Zitat), 641f.
194 Höck, »Nec laudibus«, S. 363.
195 Koop, *In Hitlers Hand*, S. 219; vgl. SE 15.3.1945; Zámečnik, *Dachau*, S. 380.
196 AK 13.1.1945; zu Bossenigk vgl. Vernehmung des Paul Wauer am 16.7.1951: StAM, Staatsanwaltschaften 34475/2, Bl. 11.
197 Vgl. AK 20.1. 23.1., 25.1. 27.1., 30.1., 3.2., 8.2. und 1.3.1945; MN 2.3.1945 an EN: ZEKHN, 35/573.
198 MN 17.3.1945 an EN: ZEKHN, 35/573.
199 AK 3.4.1945. Das Bundesarchiv enthält keine SS-Personalakte von Lenzkowski. Vgl. aber die knappen Informationen aus einem Verfahren vor einem US-Militärgericht: Gedenkstätte Dachau Archiv, A 4913.
200 Höck, »Nec laudibus«, S. 365; SE 20.4.1945.
201 Tagebuch Johannes Neuhäusler (Abschrift), 5.4.1945: StAM, Staatsanwaltschaften 34475/2.
202 AK 16.4.1945; vgl. Zámečnik, *Dachau*, S. 344f.; Niederschrift der Vernehmung von Johannes Neuhäusler am 3.12.1951: StAM, Staatsanwaltschaften 34475/5; Kunkel, »Tagebuchaufzeichnungen«, S. 63.
203 Kunkel, »Tagebuchaufzeichnungen«, S. 64; vgl. Tagebuch Neuhäusler, 17.4.1945: StAM, Staatsanwaltschaften 34475/2.
204 SE 20.4.1945. Die Schilderung von Heymel, *Niemöller*, S. 110, ist in allen Details falsch und wie vieles in diesem Buch eine freie Erfindung.
205 Zitat: Kunkel, »Tagebuchaufzeichnungen«, S. 66; AK 23. und 24.4.1945; Tagebuch Neuhäusler, 23.4.1945: StAM, Staatsanwaltschaften 34475/2.
206 Dazu ausführlich Richardi, *SS-Geiseln*, abwägend S. 261 zur Frage eines Liquidierungsbefehls.
207 So etwa Conway, »Political Theology«, S. 539f.; vgl. Heymel, *Niemöller*, S. 102, der die Abwendung vom Nationalismus bereits auf die Zeit vor 1937 datiert.

13 Der verzögerte Neuanfang: Übergänge und Kontroversen

1 AK 5.5.1945. Abschrift in: ZEKHN, 35/376.
2 »Niemoeller Holds Church Only Hope«, in: *New York Times* v. 8.5.1945; zur Frage eines Reverses auch: »Pastor Niemoellers Views on Future of Germany«, in: *Manchester Guardian*, 8.6.1945.
3 AK 11.5.1945.
4 AK 11.5. (Zitat) und 18.5.1945.
5 AK 11.5., 19.5. und 30.5.1945. Vgl. WN, *Neuanfang 1945*, S. 27.
6 AK 5.6.1945.

7 »Niemoeller Asks Iron Rule of Reich«, in: *New York Times* v. 6.6.1945.
8 Zit. nach Lammersdorf, »Verantwortung«, S. 246.
9 »Niemoeller Asks Iron Rule of Reich«, in: *New York Times* v. 6.6.1945; vgl. Vollnhals (Bearb.), *Die evangelische Kirche*, S. XXV.
10 »A Hero with Limitations«, in: *New York Times* v. 7.6.1945.
11 AK 16.6.1945 (Zitat); vgl. WN, *Neuanfang 1945*, S. 29f.; Vollnhals (Bearb.), *Die evangelische Kirche*, S. XXV.
12 AK 18.6.1945; vgl. Vollnhals (Bearb.), *Die evangelische Kirche*, S. XIII.
13 AK 18.6.1945. Einer von ihnen war der Historiker Harold C. Deutsch.
14 OSS-Report vom 18.6.1945: Vollnhals (Bearb.), *Die evangelische Kirche*, S. 21–24, Zitate S. 24.
15 M. Knappen, Bericht vom 18.6.1945: ebd., S. 19–21, Zitate S. 21.
16 Vollnhals (Bearb.), *Die evangelische Kirche*, S. XXVI.
17 Thomas Wenner 21.6.1945 an Mr. Heath in der US Embassy: IfZ, OMGUS, POLA/733/18. Wenner war von Vertretern der US Army kontaktiert worden, hatte aber offenkundig noch nicht von Niemöllers inzwischen erfolgter Freilassung gehört.
18 Vollnhals (Bearb.), *Die evangelische Kirche*, S. X.
19 George Bell 6.7.1945 an MN und dessen Antwort vom 31.10.1945 (Zitat): LPL, Bell papers 10, f. 322, 335.
20 Bei späteren Gelegenheiten wie etwa seiner USA-Reise 1947 sagte Niemöller explizit, er habe mit der freiwilligen Meldung zum Sturz Hitlers beitragen wollen. »Niemoeller Tells Of Fight On Hitler«, in: *New York Times* v. 21.1.1947.
21 In der Broschüre *Martin Niemöller anwortet seinen Freunden*, o. S., einem Sonderdruck aus dem Amtsblatt der EKHN, wurde diese Mär sogar noch auf Kosten der Kirchensteuerzahler verbreitet.
22 AK 21.–24.6.1945; vgl. WN, *Neuanfang 1945*, S. 32–36.
23 AK 26.6. und 1.7.1945.
24 M. Knappen, Report on the Niemöller Case to Date, 10.7.1945: IfZ, OMGUS, 5/342-1/32.
25 Aktenvermerk M. Knappen 7.7.1945: IfZ, OMGUS, 5/342-1/32.
26 Notiz Adcock 7.7.1945 für General Frank W. Milburn: IfZ, OMGUS, 5/342-1/32.
27 M. Knappen 13.7.1945 an den Direktor der Public Health and Welfare Division: IfZ, OMGUS, 5/342-1/32; vgl. WN, *Neuanfang 1945*, S. 37.
28 Text in WN, *Neuanfang 1945*, S. 37–45, Zitate S. 38, 40, 42.
29 Zur Theorie funktionaler Differenzierung vgl. Ziemann, »Differentiation«.
30 Greschat, »Kirche und Öffentlichkeit«, S. 103; vgl. Schmidt, *Niemöller im Kirchenkampf*, S. 404f.
31 Knauth, *Germany in Defeat*, S. 144f.
32 Ebd., S. 145.
33 Zahl nach einer Suche in <https://search-proquest-com.sheffield.idm.oclc.org/hnpnewyorktimes/> [14.5.2018].
34 Henry Smith Leiper, »Niemoeller Held Christian Symbol«, in: *New York Times* v. 25.6.1939; vgl. Hockenos, *Then They Came For Me*, S. 142.
35 Hockenos, *Then They Came For Me*, S. 142.
36 »Niemoeller Stand Praised By Rabbis«, in: *New York Times* v. 2.7.1939; Hockenos, *Then They Came For Me*, S. 143.
37 Stein, *I was in Hell*.
38 Heymel, »Wer war Leo Stein?«; vgl. »What Hitler Told Me about Christianity. Pastor

Martin Niemoeller«, in: *Liberty Magazine* v. 20.9.1941, S. 16; »The Last Word: Pastor Niemoeller and Dr. Stein«, in: *Liberty Magazine* v. 7.2.1942, S. 56.
39 »Pickets Would Quit for Mrs. Roosevelt«, in: *New York Times* v. 10.8.1940; vgl. Toller, *Gesammelte Werke*, Bd. 3, S. 245–316; Halbgewachs, *Censorship*, S. 17, 107–111. Auch der von Paramount produzierte Film *The Hitler Gang* (1944) präsentierte Niemöller als den Inbegriff des »guten Deutschen«. Lammersdorf, »Verantwortung«, S. 245.
40 Karl Barth 9.7.1945 an MN: ZEKHN, 62/544. Hervorhebungen im Original. Der Brief ging am 6. August in Leoni ein.
41 MN 9.11.1945 an WN: ZEKHN, 62/671.
42 Vgl. etwa seine Ausführungen in »Presseempfang mit Pfarrer Niemöller«, 30.6.1947, stenographisches Protokoll, S. 2–6: ELAB 55.1/672.
43 AK 13.8., 14.8. (Zitat), 16.8.1945; vgl. MN 2.9.1945 an WN (»winzig«): ZEKHN, 62/671; vgl. MN 28.9.1945 an Franz Hildebrandt: ebd., 62/394; MN 9.9.1945 an die Gemeinde Dahlem: AKG Dahlem, 2034, Hefter II.
44 AK 19.9., 20.9., 23.9. und 24.9.1945 (Zitat).
45 MN 9.10.1944 und 6.2.1945 an EN: ZEKHN, 35/573.
46 MN 28.9.1945 an Franz Hildebrandt: ZEKHN, 62/394.
47 Schäberle-Koenigs, *Und sie waren*, S. 56, 60. Vgl. mit teils ungenauen Angaben zu Dreß Tätigkeit in Dahlem: <http://www.dietrich-bonhoeffer.net/bonhoeffer-umfeld/walter-dress/> [14.5.2018].
48 AK 21.10.1945; vgl. Schäberle-Koenigs, *Und sie waren*, S. 119; WN, *Neuanfang 1945*, S. 62. Die Schreibung von Denstaedts Namen schwankt. Ich richte mich nach der Schreibung in der über das EZA recherchierbaren Personalakte: <http://kab.scopearchiv.ch/volltextsuche.aspx> [14.5.2018]. Heymel, *Niemöller*, S. 119, behauptet fälschlich, Denstaedt habe die Pfarrstelle »besetzt«.
49 Seidel, *Neubeginn*, S. 201f. Bei Heymel, *Niemöller*, S. 119, wird aus der Synode eine schlichte Pfarrkonferenz.
50 MN 28.9.1945 an Franz Hildebrandt: ZEKHN, 62/394.
51 MN 18.7.1946 an Otto Dibelius: ZEKHN, 62/564. So auch, der Niemöller.Legende folgend, Heymel, *Niemöller*, S. 119.
52 Seidel, *Neubeginn*, S. 197–202; Noss, *Martin Albertz*, S. 504f. In seinem ersten Schreiben an Niemöller hatte Dibelius diesem zunächst eine »Zeit der Entspannung« angeraten, aber ihm dann – etwas vage – versichert, »wenn Sie zurückkommen, wird eine grosse Aufgabe vor Ihnen liegen«. Dibelius 17.7.1945 an MN: ZEKHN, 62/564.
53 Ludwig Bartning 16.10.1947 an MN: ZEKHN, 62/1411.
54 Protokoll der GKR-Sitzung vom 29.10.1945: AKG Dahlem, GKR-Protokolle 1934–1950.
55 MN 10.11.1945 an Hans Bernd Gisevius: ZEKHN, 35/376.
56 MN 13.7.1946 an Pfr. Wolf-Dieter Zimmermann: ELAB, 37/25.
57 MN, »Auszug aus einem Brief an einen Berliner Freund«, 22.7.1946: EZA, 83/56.
58 MN 18.11.1946 an Martin Albertz: EZA 600/1026o1.
59 Protokolle der GKR-Sitzungen vom 28.6. und 2.7.1947: AKG Dahlem, GKR-Protokolle 1934–1950. Gailus, *Protestantismus und Nationalsozialismus*, S. 355f., deutet an, dass Niemöllers Präsenz mit dem Willen des Konsistoriums zusammenhängt, einen nach 1945 aufgebrochenen Konflikt zwischen Röhricht und Dreß zu umgehen. Er bietet dafür aber keine direkten Quellen, und dies schließt nicht aus, dass Niemöller bis zum Sommer 1947 tatsächlich eine Rückkehr nach Dahlem intendiert hat. Diese Absicht betonte er auch am 2.5.1947 in einem Brief an seine Mutter: ZEKHN, 62/1287.
60 MN 3.11.1947 an den GKR Dahlem: AKG Dahlem, 2034, Hefter II.

61 MN 10.12.1951 an WN: ZEKHN, 62/672.
62 Heymel, *Niemöller*, S. 120, übernimmt ohne Nachprüfung die von Niemöller selbst in die Welt gesetzte Legende, seine Dahlemer Pfarrstelle sei »schon besetzt gewesen«.
63 MN 6.9.1945 an Felizitas Anna Eleonore Cecilie, Fürstin von Ysenburg-Büdingen: ZEKHN, 62/1233.
64 Vgl. die Fotos in: Alfred Reinelt, »Pastor Martin Niemöller«, in: *Der Standpunkt*, Nr. 6 (1946), S. 4–9, auch in: LkA EvKvW 5.1, 442 F. 1, Bl. 157ff.
65 Morrison C. Stayer 19.9.1945 an Lucius D. Clay: IfZ, OMGUS, USG4/1/2.
66 Lucius D. Clay 21.9.1945 an Generalmajor Archer L. Lerch: IfZ, OMGUS, USG4/1/2.
67 Franz Schmidt, »Martin Niemöller. Ein politisches Wort zu einer kirchlichen Frage«, in: *Rote Revue. Sozialistische Monatsschrift* 24 (1944/45), S. 511–518, 553–562, Zitate S. 511, 514.
68 Bahnbrechend dafür war die – verspätete – Veröffentlichung des Buches von Gerlach, *Zeugen*.
69 »Niemöller Sympathisierender der NSDAP«, in: *Der Tagesspiegel* v. 29.3.1947; »Schwankende Gestalt«, in: *Neue Ruhr-Zeitung* v. 9.4.1947. Abwägend und die späteren Verdienste Niemöllers in der BK herausstellend: »Fall Niemöller?«, in: *Neues Abendland* 11 (1947), Nr. 3, in: LkA EvKvW, 5.1, 443 F. 1, Bl. 15f.
70 »Zum Fall Niemöller«, in: *Der Kurier* v. 27.5.1947.
71 Leserbrief von Böhm, in: ebd.
72 »Martin Niemöller ohne Maske«, in: *Aufbau* v. 16.5.1947, S. 7.
73 Zu Forell vgl. Röhm/Thierfelder, »Ein langer Weg«.
74 MN 6.5.1947 an Rev. Frederik J. Forell (Rückübersetzung aus dem Englischen): LkA EvKvW, 5.1, 443 F. 1, Bl. 134–136.
75 Trittel, *Hunger und Politik*, S. 216; vgl. Wehler, *Gesellschaftsgeschichte*, Bd. IV, S. 951; zu Kalorien und Rationen als umkämpften Symbolen der Viktimisierung im Nachkriegsdeutschland vgl. Grossmann, »Grams, Calories, and Food«.
76 MN 6.5.1947 an Rev. Frederik J. Forell: LkA EvKvW, 5.1, 443 F. 1, Bl. 134–136.
77 Edwin M. Sears, »Wirklichkeitsfremd«, in: *Der Tagesspiegel* v. 17.10.1947. Sears war beim Office of Chief of Counsel for War Crimes tätig, einer Abteilung von OMGUS. Eine abgewogenere Reaktion in: »Niemoeller Asks Change In Policy«, in: *New York Times* v. 11.5.1947.
78 »Weniger als KZ-Rationen«, in: *Hannoversche Neueste Nachrichten* v. 31.5.1947.
79 Vgl. »Die Angelegenheit Niemöller« (Zitat, o. Verf., o. D. [ca. 8.9.1947]: Archiv der Gedenkstätte Dachau, A 705; »Nur Judenfreunde. Zusatzkarte für Martin Niemöller«, in: *Der Spiegel* v. 9.8.1947, S. 4; Goschler, *Wiedergutmachung*, S. 206. Der *Spiegel* benannte den VVN-Kreisvorsitzenden als Beetz. In allen anderen Quellen wird er Beez geschrieben.
80 AK 14.6.1947.
81 »Nur Judenfreunde. Zusatzkarte für Martin Niemöller«, in: *Der Spiegel* v. 9.8.1947, S. 4. Laut »Niemöller antwortet von der Kanzel«, in: *Frankfurter Rundschau* v. 16.8.1947, lehnte Niemöller es ab, zu dieser Formulierung Stellung zu nehmen, dementierte sie also nicht. In der Broschüre *Martin Niemöller antwortet seinen Freunden*, o. S., wurde sie später bestätigt. Ohne Kenntnis dieser Zusammenhänge gibt Heymel, *Niemöller*, S. 149, eine stark verkürzte und geschönte Version der Kontroverse, die auf die Reaktion der VVN folgte.
82 Ansprache von Dr. Hans Mayer v. 30.7.1947: Archiv der Gedenkstätte Dachau, A 705 (auch in: BArch, SAPMO, BY 6/V 280/152).

83 »Pastor Niemoeller ›Not a Nazi Victim‹«, in: *Manchester Guardian* v. 28.7.1947; »Niemöller is Ousted by Nazi Victims Unit; Termed Anti-Semite«, in: *News of Germany* v. 31.7.1947 (IfZ, OMGUS, 5/342-1/32); »Nazi Victim Status Denied to Niemöller« in: *New York Times* v. 28.7.1947.
84 »Der nichtverfolgte Verfolgte«, in: *Die Zeit* v. 7.8.1947.
85 Hans Mayer, Persönliche Information für die Interzonensekretäre, o. D. [ca. 10.8.1947]: BArch, SAPMO, BY 6/V 280/152; vgl. ohne Verf. (»L/La.-M.«) 12.8.1947 an Hans Schwarz, VVN Hamburg: Archiv der Gedenkstätte Dachau, A 705. Erst von 1948 an entwickelte sich die VVN zu einer von Kommunisten dominierten Organisation. Vgl. Goschler, *Wiedergutmachung*, S. 194f.
86 »Ein neuer Fall Niemöller«, in: *Hamburger Freie Presse* v. 30.7.1947.
87 »Nur Judenfreunde. Zusatzkarte für Martin Niemöller«, in: *Der Spiegel* v. 9.8.1947, S. 4.
88 AK 10.8.1947.
89 »Niemöller und die VVN«, in: *Badische Zeitung* v. 19.8.1947. Zur Ungeschicklichkeit Niemöllers im Umgang mit den Medien in diesem Fall auch: »Der Fall Niemöller«, in: *Der Tagesspiegel* v. 26.8.1947. In einer Pressekonferenz in Berlin bezeichnete es Niemöller als »unter meiner Würde«, auf die von Kempner mitgeteilten Zitate aus dem Prozessbericht des Jahres 1938 zu reagieren. »Presseempfang mit Pfarrer Niemöller«, 30.6.1947, stenographisches Protokoll: ELAB 55.1/672.
90 AK 10.8.1947.
91 »Nochmals Niemöller«, in: *Hamburger Volkszeitung* v. 13.8.1947.
92 AK 18.8.1947.
93 Goschler, *Wiedergutmachung*, S. 78–81.
94 »Eine Aussprache mit Niemöller«, in: *Münchener Mittag* v. 22.8.1947; vgl. »Pastor Niemöller rechtfertigt sich«, in: *Frankenpost* v. 20.8.1947.
95 »Dr. Auerbach vermittelt«, in: *Fränkischer Tag* v. 20.8.1947. Zur Ironie dieser Kontroverse gehörte auch, dass Niemöller zum Zeitpunkt des Ausschlusses noch gar kein Mitglied der VVN war. Er wurde schließlich im Oktober 1947 von der Ortsgruppe Büdingen aufgenommen. Vgl. »D. Martin Niemöller«, in: *Der Spiegel* v. 18.10.1947, S. 13.
96 MN, Ansprache in der Neustädter Kirche in Erlangen am 22. Januar 1946: LkA EvKvW, 5.1, 220 F. 1, Bl. 71f. Die Teilnehmerzahl nach Wolbring, *Trümmerfeld*, S. 70.
97 So Heymel, *Niemöller*, S. 186.
98 MN, Ansprache in der Neustädter Kirche in Erlangen am 22. Januar 1946: LkA EvKvW, 5.1, 220 F. 1, Bl. 71f.
99 MN, *Der Weg ins Freie*, S. 26f.
100 Ebd., S. 26; so auch in Herford im Mai 1946; vgl. Posener, *In Deutschland*, S. 32. Der Amtskalender enthält für die Zeit des Besuchs in Berlin Eintragungen über zahlreiche Begegnungen auch mit nicht namentlich benannten Besuchern, sodass sich der Name der gemeinten Person nicht nachweisen lässt.
101 *Martin Niemöller über die deutsche Schuld*, S. 5.
102 Zit. in Hermle, *Evangelische Kirche und Judentum*, S. 216.
103 Dieses Problem wird unterschätzt bei Siegele-Wenschkewitz, »Auseinandersetzungen«, S. 307–311. Heymel, *Niemöller*, S. 187–190, würfelt beliebig schriftliche Stellungnahmen mit Zitaten aus Interviews und Briefwechseln Niemöllers in den 1950er Jahren zusammen, ohne den instrumentellen Charakter dieser beiden Genres zu bedenken.
104 Damit stand Niemöller zu dieser Zeit keineswegs allein. Zu den Ambivalenzen der philosemitischen Rhetorik und der Persistenz des Antisemitismus nach 1945 vgl. Stern, *Im Anfang war Auschwitz*, S. 199–266; Hermle, *Evangelische Kirche und Judentum*, S. 57–63.

105 »Interview mit Niemöller«, in: *Neue Zeitung* v. 21.2.1947 (ELAB, 55.1/672); vgl. »Anti-Semitism End in Germany Denied«, in: *New York Times* v. 25.1.1947.
106 Kurt Kersten, »Interview mit Niemöller«, in: *Aufbau* v. 31.1.1947.
107 »Presseempfang mit Pfarrer Niemöller«, 30.6.1947, stenographisches Protokoll: ELAB 55.1/672.
108 Zur Täter-Opfer-Umkehr als Kern des antisemitischen Diskurses die brillante Studie von Holz, *Nationaler Antisemitismus*, bes. S. 157–165.
109 Rusterholz, *Nachbarn Haus nicht in Flammen*, S. 62–146, 521–525.
110 Protokoll der Sitzung vom 7.3.1946: KBA, 9107.302.
111 Ebd. Vgl. Rusterholz, *Nachbarn Haus nicht in Flammen*, S. 266–280.
112 Protokoll der Sitzung vom 7.3.1946: KBA, 9107.302.
113 Ebd.
114 Zu diesem Zusammenhang Langewiesche, *Nationalismus*.
115 Hockenos, *Then They Came For Me*, S. 175.
116 MN 5.10.1947 an Ewart Turner: ZEKHN, 62/533. Matthew Hockenos danke ich für den Hinweis auf diese Quelle.

14 Wiederbeginn und Erneuerung in der evangelischen Kirche

1 Vollnhals, »Traditionswahrung«, S. 113–116, Zitat S. 113.
2 Vgl. dazu ebd., S. 164–167; Greschat, *Christenheit*, S. 310–314; ders., »Rechristianisierung«.
3 Vgl. Kap. 13.
4 MN, Report on Christianity in Germany under Nazi Rule, 9.8.1945: ZEKHN, 62/43.
5 Zahlen nach Vollnhals, »Traditionswahrung«, S. 164.
6 Vgl. z. B. die Briefe an Otto Fricke und Hans Böhm: Besier u. a. (Hg.), *Kapitulation*, Bd. 2, S. 141 (Zitat), 223f.
7 MN 18.7.1945 an Otto Fricke: Besier u. a. (Hg.), *Kapitulation*, Bd. 2, S. 140.
8 Ebd.
9 Seit 1937 sammelten sich die Vertreter der Mitte im Wittenberger Bund und anderen Gruppen: Meier, *Kirchenkampf*, II, S. 371–378, Zitat S. 377.
10 Gailus, »Ein Volk – ein Reich«, S. 263f.
11 MN, Lage und Aussichten der Evangelischen Kirche, 20.7.1945: ZEKHN, 62/1233; vgl. Smith-von Osten, *Treysa*. S. 48–50.
12 MN, Lage und Aussichten der Evangelischen Kirche, 20.7.1945: ZEKHN, 62/1233.
13 Zahl bei Meier, *Kirchenkampf*, III, S. 152; Greschat, *Christenheit*, S. 111, spricht von einem »Zerrbild«.
14 MN, Lage und Aussichten der Evangelischen Kirche, 20.7.1945: ZEKHN, 62/1233.
15 Ebd.
16 Greschat, *Christenheit*, S. 104f.; ausführlich Thierfelder, *Einigungswerk*, dort S. 267–269 die 13 Sätze.
17 Zit. in Besier u. a. (Hg.), *Kapitulation*, Bd. 1, S. 246.
18 Greschat, *Christenheit*, S. 107–111; Zitate aus dem Einladungsschreiben vom 25.7.1945: Besier u. a. (Hg.), *Kapitulation*, Bd. 2, S. 210f.
19 MN 2.8.1945 an Karl Barth: ZEKHN, 62/544.
20 Greschat, *Christenheit*, S. 73–95, 109f., Zitate S. 110.
21 Ebd., S. 83f., 103, 115; Smith-von Osten, *Treysa*, S. 92–96.
22 So auch Greschat, *Christenheit*, S. 110.
23 MN 26.7.1945 an Hermann Hesse: Besier u. a. (Hg.), *Kapitulation*, Bd. 2, S. 216; vgl. ebd., S. 264.

24 Meiser 16.8.1945 an Wurm: Besier u. a. (Hg.), *Kapitulation*, Bd. 2, S. 352f. Die Darstellung bei Bentley, *Niemöller*, S. 204f., beruht allein auf einem kurz vor Niemöllers Tod geführten Interview und ist nicht plausibel.
25 So die treffende Zusammenfassung bei Greschat, *Christenheit*, S. 113f.; vgl. Smith-von Osten, *Treysa*, S. 48–69; Besier u. a. (Hg.), *Kompromiß*, S. 120–142, Zahl S. 142.
26 Besier u. a. (Hg.), *Kompromiß*, S. 142–156, Zitate S. 154f.
27 Zu diesem Problem Ziemann, »Codierung von Transzendenz«.
28 Besier u. a. (Hg.), *Kompromiß*, S. 145, 148f.; vgl. Dibelius 17.7.1945 an MN: ZEKHN, 62/564.
29 Besier u. a. (Hg.), *Kompromiß*, S. 83–120, Zitate S. 89, 101.
30 Protokoll der Tagung des Reichsbruderrates, 22.8.1945: ebd., S. 95.
31 Ebd., S. 95. Das Zitat zu den »Grundlinien der christlichen Botschaft« findet sich in einer anderen Niederschrift über die Verhandlungen, ebd., S. 129.
32 So erwähnt Heymel, *Niemöller*, S. 122, das Treffen nur in einem Satz.
33 Greschat, *Christenheit*, S. 116f.; Besier u. a. (Hg.), *Kompromiß*, S. 179–199, Zitat S. 189.
34 Colonel R. L. Sedgwick, Report on the Conference of Evangelical Church Leaders at Treysa, 27.8.–1.9.1945 (o. D.): LPL, George Bell Papers 9, ff. 414–421, hier f. 414–416 die namentliche Liste. Der amerikanische Beobachter zählte 87 Teilnehmer: Vollnhals (Bearb.), *Die evangelische Kirche*, S. 121; vgl. Jörg Thierfelder, »Die Kirchenkonferenz von Treysa 1945«, in: Besier u. a. (Hg.), *Kompromiß*, S. 32–44, hier S. 32.
35 Besier u. a. (Hg.), *Kompromiß*, S. 215–279.
36 Sedgwick, Report on the Conference: LPL, George Bell Papers 9, f. 414.
37 Ebd., f. 420.
38 Ebd.
39 Ebd.
40 So im Rückblick Hans Asmussen 6.9.1945 an Wurm: Besier u. a. (Hg.), *Kompromiß*, S. 372.
41 Ebd., S. 232f. (Zitate), 256, 359; vgl. Smith-von Osten, *Treysa*, S. 108f., 120–123.
42 AK 29.8.1945; vgl. Sedgwick, Report on the Conference: LPL, George Bell Papers 9, f. 420.
43 Sedgwick, Report on the Conference: LPL, George Bell Papers 9, f. 419; vgl. Smith-von Osten, *Treysa*, S. 103–105.
44 Karl Barth, Bericht, o.D.: Vollnhals (Bearb.), *Die evangelische Kirche*, S. 116.
45 Greschat, *Christenheit*, S. 119–123; vgl. Smith-von Osten, *Treysa*, S. 115–140.
46 Besier u. a. (Hg.), *Kompromiß*, S. 324f.
47 Hockenos, *A Church Divided*, S. 49.
48 Für Gerstenmaier vgl. Gniss, *Gerstenmaier*, S. 167.
49 Meiser 18.9.1945: Besier u. a. (Hg.), *Kompromiß*, S. 381–383; vgl. Hauschild, »Vom Lutherrat«.
50 MN 2.9.1945 an Wurm: Besier u. a. (Hg.), *Kompromiß*, S. 363; vgl. Tyra, »Treysa 1945«, S. 242f.
51 MN 2.9.1945 an WN: ZEKHN, 62/671.
52 MN 3.9.1945 an die Landesbruderräte: Besier u. a. (Hg.), *Kompromiß*, S. 365–369, Zitate S. 368.
53 WN, *Neuanfang 1945*, S. 56.
54 Besier u. a. (Hg.), *Kompromiß*, S. 373.
55 Scholder, *Kirchen*, II, S. 104; vgl. Kunze, *Theodor Heckel*, S. 126–143.
56 AK 19.5. und 23.7.1933; vgl. Scholder, *Kirchen*, I, S. 458, 460.

57 Scholder, *Kirchen*, II, S. 297–304.
58 Besier u.a. (Hg.), *Kompromiß*, S. 248.
59 MN 20.11.1945 an Karl Barth: ZEKHN, 62/544.
60 Theophil Wurm 1.7.1946 an MN: EZA 83/56; zum Kontext vgl. Smith-von Osten, *Treysa*, S. 199; zu Wahl vgl. Besier u.a. (Hg.), *Kompromiß*, S. 325.
61 Theophil Wurm 1.7.1946 an MN: EZA 83/56.
62 MN 13.12.1947 an Emmi Kümpel: ZEKHN, 62/057.
63 So etwa Heymel, *Niemöller*, S. 128–140, Zitate S. 129, 131.
64 Dietrich Bonhoeffer, *Ethik*, zit. in Greschat (Hg.), *Schuld der Kirche*, S. 20–24, hier S. 23; vgl. Boyens, »Schuldbekenntnis«, S. 378.
65 Boyens, »Schuldbekenntnis«, S. 375–378.
66 Vgl. Kap. 12.
67 MN 24.7.1945 an Colonel Hugh O. Davis, Public Relations Division, US Military Government Frankfurt: ZEKHN, 62/1233. Übersetzung aus dem englischen Original. Vgl. Dibelius 17.7.1945 an MN: ZEKHN, 62/564; Hartmut Ludwig, »Tagung der Bekennenden Kirche in Frankfurt/M.«, in: Besier u.a. (Hg.), *Kompromiß*, S. 10–20, hier S. 12. Die Bemerkung über die in seinem Haushalt geschändeten Frauen bezog sich auf die 11-jährige Renata Röhricht, die Tochter Eberhard Röhrichts, und eine Frau Fürstenau. MN 28.9.1945 an Franz Hildebrandt: ZEKHN, 62/394. Zu Selbstmorden von Berliner Pfarrern 1945 und der kirchlichen Situation in der Stadt vgl. Neumann, *Religion in der geteilten Stadt*, Kap. 1.
68 In seiner Unterredung mit Marshall Knappen am 18.6.1945 hatte Niemöller eine *reeducation* der Jugend abgelehnt und gesagt, es käme darauf an, dass ein Jugendlicher wieder mit Stolz »Ich bin ein deutscher Junge« sagen könne. Vollnhals (Bearb.), *Die evangelische Kirche*, S. 20. Noch in der Antwort auf den Fragenkatalog des US Army Chaplain Ben L. Rose im September 1945 schrieb Niemöller, die Deutschen seien schon »von Gott bestraft worden«, und die Christen des Auslandes sollten den Deutschen einfach sagen: »Wir vergeben euch«. MN, [Antworten auf Fragen von Ben L. Rose], o.D.: ZEKHN 62/43.
69 MN 24.7.1945 an Colonel Hugh O. Davis: ZEKHN, 62/1233.
70 Besier u.a. (Hg.), *Kompromiß*, S. 142f. Ludwig, »Karl Barth«, S. 288, zitiert das Wort von der Schuld ohne die direkt davor stehende Beschwörung der Deutschen als Opfer und reißt es so aus dem Zusammenhang.
71 Hans Asmussen, »An die Herren Amtsbrüder«, in: Besier u.a. (Hg.), *Kompromiß*, S. 164–169, hier S. 164f.
72 Ebd., S. 108f. (Zitat), 134.
73 MN, Ansprache in Treysa, 28.8.1945: ebd., S. 290–295, hier S. 291.
74 Ebd., S. 292.
75 Ebd., S. 293f.
76 MN 14.9.1945 an Karl Barth: ZEKHN, 62/544.
77 Karl Barth 28.9.1945 an MN: ebd.; vgl. Greschat, *Christenheit*, S. 141.
78 MN 5.10.1945 an Karl Barth: ZKHN, 62/544.
79 Boyens, »Schuldbekenntnis«, S. 374.
80 So zutreffend Hockenos, *A Church Divided*, S. 75–100, Zitat S. 77. Es ist verständlich, dass Niemöller bald die Existenz eines solchen Junktims energisch leugnete. Vgl. MN 3.9.1947 an WN: LkA EvKvW, 5.1, 443 F. 1, Bl. 170. Conway, »How Shall the Nations Repent«, S. 618, unterschätzt den Druck von außen und verzeichnet Niemöllers Motive. Ähnlich Ludwig, »Barths Dienst der Versöhnung«, S. 295.

81 Greschat (Hg.), *Schuld der Kirche*, S. 91–95; zum Ablauf der Stuttgarter Tagung vgl. Bericht und Dokumente in Nicolaisen/Schulze (Bearb.), *Protokolle des Rates der EKD*, Bd. 1: *1945/46*, S. 23–111.
82 Nicolaisen/Schulze (Bearb.), *Protokolle des Rates der EKD*, Bd. 1: *1945/46*, S. 99–102.
83 Textfassungen und Diskussion in Greschat (Hg.), *Schuld der Kirche*, S. 95–109, Zitate S. 102; vgl. ders., *Christenheit*, S. 144–147.
84 Greschat, *Christenheit*, S. 146–149.
85 Ebd., S. 154f.; Vollnhals, »Im Schatten«, S. 393–399; Greschat (Hg.), *Schuld der Kirche*, S. 163–172, Zitat S. 168.
86 Greschat (Hg.), *Schuld der Kirche*, S. 132–143, Zitat S. 143.
87 Dass dies stets auch für Niemöller galt, betont Greschat, »Kirche und Öffentlichkeit«, S. 115.
88 Der Rat der EKD an die Christen in England, 14.12.1945: Greschat (Hg.), *Schuld der Kirche*, S. 129–131; Greschat, *Christenheit*, S. 152f.
89 Greschat, *Christenheit*, S. 159–161.
90 MN 17.11.1946 an Asmussen: ZEKHN, 62/539.
91 Die Angabe auf dem Schild lag höher als die Gesamtzahl von ca. 200 000 Häftlingen in Dachau. Die erst später offiziell bestätigte Zahl der Toten lag bei ca. 42 000, von denen zwischen 15 000 und 20 000 im Krematorium eingeäschert wurden: Marcuse, »Origin and Reception«, S. 196; Zámečník, *Dachau*, S. 398–400.
92 MN, *Erneuerung unserer Kirche*, S. 9.
93 AK 8.11.1945 (Zitat). Vgl. MN, *Brücke über den Abgrund*, S. 8–10; ders., *Weg ins Freie*, S. 17–19; ders., *Zur gegenwärtigen Aufgabe*, S. 11f.; ders., *Zur gegenwärtigen Lage*, S. 12; ders., Ansprache am 27.3.1946 in Elberfeld: LkA EvKvW, 5.1, 435 F. 1, Bl. 237–239, hier Bl. 238.
94 MN, *Zur gegenwärtigen Aufgabe*, S. 10f.
95 Hockenos, *Then They Came For Me*, S. 179f.; zu den vielen 1946/47 benutzten Versionen und der späteren Transformation des Zitats ausführlich Marcuse, »Origin and Reception«.
96 Pfarrer Niemöller D.D. an die Göttinger Studenten, 17.1.1946: LkA EvKvW, 5.1, 441 F. 2, Bl. 67.
97 Vgl. Kap. 8.
98 Pfarrer Niemöller D.D. an die Göttinger Studenten, 17.1.1946: LkA EvKvW, 5.1, 441 F. 2, Bl. 67.
99 Ebd. So auch explizit in dem Brief an WN vom 9.11.1945: ZEKHN, 62/671.
100 MN, *Erneuerung unserer Kirche*, S. 6f. Dies gegen Hockenos, *Then They Came For Me*, S. 181.
101 Ziemann, »Martin Niemöller«, S. 346f.
102 Pfarrer Niemöller D.D. an die Göttinger Studenten, 17.1.1946: LkA EvKvW, 5.1, 441 F. 2, Bl. 67.
103 Weisbrod, »Wiedereröffnung«, S. 25–28.
104 AK 22.1946 (Zitat); vgl. Wolbring, *Trümmerfeld*, S. 43–74.
105 Diethild Pohl 6.2.1946 an Emil Dovifat: GStA PK, VI. HA, NL Dovifat, Nr. 1236.
106 AK 4.2.1946 (Zitat, Abkürzung aufgelöst); vgl. Lippmann, *Marburger Theologie*, S. 458; Bultmann, *Briefwechsel*, S. 137.
107 Zitat: Bultmann, *Briefwechsel*, S. 137, der eine solche Reaktion antizipierte. MN, *Die politische Verantwortung*. Der Zusammenhang mit der vorigen Absage ist Wolbring, *Trümmerfeld*, S. 87, entgangen.

108 Auf diesen wichtigen Punkt macht Marcuse, *Legacies*, S. 277f., aufmerksam.
109 Dazu die vorzügliche Studie von Vollnhals, *Kirche und Entnazifizierung*, S. 45–52, 156–170, Zahlen S. 49f.
110 Ebd., S. 52–77, Zitat S. 77. Text der Entschließung in ders., *Selbstreinigung*, S. 126f.
111 Barth 7.6.1946 an MN: Vollnhals, *Selbstreinigung*, S. 133f.
112 MN 15.6.1946 an Barth: ebd., S. 135f. Niemöller erhärtete seine Kritik in einem zweiten Brief an Barth vom 23.6.1946, auf den Barth im Ton konziliant, in der Sache deutlich am 6.7.1946 antwortete. Ebd., S. 136–140.
113 Ebd., S. 202f., weitere Dokumente S. 203–223; zum Kontext Vollnhals, *Kirche und Entnazifizierung*, S. 103–106.
114 Greschat, »Repräsentant des deutschen Protestantismus«, S. 234.
115 Vollnhals, *Kirche und Entnazifizierung*, S. 106–115. In hagiographischer Manier verkennt Heymel, *Niemöller*, S. 146–148, die Abgründe von Niemöllers Position, spekuliert über Motive und übersieht die Kontinuität des Nationalprotestantismus.
116 Eintrag vom 15.2.1948: Bergsträsser, *Befreiung*, S. 284.
117 So in Unkenntnis des Sachverhaltes Heymel, *Niemöller*, S. 149.
118 Vollnhals, »Hypothek«, S. 58–65.
119 Lawson, *Church of England*, S. 153–155.
120 Pfarrer Niemöller D.D. an die Göttinger Studenten, 17.1.1946: LkA EvKvW, 5.1, 441 F. 2, Bl. 67.
121 Renz (Bearb.), *Der Fall Niemöller*, Zitate S. 28f.
122 MN 10.11.1945 an WN: ZEKHN, 62/671.
123 Greschat, *Christenheit*, S. 86–88; Dienst, »Evangelischen Landeskirche«. Die Studie von Borchmeyer, *Evangelische Landeskirche*, ist gerade mit Blick auf Niemöllers Biographie vielfach ungenau.
124 AK 30.9. (Zitat) und 1.10.1947; vgl. Karnick/Richter (Hg.), *Protestant*, S. 221–227.
125 MN 7.10.1947 an Ludwig Bartning: ZEKHN, 62/1295a.
126 MN 4.10.1947 an E. Theodore Bachmann: ZEKHN, 62/499; vgl. MN 7.10.1947 an Ludwig Bartning: ZEKHN, 62/1811.
127 Karnick/Richter (Hg.), *Protestant*, S. 291.
128 AK 4.8. und 6.10.1958; vgl. die Materialien in LkA EvKvW, 5.1, 457 F. 2.
129 AK 26.1., 4.2. und 9.2.1959; vgl. Karnick/Richter (Hg.), *Protestant*, S. 235–237.
130 AK 9.6.1954.
131 MN 21.1.1954 an WN: LkA EvKvW, 451 F. 1, Bl. 128. In einem durchschnittlichen Monat, hier der Mai 1959, verbrachte Niemöller gerade neun Tage in Darmstadt. Terminplan für Mai 1959: LkA EvKvW, 5.1 F. 2, Bl. 310f.
132 Adolf Freudenberg 9.4.1954 an MN: EZA, EZA 686/7319; zum Kontext Rudolph, *Evangelische Kirche*, S. 102–105, 132–134; vgl. Paul Herring 23.2.1955 an MN, dessen Antwort vom 28.2.1955: LkA EvKvW, 5.1, F. 973, Bl. 33f.
133 John Prescott, »Martin Niemöller as I knew him«, in: *The Expository Times* 95 (1984), S. 328–330, hier S. 329. Über die Gründe des Ausscheidens spekuliert Heymel, *Niemöller*, S. 172–176, ohne das naheliegende Motiv des Überdrusses zu nennen.
134 Vgl. die vorzügliche Darstellung bei Greschat, *Christenheit*, S. 164–174, Zitat S. 169.
135 Ebd., S. 359–369; zu den Details Smith-van Osten, *Treysa*, S. 364–381.
136 Greschat, *Christenheit*, S. 369f.; Zitat: Besier (Hg.), *Intimately associated*, S. 481.
137 Greschat, *Protestantismus im Kalten Krieg*, S. 250–253.
138 Ebd., S. 254; Zitat: MN 17.7.1955 an alle Mitglieder des Rates der EKD: AdsD, NL Heinemann, Allgemeine Korrespondenz 1955–1970.

139 »Kann man darüber schweigen?«, in: *Christ und Welt* Nr. 2, 14.1.1954: LkA EvKvW, 5.1, 451 F. 1, Bl. 66.
140 MN 18.4.1952 an Haug: LkA Stuttgart, A 126, Nr. 389, Bl.196; Aktennotiz Weeber v. 30.4.1952 auf MN 26.4.1952 an Haug: ebd., A 126, Nr. 2185, Bl. 21.
141 Dibelius 31.5.1955 an Heinrich Held: EZA, 81/1009.
142 Vgl. z. B. Dibelius, *Immer im Dienst*, S. 268.
143 Dibelius 22.7.1955 an Constantin von Dietze: EZA, 81/1010.
144 Zit. in Greschat, *Protestantismus im Kalten Krieg*, S. 255. Zu Heinemann vgl. Flemming, *Heinemann*, S. 93–127, 240–249.
145 MN 22.6.1946 an Hans Asmussen: ZEKHN, 62/539.
146 MN 21.1.1946 an Hans Asmussen: ebd.
147 Zu diesem Konflikt, der eine eigene Untersuchung verdient, vgl. die Briefwechsel in: ZEKHN, 62/539 und 62/540; Barth, *Offene Briefe 1945–1968*, S. 76–94; Greschat, *Christenheit*, S. 361, 363, datiert den »Bruch« zwischen Niemöller und Asmussen auf den Sommer 1948. Dabei war er im Prinzip bereits mit dem zitierten Brief vom Juni 1946 manifest geworden.
148 Asmussen 2.7.1946 an MN: ZEKHN, 62/539.

15 Der politische Pastor: Niemöller als Kritiker der Bundesrepublik

1 Gaertringen/Reiß (Hg.), *Hassell-Tagebücher*, S. 289 (21.12.1941).
2 Ebd., S. 553; Zitat: Grüber, *Erinnerungen*, S. 211.
3 MN [Antwort auf Fragen von Ben L. Rose], o.D. [September 1945]: ZEKHN, 62/43.
4 MN [Antworten auf einen Fragebogen des US-Militärs], o.D. [1945]: ZEKHN, 62/43. Hockenos, *Then They Came For Me*, S. 169, vermutet mit guten Gründen, dass Niemöller diesen Fragebogen während der kurzen Internierung in Wiesbaden beantwortete.
5 Vollnhals (Bearb.), *Die evangelische Kirche*, S. 39 (6.7.1945).
6 »Presseempfang mit Pfarrer Niemöller«, 30.6.1947: ELAB 55.1/672.
7 Besier u. a. (Hg.), *Kompromiß*, S. 294.
8 Inacker, *Transzendenz*, S. 189–192; Buchhaas-Birkholz, »Einleitung«, in: dies. (Hg.), *Zum politischen Weg*, S. 9–33, hier S. 25–27.
9 Text der Erklärung: https://www.ekd.de/Barmer-Theologische-Erklarung-11292.htm [12.3.2019]; vgl. Buchholz-Birkhaas, »Einleitung«, in: dies. (Hg.), *Zum politischen Weg*, S. 20. Zu den theologischen Prämissen der »Königsherrschaft« Choi, *Politische Ethik*, S. 109–111.
10 Besier u. a. (Hg.), *Kompromiß*, S. 266.
11 Ebd., S. 249, hier nach der Mitschrift von Hans Meiser. Die von Niemöller später publizierte Fassung seines aus dem Stegreif gehaltenen Vortrages enthält diese Formulierungen nicht. Ebd., S. 290–295.
12 Zur Idee des prophetischen Wächteramtes die brillante Analyse von Graf, »Munus Propheticum«, S. 89–95.
13 Ebd., S. 98.
14 Greschat, *Christenheit*, S. 322–330, Zitat S. 329.
15 Protokoll der Sitzung vom 6./7.7.1947: Buchholz-Birkhaas (Hg.), *Zum politischen Weg*, S. 77–104, Zitat S. 101.
16 Ebd., S. 101f.; vgl. Greschat, *Christenheit*, S. 288–296.
17 Text in: Buchholz-Birkhaas (Hg.), *Zum politischen Weg*, S. 104–106. Niemöllers Entwurf in: Greschat (Hg.), *Im Zeichen der Schuld*, S. 81f.
18 Inacker, *Transzendenz*, S. 206.

19 Greschat, *Christenheit*, S. 332–334, Zitat S. 334.
20 Protokoll der Sitzung vom 15./16.10.1947: Buchholz-Birkhaas (Hg.), *Zum politischen Weg*, S. 116–132, Zitat S. 127.
21 Ebd., S. 128.
22 Ebd., S. 122.
23 Ebd., S. 121f.
24 »Kontrollbericht« des Volkspolizei-Kreisamtes Halle v. 21.10.1952 und Volkspolizei Berlin 12.2.1954 an Ministerium des Innern der DDR: BStU, HA XX AP 11907/92, Bl. 5–7, 27f.
25 Für seine Hagiographen ist darin die progressive und befreiende christliche Begründung seines politischen Engagements auf den Punkt gebracht. Vgl. etwa Heymel, *Niemöller*, S. 281.
26 Buchholz-Birkhaas (Hg.), *Zum politischen Weg*, S. 129.
27 So Inacker, *Transzendenz*, S. 207.
28 Es ist aber wohl etwas überzogen, die Konzeption des prophetischen Wächteramtes als eine »Bankrotterklärung von Kirche und Theologie vor dem demokratischen Diskurs« zu bezeichnen. So Inacker, *Transzendenz*, S. 207; vgl. Graf, »Munus Propheticum«, S. 98.
29 Dies gegen Heymel, *Niemöller*, S. 142, der im Darmstädter Wort nur ein Wirken für die »Versöhnung« sieht und die Immunisierung gegen Kritik übergeht.
30 MN 30.12.1947 an Gisevius: ZEKHN, 35/923.
31 Bericht Stewart W. Herman, 31.7.1945: Vollnhals (Bearb.), *Die evangelische Kirche*, S. 74.
32 MN 22.10.1949 aus Auckland (Neuseeland) an Heinemann: AdsD, NL Heinemann, 0492.
33 »Niemoeller For United Reich, Even if It's Red«, in: *New York Herald Tribune* v. 14.12. 1949, Faksimile in: Karnick/Richter (Hg.), *Protestant*, S. 247; deutsche Übersetzung in: Oeffler u. a. (Hg.), *Niemöller. Ein Lesebuch*, S. 153–155.
34 Oeffler u. a. (Hg.), *Niemöller. Ein Lesebuch*, S. 154f. (Übersetzung leicht verändert).
35 Greschat, *Protestantismus im Kalten Krieg*, S. 76f.
36 MN o. D. [vermutlich Juni 1953] an Hans Bernd Gisevius: ZEKHN, 35/923.
37 Eine Analyse dieser protestantischen Dämonisierung der Massenmedien wäre der Agenda von Albrecht, »Protestantische Kommunikationsformen«, hinzuzufügen.
38 »Martin Niemöller zum Higgins Interview«, zuerst abgedruckt im *Wiesbadener Tageblatt* v. 16.12.1949: LkA EvKvW, 5.1, 444 F. 2, Bl. 69f. Dort auch einige der Pressereaktionen.
39 MN 22.12.1949 an Heinemann: AdsD, NL Heinemann, Allgemeine Korrespondenz; vgl. Beyer, *Menschen warten*, S. 169f.
40 Ziemann, »Religion«, S. 690. Heinemann versuchte, durch die Übersendung von Konfessionsstatistiken klärend auf Niemöller einzuwirken; vgl. Gustav Heinemann 9.1.1950 an Niemöller: AdsD, NL Heinemann, Allgemeine Korrespondenz.
41 Dies gegen van Norden, »Niemöller«, S. 48f., der übersieht, dass der Wandel erst 1953 einsetzte.
42 Dazu die vorzügliche Studie von Buchna, *Ein klerikales Jahrzehnt*, S. 348–368, Zitate S. 349f.
43 So 1953 in einem Brief an Hermann Kunst: ebd., S. 354.
44 Heymel, *Niemöller*, S. 198, sieht nur die Tatsache der konfessionellen Verschiebung, aufgrund mangelnder Quellenkenntnis aber nicht die Virulenz des konfessionellen Vorurteils bei Niemöller.
45 Herbert, *Geschichte*, S. 629–636; ausführlich: Wiggershaus, »Entscheidung«.
46 MN 11.2.1950 an Heinemann: AdsD, NL Heinemann, Allgemeine Korrespondenz.
47 MN 4.7.1950 an Heinemann: ebd.

48 Paul Mahlmann 27.9.1950 an Dr. Franz Beyer: ZEKHN, 62/879; vgl. Beyer 29.9.1950 an Mahlmann: ebd.
49 MN, Offener Brief vom 4.10.1950: LkA EvKvW, 5.1 446 F. 2, Bl. 202.
50 Flemming, *Heinemann*, S. 218–224.
51 »Paul Mahlmann«, in: *Frankfurter Neue Presse* v. 18.10.1950; Mahlmann 16.10.1950 an Beyer: ZEKHN, 62/879.
52 Vgl. dpa Chefredaktion 16.11.1950 an MN, und »betr. Thema Niemoeller/Mahlmann«: ebd.
53 So Dibelius am 5.12.1950 im Rat der EKD: Silomon (Bearb.), *Protokolle des Rates der EKD 1950*, S. 367, Anm. 1.
54 Dibelius 23.10.1950 an MN, und dessen Antwort v. 26.10.1950: ZEKHN, 62/564; vgl. Greschat, *Protestantismus im Kalten Krieg*, S. 79; das Flugblatt des Nationalrats der Nationalen Front der DDR in: LkA EvKvW, 5.1, 447 F. 1, Bl. 272.
55 Greschat, *Protestantismus im Kalten Krieg*, S. 86; Heymel, *Niemöller*, S. 210, zitiert nur diese vollmundigen Behauptungen, übersieht aber den Kontext der negativen Auswirkungen von Niemöllers Offenem Brief in der DDR.
56 Adenauer im Bundeskabinett, 17.10.1950: <http://www.bundesarchiv.de/cocoon/barch/0000/index.html> [3.9.2018].
57 IfD Allensbach, Die Stimmung im Bundesgebiet. Die Resonanz des Pfarrers Niemöller, Dezember 1950, »Vertraulich«: IfZ Archiv, MS 1003.006.
58 Ausführliche Darstellung der innerkirchlichen Debatten bei Vogel, *Kirche und Wiederbewaffnung*, S. 83–153.
59 Hans Asmussen 23.10.1950 an die Mitglieder des Rates der EKD: AdsD, NL Heinemann, Allgemeine Korrespondenz.
60 Dibelius 10.11.1950 an Hans Wellhausen (Abschrift): AdsD, NL Heinemann, Allgemeine Korrespondenz.
61 Kirchlich-Theologischer Arbeitskreis der Gesellschaft für Innere und Äußere Mission, Einspruch gegen die Entschließung des Rates der EKD vom 17.11.1950 zum Fall Niemöller: LkA EvKvW, 5.1, 446 F. 2, Bl. 303f.; Greschat, *Protestantismus im Kalten Krieg*, S. 110f. (Zitat); vgl. Kap. 14.
62 MN, *Kriegsschauplatz*. Eine erste Fassung dieses Textes erschien im Oktober 1950 als: MN, »Die Not der Deutschen«, in: *Die Stimme der Gemeinde* 2 (1950), Nr. 10 (LkA EvKvW, 5.1, 446 F. 2, Bl. 52f.).
63 MN, *Kriegsschauplatz* (ohne Paginierung).
64 So das Argument von Geyer, »Der Kalte Krieg«, S. 281f.
65 Wernicke, »World Peace Council«; Wittner, *One World or None*, S. 171–190, 238f.
66 Greschat, »Feind dieses Staates«, S. 348–350; Heymel, *Niemöller*, S. 201f., ist dieser Aufsatz unbekannt geblieben, weshalb er die geschönte Version unkritisch wiedergibt. Ebenso van Norden, »Niemöller«, S. 66–69. Henke, *Dienste*, S. 585.
67 Niemöller erhielt sie auch dann aufrecht, als Dibelius, begleitet von den Bischöfen Hahn und Lilje, im November 1952 als offizielle Delegation des Rates der EKD nach Moskau reiste. Dibelius beklagte sich zu Recht bei Niemöller darüber, es sei »Unsinn«, wenn dieser und die Presse wiederholt behaupteten, die beiden Reisen seien vergleichbar und gingen beide auf eine Einladung des Patriarchen zurück. Dibelius 4.11.1952 an MN (Zitat) und dessen Antwort vom 7.11.1952: ZEKHN, 62/564.
68 Greschat, »Feind dieses Staates«, S. 350.
69 Zit. in Niemöller, *Erkundung*, S. 18–20. Hervorhebung im Original.
70 Ebd., S. 35–80.

71 MN, »Meine Reise nach Moskau«, in: *Der Spiegel* Nr. 3 v. 16.1.1952, S. 13–15.
72 Ebd.; vgl. Greschat, »Feind dieses Staates«, S. 351f. In kleinerem Kreise gab Niemöller zu, dass er in vielem nur die »Fassade eines Potemkinschen Dorfes« gesehen hatte. »Niemöller: In Moskau nicht völlig frei«, in: *Stuttgarter Nachrichten* v. 19.2.1952 (ELAB, 55.1/675).
73 So auch Greschat, »Feind dieses Staates«, S. 352; vgl. Büttner, »Moskaureise«, S. 850–854.
74 So Heinz Hermann Niemöller im Gespräch am 23.3.2015.
75 Aktenvermerk über den Besuch von Pastor Martin Niemöller beim Botschafter Appelt, 4.1.952: PA AA, MfAA, A 15546, Bl. 2–4.
76 Aktenvermerk über den Besuch von Botschafter Appelt beim Leiter der 3. Europäischen Abteilung des Außenministeriums, 4.1.1952: ebd., Bl. 5. Zeitgenössisch wurde nicht nur in Kreisen der SPD darüber spekuliert, ob die DDR über seinen Sohn Jan Einfluss auf Niemöller ausübte. Dieser war als Wehrmachtssoldat in sowjetische Kriegsgefangenschaft geraten, aus der er erst im April 1948 zurückkehrte. Der im sowjetischen Exil lebende deutsche Kommunist Wilhelm Zaisser, der seit 1943 für die sogenannte Antifa-Schulung der deutschen Kriegsgefangenen zuständig war, hatte ihn, so die Unterstellung, für die Sache der Sowjetunion gewonnen. Vgl. AK 20.4.1948 zum Datum der Rückkehr, und für die genannte Unterstellung z. B. »Das Spiel um Pastor Niemöller«, in: *Sozialdemokratischer Pressedienst* v. 7.1.1952. Diese Unterstellung traf zu, Jan Niemöller war auf die sowjetische Seite übergetreten, wie sein Vater schon vor dessen Rückkehr aus der UdSSR aus Briefen wusste. Vgl. MN 11.1.1948 an Paula Niemöller und Lene: ZEKHN, 62/1287. Aber der Zusammenhang war ein anderer. Offenbar waren Martin und Else Niemöller besorgt, dass der NKWD ihren Sohn umbringen würde, wenn er sich von der Verpflichtung auf die Sowjetunion lossagte, was sich kurz nach seiner Rückkehr abzeichnete. Vgl. dazu das auf Gesprächen mit Else Niemöller basierende Memo von James Hutchinson Cockburn, »Private«, o. D. [Mai 1948]: WCC Files, Box 42.0059, MF 1028.
77 Aktenvermerk über den Empfang für Pastor Niemöller am 7.1.1952: PA AA, MfAA, A 15546, Bl. 6f.
78 »Unruhe«, in: *Göttinger Tageblatt* v. 16.1.1952: LkA EvKvW, 5.1, 448 F. 1, Bl. 46; zahlreiche Pressestimmen in: ELAB 55.1/675; vgl. auch die teils ironische, teils kritische Reflexion des Journalisten Hans Wörner, *Was bringt uns Martin Niemöller?*
79 Lepp, *Tabu der Einheit*, S. 138f.; vgl. das Foto in: *Der Spiegel* Nr. 3 v. 16.1.1952, S. 15.
80 Zit. in Greschat, »Feind dieses Staates«, S. 354.
81 Greschat, *Protestantismus im Kalten Krieg*, S. 107, 109.
82 MN, *Deutschland – wohin?*, S. 3 (Zitat), 25; vgl. Hermine Hermes 5.3.1952 an WN: LkA EvKvW, 5.1, 448 F. 1, Bl. 178.
83 MN, *Deutschland – wohin?*, S. 16–21, 26, 28.
84 MN 1.3.1951 an Heinemann: AdsD, NL Heinemann, Allgemeine Korrespondenz.
85 MN 26.1.1951 an Ulrich Noack (Abschrift): ebd.; vgl. Flemming, *Heinemann*, S. 251f.
86 MN 26.11.1951 an Heinemann: AdsD, NL Heinemann, Teil 2, 0640; vgl. Flemming, *Heinemann*, S. 252–254, 275–282.
87 MN 17.4.1953 an Hans Bernd Gisevius: ZEKHN, 62/923.
88 MN, »Meine Reise nach Moskau«, in: *Der Spiegel* Nr. 3 v. 16.1.1952, S. 15.
89 Herbert, *Geschichte*, S. 638.
90 MN 21.11.1950 an Heinemann: AdsD, NL Heinemann, Teil 2, 0639.
91 Flemming, *Heinemann*, S. 282–299, Zitat S. 289.
92 MN, *Reden 1945–1954*, S. 266f.
93 Greschat, *Protestantismus im Kalten Krieg*, S. 157–160, Zitat S. 160.

94 MN 23.7.1953 an Mochalski: ZEKHN, 62/661.
95 Greschat, *Protestantismus im Kalten Krieg*, S. 160.
96 Ebd., S. 162.
97 MN, »Unser Volk unter den Völkern«, in: ders., *Reden 1945–1954*, S. 253–265, Zitate S. 255, 259, 261f.; vgl. Lepp, *Tabu der Einheit*, S. 170–173.
98 So auch Greschat, *Protestantismus im Kalten Krieg*, S. 161.
99 MN, *Deutschland – wohin?*, S. 25.
100 »Niemöller verteidigt sich vor der Synode«, in: *FAZ* v. 14.2.1952; vgl. »Erbslöh gegen Niemöller«, in: *FAZ* v. 12.2.1952; »Der mit Benzin löscht«, in: *Der Spiegel* v. 17.1.1951, S. 9–14, hier S. 9.
101 So der Titel des Kommentars: »Streit um Niemöller«, in: *FAZ* v. 14.6.1950; vgl. »Der Pastor und der Teufel«, in: *Hamburger Abendblatt* v. 24.6.1950, und viele weitere Presseausschnitte in: LkA EvKvW, 5.1, 445 F. 2.
102 Karl Gerold, »Pfarrer oder Politiker?«, in: *Frankfurter Rundschau* v. 15.1.1952. Der konservative Publizist Karl Silex, Mitglied der Crew 1914, argumentierte ähnlich: »Das große Ausweichen«, in: *Westfälische Zeitung* v. 21.6.1950.
103 Hermann Knorr, »Niemöller«, in: *Rhein-Neckar Zeitung* v. 29.1.1952.
104 [Paul Sethe], »Streit um Niemöller«, in: *FAZ* v. 14.6.1950.
105 Sitzung des Rates der EKD am 24./25.1.1952: Buchhaas-Birkholz (Hg.), *Zum politischen Weg*, S. 135–155, Zitate S. 138, 148.
106 MN, »Dreißig Jahre Bundesrepublik«, Zitate S. 14–16, 18f., 23. Hervorhebung im Original.
107 Greschat, *Christenheit*, S. 377–387, Zitat S. 387; vgl. Besier, *Rolle*, bes. S. 26–30, 35f.
108 Graf, »Munus Propheticum«, S. 100.

16 Pazifismus: Niemöller im Kampf gegen atomare Rüstung

1 MN, [Antworten auf Fragen von Ben L. Rose], o. D. [September 1945]: ZEKHN 62/43.
2 MN, »Frieden«, in: *Stimme der Gemeinde*, Heft 7 (1949): LkA EvKvW, 5.1, 444 F. 2, Bl. 3–5.
3 MN, *Reden 1945–1954*, S. 153–158, Zitate S. 154, 157; vgl. Greschat, *Christenheit*, S. 385f.
4 AK 18.4.1949.
5 MN, *Reden 1945–1954*, S. 159–169, Zitat S. 160.
6 Werner, »Zur Relevanz«; als Lokalstudie für Hamburg ausführlich Gunkel, *Kampf*.
7 Rupp, *Opposition*, S. 52.
8 Rede Niemöllers am 13.1.1951 in Potsdam: BStU, HA XX AP 11907/92, Bl. 81–91, Zitat Bl. 89.
9 Ebd.
10 MN, *Reden 1945–1954*, S. 226.
11 EN, Was kann die christliche Frau für den Frieden tun?, 29.4.1950: ZEKHN, 62/6093.
12 Oboth, *Pax Christi*, S. 67–92, 186–22, 336. Else Niemöller mag davon gelesen haben, hatte aber m. W. keinen direkten persönlichen Kontakt zu Pax Christi.
13 EN, We Women and Peace, o. D. [1952?]: ZEKHN, 62/6093.
14 Dietzfelbinger, *Friedensbewegung*, S. 119; Klara Marie Faßbinder, »Unserer Ehrenpräsidentin Else Niemöller zum Gedächtnis«, in: *Frau und Frieden* 10 (1961), Nr. 9, S. 8f.; vgl. Stoehr, »Phalanx der Frauen?«; Meyer, *Women's Campaign*, S. 147–182.
15 Hockenos, »Embrace of Pacifism«, S. 90f.; vgl. Donat/Holl (Hg.), *Friedensbewegung*, S. 200f.
16 Hockenos, »Embrace of Pacifism«, S. 91.

17 A.J. Muste 23.8.1950 an MN: EZA, 626/232.
18 Friedrich Siegmund-Schultze 7.11.1950 an MN: EZA, 626/232; vgl. Demke, »Pazifist«.
19 »Die Jahrestagung des Versöhnungsbundes in Heidelberg«, in: *Die Versöhnung* 3 (1952), Nr. 2, S. 1–14, hier S. 7f.
20 Vgl. bereits MN, »Unser Glaubenskampf gegen die Angst«, in: MN u. a., *Frieden*, S. 11–30.
21 Internationaler Versöhnungsbund/Hans Maier 29.5.1954 an MN (Zitat) und dessen Antwort vom 2.6.1954: ZEKHN, 62/781. Vgl. dort auch die Korrespondenz zwischen Niemöller und Siegmund-Schultze aus den Jahren davor. Zur parallelen Kontaktaufnahme des Versöhnungsbundes mit Heinemann und seinem Zirkel vgl. Permien, *Protestantismus*, S. 126–130.
22 Greschat, »Reaktionen«, S. 93–96, Zitat S. 96.
23 Text der Rede in Greschat/Kaiser (Hg.), *Kirchen im Umfeld des 17. Juni*, S. 105–108. Die bei Oeffler u. a. (Hg.), *Niemöller. Ein Lesebuch*, S. 183–187, abgedruckte Fassung dürfte aus den von Greschat genannten Gründen nicht von Niemöller autorisiert sein. Vgl. Greschat, »Reaktionen«, S. 97. Ähnlich äußerte sich Niemöller in der Zeitschrift des Friedensrates der DDR: MN, »Notwendigkeit der Aussprache«, in: *Friedenswacht* Nr. 4/1954 (LkA EvKvW, 5.1, 449 F. 2, Bl. 46).
24 Hockenos, »Embrace of Pacifism«, S. 98.
25 MN, »Christ und Krieg« (20.1.1960), in: ders., *Reden 1958–1961*, S. 179–205, hier S. 193f.; noch deutlicher in: Gaus, *Zur Person*, S. 119; dies gegen Heymel, *Niemöller*, S. 216f., der wie stets jede Selbstaussage Niemöllers für bare Münze nimmt und die vorherige Hinwendung zum Pazifismus nicht kennt. Hockenos, »Embrace of Pacifism«, S. 100f., der wichtige Stationen des Wandels nachzeichnet, überzieht das Argument, wenn er den Prozess der Revision bis in die Jahre der KZ-Haft zurückverlegt.
26 Stölken-Fitschen, *Atombombe*, S. 91–95; vgl. Wittner, *Resisting the Bomb*, S. 2, 146–148, 153f.
27 Appell v. 21.5.1954: Fix (Bearb.), *Protokolle des Rates der EKD*, Bd. 8, S. 234f.
28 AK 9.6.1954. Heymel, *Niemöller*, S. 216, datiert das Treffen fälschlich auf den 6. Juni.
29 Abschrift der Niederschrift von Prof. Gollwitzer, von MN 5.7.1954 an die Mitglieder des Rates der EKD gesandt: EZA, 87/1068. Vgl. die Stellungnahme Jordans an Dibelius, 10.5.1954, der den Zwischenfall dort mit einem »Betriebsunfall« vergleicht, »wie sie in jeder größeren Fabrik gelegentlich erlebt werden.« Fix (Bearb.), *Protokolle des Rates der EKD*, Bd. 8, S. 257.
30 Auszug aus einem Schreiben von MN an Gollwitzer v. 22.6.1954: EZA, 87/1068; zu Weizsäckers Einstellung gegenüber Atomwaffen vgl. Kant/Renn, *Eine utopische Episode*, S. 22–30.
31 So auch 1959 in *Martin Niemöller zur atomaren Rüstung*, S. 6, und in einer Rede im Januar 1960: MN, *Reden 1958–1961*, S. 194.
32 So Heymel, *Niemöller*, S. 217, der sich wiederum nur auf das Interview mit Günter Gaus aus dem Jahr 1963 stützt.
33 Fix (Bearb.), *Protokolle des Rates der EKD*, Bd. 8, S. 234f. (Zitat); vgl. Greschat, *Protestantismus und Kalter Krieg*, S. 268.
34 Thoß, *NATO-Strategie*, S. 446–450.
35 Zit. in Greschat, *Protestantismus im Kalten Krieg*, S. 269.
36 Ziemann, »German angst«, S. 119–122.
37 Lorenz, *Protest der Physiker*, S. 31f., der Text des Manifests.
38 Ebd., S. 58–61.

39 Schildt, »Atomzeitalter«, S. 42–45, Zitat S. 44; vgl. Suermann, *Albert Schweitzer*, S. 175–177, 219–240, 264.
40 Greschat, *Protestantismus im Kalten Krieg*, S. 273–276. Ausführlich Möller, *Im Prozeß des Bekennens*.
41 Rupp, *Opposition*, S. 120–130.
42 Ebd., S. 130–132, 283f.
43 Heinz Kloppenburg, Protokoll der Sitzung am 22.2.1958 im Schaumburger Hof, Bad Godesberg: EZA 613/84. Abkürzungen im Original aufgelöst.
44 Horn, »The apocalyptic fiction«, S. 43f., 46f; für öffentliche Bezugnahmen Niemöllers auf diese Idee vgl. MN, *Reden 1958–1961*, S. 95.
45 Heinz Kloppenburg, Protokoll der Sitzung am 22.2.1958 im Schaumburger Hof, Bad Godesberg: EZA 613/84. Abkürzung im Original aufgelöst.
46 Ebd.; Rupp, *Opposition*, S. 133 (Zitat).
47 Rupp, *Opposition*, S. 162–193, Zahl S. 191; Schildt, »Atomzeitalter«, S. 47f.; Jürgens-Kirchhoff, »Artists against Nuclear War«.
48 AK Mai/Juni 1958, v. a. 27.5., 3.6., 12.6., 19.6.1958.
49 Nehring, *Politics of Security*, bes. S. 63–156.
50 AK 7.4.1958. Kurz darauf war Niemöller wieder in London und nahm am »Annual Meeting der PPU« teil. AK 20.4.1958; Ceadel, *Pacifism in Britain*, S. 242–292.
51 Nehring, *Politics of Security*, S. 156–189.
52 Rupp, *Opposition*, S. 194–202.
53 AK 28.4.1958; vgl. Greschat, *Protestantismus im Kalten Krieg*, S. 280–282; im Detail Möller, *Im Prozeß des Bekennens*, S. 42–85.
54 AK 30.4.1958; vgl. Greschat, *Protestantismus im Kalten Krieg*, S. 283.
55 So in einem Brief an Heinz Kloppenburg v. 7.5.1958, zit. in Möller, *Im Prozeß des Bekennens*, S. 84.
56 Letzteres betont Rupp, *Opposition*, S. 210.
57 MN, *Gottes Gebot im Atomzeitalter*, S. 3.
58 Ebd., S. 11, 15 (Zitat).
59 Ebd., S. 6f.
60 *Martin Niemöller zur atomaren Rüstung*, S. 13f.
61 Ebd., S. 18.
62 Dazu die brillante Analyse bei Dawsey, »After Hiroshima«, bes. S. 147f.; Anders, »Thesen zum Atomzeitalter«; Nehring, *Politics of Security*, S. 56, verfehlt diese Unterscheidung.
63 Ziemann, »Situating Peace Movements«; Rucht, »Peace Movements in Context«.
64 Holl, *Pazifismus*, S. 138–158, 220f.; zu Schoenaich vgl. Gräper, »Deutsche Friedensgesellschaft und ihr General«.
65 Appelius, *Friedensgesellschaft*, Bd. 1, S. 405; vgl. Werner, »Drei Sozialdemokraten«, S. 82f.
66 Max Stierwaldt 30.10.1957 an die Gruppen des DFG-Landesverbandes Nord: LAV NRW R, RW 115, Nr. 256, Bl. 125; vgl. August Bangel 31.10.1957 an Fritz Küster: ebd., Bl. 176.
67 Erica Küppers 28.1.1960 an Pauline Kredel: LkA EvKvW, 5.1, 458 F. 2, Bl. 104f.; zu Küppers vgl. Marlies Flesch-Thebesius, »Erica Küppers«, in: Manfed Asendorf/Rolf von Bockel (Hg.), *Demokratische Wege. Deutsche Lebensläufe aus fünf Jahrhunderten*, Stuttgart. Weimar 1997, S. 354–356.
68 Max Stierwaldt 9.10.1950 an Walter Auerbach, zit. in Appelius, *Friedensgesellschaft*, Bd. 1, S. 254.
69 Maria Häffner 2.9.1957 an August Bangel: LAV NRW R, RW 115, Nr. 256, Bl. 219; vgl. dies. 5.10.1957 an Dr. Müller: ebd., Bl. 156f.

70 Max Stierwaldt 6.4.1958 an August Bangel (Zitat) und DFG München, D.M. Deyk 4.4.1958 an Bangel: LAV NRW R, RW 115, Nr. 355, Bl. 15, 20.
71 Max Stierwaldt 5.3.1957 an August Bangel (Zitat) und dessen Antwort vom 5.4.1957: LAV NRW R, RW 115, Nr. 258, Bl. 40, 83.
72 Heinz Kraschutzki 10.11.1957 an August Bangel: LAV NRW R, RW 115, Nr. 256, Bl. 104.
73 Appelius, *Friedensgesellschaft*, Bd. 2, S. 561–563.
74 MN 30.5.1958 an Heinz Kloppenburg: ZEKHN, 62/781.
75 AK 25.1.1959.
76 So im Einstellungsbescheid des Oberstaatsanwalts beim Landgericht Frankfurt/M. vom 20.5.1959: LAV NRW W, Q 211, Nr. 480.
77 MN, *Niemöllers Kasseler Rede*, Zitat S. 6.
78 »Wehrdienst Hohe Schule des Berufsverbrechertums«, in: *Kasseler Post* v. 27.1.1959; vgl. »Niemöller: Die Ausbildung zum Soldaten muß als eine Hohe Schule für Berufsverbrecher bezeichnet werden«, in: *Frankfurter Abendpost* v. 27.1.1959. Beides in BArch, BW 1, 9879.
79 MN, Formlose Erklärung, 27.1.1959: BArch, BW 2, 20198.
80 Aktenvermerk VR II 7, 27.1.1959, und Fernschreiben Wehrbereichskommando IV 26.1.1959 an BMVtg-Presseferat: BArch, BW 1, 9879.
81 BMVtg, VR II 7 27.1.1959 an UAL VR II: ebd.
82 BMVtg, VR II 7, gez. Strauß, 27.1.1959 an den Oberstaatsanwalt in Kassel: ebd.
83 Fernschreiben Wehrbereichskommando I 27.1.1959 an den Bundeswehrverband Bonn über BMVtg, Aktennotiz Major Bauer Fü B I 6, 28.1.1959, und Bodo Zimmermann 27.1.1959 an die EKD (Zitate): ebd.
84 Greschat, *Protestantismus im Kalten Krieg*, S. 287; vgl. Gerstenmaier als Präsident des Bundestages 28.1.1959 an Strauß: BArch, BW 1, 9879.
85 Erica Küppers, »Zur Kampagne gegen Niemöller«, in: *Stimme der Gemeinde* Nr. 4/1959, Sp. 105–118; Heinrich David, »Niemöller und die ›böse Presse‹«, in: *Die Zeit* v. 27.2.1959. Diese und weitere Artikel in: LkA EvKvW, 5.1, 456 F. 2; vgl. ebd., 457 F. 1, Bl. 32.
86 Leserbrief Dr. Lucie Jacobi, »Immer im Recht«, in: *FAZ* v. 2.2.1959.
87 BMVtg, VR II 7 24.4.1959 an den Abteilungsleister VR II und Bundesminister für Verteidigung 14.5.1959 an den Oberstaatsanwalt beim Landgericht Frankfurt/M.: BArch, BW 1, 9879. Heymel, *Niemöller*, suggeriert auf S. 228, Fritz Bauer sei mit dem Verfahren befasst gewesen. Der war als Generalstaatsanwalt aber nicht direkt damit befasst, auch wenn Teile des Schriftwechsels durch seine Behörde liefen.
88 Wilmont Haacke, »Walter Hagemann«, in: *NDB*, Bd. 7, Berlin 1966, S. 468f.; vgl. allgemein Kramer, »Die justizielle Verfolgung«, der sich aber auf Verfahren gegen kommunistische oder des Kommunismus verdächtige Pazifisten konzentriert.
89 Wolf, »Die Rede Martin Niemöllers«, S. 211–218, Zitat S. 214.
90 Oberstaatsanwalt beim Landgericht Dortmund 19.8.1959 an den Justizminister des Landes NRW: LAV NRW W, Q 211, Nr. 480. Dort auch die Besucherzahl des Siegener Vortrags.
91 Vgl. den Schriftwechsel in: LAV NRW W, Q 211, Nr. 480; Wolf, »Die Rede Martin Niemöllers«, S. 210.
92 Nehring, *Politics of Security*, S. 67, 120f., 203.
93 Vgl. *Pläne* Heft 4/5 (1961), ohne Paginierung, in: LkA EvKvW, 5.1, 462 F. 1, Bl. 138; »D. Martin Niemöller ruft Dich auf zum Ostermarsch der Atomwaffengegner 1962«, in: ebd., Bl. 104.
94 Adolf Freudenberg, Ansprache vom 22.4.1962: EZA 686/575.

95 MN, »Die Zündschnüre durchschneiden!«, 30.3.1964, in: MN, *Reden, Predigten, Denkanstöße*, S. 16–18, Zitate S. 17.
96 Zum Folgenden grundlegend Oppenheimer, »Politics of Solidarity«.
97 MN, *Reden 1958–1961*, hier S. 26.
98 MN, »Pazifistische Realpolitik«, in: *Neue Wege. Beiträge zu Religion und Sozialismus* 53 (1959), Heft 12, S. 329–336, Zitate S. 334.
99 Oppenheimer, »Politics of Solidarity«, S. 51.
100 MN, »Die Bedeutung des Widerstandes in der heutigen Zeit«, 5.5.1967, in: ders., *Reden, Predigten, Denkanstöße*, S. 110–113, Zitat S. 112.
101 Oppenheimer, »Politics of Solidarity«, S. 51f.; Gerster, *Friedensdialoge*, S. 132f.
102 AK 2.–9.1.1967, Zitate 3.1., 5.1. und 8.1. 1967. Wie bereits bei der Moskaureise im Januar 1952 versäumte es der selbsternannte Außenpolitiker Niemöller nicht, auch in Hanoi den Botschafter der DDR, Wolfgang Bergold, aufzusuchen, selbstredend »ohne Hüssler!« (AK 9.1.1967).
103 »Lasst diesen Unsinn endlich aufhören!«, in: *Der Spiegel* Nr. 4 v. 16.1.1967, S. 74.
104 MN, »Bericht über die Reise nach Hanoi in Nord-Vietnam« (Niederschrift seiner mündlichen Ausführungen), Dahlem, 17.6.1967: BStU, HA XX AP 11890/92, Zitate Bl. 60f., 64.
105 Evangelischer Pressedienst v. 24.10.1972: ELAB 55.1/679. Hier weiche ich von der Interpretation von Oppenheimer, »Politics of Solidarity«, S. 55 ab.
106 MN, »Bericht über die Reise nach Hanoi in Nord-Vietnam«, Dahlem, 17.6.1967: BStU, HA XX AP 11890/92, Zitate Bl. 50.
107 MN, »Erfahrungen im Einsatz für eine friedliche Welt«, 1.12.1967, in: MN, *Reden, Predigten, Denkanstöße*, S. 135–144, Zitat S. 139.
108 Wolf, »Die Rede Martin Niemöllers«, S. 209; vgl. »Mann der Brandung«, in: *Westdeutsche Allgemeine Zeitung* v. 26.3.1962: LAV NRW R, RW 115, Nr. 184, Bl. 70.
109 Appelius, *Friedensgesellschaft*, Bd. 2, S. 510; Wernicke, »World Peace Council«, S. 286.
110 Appelius, *Friedensgesellschaft*, Bd. 2, S. 511f., 523–525.
111 Ebd., S. 507.
112 Zit. ebd., S. 534.
113 Gustav Heinemann 25.1.1965 an Pfarrer Gottfried Wandersleb: LAV NRW R, RW 115, Nr. 198, Bl. 121. Öffentliche Kritik äußerte er in Gustav Heinemann, »Antwort an Niemöller«, in: *Sozialdemokratischer Pressedienst* v. 6.1.1965, S. 2f.; Heymel, *Niemöller*, S. 246–248, spart die gezielte Relativierung der Differenz von Diktatur und parlamentarischer Demokratie durch Niemöller geflissentlich aus. Ähnlich van Norden, »Niemöller«, S. 56, der zudem die starke Verankerung der Parteien durch Artikel 21 GG verkennt.
114 Appelius, *Friedensgesellschaft*, Bd. 2, S. 452f., 560f., 664–667.
115 Heidemeyer, »NATO-Doppelbeschluss«, S. 253f.; Knabe, *Unterwanderte Republik*, S. 234f., 255–257, suggeriert durch eine rhetorische Frage, den Hinweis auf angeblich verdächtige Aktenvernichtungen und eine »Handakte Niemöller«, dieser sei womöglich »Agent des Staatssicherheitsdienstes« (S. 235) gewesen. Diese Anschuldigung entbehrt, wie auch eine gründliche Lektüre der herangezogenen BStU-Quellen zeigt, jeglicher Grundlage.
116 Aus der Literatur zur Massenbewegung gegen den NATO-Doppelbeschluss v. a.: Becker-Schaum u. a. (Hg.), »*Entrüstet Euch!*«, sowie die wichtigen Monographien von Gerster, *Friedensdialoge*, S. 220–314; Hansen, *Abschied vom Kalten Krieg*; zur Kritik der Legende von der ferngesteuerten Friedensbewegung vgl. Nehring/Ziemann, »Do all Paths«; Text des Krefelder Appells: <https://www.1000dokumente.de/index.html?c=dokument_de&dokument=0023_kre&l=de> [5.11.2018].

117 MN, »Für unser Handeln Verantwortung tragen«, in: Deile (Bearb.), *Bonn 10.10.1981*, S. 111f.
118 August Bangel 10.6.1964 an Ingeborg Küster: LAV NRW R, RW 115, Nr. 184, Bl. 158.
119 Donat, »Kraschutzki«, S. 343.
120 So Wette, »Seiner Zeit voraus«; als Kritik, mit Hinweis auf zahlreiche empirische Mängel: Petra Weber, »Lichtgestalt Niemöller«, in: *FAZ* v. 14.3.2011; »Brückenbauer«: van Norden, »Niemöller«, S. 69.

17 »Die Welt ist meine Pfarrei«: ökumenische Arbeit

1 Als konzise Überblicke vgl. Duguid-May, »Die Ökumenische Bewegung«, S. 239–244; Thompson, »Ecumenism«, S. 50–53; zum Begriff vgl. Winkel, »Christliche Religion«, bes. S. 307.
2 Thompson, »Ecumenism«, S. 54–59.
3 Boyens, *Kirchenkampf und Ökumene*, S. 96–101.
4 Otto Langmann, »Aufzeichnung« v. 16.6.1937 für den Leiter der Kulturpolitischen Abteilung im AA: PA/AA, R 61621. Langmann, DC-Mitglied und Pfarrer in Hamburg, war 1935 in den Dienst des AA eingetreten.
5 Boyens, *Kirchenkampf und Ökumene*, S. 144–151.
6 Vgl. MN, *Briefe Moabit*, S. 81.
7 MN, Gedanken über den Weg der christlichen Kirche (1939), S. 10f.: ZEKHN, 35/1504.
8 Ebd., S. 209f.
9 Ebd., S. 215.
10 MN 31.10.1942 an EN: ZEKHN, 35/573.
11 MN 23.11.1943 an EN: ebd.
12 MN 30.5.1944 an EN: ebd.
13 Christophersen/Ziemann, »Einleitung«, S. 16.
14 MN 26.4.1943 und 30.5.1944 an EN: ZEKHN, 35/573.
15 MN, *Sechs Dachauer Predigten*, S. 4.
16 Ebd., S. 3, 5–12, Zitat S. 12.
17 Niemöllers Interview aus dem Jahr 1962 zitiert bei Heymel, *Niemöller*, S. 112f., der Turners weitergehende Deutung zustimmend übernimmt. Vgl. Turner, »Niemöllers in Amerika«, S. 306.
18 MN 27.12.1944 an EN: ZEKHN, 35/573.
19 Ebd.
20 MN, *Sechs Dachauer Predigten*, bes. S. 17. Für das Zusammenleben mit den katholischen Geistlichen hielt Niemöller zumindest fest, »dass in der letzten irdischen Not die konfessionellen Unterschiede ihre trennende Macht verlieren würden«. MN 3.4.1945 an EN: ZEKHN, 35/573.
21 Visser 't Hooft, *Welt*, S. 228; vgl. Schubert, *Ökumene und Europa*, S. 57–60.
22 Visser 't Hooft 9.11.1945 an MN: WCC Files, Box 42.0059, MF Nr. 1023.
23 Visser 't Hooft 21.12.1945 an MN: WCC, GC Box 42.0059, MF Nr. 1024; ders. 27.9.1945 an dens: WCC Files, Box 42.0059, MF Nr. 1023; vgl. Hockenos, *Then They Came For Me*, S. 192; Besier/Boyens/Lindemann, *Nationaler Protestantismus*, S. 331f.
24 Bevollmächtigung MN 13.9.1945 und MN 10.11.1945 an Gisevius: WCC Files, Box 42.0059, MF Nr. 1023.
25 Protokoll der Sitzung vom 7.3.1946: KBA 9107.302; vgl. MN 10.10.1045 an Visser 't Hooft: WCC Files, Box 42.0059, MF Nr. 1023 (»Erholungsfahrt«); AK 15.–25.2. und 7./8.3.1946; vgl. Rusterholz, *Nachbars Haus nicht in Flammen*, S. 70f.

26 So sein Bericht in: »Pastor Niemöller: Amerikanische Predigt«, in: *VVN-Nachrichten. Mitteilungsblatt der Vereinigung der Verfolgten des Nazi-Regimes Württemberg-Baden* Nr. 18 v. 21.6.1947.
27 MN, *Reden 1945–1954*, S. 39f. (Zitat); vgl. Visser 't Hooft, *Welt*, S. 235–237.
28 AK 3.–9.11.1946.
29 AK 15.5.1945; vgl. MN, Bericht über meine Amerikafahrt im Winter 1946/47, S. 1 (o. D.): ZEKHN, 62/171. Diesen 48 Seiten langen Bericht hat Niemöller zur Selbstverständigung und Unterrichtung seiner Freunde in der Gemeinde Dahlem, als deren Pfarrer er sich noch immer sah, geschrieben. MN 19.3.1947 an Ludwig Bartning: ZEKHN, 62/1411. Daneben verfasste er einen kürzeren, sieben Seiten langen »Bericht über meine Reise nach den Vereinigten Staaten« (Juni 1947), der zur Unterrichtung der Gremien der EKD diente. EZA, 2/42, Bl. 48–54.
30 AK 21.11.1946; vgl. Hockenos, *Then They Came For Me*, S. 189–193, Zitat S. 189. Ebd., S. 187–209, die beste Darstellung der USA-Reise Niemöllers 1946/47. Hockenos zieht allerdings nur amerikanische Quellen heran und bekommt so die tiefgreifende Ambivalenz Niemöllers gegenüber den USA und seinen Antiamerikanismus nicht in den Blick. Zu Cavert als Mittler zur deutschen Kirche vgl. Schmidt, »Cavert«.
31 Hockenos, *Then They Came For Me*, S. 194; vgl. Turner, »Niemöllers in Amerika«, S. 301f.
32 AK 19.5.1947; vgl. Turner, »Niemöllers in Amerika«, S. 302f.; Hockenos, *Then They Came For Me*, S. 187–189. Laut AK 9.1.1947 hatte das US-Außenministerium die Visa von Else und Martin Niemöller entfristet.
33 Turner, »Niemöllers in Amerika«, S. 302–304, Zitat S. 303; Hockenos, *Then They Came For Me*, S. 194f., 211f.; MN, »Bericht über meine Amerikafahrt im Winter 1946/47«, S. 13 (o. D.): ZEKHN, 62/171.
34 MN, »Bericht über meine Reise nach den Vereinigten Staaten« (Juni 1947): EZA, 2/42, Bl. 48–54.
35 Ebd., Bl. 48.
36 Dazu faszinierend Balbier, »Billy Graham's Cold War Crusades«.
37 Vgl. »Pastor Niemöller: Amerikanische Predigt«, in: *VVN-Nachrichten. Mitteilungsblatt der Vereinigung der Verfolgten des Nazi-Regimes Württemberg-Baden* Nr. 18 v. 21.6.1947.
38 MN, »The faith that sustains me«, Ansprache in Seattle am 4.12.1946: LkA EvKvW, 5.1, 442 F. 2, Bl. 150–152; vgl. Hockenos, *Then They Came For Me*, S. 197–200.
39 Address by Pastor Martin Niemöller, Dayton (Ohio) 4.2.1947, bes. S. 4f., 8: WCC-Files, Box 42.0059, MF Nr. 1026.
40 EN 7.2.1947 an MN: ZEKHN, 62/6080; vgl. Turner, »Niemöllers in Amerika«, S. 304f.
41 AK 26.12.1946, 1.1., 3.1., 4.1., 8.1. und 1.2.1947 (Zitat). Dieses Zitat auch in: MN, »Bericht über meine Reise nach den Vereinigten Staaten« (Juni 1947): EZA, 2/42, Bl. 50; vgl. Hockenos, *Then They Came For Me*, S. 205–207.
42 Don E. Smucker 20.3.1947 an »dear brother Lehmann«: IfZ, OMGUS, Shipment 5, Box 342-1, Folder 32.
43 Carenen, *Fervent Embrace*, S. 49–57. Niemöller traf Niebuhr zu zwei Gesprächen in New York. AK 22.1. und 23.1.1947.
44 »Gegen Niemöller«, in: *FAZ* v. 6.3.1952.
45 AK 15.1.1947 (»schlechte Presse«); MN, »Bericht über meine Reise nach den Vereinigten Staaten« (Juni 1947): EZA, 2/42, Bl. 48.
46 MN 19.3.1947 an Ludwig Bartning: ZEKHN, 62/1411.

47 [MN], »Die ›guten‹ Amerikaner« (o. D.) [Sommer 1947]: ZEKHN, 62/171. Dort findet sich auch in Niemöllers Handschrift eine Skizze mit Stichpunkten für diesen Text.
48 Ebd.
49 Ebd.
50 Bellah, »Civil Religion in America«; als Überblick über die Diskussion Bungert/Weiß, »Die Debatte um Zivilreligion«.
51 MN 19.3.1947 an Ludwig Bartning: ZEKHN, 62/1411; ähnlich in [MN], »Die ›guten‹ Amerikaner« (o. D.) [Sommer 1947]: ZEKHN, 62/171.
52 MN, »Bericht über meine Amerikafahrt im Winter 1946/47«, S. 36 (o.D.): ZEKHN, 62/171 (»Ethospredigt«); vgl. Besier u. a. (Hg.), *Kompromiß*, S. 109.
53 MN aus New York 12.5.1947 an Hans Bernd Gisevius: ZEKHN, 35/923.
54 MN 2.5.1947 an Paula Niemöller: ZEHKN, 62/1287.
55 MN 19.3.1947 an Ludwig Bartning: ZEKHN, 62/1411; dieser Kontrast prägt auch seinen ersten Brief nach der Rückkehr an Ewart Turner v. 25.5.1947: ebd., 62/533.
56 So die treffende Definition bei Behrends/Klimó/Poutrus, »Antiamerikanismus«, S. 17.
57 AK 11.1., 31.1., 24.3. (Zitat) und 5.4.1947.
58 MN, »Bericht über meine Reise nach den Vereinigten Staaten« (Juni 1947): EZA, 2/42, bes. Bl. 53.
59 MN 11.2.1947 an Elsa Freudenberg: ZEKHN, 62/6089.
60 Stählin, *Via Vitae*, S. 505; zum Kontext Smith-von Osten, *Treysa*, S. 277–287.
61 Vgl. Schubert, *Ökumene und Europa*, S. 60–63.
62 Zu Amsterdam und dem ÖRK ausführlich: Greschat, *Christenheit*, S. 351–359; ders., *Protestantismus im Kalten Krieg*, S. 368–373; Besier/Boyens/Lindemann, *Nationaler Protestantismus*, S. 45–52.
63 AK 26.8.1948; zum Kontext Greschat, *Christentum*, S. 353.
64 Zit. in Besier/Boyens/Lindemann, *Nationaler Protestantismus*, S. 333.
65 MN 24.9.1949 aus Sydney an Adolf Freudenberg: EZA 686/7319.
66 Zur Terminologie Kunter/Schilling, »Der Christ fürchtet den Umbruch nicht«, S. 23, 25. Zum Folgenden grundlegend der hervorragende Sammelband von Kunter/Schilling, *Globalisierung der Kirchen*.
67 De Boer, *Unterwegs notiert*, S. 178f.
68 MN, *Reden 1945–1959*, S. 229–236, bes. S. 230.
69 MN, *Reden 1955–1957*, S. 130–136, Zitate S. 133f.
70 Kunter/Schilling, »Der Christ fürchtet den Umbruch nicht«, S. 28–37, Zitat S. 29; zu Thomas' ökumenischer Arbeit vgl. Reynolds, »Christian anti-imperialism«.
71 MN, *Reden 1958–1961*, S. 269–282; ders., *Eine Welt oder keine Welt*, S. 80–86, bes. S. 81.
72 Visser 't Hooft, *Welt*, S. 379f.; Besier/Boyens/Lindemann, *Nationaler Protestantismus*, S. 64–66, 88–99, 105–110. Wichtige Vorarbeiten für die Einbeziehung der russisch-orthodoxen Kirche hatte Hildegard Schaeder geleistet, die als Mitglied der Dahlemer Gemeinde jüdische Menschen unterstützte und dafür 1943 verhaftet wurde. Seit 1948 war Schaeder im Kirchlichen Außenamt unter Niemöllers Leitung als Referentin für die orthodoxen Kirchen tätig. Vgl. Wegner, »Hildegard Schaeder«.
73 Hockenos, *Then They Came For Me*, S. 239–241.
74 MN, *Briefe Moabit*, S. 204.
75 Ein Beispiel dafür ist der 1959 und 1960 mehrfach gehaltene Vortrag »Wir und die farbige Welt«, in: MN, *Reden 1958–1961*, S. 62–70.

18 Hoffnungen und Enttäuschungen im hohen Alter

1 Palm, *Wir sind doch Brüder*, S. 278–302, Zitat S. 294.
2 AK 20.7.–1.8.1961, Zitate 29.7., 30.7. und 31.7. sowie 1.8.1961.
3 »Neuer Streit um Martin Niemöller entbrannt«, in: *Die Welt* v. 7.8.1961; *Der Nordschleswiger* v. 8.8.1961, *Hamburger Abendblatt* v. 8.8.1961: LkA EvKvW, 5.1, 460 F. 1, Bl. 77, 83, 96; vgl. AK 6.8. und 7.8.1961.
4 AK 9.8.–22.10.1961, Zitat 9.8.1961; vgl. WN 14.11.1961 an Franz Hildebrandt: LkA EvKvW, 5.1, 396, Bl. 174; Gespräch mit Dr. Heinz Hermann Niemöller am 23.3.2015.
5 MN 20.10.1961 an Franz Beyer, zit. in Sterik (Hg.), *Else Niemöller*, S. 147.
6 MN 13.11.1963 an Gerda Gisevius: ZEKHN, 35/923.
7 EN 18.7.1950 an Pauline Kredel: LkA EvKvW, 5.1, 446 F. 1, Bl. 99.
8 AK 1967, Deckblatt.
9 Zitat: MN 22.8.1971 an Paul Herring: LkA EvKvW, 5.1, 973; vgl. AK 20.4.1968, 25.11. und 16.12.1968; aus Sicht von Sibylle von Sell vgl. Niemoeller-von Sell, *Zu neuen Ufern*, S. 320–339.
10 MN und Sibylle Niemöller-von Sell 6.8.1972 an das Ehepaar Gollwitzer: EZA, 686/7337; vgl. MN 22.8.1972 an Paul Herring: LkA EvKvW, 5.1, 973, Bl. 123.
11 MN 26.4.1972 an Gollwitzer: ebd.
12 MN 22.6.1972 an Gollwitzer: ebd. Zum Russell-Tribunal vgl. MN 30.11.1974 an dens. Seine Unterstützung für das 3. Russell-Tribunal, das Menschenrechtsverletzungen in der Bundesrepublik untersuchte, zog Niemöller nur zurück, da ihm die Mitglieder des Beirats mit Ausnahme des Politologen Wolf-Dieter Narr alle unbekannt waren. MN 3.6.1978 an Gollwitzer: ebd.; vgl. Lepp, »Gollwitzer als Dialogpartner«.
13 MN 13.1.1950 an Gollwitzer: EZA, 686/7337.
14 MN am 25.1.1980 in einer Gemeindeveranstaltung: Oeffler u. a. (Hg.), *Martin Niemöller. Ein Lesebuch*, S. 282–285, Zitate S. 283f.
15 Diskussion am 10.8.1975: MN, *Reden, Predigten, Denkanstöße*, S. 247f.; vgl. eine Äußerung aus dem Jahr 1972 in: Oeffler u. a. (Hg.), *Martin Niemöller. Ein Lesebuch*, S. 282–285, *Martin Niemöller. Ein Lesebuch*, S. 234–240.
16 MN, *Reden, Predigten, Denkanstöße*, S. 247f.
17 MN, »Wozu heute noch Kirche?« (1975), in: ebd., S. 222–230, Zitate S. 223f., 226.
18 Vgl. als Überblick Schrey, »Theologie der Revolution«, dort Teil I, S. 376, zum Kriterium der Praxis; im weiteren Rahmen: Kroll, »Linksprotestantismus«; als kritische Stellungnahme Niemöllers: MN, »Theologie der Revolution?« (1967), in: ders., *Reden, Predigten, Denkanstöße*, S. 120–128.
19 MN, »Christentum und Sozialismus«, 1976, in: ders., *Reden, Predigten, Denkanstöße*, S. 264–273, hier S. 272.
20 MN, »Wozu heute noch Kirche?« (1975), in: ebd., S. 230.
21 Vgl. ebd., S. 249f., und verschiedene Presseberichte in ELAB, 55.1/679.
22 Bezirksverwaltung für Staatssicherheit Dresden Abt. XX 22.12.1976 an Oberst Bormann: BStU, HA XX AP 11891/92, Bl. 7–10, Zitate Bl. 9f.
23 »Scharfe Kritik an Entwicklung der Evangelischen Kirche seit 1945«, epd Landesdienst Hessen und Nassau 7.2.1977: ELAB, 55.1/679. Vgl. »Christentum bedeutet nur noch anständiges Benehmen«, epd ZA Nr. 8, 13.1.1982: ebd.
24 Vgl. epd ZA 6.12.1974: ebd.
25 »Mit 90 bin ich jetzt ein Revolutionär«, in: *Stern* v. 7.1.1982.

26 MN, »Nationalismus – Antisemitismus als Schuld und Bedrohung der Kirche«, in: ders., *Reden 1955–1957*, S. 147–156, Zitate S. 154–156.
27 Gronauer, *Staat Israel*, S. 126–139, 289–314, Zitat S. 129.
28 Ebd., S. 139f.
29 Grüber 17.8.1962 an MN und dessen Antwort vom 20.8.1962: GStA PK, VI. HA, NL Heinrich Grüber, Nr. 520.
30 MN 14.8.1963 an Grüber und dessen Antwort vom 20.8.1963 (Zitat): ebd. Die ursprünglich für November geplante Reise musste dann auf Beschluss des Rates der EKD, der den 9. November mit einem Gedenkakt in Deutschland begehen wollte, vorverlegt werden. Gronauer, *Staat Israel*, S. 142.
31 So 1976, zit. in Siegele-Wenschkewitz, »Auseinandersetzungen«, S. 312.
32 Vgl. Gronauer, *Staat Israel*, S. 182 (Zitat), 210.
33 Ebd., S. 220f., auch zum Folgenden.
34 MN 22.7.1967 an Elsa Freudenberg: ZEKHN, 62/577.
35 Elsa Freudenberg 28.6.1967 an MN: ebd.
36 Heymel, *Niemöller*, S. 190f., verkennt die Abgründe des als Antizionismus drapierten impliziten Antisemitismus.
37 MN an 28.10.1976 an WN: ZEKHN, 62/1295.
38 Dr. Diederichs, 25jähriges Crewfest, August 1935: ZEKHN, 62/1439.
39 AK 9.6.1935.
40 SE 30.3.1939.
41 Kranzbühler 30.1.1946 an MN und dessen Antwort vom 4.4.1946: ZEKHN, 62/1439.
42 Hartwig, *Karl Dönitz*, S. 32f.
43 Backenköhler 10.3.1959 an MN (Zitat) und dessen Antwort vom 12.3.1959: ZEKHN, 62/1439.
44 Hartwig, *Karl Dönitz*, S. 33f.
45 Protokoll der Crewbesprechung vom 12.6.1960, Anlage 5 zum Rundschreiben der Crew 1910 4/1960, Oktober 1960: ZEKHN, 62/1439.
46 Backenköhler 2.6.1960 an Stäcker: ZEKHN, 62/1439; dies gegen Hartwig, *Karl Dönitz*, S. 34.
47 Diverse Briefwechsel, u. a. MN 9.1. und 23.1.1962 an Backenköhler, MN 14.1.1964 an Egbert Begemann, Backenköhler 31.3.1964 an MN, alles in: ZEKHN, 62/1439.
48 Carl Pagenstecher 10.6.1965 (»Bedrückung«) und 13.12.1966 an MN: ebd.
49 Carl Pagenstecher 24.3.1967 an MN: ebd.
50 Carl Pagenstecher 27.3.1967 an MN (dort ein späterer Vermerk Niemöllers, ein Gespräch habe am 16.5.1967 stattgefunden) und Pagenstecher 23.2.1968 an MN (Zitat): ebd.
51 AK 23.–25.9.1968, Zitat 24.9.1968.
52 Rundschreiben der Crew und andere Dokumente in: ZEKHN, 62/1439.
53 Helmut Brümmer-Patzig, Ansprache am 29.9.1976 zum Crewfest: ebd. Vgl. MN 20.9.1976 an Elsa Freudenberg: ZEKHN, 62/577.
54 Marlene Maertens, Für die Crew 1910. Ansprache in Wilhelmshaven am 5.9.1979: ZEKHN, 62/1439.
55 Crewtreffen 18.–20.9.1980, Anwesenheitsliste: ebd.
56 Heymel, *Niemöller*, S. 272.
57 Vgl. »Ruhm und Rubel«, in: *Der Spiegel* Nr. 20 v. 8.5.1967; mündliche Mitteilung von Norbert Frei am 7.6.2017.
58 MN 13.7.1967 an Heinz Kraschutzki: ZEKHN, 62/1439.
59 MN 3.10.1974 und 20.9.1976 an WN: ZEKHN, 62/1295.

60 Dies hatte Helmut Gollwitzer vermittelt, der mit Dutschke gut befreundet war. Vgl. <https://tagungshaus.ekhn.de/die-tagungshaeuser-der-ekhn/das-tagungshaus-martin-niemoeller/einzelansicht-mn/news/martin-niemoeller-und-die-suche-nach-einem-grab-fuer-rudi-dutschke-1.html> [21.11.2018].

Schluss: Ein Leben in Opposition

1 Dr. Paul Winckler 29.12.1934 an Präses Koch: LkA EvKvW, 3.25/7. Für die Überlassung dieser Quelle danke ich Jens Murken.
2 Meinecke, *Deutsche Katastrophe*, S. 123.
3 Schwerin von Krosigk, *Es geschah in Deutschland*, S. 333; vgl. Besier, *Kirchen*, S. 31.
4 Theophil Wurm 7.4.1951 an Gottfried Traub: BArch, N 1059/38, Bl. 84.
5 So gesprächsweise, notiert bei Stählin, *Via Vitae*, S. 502f. In einem Brief an Wilhelm Niemöller vom 15.2.1951 formulierte Wurm diplomatischer, dessen Bruder sei »Potenz und Problem zugleich«. ZEKHN, 62/742.
6 »Kirchenpräsident von Hessen und Präsident des Außenamtes der EKD, Martin Niemöller«, Aktenvermerk, ohne Verf., o.D. [1954/55]: BStU, HA XX AP 11906/92, Bl. 12f. Abkürzung im Original aufgelöst.
7 Luhmann, *Schriften zur Pädagogik*, S. 267.
8 Eine pragmatische Annäherung an die Republik seit Mitte der 1920er Jahre betont für die Ebene der evangelischen Kirchenleitungen auch die wichtige Studie von Wright, *Über den Parteien*, S. 83–102.
9 So auch Williamson, »A Religious Sonderweg?«, bes. S. 155f.
10 Vgl. Schmidt, *Niemöller im Kirchenkampf*, S. 194; diesen Punkt betont zu Recht Greschat, »Martin Niemöller«, S. 329.
11 Diese These auch bei der sonst umsichtigen und kritischen Würdigung von Greschat, »Martin Niemöller«, S. 328.
12 Es ist eine gravierende Schwäche der Biographien von Heymel, *Niemöller*, und Hockenos, *Then They Came For Me*, dass sie diesem Thema nicht nachgegangen sind.
13 So noch 1976 im hohen Alter, als Zeichen der Reife seines staatsbürgerlichen Engagements betont: MN, *Reden, Schriften, Denkanstöße*, S. 265.
14 So die treffende Analyse bei Mommsen, »Der lange Schatten«.
15 Graf, »Munus Propheticum«, Zitate S. 96.
16 So zitiert in Karnick/Richter (Hg.), *Protestant*, S. 20f.; in anderer Formulierung als »Herr was willst Du, daß ich tun soll?« MN, *Reden, Predigten, Denkanstöße*, S. 230.
17 So zu Recht Graf, *Der Protestantismus*, S. 8f.
18 Zit. in van Spankeren, »Repräsentant«, S. 150.
19 Die These der »Heiligenverehrung« ebd. Vgl. Markschies, »St. Martin II«.
20 Gundermann, »Widerstandsrezeption«, S. 129.
21 Zit. nach Heymel, *Niemöller*, S. 266f. Ebd., S. 267–270, auch Belege zur Rezeption des Zltats.
22 So ebd., S. 270.
23 So Geyer, »Resistance«, S. 225f.
24 Dazu auch die wichtige Kritik bei Frei, »Von deutscher Erfindungskraft«.
25 MN, Gedanken über den Weg der christlichen Kirche (1939), S. 108: ZEKHN, 35/1504; vgl. dazu Rendtorff, *Theorie des Christentums*, S. 140–149.
26 Zu den Umbrüchen im religiösen Feld der letzten Jahrzehnte der vorzügliche Überblick bei Großbölting, *Der verlorene Himmel*, S. 181–256.

Quellen und Literatur

Archivalische Quellen
Archiv der Gedenkstätte Dachau
   Bestand A   Dokumente und Unterlagen zu Niemöller und anderen Häftlingen
Archiv der Kirchengemeinde Dahlem, Berlin
   Gemeindekirchenratsprotokolle
   Sachakten
Archiv der sozialen Demokratie, Bonn
   Nachlass Gustav Heinemann
Archiv des Erzbistums München und Freising, München
   Nachlass Michael Höck
   Nachlass Johannes Neuhäusler
Archiv für Demokratie und Entwicklung, Berlin
   CA   Central-Ausschuss für Innere Mission
   CA/AC   Apologetische Centrale des Central-Ausschusses
Bundesarchiv Berlin-Lichterfelde
   BDC, OPG Oberstes Parteigericht der NSDAP
   DO 1   Ministerium des Innern der DDR
   DO 4   Staatssekretär für Kirchenfragen der DDR
   NS 6   Partei-Kanzlei der NSDAP
   NS 8   Kanzlei Rosenberg
   R 43-II   Reichskanzlei
   R 3001   Reichsjustizministerium
   R 5101   Reichsministerium für die kirchlichen Angelegenheiten
   R 58   Reichssicherheitshauptamt
   R 601   Präsidialkanzlei
   R 8034 II   Reichslandbund Pressearchiv
   R 9361-II   NS Parteikorrespondenz
   R 9361-III SA und SS Mitglieder
   R-9361-VIII NS Mitgliederkartei
   VBS   Vorläufige Bestandssignatur (früher BDC)
Bundesarchiv Koblenz
   B 136   Bundeskanzleramt
   N 1059   Nachlass Gottfried Traub
Bundesarchiv/Militärarchiv, Freiburg im Breisgau
   BW 1   Bundesministerium der Verteidigung. Leitung,
                  zentrale Stäbe und zivile Abteilungen
   BW 2   Bundesministerium der Verteidigung.
                  Generalinspekteur und Führungsstab der Streitkräfte
   RM 2   Kaiserliches Marinekabinett

RM 3 Reichsmarineamt
RM 27-XIII Inspektion des Unterseebootwesens der Kaiserlichen Marine
RM 86 Befehlshaber der Unterseeboote der Kaiserlichen Marine
RM 97 Unterseeboote der Kaiserlichen Marine
Bundesbeauftragter für die Stasi-Unterlagen, Berlin
    Ministerium für Staatssicherheit
    Handakten zu Martin Niemöller
Evangelisches Landeskirchliches Archiv in Berlin
    Bestand 14 Konsistorium der Kirchenprovinz Brandenburg
    Bestand 15 Personalakten, Pfarrer
    Bestand 37 Nachlass Wolf-Dieter Zimmermann
    Bestand 55.1 Pressearchiv Personen
Evangelisches Zentralarchiv, Berlin
    Bestand 2 Kirchenkanzlei der EKD
    Bestand 6 Kirchliches Außenamt der EKD
    Bestand 7 Evangelischer Oberkirchenrat der Evangelischen Kirche der ApU
    Bestand 50 Archiv für die Geschichte des Kirchenkampfes
    Bestand 81/1 Ratsvorsitzender Dibelius
    Bestand 600 Nachlasssplitter und kleine Erwerbungen
    Bestand 613 Nachlass Heinz Kloppenburg
    Bestand 619 Nachlass Wilhelm Niesel
    Bestand 626 Nachlass Friedrich Siegmund-Schultze
    Bestand 686 Nachlass Helmut Gollwitzer
Gedenkstätte Sachsenhausen, Archiv
    Ordner ZB (Zellenbau), N–R
    P 3 Dubinsky, Harry
    P 3 Koch, Werner
    P 3 Niemöller, Martin
    P 3 Wackernagel, Günter
Geheimes Staatsarchiv Preußischer Kulturbesitz, Berlin
    I. HA Rep. 90 Staatsministerium, Annex P Geheime Staatspolizei
    NL Emil Dovifat
    NL Heinrich Grüber
Hauptarchiv der von Bodelschwinghschen Anstalten Bethel, Bielefeld
    2/37 Dankort und Öffentlichkeitsarbeit
    2/39 Teilbestand Kirchenkampf und Euthanasie
    2/62 Innere Mission und Wohlfahrtspflege
Institut für Zeitgeschichte München, Archiv
    ED
    Fg
    MA
    MS
    OMGUS
    ZS
Karl Barth Archiv, Basel
    Nachlass Karl Barth
Lambeth Palace Library, London
    CFR LRC Council of Foreign Relations, Lutheran and Reformed Churches

George Bell papers
Dorothy Buxton papers
Arthur Headlam papers
Landesarchiv Berlin
    A Rep. 339   Landgericht Berlin
    A Rep. 358-02   Generalstaatsanwaltschaft bei dem Landgericht
Landesarchiv Nordrhein-Westfalen, Abteilung Rheinland, Duisburg
    RW 115, RW 477   Deutsche Friedensgesellschaft–VK, Bundesverband
Landesarchiv Nordrhein-Westfalen, Abteilung Westfalen, Münster
    C 43   Soldatenverbände
    Q 211   Generalstaatsanwaltschaft Hamm
Landeskirchliches Archiv der Evangelischen Kirche von Westfalen, Bielefeld
    Bestand 0.0 alt   Sachakten des Konsistoriums
    Bestand 1 neu   Personalakten westfälischer Pfarrerinnen und Pfarrer 1945–1997
    Bestand 13.110   Diakonisches Werk der EvKvW
    Bestand 5.1   Sammlung Wilhelm Niemöller
Landeskirchliches Archiv Stuttgart
    A 126   Allgemeine Akten des Oberkirchenrats
    D 1   Nachlass Theophil Wurm
Politisches Archiv des Auswärtigen Amtes, Berlin
    Ministerium für Auswärtige Angelegenheiten der DDR
    Reichsaußenministerium
Staatsarchiv Ludwigsburg
    Bestand EL 903/1 Spruchkammer der Interniertenlager
Staatsarchiv München
    Staatsanwaltschaften
Stiftung Archiv der Parteien und Massenorganisationen der DDR im Bundesarchiv, Berlin
    BY 6   Rat der Vereinigung der Verfolgten des Naziregimes
Universitätsarchiv der Humboldt Universität, Berlin
    Bestand Rektor und Senat
    Matrikelverzeichnis
Universitätsarchiv Münster
    Bestand 4   Rektor, Sachakten
    Bestand 31   Personalakten
World Council of Churches Files, Genf
    General Correspondence Archive [benutzt wurde die Microfiche Edition, Leiden 1997]
Zentralarchiv der Evangelischen Kirche in Hessen und Nassau, Darmstadt
    Bestand 35   Nachlass Wilhelm Niemöller
    Bestand 62   Nachlass Martin Niemöller
    Bestand 368   Nachlass Gerhard Niemöller

Veröffentlichungen von Martin Niemöller

Dibelius, Otto und Martin Niemöller, *Wir rufen Deutschland zu Gott,* Berlin 1937.
Martin Niemöller antwortet seinen Freunden, Bielefeld 1947.
Martin Niemöller über die deutsche Schuld, Not und Hoffnung, Zollikon-Zürich 1946.
Martin Niemöller zur atomaren Rüstung. Zwei Reden, Darmstadt 1959.
Niemöller, Martin, *... zu verkündigen ein gnädiges Jahr des Herrn! Sechs Dachauer Predigten,*
    München 1945.

–, *Ach Gott vom Himmel sieh darein. Sechs Predigten*, München 1946.
–, *Briefe aus der Gefangenschaft. Konzentrationslager Sachsenhausen (Oranienburg)*, Bielefeld 1979, hg. von Wilhelm Niemöller.
–, *Briefe aus der Gefangenschaft. Moabit*, Frankfurt am Main 1975, hg. von Wilhelm Niemöller.
–, *Christ und Krieg? Saarbrücker Rede. Vortrag in Saarbrücken 20. Januar 1960*, Heuweiler/Saar 1960.
–, *Dahlemer Predigten. Kritische Ausgabe*, Gütersloh 2011, hg. von Michael Heymel.
–, *Das Bekenntnis der Väter und die bekennende Gemeinde. Zur Besinnung dargeboten von einem Kreise von evangelischen Theologen*, München 1933.
–, *Das Christusbekenntnis der Kirche vor der Welt und die Bekenntnisse der Reformation. Vortrag gehalten Dezember 1945*, Bielefeld 1945.
–, *Der alleinige Herr der Kirche. Jesus Christus. Vortrag in der Apostel-Paulus Kirche zu Berlin-Schöneberg am 14. August 1936*, Berlin 1936.
–, »Der Friede Gottes und die Kraft des wehrhaften Mannes«, in: Eberhard Müller (Hg.), *Wahrheit und Wirklichkeit der Kirche. Vorträge und geistliche Reden, gehalten auf der Deutschen Evangelischen Woche, 26.–30. August 1935 in Hannover*, Berlin 1935, S. 243–252.
–, *Der Weg ins Freie*, Stuttgart 1946.
–, *Des Christen Weg zwischen Ost und West. Nachschrift eines Vortrages*, Basel 1952.
–, *Deutschland wohin? Krieg oder Frieden? Rede vom 17. Januar in Darmstadt*, Darmstadt 1952.
–, *Die Aufgaben der Evangelischen Kirche in der Gegenwart. Predigt gehalten am 27. März 1946 in der Immanuelskirche Wuppertal-Barmen*, Düsseldorf 1946.
–, *Die Bedeutung des Alten Testament für die christliche Kirche*, Berlin o. D. [1936].
–, *Die Brücke über den Abgrund. Wort Martin Niemöllers am 6. Juni 1946 in der Johannis-Kirche zu Saarbrücken*, Saarbrücken 1946.
–, *Die Erneuerung unserer Kirche*, München 1946.
–, *Die politische Verantwortung des Christen im akademischen Stand. Vortrag, gehalten auf Einladung der evangelischen Studentengemeinde vor Studierenden der Philipps-Universität zu Marburg an der Lahn am 4. Mai 1946*, Gießen 1946.
–, *Die Staatskirche ist da. Denkschrift aus der Bekennenden Kirche*, Wuppertal 1936.
–, *Dienst der Kirche am Volk*, Berlin-Charlottenburg 1935.
–, »Dreißig Jahre Bundesrepublik. Erlebnisse und Gedanken«, in: *Blätter für deutsche und internationale Politik* 24 (1979), S. 13–26.
–, *Ein Briefwechsel statt einer Antwort*, Berlin 1936.
–, *Ein Wort zur kirchlichen Lage*, Wuppertal 1936.
–, *Eine Welt oder keine Welt. Reden 1961–1963*, Frankfurt am Main 1964.
–, »Fritz Müller-Dahlem«, in: Wilhelm Niemöller (Hg.), *Lebensbilder aus der Bekennenden Kirche*, Bielefeld 1949, S. 74–80.
–, *Gedanken über den Weg der christlichen Kirche*, Gütersloh 2019, hg. von Alf Christophersen und Benjamin Ziemann.
–, *Gibt es noch einen gnädigen Gott?*, Bielefeld 1948.
–, *Gott, der Herr über Kirche und Volk*, Berlin 1935.
–, *Gottes Gebot im Atomzeitalter. Rede auf der Synode der Evangelischen Kirche in Hessen und Nassau im Dezember 1958*, Darmstadt 1959.
–, *Herr, wohin sollen wir gehen. Ausgewählte Predigten*, München 1956.
–, *Kriegsschauplatz oder Brücke? Ein evangelisches Wort zu der Not der Deutschen*, Frankfurt am Main o. D. [1951].
–, *Not und Aufgabe der Kirche in Deutschland*, Genf 1947.

–, *Reden 1945–1954*, Darmstadt 1958.
–, *Reden 1955–1957*, Darmstadt 1957.
–, *Reden 1958–1961*, Frankfurt am Main 1961.
–, *Reden, Predigten, Denkanstöße 1964–1976*, Köln 1977, hg. von Hans Joachim Oeffler.
–, *Vom U-Boot zur Kanzel*, Berlin 1934.
–, *Was Niemöller in Amerika wirklich sagte*, Stuttgart 1947.
–, *Was will die Bekennende Kirche? Vortrag, gehalten am 25. September 1934 in Berlin-Zehlendorf*, Berlin 1934.
–, *Was würde Jesus dazu sagen? Reden, Predigten, Aufsätze 1937–1980*, Berlin 1981.
–, *Wir predigen den gekreuzigten Christus*, Zollikon 1949.
–, *Wir rufen Deutschland zu Gott. Eine Rede von Martin Niemöller, gehalten im Januar 1946 in Göttingen*, London 1946.
–, *Zu Wirtschaft und Technik*, Berlin 1958.
–, *Zur gegenwärtigen Aufgabe der evangelischen Christenheit: Predigt über 1. Johannes 4, 9–14*, Frankfurt am Main 1946.
–, *Zur gegenwärtigen Lage der evangelischen Christenheit*, Tübingen 1946.
–, Walter Lüthi, Georges Casalis und Daniel van der Meulen (Hg.) *Frieden. Der Christ im Kampf gegen die Angst und den Gewaltgeist der Zeit*, Zürich 1954.
Niemöllers Kasseler Rede vom 25. Januar 1959 im vollen Wortlaut. Was Niemöller sagt – wogegen Strauß klagt, Darmstadt 1959.
Oeffler, Hans-Joachim, Hans Prolingheuer, Martin Schuck u. a. (Hg.), *Martin Niemöller. Ein Lesebuch*, Köln 1987.
Pfarrer Niemöller D. D. an die Göttinger Studenten. Rede, gehalten auf Einladung der evangelischen Studentengemeinde am 17. Januar 1946 zu St. Jacobi in Göttingen, Göttingen 1946.

Veröffentlichungen von Wilhelm Niemöller

Niemöller, Wilhelm, *Kirchenkampf im Dritten Reich*, Bielefeld 1946.
–, (Hg.), *Die dritte Bekenntnissynode der Deutschen Evangelischen Kirche zu Augsburg. Text, Dokumente, Berichte*, Göttingen 1969.
–, (Hg.), *Die Preußensynode zu Dahlem. Die zweite Bekenntnissynode der Evangelischen Kirche der altpreußischen Union. Geschichte – Dokumente – Berichte*, Göttingen 1975.
–, (Hg.), *Die Synode zu Steglitz. Die Dritte Bekenntnissynode der Evangelischen Kirche der Altpreußischen Union. Geschichte, Dokumente, Berichte*, Göttingen 1970.
–, (Hg.), *Die Vierte Bekenntnissynode der Deutschen Evangelischen Kirche zu Bad Oeynhausen. Text, Dokumente, Berichte*, Göttingen 1960.
–, (Hg.), *Lebensbilder aus der Bekennenden Kirche*, Bielefeld 1949.
–, (Hg.), *Texte zur Geschichte des Pfarrernotbundes*, Berlin 1958.
–, *Aus dem Leben eines Bekenntnispfarrers*, Bielefeld 1961.
–, *Der Pfarrernotbund. Geschichte einer kämpfenden Bruderschaft*, Hamburg 1973.
–, *Die Bekennende Kirche sagt Hitler die Wahrheit. Die Geschichte der Denkschrift der vorläufigen Leitung von Mai 1936*, Bielefeld 1954.
–, *Hitler und die evangelischen Kirchenführer*, Bielefeld 1959.
–, *Macht geht vor Recht. Der Prozeß Martin Niemöllers*, München 1952.
–, *Martin Niemöller. Ein Lebensbild*, München 1952.
–, *Neuanfang 1945. Zur Biographie Martin Niemöllers nach seinen Tagebuchaufzeichnungen aus dem Jahre 1945*, Frankfurt am Main 1967.
–, *Vater Niemöller. Ein Lebensbild*, Bielefeld 1946.
–, *Wort und Tat im Kirchenkampf. Beiträge zur neuesten Kirchengeschichte*, München 1969.

Veröffentlichungen von Heinrich Niemöller

Niemöller, Heinrich, *Aus 56 Amtsjahren*, Bielefeld 1946.
–, *Aus goldener Jugendzeit*, Bielefeld 1947.
–, *Ein Pastorenspiegel*, Elberfeld 1929.
–, *Friedensziele, über die gesprochen werden darf und muß*, Berlin 1916.
–, *Hinauf gen Jerusalem*, Berlin 1899.
–, *Reformationsgeschichte von Lippstadt, der ersten evangelischen Stadt in Westfalen*, Halle an der Saale 1906.
–, *Sieben Bitten an das deutsch-evangelische Christenvolk in schwerer Kriegszeit*, Berlin 1916.

Zeitschriften und Zeitungen

Blätter für das Münsterland. Organ des Landesverbandes Münster der DNVP 1 (1921)–3 (1924).
Dahlemer Nachrichten. Nachrichtenblatt für Dahlem, Nikolassee, Wannsee und Zehlendorf 6 (1931)–8 (1933).
Der Westfale. Volkszeitung für deutschnationale Politik 1 (1920).
Hochschul-Stimmen. Zeitschrift für das akademische Leben der Westfälischen Wilhelms-Universität 1 (1919/20)–2 (1920/21).
Junge Kirche 1 (1933)–4 (1936).
Manchester Guardian 1934–1947.
New York Times 1934–1947.
Stimme der Gemeinde zum kirchlichen Leben, zur Politik, Wirtschaft und Kultur. Eine Halbmonatsschrift der Bekennenden Kirche 1 (1949)–11 (1959)
The Times 1934–1947.
Ziele und Wege. Monatsschrift des Westfälischen Provinzialverbandes für Innere Mission 1 (1924)–7 (1931).

Veröffentlichte Quellen und Literatur

90 Jahre Marine-Offizier-Vereinigung. Der Weg einer Wertegemeinschaft. Eine Erfolgsbilanz, Hamburg 2008.
Abrath, Gottfried, *Subjekt und Milieu im NS-Staat: Die Tagebücher des Pfarrers Hermann Klugkist Hesse 1936–1939. Analyse und Dokumentation*, Göttingen 1994.
Adolph, Walter, *Geheime Aufzeichnungen aus dem nationalsozialistischen Kirchenkampf 1935–1943*, Mainz 1979, bearb. von Ulrich von Hehl.
Albrecht, Christian, »Protestantische Kommunikationsformen«, in: ders. und Reiner Anselm (Hg.), *Teilnehmende Zeitgenossenschaft. Studien zum Protestantismus in den ethischen Debatten der Bundesrepublik 1949–1989*, Tübingen 2015, S. 81–94.
–, und Reiner Anselm (Hg.), *Teilnehmende Zeitgenossenschaft. Studien zum Protestantismus in den ethischen Debatten der Bundesrepublik Deutschland 1949–1989*, Tübingen 2015.
Anders, Günther, »Thesen zum Atomzeitalter« (1960), in: *Das Argument*, Sonderheft 1/1 (1974), S. 226–234.
Appelius, Stefan, *Pazifismus in Westdeutschland. Die Deutsche Friedensgesellschaft 1945–1968*, 2 Bde., Aachen 1999.
Bahr, Petra, »Der lange Weg von ›Frau Pastor‹ zur Pastorin«, in: *Leben nach Luther. Eine Kulturgeschichte des Evangelischen Pfarrhauses*, Bönen 2013, S. 123–129.
Balbier, Uta, »Billy Graham's Cold War Crusades: Rechristianization, Secularization, and the Spiritual Creation of the Free World in the 1950s«, in: David Hempton und Hugh McLeod (Hg.), *Secularization and Religious Innovation in the North Atlantic World*, Oxford 2017, S. 234–254.

Barth, Karl, *Offene Briefe 1935–1942*, Zürich 2001.
–, *Offene Briefe 1945–1968*, Zürich 1984.
–, *Vorträge und kleinere Arbeiten 1922–1925*, Zürich 1990.
–, *Vorträge und kleinere Arbeiten 1930–1933*, Zürich 1994.
Baumgärtel, Friedrich, *Ist die Kritik am Alten Testament berechtigt?*, Schwerin 1927.
–, *Wider die Kirchenkampf-Legenden*, 2. Aufl., Neuendettelsau 1959.
Becker-Schaum, Christoph, Philipp Gassert, Martin Klimke, Wilfried Mausbach und Marianne Zepp (Hg.), *»Entrüstet Euch!«. Nuklearkrise, NATO-Doppelbeschluss und Friedensbewegung*, Paderborn 2012.
Behrends, Jan C., Árpád von Klimó und Patrice G. Poutrus, »Antiamerikanismus und die europäische Moderne. Zur Einleitung«, in: dies. (Hg.), *Anti-Amerikanismus im 20. Jahrhundert. Studien zu Ost- und Westeuropa*, Bonn 2005, S. 10–33.
Bellah, Robert N., »Civil Religion in America«, in: *Journal of the American Academy of Arts and Sciences* 96 (1967), S. 1–21.
Bentley, James, *Martin Niemöller. Eine Biographie*, München 1985.
Bergander, Götz, »Vom Gerücht zur Legende. Der Luftkrieg über Deutschland im Spiegel von Tatsachen, erlebter Geschichte, Erinnerung, Erinnerungsverzerrung«, in: Thomas Stamm-Kuhlmann, Jürgen Elvert, Birgit Aschmann und Jens Hohensee (Hg.), *Geschichtsbilder. Festschrift für Michael Salewski zum 65. Geburtstag*, Wiesbaden 2003, S. 591–616.
Bergen, Doris, *Twisted Cross. The German Christian Movement in the Third Reich*, Chapel Hill 1996.
Bergsträsser, Ludwig, *Befreiung, Besatzung, Neubeginn. Tagebuch des Darmstädter Regierungspräsidenten 1945–1948*, München 1987.
Besier, Gerhard (Hg.), *»Intimately associated for many years«. George K. A. Bell's and Willem A. Visser 't Hooft's common life-work in the service of the Church Universal – mirrored in their correspondence. Part 1: 1938–1949*, Newcastle 2015.
–, »Ansätze zum politischen Widerstand in der Bekennenden Kirche. Zur gegenwärtigen Forschungslage«, in: Jürgen Schmädeke und Peter Steinbach (Hg.), *Der Widerstand gegen den Nationalsozialismus: Die deutsche Gesellschaft und der Widerstand gegen Hitler*, München/Zürich 1985, S. 265–280.
–, Armin Boyens und Gerhard Lindemann, *Nationaler Protestantismus und Ökumenische Bewegung: Kirchliches Handeln im Kalten Krieg (1945–1990). Mit einer Nachschrift von Horst-Klaus Hofmann*, Berlin 1999.
–, *Die Kirchen und das Dritte Reich. Bd. 3: Spaltungen und Abwehrkämpfe 1934–1937*, München 2001.
–, *Die Rolle der Kirchen im Gründungsprozeß der Bundesrepublik Deutschland*, Lüneburg 2000.
–, Hartmut Ludwig und Jörg Thierfelder (Hg.), *Der Kompromiß von Treysa. Die Entstehung der Evangelischen Kirche in Deutschland (EKD) 1945. Eine Dokumentation*, Weinheim 1995.
–, Hartmut Ludwig, Jörg Thierfelder und Ralf Tyra (Hg.), *Kirche nach der Kapitulation. Bd. 2: Auf dem Weg nach Treysa*, Stuttgart 1990.
–, Jörg Thierfelder und Ralf Tyra (Hg.), *Kirche nach der Kapitulation. Bd. 1: Die Allianz zwischen Genf, Stuttgart und Bethel*, Stuttgart 1989.
Bethge, Eberhard, *Dietrich Bonhoeffer. Theologe, Christ, Zeitgenosse*, München 1967.
Beuys, Barbara, »Die Pfarrfrau: Kopie oder Original?«, in: Martin Greiffenhagen (Hg.), *Das evangelische Pfarrhaus. Eine Kultur- und Sozialgeschichte*, Stuttgart 1984, S. 47–61.
Beyer, Franz, *Menschen warten. Aus dem politischen Wirken Martin Niemöllers seit 1945*, Siegen 1952.

Bonhoeffer, Dietrich, *Gesammelte Schriften. Bd. 2: Kirchenkampf und Finkenwalde. Resolutionen, Aufsätze, Rundbriefe, 1933 bis 1943*, München 1965.

–, *Werke. Bd. 13: London 1933–1935*, Gütersloh 1994, hg. von Hans Goedeker, Martin Heimbucher und Hans-Walter Schleicher.

Bönker, Dirk, *Militarism in a Global Age: Naval Ambitions in Germany and the United States Before World War I*, Ithaca/London 2012.

Borchmeyer, Doris, *Evangelische Kirche in Hessen und Nassau. Gründung nach dem Dritten Reich – ein Werk Martin Niemöllers?*, Königstein im Taunus 2011.

Boyens, Armin, »Das Stuttgarter Schuldbekenntnis vom 19.10.1945«, in: *Vierteljahrshefte für Zeitgeschichte* 19 (1971), S. 374–397.

–, *Kirchenkampf und Ökumene. 1939–1945. Darstellung und Dokumentation unter besonderer Berücksichtigung der Quellen des Ökumenischen Rates der Kirchen*, München 1973.

Brakelmann, Günter (Hg.), *Kirche im Krieg. Der deutsche Protestantismus am Beginn des Zweiten Weltkriegs*, München 1979.

Braun, Hannelore und Carsten Nicolaisen (Hg.), *Verantwortung für die Kirche. Stenographische Aufzeichnungen und Mitschriften von Landesbischof Hans Meiser. 1933–1955*. Bd. I: *Sommer 1933 bis Sommer 1935*, Göttingen 1985.

Bresin, Georg, *Zum kommenden Staatsbankrott. Finanzreform oder Finanzrevolution? Ein Weg zum Wiederaufbau*, Berlin-Wilmersdorf 1919.

Brinkmann, Ernst, »Martin Niemöllers Lebensjahre in Westfalen«, in: *Jahrbuch für Westfälische Kirchengeschichte* 77 (1984), S. 13–24.

Buchhaas-Birkholz, Dorothee (Hg.), *»Zum politischen Weg unseres Volkes«. Politische Leitbilder und Vorstellungen im deutschen Protestantismus 1945–1952. Eine Dokumentation*, Düsseldorf 1989.

Buchheim, Hans, »Ein NS-Funktionär zum Niemöller-Prozeß«, in: *Vierteljahrshefte für Zeitgeschichte* 4 (1956), S. 307–315.

Buchna, Kristian, *Ein klerikales Jahrzehnt? Kirche, Konfession und Politik in der Bundesrepublik während der 1950er Jahre*, Baden-Baden 2014.

Bultmann, Rudolf, *Briefwechsel mit Götz Harbsmeier und Ernst Wolf: 1933–1976*, Tübingen 2017.

Bungert, Heike und Jana Weiß, »Die Debatte um ›Zivilreligion‹ in transnationaler Perspektive«, in: *Zeithistorische Forschungen* 7 (2010), S. 454–459.

Busch, Eberhard (Hg.), *Reformationstag 1933. Dokumente der Begegnung Karl Barths mit dem Pfarrernotbund in Berlin*, Zürich 1998.

–, »Karl Barth und die Juden 1933–1945«, in: Günther van Norden und Volkmar Wittmütz (Hg.), *Evangelische Kirche im Zweiten Weltkrieg*, Köln 1991, S. 23–55.

Büttner, Edgar: »›Ich bin ganz harmlos hingefahren und bin ganz harmlos zurückgekommen.‹ Zur Moskaureise Martin Niemöllers im Jahr 1952«, in: Klaus Oldenhage, Hermann Schreyer und Wolfram Werner (Hg.), *Archiv und Geschichte. Festschrift für Friedrich P. Kahlenberg*, Düsseldorf 2000, S. 845–857.

Büttner, Ursula, *Weimar. Die überforderte Republik 1918–1933. Leistung und Versagen in Staat, Gesellschaft, Wirtschaft und Kultur*, Stuttgart 2008.

Caesar, Wolfgang, »Vom armen Heuerling bis zum Superintendenten – die Vorfahren des Theologen Martin Niemöller«, in: *Genealogie* 64 (2015), S. 612–631.

Carenen, Caitlin, *The Fervent Embrace: Liberal Protestants, Evangelicals, and Israel*, New York 2012.

Ceadel, Martin, *Pacifism in Britain, 1914–1945. The defining of a faith*, Oxford 1980.

Chandler, Andrew, *Brethren in Adversity. Bishop George Bell, the Church of England and the crisis of German Protestantism, 1933–1939*, Woodbridge 1997.

Choi, Hyun-Beom, *Die Politische Ethik der protestantischen Theologie im 20. Jahrhundert: Karl Barth, Barmen und die koreanische evangelische Kirche*, Münster 2003.

Christophersen, Alf und Benjamin Ziemann, »Einleitung«, in: Martin Niemöller, *Gedanken über den Weg der christlichen Kirche*, Gütersloh 2019, S. 7–59.

Conrad, Walter, *Der Kampf um die Kanzeln. Erinnerungen und Dokumente aus der Hitlerzeit*, Berlin 1957.

Conway, John S., »How Shall the Nations Repent? The Stuttgart Declaration of Guilt, October 1945«, in: *Journal of Ecclesiastical History* 38 (1987), S. 596–622.

–, »The Political Theology of Martin Niemöller«, in: *German Studies Review* 9 (1986), S. 521–546.

Danker, Uwe, »Revolutionsstadt Kiel. Ausgangsort für die erste deutsche Demokratie«, in: *Demokratische Geschichte* 25 (2014), S. 285–306.

Dawsey, Jason, »After Hiroshima: Günther Anders and the History of Anti-Nuclear Critique«, in: Matthew Grant und Benjamin Ziemann (Hg.), *Understanding the Imaginary War. Culture, Thought and Nuclear Conflict, 1945–90*, Manchester 2016, S. 140–164.

De Boer, Hans A., *Unterwegs notiert. Bericht einer Weltreise. Mit einem Vorwort an den Herrn Kritiker*, Kassel 1959.

Deile, Volkmar (Hg.), *Bonn 10.10.1981. Friedensdemonstration für Abrüstung und Entspannung in Europa. Reden, Fotos*, Bornheim 1981.

Demke, Christoph, »Friedrich Siegmund-Schultze als christlicher Pazifist«, in: Heinz-Elmar Tenorth, Rolf Lindner, Frank Fechner und Jens Wietschorke (Hg.), *Friedrich Siegmund-Schultze (1885–1969). Ein Leben für Kirche, Wissenschaft und soziale Arbeit*, Stuttgart 2007, S. 103–117.

Dibelius, Otto, *Ein Christ ist immer im Dienst. Erlebnisse und Erfahrungen in einer Zeitenwende*, Stuttgart 1961.

Dienst, Karl, »Von der ›Evangelischen Landeskirche Nassau-Hessen‹ zur ›Evangelischen Kirche in Hessen und Nassau‹«, in: Manfred Gailus (Hg.), *Von der babylonischen Gefangenschaft der Kirche im Nationalen. Regionalstudien zu Protestantismus, Nationalsozialismus und Nachkriegsgeschichte 1930 bis 2000*, Berlin 2005, S. 385–417.

Dietzfelbinger, Eckart, *Die westdeutsche Friedensbewegung 1948 bis 1955. Die Protestaktionen gegen die Remilitarisierung der Bundesrepublik Deutschland*, Köln 1984.

Donat, Helmut und Karl Holl (Hg.), *Die Friedensbewegung. Organisierter Pazifismus in Deutschland, Österreich und in der Schweiz*, Düsseldorf 1983.

Donat, Helmut, »Kapitänleutnant a. D. Heinz Kraschutzki (1891–1982). Ein Offizier im Kampf für ein ›anderes‹ Deutschland«, in: Wolfram Wette unter Mitwirkung von Helmut Donat (Hg.), *Pazifistische Offiziere in Deutschland 1871–1933*, Bremen 1999, S. 338–362.

Dönitz, Karl, *Mein wechselvolles Leben*, Göttingen 1968.

Duguid-May, Melanie A., »Die ökumenische Bewegung und die Entstehung eines Weltchristentums im 20. Jahrhundert«, in: Jens Holger Schjørring, Norman A. Hjelm und Kevin Ward (Hg.), *Geschichte des globalen Christentum. Teil 3: 20. Jahrhundert*, Stuttgart 2018, S. 239–292.

Epkenhans, Michael, »Die Kaiserliche Marine 1914/15. Der Versuch der Quadratur des Kreises«, in: ders. (Hg.), *Skagerrakschlacht. Vorgeschichte, Ereignis, Verarbeitung*, München 2009, S. 113–138.

–, *Die wilhelminische Flottenrüstung 1908–1914: Weltmachtstreben, industrieller Fortschritt, soziale Integration*, München 1991.

Ericksen, Robert P., »A Radical Minority: Resistance in the German Protestant Church«, in: Francis R. Nicosia und Lawrence D. Stokes (Hg.), *Germans Against Nazism. Nonconfor-*

mity, Opposition and Resistance in the Third Reich: Essays in Honour of Peter Hoffmann, New York/Oxford 1990, S. 115–135.

–, »Church Historians, ›Profane‹ Historians, and our Odyssey since Wilhelm Niemöller«, in: *Kirchliche Zeitgeschichte* 27 (2014), S. 43–55.

–, »Wilhelm Niemöller and the Historiography of the ›Kirchenkampf‹«, in: Manfred Gailus und Hartmut Lehmann (Hg.), *Nationalprotestantische Mentalitäten. Konturen, Entwicklungslinien und Umbrüche eines Weltbildes*, Göttingen 2005, S. 433–451.

Escher, Clemens, »Geistliche im KZ Dachau«, in: Wolfgang Benz und Angelika Königseder (Hg.), *Das Konzentrationslager Dachau. Geschichte und Wirkung nationalsozialistischer Repression*, Berlin 2008, S. 301–310.

Evans, Richard J., *Das Dritte Reich*. Bd. II/1: *Diktatur*, München 2006.

Feldman, Gerald D., *The Great Disorder. Politics, Economics & Society in the German Inflation, 1914–1924*, Oxford 1993.

Fix, Karl-Heinz (Bearb.), *Die Protokolle des Rates der Evangelischen Kirche in Deutschland*. Bd. 8: *1954/55*, Göttingen 2012.

–, Carsten Nicolaisen und Ruth Pabst (Bearb.), *Handbuch der deutschen evangelischen Kirchen 1918 bis 1949: Organe – Ämter – Personen*. Bd. 2: *Landes- und Provinzialkirchen*, Göttingen 2017.

Flemming, Thomas, *Gustav W. Heinemann. Ein deutscher Citoyen. Biographie*, Essen 2013.

Forck, Bernhard H., *Und folget ihrem Glauben nach. Gedenkbuch für die Blutzeugen der Bekennenden Kirche*, Stuttgart 1949.

Forsbach, Ralf, *Alfred von Kiderlen-Wächter (1852–1912). Ein Diplomatenleben im Kaiserreich*, Göttingen 1997.

Förster, Stig, »Der Sinn des Krieges. Die deutschen Offiziere zwischen Religion und Sozialdarwinismus, 1870–1914«, in: Gerd Krumeich und Hartmut Lehmann (Hg.), *»Gott mit uns«. Nation, Religion und Gewalt im 19. und frühen 20. Jahrhundert*, Göttingen 2000, S. 193–211.

Fraenkel, Ernst, *Der Doppelstaat. Recht und Justiz im »Dritten Reich«*, Frankfurt am Main 1984.

Frei, Norbert, »Von deutscher Erfindungskraft oder: Die Kollektivschuldthese in der Nachkriegszeit«, in: *Rechtshistorisches Journal* 16 (1997), S. 621–634.

Freitag, Werner, »Nationale Mythen und kirchliches Heil. Der ›Tag von Potsdam‹«, in: *Westfälische Forschungen* 41 (1991), S. 379–430.

Fritzsche, Peter, *Life and Death in the Third Reich*, Cambridge, MA, 2008.

Gaede, Reinhard, *Kirche, Christen, Krieg und Frieden. Die Diskussion im deutschen Protestantismus während der Weimarer Zeit*, Hamburg-Bergstedt 1975.

Gaertringen, Friedrich Freiherr Hiller von und Klaus Peter Reiß (Hg.), *Die Hassell-Tagebücher 1938–1944. Aufzeichnungen vom Andern Deutschland*, Berlin 1988.

Gailus, Manfred und Hartmut Lehmann (Hg.), *Nationalprotestantische Mentalitäten. Konturen, Entwicklungslinien und Umbrüche eines Weltbildes*, Göttingen 2005.

Gailus, Manfred, »›Ein Volk – ein Reich – ein Glaube‹? Religiöse Pluralisierungen in der NS-Weltanschauungsdiktatur«, in: Friedrich Wilhelm Graf und Klaus Große Kracht (Hg.), *Europäische Religionsgeschichte im 20. Jahrhundert*, Köln 2007, S. 203–224.

–, »1933 als protestantisches Erlebnis: Emphatische Selbsttransformation und Spaltung«, in: *Geschichte und Gesellschaft* 29 (2003), S. 481–511.

–, *Friedrich Weißler. Ein Jurist und Bekennender Christ im Widerstand gegen Hitler*, Göttingen 2017.

–, *Protestantismus und Nationalsozialismus. Studien zur nationalsozialistischen Durchdringung des protestantischen Sozialmilieus in Berlin*, Köln 2001.

Gaus, Günther, *Zur Person. Portraits in Frage und Antwort*, München 1965.
Geppert, Dominik, *Pressekriege: Öffentlichkeit und Diplomatie in den deutsch-britischen Beziehungen (1896–1912)*, München 2012.
Gerlach, Wolfgang, *Als die Zeugen schwiegen. Bekennende Kirche und die Juden*, Berlin 1987.
Gerstberger, Karl, *Seekadetten-Briefe*, Berlin 1914.
Gerster, Daniel, *Friedensdialoge im Kalten Krieg. Eine Geschichte der Katholiken in der Bundesrepublik 1957–1983*, Frankfurt am Main/New York 2012.
Gestrich, Andreas, »Erziehung im Pfarrhaus«, in: Martin Greiffenhagen (Hg.), *Das evangelische Pfarrhaus. Eine Kultur- und Sozialgeschichte*, Stuttgart 1984, S. 63–82.
Geyer, Martin H., »Korruptionsdebatten in der Zeit der Revolution 1918/19: Der ›Fall Sklarz‹, das Pamphlet ›Der Rattenkönig‹ und die (Ab-)Wege des politischen Radikalismus nach dem Ersten Weltkrieg«, in: Heidrun Kämper, Peter Haslinger und Thomas Raithel (Hg.), *Demokratiegeschichte als Zäsurgeschichte. Diskurse der frühen Weimarer Republik*, Berlin 2014, S. 333–358.
Geyer, Michael, »Der Kalte Krieg, die Deutschen und die Angst. Die westdeutsche Opposition gegen Wiederbewaffnung und Kernwaffen«, in: Klaus Naumann (Hg.), *Nachkrieg in Deutschland*, Hamburg 2001, S. 267–318.
–, »Insurrectionary Warfare: The German Debate about a Levée en Masse in October 1918«, in: *Journal of Modern History* 73 (2001), S. 459–527.
–, »Resistance as Ongoing Project: Visions of Order, Obligations to Strangers, Struggles for Civil Society«, in: *Journal of Modern History* 64 (1992), Supplement, S. 217–241.
Ghosh, Peter, *Max Weber and »The Protestant Ethic«: Twin Histories*, Oxford 2014.
Gniss, Daniela, *Der Politiker Eugen Gerstenmaier 1906–1986. Eine Biographie*, Düsseldorf 2005.
Goebbels, Joseph, *Die Zeit ohne Beispiel. Reden und Aufsätze aus den Jahren 1939/40/41*, München 1941.
Gogarten, Friedrich, »Schöpfung und Volkstum«, in: *Zwischen den Zeiten* 10 (1932), S. 481–505.
–, *Wider die Ächtung der Autorität*, Jena 1930.
Goschler, Constantin, *Wiedergutmachung. Westdeutschland und die Verfolgten des Nationalsozialismus (1945–1954)*, München 1992.
Graf, Friedrich Wilhelm, »Vom Munus Propheticum Christi zum prophetischen Wächteramt der Kirche? Erwägungen zum Verhältnis von Christologie und Ekklesiologie«, in: *Zeitschrift für Evangelische Ethik* 32 (1988), S. 88–106.
–, *Der heilige Zeitgeist. Studien zur Ideengeschichte der protestantischen Theologie in der Weimarer Republik*, Tübingen 2011.
–, *Der Protestantismus. Geschichte und Gegenwart*, München 2006.
–, *Die Wiederkehr der Götter. Religion in der modernen Kultur*, München 2004.
Gräper, Friederike, »Die Deutsche Friedensgesellschaft und ihr General. Generalmajor a. D. Paul Freiherr von Schoenaich (1866–1954)«, in: Wolfram Wette unter Mitwirkung von Helmut Donat (Hg.), *Pazifistische Offiziere in Deutschland 1871–1933*, Bremen 1999, S. 201–217.
Greschat, Martin (Hg.), *Die Schuld der Kirche. Dokumente und Reflexionen zur Stuttgarter Schulderklärung vom 18./19. Oktober 1945*, München 1982.
–, (Hg.), *Im Zeichen der Schuld. 40 Jahre Stuttgarter Schuldbekenntnis. Eine Dokumentation*, Neukirchen-Vlyn 1985.
–, (Hg.), *Zwischen Widerspruch und Widerstand. Texte zur Denkschrift der Bekennenden Kirche an Hitler (1936)*, München 1987.
–, und Jochen-Christoph Kaiser (Hg.), *Die Kirchen im Umfeld des 17. Juni 1953*, Stuttgart 2003.

—, »›Er ist ein Feind dieses Staates!‹ Martin Niemöllers Aktivitäten in den Anfangsjahren der Bundesrepublik Deutschland«, in: *Zeitschrift für Kirchengeschichte* 114 (2003), S. 333–356.

—, »›Rechristianisierung‹ und ›Säkularisierung‹. Anmerkungen zu einem europäischen interkonfessionellen Interpretationsmodell«, in: Jochen-Christoph Kaiser und Anselm Doering-Manteuffel (Hg.), *Christentum und politische Verantwortung. Kirchen im Nachkriegsdeutschland*, Stuttgart 1990, S. 1–24.

—, »Kirche und Öffentlichkeit in der deutschen Nachkriegszeit«, in: *Kirchen in der Nachkriegszeit. Vier zeitgeschichtliche Beiträge*, Göttingen 1979, S. 100–124.

—, »Krieg und Kriegsbereitschaft im deutschen Protestantismus«, in: Jost Dülffer und Karl Holl (Hg.), *Bereit zum Krieg. Kriegsmentalität im Wilhelminischen Deutschland*, Göttingen 1986, S. 33–55.

—, »Martin Niemöller. Repräsentant des deutschen Protestantismus im 20. Jahrhundert«, in: *Pastoraltheologie* 81 (1992), S. 324–338.

—, »Reaktionen der evangelischen Kirche auf den 17. Juni 1953«, in: ders. und Jochen-Christoph Kaiser (Hg.), *Die Kirchen im Umfeld des 17. Juni 1953*, Stuttgart 2003, S. 85–108.

—, *Das Zeitalter der Industriellen Revolution*, Stuttgart 1980.

—, *Der deutsche Protestantismus im Revolutionsjahr 1918–19*, Witten 1974.

—, *Die evangelische Christenheit und die deutsche Geschichte nach 1945. Weichenstellungen in der Nachkriegszeit*, Stuttgart 2002.

—, *Protestantismus im Kalten Krieg. Kirche, Politik und Gesellschaft im geteilten Deutschland 1945–1963*, Paderborn 2010.

Grevelhörster, Ludger, *Münster zu Anfang der Weimarer Republik. Gesellschaft, Wirtschaft und kommunalpolitisches Handeln in der westfälischen Provinzialhauptstadt 1918 bis 1924*, Schernfeld 1993.

Gronauer, Gerhard, *Der Staat Israel im westdeutschen Protestantismus. Wahrnehmungen in Kirche und Publizistik von 1948 bis 1972*, Göttingen 2013.

Groß, Gerhard P., »Eine Frage der Ehre? Die Marineführung und der letzte Flottenvorstoß 1918«, in: Jörg Duppler und Gerhard P. Groß (Hg.), *Kriegsende 1918. Ereignis, Wirkung, Nachwirkung*, München 1999, S. 349–366.

Großbölting, Thomas, *Der verlorene Himmel. Glaube in Deutschland seit 1945*, Göttingen 2013.

Grossmann, Atina, »Grams, Calories, and Food: Languages of Victimization, Entitlement, and Human Rights in Occupied Germany, 1945–1949«, in: *Central European History* 44 (2011), S. 118–148.

Grüber, Heinrich, *Erinnerungen aus sieben Jahrzehnten*, Köln 1968.

Gümbel, Annette, »Instrumentalisierte Erinnerung an den Ersten Weltkrieg. Hans Grimms ›Volk ohne Raum‹«, in: Helmut Berding, Klaus Heller und Winfried Speitkamp (Hg.), *Krieg und Erinnerung. Fallstudien zum 19. und 20. Jahrhundert*, Göttingen 2000, S. 93–111.

Gundermann, Christine, »Widerstand als ›Brückenbauer‹. Zur Widerstandsrezeption der Aktion Sühnezeichen/Friedensdienste«, in: Siegfried Hermle und Dagmar Pöpping (Hg.), *Zwischen Verklärung und Verurteilung. Phasen der Rezeption des evangelischen Widerstandes gegen den Nationalsozialismus nach 1945*, Göttingen 2017, S. 119–135.

Gundlach, Jens, *Heinz Brunotte 1896–1984. Anpassung des Evangeliums an die NS-Diktatur. Eine biografische Studie*, Hannover 2010.

Gunkel, Markus, *Der Kampf gegen die Remilitarisierung. Friedensbewegung in Hamburg 1950 bis 1955*, Frankfurt am Main 2009.

Haefner-Hainen, Waldemar, *Der Staatsbankrott in Deutschland ist unvermeidlich. Ein ernster Mahnruf an die Nationalversammlung in Weimar*, Leipzig 1919.

Halbgewachs, Nancy Copeland, *Censorship and Holocaust Film in the Hollywood Studio System*, Ph.D., The University of New Mexico, 2011.
Halpern, Paul G., *A Naval History of World War I*, London 1994.
Hämmerle, Christa, »Ein Ort für Geheimnisse? Jugendtagebücher im 19. und 20. Jahrhundert«, in: Peter Eigner, Christa Hämmerle und Günter Müller (Hg.), *Briefe – Tagebücher – Autobiographien. Studien und Quellen für den Unterricht*, Wien 2006, S. 28–45.
Hansen, Jan, *Abschied vom Kalten Krieg? Die Sozialdemokraten und der Nachrüstungsstreit (1977–1987)*, München 2016.
Hartmannsgruber, Friedrich (Bearb.), *Die Regierung Hitler*. Bd. V: *1938*, München 2008.
Hartwig, Dieter, *Großadmiral Karl Dönitz. Legende und Wirklichkeit*, Paderborn 2010.
Hauschild, Wolf-Dieter, *Konfliktgemeinschaft Kirche. Aufsätze zur Geschichte der Evangelischen Kirche in Deutschland*, Göttingen 2004
–, »Vom ›Lutherrat‹ zur VELKD 1945–1948«, in: Joachim Mehlhausen (Hg.): *… und über Barmen hinaus. Studien zur Kirchlichen Zeitgeschichte. Festschrift für Carsten Nicolaisen*, Göttingen 1995, S. 451–470.
Heid, Ludger, *Oskar Cohn. Ein Sozialist und Zionist im Kaiserreich und in der Weimarer Republik*, Frankfurt am Main 2002.
Heidemeyer, Helge, »NATO-Doppelbeschluss, westdeutsche Friedensbewegung und der Einfluss der DDR«, in: Philipp Gassert, Tim Geiger und Hermann Wentker (Hg.), *Zweiter Kalter Krieg und Friedensbewegung. Der NATO-Doppelbeschluss in deutsch-deutscher und internationaler Perspektive*, München 2011, S. 247–267.
Hempel, Johannes, *Altes Testament und völkische Frage*, Göttingen 1931.
–, *Fort mit dem Alten Testament?*, Gießen 1932.
Henke, Klaus-Dietmar, *Geheime Dienste. Die politische Inlandsspionage der Organisation Gehlen 1946–1953*, Berlin 2018.
Henley, Grant, *Cultural Confessionalism. Literary Resistance and the Bekennende Kirche*, Oxford 2007.
Herbert, Ulrich, *Best. Biographische Studien über Radikalismus, Weltanschauung und Vernunft 1903–1989*, Bonn 1996.
–, *Geschichte Deutschlands im 20. Jahrhundert*, München 2014.
Hermle, Siegfried, *Evangelische Kirche und Judentum – Stationen nach 1945*, Göttingen 1990.
Herwig, Holger H., *Das Elitekorps des Kaisers. Marineoffiziere im Wilhelminischen Deutschland*, Hamburg 1977.
Heymel, Michael, »Martin Niemöllers Verhältnis zum Judentum. Stationen eines Lernprozesses«, in: Michael Tilly und Lothar Triebel (Hg.), *Notwendige Begegnungen. Judentum und Christentum von der Antike bis zur Gegenwart. Beiträge aus Wissenschaft, Synagoge und Kirche*, Darmstadt 2016, S. 254–268.
–, *Martin Niemöller. Vom Marineoffizier zum Friedenskämpfer*, Darmstadt 2017.
–, »Wer war Leo Stein? Spurensuche nach dem Verfasser des Buches ›I was in Hell with Niemoeller‹«, New York 1942, in: *Mitteilungen zur kirchlichen Zeitgeschichte* 5 (2011), S. 53–87.
Hirsch, Emanuel, »Etwas von der christlichen Stellung zum Alten Testament«, in: *Glaube und Volk. Christliche-deutsche Monatsschrift*, Heft 1, 1932, S. 7–10, 20–23.
Höck, Michael, »Nec laudibus nec timore. Mit Abt Corbinian Hofmeister im KZ Dachau«, in: *Beiträge zur Geschichte des Bistums Regensburg* 15 (1981), S. 363–366.
Hockenos, Matthew D., »Martin Niemöller, the Cold War, and his Embrace of Pacifism, 1945–1955«, in: *Kirchliche Zeitgeschichte* 27 (2014), S. 87–101.
–, *A Church Divided: German Protestants Confront the Nazi Past*, Bloomington 2004.

–, »Pastor Martin Niemöller, German Protestantism, and German National Identity, 1933–1937«, in: John Carter Wood (Hg.), *Christianity and National Identity in Twentieth-Century Europe Conflict, Community, and the Social Order*, Göttingen 2016, S. 113–130.

–, *Then They Came for Me: Martin Niemöller, the Pastor Who Defied the Nazis*, New York 2018.

Hockerts, Hans-Günter, »Konfessionswechsel im Dritten Reich. Zahlenbilder und Fallbeispiele in typologischer Absicht«, in: Siegfried Hermle und Hans Maier (Hg.), *Konvertiten und Konversionen*, Annweiler 2010, S. 149–165.

Holl, Karl, *Pazifismus in Deutschland*, Frankfurt am Main 1988.

Hölscher, Lucian (Hg.), *Datenatlas zur religiösen Geographie im protestantischen Deutschland. Von der Mitte des 19. Jahrhunderts bis zum Zweiten Weltkrieg*, 4 Bde., Berlin 2001.

–, *Geschichte der protestantischen Frömmigkeit in Deutschland*, München 2005.

Holtfrerich, Carl-Ludwig, *Die deutsche Inflation 1914–1923. Ursachen und Folgen in internationaler Perspektive*, Berlin/New York 1980.

Holz, Klaus, *Nationaler Antisemitismus. Wissenssoziologie einer Weltanschauung*, Hamburg 2001.

Honecker, Martin, »Das Problem der Eigengesetzlichkeit«, in: *Zeitschrift für Theologie und Kirche* (1976), S. 92–130.

Horn, Eva, »The Apocalyptic Fiction. Shaping the Future in the Cold War«, in: Matthew Grant und Benjamin Ziemann (Hg.), *Understanding the Imaginary War. Culture, Thought and Nuclear Conflict, 1945–90*, Manchester 2016, S. 30–50.

Höß, Rudolf, *Kommandant in Auschwitz. Autobiographische Aufzeichnungen*, München 1992, hg. von Martin Broszat.

Hübinger, Gangolf, »Sakralisierung der Nation und Formen des Nationalismus im deutschen Protestantismus«, in: Gerd Krumeich und Hartmut Lehmann (Hg.), *»Gott mit uns«. Nation, Religion und Gewalt im 19. und frühen 20. Jahrhundert*, Göttingen 2000, S. 234–247.

Hull, Isabel, *A Scrap of Paper. Breaking and Making International Law during the Great War*, Ithaca/London 2014.

Inacker, Michael J., *Zwischen Transzendenz, Totalitarismus und Demokratie. Die Entwicklung des kirchlichen Demokratieverständnisses von der Weimarer Republik bis zu den Anfängen der Bundesrepublik 1918–1959*, Neukirchen-Vluyn 1994.

Jacobs, Manfred, »Die evangelisch-theologische Fakultät der Universität Münster 1914–1933«, in: Wilhelm H. Neuser (Hg.), *Die Evangelisch-Theologische Fakultät Münster 1914 bis 1989*, Bielefeld 1991, S. 42–71.

Janz, Oliver, *Bürger besonderer Art. Evangelische Pfarrer in Preußen 1850–1914*, Berlin 1994.

Jasper, Ronald C.D., *George Bell, Bishop of Chichester*, London 1967.

Jentzsch, Christian, *Vom Kadetten bis zum Admiral. Das britische und das deutsche Seeoffizierkorps 1871 bis 1914*, München 2018.

Johnson, Alex, *Eivind Berggrav. Mann der Spannung*, Göttingen 1960.

Jordan, Hermann, *Von deutscher Not und deutscher Zukunft. Gedanken und Aufsätze*, Leipzig/Erlangen 1922.

Jorde, Fritz, *Bilder aus dem alten Elberfeld. Nach Quellen entworfen*, Elberfeld 1900.

Jürgens-Kirchhoff, Annegret, »›Artists against Nuclear War‹ (1958–1962). A Touring Exhibition at the Time of the Cold War«, in: Benjamin Ziemann (Hg.), *Peace Movements in Western Europe, Japan and the USA during the Cold War*, Essen 2007, S. 211–236.

Kaiser, Jochen Christoph, *Sozialer Protestantismus im 20. Jahrhundert. Beiträge zur Geschichte der Inneren Mission 1914–1945*, München 1989.

–, »Die Diakonie als subsidiärer Träger des Sozialstaats der Weimarer Republik«, in: Traugott Jähnichen (Hg.), *Protestantismus und Soziale Frage. Profile in der Zeit der Weimarer Republik*, Münster 2000, S. 113–128.

—, »Die Formierung des protestantischen Milieus. Konfessionelle Vergesellschaftung im 19. Jahrhundert«, in: Olaf Blaschke und Frank-Michael Kuhlemann (Hg.), *Religion im Kaiserreich. Milieus – Mentalitäten – Krisen*, Gütersloh 1996, S. 257–289.

—, *Evangelische Kirche und sozialer Staat. Diakonie im 19. und 20. Jahrhundert*, Stuttgart 2008.

Kampmann, Jürgen, »Bekenntnispfarrer, Archivar und Geschichtsschreiber: Wilhelm Niemöller zwischen Weltwirtschaftskrise und Wirtschaftswunder«, in: Reimund Haas (Hg.), *Fiat voluntas tua. Theologe und Historiker, Priester und Professor. Festschrift zum 65. Geburtstag von Harm Klueting*, Münster 2014, S. 467–485.

Kant, Horst und Jürgen Renn, *Eine utopische Episode – Carl Friedrich von Weizsäcker in den Netzwerken der Max-Planck-Gesellschaft*, Berlin 2013.

Karl Barth – Charlotte von Kirschbaum. Briefwechsel. Bd. 1: 1925–1935, Zürich 2008, hg. von Rolf-Joachim Erler.

Karnick, Hannes und Wolfgang Richter (Hg.), *Protestant. Das Jahrhundert des Pastors Niemöller*, Frankfurt am Main 1992.

Kater, Michael, »Die ›Technische Nothilfe‹ im Spannungsfeld von Arbeiterunruhen, Unternehmerinteressen und Parteipolitik«, in: *Vierteljahrshefte für Zeitgeschichte* 27 (1979), S. 30–78.

Kaufmann, Thomas, »Der Berliner Kirchenhistoriker Erich Seeberg als nationalsozialistischer Theologiepolitiker«, in: Manfred Gailus (Hg.), *Täter und Komplizen in Theologie und Kirchen 1933–1945*, Göttingen 2015, S. 216–243.

Kershaw, Ian, *Der NS-Staat. Geschichtsinterpretationen und Kontroversen im Überblick*, Reinbek 1994.

Kersting, Andreas, *Kirchenordnung und Widerstand. Der Kampf um den Aufbau der Bekennenden Kirche der altpreußischen Union aufgrund des Dahlemer Notrechts von 1934 bis 1937*, München 1994.

Knabe, Hubertus, *Die Unterwanderte Republik. Stasi im Westen*, Berlin 1999.

Knauth, Percy, *Germany in Defeat*, New York 1946.

Koop, Volker, *In Hitlers Hand. Sonder- und Ehrenhäftlinge der SS*, Köln/Weimar/Wien 2010.

Kotze, Hildegard von (Hg.), *Heeresadjutant bei Hitler 1938–1943. Aufzeichnungen des Majors Engel*, Stuttgart 1974.

Kramer, Helmut, »Die justizielle Verfolgung der westdeutschen Friedensbewegung in der frühen Bundesrepublik«, in: Detlef Bald und Wolfram Wette (Hg.), *Friedensinitiativen in der Frühzeit des Kalten Krieges 1945–1955*, Essen 2010, S. 49–62.

Kreutzer, Heike, *Das Reichskirchenministerium im Gefüge der nationalsozialistischen Herrschaft*, Düsseldorf 2000.

Kroener, Bernhard R., »Die personellen Ressourcen des Dritten Reiches im Spannungsfeld zwischen Wehrmacht, Bürokratie und Kriegswirtschaft 1939–1942«, in: *Das Deutsche Reich und der Zweite Weltkrieg*, Bd. 5.1, Stuttgart 1988, S. 691–1001.

Kroll, Thomas, »Der Linksprotestantismus in der Bundesrepublik Deutschland der 1960er und 1970er Jahre. Helmut Gollwitzer, Dorothee Sölle und Jürgen Moltmann«, in: Thomas Kroll und Tilman Reitz (Hg.), *Intellektuelle in der Bundesrepublik Deutschland. Verschiebungen im politischen Feld in den 1960er und 1970er Jahren*, Göttingen 2013, S. 103–122.

Krüger, Gerd, »*Treudeutsch allewege!« Gruppen, Vereine und Verbände der Rechten in Münster (1887–1929/30)*, Münster 1992.

Kuhlemann, Frank-Michael, »Protestantische ›Traumatisierungen‹. Zur Situationsanalyse nationaler Mentalitäten in Deutschland 1918/19 und 1945/46«, in: Manfred Gailus und Hartmut Lehmann (Hg.), *Nationalprotestantische Mentalitäten. Konturen, Entwicklungslinien und Umbrüche eines Weltbildes*, Göttingen 2005, S. 45–78.

Kühne, Thomas (Hg.), *Von der Kriegskultur zur Friedenskultur? Zum Mentalitätswandel in Deutschland seit 1945*, Hamburg 2000.

–, *Kameradschaft. Die Soldaten des nationalsozialistischen Krieges und das 20. Jahrhundert*, Göttingen 2006.

Kunkel, Karl, »›Geheime Staatspolizei – Sie sind verhaftet!‹ Tagebuchaufzeichnungen des Sonderhäftlings Karl Kunkel«, in: *Ermlandbuch* 116 (1983), S. 40–113.

Künneth, Walter, *Lebensführungen. Der Wahrheit verpflichtet*, Wuppertal 1979.

Kunter, Katharina, und Annegreth Schilling (Hg.), *Globalisierung der Kirchen. Der Ökumenische Rat der Kirchen und die Entdeckung der Dritten Welt in den 1960er und 1970er Jahren*, Göttingen 2014.

–, und Annegreth Schilling, »›Der Christ fürchtet den Umbruch nicht‹. Der Ökumenische Rat der Kirchen im Spannungsfeld von Dekolonisierung, Entwestlichung und Politisierung«, in: Katharina Kunter und Annegreth Schilling (Hg.), *Globalisierung der Kirchen. Der Ökumenische Rat der Kirchen und die Entdeckung der Dritten Welt in den 1960er und 1970er Jahren*, Göttingen 2014, S. 77–88.

Kunze, Rolf-Ulrich, *Theodor Heckel (1894–1967). Eine Biographie*, Stuttgart 1997.

Kuropka, Joachim, »Auf dem Weg in die Diktatur. Politik und Gesellschaft in der Provinzialhauptstadt Münster 1929 bis 1934«, in: *Westfälische Zeitschrift* 134 (1984), S. 154–199.

Lahusen, Benjamin, »Klassenjustiz und Heimatfront«, in: Norbert Frei (Hg.), *Wie bürgerlich war der Nationalsozialismus?*, Göttingen 2018, S. 243–260.

Lammersdorf, Raimund, »Verantwortung und Schuld. Deutsche und amerikanische Antworten auf die Schuldfrage, 1945–1947«, in: Heinz Bude und Bernd Greiner (Hg.), *Westbindungen. Amerika in der Bundesrepublik*, Hamburg 1999, S. 231–256.

Langewiesche, Dieter, *Nationalismus im 19. und 20. Jahrhundert. Zwischen Partizipation und Aggression*, Bonn 1994.

Lawson, Tom, *The Church of England and the Holocaust. Christianity, Memory and Nazism*, Woodbridge 2006.

Lehmann, Hartmut, »Friedrich von Bodelschwingh und das Sedanfest«, in: *Historische Zeitschrift* 203 (1966), S. 542–573.

Lepp, Claudia mit Klaus Fitschen, Siegfried Hermle, Katharina Kunter und Antje Roggenkamp (Hg.) *Die Politisierung des Protestantismus. Entwicklungen in der Bundesrepublik während der 1960er und 70er Jahre*, Göttingen 2011.

Lepp, Claudia, »Helmut Gollwitzer als Dialogpartner der sozialen Bewegungen«, in: Siegfried Hermle, Claudia Lepp und Harry Oelke (Hg.), *Umbrüche. Der deutsche Protestantismus und die sozialen Bewegungen in den 1960er und 70er Jahren*, Göttingen 2007, S. 226–246.

–, *Tabu der Einheit? Die Ost-West Gemeinschaft der evangelischen Christen und die deutsche Teilung (1945–1969)*, Göttingen 2005.

Leugers-Scherzberg, August-Hermann, »Latente Kulturkampfstimmung im wilhelminischen Kaiserreich. Konfessionelle Polemik als konfessions- und innenpolitisches Kampfmittel«, in: Johannes Horstmann (Hg.), *Die Verschränkung von Innen-, Konfessions- und Kolonialpolitik im Deutschen Reich vor 1914*, Schwerte 1987, S. 13–37.

Lidtke, Vernon L., *The Alternative Culture. Socialist Labour Movement in Imperial Germany*, New York 1985.

Lippmann, Andreas, *Marburger Theologie im Nationalsozialismus*, Berlin 2003.
Lohalm, Uwe, *Völkischer Radikalismus. Die Geschichte des Deutschvölkischen Schutz- und Trutz-Bundes 1919–1923*, Hamburg 1970.
Lorenz, Robert, *Protest der Physiker. Die Göttinger Erklärung von 1957*, Bielefeld 2011.
Löwenthal, Richard, »Widerstand im totalen Staat«, in: ders. und Patrik von zur Mühlen (Hg.), *Widerstand und Verweigerung in Deutschland 1933 bis 1945*, Berlin/Bonn 1984, S. 11–24.
Ludwig, Hartmut, »Karl Barths Dienst der Versöhnung. Zur Vorgeschichte des Stuttgarter Schuldbekenntnisses«, in: *Zur Geschichte des Kirchenkampfes. Gesammelte Aufsätze II*, Göttingen 1971, S. 265–326.
Luhmann, Niklas, *Schriften zur Pädagogik*, Frankfurt am Main 2004.
Marcuse, Harold, »The Origin and Reception of Martin Niemöller's Quotation ›First They Came for the Communists …‹«, in: Michael Berenbaum, Richard Libowitz und Marcia Sachs Littell (Hg.), *Remembering for the Future: Armenia, Auschwitz, and Beyond*, St. Paul 2016, S. 173–199.
–, *Legacies of Dachau. The Uses and Abuses of a Concentration Camp, 1933–2001*, Cambridge 2001.
Markschies, Christoph, »St. Martin II«, in: Christoph Markschies und Hubert Wolf (Hg.), *Erinnerungsorte des Christentums*, München 2010, S. 679–686.
Marsh, Charles, *Strange Glory: A Life of Dietrich Bonhoeffer*, New York 2014.
Martin Niemöller und sein Bekenntnis, hg. vom Schweizerischen Evangelischen Hilfswerk für die Bekennende Kirche in Deutschland, 8. Aufl., Zollikon 1939.
Meier, Kurt, »Die zeitgeschichtliche Bedeutung volkskirchlicher Konzeptionen im deutschen Protestantismus zwischen 1918 und 1945«, in: Carsten Nicolaisen (Hg.), *Nordische und deutsche Kirchen im 20. Jahrhundert. Referate auf der Internationalen Arbeitstagung in Sandbjerg/Dänemark 1981*, Göttingen 1982, S. 165–197.
–, *Der evangelische Kirchenkampf.* Bd. I: *Der Kampf um die Reichskirche*, Halle an der Saale 1976.
–, *Der evangelische Kirchenkampf.* Bd. II: *Gescheiterte Neuordnungsversuche im Zeichen staatlicher »Rechtshilfe«*, 2. Aufl., Göttingen 1984.
–, *Kirche und Judentum. Die Haltung der evangelischen Kirche zur Judenpolitik des Dritten Reiches*, Halle an der Saale 1968.
Meinecke, Friedrich, *Die deutsche Katastrophe. Betrachtungen und Erinnerungen*, Wiesbaden 1947.
Mergel, Thomas, »Führer, Volksgemeinschaft und Maschine. Politische Erwartungsstrukturen in der Weimarer Republik und dem Nationalsozialismus 1918–1936«, in: Wolfgang Hardtwig (Hg.), *Politische Kulturgeschichte der Zwischenkriegszeit 1918–1939*, Göttingen 2005, S. 91–127.
Meyer, Diethard, »›Wir haben keine Zeit zu warten.‹ Der Briefwechsel zwischen Elisabeth Schmitz und Karl Barth in den Jahren 1934–1966«, in: *Kirchliche Zeitgeschichte* 22 (2009), S. 328–374.
Meyer, Helga, *Women's Campaign against West German Rearmament, 1949–1953*, Ann Arbor 1989.
Möller, Ulrich, *Im Prozeß des Bekennens. Brennpunkte der kirchlichen Atomwaffendiskussion im deutschen Protestantismus 1957–1962*, Neukirchen-Vluyn 1999.
Molthagen, Dietmar, *Das Ende der Bürgerlichkeit? Liverpooler und Hamburger Bürgerfamilien im Ersten Weltkrieg*, Göttingen 2007.
Mommsen, Hans, »Der lange Schatten der untergehenden Republik. Zur Kontinuität poli-

tischer Denkhaltungen von der späten Weimarer zur frühen Bundesrepublik«, in: ders., *Der Nationalsozialismus und die deutsche Gesellschaft*, Reinbek 1991, S. 362–404.
–, »Regierung ohne Parteien. Konservative Pläne zum Verfassungsumbau am Ende der Weimarer Republik«, in: Heinrich August Winkler (Hg.), *Weimar im Widerstreit. Deutungen der ersten deutschen Republik im geteilten Deutschland*, München 2002, S. 1–18.
Mommsen, Wolfgang J., »Die nationalgeschichtliche Umdeutung der christlichen Botschaft im Ersten Weltkrieg«, in: Gerd Krumeich und Hartmut Lehmann (Hg.), *»Gott mit uns«. Nation, Religion und Gewalt im 19. und frühen 20. Jahrhundert*, Göttingen 2000, S. 249–261.
–, *Der autoritäre Nationalstaat. Verfassung, Gesellschaft und Kultur des deutschen Kaiserreiches*, Frankfurt am Main 1990.
Müller, Sven Oliver, *Die Nation als Waffe und Vorstellung. Nationalismus in Deutschland und Großbritannien im Ersten Weltkrieg*, Göttingen 2002.
Murken, Jens, »Der Kampf um das Kirchenkampfarchiv – oder: Wie die Barmer Theologische Erklärung nach Bielefeld kam«, in: ders., (Hg.), *»Ein kirchengeschichtliches Ereignis«. 75 Jahre Barmer Theologische Erklärung*, Bielefeld 2012, S. 185–191.
–, *Die evangelischen Gemeinden in Westfalen. Ihre Geschichte von den Anfängen bis zur Gegenwart. Bd. 2: Ibbenbüren bis Rünthe*, Bielefeld 2017.
Nägler, Frank, »Operative und strategische Vorstellungen der Kaiserlichen Marine vor dem Ersten Weltkrieg«, in: Michael Epkenhans (Hg.), *Skagerrakschlacht. Vorgeschichte, Ereignis, Verarbeitung*, München 2009, S. 19–56.
Nehring, Holger und Benjamin Ziemann, »Do all Paths Lead to Moscow? The NATO Dual-Track Decision and the Peace Movement – A Critique«, in: *Cold War History* 12 (2012), S. 1–24.
–, *Politics of Security. British and West German Protest Movements and the Early Cold War, 1945–1970*, Oxford 2013.
Neumann, Maria, *Religion in der geteilen Stadt. Religiöse Vergesellschaftung und Kalter Krieg in Berlin*, phil. Diss. HU Berlin 2019.
Neumann, Peter, *Die Jungreformatorische Bewegung*, Göttingen 1971.
Nicolaisen, Carsten und Nora Andrea Schulze (Bearb.), *Die Protokolle des Rates der Evangelischen Kirche in Deutschland. Bd. 1: 1945/46*, Göttingen 1995.
Nicolaisen, Carsten, »Die Stellung der ›Deutschen Christen‹ zum Alten Testament«, in: *Zur Geschichte des Kirchenkampfes. Gesammelte Aufsätze II*, Göttingen 1971, S. 197–220.
–, *Der Weg nach Barmen. Die Entstehungsgeschichte der Theologischen Erklärung von 1934*, Neukirchen-Vluyn 1985.
Niemoeller-von Sell, Sibylle, *Zu neuen Ufern lockt ein neuer Tag. Erinnerungen II*, Berlin 1994.
Niemöller, Gerhard (Bearb.), *Die erste Bekenntnissynode der Deutschen Evangelischen Kirche zu Barmen. Bd. 1: Geschichte, Kritik und Bedeutung der Synode und ihrer theologischen Erklärung*, Göttingen 1959.
– (Bearb.), *Die erste Bekenntnissynode der Deutschen Evangelischen Kirche zu Barmen. Bd. 2: Text, Dokumente, Berichte*, Göttingen 1959.
Niemöller, Jan, *Erkundung gegen den Strom 1952. Martin Niemöller reist nach Moskau. Eine Dokumentation*, Stuttgart 1988.
Nipperdey, Thomas, *Deutsche Geschichte 1866–1918. Bd. 1: Arbeitswelt und Bürgergeist*, München 1990.
–, *Deutsche Geschichte 1866–1918. Bd. 2: Machtstaat vor der Demokratie*, München 1992.
–, *Religion im Umbruch. Deutschland 1870–1918*, München 1988.

Norden, Günther van, »Martin Niemöller im Kalten Krieg«, in: Hermann Düringer und Martin Stöhr (Hg.), *Martin Niemöller im Kalten Krieg. Die Arbeit für Frieden und Gerechtigkeit damals und heute*, Frankfurt am Main 2001, S. 47–73.
–, »Widerstand im deutschen Protestantismus 1933–1945«, in: Christoph Kleßmann und Falk Pingel (Hg.), *Gegner des Nationalsozialismus. Wissenschaftler und Widerstandskämpfer auf der Suche nach historischer Wirklichkeit*, Frankfurt am Main 1980, S. 103–125.
Noss, Peter, *Martin Albertz (1883–1956). Eigensinn und Konsequenz*, Neukirchen-Vluyn 2001.
Nowak, Kurt, »Kirche und Widerstand gegen den Nationalsozialismus in Deutschland. Erwägungen zu einem Forschungsproblem der kirchlichen Zeitgeschichtsschreibung unter besonderer Berücksichtigung des Luthertums«, in: Carsten Nicolaisen (Hg.), *Nordische und deutsche Kirchen im 20. Jahrhundert. Referate auf der Internationalen Arbeitstagung in Sandbjerg/Dänemark 1981*, Göttingen 1982, S. 228–270.
–, *Evangelische Kirche und Weimarer Republik. Zum politischen Weg des deutschen Protestantismus zwischen 1918 und 1932*, 2. Aufl., Göttingen 1988.
Oboth, Jens, *Pax Christi Deutschland im Kalten Krieg 1945–1957. Gründung, Selbstverständnis und »Vergangenheitsbewältigung«*, Paderborn 2017.
Opitz, Günter, *Der Christlich-soziale Volksdienst. Versuch einer protestantischen Partei in der Weimarer Republik*, Düsseldorf 1969.
Oppenheimer, Andrew, »By Any Means Necessary? West German Pacifism and the Politics of Solidarity, 1945–1974«, in: Benjamin Ziemann (Hg.), *Peace Movements in Western Europe, Japan and the USA during the Cold War*, Essen 2007, S. 41–60.
Palm, Dirk, *»Wir sind doch Brüder!« Der evangelische Kirchentag und die deutsche Frage 1949–1961*, Göttingen 2002.
Permien, Andreas, *Protestantismus und Wiederbewaffnung 1950–1955. Die Kritik in der Evangelischen Kirche im Rheinland und der Evangelischen Kirche von Westfalen an Adenauers Wiederbewaffnungspolitik*, Köln 1994.
Peter, Karen (Bearb.), *NS-Presseanweisungen der Vorkriegszeit. Edition und Dokumentation*. Bd. 7/I: *1939, Quellentexte Januar bis April*, München 2001.
– (Bearb.), *NS-Presseanweisungen der Vorkriegszeit. Edition und Dokumentation*. Bd. 7/II: *1939, Quellentexte Mai bis August*, München 2001.
Peter, Karl H., *Seeoffizieranwärter. Ihre Ausbildung von 1848 bis heute*, Mürwik 1969 online: <www.pkgodzik.de/fileadmin/user_upload/Geschichte_und_Politik/Karl_Peter__Seeoffizieranwaerter.pdf> [24.10.2018].
Pfennigsdorf, Oskar, *Praktisches Christentum im Rahmen des kleinen Katechismus Luthers*. Teil 1, 3. Aufl., Schwerin 1910.
Pisarski, Angelika, *Um nicht schweigend zu sterben. Gespräche mit Überlebenden aus Konzentrationslagern*, München 1989.
Pöppinghege, Rainer, *Absage an die Republik. Das politische Verhalten der Studentenschaft der Westfälischen Wilhelms-Universität Münster 1918–1935*, Münster 1994.
Posener, Julius, *In Deutschland 1945–1946*, Berlin 2001.
Pyta, Wolfram, *Hindenburg. Herrschaft zwischen Hohenzollern und Hitler*, Berlin 2007.
Rahn, Werner, »Die Kaiserliche Marine und der Erste Weltkrieg«, in: Stephan Huck (Hg.), *Ringelnatz als Mariner im Krieg 1914–1918*, Bochum 2003, S. 39–89.
Rangliste der Kaiserlich Deutschen Marine für das Jahr 1910–1914, Berlin 1910–1914.
Reese, Hans-Jörg, *Bekenntnis und Bekennen. Vom 19. Jahrhundert zum Kirchenkampf der nationalsozialistischen Zeit*, Göttingen 1974.
Reichmann, Hans, *Deutscher Bürger und verfolgter Jude. Novemberpogrom und KZ Sachsenhausen 1937 bis 1939*, München 1998, hg. von Michael Wildt.

Rendtorff, Trutz, *Theorie des Christentums. Historisch-theologische Studien zu einer neuzeitlichen Verfassung*, Gütersloh 1972.
Renz, Ulrich (Bearb.), *Der Fall Niemöller. Ein Briefwechsel zwischen Georg Elsers Mutter und dem Kirchenpräsidenten*, Herbrechtingen 2002.
Reuth, Ralf Georg (Hg.), *Joseph Goebbels Tagebücher 1924–1945*, 5 Bde., München 1992.
Reynolds, Justin, »From Christian Anti-Imperialism to Postcolonial Christianity: M. M. Thomas and the ecumenical theology of communism in the 1940s and 1950s«, in: *Journal of Global History* 13 (2018), S. 230–251.
Richardi, Hans-Günter, *SS-Geiseln in der Alpenfestung. Die Verschleppung prominenter KZ-Häftlinge aus Deutschland nach Südtirol*, Bozen 2005.
Riedel, Dirk, »Der ›Wildpark‹ im KZ Dachau und das Außenlager St. Gilgen. Zwangsarbeit auf den Baustellen des KZ-Kommandanten Loritz«, in: *Dachauer Hefte* 16 (2000), S. 54–70.
–, *Kerker im KZ Dachau. Die Geschichte der drei Bunkerbauten*, Dachau 2002.
Robbins, Keith, »Martin Niemöller, the German Church Struggle and English Opinion«, in: *Journal of Ecclesiastical History* 21 (1970), S. 149–170.
Roggelin, Holger, *Franz Hildebrandt. Ein lutherischer Dissenter im Kirchenkampf und Exil*, Göttingen 1999.
Rohe, Karl, *Wahlen und Wählertraditionen in Deutschland*, Frankfurt am Main 1992.
Röhm, Eberhard und Jörg Thierfelder, »Ein langer Weg von Breslau nach New York. Der Flüchtlingspfarrer Friedrich Forell«, in: Joachim Mehlhausen (Hg.), *… und über Barmen hinaus. Studien zur Kirchlichen Zeitgeschichte. Festschrift für Carsten Nicolaisen*, Göttingen 1995, S. 376–385.
Roper, Lyndal, *Der Mensch Martin Luther. Eine Biographie*, Frankfurt am Main 2016.
Rosenberg, Alfred, *Der Mythus des 20. Jahrhunderts. Eine Wertung der seelisch-geistigen Gestaltenkämpfe unserer Zeit*, 33.–34. Aufl., München 1934.
Rucht, Dieter, »Peace Movements in Context: A Sociological Perspective«, in: Benjamin Ziemann (Hg.), *Peace Movements in Western Europe, Japan and the USA during the Cold War*, Essen 2007, S. 271–283.
Rudolph, Hartmut, *Evangelische Kirche und Vertriebene 1945 bis 1972*. Bd. I: *Kirchen ohne Land. Die Aufnahme von Pfarrern und Gemeindegliedern aus dem Osten im westlichen Nachkriegsdeutschland: Nothilfe, Seelsorge, kirchliche Eingliederung*, Göttingen 1984.
Rüger, Jan, *The Great Naval Game. Britain and Germany in the Age of Empire*, Cambridge 2009.
Rupp, Hans Karl, *Außerparlamentarische Opposition in der Ära Adenauer: Der Kampf gegen die Atombewaffnung in den fünfziger Jahren. Eine Studie zur innenpolitischen Entwicklung der BRD*, Köln 1970.
Rusterholz, Heinrich, »… als ob unseres Nachbarn Haus nicht in Flammen stünde«. *Paul Vogt, Karl Barth und das Schweizerische evangelische Hilfswerk für die Bekennende Kirche Deutschland 1937–1947*, Zürich 2015.
Sachse, Hannelore, *Esther von Kirchbach (1894–1946). »Mutter einer ganzen Landeskirche«. Eine sächsische Pfarrfrau in der ersten Hälfte des 20. Jahrhunderts*, phil. Diss. Oldenburg 2009 (Ms.).
Sandhofer, Gerd, »Dokumente zum militärischen Werdegang des Großadmirals Dönitz«, in: *Militärgeschichtliche Mitteilungen* 1/1967, S. 59–81.
Sandvoß, Hans-Rainer, »*Es wird gebeten, die Gottesdienste zu überwachen.« Religionsgemeinschaften in Berlin zwischen Anpassung, Selbstbehauptung und Widerstand von 1933 bis 1945*, Berlin 2014.

Schäberle-Koenigs, Gerhard, *Und sie waren täglich einmütig beieinander. Der Weg der Bekennenden Gemeinde Berlin/Dahlem in den Jahren 1937–1943 mit Helmut Gollwitzer*, Gütersloh 1998.
Schäfer, Theodor, *Praktisches Christentum. Vorträge aus der Inneren Mission*, Gütersloh 1910.
Scheerer, Thomas, »Die Marineoffiziere der Kaiserlichen Marine im Ersten Weltkrieg«, in: Werner Rahn (Hg.), *Deutsche Marinen im Wandel: Vom Symbol nationaler Einheit zum Instrument internationaler Sicherheit*, München 2005, S. 270–285.
–, *Die Marineoffiziere der Kaiserlichen Marine. Sozialisation und Konflikte*, Diss. Hamburg 1993.
Schildt, Axel, »›Atomzeitalter‹ – Gründe und Hintergründe der Proteste gegen die atomare Bewaffnung der Bundeswehr Ende der fünfziger Jahre«, in: *»Kampf dem Atomtod!« Die Protestbewegung 1957/58 in zeithistorischer und gegenwärtiger Perspektive*, München/Hamburg 2009, S. 39–56.
Schilling, René, *»Kriegshelden«. Deutungsmuster heroischer Männlichkeit in Deutschland 1813–1945*, Paderborn 2002.
Schmidt, Dietmar, *Martin Niemöller. Eine Biographie*, Stuttgart 1983.
Schmidt, Jürgen, *Martin Niemöller im Kirchenkampf*, Hamburg 1971.
Schmidt, Kurt Dietrich (Hg.), *Dokumente des Kirchenkampfes*. Bd. 2. *Die Zeit des Reichskirchenausschusses 1935–1937. Erster Teil: 1935–28. Mai 1936*, Göttingen 1964.
Schmidt, William J., »Samuel McCrea Cavert: American Bridge to the German Church 1945–1946, in: *Journal of Presbyterian History* 51 (1973), S. 3–23.
Schneider, Burkhart (Bearb.), *Die Briefe Pius' XII. an die deutschen Bischöfe. 1939–1944*, Mainz 1966.
Schneider, Reinhold, *Verhüllter Tag*, Köln 1954.
Schneider, Thomas M., *Reichsbischof Ludwig Müller. Eine Untersuchung zu Leben, Werk und Persönlichkeit*, Göttingen 1993.
Scholder, Klaus, »Politischer Widerstand oder Selbstbehauptung als Problem der Kirchenleitungen«, in: Jürgen Schmädeke und Peter Steinbach (Hg.), *Der Widerstand gegen den Nationalsozialismus: Die deutsche Gesellschaft und der Widerstand gegen Hitler*, München/Zürich 1985, S. 254–264.
–, *Die Kirchen und das Dritte Reich*. Bd. 1: *Vorgeschichte und Zeit der Illusion 1918–1934*, München 2000.
–, *Die Kirchen und das Dritte Reich*. Bd. 2: *Das Jahr der Ernüchterung. 1934, Barmen und Rom*, Frankfurt am Main/Berlin 1988.
Schreiber, Matthias, *Martin Niemöller*, 2. Aufl., Reinbek bei Hamburg 2008.
Schrey, Horst, »›Politische Theologie‹ und ›Theologie der Revolution‹: Die Rezeption des Neomarxismus durch die Theologie«, in: *Theologische Rundschau* 36 (1971), S. 346–377 und 37 (1972), S. 43–77.
Schröder, Joachim, *Die U-Boote des Kaisers. Die Geschichte des deutschen U-Boot-Krieges gegen Großbritannien im Ersten Weltkrieg*, Bonn 2003.
Schubert, Jan, *Willem Adolph Visser 't Hooft (1900–1985). Ökumene und Europa*, Göttingen 2017.
Schulze, Hagen, *Otto Braun oder Preußens demokratische Sendung*, Frankfurt am Main/Berlin/Wien 1977.
Schwerin-Krosigk, Lutz von, *Es geschah in Deutschland. Menschenbilder unseres Jahrhunderts*, 3. Aufl., Tübingen 1952.
Seeberg, Reinhold, *Was sollen wir denn tun? Erwägungen und Hoffnungen*, Leipzig 1915.
Seidel, J. Jürgen, *»Neubeginn« in der Kirche? Die evangelischen Landes- und Provinzialkirchen in der SBZ/DDR im gesellschaftlichen Kontext der Nachkriegszeit (1945–1953)*, Göttingen 1989.

Sellin, Ernst, *Abschaffung des Alten Testaments?*, Berlin/Leipzig 1932.
Seraphim, Hans-Günther (Hg.), *Das politische Tagebuch Alfred Rosenbergs 1934/1935 und 1939/1940*, München 1964.
Sieck, Annerose und Jörg-Rüdiger Sieck, *Die U-Bootfahrer und das Ehrenmal in Möltenort. Von der Kaiserzeit bis in die Gegenwart*, Heikendorf 2006.
Siegele-Wenschkewitz, Leonore, »Auseinandersetzungen mit einem Stereotyp. Die Judenfrage im Leben Martin Niemöllers«, in: Ursula Büttner (Hg.), *Die Deutschen und die Judenverfolgung im Dritten Reich*, Hamburg 1992, S. 293–319.
Sigler, Sebastian, »Hans Koch – ein deutsches Schicksal im Widerstand«, in: *Einst und Jetzt* 57 (2012), S. 339–350.
Silomon, Anke (Bearb.), *Die Protokolle des Rates der evangelischen Kirche in Deutschland*. Bd. 4: *1950*, Göttingen 2007.
Smid, Marikje, *Deutscher Protestantismus und Judentum 1932/1933*, Gütersloh 1990.
Smith-von Osten, Annemarie, *Von Treysa 1945 bis Eisenach 1948. Zur Geschichte der Grundordnung der Evangelischen Kirche in Deutschland*, Göttingen 1980.
Spankeren, Reinhard van, »Repräsentant des sozialen Protestantismus? Die westfälische Innere Mission und ihr erster hauptamtlicher Geschäftsführer Martin Niemöller«, in: Traugott Jähnichen und Norbert Friedrich (Hg.), *Protestantismus und Soziale Frage. Profile in der Zeit der Weimarer Republik*, Münster 2000, S. 149–159.
Stählin, Wilhelm, *Via vitae. Lebenserinnerungen*, Kassel 1968.
Stapel, Wilhelm, *Sechs Kapitel über Christentum und Nationalsozialismus*, 3. Aufl., Hamburg/Berlin 1931 (zuerst 1931).
Stargardt, Nicholas, *Der deutsche Krieg 1939–1945*, Frankfurt am Main 2015.
Steck, Wolfgang, »Im Glashaus: Die Pfarrfamilie als Sinnbild christlichen und bürgerlichen Lebens«, in: Martin Greiffenhagen (Hg.), *Das evangelische Pfarrhaus. Eine Kultur- und Sozialgeschichte*, Stuttgart 1984, S. 109–125.
Steigmann-Gall, Richard, »Apostasy or Religiosity? The Cultural Meanings of the Protestant Vote for Hitler«, in: *Social History* 25 (2000), S. 267–285.
–, *The Holy Reich. Nazi Conceptions of Christianity, 1919–1945*, Cambridge 2003.
Stein, Leo, *I was in Hell with Niemoeller*, London/New York/Melbourne o. J. [1942].
Steinbach, Peter, »Der Widerstand als Thema der politischen Zeitgeschichte«, in: Gerhard Besier und Gerhard Ringshausen (Hg.), *Bekenntnis, Widerstand, Martyrium. Von Barmen 1934 bis Plötzensee 1944*, Göttingen 1986, S. 11–74.
Sterik, Edita (Hg.), *Else Niemöller. Geborene Bremer 1890–1990. Die Frau eines bedeutenden Mannes*, Darmstadt 1990.
Stern, Frank, *Im Anfang war Auschwitz. Antisemitismus und Philosemitismus im deutschen Nachkrieg*, Gerlingen 1991.
Stibbe, Matthew, *German Anglophobia and the Great War 1914–1918*, Cambridge 2001.
Stoehr, Irene, »Phalanx der Frauen? Wiederaufrüstung und Weiblichkeit in Westdeutschland 1950–1957«, in: Christine Eifler und Ruth Seifert (Hg.), *Soziale Konstruktionen – Militär und Geschlechterverhältnis*, Münster 1999, S. 187–204.
Stölken-Fitschen, Ilona, *Atombombe und Geistesgeschichte. Eine Studie der fünfziger Jahre aus deutscher Sicht*, Baden-Baden 1995.
Stupperich, Robert, *Otto Dibelius. Ein evangelischer Bischof im Umbruch der Zeiten*, Göttingen 1989.
Suermann, Thomas, *Albert Schweitzer als »homo politicus«. Eine biographische Studie zum politischen Denken und Handeln des Friedensnobelpreisträgers*, Berlin 2012.
Theweleit, Klaus, *Männerphantasien*, 2 Bde., Reinbek 1980.

Thierfelder, Jörg, *Das kirchliche Einigungswerk des württembergischen Landesbischofs Theophil Wurm*, Göttingen 1975.
Thompson, David, »Ecumenism«, in: Hugh McLeod (Hg.), *The Cambridge History of Christianity.* Bd. 9: *World Christianities c.1914–c.2000*, Cambridge 2006, S. 50–70.
Thoß, Bruno, *NATO-Strategie und nationale Verteidigungsplanung. Planung und Aufbau der Bundeswehr unter den Bedingungen einer massiven atomaren Vergeltungsstrategie 1952 bis 1960*, München 2006.
Toller, Ernst, *Gesammelte Werke.* Bd. 3: *Politisches Theater und Dramen im Exil 1927/1939*, München 1978.
Trittel, Günter J., *Hunger und Politik. Die Ernährungskrise in der Bizone (1945–1949)*, Frankfurt am Main 1990.
Turner, Ewart E., »Niemöllers in Amerika«, in: *Bekennende Kirche. Martin Niemöller zum 60. Geburtstag*, München 1952, S. 301–307.
Tyra, Ralf, »Treysa 1945. Neue Forschungsergebnisse zur ersten deutschen Kirchenversammlung nach dem Krieg«, in: *Kirchliche Zeitgeschichte* 2 (1989), S. 239–276.
Verhandlungen der Kreis-Synode Bielefeld am 5. Juni 1929 in Bielefeld, Bielefeld o.J. (1929).
Verhey, Jeffrey, *Der »Geist von 1914« und die Erfindung der Volksgemeinschaft*, Hamburg 2000.
Vieten, Bernward, *Medizinstudenten in Münster. Universität, Studentenschaft und Medizin 1905 bis 1945*, Köln 1982.
Visser 't Hooft, Willem Adolph, *Die Welt war meine Gemeinde. Autobiographie*, München 1972.
Vogel, Johanna, *Kirche und Wiederbewaffnung. Die Haltung der Evangelischen Kirche in Deutschland in den Auseinandersetzungen um die Wiederbewaffnung der Bundesrepublik 1949–1956*, Göttingen 1978.
Voigt, Martina, »›Die Gemeinde hat die Pflicht, an den allgemeinen Menschenrechten interessiert zu sein‹. Elisabeth Schiemann«, in: Manfred Gailus (Hg.), *Mit Herz und Verstand. Protestantische Frauen im Widerstand gegen die NS-Rassenpolitik*, Göttingen 2013, S. 100–127.
Vollnhals, Clemens (Hg.), *Entnazifizierung und Selbstreinigung im Urteil der evangelischen Kirche. Dokumente und Reflexionen 1945–1949*, München 1989.
– (Bearb.), *Die evangelische Kirche nach dem Zusammenbruch. Berichte ausländischer Beobachter aus dem Jahre 1945*, Göttingen 1988.
–, »Die Evangelische Kirche zwischen Traditionswahrung und Neuorientierung«, in: Martin Broszat, Klaus-Dietmar Henke und Hans Woller (Hg.), *Von Stalingrad zur Währungsreform. Zur Sozialgeschichte des Umbruchs in Deutschland*, 3. Aufl., München 1990, S. 113–167.
–, »Die Hypothek des Nationalprotestantismus. Entnazifizierung und Strafverfolgung von NS-Verbrechen nach 1945«, in: *Geschichte und Gesellschaft* 18 (1992), S. 51–69.
–, »Im Schatten der Stuttgarter Schulderklärung. Die Erblast des Nationalprotestantismus«, in: Manfred Gailus und Hartmut Lehmann (Hg.), *Nationalprotestantische Mentalitäten in Deutschland (1870–1970). Konturen, Entwicklungslinien und Umbrüche eines Weltbildes*, Göttingen 2005, S. 379–431.
–, »Theologie des Nationalismus. Der christlich-völkische Publizist Wilhelm Stapel«, in: Manfred Gailus und Clemens Vollnhals (Hg.), *Für ein artgemäßes Christentum der Tat. Völkische Theologen im »Dritten Reich«*, Göttingen 2016, S. 97–117.
–, *Evangelische Kirche und Entnazifizierung 1945–1949. Die Last der nationalsozialistischen Vergangenheit*, München 1989.
Weber, Cornelia, *Altes Testament und völkische Frage. Der biblische Volksbegriff in der alttesta-

mentlichen Wissenschaft der nationalsozialistischen Zeit, dargestellt am Beispiel von Johannes Hempel, Tübingen 2000.

Wegner, Katharina, »Hildegard Schaeder«, in: *Beiträge zur ostdeutschen Kirchengeschichte* 7 (2005), S. 22–54.

Wehler, Hans-Ulrich, *Deutsche Gesellschaftsgeschichte*. Bd. 4: *1914–1949*, München 2003.

Wehrung, Georg, *Protestantischer Geist. Fünf Vorträge*, Gütersloh 1928.

Weiling, Christoph, *Die »Christlich-deutsche Bewegung«. Eine Studie zum konservativen Protestantismus in der Weimarer Republik*, Göttingen 1998.

Weir, Todd, »The Christian Front against Godlessness: Anti-Secularism and the Demise of the Weimar Republic«, in: *Past and Present* 229 (2015), S. 201–238.

Weisbrod, Bernd, »Ein Vorsprung, der uns tief verpflichtet‹. Die Wiedereröffnung der Universität Göttingen im Wintersemester 1945/46«, in: *»Ein Vorsprung, der uns tief verpflichtet«. Die Wiedereröffnung der Universität Göttingen vor 70 Jahren*, Göttingen 2016, S. 21–38.

Werner, Michael, »August Bangel – Hermann L. Brill – Fritz Wenzel. Drei Sozialdemokraten in der Deutschen Friedensgesellschaft«, in: Detlef Bald und Wolfram Wette (Hg.), *Alternativen zur Wiederbewaffnung. Friedenskonzeptionen in Westdeutschland 1945–1955*, Essen 2008, S. 71–85.

–, »Zur Relevanz der ›Ohne mich‹-Bewegung in der Auseinandersetzung um den Wehrbeitrag«, in: Detlef Bald und Wolfram Wette (Hg.), *Friedensinitiativen in der Frühzeit des Kalten Krieges 1945–1955*, Essen 2010, S. 79–86.

Wernicke, Günter, »The Communist-Led World Peace Council and the Western Peace Movements. The Fetters of Bipolarity and some Attempts to Break Them in the Fifties and Early Sixties«, in: *Peace & Change* 23 (1998), S. 265–311.

Wette, Wolfram, »Seiner Zeit voraus. Martin Niemöllers Friedensinitiativen (1945–1955)«, in: Detlef Bald und Wolfram Wette (Hg.), *Friedensinitiativen in der Frühzeit des Kalten Krieges 1945–1955*, Essen 2010, S. 227–241.

–, *Gustav Noske. Eine politische Biographie*, Düsseldorf 1987.

Weyer, Bruno (Hg.), *Taschenbuch der Kriegsflotten*, 2. Aufl., München 1905.

Wiebel, Arnold (Hg.), *Christa Müller. Theologin im Kirchenkampf. Vikarin bei Martin Niemöller. Ihre Briefe an Rudolf Hermann (1933–1935)*, online: <https://theologie.uni-greifswald.de/fileadmin/uni-greifswald/fakultaet/theologie/ls-sys/Unpublizierte_Quellen/Korr_Briefe_Christa_Mueller_1933-1935.pdf > [14.1.2019].

Wieland, Lothar, »Vom kaiserlichen Offizier zum deutschen Revolutionär. Stationen der Wandlung des Kapitänleutnants Hans Paasche (1881–1920)«, in: Wolfram Wette unter Mitwirkung von Helmut Donat (Hg.), *Pazifistische Offiziere in Deutschland 1871–1933*, Bremen 1999, S. 168–179.

Wiener, Alfred, »Untersuchungen zum Widerhall des deutschen Kirchenkampfes in England (1933–1938)«, in: Max Beloff (Hg.), *On the Track of Tyranny. Essays presented by the Wiener Library to Leonard G. Montefiore, O.B.E., on the occasion of his seventieth birthday*, London 1960, S. 211–232.

Wiggershaus, Norbert, »Die Entscheidung für einen westdeutschen Verteidigungsbeitrag 1950«, in: *Anfänge westdeutscher Sicherheitspolitik: 1945–1956. Bd. 1: Von der Kapitulation bis zum Pleven-Plan*, München 1982, S. 325–402.

Williamson, George S., »A Religious Sonderweg? Reflections on the Sacred and the Secular in the Historiography of Modern Germany«, in: *Church History* 75 (2006), S. 139–156.

Williamson, John G., *Karl Helfferich, 1872–1924. Economist, Financier, Politician*, Princeton 1971.

Winkel, Heidemarie, »Christliche Religion und ihre Sinnformen der Selbstbeschreibung.

Mission und Ökumene als Grundpfeiler des Wandels religiöser Wissensformen«, in: *Geschichte und Gesellschaft* 36 (2010), S. 285–316.

Wirth, Günter, »Wilhelm Niemöller«, in: *Biographisch-Bibliographisches Kirchenlexikon*. Bd. 6, Herzberg 1993, Sp. 748–757.

Witte, Peter, Michael Wildt, Martina Voigt u. a. (Bearb,), *Der Dienstkalender Heinrich Himmlers 1941/42*, Hamburg 1999.

Wittner, Lawrence S., *One World or None. A History of the World Nuclear Disarmament Movement through 1953*, Stanford 1994.

–, *Resisting the Bomb. A History of the World Nuclear Disarmament Movement, 1954–1970*, Stanford 1997.

Wolbring, Barbara, *Trümmerfeld der bürgerlichen Welt. Universität in den gesellschaftlichen Reformdiskursen der westlichen Besatzungszonen (1945–1949)*, Göttingen 2014.

Wolf, Thomas, »Die Rede Martin Niemöllers im Siegener Lyzeum, 30. Juni 1959. Eine Episode in der Geschichte der Siegerländer Friedensbewegung. Textabdruck mit kurzer Einführung«, in: *Siegener Beiträge* 11 (2006), S. 209–219.

Wolfes, Matthias, *Protestantische Theologie und moderne Welt. Studien zur Geschichte der liberalen Theologie nach 1918*, Berlin 1999.

Wolz, Nicolas, *Das lange Warten. Kriegserfahrungen deutscher und britischer Seeoffiziere 1914 bis 1918*, Paderborn 2008.

Wörner, Hans, *Was bringt uns Martin Niemöller?*, Frankfurt am Main 1952.

Wright, Jonathan R.C., *Über den Parteien. Die politische Haltung der evangelischen Kirchenführer 1918–1933*, Göttingen 1977.

Zámečnik, Stanislav, *Das war Dachau*, Frankfurt am Main 2007.

Ziemann, Benjamin und Chris Szejnmann, »›Machtergreifung‹. The Nazi Seizure of Power in 1933«, in: *Politics, Religion & Ideology* 14 (2013), S. 321–337.

Ziemann, Benjamin, »Ambivalente Männlichkeit. Geschlechterbilder und -praktiken in der kaiserlichen Marine am Beispiel von Martin Niemöller«, in: *L'Homme. Europäische Zeitschrift für Feministische Geschichtswissenschaft* 29 (2018), S. 91–108.

–, »Codierung von Transzendenz im Zeitalter der Privatisierung. Die Suche nach Vergemeinschaftung in der katholischen Kirche, 1945–1980«, in: Michael Geyer und Lucian Hölscher (Hg.), *Die Gegenwart Gottes in der modernen Gesellschaft. Religiöse Vergemeinschaftung und Transzendenz in Deutschland*, Göttingen 2006, S. 374–397.

–, »Der Prozess gegen Martin Niemöller vor dem Berliner Sondergericht 1938«, in: *Zeitschrift für Geschichtswissenschaft* 66 (2018), S. 299–317.

–, »German Angst? Debating Cold War Anxieties in West Germany, 1945–1990«, in: Matthew Grant und Benjamin Ziemann (Hg.), *Understanding the Imaginary War. Intellectual Reflections of the Nuclear Age, 1945–90*, Manchester 2016, S. 116–139.

–, »Germany 1914–1918. Total War as a Catalyst of Change«, in: Helmut Walser Smith (Hg.), *The Oxford Handbook of Modern German History*, Oxford 2011, S. 378–399.

–, »Kampf gegen die ›Gottlosen‹. Martin Niemöller als Geschäftsführer des westfälischen Provinzialverbandes der Inneren Mission 1924–1931«, in: *Westfälische Forschungen* 68 (2018), S. 357–380.

–, »Martin Niemöller als völkisch-nationaler Studentenpolitiker in Münster 1919 bis 1923«, in: *Vierteljahrshefte für Zeitgeschichte* 67 (2019), S. 209–234.

–, »Martin Niemöller und die Wartestandsaffäre 1939/40. Ein Kapitel aus der Geschichte des Kampfes gegen die Bekennende Kirche«, in: *Schweizerische Zeitschrift für Religions- und Kulturgeschichte* 111 (2017), S. 317–338.

–, »Martin Niemöller«, in: Norbert Frei (Hg.), *Wie bürgerlich war der Nationalsozialismus?*, Göttingen 2018, S. 334–350.
–, »Militarism«, in: Matthew Jefferies (Hg.), *The Ashgate Research Companion to Imperial Germany*, Farnham 2015, S. 367–382.
–, »Religion and the Search for Meaning, 1945–1990«, in: Helmut Walser Smith (Hg.), *The Oxford Handbook of Modern German History*, Oxford 2011, S. 693–714.
–, »Schiffe versenken. Martin Niemöllers Bericht über die deutsche U-Bootflotte im Ersten Weltkrieg«, in: *Krieg und Literatur/War and Literature* 28 (2017), S. 21–46.
–, »Situating Peace Movements in the Political Culture of the Cold War. Introduction«, in: Benjamin Ziemann (Hg.), *Peace Movements in Western Europe, Japan and the USA during the Cold War*, Essen 2007, S. 11–38.
–, »The Theory of Functional Differentiation and the History of Modern Society. Reflections on the Reception of Systems Theory in Recent Historiography«, in: *Soziale Systeme* 13 (2007), S. 220–229.
–, »Werner, Friedrich«, in: *Neue Deutsche Biographie*, Bd. 26, Berlin 2019.
–, »Zur Entwicklung christlicher Religiosität in Deutschland, 1900–1960«, in: Christof Wulf und Matthias Koenig (Hg.), *Religion und Gesellschaft*, Wiesbaden 2013, S. 99–122.
Zwicker, Stefan, »*Nationale Märtyrer«. Albert Leo Schlageter und Julius Fučík. Heldenkult, Propaganda und Erinnerungskultur,* Paderborn 2006.

Personenregister

Kursivierte Zahlen beziehen sich auf Bildlegenden.

Acheson, Dean 484
Adcock, Clarene L. 363
Adenauer, Konrad 13, 428–435, 441, 444, 446, 449, 453, 455ff.
Adler, Friedrich 27
Albertz, Martin 199, 270, 278, 283, 370, 394
Alexander, Harold 359f.
Alexeij (Alexius I.), 13. Patriarch von Moskau und ganz Russland 436f.
Althaus, Paul 143, 247, 424
Alvensleben, Wichard von 355, 359
Anders, Günther 462
Anni (Hausmädchen bei den Niemöllers) 318
Appelt, Rudolf 437f.
Arnauld de la Perière, Lothar von 85, 95, 141
Asmussen, Elsbeth 295
Asmussen, Hans 13, 235f., 239f., 245, 253, 255, 262ff., 275f., 281, 294, 301, 320, 331, 336, 338, 340, 343, 350, 362f., 389, 391ff., 397, 402, 404f., 418f., 425, 434, 446, 505
Auerbach, Philipp 377
August Wilhelm, Prinz von Preußen 173
Auhagen, Otto 328
Averwerser (Bauernfamilie) 100
Backenköhler, Otto 507ff.
Baillie, John 493
Bangel, August 474
Baranowski, Hermann 319
Barth, Karl 165, 197, 207–211, 214f., 218f., 223, 232, 236, 240, 244, 248, 254f., 263, 283, 299, 330, 366, 368, 373, 381f., 387, 390f., 393, 395, 401, 410, 422ff., 482
Bartning, Ludwig 338, 369, *371*, 489
Barzel, Rainer 500
Bauer, Gustav 110
Bäumer, Christiane, siehe Christiane Niemöller
Baumgarten, Otto 148
Beck, Ludwig 308
Beez, Wilhelm 375
Bell, George 299ff., *329*, 330, 362, 402, 412, 476, 483, 493
Bellah, Robert N. 490
Bentley, James 16
Berggrav, Eivind 313, 483
Bergsträsser, Ludwig 411
Berlichingen, Götz von 322
Besier, Gerhard 331
Bethmann Hollweg, Theobald von 54ff., 60, 82
Beyer, Franz 431
Beyer, Hermann Wolfgang 218, 252
Beyer, Wilhelm 347f., 351
Bildt, Eva *349*
Bismarck, Otto Fürst von 438
Bockeloh, Gerhard 317

Bodelschwingh der Ältere, Friedrich 9, 121

Bodelschwingh der Jüngere, Friedrich 121f., 153, 182–186, 188, 193, 196f., 214f., 248, 264, 266f., 273f., 280, 296, 392

Boer, Hans de 494

Boggess, Gladys 486

Böhm, Hans 278, 316, 373

Bonhoeffer, Dietrich 181, 196, 198, 204f., 207, 209, 228, *237*, 263f., 269f., 283, 296, 299, 308f., 397, 476

Bonin, Bogislav von 363

Bora, Katharina von 24

Boris (Wik), Bischof der Russisch-Orthodoxen Kirche in Berlin *439*

Born, Max 457

Bossenigk (Sturmscharführer) 354

Brachmann, Wilhelm 304f., 373

Brandenburg, Ernst 165

Brandes, Alwin 298

Brandt, Willy 500

Braun, Otto 163

Breit, Thomas 236, 252

Bremer, August, Schwiegervater von MN 78ff., 96f., 131, 133, 150, 152f., 173

Bremer, Friedrich (Fritz), Schwager von MN 117, 153, 481

Bremer, Gertrud, Schwägerin von MN 153

Bremer, Helene, Schwiegermutter von MN 78f., 96, 173

Bremer, Helene (Leni), Schwägerin von MN 106, 109, 119, 129, 132, 204

Bremer, Hermann (»Armin«), Schwager von MN 14, 29f., 33f., 37f., 42ff., 46, 50, *51*, 54f., 75, 78–81, 90, 125

Bremer, Käthe, Schwägerin von MN 80

Bremer, Marie Elisabeth (Else), siehe Else Niemöller

Brümmer-Patzig, Helmut 509f.

Brüning, Heinrich 164

Brüsewitz, Oskar 502f.

Buchfeld (Bekannte) 79

Bülow, Georg von 97

Bultmann, Rudolf 409

Bunzel, Ulrich 425f.

Buttmann, Rudolf 245

Buxton, Dorothy 301

Calvin, Johannes 423

Canaris, Wilhelm 95, 362

Cavert, Samuel 484, 488f.

Cecilie, Gemahlin des Kronprinzen Wilhelm von Preußen 40

Chakko, Sarah 492

Chantré, Ludwig 292, 294, 311

Ciliax, Otto 53

Clay, Lucius D. 372f.

Coch, Friedrich 261

Cohn, Oskar 107

Collins, John 458

Crosby, »Bing« 486, 491

Curtius, Julius 164

Davis, Hugh O. 363, 398ff.

Dehler, Thomas 428

Dehn, Günther 214f.

Deimling, Berthold von 474

Denstaedt, Karl-Albrecht 369

Deutschmann, Karl 298

Dibelius, Otto 13, 153, 185, 267, 284f., 302, 369f., 372, 382, 389, 398, 402, *403*, 416ff., 422f., 433ff., 442, 445, 448, 452f., 477

Diederichs, Karl 507

Diem, Hermann, 426

Diestel, Max   145, 147, 192, 228, 298, 304
Dijk, Johannes C. van   480
Dilthey, Auguste   47, 149, 153
Dilthey, Ilse   149, 153
Dilthey, Julius   47, 153
Dilthey, Katharina (Käthe)   47–50, 57, 80, 106, 149, 153
Doehring, Bruno   160
Dohnanyi, Hans von   297, 308
Donaldson, Marcus   499
Donaldson, Sibylle, geb. von Sell, siehe Sibylle Niemöller-von Sell
Dönitz, Karl   33ff., 40, 42f., 98, 507–510
Dortel-Claudot, Marie-Marthe   450
Dreß, Walter   369, 372
Duesterberg, Theodor   163
Dutschke, Gretchen   511
Dutschke, Rudi   511
Ebert, Friedrich   54, 87, 110, 119
Ebbinghaus, Julius   408
Eger, Johannes   265
Ehlers, Hermann   155, 262, 297, 442f., 446
Ehrenberg, Hans   307
Ehrhardt, Hermann   110
Eisenhardt, Ernst   220, 225, 242
Elert, Werner   247
Elser, Georg   312, 317, 412
Elser, Marie   412
Elstermann, Karl von   157
Emsmann, Hans Jochen   71, 90, 117
Engel (Bekannte)   79
Erzberger, Matthias   82, 105
Escherich, Georg   112
Falkenhausen, Alexander Freiherr von   363

Faßbinder, Klara Marie   450
Faulhaber, Michael von   343, 480
Feurich, Walter   502
Fezer, Karl   191f., 218f.
Fiedler, Eberhard   240
Flint, Fritz   498
Forck, Bernhard Heinrich   278
Forell, Frederik J.   374
Fraenkel, Ernst   229
Franco, Francisco   35
François-Poncet, André   429
Freisler, Roland   305
Fresenius, Wilhelm   362
Freudenberg, Adolf   415, 469, 504f.
Freudenberg, Brigitte, siehe Brigitte Gollwitzer
Freudenberg, Elsa   415, 469, 504f.
Frick, Wilhelm   187f., 217ff., 226, 253, 260f.
Fricke, Otto   278, 362, 415
Fried, Alfred Hermann   463
Friedrich II., der Große, König von Preußen   177
Friedrich Wilhelm III., König von Preußen   23
Friedrich Wilhelm Christian, Prinz zu Schleswig-Holstein-Sonderburg-Glücksburg   43
Fry, Franklin Clark   482
Gahrmann, Theo   293, 304
Gailus, Manfred   172, 516
Galen, Clemens August Graf von   291, 392
Georg, Kronprinz von Sachsen   338
Gereke, Günther   440
Gerhardt, Paul   230
Gerold, Karl   444
Gerstberger, Karl   34, 38, 42

Gerstenmaier, Eugen 391, 421, 442, 461, 467
Geyer, Michael 86, 309
Gisevius, Hans Bernd 320, 427, 482, 491
Glüer, Bruno 70
Goebbels, Joseph 244, 289, 303ff., 316, 326f., 350, 368, 429, 446, 507
Goerdeler, Carl Friedrich 360
Goerdeler, Reinhard 360
Gogarten, Friedrich 165ff., 176, 218f.
Gollwitzer, Brigitte, geb. Freudenberg 504
Gollwitzer, Helmut 299, 318, 320, 330, *349*, 351, 418, 436ff., 454, 456, 500, 502, 504
Goral, Władysław 317
Göring, Hermann 171, 220f., 225, 265, 313
Graeber, Friedrich 236
Graf, Friedrich Wilhelm 446
Graham, Billy 487
Granzow, Walter 179
Grimm, Hans 133
Grotewohl, Otto 452f.
Groth, Paul 27
Grüber, Heinrich 317, 421, 436, *439*, 452, 504ff.
Gruhl, Otto 228
Grützmacher, Georg 114, 125
Gürtner, Franz 251f., 314
Haenisch, Konrad 96
Hafa, Walter 151
Hagemann, Walter 465, 467
Hahn, Hugo 234, 236, 258
Hahn, Otto 454f.
Hahn, Willy 298
Hahnenbruch, Erich 479
Haldane, Richard Burdon, 1. Viscount H. 54

Happich, Friedrich 384
Harnisch, Wilhelm 208
Hassell, Ulrich von 303, 421
Hauck, Albert 114
Hauer, Jakob 213
Haug, Martin 417, 455
Hautsch, Emil 114
Headlam, Arthur 301, 316
Heckel, Theodor 180, 395, 477
Heid, Ludger 107
Heinemann, Gustav 418, 428f., 431f., 440ff., 456ff., 468, 472, 519
Heinrich, Johannes 323
Heinrich, Paul 94f.
Heisenberg, Werner 454
Held, Heinrich 219, 436
Helfferich, Karl 105, 107
Helwig, Hans 312
Hempel, Johannes 201f.
Herman, Stewart W. 428
Herntrich, Volker 417
Hesekiel (Prophet) 391
Heß, Rudolf 300f., 304
Hesse, Hermann Albert 254
Hesse, Hermann Klugkist 302
Heydrich, Reinhard 304
Heye, Karlhas 98, 509
Heymel, Michael 16
Higgins, Marguerite 428ff.
Hildebrandt, Franz 180f., 196, 199, 204, 209f., 223, 231, 235, *237*, 241f., 269f., 279, 296, *329*, 369, 377, 483
Hillebrand, Otto 41
Himmler, Heinrich 289, 313, 316f., 319
Hindenburg, Paul von Beneckendorff und von H. 82, 101, 107, 177, 186, 189, 212, 217, 220, 260

Hintze, Otto 79
Hirsch, Emanuel 202
Hitler, Adolf 8, 35, 119, 160, 165, 168, 171f., 174f., 177, 179, 186–191, 194, 203, 208, 211, 217–222, 229, 234, 237, 245, 250f., 261, 265f., 281f., 284, 287, 289f., 293, 301, 304f., 307, 311ff., 315f., 360, 362, 366, 377, 380, 382, 398, 406, 412, 421, 487f., 490, 506
Hladky, Frank P. 363
Ho Chi Minh 470
Höck, Michael 343f., 346, 354f.
Hoepke, Robert 306
Hofmeister, Corbinian 354f.
Holstein, Horst 297f., 322, 325, 339
Hornig, Ernst 270
Höß, Rudolf 96
Hossenfelder, Joachim 156, 182f., 185f., 210, 212f., 216f.
Hubertus, Prinz von Preußen 375
Hugenberg, Alfred 140, 172
Humburg, Paul 252, 274, 278
Hüssler, Georg 470
Hymmen, Johannes 127, 129, 133, 141
Iljin, Iwan Alexandrowitsch 189
Immer, Karl 252, 254, 264, 271
Iwand, Hans Joachim 424
Jacob, Günter 197, 214, 269
Jacobi, Gerhard 160, 192, 195f., 199, 209ff., 213ff., 222f., 253, 271, 297, 325
Jaeger, Samuel 119f.
Jäger, August 183, 185, 187, 196, 233f., 245–249, 251, 265, 300
Jane, John F. T. 42
Jannasch, Wilhelm 281f., 284
Jansen, Nikolaus 344, 346f., 354
Jellicoe, John 303

Jeremias, Friedrich 142
Jessen, Hans Peter 318
Johann to Settel, Ernst 102ff., 106
Johannes (Evangelist) 344
Johnson, Helmut 257
Jordan, Hermann 137
Jordan, Pascual 454f.
Kähler, Walter 107, 116, 118, 121
Kaiser, Christian 350
Kaltenbrunner, Ernst 316
Kant, Immanuel 166
Kapler, Hermann 179, 182, 187
Kapp, Wolfgang 95, 110f.
Karow, Emil 185
Karwehl, Richard 215
Kästner, Erich 155
Kautsky, Karl 119f.
Keitel, Wilhelm 326
Keller, Adolf 330
Kelly, Petra 447
Kempner, Robert W. 8f., 373
Kerrl, Hanns 257, 265–268, 273ff., 285, 288, 290f., 293f., 303, 308
Kiderlen-Waechter, Alfred von 55f.
Kiesinger, Kurt Georg 17
Killinger, Manfred von 96
King, Martin Luther 451, 495
Kittel, Gerhard 219
Klapproth, Erich 340
Klara (Hausmädchen) 154
Kleist, Heinrich von 403
Klemperer, Eva 354
Klemperer, Victor 354
Klewitz, Hertha von, siehe Hertha Niemöller
Klewitz, Martin von, Enkel von MN 497f.
Klewitz, Wilhelm von, Schwiegersohn von MN 497

Kling, Hermann 140
Klinge, Gerhard 189
Kloppenburg, Heinz 252, 336f., 457
Knak, Siegfried 210, 269f.
Knappen, Marshall C. 361, 363
Knauth, Percy 364f.
Koch, Erich 412
Koch, Hans 297, 313, 342f.
Koch, Karl 141, 196, 216, 218, 234, 236, 238, 240f., 252ff., 257, 260f., 268ff., 277, 282, 294, 513
Koch, Werner 283
Kockelke, Heinrich 129
Kockelke, Henriette 129
Kogon, Eugen 376
Kolb, Walter 411
Kopf, August 289
Kophamel, Waldemar 81
Koschitzky, Hans von 92
Krahl, Georg 189
Kranzbühler, Otto 507
Kraschutzki, Heinz 33ff., 52, 465, 468, 473f., 508, 510
Krause, Reinhold 195f., 212ff.
Kredel, Pauline, siehe Pauline Niemöller
Kube, Wilhelm 156
Kueßner, Theodor 274f.
Kühlewein, Julius 258
Künneth, Walter 179f., 187f., 191f., 210, 220, 254, 395
Kunst, Hermann 467
Küppers, Erica 464
Kurz, Gertrud 450
Lammers, Hans Heinrich 220, 312f.
Lang, Theodor 147, 149, 157, 161
Langemak, Hugo 71
Langewiesche-Brandt, Wilhelm 350
Lans, Wilhelm von 314f.

Lautz, Ernst 294
Lechner, Franz Xaver *345*
Leiper, Henry Smith 365, *367*
Lempp, Albert 350
Lempp, Maria 350, 362, 368
Lenin, Waldimir I. 510
Lenz (Lehrer) 29
Lenzkowski, Bruno 354
Lersch, Heinrich 136
Lettow-Vorbeck, Paul von 112
Lewi (Bekannte) 79
Ley, Robert 280
Lietzmann, Hans 114
Lilje, Hanns 179f., 187f., 191, 388, 391, 395, 416, 445, 448, 494
Lindeiner-Wildau, Hans-Erdmann von 109
Lindenmeyer, Friedrich 211
Lingen, Theo 242
Linz, Friedrich 54
Lissauer, Ernst 60
Lloyd George, David, 1. Earl Lloyd-George of Dwyter 55
Loewenfeld, Wilfried von 95f., 515
Lohmann, Walter 325, 506f.
Loritz, Hans 347f.
Lücking, Karl 199, 219, 252
Ludendorff, Erich 82, 107, 292
Luhmann, Niklas 515
Luther, Martin 16, 24, 27, 186, 206, 266, 340, *367*, 520
Lüttwitz, Walther Freiherr von 95, 110
Macfarland, Charles 211
Mackensen, Stephanie von 270
Maertens, Erhard 510
Maertens, Marlene 510
Magnus, Alexander 509f.
Mahlmann, Paul 431ff.

Mann, Heinrich 28
Marahrens, August 187, 197f., 216, 218, 248, 251–254, 257ff., 261, 263–267, 274f., 277, 279f., 285, 300, 384, 389, 392
Marquardt, Friedrich-Wilhem 504
Martin von Tours 520
Mayer, Hans 375f.
McCloy, John 412, 432
Meinecke, Friedrich 513
Meiser, Elisabeth 350, 388
Meiser, Hans 182, 187, 216, 218, 221, 234, 236. 246–249, 251f., 257, 262f., 269, 277, 279f., 285, 296, 350, 383, 387–390, 392f., 514
Meißner, Otto 220
Menzel, Walther 457
Merz, Georg 194
Meyhoff, Otto 53
Mochalski, Herbert 442
Moldaenke, Theodor 192
Moltmann, Jürgen 502
Morgenthau, Hans 374f., 489
Moris, Stuart 460
Mott, John 475
Müller, Christa 215, 223, 226
Müller, Eberhard 461
Müller, Friedrich (Fritz) 149f., 185f., 189f., 192, 198, 204, 235, *237*, 274ff., 278f., 325, 330, 369
Müller, Josef 360
Müller, Ludwig 179, 182f., 186ff., 191f., 194, 196, 198, 210f., 213f., 216ff., 220ff., 225, 227ff., 233f., 240, 245f., 249–253, 255, 257f., 277f., 288, 394f., 475f.
Müller, Ludwig von 38
Müller, Paula, siehe Paula Niemöller
Muste, Abraham J. 451, 471
Naumann, Friedrich 165
Nehru, Jawaharlal 495

Neuhäusler, Johannes 343f., 346f., 354f., 360, 363
Neurath, Konstantin Freiherr von 250
Niebuhr, Reinhold 451, 489, 493
Niemöller, August, Onkel von MN 22
Niemöller, Brigitte, Tochter von MN 100, 111, 118, 132, 317, 320, 327, 340–343, *349*, 368
Niemöller, Christine, geb. Bäumer, Großmutter von MN 21f.
Niemöller, Christine, Tante von MN 22
Niemöller, Else, geb. Bremer, erste Frau von MN 10, 14f., 26, 78–81, 90, 92, 96ff., *99*, 100–107, 109ff., 114, 116–119, 121, 125f., 129–136, 141f., 147, 149–154, 163f., 173f., 179f., 198, 204, 212, 220, 226, 242, 266, 283, 296ff., 302ff., 306, 311, 313–321, 323–328, *329*, 331ff., 336–344, 347f., *349*, 350ff., 354ff., 360, 362, 368f., 381–388, 405f., 415, 419, 437, 450, 474, 477, 479ff., 484, *485*, 488, 493, 496ff., 507, 517
Niemöller, Friedrich, Onkel von MN 22
Niemöller, Gerhard Heinrich, Großvater von MN 21f., 125, 511
Niemöller, Gerhard Heinrich, Bruder von MN 14, 24
Niemöller, Hans Joachim (Jochen), Sohn von MN 117f., 132f., 212, 353
Niemöller, Heinrich, Vater von MN 10, 17, 21–2, 25, 26–30, 47, 59, 61–65, 72, 74, 77, 80f., 83, 86, 90, 92, 100f., 103, 106f., 116, 125, 151, 172, 235, 311, 313, 315, 332, 334, 339
Niemöller, Heinz Hermann, Sohn von MN 125, 132f., 498

Niemöller, Hertha, verh. von Klewitz, Tochter von MN 132, 154, 289, 340, 350, 362, 368, 437, 497f.
Niemöller, Jan, Sohn von MN 130, 132, 154, 351, 498
Niemöller, Johanna, verh. Schaberg, Tante von MN 22, 100
Niemöller, Jutta, Tochter von MN 132, 154, 350, 353, 481
Niemöller, Magdalene (Lene), Schwester von MN 24, 25, 32, 67, 78, 351
Niemöller, Maria, Schwester von MN 24, 25
Niemöller, Martin (Tini), Sohn von MN 267f., 350, 362, 368, 498
Niemöller, Paula, geb. Müller, Mutter von MN 24, 25, 26, 30, 59, 61–65, 72, 74, 77, 80f., 86, 90, 92, 101, 125, 151, 172f., 235, 311, 313, 351
Niemöller, Pauline, verh. Kredel, Schwester von MN 24, 25, 79, 361f., 498
Niemöller, Rudi, Cousin von MN 22
Niemöller, Rudolf, Onkel von MN 22
Niemöller, Wilhelm, Onkel von MN 22
Niemöller, Wilhelm, Bruder von MN 8, 14ff., 24, 25, 26, 29, 31, 56, 62, 65, 70, 72, 80f., 83, 96, 98, 103, 108, 110, 116f., 119f., 136f., 159, 173f., 176, 183, 186, 211, 213, 222, 245, 272, 296, 298, 313, 315f., 324f., 337, 370, 394, 414, 498, 511, 515
Niemöller-von Sell, Sibylle, zweite Frau von MN 499, 510
Niesel, Wilhelm 296, 445
Noack, Ulrich 440
Noske, Gustav 89, 95f.
Oberheid, Heinrich 258
Oehmichen, Walter 458

Ollenhauer, Erich 456
Oster, Hans 297, 362
Oxnam, Garfield Bromley 483f.
Paasche, Hans 52
Pagenstecher, Aline 509
Pagenstecher, Carl 38, 42, 509
Pampel, Eberhard 503
Papen, Franz von 172, 514
Paulsen, Adalbert 257
Paulus (Apostel) 46, 213, 284, 328, 340
Pauly, Reinhard 360
Pelagius (Mönch) 347
Perels, Friedrich Justus 308
Petrus (Apostel) 226
Pfanzelt, Friedrich 354f.
Pilatus, Pontius 290
Pius XII., Papst 338
Pleven, René 431
Pohl, Hugo von 66
Posser, Diether 468
Pressel, Wilhelm 253
Preysing, Konrad Graf von 291, 338
Proske, Erich 294
Pünder, Hermann 360
Rabenau, Eitel-Friedrich von 212
Raeder, Erich 155, 186, 315, 327, 508
Rapacki, Adam 457
Rathenau, Walther 117
Ribbentrop, Joachim von 301, 307
Ribbentrop, Ursula von 301
Riethmüller, Anna 321
Riethmüller, Otto 321
Roche, Mazo de la 346
Röhm, Ernst 245
Röhricht, Eberhard 146, 149f., 152, 157ff., 185, 189f., 204, 212, 228, 235, 270, 279, 285, 369f.

Roosevelt, Eleanor   366, 488f.
Roosevelt, Franklin D.   366, 488
Roosevelt, James   366
Roper, Lyndal   16
Rosenberg, Alfred   8, 201, 213, 258f., 304, 373
Rosenblum, William   365
Roßbach, Gerhard   96
Russell, Bertrand   458, 500
Rust, Bernhard   183
Rust, Hans-Joachim   154
Rust, Friedeburg   154
Salomon, Alice von   93
Salomon, Ernst von   96
Sanherib, assyrischer König   292
Saß, Wolfgang   318, 320, 481
Sasse, Hermann   165, 236, 283
Sauerbruch, Ferdinand   303
Savonarola, Girolamo   230
Schaarschmidt, Theodor   38ff.
Schaberg, Hermann   22, 100
Schaberg, Johanna, siehe Johanna Niemöller
Schacht, Hjalmar   360
Schaerfenberg, Alexander   228
Schako, Conrad   155, 327
Scharf, Kurt   185, 212, 304, 317, 369, 425
Scheffner, Elisabeth   31
Scheidemann, Philipp   87, 95
Scheler, Max   165
Schellemann, Carlo   458
Schiemann, Elisabeth   204ff., 223
Schirach, Baldur von   289
Schirmacher, Horst   179f.
Schlageter, Leo   120
Schleicher, Kurt von   245
Schleiermacher, Friedrich   115f.
Schmidt, Dietmar   15
Schmidt, Jürgen   16
Schmidt (Mitschülerin)   79
Schmitz, Elisabeth   208, 223
Schneider, Paul   487
Schniewind, Julius   252
Schoenaich, Paul Freiherr von   463, 474
Scholder, Klaus   157, 250
Schreiner, Hemuth   143, 392, 395
Schulz, Dora   318, 350f., 368, 497f.
Schulz, Georg   214, 222f.
Schulze, Martin   242, 325
Schumann, Friedrich   252
Schuschnigg, Kurt   312
Schweitzer, Albert   456
Schwerin von Krosigk, Ludwig (Lutz) Graf   260, 514
Sedgwick, Russel L.   391f.
Seeberg, Erich   216f.
Seeberg, Reinhold   137
Seldte, Franz   137
Sell, Ulrich von   221, 499
Sellin, Ernst   202
Sethe, Paul   444
Siegmund-Schultze, Friedrich   451, 471
Sieß, Gustav   75
Simon, Theodor   125
Smend, Rudolf   115
Söhngen, Oskar   192
Souchon, Wilhelm   89
Spee, Maximilian Graf von   41
Spee, Otto Ferdinand Graf von   41ff.
Spengler, Oswald   353
Spranger, Arno   248
Spranger, Eduard   165
Springer, Axel   456
Stählin, Wilhelm   389
Stahn, Julius   267f.

Stalin, Josef 441
Stapel, Wilhelm 160f.
Stayer, Morrison C. 372
Stein, Leo 365
Stierwaldt, Max 464f.
Stiller, Edgar *345*, *355*
Stoltenhoff, Ernst 183
Stratenwerth, Gerhard 183, 216, 445
Strauß, Franz Josef 456, 466f., 500
Streicher, Julius 288
Stryk, Elsie von *349*
Suttner, Bertha Freifrau von 64, 463
Szilard, Leo 457
Teller, Edward 454
Tempel, Hans-Konrad 458, 468
Tempel, Helga 458
Thadden-Trieglaff, Reinold von 497
Theweleit, Klaus 95f.
Thielicke, Helmut 404
Thomas, M.M. (Madathilparampil Mammen T.) 493, 495
Tillich, Ernst 283
Tirpitz, Alfred von 31, 36, 54, 56, 72
Toller, Ernst 366
Topp, Karli 101, 103
Traub, Gottfried 514
Troeltsch, Ernst 148
Trott zu Solz, Adam von 421
Türcke, Wilhelm Freiherr von 70f.
Turner, Ewart E. 381, 480, 484, *485*, 486, 488
Verschuer, Otmar Freiherr von 161
Visser 't Hooft, Willem 386, 397, 401f., 416, 481f., 492
Vogel, Helmut 262
Vogel, Heinrich 259, 269
Vogt, Paul 381

Wagenführ, Paul 85
Wagner, Richard 75
Wahl, Hans 396
Warneck, Martin 244
Watter, Oskar Freiherr von 111, 163, 303
Weber, Marianne 165
Weber, Max 165
Weber, Otto 213, 218
Weddigen, Otto 72f.
Wehner, Herbert 472
Wehrung, Georg 114f., 125, 254
Weißler, Friedrich 282f., 487
Weizsäcker, Carl Friedrich Freiherr von 454f.
Wels, Otto 111
Wenner, Thomas W. 361
Wenzel, Fritz 463f.
Werner, Ferdinand 110
Werner, Friedrich 183, 185, 212, 219, 291, 321ff.
Weschke, Eugen 197
Wesley, John 496
Wessel, Helene 441, 457
Weyer, Bruno 32f., 303
Wichern, Johann Hinrich 122
Wieligmann (Bauernfamilie) 98, 100, 102, 104
Wilhelm I., deutscher Kaiser 28
Wilhelm II., deutscher Kaiser 27, 34, 36, 40, 43, 52, 66, 77, 83, 93, 109, 119, 173, 180, 306, 375, 451, 499
Wilhelm, Kronprinz von Preußen 40
Wilhelmi, Hans 413f., 461
Wilkens, Wilhelm 492
Willmann, Heinz 436
Wilm, Ernst 436
Winckler, Paul 274, 513
Wirth, Joseph 442

Wise, Stephen 484
Wollschläger, Arnim 103
Wurm, Theophil 216f., 221, 234, 246f., 249, 251, 253, 257, 279f., 285, 296, 316, 362, 386–396, 402, 416f., 421f., 483, 514
Young, Owen D. 140
Ysenburg und Büdingen, Felizitas Fürstin zu 372

Ysenburg und Büdingen, Otto Friedrich III., Fürst zu 372
Zahn, Theodor 114
Zänker, Otto 258
Zechlin, Lothar 509
Zimmermann, Bodo 467
Zoellner, Wilhelm 125, 129, 248, 258, 274f., 280, 289f., 300, 477

Bildnachweis

Archiv der sozialen Demokratie der Friedrich-Ebert-Stiftung: 501 (Veröffentlichung mit freundlicher Genehmigung der Martin-Niemöller-Stiftung)
bpk: 91; 329 (Staatsbibliothek zu Berlin)
Evangelisches Zentralarchiv, Berlin: 349 (EZA 500/686/17936; Fotografin: Elsie von Stryk; aus dem Nachlas von Helmut Gollwitzer); 403 (EZA 500/4221; Fotograf: Hellmann, Bad Oeynhausen)
Getty Images: 371 (George Konig/Hulton Archive)
Marineschule Mürwik/WGAZ: 45
N. N.: 25; 99
picture-alliance: 459 (dpa – Bildarchiv/Bernhard Frye); 485 (AP Images)
Privatbesitz Dr. Alejandro Zorzin, Göttingen: 295
Staatsarchiv München: 345 (StAM, Staatsanwaltschaften 34475/5)
Time Inc.: 367 (*Time Magazine*, Dezember 23, 1940, Nummer 26)
Ullstein Bild: 243; 439
United States Holocaust Memorial Museum: 69, 237 (courtesy of Sibylle Sarah Niemoeller)
Zentralarchiv der EKHN, Darmstadt: 51 (Best. 62)

Wir haben uns bemüht, alle Rechteinhaber ausfindig zu machen, verlagsüblich zu nennen und zu honorieren. Sollte uns dies im Einzelfall aufgrund des Zeitablaufs und der schlechten Quellenlage bedauerlicherweise einmal nicht möglich gewesen sein, werden wir begründete Ansprüche selbstverständlich erfüllen.